SC-99
3. Aufl.

Tourismus-Management

Tourismus-Management

Tourismus-Marketing
und Fremdenverkehrsplanung

herausgegeben von
Günther Haedrich · Claude Kaspar
Kristiane Klemm · Edgar Kreilkamp
unter Mitarbeit zahlreicher Fachleute

3., völlig neu bearbeitete und wesentlich erweiterte Auflage

Walter de Gruyter · Berlin · New York 1998

Dr. Günther Haedrich, Ordinarius für allgemeine Betriebswirtschaftslehre, insbesondere Marketing; Lehrstuhl für Konsumgüter- und Dienstleistungsmarketing der Freien Universität Berlin

Dr. Claude Kaspar, Ordinarius für Fremdenverkehrs- und Verkehrswirtschaftslehre; Institut für Fremdenverkehr und Verkehrswirtschaft an der Hochschule St. Gallen

Dr. Kristiane Klemm, Dozentin für regionale Fremdenverkehrsplanung; Institut für Tourismus der Freien Universität Berlin

Dr. Edgar Kreilkamp, Universitätsprofessor für Betriebswirtschaftslehre, insbesondere Tourismus; Universität Lüneburg

Das Buch enthält 157 Abbildungen und 73 Tabellen

Die Deutsche Bibliothek − *CIP-Einheitsaufnahme*

> **Tourismus-Management** : Tourismus-Marketing und Fremdenverkehrsplanung / hrsg. von Günther Haedrich … Unter Mitarb. zahlr. Fachleute. − 3., völlig neu bearb. und wesentlich erw. Aufl. − Berlin ; New York : de Gruyter, 1998
> ISBN 3-11-015185-5

♾ Gedruckt auf säurefreiem Papier, das die US-Ansi-Norm über Haltbarkeit erfüllt

© Copyright 1998 by Walter de Gruyter GmbH & Co., D-10785 Berlin

Dieses Werk einschließlich aller seiner Teile ist urheberrechtlich geschützt. Jede Verwertung außerhalb der engen Grenzen des Urheberrechtsgesetzes ist ohne Zustimmung des Verlages unzulässig und strafbar. Das gilt insbesondere für Vervielfältigungen, Übersetzungen, Mikroverfilmungen und die Einspeicherung und Verarbeitung in elektronischen Systemen. Printed in Germany.

Druckvorlage: Karola Handwerker, Wissenschaftliches Lektorat & DTP Service, Berlin. − Druck und Bindearbeiten: WB-Druck GmbH, Rieden am Forggensee. − Umschlaggestaltung: Johannes Rother, Berlin.

Vorwort

Die Tourismuswirtschaft ist nicht nur eine der expansivsten Branchen, sondern auch von einer erheblichen Dynamik geprägt, was Rahmenbedingungen, Instrumente sowie Ziele und Aufgaben einzelner Leistungsträger betrifft. Immer stärker nehmen relevante Teilöffentlichkeiten im Markt, in der Politik und Gesellschaft Einfluß auf touristische Entwicklungen; die gegenseitige Verflechtung zwischen einzelnen Teilen des Systems Tourismus nimmt ständig zu. Marktbearbeitungsstrategien und -konzepte sind heute kaum noch sinnvoll plan- und durchsetzbar, ohne die Auswirkungen auf die Betroffenen in den Zielgebieten von vornherein in das Kalkül einzubeziehen; vom Tourismus wird nicht nur erwartet, daß er zum Wohlergehen großer Teile der Bevölkerung beiträgt, sondern gleichzeitig Arbeitsplätze schafft und sichert.

Diese Beispiele mögen ausreichen, um die heutige Situation darzustellen. Um die Voraussetzungen zu schaffen, daß zukünftige Arbeitnehmerinnen und Arbeitnehmer im Tourismus in allen Teilbereichen dazu befähigt werden, die sprunghaft gestiegenenen Anforderungen an touristische Berufe zu bewältigen, muß auch die Aus- und Weiterbildung in regelmäßigen Abständen neu durchdacht und aktualisiert werden. Das gilt auch für das Ergänzungsstudium „Tourismus mit den Schwerpunkten Management und regionale Fremdenverkehrsplanung" am Institut für Tourismus der Freien Universität Berlin; die Mitarbeiterinnen und Mitarbeiter in diesem Studiengang aus Wissenschaft und Praxis sind ständig bestrebt, sich abzeichnende Entwicklungen im Tourismus frühzeitig zu erkennen und proaktive Lösungshilfen zu entwickeln.

Die mit dieser Aufgabe verbundenen Herausforderungen haben auch die Entstehung der 3. Auflage dieses Standardwerkes befruchtet. In diese wesentlich veränderte und erweiterte Auflage sind zahlreiche neue Erkenntnisse eingeflossen, die dem Leser einen Überblick über die wichtigsten touristischen Erscheinungsformen geben sollen. Daß diese Übersicht trotz aller Bemühungen der Herausgeber nicht vollständig sein kann, ist teilweise darauf zurückzuführen, daß sich einzelne Ansprechpartner wegen der großen Dynamik in ihrem Arbeitsbereich nicht zu einer Mitarbeit entschließen konnten. Insbesondere trifft das auf den Bereich der touristischen Leistungsträger zu. Trotzdem hoffen wir, ein Bild von der Vielgestaltigkeit des Tourismus vermitteln zu können.

Dabei haben wir die bewährte Gliederung der 2. Auflage im wesentlichen beibehalten:

- im Teil 1 werden die Grundlagen und Rahmenbedingungen des Tourismus-Managements und der Fremdenverkehrsplanung behandelt;
- in dem 2., methodisch orientierten Teil geht es in den Kapiteln I und II um die Darstellung des Forschungs- und Planungsinstrumentariums des Tourismus-Marketing und der Fremdenverkehrsplanung; ein anschließendes Kapitel befaßt sich mit der wissenschaftlichen Reiseleitung und -planung, und Kapitel III ist den Zielen und Aufgaben touristischer Leistungsträger gewidmet;
- im 3. Teil werden dem Leser dann zahlreiche Fallbeispiele aus dem Tourismus-Management und der Fremdenverkehrsplanung angeboten, und
- in einem Anhang werden Eckpunkte der akademischen Tourismusausbildung in der Bundesrepublik Deutschland dargestellt.

An dieser Stelle möchten wir allen Autorinnen und Autoren herzlich für ihre Mitarbeit danken. Frau Karola Handwerker gebührt Dank für die druckreife Fertigstellung des Manuskripts, und Frau Benita Brockdorff für ihre wertvolle Mithilfe bei der Anfertigung zahlreicher Abbildungen.

Dieses Buch soll möglichst viele Anregungen für eine effiziente und effektive wissenschaftliche Aus- und Weiterbildung im Tourismus geben und Praktikern helfen, sich mit den neuesten Entwicklungen auf wichtigen touristischen Gebieten vertraut zu machen.

Berlin, St. Gallen und Lüneburg, im November 1997

Günther Haedrich
Kristiane Klemm
Claude Kaspar
Edgar Kreilkamp

Inhalt

Teil 1: Grundlagen und Rahmenbedingungen des Tourismus-Managements und der Fremdenverkehrsplanung

I   Grundlagen

      1   Das System Tourismus im Überblick
           Claude Kaspar 15

      2   Tourismus-Management und Tourismus-Marketing
           Günther Haedrich 33

II   Rahmenbedingungen

      1   Anforderungsanalyse für Führungs- und Führungsnachwuchskräfte im Tourismusmanagement – Methoden und empirische Ergebnisse
           Frank Schirmer 47

      2   Mitarbeiterführung
           Claude Kaspar 63

      3   Verbraucherinformationspolitik
           Jürgen Armbrecht und Carl-Heinz Moritz 69

      4   Umwelt- und sozialverträglicher Tourismus – Rahmenbedingungen von Raumordnung, Regional- und Bauleitplanung
           Kristiane Klemm 79

      5   Rechtliche Rahmenbedingungen
           Rochus P. Strangfeld 93

Teil 2: Forschungs- und Planungsinstrumentarium im Tourismus

I   Instrumentarium der Tourismusforschung

      1   Die amtliche deutsche Tourismusstatistik
           Ulrich Spörel 127

      2   Die Reiseanalyse – Sozialwissenschaftliche (Markt-) Forschung zum Urlaubstourismus der Deutschen
           Martin Lohmann 145

      3   Der Europäische Reise-Monitor
           Rolf D. Freitag 159

4 Marktforschung im Tourismus: Der Single-Source-Ansatz als innovatives Instrument zur Messung von Marktdaten im Tourismus
Christian van den Brincken 169

5 TouristScope und Mobility
Brigitte Tregel und Peter Jochems 187

6 Reisebiographien
Christoph Becker 195

7 Gästebefragungen
Robert Datzer und Caren Grünke 205

8 Image-Analysen
Rainer Wohlmann 219

9 Kundenzufriedenheitsmessung und -management bei Reiseveranstaltern
Frank Schmieder 231

10 Kalkulation und Kostenkontrolle
Joachim S. Tanski 241

11 Die Ausgabenstruktur von Reisenden in der Bundesrepublik Deutschland
Bernhard Harrer 255

12 Kennziffern einer harmonisierten touristischen Entwicklung
Hansruedi Müller und Beat Seiler 267

II Das Instrumentarium des Tourismus-Marketing und der Fremdenverkehrsplanung

A Planung von Marketing-Strategien

1 Leitbild und Positionierung
Günther Haedrich 279

2 Strategische Planung im Tourismus
Edgar Kreilkamp 287

3 Produkt- und Preispolitik
Edgar Kreilkamp 325

4 Total Quality Management im Tourismus
Bernd Stauss 357

5 Kommunikationspolitik
Günther Haedrich 379

6 Vertriebspolitik im Tourismus
Ulrike Regele und Dirk J. Schmücker 405

B Fremdenverkehrsplanung

1 Instrumente der Raumordnung, der regionalen Fremdenverkehrsplanung und der Fremdenverkehrsförderung
Christoph Becker 449

2   Die Umweltverträglichkeitsprüfung (UVP) für touristische Projekte
    Hans-Joachim Schemel 461

3   Freizeit- und Tourismusarchitektur
    Felizitas Romeiß-Stracke 477

4   Touristische Vernetzungsmatrix – Eine Methode für eine gesamtheitliche Schaden-Nutzen-Analyse
    Hansruedi Müller 485

5   Kurort-Entwicklungsplanung
    Klaus Reppel und Barbara Jaster 497

6   Pressearbeit im Tourismus
    Horst Schwartz und Sabine Neumann 515

C   Reiseleitung und Reiseplanung

1   Planung von wissenschaftlichen Studienreisen
    Walter Eder 531

2   Ziele und Aufgaben der Gästeführung und -betreuung
    Marie-Louise Schmeer-Sturm 555

III   Ziele und Aufgaben touristischer Leistungsträger

1   Reisevermittler
    Werner Sülberg 571

2   Reiseveranstalter – Funktion im Touristikmarkt
    Gerhard Heine 615

3   Positionierung, Aufgaben und Organisation von Incomingagenturen
    Thomas Winkelmann 629

4   Renaissance des Bahntourismus – touristische Produkt- und Angebotsstrategien für das nächste Jahrtausend
    Ralf Baumbach 649

5   Busunternehmen – Ursachen und Entstehen von ausgewählten Eigenarten und Besonderheiten des deutschen Bustouristikmarktes
    Dieter Gauf 661

6   Beherbergungs- und Gaststättengewerbe
    Eberhard Gugg 671

7   Freizeitparks und Freizeitzentren – Ziele und Aufgaben als touristische Leistungsträger
    Heinz Rico Scherrieb 679

8   Internationale Computer-Reservierungssysteme
    Urban Münzer 699

9   Verbände in der Tourismuswirtschaft
    Gerd Hesselmann 713

10 Inhalt

    10 Tourismus-Informationsstellen
    Axel Dreyer 749

    11 Messen, Ausstellungen und Kongresse – am Beispiel der
        Messe Berlin GmbH
    Manfred Busche 763

Teil 3: Praxis des Tourismus-Managements und der Fremdenverkehrsplanung

I   Entwicklung von Marketing- und Fremdenverkehrskonzeptionen

    1 Regionenmarketing Münsterland – Fallbeispiel zur Segmentierung
       und Positionierung
    Heribert Meffert und Simone Frömbling 777

    2 Entwicklung des Leitbildes und Positionierung des Amtes
       Oberspreewald/Straupitz
    Kristiane Klemm 801

    3 Städtetourismus am Beispiel der Berlin Tourismus Marketing GmbH
    Hanns Peter Nerger 813

    4 Dritte-Welt-Tourismus
    Peter Agel, Claudia Ende und Thomas Höfels 829

    5 Jugendreisen
    Thomas Gehlen 843

    6 Tourismusleitbilder als kreativer Baustein einer ganzheitlichen
       Tourismusentwicklung am Beispiel Sächsische Schweiz
    André Kaldenhoff und Alexander Seiz 859

II   Implementierung von Marketing- und Fremdenverkehrskonzeptionen

    1 Implementierung von Marketing- und Fremdenverkehrskonzepten
       am Beispiel von Tiroler Tourismusorten
    Siegfried Walch 879

    2 Konflikt und Diskurs im Ferienort
    Claudio Luigi Ferrante 893

Anhang

    1 Geschichte der Tourismuswissenschaft
    Hasso Spode 911

    2 Die akademische Tourismusaus- und weiterbildung in der
       Bundesrepublik Deutschland
    Kristiane Klemm 925

Die Autoren – Biographische Notizen 937

Stichwortverzeichnis 949

Teil 1

Grundlagen und Rahmenbedingungen des Tourismus-Managements und der Fremdenverkehrsplanung

I Grundlagen

1 Das System Tourismus im Überblick

Claude Kaspar

1.1 Einleitung

Wie Bernecker (1962) richtig vermerkt, haben „das Ferne und die Ferne eh und je die Vorstellungskraft des Menschen bewegt, sie waren Pole geheimer Sehnsucht, unbestimmt und unbestimmbar in ihrer Wirklichkeit und daher auch ewig unerreichbar. Dieser psychologische Tatbestand ist wichtig, weil er verhindert, daß jemals eine Sättigung dieses Zuges nach der Ferne eintreten könnte."

Verschiedene Umstände, denen später noch nachzugehen sein wird, haben dazu geführt, daß der Tourismus oder Fremdenverkehr zu einer maßgeblichen Erscheinung unserer Zeit geworden ist, die den Lebensrhythmus des Menschen wie auch die Wirtschaft einer Vielzahl von Ländern entscheidend prägt.

Diese Tatsache zwingt uns zu einer klaren Umschreibung des touristischen Phänomens, zumal die bald in die Legion gehenden touristischen Schriften oft Genauigkeit und Folgerichtigkeit vermissen lassen.

1.2 Der Fremdenverkehr oder Tourismus als Erkenntnisobjekt

1.2.1 Das System Tourismus

Der Fremdenverkehr oder Tourismus als Synonym darf nicht losgelöst von der Umwelt im weiten Sinne betrachtet werden. Bereits die Tatsache, daß der Mensch im Mittelpunkt des touristischen Geschehens steht, zwingt, von einer isolierten Betrachtung abzusehen. Wir müssen uns vom eindimensionalen Denken lösen und versuchen, möglichst mehrdimensional die Tourismusprobleme anzugehen. Verständlicherweise werden wir, der uns gestellten Aufgabe entsprechend, in erster Linie die ökonomische Umwelt betrachten. Wir werden uns indessen bemühen, die interdisziplinären Dimensionen der sozialen, technologischen und ökologischen Welt so weit wie möglich in unsere Betrachtungen einzubeziehen. Wichtig ist dabei insbesondere das Aufzeigen der Problemzusammenhänge. Dazu bedienen wir uns der Systemtheorie. Diese kommt uns in der inhaltlichen Aussage in formaler, nicht aber in empirischer Hinsicht zu Hilfe (vgl. Ulrich, 1968, S. 105 ff.).

16 Claude Kaspar

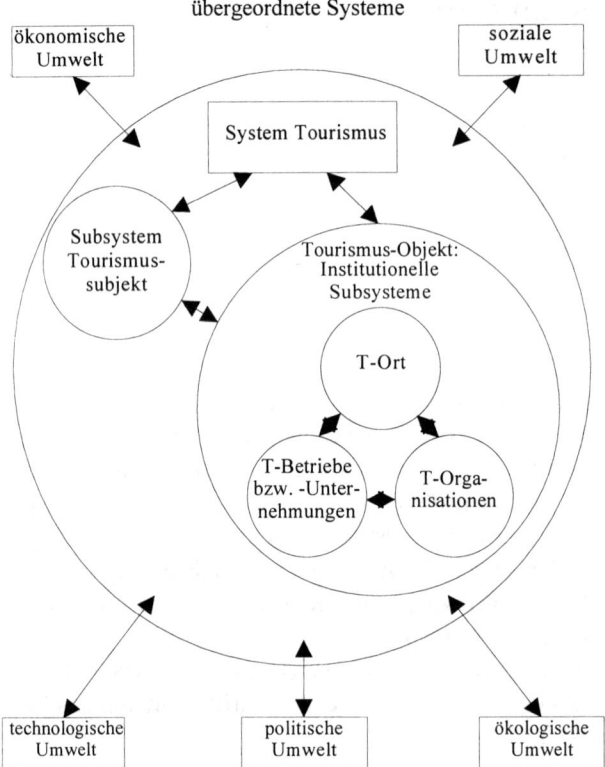

Abb. 1: Die Struktur des Systems Tourismus

Ulrich bezeichnet die allgemeine Systemtheorie als die formale Wissenschaft von der Struktur, den Verknüpfungen und dem Verhalten irgendwelcher Systeme, wobei er unter einem System eine geordnete Gesamtheit von Elementen versteht, zwischen denen Beziehungen bestehen oder hergestellt werden können.

Wenn wir die formale Seite des Tourismus mit seinen vielfältigen Beziehungen zur Umwelt und seinen internen Beziehungen zu Subsystemen im nachfolgenden Schema darstellen, sagen wir noch nichts über die Art und den Umfang dieser Beziehungen aus. Wir stellen lediglich, allerdings in stark vereinfachter Form, die Gesamtheit der Beziehungen und Erscheinungen des Fremdenverkehrs als System „Tourismus" dar, mit seinen Elementen als Teile der Systeme. Zum Zwecke einer übersichtlichen und klaren Darstellung der Verbindungen zwischen dem System Tourismus und den übergeordneten Systemen sowie den Elementen (Subsysteme) haben wir die Zahl der Verbindungen stark eingeschränkt und lediglich die für unsere Betrachtungen wichtigsten Beziehungen zurückbehalten (vgl. Abb. 1).

Die *über- und nebengeordneten Systeme* deuten wir mit folgenden Dimensionen an:

- ökonomische Umwelt,
- soziale Umwelt,
- politische Umwelt,
- technologische Umwelt,
- ökologische Umwelt.

Als *Subsysteme* des Systems Tourismus wählen wir

- das Subsystem Tourismussubjekt,
- die institutionellen Subsysteme
  - Tourismusort,
  - Tourismusbetriebe bzw. -unternehmungen,
  - Tourismusorganisationen (öffentlich-rechtliche und privatrechtliche Organisationsstrukturen).

Das System Tourismus ist als Folge der Verbindungen zur Umwelt ein offenes System. Da das System Tourismus zudem nicht nur von der es umgebenden Umwelt stark beeinflußt wird, sondern diese Umwelt ebenfalls mitprägt, können wir von Inputs (Eingang bzw. Einfluß seitens neben- oder übergeordneter Systeme bzw. Dimensionen) und Outputs (Ausgang bzw. Einfluß auf die neben- oder übergeordneten Systeme bzw. Dimensionen) sprechen. Die Intensität der In- bzw. Outputs kann über die Einflußstärke der anderen gleich- oder übergelagerten Systeme auf den Tourismus bzw. über die Einflußkraft des Systems Tourismus auf andere Systeme aussagen.

1.2.2 Das Begriffssystem Tourismus

Unter Tourismus oder Fremdenverkehr möchten wird die *Gesamtheit der Beziehungen und Erscheinungen verstehen, die sich aus der Ortsveränderung und dem Aufenthalt von Personen ergeben, für die der Aufenthaltsort weder hauptsächlicher und dauernder Wohn- noch Arbeitsort ist* (Kaspar, 1996, S. 16).

Mit dem Element „Gesamtheit der Beziehungen und Erscheinungen" wird der Vielfalt der touristischen Erscheinungen Rechnung getragen, die von der ökonomischen, sozialen, politischen, technologischen, ökologischen Umwelt – um die wichtigsten zu nennen – umgeben ist und als offenes System sowohl von dieser Umwelt beeinflußt wird als auch diese Umwelt in mehr oder weniger entscheidendem Maße mitprägt. Mit dem dargelegten Systemansatz wird die *Multidisziplinarität des Tourismus* unterstrichen.

Konstitutiv für die Erscheinung Tourismus ist der *Ortswechsel*, was bedeutet, daß neben dem eigentlichen Aufenthalt am „fremden" Ort die Reise als raumüberwindendes Element in den touristischen Prozeß zu treten hat. Nun muß die Reise in räumlicher und zeitlicher Hinsicht nicht besonders umschrieben werden. Ausgenommen bleibt die Definition, daß der *Aufenthaltsort weder hauptsächlicher Wohn- noch Arbeitsort* sein darf, womit die Berufspendler vom Tourismusbegriff ausgenommen werden. Dagegen gilt der Aufenthalt in einer Zweitwohnung als Tourismus, und ebenso ist der die Hotelleistungen des fremden Ortes beanspruchende Geschäftsreisende Tourismussubjekt, zumal sein Verhalten weitgehend dem eines eigentlichen Touristen entspricht. Die Ausklammerung des regionalen Einkaufsverkehrs erübrigt sich, zumal dieser regionale – im Gegensatz zum überregionalen bzw. internationalen Einkaufsverkehr – zu Recht nie als Tourismus bezeichnet wurde.

Der sich unter Umständen in kurzer Distanz zum Wohnort abspielende und auch zeitlich begrenzte Naherholungsverkehr ist ebenfalls zum Tourismus zu zählen. Die zeitliche Dauer der Reise und den Grenzübertritt als Merkmale einer Kategorisierung zu nehmen, wie dies seitens der internationalen Organisationen für statistische Belange geschieht, scheint heute für den allgemeinen Tourismusbegriff nicht mehr zweckmäßig zu sein. Die zu einer wichtigen Quelle des internationalen Reiseverkehrs gewordenen eintätigen Städteflüge zu Geschäfts- oder Einkaufszwecken würden beispielsweise dabei ausgeklammert werden.

Die umschriebene Definition umfaßt indessen lediglich den Gesamt-Tourismus und bedarf deshalb verschiedener Präzisierungen. Dies gilt insbesondere auch für die Anwendung des Begriffssystems in der praktischen Arbeit (Tourismusstatistik, -gesetzgebung und -Management). Bernecker (1962) versucht, durch das Begriffssystem *Tourismusarten und -formen* eine erste Gliederung vorzunehmen. Dabei werden die entscheidenden Einflußfaktoren Motivation und Umwelt als Gliederungskriterien verwendet.

Tourismusarten, Gliederung nach der Motivation, aus der Sicht des Nachfragers:

- *Erholungsfremdenverkehr/-tourismus*
  Nah- und Urlaubserholung zur physischen und psychischen Regeneration
  Kurerholung zur Herstellung psychischer und körperlicher Heilung durch natürliche Heilfaktoren (Wasser, Gase, Peloide, Klima)
- *Kulturorientierter Fremdenverkehr/Tourismus*
  Bildungstourismus (Kennenlernen anderer Kulturen, Sprachen, Sitten und Gebräuche)
  Alternativtourismus (Kennenlernen des Lebens anderer Menschen in ihren eigenen Verhältnissen)
  Wallfahrtstourismus
- *Gesellschaftsorientierter Fremdenverkehr/Tourismus*
  Verwandtentourismus
  Klubtourismus mit bewußter Integration des Feriengastes (Urlaubers) in die Gruppe, ausgeprägtes Animationsprogramm
- *Sporttourismus*
  Tourismus des aktiven und passiven Sports

- *Wirtschaftsorientierter Tourismus*
  Geschäftstourismus
  Kongreßtourismus
  Ausstellungstourismus
  Incentiv-Tourismus (Prämienreisen von Unternehmungen)
- Politikorientierter Tourismus
  Diplomaten- und Konferenztourismus
  Tourismus im Zusammenhang mit politischen Veranstaltungen

Tab. 1: *Tourismusformen*, Gliederung nach äußeren Ursachen und Einwirkungen

Bestimmungsmerkmal ausgehend vom Tourismussubjekt	Entsprechende Fremdenverkehrsform
Herkunft	– Inlands-(Binnen-)Tourismus – Auslandstourismus

Zahl der Tourismusteilnehmer	– Individualtourismus (individuelle Gestaltung von Reise und Aufenthalt)
	– Kollektivtourismus
	  Gruppen- oder Gesellschaftstourismus (kollektive Abwicklung des Reisevorgangs und/oder des Aufenthalts)
	  Klubtourismus (Reise vorwiegend, Aufenthalt vollständig im Kollektiv, wobei die Integration des Urlaubsgastes in eine Urlaubergruppe bewußt gefördert wird)
	– Massentourismus (massiertes Auftreten von Touristen, wobei negative Begleiterscheinungen je nach Art und Umwelt bereits bei einer Kleinzahl oder erst bei einer Vielzahl von Touristen auftreten können)
	– Familientourismus

Alter der Tourismusteilnehmer	– Jugendtourismus (Tourismus der etwa 15- bis 24jährigen, die nicht mehr gemeinsam mit ihren Eltern und noch nicht mit ihrer eigenen, noch zu gründenden Familie in die Ferien fahren) – Seniorentourismus (Fremdenverkehr der nicht mehr im aktiven Erwerbsleben stehenden, über 60jährigen Personen [Rentner])

Dauer des Aufenthalts	– Kurzfristiger Tourismus (Kurzzeittourismus)
	  Durchreise- oder Passantentourismus (ohne Rückkehr zum Aufenthaltsort)
	  eigentlicher Kurzzeittourismus, insbesondere Geschäftstourismus während der Woche
	  Tagesausflugstourismus (ohne Übernachtung)
	  Wochenendtourismus (1–3 Übernachtungen)
	– Langfristiger Tourismus
	  Urlaubstourismus mit mehr als 4 Übernachtungen
	  Kurtourismus (nach ärztlicher Erfahrung in der Regel 3 Wochen)

Jahreszeit	– Sommertourismus – Wintertourismus – Hochsaisontourismus – Zwischensaisontourismus

Fortsetzung Tab. 1

Bestimmungsmerkmal ausgehend vom Tourismussubjekt	Entsprechende Fremdenverkehrsform
Beherbergungsform	– Hoteltourismus – Tourismus der Parahotellerie Chalet- und Appartementtourismus Zweitwohnungstourismus Camping- und Wohnwagentourismus
Verwendetes Verkehrsmittel	– Eisenbahntourismus – Autotourismus – Schiffstourismus – Flugtourismus
Auswirkungen auf die Zahlungsbilanz	– Aktiver Tourismus (Incoming-Tourismus, Ausländertourismus im Inland) – Passiver Tourismus (Outgoing-Tourismus, Tourismus der Inländer im Ausland)
Finanzierungsart	– Sozialtourismus (Beteiligung kaufkraftschwacher Bevölkerungsschichten am Tourismus, wobei dieser durch besondere Vorkehrungen ermöglicht oder erleichtert wird) – Tourismus durch Vor- und Nachfinanzierung
Soziologischer Inhalt	– Luxus- und Exklusivtourismus – Traditioneller Tourismus (entsprechend der touristischen Ausprägung von Individualreise und -aufenthalt im Hotel in den Anhangsjahren des modernen Tourismus) – Jugendtourismus – Seniorentourismus – Sozialtourismus – „Sanfter Tourismus"
Reiseform (Art der Reise-Organisation)	– Individualtourismus (mit und ohne Reisebüronutzung) – Pauschaltourismus (vom Reiseveranstalter angebotenes Paket von Reise- und Aufenthaltsleistungen zu einem Pauschalpreis: Voll- und Teil-Pauschalreisen bzw. -Veranstalterreisen)
Reiseverhalten	– Intelligenter Tourismus – Neigungstourismus

Es versteht sich, daß die Aufzählung in Tab. 1 nicht abschließend ist. Zudem treten zahlreiche Mischformen auf, die nicht eindeutig einer Tourismusart oder Tourismusform zugeordnet werden können. Der starke Wandel in den touristischen Motivationen wie auch in den äußeren Einwirkungen auf die Erscheinung Tourismus lassen überdies immer neue Varianten auftreten, was zielgruppenspezifische Angebote anstelle von pauschaltouristischen fördert.

1.2.3 Die Entwicklung des Tourismus

Die Erklärung zur Entwicklung des heutigen Tourismus als ein Massenphänomen liefert uns weitgehend der historische Rückblick als Spiegelbild der jeweilig herrschenden politischen, kulturellen und wirtschaftlichen Verhältnisse. Dabei können wir feststellen, daß die heute bekannten Motivationen zum Tourismus zu einem guten Teil

- schon im Altertum als
  - Sporttourismus (Olympiade, 770 v. Chr.),
  - Bildungstourismus (Herodot, 480-421 v. Chr.),
  - Heiltourismus (Epidaurus, Bäderreisen der Römer),
  - Wallfahrtstourismus (Delphi, Jerusalem)
- bzw. im Mittelalter als
  - Wallfahrtstourismus (Rom, Santiago de Compostela, Jerusalem),
  - Bildungstourismus (Scholaren)
- oder in der Neuzeit als
  - Bildungstourismus (Entdeckungsreisen, Reisen junger Adeliger, Künstler)

vorhanden waren.

Einen entscheidenden Auftrieb erhielt der Tourismus indessen mit der Verbesserung des Verkehrssystems und durch die sich positiv auf den wirtschaftlichen Wohlstand auswirkende Industrialisierung seit Beginn des 19. Jahrhunderts. Die wichtigsten *Entstehungsgründe und Impulse zum modernen Tourismus* sind zurückzuführen auf:

- Industrialisierung (Arbeitsteilung mit Massenarbeitsangebot),
- Bevölkerungsentwicklung und Verstädterung,
- Verkehrsentwicklung (Aufkommen neuer Verkehrsträger Eisenbahn, Automobil, Flugzeug),
- Zunahme des Realeinkommens,
- Verbesserung der sozial- und arbeitsrechtlichen Verhältnisse,
- Änderung der Bedürfnisstruktur.

Der moderne Tourismus wird durch eine fortgesetzte *„Demokratisierung"* gekennzeichnet, zumal immer breitere Bevölkerungsschichten in den Urlaub zu fahren in der Lage sind. Die touristische Leistung hat sich von einem Gut des Luxusbedarfs (bis zum 1. Weltkrieg) über ein Gut des gehobenen Bedarfs (bis in die 60er Jahre) zu einem Gut des Existenzbedarfs entwickelt. Nebst den finanziellen Bedingungen ist dieser Trend der zunehmenden Freizeit, dem wachsenden Streß der Arbeitswelt der Menschen sowie den sich verschlechternden Umweltbedingungen in den bevölkerungs- und wirtschaftsintensiven Ballungsgebieten zuzuschreiben.

1.2.4 Der Tourismus und seine Umwelt

Die Darstellung des Tourismus als offenes System unterstreicht die Bedeutung der Umwelt für die Struktur und die Entwicklung des Tourismus. Entsprechend der Wichtigkeit ökonomischer Sachverhalte für den Tourismus beschreiben wir zunächst die ökonomische Umwelt als übergeordnetes System, zumal ökonomische Gegebenheiten den Ortswechsel zum Zwecke eines Aufenthalts außerhalb des Wohn- und Arbeitsortes ermöglichen und aus einem Bedürfnis nach Reisen, Erholung usw. eine effektive marktwirksame Nachfrage entstehen lassen.

1.2.4.1 Die ökonomische Umwelt

Bis zu der vorerst in England einsetzenden Industrialisierung beschränkte sich der Tourismus auf einen sehr engen Kreis der gesellschaftlichen und finanziellen Oberschicht. Die durch technische Erfindungen wesentlich geförderte Industrie führte zu einer wachsenden Konzentration der Einkommen und Vermögen auf Unternehmerebene. Nach den 60er Jahren des 19. Jahrhunderts waren die begüterten Adeligen und Großgrundbesitzer zusammen mit Unternehmern die Gäste der sich stark entwickelnden Hotellerie. Eine Änderung wurde erst langsam nach dem 1. Weltkrieg sichtbar. Die bürgerliche Mittelschicht, bestehend aus Beamten und Industriekadern, löste die durch den Krieg verarmten Adeligen und Grundbesitzer ab. Durch die verbesserte Sozialgesetzgebung (insbesondere durch Einführung bezahlter Ferien) wurden nach und nach weitere Bevölkerungsteile wie das große Heer der Arbeiter tourismusrelevant. Nicht mehr das Vermögen der sogenannten Leisure Class, sondern das Einkommen der Selbständigen und Unselbständigen bestimmt im wesentlichen das Reiseverhalten der Menschen. Damit wird die ökonomische Umwelt weitgehend zum Bestimmungsfaktor der touristischen Entwicklung.

Ökonomische Faktoren, die eine *positive* Entwicklung des Tourismus zur Folge haben:

– Zunahme des verfügbaren Realeinkommens,
– gleichmäßigere Einkommensverteilung,
– stabile Währungslage,
– günstige Konjunktursituation.

Ökonomische Faktoren, die eine *negative* Entwicklung des Tourismus zur Folge haben:

– wirtschaftliche Krisenerscheinungen,
– Rückgang der industriellen Produktion (wachsende Arbeitslosigkeit, Personal- und Lohnstop, Kurzarbeit, Wegfall von Überzeitarbeit),

- unstabile Währungslage,
- ungünstige Konjunktursituation.

Die Verflechtung zwischen der Wirtschaftslage und der touristischen Entwicklung wird klar, wenn die Entwicklung des Bruttosozialprodukts – als Ausdruck für die wirtschaftliche Leistung einer Volkswirtschaft – mit derjenigen der touristischen Ausgaben als Maßzahl des Fremdenverkehrs verglichen wird. Generell kann festgestellt werden, daß die touristischen Ausgaben in den letzten 20 Jahren stärker gewachsen sind als das Bruttosozialprodukt. Auffallend sind die wesentlich stärkeren Ausschläge der touristischen Ausgaben für Auslandstourismus, die darauf schließen lassen, daß diese einen relativ hohen Elastizitätsgrad aufweisen. Dieser Elastizitätsgrad spiegelt gleichzeitig die zahlreichen im Bruttosozialprodukt nicht enthaltenen wirtschaftlichen sowie die nicht wirtschaftlichen (z.B. politische Lage, Wetterbedingungen, Motivation usw.) Einflußfaktoren wider. Trendmäßig ist eine ähnliche Entwicklung der touristischen Ausgaben insgesamt, einschließlich des Binnentourismus, anzunehmen, obgleich die Nachfrageelastizität des Binnentourismus wesentlich geringer ist.

Umgekehrt dürfen auch die Auswirkungen des Tourismus auf die übrige Wirtschaft eines Landes nicht außer acht gelassen werden:

- Zahlungsbilanzfunktion (Anteil der Reiseverkehrsbilanz),
- Ausgleichsfunktion (wirtschaftlicher Ausgleich zwischen Industrie- und Tourismusgebieten bzw. zwischen Tal- und Bergregionen),
- Beschäftigungsfunktion (Tourismus als Arbeitgeber),
- Einkommensfunktion (Multiplikatoreffekt),
- Produktionsfunktion (Wertschöpfungseffekt),
- Tourismus als zunehmend eigenständiger Wirtschaftsfaktor (z.B. Österreich, Spanien, Länder der Dritten Welt).

1.2.4.2 Die sozio-kulturelle Umwelt

Aus den obigen Erläuterungen könnte der Eindruck entstehen, daß die Entwicklung des Tourismus ausschließlich von ökonomischen Faktoren abhängig ist. Dies ist jedoch keineswegs der Fall. Auch die Teilnahme am Tourismus – als ein Bereich wirtschaftlichen Handelns – geschieht nicht losgelöst vom übrigen Bereich menschlicher Tätigkeit, wo immer eine Berücksichtigung nicht-wirtschaftlicher Bedürfnisse und Werte erfolgt.

Von wesentlicher Bedeutung für die Entwicklung des Fremdenverkehrs ist in dieser Hinsicht diejenige der gesellschaftlichen Ordnungen. So war die durch Geistlichkeit, Adel und Volk gegliederte Ständegesellschaft des Mittelalters vollkommen statisch. Erst eine im 18. und 19. Jahrhundert in jeder Hinsicht sich abzeichnende Liberalisierung führte zu einer Auflösung dieser starren gesellschaftlichen Ordnung. Der dritte

Stand – das Volk – gewann auf Kosten der bisher herrschenden Schichten und des Staates an Einfluß. Es bildete sich eine Klassengesellschaft, deren Schichtung nicht auf Vorrechten der Geburt, sondern immer mehr auf der wirtschaftlichen Leistung beruht. Bis heute hat sich die damalige Klassengesellschaft in vielfacher Weise verändert. So kann unsere heutige Gesellschaftsordnung mit den Hauptmerkmalen der Demokratie als Staatsform und der sozialen Marktwirtschaft als Wirtschaftsordnung als besonders tourismusfreundlich bezeichnet werden.

Es darf aber nicht übersehen werden, daß auch der Fremdenverkehr einen starken Einfluß auf die soziale Umwelt ausübt. In den klassischen Fremdenverkehrsländern ist dieser Einfluß insbesondere im 19. Jahrhundert bedeutungsvoll. Ein neueres Beispiel ist Spanien, wo der Einbruch des Massentourismus in den 50er Jahren auch die über Jahrhunderte gleich gebliebene Gesellschaftsstruktur verändert hat.

Die Gefahren einer Akkulturation (kulturelle Verflachung und Anpassung) sowie die Nachteile einer Überfremdung des Eigentums an Land und Infrastruktur haben in letzter Zeit die Behörden alarmiert und sie zu Gegenmaßnahmen gezwungen (Förderung der kulturellen Eigenart, Erschwerung des Verkaufs von Grundstücken an Ausländer).

1.2.4.3 Die politische Umwelt

Der Tourismus ist eine der Ausdrucksformen menschlichen Zusammenlebens, welche entscheidend durch obrigkeitliche, also politische Willensbildung und Gestaltung bestimmt wird. Der Tourismus wird somit in starkem Maße von politischen Faktoren beeinflußt.

Es kann grundsätzlich festgestellt werden, daß

– der Tourismus direkt oder indirekt politische Funktionen erfüllt,
– der Tourismus seinerseits der Politik Impulse gibt.

In Deutschland wie in der Schweiz und insbesondere in Österreich ist der Tourismus heute unbestrittenermaßen ein bedeutender wirtschaftlicher Faktor. Zur Hebung des materiellen Wohlstandes trägt der Tourismus sowohl in den Bereichen der Außenwirtschaft (Ertragsbilanz) als auch der Binnenwirtschaft (Ausgleichsfunktion in den wirtschaftlich schwachen Regionen) bei. Dadurch wird auch die Tatsache verständlich, daß der Staat im Rahmen der Wirtschaftspolitik mehr und mehr zum vorherrschenden Träger der Tourismuspolitik wird.

1.2.4.4 Die technologische Umwelt

Die Verkehrs-, Kommunikations- und Beherbergungstechnik können als eigentliche technologische Umwelt des Tourismus bezeichnet werden. Als solche übt die erstere einen bedeutenden Einfluß auf die Entwicklung des Tourismus aus.

Die vor mehr als 100 Jahren einsetzende beachtliche Entwicklung hinsichtlich Schnelligkeit, Sicherheit, Leistungsfähigkeit und Wirtschaftlichkeit auf allen Gebieten des Verkehrs (Schienenverkehr, Luftverkehr, Seeverkehr, Straßenverkehr) hat die uns aus der Schilderung des geschichtlichen Ablaufs bekannte Förderung des Tourismus bewirkt. Neben der qualitativ und quantitativ positiven Auswirkung auf den Tourismus infolge einer wesentlichen Verbilligung des Verkehrsvorgangs sind vor allem Einwirkungen gesellschaftlicher und kultureller Art erwähnenswert. Die Entwicklung der Verkehrstechnik hat insbesondere zu einer größeren räumlichen und persönlichen Freizügigkeit der Touristen geführt. Sozusagen jeder Tourismusstandort ist für jedermann erreichbar, wenn wir an die Vorteile des individuellen Verkehrsmittels Auto oder an das Verkehrsmittel Flugzeug denken.

Die wesentlichen Verbesserungen der erwähnten qualitativen Elemente der Verkehrsmittel mußte allerdings durch die entsprechende Verteuerung der Reise erkauft werden, eine wichtige Ausnahme ist im Luftverkehr festzustellen. Die Entwicklung der Verkehrstechnik hat, von den wirtschaftlichen Auswirkungen abgesehen, auch andere, als nachteilig empfundene Folgeerscheinungen gezeigt:

- Die dem Touristen zustehende Mobilität kann der Erholung zuwiderlaufen.
- Bei großer Reisegeschwindigkeit sind die Erlebnisse und Eindrücke, die während einer Reise aufgenommen werden können, geringer und oberflächlicher als bei beschränkter Reisegeschwindigkeit (Europareise in acht Tagen).
- Der Reisende findet sich sehr häufig in einer Massenkonsumsphäre (Verkehrsstockungen auf der Straße, Beförderung durch Jumbojets, Kollektivreisen).
- Lärm und Luftverschmutzung durch Verkehrsmittel beeinträchtigen die Erholung.

Eine zunehmende Dynamik und Komplexität ist in den Bereichen der Kommunikationstechnik festzustellen:

- Informatik (EDV, Kommunikation, Bürotechnik)
- „FV'stechnik" (elektronische Informations- und Reservierungssysteme, Check-in/Check-out-Verfahren, automatisierte Betriebssteuerung, integrierte Informations-, Buchhaltungs- und Abrechnungssysteme, Sicherheits-/Kontrollsysteme etc.)
- Konzentration, Spezialisierung, Anlagen-/Kapital-Intensität.

Ebenfalls großen Einfluß auf die Entwicklung des Tourismus hat, wie bereits angedeutet, die Entwicklung der Beherbergungstechnik. Wir denken hier vor allem an neue Formen des gewerblichen Beherbergungswesens (Großhotels) sowie an die beachtlichen technischen Neuerungen, die den Arbeitsablauf in der Hotellerie stark verändern und vereinfachen, die aber auch dem Tourismusbetrieb die persönliche Note und das gesellschaftliche Erlebnis genommen haben.

Andererseits haben sich die Entwicklung des Tourismus als Massenphänomen und die sich hieraus ergebenden Engpässe entscheidend auf die technologische Umwelt ausgewirkt und die Technik herausgefordert (Ausbau der Verkehrswege unter schwierigsten Bedingungen).

1.2.4.5 Die ökologische Umwelt

Mit der Veröffentlichung der Studie des Massachusetts Institute of Technology (MIT) über die „Grenzen des Wachstums" durch den Club of Rome ist der Menschheit die prekäre Lage bewußt geworden, in der sie sich aufgrund des festzustellenden exponentiellen Wachstums befindet. Die an Frevel grenzende Verschmutzung von Luft und Wasser, die sorglose Überbauung von Kulturland und der Raubbau an den verfügbaren Bodenschätzen bewirken eine ernsthafte Störung des natürlichen Gleichgewichts mit apokalyptischen Folgen für die Menschheit: Die Ökologie, als Lehre der Beziehungen zwischen den Lebewesen und ihrer Umwelt, ist zu einem entscheidenden Element des menschlichen Überlebens geworden. Der Tourismus ist naturgemäß von einer in ihrer natürlichen Gestaltung attraktiven Umwelt abhängig. Dieses Abhängigkeitsverhältnis des Tourismus gegenüber der ökologischen Umwelt ist viel größer als in den meisten anderen Wirtschaftszweigen. Die Zerstörung der Landschaft, deren Elemente der Boden, die Gewässer, die Luft, die Pflanzen, die Tiere sowie die Menschenwerke verschiedener Art sind, muß über kurz oder lang zur Zerstörung des Tourismus führen.

Die allgemeine Zielsetzung des Umweltschutzes muß somit – auch aus der Sicht des Tourismus – folgende sein: Es sind einerseits die zulässige Belastung des entwickelbaren Naturpotentials und andererseits die Entwicklung von Technik und Wirtschaft, von Wohlstand und Freizeit aufeinander abzustimmen. Dazu müssen diejenigen Maßnahmen ergriffen werden, die die Biosphäre mit ihren Elementen Boden, Wasser, Luft, Klima, Pflanzendecke und Tierwelt im Sinn einer langfristigen Daseinsversorgung optimal erhalten und entwickeln.

Dabei ist zu beachten, daß die zulässige Belastung nicht eine konstante Größe darstellt. Es muß versucht werden, die Auswirkungen menschlicher Aktivitäten dergestalt auf ein entwickelbares Naturpotential abzustimmen, daß die ganze Biosphäre – zu der auch der Mensch gehört – langfristig nicht nur erhalten, sondern auch entwickelt wird.

In den letzten Jahren wird immer mehr die Entwicklung eines sogenannten „sanften Tourismus" gefordert, eines Fremdenverkehrs, der ein Gleichgewicht zwischen Landschaft, Erholung und wirtschaftlicher Wertschöpfung mit sich bringt und im Einklang steht mit der natürlichen, sozialen und kulturellen Umwelt und gekennzeichnet ist durch einen betont schonenden Umgang mit der Landschaft.

1.2.5 Motive touristischer Tätigkeit

Grundsätzlich können wir festhalten, daß der das touristische Leistungsbündel Reise und Aufenthalt in Anspruch nehmende Mensch alles andere als ein rational denkendes und handelndes Wesen ist. Dieser Charakterzug des Touristen erklärt auch den starken Wandel und die sprichwörtliche „Modeabhängigkeit" seines Verhaltens bei der Wahl seiner Reisedestination wie auch seines Benehmens während seines Aufenthalts am Ort seiner Reisewahl.

Die neuere Erforschung des Tourismussubjekts geht immer mehr von den Motiven und von der Motivation aus, um das Verhalten und die Aktivität des Touristen zu erklären. Es wird weniger nach dem Bedürfnis selbst als nach dem Beweggrund als der das Verhalten auslösenden Zielvorstellung, dem Motiv, gefragt. Die Motivation umschreibt, nach Brockhaus' Enzyklopädie, die in einer Handlung wirksamen Motive, die das individuelle Verhalten aktivieren oder regulieren. Es fällt schwer, klar abgegrenzte Motivgruppen oder Motivationen als Beweggründe des Touristen festzulegen (vgl. Tab. 2).

Tab. 2: Reisemotive und daraus resultierende Tourismusgruppen/-arten

Motivationsgruppen bzw. Motivationen	Entsprechende Tourismusartengruppen bzw. Tourismusarten
Physische Motivationen − Erholung (physische Regeneration der Kräfte) − Heilung (Herstellung der körperlichen Gesundheit) − Sport (körperliche Betätigung)	Erholungstourismus Kurtourismus Sporttourismus (auch im passiven Sinne verstanden)
Psychische Motivationen − Ausbruch aus der alltäglichen Isolierung − Zerstreuung − Erlebnisdrang	eigentlicher Erlebnistourismus, wie er im Bildungs-, Erholungs- und Klubtourismus vorkommt
Interpersonelle Motivationen − Besuch von Freunden und Bekannten − Geselligkeit, soziale Kontakte − Eskapismus (weg vom allzu zivilisierten Alltag und Rückkehr zur Natur)	Verwandtentourismus Klubtourismus, vgl. auch Erlebnistourismus z.B. Campingtourismus
Kulturelle Motivationen − Kennenlernen anderer Länder, ihrer Sitten, Gebräuche und Sprachen − Kunstinteresse − Reisen aus religiösen Gründen	Bildungstourismus
Status- und Prestigemotivationen − Persönliche Entfaltung (Aus- und Weiterbildung) − Wunsch nach Anerkennung und Wertschätzung (Renommierreisen)	Geschäfts- und Kongreßtourismus z.B. Erlebnistourismus, aber auch Kongreßtourismus

Die schwierige Abgrenzung der einzelnen Motivationen wird dadurch erklärt, daß der Tourist oft gleichzeitig verschiedene Beweggründe für das Verlassen seines Wohn- und Arbeitsortes hat. Zudem können diese Motivationen bewußten und unbewußten Ursprungs sein und unterliegen in starkem Maße äußeren Einflüssen. Das Verhalten, Denken und Handeln des heutigen Menschen wird entscheidend von seiner sozialen

Umwelt geprägt. Die wachsende Arbeitsteilung weist jedem Menschen eine bestimmte Aufgabe zu, die er im Rahmen der Gesellschaft zu erfüllen hat, will er sich behaupten und überleben. Dabei steht die eigentliche Arbeit, wofür der Mensch ein sein physisches Überleben ermöglichendes Entgelt erhält, im Vordergrund. Die Bedingungen am Arbeitsplatz bestimmen auch weitgehend sein Verhalten gegenüber dem Tourismus.

Bis zum 1. Weltkrieg war dieses Verhalten gegenüber dem Tourismus für Arbeitnehmer und unselbständig Erwerbende aus wirtschaftlichen und sozialen Gründen irrelevant. Nicht nur fehlten dieser Bevölkerungskategorie die wirtschaftlichen bzw. finanziellen Voraussetzungen, auch die Tatsache, daß dem Arbeitnehmer keine entsprechende Freizeit in Form von Urlaub zustand, ließen keinerlei Reisemotivationen wirksam werden. Diese blieben auf gesellschaftlich klar abgegrenzte Bevölkerungskreise des Adels, der Großgrundbesitzer und der Industriellen begrenzt, bei denen die pekuniären und zeitlichen Voraussetzungen für den Tourismus erfüllt waren. Der amerikanische Soziologe Th. Veblen hat diesbezüglich festgestellt, daß der damalige Fremdenverkehr der sogenannten Leisure Class, d.h. der über genügend Muße verfügenden Gesellschaftsschicht, vorbehalten war (vgl. Veblen, 1899).

Die umwälzenden Ereignisse der beiden Weltkriege veränderten indessen diese Bedingungen entscheidend. Die Voraussetzungen zur Teilnahme am Fremdenverkehr wurden durch den zunehmenden Wohlstand aller Bevölkerungsklassen sowie durch eine fortschrittliche Sozialgesetzgebung mit Recht auf Urlaub und Urlaubsgeld nach und nach hergestellt. Eine wesentliche Verstärkung erfährt die Reisemotivation aus sozialen Gründen durch die Verhältnisse der Industrie- und Leistungsgesellschaft in der Gegenwart. Die häufigen Frustrationssituationen, verbunden mit wachsender Monotonie und Vermassung der Arbeitswelt, sowie die sich verschlechternden Lebensbedingungen in den Ballungen der Arbeits- und Wohnzentren lassen die physische und psychische Motivation immer mehr in den Vordergrund treten. Die dem heutigen Menschen von der Verkehrstechnik verliehene Mobilität kommt diesen verstärkten Reisemotivationen entgegen und ermöglicht die Trennung von Arbeitswelt (Alltag) und Urlaubswelt als Teil der Freizeitwelt. Scheuch (1972, S. 305) stellt fest, daß Distanz zur gewohnten Umgebung zu gewinnen, das zentrale Motiv des modernen Urlaubs zu sein scheint: „So wie die Existenzen verschieden sind, ist dann auch unterschiedlich, was Distanz konstituiert." Die in früheren Zeiten vorherrschenden kulturellen, interpersonellen sowie Status- und Prestigemotivationen scheinen dagegen vorübergehend von geringerer Relevanz zu sein. Ihre Bedeutung hängt mehr als die der physischen und psychischen Motivationen von den jeweils herrschenden wirtschaftlichen Verhältnissen ab. Die Erholung und das Urlaubserlebnis werden zum notwendigen Ausgleich der beruflichen Tätigkeit und der Urlaub wird wird zur verdienten Kompensation des Alltags.

1.2.6 Das touristische Angebot

Das touristische Angebot bietet sich im Hinblick auf die reiche Motivationsskala des Touristen in vielfältigster Form an. Je nach Motivation erhalten das ursprüngliche sowie das abgeleitete Angebot eine unterschiedliche Bedeutung und die einzelnen Elemente dieser beiden Hauptgruppen eine verschiedene Gewichtung. Die physische Motivation wird beispielsweise dem ursprünglichen Angebot mehr Bedeutung beimessen, die Status- und Prestigemotivation mehr Wert auf das abgeleitete Angebot legen. Der unter der physischen Motivation aufgeführte Sport ist im wesentlichen von einer bestimmten Topographie der Landschaft (Wintersport/Bergsport), der Heilung suchende Mensch vom Vorhandensein natürlicher Heilfaktoren (Thermal- und Mineralwasser, Klima) abhängig.

Zum *ursprünglichen Angebot* sind zu zählen (weitere Untergliederung vorbehalten):

- die natürlichen Gegebenheiten, wie geographische Lage, Klima, Topographie (Relief), Landschaftsbild, Vegetation, Tierwelt,
- die sozio-kulturellen Verhältnisse, wie Kultur, Tradition, religiöse und profane Bauten, Sprache, Mentalität, Gastfreundschaft, Brauchtum,
- die allgemeine Infrastruktur als Grundausrüstung an gemeinschaftlich benutzbaren Einrichtungen, welche die Entfaltung umfassender wirtschaftlicher und gesellschaftlicher Aktivitäten ermöglicht. Im engeren, uns interessierenden Sinne zählen wir zur Infrastruktur die Einrichtungen zur Versorgung (Transport, Energie- und Wasserversorgung) und Entsorgung (Abwasserreinigungs- und Abfallbeseitigungsanlagen), die sogenannte Basisinfrastruktur.

Das ursprüngliche Angebot umfaßt alle jene Faktoren, die keinen direkten Bezug zum Fremdenverkehr haben, aber durch ihre Anziehungskraft dem Tourismus Richtung und Gestalt geben. Demgegenüber umfaßt das *abgeleitete Angebot:*

- Einrichtungen zur Ortsveränderung,
- Einrichtungen des Aufenthalts, d.h.
  - der Beherbergung, Verpflegung und Unterhaltung,
  - der erholungsmäßigen sportlichen Betätigung,
  - der wirtschaftlichen Betätigung (Kongreß- und Kursmöglichkeiten, Einkaufsmöglichkeiten),
- Einrichtungen der Vermittlung (Reiseagenturen, Verkehrsverein).

Im Gegensatz zur allgemeinen Infrastruktur, die nicht spezifisch zur touristischen Verwendung bereitgestellt werden muß und somit zum ursprünglichen Angebot gezählt wird, fallen die touristische Infrastruktur und Suprastruktur unter das abgeleitete Angebot. Als touristische Infrastruktur bezeichnen wir alle gemeinschaftlich, d.h. öffentlich benutzbaren Einrichtungen, welche touristische Aktivitäten ermöglichen und nicht zur touristischen Suprastruktur gezählt werden. Zur *touristischen Infrastruktur* gehören

- die touristisch bedingte engere Infrastruktur, d.h. die wegen des Fremdenverkehrs benötigte zusätzliche, über das Richtmaß für Einheimische hinausgehende Infrastruktur der Ver- und Entsorgung,
- die eigentliche touristische Infrastruktur, bestehend aus
  - touristischen Transportanlagen, wie Skilifte, Luftseilbahnen, Standseilbahnen, Zahnradbahnen, Touristenbusse und -flugzeuge;
  - fremdenverkehrsörtlichen Einrichtungen, d.h. Anlagen, die den Gästen zur Erholung und sportlichen Betätigung dienen, wie Spazier- und Wanderwege, Schwimmbäder (Frei-, Strand- und Hallenbäder), Parkanlagen, Skipisten, Eisbahnen (Natur- und Kunsteisbahnen), Spiel- und Liegewiesen, Tennisanlagen und Golfplätze, Wassersporteinrichtungen, Reitanlagen, Fitneßanlagen und Einrichtungen für sonstige Sportarten (Angeln, Radfahren, Gymnastik, Schießen usw.), Kinderspielplätze, Kleinsportanlagen (Kegelbahn, Boccia usw.);
  - kurörtlichen Einrichtungen, d.h. Einrichtungen, die der Anwendung natürlicher Heilfaktoren als Kurmittel dienen. Bei Badekurorten können, je nach Art und Heilanzeigen, zu den kurörtlichen Einrichtungen gezählt werden: Trink- und Wandelhallen mit Kurpark; Kurmittelhaus zur Abgabe von Heilwasserbädern, Gas- und Moorbädern und zusätzlichen Behandlungen; ein Inhalatorium zur Abgabe von Inhalationen; Einrichtungen der Bewegungstherapie (Bewegungsbad, Krankengymnastik, Gymnastik und Sport); Wege für Terrainkuren; bei Klimakurorten: Gebäude und Einrichtungen mit zweckentsprechenden therapeutischen Möglichkeiten zur Durchführung einer Klimakur, z.B. Kurmittelhaus, landschaftlich bevorzugt gelegene Liegehallen mit Sonnen- und Schattenlage, ausgedehnte Park- und Waldanlagen mit gekennzeichneten Kurübungen für Terrainkuren; Sport-, Spiel- und Liegewiesen; Einrichtungen der Bewegungstherapie (Krankengymnastik, Gymnastik und Sport);
  - Unterhaltungslokalen: Kursaal, Spielcasino, Dancing, Kongreß- und öffentliche Lese- und Aufenthaltsräume;
  - Kongreß- und Tagungszentren;
  - Betreuungs- und Informationsdienst.

Demgegenüber gehören zur *touristischen Suprastruktur* die Einrichtungen für die

- Beherbergung: Hotels, Gasthöfe, Pensionen, Aparthotels, Einrichtungen der Parahotellerie wie Appartements, Ferienhäuser, Camping- und Caravaningplätze, Massenunterkünfte,
- Verpflegung: Restaurants, Snack- und Selbstbedienungsverpflegungsstätten.

Die besondere Hervorhebung des Beherbergungs- und Verpflegungsangebots geht von der Tatsache aus, daß neben dem ursprünglichen Angebot die Unterkunfts- und Verpflegungsmöglichkeiten für den Touristen von ausschlaggebender Bedeutung sind. Im Naherholungsverkehr sind andere Prioritäten (eigentliche touristische Infrastruktur) festzustellen.

Die Vielfalt des touristischen Angebots besagt, daß der Tourist bei seiner Bedürfnisbefriedigung nicht eine einzelne, isolierte Leistung, sondern ein *Leistungsbündel* in Anspruch nimmt. Die Leistungen des ursprünglichen und des abgeleiteten Angebots stehen somit in einem engen Komplementärverhältnis zueinander. Auch innerhalb dieser beiden Angebotskategorien bestehen enge Abhängigkeitsbeziehungen, wie beispielsweise zwischen Klima und Topographie (Wintersport) oder zwischen Beherbergung und Verpflegung.

1.2.7 Die Institutionen des Tourismus

Damit das als Fremdenverkehrsobjekt bezeichnete Fremdenverkehrsangebot den Anforderungen des ein Bündel von Leistungen nachfragenden Fremdenverkehrssubjekts genügen kann, müssen die einzelnen Beziehungen zwischen den Angebotselementen besonders ausgebaut und organisiert werden. Die Teilfunktionen etwa des einzelnen Fremdenverkehrsbetriebes oder des einzelnen Tourismusortes müssen durch besondere Organisationsstrukturen koordiniert werden.

Dementsprechend unterscheiden wir

- Tourismusorte im engeren Sinn (Erholungsorte und Orte mit touristischen Attraktionen) und im weiteren Sinn (Verkehrszentren, Bildungszentren, Verkaufszentren und Wirtschaftszentren),
- Tourismusunternehmungen
  - des primären, unmittelbaren Leistungsbereichs, deren Leistungen ausschließlich oder überwiegend dem Tourismus dienen und die daraus ihre Existenzgrundlage ziehen (Beherbergung, Verpflegung, Transport, Vermittlung),
  - des sekundären, mittelbaren Leistungsbereichs (Gastronomie, Produktions- und Handelsbetriebe),
- Tourismusorganisationen
  - Verkehrsamt,
  - regionale und Länder-Tourismusorganisationen,
  - bundesweite (nationale) Tourismusorganisationen,
  - internationale Tourismusorganisationen.

Literatur

Bernecker, P. (1962): Grundlagenlehre des Fremdenverkehrs. Wien.
Kaspar, C. (1996): Die Tourismuslehre im Grundriß. 5. Aufl., Bern/Stuttgart (St. Galler Beiträge zum Tourismus und zur Verkehrswirtschaft, Bd. 1).
Scheuch, E.K. (1972): Ferien und Tourismus als neue Formen der Freizeit. In: E.K. Scheuch, R. Meyersohn (Hrsg.): Soziologie der Freizeit. Köln.
Ulrich, H. (1968): Die Unternehmung als produktives soziales System. Bern/Stuttgart.
Veblen, Th. (1899): The Theory of the Leisure Class. An Economic Study in the Evolution of Institutions. New York.

Weitere Literatur

Kaspar, C. (1990): Einführung in das touristische Management. Bern/Stuttgart (St. Galler Beiträge zum Fremdenverkehr und zur Verkehrswirtschaft, Bd. 21).
Kaspar, C. (1995): Management im Tourismus. 2. Aufl., Bern/Stuttgart/Wien (St. Galler Beiträge zum Tourismus und zur Verkehrswirtschaft, Bd. 13).
Mihalic, T., C. Kaspar (1996): Umweltökonomie im Tourismus. Bern/Stuttgart/Wien (St. Galler Beiträge zum Tourismus und zur Verkehrswirtschaft, Bd. 27).
Romeiß-Stracke, F. (1989): Neues Denken im Tourismus. München.

2 Tourismus-Management und Tourismus-Marketing

Günther Haedrich

2.1 Tourismus-Management

2.1.1 Der Tourismus als zweckorientiertes Sozialsystem

Management wird von Ulrich definiert als *Gestaltung und Lenkung zweckorientierter sozialer Systeme* (vgl. Ulrich, 1990, S. 13).

Der Tourismus kann als zweckorientiertes soziales System gekennzeichnet werden, das mit marktlichen und gesellschaftlichen Teilöffentlichkeiten in engen wechselseitigen Austauschbeziehungen steht. Einerseits gehen von der Umwelt Einflüsse auf das touristische System aus – bespielsweise in Form von veränderten Werthaltungen der Bevölkerung, durch die das Verhalten der Touristen maßgeblich geprägt wird, oder durch Aktivitäten von Umweltschutzorganisationen, die sich bilden, um bestimmte Forderungen in Bezug auf die Wahrung natürlicher Ressourcen und kultureller Gegebenheiten durchzusetzen. Auf der anderen Seite prägt das touristische System u.a. durch die Gestaltung und Vermarktung touristischer Produkte normative Vorstellungen und Verhaltensweisen der Bevölkerung im weiteren Sinne und der Reisenden im engeren Bezugsrahmen.

Die *Gestaltung und Lenkung* des sozialen Systems stellt darauf ab, daß das System sein Verhalten an einem übergeordneten Leitbild (Unternehmensphilosophie) ausrichtet und Leitsätzen folgt, die als zentrale Orientierungspunkte zur Bestimmung des Unternehmenszwecks (Defining the Business) und als handlungsleitende Geschäftsprinzipien gegenüber den verschiedenen Umwelten bzw. den Interaktionspartnern des Systems angesehen werden können (vgl. Hinterhuber, 1990, S. 156–158; Jugel/Wiedmann/Kreutzer, 1987, S. 293). In diesem Zusammenhang wird festgelegt, welche Märkte bedient werden oder zukünftig bedient werden sollen und wie die Austauschbeziehungen zu einzelnen Umwelten (u.a. Kunden, Lieferanten, Kapitalgeber, Arbeitnehmer, Medien, gesellschaftliche Gruppierungen der unterschiedlichsten Art) zu gestalten sind. Damit wird die angestrebte Position des touristischen Systems im Wettbewerbsumfeld abgesteckt. Insofern beinhaltet Management eine *dauerhafte, aktive und dynamische Gestaltungsaufgabe*; es handelt sich darum, das touristische System als handlungsfähige Einheit zu konzipieren, entsprechende Grundsätze zur zweck- und zielgerichteten Führung des Systems festzulegen und das System anhand bestimmter

Leitlinien entsprechend den sich dynamisch verändernden Umwelten ständig weiterzuentwickeln (vgl. Kaspar 1996, S. 42 ff.).

Management als Gestaltung und Lenkung von zweckorientierten sozialen Systemen kann in einen *strategischen* und einen *operativen* Bereich untergliedert werden.

2.1.2 Strategisches Management

Die Aufgabe des strategischen Managements besteht in der Planung, Organisation, Führung und Kontrolle von zweckorientierten Sozialsystemen.

Nachdem der Systemzweck und das Verhalten gegenüber internen und externen Interaktionspartnern im Leitbild und in Leitsätzen festgelegt worden sind, sind konkrete Ziele und Strategien zu formulieren *(Bereich der strategischen Planung)*. Ziele betreffen sowohl den ökonomischen Bereich (z.B. Marktanteils-, Absatz-, Umsatzziele) als auch außerökonomische Zielvorgaben (z.B. „Ansehen in der Öffentlichkeit", „Verbraucherversorgung", „qualitatives Wachstum", „soziale Verantwortung") (vgl. hierzu Fritz et al., 1988). *Strategien* legen fest, mit welchen Produkten welche Märkte bearbeitet, welche Mittel und Verfahren dazu eingesetzt und wie die Beziehungen zu den marktlichen und gesellschaftlichen Umwelten gestaltet werden sollen. In diesem Zusammenhang geht es darum, im Rahmen einer ausführlichen Umwelt- und Unternehmensanalyse Chancen und Risiken in der Umwelt zu erkennen und Stärken und Schwächen im Vergleich zu Wettbewerbern zu lokalisieren, mit denen Umweltchancen wahrgenommen werden können bzw. die der Wahrnehmung von identifizierten Umweltchancen im Wege stehen (vgl. Hinterhuber, 1996, Band I, S. 113–142).

Strategien beziehen sich nicht nur auf die Ebene des sozialen Systems als Ganzes, sondern auch auf einzelne Funktionalbereiche, deren Aufgabe darin besteht, die Gesamtstrategie in entsprechende funktionale Planungen zu übersetzen – u.a. in Form von Personal-, Produktions-, Finanz- und Marketingplänen –, um die gesetzten Ziele integrativ zu realisieren. Umweltorientiertes Management impliziert dabei, daß der *Marketingstrategie eine Schlüsselrolle als Leitstrategie* zukommt; aus der übergeordneten Globalstrategie werden Zielvorstellungen für die strategische Marketingplanung abgeleitet, und mit Hilfe der darauf aufbauenden Marketingstrategie sollen *strategische Erfolgsfaktoren in Markt und Gesellschaft* möglichst optimal gemanagt werden. Alle übrigen Funktionalplanungen werden nur dann als strategisch bezeichnet, wenn sie Beiträge zum Management der strategischen Erfolgsfaktoren leisten – das kann z.B. im Bereich der Beschaffung strategisch wichtiger Einsatzgüter der Fall sein, im Personalbereich sowie in Schlüsselbereichen wie der Budgetierung/Finanzplanung oder den Public Relations (zum Ablauf und Inhalt der strategischen Planung vgl. Haedrich/ Tomczak, 1996, S. 23–25; Haedrich/Tomczak, 1994, S. 929–940). Strategische Planung ist ihrem Wesen nach immer eine *Langfristplanung*, mit der eine Marschroute für sämtliche Handlungsweisen vorgegeben wird.

Weitere Aufgaben des strategischen Managements beziehen sich auf die *strategiegerechte organisatorische Strukturierung* des touristischen Systems (vgl. hierzu auch Hinterhuber, 1989, Bd. II, S. 105–178). Ebenso wie die strategische Planung entsprechend den sich abzeichnenden Chancen und Risiken in der Umwelt und den Stärken bzw. Schwächen des touristischen Systems *situativ* ausgerichtet sein muß, müssen auch die Aufbauorganisation (die hierarchische Anordnung einzelner Abteilungen, der personelle Aufbau einzelner Funktionsbereiche, die Aufgabenzuweisung an einzelne Stelleninhaber und die Kompetenzverteilung) sowie die Ablauforganisation (die Entscheidungs- und Handlungsabläufe) den situativ unterschiedlichen internen und externen Rahmenbedingungen angepaßt werden (zur Organisation touristischer Systeme vgl. Kaspar, 1996, S. 215–274; zum Thema Strategie und Organisation vgl. Hinterhuber, 1989, Bd. II, S. 105–109). In einer situativ angemessen strukturierten Aufbau- und Ablauforganisation können zusätzliche Erfolgspotentiale gegenüber dem Wettbewerb liegen, die Aufbau und Erhalt der strategischen Erfolgsfaktoren des touristischen Systems wirksam flankieren.

Führung als dritter Teilbereich des strategischen Managements umfaßt in erster Linie die Auswahl und Entwicklung der leitenden Mitarbeiter (vgl. Hinterhuber, 1989, Band II, S. 241). Die mit der Mitarbeiterauswahl verbundenen Managementaufgaben betreffen zunächst den Einsatz von solchen Führungskräften in einzelnen Funktionsbereichen, die über eine ihrem Aufgabenbereich angemessene Führungskompetenz sowie über ein situativ flexibles Führungsverhalten verfügen und die dazu in der Lage sind, ihre Mitarbeiter zu motivieren und auf diese Weise deren Einsatzbereitschaft zu erhöhen. Damit in Verbindung steht als weitere wichtige Aufgabe der strategischen Führung die ständige und systematische Weiterbildung der leitenden Mitarbeiter in persönlicher und fachlicher Hinsicht („Management Development") (vgl. im einzelnen Hinterhuber, Band II, S. 138–178; Kaspar, 1996, S. 189–214). Ein hoher Grad an Führungseffektivität trägt wiederum zur optimalen Unterstützung der strategischen Erfolgsfaktoren des touristischen Systems bei.

Schließlich dient die *Kontrolle* dazu, die Planungen zu festgelegten Zeitpunkten zu überprüfen, um zu ermitteln, ob die festgelegten Planziele realisiert worden sind (sog. Ex-post-Kontrolle). Eventuelle Planabweichungen sind auf ihre Ursachen hin zu untersuchen; in diesem Zusammenhang kann es sich als notwendig erweisen, Revisionsentscheidungen im Hinblick auf Ziele und Strategien in den folgenden Planungsperioden vorzunehmen.

2.1.3 Operatives Management

Auch im operativen Bereich sind von dem sog. operativen Management zahlreiche Planungs- und Koordinationsaufgaben zu erfüllen. Während jedoch im strategischen Management die Schnittstellen zwischen dem touristischen System und seinen Umwelten eine zentrale Rolle spielen – beispielsweise im Zusammenhang mit der Ermittlung strategischer Erfolgsfaktoren –, zielt das operative Management in erster Linie darauf ab, die entwickelten Zielvorgaben und Marketing- und Funktionalstrategien zu ergänzen und mit Hilfe konkreter Maßnahmen möglichst effizient in die Realität umzusetzen (ähnlich auch Staehle, 1983, S. 48).

Einerseits müssen längerfristige Planungen auch in denjenigen funktionalen Teilbereichen des touristischen Systems erstellt werden, die mit den lokalisierten strategischen Erfolgsfaktoren nicht unmittelbar in Beziehung stehen (z.B. was die Beschaffung von nicht-strategischen Einsatzgütern betrifft, mehr oder weniger routinemäßige Führungsentscheidungen, Entscheidungen hinsichtlich der Struktur- bzw. Ablauforganisation ohne strategische Auswirkungen). Es handelt sich darum, in den operativen Bereichen ein mittel- bis langfristiges Planungsgerüst zu erstellen, das auf den langfristigen strategischen Plänen aufbaut und das touristische System dazu in die Lage versetzt, seine Ziele so gut wie möglich zu realisieren.

Auf der anderen Seite sind aus den längerfristigen Grundsatzplanungen konkrete Maßnahmenpläne abzuleiten, die kurzfristig – d.h. allgemein im Laufe des auf die Planung folgenden Jahres – in die Tat umgesetzt werden. Im Marketingbereich betrifft das die Ableitung von *instrumentellen Strategiemodellen* (vgl. Haedrich/Gussek/Tomczak, 1989; Haedrich/Tomczak, 1996, S. 137–177; Haedrich/Tomczak, 1994, S. 935–940) und *Detailplanungen* des produkt-, preis-, vertriebs- und kommunikationspolitischen Instrumentariums, die in das Marketing-Mix einmünden. Sogenannte Ex ante- und Parallel-Kontrollen, die in einzelne Planungsabschnitte integriert sind, dienen dazu, eventuelle Planabweichungen frühzeitig zu lokalisieren, um mit entsprechenden Maßnahmen gegensteuern zu können.

2.2 Tourismus-Marketing als markt-, wettbewerbs- und gesellschaftsorientierte Führungskonzeption

Bei der Diskussion der Aufgaben des strategischen Managements ist deutlich geworden, daß es in erster Linie darum geht, strategische Erfolgsfaktoren zu erkennen und zu implementieren. Im Mittelpunkt der Betrachtung stehen die *derzeitigen und potentiellen Kunden* des touristischen Systems, und es kommt darauf an, ihre Bedürfnisse optimal zufriedenzustellen. Der *Kundennutzen*, den das eigene Angebot vermittelt, soll möglichst so beschaffen sein, daß eine positiv vom Wettbewerb abgrenzende Alleinstellung, eine Unique Selling Proposition, realisiert werden kann. Das ist schwerpunktmäßig die Aufgabe der strategischen Marketingplanung, und daher kommt den Marketingaktivitäten eine Schlüsselstellung im Rahmen des strategischen Managements zu. *Marketing kann ganz allgemein als marktorientiertes Management sowohl kommerzieller als auch nicht-kommerzieller Sozialsysteme definiert werden.*

Hinter dieser heute weithin akzeptierten Auffassung steht eine *Führungsphilosophie*, ein *ganzheitlicher Denkansatz*, der besagt, daß jede Planung, nicht nur im Marketingbereich, sondern auch im Vertrieb, in der Beschaffung, aber auch in jedem anderen

Funktionsbereich, kritisch daraufhin zu überprüfen ist, ob sie dabei hilft, einen zentralen Kundennutzen aufzubauen und zu erhalten. Pümpin und Mitarbeiter sprechen von einer „Marketing-Kultur als betrieblichem Wert von strategischer Bedeutung"; sie führen an, daß eine „... ausgeprägt kundenorientierte Mentalität niemals das Ergebnis direkter Vorschriften, Führungsrichtlinien und Organisationsregeln sein (kann). Offensichtlich haben sich ... über Jahre Normen und Werte zu einem Verhaltenskodex entwickelt, der von allen Mitarbeitern akzeptiert und bewußt gelebt wird" (Pümpin/Kobi/Wüthrich, 1985, S. 22). Voraussetzung dafür ist, daß die *Kundenorientierung im Leitbild fest verankert ist,* damit sich eine „Marketing-Kultur" von der Führungsspitze bis hinunter auf die operative Ebene entwickeln kann. In dem Leitbild sind festgelegt:

- die allgemeinen politischen Grundsätze, die das System verfolgt („Unternehmenspolitik"),
- die Verhaltensweisen gegenüber den Zielgruppen im Markt und gegenüber allen wichtigen Anspruchsgruppen in dem gesellschaftlichen Umfeld.

Ein Beispiel für das Leitbild eines Schweizer Kurortes ist in Tabelle 1 wiedergegeben.

Tab. 1: Leitbild für einen Kurort

---

(1) Kurort erhalten – Zukunft gestalten: langfristige Konsolidierung des Individualkurtourismus und schrittweiser Ausbau der Anlagen als wirtschaftlich wichtigster Faktor.

(2) Förderung des Erholungs- und Sporttourismus insbesondere in frequenzschwächeren Monaten und im Winter unter Berücksichtigung der Bedürfnisse des Badekurtourismus und der Sicherung des Erholungsraumes.

(3) Förderung des Kurortes als Passanten- und Tagungsort außerhalb der Hochsaison, unter Berücksichtigung der angebotsseitigen Möglichkeiten.

(4) Optimale Gestaltung des Angebots durch eine koordinierte Kurortpolitik.

(5) Halten der Marktstellung im Schweizer Bädertourismus als einer der führenden Schweizer Badekurorte und bedingter Ausbau der Stellung als Erholungs- und Sportort.

(6) Halten der heutigen Struktur der touristischen Betriebe und bestmögliche Auslastung des Angebots, so vor allem durch Offenhaltung der Betriebe während des ganzen Jahres.

(7) Vermehrte Berücksichtigung der Bedürfnisse des Kur- und Erholungsgastes jüngeren bis mittleren Alters.

(8) Sicherstellung einer kontinuierlichen Nachfrage durch Ausrichtung des Angebots auf breite Schichten aus allen Teilen der Schweiz. Im Ausland die Stellung als ideale Kombination eines Bade- und Erholungsortes mit erstklassigem Angebot im medizinischen wie touristischen Bereich halten und wenn möglich auf weitere Länder ausbauen.

(9) Veränderung des tourismusgerechten Verhaltens und Verständnisses in der einheimischen Bevölkerung sowohl in bezug auf deren private Entscheidungen und ihr tägliches Handeln als auch auf die Ortspolitik (Ortsplanung, Investitionen der Gemeinde etc.).

(*Quelle:* in enger Anlehnung an Kaspar/Fehrlin, 1984, S. 98 f.)

Eine wichtige Akzentuierung erfährt diese konsequent kundenorientierte Denkhaltung des Marketing durch die Herausarbeitung der wichtigen Rolle, die eine gründliche und umfassende *Wettbewerbsanalyse* im Hinblick auf die Formulierung der eigenen Maßnahmen spielt. Es handelt sich darum, die Wettbewerbsstruktur und das derzeitige und zukünftig zu erwartende Verhalten der heutigen und potentiellen Wettbewerber zu erkennen und auf der Basis eigener Stärken und Schwächen im Verhältnis zum Wettbewerb sowie sich bietender Chancen *strategische Erfolgsfaktoren aufzubauen und zu erhalten,* die eine langfristige Absicherung der eigenen Wettbewerbsposition ermöglichen. Gefährlich ist es allerdings, den strategischen Schwerpunkt auf eigene Stärken zu legen, die in keiner unmittelbaren Beziehung zu einem Kundennutzen stehen. *Dauerhafte Wettbewerbsvorteile ergeben sich nur dann, wenn*

(1) *Ansatzpunkte für Wettbewerbsvorteile vorhanden sind.* Diese können in besonderen Fähigkeiten des Managements begründet sein, beispielsweise indem bestimmte Funktionen besser als bei der Konkurrenz ausgeführt werden, bzw. in überlegenen Ressourcen (z.B. stärkere Finanzkraft, besseres technisches Potential);
(2) herausragende Fähigkeiten bzw. Ressourcen dazu verwendet werden, *Positionsvorteile* zu erlangen, entweder durch *Aufbau einer höheren Wertigkeit* des Angebots in den Augen der Kunden oder durch eine *Strategie der Kostenführerschaft,* die sich in besonders günstigen Preisen niederschlägt.

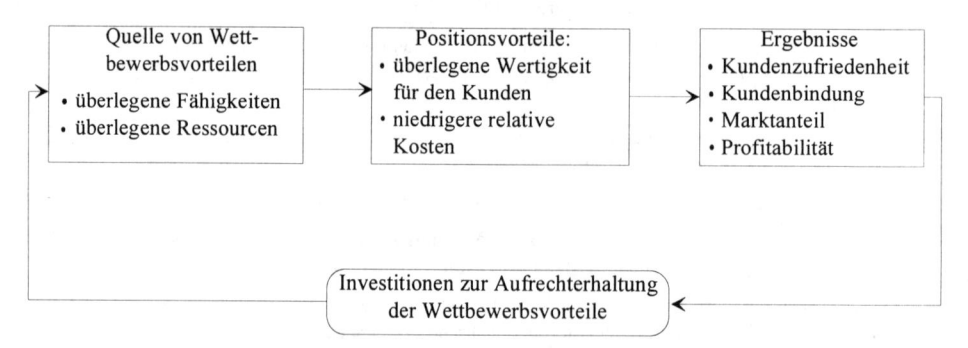

```
┌─────────────────────┐    ┌─────────────────────┐    ┌─────────────────────┐
│ Quelle von Wett-    │    │ Positionsvorteile:  │    │ Ergebnisse          │
│ bewerbsvorteilen    │    │ • überlegene        │    │ • Kundenzufrieden-  │
│                     │ →  │   Wertigkeit für    │ →  │   heit              │
│ • überlegene        │    │   den Kunden        │    │ • Kundenbindung     │
│   Fähigkeiten       │    │ • niedrigere        │    │ • Marktanteil       │
│ • überlegene        │    │   relative Kosten   │    │ • Profitabilität    │
│   Ressourcen        │    │                     │    │                     │
└─────────────────────┘    └─────────────────────┘    └─────────────────────┘
         ↑                                                       │
         │              Investitionen zur Aufrechterhaltung       │
         └──────────────      der Wettbewerbsvorteile      ←──────┘
```

Abb. 1: Die Elemente von Wettbewerbsvorteilen (*Quelle:* Haedrich/Tomczak, 1996, S. 14)

Veranstalter von Pauschalreisen, beispielsweise auf die Balearen oder auf die kanarischen Inseln, versuchen zum Teil, diese Reisen *so preisgünstig wie möglich* in ihren Katalogen anzubieten. Fraglich ist allerdings, ob es dadurch gelingt, dauerhafte Wettbewerbsvorteile aufzubauen, einmal abgesehen von Rentabilitätsproblemen. Im Gegensatz dazu rücken Spezialanbieter von Reisen für bestimmte Zielgruppen – z.B. im Bereich der Studien- und Bildungsreisen – die *hohe Wertigkeit ihres Angebots im Verhältnis zu Konkurrenzangeboten* in den Mittelpunkt ihrer Strategie mit dem Ziel, Preiskämpfen aus dem Wege zu gehen.

Schließlich ist an dieser Stelle nicht zu verkennen, daß Marketing heute generell und besonders im Tourismus eine stark *gesellschaftsorientierte Denkhaltung* erfordert, d.h. die Öffnung für gesellschaftliche Anliegen von hohem Rang ist wichtiges Merkmal einer verantwortungsbewußten strategischen Führung von touristischen Systemen. Gesellschaftliche Anliegen betreffen die Schonung natürlicher Ressourcen, die Eindämmung einer ungezügelten Entwicklung touristischer Zielgebiete, m.a.W. die Orientierung an Belastungsgrenzwerten, eine verstärkte Rücksichtnahme auf Kultur, Sitten und Gebräuche der einheimischen Bevölkerung und vieles andere mehr. Dabei ist zu berücksichtigen, daß Kundennutzen und gesellschaftlicher Nutzen häufig insofern Hand in Hand gehen, als die potentiellen Kunden inzwischen ein starkes gesellschaftliches Bewußtsein entwickelt haben und zunehmend dazu tendieren, sich umweltbewußt zu verhalten. Auch in dem gesellschaftlichen Umfeld lassen sich daher strategische Erfolgsfaktoren ausfindig machen, und ein touristischer Anbieter, der dazu bereit und in der Lage ist, sein Leitbild und die marktgerichteten Strategien durch ein gesellschaftsbezogenes Umwelt-Management zu ergänzen und auf diese Weise gesellschaftlichen Nutzen zu stiften, kann u.U. langfristig einen tragfähigen und dauerhaften Wettbewerbsvorteil für sich verbuchen. Deutliche Anzeichen dafür sind gerade in der letzten Zeit unverkennbar.

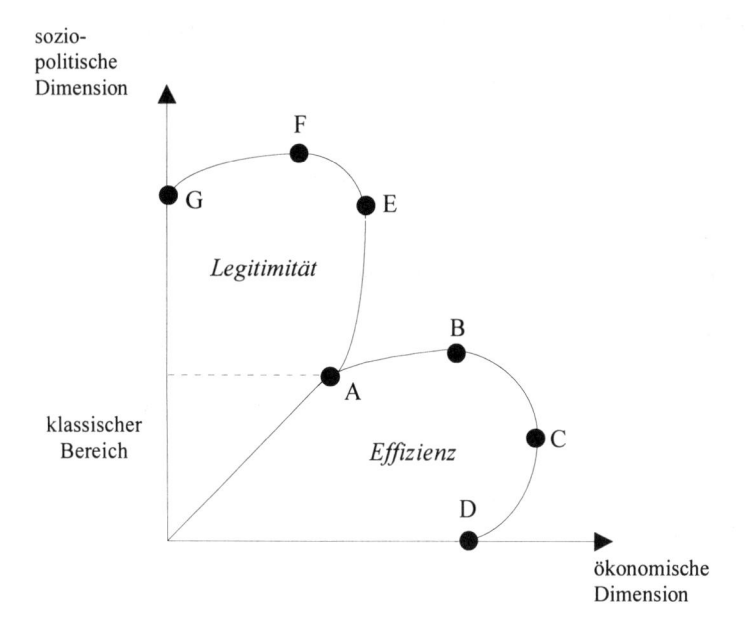

Abb. 2: Gesellschaftliche Anforderungen und Effektivität der Unternehmung (*Quelle:* Achleitner, 1985, S. 64)

Raffée spricht in diesem Zusammenhang von einem *„Public Marketing"* und führt dazu aus, daß „alle Marketingaktivitäten ... den Belangen und Interessen der allgemeinen Öffentlichkeit Rechnung zu tragen (haben). Public Marketing soll faktische und/ oder potentielle Widerspruchspotentiale abbauen und nach Möglichkeit in Zustimmung umwandeln" (Raffée, 1982, S. 82). Ohne hier im einzelnen auf das Verhältnis von Marketing und Public Relations eingehen zu können (vgl. Haedrich, 1987, 1992, 1994), dürfte einsichtig sein, daß für den langfristigen Erfolg von touristischen Systemen ein *Ausbalancieren zwischen Markt und Gesellschaft* ausschlaggebend ist (vgl. Abb. 2). Verfolgt das touristische System eine eindimensionale Effizienzstrategie (über den Gleichgewichtspunkt A hinaus), so nimmt seine Effizienz aufgrund von zunehmendem gesellschaftlichem Druck nur noch degressiv zu. Im weiteren Verlauf kann es sogar zu einer Abnahme des ökonomischen Erfolgs kommen – z.B. durch staatliche Umweltschutzregelungen, die befolgt werden müssen (Kurve A – B – C – D). Gleichzeitig geht schrittweise die gesellschaftliche Legitimation verloren. Auf der anderen Seite würde eine reine Legitimationsstrategie (Kurve A – E – F – G) ökonomisch wenig erfolgreich sein und schließlich ebenfalls zu einer Legimiationseinbuße führen.

- Analyse der Anforderungen aus Markt und Gesellschaft
- Analyse der eigenen Stärken und Schwächen
- Ergebnis: Identifikation von strategischen Erfolgsfaktoren in Markt und Gesellschaft

→ Entwicklung des unternehmerischen Zielsystems → Integrierte strategische Unternehmens- und Marketingplanung

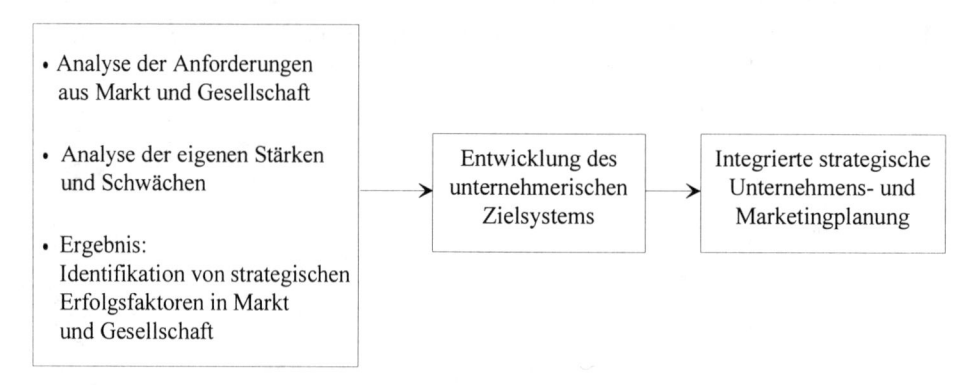

Abb. 3: Marketing als markt-, wettbewerbs- und gesellschaftsorientierte Führungskonzeption

Marketing kann daher verstanden werden als *markt-, wettbewerbs- und gesellschaftsorientierte Führungskonzeption,* und der darauf aufbauende Prozeß der strategischen Marketingplanung kann als dreiphasiger Prozeß dargestellt werden (vgl. Abb. 3). Es handelt sich um

(1) die konsequente Orientierung an den Bedürfnissen und Anforderungen von Markt und Gesellschaft sowie die Analyse der Wettbewerbsstruktur und des Wettbewerbsverhaltens, um eigene Stärken und Schwächen zu erkennen und *strategische Erfolgsfaktoren im Hinblick auf die Anforderungen von Markt und Gesellschaft zu implementieren;*
(2) *die Entwicklung eines Zielsystems,* das sowohl ökonomische als auch gesellschaftliche Anliegen berücksichtigt;
(3) die Ableitung von Strategien zur *aktiven Gestaltung der Beziehungen zu allen relevanten Interaktionspartnern in Markt und Gesellschaft*

2.3 Tourismus-Management und Tourismus-Marketing – ein Ausblick

Der Begriff *Marketing-Management* umfaßt nach Kotler „die Analyse, die Planung, die Durchführung und Kontrolle von Programmen, die darauf gerichtet sind, zum Erreichen der Organisationsziele einen beidseitig nützlichen Austausch und Beziehungen mit Zielmärkten einzuleiten, aufzubauen und zu unterhalten" (Kotler, 1982, S. 23). Dabei steht der Grundgedanke des Marketing im Vordergrund: Eine Organisation verfolgt die Absicht, sich gegenüber bestimmten Interaktionspartnern zum Zwecke des reibungslosen Ablaufs der erwünschten Austauschprozesse attraktiv zu machen. Dazu stützt sie sich auf die systematische Analyse der Bedürfnisse und Anforderungen von Markt und Gesellschaft und setzt bestimmte Instrumente (aus den Bereichen der Produkt-, Preis-, Vertriebs- und Kommunikationspolitik) in einer bestimmten Intensität und qualitativen Ausgestaltung ein.

Auf diese Weise verschmelzen die Begriffspaare „Marketing" und „Management" zu einer geschlossenen, an den Vorstellungen bestimmter Interaktionspartner orientierten konzeptionellen Grundausrichtung jeder Organisation, gleichgültig ob sie kommerzieller Natur – mit dem Oberziel der geplanten Gewinnerwirtschaftung – oder nicht-kommerzieller Art und vordergründig auf gesellschaftliche Nutzensteigerung ausgerichtet ist.

Stets kommt es darauf an, daß die strategische Marketingplanung wirksam von einer angemessenen Strukturierung der einzelnen organisatorischen Entscheidungseinheiten sowie der Arbeits- und Entscheidungsabläufe, einem griffigen Führungskonzept und unterstützenden Planungen in allen anderen relevanten Funktionsbereichen flankiert wird. Hauptanliegen ist das Ziel, *strategische Erfolgsfaktoren optimal zu managen*, d.h. Chancen in der Umwelt möglichst frühzeitig wahrzunehmen, Risiken rechtzeitig gegenzusteuern und die für die Realisation der Strategie notwendigen Ressourcen und Fähigkeiten verfügbar zu machen.

Noch vor nicht allzu langer Zeit waren Marketing und Management im Tourismus Fremdworte, die häufig sogar mit einem eher negativen Akzent versehen waren. Inzwischen wird allgemein anerkannt, daß sich der touristische Markt weitgehend in einen Käufermarkt mit den damit zusammenhängenden Implikationen gewandelt hat und daß die Tourismusbranche von komplexen und dynamischen Umwelten umgeben ist. Noch gravierender ist die Tatsache, daß der Tourismusmarkt längst kein reiner Massenmarkt mehr ist, sondern ein Markt mit vielen unterschiedlichen Nachfragesegmenten. Die Befriedigung des physischen Grundbedürfnisses zu reisen und auf diese Weise Abstand vom Alltag zu gewinnen, ist heute für breite Bevölkerungskreise zur Selbstverständlichkeit geworden. Differenzierte Ansprüche einzelner Nachfragesegmente erfordern zunehmend eine differenzierte Marktbearbeitung. In diesem Zusammenhang rückt der *psychische Zusatznutzen* der touristischen Angebote, das *Urlaubserlebnis*, immer stärker in den Mittelpunkt der Kundenerwartungen, und die Anforderungen an die Anbieter touristischer Leistungen steigen sprunghaft an, wenn es darum geht, einen dementsprechenden Kundennutzen durch Einsatz von Fähigkeiten und Ressourcen erfolgversprechend zu managen. Wachstumschancen werden in Zukunft vor allem solche Angebote haben, die dem Touristen ein echtes Urlaubserlebnis vermitteln.

Das hängt mit einem Phänomen zusammen, das in weiten Bereichen des Konsumgütersektors bereits seit langem bekannt ist und das inzwischen auch große Teile des Tourismusmarktes erreicht hat: dem Kauf und Konsum von touristischen Produkten unter Low-Involvement-Bedingungen. Zurückzuführen ist dieses Phänomen auf die tendenzielle Sättigung der Nachfrage und die – aus der Sicht der potentiellen Nachfrager – starke Austauschbarkeit der einzelnen Angebote. Der Reisende wird immer erfahrener und geht, wenn er beispielsweise einen Kurzurlaub, ein verlängertes Wochenende außerhalb der eigenen vier Wände oder einen Ausflug plant, ein relativ gut kalkulierbares ökonomisches, psychisches und soziales Risiko ein. Dadurch verändern sich gewohnte Strukturen des Kaufentscheidungsprozesses, und als Folge davon wird auf der Anbieterseite ein Umdenken erforderlich, was bislang bewährte Strategien und Konzepte betrifft.

Nicht zu unterschätzen ist auch die bereits angesprochene Sensibilisierung weiter Bevölkerungskreise gegenüber den negativen Auswirkungen des Tourismus auf natürliche Umweltressourcen. Die Forderung nach einem *verantwortungsbewußteren Verhalten seitens der Tourismusindustrie* rückt gleichzeitig immer stärker in das öffentliche Bewußtsein, nicht zuletzt in das der potentiellen Abnehmer touristischer Leistungen.

Die Tatsache schließlich, daß touristische Angebote im allgemeinen aus einer Vielzahl von Einzelelementen bestehen, die zu einem Ganzen koordiniert werden müssen, erfordert ein besonders hohes strategisches Planungsniveau und entsprechende flankierende strategische Management-Erfahrungen. Ein positiv vom Wettbewerb abgrenzender Produktnutzen ist langfristig und dauerhaft nur dann vermittelbar, wenn alle Elemente des touristischen Angebots eine Einheit bilden, und der häufig etwas überstrapazierte Begriff der *Corporate Identity*, der Forderung nach Einheitlichkeit des Auftretens nach innen und außen, hat im Tourismus einen besonders hohen Stellenwert.

Literatur

Achleitner, P.M. (1985): Soziopolitische Strategien multinationaler Unternehmungen. Bern/Stuttgart.
Fritz, E., F. Förster, K.-P. Wiedmann, H. Raffée (1988): Unternehmensziele und strategische Unternehmensführung. In: Die Betriebswirtschaft, Nr. 48 (5), S. 567–586.
Haedrich, G. (1987): Zum Verhältnis von Marketing und Public Relations. In: Marketing – ZFP, Heft 1, S. 25–31.
Haedrich, G. (1992): Public Relations im System des Strategischen Managements. In: H. Avenarius, W. Armbrecht (Hrsg.): Ist Public Relations eine Wissenschaft? Opladen, S. 257–278.
Haedrich, G. (1994): Die Rolle von Public Relations im System des normativen und strategischen Managements. In: W. Armbrecht, U. Zabel (Hrsg.): Normative Aspekte der Public Relations. Grundlagen und Perspektiven. Opladen, S. 91–107.

Haedrich, G., F. Gussek, T. Tomczak (1989): Differenzierte Marktbearbeitung und Markterfolg im Reiseveranstaltungsmarkt der Bundesrepublik Deutschland. In: Marketing – ZFP, H. 1, S. 11–18.

Haedrich, G., T. Tomczak (1994): Strategische Markenführung. In: M. Bruhn (Hrsg.): Handbuch Markenartikel. Stuttgart, S. 925–948.

Haedrich, G., T. Tomczak (1996): Strategische Markenführung. 2. Auflg., Bern/StuttgartWien.

Hinterhuber, H.H. (1989/1996): Strategische Unternehmungsführung, Bd. I und II. Berlin/New York.

Hinterhuber, H.H. (1990): Wettbewerbsstrategie. 2. Aufl., Berlin/New York.

Jugel, S., K.-P. Wiedmann, R. Kreutzer (1987): Die Formulierung der Unternehmensphilosophie im Rahmen einer Corporate Identity-Strategie. In: Marketing – ZFP, Heft 4, S. 293–303.

Kaspar, C., P. Fehrlin (1984): Marketing-Konzeption für Heilbäderkurorte. St. Galler Beiträge zum Fremdenverkehr und zur Verkehrswirtschaft, Reihe Fremdenverkehr, Bd. 16. Bern/Stuttgart.

Kaspar, C. (1990): Einführung in das touristische Management. St. Galler Beiträge zum Fremdenverkehr und zur Verkehrswirtschaft, Reihe Fremdenverkehr, Bd. 21. Bern/Stuttgart.

Kaspar, C. (1996): Management im Tourismus. St. Galler Beiträge zum Tourismus und zur Verkehrswirtschaft, Reihe Tourismus, Bd. 13. 2., vollst. überarb. und erg. Aufl., Bern/Stuttgart/Wien.

Kotler, P.H. (1982): Marketing-Management. 4. Aufl., Stuttgart.

Pümpin, C., J.M. Kobi, H.A. Wüthrich (1985): Die Marketing-Kultur als betrieblicher Wert von strategischer Bedeutung. In: Thexis, Nr. 4, S. 22–25.

Raffée, H. (1982): Marketingperspektiven der 80er Jahre. In: Marketing – ZFP, Heft 2, S. 81–90.

Staehle, W.H. (1983): Funktionen des Managements. Bern/Stuttgart.

Ulrich, H. (1990): Unternehmungspolitik. 3. Aufl., Bern und Stuttgart.

II Rahmenbedingungen

1 Anforderungsanalyse für Führungs- und Führungsnachwuchskräfte im Tourismusmanagement – Methoden und empirische Ergebnisse

Frank Schirmer

1.1 Problemstellung

Die These, daß fachliche Qualifikationen heute schneller veralten als dies vor ein oder zwei Dekaden der Fall gewesen ist, gehört mittlerweile zu einem Allgemeinplatz. Führungsqualifikationen und *Anforderungen an Führungskräfte* scheinen eine vergleichsweise größere Stabilität aufzuweisen. Allerdings stehen mit der zu Beginn der 90er Jahre unter dem Schlagwort „Lean Management" auch in Deutschland einsetzenden Reorganisations- und Rationalisierungswelle auch die Inhalte der Führungskräftefunktionen – vor allem im mittleren Management – auf dem Prüfstand (vgl. exemplarisch Frese/Maly, 1994; Schirmer/Smentek, 1994). Auch hier deuten sich Veränderungen in den Funktionen und Anforderungen an Führungskräfte an, auf die weiter unten zurückzukommen sein wird (vgl. Abschn. 1.4).

Das Problem des Anforderungswandels stellt einen aktuellen Ausschnitt, jedoch nicht den Schwerpunkt der Bearbeitung des Themas dar. Vielmehr werden *grundlegende Anforderungen an Führungskräfte* erörtert, von denen angenommen wird, daß sie zu den charakteristischen und vergleichsweise überdauernden – auch weitestgehend branchenunabhängigen – Herausforderungen an die Inhaber von Führungspositionen gezählt werden können. Ein weiterer Abschnitt ist der Auswertung einer Evaluationsstudie über den Studiengang „Tourismus" gewidmet, die im Jahre 1991 am Institut für Tourismus der FU Berlin abgeschlossen wurde. Deren Daten können für die branchenspezifische Präzisierung der zunächst allgemein gehaltenen Überlegungen fruchtbar gemacht werden.

Ein geschlossenes, in sich widerspruchsfreies und auf der Basis von Hypothesentests empirisch gut bewährtes Theoriengebäude über Anforderungen an Führungskräfte steht nicht zur Verfügung. Mit Blick auf den derzeitigen Stand der wissenschaftlichen Erkenntnis und die spezifischen Bedingungen des zu untersuchenden Gegenstandsbereiches wird die Funktion der wissenschaftlichen Bearbeitung des Themas darin gesehen, empirisch gestützte, konzeptionelle *Bezugsrahmen* zu erarbeiten, die eine Erörterung der in Frage stehenden Probleme erlauben und ein verallgemeinerbares *Prozeßwissen* für deren Handhabung bereitstellen (vgl. Steinmann/Hennemann, 1993).

1.2 Anforderungen und Anforderungsanalyse

„Anforderung" ist eine Kategorie zur Beschreibung von erwarteten, für den Aufgabenvollzug als notwendig erachteten Qualifikationen (Soll-Qualifikationen) von Stelleninhabern. Unter betriebswirtschaftlichen Effizienzkriterien (Kostenwirtschaftlichkeit, Leistungsqualität) ist die optimale Übereinstimmung von Anforderungsprofil einer Stelle und Qualifikationsprofil (Eignungen) eines Stelleninhabers wünschenswert (vgl. Gutenberg, 1984). „Anforderungen" stellen das gedankliche Bindeglied dar zwischen Wettbewerbsstrategien, Tätigkeitsfeldern und Aufgabenbündeln der Unternehmung einerseits und den verfügbaren Qualifikationen (Eignungen) der – potentiellen – Stelleninhaber andererseits. Es wird deshalb in der Literatur gefordert, daß Anforderungskategorien immer als Teilmenge von Qualifikationskategorien beschrieben werden sollten (vgl. Scholz, 1995, S. 171). In diesem gedanklichen Kontext lassen sich Anforderungen dann definieren als „ ... ‚Soll-Vorstellungen' über diejenigen Voraussetzungen ..., die von einer Aufgabenstellung und der zugehörigen Arbeitssituation ausgehen und die von einer Person (Arbeitsplatzinhaber) erfüllt sein müssen, die diese Aufgabe zureichend bewältigen soll" (Berthel, 1995, S. 119; Herv. i.O.).

Die Anforderungsanalyse und -prognose stützt sich systematisch auf eine Analyse von *Anforderungskomponenten* (unterscheidbaren Anforderungsmerkmalen) und einer Analyse der *Bestimmungsgrößen* dieser Anforderungskomponenten (vgl. zum folgenden Berthel, 1995, S. 121 ff.; Drumm, 1995). Die Analyse der Anforderungskomponenten kann sich auf drei Dimensionen beziehen:

(1) auf die an bestimmten Arbeitsplätzen zu erzielenden *Leistungsergebnisse*, die in einem systematischen Zusammenhang zu den Zielen der Unternehmung oder der jeweiligen organisatorischen Einheit stehen sollten,
(2) auf *beobachtbares Leistungsverhalten* (z.B. Kommunikationsaktivitäten),
(3) auf die *persönlichen Leistungsvoraussetzungen*, die als verhaltensprägende Faktoren wirken (z.B. Fähigkeiten, Fertigkeiten, Wissen, Motive).

Als wichtigste *Bestimmungsgröße* der Anforderungen können die zu realisierenden *Aufgaben* einer Unternehmung angesehen werden, die sich aus dem Leistungsprogramm ableiten und in der Regel Ausdruck einer Wettbewerbsstrategie sind. Daneben sind interne und externe Kontextfaktoren zu berücksichtigen (wie z.B. Strukturmerkmale der Organisation, Richtlinien der Personalpolitik, technologische Entwicklungen).

Methodisch kann sich die Analyse der Anforderungskomponenten auf ein differenziertes Repertoire an z.T. hochstandardisierten Erhebungsinstrumenten stützen. Auch für Führungspositionen sind solche Instrumente entwickelt worden (vgl. ausführlicher dazu Schirmer, 1992, S. 18 ff.). Die Ergebnisse aus der Entwicklung und Anwendung dieser Instrumente fließen in die weiteren Überlegungen ein. Allerdings kann auch eine mit standardisierten Instrumenten durchgeführte Anforderungsanalyse die hohen methodischen Ansprüche, die an sie gestellt werden, nur teilweise erfüllen. Scholz (1995, S. 174) formuliert als Anspruchskatalog an die Erstellung von Anforderungsprofilen, daß alle charakteristischen Merkmale der Stelle erfaßt sein müssen (Vollständigkeit), keine Mehrfacherhebung von Tatbeständen (Überschneidungsfreiheit) auftreten darf, Anforderungsmerkmale leicht erhebbar (Einfachheit) und Objektivität, Reliabilität und Validität der Messung gewährleistet sind. Dies alles unter Beachtung von Kosten-/Nutzen-Überlegungen bei der Konstruktion von Anforderungsprofilen.

Die damit verbundenen methodischen Probleme sind bislang nur ansatzweise gelöst. Die Gründe dafür sind vielfältig und können hier nicht ausführlich diskutiert werden. Die vor allem methodisch begründete Relativität der weiteren Überlegungen ist aber offenzulegen und nachvollziehbar zu machen. Denn daraus wird ersichtlich, daß sich die Analyse der Anforderungen an Führungskräfte im Grundsatz – wie bereits angesprochen – auf die Bereitstellung von Bezugsrahmen und *Orientierungswissen* beschränken muß. Drumm (1995, S. 202) betont, daß methodische Mängel keine absoluten, sondern *relative Schwächen* darstellen – in Abhängigkeit davon, welchen Zweck Anforderungsprofile erfüllen sollen. Dient die Entwicklung von Anforderungsprofilen z.B. der *längerfristigen Orientierung* über erforderliche Personalpotentiale, sind diese Schwächen tolerierbarer als in Verwendungszusammenhängen kurzfristiger Personaleinsatzplanung.

Noch nicht gelöste methodische Probleme tauchen beispielsweise in der systematischen Ableitung zwischen zu erfüllenden (Teil-)Aufgaben der Unternehmung und den daraus sich ergebenden Anforderungen auf, so daß möglicherweise alle o.g. methodischen Kriterien nur ansatzweise erfüllt werden könen. Ableitungsprobleme treten z.B. besonders dann auf, wenn Tätigkeitsfelder und Aufgabenbündel der Unternehmung nur schwer planbar sind (vgl. Drumm, 1995, S. 202).

Darüberhinaus werden an der *Entwicklungslogik* von Anforderungsprofilen Zweifel grundlegender(er) Art angemeldet. Stark vereinfacht wird angenommen, daß sich Qualifikationen auch als strategisch wirksamer *Engpaßfaktor* wirtschaftlichen Handelns von Unternehmungen erweisen können. Deshalb wird (anstelle einer linearen, deduktiven Planungslogik) eine *simultane* Planung von Strategien, Strukturen und Humanressourcen gefordert. Dies kann hier nicht im Detail erörtert werden (vgl. exemplarisch Staehle, 1991; Staudt et al., 1993).

1.3 Grundlegende Anforderungen an Führungskräfte

1.3.1 Konzeptionelle Bausteine: Management, Manager, Führungskraft

Während im angloamerikanischen Sprachraum der Begriff „Manager" für alle Personen mit Personalführungsverantwortung gebräuchlich ist, wird dieser Begriff im deutschen Sprachraum üblicherweise zur Bezeichnung der obersten Führungskräfteebene einer Unternehmung (Top Management und die Ebene darunter) verwendet. Für alle anderen Personen mit Führungsverantwortung ist der Begriff „Führungskraft" gebräuchlich. Die Begriffe Manager und Führungskraft werden im folgenden synonym verwendet.

Aus *funktionaler Sicht* beschreibt der Begriff Management ein Bündel von Strukturierungs-, Koordinations- und Integrationsaufgaben, die für den Bestand und die Entwicklung arbeitsteilig organisierter Unternehmungen zwingend notwendig sind (vgl. Staehle, 1992; Steinmann/Schreyögg, 1993). Ihr primärer Beitrag für die materielle Ebene des Unternehmungsgeschehens besteht darin, die zielorientierte Beschaffung, Kombination und Verwertung von Ressourcen zu sichern, damit die Unternehmung langfristig wettbewerbsfähig bleibt (vgl. ähnlich die Beschreibung des dispositiven Faktors bei Gutenberg, 1962). Eine Analyse einzelner Managementfunktionen kann auch ohne Bezug auf die Personen vorgenommen werden, die Managementfunktionen ausüben. Werden die Träger von Managementfunktionen und deren Qualifikationen, Denk- und Verhaltensmuster näher beschrieben, handelt es sich um eine personbezogene, *institutionale* Sicht von Management.

Für die Analyse von Anforderungskomponenten der Führungskräftearbeit sind beide Sichtweisen der Managementforschung, die funktionale und institutionale, von Bedeutung: aus funktionaler Sicht werden die an bestimmten Arbeitsplätzen zu erzielenden *Leistungsergebnisse,* aus institutionaler Sicht das notwendige *Leistungsverhalten* oder die notwendigen persönlichen *Leistungsvoraussetzungen* beschrieben.

1.3.2 Funktions- und Aktivitätsprofile von Managern als Hilfsmittel der Anforderungsanalyse

Auch hochstandardisierte Arbeitsanalyseinstrumente, die zur *aufgabenorientierten Anforderungsanalyse* für Führungskräfte genutzt werden können (z.B. der MPDQ = Management Position Description Questionnaire, Tornow/Pinto 1976), bedienen sich in hohem Maße funktionaler Analysekategorien des Managementprozesses.

Managementfunktionen werden von betrieblichen *Sachfunktionen* (wie Einkauf, Marktforschung, Finanzierung) unterschieden (vgl. bereits Fayol, [1916]1929). Managementfunktionen sind Querschnittfunktionen, die zur Strukturierung und Koordination der betrieblichen Leistungsprozesse (Sachfunktionen) beitragen (vgl. Steinmann/ Schreyögg, 1993). Managementfunktionen sind in arbeitsteiligen Unternehmungen auf jeder Hierarchieebene und in jedem Funktions- oder Geschäftsbereich auszuüben, wenn auch mit unterschiedlicher Schwerpunktsetzung.

Eine an *Managementfunktionen* orientierte Klassifikation der Anforderungen an Manager stellt eine personunabhängige, zweck- oder *zielbezogene Beschreibung von Aufgabenbündeln* dar – im Gegensatz zu einer personbezogenen, prozessualen, stärker verhaltensorientierten Beschreibung. Managementfunktionskataloge sind nicht als empirisch exakte Beschreibung der Aktivitäten oder Verhaltensmuster von Managern zu deuten. Sie sind zwar in der Managementpraxis verwurzelt, enthalten aber normative Anteile, geben also vor, was Manager tun *sollten*, um den Bestand der Unternehmung zu sichern. Die Zahl der Klassifikationen ist heute kaum mehr überschaubar (vgl. die Übersichten bei Miner, 1978; Schirmer, 1992). Es kristallisieren sich in der Literatur aktuell fünf Funktionen heraus, mit denen die wichtigsten Aufgaben von Managern beschrieben werden (vgl. Koontz/Weihrich, 1988; Steinmann/Schreyögg, 1993):

(1) *Planung* dient der Bestimmung der Ziele und Konkretisierung von Wegen zu ihrer Erreichung. Im wesentlichen ist hier zu unterscheiden zwischen langfristiger, unternehmungsumfassender, strategischer Planung und kurzfristiger, sehr handlungsnaher, bereichsbezogener, operativer Planung.

(2) *Organisation* als Managementfunktion soll die Umsetzung von Plänen in tatsächliches Handeln gewährleisten (instrumenteller Organisationsbegriff). Sporadisch anfallende Strukturierungsmaßnahmen, wie Stellenbildung oder die Regelung von Weisungsbeziehungen, sind hier genauso zu nennen wie laufend erforderliche Koordinationsleistungen, z.B. die Formulierung von Richtlinien oder Handlungsprogrammen.

(3) *Personaleinsatz* kennzeichnet z.B. Maßnahmen der Personalbeurteilung und -entwicklung und die Gestaltung von Entlohnungssystemen. Der hiermit angesprochene Bereich des Human-Resource-Management wird nicht allein für Stabsstellen, sondern besonders für Führungskräfte der Linie zunehmend bedeutsamer (vgl. zusammenfassend Conrad, 1991).

(4) *Führung* bezeichnet zunächst die laufende Feinabstimmung der Verhaltensweisen von Untergebenen. Darüber hinaus gehört es aber auch zum (oft vernachlässigten) Aufgabenbereich einer Führungskraft, zukunftsweisende Anstöße zu geben und Mitarbeiter zu Engagement und Einfallsreichtum zu ermuntern.

(5) *Kontrolle* bedeutet, das Ausmaß der Zielerreichung als auch die Umsetzungsschritte zu beobachten. Gegebenenfalls sind Abweichungsanalysen vorzunehmen sowie Plan- und Aktionskorrekturen einzuleiten.

Es ist nahezu unbestritten, daß der Nutzen dieser Kategorisierung darin liegt, über einen hochkomplexen Sachverhalt – den des Managementprozesses – in wenigen Begriffen eine Orientierung zu verschaffen. Die Kategorisierung verbleibt notwendigerweise sehr abstrakt. Sie geht zu Lasten einer präziseren Erfassung von *Verhaltensprozessen* und den damit verknüpften Anforderungen an Führungskräfte.

Hier helfen die Befunde der *Aktivitätsforschung* weiter. Sie liefern empirisch fundierte, vergleichsweise präzise Beschreibungen des Arbeitsalltags von Managern, vorwiegend auf der Basis beobachtbarer Verhaltensmuster. Ein umfassender Überblick über die dort gewonnenen Befunde würde den Rahmen der vorliegenden Ausführungen sprengen (vgl. zusammenfassend z.B. Stewart, 1983; Hales, 1986; Schirmer, 1991). Zu den wichtigsten Befunden gehört, daß die Anforderungen an die *Kommunikationsfähigkeiten* von Führungskräften wesentlich höher sind, als dies funktionale

Aufgabenbeschreibungen vermuten lassen. Regelmäßig sind 50%, zum Teil bis zu 80% der Arbeitszeit von Führungskräften mit Kommunikationsaktivitäten ausgefüllt. Daneben wird deutlich, daß die Fähigkeiten zum Umgang mit *Konflikten* und *divergierenden Wert- und Überzeugungsstrukturen* ein zentrales Element des Anforderungsprofils nahezu aller Führungskräfte sind. Einen zusammenfassenden Überblick über wichtige Befunde der Aktivitätsforschung liefert Tab. 1.

Tab. 1: Zwei Bilder des Arbeitsverhaltens von Managern

Von funktionalen Studien beeinflußtes Bild des Arbeitsverhaltens von Managern	Von Aktivitätsstudien beeinflußtes Bild des Arbeitsverhaltens von Managern
geordnet	fragmentiert, abwechslungsreich, kurz
geplant	unüberschaubar, tendenziell reaktiv, ad hoc
Betonung vertikaler Kontakte	Betonung lateraler u. externer Kontakte
feste Kontakte, formelle Informationswege	Entwicklung von Beziehungen, informelle Kontakte
Gebrauch offizieller Informationen	Gebrauch informeller, spekulativer Informationen
nicht politisch	politisch
tendenziell konfliktfrei	konfliktbeladen

(*Quelle*: In Anlehnung an Stewart, 1983, S. 96)

Die Gegenüberstellung ist nicht als Dichotomie zu verstehen, sondern macht auf die unterschiedlichen Akzentsetzungen der beiden genannten Ansätze der Managementforschung aufmerksam. Diese Übersicht verdeutlicht, daß sich Prozesse des Managens *im Spannungsfeld* von geplanten und spontanen Verhaltensmustern, vertikaler und horizontaler Kommunikation, gemeinsamen und divergierenden Interessen *zugleich* bewegen.

In Anbetracht der hohen Fragmentiertheit des Arbeitstages von Managern (viele Unterbrechungen, sehr häufiger Aktivitätswechsel) und auch mit Blick auf die häufig schlecht strukturierten Aufgabenstellungen kommt den Selbstmanagement- bzw. *Selbststeuerungsfähigkeiten* große Bedeutung zu (vgl. z.B. Manz, 1986; Manz/Sims, 1989; Manz/Neck, 1991). Sie repräsentieren einen wichtigen Teil der *kognitiven, mentalen Anforderungen* an Führungskräfte. Auch in diesem Bereich wird von Führungskräften erwartet, widersprüchlichen Anforderungen gleichzeitig gerecht zu werden. Zum einen ist eine Herausbildung von effizienten Arbeitsroutinen unerläßlich, die der Strukturierung des oft fragmentierten, widersprüchlichen und mehrdeutigen Arbeitsalltages dienen. Gleichzeitig wird Flexibilität im Handeln erwartet. Dazu gehört die Fähigkeit, alte Erfahrungen, Selbstverständlichkeiten und unhinterfragte Theorien „guten Managens" zu hinterfragen und eventuell zu „verlernen". Dies setzt nicht nur *individuelle Lernfähigkeiten*, sondern auch förderliche *organisationale Lernbedingungen* voraus (vgl. Hedberg, 1981; Nystrom/Starbuck, 1984; Argyris, 1990).

Aufgabenorientierte Funktionsanalysen des Managementprozesses und aktivitätsorientierte Analysen des Arbeitsverhaltens von Managern geben also einen Orientierungsrahmen für führungskräftebezogene Anforderungsanalysen ab. Während Funktionsanalysen primär Orientierung über die *inhaltlichen Anforderungen* des Managementprozesses vermitteln, geben Verhaltensanalysen eine bessere Orientierung über die *interaktions- und prozeßbezogenen Anforderungen* des Arbeitsalltags von Führungskräften. Beide Analysekonzepte stellen eine sinnvolle wechselseitige Ergänzung füreinander bereit.

1.3.3 Empirische Qualifikationsforschung als Hilfsmittel der Anforderungsanalyse

Aufbauend auf einem spezifischen Hintergrundverständnis sich wandelnder Bedingungen der Aufgabenerfüllung von Managern (z.B. Globalisierungstendenzen, Verschärfung des Wettbewerbs, erhöhter Kostendruck, erhöhter Flexibilitätsdruck), bieten auch Ergebnisse empirischer *Qualifikationsforschung* Ansatzpunkte zur Orientierung über Anforderungen an Führungskräfte (vgl. Bronner et al., 1991; Berthel, 1992; für den internationalen Kontext zusammenfassend Scholz, 1995, S. 826 ff.). Im Kern werden in diesen Studien Experten und Führungskräfte selbst nach den bis zu einen bestimmten Planungshorizont *erwarteten* Qualifikationen für Führungskräfte gefragt.

Einen „Vorläufer" dieser Studien liefert für den Managementbereich die Arbeit von Katz (1974), auf die auch heute noch in Grundlagenwerken Bezug genommen wird (vgl. z.B. Steinmann/Schreyögg, 1993; Macharzina, 1993; Staehle, 1994). Katz differenziert zwischen konzeptionellen, sozialen und technischen Fähigkeiten als den grundlegenden Qualifikationsanforderungen an Manager, deren relative Bedeutung in Abhängigkeit von der hierarchischen Position variiert. Zu den konzeptionellen Fähigkeiten werden abstraktes Denken, ressortübergreifendes Denken, Denken in strategischen Dimensionen gerechnet. Zu den sozialen Fähigkeiten gehören Führungskompetenz, Fähigkeiten der Konflikthandhabung, Fähigkeiten zur Motivation von Mitarbeitern. Zu den sog. technischen Fähigkeiten die Beherrschung von Methoden zur Lösung von Fach- und Sachaufgaben, wie z.B. Techniken des Rechnungswesens, EDV-Techniken, Techniken des Projektmanagements. Die Ausübung einzelner Managementfunktionen setzt Mindestfähigkeiten in allen drei Dimensionen voraus (siehe dazu Abb. 1).

Neuere, empirische Studien über notwendige Führungskräftequalifikationen arbeiten gegenüber der einfachen Differenzierung von Katz (1974) mit erheblich mehr Kategorien. Als Beispiel sei hier die Studie von Berthel (1992) angeführt. Berthel befragte 66 Spitzenführungskräfte (oberste zwei Führungsebenen: Vorstand, Geschäftsführer bis Bereichsleiter) aus 28 Industrieunternehmungen unterschiedlicher Größen und Branchen über ihre Einschätzung, welche Generalisten-Qualifikationen sie für Führungskräfte für bedeutsam halten. Die Daten der Befragung werden zu 15 Qualifikationskategorien verdichtet. Berthel hebt dann in einer zusammenfassenden Wertung folgende *Generalistenqualifikationen* als tendenziell verallgemeinerbar hervor:

- Fähigkeit zu interdisziplinärem Denken und Handeln,
- Fähigkeit zur Entwicklung einer konzeptionellen Gesamtsicht der Unternehmenssituation,
- Fähigkeit zur Mitarbeiterführung und -motivation, Kommunikationsfähigkeit,
- Lernfähigkeit, Fähigkeit zur Entwicklung von Flexibilität und Kreativität.

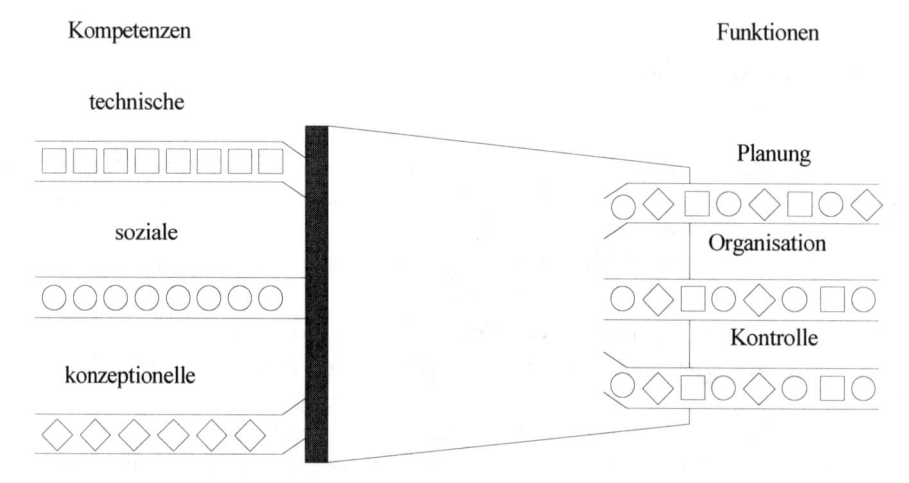

Abb. 1: Managementkompetenzen als Grundlage der Ausübung von Managementfunktionen (*Quelle*: Steinmann/Schreyögg, 1993, S. 22)

Die Expertenbefragung von Bronner et al. (1991) kommt zu dem Ergebnis, daß bei den verhaltensbezogenen Anforderungen an Spitzenführungskräfte Kreativität, Lernfähigkeit und Teamfähigkeit an Bedeutung gewinnen werden.

Auch wenn die bislang angeführten funktions- und verhaltensbezogenen Anforderungen in ihrer Art für alle Manager verschiedener Positionen Geltung beanspruchen, muß von *positionsbezogenen Unterschieden* im Ausmaß der jeweiligen Anforderungen ausgegangen werden.

Sehr häufig zitiert wird in diesem Zusammenhang wiederum die Arbeit von Katz (1974). Soziale Fähigkeiten sind demzufolge auf allen Ebenen gleich bedeutsam. Analytische Fähigkeiten sind auf oberen Ebenen von größter, auf unteren Ebenen von geringster Bedeutung. Umgekehrt verhält es sich mit den technischen Fähigkeiten, die auf unteren Ebenen am bedeutsamsten, auf oberen Ebenen am wenigsten bedeutsam sind. Hinter dieser Anforderungsdifferenzierung verbirgt sich die auch empirisch gut gestützte Annahme, daß mit steigender hierarchischer Ebene der Trend zum Generalistentum zunimmt (vgl. z.B. Mahoney et al., 1965; Penfield, 1974; Stewart, 1982; Lorsch, 1987).

Die Differenzierung von Katz (1974) bietet eine plausible erste Orientierung über die Differenzierung von Anforderungsprofilen im Managementbereich. Ergebnisse der empirischen Managementforschung zeigen jedoch, daß sich in dieser Konzeption allenfalls Tendenzen widerspiegeln, die der weiteren situativen Relativierung und Präzisierung bedürfen. So kommt z.B. Ramme (1990) zu dem Ergebnis, daß von 698 in Deutschland untersuchten *Top Management-Positionen* immerhin noch 19% das Funktionsprofil von Fachspezialisten aufweisen, bei denen fachliche Anforderungen an den Stelleninhaber relativ größere Bedeutung haben als General Management-Anforderungen. Ergebnisse einer jüngeren empirischen Vergleichsstudie des Arbeitsalltages deutscher und britischer *mittlerer Manager* stützen z.B. die Vermutung, daß in Deutschland auf mittleren Managementebenen fachlichen und sozialen Qualifikationen annähernd gleiche Bedeutung für die Aufgabenerfüllung beizumessen ist (während fachliche Qualifikationen für britische mittlere Manager vergleichsweise weniger bedeutsam erscheinen; vgl. Walgenbach/Kieser 1995, S. 288 ff.). Hier wird deutlich, daß jede weitergehende, über grundlegende Kategorien des Managements hinausgehende Analyse sich auch der kulturellen Gebundenheit des Managementprozesses und der damit verknüpften Anforderungen vergewissern muß.

1.4 Anforderungen an Führungskräfte im Tourismusmanagement

Die bislang gezielt allgemein gehaltenen Überlegungen zu den Anforderungen an Führungskräfte haben den begrifflichen Rahmen bereitet, um im folgenden auf spezielle Anforderungen an Führungskräfte der Tourismusbranche einzugehen. Als empirische Basis dient eine 1991 abgeschlossene Evaluationsstudie über den Studiengang „Tourismus" des *Instituts für Tourismus der FU Berlin* (zitiert als: Studie Tourismusmanagement). Diese Studie wurde u.a. mit dem Ziel erstellt, „... ein möglichst genaues *Anforderungsprofil der Tourismusbranche an Mitarbeiter für qualifizierte Tätigkeiten* zu erarbeiten" (Studie Tourismusmanagement, S. 23; Herv. d. Verf.). Hierzu wurden standardisierte Fragebögen an Unternehmen und Institutionen der Tourismusbranche verschickt. Die Datenbasis bilden 116 auswertbare Fragebögen, davon 37 von Reiseveranstaltern, 48 von Kurverwaltungen, Verkehrsämtern und nationalen Verkehrsbüros sowie 31 Fremdenverkehrsverbänden. Die Fragebögen wurden fast ausschließlich von den jeweiligen Geschäftsführern der befragten Unternehmungen beantwortet.

Von besonderem Interesse war das Anforderungsprofil für Mitarbeiter mit universitärem Abschluß. Knapp zwei Drittel der bereits beschäftigten Mitarbeiter mit akademischem Abschluß arbeiten in unteren und mittleren Managementpositionen, bei Reiseveranstaltern etwa ein Viertel auch in qualifizierten Sachbearbeiterpositionen (typische Einstiegsposition), bei Kurverwaltungen/Verkehrsämtern und Fremdenverkehrsverbänden etwa ein Viertel in Geschäftsleiterpositionen (vgl. Studie Tourismusmanagement, S. 26). Insofern sind die Aussagen der Befragten primär als deren Einschätzung über Anforderungen an Führungs- und Führungsnachwuchskräfte im unteren und mittleren Managementbereich der jeweiligen Unternehmung zu deuten.

Im einzelnen lassen sich aus den Befragungsergebnissen Anforderungen an die fachlichen, konzeptionellen und sozialen Fähigkeiten von Führungskräften herauskristallisieren, wobei wiederum zwischen Reiseveranstaltern, Kurverwaltungen/Verkehrsämtern und Fremdenverkehrsverbänden zu differenzieren ist. Die weiteren Ausführungen werden in erster Linie den nicht-fachlichen managementbezogenen Anforderungen gewidmet. Dabei gilt es allerdings zu bedenken, daß sich die Aufgabenbündel unterer und mittlerer Managementebenen im Vergleich zu Aufgaben des oberen Managements in der Regel durch einen stärkeren fachlichen Bezug auszeichnen. Dies äußert sich auch darin, daß durchschnittlich 45,7% der befragten Unternehmen fachliche und nicht-fachliche Qualifikationen als gleich bedeutsam für die Ausübung der in Frage stehenden Positionen einschätzen. Bei Reiseveranstaltern sind dies mit 56,8% überdurchschnittlich viel, während bei Fremdenverkehrsverbänden nur 32,3% eine Gleichverteilung sehen. Hier werden die nicht-fachlichen Qualifikationen von 51,6% der Befragten als höhergewichtig eingestuft (vgl. Studie Tourismusmanagement, S. 44).

Soziale Kompetenzen
Mit Blick auf die sozialen Kompetenzen kommt der interpersonellen kommunikativen Kompetenz eine herausgehobene Bedeutung zu. Von der Mehrzahl der befragten Tourismusunternehmen (insgesamt 60,2%) wird die Bereitschaft und Fähigkeit zur Teamarbeit und Kooperation als die zentrale verhaltensbezogene Anforderungsdimension erkannt.

Daneben rechnen 38,1% der Unternehmen *Personalführungsqualifikationen* zu den wichtigsten fünf Anforderungsdimensionen. Fähigkeiten zu *effektiver Kommunikation* mit den Mitarbeitern ist wiederum ein herausgehobener Aspekt von Führungsqualifikationen. Die Bedeutung von Führungsfähigkeiten wird allerdings von kleinen und großen Unternehmen der Branche sehr verschieden eingeschätzt: während nur etwa 30% der Kleinunternehmen diese Fähigkeiten für wichtig erachten, liegt der Anteil bei Großunternehmen mit über 80% deutlich höher (Studie Tourismusmanagement, S. 40 ff.).

Insgesamt noch 21,2% rechnen *Verhandlungsgeschick* zu den wichtigsten Anforderungen, die mit einer qualifizierten Tätigkeit in der Tourismusbranche verbunden sind.

Auch ein Blick auf die Tätigkeitsfelder, in denen Führungskräfte mit universitärem Abschluß beschäftigt werden, macht deutlich, daß kommunikative Kompetenzen zu den herausgehobenen Anforderungsdimensionen zu rechnen sind. In Kurverwaltungen, Verkehrsämtern und Fremdenverkehrsverbänden finden wir Akademiker mit Tourismusausbildung vorwiegend in kommunikationsintensiven Positionen der Öffentlichkeitsarbeit, des Marketing und der Geschäftsführung, bei Reiseveranstaltern ist diese Gruppe zu 60% im Vertrieb beschäftigt.

Konzeptionelle Kompetenzen
Konzeptionelle Kompetenz verlangt Denken in Zusammenhängen, Fähigkeiten zum Perspektivenwechsel und nicht zuletzt Organisationsgeschick, d.h. die Fähigkeit, Arbeitsprozesse (auch positions- und abteilungsübergreifend) aufeinander abstimmen zu können. Letzteres wird von den befragten Tourismusunternehmen als zweitwichtigste personbezogene Anforderung (nach Kooperationsfähigkeit) genannt. Daneben werden kognitive Fähigkeiten, wie Kreativität (Rang vier von 19 insgesamt), analytisch-logisches Denken (Rang sechs), ganzheitliches Denken (Rang zehn) und strategisches Denkvermögen (Rang zwölf) zu wichtigen Anforderungsbereichen gerechnet (vgl. Studie Tourismusmanagement, S. 40 ff.).

Die hohe Bedeutung, die Kompetenzen wie Teamfähigkeit und Organisationsgeschick beigemessen wird, kann zusammenfassend auch so interpretiert werden, daß den *Selbstmanagementfähigkeiten* unterer und mittlerer Manager in der Tourismusbranche ein hoher Stellenwert beigemessen wird. Selbstmanagement bezeichnet die Fähigkeit von Personen, Arbeitsbedingungen und -verhalten weitgehend unabhängig von externen Vorgaben – unter Einhaltung bestimmter Randbedingungen – zu steuern (vgl. Manz, 1986; Manz/Sims, 1989). Solche Fähigkeiten können vor allem bei komplexen, schlecht strukturierten Aufgaben von Nutzen sein. Zur Entfaltung dieses Potentials bedarf es jedoch auch unterstützender Verhaltensweisen der jeweiligen Vorgesetzten, wozu insbesondere partizipatives, feedback-gebendes Verhalten sowie die Klärung von Aufgabengrenzen gehört. Der Einfluß des Vorgesetzten wird also nicht gänzlich überflüssig (vgl. Manz/Sims, 1989, S. 57 ff.). Darüber hinaus muß die Förderung dieser Fähigkeiten in das gesamte Human-Resource-Management-System der Unternehmung eingebettet sein (vgl. Conrad, 1991). Dazu gehören beispielsweise darauf abgestimmte Personalentwicklungs- und Trainingsprogramme.

Technische Kompetenzen
Auf die Anforderungen an technische (fachliche) Kompetenzen soll hier nicht detailliert eingegangen werden. Bemerkenswert ist aber, daß in allen Bereichen der Tourismusbranche Kenntnisse der strategischen Unternehmungsführung und ökologische Fachkenntnisse zu den Bereichen gerechnet werden, deren Bedeutung künftig am stärksten zunehmen wird. EDV-Kenntnisse, Englischkenntnisse, Marktkenntnisse sowie allgemeine Kenntnisse in Betriebswirtschaftslehre gehören heute schon zu den unabdingbaren fachlichen Voraussetzungen, um eine qualifizierte Tätigkeit im Tourismusbereich ausüben zu können.

Auch wenn in der „Studie Tourismusmanagement" nicht direkt nach der relativen Bedeutung einzelner Managementfunktionen auf unteren und mittleren Ebenen der Führungshierarchie gefragt wurde, legen die geschilderten Ergebnisse bestimmte Interpretationen nahe. In der Managementliteratur wird häufig davon ausgegangen, daß mit steigender hierarchischer Ebene der Anteil an planerischen Aufgaben zu- und der Anteil an Personalführungsaufgaben abnimmt (vgl. z.B. Mahoney et al., 1965; Penfield, 1974; Kraut et al., 1989). Mit Blick auf die verlangten Kompetenzen der Führungs-

und Führungsnachwuchskräfte ist zu vermuten, daß bei Reiseveranstaltern operative Planungs- und Kontrollfunktionen, Organisations- und Führungsfunktionen eine herausgehobene Rolle auf unteren und mittleren Ebenen spielen, während Personaleinsatzfunktionen – im weitesten Sinne Human Resource Management – und der strategischen Anbindung der ausgeübten Managementfunktionen (noch) eine untergeordnete Bedeutung zukommt. Bei Kurverwaltungen, Verkehrsämtern und Fremdenverkehrsverbänden dürfte der Aufgabenzuschnitt auf unteren und mittleren Ebenen des Managements aufgrund der kleineren Betriebsgrößen ganzheitlicher sein. Es steht daher zu vermuten, daß alle eingangs genannten Managementfunktionen in ihrer operativen als auch strategischen Dimension in diesen Tourismusinstitutionen für Führungskräfte auf mittleren Ebenen von annähernd gleicher Bedeutung für den Aufgabenvollzug sind.

1.5 Ausblick: Neue Anforderungen an Führungskräfte im Tourismusmanagement?

Auch die Tourismusbranche scheint von der (Mode-)Welle „Lean Management" und „Reengineering" nicht verschont zu bleiben (vgl. Eicker, 1996). Vorbehaltlich bereits geschilderter methodischer Relativierungen sollen abschließend *Veränderungen im Anforderungsgefüge an Führungskräfte* erörtert werden, die längerfristig im Zusammenspiel mit veränderten Wettbewerbsbedingungen und binnenorganisatorischen Veränderungen auch für *Führungskräfte der Tourismusbranche* relevant werden könnten.

Hervorstechende *Bedingungen, die prinzipiell zu Veränderungen im Anforderungsgefüge für Führungskräfte beitragen könnten*, lassen sich aus heutiger Sicht wie folgt skizzieren (vgl. zusammenfassend Frese/von Werder, 1994): in Anbetracht globalen und verschärften Wettbewerbs, der Differenzierung der Märkte und auch gestiegener Ansprüche der Kunden an Preis und Leistung der angebotenen Waren und Dienste gewinnen Qualitäts-, Zeit- und Kostenkriterien prinzipiell an Wettbewerbsrelevanz. *Binnenorganisatorische Antworten* auf die Perzeption veränderter Wettbewerbsbedingungen lassen, soweit erkennbar, den Willen (und die Tendenz) zur Vereinfachung organisatorischer Strukturen und Prozesse, zur Einbringung von Marktdruck in die Unternehmung und zur Erhöhung der Eigenverantwortung von Mitarbeitern und Führungskräften erkennen. Dies wird überwiegend sichtbar in Maßnahmen der Enthierarchisierung, Dezentralisierung und der Bildung kleiner, geschäftlich selbständiger organisatorischer Einheiten. Die Veränderungen laufen u.a. darauf hinaus, die *verfügbaren Human- und Sachressourcen der Unternehmung noch besser auszuschöpfen* als bisher.

Aus diesen in verschiedenen Branchen beobachtbaren Veränderungen des wirtschaftlichen Umfeldes und der personalwirtschaftlichen und organisatorischen Reaktionen einzelner Unternehmungen lassen sich nicht bruchlos neue oder anders gewichtete *Anforderungen an Führungskräfte der Tourismusbranche* – mit all ihren Differenzierungen – ableiten. Dies bedürfte eigenständiger, branchenspezifischer Untersuchungen. Es ist jedoch zu erwarten, daß sich auch die Anbieter von Diensten der Tourismusbranche dem Trend zur Rationalisierung (auch im Management) nicht werden entziehen können (vgl. Eicker, 1996). Welche Anregungen über denkbare Pfade der Anforderungsentwicklung an Führungskräfte lassen sich aus den bereits gewonnenen Erfahrungen im Industrie- und Dienstleistungsbereich ziehen? Im Führungskräftebereich sind Funktionen und Positionen auf unteren und mittleren Ebenen am stärksten von den Folgen veränderter Organisationsstrategien betroffen. Zwar kann von einer einheitlichen, deterministischen Entwicklung nicht die Rede sein. Bei Anwendung der skizzierten binnenorganisatorischen Gestaltungsprinzipien könnten jedoch folgende Funktionen (Arbeitsinhalte) und damit verknüpfte inhalts- und verhaltensbezogene Anforderungen an untere und mittlerer Manager auch für die Tourismusbranche besondere Bedeutung erlangen:

- Bei einer Dezentralisierung von Entscheidungskompetenzen und Ergebnisverantwortung, besserer Verfügbarkeit über Informationen auf allen Führungsebenen und verstärkter Einbringung von Marktdruck in die Organisation dürften vor allem auf mittleren Führungsebenen die Positionsprofile eine stärkere Gewichtung von *marktbezogenen, dispositiven Funktionen* erfahren. Zugespitzt formuliert: die Positionen in der Mitte könnten stärker als bisher mit „Geschäftsführungsfunktionen" angereichert sein, mit der Folge, daß ein (besseres) Verständnis für die Geschäftstätigkeit des gesamten Unternehmens und dessen Position im Markt erforderlich ist. Die Nutzung von Entscheidungsspielräumen zur Verbesserung der Kunden- und Marktorientierung verlangt darüberhinaus ein größeres Maß an Flexibilität im Denken und Handeln, als dies bei größerer Abpufferung des Marktdrucks und der Kundenwünsche nötig ist (Selbstführungskompetenz). Insgesamt könnte vermutet werden, daß „General Management"-Qualifikationen auch auf mittleren Führungsebenen an Bedeutung gewinnen.
- Positionen des mittleren Managements werden traditionell durch ihre binnenorganisatorischen *Pufferfunktionen* charakterisiert, sowohl horizontal als auch vertikal (vgl. zusammenfassend Schirmer, 1987; Walgenbach/Kieser, 1995). Setzt sich die Tendenz zur Entbürokratisierung in Unternehmungen substantiell durch, dürften vor allem horizontale Pufferfunktionen – Koordination zwischen verschiedenen organisatorischen Einheiten – an Bedeutung gewinnen, weil unpersönliche, bürokratische Abstimmungsmechanismen an Gewicht verlieren. Dies bedeutet eine „Politisierung" der Funktionen auf mittleren Ebenen, d.h., mittlere Manager werden vermutlich stärker als bisher mit Interessenkonflikten zwischen organisatorischen Einheiten und damit verknüpften unterschiedlichen Ansprüchen an die Leistungserbringung konfrontiert sein. Verhaltensbezogene Leistungsvoraussetzungen für die betroffenen Führungskräfte sind dann weniger die Fähigkeit zur Kontrolle bürokratischer Prozeduren als vielmehr Kommunikations- und Konfliktfähigkeit.
- Schließlich könnten sich auch die Anforderungen an die *Personalführung* wandeln. Dies hängt vermutlich in gleichem Maße von der Umsetzung der geschilderten Or-

ganisationsstrategien als auch von anderen Faktoren wie Qualifikation des Personals, Qualität der industriellen Beziehungen oder Art der gewählten Personalstrategien ab. Sollen die Humanressourcen einer Unternehmung in Verbindung mit den o.a. Organisationsstrategien tatsächlich besser ausgeschöpft werden als bisher, könnte dies zu einer Herausforderung und zu einem Wandel des Selbstverständnisses mancher Führungskräfte werden. Von Führungskräften dürfte künftig zunehmend mehr erwartet werden, daß sie die Wechselseitigkeit der Einflußbeziehungen zwischen Führer und Geführtem erkennen, den Einfluß der Geführten auf den Führungsprozeß auch zulassen und fähig sind, nicht-direktive Einflußstrategien (Überzeugung, Aushandlung, Konsens) zu praktizieren (vgl. auch Wunderer, 1995). Verlangt die Aufgabenerfüllung hochqualifizierte, selbständig arbeitende und engagierte Mitarbeiter, dürfte diese Art der Personalführung an Bedeutung gewinnen.

Literatur

Argyris, Ch. (1990): Overcoming organizational defenses – facilitating organizational learning. Boston.
Berthel, J. (1992): Führungskräfte-Qualifikationen. In: Zeitschrift Führung und Organisation, Nr. 4/1992, S. 206–211, Nr. 5/1992, S. 279–286.
Berthel, J. (1995): Personalmanagement. 4. Aufl., Stuttgart.
Bronner, R., W. Matiaske und F.A. Stein (1991): Anforderungen an Spitzen-Führungskräfte. In: Zeitschrift für Betriebswirtschaft, 61. Jg., S. 1227–1242.
Conrad, P. (1991): Human Resource Management – eine „lohnende" Entwicklungsperspektive? In: Zeitschrift für Personalforschung, 5. Jg., S. 411–445.
Drumm, H. J. (1995): Personalwirtschaftslehre. 3. Aufl., Berlin u.a.O.
Eicker, A. (1996): Viele Ober, wenig Obere. In: Handelsblatt v. 31.5./1.6. 1996, S. K1.
Fayol, H. (1929): Allgemeine und industrielle Verwaltung, München/Berlin (Original: Administration industrielle et générale. Paris 1916).
Frese, E., W. Maly, (Hrsg.) (1994): Organisationsstrategien zur Sicherung der Wettbewerbsfähigkeit – Lösungen deutscher Unternehmungen. ZfbF Sonderheft 33/1994. Düsseldorf, Frankfurt.
Frese, E., v. A. Werder (1994): Organisation als strategischer Wettbewerbsfaktor – organisationstheoretische Analyse gegenwärtiger Umstrukturierungen. In: Frese, E., W. Maly (Hrsg.): Organisationsstrategien zur Sicherung der Wettbewerbsfähigkeit – Lösungen deutscher Unternehmungen. ZfbF Sonderheft 33/1994. Düsseldorf, Frankfurt, S. 1–27.
Gutenberg, E. (1962): Unternehmensführung: Organisation und Entscheidungen. Wiesbaden.
Gutenberg, E. (1984): Grundlagen der Betriebswirtschaftslehre. Bd. I: Die Produktion. 24. Aufl., Berlin u.a.O.
Hales, C.P. (1986): What do managers do? A critical review of the evidence. In: Journal of Management Studies, 23. Jg., S. 89–113.
Hedberg, B. (1981): How organizations learn and unlearn. In: Nystrom, P.C., W.H. Starbuck (Hrsg.): Handbook of organizational design. Bd. 1, Oxford, S. 3–27.
Katz, R. (1974): Skills of the effective administrator. In: Harvard Business Review, 52. Jg., S. 90–101.
Koontz, H., H. Weihrich (1988): Management. 9. Aufl., New York u.a.O.
Kraut, A., R. Pedigo, D. McKenna, M. D. Dunnette (1989): The role of the manager: what's really important in different management jobs. In: Academy of Management Executive, 3. Jg., S. 286–293.
Lorsch, J.W. (Hrsg.)(1987): Handbook of organizational behavior. Englewood Cliffs.
Macharzina, K. (1993): Unternehmensführung. Wiesbaden.
Mahoney, T.A., T. H. Jerdee, St. Carroll (1965): The job(s) of management. In: Industrial Relations, 4. Jg., S. 97–110.

Manz, Ch. (1986): Self-leadership: Toward an expanded theory of self-influence processes in organizations. In: Academy of Management Review, 11.Jg., S. 585–600.

Manz, Ch., Ch. Neck (1991): Inner leadership: creating productive thought pattern. In: Academy of Management Executive, 5. Jg., S. 87–95.

Manz, Ch., H. P. Sims (1989): Superleadership. New York u.a.O.

Miner, J.B. (1978): The management process: Theory, research and practice. 2. Aufl., New York/London.

Nystrom, P.C., W. H. Starbuck (1984): To avoid organizational crisis, unlearn. In: Organizational Dynamics, S. 53–65.

o.V. (1991): Evaluierung des Ergänzungsstudiums „Tourismus mit den Schwerpunkten Management und regionale Fremdenverkehrsplanung" (zitiert als „Studie Tourismusmanagement"). Institut für Tourismus, Freie Universität Berlin.

Penfield, R.V. (1974): Time allocation patterns and effectiveness of managers. In: Personnel Psychology, 27. Jg., S. 245–255.

Ramme, I. (1990): Die Arbeit von Führungskräften. Köln.

Schirmer, F. (1987): Funktionswandel im mittleren Management. In: Die Unternehmung, 41. Jg., S. 353–364.

Schirmer, F. (1991): Aktivitäten von Managern: Ein kritischer Review über 40 Jahre „Work Activity"-Forschung. In: Staehle, W.H., J. Sydow (Hrsg.): Managementforschung 1. Berlin/New York, S. 205–253.

Schirmer, F. (1992): Arbeitsverhalten von Managern. Diss., Wiesbaden.

Schirmer, F., M. Smentek (1994): Management contra neue Managementkonzepte? In: Industrielle Beziehungen – Zeitschrift für Arbeit, Organisation, Management. 1. Jg., S. 62–90.

Scholz, Ch. (1995): Personalmanagement. 4. Aufl., München.

Staehle, W. H. (1991): Simultane Strategie- und Personalentwicklung. In: Zeitschrift für Personalforschung, 5. Jg., S. 5–13.

Staehle, W.H. (1992): Funktionen des Managements. 3. Aufl., Bern/Stuttgart.

Staehle, W.H. (1994): Management. 7. Aufl., München.

Staudt, E., M. Kröll, M. v. Hören (1993): Potentialorientierung der strategischen Unternehmensplanung: Unternehmens- und Personalentwicklung als iterativer Prozeß. In: Die Betriebswirtschaft, 53. Jg., S. 57–75.

Steinmann, H., G. Schreyögg (1993): Management – Grundlagen der Unternehmensführung. 3.Aufl., Wiesbaden.

Steinmann, H., C. Hennemann (1993): Personalmanagementlehre zwischen Managementpraxis und mikro-ökonomischer Theorie – Versuch einer wissenschaftstheoretischen Standortbestimmung. In: Weber, W. (Hrsg.): Entgeltsysteme. Stuttgart, S. 41–78.

Stewart, R. (1976): Contrasts in management. London.

Stewart, R. (1982): Choices for the manager – A guide to managerial work and behavior. London u.a.O.

Stewart, R. (1983): Managerial behavior: How research has changed the traditional picture. In: Earl, M. (Hrsg.): Perspectives on management – A multidisciplinary analysis. Oxford.

Tornow, W., P. Pinto (1976): The development of a managerial job taxonomy: A system for describing, classifying and evaluating executive positions. In: Journal of Applied Psychology, 61. Jg., S. 410–418.

Walgenbach, P., A. Kieser (1995): Mittlere Manager in Deutschland und Großbritannien. In: Schreyögg, G., J. Sydow (Hrsg.): Managementforschung 5. Berlin/New York, S. 259–309.

Wunderer, R. (1995): Führung von unten. In: Kieser, A., G. Reber, R. Wunderer (Hrsg.): Handwörterbuch der Führung. Stuttgart, S. 501–512.

2 Mitarbeiterführung

Claude Kaspar

2.1 Das Wesen der Mitarbeiterführung und die Zielsetzung der Personalpolitik

Die Aktivitäten eines Unternehmers können in zwei Hauptbereiche aufgeteilt werden. Einmal setzt der Unternehmer Ziele fest, er entwirft Maßnahmen, kontrolliert die Ergebnisse. Er widmet sich mit anderen Worten allen sachlogischen Aufgaben, indem er das Unternehmungsgeschehen zu gestalten und zu lenken trachtet.

Zum zweiten bedeutet aber Unternehmungsführung immer auch Menschenführung; der Mensch steht im Mittelpunkt eines jeden auf das Erbringen einer bestimmten Leistung zweckgerichteten Systems, das wir Unternehmung nennen. Die Befriedigung der Bedürfnisse der in der Unternehmung tätigen Mitarbeiter ist somit ein wesentlicher Zweck der Unternehmung.

Dieser zentralen Stellung des Menschen in der Unternehmung steht aber immer der Zwang zur Erarbeitung bestimmter Leistungen mit begrenzten Mitteln gegenüber. Nur ein Erfolg auf dieser Ebene kann die Existenz der Unternehmung und damit die Lebensgrundlage ihrer Mitarbeiter sichern.

Dem Unternehmer ist nicht nur die schwirige Aufgabe übertragen, richtige sachlogische Entscheidungen zu treffen; er muß auch die Aktivitäten seiner Mitarbeiter auf die gesetzten Ziele ausrichten, d.h. sie veranlassen so zu handeln, daß die Unternehmungsziele erreicht werden. Unternehmungsführung bedeutet also auch Menschenführung im Sinne der Verhaltensbeeinflussung der Mitarbeiter in Richtung gesetzter Ziele.

Auch und gerade in touristischen Unternehmungen kommt dem Mitarbeiter eine große Bedeutung zu, weil in den meisten Fällen die Dienstleistung im persönlichen Kontakt mit dem Gast erbracht wird. Dem Anliegen der Führung und Förderung des Mitarbeiters wird heute vor allem in der Hotellerie (und dem Gastwirtschaftsgewerbe) vielerorts noch zu wenig Beachtung geschenkt. Die Folgen solcher Versäumnisse sind bekannt: Das Personalproblem ist drückend, und seine Lösung ist in nächster Zukunft nicht abzusehen. Ziel der Personalpolitik muß es deshalb sein, die Arbeitswelt zu „humanisieren" (vgl. Reith, 1987, S. 308), und zwar durch

– die Schaffung einer echten Betriebsgemeinschaft,
– die bestmögliche Gestaltung der Arbeit im Betrieb.

Das Ergebnis ist die Steigerung der Arbeitsleistung bzw. des Arbeitserfolges.
Das Ziel wird erreicht durch

- die richtige Mitarbeiterauswahl (fachliche, geistige und körperliche Eignung),
- die Bemühungen um die Erhaltung eines motivierten Mitarbeiterstammes (geringe Fluktuation),
- entsprechende Entlohnungsmethoden und die vorbereitenden Maßnahmen,
- soziale Betreuung.

Die Arbeitsleistung eines jeden Menschen ist abhängig von der Leistungsfähigkeit (= Begabung + Ausbildung + Erfahrung), kurz Können genannt, und vom Leistungswillen.

Der Leistungswille wird besonders durch materielle Voraussetzungen (Lohn, Gewinnbeteiligung etc.) und durch immaterielle Voraussetzungen (Führungsstil, Betriebsklima, Aufstiegsmöglichkeiten, etc.) geprägt (vgl. Abb. 1).

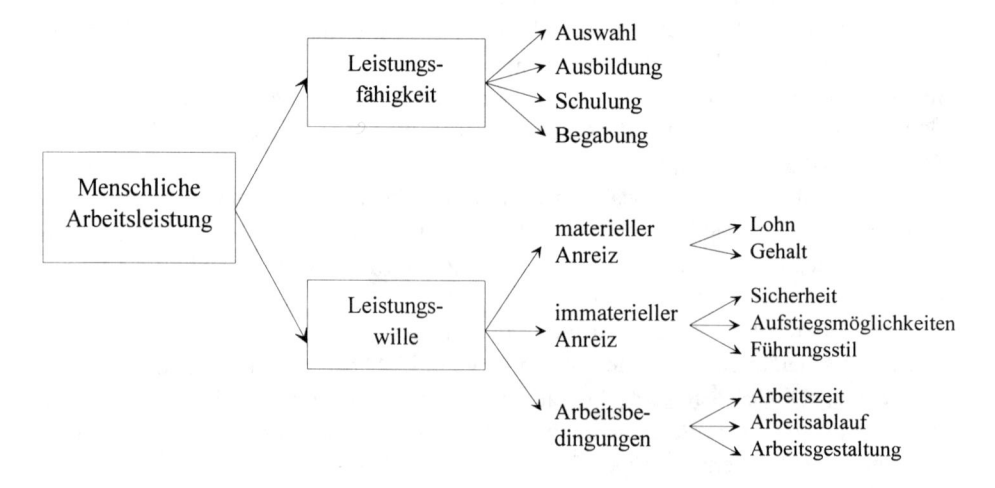

Abb. 1: Menschliche Arbeitsleistung

Das Führungsverhalten des Vorgesetzten ist darauf gerichtet, den Mitarbeiter zu einem Handeln zu veranlassen, das den zu erreichenden Unternehmungszielen förderlich ist. „Der Führungsvorgang besteht somit in einer Beeinflussung des Geführten durch den Führer" (Lattmann, 1975, S. 45). Diese Beeinflussung des Geführten durch den Führenden kann nach Lattmann aus zwei Quellen hervorgehen:

(1) Der Macht des Führenden; diese kann in eine physische, psychische, wirtschaftliche oder soziale Macht unterteilt werden. Soziale Macht hat ihren Ursprung in der gesellschaftlich bevorzugten Stellung des Führenden, psychische Macht entspringt charakterlicher oder intellektueller Überlegenheit.

(2) Der Überzeugungskraft des Führenden; persönliche Überzeugungskraft entspringt der Suggestivkraft oder persönlichen Zuneigung (Liebe, Achtung), sachliche geht vom Führungsziel an sich aus (vgl. Abb. 2).

Diese beiden Quellen der Beeinflussung unterscheiden sich dadurch, daß im ersten Fall der Geführte einem Zwang unterliegt, welcher aus der Abhängigkeit des Geführten vom Führenden resultiert, während im zweiten Fall die Willensfreiheit des Geführten gewährleistet bleibt, weil dessen Verhalten Resultat der Überzeugung, nicht der Machtausübung ist.

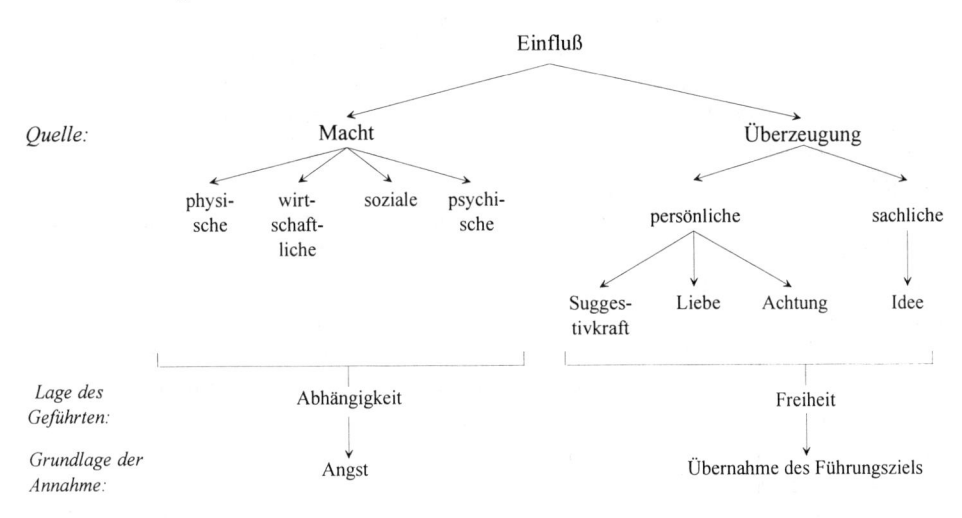

```
                                    Einfluß
                                   ↙      ↘
Quelle:                        Macht        Überzeugung
                           ↙  ↙  ↘  ↘       ↙        ↘
                      physi-  wirt-  soziale  psychi-   persönliche    sachliche
                      sche    schaft-         sche    ↙    ↓    ↘         ↓
                              liche                Sugges- Liebe Achtung  Idee
                                                   tivkraft
                          └─────────┬─────────┘    └────────┬────────┘
Lage des                      Abhängigkeit                Freiheit
Geführten:                         ↓                         ↓
Grundlage der                    Angst              Übernahme des Führungsziels
Annahme:
```

Abb. 2: Einflußformen der Führung

Welches Führungsverhalten eines Vorgesetzten, welcher Führungsstil also ist als richtig zu bezeichnen? Nehmen wird die Antwort vorweg: Es gibt keinen „idealen" Führungsstil; dieser hängt vielmehr von der jeweiligen Situation ab, wie Führer-Mitarbeiter-Verhältnis, Grad der Strukturiertheit und Positionsmacht des Chefs (positionsspezifische Autorität).

2.2 Führungsstile

Wie Reith (1987, S. 316 f.) richtig bemerkt, ist der passende Führungsstil das letzte Glied in der Kette der Managementbemühungen. Er ist wesentlich für die Leistungsmotivation in einem günstigen Betriebsklima. Das besondere Kennzeichen eines Führungsstils ist die Art und Weise, wie ein Vorgesetzter seine Mitarbeiter anspricht, wie er sie überzeugt und motiviert. Das kooperative (partizipative) Führungssystem löst immer mehr das autoritäre ab.

Beim *autoritären Führungsstil* werden die Entscheidungen ausschließlich vom Vorgesetzten getroffen und mitgeteilt. Nachteil: Die Eigeninitiative der Mitarbeiter kommt wenig zum Tragen.

Der *kooperative Führungsstil* bedingt das Treffen von Entscheidungen durch ein Team. Der Vorgesetzte wirkt mehr als Anreger und Koordinator. Vorteil: Eigeninitiative wird entfaltet. Vorgesetzte werden entlastet.

In der Praxis wird es immer zu Mischformen kommen, denn gleichgültig, welcher Führungsstil vorherrscht, ob autoritär oder kooperativ, es wird immer Menschen geben, die anordnen und befehlen, und solche, die ausführen und Anordnungen befolgen.

Voraussetzung für die Menschenführung und -behandlung ist die charakterliche, moralische und fachliche Qualifikation. Im Zusammenhang mit dem kooperativen Führungsstil spielt die Zielsetzung für die Mitarbeiterführung eine wichtige Rolle.

Das Kernmerkmal der *Führung durch Zielvereinbarung* besteht darin, daß der Einsatz des Mitarbeiters – insbesondere der Führungskraft – auf die Erreichung von Zielen gerichtet wird, welche von jenen der Unternehmung abgeleitet sind. Die Anstrengungen der Unternehmungsleitung waren von jeher durch solche Ziele bestimmt, und sie hat die Tätigkeit ihrer Mitarbeiter schon immer in den Dienst ihrer Erreichung gesetzt. Insofern wird durch den Ausdruck „Führung durch Zielvereinbarung" (Management by Objectives) kein völlig neues Anliegen bezeichnet. Neu ist hingegen die zum System erhobene Vorgehensweise der Umsetzung von Unternehmungszielen in Leistungsziele des Mitarbeiters, die zum Schwerpunkt seiner Aufgabenerfüllung werden. Von der „Führung durch Delegation", bei welcher dem Mitarbeiter die Verantwortung und die Befugnisse für einen Aufgabenzusammenhang übertragen werden, unterscheidet sich die Führung durch Zielvereinbarung dadurch, daß innerhalb dieses Aufgabenzusammenhanges Ergebnisse festgelegt werden, deren Verwirklichung dem Mitarbeiter obliegt.

2.3 Entwicklung einer wirkungsvollen Mitarbeiterführung in Tourismusunternehmungen

Das konkrete Führungsverhalten sieht in vielen Tourismusunternehmungen erheblich anders aus, als es den wissenschaftlichen Erkenntnissen entspricht. Vielfach wird überwiegend aufgrund der positionsspezifischen Autorität geführt. Der Dienstleistungscharakter der touristischen Leistungen, die entscheidende Bedeutung eines gesunden Organisationsklimas sowie das Erfordernis einer weitgehenden Dezentralisierung von Entscheidungen in Fremdenverkehrsunternehmungen sprechen jedoch in vielen Fällen für einen relativ hohen Partizipationsgrad. Eine stärkere Anerkennung des Mitarbeiters bei eher partizipativem, kooperativem Verhalten ist auch für den Erfolg der Unternehmung von Vorteil, indem die schöpferische Kraft und das Leistungsvermögen des Mitarbeiters am besten zum Tragen kommen, wenn er sich mit der Unternehmung und ihren Zielen identifizieren kann.

Lattmann gibt einige wesentliche Anhaltspunkte für die Ableitung eines *persönlichen, leistungswirksamen Führungsstils* (vgl. Lattmann, 1975, S. 42 f.):

– Die Berücksichtigung der Bedürfnisse, der Erwartungen und des Leistungsvermögens der Geführten bei der Bestimmung des Führungsverhaltens ist insofern geeignet, die Führungseffektivität zu erhöhen, als sie die Einsatzbereitschaft der Beteiligten fördert.
– Gegenwärtig kommt den Bedürfnissen nach Sicherheit im Sinne von Geborgenheit und Zugehörigkeit sowie vor allem nach Selbstbestätigung und Selbstentfaltung eine erhöhte Bedeutung zu. Je mehr diese präsent sind, um so wirksamer erweist sich ein partizipativer Führungsstil.
– Entscheidender als die Anwendung bestimmter Vorgehensweisen ist für die Führungseffektivität das Vertrauen, welches die Mitarbeiter dem Führenden entgegenbringen. Dieses ist primär von dessen ganzer Persönlichkeit, nicht so sehr von einzelnen Verhaltensausprägungen abhängig. Folgende Charakteristika treten erfahrungsgemäß als Grundlagen eines solchen Vertrauens hervor:
  • die Hingebung an die Aufgabe,
  • die Beispielhaftigkeit des Vorgesetztenverhaltens,
  • die Achtung vor der Persönlichkeit des anderen Menschen, welche sich weniger aus äußeren Formen als aus der Gesinnung des Vorgesetzten ergibt,
  • die Echtheit des Führungsverhaltens, welche die Grundlage der Glaubwürdigkeit des Vorgesetzten ist.
– Der Führungserfolg kann nur dann gesichert werden, wenn die Schaffung guter Beziehungen zu den Mitarbeitern durch eine aufgabengerechte Gestaltung des Führungsstils ergänzt wird.

Die Berücksichtigung der Bedürfnisse und vor allem des Leistungsvermögens der Mitarbeiter im Führungsverhalten bedeutet vor allem, daß Mitarbeiter mit bescheidenen fachlichen und vielleicht auch charakterlichen Qualifikationen (z.B. Hilfskräfte in einer Hotelküche oder -wäscherei) eher mit präzisen Anweisungen, also mit aufgabenspezifischer Autorität zu führen sind, während daneben qualifizierte Fachkräfte und Kadermitarbeiter partizipativ aufgrund von Zielvereinbarungen geführt werden.

Neben einem zweckentsprechenden Führungsverhalten ist einer motivationsfördernden Entlohnung Beachtung zu schenken. Zur partizipativen Führung gehört weiter die Rücksichtnahme auf den Wunsch vieler Mitarbeiter, sich weiterzubilden und eine berufliche Besserstellung zu erreichen. Die Möglichkeit, „Karriere zu machen", gilt allgemein als wesentlicher Leistungsanreiz. Leider sind die Aufstiegsmöglichkeiten in touristischen Unternehmungen nicht in diesem Maße vorhanden. Fähige Mitarbeiter müssen aber die Möglichkeit zu beruflicher Besserstellung bekommen.

Zu einer erfolgreichen Personalpolitik gehört auch die Förderung des beruflichen Nachwuchses. Das Image touristischer Berufe in den Augen der Jugend könnte allerdings besser sein, als es vielerorts tatsächlich ist. Dies betrifft vor allem die Hotellerie, für die das Personalproblem drückend ist. Die Lösung dieses Problems ist nur langfristig durch Anwendung moderner Motivationsformen wie Job-rotation, Job-enlargement, Job-enrichment und Job-sharing sowie durch massive Öffentlichkeitsarbeit möglich.

Literatur

Lattmann, Ch. (1975): Führungsstil und Führungsrichtlinien. Bern/Stuttgart.
Reith, W. (1987): Betriebswirtschaftslehre und gastgewerbliche Betriebslehre. Bd. 2, Wien.

Weitere Literatur

Kaspar, C. (1990): Einführung in das touristische Management. Bern/Stuttgart (St. Galler Beiträge zum Fremdenverkehr und zur Verkehrswirtschaft, Bd. 21).
Kaspar, C. (1995): Management im Tourismus. Eine Grundlage für die Führung von Tourismusunternehmungen und -organisationen. 2. Aufl., Bern/Stuttgart/Wien (St. Galler Beiträge zum Fremdenverkehr und zur Verkehrswirtschaft, Bd. 13).

3 Verbraucherinformationspolitik

Jürgen Armbrecht und Carl-Heinz Moritz

3.1 Der Defizit-Ansatz bei der Ermittlung des Informationsbedarfs

3.1.1 Verbraucher benötigen für ihre Konsumentscheidungen Informationen

Die wichtigen Konsumhandlungen betreffen häufig komplexe Güter und Leistungen und sollen besonders gründlich vorbereitet werden, daher müssen die dazugehörigen Informationen überdurchschnittlich zuverlässig sein.

Der Urlaub gehört für die meisten Verbraucher zu den wichtigen Dingen in ihrem Konsumalltag. Die Anforderungen an die entscheidungsrelevanten Informationen sind daher hoch. Dies gilt um so mehr, als die Leistungen ja nicht physisch geprüft oder ausprobiert werden können. Die Tourismus-Kommunikation steht im Mittelpunkt der Anbieter-Nachfrager-Beziehungen, und zwar in gleichem Maße für Individual- wie Pauschalreisende. Informationen zur Urlaubsvorbereitung können gegeben werden von den Anbietern der Leistungen, den Angebotsmittlern (Reisebüros, Fremdenverkehrsämtern), von anderen Verbrauchern, den Medien, staatlichen Stellen und von den Verbraucher-Organisationen bzw. -Institutionen.

Verbraucherinformationen durch Verbraucher-Organisationen sollen insbesondere dort zur Verfügung stehen, wo die Informationsangebote der Reiseveranstalter, der Urlaubsregionen, der Hotels und der Reisebüros unzureichend sind. Ohne Anspruch auf Vollständigkeit fallen folgende Defizite der Anbieter-Kommunikation auf:

- Die Eignung der Angebote für bestimmte Zielgruppen wird selten beschrieben.
- Detaillierte Angaben zur den Orten und Regionen (Klima, Umgebung) fehlen häufig.
- Die Reisebüros scheinen selten Hintergrund-Material zu Hotels/Regionen zu erhalten; sie haben die Informationen jedenfalls nicht präsent.
- Die Sprachwahl der Prospekte ist – obwohl verbessert – überdurchschnittlich irreführend; Katalogfloskeln müssen vom Verbraucher decodiert werden.
- Angaben zu Umweltaspekten (Lärm, Sauberkeit der Gewässer, Naturbelassenheit der Gegend etc.) werden höchst unvollständig erteilt.
- Hinweise zur Anreise mit öffentlichen Verkehrsmitteln fehlen oft; die Prospektwelt für Individualreisen ist der überholten Auto-Ideologie zuzuordnen.

- Ein Preisvergleich der Anbieter (z.B. gleiches Hotel in der gleichen Zeit bei gleichem Service, Anreise variabel) wird fast unmöglich gemacht – wohl auch für die Reisebüros – durch eine ausgeklügelte Preispolitik der Pauschalreise-Veranstalter.
- Auskünfte über seine rechtliche Situation bzw. Hinweise auf entsprechende Ansprechpartner im Unternehmen für den Fall der Unzufriedenheit findet der Verbraucher in der Regel nicht.

Verbraucher wollen zunehmend *Sicherheit*. Ob es die Sicherheit ist, gutes bzw. zweckmäßiges Wetter am Urlaubsort zu haben, ob es die Qualität der Unterbringung oder die der Umgebung ist, ob das Freizeitangebot den Erwartungen bzw. Hoffnungen entspricht, Verbraucher wollen auf Nummer sicher gehen, und auf diesem Wunsch basieren die Informationserwartungen, dieser Wunsch soll auch rechtlich „abgesichert" sein.

Und die Verbraucher wollen sich auch bei ihren Urlaubsentscheidungen gesundheits- und umweltbewußt verhalten; Gesundheits-, Natur- und Umweltargumente sind wichtig, von der Anreise über die Unterbringung und Verpflegung bis hin zum Freizeitangebot.

Verbraucher sind intelligente und mündige Partner, die meisten wissen sehr wohl einzuschätzen, was sie wollen; und sie haben auch grobe Vorstellungen über das Marktniveau. Wer für rund 300 DM eine dreitägige Busreise von Berlin nach Paris mit Unterkunft und vollem Programm bucht, der rechnet nicht mit einem Komfort-Hotel und ist auch bereit, neben einer Basis-Unterkunft eine laute und „schlechte" Stadtumgebung hinzunehmen. Dies darf dann auch im Prospekt stehen. Wer aber für mehr als 5.000 DM eine 14tägige Kreuzfahrt zum Nordkap buchen will, kann mit vollem Recht mehr und detailliertere Informationen erwarten. Und er sollte sie erhalten.

Ein Kegelclub, der seine Kasse bei einem feuchtfröhlichen Wochenende an der Mosel plündert, erwartet wahrlich andere Informationen als das Ehepaar mit Kleinkindern, welches Interesse an einem Kurzreise-Herbsturlaub in einer schönen deutschen Flußlandschaft mit Burgen hat. Warum erhalten beide Urlaubssuchende vom Hotel identische Urlaubsinformationen? Und warum wissen auch die Mitarbeiter der Reisebüros häufig nicht mehr über Hotel und Ort, als in dem Prospekt für Endverbraucher steht?

Den (uniformen) Verbraucher gibt es ebensowenig wie *den* Reisenden/Urlauber; auch *den* Pauschal-Reisenden gibt es nicht. Die Veranstalter wissen dies natürlich, warum aber sieht man es vielen Prospekten etc. nicht an? Uniformes Informationsmaterial für differenzierte Zielgruppen – dies ist kein überzeugender Marketing-Ansatz.

Die Kommunikationspolitik hinkt manchmal hinter der Produktpolitik her – dies ist kaum begründbar. Informations-Marketing ist auch in den letzten Jahren dieses Jahrtausends eher Herausforderung als Realität.

3.1.2 Inhalte anbieterunabhängiger Verbraucherinformationspolitik

Neutrale oder besser anbieterunabhängige Verbraucherinformation sollte sich im Kontext des Defizit-Ansatzes vor allem auf solche Inhaltsbereiche konzentrieren, die von den Anbietern und deren Mittlern nicht, nicht genügend oder überwiegend verzerrt kommuniziert werden. Auch solche Bereiche, in denen durch eigenständige Informationsmärkte (z.B. Reise- und Städteführer) zufriedenstellende Zustände aus Verbrauchersicht herrschen, brauchen bei den bekannt knappen Ressourcen der Verbraucherorganisationen nicht bearbeitet zu werden. Und selbstredend sollten die Verbraucherinformationsanbieter die Verwendung ihrer Mittel nach drei Kriterien prüfen, damit triviale oder überholte Information erst gar nicht erarbeitet wird:

(1) Handelt es sich um ein komplexeres Problem als der Durchschnittsverbraucher auf den ersten Blick beurteilen kann (z.B. Hotelqualität)?
(2) Sind die Gegenstände/Themen rein subjektiv zu beurteilen (Küste oder Alpen?), oder gibt es objektivierbare Merkmale für eine „Unterrichtung der Öffentlichkeit" (z.B. Service der Reiseveranstalter)?
(3) Sind die Leistungen/Bedingungen zeitlich konstant (z.B. Wasserqualität)?

Bunte Bilderkataloge, Übersichten von Hotels in bestimmten Orten/Regionen, Städteführer etc. sind daher in Deutschland kein vorrangiges Thema für Verbraucherinstitutionen – einige ausländische Verbraucherorganisationen finden dagegen mit ähnlichen Publikationen durchaus Zuspruch bei ihren Mitgliedern.

Wichtig sind alle diejenigen Bereiche, die zur Entscheidungssicherheit des Verbrauchers beitragen; ohne Anspruch auf Vollständigkeit seien genannt:

- Qualität der Unterkunft (zielgruppenbezogen),
- Qualität der Umgebung (zielgruppenbezogen),
- Freizeitangebote/Besonderheiten (zielgruppenbezogen),
- Angebote von Ferienzentren und -dörfern,
- Service bei Fluggesellschaften,
- reiserechtlicher Rahmen und Chancen der Rechtsdurchsetzung,
- Angebote bestimmter Urlaubsarten (z.B. Sport-, Hobbyurlaub).

Daneben sind Informationen wichtig, die Tip-Charakter haben, auch hier einige Beispiele:

- Sind Pauschalreisen wirklich preiswerter?
- Welche Chancen und Risiken tragen Last-minute-Reisen?
- Lohnt sich ein Wechsel des Veranstalters/Flughafens?
- Welcher Reiseführer ist der beste für meine Erwartungen?

3.2 Verbraucherpolitik und Verbraucherinstitutionen

Eine bewährte Klassifikation der Verbraucherpolitik ist die Dreiteilung in

- Verbraucherinformation,
- Verbraucherbildung und
- Verbraucherschutz.

Konsequenterweise arbeiten auf Bundesebene drei speziellen Politikbereichen zugeordnete Institutionen:

- Stiftung Warentest – Verbraucherinformation,
- Stiftung Verbraucherinstitut – Verbraucherbildung,
- Verbraucherschutzverein e.V. – Verbraucherschutz.

Die verbraucher*politische* Vertretung auf Bundesebene wird von der Arbeitsgemeinschaft der Verbraucherverbände (AgV) wahrgenommen; auf Landesebene gibt es daneben jeweils eine Verbraucherzentrale. AgV und Verbraucherzentralen arbeiten in allen drei genannten verbraucherpolitischen Feldern, soweit neben der Arbeit der Spezialinstitutionen in wichtigen Bereichen Handlungsbedarf besteht.

Die überblicksartige Darstellung der wichtigsten staatlich geförderten Insitutionen beschränkt sich auf Gründungszeitpunkt, Mitglieder und Skizzierung der wesentlichen Aufgaben (vgl. Kuhlmann, 1990, S. 421 ff.; Maier, 1984, S. 71 ff.).

3.2.1 Die Arbeitsgemeinschaft der Verbraucherverbände e.V. (AgV)

Als Dachverband von verbraucherpolitisch orientierten Mitgliedsverbänden setzt sich die 1953 gegründete AgV in Bonn auf Bundesebene umfassend für die Interessen der Verbraucher ein.

Dies geschieht durch Mitwirkung an Gesetzen und Verordnungen (z.B. Reisevertragsgesetz) und durch Vertretung der Verbraucherinteressen in vielen Gremien der Politik und Wirtschaft. Zunehmend wirkt die AgV auf europäischer Ebene, um einen gleichbleibend hohen oder sogar besseren Verbraucherschutz zu erreichen.

Die AgV sieht ihre Aufgabe in der Stärkung der Konsumenten gegenüber den Anbietern, um so die wirtschaftliche und soziale Benachteiligung der Verbraucher zu verringern.

3.2.2 Die Verbraucherzentralen (VZ)

In jedem Bundesland existiert in der Form eingetragener Vereine eine Verbraucherzentrale; die Gründung erfolgte in den alten Bundesländern zu Beginn der 60er Jahre, in den neuen Bundesländern im Jahre 1990. In ca. 250 Orten existieren Verbraucherberatungsstellen, in denen die Verbraucher über ein sehr breites Spektrum an Konsum- und Lebensproblemen informiert werden.

Finanziert werden die Verbraucherzentralen überwiegend aus öffentlichen Zuwendungen, die Erlöse aus Beratungsgebühren und aus dem Verkauf von Broschüren spielen daneben eine geringere Rolle.

Die Nachfrage der Verbraucher nach persönlichen Beratungsleistungen der Verbraucherzentralen nimmt unaufhörlich zu, die Entwicklung in den neuen Bundesländern verlief geradezu dramatisch. Das Rechtsberatungsgesetz gewährt den Verbraucherzentralen die Erlaubnis zur Rechtsberatung, beschränkt auf verbraucherrechtliche Angelegenheiten. Das schließt das Reisevertragsrecht ein.

3.2.3 Der Verbraucherschutzverein e.V. (VSV)

Der VSV in Berlin, zu dessen Mitgliedern die AgV, die Verbraucherzentralen und die Stiftung Warentest gehören, nimmt seit seiner Gründung im Jahre 1966 die Klagebefugnis der Verbraucherverbände nach dem Gesetz gegen den unlauteren Wettbewerb wahr; seit 1977 wurde ein zweiter Schwerpunkt im Bereich des Gesetzes zur Regelung der Allgemeinen Geschäftsbedingungen (AGBG) aufgebaut.

Unterlassungsansprüche gegen unlauteren Wettbewerb und die Bekämpfung von Verstößen bei Allgemeinen Geschäftsbedingungen werden auch im Reisesektor durchgeführt.

3.2.4 Die Stiftung Verbraucherinstitut (VI)

Das Verbraucherinstitut wurde 1978 von der AgV und der Stiftung Warentest in Berlin gegründet, um die Arbeit aller Verbraucherinstitutionen zu unterstützen, die im Bereich der Verbrauchererziehung, -beratung und -information tätig sind.

Das Institut führt zahlreiche Veranstaltungen zur Aus- und Fortbildung der Verbraucherberatungskräfte und anderer Multiplikatoren durch und erstellt Studien zu Einzelproblemen der Verbraucherarbeit.

3.2.5 Die Stiftung Warentest (StiWa)

1964 von der Bundesrepublik Deutschland gegründet, stellt die Stiftung Warentest heute mit ihrem Aufgabenschwerpunkt Verbraucherinformation die bekannteste Verbraucherinstitution dar.

Auf der Grundlage vergleichender Warentests und Dienstleistungsuntersuchungen veröffentlicht die Stiftung zwei Zeitschriften, „test" und „FINANZtest" sowie Broschüren, Bücher und andere Publikationen (vgl. Stiftung Warentest, 1996 f.).

Reisethemen gehörten bereits in den 60er Jahren zu den redaktionellen Standbeinen der Zeitschrift „test". Bis 1983 arbeitete auch ein besonderer „Reiseservice", der detaillierte Beschreibungen über Reisezielgebiete und Hotels offerierte. Neben der ständigen Berichterstattung der Reise- und Freizeit-Redaktion werden touristische Dienstleistungsuntersuchungen seit 1975 durchgeführt. Im folgenden Teil soll insbesondere am Beispiel der Stiftung Warentest aufgezeigt werden, wie Defizite bei touristischen Informationsangeboten durch gezielte Verbraucherinformation aufgefangen werden.

3.3 Defizite touristischer Informationsangebote

3.3.1 Informationsdefizite bei der Reiseentscheidung

Der Erfolg einer Reise hängt wesentlich davon ab, welche Qualität und Quantität die Informationen aufweisen, die dem potentiellen Urlauber bei seiner Reiseplanung und -entscheidung zur Verfügung stehen. Informationsdefizite können in dieser Phase dazu führen, daß falsche Reiseentscheidungen getroffen oder Reiseleistungen zu teuer eingekauft werden.

Im Entscheidungsprozeß für eine Urlaubsreise nehmen einerseits die Reisebüros als Informationsstellen und andererseits die Reisekataloge als Informationsquellen eine bedeutende Stellung ein (vgl. Studienkreis für Tourismus e.V., 1990, S. 35 ff.). Zur Vorbereitung und Buchung einer Pauschalreise ist das persönliche Beratungsgespräch im Reisebüro trotz elektronischer Informationsangebote auch heute immer noch gefragt. Immerhin kamen 1995 rund 26 Mio. Urlaubsreisen mit der professionellen Hilfe von Reisebüros oder ähnlicher Stellen zustande (vgl. F.U.R. Forschungsgemeinschaft Urlaub und Reisen e.V., 1996). Da die Auskünfte der Reisebüromitarbeiter das Urlaubsglück ganz entscheidend beeinflussen, liegt die Frage nach der Qualität der Beratung in den Reisebüros nahe.

Dieser Fragestellung ist die Stiftung Warentest bereits in drei Untersuchungen nachgegangen (vgl. Stiftung Warentest, 1977, 1984, 1991b). Die Untersuchungsergebnisse von 1977 und 1984 waren dabei alles andere als zufriedenstellend und machten deutlich, daß es mit der Beratungsqualität in bundesdeutschen Reisebüros nicht zum besten bestellt ist. Die „test"-Veröffentlichungen lösten sowohl in der Touristikpresse als auch in Fach- und Gewerkschaftsgruppen eine selbstkritische Diskussion über die Ursachen dieser Misere aus. In allen Beiträgen kristallisierten sich Zeitmangel des Counterpersonals und eine unzureichende Aus- und Weiterbildung der Reisebüromitarbeiter als Hauptursachen heraus.

Die dokumentierte Beratungsmisere hatte die Reisebürobranche tief getroffen und zwang zum Handeln. So wurden die Aus- und Fortbildungsveranstaltungen der Reisebüro-Verbände und der Reiseveranstalter verstärkt. Aber auch einzelne Reisebüroketten gingen mit neuen Schulungsprogrammen in die Offensive; als positives Beispiel sei hier die Firma Karstadt erwähnt (vgl. touristik report, 1986; Fremdenverkehrswirtschaft, 1986).

Die Ergebnisse der dritten Reisebüro-Untersuchung bescheinigten den deutschen Reisebüros eine zumindest teilweise verbesserte Beratungsqualität. Die Anstrengungen der Reisebürobranche, verstärkt in Schulungsmaßnahmen zu investieren, haben sich offensichtlich ausgezahlt.

An diesem Beispiel werden die Wechselwirkungen zwischen der Verbraucherinformationspolitik und dem Tourismus besonders deutlich: Zum einen wurden die potentiellen Urlauber über die Stärken und Schwächen bei den Beratungsleistungen im Reisebüro informiert und erhielten Ratschläge für einen Reisebürobesuch (unmittelbare Wirkung). Zum anderen wurden die Reisebüros als Beratungs- und Vermittlungsinstanzen von Reiseleistungen in die Lage versetzt, aus den festgestellten Fehlern zu lernen und durch gezielte Schulungskonzepte die Beratungsleistungen zu verbessern (mittelbare Wirkung).

Reisebüromitarbeiter neigen häufig dazu, dem Kunden eine oft zeitaufwendige Beratung zu versagen und drücken ihm stattdessen gern einen Reisekatalog mit der Bemerkung in die Hand, man möge sich doch bitte erst anhand des Katalogs informieren und dann zur Reisebuchung wieder erscheinen (vgl. Stiftung Warentest, 1991b). So oder anders sind immerhin fast 6 Mio. Urlauber an den Katalog eines Reiseveranstalters herangekommen, um sich für ein Reiseziel zu entscheiden (vgl. Studienkreis für Tourismus e.V., 1990, S. 36).

Untersuchungen der Stiftung Warentest über den Informations- und Wahrheitsgehalt von Pauschalreisekatalogen zeigen allerdings, daß diese allzu häufig mehr Werbung als Information enthalten. Die Veränderungen und Ergänzungen im Reisevertragsgesetz haben zwar bewirkt, daß regreßträchtige Falschangaben in den Katalogen kaum noch anzutreffen sind. Ärger bereiten aus Verbrauchersicht aber dennoch die Übertreibungen, Umschreibungen und Auslassungen in den Gebiets-, Orts- und Unterkunftsbeschreibungen der Kataloge (vgl. Stiftung Warentest, 1995a). Es kommt hinzu, daß die Fotos die Urlaubswirklichkeit häufig nur geschönt wiedergeben. Darüber hinaus sind vor allem auch die sogenannten Katalogfloskeln zu erwähnen, die negative Sachverhalte und Gegebenheiten positiv umschreiben (Beispiel: Der „Naturstrand" ist meistens ein ungepflegter Strand mit Seetang und Abfällen, er ist „naturbelassen"). Da solchen, den wahren Inhalt verschleiernden Formulierungen juristisch nur schwer beizukommen ist, obliegt es den Verbraucherorganisationen, für Aufklärung zu sorgen und dafür die entsprechenden „Übersetzungen" zu liefern.

Nicht viel anders ist es mit Inhalt und Gestaltung der Preisinformationen in den Katalogen für Flugpauschalreisen: Die unübersichtliche Darstellung der Preise mit den unterschiedlichen Zu- und Abschlägen sowie komplizierten Kinderermäßigungen erschwert die eigene Preisberechnung in hohem Maße und macht Preisvergleiche fast unmöglich (vgl. Stiftung Warentest, 1995a, 1996b). Andererseits führen Pauschalreisepreisvergleiche der Stiftung Warentest immer wieder vor Augen, daß bei vergleichbaren Angeboten verschiedener Reiseveranstalter Preisunterschiede von mehreren hundert Markt – in Einzelfällen sogar von mehr als 1.500,- DM – möglich sind (vgl. Stiftung Warentest, 1995b, 1996c). Pauschalreisepreisvergleiche stehen daher bei Urlaubern hoch im Kurs, da ihnen auf diese Weise einerseits das Wälzen vieler Reisekataloge und andererseits die komplizierten Preisberechnungen abgenommen werden. Dieses Informationsbedürfnis ist auch von kommerziellen Anbietern erkannt worden, die solche Preisvergleiche in Form von Zeitschriften und Computer-Diensten anbieten (vgl. Fink-Kümmerly + Frey, 1995). Die von der Stiftung Warentest bereits seit 1991 angebotenen Pauschalreisepreisvergleiche per Computer basieren auf einer Datenbank mit den Flugpauschalangeboten aller bedeutenden Reiseveranstalter und tragen zu einer erheblich verbesserten Markttransparenz bei. Aufgrund der individuellen Reisedaten eines Urlaubers (Abflughafen, Reisetermin und -dauer, Urlaubsregion/-ort, Unterkunftskomfort, Verpflegungsart) erstellt der Computer einen „Persönlichen Reisekatalog" mit den bis zu 20 preisgünstigsten Angeboten (vgl. Stiftung Warentest, 1996a.)

3.3.2 Informationsdefizite bei der Reisedurchführung

Die meisten touristischen Teilmärkte sind gekennzeichnet durch eine eher mangelnde Markttransparenz. Angebotsübersichten und neutrale Berichte über spezielle Formen der Pauschalreise oder über einzelne Leistungsträger (z.B. Verkehrsmittel, Unterkunftsbetriebe etc.) sind noch am ehesten in den touristischen Fachzeitschriften zu finden, zum Teil auch in Reisemagazinen, aber relativ selten in Publikumszeitschriften und -zeitungen.

Informationen über die Merkmale und Besonderheiten solcher Reiseangebote sowie Hinweise zur Reisedurchführung helfen jedoch, die eigenen Urlaubsvorstellungen zu hinterfragen und die persönliche Reiseentscheidung abzusichern. Gerade Unsicherheit und Unkenntnis sind es, die bei den potentiellen Urlaubern während der Reisevorbereitung einen erhöhten Informationsbedarf zur Folge haben.

Im Rahmen ihrer touristischen Dienstleistungsuntersuchungen hat sich die Stiftung Warentest bereits mehrere Male mit touristischen Teilmärkten befaßt und die Qualität von speziellen Pauschalreisearten und von einzelnen Leistungsträgern analysiert. Ein Beispiel aus dem Markt für Pauschalreisen sind die Flußkreuzfahrten auf europäischen Flüssen und Kanälen. Diese relativ unbekannte Urlaubsart, bei der man auf einem Hotelschiff gemächlich durch interessante Flußlandschaften gleitet, ist besonders für einen Kurzurlaub oder Wochenendtrip geeignet (vgl. Stiftung Warentest, 1991a). Vorurteilen und falschen Vorstellungen z.B. über die Gepflogenheiten an Bord sowie über den Komfort und die Ausstattung der Schiffe wurde mit gezielten Informationen begegnet. Auf ähnliche Art und Weise wurde über eine Untersuchung von organisierten Radwandertouren berichtet (vgl. Stiftung Warentest, 1996d). Im Bereich der touristischen Leistungsträger befaßten sich Testprojekte mit dem Service bei Fluggesellschaften und der Deutschen Bahn AG sowie mit dem Leistungsangebot und der Umweltverträglichkeit deutscher Nord- und Ostseeinseln.

Aufgrund zum Teil gesättigter Urlaubsbedürfnisse werden die Reisekunden zukünftig in stärkerem Maße neue Urlaubsformen und Reisearten ausprobieren. Dieser Trend wird entsprechende Informationsangebote der Verbraucherinstitutionen zur Folge haben.

3.3.3 Informationsdefizite bei Reisereklamationen

In der Tourismusbranche wird manchmal der Eindruck erweckt, viele Urlauber würden das Reklamieren von Reisemängeln geradezu als eine Art Sport betreiben und sie hätten während „der schönsten Wochen des Jahres" nichts anderes im Sinn, als über Reisepreisminderungen nachzudenken. Es mag ja sein, daß unter den touristischen Beschwerdeführern auch ein paar professionelle Nörgler sind, die durch Schadensersatzforderungen an Reiseveranstalter die Urlaubskasse nachträglich aufbessern wollen. Wie die Praxis der Verbraucherarbeit jedoch zeigt, gibt es keinen Grund, an der Ernsthaftigkeit der meisten Reisereklamationen zu zweifeln, auch wenn Urlauberbeschwerden teilweise der Lächerlichkeit preisgegeben werden (vgl. Scholz, 1991).

Das Reisevertragsgesetz von 1979 und die seit November 1994 geltende „Verordnung über die Informationspflichten von Reiseveranstaltern" haben zwar juristisch Klarheit geschaffen sowie Rechte und Pflichten der Reiseveranstalter und ihrer Kunden genau festgelegt. Dennoch scheitern berechtigte Regreßansprüche sehr häufig an Verfahrensfragen, die auf mangelnde Aufgeklärtheit und Unkenntnis der Urlauber zurückzuführen sind. Während die Reiseveranstalter immer auf das „Kleingedruckte" verweisen können, haben Verbraucher häufig das Problem, die Reisebedingungen im Katalog zu finden oder die Formulierungen zu verstehen. Auch ist das Verfahren des Rücktritts oder der Mitwirkungspflicht des Reisenden bei Reklamationen am Urlaubsort wenig transparent. Es sind in diesem Punkt wiederum die Verbraucherorganisationen, die mit ihren Veröffentlichungen für mehr Klarheit sorgen und mit Tips und Ratschlägen zur Seite stehen, wenn der Traumurlaub zum Alptraum geworden ist (vgl. Stiftung Warentest, 1996e; Verbraucher-Zentrale Nordrhein-Westfalen e.V., 1995).

Als nicht besonders verbraucherfreundlich muß man wohl auch die Schemabriefe aus den Schreibautomaten der Reiseveranstalter kennzeichnen, die reklamierende Kunden vom „Kundenbetreuer" erhalten. Man kann sich des Eindrucks nicht erwehren, daß diese Antwortbriefe häufig – teilweise ohne auf den konkreten Reklamationsfall einzugehen – darauf angelegt sind, den Kunden abzuwimmeln oder hinzuhalten. Irgendwann wird mancher Urlauber resignieren und seine möglicherweise berechtigten Ansprüche nicht weiter verfolgen. In dieser Situation kann eine Rechtsberatung in den Verbraucherzentralen der Bundesländer sehr sinnvoll sein. In einem solchen Beratungsgespräch kann frühzeitig geklärt werden, ob Ansprüche gegenüber einem Reiseveranstalter erfolgreich durchgesetzt werden können.

Literatur

Fink-Kümmerly + Frey, (1995): Der Ferien-Hotelführer. S. 234 ff. Ostfildern.
Fremdenverkehrswirtschaft international (1986): Beratungsqualität in Karstadt-Reisebüros – Beratungsdauer stieg von 16 auf 28 Minuten. In: Fremdenverkehrwirtschaft international, Heft 1 (7.1.1986), S. 28 ff.
F.U.R. Forschungsgemeinschaft Urlaub und Reisen e.V. (1996). Die Reiseanalyse 1996. Erste Ergebnisse vorgestellt auf der ITB 1996 in Berlin.
Kuhlmann, E. (1990): Verbraucherpolitik. München.
Maier, L. (1984): Verbraucherpolitik in der Bundesrepublik Deutschland. Bonn.
Scholz, H. E. (1991): ... und fordere mein Geld zurück. So beschweren sich Touristen. München.
Stiftung Warentest (1977): Immer freundlich – nicht immer verläßlich. In: test, Heft 4, S. 59 ff.
Stiftung Warentest (1984): Selten gut beraten. In: test, Heft 4, S. 77 ff.
Stiftung Warentest (1991a): Flußkreuzfahrt-Schiffe: test-Sterne für Komfort und Service. In: test, Heft 2, S. 69 ff.
Stiftung Warentest (1991b): Beraten und verkauft? In: test, Heft 7, S. 90 ff.
Stiftung Warentest (1995a): Ärgernis Preistabellen. In: test, Heft 8, S. 33 ff.
Stiftung Warentest (1995b): 1500 Mark gespart. In: test, Heft 11, S. 24 ff.
Stiftung Warentest (1996a): Computerservice Pauschalreisen. In: test, Heft 1, S. 78 ff.
Stiftung Warentest (1996b): Nachwuchs(be)förderung. In: test, Heft 2, S. 79 ff.
Stiftung Warentest (1996c): Vergleichen und sparen. In: test, Heft 2, S. 22ff.
Stiftung Warentest (1996d): Aktivurlaub für Bequeme. In: test, Heft 5, S. 85 ff.
Stiftung Warentest (1996e): Geld zurück nach Horrortrip. In: test, Heft 8, S. 22 ff.
Stiftung Warentest (1996f): Zeichen setzen für Verbraucher. Berlin.
Studienkreis für Tourismus e.V. (1990): Urlaubsreisen 1989. Eine Kurzfassung der Reiseanalyse 1989. Starnberg, S. 32 ff.
touristik report (1986): Karstadt-Agenturen – Eigenschulung. In: touristik report, Heft 2 (24.01.1986), S. 35.
Verbraucher-Zentrale Nordrhein-Westfalen e.V. (1995): Aus der Traum vom Traumurlaub – Pauschalreise-Reklamationen. Düsseldorf.

4 Umwelt- und sozialverträglicher Tourismus – Rahmenbedingungen von Raumordnung, Regional- und Bauleitplanung

Kristiane Klemm

4.1 Sanfter Tourismus in der ersten und zweiten Generation

Das magische Zauberwort von Tourismusmanagern, Planern, von Bürgermeistern und Politikern, von Kurdirektoren, Hoteliers, Naturschützern und Ökofreaks heißt „umwelt- und sozialverträglicher Tourismus" und ist mit dem abgenutzten Schlagwort „sanfter Tourismus" seit nunmehr über zehn Jahren bekannt. Neue Begriffe wie harmonischer, einsichtiger oder angepaßter Tourismus sind lediglich andere Begriffe, das Ziel ist jedoch immer das gleiche: Tourismusangebot und -nachfrage müssen sich gleichermaßen verändern, damit die Natur, das wichtigste Grundkapital der touristischen Entwicklung, nicht zerstört wird, die Kultur einer Zielregion erhalten bleibt, die soziale und ökonomische Lebensqualität der Bereisten verbessert, gleichzeitig aber auch den Bedürfnissen der Touristen entsprochen wird.

So fehlt es denn nicht an Empfehlungen und Forderungen, Maßnahmen und Beispielen, die, wenn man sie hier alle aufzählte, ganze Seiten füllen würden. Doch was ist an allen diesen Forderungen, die in ihrer Rigorosität, in der sie häufig vorgetragen werden, an einen „calvinistischen Verhaltenskodex" (vgl. Romeiß-Stracke, 1990, S. 8) erinnern?

Grundsätzlich kann es einen „umweltverträglichen" Tourismus nicht geben, sondern eine Tourismusform ist lediglich umweltverträglicher bzw. -schonender als eine andere.

Das gleiche gilt für den Begriff „sozialverträglich". Bis heute weiß man noch nicht, was eigentlich unter diesem Begriff zu verstehen ist. Meint man damit die Schaffung von humaneren Arbeitsbedingungen im Tourismus, die größere Vielfalt der Arbeitsplätze und die damit verbundenen beruflichen Aufstiegsmöglichkeiten? Oder ist darunter das Mitbestimmungsrecht der Bürger an allen tourismusrelevanten Entscheidungen der Kommune zu verstehen, die Einrichtung eines „runden Tisches", an dem alle Betroffenen beteiligt werden? Bislang mangelt es an erfolgreichen Demonstrativ-Vorhaben, die sowohl einen umwelt- wie sozialverträglichen Tourismus veranschaulichen. Vor allem für die „erste Generation des sanften Tourismus", wie er Anfang der 80er Jahre verstanden wurde, gibt es genügend Beispiele: Kommunen und Regionen, die bislang vom Massentourismus verschont geblieben waren, deren touristisches Angebot sich aus kleinen, einfachen, regionaltypischen Betrieben zusammensetzte und bei denen vor allem die naturnahen Erholungsangebote eine vorrangige Rolle spielten, waren überzeugt, einen umweltverträglichen Tourismus in Reinkultur anzubieten und damit den Markterfordernissen zu entsprechen. Die 1985 formulierten Forderungen der Alpenschutzkommission CIPRA wären damit erfüllt: „Erholungsuchende im Sinne des sanften Tourismus benutzen vor allem die in einem Raum vorhandenen Einrichtungen der Bevölkerung mit und verzichten auf wesentliche zusätzliche landschaftsbelastende Tourismuseinrichtungen" (CIPRA, 1985, S. 284).

Heute – man kann schon von der „zweiten Generation des sanften Tourismus" sprechen – gilt vieles als „sanft", so etwa, wenn das Hotelfrühstück nicht in Aluminium- oder Plastikverpackung serviert wird, die Handtücher im Hotel, die ungenutzt sind, nicht mehr täglich gewechselt werden oder wenn die Innenstadt eines Kurortes verkehrsberuhigt ist. Aber auch die touristische Erschließung mit Großprojekten wie Ferienzentren, Centerparcs, Bade- und Traumlandschaften, Erlebnis- und Vergnügungsparks wie Disneyland werden unter einem „sanften Konzept" subsumiert (vgl. Schleswig-Holsteinischer Landtag, 1989).

Schon diese vielfältigen Interpretationsmöglichkeiten zeigen, wie problematisch der Begriff „sanfter Tourismus" ist.

Nachdem mehr als zehn Jahre seit Veröffentlichung der Thesen zum sanften und harten Reisen von Robert Jungk (1980) vergangen sind, freut sich selbst der „Vater des sanften Tourismus" längst nicht mehr über diese Auszeichnung, denn so Jungk: „... mein Notschrei ist inzwischen zu einem Schlachtruf umstilisiert worden ..., die Gebiete werden für einen angeblich vernünftigen Reiseverkehr erschlossen und sind am Ende genauso überlaufen wie die traditionellen Urlaubslandschaften" (Jungk, 1990, S. 54).

Inzwischen gibt es schon keine Region und fast kein Bundesland mehr, das sich nicht dem sanften Tourismus verschrieben hat. Sanfter Tourismus gilt als *die Entwicklungsstrategie der Zukunft*, dies vor allem in den neuen Bundesländern. Verständlich ist diese Forderung, wenn man an die vielen negativen Auswirkungen der Tourismusentwicklung der letzten 20 bis 30 Jahre denkt, die letztendlich zu dieser Gegenreaktion geführt haben. Auch ist das Wort „sanft" keine tourismusspezifische Erscheinungsform, sondern gilt für viele Wirtschaftsbereiche und bringt ein modernes, marktorientiertes Handeln zum Ausdruck.

Sanfter Tourismus in seiner ursprünglich definierten Form (erste Generation), der von „seiner Qualität her ein allenfalls mäßig ausgebildeter Fremdenverkehr ist und wirtschaftliche Vorteile für die Einheimischen bringt" (Rochlitz, 1985, S. 268), bei dem „die Erholungsuchenden vor allem die im Raum vorhandenen Einrichtungen der Bevölkerung mitnutzen und auf zusätzlich landschaftsbelastende Tourismuseinrichtungen verzichten" (CIPRA, 1985, S. 284), kann aber langfristig keine erfolgversprechende raumordnerische und marktorientierte Entwicklungsstrategie sein (vgl. Klemm, 1987; Klemm/Menke, 1989). Zum einen ist die Forderung auf Verzicht heute illusorisch, der Urlauber ist nicht nur ruhe-, sondern vor allem erlebnisbedürftig; zum anderen ist der regionalwirtschaftliche Nutzen bei einem mäßig ausgebauten Tourismus so gering, daß die einheimische Bevölkerung davon nur einen sehr geringen Nutzen haben kann. Offen bleibt auch die Frage nach der Sozialverträglichkeit. Letztendlich birgt diese Art des sanften Tourismus die Gefahr in sich, daß alle Orte einer Fremdenverkehrsregion touristisch genutzt werden und bei diesem generellen Flächenverbrauch erneut die Frage nach seiner Umweltverträglichkeit auftritt.

Alle bisher bekannten Beispiele – einen guten Überblick gibt die ADAC-Broschüre „Mehr Wissen – Mehr Handeln" (1991) – leben von ihren innovativen Ideen, zielen jedoch eher auf eine Nischenpolitik im Tourismus ab; die gewünschten positiven regionalwirtschaftlichen Effekte (Schaffung von Arbeitsplätzen und Einkommen) bleiben dabei häufig auf der Strecke. Darüber hinaus kann die forcierte Vermarktung der Natur sehr leicht zu ihrer eigenen Zerstörung führen.

4.2 Nachhaltiger Tourismus versus sanfter Tourismus

Eine neue Diskussion beginnt Ende der 80er und Anfang der 90er Jahre mit der Veröffentlichung des Brundtland-Berichts der Weltkommission für Umwelt und Entwicklung (1987), der Erklärung von Rio de Janeiro 1992 und der Agenda 21 in denen das Konzept der „sustainable development" bzw. der „nachhaltigen bzw. dauerhaften Entwicklung" vorgestellt und in den darauf folgenden Jahren auf die Tourismusentwicklung übertragen wird.

Bei der Diskussion um die Nachhaltigkeit geht es im Grundsatz ebenfalls um eine umwelt- und sozialverträgliche Entwicklung, hier wird jedoch die ökonomische Ergiebigkeit und die ganzheitliche Betrachtungsweise stärker in den Vordergrund gestellt. Als nachhaltig wird eine Entwicklung dann bezeichnet, wenn sie die Bedürfnisse der Gegenwart deckt, ohne zukünftigen Generationen die Grundlage für deren Bedürfnisbefriedigung zu nehmen (vgl. World Commission on Environment and Development (WCD)/V. Hauff, 1987, S. 46)

Der Begriff der nachhaltigen Nutzung stammt ursprünglich aus der Forstwirtschaft und bedeutet, daß nur soviel Holz geschlagen werden darf, wie später wieder nachwächst. In der einfachsten Form auf die Tourismuswirtschaft bezogen, könnte Nachhaltigkeit z.B. bedeuten, daß durch die Errichtung eines touristischen Projekts der Grundwasserspiegel nicht abgesenkt oder die Qualität des Wassers nicht verschlechtert werden darf. Oder ein weiteres Beispiel: Die Errichtung eines Golfplatzes auf einer landwirtschaftlich intensiv genutzten Fläche kann u.U. den Boden und die Gewässer weniger belasten als die landwirtschaftliche Nutzung (vgl. Elsasser et al., 1995, S. 10 f.).

Nachhaltige Tourismusentwicklung wird heute wesentlich weitergefaßt und bedeutet z.B., daß die ökologische, ökonomische, soziale sowie kulturelle Tourismusentwicklung ganzheitlich gesehen wird, und vor allen Dingen *langfristig* zur positiven Regionalentwicklung (Steigerung der Lebensqualität und des Wohlstands) beiträgt ohne dauernde Unterstützung des Staates (vgl. Elsasser et al., 1995, S. 16).

Becker (1995, S. 25) spricht auch von einem Strategienrahmen der die drei Dimensionen der *ökologischen Verträglichkeit, der ökonomischen Ergiebigkeit und der sozialen Verantwortbarkeit* weiter konkretisieren soll. Der Arbeitskreis für Freizeit- und Fremdenverkehrsgeographie hat auf dieser Basis Kriterien für die o.g. Dimensionen herausgearbeitet (Becker, 1995, S. 25 ff.)

Becker et al. (1996) sprechen ausdrücklich nicht vom nachhaltigen Tourismus, sondern von einer *nachhaltigen Entwicklung mit Tourismus*. Sowohl die Kriterien des Arbeitskreises für Freizeit- und Fremdenverkehrsgeographie als auch die Empfehlungen von Becker et al. unterscheiden sich kaum von denen, die in den letzten Jahren für einen umwelt- und sozialverträglichen Tourismus zusammengetragen wurden und heute schon beinahe zu einer Selbstverständlichkeit geworden sind.

Damit stellt sich auch die Frage inwieweit sich die nachhaltige Tourismusentwicklung von der des sanften Tourismus unterscheidet, denn schon wird im allgemeinen Sprachgebrauch sanft durch nachhaltig ersetzt.

Eine Tourismuskonzeption ist dann nachhaltig, wenn die Region *ganzheitlich* betrachtet wird und sie einen langfristig, *dauerhaften strategischen Ansatz* beinhaltet. Sanfter Tourismus dagegen sollte enger gefaßt werden und sich vor allen Dingen auf einzelne *alternative Tourismussegmente bzw. Nischen* beziehen (vgl. Elsasser et al., S. 16 f.).

Die Prinzipien eines nachhaltigen Tourismus werden auch bei Hopfenbeck/Zimmer (1993, S. 255 ff.) ausführlich dargestellt.

Der Nachweis, ob und wann eine Regionalentwicklung durch Tourismus als nachhaltig zu bezeichnen ist, steht m.E. noch aus. Dabei muß auch daran gedacht werden, daß das was heute als nachhaltig oder dauerhaft bezeichnet wird, aufgrund des Wertewandels und veränderten Bedürfnisstrukturen von zukünftigen Generationen anders bewertet werden kann.

Der schonende Umgang mit der Natur und der Kultur, das Mitbestimmungsrecht der Bereisten sind unumstritten, fraglich ist nur die Strategie, die dort hinführt.

Analysiert man die vielen bisher aufgestellten Forderungen und Konzepte, so zeigt sich, daß es häufig an Fachkenntnis mangelt, vor allem, was den Einsatz des raumordnerischen und regionalplanerischen Instrumentariums angeht, das bisher kaum in seiner Wirkungsweise in Zusammenhang mit dem sanften Tourismus bzw. einer nachhaltigen Regionalentwicklung durch Tourismus analysiert und diskutiert wurde. Erst die Frage, warum dieses Instrumentarium vielleicht bisher nicht richtig greifen konnte, kann Aufschluß über zukünftig einzuschlagende Strategien geben.

4.3 Raumordnerische und regionalplanerische Konzepte für einen umweltschonenden und sozialverträglichen Tourismus

Aus raumordnerischer Sicht bieten sich vor allem drei Konzepte an:

- das Konzept der dezentralen Konzentration,
- das Konzept der räumlichen Aufgabenteilung zur Sicherung von Freiräumen („Vorrangfunktionen"),
- das Konzept der ausgeglichenen Funktionsräume.

Die Ziele dieser Konzepte werden im folgenden dargestellt und im Hinblick auf ihre räumlichen Auswirkungen überprüft.

4.3.1 Das Konzept der „dezentralen Konzentration"

Grundsätzlich wird mit diesem Konzept das raumordnerische Ziel verfolgt, im Rahmen eines flächendeckenden Netzes von sogenannten „zentralen Orten" mit unterschiedlichen Entwicklungsstufen Schwerpunkte für Versorgung, Beschäftigung und Wirtschaftsentwicklung zu bilden, die in angemessener Entfernung zu den Wohnplätzen der Bevölkerung liegen (vgl. Storbeck, 1982, S. 228). Ausschlaggebend ist dabei der Gedanke, daß ohne eine gewisse Konzentration von Einrichtungen und Infrastruktur die Bevölkerung nicht angemessen versorgt werden kann. Überträgt man nun diese Konzeption auf die Fremdenverkehrsentwicklung und -struktur, so muß man einerseits davon ausgehen, daß eine angemessene Versorgung mit Fremdenverkehrseinrichtungen nur dann gewährleistet ist, wenn eine gewisse Nachfragemenge (Anzahl von Urlaubern) vorhanden ist. Dies gilt im wesentlichen natürlich für die öffentliche Fremdenverkehrs-Infrastruktur, aber auch für private Betriebe wie die des Gastgewerbes und solche Betriebe, die indirekt vom Fremdenverkehr abhängig sind. Andererseits muß auch daran gedacht werden, daß sich in Fremdenverkehrsorten, die in ländlichen und strukturschwachen Gebieten liegen, eine gewisse Eigendynamik bei der Bildung von zentralen Funktionen vor allem im Einzelhandel entwickelt, die über der von der Landesplanung zugewiesenen Zentralitätsstufe liegt (vgl. Newig, 1987, S. 211 f.). Dabei ist zu berücksichtigen, daß eine überbordende Zentralität zu deutlichen Anzeichen der Überlastung von Fremdenverkehrsorten führt, wie zum Beispiel in Westerland, Grömitz und Timmendorfer Strand. Dies wird bei Newig allerdings nicht weiter thematisiert.

Geht man also von einer der Kernforderungen des sanften Tourismus aus, so wie sie seriös bisher nur von der CIPRA (1985, S. 284) formuliert wurden, daß sich „das touristische Angebot in den Zielgebieten überwiegend auf die im Raum vorhandenen Ressourcen stützen soll", so gerät man sofort in Schwierigkeiten, denn dies setzt einen anspruchslosen Touristen voraus, den es in dieser Form schon lange nicht mehr gibt.

Neue Lebens-, Freizeit- und Urlaubsstile prägen auch die räumlichen Verhaltensmuster, die zum Beispiel in einer normalen ländlichen Wohn- und Arbeitswelt allein nicht befriedigt werden können. Eine adäquate Versorgung mit moderner touristischer Infrastruktur und entsprechenden Leistungsträgern erfordert eine Bündelung und kommt damit einer dezentralen Konzentration, zum Teil auch einer Zonierung innerhalb von Siedlungsgebieten gleich.

Das Konzept der dezentralen Konzentration gilt grundsätzlich auch für Maßnahmen der regionalen Wirtschaftsförderung, allerdings noch nicht in allen Bundesländern auch für die Fremdenverkehrsförderung. Diese Förderung ist grundsätzlich flächig angelegt: So sind etwa zwei Drittel der Gebiete der „Gemeinschaftsaufgabe zur Verbesserung der regionalen Wirtschaftsstruktur" Fremdenverkehrsgebiete, von denen Teilbereiche – nicht zu vergleichen mit einer räumlichen Schwerpunktbildung – jeweils in den entsprechenden Rahmenplänen als förderungswürdig angesehen werden.

Für den Bereich der öffentlichen *touristischen Infrastrukturförderung* (z.B. Hallenbäder, Kurhäuser und -parks u.ä.) hat dies zu einer ganzen Reihe von unkoordinierten Maßnahmen („Hallenbadsyndrom") zwischen den einzelnen Fremdenverkehrsgemeinden eines Urlaubsgebietes geführt, und zwar als Reaktion auf die Tatsache, daß

– entweder die infrastrukturelle Kapazität bisher aktuell vorhandene Bedarfe nicht abdeckte oder
– die infrastrukturelle Ausstattung in ihrem qualitativen Standard hinter den benachbarten bzw. Konkurrenzgemeinden zurückblieb (vgl. Eggers, 1982, S. 510).

„Die Beobachtung allerdings, wonach erst das Vorhandensein einer gewissen infrastrukturellen Grundausstattung einen Attraktionseffekt der Infrastruktur bewirkt, weiterhin die Erkenntnis, daß die Erfüllung einiger spezieller fremdenverkehrlicher Funktionen (z.B. die eines Heilbades oder die eines Wintersportplatzes) die Komplettierung eines breit gefächerten Angebots an öffentlichen Einrichtungen erforderlich macht, sowie schließlich die Vermutung, daß die Effektivität fremdenverkehrlicher Einrichtungen positiv mit der Vielfältigkeit der sonstigen an einem Ort bereits vorhandenen Anlagen korreliert zu sein scheint, alles dies spricht für eine räumliche Konzentration der fremdenverkehrlichen Infrastruktur-Förderung" (Eggers, 1982, S. 511).

Diese Tatsache hat allerdings dazu geführt, daß es sich häufig nur um die Beseitigung von Defiziten handelte, nicht um Maßnahmen, hinter denen ein kreatives Konzept stand bzw. die auf zielgerichteten Entwicklungskonzepten basierten (vgl. Becker, 1990, S. 376). Hinzu kommt das ausgeprägte Konkurrenzdenken der Fremdenverkehrsgemeinden untereinander, das eine Koordination bzw. zielgruppenspezifische Abgrenzung schon im Ansatz verhinderte. Hier könnten stringentere raumordnerische und regionalplanerische Zielvorgaben im Zusammenhang mit Marketingkonzepten nützliche Hilfe leisten. Auch wenn der Verfahrensweg der Regionalplanung viel zu langwierig ist (vgl. Becker, 1990, S. 375 f.), so könnte die Wirtschaftsförderung solche abgestimmten Marketingkonzepte zur Grundlage von Förderungsmaßnahmen deklarieren. Das Prinzip der dezentralen Konzentration bleibt dabei erhalten, und die Effektivität öffentlicher Förderungsmaßnahmen erhöht sich erheblich.

Im Unterschied zur öffentlichen Infrastrukturförderung erhebt Eggers diese Forderung nach räumlicher Konzentration für die *private gewerbliche Fremdenverkehrsförderung* nicht, da nach seiner Meinung der Fremdenverkehr eine räumlich disperse Erscheinungsform besitzt, die einer räumlichen Lenkung auf wenige Standorte durch das Subventionsprogramm nicht bedarf und bei der auch keine wesentlichen gewerblichen Agglomerationseffekte zu erwarten sind (vgl. Eggers, 1982, S. 510).

Dies mag zwar aus förderungspolitischer Sicht richtig sein – zum Beispiel auch in wenig erschlossene Erholungslandschaften wirtschaftliche Impulse zu lenken, wie zum Beispiel durch Förderung der Urlaubsform „Urlaub auf dem Lande"; jedoch muß man dabei gleichzeitig berücksichtigen, daß es nur noch sehr wenige nicht erschlossene Erholungslandschaften gibt. Darüber hinaus dürfen auch die Synergieeffekte, die von Fremdenverkehrsbetrieben ausgehen, nicht unterschätzt werden, die in vielen Fällen nur dann erfolgreich und damit raumwirksam werden, wenn mehrere Betriebe vor Ort angesiedelt werden bzw. vorhanden sind. Auch scheint der angebotspolitische Aspekt bei einer dispersen Förderung zu stark im Vordergrund zu stehen, die Nachfrage (Struktur und Bedürfnisse der Urlauber) bleibt dabei unberücksichtigt. Die unterschiedlichen Urlauber-Typologien verlangen in den meisten Fällen heute nach einer abwechslungsreichen Grundausstattung des gesamten Fremdenverkehrsangebotes, es sei denn, es handelt sich um einen gewerblichen Betrieb, der in seinem eigenen Angebot all diese Vorteile bereits bietet, oder um ein Spezialangebot wie „Urlaub auf dem Lande".

Das Konzept der dezentralen Konzentration gilt ebenso für Naherholungsräume wie für Natur- und Nationalparks und ist die Voraussetzung für eine umweltschonende Landschaftszonierung, wobei die meisten Erholungs-, Sport- und Erlebnisbedürfnisse bereits in den Erholungszentren (Kernzonen) befriedigt werden und somit empfindliche Landschaftsräume von großen Urlauberströmen verschont bleiben.

Die kritische Frage, die sich bei dem Konzept der dezentralen Konzentration stellt, ist die nach den Belastungsgrenzen und der Gestaltung der Kernzonen (vgl. dazu die Ausführungen von HR. Müller, H.J. Schemel und F. Romeiß-Stracke). Auch scheint es an der Zeit, sich über Sanierungskonzepte in überlasteten Gebieten Gedanken zu machen.

4.3.2   Das Konzept der räumlichen Aufgabenteilung

Ein weiteres raumordnerisches Konzept ist die sogenannte räumliche Aufgabenteilung, das heißt die Zuweisung geeigneter Regionen bzw. Freiräume für bestimmte Vorrangfunktionen, wie zum Beispiel für Land- und Forstwirtschaft, für Freizeit und Erholung, Wasserversorgung oder ökologische Ausgleichsflächen. Dies betrifft vor allem die ländlichen Regionen, die von ihrer Lage, natürlichen Ausstattung und Siedlungsstruktur her zur Aufnahme von Ergänzungsfunktionen für die Industriegesellschaft geeignet sind (vgl. Storbeck, 1982, S. 230).

Dieses Konzept dient in den meisten Fällen nicht der regionalwirtschaftlichen Stärkung einer Region, sondern ist im Grundsatz vielmehr von der Alimentation durch Verdichtungsgebiete abhängig. Dies gilt vor allem für Vorranggebiete, die der Freizeit und Erholung sowie dem ökologischen Ausgleich dienen. Die in der Bundesrepublik Deutschland ausgewiesenen Naturparks sind *typische großräumige Vorranggebiete* für die Naherholung. Die Fördermaßnahmen im Rahmen des Naturparkprogramms zielen in erster Linie darauf ab, den vorhandenen Naturraum als Erholungsraum auszustatten und zu schützen (Schaffung eines Wanderwegenetzes, Aufbau von Schutzhütten, Erstellung von Besucherinformationen), wirtschaftliche Vorteile – im Sinne einer Alimentation – für die dort ansässige Bevölkerung ergeben sich daraus nicht.

Weiterhin liegt das Problem bei diesem Konzept darin, daß großräumige Flächen keiner eindeutigen Zweckbestimmung zugeordnet werden können und es dabei zu konfliktträchtigen Überlagerungen von Funktionen wie zum Beispiel Erholung und ökologische Ausgleichsflächen kommen kann.

Neben der großräumigen Abgrenzung von Vorranggebieten müssen eindeutige, kleinräumige Flächenzuweisungen erfolgen, damit auch hier hochsensible ökologische Räume geschützt werden können. Propagiert man nämlich – wie es bei sanften Tourismuskonzepten häufig geschieht – die naturnahe Erholung, so müssen auch von Seiten der Regional- und Landschaftsplanung klare Aussagen zu solchen Räumen gemacht werden, die ausschließlich zu schützen und vor weiteren Nutzungen zu bewahren sind (Tabuzonen/Naturschutzgebiete), und solchen Räumen, die der ruhigen Erholung dienen (Kulissenräume/Landschaftsschutzgebiete) sowie Kerngebieten für aktive bzw. landschaftsbelastende Erholungsformen, für die geringwertigere Flächen ausgewiesen werden müssen. Bei einer solchen immer wieder geforderten Zonierung geht es auch im kleinräumigen Maßstab darum, die genannten raumordnerischen Konzepte (die dezentralisierte Konzentration, die räumliche Aufgabenteilung und das Konzept der ausgeglichenen Funktionsräume) durchzusetzen.

Die entstandenen Fehlentwicklungen innerhalb der touristischen Regionen liegen in der Schwerfälligkeit der regionalplanerischen Arbeit, deren vorrangige Aufgabe zwar in der räumlichen Funktionszuweisung liegt, die jedoch auf kurzfristige Veränderungen nicht genügend schnell reagieren kann. Auch die Durchsetzung des rechtlichen Vollzugs scheitert am Personalmangel. Hierfür dürfen nicht nur ehrenamtliche Naturschützer eingesetzt werden, sondern es sollten dafür auch fachkompetente sogenannte Ranger ausgebildet und – wie bereits in den Nationalparks geschehen – mit angemessener Dotierung beschäftigt werden.

Planerische Aspekte werden auch hier wiederum nur aus der räumlichen Perspektive bzw. von der Angebotsseite aus betrachtet, die Nachfrage bleibt unberücksichtigt. Bekker (1990, S. 377) fordert eine stärkere Einbindung der Regionalplaner in die Fremdenverkehrsentwicklungsplanung. Dabei stellt sich jedoch die Frage, woher der Planer als sogenannter Generalist sein touristisches Know-how bezieht, wenn er sich um viele Ressorts gleichzeitig kümmern muß. Hier könnten die regionalen Fremdenverkehrsverbände gute Arbeit leisten, die über die reine Vermarktung ihrer Region hinausgeht. Die Schaffung eines offenen Forums Tourismus sollte die Interessenkonflikte zwischen den einzelnen Räumen und Fremdenverkehrsgemeinden auszugleichen versuchen und dabei gleichzeitig kompromißfähige Beschlüsse zum Konfliktfeld Tourismus – Naturschutz herbeiführen.

Ein drittes raumordnerisches Konzept, das der ausgeglichenen Funktionsräume, ist vor allem für die Frage der Sozialverträglichkeit des Tourismus von Bedeutung. Dieses Konzept wird im folgenden Kapitel beschrieben.

4.3.3 Das Konzept der ausgeglichenen Funktionsräume

Ziel dieses Konzeptes ist es, in Anlehnung an das Konzept der „Dezentralisierung durch regionale Konzentration" in den ländlichen Gebieten solche Lebens- und Arbeitsbedingungen zu schaffen, die als befriedigend oder als ausreichend empfundene Mindestniveaus betrachtet werden können, entsprechend dem raumordnerischen Grundsatz der Schaffung von sogenannten „gleichwertigen Lebensbedingungen" in allen Räumen der Bundesrepublik Deutschland.

Zu dieser Konzeption werden die folgenden vier Unterziele formuliert (vgl. Becker, 1982, S. 234):

– Herstellung eines ausreichenden Angebotes an Einkommenserzielungsmöglichkeiten (gute Arbeitsbedingungen, befriedigendes Lohnniveau und Sicherheit der Arbeitsplätze);
– Gewährleistung einer ausreichenden Versorgung mit nicht transportierbaren Dienstleistungen;
– Herstellung von ausreichenden Wohnverhältnissen (familiengerechter Wohnraum zu angemessenen Kosten; sinnvolle Zuordnung der Wohnstandorte zu den Arbeitsplätzen, zu privaten und öffentlichen Infrastruktureinrichtungen sowie angemessene Verkehrserschließung mit öffentlichen Verkehrsmitteln);
– Herstellung eines ausreichenden Freizeit- und Erholungswertes, der durch die Verfügbarkeit von Möglichkeiten zum Beispiel zur Fortbildung sowie zur Naherholung mitbestimmt wird.

Ausgeglichene Funktionsräume bestehen aus einer Verbindung von funktionsfähigen regionalen Arbeitsmärkten und einkommensschwachen Teilräumen zum Beispiel für die Funktion Freizeit und Erholung. Diese Arbeitsmarkträume liegen in erreichbarer Entfernung zu schwach strukturierten ländlichen Gebieten (Erholungsräume) und sollten mit diesen gleichzeitig durch ein leistungsfähiges Nahverkehrsnetz verbunden sein, damit ein ausreichendes Arbeitseinkommen in zumutbarer Entfernung zum Wohnstandort gegeben ist. Letztendlich wird hiermit die Erwartung verbunden, daß

– die Bevölkerung von einer Abwanderung abgehalten werden kann,
– via Hebung der Steuerkraft eine Voraussetzung für die Verbesserung der infrastrukturellen Versorgung geschaffen wird,
– dadurch die Wirtschaftskraft erhöht wird,
– schließlich die Möglichkeit geschaffen wird, Teilräume zu alimentieren, denen im Sinne räumlich funktionaler Arbeitsteilung zum Beispiel Aufgaben der Erholung oder der Ressourcensicherung zufallen (vgl. Becker, 1982, S. 235).

Wie sieht nun aber tatsächlich die Situation für den ländlichen, häufig strukturschwachen Teilraum aus, der überwiegend der Erholung der städtischen Bevölkerung dienen soll? Zum einen fehlt es häufig an einer ausreichenden Verkehrsanbindung des ländlichen Raumes an die umliegenden Zentren, in denen das geforderte vielfältige Arbeitsplatzangebot vorhanden ist, andererseits werden öffentliche Verkehrsmittel wegen ihrer geringen Attraktivität und ihres mangelnden Komforts wenig genutzt. In den ländlichen Räumen müssen also neben der Landwirtschaft weitere Arbeitsplätze geschaffen werden, damit zum Beispiel eine weitere Abwanderung der Bevölkerung verhindert wird. Daher ist es das erklärte Ziel der Fremdenverkehrsförderungspolitik, solche Maßnahmen zu fördern, bei denen Einkommen und Arbeitsplätze in strukturschwachen Räumen gesichert bzw. geschaffen werden. Im Gegensatz zu den in den Zentren vorhandenen vielfältigen Arbeits- und Qualifikationsmöglichkeiten sehen die Arbeitsbedingungen, die durch die Ansiedlung von Fremdenverkehr geschaffen werden, wie folgt aus:

– hohe Saisonabhängigkeit,
– geringe Arbeitsplatzsicherheit,
– hoher Anteil von schlecht bezahlten Dienstleistungstätigkeiten,
– extrem lange Arbeitszeiten, unregelmäßige Dienst-, Nacht-, Sonn- und Feiertagsarbeit sowie Arbeit unter Zeitdruck,
– geringe Aufstiegschancen,
– geringe soziale Absicherung in den Betrieben selbst.

Betrachtet man diese Kriterien unter dem Aspekt ihrer Sozialverträglichkeit, so muß man grundsätzlich zu der Erkenntnis kommen, daß Arbeitsplätze im Fremdenverkehr generell nicht besonders attraktiv und wenig sozialverträglich sind. Positiv ist allein die Tatsache zu bewerten, daß in den schwach strukturierten Teilräumen überhaupt Arbeitsplätze durch die Erholungsfunktion geschaffen werden. Auch hier wird erst durch eine größere Konzentration von unterschiedlichen Betriebsformen ein vielfältigeres Arbeitsplatzangebot geschaffen, verbunden mit besseren Qualifizierungs- und Aufstiegschancen.

Neben den genannten raumordnerischen Grundprinzipien muß natürlich generell bedacht werden, inwieweit der Fremdenverkehr von der Bevölkerung akzeptiert wird und ob Bereitschaft und Interesse vorhanden sind, um den Fremdenverkehr mitzugestalten. Hierzu gehört auch die wichtige Frage der Sozialplanung und -verträglichkeit, wie sie im Rahmen des Bundesbaugesetzes verankert ist.

4.4 Bürgerbeteiligung, Sozialplanung und Sozialverträglichkeit im Rahmen der Bauleitplanung

Nach bundesdeutschem Planungsrecht sind die Gemeinden/Städte dazu verpflichtet, Flächennutzungs- und Bebauungspläne (die Bauleitplanung) in eigener Verantwortung aufzustellen. Diese Bauleitplanung ist den Zielen der Raumordnung und Landesplanung/Regionalplanung anzupassen. Ob ein Flächennutzungs- oder Bebauungsplan aufgestellt bzw. geändert werden soll, liegt im Ermessen der Gemeinde, der Bürger hat hierauf keinen Einfluß. Wenn es sich aber – wie dies bei touristischen Großprojekten oder bei größeren Anlagen von Freizeit- und Sportinfrastruktur der Fall ist – um Flächenumwidmungen oder unbebaute Flächen zum Teil sogar im Außenbereich handelt, muß ein Landschafts-, Flächennutzungs- und ein Bebauungsplan erstellt werden. Für ein solches Verfahren ist eine zweistufige Bürgerbeteiligung laut Baugesetzbuch vorgeschrieben, nämlich die frühzeitige und die förmliche Beteiligung. Im Rahmen der Bauleitplanung (Flächennutzungs- und Bebauungspläne) wird den Bürgern Gelegenheit gegeben, über Ziel und Zweck der Planung zu diskutieren, Bedenken mitzuteilen und Anregungen zu geben, wobei die Gemeinde verpflichtet ist, alle Stellungnahmen zu prüfen und sich inhaltlich dazu zu äußern. Die von den Bürgern abgegebenen Eingaben/Stellungnahmen können letztendlich auch zu einer Ergänzung oder Änderung des Planentwurfs führen. Laut Baugesetzbuch § 1 Abs. 5 Nr. 3 (Bundesgesetzblatt 1986, S. 2253) ist ein Höchstmaß an Sozialverträglichkeit zu erreichen. Im Rahmen der sogenannten Abwägung muß versucht werden, den sozialen Belangen der Bürger soweit wie möglich bei der Ausgestaltung des Plans gerecht zu werden (vgl. Bundesminister für Raumordnung, 1988, S. 71).

Ohne weiter auf die einzelnen rechtlichen Details einzugehen, stellt sich hier die grundsätzliche Frage, warum es, obwohl ein ausgefeiltes rechtliches Instrumentarium der Bürgerbeteiligung an planerischen Entscheidungsmechanismen existiert, immer wieder zu Fehlentwicklungen im Bereich der örtlichen Fremdenverkehrsplanung kommt bzw. gekommen ist.

Dies hat mehrere Ursachen:

– Die Beteiligungsbereitschaft der Bürger ist zwar erheblich gestiegen, dennoch stehen bei den Eingaben und Stellungnahmen häufig Einzelinteressen im Vordergrund.
– Die Bürger haben oft Schwierigkeiten, die Pläne zu lesen und richtig zu interpretieren. Darüber hinaus sind die Gemeinden häufig nicht in der Lage, für notwendige

Erläuterungen zum Fachplan entsprechendes Personal und Hilfestellungen zur Verfügung zu stellen.
- Das Bewußtsein über negative Wirkungen des Tourismus ist in den häufig strukturschwachen Orten und Regionen nur sehr gering; hier geht es vorrangig um die Schaffung von Arbeitsplätzen und Einkommen.
- Den Ortsansässigen fehlen die Kenntnisse über das Instrumentarium und die Wirkungsweisen, die langfristig zu einer sinnvollen touristischen Fremdenverkehrsentwicklung führen.

Die gleichen Probleme treten auch dann auf, wenn das Mitspracherecht nicht unmittelbar in den Planungsprozeß miteinbezogen wird, sondern wenn im Rahmen von Ausschüssen, runden Tischen bzw. touristischen Foren eine Beteiligung am gesamten touristischen Geschehen in der Gemeinde gefordert wird. Einseitig ausgerichtete Interessenvertreter können solche Ausschüsse sehr schnell sprengen.

4.5 Zusammenfassung

Bei den zahlreichen Forderungen zum umwelt- und sozialverträglichen sowie nachhaltigen Tourismus sind bisher die von der Raumordnung, Regional- und Bauleitplanung bereits vorgegebenen Rahmenbedingungen viel zu wenig beachtet bzw. diskutiert worden. Raumordnung, Regional- und Bauleitplanung haben eine ganze Reihe von Konzepten, Prinzipien und rechtlichen Rahmenbedingungen für die Fremdenverkehrsentwicklung geschaffen, die – wenn sie überall richtig eingesetzt und konsequent genutzt würden – in hohem Maße zu einem schonenden Umgang mit der Umwelt und den Bereisten führen könnten. Vor- und Nachteile werden hier noch einmal kurz zusammengefaßt.

Überträgt man das Konzept der *dezentralen Konzentration* auf die Fremdenverkehrsplanung und -entwicklung, so führt dies in jedem Falle zu einer gewissen Bündelung/Konzentration von Leistungsträgern (öffentlicher und privater touristischer Infrastruktur), ohne die die vielfältigen Bedürfnisse der Erholungsuchenden nicht angemessen befriedigt werden können. Während dieses Prinzip in vielen Bundesländern, vor allem was die öffentliche Infrastrukturförderung angeht, bereits angewendet wird, ist man bei Förderungsmaßnahmen der privaten Fremdenverkehrswirtschaft eher der Meinung, daß es einer räumlichen Lenkung nicht bedarf. Dabei werden die Synergieeffekte, die von solchen Betrieben ausgehen, häufig unterschätzt.

Das ausgeprägte Konkurrenzdenken der Fremdenverkehrsgemeinden untereinander verhindert ein gemeinsames, kreatives und zielgruppenorientiertes Marketingkonzept. Darüber hinaus fehlen Sanierungskonzepte für überlastete Fremdenverkehrsorte und -gebiete.

Im Rahmen der *räumlichen Aufgabenteilung* erhalten geeignete Regionen und Freiräume Vorrangfunktionen zum Beispiel für Freizeit und Erholung. Neben dieser zum

Teil sehr großräumigen Aufgabenteilung muß eine konkrete kleinräumige Flächenzuweisung erfolgen, damit hochsensible ökologische Biotope im Rahmen von Tabuzonen (Naturschutzgebieten) bewahrt bleiben. Ein Problem dabei liegt in der Durchsetzung des rechtlichen Vollzugs, wofür häufig nur ehrenamtliche Naturschützer zur Verfügung stehen. Fachkompetentes Personal (sogenannte Ranger) mit angemessener Dotierung könnten hier wichtige Dienste leisten.

Bei der Ausweisung von Vorranggebieten müssen Regionalplanung, Naturschutz und regionale Fremdenverkehrsverbände eng und vor allem kompromißfähig zusammenarbeiten.

Unter dem Konzept der *ausgeglichenen Funktionsräume* versteht man die Verbindung aus funktionsfähigen, regionalen Arbeitsmärkten und einkommensschwachen Teilräumen zum Beispiel für die Funktion Erholung. Durch unzureichende Verkehrsanbindung an regionale Arbeitsmärkte müssen in einkommensschwachen Räumen neben den vorhandenen landwirtschaftlichen auch andere Arbeitsplätze zum Beispiel durch die Ansiedlung von Fremdenverkehrsbetrieben geschaffen werden. Diese zeichnen sich jedoch durch eine hohe Saisonalität, durch geringe Arbeitsplatzsicherheit, geringe Aufstiegschancen u.ä. aus, so daß die Sozialverträglichkeit infrage gestellt ist. Erst durch eine größere Konzentration auch unterschiedlicher touristischer Betriebsformen wird eine höhere Arbeitsplatzvielfalt gesichert, verbunden mit besseren Qualifikations- und Aufstiegschancen.

Insgesamt zeigt sich, daß erst die Verbindung aller drei genannten Raumordnungskonzepte die Grundlage für eine erfolgreiche Fremdenverkehrsplanung ergibt.

Betrachtet man die Frage der *Sozialverträglichkeit* unter dem Gesichtspunkt des Mitspracherechts der betroffenen Bevölkerung, so ist dieses im Baugesetz durch die sogenannte Bürgerbeteiligung fest verankert. Fehlendes Know-how betreffend die Auswirkungen des Fremdenverkehrs, viele Partikularinteressen und die Vorrangigkeit von Wohlstandszielen (Ökonomie vor Ökologie) führen jedoch immer noch dazu, daß trotz einer rechtlich verankerten Bürgerbeteiligung touristische Fehleinschätzungen und -entwicklungen entstehen.

Alle beschriebenen Rahmenbedingungen und rechtlichen Grundlagen geben genügend Spielraum für innovative und kreative Tourismusstrategien, ohne daß dabei die Natur und die vor Ort lebenden Menschen übermäßig strapaziert werden müssen. Es fehlt vor allem an einem strengeren Vollzug und an „mehr Biß für die Raumordnung in Sachen Fremdenverkehr" (Becker, 1990, S. 375).

Literatur

ADAC (Hrsg.) (1991): Mehr Wissen – Mehr Handeln. Bausteine für eine umweltverträgliche Tourismusentwicklung. München.

Becker, C. (1990): Mehr Biß für die Raumordnung in Sachen Fremdenverkehr. In: Der Landkreis, Nr. 8–9, S. 375–377.

Becker, C. (1995): Nachhaltige Regionalentwicklung mit Tourismus: ein Strategienrahmen. In: Institut für Tourismus, Berichte und Materialien Nr. 14. Berlin, S. 21–31.
Becker, C., H. Job, A. Witzel (1996): Tourismus und nachhaltige Entwicklung. Darmstadt.
Becker, K. (1982): Das Konzept der ausgeglichenen Funktionsräume. In: Akademie für Raumforschung und Landesplanung (Hrsg.): Grundriß der Raumordnung. Hannover, S. 232–240.
Bundesgesetzblatt I vom 8. Dez. 1986. Bonn.
Bundesminister für Raumordnung, Bauwesen und Städtebau (Hrsg.) (1988): Planen – Bauen – Erneuern. Bonn-Bad Godesberg.
CIPRA, Commission Internationale pour la Protection des Regions Alpine (Hrsg.) (1985): Sanfter Tourismus – Schlagwort oder Chance für den Alpenraum? Vaduz.
Eggers, G. (1982): Beziehungen zwischen Fremdenverkehr und Raumordnung. In: Akademie für Raumforschung und Landesplanung (Hrsg.): Grundriß der Raumordnung. Hannover, S. 504–513.
Elsasser, H. et al. (1995): Nachhaltigkeit im Tourismus. In: Institut für Tourismus, Berichte und Materialien Nr. 14, Berlin, S. 7–15.
Hopfenbeck, W., P. Zimmer (1993): Umweltorientiertes Tourismusmanagement. Landsberg/Lech.
Jungk, R. (1980): Wieviel Touristen pro Hektar Strand? In: Geo, Nr. 10, S. 154–156.
Jungk, R. (1990): Wenn einer eine Reise tut .... In: Natur, Nr. 2, S. 54.
Klemm, K. (1987): Sanfter Tourismus – ein regionalpolitisches Konzept? In: Institut für Tourismus, Berichte und Materialien Nr. 2, Berlin, S. 65–86.
Klemm, K., A. Menke (1989): Sanfter Tourismus zwischen Theorie und Praxis. In: Akademie für Raumforschung und Landesplanung (Forschungs- und Sitzungsberichte 172), Fremdenverkehr und Regionalpolitik. Hannover.
Landesregierung Schleswig-Holstein (1996): Tourismuskonzeption. Kiel.
Newig, J. (1987): Der Einfluß der touristischen Sekundärbevölkerung auf den Einzelhandel in den großen Fremdenverkehrsorten Schleswig-Holsteins. In: Institut für Tourismus, Berichte und Materialien Nr. 2. Berlin, S. 201–217.
Niedersächsisches Ministerium für Wirtschaft, Technologie und Verkehr (o.J.): Niedersächsisches Fremdenverkehrsprogramm 1987–1991. Hannover.
Rochlitz, K.-H. (1985): Sanfter Tourismus – mehr als eine Utopie? In: CIPRA (Hrsg.) Sanfter Tourismus – Schlagwort oder Chance für den Alpenraum? Vaduz, S. 165–180.
Romeiß-Stracke, F. (1990): Tourismus im Umbruch. Alte Probleme und neue Herausforderung auf der Schwelle 2000. Unveröffentl. Vortrag zur Jahresversammlung 1990 des Deutschen Fremdenverkehrsverbandes.
Schleswig-Holsteinischer Landtag (1989) (Hrsg.): Drucksache 12/289.
Storbeck, D. (1982): Konzepte der Raumordnung in der Bundesrepublik Deutschland. In: Akademie für Raumforschung und Landesplanung (Hrsg.): Grundriß der Raumordnung. Hannover, S. 227–231.
World Commission Invironment and Development (WCD)/ Hauf (1997): Unsere gemeinsame Zukunft. Der Brundtland-Bericht der Weltkommission für Umwelt und Entwicklung. Greven.

5 Rechtliche Rahmenbedingungen

Rochus P. Strangfeld

5.1 Einführung

Der vom Gesetzgeber nicht verwendete Begriff „Reiserecht" wird mit unterschiedlicher Bedeutung benutzt.

Zum einen versteht man unter „Reiserecht" den Oberbegriff für alle Rechtsverhältnisse, die „Reisen" im weitesten Sinne betreffen. Es sind drei große Rechtsbereiche, die das Reiserecht als Oberbegriff umfaßt, nämlich

- das Recht des Reisenden, und zwar sowohl des Individualreisenden als auch des Pauschalreisenden,
- das Recht des Reisevermittlers (Reisebüro) und des Reiseveranstalters sowie
- das Recht der Leistungsträger (Hotel, Bus, Eisenbahn, Schiffahrt, Luftfahrt).

Zum anderen wird der Begriff „Reiserecht" für denjenigen touristischen Bereich verwendet, den der Gesetzgeber mit dem Reisevertragsgesetz vom 4.5.1979 geregelt hat, nämlich das Recht der Pauschalreise.

In den nachfolgenden Ausführungen wird im wesentlichen nur der privatrechtliche Bereich des Pauschalreiserechts dargestellt, während der öffentlich-rechtliche und der versicherungsrechtliche Bereich ausgeklammert bleiben (vgl. dazu Führich, Rz 4).

5.2 Das Recht der Pauschalreise

5.2.1 Entwicklung des Pauschalreise-Rechts

Das Wachsen des Pauschaltourismus insbesondere nach dem 2. Weltkrieg brachte rechtliche Probleme. Blumige Ausschreibungen in den Katalogen der Veranstalter weckten bei dem ungeübten, unerfahrenen Reisenden oft Vorstellungen, die sich an Ort und Stelle nicht verwirklichten. Die Erfüllung mancher vertraglicher Zusagen scheiterte auch daran, daß es die ausländischen Vertragspartner der deutschen Reiseveranstalter mit der Einhaltung der Verträge nicht sonderlich genau nahmen. Es kam zu Reklamationen.

Die Reiseveranstalter lehnten zunächst ihre Haftung ab. Sie beriefen sich auf die seinerzeit vom Deutschen Reisebüroverband empfohlene sog. „Vermittler-Klausel", wonach der Reiseveranstalter lediglich Vermittler fremder Leistungen (Beförderung, Unterbringung, usw.) sei.

Diese Vermittlereigenschaft hätte bedeutet, daß der Vertrag nicht zwischen dem Reisenden und dem Reiseveranstalter zustandegekommen wäre, sondern daß der Reisende – vermittelt durch den Reiseveranstalter – Verträge mit den jeweiligen Leistungsträgern (Beförderungsunternehmen, Hotel) unmittelbar abgeschlossen hätte, mit der Folge, daß der Reisende sich wegen etwaiger Beanstandungen und Gewährleistungsansprüche an den ausländischen Vertragspartner hätte wenden müssen. Eine Klage wäre im Ausland unter Anwendung des ausländischen Rechts zu erheben gewesen.

Die Rechtsprechung folgte dieser Auffassung über die bloße Vermittlerrolle des Reiseveranstalters nicht. Sie sah die Pauschalreise vielmehr als eine Einheit der vom Reiseveranstalter aufeinander abgestimmten und gebündelten Einzelleistungen an. Danach war alleiniger Vertragspartner des Reisenden der Reiseveranstalter, der die vereinbarte Pauschalreise vertragsgerecht und mängelfrei zu erbringen hatte. Der Bundesgerichtshof erklärte durch sein Urteil vom 18.10.1973 die Vermittlerklausel bei Pauschalreiseverträgen für unwirksam (BGH NJW 1974/37).

Die Rechtsprechung entwickelte in der Folgezeit auf der Grundlage des Werkvertragsrechts des BGB die wesentlichen Elemente des Pauschalreiserechts, die auch heute noch gelten, wobei als rechtlich weitestgehende Entscheidung das Urteil des Bundesgerichtshofs vom 10.10.1974 (BGH NJW 1975/40) anzusehen ist, mit dem der Bundesgerichtshof dem Reisenden Schadensersatz wegen vertaner Urlaubszeit zusprach. Mit der Anerkennung des Urlaubs als Vermögenswert wurde die Urlaubszeit als solche kommerzialisiert.

Die Reiseveranstalter paßten ihr Verhalten und die Reisebedingungen schnell der Rechtsprechung an. Auch die Prospekte wurden wirklichkeitsnäher.

Der Deutsche Reisebüro-Verband e.V. (DRV) erarbeitete im Jahre 1976 Rahmenbedingungen für Pauschalreisen, die in Verhandlungen mit dem Verbraucherschutzverein formuliert und als Konditionenempfehlung gemäß § 38 Abs. 2 Nr. 3 des Gesetzes gegen Wettbewerbsbeschränkungen (GWB) bei dem Bundeskartellamt angemeldet wurden – nachstehend ARB-DRV genannt. Diese Empfehlungen sind unverbindlich. Sie wurden in der Folgezeit in Anpassung an Gesetzgebung und Rechtsprechung wiederholt geändert. Die jeweils aktuelle Fassung dieser Konditionenempfehlung ist bei dem DRV erhältlich.

Rechtsprechung und die Bemühungen der Reiseveranstalter führten so in kurzer Zeit zu einer weitgehend geklärten und gesicherten Rechtslage, die in relativ ausgewogener Weise die Interessen des Pauschalreisenden und des Reiseveranstalters berücksichtigte.

Bereits im Jahre 1972 begannen gesetzgeberische Bemühungen zur Schaffung eines normierten Reisevertragsrechts. Die ursprüngliche Vorstellung, ein neues Reisevertragsgesetz außerhalb des BGB zu schaffen, ließ sich nicht verwirklichen. Nach mehreren erfolglosen Anläufen – erst der vierte Gesetzesentwurf kam in den Gesetzgebungsgang – wurde das Reisevertragsrecht unter starker Einflußnahme von Bundesrat und Bundestag als Teil des BGB (§§ 651 a bis k BGB) am 4.5.1979 verabschiedet, das am 1.10.1979 in Kraft trat.

Es enthielt im wesentlichen keine Neuerungen, sondern stellte vielmehr im großen und ganzen die Kodifizierung der bis dahin von der Rechtsprechung entwickelten Grundsätze zum Pauschalreiserecht dar.

In der Rechtslehre ist es umstritten, ob der Gesetzgeber mit dem Reisevertragsrecht eine neue, besondere Vertragsart habe schaffen wollen, oder ob das Reisevertragsgesetz nicht vielmehr nur die Ausgestaltung des Werkvertragsrechts für die Besonderheiten der Pauschalreise sei. Nach überwiegender Meinung wird der vom Gesetzgeber normierte Reisevertrag (richtiger wäre: Pauschalreisevertrag) als Vertragstyp eigener Art angesehen, der sich an das Werkvertragsrecht anlehnt und dessen Bestimmungen ergänzend heranzuziehen sind, soweit die Vorschriften des Reisevertragsgesetzes keine besondere Regelung enthalten.

Im Bestreben einer Harmonisierung der reiserechtlichen Vorschriften in der Europäischen Union beschloß der Rat der Europäischen Gemeinschaft am 13.06.1990 die „Richtlinien über Pauschalreisen" (90/314/EWG), die von den Mitgliedsstaaten spätestens bis zum 31.12.1992 in nationales Recht umzusetzen waren. Diese Frist ist vom deutschen Gesetzgeber (insbesondere wegen der Probleme der Insolvenz-Versicherung) nicht eingehalten worden. Die Umsetzung erfolgte erst duch das „Gesetz zur Durchführung der Richtlinie des Rates vom 13.06.1990 über Pauschalreisen" vom 24.06.1994, ergänzt durch die „Verordnung über die Informationspflichten von Reiseveranstaltern" (InfVO) vom gleichen Tage (beide Vorschriften abgedruckt in BGBl I 1322 ff.). Eine weitere Gesetzesänderung ist seit dem 01.01.1997 in Kraft getreten (§ 651 k Abs. 4 BGB).

5.2.2 Abschluß des Reisevertrags

5.2.2.1 Begriff des Reisevertrags im Sinne von § 651 a BGB

a) Definition
§ 651 a BGB definiert den Pauschalreisevertrag dahingehend, daß durch ihn der Reiseveranstalter verpflichtet wird, dem Reisenden eine Gesamtheit von Reiseleistungen (Reise) zu erbringen. Diese gesetzliche Definition ist nach einhelliger Meinung in der Weise zu ergänzen, daß die zusammengefaßten Reiseleistungen zu einem Gesamtpreis (Pauschalpreis) angeboten werden müssen.

b) Gesamtheit von Reiseleistungen
Unter *Gesamtheit von Reiseleistungen* ist zu verstehen, daß mindestens zwei nicht nur unwesentliche touristische Leistungen zusammengefaßt und aufeinander abgestimmt

sein müssen, also beispielweise Beförderung und Übernachtung, Beförderung und Mietwagen, Beförderung und sachverständige Reiseleitung (Studienreise).

Touristische Leistungen mit untergeordneter Bedeutung, die lediglich funktionelle Teile der Hauptleistung sind, führen nicht zur Annahme einer „Gesamtheit von mehreren Reiseleistungen". So stellen beispielsweise Flug mit Bordverpflegung, Flug mit Transfer, Fähre mit Unterkunft, Beförderung im Schlafwagen keine Gesamtheit von Reiseleistungen im Sinne von § 651 a BGB dar.

c) Gesamtpreis

Der Begriff des *Gesamtpreises (Pauschalpreis)* ist nicht zu verwechseln mit der Summe der Preise für einzelne touristische Leistungen, die gesondert berechnet werden; vielmehr ist es Merkmal des Gesamtpreises, daß dabei der Preis für die jeweiligen Einzelleistungen (Beförderung, Unterkunft) nicht erkennbar, sondern in dem vom Reiseveranstalter kalkulierten Pauschalpreis enthalten ist.

Dem steht nicht entgegen, daß auf der Basis eines Pauschalangebots baukastenmäßig zusammengesetzte Leistungen vereinbart werden, für die Einzelpreise ausgewiesen sind (z.B. Einzelzimmerzuschlag, Unterbringung in einem Zimmer mit Meerblick statt Unterbringung in einem Zimmer auf Landseite, Vollpension statt Halbpension u.ä.).

d) Analoge Anwendung des Reisevertragsrechts auf Einzel-Reiseleistungen („Ferienwohnung")

Eine Ausnahme zum Erfordernis der Zusammenfassung von wenigstens zwei touristischen Einzelleistungen bilden die vom BGH in seinem Urteil vom 17.1.1985 („Ferienhaus" BGH NJW 1985/906) entwickelten Grundsätze: Danach ist auch dann, wenn nur *eine* touristische Leistung Gegenstand des Vertrags ist (Vermietung der Ferienhauswohnung an einen Reisenden, der mit eigenem PKW anreist), Reisevertragsrecht nach §§ 651 a ff. BGB analog anzuwenden, wenn das Angebot in Form eines Katalogs oder sonst in der Ausschreibung so gestaltet ist, daß der Eindruck erweckt wird, der Anbieter erbringe die Einzelleistung in eigenem Namen und als eigenverantwortliche Leistung „wie ein Reiseveranstalter".

Mit dieser Entscheidung des BGH wurde die bis dahin überwiegende Rechtsprechung gegenstandslos, die für die Vermietung von Ferienwohnungen als allein geschuldete Leistung nicht Reisevertragsrecht, sondern Mietrecht anwendete (mietrechtliche Vorschriften gelten selbstverständlich auch heute noch dann, wenn nicht die Kriterien des Veranstalter-Anscheins vorliegen, wie beispielsweise bei Vermietung der eigenen Ferienwohnung).

e) Schein-Leistungsvereinbarung

Eine zunehmend große Anzahl von Reisenden nimmt das Angebot eines Reiseveranstalters nur für einen Flug in Anspruch. Die preisgünstige Pauschalreise wird nur gebucht, um an den Ferienort zu gelangen, wo der Reisende entweder eine eigene Ferienwohnung besitzt oder sonst anderweitig unterkommt. Diese „Nur-Flieger" nehmen also nur *eine* Leistung des Reiseveranstalters, nämlich den Flug, in Anspruch. Aus tarifrechtlichen Gründen ist es zum Teil jedoch unzulässig, einen Charterflug ohne weitere touristische Leistung (Unterkunft) zu verkaufen. Für diese Fälle werden deshalb neben dem Flugschein vom Reiseveranstalter „Schein-Vouchers" für eine Unterbringung (Mehrbettzimmer ohne fließend Wasser, Campingplatz o.ä.) ausgestellt, wobei sich Veranstalter und Reisender darüber einig sind, daß der Reisende die Unterbringung durch den Veranstalter nicht wünscht und der Veranstalter diese Unterbringungsleistung dem Reisenden auch nicht schuldet.

Während die Beurteilung dieser „Nur-Flieger-Verträge" in der Rechtsprechung zunächst unterschiedlich war, geht die herrschende Meinung jetzt davon aus, daß lediglich ein Beförderungsvertrag nach § 631 ff BGB anzunehmen und die Qualifizierung als Reisevertrag im Sinne von § 651 a BGB abzulehnen sei, weil beide Vertragsparteien davon ausgehen, daß Gegenstand des Vertrages nur eine Leistung, nämlich die Beförderung, sein soll (LG Stuttgart, NJW-RR 1992/1272, LG Frankfurt/M., NJW-RR 1993/1270; Bidinger/Müller § 651 a Anm. 3; Führich Rz 93).

Dieses Problem hat jedoch an praktischer Bedeutung verloren, seit die Verordnung (EWG) Nr. 2409/92 des Rates vom 23.07.1992 (Abl EG Nr. L 240 vom 24.08.1992) den Verkauf von Einzelplätzen auch im Bereich des Charterflugverkehrs zugelassen hat.

5.2.2.2 Begriff des Reiseveranstalters

Reiseveranstalter ist, wer einen Reisevertrag im Sinne von § 651 a BGB anbietet und die sich daraus ergebenden Leistungen erbringt.

Das sind nicht nur solche Reiseunternehmen, deren Geschäftszweck die Veranstaltung von Reisen ist. Auch ein Reisebüro kann im Einzelfall als Reiseveranstalter tätig werden, sofern wenigstens zwei touristische Leistungen zu einem Gesamtpreis zusammengefaßt sind.

Um Reiseveranstalter zu sein, ist hingegen nicht Voraussetzung, daß es sich um eine gewerbliche Tätigkeit handelt und daß ein Gewinnstreben verfolgt wird. So sind z.B. auch Leser-Reisen eines Zeitungsverlages, Volkshochschulreisen, Reisen eines Kegelvereins u.ä. Pauschalreisen im Sinne von § 651 a BGB, und ihr Veranstalter ist Reiseveranstalter. Oft ist derartigen Organisatoren einer Reise gar nicht bewußt, eine Reiseveranstalter-Tätigkeit auszuüben; sie unterlassen es deshalb z.B. oft, Haftungsbeschränkungen zu vereinbaren oder Vermögensschadenshaftpflichtversicherungen abzuschließen, so daß sie einem erhöhten Risiko ausgesetzt sind.

5.2.2.3 Zustandekommen des Reisevertrages

Für das Zustandekommen eines Reisevertrages gelten die allgemeinen Bestimmungen des BGB, d.h., ein Vertrag kommt durch Angebot und Annahme zustande.

Als Angebot gilt nicht die Reiseausschreibung im Katalog, Prospekt oder der Zeitungsanzeige. Derartige Ausschreibungen werden rechtlich lediglich als Aufforderung zur Abgabe von Angeboten qualifiziert.

Angebot zum Abschluß des Reisevertrages ist die Reiseanmeldung (Buchung), die dann vom Reiseveranstalter entweder ausdrücklich oder stillschweigend angenommen werden kann. Die ausdrückliche Annahmeerklärung erfolgt durch die Reise- oder Buchungsbestätigung, die stillschweigende durch Aushändigung der Reiseunterlagen, wie es gelegentlich bei sehr kurzfristigen Buchungen geschieht.

Bedient sich der Reisende bei Abschluß eines Reisevertrages der Vermittlung durch ein selbständiges Reisebüro, dann kommt der Reisevertrag mit Zugang der Reisebestätigung bei dem Reisebüro zustande (AG Schöneberg NJW-RR 1992/116).

Das Gesetz schreibt für den Reisevertrag keine Form vor. Der Reisevertrag bedarf insbesondere also nicht der Schriftform, sondern ist formlos gültig, kann mithin auch mündlich oder telefonisch vereinbart werden.

Nach § 3 Abs. 1 InfVO ist der Reiseveranstalter verpflichtet, dem Reisenden bei oder unverzüglich nach Vertragsabschluß eine „Urkunde" über den Reisevertrag (Reisebestätigung) auszuhändigen. Das berührt jedoch nicht die Formfreiheit des Abschlusses des Reisevertrages, sondern stellt lediglich sicher, daß der Reisende (nach wirksamem, formlosem Zustandekommen des Reisevertrages) eine Beweisurkunde über den Inhalt der getroffenen Vertragsvereinbarungen erhält.

Die gesetzliche Formfreiheit darf nicht durch allgemeine Reisebedingungen eingeschränkt werden. Es darf in den Reisebedingungen nicht verlangt werden, daß der Reisevertrag nur schriftlich wirksam abgeschlossen werden kann.

Eine derartige Formvorschrift war zwar für den Abschluß des Vertrages in den meisten Reisebedingungen nicht vereinbart, jedoch war vorgesehen, daß Abweichungen von den in der Reiseausschreibung angebotenen Leistungen der schriftlichen Bestätigung durch den Reiseveranstalter bedürfen oder daß der Reisende den Rücktritt von dem Reisevertrag schriftlich zu erklären habe. Diese Einführung der Schriftform für einen Teilbereich des Reisevertrages ist in der Rechtsprechung als unzulässig angesehen worden, weil ein Verstoß gegen § 651 k BGB vorliege. Diese Vorschrift besagt, daß von den Bestimmungen der §§ 651 a bis 651 j BGB nicht zum Nachteil des Reisenden abgewichen werden darf. Das Erfordernis der Schriftform ist von der Rechtsprechung als eine zum Nachteil des Reisenden wirkende Abweichung von der gesetzlichen Regelung und damit als unwirksame Klausel angesehen worden.

Stimmt die Reisebestätigung mit dem Inhalt der Reiseanmeldung nicht überein, so ist darin die Ablehnung der Reiseanmeldung verbunden mit dem Angebot auf Abschluß des geänderten Vertrages zu sehen (§ 150 Abs. 2 BGB), das wiederum der Annahme durch den Reisenden bedarf. Diese Annahme kann durch konkludentes Handeln erklärt werden, z.B. durch Entgegennahme der Reiseunterlagen, Zahlung des Reisepreises oder Antritt der Reise.

5.2.2.4 Vertragsparteien

Der Reisevertrag kommt zwischen dem Reiseveranstalter und dem buchenden Reisenden als Vertragspartner zustande.

Erfolgt die Buchung zugleich für mehrere Reisende, sind die Vertragsbeziehungen nach den im Einzelfall gegebenen Umständen zu beurteilen. Erklärt der Buchende, in Vertretung der Dritten zu handeln, dann werden die Verträge zwischen den dritten Reisenden unmittelbar mit dem Reiseveranstalter abgeschlossen. Handelt der Buchende nur im eigenen Namen, so sind die mitangemeldeten Reisenden lediglich Mitreisende; es liegt dann ein Vertrag zugunsten Dritter vor.

Erklärt sich der Buchende bei der Reiseanmeldung nicht ausdrücklich, ist auf die Umstände des Einzelfalls abzustellen. Bei einer Buchung für Familienangehörige ist im Zweifel anzunehmen, daß nur der Buchende Vertragspartner des Reiseveranstalters sein will, seine Angehörigen hingegen Mitreisende sein sollen. Andererseits ist im Zweifel ein Handeln als Vertreter der Dritten anzunehmen, wenn es sich bei den mitangemeldeten Reiseteilnehmern nicht um Familienangehörige handelt (vgl. dazu auch Bidinger/Müller, Vorbem. § 651 a Anm. 25 ff.; Führich Rz 111 ff.).

Die Stellung der mitangemeldeten Dritten ist in der Praxis von rechtlicher Bedeutung: Ist der Buchende alleiniger Vertragspartner, so kann er in eigenem Namen alle Ansprüche aus dem Vertrag auch für die Mitreisenden geltend machen, insbesondere also auch Gewährleistungsansprüche. Seine Reklamation am Urlaubsort, seine Anspruchsanmeldung bei dem Reiseveranstalter nach Beendigung der Reise und seine Klageerhebung wirken auch für den Dritten rechtsgestaltend und fristwahrend. Anderenfalls, also dann, wenn jeder der gebuchten Teilnehmer unmittelbar Vertragspartner des Reiseveranstalters geworden ist, muß jeder Reiseteilnehmer selbst die Ansprüche auf Gewährleistung geltend machen, soweit er sie nicht ausdrücklich einem der Reiseteilnehmer zur Geltendmachung abtritt oder Vollmacht erteilt.

5.2.2.5 Inhalt des Reisevertrages

Der Inhalt des Pauschal-Reisevertrages kann – wie bei jedem Vertrag – individuell ausgehandelt werden. Das geschieht im Bereich der Reiseverträge jedoch verhältnismäßig selten, nämlich bei auf den Einzelfall abgestellten Pauschalreisen, die in der Regel von einem Reisebüro zusammengestellt werden.

Bei dem Massengeschäft des Pauschaltourismus verbietet sich eine derartige individuelle Vereinbarung des Inhaltes eines jeden Reisevertrages. Das wäre in der Abwicklung praktisch nicht zu bewältigen. Der Reiseveranstalter kann die Reisen nur nach einem festgelegten Schema durchführen und muß wissen, welche Leistungsverpflichtung er aus einem Reisevertrag zu erfüllen hat, ohne dafür im Einzelfall jeden Reisevertrag zu Rate ziehen zu müssen.

Der Inhalt des Reisevertrages bei Pauschalreisen wird daher in der Regel durch die Angaben des Reiseveranstalters in der Reiseausschreibung (Katalog, Prospekt, Zeitungsanzeige) bestimmt, ferner durch die allgemeinen Reisebedingungen des Reiseveranstalters, soweit diese Inhalt des Reisevertrages geworden sind.

Von der Reiseausschreibung abweichende Vereinbarungen sind im Einzelfall zulässig und formlos wirksam, jedoch ist die Schriftform derartiger Sondervereinbarungen zu Beweiszwecken ratsam, darf aber im Hinblick auf § 651 l BGB nicht in den Reisebedingungen vorgeschrieben werden.

Sonderwünsche des Reisenden, die er bei der Buchung äußert, die aber nicht Bedingung für den Abschluß des Reisevertrages sind (z.B. Lage des Zimmers in einem bestimmten Stockwerk des Hotels), werden nicht Inhalt des Reisevertrages, wenn der Reiseveranstalter sie nicht ausdrücklich bestätigt. Das ist jedenfalls dann nicht der Fall, wenn der Reiseveranstalter in der Bestätigung erklärt, die Sonderwünsche an den Leistungsträger weiterzuleiten, jedoch keine Leistungsverpflichtung übernehmen zu wollen.

Die angebotenen Leistungen verstehen sich nach Landesüblichkeit. Die Landesüblichkeit darf jedoch nicht als Entschuldigung für Schlamperei und mangelhafte Vertragserfüllung dienen.

Dem Reisenden ist im übrigen ein sorgfältiges Studium der Reiseausschreibung vor Abschluß des Reisevertrages zu empfehlen, um auch den „zwischen den Zeilen" enthaltenen Sinn zu ermitteln. So wird man die Angaben in der Ausdrucksweise der Kataloge in ihrer vollen Bedeutung wie folgt zu verstehen haben:

- „Kurze Transfer-Zeit vom Flughafen zum Hotel":
 Flughafen ist in der Nähe des Urlaubsziels, so daß mit entsprechendem Fluglärm zu rechnen ist.
- „Aufstrebender Ort" oder „Ort mit zunehmender touristischer Bedeutung":
 Es ist mit starker Bautätigkeit und noch nicht ausgebildeter Infrastruktur zu rechnen.
- „Zentrum des Tourismus" oder „Ein Ort für junge Menschen voller Lebensfreude":
 Es handelt sich um einen sehr lebhaften Ort mit viel „Rummel" bis in die späten Nachtstunden.
- „Verkehrsgünstige Lage" oder „zentral gelegen":
 Das Hotel ist dem vollen Straßen- und Verkehrslärm ausgesetzt.
- „Zimmer zur Meerseite":
 Damit ist nicht Meerblick gemeint, sondern nur der Gegensatz zur Landseite. Zwischen dem Hotel und dem Meer können also andere Bauten den Blick zum Meer versperren.
- „Naturstrand":
 Kein gepflegter Strand; die dadurch bedingten üblichen Verschmutzungen, (Abfälle, Anschwemmungen, Ölrückstände) müssen erwartet werden.

- „Zimmer im Landesstil" oder „Zimmer sauber und zweckmäßig":
  Die Zimmer sind nicht komfortabel, sondern nur mit dem Nötigsten einfach und funktional ausgestattet.
- „Familiäre Atmosphäre" oder „Kinderfreundliches Hotel":
  Ein lebhaftes Hotel, das nicht für Reisende geeignet ist, die einen ruhigen Aufenthalt suchen.
- „Neu eröffnetes Hotel":
  Der Reisende kann nicht mit einem bereits funktionierenden Service rechnen; vielfach werden auch noch nicht alle Anlagen des Hotels fertiggestellt sein.

Maßstab für die Grenze der Zulässigkeit von Angaben, die der Auslegung bedürfen, ist der Grundsatz der Prospektwahrheit. Sind die Angaben so verharmlosend oder beschönigend, daß sie mißverständlich sein können, wird die Grenze der zulässigen Formulierung überschritten und der Grundsatz der Prospektwahrheit verletzt. Unklarheiten gehen zu Lasten des Veranstalters.

5.2.2.6 Leistungsbestimmung durch den Reiseveranstalter

Reiseveranstalter vertreiben freie Kapazitäten zum Teil in der Weise, daß Reisen besonders preisgünstig angeboten werden, bei denen nur der Reisetermin, der Zielort oder das Zielgebiet und manchmal auch die Unterkunftsart (Hotel oder Pension, Kategorie) festgelegt sind, im übrigen vereinbart wird, daß der Reiseveranstalter am Urlaubsort die Unterbringung je nach Kapazitätslage bestimmt (sog. „Joker-", „Fortuna-", „Glückstreffer-Reisen" o.ä.).

Damit ist das Leistungsbestimmungsrecht im Sinne von § 315 BGB dem Reiseveranstalter übertragen, das nach billigem Ermessen auszuüben ist.

Die Leistungsverpflichtung des Reiseveranstalters richtet sich dann nur nach den im Vertrag vereinbarten Kriterien, in deren Rahmen der Reiseveranstalter in seiner Auswahl frei ist. Mit der am Zielort getroffenen Wahl konkretisiert der Reiseveranstalter seine Leistungspflicht, die damit als von Anfang an geschuldet gilt. Die Gewährleistungspflicht des Reiseveranstalters beschränkt sich hinsichtlich der Unterbringung in einem derartigen Falle nur auf die Leistung der im Vertrag vereinbarten Art und Kategorie, während alle sonstigen Mängel in bezug auf die Bestimmung der Leistung nicht gerügt werden können.

5.2.2.7 Allgemeine Reisebedingungen

Jeder Reiseveranstalter verwendet allgemeine Reisebedingungen, die sich in der Regel an der Konditionenempfehlung des DRV orientieren. Damit diese Reisebedingungen Inhalt des zwischen dem Reiseveranstalter und dem Reisenden abzuschließenden Reisevertrages werden, müssen sie in wirksamer Weise bei Vertragsabschluß vereinbart werden. Nach § 2 des Gesetzes zur Regelung des Rechts der Allgemeinen Geschäftsbedingungen (AGBG) werden allgemeine Geschäftsbedingungen nur dann Bestandteil eines Vertrages, wenn bei Vertragsabschluß die andere Vertragspartei ausdrücklich oder durch deutlich sichtbaren Aushang am Ort des Vertragsabschlusses auf sie hingewiesen und der anderen Vertragspartei die Möglichkeit gegeben wird, in zumutbarer Weise von ihrem Inhalt Kenntnis zu nehmen.

Dies geschieht in der Praxis regelmäßig bereits dadurch, daß sie als Teil der Reiseausschreibung im Reisekatalog abgedruckt sind.

Die Vorschrift des § 2 AGBG ist durch § 3 Abs. 3 InfVO ergänzt, die jedoch nach § 3 Abs. 5 InfVO nur für Reisen gilt, die bis spätestens sieben Werktage vor Reisebeginn gebucht werden.

Nach § 3 Abs. 3 InfVO müssen die Reisebedingungen dem Reisenden vor Vertragsschluß vollständig – also nicht nur auszugsweise – übermittelt werden. Das führt zu Schwierigkeiten in der Praxis z.B. bei telefonischen Buchungen. Führich (Rz 116; 551) sieht das AGBG als vorrangige Norm an und will durch die InfVO lediglich sichergestellt wissen, daß der Reisende bei Vertragsschluß über den vollständigen Inhalt der Reisebedingungen informiert wird. So im Ergebnis auch zutreffend Bidinger/Müller (Vorbem. § 651 a Anm. 30 und Anhang zu § 651 a Anm. 17). Ein Verstoß gegen § 3 Abs. 3 InfVO führt jedenfalls nicht zur Unwirksamkeit der Einbeziehung der Reisebedingungen, sofern im übrigen § 2 AGBG beachtet ist.

Diese Pflicht zur vollständigen Übermittlung der Reisebedingungen umfaßt auch die Geschäftsbedingungen anderer Reise- und Transportunternehmen, wenn der Reiseveranstalter seinerseits darauf Bezug nimmt.

Die abschließende Klärung der in diesem Problemkreis auftretenden Fragen ist der künftigen Rechtsprechung überlassen.

Weitere Voraussetzung für die wirksame Einbeziehung der Reisebedingungen ist das Einverständnis des Reisenden; deshalb ist in den gängigen Reiseanmeldungsformularen ausdrücklich die Klausel enthalten, daß mit der Buchung die Reisebedingungen des Reiseveranstalters anerkannt werden.

5.2.3 Nachträgliche Änderung des Reisevertrages

5.2.3.1 Änderung durch den Reisenden

a) Umbuchung
Eine Änderung des Reisevertrages nach seinem Abschluß kann nicht einseitig vorgenommen werden. Es bedarf also einer Vereinbarung mit dem Reiseveranstalter, wenn der Reisende nach Vertragsabschluß eine Umbuchung vornehmen will, z.B. Änderung des Reisetermins, Änderung der Unterbringung, Umwandlung von Halbpension in Vollpension o.ä. Der Reisende hat keinen Anspruch auf Durchsetzung solcher nach-

träglichen Änderungen, jedoch treten in der Praxis keine Schwierigkeiten auf, da der Reiseveranstalter ein eigenes Interesse hat, den Vertrag aufrecht zu erhalten und einen Rücktritt des Reisenden vom Vertrag zu vermeiden.

Der Reiseveranstalter wird in der Regel die Umbuchung von der Erstattung der dadurch verursachten Kosten abhängig machen, die meist in den allgemeinen Reisebedingungen festgelegt sind. Bei einer längerfristigen Umbuchung wird nur eine geringe Bearbeitungsgebühr erhoben.

Eine Umbuchung wurde früher als Rücktritt vom Vertrag mit gleichzeitigem Abschluß eines neuen Vertrages angesehen, mit der Folge, daß entsprechende Stornokosten entstanden. Die Rechtsprechung hat diese Handhabung abgelehnt, weil dabei in unzulässiger Weise eine fiktive Erklärung des Kunden unterstellt werde.

b) Ersetzungsbefugnis
§ 651 b Abs. 1 BGB gibt dem Reisenden das Recht, bis zum Reisebeginn zu verlangen, daß an seiner Stelle ein Dritter an der Reise teilnimmt. Der Reiseveranstalter kann der Teilnahme des Dritten widersprechen, wenn dieser den besonderen Reiseerfordernissen nicht genügt oder seiner Teilnahme gesetzliche Vorschriften oder behördliche Anordnungen entgegenstehen.

Der Reiseveranstalter kann gemäß § 651 b Abs. 2 BGB vom Reisenden die Erstattung der durch die Teilnahme des Dritten entstehenden Mehrkosten verlangen. Eine Pauschalierung dieser Kosten ist zwar gesetzlich nicht vorgesehen, wird aber in angemessenen Grenzen als zulässig zu erachten sein („Bearbeitungsgebühr").

5.2.3.2 Änderungen durch den Reiseveranstalter

a) Leistungsänderungen
Die langfristige Planung des Programms des Reiseveranstalters und der häufig langfristige Abschluß der Reiseverträge bedingen, daß unter Umständen in der Zeit zwischen Vertragsabschluß und Reisebeginn Veränderungen in den tatsächlichen Umständen auftreten, die eine Änderung (Anpassung) des Reisevertrages erforderlich machen, z.B.

- Änderung von Flugterminen (Abflugzeiten, Änderung der Verkehrstage);
- Änderung der Unterbringung, sei es wegen Ausfalls des Vertragspartners, sei es wegen veränderter Umstände wie z.B. Auftreten von Bauarbeiten;
- Änderung der Reiseroute, insbesondere bei Besichtigungs- und Studienreisen.

Derartige Änderungen vom vereinbarten Inhalt des Reisevertrages kann der Reiseveranstalter einseitig ohne Zustimmung des Reisenden vornehmen, wenn er in den Reisebedingungen einen entsprechenden Vorbehalt vereinbart hat. Auf diese Vorbehaltsklausel für Leistungsänderungen kann sich der Reiseveranstalter jedoch nur dann berufen, wenn die Abweichungen vom vereinbarten Reisevertrag nicht erheblich sind und den Gesamtzuschnitt der gebuchten Reise nicht beeinträchtigen (§ 651 a Abs. 4 BGB).

Handelt es sich um weitergehende Änderungen, sind diese nur mit Zustimmung der Reisenden möglich. Sind die Abweichungen erheblich und stimmt der Reisende nicht zu, kommt nur ein Rücktritt vom Vertrag in Betracht.

b) Preisänderungen
Preisänderungen sind grundsätzlich nur dann zulässig, wenn der Reisebeginn später als vier Monate nach Vertragsabschluß liegt und in den Reisebedingungen ein derartiger Preisänderungsvorbehalt vereinbart ist (§ 11 Nr. 1 AGBG). Eine Erklärung über die Erhöhung muß jedoch spätestens bis zum 20. Tag vor dem vereinbarten Abreisetermin vereinbart werden (§ 651 a Abs. 4 BGB).

Die durch das Umsetzungsgesetz neu eingefügte Vorschrift des § 651 a Abs 3 BGB legt fest, welche Umstände eine derartige Preiserhöhung rechtfertigen. Der Reiseveranstalter kann nämlich den Reisepreis nur dann nach Abschluß des Vertrages erhöhen, wenn dies mit genauen Angaben zur Berechnung des neuen Preises im Vertrag vorgesehen ist und damit einer Erhöhung der Beförderungskosten, der Abgaben für bestimmte Leistungen wie Hafen- oder Flughafengebühren oder einer Änderung der für die betreffende Reise geltenden Wechselkurse Rechnung getragen wird.

Diese Aufzählung der Gründe für eine nachträgliche Preiserhöhung ist abschließend; andere Umstände, also z.B. auch krisenbedingte Treibstoffkostenerhöhungen, rechtfertigen keine Preiserhöhung nach Abschluß des Reisevertrages.

Erhöht sich der Reisepreis um mehr als 5%, so ist der Reisende berechtigt, ohne Zahlung eines Entgelts vom Vertrag zurückzutreten oder vom Reiseveranstalter die Teilnahme an einer mindestens gleichwertigen anderen Reise zu verlangen, wenn der Reiseveranstalter in der Lage ist, eine solche Reise ohne Mehrpreis für den Reisenden aus seinem Angebot anzubieten. Diese Rechte auf Rücktritt vom Vertrag wegen einer 5% übersteigenden Preiserhöhung oder auf Teilnahme an einer anderen Reise muß der Reisende unverzüglich geltend machen (§ 651 a Abs. 4 BGB).

Der Reiseveranstalter hat eine Änderung des Reisepreises unverzüglich dem Reisenden zu erklären.

5.2.4 Rücktritt vom Vertrag

5.2.4.1 Rücktritt durch den Reisenden

a) Allgemeine Rücktrittsbestimmungen
Nach § 651 i Abs. 1 BGB ist der Reisende berechtigt, jederzeit vor Reisebeginn vom Vertrag zurückzutreten. Es bedarf hierfür keiner Begründung.

Bei Rücktritt vom Vertrag durch den Reisenden verliert der Reiseveranstalter den Anspruch auf den vereinbarten Reisepreis. Der Reiseveranstalter kann jedoch eine angemessene Entschädigung verlangen, die sogenannten Stornokosten (§ 651 i Abs. 2 BGB).

Die Höhe dieser angemessenen Entschädigung bestimmt sich nach dem Reisepreis, unter Abzug des Wertes der vom Reiseveranstalter ersparten Aufwendungen sowie dessen, was er durch anderweitige Verwendung der Reiseleistung erwerben kann.

Die Entschädigung kann nach § 651 i Abs. 3 BGB pauschaliert werden, und zwar in Prozentsätzen vom Reisepreis, nicht jedoch in festen Beträgen. Eine solche Pauschalierung der Stornokosten ist in den Reisebedingungen aller Reiseveranstalter vereinbart. Die Höhe der pauschalierten Stornokosten richtet sich nach Art der Reise und dem Zeitpunkt der Stornierung. Die Pauschalsätze müssen allgemeinen durchschnittlichen Erfahrungswerten des Reiseveranstalters entsprechen.

Dem Reisenden darf in den Reisebedingungen nicht der Einwand abgeschnitten werden, daß entweder überhaupt keine Aufwendungen entstanden sind (weil z.B. die Reise anderweitig verkauft wurde) oder jedenfalls nicht in der geltend gemachten Höhe.

Der Rücktritt des Reisenden vom Vertrag nach § 651 a Abs. 4 Satz 2 BGB wegen Erhöhung des Reisepreises um mehr als 5% oder wegen einer erheblichen Änderung einer wesentlichen Reiseleistung ist kostenfrei (Art. 4 Abs. 5 EG-Pauschalreisen-Richtlinien; Bidinger/Müller, § 651 a Anm. 37; Führich, Rz 412).

b) Nichtinanspruchnahme von Leistungen
Tritt der Reisende ohne vorherige Erklärung des Rücktritts vom Vertrag die vertraglich vereinbarte Reise nicht an ("No-show"), so liegt darin an sich eine Nichtinanspruchnahme der vom Reiseveranstalter angebotenen Leistung mit der Folge, daß der Reiseveranstalter den Anspruch auf den Reisepreis behält und sich lediglich ersparte Aufwendungen anrechnen zu lassen braucht (so auch Führich, Rz 416). Die herrschende Rechtsprechung sieht jedoch im Nichtantritt der Reise eine Rücktrittserklärung mit der Folge, daß der Reiseveranstalter gemäß § 651 i Abs. 2 BGB seinen Anspruch auf den Reisepreis verliert und stattdessen eine angemessene Entschädigung (Stornokosten) vom Reisenden beanspruchen kann.

Nimmt der Reisende nur einzelne Reiseleistungen nicht in Anspruch (z.B. Verzicht auf die gebuchte Verpflegungsleistung), kann er von dem Reiseveranstalter grundsätzlich keine Erstattung des Gegenwertes verlangen. Der Reiseveranstalter ist jedoch verpflichtet, eigene ersparte Aufwendungen zu erstatten und sich bei den Leistungsträgern um Erstattung dort ersparter Aufwendungen zu bemühen. Eine entsprechende Regelung ist in der Konditionen-Empfehlung des DRV ausdrücklich aufgenommen (ARB-DRV Nr. 6).

c) Reiserücktrittskosten-Versicherung
Gegen das Risiko der Zahlung derartiger Stornokosten kann sich der Reisende durch Abschluß einer Reiserücktrittskosten-Versicherung absichern. Auch wenn bei einzelnen Veranstaltern der Abschluß einer solchen Reiserücktrittskosten-Versicherung obli-

gatorisch ist und die Prämie in den Reisepreis einkalkuliert wird, kommt der Versicherungsvertrag des Reisenden nicht mit dem Reiseveranstalter, sondern nur zwischen dem Reisenden und der Versicherung zustande.

Die Reiserücktrittskosten-Versicherung tritt nicht für jeden kostenverursachenden Rücktritt von einem Reisevertrag ein, sondern nur unter bestimmten Voraussetzungen, die im einzelnen in den Allgemeinen Versicherungsbedingungen z.T. unterschiedlich von den jeweiligen Versicherern festgelegt sind.

5.2.4.2 Rücktritt durch den Reiseveranstalter

Der Reiseveranstalter kann zwar jederzeit vom Vertrag zurücktreten („Absage der Reise"), jedoch löst das Schadensersatzansprüche des Reisenden aus, die nicht unerheblich sein können.

Ein kostenfreies Rücktrittsrecht steht dem Reiseveranstalter nur in folgenden Fällen zu:

- Bei Nichterreichen einer vereinbarten Mindestteilnehmerzahl oder
- in Fällen höherer Gewalt oder
- bei Zahlungsverzug des Reisenden.

Der Rücktrittsvorbehalt bei Nichterreichen einer Mindestteilnehmerzahl ist in der Reiseausschreibung zu erklären; die jeweils maßgebende Mindestteilnehmerzahl muß bei der betreffenden Reise angegeben werden.

Das Rücktrittsrecht in Fällen höherer Gewalt bedarf keiner Vereinbarung in den Reisebedingungen, da es aus dem Gesetz herzuleiten ist.

Ebenfalls keiner besonderen Vereinbarung – weil gesetzlich in § 326 BGB geregelt – bedarf das Recht des Reiseveranstalters, vom Reisevertrag zurückzutreten, wenn der Reisende den Reisepreis nicht zum vereinbarten Zeitpunkt zahlt. Das setzt jedoch eine Nachfristsetzung und Ankündigung des Rücktritts voraus. (Ein wenig praktikabler Weg. Derartige Fälle sind besser durch Ausübung des Zurückbehaltungsrechts an den Reiseunterlagen nach § 320 BGB zu lösen.)

Der in der Konditionenempfehlung des DRV vorgeschlagene Rücktrittsvorbehalt, wenn die Durchführung der Reise nach Ausschöpfung aller Möglichkeiten deshalb nicht zumutbar ist, weil bei Durchführung der Reise die wirtschaftliche Opfergrenze überschritten würde, ist unwirksam.

Der Reiseveranstalter muß den Rücktritt unverzüglich nach Kenntniserlangung der Rücktrittsgründe dem Reisenden erklären; bei Nichterreichen der Mindestteilnehmerzahl wird eine Vereinbarung für die Rücktrittserklärung von zwei Wochen vor Reisebeginn als zulässig angesehen.

5.2.5 Rechte und Pflichten der Vertragsparteien aus dem Reisevertrag

Den Rechten der einen Vertragspartei stehen jeweils die Pflichten der anderen Partei gegenüber. Wegen dieses korrespondierenden Verhältnisses von Rechten und Pflichten werden im folgenden nur die jeweiligen Pflichten aus dem Vertrag dargestellt.

5.2.5.1 Pflichten des Reisenden

a) Zahlung des Reisepreises

Der Reisende ist verpflichtet, den vereinbarten Reisepreis zu zahlen (§ 651 a Abs. 1 Satz 2 BGB). Nach werkvertragsrechtlichten Grundsätzen wäre die Zahlung erst nach Abnahme des Werkes, also nach Beendigung der Reise, zu leisten. Seit jeher besteht jedoch im touristischen Bereich eine Zahlungs-Vorleistungspflicht des Reisenden. Das gilt für einzelne Beförderungsleistungen (Bahn, Flug) ebenso wie für die Leistungen des Reiseveranstalters.

Diese Vorleistungspflicht des Reisenden ist in der Rechtsprechung stets anerkannt worden (vgl. BGH NJW 1986/1613) und hat jetzt mittelbar durch § 651 k BGB gesetzlichen Ausdruck gefunden.

Eine Anzahlung auf den Reisepreis darf frühestens bei Abschluß des Reisevertrages, nicht bereits bei der Buchung verlangt werden. Diese Unterscheidung hat allerdings heute keine nennenswerte praktische Bedeutung mehr, weil mit den elektronischen Buchungssystemen die Buchungsbestätigung in der Regel bei der Reiseanmeldung erfolgen kann.

Der Reiseveranstalter und sein Reisemittler dürfen die Zahlung des Reisepreises nur gegen Aushändigung eines Insolvenz-Sicherungsscheines verlangen und entgegennehmen (§ 651 k Abs. 1 BGB); das gilt nach Neufassung des § 651 k Abs. 4 BGB seit dem 01.01.1997 auch für die Anzahlung des Reisepreises.

Von dieser Verpflichtung, dem Reisenden Insolvenzschutz zu gewähren, sind in § 651 k Abs. 6 BGB für folgende Fälle Ausnahmen gemacht:

– Wenn der Reiseveranstalter nur gelegentlich und außerhalb seiner gewerblichen Tätigkeit Reisen veranstaltet (vgl. hierzu Führich, Rz 474);
– Wenn die Reise nicht länger als 24 Stunden dauert, keine Übernachtung einschließt und der Reisepreis 150,- DM nicht übersteigt;
– Wenn der Reiseveranstalter eine juristische Person des öffentlichen Rechts ist.

b) Schadensminderungspflicht

Der Reisende ist entsprechend dem allgemeinen Grundsatz des § 254 BGB verpflichtet, den Eintritt eines Schadens möglichst zu verhindern oder Schäden gering zu halten (Schadensminderungspflicht).

Dies Schadensminderungspflicht tritt bereits bei Entgegennahme der Buchungsbestätigung ein: Der Reisende ist verpflichtet zu prüfen, ob die Buchungsbestätigung mit seiner Reiseanmeldung übereinstimmt. Er ist ferner verpflichtet, die ihm ausgehändigten Reisepapiere auf Richtigkeit und Vollständigkeit zu überprüfen. Schließlich trifft ihn die Schadensminderungspflicht, wenn während der Reise Mängel auftreten. Er ist beispielsweise aus dem Gesichtspunkt der Schadensminderungspflicht grundsätzlich verpflichtet, einem Umzug innerhalb des Hotels oder in ein anderes gleichwertiges Hotel zuzustimmen, wenn ein Mangel auf andere Weise nicht beseitigt werden kann.

5.2.5.2 Pflichten des Reiseveranstalters

a) Vorbereitungs- und Organisationspflicht
Der Reiseveranstalter ist zur gewissenhaften Vorbereitung der Reise im Rahmen der Sorgfaltspflicht eines ordentlichen Kaufmanns verpflichtet (vgl. ARB-DRV Nr. 9, 1). Er hat für die ausgeschriebene Reise termingerechte vertragliche Vereinbarungen mit den jeweiligen Leistungsträgern (Busunternehmen, Fluggesellschaft, Transfer- und Reiseleitungsagentur, Hotel usw.) zu treffen und diese Leistungen aufeinander abzustimmen.

b) Auswahl und Überwachung der Leistungsträger
Der Reiseveranstalter hat die Leistungsträger, die er mit der Erbringung der einzelnen Leistungen beauftragt, sorgfältig auszusuchen und dabei Geeignetheit und Zuverlässigkeit zu prüfen. Er hat kontinuierlich die Leistungsträger auf ihre Zuverlässigkeit und ihr zur Vertragserfüllung erforderliches Leistungsvermögen zu überwachen.

Die Auswahl- und Überwachungspflicht bezieht sich insbesondere auch auf die Verkehrssicherungspflicht. Beförderungsmittel, Unterkünfte sowie die Einrichtungen der Unterkünfte (z.B. Treppen, Schwimmbad, Sportplatz, Kinderspielplatz) müssen verkehrssicher sein (vgl. BGH NJW 1988/1380 „Balkon-Rüttel-Urteil"). Die Rechtsprechung des BGH zur Frage der Überprüfung der Verkehrssicherheit ist jedoch restriktiv auszulegen, denn man kann den Reiseveranstalter ernstlich nicht für verpflichtet halten, alle Verkehrsmittel und Hotels laufend auf ihre Verkehrssicherheit zu überprüfen. Es wird vielmehr genügen müssen, daß die betreffenden Einrichtungen den Sicherheitsnormen des jeweiligen Landes entsprechen und offenkundig keine Mängel aufweisen, die ihre Verkehrssicherheit in Frage stellen.

c) Informationspflichten
Der Reiseveranstalter ist verpflichtet, dem Reisenden die für die Reise wesentlichen Informationen zu geben. Dazu gehört in erster Linie die sorgfältige und wahrheitsgetreue Beschreibung der Leistung („Prospektwahrheit"). Die Verordnung über die Informationspflichten von Reiseveranstaltern (InfVO) vom 14.11.1994 regelt den Umfang und Inhalt der Informationen, die der Reiseveranstalter dem Reisenden zu geben

hat, und zwar im Prospekt vor Vertragsabschluß, in der Reisebestätigung und vor dem Reiseantritt. Es sind im wesentlichen Informationen, die deutsche Reiseveranstalter auch bisher schon ihren Kunden gaben.

Nach § 1 InfVO müssen im Prospekt genaue Angaben über den Reisepreis, die Höhe einer zu leistenden Anzahlung, die Fälligkeit des Restbetrages sowie über folgende weitere Merkmale der Reise gemacht werden, sofern sie für die Reise von Bedeutung sind:

Bestimmungsort
Damit ist der geographische Zielort zu verstehen. Das entfällt bei sog. Fortunareisen oder bei „Fahrten ins Blaue". Bei Rundreisen sind die wesentlichen Stationen anzugeben.

Transportmittel
Sofern die Beförderung Teil der im Reisevertrag vereinbarten Leistung des Veranstalters ist, muß das Transportmittel (Bahn, Bus, Flugzeug, usw.) genannt werden, ebenfalls das Transportmittel für den Transfer. Bei Flugreisen ist anzugeben, ob Düsen- oder Propellermaschinen eingesetzt werden, nicht jedoch ist die Angabe des jeweiligen Flugzeugtyps erforderlich. Soweit vorhanden, sind auch branchenübliche Merkmale über die Klasse (1., 2. Klasse u.ä.) zu benennen.

Unterbringung (Art, Lage, Kategorie oder Komfort und touristische Einstufung)
Das verlangt die Angabe, ob die Unterbringung im Hotel, Apartment bzw. in der Ferienwohnung erfolgt. Mit der Lage ist nur die allgemeine Angabe verlangt (Strand, Stadtzentrum usw.). Ferner sind Einstufungen wie Luxus, Mittelklasse oder die Angabe von Klassifizierungskennzeichen vorzunehmen.

Mahlzeiten
Damit ist nicht etwa die Speisekarte gemeint, sondern es ist anzugeben, ob Frühstück, Halb- oder Vollpension, ob Buffet angeboten werden.

Reiseroute
Bei Zielgebietsreisen ist die Reiseroute ohne Bedeutung und braucht daher nicht genannt zu werden. Anders als bei Rund- oder Studienreisen, bei denen die Route durch Angabe der einzelnen Stationen der Reise beschrieben werden muß.

Paß- und Visa-Erfordernisse, gesundheitspolizeiliche Formalitäten
Dieses Erfordernis gilt nur für „Angehörige des Mitgliedsstaates", also für deutsche Reiseveranstalter, die in Deutschland anbieten, nur gegenüber deutschen Staatsangehörigen. Der Reiseveranstalter ist zwar für eine vollständige und richtige Information verantwortlich, nicht jedoch für deren Einhaltung durch den Reisenden.

Mindestteilnehmerzahl
Wie bereits oben dargestellt, muß die Mindestteilnehmerzahl bei der Ausschreibung der betreffenden Reise genannt werden, die für deren Durchführung erreicht sein muß.

Sofern die Reise nicht in einem Prospekt angeboten wird, muß der Reiseveranstalter den Reisenden vor der Buchung über die Paß- und Visaerfordernisse sowie gesundheitspolizeiliche Formalitäten unterrichten.

In § 3 InfVO sind dann die Angaben vorgeschrieben, die in der Reisebestätigung enthalten sein müssen. Das sind im wesentlichen die Angaben, die bereits im Prospekt aufgeführt worden sind; hinzu kommen Tag, voraussichtliche Zeit und Ort der Abreise und Rückkehr, etwaige im Reisepreis inbegriffene Leistungen, Besuche, Ausflüge usw., vereinbarte Sonderwünsche des Reisenden.

Die Reisebestätigung muß Namen und Anschrift des Reiseveranstalters enthalten. In Abweichung von der bisherigen Rechtslage ist nach der InfVO auch der Reisende darüber zu informieren, daß er verpflichtet ist, einen etwaigen Mangel der Reise anzuzeigen, daß er den Reisevertrag kündigen kann und welche Fristen er zur Geltendmachung seiner Ansprüche einzuhalten hat. Es müssen also die im Gesetz (§ 651 e und 651 g BGB) enthaltenen Bestimmungen wiederholt werden.

Der Reiseveranstalter muß ferner den Reisenden über den möglichen Abschluß einer Reiserücktrittskostenversicherung oder einer Versicherung zur Deckung der Rückführungskosten bei Unfall oder Krankheit unter Angabe von Namen und Anschrift des Versicherers informieren.

Diese Informationspflichten sind bei kurzfristigen Buchungen (weniger als sieben Werktage vor Reisebeginn) eingeschränkt.

Die Informationsverordnung gilt nicht für Reiseveranstalter, die nur gelegentlich und außerhalb ihrer gewerblichen Tätigkeit Pauschalreisen veranstalten (§ 5 InfVO).

Der Reiseveranstalter ist jedoch nicht der „Nachhilfelehrer der Nation", der in seiner Leistungsbeschreibung Völkerkunde- und Geographieunterricht zu erteilen hätte. Grundkenntnisse über das Reisezielland und die dort anzutreffenden Lebensbedingungen darf der Veranstalter bei dem Reisenden voraussetzen. Der Reiseveranstalter braucht beispielsweise keine Informationen über das Klima oder die sonstigen Lebensbedingungen des Ziellandes zu geben (bringt er sie jedoch aus dem Gesichtspunkt des Kundendienstes, müssen die Angaben zutreffen). Kein Kaufmann, also auch nicht der Reiseveranstalter, ist verpflichtet, seine eigene Leistung „schlecht zu machen". Er ist also nicht verpflichtet, schonungslos alle negativen Aspekte darzustellen, wie man es sonst etwa bei einem Testbericht eines unabhängigen Testinstituts erwarten kann. Der Reiseveranstalter darf ungünstige Gegebenheiten verklausuliert darstellen, soweit diese verklausulierten Formulierungen keine Mißverständnisse erwecken und nicht gegen das Prinzip der Prospektwahrheit verstoßen.

Der Reiseveranstalter darf sich von seinen Informationspflichten und von seiner Haftung für die Richtigkeit der erteilten Auskunft in seinen Reisebedingungen nicht freizeichnen; das wäre ein Verstoß gegen § 9 Abs. 2 Nr. 2 AGBG (BGH NJW

1985/1165). Davon zu unterscheiden ist jedoch die Verantwortung für die Einhaltung dieser Einreisebedingungen, die allein bei dem Reisenden bleibt.

Der Reiseveranstalter ist ferner verpflichtet, Informationen über Besonderheiten einer Reise zu geben, die für den Reisenden und die Durchführung der Reise bedeutsam sind, auch wenn diese Angaben nicht durch die InfVO vorgeschrieben sind. So hat er z.B. auf besondere gesundheitliche Belastungen bei Wander- oder Abenteuerreisen, auf die Voraussetzung von Schwindelfreiheit bei entsprechend schwierig gestalteten Bergtouren oder auf sonstige Risiken am Urlaubsort, die das allgemeine Lebensrisiko übersteigen, hinzuweisen. Aber auch dabei wird die Grenze zu ziehen sein bei solchen Umständen, von denen der durchschnittliche Reisende Kenntnis über die Medien erlangen kann (z.B. erhöhte Aids-Gefahr in Schwarzafrika, hohe Kriminalität in manchen südamerikanischen Ländern).

Abzulehnen ist hingegen eine Informationspflicht des Reiseveranstalters über zweckmäßige Kleidung oder ähnliche auf die Reise bezogene Umstände. Das gehört zu den Reisevorbereitungen, die in dem alleinigen Verantwortungsbereich des Reisenden liegen.

Der Reiseveranstalter ist verpflichtet, den Reisenden über nach Vertragsabschluß und vor Reisebeginn auftretende besondere Umstände am Urlaubsort zu unterrichten, die für den vertragsgemäßen Ablauf der Reise Bedeutung haben (unerwarteter Beginn von Baumaßnahmen im gebuchten Hotel oder in seiner Nähe, Auftreten einer Ölpest mit anhaltenden Auswirkungen auf die Strandqualität, Naturkatastrophen, nachhaltige Schwierigkeiten bei der Wasserversorgung infolge ungewöhnlicher Trockenheit, innere Unruhen im Urlaubsgebiet und ähnliche Geschehnisse).

d) Pflicht zur vertragsgerechten Leistungserbringung
Der Reiseveranstalter ist verpflichtet, die im Reisevertrag übernommenen Leistungen vertragsgerecht zu erfüllen. Die angebotenen Leistungen sind nach Landesüblichkeit zu erbringen. So ist es in Mittelmeerländern üblich, daß sich der Lebensrhythmus bis in die Nachtstunden verlagert, daß mancherorts die Speisen mit Öl in für Deutsche ungewohnter Weise zubereitet werden u.ä. Derartige landestypische Gegebenheiten muß der Reisende als vereinbarten Leistungsinhalt hinnehmen.

Den Reiseveranstalter trifft darüber hinaus auch eine gewisse Fürsorgepflicht. Er hat dem Reisenden während der Reise die gebotene Unterstützung zu gewähren, sei es in der Erteilung von Auskünften über Gegebenheiten am Ort und im Urlaubsgebiet, sei es durch Hinweise auf Einkaufsmöglichkeiten oder empfehlenswerte Restaurants, sei es im Bedarfsfall durch Hilfe mit Rat und Tat gegenüber Behörden und Polizei oder bei der Beschaffung ärztlicher Versorgung.

5.2.6 Leistungsstörungen

§ 651 c Abs. 1 BGB verpflichtet den Reiseveranstalter, die Reise so zu erbringen, daß sie die zugesicherten Eigenschaften hat und nicht mit Fehlern behaftet ist, die den Wert oder die Tauglichkeit zu dem gewöhnlichen oder nach dem Vertrag vorausgesetzten Nutzen aufheben oder mindern.

Aus dieser Definition ergibt sich, daß nicht jede Abweichung vom Reisevertrag einen Mangel im Sinne von § 651 c Abs. 1 BGB darstellt. Bloße Unannehmlichkeiten, die sich insbesondere auch bei dem Massenprodukt „Pauschalreise" nicht vermeiden lassen, sind keine für den Reisevertrag relevanten Abweichungen. Derartige bloße Unannehmlichkeiten sind von der Rechtsprechung beispielsweise in folgenden Fällen gesehen worden:

– Verspätung bis zu vier Stunden bei Flugreisen;
– unprogrammäßige Zwischenlandung mit entsprechender Verlängerung der Reisezeit;
– unfreundlicher Service;
– Dauer der Mahlzeiten bis zu zwei Stunden in einem größeren Hotel;
– geringfügiger Ungezieferbefall des Zimmers in südlichen Ländern;
– Hellhörigkeit des Hotelzimmers;
– mangelhafte Kenntnis des Hotelpersonals der deutschen Sprache, jedenfalls in Hotels, die nicht zur gehobenen Kategorie gehören;
– lauwarm servierte Speisen in südlichen Ländern.

Rechtlich irrelevant sind auch lediglich subjektive und ästhetische Beeinträchtigungen des Reisenden. Landestypische Gegebenheiten sind ebenfalls nicht als Mangel des Reisevertrages im Sinne von § 651 c Abs. 1 BGB zu werten. Rechtlich unerheblich für den Reisevertrag sind auch die Geschehnisse, die dem allgemeinen Lebensrisiko zuzuordnen sind. Dazu zählen beispielsweise die Gefahr des Überfalls oder des Diebstahls, das allgemeine Unfallrisiko im Straßenverkehr, das allgemeine Gesundheitsrisiko und das Wetterrisiko.

Mängel im Sinne von § 651 c Abs. 1 sind hingegen alle erheblichen Abweichungen von den vereinbarten Reiseleistungen, die auf die Qualität des Urlaubs einzuwirken vermögen. Typische Mängel im Sinne von § 651 c BGB des Reisevertrages sind:

– erhebliche, über vier Stunden dauernde Flugverspätungen;
– nicht vertragsgerechte Unterbringung (Hotel/Pension entspricht nicht der gebuchten Kategorie; die Unterbringung muß wegen Überbuchung in einem anderen als dem vereinbarten Hotel erfolgen);
– Lärmbelästigung durch Baumaßnahmen;
– Lärmbelästigungen durch Straßenverkehr, Discotheken u.ä., jedoch nur, wenn ausdrücklich ein ruhig gelegenes Hotel zugesichert war;

- Schwierigkeiten bei der Strom- und Wasserversorgung;
- Mängel des Hotels und seiner Einrichtungen (mangelhafte Ausstattung der Zimmereinrichtung, Schmutz und fehlende Reinigung, erheblicher Ungezieferbefall, nicht ausreichende oder eintönige Verpflegung, Ausfall des Aufzugs, verschmutzter Swimmingpool, nicht bespielbarer Tennisplatz, Kinderspielplatz mit nicht verkehrssicherem Spielgerät);
- verschmutzter Hotelstrand, fehlende zugesicherte Sonnenschirme und Liegen;
- bei Studien- und Besichtigungsreisen: Nichteinhaltung des Reiseprogramms und Ausfall von Besichtigungspunkten, unzulängliche Qualifikation des Reiseleiters;
- bei Abenteuer- und Expeditionsreisen erhebliche Änderung der Reiseroute, fehlende Ausrüstungsgegenstände, Fehlen der zugesagten Jagd- oder Besichtigungsmöglichkeiten, jedoch keine Haftung für Jagd- oder Besichtigungserfolg.

Keinen Mangel des Reisevertrages stellt höhere Gewalt dar. Höhere Gewalt ist ein von außen kommendes, keinen betrieblichen Zusammenhang aufweisendes, unvorhersehbares und auch durch äußerste vernünftigerweise anzuwendende Sorgfalt nicht abwendbares Ereignis (BGHZ 100/185).

Beispiele höherer Gewalt sind Krieg, innere Unruhen (bei deren Voraussehbarkeit wie im Falle Sri Lanka keine höhere Gewalt: OLG Düsseldorf NJW-RR 1990/573), Naturkatastrophen (BGH NJW 1983/33), Reaktorunfälle (BGH NJW 1990/572). Zu differenzieren ist im Falle des Streiks: Höhere Gewalt liegt nicht vor, wenn der Streik außerhalb des Risiko- und Verantwortungsbereichs des Reiseveranstalters stattfindet (z.B. Streik der Fluglotsen oder der Zollbeamten). Bei einem Streik der eigenen Angestellten des Reiseveranstalters oder des Personals seiner Leistungsträger (Fluggesellschaft, Hotel) ist höhere Gewalt zu verneinen (vgl. Führich, Rz 440; Isermann, 1991, A.II.3.h).

Die Frage, was im einzelnen als Mangel des Reisevertrages anzusehen ist und seine Abgrenzung zu bloßen Unannehmlichkeiten einerseits und der höheren Gewalt andererseits hat die Rechtsprechung in umfangreicher Kasuistik entschieden, die im einzelnen hier nicht darzustellen ist (vgl. Bidinger/Müller, Anhang zu § 651 d; Eisner, 1987; Führich, Rz 272 ff.; Isermann 1991, A.II.3).

5.2.7   Gewährleistungsansprüche

Bei Vorliegen von Mängeln im Sinne von § 651 c Abs. 1 BGB stehen dem Reisenden Gewährleistungsansprüche zu.

5.2.7.1 Abhilfe

Der Reisende kann bei Auftreten von Mängeln vom Reiseveranstalter Abhilfe (Mängelbeseitigung) verlangen. Die Abhilfe darf vom Reiseveranstalter verweigert werden, wenn sie einen unverhältnismäßigen Aufwand erfordert. Das bedeutet jedoch nicht, daß mit der Weigerung die sonstigen Gewährleistungsansprüche des Reisenden berührt würden.

Das Abhilfeverlangen ist an den Reiseveranstalter (Reiseleitung) zu richten, nicht jedoch an den Leistungsträger unmittelbar.

Wenn möglich, wird der Reiseveranstalter den gerügten Mangel unmittelbar beseitigen (z.B. Reparatur der defekten Dusche, Reinigung des Swimmingpools usw.).

Die Abhilfe kann auch dadurch erfolgen, daß der Reiseveranstalter dem Reisenden eine Ersatzunterkunft anbietet, die jedoch zumindest gleichwertig sein muß. Diese Art der Mängelbeseitigung wird stets dann erforderlich und für den Reisenden zumutbar sein, wenn der Mangel selbst nicht beseitigt werden kann, wie es z.B. bei Baumaßnahmen der Fall ist.

Wenn der Reiseveranstalter nicht innerhalb einer vom Reisenden bestimmten angemessenen Frist den Mangel beseitigt, so kann der Reisende selbst Abhilfe schaffen und Ersatz der erforderlichen Aufwendungen verlangen. Einer Fristbestimmung bedarf es nicht, wenn die geforderte Abhilfe von dem Reiseveranstalter verweigert wird oder eine Abhilfe objektiv nicht möglich ist oder wenn die sofortige Abhilfe durch ein besonderes Interesse des Reisenden geboten ist (§ 651 c Abs. 3 BGB). Der Reisende darf aber nicht zu Lasten des Reiseveranstalters unangemessene Aufwendungen tätigen, sondern die Aufwendungen müssen sich in dem erforderlichen Rahmen einer gleichwertigen Ersatzleistung bewegen. Beispiele aus der Rechtsprechung für derartige Selbsthilfe sind:

- Der vertraglich vereinbarte Tennisplatz ist nicht vorhanden oder nicht bespielbar: Der Reisende kann die Kosten für die Miete eines anderen Platzes und etwaige Taxi-Kosten dorthin erstattet verlangen.
- Der Transfer-Bus verpaßt den Abflugtermin; der nächste Charterflug geht erst nach drei Tagen ab: Der Reisende kann einen Linienflug benutzen.

In der Praxis ist derartige Selbsthilfe relativ selten; das hat u.a. seinen Grund darin; daß der Reisende das volle Risiko der Gleichwertigkeit der Leistung und damit der Erstattungsfähigkeit von Aufwendungen trägt. Meist sieht deshalb der Reisende von einer Selbsthilfe ab und beschränkt sich auf Minderungs- und Schadensersatzansprüche.

5.2.7.2 Minderung

Die mit einem objektiven Mangel im Sinne von § 651 c Abs. 1 BGB behaftete Reiseleistung kann zu einer Minderung des Reisepreises führen.

Die Höhe der Minderung bemißt sich aus der Differenz zwischen dem Wert der mangelfreien Leistung und der mangelhaften Leistung. Grundsätzlich ist die Minderung nach dem Wert der mangelhaften Teilleistung zu bemessen, es sei denn, daß der Mangel so erheblich ist, daß er auf die Reiseleistung ingesamt ausstrahlt. Dabei sind ein objektiver Maßstab anzulegen und die zeitliche Dauer der Einwirkung des Mangels zu berücksichtigen. Auch spielt die Art der Leistung eine Rolle: Mängel der Hotel-Unterbringung sind bei einem Ferienaufenthalt in diesem Hotel schwerwiegender als Mängel bei einer Hotel-Unterkunft während einer Studienreise mit häufig wechselnden Übernachtungsorten. Auch ist zu berücksichtigen, ob es sich um eine „Billigreise" oder um eine Luxusreise handelt.

Entscheidend sind immer die Umstände und Gegebenheiten des Einzelfalles. Gegen dieses Gebot verstoßen Versuche, die Höhe der Minderung zu schematisieren, wie es in der sog. „Frankfurter Tabelle zur Reisepreisminderung" (NJW 1985/113) geschehen ist. Außer vom Landgericht Frankfurt wird deshalb in der Rechtsprechung diese Tabelle nicht zur Grundlage der Entscheidungen gemacht, wenngleich sie z.T. Anhaltspunkte für die Einzelfallentscheidung bilden mag (vgl. hierzu Bidinger/Müller, § 651 d Anm. 5 ff.; Führich, Rz 260 ff., 270; Isermann, 1991, A.II.3.b; Müller-Langguth, NJW 1985/1887).

Der Minderungsanspruch ist unabhängig davon, ob der Reiseveranstalter den Mangel schuldhaft herbeigeführt oder sonst in von ihm zu vertretender Weise verursacht hat. Der Minderungsanspruch ist verschuldensunabhängig.

5.2.7.3 Schadensersatz

a) Allgemeine Bestimmungen

Der Reisende kann neben dem Anspruch auf Minderung (nicht etwa nur alternativ) einen Anspruch auf Schadensersatz gegenüber dem Reiseveranstalter wegen eines Mangel des Reisevertrages geltend machen (§ 651 f Abs. 1 BGB).

Anders als der verschuldensunabhängige Minderungsanspruch setzt der Anspruch auf Schadensersatz jedoch voraus, daß der Mangel vom Reiseveranstalter zu vertreten ist, also fahrlässig oder vorsätzlich herbeigeführt worden ist. Vereinzelt ist versucht worden, die verschuldensunabhängige Gefährdungshaftung eines Vermieters (§§ 537, 538 BGB) oder eines Gastwirts (§ 701 BGB) auf den Reiseveranstalter auszudehnen, soweit die einschlägigen Voraussetzungen vorliegen. Das wird zutreffend von der herrschenden Meinung abgelehnt (vgl. Führich, Rz 333). Durch die Neufassung des § 651 f. Abs. 1 BGB ist dem Reiseveranstalter die Beweislast dafür auferlegt, daß weder ihn noch seine Leistungsträger ein Verschulden an den zum Schaden führenden Umständen trifft.

Der Reiseveranstalter hat nicht nur für eigenes Verschulden und das seiner Mitarbeiter (§ 278 BGB) einzustehen, sondern muß auch für das Verschulden seiner Leistungsträger (Erfüllungsgehilfen) eintreten, soweit diese in Erfüllung einer vertraglichen Verpflichtung gegenüber dem Reisenden für den Reiseveranstalter tätig werden. Von der Schadensersatzpflicht des § 651 f Abs. 1 BGB sind alle durch die Nichterfüllung des Vertrages entstandenen Schäden einschließlich aller Mangelfolgen und Begleitschäden umfaßt, die in einem ursächlichen Zusammenhang mit dem Reisemangel stehen und die begrifflich über den Minderungsanspruch hinausgehen.

Die sich aus § 651 f Abs. 1 BGB ergebende Schadensersatzpflicht des Reiseveranstalters gilt sowohl für Vermögensschäden (nutzlose Aufwendungen und Mehrkosten infolge des Mangels), Sachschäden (z.B. Verlust von Reisegepäck) und Körperschäden (z.B. Unfall durch Benutzung von Hoteleinrichtungen, die nicht verkehrssicher sind, Gesundheitsschaden wegen verdorbener Speisen).

b) Entschädigung wegen nutzlos aufgewendeter Urlaubszeit
Schon vor Inkrafttreten des Reisevertragsgesetzes hatte der Bundesgerichtshof der Urlaubszeit einen eigenen vermögensrelevanten Wert zuerkannt (BGH NJW 1975/40). Der Wert der Urlaubszeit wurde nach den Aufwendungen bemessen, die für einen zusätzlichen Urlaub als Ersatz für die vertane Urlaubszeit erforderlich waren. Das war in der Regel der Verdienst, den der Reisende in der entsprechenden Zeit erzielte. Diese Auffassung hatte zur Folge, daß die nicht berufstätige Hausfrau, der Student und der Rentner keinen Anspruch auf Entschädigung für nutzlos verbrachte Urlaubszeit hatten.

Der Entschädigungsanspruch nach § 651 f Abs. 2 BGB wird jetzt in Abweichung von der früheren Rechtsprechung nicht als Vermögensschadensanspruch, sondern als ein immaterieller Schadensersatzanspruch beurteilt (BGH NJW 1983/35). Das führt zu Ansprüchen auch für denjenigen Reisenden, der kein eigenes von der Berufstätigkeit abhängiges Einkommen hat.

Nach § 651 f Abs. 2 BGB kann der Reisende neben dem Anspruch auf Minderung oder Schadensersatz zusätzlich auch eine angemessene Entschädigung in Geld wegen nutzlos aufgewendeter Urlaubszeit verlangen, wenn die Reise vereitelt oder erheblich beeinträchtigt war. Es handelt sich um einen verschuldensabhängigen Anspruch, d.h. der Reiseveranstalter muß die Umstände, durch die eine Reise vereitelt oder erheblich beeinträchtigt worden ist, zu vertreten haben.

Der Begriff der „Vereitelung" der Reise ist eindeutig: Die Reise hat nicht stattgefunden.

Hingegen war es streitig, wann von einer „erheblichen" Beeinträchtigung der Reise auszugehen sei. Aus der Gleichstellung von Vereitelung und erheblicher Beeinträchtigung in § 651 f Abs. 2 BGB ist zu schließen, daß die Beeinträchtigung so schwerwiegend gewesen sein muß, daß der Zweck der Reise nicht erreicht wurde. Nach herrschender Meinung ist das dann der Fall, wenn der aufgetretene Mangel eine Minderung des Reisepreises um mehr als 50% rechtfertigt. Die Beeinträchtigung muß sich auf die gesamte Urlaubszeit beziehen; eine Beeinträchtigung einzelner Tage, auch wenn diese erheblich gewesen sein mag, führt nicht zu einem Anspruch nach § 651 f Abs. 2 BGB.

Ist der Urlaub ganz oder teilweise vereitelt worden und verbringt der Reisende seine davon betroffene Urlaubszeit zu Hause („Balkon-Urlaub"), so ist dem ein vergleichbarer Erholungsurlaub zuzumessen mit der Folge, daß sich der Entschädigungsanspruch des Reisenden entsprechend mindert (BGH NJW 1983/35; NJW 1983/218; Führich, Rz 349).

Die Höhe des Entschädigungsanspruchs richtet sich nach der Höhe des Nettoeinkommens und der Höhe des Reisepreises, denn mit der Preiswahl des gebuchten Urlaubs läßt der Reisende erkennen, welchen Wert sein Urlaub für ihn hat. Ergänzend sind die Schwere der Beeinträchtigung und der Grad des Verschuldens des Reiseveranstalters an dem Mangel zu berücksichtigen (zur Berechnung vgl. Bidinger/Müller, § 651 f Anm. 16, 17).

Trifft den Reisenden an der Verursachung des Schadens ein Mitverschulden, so ist ihm dies gemäß § 254 BGB anzurechnen; es führt zu einer Reduzierung der Höhe seiner Ansprüche gegenüber dem Reiseveranstalter.

c) Mängelrüge am Urlaubsort

In § 651 d Abs. 2 BGB ist für den Minderungsanspruch ausdrücklich bestimmt, daß die Minderung nicht eintritt, wenn es der Reisende schuldhaft unterläßt, den Mangel anzuzeigen. Die Mängelrüge ist auch dann erforderlich, wenn der Reiseveranstalter den Mangel kennt, da er anderenfalls davon ausgehen kann, daß der Reisende den Mangel hinnehmen und wegen dieses Mangels keine Minderungs- oder Schadensersatzansprüche geltend machen wolle.

Nach herrschender Rechtsprechung ist diese Mängelanzeige bei dem Reiseveranstalter auch Voraussetzung für das Entstehen eines Schadensersatzanspruches nach § 651 f Abs. 1 BGB (BGH NJW 1985/132; Bidinger/Müller, § 651 f Anm. 7; Isermann, 1991, A.IV.1.b) und eines Entschädigungsanspruches nach § 651 f Abs. 2 BGB (Führich, 1990, Rz 351).

Die Mängelrüge ist gegenüber dem Reiseveranstalter zu erheben, der am Urlaubsort regelmäßig durch die Reiseleitung vertreten wird; die Mängelrüge gegenüber dem Leistungsträger (z.B. Hotelrezeption) genügt nicht.

Wer im Streitfall das Vorliegen der Mängelrüge am Urlaubsort zu beweisen hat, ist in der Rechtsprechung umstritten. Nach zutreffender Auffassung wird man die Beweislast dem Reisenden auferlegen müssen, da es sich bei der Mängelrüge als Voraussetzung für Minderungs- oder Schadensersatzansprüche um eine Anspruchsvoraussetzung handelt.

Das Unterlassen einer Mängelrüge ist dann vom Reisenden nicht verschuldet, wenn beispielsweise der Reiseleiter und die mit der Reiseleitung betraute Agentur nicht erreichbar waren.

5.2.8 Kündigung des Reisevertrages

5.2.8.1 Kündigung wegen eines Mangel der Reise (§ 651 e BGB)

Ist die Reise infolge eines Mangels im Sinne von § 651 c BGB erheblich beeinträchtigt, so kann der Reisende den Vertrag kündigen. Dasselbe Kündigungrecht gilt, wenn dem Reisenden die Reise infolge eines erheblichen Mangels aus wichtigem, dem Reiseveranstalter erkennbaren Grund nicht zumutbar ist.

Die Kündigungsmöglichkeit ist dem Reisenden, wie der Gesetzestext besagt, nur wegen solcher Mängel eingeräumt, die eine „erhebliche" Beeinträchtigung der Reise bewirken. In Übereinstimmung mit der Rechtsprechung zur Erheblichkeit des Mangels wegen nutzlos aufgewendeter Urlaubszeit ist ein Mangel für die Kündigung auch nur dann relevant, wenn er eine Minderung des Reisepreises von mehr als 50% rechtfertigen würde.

Ferner besteht ein Kündigungsrecht nach § 651 e BGB bei Unzumutbarkeit der Reise für den Reisenden. Es kommt dabei nicht auf eine objektiv erhebliche Beeinträchtigung an, sondern darauf, daß gerade dem betreffenden Reisenden der Antritt oder die Fortsetzung der Reise unzumutbar ist, sofern dieser in der Person des Reisenden liegende Umstand für den Reiseveranstalter erkennbar ist.

Als Beispiel ist der Fall eines Körperbehinderten anzusehen, dessen Gehbehinderung dem Reiseveranstalter bekannt ist und der bei einer Badereise ein Hotel gebucht hat, von dem aus der Strand nur über eine Vielzahl von Stufen zu erreichen ist.

Voraussetzung für die zulässige Kündigung ist, daß der Reisende dem Reiseveranstalter eine angemessene Frist zur Abhilfe gesetzt und dieser die Frist nicht genutzt hat. Einer solchen Fristbestimmung bedarf es dann nicht, wenn die Abhilfe unmöglich ist, wenn sie vom Reiseveranstalter verweigert wird oder wenn die sofortige Kündigung des Vertrages durch ein besonderes Interesse des Reisenden gerechtfertigt wird (§ 651 e Abs. 2 BGB).

Bei Kündigung des Vertrages wegen eines Mangels der Reiseleistung verliert der Reiseveranstalter den Anspruch auf den vereinbarten Reisepreis, kann jedoch für die bereits erbrachten oder zur Beendigung der Reise noch zu erbringenden Reiseleistungen eine angemessene Entschädigung verlangen, jedoch nur insoweit, als diese Leistungen noch im Interesse des Reisenden liegen (§ 651 e Abs. 3 BGB). Der Reiseveranstalter ist ferner verpflichtet, alle notwendigen Maßnahmen zu treffen, um den Reisenden zurückzubefördern, sofern die Rückbeförderung Gegenstand des Vertrages war. Etwaige Mehrkosten fallen dem Reiseveranstalter zur Last (§ 651 e Abs. 4 BGB).

Die in § 651 e Abs. 3 BGB erörterte Begrenzung des Entschädigungsanspruchs des Reiseveranstalters auf solche Aufwendungen, die nach Aufhebung des Vertrages für den Reisenden noch von Interesse sind, bedeutet in der Praxis für den Reiseveranstalter einen weitgehenden Ausschluß dieser Ansprüche, denn in der Mehrzahl der Fälle wird der Reisende an den Leistungen des Reiseveranstalters kein Interesse mehr haben. Dieses Interesse ist allerdings nicht subjektiv, sondern objektiv zu beurteilen.

5.2.8.2 Kündigungrecht wegen höherer Gewalt (§ 651 j BGB)

Die Vorschrift des § 651 j BGB gibt sowohl dem Reiseveranstalter als auch dem Reisenden ein Recht zur Kündigung des Vertrages, wenn die Reise infolge bei Vertragsabschluß nicht vorhersehbarer höherer Gewalt erheblich erschwert, gefährdet oder beeinträchtigt wird.

Die Voraussetzungen des Vorliegens höherer Gewalt ist bereits oben dargelegt worden.

Wird ein Reisevertrag aus Gründen höherer Gewalt gemäß § 651 j BGB gekündigt, so verweist diese Vorschrift für die Abwicklung des Vertrages auf § 651 e Abs. 3, Sätze 1 und 2, Abs. 4 Satz 1 BGB, also ausgenommen die Regelung, daß nur solche Leistungen vom Reisenden zu bezahlen sind, die nach Kündigung des Vertrages für ihn noch von Interesse sind. Bei einem nach § 651 j BGB gekündigten Vertrag verliert der Reiseveranstalter wie in anderen Fällen der Kündigung oder des Rücktritts zwar seinen Anspruch auf den Reisepreis, jedoch kann er anstelle des Reisepreises Entschädigung für die bereits erbrachten Leistungen und die noch zur Abwicklung des Vertrages (Rückbeförderung) entstehenden Aufwendungen beanspruchen.

Soweit die Rückbeförderung Gegenstand des Reisevertrages war, bleibt der Reiseveranstalter auch nach Kündigung des Vertrages zur Rückbeförderung des Reisenden verpflichtet. Anders als im Fall einer Kündigung nach § 651 e BGB wegen eines Mangels des Reisevertrages sind bei einer Kündigung wegen höherer Gewalt die durch die Rückbeförderung entstehenden Kosten je zur Hälfte vom Reiseveranstalter und vom Reisenden zu tragen. Soweit sonstige Mehrkosten (notwendigerweise verlängerter Aufenthalt in einem teuren Hotel) entstehen, muß der Reisende diese übrigen Mehrkosten tragen. Diese Rechtsfolgen treten unabhängig davon ein, wer die Kündigung erklärt.

Die frühere Streitfrage, ob der Reisende bei Vorliegen höherer Gewalt anstatt sein Kündigungsrecht auf § 651 j BGB zu stützen dieses nach § 651 e BGB ausüben kann, ist durch die Neufassung von § 651 j BGB dahin geklärt, daß bei Vorliegen höherer Gewalt die Kündigung allein nach § 651 j BGB erfolgen kann.

5.2.9 Geltendmachung von Ansprüchen des Reisenden aus dem Reisevertrag

5.2.9.1 Anspruchsanmeldung

Ansprüche aus dem Reisevertrag (§§ 651 c bis 651 f BGB) sind vom Reisenden innerhalb eines Monats nach der vertraglich vereinbarten Beendigung der Reise bei dem Reiseveranstalter geltend zu machen. Nach Ablauf der Frist kann der Reisende Ansprüche nur noch erheben, wenn er ohne Verschulden an der Einhaltung der Frist verhindert worden ist (§ 651 g Abs. 1 BGB).

Es handelt sich um eine Ausschlußfrist mit der Folge, daß die Rechte des Reisenden mit dem Fristablauf ausgeschlossen werden. Die Ausschlußfrist ist von Amts wegen zu beachten und stellt keine Einrede des Reiseveranstalters dar.

Die Ausschlußfrist umfaßt sämtliche Ansprüche des Reisenden, nicht nur die auf Minderung oder Schadensersatz und Entschädigung wegen vertaner Urlaubsfreude, sondern auch auf Erstattung von Mehrkosten und Rückzahlung des bereits geleisteten Reisepreises bei Kündigung des Vertrages nach §§ 651 e oder 651 j BGB, da es sich hier nicht um Ansprüche aus dem Bereicherungsrecht handelt, sondern um Ansprüche aus der Rückabwicklung des Reisevertrages.

Die Geltendmachung der Ansprüche aus dem Reisevertrag ist eine empfangsbedürftige Willenserklärung, die nach dem Wortlaut der Vorschrift des § 651 g Abs. 1 BGB gegenüber dem Reiseveranstalter abzugeben ist, wobei der Zugang bei einer Niederlassung des Reiseveranstalters genügt.

Streitig ist, ob das die Buchung vermittelnde Reisebüro fristwahrend die Anspruchsanmeldung entgegennehmen kann. Nach wohl überwiegender Meinung wird das für die Reisebüros bejaht, die eine Agentur des Reiseveranstalters sind, während bei „freien" Reisebüros die Empfangsbefugnis verneint wird.

Nach zutreffender Ansicht ist jedoch von dem Wortlaut der Bestimmung auszugehen und zu verlangen, daß die Ansprüche nur bei dem Reiseveranstalter, nicht jedoch bei dem Reisebüro fristwahrend geltend zu machen sind. Für diese Ansicht spricht neben dem Wortlaut der Vorschrift auch ein praktisches Argument: Der Reisende kann nicht erkennen, ob das vermittelnde Reisebüro im Einzelfall Agentur des Reiseveranstalters ist oder ohne Agenturvertrag die Vermittlung vorgenommen hat.

Das Landgericht Frankfurt/Main (NJW 1983/1127) hat es für ausreichend angesehen, wenn der Reisende bei der örtlichen Reiseleitung die Reklamation erhebt und Ansprüche geltend macht. Diese Auffassung wird zutreffend von der überwiegenden Rechtsprechung und Literatur abgelehnt, denn die Mängelrüge am Urlaubsort bei der dortigen Reiseleitung hat den Sinn, dem Reiseveranstalter Möglichkeit zur Abhilfe zu geben und bedeutet nicht zugleich, bereits Minderungs- oder Schadensersatzansprüche erheben zu wollen. Ein solcher Erklärungsinhalt kann bei einer Reklamation gegenüber der örtlichen Reiseleitung nicht unterstellt werden – abgesehen davon, daß in den Reisebedingungen wohl ausnahmslos die Vollmacht des Reiseleiters auf die Entgegennahme von Mängelrügen beschränkt ist und ihm keine weitergehende Befugnis gibt.

Die Geltendmachung der Ansprüche ist formfrei; mündliche Anmeldung der Ansprüche bei dem Reiseveranstalter ist daher wirksam, entgegenstehende Schriftformerfordernisse in den Reisebedingungen des Reiseveranstalters sind wegen § 651 l BGB unwirksam. Gleichwohl ist es dem Reisenden dringend zu empfehlen, aus Beweisgründen die Ansprüche schriftlich geltend zu machen und diese Anmeldung mit Einschreiben-Rückschein zu versenden.

Der Reisende braucht zur wirksamen Geltendmachung seiner Ansprüche nach § 651 g Abs. 1 BGB diese nicht zu beziffern. Sie brauchen auch nicht als Minderung oder Schadensersatz rechtlich qualifiziert zu werden. Es genügt, daß der Reisende zum

Ausdruck bringt, daß er von dem Reiseveranstalter Geld zurückerstattet haben möchte. Er muß jedoch in jedem Falle sämtliche Mängel aufführen, derentwegen er seine Ansprüche geltend macht. Der Reiseveranstalter muß aufgrund des Anspruchsschreibens in die Lage versetzt werden, die behaupteten Mängel bei seiner Reiseleitung am Urlaubsort überprüfen zu lassen.

Die Anmeldung muß von dem Vertragspartner des Reiseveranstalters vorgenommen werden. Dritte können fristwahrend Ansprüche nur erheben, wenn ihnen die Ansprüche abgetreten worden sind oder der Reisende Vollmacht erteilt hat.

Eine unverschuldete Fristversäumnis wird nur in den seltensten Fällen vorliegen. Als denkbarer Entschuldigungsgrund kann beispielsweise ein unvorhersehbar langer Postbeförderungsweg gelten. Falsche Vorstellungen über die Bedeutung der Ausschlußfrist, und seien diese auch durch unrichtigen anwaltlichen Rat hervorgerufen worden, stellen keinen Entschuldigungsgrund dar.

5.2.9.2 Verjährung

Gemäß § 651 g Abs. 2 BGB verjähren Ansprüche des Reisenden aus dem Reisevertrag in sechs Monaten seit dem Zeitpunkt der vertraglich vereinbarten Beendigung der Reise.

Der Ablauf der Verjährungsfrist ist jedoch für den Zeitraum gehemmt, der von dem Anspruchsschreiben bis zur schriftlichen Zurückweisung der Ansprüche durch den Reiseveranstalter währt.

Im übrigen gelten für die Berechnung der Frist und ihren Ablauf die allgemeinen Vorschriften des BGB über Verjährung. Die Verjährung kann demgemäß nur durch gerichtliche Geltendmachung der Ansprüche oder durch Anerkenntnis seitens des Reiseveranstalters unterbrochen werden.

Literatur

Arndt, G. (1972): Der Reiseveranstaltungsvertrag. Berlin.
Bartl, H. (1981): Reiserecht. 2. Aufl., Bonn.
Bartl, H. (1991): Reise- und Freizeitrecht. 2. Aufl., München.
Bidinger, R., R. Müller (1995): Reisevertragsrecht. 2. Aufl., Berlin.
Büren, H.W. van, Th. Spielbrink (1982): Reisegepäckversicherung. München.
Eder, G. (1990): Haftung des Busreiseveranstalters. Wiesbaden.
Eisner, H. (1987): Reiserecht Entscheidungen. 2. Aufl., München.
Finger, H.-J. (1990): Eisenbahnverkehrsordnung. Loseblattausgabe, 5. Aufl., München.
Fischer, P. (1990): Haftung des Reiseveranstalters bei Flugbeförderung. Wiesbaden.
Führich, E. (1995): Reiserecht. 2. Aufl., Heidelberg.
Geigel, R. (1990): Der Haftpflichtprozeß. 20. Aufl., München.
Isermann, E. (1991): Reisevertragsrecht. 2. Aufl., München.
Klatt, H. (o.J.): Fremdenverkehrsrechtliche Entscheidungen. Köln/Berlin/Bonn/München.

Müller-Langguth, H. (1987): Stellungnahme zur „Frankfurter Tabelle zur Reisepreisminderung". In: NJW 1987/900.
Niehuus, M. (1996): Reiserecht. Bonn.
Nies, I. (1985): Die Reise-Rücktrittskosten-Versicherung. Karlsruhe.
Nies, I. (1996): Reisebüro. München.
Schwenk, W. (1981): Handbuch des Luftverkehrsrechts. Köln/Berlin/Bonn/München.
Tonner, K. (1986): Der Reisevertrag. 2. Auflage, Neuwied/Kriftel.

Ferner ist auf die Kommentierung zu §§ 651 a ff. BGB in sämtlichen Kommentaren zum BGB zu verweisen.

Teil 2

Forschungs- und Planungsinstrumentarium
im Tourismus

I Instrumentarium der Tourismusforschung

1 Die amtliche deutsche Tourismusstatistik

Ulrich Spörel

1.1 Vorbemerkungen

Der Tourismus ist heute zu einem wichtigen gesellschaftlichen und wirtschaftlichen Faktor geworden. Die jährliche Urlaubsreise ist für die überwiegende Zahl der Deutschen schon fast eine Selbstverständlichkeit. Zugenommen hat darüber hinaus auch die Zahl der Zweit- und Drittreisen pro Jahr. Im Rahmen des häufig konstatierten gesellschaftlichen Wertewandels in Richtung auf eine stärkere Freizeitorientierung bekommen Freizeit und Urlaub auch subjektiv für die Bürger eine immer größere Bedeutung.

Mehr und mehr wird in den letzten Jahren vor allem das ökonomische Gewicht des „Wirtschaftsfaktors Tourismus" zur Kenntnis genommen. Zwar ist eine genaue Quantifizierung zur Zeit aufgrund noch ungeklärter methodischer wie auch definitorischer Probleme schwierig, doch weisen die vorliegenden Berechnungen sowohl auf nationaler wie auch auf internationaler Ebene dem Tourismus eine Bedeutung zu, die ihn auf eine Ebene mit den wichtigsten Branchen der Volkswirtschaft stellt.

Mit dem unstrittigen Bedeutungsgewinn des Tourismus hat die statistische Erfassung dieses gesellschaftlichen Bereichs jedoch nicht Schritt gehalten. Dies gilt zum einen auf der internationalen Ebene, wo dieser Mißstand aber erkannt ist und bei der Europäischen Union, der OECD und der Welttourismusorganisation (WTO) zu verstärkten Anstrengungen auf diesem Gebiet geführt hat. Dies gilt zum anderen im besonderen Maße für die Bundesrepublik Deutschland, wo die Notwendigkeit zur Weiterentwicklung der Tourismusstatistik in den letzten Jahren zwar immer wieder betont worden ist, von seiten des Gesetzgebers statt dessen aber sogar mit einer Reduzierung des tourismusstatistischen Programms reagiert wurde. So wurde im Jahr 1990 die bis dahin durchgeführte Erhebung über Urlaubs- und Erholungsreisen aus dem Programm des Mikrozensus gestrichen.

1.2 Die Tourismusdefinition der Welttourismusorganisation

Im Juni 1991 führte die WTO in Zusammenarbeit mit der kanadischen Regierung in Ottawa eine internationale Konferenz über Reise- und Tourismusstatistik durch, auf der eine Reihe von Empfehlungen zur Tourismusstatistik beschlossen wurden, die im März 1993 auch von der Statistikkommission der Vereinten Nationen angenommen wurden. Diese Empfehlungen beinhalten zum ersten Mal eine allgemeingültige umfassende Definition des Tourismus, die allerdings von dem Tourismusbegriff im allgemeinen Sprachgebrauch abweicht. Der Tourismus umfaßt nach dieser Definition „die Aktivitäten von Personen, die an Orte außerhalb ihrer gewohnten Umgebung reisen und sich dort zu Freizeit-, Geschäfts- oder bestimmten anderen Zwecken nicht länger als ein Jahr ohne Unterbrechung aufhalten" (Welttourismusorganisation, o. Jg., S. 2). Demnach zählen zum Tourismus nicht nur private Reisen, sondern auch Dienst- und Geschäftsreisen. Ebenso werden auch Tagesreisen, die also nicht mit einer Übernachtung verbunden sind, soweit sie bestimmte Bedingungen erfüllen, in die Definition des Tourismus miteinbezogen.

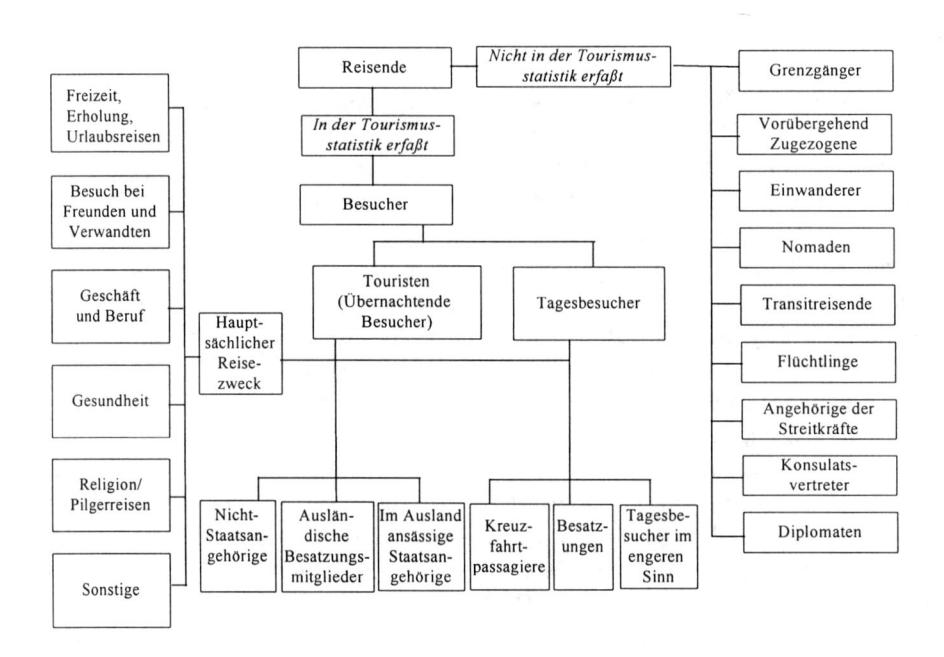

Abb 1: Die Tourismusdefinition der Welttourismusorganisation (*Quelle*: WTO, o. Jg.)

Die zentrale Bezugskategorie für die Tourismusdefinition der WTO ist der Besucher (*visitor*). Ein Besucher ist nach der Definition der WTO eine Person, die für die Dauer von nicht mehr als 12 Monaten ihre gewohnte Umgebung verläßt, um an einen anderen Ort oder in ein anderes Land zu reisen, und deren hauptsächlicher Reisezweck ein anderer ist als die Ausübung einer Tätigkeit, die von dem besuchten Ort/Land entgolten wird (vgl. o.Jg., S. 3). Diese Definition grenzt sich einerseits durch das zeitliche Kriterium (weniger als 12 Monate) von Wanderungsbewegungen ab. Durch die Erwähnung des vom Zielort/-land geleisteten Entgelts sollen andererseits Pendler aus der Definition ausgeschlossen werden. Besucher, die wenigstens eine Nacht in einem Beherbergungsbetrieb oder einer Privatunterkunft am besuchten Ort bzw. in dem besuchten Land verbringen, werden als Touristen (übernachtende Besucher) bezeichnet. Besucher, die am besuchten Ort/in dem besuchten Land nicht übernachten, gelten als Tagesbesucher. Es sei noch einmal wiederholt, daß beide Gruppen in die (weit gefaßte) Tourismusdefinition der WTO einbezogen sind (vgl. Übersicht):

Neben diesen grundlegenden Definitionen enthalten die WTO-Empfehlungen zur Tourismusstatistik auch Konzepte und Klassifikationen zur statistischen Erfassung von touristischen Aktivitäten. Mit Hilfe der drei Arten von Reiseverkehrsströmen

- Binnenreiseverkehr (*domestic tourism*) = Reisen von Inländern im Inland
- Einreiseverkehr (*inbound tourism*) = Reisen von Ausländern ins Inland
- Ausreiseverkehr (*outbound tourism*) = Reisen von Inländern ins Ausland

lassen sich folgende drei Grundformen des Tourismus unterscheiden:

- Inlandstourismus (*internal tourism*) = Binnenreiseverkehr und Einreiseverkehr
- Nationaler Tourismus (*national tourism*) = Binnenreiseverkehr und Ausreiseverkehr
- Internationaler Tourismus (*international tourism*) = Einreisverkehr und Ausreiseverkehr

Die tourismusstatistischen Arbeitsgruppen des Statistischen Amtes der Europäischen Gemeinschaften (Eurostat) wie auch der OECD haben sich darauf verständigt, die Empfehlungen der WTO zur Grundlage ihrer Arbeiten zu machen. Dies gilt auch für die Tourismusstatistik des Statistischen Bundesamtes.

1.3 Die konzeptionellen Grundlagen der amtlichen Tourismusstatistik

Die zentrale Tourismusstatistik im Datenangebot des Statistischen Bundesamts ist heute die Statistik der Beherbergung im Reiseverkehr. Daneben bestand bis 1990 die Statistik der Urlaubs- und Erholungsreisen, durchgeführt als Zusatzerhebung im Rahmen des Mikrozensus. Beide ergänzten sich sinnvoll und waren sozusagen die zwei Pfeiler im Gebäude der amtlichen Tourismusstatistik.

Die Beherbergungsstatistik setzt bei den Beherbergungsbetrieben selbst an, sie ist also angebotsseitig ausgerichtet. Sie erfaßt die Betriebe im Inland. Methodisch liegt ihr das Inlandskonzept zugrunde. Sie gibt Auskunft über den Inlandstourismus, also über den Binnenreiseverkehr und den Einreiseverkehr nach den Bezeichnungen der WTO-Empfehlungen.

Im Gegensatz dazu setzte die Statistik der Urlaubs- und Erholungsreisen bei den reisenden Personen bzw. den Haushalten selbst an. Eingepaßt in das Angebots-/Nachfrageschema war diese Statistik als nachfrageseitig zu charakterisieren. Im Unterschied zur Beherbergungsstatistik lag ihr das Inländerkonzept zugrunde. Sie bezog sich auf den nationalen Tourismus, indem sie sowohl den Binnenreiseverkehr als auch den Ausreiseverkehr abbildete.

Beide Statistiken bildeten ein kohärentes System der Tourismusstatistik, Inlands- und Inländerkonzept, angebots- und nachfrageseitige Statistik ergänzten sich sinnvoll. Ein wenig salopp könnte man sagen, daß seit dem Wegfall der Zusatzerhebung über Urlaubs- und Erholungsreisen die amtliche deutsche Tourismusstatistik auf einem Bein hinkt.

1.3.1 Die Statistik der Beherbergung im Reiseverkehr

Mit dem Gesetz über die Statistik der Beherbergung im Reiseverkehr (Beherbergungsstatistikgesetz – BeherbStatG) vom 14. Juli 1980 (BGBl. 1 Nr. 38, S. 953 f.) wurde die Beherbergungsstatistik in Deutschland teilweise neu konzipiert (vgl. dazu auch Reeb, 1980, S. 834 ff.). Die wichtigste Modifikation lag in einer Neuabgrenzung des Berichtskreises. Während das alte Fremdenverkehrsstatistikgesetz die Durchführung der Beherbergungsstatistik nur in bestimmten Berichtsgemeinden vorsah, für die der Fremdenverkehr von besonderer wirtschaftlicher Bedeutung war, wurde der Erfassungsbereich durch das Beherbergungsstatistikgesetz nun auf alle Gemeinden ausgedehnt. Anstelle des gemeindebezogenen Auswahlkriteriums wurde eine betriebsgrößenbezogene Abschneidegrenze eingeführt. Danach sind zur Beherbergungsstatistik berichtspflichtig alle Betriebe, „die nach Einrichtung und Zweckbestimmung dazu dienen, mehr als acht Gäste gleichzeitig vorübergehend zu beherbergen" (§ 5 BeherbStatG). Auskunftspflichtig sind die Inhaber oder Leiter der Beherbergungsstätten. Der Erhebungsweg verläuft von den berichtspflichtigen Betrieben zu den Statistischen Landesämtern, die für die eigentliche Erhebungsarbeit zuständig sind. Die Ergebnisse werden dort für die einzelnen Länder aufbereitet und veröffentlicht. Die von den Landesämtern übermittelten Ergebnisse werden dann im Statistischen Bundesamt zusammengefaßt und als Bundesergebnis veröffentlicht. Die Beherbergungsstatistik wird also als dezentrale Statistik durchgeführt.

Seit ihrer Neukonzipierung im Jahr 1980 besteht die Beherbergungsstatistik aus zwei Teilen, und zwar aus

– der laufenden monatlichen Erhebung sowie
– der sechsjährlichen Kapazitätserhebung.

1.3.1.1 Die monatliche Beherbergungsstatistik

In der laufenden monatlichen Berichterstattung der Beherbergungsstatistik werden als Erhebungsmerkmale die Ankünfte und Übernachtungen von Gästen in den berichtspflichtigen Betrieben erfaßt, bei Gästen aus dem Ausland auch deren Herkunftsland.

Aus der Zahl der Übernachtungen und Ankünfte wird durch Division ein rechnerischer Wert für die durchschnittliche Aufenthaltsdauer der Gäste ermittelt. Erhoben wird darüber hinaus die Zahl der Gästebetten und Wohneinheiten sowie bei Campingplätzen die Zahl der Stellplätze. Als rechnerischer Wert zur Beschreibung der Kapazitätsauslastung wird die durchschnittliche Auslastung aller Gästebetten wie auch die durchschnittliche Auslastung der im jeweiligen Monat angebotenen Betten ermittelt.

Die berichtspflichtigen Betriebe sind nach verschiedenen Merkmalen gegliedert, was eine sehr detaillierte Darstellung der nur relativ wenigen Erhebungsmerkmale ermöglicht.

In der räumlichen Gliederung bietet die Beherbergungsstatistik Ergebnisse auf allen administrativen Ebenen an – vom Bund bis zu den Gemeinden. Sie stellt insofern ein flexibles Informationsinstrument dar für die verschiedenen tourismuspolitischen Akteure wie auch für das Marketing. Ein Datenangebot wird also bereitgestellt sowohl für die Zuständigkeitsbereiche von Bundes- oder Länderministerien als auch beispielsweise für die der kommunalen Fremdenverkehrsämter. Von besonderem Interesse ist das Datenangebot in einer zusätzlichen nichtadministrativen räumlichen Gliederung, nämlich den sogenannten Reisegebieten. Deren Abgrenzungen sind abgestimmt auf die Zuständigkeitsbereiche der regionalen Fremdenverkehrsverbände, die gerade auf dem Gebiet der Tourismuswerbung eine bedeutsame Rolle spielen. Eine Übersicht über die Zahl der Reisegebiete sowie deren quantitative Bedeutung – gemessen an der Bettenkapazität sowie der Zahl der Übernachtungen im Jahr 1995 – gibt Tab. 1.

Tab. 1: Reisegebiete in der Bundesrepublik Deutschland – Bettenkapazität und Zahl der Übernachtungen 1995

Reisegebiet	Anzahl Betten[1]	Anzahl Übernachtungen (in Tsd.)
Schleswig-Holstein	186.443	21.988
– Nordsee	65.244	8.160
– Ostsee	81.104	9.135
– Holsteinische Schweiz	8.822	971
– Übriges Schleswig-Holstein	31.273	3.722
Hamburg	28.113	4.165
Niedersachsen	252.866	32.898
– Ostfriesische Inseln	41.311	5.674
– Ostfriesische Küste	29.417	3.463
– Ems – Hümmling	7.924	953
– Emsland – Grafschaft Bentheim	4.487	590
– Oldenburger Land	8.990	1.122
– Osnabrücker Bäderland – Dümmer	10.355	1.624
– Cuxhavener Küste – Unterelbe	17.304	2.074
– Bremer Umland	6.157	648
– Steinhuder Meer	1.901	206
– Weserbergland – Solling	17.813	2.870

Tab. 1: Fortsetzung

Reisegebiet	Anzahl Betten[1]	Anzahl Übernachtungen (in Tsd.)
– Nördliche Lüneburger Heide	23.458	3.178
– Südliche Lüneburger Heide	10.093	1.158
– Hannover – Hildesheim – Braunschweig	23.530	2.573
– Harzvorland – Elm – Lappwald	8.458	1.029
– Harz	33.130	4.829
– Südniedersachsen	4.539	517
– Elbufer – Drawehn	3.999	390
Bremen	8.181	1.058
Nordrhein-Westfalen	259.065	35.982
– Niederrhein – Ruhrland	60.179	8.181
– Bergisches Land	20.272	2.461
– Siebengebirge	16.473	2.135
– Eifel	21.080	2.607
– Sauerland	47.787	6.507
– Siegerland	6.883	1.183
– Westfälisches Industriegebiet	17.883	2.217
– Münsterland	17.987	2.455
– Teutoburger Wald	50.521	8.236
Hessen	189.554	26.321
– Weser – Diemel – Fulda	11.259	1.164
– Waldecker Land	23.827	3.935
– Werra – Meißner – Land	6.365	971
– Kurhessisches Bergland	6.407	817
– Waldhessen (Hersfeld – Rotenburg)	7.960	1.110
– Marburg – Biedenkopf	4.314	580
– Lahn – Dill, Westerwald und Taunus	4.342	458
– Westerwald – Lahn – Taunus	4.055	527
– Vogelsberg und Wetterau	13.749	2.046
– Rhön	11.575	1.357
– Kinzigtal – Spessart – Südlicher Vogelsberg	13.293	2.035
– Main und Taunus	42.278	6.032
– Rheingau – Taunus	15.551	2.340
– Odenwald – Bergstraße – Neckartal – Ried	24.579	2.950
Rheinland-Pfalz	150.112	17.587
– Rheintal	18.559	1.968
– Rheinhessen	8.319	944
– Eifel – Ahr	30.657	3.918
– Mosel – Saar	31.402	3.487
– Hunsrück – Nahe – Glan	18.788	2.390
– Westerwald – Lahn – Taunus	14.977	1.843
– Pfalz	27.410	3.037
Baden-Württemberg	293.930	38.931
– Nördlicher Schwarzwald	46.488	6.109

Tab. 1: Fortsetzung

Reisegebiet	Anzahl Betten[1]	Anzahl Übernachtungen (in Tsd.)
– Mittlerer Schwarzwald	41.650	5.508
– Südlicher Schwarzwald	57.112	8.263
– Weinland zwischen Rhein und Neckar	21.324	2.871
– Neckartal – Odenwald – Madonnenländchen	8.536	1.122
– Taubertal	6.628	1.156
– Neckar – Hohenlohe – Schwäbischer Wald	12.946	1.351
– Schwäbische Alb	32.841	3.473
– Mittlerer Neckar	30.102	3.377
– Württembergisches Allgäu – Oberschwaben	13.272	2.620
– Bodensee	20.796	2.743
– Hegau	2.235	339
Bayern	550.996	72.855
– Rhön	14.557	3.009
– Frankenwald	5.028	704
– Spessart	5.503	579
– Würzburg mit Umgebung	4.645	666
– Steigerwald	1.855	168
– Fränkische Schweiz	4.955	480
– Fichtelgebirge mit Steinwald	8.771	930
– Nürnberg mit Umgebung	18.269	2.215
– Oberpfälzer Wald	8.275	826
– Oberes Altmühltal	2.730	297
– Unteres Altmühltal	4.408	491
– Bayerischer Wald	62.842	7.206
– Augsburg mit Umgebung	4.753	531
– München mit Umgebung	45.414	7.013
– Ammersee- und Würmsee-Gebiet	5.102	733
– Bodensee-Gebiet	4.064	470
– Westallgäu	5.496	861
– Allgäuer Alpenvorland	4.825	529
– Staffelsee mit Ammer-Hügelland	5.358	785
– Inn- und Mangfall-Gebiet	6.340	1.136
– Chiemsee mit Umgebung	9.365	1.301
– Salzach-Hügelland	2.955	359
– Oberallgäu	39.606	5.556
– Ostallgäu	16.211	2.329
– Werdenfelser Land mit Ammergau	18.406	2.645
– Kochel- und Walchensee mit Umgebung	2.736	352
– Isarwinkel	6.169	1.059
– Tegernsee-Gebiet	10.919	1.727
– Schliersee-Gebiet	6.799	822
– Ober-Inntal	3.257	284
– Chiemgauer Alpen	19.927	2.782
– Berchtesgadener Alpen mit Reichenhaller Land	21.493	3.065
– Übriges Bayern	169.963	20.946

Tab. 1: Fortsetzung

Reisegebiet	Anzahl Betten[1]	Anzahl Übernachtungen (in Tsd.)
Saarland	15.143	2.094
– Nordsaarland	5.005	760
– Bliesgau	654	211
– Übriges Saarland	9.484	1.123
Berlin	45.130	7.530
Brandenburg	60.282	6.545
– Prignitz	2.392	270
– Uckermark	5.258	549
– Havelland	10.573	1.145
– Fläming	1.815	200
– Ruppiner Schweiz	4.634	468
– Barnim – Oderbruch – Märkische Schweiz – Schorfheide	9.494	1.162
– Südliche Märkische Seenlandschaft	6.627	703
– Beeskow – Starkower Land, Scharmützelsee	8.488	871
– Spreewald – Niederlausitz	11.001	1.177
Mecklenburg-Vorpommern	97.798	9.936
– Rügen/Hiddensee	21.768	2.239
– Vorpommern	31.738	3.279
– Mecklenburgische Ostseeküste	22.037	2.529
– Westmecklenburg	8.045	677
– Mecklenburgische Schweiz und Seenplatte	14.210	1.212
Sachsen	82.261	10.145
– Stadt Dresden	9.739	1.620
– Stadt Chemnitz	2.820	229
– Stadt Leipzig	7.992	1.043
– Oberlausitz – Niederschlesien	10.533	1.119
– Sächsische Schweiz	8.345	1.173
– Sächsisches Elbland	5.518	631
– Erzgebirge	15.583	1.882
– Mittelsachsen	12.446	1.193
– Westsachsen	2.275	218
– Vogtland	7.010	1.037
Sachsen-Anhalt	47.843	5.007
– Harz und Harzvorland	13.036	1.421
– Halle, Saale, Unstrut	10.862	1.357
– Anhalt – Wittenberg	10.304	944
– Magdeburg, Elbe – Börde – Heide	9.831	996
– Altmark	3.810	290
Thüringen	70.368	7.579
– Thüringer Wald	30.943	3.489
– Saaleland	16.014	1.887

Tab. 1: Fortsetzung

Reisegebiet	Anzahl Betten[1]	Anzahl Übernachtungen (in Tsd.)
– Ostthüringen	6.628	554
– Thüringer Kernland	8.763	940
– Nordthüringen	8.020	708
Deutschland	2.338.085	300.621

[1] Stand: August; Betten insgesamt

Ein weiteres Gliederungsmerkmal sind die Betriebsarten. Die Gruppierung der Beherbergungsstätten erfolgt dabei auf der Grundlage der durch die Klassifikation der Wirtschaftszweige (Ausgabe 1993) vorgegebenen Kriterien. Tab. 2 gibt einen Überblick über die relevanten Betriebsarten und zeigt gleichzeitig deren relatives Gewicht an der Gesamtzahl der Übernachtungen. Dabei zeigt sich, daß gut 57% aller Übernachtungen in den vier Betriebsarten der Hotellerie (Hotels, Gasthöfe, Pensionen, Hotels garnis) getätigt werden, 45% allein in Hotels und Hotels garnis.

Tab. 2: Gästeübernachtungen in Beherbergungsstätten nach Betriebsarten – Deutschland 1995

Betriebsart	Anzahl in Tsd.	Anteil in %
Hotels	102.175	34,0
Gasthöfe	20.797	6,9
Pensionen	16.399	5,5
Hotels garnis	32.998	11,0
Erholungs-, Ferien- und Schulungsheime	27.033	9,0
Ferienzentren	5.918	2,0
Ferienhäuser und -wohnungen	28.703	9,5
Hütten, Jugendherbergen	13.735	4,6
Sanatorien, Kurkrankenhäuser	52.863	17,6
Betriebe insgesamt	300.621	100,0

Zum Berichtskreis der Beherbergungsstatistik gehören auch die Sanatorien und Kurkrankenhäuser zumindest dann, wenn davon auszugehen ist, daß die dort untergebrachten Personen überwiegend in der Lage sind, während ihres Aufenthaltes den Anstaltsbereich zu verlassen und die gemeindlichen Fremdenverkehrseinrichtungen in Anspruch zu nehmen. Gut ein Sechstel aller erfaßten Übernachtungen entfiel 1995 auf die Sanatorien und Kurkrankenhäuser, deren Klientel insbesondere für die Heilbäder einen wichtigen Nachfragefaktor darstellt.

Die Fremdenverkehrsgemeinden der Bundesrepublik werden aufgrund von landesrechtlichen Vorschriften durch verschiedene Prädikate charakterisiert. Die Beherbergungsstatistik folgt dieser Einteilung, indem sie ihre Ergebnisse auch in der Gliederung nach Gemeindegruppen (zusammengefaßt nach den jeweiligen Prädikaten) präsentiert.

Diese Ergebnisdarstellung ermöglicht Rückschlüsse auf unterschiedliche Arten des Tourismus. Von besonderem Interesse sind diese Angaben für den Bereich des Kur- und Bäderwesens. Da der Prozeß der Prädikatisierung in den neuen Bundesländern 1995 noch nicht abgeschlossen war, wurden die Ergebnisse der Beherbergungsstatistik nach diesem Gliederungsmerkmal bisher nur für das frühere Bundesgebiet ausgewiesen (vgl. Tab. 3).

Tab. 3: Gästeübernachtungen in Beherbergungsstätten nach Gemeindegruppen – Früheres Bundesgebiet 1995

Gemeindegruppe	Anzahl in Tsd.	Anteil in %
Mineral- und Moorbäder	46.246	17,8
Heilklimatische Kurorte	18.028	6,9
Kneippkurorte	12.550	4,8
Heilbäder zusammen	76.824	29,6
Seebäder	23.330	9,0
Luftkurorte	24.736	9,5
Erholungsorte	24.863	9,6
Sonstige Gemeinden	109.726	42,3
Gemeindegruppen insgesamt	259.479	100,0

Ein weiteres Gliederungskriterium ist die Größe der Beherbergungsstätten. Dabei werden die Betriebe gruppiert nach der Anzahl der zur Verfügung stehenden Betten. Die Ergebnisdarstellung nach Betriebsgrößenklassen dürfte insbesondere für Strukturanalysen innerhalb des Beherbergungsgewerbes von Interesse sein. Tab. 4 zeigt das Übernachtungsaufkommen nach – hier stark zusammengefaßten – Betriebsgrößenklassen. Gut die Hälfte aller Übernachtungen finden inzwischen in Betrieben mit mehr als 100 Betten statt. Betrachtet man die Entwicklung der letzten elf Jahre – dieser Vergleich kann sinnvoll nur für das frühere Bundesgebiet vorgenommen werden – so zeigt sich ein deutlicher Trend hin zu den großen Beherbergungseinheiten auf Kosten sowohl der kleinen wie auch der mittleren Betriebsgrößen.

Tab. 4: Gästeübernachtungen in Beherbergungsstätten nach zusammengefaßten Betriebsgrößenklassen

Betriebe mit ... bis ... Gästebetten	Früheres Bundesgebiet 1984		Früheres Bundesgebiet 1995		Deutschland 1995	
	Anzahl in Tsd.	Anteil in %	Anzahl in Tsd.	Anteil in %	Anzahl in Tsd.	Anteil in %
9-19	24.291	11,7	23.220	8,9	25.666	8,5
20-99	96.538	46,4	105.943	40,8	121.280	40,3
100 und mehr	87.125	41,9	130.316	50,2	153.674	51,1

Dies sind nur die wichtigsten Gliederungsmerkmale der Beherbergungsstatistik. Auf weitere Kriterien wie die Ausstattungsklasse, die Durchschnittspreisklasse der Betriebe oder die Einwohnergrößenklasse, die Bettendichte (Betten je 1.000 Einwohner) oder die Übernachtungsdichte (Übernachtungen je Einwohner) der Gemeinden soll hier nicht weiter eingegangen werden. Es sei nur darauf hingewiesen, daß die verschiedenen Erhebungs- und Gliederungsmerkmale in zahlreichen unterschiedlichen Kombinationen verfügbar sind.

Tab. 5: Ankünfte und Übernachtungen von Auslandsgästen nach ausgewählten Herkunftsländern 1995

Herkunftsland	Ankünfte Anzahl in Tsd.	Anteil in %	Übernachtungen Anzahl in Tsd.	Anteil in %
Belgien	543,4	3,9	1.347,0	4,2
Dänemark	533,8	3,9	1.063,5	3,3
Frankreich	754,2	5,5	1.557,7	4,9
Großbritannien und Nordirland	1.283,2	9,3	2.952,4	9,2
Italien	730,9	5,3	1.657,0	5,2
Niederlande	1.797,4	13,0	5.055,6	15,8
Österreich	592,8	4,3	1.286,7	4,0
Schweden	551,3	4,0	953,9	3,0
Schweiz	801,4	5,8	1.664,8	5,2
Japan	811,9	5,9	1.306,5	4,1
USA	1.535,9	11,1	3.186,4	9,9
Ausland insgesamt	13.806,9	100,0	32.026,3	100,0

Ein bedeutsames Erhebungsmerkmal sei zum Schluß noch gesondert erwähnt. Es war bereits darauf hingewiesen worden, daß bei Gästen aus dem Ausland auch das Herkunftsland erfaßt wird. Maßgeblich ist dabei übrigens nicht die Nationalität, sondern das Land, in dem der Gast seinen ständigen Wohnsitz hat. Die Beherbergungsstatistik bietet damit auch ein wichtiges Informationsinstrument für das Auslandsmarketing des deutschen Fremdenverkehrs. Tab. 5 zeigt die Ankünfte und Übernachtungen von Auslandsgästen nach ausgewählten Herkunftsländern 1995. Die Zahl der Ankünfte wird gemeinhin als Indikator für die Zahl der Gäste angesehen. Beide Größen sind allerdings nicht identisch, da es bei Quartierwechseln während einer Reise (z.B. bei Rundreisen) zu Mehrfachzählungen derselben Gäste kommt.

Auf drei Herkunftsländer entfällt rund ein Drittel aller ausländischen Gäste, und zwar sowohl bei den Ankünften wie auch bei den Übernachtungen. An der Spitze liegen die Niederlande, auf die 15,8% der Übernachtungen ausländischer Gäste entfallen, gefolgt von den USA (9,9%) sowie Großbritannien und Nordirland (9,2%).

Die Bundesergebnisse der Beherbergungsstatistik werden zuerst als Pressemitteilung in der Regel vor Ablauf des zweiten Folgemonats auf den Berichtsmonat veröffentlicht. Ausführliche Ergebnisse werden in der Fachserie 6, Reihe 7.1, der Veröffentlichungen des Statistischen Bundesamtes im darauffolgenden Monat herausgegeben. Die Statistischen Landesämter veröffentlichen ihre Länderergebnisse in ihren Statistischen

Berichten unter der Kennziffer G IV 1. Jeweils im Frühsommer erscheint in der Zeitschrift des Statistischen Bundesamtes „Wirtschaft und Statistik" eine zusammenfassende Darstellung der Ergebnisse der Beherbergungsstatistik des abgelaufenen Jahres (vgl. Spörel, 1996, S. 435 ff.)

1.3.1.2 Die Kapazitätserhebung im Beherbergungsgewerbe

Ergänzend zu der laufenden monatlichen Beherbergungsstatistik wird im Abstand von jeweils sechs Jahren eine Kapazitätserhebung im Beherbergungsgewerbe durchgeführt (vgl. Krockow/Wedel, 1984, S. 245 ff.). Rechtsgrundlage ist wie bei der monatlichen Erhebung das Beherbergungsstatistikgesetz. Dementsprechend gleich sind auch die Vorschriften zum Berichtsfirmenkreis (Betriebe mit neun und mehr Betten) sowie zur Auskunftspflicht. Auch die Gliederungsmerkmale für die Ergebnisdarstellung entsprechen weitgehend denen in der monatlichen Beherbergungsstatistik, weshalb sie an dieser Stelle nicht noch einmal wiederholt werden sollen. Die Zielsetzung dieser Erhebung liegt darin, Informationen zu gewinnen über Umfang, Struktur und Qualität des Beherbergungsangebots.

Erhebungsmerkmal ist zum einen die Art der Beherbergungsstätten. Dabei ordnen sich die Betriebe aufgrund vorgegebener Definitionsmerkmale bestimmten Betriebsarten zu. Diese Zuordnung wird für die einzelnen Betriebe dann auch in der monatlichen Statistik übernommen. Erfaßt wird weiterhin die Ausstattung der Beherbergungsstätten, z.B. mit Speise- und Restaurationsräumen, sonstigen Aufenthaltsräumen, Sport- und Freizeiteinrichtungen, medizinischen Kureinrichtungen, Konferenz- und Tagungsräumen. In einem dritten Fragenblock wird nach der Anzahl, Ausstattung und dem Preis der Gästezimmer und Wohneinheiten in den Beherbergungsstätten gefragt.

Mit einem gesonderten Erhebungsvordruck werden die Kapazitäten im Campingbereich erfaßt. Hier wird u.a. gefragt nach der Art des Campingplatzes (Reiseverkehrscamping oder Dauercamping), der Zahl der vorhandenen Stellplätze, der Ausstattung mit Sport- und Freizeiteinrichtungen sowie mit Ver- und Entsorgungseinrichtungen.

Kapazitätserhebungen nach dem derzeitigen Beherbergungsstatistikgesetz haben bisher in den Jahren 1981, 1987 und 1993 stattgefunden. In der Erhebung des Jahres 1993 waren zum ersten Mal auch die Beherbergungsbetriebe der neuen Bundesländer miteinbezogen. Zu den Ergebnissen vgl. Spörel (1994, S. 998 ff.).

1.4 Weitere tourismusrelevante Erhebungen und Veröffentlichungen des Statistischen Bundesamtes

Aus der Sicht der Statistik handelt es sich beim Tourismus um einen typischen Querschnittsbereich. Touristische Leistungen sind nicht nur einem bestimmten Wirtschaftsbereich zuzuordnen, sondern sie werden von einer Vielzahl von Wirtschaftszweigen erbracht. Dementsprechend sind auch in einer größeren Anzahl von Fachstatistiken des Statistischen Bundesamtes tourismusrelevante Informationen enthalten. Ein Problem, das bei der Auswertung dieser Angaben für touristische Fragestellungen häufig auftaucht, liegt darin, daß es zumeist nur schwer oder gar nicht möglich ist, abzuschätzen, wie groß der touristische Anteil an der Leistungserstellung eines Wirtschaftsbereiches ist. Denn seien es nun das Gaststättengewerbe oder die Verkehrsträger – um nur zwei für den Tourismus bedeutsame Bereiche zu nennen –, in der Regel werden die Leistungen sowohl an Touristen als auch Nichttouristen abgegeben (Ortsansässige oder Reisende, die nicht unter die Tourismus-Definition der WTO fallen). Die wichtigsten in Frage kommenden Statistiken seien hier dennoch kurz aufgeführt.

1.4.1 Verkehrsstatistiken

Definitionsgemäß ist die touristische Aktivität immer mit einem Ortswechsel verbunden. Die Nachfrage nach Verkehrsleistungen ist insofern ein wichtiger Teilbereich der touristischen Nachfrage insgesamt. Tourismusrelevante Daten zum Verkehrsbereich bieten die folgenden Statistiken an:

- Luftfahrtstatistik,
- Statistiken des Straßenverkehrs,
- Eisenbahnstatistik,
- Binnenschiffahrtsstatistik.

Unter touristischem Aspekt dürften die Angaben der Luftfahrtstatistik von besonderem Interesse sein. Hier wird u.a. die Zahl der Reisenden im Flugverkehr nachgewiesen; bis zum Jahr 1994 erfolgte dabei auch ein gesonderter Nachweis des Pauschalflugreiseverkehrs für alle ausländischen Zielgebiete. Da für den Bereich der EU eine Abgrenzung von Linien- und Pauschalflugverkehr nicht mehr möglich ist, wird hier nur noch ein Nachweis aller Fluggäste im Linienverkehr durchgeführt. Die Daten werden in der Untergliederung sowohl nach Herkunfts- als auch nach Endzielflugplätzen angeboten.

Im Rahmen der Statistiken des Straßenverkehrs sind vor allem die Angaben aus der Statistik der öffentlichen Personenbeförderung von Interesse. Dort wird sowohl die Zahl der beförderten Personen als auch die der Personenkilometer nachgewiesen und dies nach den Verkehrsarten „Linienverkehr" und „Gelegenheitsverkehr". Seit 1984 werden in dieser Statistik allerdings nur noch Unternehmen, die über mindestens sechs Kraftomnibusse verfügen bzw. Straßenbahn- oder Obusverkehr betreiben, erfaßt.

Tourismusrelevant im Rahmen der Eisenbahnstatistik sind vor allem die auch hier erfaßten Merkmale „beförderte Personen" und „Personenkilometer".

Die Binnenschiffahrtsstatistik informiert u.a. über die Zahl der Beschäftigten und den Umsatz in diesem Verkehrszweig.

Es sei hier noch darauf hingewiesen, daß amtliche Statistiken zum Verkehrsbereich nicht nur vom Statistischen Bundesamt veröffentlicht werden. Wichtige Quellen für tourismusrelevante Verkehrsdaten sind daneben das Bundesministerium für Verkehr sowie das Kraftfahrt-Bundesamt.

1.4.2 Gastgewerbestatistiken

Der größte Anbieter touristischer Leistungen im jeweiligen Fremdenverkehrsort oder -gebiet ist das Gastgewerbe. Es besteht aus den beiden Teilbereichen Beherbergungsgewerbe und Gaststättengewerbe. Doch anders als bei der zuvor behandelten Beherbergungsstatistik, die mit ihren Erhebungsmerkmalen „Ankünfte" und „Übernachtungen" eindeutig touristische Tatbestände erfaßt, stellt sich für die Statistiken des Gastgewerbes das Problem, daß die hier erfaßten Merkmale nicht in vollem Umfang dem Tourismus zuzuordnen sind. Das gilt in besonderem Maße für den Bereich des Gaststättengewerbes, das seine Leistungen außer an Touristen immer auch an die am Ort ansässige Bevölkerung abgibt. Von Ort zu Ort zwar unterschiedlich, dürfte der nichttouristische Anteil der Nachfrage hier aber sicherlich sehr hoch sein. Dieser Anteil dürfte beim Beherbergungsgewerbe zwar geringer sein, doch wenn man bedenkt, daß dieser Wirtschaftszweig Umsätze in nicht unerheblichem Maß auch mit Gaststättendienstleistungen erzielt, so wird deutlich, daß sich das Problem der Identifikation des touristischen Anteils an der Leistungserstellung auch hier durchaus stellt.

Eine wichtige Datenquelle für das Gastgewerbe ist die in unregelmäßigen Abständen (zuletzt 1993) durchgeführte Handels- und Gaststättenzählung (HGZ). Zum Berichtskreis dieser Erhebung zählen Unternehmen mit einem Jahresumsatz von mindestens 25.000 DM. Erfaßt werden u.a. die Zahl der Unternehmen und Arbeitsstätten, die dort tätigen Personen, der Umsatz gegliedert nach ausgeübten wirtschaftlichen Tätigkeiten sowie im Gastgewerbe die Zahl der Fremdenzimmer, Fremdenbetten, Ferienhäuser und -wohnungen. Die Ergebnisdarstellung erfolgt in tiefer regionaler Gliederung nach einer großen Anzahl von Gliederungsmerkmalen.

Die Ergebnisse der HGZ bilden auch die Grundlage für die Auswahl der Unternehmen zu den im Stichprobenverfahren erhobenen Gastgewerbestatistiken. Dabei werden monatlich Meßzahlen über die Entwicklung von Umsatz und Beschäftigung ausgewiesen. In zweijährlichem Abstand werden darüber hinaus Daten über Beschäftigung, Umsatz, Waren- und Materialeingang bzw. -bestand, Investitionen, Aufwendungen für gemietete und gepachtete Sachanlagen, Verkaufserlöse aus dem Abgang von Sachanlagen sowie die Bruttolohn- und -gehaltsumme erfaßt.

1.4.3 Die Einkommens- und Verbrauchsstichprobe

Im Abstand von fünf Jahren (zuletzt 1993) wird auf freiwilliger Grundlage die Einkommens- und Verbrauchsstichprobe (EVS) durchgeführt. In einer Stichprobe werden hier bei rund 0,3% der Haushalte aller Bevölkerungsschichten (zuletzt 1993 rd. 70.000 Haushalte) Daten über Einnahmen (nach Quellen), Ausgaben nach Arten und Verwendungszweck, die Ausstattung mit langlebigen Gebrauchsgütern sowie Vermögensformen und -bestände erhoben. Für die Tourismusstatistik bietet die EVS einerseits Daten über Reiseausgaben, gegliedert nach verschiedenen Ausgabearten. Andererseits werden aber auch Angaben über die Reisetätigkeit selbst erhoben, und zwar zu den Merkmalen Reisedauer, Reiseziel, Reiseart, Verkehrsmittel sowie Unterkunftsart. Der Wert dieser tourismusrelevanten Daten aus der EVS wird bisher allerdings noch entscheidend gemindert durch die lange Aufbereitungszeit der Ergebnisse, die aus der komplizierten Auswertung der von den Haushalten geführten Haushaltsbücher resultiert.

1.4.4 Die Querschnittsveröffentlichung „Tourismus in Zahlen"

Die hier neben der Beherbergungsstatistik aufgeführten weiteren tourismusrelevanten Statistiken stellen nur eine Auswahl aus dem in Frage kommenden Publikationsprogramm des Statistischen Bundesamts dar. Auch erfolgte ihre Beschreibung an dieser Stelle bewußt kursorisch. Für weitergehende Informationen sei auf die seit 1988 erscheinende Veröffentlichung des Statistischen Bundesamtes „Tourismus in Zahlen" verwiesen. In dieser Publikation ist eine große Zahl von tourismusrelevanten Daten aus den verschiedenen Fachstatistiken sowohl des Statistischen Bundesamtes als auch anderer nationaler und internationaler Organisationen zusammengestellt. Es findet sich darin auch eine eingehende Beschreibung der unterschiedlichen Fachstatistiken des Statistischen Bundesamtes sowie ein Abdruck der Empfehlungen der WTO zur Tourismusstatistik. Die Veröffentlichung erscheint jährlich und wendet sich an Interessenten in Politik, Wirtschaft, Verbänden, Wissenschaft und Hochschule.

1.5 Weiterentwicklung der Tourismusstatistik

1.5.1 Aktivitäten im internationalen Rahmen

Im internationalen Rahmen sind vor allem drei Organisationen auf dem Gebiet der Tourismusstatistik tätig, die WTO, die OECD und das Statistische Amt der Europäischen Gemeinschaften (Eurostat).
Das wichtigste Ereignis für die methodologischen Arbeiten der WTO war die schon erwähnte Konferenz von Ottawa über Tourismusstatistik im Juni 1991. Die folgenden Jahre waren geprägt vor allem von Aktivitäten zur weltweiten Verbreitung und Umset-

zung der Ergebnisse dieser Konferenz. Dem dienten zum einen eine Reihe von Regionalseminaren in verschiedenen Teilen der Erde, bei denen Tourismusstatistiker über die in Ottawa beschlossenen grundlegenden Methoden und Konzepte informiert wurden. Unterstützt wurden diese Bemühungen zum anderen durch die Erstellung von fünf Handbüchern zu verschiedenen Aspekten der Tourismusstatistik.

Daneben beschäftigt sich die WTO zunehmend mit den ökonomischen Aspekten des Tourismus. Dazu zählt eine bessere Einbindung des Tourismus in das System der Volkswirtschaftlichen Gesamtrechnungen (VGR) u.a. durch die Entwicklung eines Satellitensystems für diesen Bereich. Für die erste Hälfte des Jahres 1998 ist eine internationale Konferenz zu diesem Themenkomplex geplant.

Die ökonomische Analyse und die Integration des Tourismus in das System der VGR bilden auch den Schwerpunkt der methodischen Arbeiten der OECD zur Tourismusstatistik. Bereits im Jahr 1991 wurde dazu ein Handbuch vorgelegt, in dem ein an die VGR angelehntes Tabellensystem zur Erfassung des Tourismus entwickelt wurde (vgl. OECD, 1991). Dieses Handbuch befindet sich derzeit in der Phase der praktischen Erprobung. Ein erstes Zwischenergebnis mit Angaben für drei ausgewählte OECD-Länder (Österreich, Kanada, Spanien) wurde 1996 vorgelegt (OECD, 1996).

Von zunehmender Bedeutung für die praktische Arbeit der Mitgliedsländer sind die Aktivitäten des Statistischen Amts der Europäischen Gemeinschaften (Eurostat). Diese münden häufig in Rechtsakte in Form von Richtlinien und Verordnungen und sind damit – anders als die Beschlüsse in den Gremien von OECD oder WTO – für die Mitgliedsländer unmittelbar verbindlich. Für den Bereich der Tourismusstatistik ist die vom Ministerrat am 23. November 1995 verabschiedete Richtlinie über die Erhebung statistischer Daten im Bereich des Tourismus von zentraler Bedeutung. Sie verpflichtet die Mitgliedsländer zur Übermittlung bestimmter statistischer Ergebnisse, die im Anhang der Richtlinie im einzelnen aufgeführt sind. Diese betreffen zum einen Angaben über die Kapazitäten der Beherbergungsbetriebe und ihre Inanspruchnahme, die in Deutschland weitgehend aus dem bestehenden Programm der Beherbergungsstatistik bereitgestellt werden können. Sie beziehen sich zum anderen aber auch auf das Reiseverhalten der Bevölkerung. Der überwiegende Teil der Daten dieses Bereichs betrifft Urlaubsreisen mit einer Dauer von 5 oder mehr Tagen. Daneben werden in geringerem Maße aber auch Angaben über Kurzreisen (2–4 Tage) sowie Dienst- und Geschäftsreisen gefordert. Diese Daten können aus dem bestehenden Programm der amtlichen Statistik in Deutschland derzeit nicht bereitgestellt werden.

1.5.2 Aktivitäten im nationalen Rahmen

In ihrer Koalitionsvereinbarung für die 13. Legislaturperiode haben die Regierungsparteien CDU, CSU und F.D.P. das Ziel formuliert, die „staatlichen Statistiken ... auf das absolut Notwendige zu reduzieren" (Das Parlament, 1994, S. 4). Diese Zielvorgabe stellt logischerweise für jegliche Aktivitäten zur Weiterentwicklung der amtlichen

Tourismusstatistik eine äußerst scharfe Restriktion dar. Eine Ausweitung der Tourismusstatistik, wie sie beispielsweise in den tourismuspolitischen Programmen von CDU/CSU und SPD gefordert wird, aber auch von dem aus Vertretern der wichtigen Verbände der Tourismuswirtschaft gebildeten Arbeitskreis „Tourismusstatistiken" (vgl. Statistisches Bundesamt, 1989), steht insofern in deutlichem Gegensatz zu dem formulierten Ziel der Bundesregierung. Bei der derzeitigen Lage der öffentlichen Haushalte dürften finanzielle Restriktionen allerdings ein zusätzliches Hindernis zur Umsetzung solcher Intentionen darstellen.

Eine Erweiterung des derzeitigen tourismusstatistischen Programms ist dennoch von der EU-Richtlinie über die Erhebung statistischer Daten im Bereich des Tourismus zu erwarten. Sie verpflichtet die Mitgliedstaaten wie erwähnt zur Bereitstellung von Daten über das Reiseverhalten der Bevölkerung. Gefordert sind Angaben zu den folgenden Merkmalen:

- Reisende
- Reisen
- Übernachtungen
- Reisedauer
- Organisation der Reise
- Verkehrsmittel
- Unterkunftsart
- Reiseausgaben

Diese Ergebnisse sind für Urlaubsreisen von 5 und mehr Tagen Dauer, aber auch – weniger detailliert – für Kurzreisen sowie Dienst- und Geschäftsreisen bereitzustellen. Die Periodizität der meisten Ergebnisse ist jährlich, einige Eckgrößen sind vierteljährlich zu erheben. Nach dem jetzigen Stand der Beratungen zur Umsetzung der Richtlinie ist vorgesehen, die Erhebung und Aufbereitung dieser Daten im Rahmen einer Ausschreibung an ein Institut zu vergeben.

Literatur

Beherbergungsstatistikgesetz – BeherbStatG (1980): Bundesgesetzblatt (BGBl.) I, Nr. 38, S. 953 f.
Das Parlament (25.11.1994), Nr. 47, S. 4.
Krockow, A., E. Wedel (1984): Beherbergungskapazität 1981. In: Wirtschaft und Statistik, Heft 3, S. 245–252.
OECD, Tourism Committee (1991): Manual on Tourism Economic Accounts. Paris.
OECD (1996): OECD Tourism Statistics – Design and Application for Policy. Paris.
Reeb, A. (1980): Inhalt und Aufbau der neuen Statistik der Beherbergung im Reiseverkehr. In: Wirtschaft und Statistik, Heft 12, S. 834–842.
Spörel, U. (1994): Beherbergungskapazität 1993. In: Wirtschaft und Statistik, Heft 12, S. 998–1004.
Spörel, U. (1996): Inlandstourismus 1995 – Ergebnisse der Beherbergungsstatistik. In: Wirtschaft und Statistik, Heft 7, S. 435–440.

Statistisches Bundesamt (Hrsg.) (1989): Bericht des Arbeitskreises „Tourismusstatistiken" zur Neukonzeption der Tourismusstatistiken. Wiesbaden.

Welttourismusorganisation (o. Jg.): Empfehlungen zur Tourismusstatistik. Hrsg. der deutschen Fassung u.a. Statistisches Bundesamt, Wiesbaden.

Weitere Literatur

Statistisches Bundesamt: Beschäftigte und Umsatz im Gastgewerbe (Meßzahlen). Fachserie 6, Reihe 4.1 (monatlich).

Statistisches Bundesamt: Beschäftigung, Umsatz, Wareneingang, Lagerbestand und Investitionen im Gastgewerbe. Fachserie 6, Reihe 4.2 (zweijährlich).

Statistisches Bundesamt: Handels- und Gaststättenzählung 1993. Fachserie 6, „Zusammenfassende Übersichten" und „Gastgewerbe".

Statistisches Bundesamt: Beherbergung im Reiseverkehr. Fachserie 6, Reihe 7.1 (monatlich).

Statistisches Bundesamt: Beherbergungskapazität. Fachserie 6, Reihe 7.2 (sechsjährlich, zuletzt 1993).

Statistisches Bundesamt: Eisenbahnverkehr. Fachserie 8, Reihe 2 (monatlich und jährlich).

Statistisches Bundesamt: Straßenpersonenverkehr. Fachserie 8, Reihe 3 (vierteljährlich und jährlich).

Statistisches Bundesamt: Binnenschiffahrt. Fachserie 8, Reihe 4 (monatlich und jährlich).

Statistisches Bundesamt: Luftverkehr. Fachserie 8, Reihe 6 (monatlich und jährlich).

Statistisches Bundesamt: Tourismus in Zahlen. Thematische Querschnittsveröffentlichung (jährlich).

2 Die Reiseanalyse – Sozialwissenschaftliche (Markt-)Forschung zum Urlaubstourismus der Deutschen

Martin Lohmann

2.1 Sinn und Zweck der Reiseanalyse

Seit Ende des 2. Weltkrieges hat der Tourismus Ausmaße (vgl. WTO, 1995; Aderhold, 1996b) und Formen (z.B. Burghoff/Kresta, 1995; Thiem, 1994) angenommen, die seine genauere Erforschung nicht nur interessant (für die wissenschaftliche und allgemeine Neugier), sondern auch zweckmäßig (für die Marketing-Aktivitäten der Anbieter) und notwendig (gesellschaftspolitisch, e.g. im Hinblick auf die Bereiche Strukturpolitik, Sozialpolitik, internationale Zusammenarbeit, Verkehr, Kultur, Bildung, Ökologie, Gesundheit) macht.

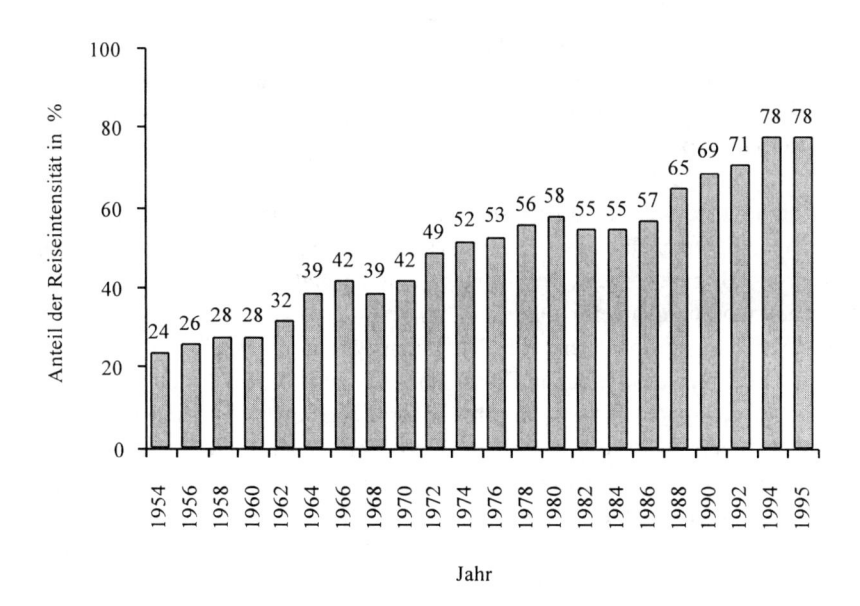

Abb. 1: Urlaubsreiseintensität der Deutschen[1]

---

[1] Urlaubsreiseintensität = Anteil der Personen in der Bevölkerung (14 Jahre und älter), die im Kalenderjahr wenigstens eine Urlaubsreise (5 Tage oder länger) gemacht haben (*Quelle*: Reiseanalysen des StfT; U + R 94, U + R 95; RA 96).

Seit 1970 erfüllt die jährliche Reiseanalyse (RA) der Forschungsgemeinschaft Urlaub und Reisen e.V., Hamburg, (früher des Studenkreises für Tourismus, Starnberg) zumindest einen Teil dieser Anforderungen.

Die RA ist eine Untersuchung zur Erfassung und Beschreibung des Urlaubsreiseverhaltens der Deutschen und ihrer Urlaubsmotive und -interessen: Wieviele und welche Personen sind wann, wie, warum, wohin in Urlaub gefahren, und wie sind die Meinungen und Interessen zu tourismusrelevanten Themen.

Mit der RA wird seit 1970 das Urlaubsgeschehen regelmäßig jedes Jahr unter die Lupe genommen. Die Untersuchung wird nach strengen wissenschaftlichen Kriterien auf breiter Basis repräsentativ angelegt und durchgeführt. Abb. 1 vermittelt einen Eindruck von dem Anstieg der Urlaubsreiseintensität in den zurückliegenden 30 Jahren.

Bei der Entwicklung der RA wurde besonderer Wert darauf gelegt, über die Jahre hinweg methodische Kontinuität zu bewahren, aber dabei auch das aktuelle Geschehen im Tourismus sowie bei den gesellschaftlichen und wirtschaftlichen Rahmenbedingungen einzubeziehen. Damit können kurzfristige Entwicklungen ebenso wie langfristige Trends aufgezeigt und analysiert werden. Kontinuität, Kundenorientierung und wissenschaftliche Fundierung sind wesentliche Kennzeichen dieses Projektes. Heinz Hahn, dem langjährigen Direktor des Studienkreises für Tourismus in Starnberg, gebührt der Verdienst, die Bedeutung dieser drei Aspekte frühzeitig erkannt und ihre notwendige Berücksichtigung im Projektalltag mit großer Zähigkeit durchgesetzt zu haben.

Das Ziel ist nicht nur, das Urlaubs- und Reiseverhalten der Deutschen zu beschreiben, sondern auch zu analysieren, also Zusammenhänge zwischen den verschiedenen beobachteten Verhaltensparametern zu untersuchen, ggf. Begründungen zu finden und Aussagen über zukünftige Trends zu ermöglichen. Es kommt bei der RA neben der Erfassung der Urlaubsreisen vor allem auf die Menschen, die Reisenden und die Nichtgereisten, an. Es erscheint uns wichtig, beschreiben zu können, wie und wann jemand reist, also z.B. zu ermitteln, wie jemand seine zusätzliche Reise gestaltet, der seinen Haupturlaub in Spanien verbracht hat.

Nur so lassen sich Zielgruppen und ihre Verhaltensweisen beschreiben. Diese Orientierung an den Personen (und nicht an Reiseströmen oder Gästeankünften und Übernachtungen) ist für die spätere Umsetzung in ökonomisches oder politisches Handeln besonders wichtig, denn beeinflussen (z.B. im Sinne der Steuerung der Verkehrsmittelwahl, der Buchung bestimmter Destinationen, des Verkaufens touristischer Leistungen) will man schließlich Personen, nicht Reiseströme.

Die RA konzentriert sich auf das Reiseverhalten der Deutschen und auf den Bereich Urlaubsreisen. Die Bundesrepublik Deutschland ist einer der wichtigsten Quellmärkte für Urlaubsreisen für Zielgebiete in der ganzen Welt. Und von den verschiedenen Reiseformen sind die Urlaubsreisen die wichtigste, das zeigen verschiedene Untersuchungen übereinstimmend (z.B. Deutscher Reisemonitor; European Travel Monitor; vgl. Lettl-Schröder, 1996). Gerade deswegen ist die tiefgehende, Schlußfolgerungen erlaubende Analyse des deutschen Urlaubsreisemarktes so wichtig.

Vergleichbare Untersuchungen gibt es (mehr oder weniger regelmäßig) in den meisten Ländern Europas (vgl. Lohmann/von Laßberg, 1989; Lohmann 1991b; Aderhold 1996b). Sie ergänzen die Informationen, die in den amtlichen (Tourismus-) Statistiken enthalten sind (Lohmann, 1991a). Einen Mittelweg versucht der European Travel Monitor, der auf europäischer Ebene im wesentlichen die quantitativen Aspekte (die Reiseströme) des Tourismus registriert (Lettl-Schröder, 1996). Einen Überblick zur Geschichte der repräsentativen Reisebefragungen gibt Wohlmann (1993).

2.2 Der Träger und die Partner

Es erscheint kaum möglich, daß ein solch anspruchsvolles Vorhaben über mehrere Jahrzehnte im Alleingang zu organisieren wäre. Tatsächlich war die RA von Anbeginn an in verschiedener Hinsicht ein Gemeinschaftsprojekt, entstanden aus verschiedenen Ansätzen von Tourismusuntersuchungen in Deutschland in den fünfziger und sechziger Jahren mit dem Ziel, eine gemeinsame Datenbasis („Währung") zu haben, getragen von einem Verein, mit vorbereitet und finanziert durch eine große Zahl von Partnern.

Die Trägerfunktion hatte bis 1993 der Studienkreis für Tourismus in Starnberg, nach dessen Auflösung konstituierte sich die Forschungsgemeinschaft Urlaub und Reisen e.V. in Hamburg (kurz F.U.R). In ihr sind ein breites Spektrum in- und ausländischer Unternehmen und Verbände der gesamten Reisebranche, aber auch z.B. Universitäten, Verlage etc. vertreten.

Das Projekt RA ist als Beteiligungsuntersuchung angelegt und wird von etwa 50 Partnern aus den verschiedensten Bereichen der Tourismusbranche, der Wissenschaft, Politik und Verwaltung getragen und gefördert. Vertreter aus den jeweiligen Teilbereichen des Tourismus arbeiten beim Entwurf der Befragung mit den jeweiligen mit der Durchführung und Auswertung beauftragten Forschungsinstituten zusammen. Dadurch ist die Berücksichtigung der verschiedenen Interessen der einzelnen Partnergruppen und aktueller Entwicklungen gewährleistet.

Die RA ist ein von den Partnern gemeinschaftlich finanziertes Projekt, die Träger haben hierbei keine Gewinnerzielungsabsicht, etwaige Überschüsse werden für die Vorbereitung der nächsten Untersuchung verwendet.

Mit der Durchführung der RA (von der Konzeption bis zur Abschlußtagung) wurde in den letzten Jahren das Institut für Tourismus- und Bäderforschung in Nordeuropa, N.I.T., in Kiel beauftragt. Es wurde dabei tatkräftig unterstützt von Peter Aderhold, der sich vor allem um die Darstellung der Ergebnisse verdient gemacht hat. GFM-GETAS in Hamburg hat in bewährter Weise die Feldarbeit und die EDV-Auswertung übernommen.

2.3 Die Methode

Methodische Anlage und Definitionen der RA richten sich nach den international gebräuchlichen Standards. Die Daten werden durch persönliche Befragungen erhoben. Die Fragen werden jeweils im Januar eines Jahres an eine Stichprobe von etwa n=7.500 Personen (in den siebziger und achtziger Jahren erst 4.500, später 6.000) gestellt, die repräsentativ für die deutschsprachige Wohnbevölkerung (14 Jahre und älter) in Privathaushalten sind. Die Auswahl der befragten Personen erfolgt nach einem Zufallsverfahren (zu Details vgl. Wohlmann, 1993).

Zur Fundierung der Erhebungsmethode und der Forschungs- und Erhebungsfragen wurden zahlreiche psychologische Leitstudien durchgeführt, etwa zu den Determinanten der Urlaubszufriedenheit oder zum Prozeß der Reiseentscheidung (vgl. Braun/ Lohmann, 1989). In Begriffsstudien wurde geklärt, ob die zentralen in der Befragung verwendeten Begriffe dem Verständnis in der Bevölkerung entsprechen (z.B. Gayler, 1988).

2.4 Die Themen

Die Themen der RA sind Verhaltensweisen, Meinungen, Motive, Interessen und Absichten in Bezug auf Urlaub und Reisen. Mit einer großen Zahl von Fragen werden objektive Tatbestände und subjektive Beurteilungen und Meinungen der Reisenden und der Nichtreisenden eines jeden Jahres ermittelt.

Mit dem ausführlichen Fragenkatalog werden alle Bereiche des Urlaubsverhaltens beleuchtet (Urlaubsnahme, Reiseintensität und -volumen, Zeitpunkt, Organisation, Ziele, Unterkunft, Verkehrsmittel, Reisebegleitung, Ausgaben und andere mehr). Für die Analyse reichen Verhaltensdaten alleine aber nicht aus, deswegen umfaßt das Fragenprogramm auch Fragen zu den Motiven und Einstellungen der Reisenden, zu den Reiseerfahrungen der Vergangenheit und vor allem zu den zukünftigen Urlaubsinteressen.

```
Themen der RA:

Urlaubs- und Urlaubsreiseverhalten
Motive und Aktivitäten
Einstellungen und Bewertungen
Interessen

Module zu wechselnden Themen

Exklusivfragen zu individuellen Themen
```

Abb. 2: Untersuchungsthemen

Diese Themen werden in einem jährlich gleichbleibenden Grundfragenprogramm erhoben, das durch wechselnde „Module" zu aktuellen Themen ergänzt wird. Darüber hinaus sind Exklusivfragen für einzelne Partner möglich (vgl. Abb. 2). Die Module der letzten Jahre umfaßten Themen wie Gesundheitsurlaub, Städtereisen, Kurzreisen, Kulturtourismus und andere mehr.

Mit diesem Themenprogramm erlaubt die RA die umfassende Beschreibung und Analyse der Nachfrageseite des aktuellen deutschen Urlaubsreisemarktes und liefert Ergebnisse zu zukünftigen Entwicklungen, insgesamt und in einzelnen Marktsegmenten. Zur Illustration der Themen hier einige Beispiele aktueller Ergebnisse.

Entwicklung der touristischen Nachfrage in Deutschland in den neunziger Jahren
Eine Übersicht über die langfristige Entwicklung der Urlaubsreiseintensität lieferte die Abb. 1. Die aktuellen Marktentwicklungen sind in Tab. 1 dargestellt. 64,5 Mio. Urlaubsreisen (mind. 5 Tage Dauer, davon 22 Mio. ins Inland) machten die Deutschen im Jahr 1995, hinzu kommen noch ca. 51 Mio. Kurzurlaubsreisen (2 bis 4 Tage Dauer, davon ca. 42 Mio. ins Inland). In beiden Segmenten gab es in den ersten Jahren dieses Jahrzehnts zuerst deutliche Steigerungen, seit 1994 aber Rückgänge bei den Kurzreisen, seit 1995 auch bei den Urlaubsreisen. Auch wenn die Zahlen für 1995 noch immer auf hohem Niveau liegen, können sie doch als Anzeichen für eine mögliche Trendwende genommen werden.

Tab. 1: Entwicklung des deutschen Urlaubsreisemarktes 1991-1995

Kennziffern	1991	1992	1993	1994	1995
Reiseintensität	67%	71%	75%	78%	78%
Reisehäufigkeit (Reisen pro Reisendem)	1,25	1,3	1,35	1,37	1,32
Anzahl der Reisenden (Mio.)	41,50	44,70	47,20	49,00	48,98
Anzahl Haupturlaubsreisen (Mio.)	41,50	44,70	47,20	49,00	48,98
Anzahl zusätzl. Urlaubsreisen (Mio.)	10,2	12,9	16,2	18,2	15,5
Kurzurlaubsreisen (Mio.)	59,4	48,2	63,8	59,5	50,7
Anzahl Urlaubsreisen insgesamt (Mio.)	51,7	57,6	63,4	67,2	64,5
Zuwachsrate gegenüber Vorjahr		12%	10%	6%	-6%
Inlandsreise-Anteil insg. (% aller Url.Reisen)	38%	36%	35%	35%	34%
Auslandsreise-Ant. insg. (% aller Url.Reisen)	62%	64%	65%	65%	66%
Anzahl der Inlandsreisen (Mio.)	19,6	20,9	22,4	23,5	22,0
Anzahl der Auslandsreisen (Mio.)	32,1	36,7	41,0	43,7	42,5
Index:					
Reisende	100	108	114	118	118
Haupturlaubsreisen	100	108	114	118	118
Zusätzliche Reisen	100	126	159	178	152
Urlaubsreisen insges.	100	111	123	130	125
Inlandsreisen	100	106	114	120	112
Auslandsreisen	100	114	128	136	132

(*Quelle*: 1991 + 1992: Reiseanalysen des StfT; U + R 94; U + R 95, RA 96)

Bereits 1994 ist die Wachstumskurve deutlich flacher geworden, 1995 hat sie einen Knick nach unten bekommen. Dies gilt zum erstenmal auch für die Auslandsziele, die bisher ständige Zuwächse verbuchen konnten. Lediglich in den Jahren kurz nach der deutschen Wiedervereinigung konnte das Inland kurzfristig Marktanteilssteigerungen verbuchen.

Das Marktwachstum in der ersten Hälfte der neunziger Jahre war vor allem durch die stark steigende Zahl von zusätzlichen Urlaubsreisen bedingt. Die Zahl der Urlaubsreisen stieg also schneller als die Zahl der Urlaubsreisenden. 1995 blieb die Urlaubsreiseintensität gleich, die Zahl der Urlaubsreisen ging aber zurück.

Reisezielwahl
Abb. 3 gibt eine langfristige Übersicht über die Ziele der Haupturlaubsreisen der Bürger der alten Bundesländer. Der Marktanteil des Inlandes ist dabei in den siebziger und achtziger Jahren deutlich zurückgegangen, blieb aber in den letzten fünf Jahren auf einem gleichbleibenden Niveau.

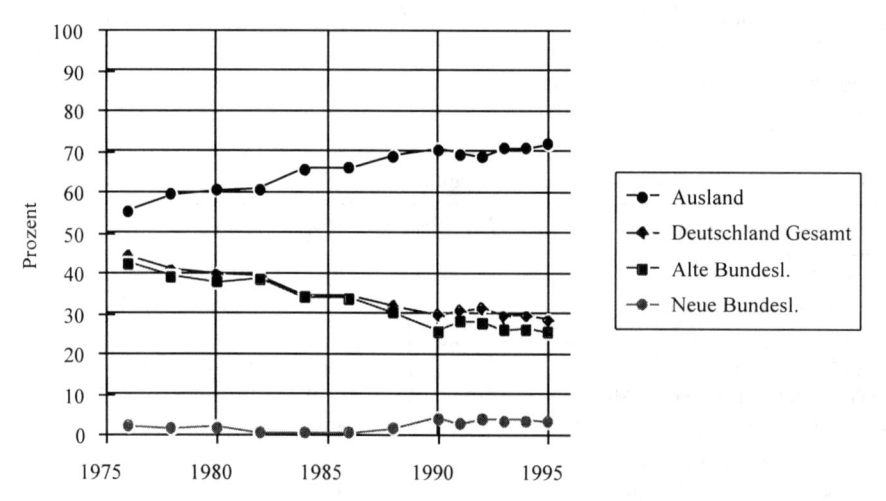

Abb. 3: Anteile Auslandsreisen und Inlandsreisen (*Quelle*: Reiseanalysen des Studienkreis für Tourismus 1976-1992, U+R 94, U+R 95, RA 96)

Reisezielwahl bei Urlaubsreisen in Begleitung von Kindern
Tab. 2 zeigt die Marktanteilsveränderungen bei den Zielen der Haupturlaubsreisen in Begleitung von Kindern. Der Marktanteil klassischer Familienziele wie Italien, Österreich oder Schleswig-Holstein ist dabei deutlich zurückgegangen, Zuwächse konnten im selben Zeitraum z.B. Spanien und außereuropäische Destinationen verbuchen.

Tab. 2: Haupturlaubsreisen mit Kindern unter 14 Jahren

Reiseziele Projektion in Mio.	1985* 6,2	1990* 8,34	1995** 11,21
	%	%	%
Spanien	9,7	9,0	12,9
Italien	13,8	10,8	9,9
außereurop. Länder	2,2	3,8	8,6
Bayern	8,7	5,4	7,1
Mecklenburg-Vorpommern	—	0,6	6,3
Schleswig-Holstein	9,6	5,3	5,9
Österreich	9,1	6,4	4,7
Frankreich	4,2	4,3	4,6
Niedersachsen	6,2	2,4	4,5
Niederlande	2,1	1,5	4,4
Dänemark	5,1	1,5	4,4
Baden-Württemberg	6,2	4,2	2,8

+ NBL
* ABL
** ABL

(*Quelle*: Reiseanalysen 85, 90, 96)

Allgemeine Urlaubsmotive

Tab. 3 zeigt eine Auswahl der allgemeinen Urlaubsmotive (ohne Bezug auf eine konkrete Urlaubsreise) der Deutschen in den letzten Jahren. Es wird deutlich, daß Motive aus den Bereichen Natur und Umwelt sowie Partner und Familie relativ an Bedeutung verloren haben, während das Herauskommen aus der Alltagsroutine und der Aspekt des Genießens wichtiger geworden sind.

Tab. 3: Auswahl* an Urlaubsmotiven der Deutschen im Vergleich der Jahre 1992 und 1995

Reisende ABL + NBL/Angaben in %	1995**	Index+	1992**	Index+
Reinere Luft, Sauberes Wasser, aus der verschmutzten Umwelt herauskommen	38,6	133,7	39,9	157,0
Natur erleben	37,3	129,2	36,5	143,6
Zeit füreinander haben (Partner, Bekannte, Familie)	41,6	144,1	41,5	163,3
mit den Kindern spielen/zusammen sein	20,1	69,6	21,3	83,8
Aus dem Alltag herauskommen, Tapetenwechsel	61,7	213,7	49,6	195,1
Sich verwöhnen lassen, sich was gönnen, genießen	34,3	118,8	26,5	104,2

+ Basis: Durchschnittliche Zustimmung bezogen auf alle genannten Motive = 100
* Bei Vergleich des Indexes Unterschied von mehr als 13 Punkten
** Es wird jeweils der Prozentwert für die Antwort 1 (besonders wichtig) angegeben.

(*Quelle*: RA 92, 96)

Reiseziele: Erfahrung vs. Interesse

Die RA erfaßt nicht nur die tatsächlichen Urlaubsreisen des vergangenen Kalenderjahres, sondern auch Erfahrungen mit Reisezielen und Reisearten in den letzten drei Jahren und die Interessen für die kommenden drei Jahre. Ein Vergleich der jeweiligen Bevölkerungspotentiale, die in den vergangenen drei Jahren bereits in einem Land Urlaub verbracht haben, mit denjenigen, die sich für einen Urlaub dort in den kommenden drei Jahren interessieren, liefert Hinweise auf möglicherweise in naher Zukunft zu erwartende Zuwächse. Bei einem starken Überhang des „Interessenpotentials" gegenüber dem „Erfahrenenpotential" ist die Wahrscheinlichkeit einer Zunahme an Reisen in dieses Land größer. Gewinner – unter Anwendung dieser Betrachtungsweise – werden demnach in Zukunft südeuropäische Destinationen (z.B. Griechenland, Türkei) sowie Fernreiseziele (wie z.B. die Karibik) sein (Tab. 4).

Tab. 4: Reiseerfahrung und Reiseinteresse

	Interesse 96 in % der Bevölkerung	in Mio.	Erfahrung 96 in % der Bevölkerung	in Mio.
Deutschland ABL	49,1	30,9	42,4	26,7
Deutschland NBL	30,4	19,1	18,3	11,5
Bayern	27,9	17,6	18,7	11,8
Schleswig-Holstein	22,1	13,9	12,3	7,7
Baden-Württemberg	10,1	6,4	7,7	4,9
Niedersachsen	12,1	7,6	7,4	4,7
Mecklenburg-Vorpommern	16,6	10,5	8,6	5,4
Spanien	33,8	21,3	22,5	14,2
Italien	24,0	15,1	17,0	10,7
Österreich	30,1	19,0	18,6	11,7
Frankreich	20,6	13,0	11,2	7,1
Griechenland	17,3	10,9	8,2	5,2
Türkei	12,9	8,1	5,2	3,3
Karibik	7,5	4,7	2,4	1,5

(*Quelle*: RA 96)

Innerhalb Deutschlands liegen vor allem bei den Küsten-Bundesländern (z.B. Mecklenburg-Vorpommern, Schleswig-Holstein) die Interessenpotentiale stärker als bei anderen Bundesländern über dem Anteil derjenigen, die bereits Erfahrung mit Reisen dorthin gesammelt haben. Analog wäre auch eine Auswertung für die Erfahrung mit und das Interesse an Reiseformen möglich.

2.5 Die Auswertung und Darstellung

Die Ergebnisse der RA werden in einem umfangreichen Untersuchungsbericht analytisch dargestellt (vgl. Forschungsgemeinschaft Urlaub und Reisen, 1996). Er steht ebenso wie die Tabellenbände und der Zugang zu EDV-Analysen vorerst nur den Partnern der RA zur Verfügung. Zum Abschluß einer jeden RA wird eine Auswertungstagung durchgeführt. Die Ergebnisse der Module werden in separaten Berichtsbänden dargestellt.

Zusätzlich zu diesen schriftlich oder auf Speichermedien vorliegenden Ergebnissen der RA bietet die F.U.R auch individuelle Beratungen durch ein Beraternetz an, bei denen spezielle Einzelprobleme detailliert berücksichtigt werden können.

Besondere Fragestellungen lassen sich in Spezialstudien auf der Datengrundlage der RA bearbeiten. Die Ergebnisse der Module und etwaiger Exklusivfragen kann man dabei nahezu unbegrenzt mit den Ergebnissen der Standardfragen verknüpfen.

Es ist das Ziel der Forschungsgemeinschaft Urlaub und Reisen und der Partner der RA, auch die interessierte Öffentlichkeit über die Resultate zu informieren. Ein erster Überblick über die wichtigsten Eckdaten eines Jahres steht jeweils im darauffolgenden März zur Verfügung und wird im Rahmen der ITB Berlin präsentiert. Einen umfassenderen Überblick gibt die jährlich veröffentlichte Kurzfassung der RA (z.B. Aderhold 1996a), Detailfragen werden in zahlreichen Aufsätzen in der Fachpresse behandelt (z.B. Kierchhoff, 1996). Vorträge, Seminare und Tagungen bauen auf Ergebnissen der RA auf und erlauben eine intensive Diskussion mit den touristischen Praktikern. Für wissenschaftliche Zwecke stehen die vollständigen Ergebnisse nach zwei Jahren zur Verfügung.

2.6 Die Anwendungsgebiete

Die Anwendungsgebiete der RA sind, bei der Vielfalt der Themen und der Auswertungsmöglichkeiten kein Wunder, sehr breit gefächert.

Die RA bietet hervorragende Voraussetzungen zur Marktsegmentierung nach fast allen denkbaren Kriterien, gerade auch durch die Einstellungs- und Interessenfragen. Sie erlaubt nicht nur die Identifizierung und Beschreibung von soziodemographischen oder psychologischen Zielgruppen, sondern gestattet auch deren intensive Analyse durch die Verknüpfung mit dem gesamten Fragenprogramm.

Wichtig ist dabei vor allem die Verbindung der Daten von Reisen, Reisenden, Reiseverhalten, Interessen und tourismusrelevanten Einstellungen und Erfahrungen. Denn die Menschen, über die wir etwas sagen wollen, sind ja nicht nur durch ihr Verhalten zu charakterisieren, sondern auch durch ihre Vorlieben, Wünsche, Einstellungen. Oft sind es gerade die Meinungen über die Tatsachen, die verhaltenssteuernd wirken, gar nicht so sehr die Tatsachen selbst.

Die Partner der RA nutzen die Ergebnisse und Analysen zur Beobachtung des touristischen Geschehens, zur Ableitung politischer Maßnahmen, zur Entwicklung neuer touristischer Angebote (z.B. Lohmann, 1994) und Informationsmaterialien und zur Kontrolle der Wirkungen dieser Maßnahmen. Die Wissenschaft nutzt die Ergebnisse für tiefgehende Analysen (z.B. Krupp/Blank, 1995; Lohmann/Kösterke, 1991).

Ein Beispiel: Deutschland
Für die Bundesrepublik Deutschland sind die Bürger aus dem eigenen Land die wichtigste Reisegruppe.

Die RA kann für das Reiseziel Deutschland bzw. seine einzelnen Länder und Regionen nicht nur angeben, wieviele Urlaubsreisen in einem Jahr dorthin gemacht wurden, wie die demographischen Merkmale der Reisenden sind und welches die wichtigsten Kennzeichen ihres touristischen Verhaltens waren, sondern auch

- ob diese Reisenden nur eine oder mehrere Urlaubsreisen nach Deutschland gemacht haben;
- welchen Stellenwert diese Reisen hatten;
- wo der Reisende in den Vorjahren seinen Urlaub verbrachte;
- welche Reisezielerfahrungen der Urlauber überhaupt schon gemacht hat;
- für welche Ziele der Reisende sich in Zukunft interessiert;
- welche Meinungen er zu bestimmten aktuellen, tourismusrelevanten Themen hat.

Hinzu kommen weitere Möglichkeiten, z.B. das Neupotential für Deutschland bzw. seine Länder und Regionen (Personen, die bisher noch nicht dort waren, sich aber für die Zielregion interessieren) oder auch Deutschlandabwanderer (Personen mit Deutschlanderfahrung, die nicht wiederkommen wollen) zu untersuchen: Warum kehren manche deutschen Zielen den Rücken? Wo sind die am meisten versprechenden Märkte für die nächsten Jahre etc..

Schließlich läßt sich Deutschland nicht nur als Zielgebiet, sondern auch als Quellgebiet für Urlaubsreisen betrachten (z.B. Wohin reisen die Bürger aus Nordrhein-Westfalen?).

Marketing und Tourismuspolitik
Durch die RA läßt sich eine umfassende Deskription des Urlaubsgeschehens erreichen, die die Grundlage sowohl für Marketingkonzeptionen der Tourismusverantwortlichen als auch für fremdenverkehrspolitische Überlegungen und Maßnahmen sein kann.

Touristische Anbieter (z.B. Reiseveranstalter) nutzen die Ergebnisse auch zur Identifikation möglicher neuer Arbeitsfelder und erfolgversprechender Zielgruppen. Natürlich reichen dafür die RA-Daten alleine nicht aus, die Angebotsseite und die Zielsetzungen und Möglichkeiten des eigenen Unternehmens spielen ebenfalls eine wichtige Rolle. Die Nachfrageuntersuchung kann hier nur eine Informationsquelle unter anderen sein.

2.7 Probleme

Über 25 Jahre RA haben auch sehr deutlich gemacht, wo die Probleme bei einer solchen Untersuchung liegen.

Das wesentliche Ziel einer kontinuierlichen Datenbasis ist nur bei einer gesicherten Finanzierung zu erreichen und bei einem ausreichenden Verständnis der Kunden für die notwendige Kontinuität in der Erhebung.

Da für die RA kein regelmäßiges festes Budget aus der öffentlichen Hand bereitsteht, muß jedes Jahr neu für die Beteiligung an der Untersuchung geworben werden. Der Erfolg der letzten Jahrzehnte stimmt in dieser Hinsicht zuversichtlich, ein Risiko besteht dennoch jedes Jahr wieder neu.

Gelingt die gewünschte und notwendige Kundenorientierung nicht, dann erhöht sich dieses Risiko. Bei der Vielfalt der Partner ist ständig für einen Ausgleich der unterschiedlichen Interessen zu sorgen. Mitunter spielen dabei auch Überlegungen der Öffentlichkeitswirkung eine wichtige Rolle. So mußten z.B. Mitte der achtziger Jahre manche Partner erst in langwierigen Gesprächen überzeugt werden, daß auch Fragen zum Themenkreis Tourismus und Umwelt in einer solchen Untersuchung ihren Platz haben müssen.

Auch Mißverständnisse gilt es immer wieder auszuräumen. Ein schönes Beispiel dafür ist die immer wieder geforderte Praxisrelevanz resp. der Vorwurf, diese würde fehlen. Die Ergebnisse eines solchen Projektes liefern zunächst nur eine Basisinformation, etwa so wie eine Landkarte. Was man damit macht, um im Vergleich zu bleiben, also welches Ziel man sich aussucht und auf welchen Wegen man es erreicht, läßt die Landkarte offen. Um hier zu richtigen (Praxis-) Entscheidungen zu kommen, müssen andere Informationen, etwa über die eigenen Zielsetzungen und Ressourcen, hinzukommen; diese stehen weder in der Landkarte noch in der RA. Ohne eigene Fragen, ohne eigene Zielsetzungen ist die Praxisrelevanz nicht zu erreichen.

Ein weiteres Problem betrifft die amtliche Statistik im Tourismus. Für Projekte wie die RA sollte sie grundlegende Eckdaten i.S. einer Referenzstatistik liefern (grundlegende Beschreibung der Reisen der Deutschen mit Hilfe weniger ausgewählter Parameter mit sehr hoher Genauigkeit, Zuverlässigkeit und Gültigkeit). Dieser Anspruch wird zur Zeit weder in Deutschland noch in anderen europäischen Ländern erfüllt, eine Besserung ist allerdings durch eine neue EU-Richtlinie (95/57EG) in Sicht. Diese unglückliche Situation hat zur Folge, daß die Fremdenverkehrsbranche und die Tourismusindustrie genauso wie die (Markt-)Forscher, statt sich um den inhaltlich und methodisch reizvollen Bereich der kreativen Detailforschung zu kümmern, viel Zeit und Energie darauf verwenden, die Eckdaten des Marktes festzulegen. Nur kommt man damit nicht weiter. Die Eckdaten erlauben keine Marketing-Schlußfolgerungen, sie zeigen höchstens deren Notwendigkeit auf.

Entsprechend wird immer wieder bezweifelt, daß die Resultate der Bevölkerungsumfragen ein realitätsgerechtes Abbild der tatsächlichen Strukturen und Verhaltensweisen liefern. Dieser Zweifel wird stärker, wenn verschiedene Untersuchungen zum gleichen Phänomen unterschiedliche Resultate liefern. Vom wissenschaftlichen Standpunkt aus sind unterschiedliche Resultate durch methodische Unterschiede erklärbar und damit eigentlich kein großes Problem. Allerdings bleibt der „wahre Wert" unbekannt.

In der Praxis sind diese Probleme aber oft von nachgeordneter Bedeutung. Ob nun im Jahr 1995 64,5 Mio. Urlaubsreisen oder 67,8 Mio. durchgeführt wurden, beeinflußt die Marketingaktivitäten eines nationalen Fremdenverkehrsamtes sicher weniger als die langfristige Entwicklung des Marktanteils. Anders sieht es schon aus, wenn man in einem Verfahren beim Kartellamt über die Bedeutung eines Marktsegmentes (z.B. der Veranstalterreisen) und damit über die Marktmacht eines einzelnen Unternehmens streitet.

2.8 Fazit

Die RA wurde im Laufe der Jahre zu einem unentbehrlichen Instrument der Marktforschung und der Analyse des Tourismusgeschehens überhaupt. Sie ist aktuell, vielfältig und umfassend und bietet praxisbezogene Daten für alle Bereiche des Tourismus.

Sie ist genauso wenig wie andere Informationsquellen in der Lage, alle Probleme des Tourismus zu lösen. Aber ohne die Information der RA wären die Problemgewichtung, die touristische Planung in Wirtschaft, Verwaltung und Politik, das Erkennen von Chancen und Risiken weitaus schwerer.

Diese wichtige Aufgabe ist nur zu lösen, wenn es der Tourismusforschung gelingt, von Einzelinteressen unabhängig zu bleiben und den Kontakt zur Praxis genauso wenig zu verlieren wie die Fundierung in der Wissenschaft. Die Kosten für ein solches Projekt sind gegenüber anderen Marketing- oder Politikaktivitäten so gering, daß die Finanzierung auch in der Zukunft eigentlich kein Problem sein dürfte. Die Partner der RA haben, den langfristigen Wert des Projektes erkennend, in Public-Private-Partnership für eine international einmalige, sowohl sozialwissenschaftlich als auch in der Tourismuspraxis anerkannte Tourismusuntersuchung die Basis gelegt, auf der man in der Zukunft aufbauen kann.

Literatur

Aderhold, P. (1996a): Reiseanalyse Urlaub + Reisen 95 – Kurzfassung. Hamburg.
Aderhold, P. (Hrsg.) (1996b): Grenzen des Wachstums erreicht? In: Forschungsgemeinschaft Urlaub und Reisen e.V. (Hrsg.) (1996): Dokumentation zum 1. Forschungs-Forum Tourismus im November 1995 in Berlin. Hamburg.
Braun, O.L., M. Lohmann (1989): Die Reiseentscheidung. Starnberg.
Burghoff, Chr., E. Kresta (1995): Schöne Ferien. Tourismus zwischen Biotop und künstlichen Paradiesen. München.

Forschungsgemeinschaft Urlaub und Reisen e.V. (1996): Reiseanalyse Urlaub + Reisen 96. Hamburg (unveröffentl.).
Gayler, B. (1988): Begriffsstudien im Tourismus: Vorstellungen über Animation und Animateur im Urlaub. In: Fremdenverkehrswirtschaft International, Heft 7/88.
Hahn, H., H.J. Kagelmann (1993): Tourismuspsychologie und Tourismussoziologie. München.
Kierchhoff, H. W. (1996): The same old holiday wishes – or new expectations? In: Fremdenverkehrswirtschaft International, Nr. 3/96, suppl. Travel Market Germany, S. 6–7.
Krupp, Chr., I. Blank (1995): Wechselwirkung Klima-Gesellschaft. Abschlußbericht zum Forschungsvorhaben 01 LK 9115/0, gefördert durch das Bundesministerium für Forschung und Technologie, Hamburg (Meteorologisches Institut der Universität Hamburg).
Lettl-Schröder, M. (1996): Deutscher Reisemonitor 1995. In: Fremdenverkehrswirtschaft International, Heft 6/96, S. 41.
Lohmann, M. (1991a): Der Informationsbedarf zur Struktur und Entwicklung des Tourismus aus der Sicht der Tourismusforschung. In: Statistisches Bundesamt (Hrsg.): Tourismus in der Gesamtwirtschaft – 4. Wiesbadener Gespräche des Statistischen Bundesamtes im März 1990. Wiesbaden.
Lohmann, M. (1991b): Evolution of Shortbreak Holidays. In: Revue de Tourisme. Heft 2/1991; S. 14–23.
Lohmann, M. (1994): Chancen des Fahrradtourismus in Schleswig-Holstein. In: Minister für Wirtschaft, Technik und Verkehr des Landes Schleswig-Holstein: Fahrrad und Tourismus. Kiel, S. 13–43.
Lohmann, M., A. Kösterke (1991): Senior Citizens: An Approach to Determine Their Future Travel Behaviour. In: E.S.O.M.A.R. (Ed.): „Travel and Tourism in Transition": The Research Challenge. Amsterdam, S. 52–72.
Lohmann, M., D. von Laßberg (1989): Tourism in Europe/Tourismus in Europa. Bericht über eine Fachtagung des Studienkreises für Tourismus auf der Internationalen Tourismus Börse in Berlin 1989. Starnberg.
Thiem, M. (1994): Tourismus und kulturelle Identität. Bern/Hamburg.
Wohlmann, R. (1993): Repräsentative Reisebefragungen. In: H. Hahn, H.J. Kagelmann (Hrsg.): Tourismuspsychologie und Tourismussoziologie. München, S. 558–563.
WTO (1995): Yearbook of Tourism Statistics, Vol. 1 und 2. Madrid.

Weitere Literatur

Aderhold, P. (1995): Moderates Wachstum auch in den nächsten Jahren. In: Fremdenverkehrswirtschaft international, Heft 28/95. Hamburg.
Aderhold, P., M. Lohmann (1995): Reiseanalyse Urlaub + Reisen 94 – Kurzfassung. Hamburg.
Lohmann, M. (1995): Kreative Marktforschung im Tourismus. In: Nordwestdeutsche Universitätsgesellschaft e.V. (Hrsg.): Tourismus im Umbruch – Dokumentation der 5. Wilhelmshavener Tage vom Oktober 1993. Wilhelmshaven, S. 50–65.
Lohmann, M. (1996): Kein Wachstum ohne Ende – Ergebnisse und Überlegungen zur Entwicklung des Urlaubstourismus der Deutschen. In: ETI (Ed.) (1996): Der Tourismusmarkt von morgen – zwischen Preispolitik und Kultkonsum. Trier.

3 Der Europäische Reise-Monitor

Rolf D. Freitag

3.1 Entstehung

Noch vor einigen Jahren war es nahezu unmöglich, verläßliche und aussagekräftige Daten über die Reisetätigkeit der Europäer zu erhalten. Zwar wurden verschiedene Umfragen durchgeführt – mehr oder weniger detailliert –, doch Methode und Befragung in den einzelnen Ländern waren so unterschiedlich, daß man ihre Ergebnisse – wenn überhaupt – nur sehr schwer miteinander vergleichbar machen konnte.

Es fehlte der Überblick über den gesamten europäischen Reisemarkt. Weder sein Volumen insgesamt oder gar seine Struktur noch die Zielrichtung touristischer Ströme im einzelnen waren ausreichend untersucht. Der Tourismusindustrie fehlte eine Datenbasis, auf deren Grundlage sie Volumen und Struktur von Island bis Griechenland und Portugal *direkt vergleichen* konnte.

Um diesen Mißstand zu beheben, wurde im Jahr 1988 der EUROPEAN TRAVEL MONITOR ins Leben gerufen. Der EUROPEAN TRAVEL MONITOR ist ein touristisches Informationssystem und stellt die bisher einzige kontinuierliche Analyse des internationalen Tourismus in Europa dar. Er wird als Multiclient-Studie durchgeführt. Hauptauftraggeber sind nationale Verkehrsbüros, Nationalbanken, Verkehrsträger, Reiseveranstalter, Ministerien und das internationale Hotelgewerbe. Träger des EUROPEAN TRAVEL MONITOR ist die European Travel Monitor S.A., ein Unternehmen der IPK-International Gruppe München-Luzern-Luxemburg.

3.2 Methode

3.2.1 Erhebungsziel

Der EUROPEAN TRAVEL MONITOR hat die laufende Erfassung der Grundstruktur des europäischen Reisemarktes zum Ziel. Kontinuierlich wird daher in Form von sukzessiven Befragungswellen, die jeweils in der ersten und zweiten Woche nach der entsprechenden Bezugsperiode geschaltet werden, die Reisetätigkeit der Europäer in den zurückliegenden Monaten erfaßt.[1] Marktveränderungen und Reisetrends werden somit

---

[1] Beispiel: Tab. 2 im Anhang zeigt, wieviele Interview-Wellen in jedem Land jährlich durchgeführt werden. In Belgien werden sechs Wellen durchgeführt, d.h. die Interviews erfolgen alle zwei Monate und beziehen sich auf die beiden jeweils vorhergehenden Reisemonate; usw.

zeitnah erkannt, wobei die periodische Schaltung von Befragungswellen Erinnerungsverluste minimiert und maßgeblich zu einer realistischen Erfassung der tatsächlichen Volumina des europäischen Reisemarktes beiträgt. Um Trends ermitteln zu können, wurde die Grundkonzeption des EUROPEAN TRAVEL MONITOR in den neun Jahren seiner Existenz beibehalten.

3.2.2 Erhebungsobjekt

Gegenstand des EUROPEAN TRAVEL MONITOR ist die zeitnahe Erfassung aller Reisen der Europäer: Unabhängig vom Reiseanlaß werden alle Reisen *mit mindestens einer Übernachtung* außerhalb des ständigen Wohnortes abgefragt. Es werden daher neben Urlaubsreisen auch alle Arten von Geschäftsreisen sowie Verwandten- und Bekanntenbesuche und sonstige Privatreisen erfaßt. Entfernung oder Reiseanlaß spielen dabei also keine Rolle. Nicht erfaßt werden Reisen von Pendlern oder Studienaufenthalte etc., die die Dauer von drei Monaten überschreiten. Thematischer Schwerpunkt des EUROPEAN TRAVEL MONITOR sind Auslandsreisen.

3.2.3 Untersuchungsprogramm

Charakteristisches Merkmal des EUROPEAN TRAVEL MONITOR ist seine Konzentration auf Grundfragen, die bei der touristischen Marktforschung und Marketingplanung im Vordergrund stehen. Im einzelnen werden Daten zu folgenden Themen erhoben:

- *Marktvolumen*
  Zahl der Reisen (= Reisevolumen)
  Zahl der Übernachtungen (= Übernachtungsvolumen)
  Reiseintensität (= Anteil der Bevölkerung, der mindestens eine Reise gemacht hat)
  Reisefrequenz (= Reisehäufigkeit, also die durchschnittliche Zahl der Reisen pro Reisendem)
- *Absatzvolumen*
  Zahl der Reisen und Übernachtungen pro Herkunftsmarkt und Herkunftsregion
  Zahl der Reisen und Übernachtungen pro Zielland
  Marktanteile bezüglich Reisen, Übernachtungen, Ausgaben pro Herkunftsmarkt/-region und Zielland
- *Umsatzvolumen*
  Marktumsatz
  Ausgaben pro Reise
  Ausgaben pro Übernachtung
  Umsatzanteile für alle Segmente

- *Reiseanlaß*
  Urlaub (z.B. Sun & Beach-Urlaub, Rundreise, Ski-, Gesundheits-, Sporturlaub)
  Geschäftsreise (z.B. zu Konferenz/Kongreß/Tagung, zu Messe/Ausstellung)
  sonstige Anlässe privater Reisen (z.B. Reisen mit dem Ziel, Verwandte und Bekannte zu besuchen)
- *Urlaubsinhalte/-benefits*
  Sun and Beach-Benefits
  Rundreise-Benefits
  Städtereise-Benefits
  Schneeurlaubs-Benefits
  Sommersporturlaubs-Benefits
  Benefits im Gesundheitsurlaub
  Benefits der Sommer-Bergerholung
  Benefits der Ländlichen Erholung
  etc.
- *Verkehrsmittel*
  PKW (eigener, gemieteter)
  Flugzeug (Charter, Linie)
  Bahn
  Bus
  Schiff (Fähre, Kreuzfahrtschiff, eigenes Boot)
  Kombinationen
- *Unterkunft*
  Hotel (gehobene, mittlere, einfache Kategorie)
  Ferienwohnung (eigene, gemietete)
  Privatzimmer
  Camping
  Schiff
  Jugendherberge
  privat bei Bekannten/Verwandten
- *Organisation der Reise*
  Pauschalreise
  Buchung von Teilleistungen wie Flug, Unterkunft etc. vor Reiseantritt in einem Reisebüro
  Buchung von Teilleistungen wie Flug, Unterkunft etc. direkt bei der Fluglinie, beim Hotel oder bei der Pension etc. (*nicht* im Reisebüro)
  keine Buchungen vor Reiseantritt getätigt
- *Reiseabsichten*
  in den nächsten 12 Monaten
  in den nächsten drei Jahren

- *Saison*
  Reisemonate
  Hauptsaison, Nebensaison
- *Dauer der Reise*
  Kurzreisen (1–3 Nächte)
  längere Reisen (4 Nächte und mehr)
  durchschnittliche Dauer der Reisen
- *Zielgruppenmerkmale*
  Alter
  Geschlecht
  Wohnortgröße
  Haushaltsgröße
  Kinder unter 15 Jahren im Haushalt
  soziale Schicht
  Lebenszyklus
  Einkommen
  Schulbildung
  Herkunftsregion
  etc.

Nachdem der EUROPEAN TRAVEL MONITOR bereits für die Kalenderjahre 1988-1995 durchgeführt wurde und sich nun im neunten Erhebungsjahr befindet, sind bezüglich der oben dargestellten Themen auch Aussagen über den Trend möglich: Dynamik der einzelnen Markt- und Absatzvolumina, Trends in einzelnen Teilmärkten, Veränderungen bei der Wahl der Unterkunft oder des Verkehrsmittels, Zielgruppenveränderungen und Aufspüren von wachsenden und schrumpfenden Segmenten.

3.2.4 Erhebungsgebiet

Insgesamt umfaßt die Grundgesamtheit für den EUROPEAN TRAVEL MONITOR rund 540 Mio. Frauen und Männer in West- und Osteuropa im Alter von 15 Jahren und älter.

- *Westeuropa:* Belgien, Dänemark, Deutschland, Finnland, Frankreich, Großbritannien, Griechenland, Irland, Island, Italien, Luxemburg, Niederlande, Norwegen, Österreich, Portugal, Schweden, Schweiz, Spanien.
- *Osteuropa:* Bulgarien, Estland, Lettland, Litauen, Polen, Rußland, Rumänien, Tschechien, Slowakei, Ungarn, Ukraine, Weißrußland.

3.2.5 Erhebungsmethode

a) Institute

Der EUROPEAN TRAVEL MONITOR wird durch Marktforschungsinstitute in den obengenannten Ländern durchgeführt. Jedes Institut hat langjährige Erfahrungen in der Durchführung von bevölkerungsrepräsentativen Umfragen. Das landesspezifische Know-how der Institute in den einzelnen Ländern garantiert die Anpassung des Fragebogens des EUROPEAN TRAVEL MONITOR an die jeweiligen Eigenarten des entsprechenden Landes.

b) Fragebogen

Der europaweit gültige Standardfragebogen des EUROPEAN TRAVEL MONITOR ist bindend bezüglich Reihenfolge und Wortlaut der einzelnen Fragen. Den Interviewern ist es also nicht gestattet, Fragen abzuändern oder neu zu formulieren. Sie erhalten spezielle Instruktionen über das Erhebungsziel des EUROPEAN TRAVEL MONITOR und werden hinsichtlich Qualität und Zuverlässigkeit ihrer Arbeit kontinuierlich überprüft.

Der einheitliche Fragebogen garantiert die Vergleichbarkeit der Daten, die in den einzelnen Ländern erhoben werden. Es ist somit gewährleistet, daß unterschiedliche Ergebnisse auch tatsächlich auf unterschiedliches Reiseverhalten in den Ländern Europas zurückzuführen sind.

Außerdem haben Kunden die Möglichkeit, der Erhebung individuelle Fragen zuzuschalten. Die Ergebnisse solcher Zusatzfragen werden dem Kunden exklusiv zur Verfügung gestellt. Dieser Teil des Reisemonitors heißt „European Travel Monitor Bus".

c) Auswahl der Befragten und Art der Befragung

Aus der Grundgesamtheit aller Personen im Alter von 15 und mehr Jahren werden nach einem Zufallsauswahlverfahren pro Land und Befragungswelle repräsentative Stichproben gezogen. Diese werden für jede Befragungswelle neu zusammengestellt, so daß immer wieder neue Personen befragt werden (bezüglich des Stichprobenumfangs vgl. Tab. 2 im Anhang). Alle Ergebnisse sind also auf Personen- und nicht auf Haushaltsbasis zu interpretieren.

In allen Ländern mit einer Telefondichte von mehr als 90% werden die Interviews telefonisch, in den übrigen Ländern persönlich durchgeführt (siehe Tab. 2 im Anhang). Bei telefonischen Befragungen wird der Interviewablauf durch den Computer gesteuert (C.A.T.I.-System). Das ermöglicht gezielte Kontrollfragen und vereinfacht die korrekte Anwendung der „Filter".

Grundpostulat der Datenermittlung ist die Minimierung von Erinnerungsverlusten durch die periodische Schaltung von Befragungswellen. Daher wird jede Befragungswelle des EUROPEAN TRAVEL MONITOR in der ersten und zweiten Woche nach der entprechenden Bezugsperiode durchgeführt.

3.3 Ergebnisse

3.3.1 Daten- und Ergebnis-Analyse

Die Computer-Auswertung der Ergebnisse des EUROPEAN TRAVEL MONITOR erfolgt in der Schweiz durch die Firma Mediasoft in Luzern. Mediasoft arbeitet gemäß detaillierten Anweisungen und Spezifikationen, die von der European Travel Monitor S.A., Luxemburg, speziell für den EUROPEAN TRAVEL MONITOR entwickelt wurden.

Die Analyse der EUROPEAN-TRAVEL-MONITOR-Ergebnisse erfolgt in Deutschland durch IPK International in München – ein im internationalen Tourismus erfahrenes Marktforschungsinstitut – in Zusammenarbeit mit einem internationalen Marktforschungsteam.

Grundsätzlich werden alle Daten sowohl als Prozentwerte ausgewiesen als auch auf die Gesamtbevölkerung hochgerechnet. Der sogenannte Hochrechnungsfaktor ergibt sich pro Land durch Division der Wohnbevölkerung im Alter von 15 und mehr Jahren durch den jeweiligen Stichprobenumfang.

Beispiel: In Großbritannien werden jede Woche 2.000 Personen interviewt. Insgesamt gibt es rund 47 Mio. Briten im Alter von 15 und mehr Jahren. Somit steht die Antwort jeder befragten Person stellvertretend für ca. 2.600 erwachsene Einwohner Großbritanniens. Demzufolge wird jede Reise mit einem Faktor von 2.600 multipliziert:

- Falls ein befragter Brite eine Reise in den vergangenen zwei Monaten unternommen hat, entspricht diese hochgerechnet rund 2.600 Reisen.
- Falls ein befragter Brite drei Reisen in den vergangenen drei Monaten unternommen hat, werden diese zu insgesamt rund 7.800 Reisen hochgerechnet.
- Das Jahresvolumen der Reisen wird dann durch die Addition der Hochrechnungsergebnisse pro Welle errechnet.

3.3.2 Verfügbarkeit der Ergebnisse

Die Ergebnisse des EUROPEAN TRAVEL MONITOR stehen schon nach kürzester Zeit zur Verfügung: Für das laufende Reisejahr liegen die Daten in weniger als zwei Monaten nach Ablauf des Kalenderjahres in Tabellenform vor. Kunden des EUROPEAN TRAVEL MONITOR erhalten außerdem sogenannte „Topline Telegrams", die in viermonatigen Abständen eine aktuelle Übersicht über Trends und Entwicklung der jeweiligen Reiseperiode geben.

In der Regel besteht die Jahres-Ergebnislieferung aus einem Tabellenband und einem separaten Berichtsband; auf besonderen Wunsch erhalten Nutzer aber auch Datenbänder. Im einzelnen werden folgende Berichtsformen ausgeliefert:
- „Outbound-Report": erfaßt alle Reisen aus einem oder mehreren Ländern zu allen Zielen weltweit;
- „Inbound-Report": erfaßt alle Reisen in ein bestimmtes Zielland, ausgehend von einem, mehreren oder allen im EUROPEAN TRAVEL MONITOR erfaßten Ländern;
- „Segment Reports": Outbound- oder Inbound-Reports in bezug auf ein bestimmtes Marktsegment, z.B. alle Pauschalreisen, alle Reisen per Flugzeug;
- „Special Publications": Land für Land werden Trends und Entwicklungen bestimmter Segmente in einer Sonderpublikation zusammengefaßt, z.B. European International Business Travel, European Travel Buying Power, European Accommodation Market, European Travel Intensity, European Short Break Market.

3.3.3 Kostenbeispiele

Die Mindestbeteiligung am EUROPEAN TRAVEL MONITOR beträgt 1.000,– EURO (ca. 2.000,– DM). Ein kompletter Outbound-Report für ein bestimmtes Land kostet je nach Marktgröße des entsprechenden Landes 4.000-12.000,– EURO, ein kompletter Inbound-Report für ein bestimmtes Land zwischen 90.000,– und 175.000,– EURO. Beim Bezug von mehreren Ländern oder beim Bezug von Teilsegmenten (z.B. nur Urlaubsreisen oder nur Geschäftsreisen oder nur Flugreisen) gibt es Preisnachlässe.

3.4 Beispiel

Der folgende Tabellenausschnitt (Tab. 1) zeigt, welche Verkehrsmittel Europäer auf ihren Auslandreisen benutzt haben.

Tab. 1: Übersicht der für Auslandsreisen benutzten Verkehrsmittel der Europäer im Jahr 1990

B. Outgoing Report: all Europe, Period Jan.–Dec. 1990					
	Total		Purpose of trip		
Transport Used	All Trips Abroad	Short Holiday (1–3 N)	Long Holiday (4+ N)	VFR* (1+ N)	Business (1+ N)
	238.299 100%	33.756 100%	131.697 100%	15.816 100%	36.227 100%
Private car	105.255 45%	16.977 51%	58.251 44%	9.478 60%	13.727 38%

Tab. 1: Fortsetzung

B. Outgoing Report: all Europe, Period Jan.–Dec. 1990

Transport Used	Total All Trips Abroad	Purpose of trip			
		Short Holiday (1–3 N)	Long Holiday (4+ N)	VFR* (1+ N)	Business (1+ N)
Rental car	5.904 2%	328 1%	3.701 3%	269 2%	1.399 4%
Plane – charter	32.317 14%	949 3%	26.948 21%	834 5%	2.313 6%
Plane – scheduled	46.099 19%	1.945 6%	24.906 19%	2.433 15%	14.493 40%
Train	24.960 11%	3.377 10%	12.375 9%	3.215 20%	3.363 9%
Coach / bus	46.006 19%	9.298 28%	25.041 19%	1.528 10%	3.820 11%
Ship – ferry	17.968 8%	4.090 12%	8.780 7%	561 4%	2.536 7%
Ship – cruise	5.621 2%	1.155 3%	3.292 3%	241 2%	534 1%

Note: 000's are grossed up estimates of adult trips (15 years and older).
Percentages based on number of answers. A maximum of two answers is possible.
* VFR = Visiting Friends and Relatives

(*Quelle*: European Travel Monitor (Bd. 1), 1990, S. 116)

Insgesamt haben die West- und Osteuropäer in 1990 238,3 Mio. Auslandsreisen in alle Welt durchgeführt.

– Bei 45% dieser Reisen wurde zum Beispiel der private PKW und bei 33% das Flugzeug genutzt (14% Charterflüge und 19% Linienflüge).
– Die Tabelle zeigt auch, daß der Anteil der Linienflüge bei Geschäftsreisen deutlich höher liegt, nämlich bei 40%.

3.5 Anhang

Tab. 2: EUROPEAN TRAVEL MONITOR 1996 – Überblick

Land	Zahl der Interview-Wellen	Stich-probe pro Welle	Interview-Methode	Bevölkerung 15 Jahre u. älter (in Tsd.)	Quelle, Jahr
Belgien	3	1.000	persönlich	8.200	CIM, 1995
Bulgarien	1	2.000	persönlich	6.900	BSS, 1995
CSFR	3	2.000	persönlich	11.900	Stat. Handb., 1995
Dänemark	3	1.000	telefonisch	4.100	Statistical Yearbook, 1995
Deutschland	21	2.000	telefonisch	62.300	Statist. Jahrbuch, 1995
Estland	1	1.000	persönlich	1.200	Emor, Tallin, 1995
Finnland	3	1.000	telefonisch	4.100	Statistical Yearbook, 1995
Frankreich	12	8.100	postalisch	43.200	INSEE, 1995
Griechenland	1	1.200	telefonisch	8.200	NSSG, 1995
Großbritannien	52	2.000	persönlich	46.900	Off. of Pop. Census, 1995
Irland	3	3.000	persönlich	2.600	Central Stat. Office, 1995
Island	1	675	telefonisch	0.185	Bullet. of Stat. Bur., 1989
Italien	3	2.100	telefonisch	48.000	ISPI, 1995
Lettland	1	1.000	persönlich	2.000	Emor, Riga, 1995
Litauen	1	1.000	persönlich	2.900	Emor, Vilnius, 1995
Luxemburg	1	1.000	persönlich	0.307	STATEC, 1987
Niederlande	6	4.000	persönlich	12.600	Minicensus, 1995
Norwegen	3	1.000	telefonisch	3.200	Central Bur. of Stat., 1995
Österreich	3	2.000	persönlich	6.600	Statist. Zentralamt, 1995
Polen	3	2.000	persönlich	29.700	Statist. Jahrbuch, 1995
Portugal	1	2.000	telef./schriftl.	7.000	INE, 1995
Rumänien	1	2.000	persönlich	17.600	Statist. Handb. RO, 1995
Rußland	2	2.000	persönlich	112.000	GFK, Moskau, 1995
Schweden	12	2.000	telefonisch	7.100	SCB, 1995
Schweiz	6	1.000	telefonisch	5.800	Bundesamt f. Stat., 1995
Spanien	12	1.000	persönlich	31.300	Padron Municipal, 1995
Ungarn	3	2.000	persönlich	8.200	Statist. Jahrbuch, 1995
Ukraine	1	2.000	persönlich	38.800	GFK, Kiew, 1995
Weißrußland	1	1.000	persönlich	8.200	GFK Hungaria, 1995

4 Marktforschung im Tourismus: Der Single-Source-Ansatz als innovatives Instrument zur Messung von Marktdaten im Tourismus

Christian van den Brincken

4.1 Das touristische Produkt

Das touristische Produkt stellt in seiner Vielschichtigkeit besondere Herausforderungen an die Informationsgewinnung.

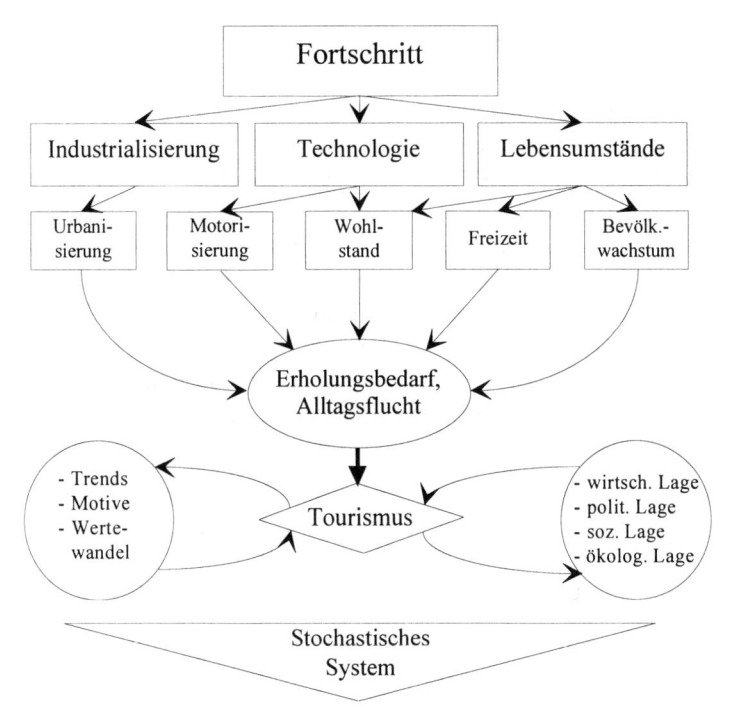

Abb. 1: „Harte" und „weiche" tourismusrelevante Informationen

Es gibt harte und weiche Faktoren, die den Tourismus als gesamtwirtschaftliche Erscheinung erklären (Abb. 1). Zur Messung erfordern beide unterschiedliche Techniken. Die Bereitstellung dieser Informationen über den touristischen Markt ist Aufgabe der Marktforschung. Deutlich wird ferner, daß der Tourismus nach außen zwar ein stabiles System darstellt, sich aber die Determinanten, die zum Ergebnis führen, höchst unterschiedlich zusammensetzen und in ihrer Gewichtung und Bedeutung teilweise nicht quantifizierbar sind.

Unstrittig ist, daß Motive, Wertewandel und Modetrends das Reiseverhalten beeinflussen. Ebenso ist es unstrittig, daß wirtschaftliche, politische, soziale und (neuerdings) ökologische Belange auf das Reiseverhalten Einfluß nehmen. Es ist aber nicht quantifizierbar, wie stark der Einfluß ist. Ferner findet eine Rückbeeinflussung statt, d.h. der Tourismus beeinflußt auch die Reisemotive beispielsweise durch gemachte Erfahrungen. So wird aus einem vermeintlich einfachen System ein stochastisches: Die Summe und Ausprägung der Faktoren, die das Ergebnis herbeiführen, ist kaum noch beschreibbar. Herausforderung für die Marktforschung ist es nun, Informationen aus diesem vielschichtigen System des Tourismus zu beschaffen, aufzubereiten und Ansätze für die Umsetzung der dadurch gewonnenen Erkenntnisse zu liefern.

4.2 Erhebungsmethoden in der Marktforschung

Die Gewinnung der Daten durch die Marktforschung kann auf verschiedenen Wegen erfolgen. Dabei kommt traditionell der Befragung eine besondere Bedeutung zu: „Ziel der Befragung ist es, Personen zu Aussagen über bestimmte [...] Sachverhalte zu veranlassen" (Berekhoven et al., 1991, S. 89).

Das Medium, also die Kommunikation, spielt eine herausragende Rolle für die empirische Befragung. Der Kontakt zwischen Befrager und Proband ist die Schnittstelle mit den meisten potentiellen Fehlern, Ungenauigkeiten und Beeinflussungsgefahren. Gerade in Zeiten starker Reizüberflutung muß die Marktforschung durch die Verwendung neuer Instrumente zur Kommunikation mit den Probanden in der Lage sein, den gewachsenen und geänderten Anforderungen an die Informationsbeschaffung nachzukommen. Möglichkeiten der Kommunikation bei einer Befragung lassen sich wie folgt skizzieren (vgl. Abb. 2).

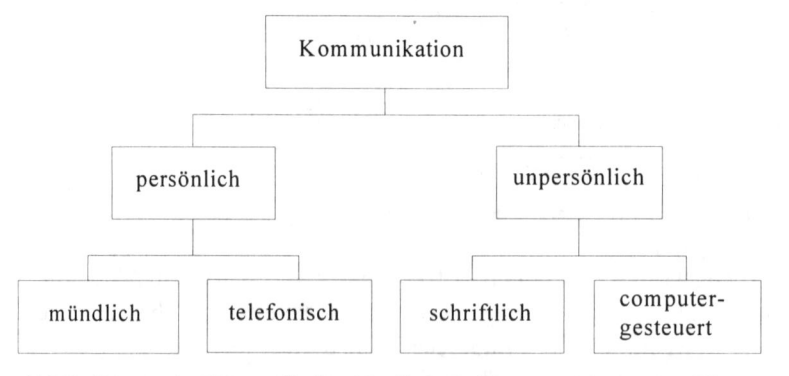

```
                    Kommunikation
                    /            \
             persönlich         unpersönlich
             /      \            /        \
        mündlich  telefonisch  schriftlich  computer-
                                            gesteuert
```

Abb. 2: Formen der Kommunikation (*Quelle*: In Anlehnung an Hoeppner, 1991, S. 13 ff.)

„Die Art und Weise, wie der Forscher und der Befragte kommunizieren, stellt [...] die wichtigste Differenzierung der Befragungsformen dar" (Hoeppner, 1994, S. 17). Für die persönlich-mündliche Befragung wird häufig auch der Begriff *„Face-to-Face"-Interview* verwendet, d.h. es besteht ein visueller Kontakt zwischen Interviewer und Proband. Dadurch ist der Interviewer in der Lage, mit visuellen Hilfsmitteln zu arbeiten wie beispielsweise grafischen Vorlagen, Bildern, Kartenspielen. Andererseits besteht die Gefahr der Interviewer-Artefakte, der Beeinflussung der Probanden durch Äußerungen und Verhaltensweisen der Interviewer bei nicht exakter Befolgung der Interviewanweisungen. So können Gestik und Mimik des Interviewers einen Einfluß auf den Befragten haben.

Das *Telefoninterview* ist eine Form des anonymen persönlichen Interviews; dadurch wird der Effekt sozial erwünschter Antworten gemildert, Interviewer-Artefakte des persönlich-mündlichen Interviews werden größtenteils egalisiert. Ferner sind die Befragten schnell und kostengünstiger als beim direkten persönlichen Interview erreichbar. Problematisch erweist sich bei der Anonymität jedoch die Tatsache, daß tabuisierte oder zumindest komplexe Fragestellungen sehr schnell zur Verweigerung führen (Unger, 1988, S. 86). Desweiteren können keine visuellen Hilfsmittel verwendet werden. Dadurch werden Fragen, die Skalierungen enthalten, stark eingeschränkt. Das Problem der Interviewer-Artefakte besteht in anderer Form nach wie vor, da der Interviewer durch Stimmenmodulation oder eigenmächtige Änderung des Fragentextes durchaus in der Lage ist, die Probanden zu beeinflussen.

Vorteilhaft ist diese Interviewform, weil von einer zentralen Stelle aus große Flächen abgedeckt werden; ferner stehen im Falle eines Computer Aided Telephone Interviews (CATI) die Daten unmittelbar nach der Erhebung zur Verfügung, weil sie während des Interviews von den Interviewern direkt in die EDV eingegeben werden. Beim CATI-Interview sitzen die Interviewer an Computern. Diese spielen die anzurufende Nummer sowie die Fragen auf den Bildschirm. Filterführung, Kontrolle der Eingaben, Kontrolle der Quoten und Interviewzeit werden automatisch von einem Zentralrechner überwacht und gesteuert. Nachteilig beim CATI-Interview erweist sich, daß Fehler in der Computerprogrammierung auf alle Interviews übertragen werden und die Interviewer dem vorgegebenen Pfad des Systems folgen müssen. Wenn ein Proband einen Irrtum erst einige Fragen später merkt, so kann der Interviewer nicht mehr zurückspringen, ohne bereits beantwortete Fragen erneut beantworten zu lassen.

Bei *unpersönlichen Befragungen* nimmt das Fragebogenmedium den Platz des Interviewers ein, damit wird der Effekt der Interviewer-Artefakte praktisch eliminiert (Unger, 1988, S. 87). Dabei sind Restriktionen im Aufbau des Fragebogens notwendig, da die Probanden bezüglich der Komplexität der Fragen, der Beantwortung und der Filterführung nicht überfordert werden dürfen. Im Gegensatz zu persönlichen Befragungssituationen besteht keine direkte Möglichkeit, auf Rückfrage Erläuterungen zu den Fragen zu geben.

Die *computergestützte unpersönliche Befragung* wurde vor dem Hintergrund zunehmender Technisierung in den letzten Jahren stark weiterentwickelt. Durch direkte Eingabe der Daten in ein Computersystem können die Daten schneller ausgewertet werden. Die erhebende Forschungsgruppe spart Personalkosten besonders bei der Erhebung der Daten, Fehler bei der Übertragung vom Erhebungsmedium in die EDV werden ausgeschlossen.

Die computergestützte Befragung läßt sich nach folgendem Schema weiter untergliedern (vgl. Abb. 3).

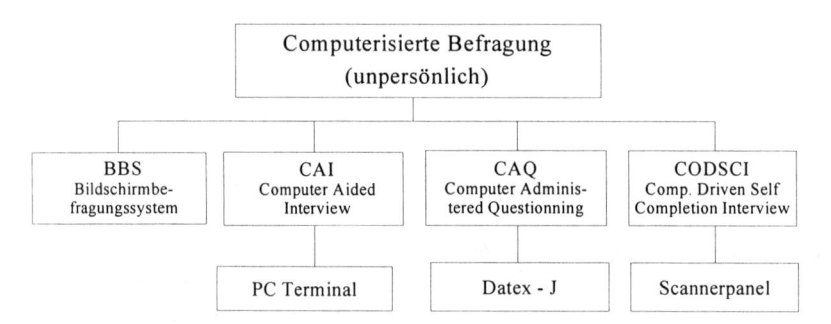

```
                    Computerisierte Befragung
                         (unpersönlich)
        ┌──────────┬──────────────┬──────────────┐
       BBS          CAI            CAQ           CODSCI
  Bildschirmbe-  Computer Aided  Computer Adminis-  Comp. Driven Self
  fragungssystem   Interview    tered Questionning  Completion Interview
                     │              │                  │
                  PC Terminal    Datex - J          Scannerpanel
```

Abb. 3: Die computergestützte Befragung (*Quelle*: In Anlehnung an Hoeppner, 1991, S. 17 ff.)

Bildschirmbefragungssysteme sind i.d.R. Terminals, die an Plätzen mit starkem Personenverkehr aufgestellt werden, wie etwa bei Messen. Die Befragten können sich selbständig durch Touch-Screens, Light-Pens oder mittels Tastatur durch einen Fragenkatalog arbeiten und die Fragen beantworten. Bei einem Bildschirmbefragungssystem kann die Stichprobenzusammensetzung nicht gesteuert werden, d.h. die Probanden werden von selbst darauf aufmerksam und nehmen an der Befragung teil. Daher ist anzunehmen, daß bestimmte psychografische, aber auch soziodemographische Gruppen wie etwa Rentner oder Geschäftsleute an BBS-Befragungen nicht teilnehmen, andere hingegen überproportional (z.B. Kinder und Jugendliche). Ferner ist nicht zu verhindern, daß eine Vielzahl von Personen eine derartige Befragung nicht ernst nimmt und nicht korrekt antwortet (Hoeppner, 1994, S. 191).

Computer Aided Interviews – CAI – sind direkt vom PC aus gesteuerte Interviews, die auch in heimischer Umgebung am eigenen Rechner ausgeführt werden können. Diese Variante heißt „Disk-by-Mail". Computerdatenträger mit allen relevanten Programmen werden an die Probanden verschickt, diese laden die Software in ihren PC, beantworten die jeweiligen Fragen und schicken dann die Diskette mit den von ihnen eingegeben Daten wieder zurück an die Forschungsgruppe. Problematisch erweist sich hierbei die Stichprobenzusammensetzung, bedingt durch die Computerdichte: Die Gruppe der Computerbesitzer ist kein repräsentativer Querschnitt der deutschen Bevölkerung. Desweiteren muß die Software kompatibel zu dem Computersystem der Befragten sein, was angesichts der Vielfalt an Konfigurationen, Erweiterungen und

Betriebssystemen eine beträchtliche Herausforderung darstellt (Hoeppner, 1994, S. 195). Disk-by-Mail eignet sich daher besonders für die Befragung von Betrieben, bei denen vom Vorhandensein der Hardware und des Know-hows im Umgang mit Computern ausgegangen werden kann. Von der Befragungssituation her ist Disk-by-Mail der schriftlichen Befragung ähnlich. Der Proband bearbeitet den Fragebogen allein und die Interviewer-Artefakte entfallen. Da der Computer automatisch die Ablaufsteuerung übernimmt, lassen sich weitaus komplexere Untersuchungen und Verzweigungen anwenden als bei einem persönlichen Interview. Desweiteren werden die Daten direkt vom Probanden in den Computer eingegeben und können von der Forschungsgruppe schnell verarbeitet werden.

Eine Möglichkeit, den Hauptnachteil des Disk-by-Mail – nämlich Handhabung des Versandes sowie Kompatibilität der Hardware – zu egalisieren, besteht darin, das *Computer Administered Questioning*, CAQ, zu verwenden. Dieses Verfahren zentralisiert den datenverarbeitenden Prozeß und löst damit das Hardwareproblem. Daten und Fragen werden per Modem übertragen, so daß das Versandproblem wegfällt. In Deutschland wird dieses Verfahren über T-Online oder im Internet gelegentlich angewendet. Problematisch ist allerdings nach wie vor, daß nur einige Haushalte einen Internet-Anschluß haben und diese nicht den repräsentativen Querschnitt der deutschen Bevölkerung darstellen. Ferner müssen sich die Probanden von selbst in das System einwählen, können also nicht für die Beantwortung von Fragen angeworben werden.

Eine Lösung aller bisher genannten Probleme computergestützter Befragungskommunikation kann das *Computer Driven Self Completion Interview*, CODSCI, bringen. Das Erfassungsgerät wird den Probanden zur Verfügung gestellt. Dabei stellt die befragende Forschungsgruppe einer repräsentativen Auswahl von Personen oder Haushalten Geräte zur Datenerfassung zur Verfügung und ruft diese Daten automatisch regelmäßig ab (Hoeppner, 1994, S. 211 ff.). Das größte Problem hierbei ist neben dem vermehrten Rekrutierungsaufwand vor allem die hohe Anfangsinvestition für die Hardware.

Resümee: Um bei einer Befragung von vornherein einen Großteil der bekannten Artefakte und Probleme ausschließen zu können, bietet sich die Nutzung neuer Technologien im Bereich computerunterstützter Kommunikation an. Die Erhebungsmethode, d.h. die Kommunikation zwischen Forschungsgruppe und Proband, ist der zentrale Erfolgsfaktor einer Untersuchung. Die Aufgabe der Marktforschung ist in erster Linie die Beschaffung von Informationen, und deren Menge und Güte hängt von der Kommunikation ab. Die Erhebungsmethoden in der Marktforschung müssen mit der Entwicklung des Kommunikationsmarktes Schritt halten: Verstärkte Kommunikation, neue Technologien und Reizüberflutung der Konsumenten sind Herausforderungen, mit denen sich das Erhebungsinstrumentarium empirischer Marktforschung messen muß.

4.3 Marktforschung im Tourismus

Der touristische Marktforschungsmarkt wird von Querschnitterhebungen dominiert. Diese Untersuchungen wenden sich innerhalb eines Jahres einmal oder mehrmals an unterschiedliche Personen, in der Regel durch eine mündliche Befragung. Vom Bundesamt für Statistik fehlt seit 1990 ein touristischer Mikrozensus, so daß die Untersuchungen jeweils die Vorjahresergebnisse als Vergleichsmaßstab verwenden. Ungenauigkeiten oder Fehler werden dadurch potenziert. Ein amtlicher Mikrozensus muß den wissenschaftlichen Anforderungen Reliabilität, Validität und Objektivität bestmöglich genügen und Grundlagendaten liefern. Prognosemöglichkeiten, Aktualität und Tiefe stehen von der Priorität her hintenan. Ob eine Querschnittanalyse vor dem Hintergrund aktueller Marktentwicklungen dazu überhaupt theoretisch in der Lage ist, sei angezweifelt.

In der linken Grafik von Abbildung 4 ist der fiktive Verlauf beispielsweise der Anzahl der Reisen nach XY so abgetragen, wie ihn eine Querschnittuntersuchung mit sechs Erhebungszeitpunkten abbilden kann. Bei der Geraden handelt es sich um eine Regressionsgrade. Die Punkte direkt miteinander zu verbinden, ist deswegen nicht zulässig, weil die Volumenentwicklung zwischen t1 und t2 eben nicht meßbar ist. Der Sprung von t1 auf t2 kann beispielsweise einen Tag vor der Messung von t2 erfolgt sein oder als stetiger Anstieg. Die Regressionsgrade zeigt an: Leichtes permanentes Wachstum.

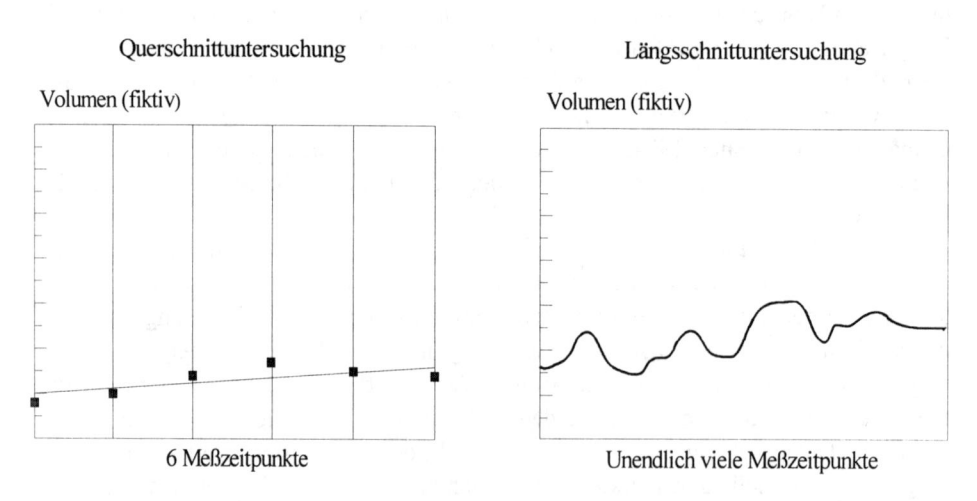

Abb. 4: Querschnitt- vs. Längsschnittuntersuchung

Die rechte Grafik gibt eine Längsschnittuntersuchung wieder, d.h. die Anzahl der Meßpunkte ist nahezu unendlich. Es wird permanent gemessen. Eine Verbindung der Messungen untereinander ist hier möglich. Die sich ergebende Kurve hat zwar die gleichen Anfangs- und Endpunkte wie die Regressionsgrade der linken Abbildung, aber einen stark unterschiedlichen Verlauf. Die Schwankungen werden hierbei deutlich. Es ist zu bemerken, daß beispielsweise im Falle des obigen Beispiels bei einem angenommenen Zeitraum von einem Jahr jede Schwankung der rechten Kurve mit starken Auswirkungen auf die Tourismusindustrie und die regionale Wirtschaftsstruktur von XY verbunden ist. Was im Jahresquerschnitt relativ „normal" aussieht, ist im Längsschnitt eine höchst heterogene Entwicklung. „Es ist daher ein Gebot der Zeit, ein Instrumentarium zu entwickeln, das eine realistische Einschau in den Zustand, aber auch eine reale Abschätzung der Entwicklungsrichtung und der Tendenz zuläßt" (Schmidt, 1991, S. 12).

4.4 Längsschnittanalyse: Der Panelansatz

4.4.1 Paneldefinition und Panelarten

Von großer Bedeutung für das Marketing und die Marktforschung ist die Erfassung von Veränderungen in der Marktumwelt. Querschnittanalysen sind nur in der Lage, Nettoveränderungen zu erfassen, z.B. „Destination X hat einen Anstieg des Marktanteils von 10% auf 20% zu verzeichnen". Eine tiefergehende Deskription dieser Aussage ist nicht möglich. Von Interesse ist aber die Frage, wie sich die neue Situation (Marktanteil von 10% auf 20% gestiegen) zusammensetzt, d.h. von welcher Konkurrenzdestination wieviel gewonnen wurde, welchen Anteil Erst- bzw. Wiederreisende an dem Ergebnis haben und wie erfolgreich andere Destinationen gewesen sind. Diese Fragen beantwortet ein Panel.

Sedlmayer (1983, S. 7) bezeichnet als Panel „eine Gruppe von Personen, die sich bereit erklärt haben, Informationen über eine längere Zeit an [eine Forschungsgruppe] zu liefern". Dieser gruppenorientierten Definition wird die empirische Definition gegenübergestellt, bei der die Panelmethode eine Erhebungsstrategie ist, bei der „wiederholte Messungen von Variablen [...] an denselben Untersuchungseinheiten [...] vorgenommen werden" (Sedlmayer, 1983, S. 9).

Hüttner (1982, S. 115) wählt einen Kompromiß zwischen dem gruppenorientierten Ansatz und dem empirischen und definiert: „Unter einem Panel versteht man einen bestimmten gleichbleibenden, repräsentativen Kreis von Auskunftpersonen, der über einen längeren Zeitraum hinweg fortlaufend oder in gewissen Abständen über im Prinzip den gleichen Gegenstand befragt wird".

Schnell/Hill/Eser (1992, S. 254) ergänzen die Paneldefinition dahingehend, daß inter- und intraindividuelle Veränderungen durch das Paneldesign festgemacht werden können. „Intraindividuell bezeichnet die Veränderung eines Individuums auf einer Variablen zwischen den Zeitpunkten der Messung..., interindividuelle Veränderung bezieht sich auf die Änderung in der Gesamtheit der Gruppe der Versuchspersonen".

Strukturierendes Merkmal des Panels bleibt die Wiederholung der Erhebung (Rogge, 1981, S. 161), wodurch die Erfassung von Entwicklungen und Veränderungen möglich wird.

Generell ist zu unterscheiden zwischen Konsumentenpanels und Handelspanels. Testmarkt- und Mediapanels bilden eine Sonderform und werden in dieser Arbeit nicht weiter behandelt.

Bei den Konsumentenpanels ist die Stichprobe i.d.R. die repräsentative Abbildung einer Verbrauchergruppe. Zielsetzung ist die Erforschung des gesamten Konsumprozesses einer Verbrauchergruppe (Sedlmayer, 1983, S. 49). Handelspanels spielen in der touristischen Marktforschung in Deutschland (noch) keine Rolle, so daß sich diese Arbeit fortan auf Konsumentenpanels bezieht. Ein touristisches Handelspanel besteht in England in Form eines Reisebüropanels und wird dort von STATS MR, einem Tochterunternehmen der A.C. Nielsen Ltd., seit nahezu zehn Jahren betrieben.

In den Sozialwissenschaften wurde die Panelmethode erstmals in den 20er Jahren in den USA eingeführt (Hermanns, 1983, S. 61) und dort vornehmlich zur Wahlforschung eingesetzt.

4.4.2 Wie werden Paneldaten erhoben?

Zur Erhebung des Konsumverhaltens in einem Panel können grundsätzlich verschiedene Erhebungsformen praktiziert werden (Sedlmayer, 1983, S. 52 ff.):

- *Tagebuchaufzeichnung* durch die befragten Personen selber oder durch Mitarbeiter des Institutes (Diary Panel). Es handelt sich hierbei um eine Befragung. Bei dieser Methodik erfassen die Probanden ihre täglichen Einkäufe nach einer einheitlichen Systematik auf Formblättern und schicken diese in regelmäßigen Abständen an die Forschungsgruppe. In Deutschland bedient sich seit den 70er Jahren die G&I/GfK dieses Systems. Nachteilig erweisen sich bei dieser Erhebungsform die hohe Belastung der Probanden, damit einher gehen hohe Ausfall- und Fehlerquoten sowie die Nichterfassung einer Vielzahl von Produkten. Desweiteren ist die Einspeisung der Daten von den handschriftlich ausgefüllten Fragebögen in die EDV des Institutes eine zeitaufwendige und fehleranfällige Prozedur.
- *Dustpanel* oder *Pantry-Check*. Dabei handelt es sich um ein Beobachtungsverfahren, bei dem eine Analyse weggeworfener Verpackungen in Relation zu den Vorratsräumen und soziodemographischen Grunddaten des Haushaltes Informationen zum Einkaufsverhalten ermöglicht. Im Vergleich zum Tagebuch-Check wird also die Bevorratungskomponente mit betrachtet.
- *Scannergestütztes Einkaufspanel*. Das scannergestützte Einkaufspanel macht sich die Verwendung der *E*uropäischen *A*rtikel-*N*umerierung EAN bei einem Großteil der Produkte zunutze. Auf den meisten verpackten Produkten befindet sich eine

einheitliche Artikelnumerierung – der EAN-Code –, welcher Informationen hinsichtlich des Herkunftslandes, der Herstellerfirma und der genauen Produktbezeichnung enthält. Der Einzelhandel erfaßt seit Einführung der EAN-Codes Preise unter Zuhilfenahme von Scannerkassen. Bei einem scannergestützten Panel wird den Probanden ein Handscanner zur Verfügung gestellt, mit dem die EAN-Codes der Produkte erfaßt werden können. Die Daten werden dann vom Scanner abgerufen und direkt in die EDV des Institutes überspielt oder von Außendienstmitarbeitern des Institutes abgeholt.

- Denkbar ist auch eine Panel-Datenerhebung per *mündlicher Befragung*, face-to-face oder telefonisch. Diese Methode setzt allerdings voraus, daß die Probanden erreichbar sind und die Informationen gesammelt durchgeben. Damit sind Fehler bei der Datenübertragung vom Haushalt zur Forschungsgruppe vorprogrammiert, desweiteren ist die Menge und Komplexität der Daten eingeschränkt. Geeignet erscheint ein mündliches Befragungspanel aber bei Einstellungsfragen wie beispielsweise Parteienpräferenzen, aber auch Konsumeinstellungen. Zur Ermittlung harter Fakten ist es hingegen ungeeignet.

Eine Lösung dieser Problematik ist die Implementierung eines Mailpanels, d.h. die Probanden erhalten regelmäßig schriftliche Fragebögen zugeschickt und beantworten diese. Auch telefonische Einfragen oder gar das Zusenden von Produkttests sind möglich. In Deutschland unterhalten die Firmen WBA/Ipsos und die GfK derartige Mailpanel mit 36.000 bzw. ca. 20.000 Haushalten. Nachteilig sind der hohe Zeitaufwand, die Kosten und ein i.d.R. starker Nonresponse-Bias.

4.4.3 Vorteile des Panelansatzes

a) Veränderungsmessung
Ein Panel gibt Gelegenheit zur Messung von Veränderungen auf der individuellen Ebene – also der Bruttoveränderung einer jeden einzelnen Person (Költringer 1992, S. 189). Eine Trendanalyse hingegen ermöglicht lediglich die Veränderungsmessung einer kompletten soziodemographischen Zielgruppe. Trendanalysen geben Antwort auf die Frage nach dem „Was hat sich geändert?", aber nicht nach dem konkreten „Wer hat sich geändert?" auf Individualbasis. Panels lassen Wanderungsanalysen und damit Aussagen über Gewinne und Verluste einer Marke, einer Partei oder einer touristischen Destination in ihrem Konkurrenzumfeld zu.

b) Kausalanalyse
Paneldaten erlauben es, Ursachen und Wirkungen zu beschreiben und zu analysieren (Költringer 1992, S. 190), d.h. innerhalb eines multivariaten Systems Beziehungen der Variablen untereinander im Zeitablauf festzustellen. Darüber hinaus lassen sich Alters-

und Kohorteneffekte isolieren. Damit kommt dem Panelansatz besondere Eignung zur Analyse zu, d.h. ein Panel ist nicht nur Instrument zur Datensammlung und Deskription, sondern auch zur Prognose von Entwicklungen und zur Kausalanalyse. So läßt sich feststellen, in welcher Beziehung Variablen des Untersuchungsgegenstandes zueinander stehen.

c) Informationsakkumulation
Bei einer Ad hoc-Querschnittbefragung müssen alle Informationen in einem Fragebogen ermittelt werden. Damit wird die Menge der zu erhebenden Informationen stark von der Auskunftsbelastbarkeit der Probanden beeinflußt. Diese sinkt erfahrungsgemäß mit zunehmender Interviewzeit überproportional.

Optimale Ausnutzung der Kooperationsbereitschaft der Probanden eines Panels ist hingegen gegeben, wenn die Panelerhebung in einen fixen, d.h. bei jeder Welle erhobenen und einen variablen, d.h. nur einmalig oder zumindest seltener erhobenen Teil gegliedert wird. Die Daten unterschiedlicher Erhebungswellen lassen sich verknüpfen (Hansen, 1982, S. 84), sofern sie identischen Datenquellen entstammen. Bei den fixen Daten ermöglicht das Paneldesign ein permanentes Tracking (z.B. bei Einkäufen). Variable Daten, deren Veränderung sich innerhalb mehrere Erhebungszeitpunkte vollzieht (z.B. Reiseabsichten), können im Rahmen eines Overlapping-Verfahrens erhoben werden. Verschiedene variable Fragestellungen in unterschiedlichen Wellen ermöglichen so die Akkumulation von Informationen (Költringer, 1991, S. 190). Die soziodemographischen Grunddaten der Haushaltsmitglieder wie Geschlecht, Alter, Einkommen, Berufsstand, Ausbildung, Wohnortgröße werden nur einmal im Jahr erhoben bzw. aktualisiert. Bei einer Ad hoc-Befragung müssen diese Daten jedesmal erneut ermittelt werden und nehmen einen Teil der zur Verfügung stehenden Interviewzeit in Anspruch.

d) Messung schwieriger Fragestellungen
Die Probanden werden durch die Permanenz der Erhebung an das Erhebungsinstitut gewöhnt. Die Befragungssituation wird zum Alltag, Vertrauen zur Forschungsgruppe baut sich auf. Dies erlaubt Fragestellungen, deren Antwortquote bei Ad hoc-Befragungen relativ gering ist, z.B. die nach dem Haushaltsnettoeinkommen oder der Schulbildung.

Desweiteren lernen die Probanden den Umgang mit komplexen Fragestellungen (Költringer, 1991, S. 191). Die Forschungsgruppe hat durch die Kommunikation mit den Probanden beispielsweise durch eine Telefon-Hotline oder Rundbriefe die Möglichkeit, die Haushalte auf komplexe Fragestellungen vorzubereiten.

Andererseits stellen komplizierte Fragestellungen natürlich auch eine hohe Belastung der Probanden dar und wirken sich negativ auf die weitere Antwortbereitschaft aus, sofern keine entsprechende Honorierung erfolgt. Außerdem ist die Determinierung der Probanden bei der Erhebung komplexer Sachverhalte nicht abschätzbar.

e) Reduktion von Erinnerungseffekten
Retrospektivinformationen bei Querschnitterhebungen haben meist eine geringe Genauigkeit (Költringer, 1991, S. 191). Besonders beim Reiseverhalten ist bei einmal jährlicher Befragung davon auszugehen, daß die Erinnerungsverluste bei weit zurückliegenden Kurzreisen hohe Niveaus erreichen. Im Falle des Single Source Tourismus Panels werden die Probanden bei jedem Einschalten des Scanners darauf aufmerksam gemacht, etwaige Reisen zu scannen. Dadurch werden die Berichte unmittelbar nach Rückkehr von der Reise geliefert, so daß auch Kurz- und Besuchsreisen in der Erinnerung noch frisch sind und gut abgebildet werden.

Neben dem Erinnerungsverlust spielt ferner der „Telescoping-Effekt" eine Rolle, bei dem die Probanden sich zwar an die Ereignisse erinnern, nicht aber an deren genaue Plazierung auf der Zeitachse. Bei Einstellungsfragen kommt der Tendenz zu sozial erwünschten Antworten im Falle retrospektiver Datenerhebung besondere Bedeutung zu. Das Paneldesign verhindert diese Effekte durch permanente Datenerhebung, also Messung des aktuellen Status statt Erhebung retrospektiver Daten. Desweiteren gibt es Variablen, die durch retrospektive Datenerhebung nicht erfaßt werden können, z.B. sich häufig wiederholende, für den Befragten irrelevante Tätigkeiten, welche nicht mit einem aus dem Alltag herausragenden Erlebnischarakter verbunden werden.

f) Positive Kosteneffekte
Obwohl Panels hohe Anfangsinvestitionen erfordern, entfallen – eine relativ geringe Mortalität vorausgesetzt – Kosten für die erneute Rekrutierung der Stichprobe, wie es etwa bei periodisch wiederholten Querschnitterhebungen der Fall ist. So sind zwar die Kosten für die Anlage eines Panels bedeutend höher als die einer Ad hoc-Erhebung. Bei optimaler Informationsausschöpfung in Abhängigkeit vom Paneldesign ist hingegen davon auszugehen, daß die Kosten für die Gewinnung vergleichbarer Informationen aus Querschnittuntersuchungen höher liegen.

4.4.4 Nachteile des Panelansatzes

a) Panelmortalität
Unter Panelmortalität wird die zunehmende Verringerung der durchgehenden Stichprobe – Common Sample – verstanden.

Bedingt durch Tod, Umzug, Kündigung seitens des Teilnehmers oder bei zu schlechter Datenqualität durch die Forschungsgruppe oder auch Veränderung der soziodemographischen Merkmale und damit Eingang in ein neues Cluster fallen sukzessive Teilnehmer des Panels weg. Besonders letzteres bedingt eine natürliche, nicht zu vermeidende Panelmortalität. Bei den jungen Altersgruppen gibt es keine „natürlichen" Nachrücker, so daß das Panel vergreist (Hansen, 1982, S. 104).

b) Paneleffekt/Konditionierung der Teilnehmer
Neben der Panelmortalität stellt das Problem der Konditionierung der Teilnehmer eine große Herausforderung an die erhebende Forschungsgemeinschaft dar. Der Konditionierungseffekt besagt, daß die Probanden Einstellungen und Konsumverhalten durch die Teilnahme am Panel ändern. Sie konsumieren bewußter (Sedlmayer, 1983, S. 104 ff.).

Im Falle eines Scannerpanels ergibt sich die Konditionierung dadurch, daß Produkte ohne EAN-Code infolge des damit verbundenen Mehraufwandes bei der Erhebung häufiger „vergessen" werden als unkompliziert zu scannende Produkte. Eine kurzfristige Konditionierung tritt auch durch das Overreporting auf, d.h. die Haushalte probieren die zur Verfügung gestellten Geräte aus und berichten mehr, als sie eigentlich konsumiert haben (Hammann/Erichson, 1990, S. 141). Je neuartiger, „technischer" dabei das Erhebungsinstrument ist, desto stärker fällt der Effekt des Overreportings aus und je höher die Prämien für die Haushalte sind, desto eher zeigen die Probanden Übereifer beim Reporting.

Schwerer als der kurzfristige Konditionierungseffekt wiegt hingegen der der langfristigen Konditionierung. Zu bemerken ist in diesem Zusammenhang allerdings, daß wissenschaftliche Untersuchungen die These der langfristigen Beeinflussung des Kaufverhaltens durch Panelteilnahme bisher nicht bestätigt haben (Sedlmayer, 1983, S. 107).

c) Probleme bei der Datenerfassung
Die Erfassung der Daten durch die Panelteilnehmer setzt ein hohes Maß an Verständnis bezüglich des Erfassung-Procederes voraus. Bei einem traditionellen Haushaltspanel mit schriftlichen Einkaufsberichten (Diary Panel) wird von den Haushalten erwartet, daß diese selbständig in der Lage sind, den Fragebogen auszufüllen und zu entscheiden, welche Produkte welchen Kategorien zuzuordnen sind. Auch bei computergestützter Erhebung muß vorausgesetzt werden, daß die Probanden – durch die Forschungsgruppe unterstützt – verstehen, welche Eingaben erwartet werden und welche Produkte welcher Warengruppe zuzuordnen sind.

Bei einer direkten mündlichen Befragung hat der Interviewer die Möglichkeit, weitergehende Erklärungen abzugeben und damit das Verständnis des Frageninhaltes zu verbessern. Beim sannergestützten Panel besteht die Dialogmöglichkeit nur in Form telefonischer oder schriftlicher Rückfragen durch die Probanden.

d) Repräsentanzprobleme
Die Rekrutierung der Panelstichprobe erfolgt in der Regel durch mündliche oder schriftliche Ansprache der Probanden mit der Bitte um Teilnahme am Panel. Bei der Zusammensetzung der Panelstichprobe wird darauf geachtet, die soziodemographischen Cluster repräsentativ zu füllen. Dennoch gewährleistet dieses Verfahren nicht,

auch hinsichtlich der psychografischen Struktur Repräsentativität aufweisen zu können. So ist es beispielsweise denkbar, daß bestimmte Gruppen – etwa wohlhabende Singles mittleren Alters oder Vielreisende – nicht entsprechend ihren Anteilen an der Grundgesamtheit als Panelteilnehmer zu rekrutieren sind. Vor dem Hintergrund, daß keine statistisch validen Informationen über einzelne psychografische Gruppen vorliegen, handelt es sich dabei nur um eine Spekulation. Im übrigen sei angemerkt, daß dieses Problem nicht panelspezifisch ist, sondern bei jeder empirischen Untersuchung auftreten kann.

4.5 Das Reisepanel: Single Source Tourismus

4.5.1 Der Single Source-Ansatz

Die Integration eines Reisepanels in das Konsumentenpanel der ACNielsen Werbeforschung S+P GmbH stellt die erste Implementierung des Panelansatzes in die touristische Marktforschung dar.

Das Institut ACNielsen etablierte 1992 das erste scannergestützte Heimscanning-Panel in Deutschland. Der dabei verfolgte Ansatz ging über den eines bloßen Panels hinaus: Single Source bedeutet „die Messung aller das Konsumentenverhalten betreffenden Faktoren aus einer Quelle" (Nielsen, 1994, S. 2). Die Quelle ist in diesem Falle der Haushalt: Neben dem Konsumverhalten wird auch das Medianutzungsverhalten und – seit 1994 – das Reiseverhalten erfaßt. Der Single Source-Ansatz ermöglicht es, diese Daten miteinander zu kombinieren, d.h. das Einkaufsverhalten kann in Beziehung gesetzt werden zum Reiseverhalten oder zum Mediaverhalten. Die Informationen werden ferner mit den Promotion-Aktionen des Einzelhandels verknüpft. Die direkte Wirkung von Werbung, Promotion und Preisgestaltung, aber auch exogene Einflüsse wie Jahreszeit, Wetter, Urlaubsperioden und soziodemographische Veränderungen bei den Probanden werden gemessen und in Beziehung zum Konsum gesetzt. Single Source verspricht so die Messung sämtlicher auf den Verbraucher einströmenden Einflüsse und die Antwort auf die Frage nach dem „Warum?" am Point of Sale (Griese, 1993).

Dadurch wird beispielsweise die Beantwortung folgender Fragestellungen möglich:

- Führt eine erhöhte Kontakthäufigkeit mit dem Fernsehspot der Marke X auch zu vermehrtem Konsum dieser Marke?
- Haben Vielreisende in eine bestimmte Region eine höhere Affinität bei der Nutzung regionstypischer Produkte? Beispiel: Trinken Spanienurlauber mehr spanischen Sekt?

Die Einbeziehung des Reiseverhaltens in das Single Source-Panel ermöglicht es, ein ganzheitliches Bild der Probanden zu erhalten. Das Reiseverhalten wird im gesamten

Konsumkontext der Haushalte betrachtet, die Informationen über die Zielgruppen werden umfassender und aussagekräftiger. Aus Sicht der Tourismusindustrie ist es beispielsweise von Interesse, ob Käufer hochwertiger Markenprodukte auch im Urlaub auf Qualität achten oder inwiefern Einsparungen bei Einkäufen des täglichen Bedarfes der Finanzierung eines aufwendigen Urlaubes dienen. Für die Konsumgüterindustrie, besonders den Food-Sektor, ist es von Interesse, zu welcher Zeit die Konsumenten ihres Produktes im Urlaub sind.

6.000 repräsentativ ausgewählte Haushalte wurden 1992 für das Nielsen-Haushaltspanel angeworben und mit einem Handscanner und einem Modem ausgerüstet. Die Produkte ohne EAN-Code, z.B. Frischeprodukte oder ALDI-Artikel, wurden in einem Handbuch für Strichcodes nach Warengruppen getrennt zusammengefaßt und mit von Nielsen frei vergebenen EAN-Codes versehen. Dieses Handbuch, welches die Haushalte bei nahezu jedem Einkauf benutzen müssen, wurde an den Beginn der Reisefragebögen integriert.

4.5.2 Untersuchungsdesign

Das Single Source Tourismus-Panel bedient sich erstmalig im Tourismus der Antwortcodierung mittels Strichcode und direkter Eingabe durch den Probanden. Die Codes werden – ebenso wie für die nicht mit EAN-Code versehenen Produkte – frei von der Forschungsgruppe vergeben.

Bei jedem Einschalten des Scanners erscheint die Frage „Reisebericht erfassen?". Wird diese Frage mit „Nein" beantwortet, so verzweigt der Scanner automatisch zum Erfassungsvorgang für die Einkäufe. Lautet die Antwort „Ja", so wird der Berichtende gebeten, den Fragebogen zu scannen.

Ferner ist der Scanner mit einer Zahlentastatur ausgerüstet, so daß auch Zahlenwerte bzw. Daten eingegeben werden können, so beispielsweise das Abreisedatum, die Länge einer Urlaubsreise oder die Höhe der getätigten Reiseausgaben in DM.

Der Proband geht mit Hilfe des Scanners den Fragebogen (siehe Abb. 5) bis zum Ende durch und steckt den Scanner nach Erfassung des Endcodes in das mitgelieferte Modem. Das Modem ist mit der Telefonsteckdose verbunden, speichert und sortiert die gescannten Daten, bis der Großrechner einmal wöchentlich nachts anruft und die Daten abzieht. Dieser Datenabzug wird von den Haushalten nicht bemerkt. Die Daten werden direkt in die EDV übertragen und können sofort verarbeitet werden.

Im Scanner befindet sich eine Kontrollfunktion, d.h. der Scanner erkennt, wenn der Proband Codes anderer Fragen oder von Produkten scannt, obwohl Fragebogencodes des Reiseberichtsteils erwartet werden. Im Display des Scanners wird die nächste zu beantwortende Frage angezeigt. Der Scanner ermöglicht Filterführungen, d.h. in Abhängigkeit von der Antwort kann zu einer anderen Frage als der nächsten verzweigt werden. Da das Single Source Tourismus-Panel ein Individual-Panel ist, bei dem jeder

Reisende im Haushalt gesonderte Angaben machen muß, sind u.U. mehrere Fragebögen pro Haushalt auszufüllen, die bei der Datenübertragung hintereinander abgerufen werden.

Ein Scannerpanel als Ersatz einer mündlichen oder schriftlichen Befragung stellt in jedem Falle eine Lösung dar, die von Fall zu Fall in Abhängigkeit von der Forschungsfrage auf Reliabilität und Validität zu überprüfen ist. Bisher ist noch nicht untersucht worden, inwiefern bekannte Nachteile eines Panels (z.B. Overreporting, Panelmortalität) durch das Instrument Scanner beeinflußt werden. So ist beispielsweise plausibel, daß ein Scanner zum Overreporting einlädt. Die Panelmortalität wird zwar zum einen durch die komfortablere Dateneingabe gesenkt, steigt aber andererseits bei technischen Defekten oder fehlerhaften Fragebögen innerhalb kurzer Zeit rapide an.

Der Single Source Tourismus-Ansatz setzt sich zusammen aus dem Reisepanel und der Erhebung der Reiseabsichten. Das *Reisepanel* erfaßt alle Reisen ab einer Übernachtung, also auch Besuchsreisen und Geschäftsreisen. In Anlehnung an das Tourismusjahr (1.11.-31.10.) wird das Reisepanel immer halbjährlich hochgerechnet. Dabei handelt es sich um eine Standardauswertung; Sonderanalysen können bei Bedarf angefordert werden.

Bei der Erfassung der *Reiseabsichten* wird die Möglichkeit der Informationsakkumulation eines Panels genutzt. Zweimal jährlich werden alle Panelteilnehmer zu ihren Reiseabsichten der nächsten 12 Monate befragt. Dazu erhalten die Teilnehmer per Post einen scannergestützten Fragebogen und beantworten diesen innerhalb eines festgelegten Zeitraumes. Zu der Untersuchung darüber hinausgehender qualitativer Fragestellungen (z.B. Einstellungen, Motive, Wünsche, Images) eignet sich der Single Source-Ansatz nicht.

Hauptziel der Reiseabsichtsuntersuchung ist es, rechtzeitig Aufschlüsse über die Reisepräferenzen der kommenden Saison zu erhalten. Dies erscheint einerseits vor dem Hintergrund vermehrter kurzfristiger Marktschwankungen notwendig. Andererseits stellt sich die Frage, wie verläßlich die berichteten Reiseabsichten sind. Der Wert einer Ad hoc-Reiseabsichtsuntersuchung ist in der Regel relativ gering. Die Integration der Reiseabsichten in das Panel bietet die Möglichkeit, auf individueller Basis den Erfüllungsgrad der Reiseabsichten durch Vergleich der beabsichtigten mit den getätigten Reisen zu messen. Beispielsweise zeigt sich, daß es zielgruppenspezifisch signifikante Unterschiede in der Realisierung der beabsichtigten Reisen gibt. Alle Vorteile des Reisepanels treffen auch auf die Reiseabsichtsuntersuchung zu, d.h. es lassen sich die gleichen Analysen (Wanderungen, Kausalanalysen etc.) durchführen.

Frage 22: In welcher Art von Unterkunft haben Sie hauptsächlich übernachtet?

Hotel, Motel, Gasthof	
gehobene Kategorie (4-5 Sterne)	82201234
mittlere Kategorie (3 Sterne)	82202231
einfache Kategorie (1-2 Sterne)	82203238
ohne Kategorie	82218232
weiß nicht	82219239
Hotel im Freizeitpark	
gehobene Kategorie	82220235
mittlere Kategorie	82221232
einfache Kategorie	82222239
Pension	82204235
Privatzimmer/Bed & Breakfast	82206239
Ferienwohnung, Ferienhaus, Appartement	
Eigentum	82205232
unentgeltlich zur Verfügung gestellt	82216238
gemietet	82207236
Center Park, Gran Dorado	82223236
Bei Verwandten und Bekannten (unentgeltlich)	82224233
Ferienclub	82208233
Campingplatz	82209230
Bauernhof	82212230
Jugendherberge, Jugendgästehaus	82213237
Schiff, Boot, Yacht	82214234
Sonstiges	82215231

Abb. 5: Fragebogenauszug aus dem Single Source Tourismus-Panel

4.6 Resümee

Die Aufgaben der Marktforschung sind vielfältig. Vor dem Hintergrund sich ständig verändernder Märkte hat sich auch das Instrumentarium der Marktforschung anzupassen. Ziel muß es sein, möglichst schnell möglichst präzise Daten zu liefern. Ideales Instrument der Marktforschung dazu ist ein Panel. Neue Technologien wie das Scanning ermöglichen es, den steigenden Anforderungen gerecht zu werden.

Fraglich ist, ob das Reisen nicht zunehmend zum Convenience-Produkt verkommt, also seinen Eventcharakter verliert und etwas Alltägliches wird. Die Branche weiß, daß Reisende ausgesprochen preiselastisch reagieren und sehr wenig markenbewußt sind.

Diese und andere Gründe, die das Produkt Reise für die Reiseindustrie schwer handhabbar machen, machen es auch für die Marktforschung schwer meßbar. Die Komplexität des Reiseverhaltens und die Vielzahl relevanter Faktoren bringt die Marktforschung, wie sie bisher betrieben wurde, an ihre Grenzen. Ein Panel bietet gegenüber Ad hoc-Querschnittuntersuchungen massive Vorteile, stellt aber nicht die Lösung aller Probleme dar: Das Reisepanel ersetzt keinen Mikrozensus.

Literatur

ACNielsen (1994): Single Source. Hamburg.
Berekhoven, L., W. Eckert, P. Ellenrieder (1991): Marktforschung. Methodische Grundlagen und praktische Anwendung. 5., durchgesehene und ergänzte Aufl., Wiesbaden.
Griese, U. (1993): Neue Möglichkeiten für Mediaplanung und -analyse. In: Planung und Analyse Nr. 6/1993.
Hammann, P., B. Erichson (1990): Marktforschung. 2., neubearbeitete u. erw. Aufl., Stuttgart.
Hoeppner, G. (1994): Computereinsatz bei Befragungen. Wiesbaden.
Hüttner, M. (1982): Markt- und Absatzprognosen. Stuttgart u.a.O.
Költringer, R. (1992): Die Interviewer in der Markt- und Meinungsforschung. Wien.
Rogge, H.-J. (1981): Marktforschung. Elemente und Methoden betrieblicher Informationsgewinnung. München/Wien.
Schnell, R., P.B. Hill, E. Esser (1992): Methoden der empirischen Sozialforschung. 3., überarbeitete und erweiterte Aufl., München.
Sedlmayer, K.-J. (1983): Panelinformation und Marketing-Entscheidung. München.
Unger, F. (1988): Marktforschung. Grundlagen, Methoden und praktische Anwendungen. Heidelberg.

5 TouristScope und Mobility

Brigitte Tregel und Peter Jochems

5.1 Zielsetzung

TouristScope wurde 1986 von dem Münchner Institut Infratest Sozialforschung in Zusammenarbeit mit den Marktführern der Reisebranche als schnelles, flexibles Monitoring-System konzipiert, das vierteljährlich Planungsdaten zum deutschen *Urlaubsreisemarkt* liefert. TouristScope ist eine Repräsentativuntersuchung zum Reiseverhalten der deutschen Bevölkerung, die sich auf „harte" Marktdaten konzentriert, d.h. objektive Tatbestände wie Reiseziel, Reiseverkehrsmittel und Organisationsform ermittelt. Die vergleichsweise dichte „Meßkette" und die hohen Fallzahlen lassen Marktveränderungen und Trends, beispielsweise auch für Zielgebiete mit geringem Reisevolumen, rasch erkennen.

Mobility wurde 1991 entwickelt als Instrument zur Messung des *Mobilitäts*verhaltens der Deutschen im Fernverkehr und wird von privaten und öffentlichen Auftraggebern als Analyseinstrument genutzt. Untersucht wird seit 1991 kontinuierlich der deutsche Reisemarkt im Fernverkehr. Berücksichtigt werden dabei alle *Geschäfts- und Privatreisen* mit oder ohne Übernachtung ab 100km.

Das Untersuchungsprogramm ist orientiert am Informationsbedarf von Reiseveranstaltern, Verkehrsträgern, Reisemittlern, Fremdenverkehrsverbänden, Ministerien und anderen am Reisemarkt interessierten Unternehmen und Institutionen.

Beide Instrumente – TouristScope und Mobility – haben den Forschungsauftrag, valide und zuverlässige Daten für das jeweilige Marktsegment bereitzustellen.

Der folgende Beitrag befaßt sich mit Einsatzmöglichkeiten, Methode und Fragenprogramm des TouristScope und der Mobility. Seit 1994 werden auch die Synergien, die sich aus der Verbindung beider Instrumente im Projektdesign ergeben, genutzt. Dies wird in den nachfolgenden Kapiteln ausführlich beschrieben. Abschließend werden einige wichtige Ergebnisse aus den Untersuchungen dargestellt.

5.2 Einsatzmöglichkeiten der Instrumente

Ein flexibles Management in der Tourismus- und Reiseindustrie muß die Möglichkeit haben, seine Planung ständig zu kontrollieren, um auch kurzfristig am Markt agieren zu können. Es braucht deshalb Instrumente, die die Entwicklung am Markt sowohl retrospektiv (durchgeführte Reisen) als auch prospektiv (geplante Reisen) kontinuierlich beobachten. Eine jährliche Berichterstattung reicht zu diesem Zweck nicht aus, da der Entscheidungszeitpunkt für eine Reise bzw. durchgeführte Reise schon relativ weit zurückliegen kann. Ein halb- bzw. vierteljährliches Berichtssystem hingegen stellt aktuelle Informationen über den Markt bereit, so daß Veränderungen in der Nachfragestruktur oder Verschiebungen der Marktanteile frühzeitig erkannt werden. Schnell verfügbare Daten sind wiederum Voraussetzung für eine rechtzeitige Anpassung an veränderte Nachfragestrukturen.

So versetzen Mobility und TouristScope den Bezieher in die Lage, seine Position im Vergleich zu den Wettbewerbern zu beurteilen, Marktanteile und Zielgruppen in ihrer Entwicklung im Zeitablauf zu beobachten und die Auswirkungen von Angebotsveränderungen zu bewerten.

5.3 Untersuchungsinhalte

5.3.1 TouristScope

TouristScope erfaßt auf Stichprobenbasis lückenlos alle Urlaubsreisen mit Übernachtungen der in der Bundesrepublik Deutschland wohnenden Bevölkerung (Wohnbevölkerungs-Konzept – auch deutschsprachige Ausländer werden mitberücksichtigt). Das heißt, sowohl „lange" Urlaubsreisen (5 Tage und länger) als auch Kurzreisen (Dauer 2-4 Tage) werden ermittelt. Erhoben werden bis zu 5 Reisen pro Befragten.

Darüber hinaus liefert TouristScope auch zu den Reiseplänen der Bundesbürger Daten, und zwar zu den wichtigen Merkmalen jeder einzelnen beabsichtigten Reise (s.u.).

Das Fragenprogramm für TouristScope setzt sich zusammen aus einem seit Jahren unveränderten Standardfragenprogramm und wechselnden Sonderfragen.

Standardfragenprogramm
– Zielland
– Zielregionen (bei den 10 beliebtesten Ziilländern)
– Reisedauer
– Reiseantrittsmonat
– Verkehrsmittel
– bei Flugreisen: Fluggesellschaft und Abflughafen
– Unterkunft
– Organisationsform der Reise
– Umfang der Organisation
– Zahl der mitgereisten Personen
– Zahl der mitgereisten Kinder

Zu den geplanten Urlaubsreisen (nur Reisen von 5 Tagen und länger) wird gefragt nach:

- Zielland
- Zielregionen (bei den 10 beliebtesten Zielländern)
- geplantem Reiseantrittsmonat
- Verkehrsmittel
- bei Flugreisen: Fluggesellschaft und Abflughafen
- geplanter Unterkunft
- geplanter Organisationsform der Reise

Sonderfragen, die nur auf Anforderung einzelner oder mehrerer Bezieher eingeschaltet werden, sind beispielsweise der Zweck der Reise, der Vertriebsweg, der Reiseveranstalter oder die am Urlaubsort genutzten Verkehrsmittel.

Aus den Einstiegsfragen lassen sich daneben Reiseintensitäten und -häufigkeiten berechnen.

5.3.2 Mobility

Mobility erfaßt auf Stichprobenbasis lückenlos alle Reisen ab 100 km mit oder ohne Übernachtung der in der Bundesrepublik Deutschland wohnenden Bevölkerung, egal, ob sie aus geschäftlichen oder privaten Gründen unternommen wurden. Erhoben werden bis zu 5 Reisen pro Befragten.

Das Fragenprogramm für Mobility besteht aus einem Standardfragenprogramm und wechselnden Sonderfragen.

Standardfragenprogramm
- Zielland
- Zielregion
- Reisedauer
- Reiseantrittsmonat
- Reiserückkehrmonat
- Wochentag des Reiseantritts
- Wochentag der Reiserückkehr
- Anzahl der mitgereisten Personen
- Verkehrsmittel
- Flugspezifische Fragen
- Bahnspezifische Fragen

5.3.3 Inhaltliche Synergien aus TouristScope und Mobility

Die Frageninhalte der beiden Untersuchungen lassen erkennen, daß Mobility das weiter gefaßte Instrument darstellt. TouristScope-Reisen lassen sich als eine Untermenge von Mobility definieren.

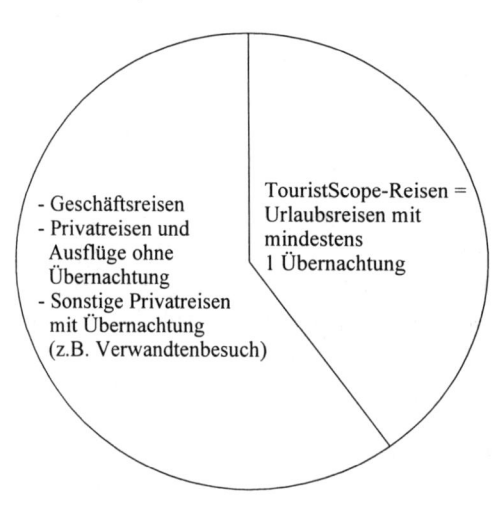

Abb. 1: Reisen, die von Mobility erfaßt werden

Mobility umfaßt alle Reisen ab 100 km, aus geschäftlichen oder privaten Gründen, mit oder ohne Übernachtung, also auch TouristScope-relevante Reisen.

5.4 Untersuchungsanlage

5.4.1 Methode und Stichprobe

Sowohl Mobility als auch TouristScope werden als computergestütztes Telefoninterview (CATI) durchgeführt. Computergestützte Telefoninterviews bieten den Vorteil, daß sie sehr schnell und relativ kostengünstig durchgeführt werden können. Außerdem sind sie – das bestätigen zahlreiche von Infratest Burke durchgeführte Methodenexperimente – das geeignete Verfahren, das Reiseverhalten auch mobiler Zielgruppen abzubilden.

Seit 1990 werden beide Untersuchungen auch in den neuen Bundesländern durchgeführt. Von 1990 bis 1994 wurden die Interviews persönlich-mündlich durchgeführt, da die Telefondichte noch nicht ausreichend hoch war. Seit 1995 – die Telefondichte liegt für die neuen Bundesländer jetzt bei ca. 75% – wird auch hier telefonisch erhoben, so daß inzwischen eine vollständige Kompatibilität der Daten gewährleistet ist.

Grundgesamtheit für beide Untersuchungen sind alle in Privathaushalten im Gebiet der Bundesrepublik lebenden Personen ab 14 Jahren.

Für TouristScope, Mobility und andere Telefonstudien wurde ein spezielles Haushalts-Master-Sample aufgebaut. Für die Ziehung der Stichprobe wurde die Grundgesamtheit sehr differenziert geschichtet. Gezogen wird mit Hilfe zufällig generierter Buchstaben-Kombinationen für den Namensanfang aus den jeweils neuesten örtlichen Telefonverzeichnissen. Dadurch entfallen die bei persönlich-mündlichen Befragungen entstehenden lokalen Klumpungen. (Bei persönlich-mündlichen Befragungen werden aus forschungsökonomischen Gründen stets ca. fünf Haushalte in einem Wohnblock oder einer Straße befragt.)

Das bei Infratest Burke installierte CATI-System steuert nicht nur den Fragebogen, sondern auch die Stichprobe der ermittelten Telefonnummern. Während telefoniert wird, überprüft das System laufend die geographische Repräsentativität der Stichprobe und steuert bei Bedarf nach.

Für TouristScope und Mobility, die ja Mobilitätsuntersuchungen sind, ist es von eminenter Bedeutung, auch mobile und damit schwer erreichbare Haushalte in die Stichprobe zu bekommen. Dies ist möglich durch besonders häufige Kontaktversuche. Das CATI-System „legt beim 1. Kontakt nicht erreichte Haushalte" zurück und bringt sie in größeren zeitlichen Abständen zu anderen Tageszeiten auf „Wiedervorlage" auf den Bildschirm. Die an einem bestimmten Tag nicht erreichten Haushalte werden auf diese Weise durch solche ersetzt, die an anderen Tagen nicht erreicht wurden. Somit werden an jedem Befragungstag leicht und schwierig erreichbare Haushalte angerufen. Die Zahl der möglichen Kontaktversuche bei telefonischen Umfragen ist also wesentlich höher als bei persönlich-mündlichen Interviews.

Hat man den Haushalt einmal erreicht, erfolgt die Auswahl der Zielperson im Haushalt mit Hilfe eines speziellen Zufallsschlüssels, der jeder im Haushalt vorhandenen Person die gleiche Wahrscheinlichkeit zuweist, ausgewählt zu werden. Ist die ausgewählte Zielperson nicht zu Hause, wird ein Termin für das Interview vereinbart.

5.4.2   Fallzahlen, Feldzeiten und Berichtszeiträume

5.4.2.1 TouristScope

Für TouristScope werden jährlich bis zu 16.000 Interviews durchgeführt. Feldzeiten und Berichtszeiträume sind abgestimmt auf das Touristik-Jahr, das am 1. November beginnt und am 31. Oktober endet.

Interviewt wird in den Monaten Februar, Mai, Mitte August/Mitte September und November. Erhoben werden in jedem dieser Monate die „langen" Reisen (5 Tage und länger) der letzten zwölf und die geplanten Reisen der kommenden zwölf Monate. Die „kurzen" Reisen (2–4 Tage) werden komplett im Rahmen von Mobility erhoben (vgl. 5.4.2.2).

Durch die Überlappung der Berichtszeiträume bei langen Reisen ist es möglich, für jede Auswertung aus mehreren Wellen zu kumulieren. Mit Hilfe dieses Verfahrens wird jeder einzelne Monat durch bis zu 4 x 4.000 = 16.000 Interviews abgedeckt. Daraus resultiert eine relativ hohe Zahl an berichteten Reisen, die sich als ausreichend für kundenspezifische Auswertungen erwiesen hat.

5.4.2.2 Mobility

Für Mobility werden jährlich kontinuierlich 30.000 Interviews durchgeführt, d.h. pro Woche ca. 600 Interviews.

Es werden die Reisen der letzten zwei Monate ab Befragungstag erhoben. Für den Befragungstag 7.8. lautet also beispielsweise die Einstiegsfrage: „Haben Sie in den letzten 2 Monaten, also seit dem 7.6.1996, eine Reise von mehr als 100 km unternommen?" Per Programmsteuerung wird für jeden Interviewtag der Berichtszeitraum aktualisiert.

Anders als im TouristScope muß der Berichtszeitraum für Mobility wesentlich kürzer sein, da aufgrund des Untersuchungsgegenstandes – alle Reisen ab 100 km, mit und ohne Übernachtung – die Erinnerungsverluste gerade bei eher alltäglichen Reisen zu hoch wären.

5.4.3 Synergieeffekte bei Mobility und TouristScope

Mobility ist die größere Plattform, die als Untermenge auch TouristScope-relevante Reisen erfaßt.

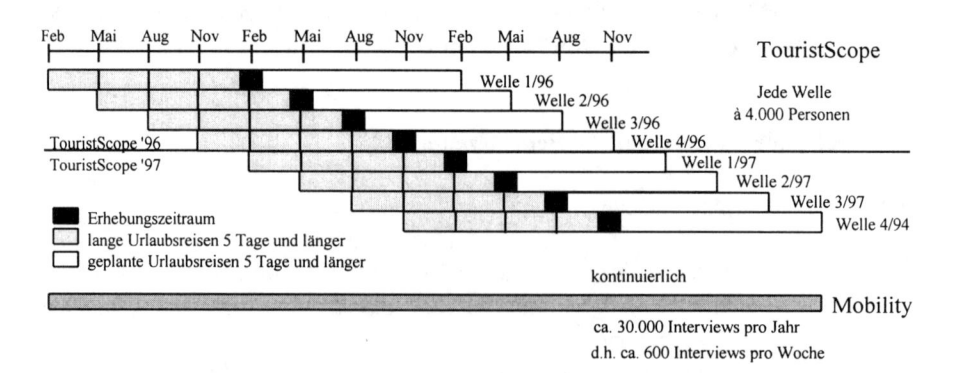

Abb. 2: Lage von Feldzeiten und Berichtszeiträumen für Mobility und TouristScope

Wird in einem Mobility-Interview über die Variablen „Urlaubsreise" als Teilgruppe der Privatreisen sowie „Dauer" = 2-4 Tage bzw. 5 Tage und länger eine Reise per Programmsteuerung als TouristScope-relevante Reise erkannt, werden für diese Reise alle Fragen eingespielt, die aus dem TouristScope-Fragenprogramm stammen.

Diese in Mobility erhobenen TouristScope-Reisen können damit sowohl für die TouristScope- als auch für die Mobility-Auswertung und -Berichterstattung zur Verfügung gestellt werden.

5.5 Ergebnisse

Zur Abrundung dieses Beitrags sollen einige Kennwerte des deutschen Reisemarktes dargestellt werden. Aufgrund der Tatsache, daß es sich bei Mobility und TouristScope um kommerzielle Untersuchungen handelt, ist eine uneingeschränkte Veröffentlichung der Daten nicht möglich.

Tab. 1: Basisdaten des deutschen Reisemarktes

	Urlaubsreisen aus TouristScope (mind. 1 Übernachtung)	Reisen ab 100 km aus Mobility
Berichtszeitraum	Nov. 94 – Okt. 95	Jan. 95 – Dez. 95
Reisen insgesamt davon:	*152 Mio.*	*260 Mio.*
– Inlandsreisen	81 Mio.	173 Mio.
– Auslandsreisen	71 Mio.	87 Mio.
– aus den ABL	120 Mio.	206 Mio.
– aus den NBL	32 Mio.	54 Mio.
Verkehrsmittel		
– Pkw-Reisen	106 Mio.	178 Mio.
– Bahnreisen	14 Mio.	31 Mio.
– Flugreisen	19 Mio.	29 Mio.
– Busreisen	11 Mio.	16 Mio.
– Reisen mit anderen Verkehrsmitteln	2 Mio.	6 Mio.

6 Reisebiographien

Christoph Becker

6.1 Zielsetzung und Entstehung

Das Dilemma der Marktforschung im Tourismus besteht darin, daß sich die Gründe für das Reisen des einzelnen durch Repräsentativbefragungen nur ungenau erheben lassen: Daher fehlen überzeugende Modelle, auf deren Basis das künftige Reiseverhalten der Bevölkerung einigermaßen verläßlich vorhergesagt werden könnte. Das Motivationsspektrum für Urlaubsreisen ist zu vielfältig und immer wieder Änderungen unterworfen, als daß es zuverlässig erfaßt werden könnte. Zudem bestehen selten Zwänge eine ganz bestimmte Urlaubsreise zu unternehmen; vielmehr ist das Reisen im Urlaub ein Lebensbereich, der vom einzelnen weitgehend frei gestaltet werden kann.

So kann sich die Marktforschung im Tourismus nur auf wenige, vage Daten stützen, um das künftige Reiseverhalten zu prognostizieren: auf das grob erhobene Motivationsspektrum, auf die Reisen des letzten Jahres und auf das Interesse an Reisezielen für die nächsten drei Jahre. Dieses Interesse an Reisezielen darf freilich nicht als feste Absichtserklärung interpretiert werden, sondern zeigt vor allem die Entwicklung bei der Beliebtheit verschiedener Zielländer auf.

Der besondere Ansatz der Reisebiographien für das Prognostizieren des künftigen Reiseverhaltens im Urlaub besteht in folgendem: Während aufgrund der bekannten Repräsentativerhebungen als Querschnittsanalysen problemlos Ausssagen darüber möglich sind, wie sich der Marktanteil von z.B. Spanien als Reiseziel der Deutschen in den letzten Jahren entwickelt hat und in welche Richtung die Entwicklung tendiert, ermöglichen die Reisebiographien als Längsschnittstudien für einen gewählten Zeitraum zu zeigen, in welchem Umfang es sich – um beim Beispiel zu bleiben – bei den Spanienurlaubern um Stammgäste oder gar Mehrfachbesucher pro Jahr handelt, welche Länder vor dem oder den Spanienurlauben aufgesucht wurden und welche danach – kurz in welchem Kontext Spanien als Reiseziel bei den einzelnen Befragten steht. Die prognostische Perspektive der Reisebiographien besteht also darin, daß aus dem effektiven Reiseverhalten während der letzten Jahre Regelhaftigkeiten für das Reiseverhalten in den nächsten Jahren abgeleitet werden: Wer fünf Jahre lang regelmäßig nach Spanien gereist war, wird dies mit großer Wahrscheinlichkeit auch in den folgenden Jahren tun. Wer jedes Jahr ein anderes Land besucht, wird sich kaum zum Stammgast eines Landes entwickeln. Aber es läßt sich auch der Frage nachgehen, ob saturierte oder unzufriedene Spanienurlauber häufig als interessante Alternative die Karibik wählen (was eine Befragung von 1995 nicht bestätigt). Oder ob z.B. nach der „Nestflucht" der Kinder oder nach der Pensionierung Reiseziele aus der eigenen Kindheit oder mit den Kindern gerne wieder aufgesucht werden. Schließlich die für den Deutschland-Tourismus wichtige Frage, ob die Auslandsreisenden eventuell wieder im Alter zu Reisezielen in Deutschland zurückkehren.

Die Idee zum Erheben von Reisebiographien und zum Durchführen einer Längsschnittstudie kam schon in den 80er Jahren auf. Zweifel am Erinnerungsvermögen der Probanden und befürchtete hohe Kosten dämpften jedoch die Initiative. Im Jahre 1991 wurde mit einer Studentengruppe in der Abteilung Fremdenverkehrsgeographie der Universität Trier eine Pilotstudie zum lebenslangen Reiseverhalten unternommen. Insgesamt 256 Trierer Bürger im Alter von 50, 60 und 70 Jahren – systematisch ausgewählt – wurden nach zwei Pretests interviewt.

Bei dieser Befragung ergaben sich nicht nur interessante erste Ergebnisse, sondern es zeigte sich auch die methodische Realisierbarkeit (Becker 1992): Die Erinnerungsfähigkeit der Probanden ist allgemein gut, zumal Reisen meist der Höhepunkt des Jahres sind und auch Fotoalben, Tagebücher und Familienangehörige bei den persönlichen Interviews zurate gezogen werden konnten; der zeitliche Erhebungsaufwand hielt sich in vertretbaren Grenzen, zumal in den früheren Jahrzehnten noch deutlich weniger gereist wurde als heute; es wurde ein 10-Jahresbogen entwickelt, auf dem Platz für drei Reisen pro Jahr war; gleichzeitig erwies es sich als praktikabel, mit den Reisen in der Kindheit zu beginnen.

6.2 Konzeption und Erhebungsinstrumentarien

Nach der vielversprechenden Pilotstudie führte das Europäische Tourismus Institut GmbH an der Universität Trier (ETI) Anfang 1993 nach einem weiteren Pretest eine bundesweite Repräsentativbefragung zum lebenslangen Reiseverhalten durch. Interviewt wurden 6.000 Personen ab 14 Jahre aus deutschsprachigen Privathaushalten. Die Befragung wurde von GfM Getas in Hamburg als Sonderstudie nach dem Random Route Verfahren durchgeführt.

Der Fragebogen gliederte sich in einen Interviewteil und in einen Selbstausfüllfragebogen zu den Reisen ab dem sechsten Lebensjahr. Der Interviewteil enthielt – ähnlich wie bei der „Reiseanalyse" – insbesondere differenzierte Fragen zur Reisezielkenntnis, zum Reisezielinteresse, zu den Reiseabsichten, zu den Landschaftspräferenzen, zu den Reisemotiven, zum Lebens- und Urlaubsstil sowie zur Soziodemographie. Gleichzeitig wurden die Probanden in das Bearbeiten der Selbstausfüllbögen eingewiesen, indem sie mit dem Interviewer die entsprechenden Angaben zu ihren Reisen während der drei letzten Jahre von 1990-92 machten: Für bis zu drei Reisen pro Jahr waren die Urlaubsreisen ab fünf Tagen Dauer anzugeben – jeweils mit Reiseziel, Organisationsform, Begleitung und gewähltem Verkehrsmittel.

Auf die Herausgabe eines Berichtsbandes verzichtete das ETI bewußt, da sich die Ergebnisse des allgemeinen Teils weitgehend mit den Resultaten der „Reiseanalyse 1992" decken; auf der anderen Seite sind die Auswertungsmöglichkeiten der Reisebiographien so vielfältig, daß es schwer fällt, die „wichtigsten Übersichtsdaten" auszuwählen; vielmehr nutzt der jeweilige Interessent entweder die in zahlreichen Datenbänden ausgedruckten Daten, oder das ETI führt auf der Basis der Originaldaten eine Sonderauswertung durch, die sich in optimaler Weise an der jeweiligen Fragestellung orientiert. Im folgenden Kapitel werden die Konzeptionen und ausgewählten Ergebnisse verschiedener Studien aufgrund der Reisebiographien dargestellt, um ein Bild von den vielfältigen Auswertungsmöglichkeiten der Reisebiographien zu vermitteln.

Praktisch angewendet wurden die Ergebnisse der Reisebiographien von großen Reiseveranstaltern und nationalen Tourismusorganisationen sowie bei Beratungsaufträgen des ETI und bei Forschungsfragen.

6.3 Auswertungsbeispiele für die ETI-Reisebiographien

6.3.1 Marktsegmentierung nach der Reisehäufigkeit

Bekannt sind die Marktsegmentierungen nach sozio-demographischen Merkmalen, nach touristischen Verhaltensweisen (Organisationsform, Verkehrsmittel, Unterkunftsart, Urlaubsaktivitäten, Reisezielen), nach Urlaubserwartungen und nach dem Lebensstil (Steinecke 1992). Die Reisebiographien bieten darüber hinaus die für ein zielgerichtetes Marketing interessante Möglichkeit, die Reisehäufigkeit in den vergangenen Jahren zur Bestimmung von Zielgruppen zu verwenden. Dabei kann von der Erfahrung ausgegangen werden, daß die in den letzten Jahren registrierte Reisehäufigkeit auch in den folgenden Jahren in der Regel beibehalten wird.

Bereits bei der Auswertung der Pilotstudie waren aufgrund der Reisehäufigkeit der Probanden während der letzten 20 Jahre bzw. während des ganzen Lebens Reisefanatiker, Ständig-Reisende, Intervall-Reisende, Häufig-Reisende, Wenig-Reisende, Selten-Reisende und Nie-Reisende ausgegliedert worden (Becker, 1992).

In einer Sonderauswertung der ETI-Reisebiographien wurden die Zielgruppen der Ständig-Reisenden und der Intervall-Reisenden vergleichend analysiert. Als Ständig-Reisende gelten hier die Probanden, die in den Jahren 1985-1992 jährlich wenigstens eine Urlaubsreise unternommen haben; als Intervall-Reisende werden die Probanden eingestuft, die in diesen acht Jahren wenigstens in drei Jahren eine Urlaubsreise unternommen haben, aber wenigstens in zwei Jahren nicht verreist waren. So befinden sich unter den 4.778 analysierten Westdeutschen 24% Ständig-Reisende und 30% Intervall-Reisende.

Zwischen diesen beiden Gruppen bestehen erstaunliche Unterschiede. Von der Reisemotivation her stehen bei den Ständig-Reisenden „intensives Genießen", „Erlebnisdrang" und „Ungezwungenheit" im Vordergrund, während Intervall-Reisenden „Komfort" und „Sicherheit" besonders wichtig sind; dieses Sicherheitsdenken geht so weit, daß bei den Intervall-Reisenden deutlich mehr Pauschalreisen gebucht werden (39% gegenüber 28%), obwohl die Intervall-Reisenden eher nähere Reiseziele aufsuchen, zu denen sich die Reisen meist auch selbst organisieren lassen.

Ihren Lebensstil bezeichnen die Intervall-Reisenden zu 46% als einfach und bescheiden, während die Ständig-Reisenden vielfältige Interessen verfolgen, spezifische Aktivitäten ausüben, das Leben genießen und eben auch leidenschaftlich gern reisen. Dagegen nennen 46% der Intervall-Reisenden keine Hinderungsgründe für häufigere Urlaubsreisen – sie entziehen sich zu einem guten Teil freiwillig dem Ritual der jährlichen oder noch häufigeren Urlaubsreise: Dies verdeutlicht, welch gegensätzliche Gruppen hier einander gegenüberstehen.

Gewiß bewegen sich die Intervall-Reisenden bei Einkommen und Bildung auf einem niedrigeren Level. Allerdings überrascht, wie stark bei den 1-Personen-Haushalten die Intervall-Reisenden und bei den 4-Personen-Haushalten die Ständig-Reisenden dominieren. Im Hinblick auf die Sympathisanten der verschiedenen politischen Parteien sticht heraus, daß die Relation zwischen Ständig- und Intervall-Reisenden bei den Grünen 69:31 beträgt, bei der SPD dagegen 45:55. Wie eine Spezialauswertung für die Sympathisanten der Grünen zeigt, erweisen sie sich in ihrem Reiseverhalten keineswegs als besonders umweltbewußt: Sie sind besonders reisefreudig, haben große Erfahrung bei Fernreisezielen, nutzen relativ häufig das Flugzeug und haben ein besonderes Interesse an exotischen Gebieten, andersartigen Menschen und unberührter Natur. In die gleiche Richtung weisen auch Befragungen von BUND- und VCD-Mitgliedern (Hallerbach 1993).

Mit dieser Darstellung ausgewählter Ergebnisse aus der zielgruppenspezifischen Differenzierung der Probanden nach der Reisehäufigkeit sollen einige der Auswertungsmöglichkeiten der Reisebiographien skizziert werden; selbstverständlich sind – je nach spezifischem Bedarf – Modifikationen der Abgrenzungskriterien und weitere Differenzierungen möglich.

6.3.2 Die Trendsetter

Nach dem Konzept der Meinungsführer – opinion leaders – werden innovative Entwicklungen auch im Reiseverhalten von einer kleinen Teilgruppe vorgelebt, der dann andere gesellschaftliche Gruppen nachfolgen; die Meinungsführer gelten als besonders kompetent. Um herauszufinden, welche Gruppen Meinungsführer im Tourismus sind, waren im Rahmen der Reiseanalyse 1982 die Probanden gefragt worden, wie häufig sie in Urlaubsangelegenheiten um ihre Meinung gefragt wurden. Dabei zeigte sich deutlich, daß Meinungsführer sich in der Regel durch eine höhere Bildung und eine überdurchschnittliche Reiseintensität auszeichnen.

Aufbauend auf dieser Erkenntnis folgte eine Sonderauswertung der ETI-Reisebiographien. Als Meinungsführer gilt danach, wer

- in den Jahren 1990 und 1991 mindestens eine Reise unternahm,
- im Jahr 1992 mindestens zwei Reisen unternommen hatte und
- mindestens das Abitur abgelegt hatte.

Insgesamt 5,4% der Probanden konnten so indirekt als „Meinungsführer" ermittelt werden (Steinecke/Braun/Wachowiak, 1994).

Unter diesen Meinungsführern waren besonders die 20-29jährigen vertreten, Personen, die erfolgreich ins Berufsleben eingestiegen waren. Der Lebensstil der Meinungsführer ist durch individuelle Verhaltensweisen gekennzeichnet. Wichtige Reisemotive sind Freiheit/Ungezwungenheit und die Andersartigkeit; sie sind selbständige Urlauber, die an geistiger Bereicherung und neuen Erfahrungen interessiert sind. Durch ihre Reiseerfahrung haben die Trendsetter eine große Länderkenntnis insbesondere über verschiedene europäische Länder erworben. Ihre Reiseabsichten zielen weniger auf die Mittelmeerländer und den Alpenraum, sondern ihre Präferenzen zielen eher auf die nichtklassischen Tourismusregionen – insbesondere auch auf Großbritannien, Irland und Skandinavien – also auf „grüne Ziele".

So gelingt es, durch das Herausarbeiten der Gruppe der Trendsetter auf der Basis der Reisebiographien, sehr klare Aussagen über die zukünftigen, von Deutschland ausgehenden Reiseströme abzuleiten.

6.3.3 Die historische Entwicklung des Reiseverhaltens in Deutschland

Die ETI-Reisebiographien bieten außerdem eine einzigartige Möglichkeit herauszuarbeiten, wie die einzelnen Generationen in Deutschland mit dem Unternehmen von Urlaubsreisen vertraut wurden. In der Grafik kann für vier Alterskohorten die Entwicklung der Reiseintensität verfolgt werden. Dabei zeigt sich für den 1911er Jahrgang ein erster leichter Anstieg der Reiseintensität von 1952 auf 1956, wenn diese Kohorte im 41.-45. Lebensjahr steht; ein sprunghafter Anstieg findet bei dieser Kohorte dann von 1956 auf 1960 statt im 45.-49. Lebensjahr. Die 1923er Kohorte „entdeckt" das Reisen bereits in den Jahren von 1948-1952, wenn dieser Jahrgang 25-29 Jahre alt ist – dieser Jahrgang nutzt die Reisemöglichkeiten also deutlich früher, steigert die Reiseintensität in den folgenden Jahren bis 1968 – einem ersten Höhepunkt – aber nur mit begrenzten Wachstumsraten. Auffällig ist der Einbruch der Reiseintensität im 65. Lebensjahr, in dem in der Regel der Ruhestand beginnt. – Bei den jüngeren Alterskohorten kann – entsprechend der wirtschaftlichen Entwicklung – von früher Jugend an eine rasch wachsende Reiseintensität beobachtet werden; dabei erreicht die 1961er-Kohorte von Beginn an deutlich höhere Werte als die 1951er-Kohorte.

Die Entwicklung des Reisens in Deutschland, die hier nur angedeutet wird, ist mit ihren Ursachen und Einflüssen primär für die Tourismus-Forschung interessant. Aber auch für das Marketing ist z.B. von Interesse, welche Reiseziele und -arten wegbrechen, wenn die ältere Generation das Reisen ganz aufgibt.

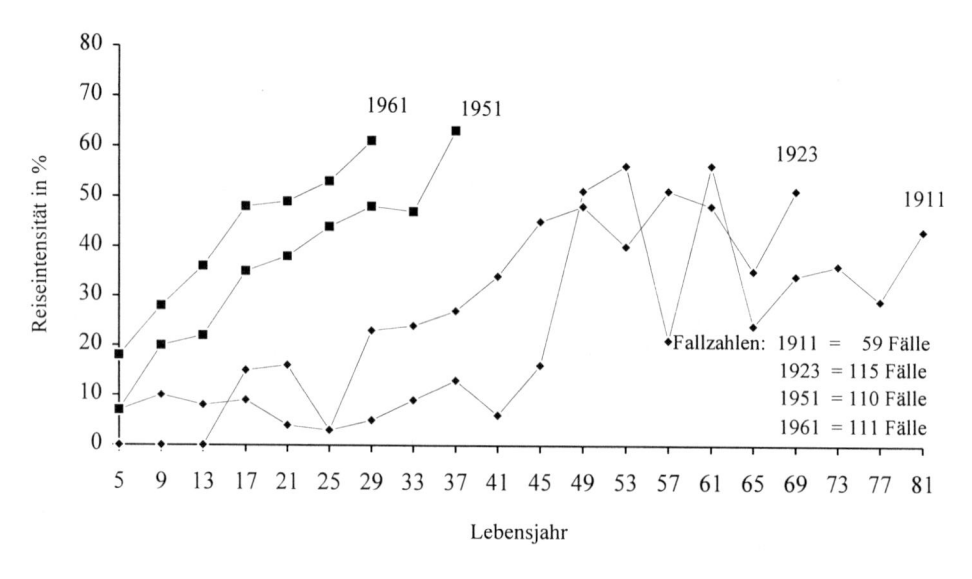

Abb. 1: Historische Entwicklung des Reiseverhaltens in Deutschland: Reiseintensität in Vierjahresschritten in % für vier Jahrgänge (*Quelle*: ETI-Reisebiographien)

6.3.4 Fernreisen in die Dritte Welt

Im Jahr 1992 entfielen nach den ETI-Reisebiographien 12,5% der Urlaubsreisen der Deutschen auf Fernreisen, 5,9% auf Reisen in Länder der Dritten Welt (im gleichen Jahr registrierte die Reiseanalyse 12,6% Fernreisen, was für die Qualität beider Erhebungen spricht). Inzwischen haben 17% der Westdeutschen in ihrem Leben wenigstens eine Dritte-Welt-Reise unternommen und 3,9% können zu den typischen Dritte-Welt-Reisenden gezählt werden, d.h. sie haben wenigstens dreimal Länder der Dritten Welt besucht.

Die typischen Dritte-Welt-Reisenden zeichnen sich durch eine besondere Regelmäßigkeit beim Reisen aus: Allein 44% haben in den letzten zehn Jahren jährlich mindestens eine Urlaubsreise unternommen, bei der westdeutschen Bevölkerung insgesamt nur 19%. Jede vierte Reise führt die typischen Dritte-Welt-Reisenden in diese Länder, daneben unternehmen sie auch weitere Fernreisen und Reisen zu europäischen Zielen in überdurchschnittlichem Umfang, hingegen werden deutsche Ziele von ihnen eher selten besucht.

Zur Soziodemographie, zu den Motiven und zum Lebensstil der Dritte-Welt-Reisenden sei auf die Analyse von Becker (1995) verwiesen. Kurz skizziert seien jedoch die Reiseabsichten der typischen Dritte-Welt-Reisenden: Es ergibt sich ein hohes Neupotential besonders für Australien, aber auch für Japan und China; daneben treffen die Karibik, Ägypten, Mittel- und Südamerika sowie Südostasien auf das Interesse dieser Gruppe.

Fernreisen und Reisen in die Dritte Welt verzeichnen hohe Wachstumsraten; sie bieten bedeutende Marktchancen für Reiseveranstalter. Sie stehen aber auch im Zentrum der Kritik, da von ihnen die stärksten negativen sozio-kulturellen Effekte ausgehen und die mit ihnen verbundenen Flugreisen ökologisch bedenklich sind.

6.3.5 Heimwehtourismus

Die Flüchtlinge und Heimatvertriebenen aus den ehemaligen deutschen Ostgebieten hatten jahrzehntelang keine Reisemöglichkeiten in ihre alte Heimat. Erst seit den 70er Jahren wurden Reisen möglich, aber wirkliche Reisefreiheit kehrte erst 1990 ein. Nach den Reisebiographien leben in Westdeutschland 4% und in Ostdeutschland 11,5% Flüchtlinge und Heimatvertriebene. Die Ostdeutschen haben aber gegenwärtig aus verschiedenen Gründen nur eine geringe Neigung zu Urlaubsreisen nach Polen.

Von den westdeutschen Probanden wurden zwischen 1990 und 1992 insgesamt 64 Urlaubsreisen in die Tschechische und Slowakische Republik unternommen (ohne Städtereisen nach Prag), allerdings nur sechs Reisen von Flüchtlingen und Heimatvertriebenen; diese Länder werden eher – wie auch Polen bei den Ostdeutschen – im Rahmen von Tagesausflügen und Kurzreisen besucht.

Für Polen wurden allerdings mit den ETI-Reisebiographien für die Jahre 1990-92 allein 130 Reisen von Westdeutschen registriert, davon 62 (= 48%) von Flüchtlingen und Heimatvertriebenen; sie unternahmen zwölfmal so häufig eine Urlaubsreise nach Polen wie die westdeutsche Bevölkerung insgesamt. Allerdings entfallen die 62 Polen-Reisen von 1990-92 auf 26 Einzelpersonen, die in diesen Jahren also teilweise das Land mehrfach besuchten.

Im Grunde bestehen optimale Chancen zur Marktbearbeitung, da diese 4% der Westdeutschen durch bestimmte Zeitschriften und Verbandsmitteilungen ohne große Streuverluste anzusprechen sind. Allerdings ist die polnische Regierung aus innenpolitischen Gründen noch weit davon entfernt, die Zielgruppe der Heimwehtouristen mit entsprechenden Angeboten gezielt zu umwerben. Dabei gilt ein Drittel der deutschen Übernachtungsgäste in Polen als Heimwehtouristen, und es werden große Hoffnungen auf den Tourismus als Devisenbringer gesetzt.

6.3.6 Potentialanalysen

In der Marktforschung und der Werbung im Tourismus spielt das Potential an interessierten Gästen eine wichtige Rolle. Zum Ermitteln des Potentials dienen die folgenden Fragen aus den Reisebiographien:

– welche Länder und Zielgebiete bereits mindestens einmal im Urlaub besucht wurden,
– welche Länder und Zielgebiete in den drei letzten Jahren bereist wurden,
– in welchen Ländern und Zielgebieten in den nächsten drei Jahren mit Sicherheit oder hoher Wahrscheinlichkeit Urlaub gemacht wird und
– an welchen Ländern und Zielgebieten noch Interesse besteht.

Aus diesen Ergebnissen der Reisebiographien können vier potentielle Kundengruppen herausgefiltert werden, die z.B. für die deutschen Urlauber in Österreich die folgenden Potentiale ergeben:

– 8,9 Mio. Deutsche als *Altpotential*: Personen, die früher bereits einen Urlaub in Österreich verbracht haben, in den letzten drei Jahren nicht in Österreich waren, aber in den nächsten drei Jahren sicher oder wahrscheinlich wieder einen Urlaub in Österreich verbringen wollen.
– 7,0 Mio. Deutsche als *Neupotential* – davon jeweils die Hälfte aus West- und Ostdeutschland –: Personen, die früher noch nicht in Österreich waren, in den nächsten drei Jahren aber sicher oder wahrscheinlich dorthin fahren wollen.
– 1,3 Mio. Deutsche als *Stammgäste*, die in den letzten drei Jahren regelmäßig Urlaub in Österreich gemacht hatten.
– 6,8 Mio. Deutsche als *Intervallgäste*, die in den letzten drei Jahren ein- oder zweimal einen Urlaub in Österreich verbracht hatten.

Auch wenn es sich bei dem geäußerten Interesse an Österreich um keine zuverlässige Absichtserklärung handelt, so werden dadurch doch gewisse Trends sichtbar. Auch können Vergleiche mit anderen Ländern angestellt werden, z.B. wie sich dort Alt- und Neupotential in Relation zum gegenwärtigen Besuch darstellen. Schließlich kann, wenn die Reisebiographien in den nächsten Jahren einmal wiederholt werden, die Entwicklung bei den vier Potentialgruppen analysiert werden.

Zusätzlich wurde die Zielgruppe der deutschen „Sommerfrischler" in Österreich mit Hilfe einer Reisemotivbatterie ermittelt, die je nach Definition 2,1 bis 5,8 Mio. Personen umfaßt. Diese Gruppe, die von der Österreich-Werbung besonders umworben wurde, konnte genau beschrieben werden, und es konnte auch die Position Österreichs im Konkurrenzumfeld herausgearbeitet werden.

Für die praktische Nutzung der Teilpotentiale können für jede Zielgruppe die soziodemographischen, psychologischen und touristischen Ausprägungen errechnet werden, die dann Anhaltspunkte für ein entsprechendes Marketing bieten.

Derartige Potentialanalysen wurden nicht nur für Österreich, sondern auch für das Großherzogtum Luxemburg (Steinecke, 1994), für Polen, für Nordamerika (Braun, 1993), für die Schweiz, für Belgien und für Rheinland-Pfalz als Zielgebiete durchgeführt; eine ähnliche Analyse erfolgte für den Städtetourismus (Steinecke/ Wachowiak, 1996).

6.3.7 Weitere Untersuchungen

Im Rahmen des laufenden Dissertationsvorhabens von Besel werden die ETI-Reisebiographien analysiert in Bezug auf die Anwendbarkeit bestehender Modelle wie der Lebensphasenmodelle oder der Lebenszyklenmodelle. Aus den gewonnenen Erkenntnissen soll dann ein – speziell auf die Thematik abgestimmtes – Modell entwickelt werden. Die Besonderheiten dieses retrospektiven Ansatzes der Datenerhebung sollen dann daraufhin in einer Verlaufsdatenanalyse untersucht werden. Dies geschieht, um den Nachweis der Regelhaftigkeit bestimmter Entscheidungsfaktoren bei einer Urlaubsreise zu erbringen.

6.4 Zusammenfassung

Reisebiographien als retrospektive Längsschnittanalyse bieten über die Auswertungsmöglichkeiten von Querschnittanalysen hinaus weitere interessante Ansätze. Der Vorzug der Reisebiographien besteht vor allem darin, daß über mehrere Jahre beobachtetes Reiseverhalten der Probanden sich in der Regel auch in den Folgejahren fortsetzt. Damit eröffnen sich zusätzliche Möglichkeiten für Prognosen des Reiseverhaltens, die bislang mit einer außerordentlich großen Unsicherheit behaftet sind.

Die Auswertungsmöglichkeiten der ETI-Reisebiographien sind ausgesprochen vielfältig. Die Beispiele des Kapitels 6.3 sollen einen kleinen Eindruck von dem breiten Spektrum an Auswertungsmöglichkeiten vermitteln. Sie zeigen, daß sowohl das aktuelle Tourismusmarketing als auch die mittel- und langfristig operierende Tourismusforschung aus den Reisebiographien ihren Nutzen ziehen können.

Nicht zuletzt ermöglichen Reisebiographien auch methodische Verbesserungen wie z.B. das Aufbessern kleiner Fallzahlen: Geht es z.B. um die Besucher eines kleineren Zielgebietes wie etwa der schleswig-holsteinischen Nordsee-Küste, so unternehmen dorthin „nur" 129 Probanden im Jahr 1992 ihre Haupt-Urlaubsreise. Werden jedoch auch die Besucher aus den Vorjahren ab 1988 hinzugenommen, ergibt sich eine respektable Zahl von 499 Probanden, die differenziert analysiert werden können.

Literatur

Becker, Chr. (1992): Lebenslanges Urlaubsreiseverhalten – Erste Ergebnisse einer Pilotstudie. In: Bekker, Chr. (Hrsg.): Erhebungsmethoden und ihre Umsetzung in Tourismus und Freizeit, Materialien zur Fremdenverkehrsgeographie H. 25, Trier, S. 70–82.

Becker, Chr. (1995): Fernreisen in die Dritte Welt – Ein Boom ohne Ende? In: Leisch, H. (Hrsg.): Perspektiven der Entwicklungsländerforschung, Festschrift für Hans Hecklau. Trierer Geographische Studien, H. 11, Trier, S. 3–13.

Braun, O.L. (1993): Zielgruppen für USA/Kanada: Analyse der Potentiale. In: FVW-Fremdenverkehrswirtschaft International, 31.8.1993, S. 44–45.

Hallerbach, B. (1993): Das Reiseverhalten von umweltbewußten Personen. Eine empirische Untersuchung des Reiseverhaltens von Mitgliedern in Umwelt- und Naturschutzverbänden. Diplomarbeit. Trier.

Steinecke, A. (1992): Methoden der Marktsegmentierung und Zielgruppenanalyse: Möglichkeiten – Probleme – Perspektiven. In: Becker, Chr. (Hrsg.): Erhebungsmethoden und ihre Umsetzung in Tourismus und Freizeit, Materialien zur Fremdenverkehrsgeographie, H. 25, Trier, S. 180–193.

Steinecke, A. (1994): Das deutsche Nachfragepotential für einen Urlaub in Luxemburg - Ergebnisse der ETI-Reisebiographien. In: Steinecke, A., M. Treinen (Hrsg.): Europäische Reisemärkte im Wandel. Aktuelle Strukturen und Trends im Urlaubsreiseverhalten, ETI-Texte, H. 4, Trier, S. 57–68.

Steinecke, A., O.L. Braun, H. Wachowiak (1994): Urlaubsziele der Zukunft: Reiseverhalten und Reiseabsichten der deutschen Trendsetter. In: Steinecke, A., M. Treinen (Hrsg.): Europäische Reisemärkte im Wandel. Aktuelle Strukturen und Trends im Urlaubsreiseverhalten, ETI-Texte, H. 4, Trier, S. 42–56.

Steinecke, A., H. Wachowiak (1996): Städte als touristische Ziele – Analyse des Nachfragepotentials im deutschen Städtetourismus. In: Steinecke, A. (Hrsg.): Stadt und Wirtschaftsraum, Berliner geographische Studien, Bd. 44, Berlin, S. 67–80.

7 Gästebefragungen

Robert Datzer und Caren Grünke

7.1 Vorbemerkung

Zu einem professionellen Marketing gehören detaillierte Informationen über aktuelle und potentielle Kunden. Die Marktforschung bietet ein breites Spektrum unterschiedlicher Methoden zur Erfassung der benötigten Informationen. Im Tourismus zählt die Gästebefragung zu den wichtigsten und gleichzeitig preiswertesten Optionen der Marktforschung.

Der vorliegende Beitrag beschäftigt sich mit den Methoden und Einsatzmöglichkeiten der Gästebefragung. Folgende Fragestellungen werden behandelt:

- Wozu dient die Gästebefragung? Welche Informationen können damit gewonnen werden?
- Wie führt man eine Gästebefragung durch (Formulierung des Fragebogens, Auswahl der Befragten, etc.)?
- Wie erfolgen Auswertung und Darstellung der Ergebnisse?

Anders als aufwendige Repräsentativerhebungen können Gästebefragungen auch von kleineren Tourismusbüros eigenständig durchgeführt werden. Der vorliegende Beitrag bietet praktische Hinweise, wie man sich Daten über die Nachfrageseite beschafft und für die Verbesserung des eigenen Angebotes nutzt. Die Literaturübersicht bietet denen Anregungen, die sich mit dem Thema vertiefend beschäftigen wollen.

7.2 Wozu dienen Gästebefragungen?

Erfolgreiche Tourismusanbieter wissen, wie wichtig zufriedene Gäste sind. Denn nur zufriedene Gäste kommen wieder und empfehlen den besuchten Ort oder die Unterkunft weiter. Zufriedene Gäste sind solche, die genau das finden, was sie sich vorgestellt haben. Doch die Wünsche der Gäste ändern sich. Wer es versäumt, das eigene Angebot ständig zu verbessern und an die sich ändernden Bedürfnisse der Kunden anzupassen, verliert schnell den Anschluß.

Ständige Anpassung setzt voraus, daß man periodisch überprüft, wer die eigenen Gäste sind, woher sie kommen, was sie suchen, was sie zu loben und zu kritisieren haben und inwieweit das Angebot ihre Bedürfnisse zu befriedigen vermag. Eine Antwort auf die Fragen erhält man am einfachsten, indem man seine Gäste befragt.

Bevor wir auf methodische und inhaltliche Details eingehen, sollten wir uns über die grundsätzlichen Informationsmöglichkeiten einer Gästebefragung klarwerden. Im Prinzip können fast alle Problemstellungen behandelt werden, auch die sehr spezieller Art. In der Praxis bewegt man sich jedoch innerhalb eines Spektrums von Fragen, die der nachfolgenden Auflistung zu entnehmen sind:

- *Sozio-demographische Daten der Gäste*, z.B.:
  Alter
  Geschlecht
  Schulbildung
  Beruf
  ständiger Wohnsitz
  Haushaltsgröße
  Beruf des Haushaltungsvorstandes (als Indikator des sozialen Niveaus)
  Nettoeinkommen des Haushaltes
- *Reiseverhalten*, z.B.:
  Reiseerfahrung
  Reisetyp
  Anlaß der Reise
  Entfernung Wohnort-Ferienort (Reisedistanz, Einzugsgebiete)
  Anteil von Erstbesuchern und Stammgästen
  Aufenthaltsdauer
  Gewählte Unterkunft
  Reservierungsverhalten
  Benutztes Verkehrsmittel
  Reiseform (individuelle Reise/Gruppenreise)
  Inanspruchnahme von Reisebüroleistungen
  Zahl der Begleitpersonen
  Art der Begleitpersonen
  Feriengebundenheit der Gäste
  Freizeitbetätigung
  Aktivitäten
  Benutzte Einrichtungen am Ort
  Zeitpunkt der Reiseplanung
  Benutzte Informationsquellen vor Antritt der Reise
  Informationsbedürfnisse während des Aufenthalts
  Reiseziele früherer Jahre (längerfristige Präferenzen für bestimmte Zielgebiete)
  Ausgabenstruktur der Gäste (Wieviel geben sie aus und wofür?)
- *Subjektive Sachverhalte*, z.B.:
  Motive für die Wahl der Ferienregion

Motive für die Wahl des Ferienortes (Warum wurde nicht ein anderer Ort in der Region gewählt?)
Grad der Zufriedenheit mit dem Ferienaufenthalt insgesamt
Grad der Zufriedenheit mit diversen Teilaspekten des Angebots
Lob (Was hat den Gästen besonders gut gefallen?)
Kritik (Was hat den Gästen nicht gefallen, was würden sie ändern oder verbessern?)
Meinungsäußerungen zu verschiedenen Sachverhalten, zu ergriffenen oder geplanten Maßnahmen, zu Ausbauvorhaben usw.
Image des Ortes sowie Image der wichtigsten Konkurrenzorte bzw. -regionen
Bereitschaft, den jeweiligen Ort weiterzuempfehlen
Wahrscheinlichkeit des Wiederkommens im nächsten oder in den nächsten Jahren.

Aus den Aussagen zu den genannten Fragestellungen können Daten gewonnen werden, die sich nach verschiedenen Gesichtspunkten analysieren lassen. Dies sind primär:

- Beschreibung der Zielgruppe (Nachfrageanalyse)
- Beurteilung des eigenen Angebotes (Angebotsanalyse)
- Beurteilung des Konkurrenzumfeldes (Konkurrenzanalyse)
- Stärken-Schwächen-Profil des eigenen Ortes/der eigenen Region
- Beurteilung des eigenen Images (Imageanalyse).

Mit Hilfe der *Nachfrageanalyse* werden vor allem die Struktur, das Verhalten und die Bedürfnisse der Gäste beschrieben. Die Informationen werden benötigt, um das eigene Angebot auf die Wünsche der wichtigsten Zielgruppen auszurichten und geeignete Marketingmaßnahmen zu entwickeln.

Mit der *Angebotsanalyse* wird das vorhandene Angebot (Infrastruktur, Unterkünfte etc.) überprüft. Kritische Äußerungen der Gäste tragen entscheidend dazu bei, daß das Angebot ständig verbessert wird. Weiterhin erfährt man über die Wünsche der Befragten, ob die Schaffung neuer Angebotselemente erforderlich ist.

Jeder Ort befindet sich in einem Wettbewerb, der sich in den letzten Jahren zunehmend verschärft hat. Sinn und Zweck der *Konkurrenzanalyse* ist es, von den befragten Gästen zusätzliche Informationen über die Wettbewerber zu erhalten, um diese mit den eigenen Stärken und Schwächen zu vergleichen. Das Ergebnis der Analyse ist in der Regel ein Stärken-/Schwächenprofil, das Ansatzpunkte für den Ausbau positiver und die Beseitigung negativer Faktoren bietet.

Reiseentscheidungen werden maßgeblich vom Image einer Region oder eines Ortes geprägt. Die *Imageanalyse* versucht, die Faktoren zu bestimmen, die zur Entscheidung des Befragten für den jeweiligen Ort beigetragen haben. Außerdem spielt sie eine wichtige Rolle bei der Festlegung der Werbestrategie.

Gästebefragungen werden in der Regel in Betracht gezogen, wenn ein Ort deutliche Probleme hat (z.B. Rückgang der Übernachtungen, mangelnde Auslastung zu bestimmten Saisonzeiten). Von der Gästebefragung erhofft man sich Anhaltspunkte für die Lösung der Probleme. Bevor man sich für die Durchführung einer Gästebefragung entscheidet, ist es daher wichtig, die existierenden Probleme so präzise wie möglich zu formulieren. Nur so läßt sich klären, ob die Gästebefragung zur Problemlösung beitragen kann. Weiterhin ist im Vorfeld zu prüfen, ob sie methodisch korrekt durchführbar ist und eine Rücklaufquote erwartet werden kann, die eine sinnvolle Auswertung der erhobenen Daten zuläßt.

Zu den im Vorfeld zu klärenden methodischen Fragen gehören beispielsweise:

- Wen müssen wir worüber befragen? Beides hängt mit der erwähnten Problemdefinition zusammen. Je nach Problemstellung werden also unterschiedliche Gruppen von Gästen zu befragen sein.
- Wie erfolgt die Auswahl der zu befragenden Gäste?
- Wie groß muß die Zahl der Befragten sein?
- Wie wird befragt (mündlich oder schriftlich)?
- Wann sollte die Befragung stattfinden?

7.3 Methodische Fragen

7.3.1 Verfahren der Stichprobenauswahl

Zunächst ist festzulegen, wer befragt werden soll, über welche Personen also Informationen gesammelt werden sollen (Personen ab welchem Alter, nur Übernachtungs- oder auch Tagesgäste, nur Besucher einer bestimmten Einrichtung etc.). Dieser Personenkreis stellt die Grundgesamtheit dar. Die Abgrenzung muß eindeutig und objektiv erfolgen. Eine Totalerhebung (Befragung aller Personen der Grundgesamtheit) kommt selten in Frage, da sie im Normalfall zu kostenintensiv ist. Für eine Teilerhebung wird aus der Grundgesamtheit eine Stichprobe gezogen, die ein verkleinertes Abbild darstellen soll. Sie muß repräsentativ sein, da von diesem Teil auf die gesamte Gruppe geschlossen werden soll.

Für die Auswahl der Stichprobe gibt es verschiedene Verfahren, mit denen eine subjektive Selektion verhindert werden soll. Sie können unterteilt werden in *Quotenstichproben* und *Stichproben auf der Basis einer Wahrscheinlichkeitsauswahl*. Die Verfahren der Wahrscheinlichkeitsauswahl (zufallsgesteuerte Auswahl) setzen voraus, daß jedes Element der Grundgesamtheit die gleiche Chance haben muß, in die Stichprobe zu gelangen. Nur so kann auf die Grundgesamtheit geschlossen werden.

Die Einhaltung der strengen Zufallssteuerung wird bei Gästebefragungen nicht möglich sein, da wir es anders als bei den sogenannten Domizilbefragungen (d.h. am Wohnort des Befragten) mit einer „bewegten Masse" zu tun haben (d.h. die Gäste halten sich nur eine kurze Zeit und zu unterschiedlichen Zeitpunkten am Befragungsort auf). Bei Gästebefragungen empfiehlt sich daher die Quotenauswahl, zumal die Zusammensetzung der Grundgesamtheit nach verschiedenen Merkmalsklassen (Alter, Geschlecht, Unterkunftstyp, Saisonverteilung etc.) weitgehend bekannt ist. Bei der Auswahl der zu befragenden Gäste wird bei diesem Verfahren auf die prozentualen Anteile (Quoten) der einzelnen Merkmalsklassen geachtet.

7.3.2 Umfang der Stichprobe

Bei der Festlegung des Stichprobenumfangs sind folgende Punkte zu beachten:

- Je höher die Anforderungen an die Genauigkeit der Ergebnisse sind, desto größer muß die Stichprobe sein. Die statistische Fehlerspanne verringert sich mit wachsendem Stichprobenumfang. Bei einer Wahrscheinlichkeit von 95 Prozent beträgt die Fehlerspanne bei
  - 100 Interviews +/- 9,8 Prozentpunkte
  - 500 Interviews +/- 4,4 Prozentpunkte
  - 2.000 Interviews +/- 2,2 Prozentpunkte.

  Geben beispielsweise 60 Prozent der Befragten an, die wichtigste Aktivität sei Wandern gewesen, schwankt der Wert zwischen 50,2 und 69,8 Prozent bei 100 Befragten. Bei 500 Befragten liegt die Schwankungsbreite zwischen 56,6 und 64,4 Prozent.

- Die Größe der Stichprobe ist weiterhin abhängig von der beabsichtigten Untergliederungstiefe bei der späteren Auswertung der Ergebnisse. Spielen beispielsweise die Aussagen der über 60jährigen eine zentrale Rolle, muß sichergestellt werden, daß genügend Befragte dieser Altersgruppe in die Stichprobe gelangen.

- Da die Rücklaufquote praktisch nie bei 100 Prozent liegt, muß insbesondere bei schriftlichen Befragungen darauf geachtet werden, daß genügend Fragebögen verteilt werden. Bei schriftlichen Befragungen (s. Abschn. 3.3) kann man mit einer Rücklaufquote von 20 Prozent schon sehr zufrieden sein. Die Sicherung einer ausreichenden Rücklaufquote ist eine schwierige, für den Wert der Gästebefragung aber wichtige Aufgabe.

7.3.3 Form der Befragung

Die Interviews werden mit Hilfe eines Fragebogens durchgeführt, der strukturiert (Themen und Reihenfolge festgelegt) und standardisiert (Formulierung festgelegt) ist. So ist sichergestellt, daß die Ergebnisse miteinander vergleichbar sind.

Die Befragungen können sowohl mündlich durch Interviewer als auch schriftlich durchgeführt werden. Da die Gäste telefonisch im Zielgebiet kaum zu erreichen sind, kommt bei den *mündlichen* Interviews nur die *persönliche* Befragung in Betracht. Bei mündlichen Interviews ist insgesamt eine stärkere Motivation bei den Befragten festzustellen, die erteilten Antworten sind vielfach auch konkreter.

Bei einer *schriftlichen* Befragung können die Bögen auf unterschiedliche Weise verteilt werden, z.B. durch Auslage in Unterkünften, Geschäften oder touristischen Einrichtungen, als Beilage in Prospekten usw. Das schriftliche Verfahren hat die Vorteile, daß es kostengünstiger ist, da keine Interviewer benötigt werden und daß keine Fehler durch den Interviewer (z.B. falsche Formulierung, Einflußnahme) auftreten können. Auch werden Tabuthemen schriftlich eher beantwortet. Es gibt jedoch eine Reihe von Nachteilen. So ist die Rücklaufquote meist gering, der antwortende Personenkreis ist oft nicht mehr repräsentativ (Schreibgewandtere, am Thema Interessierte etc. sind u.U. überrepräsentiert), der Befragte kann andere Personen zu Rate ziehen oder sich den Bogen erst einmal ganz durchlesen. Unverstandene Fragen (die es eigentlich nicht geben darf) können nicht geklärt werden.

Eine weitere Möglichkeit ist, den Befragten einen Bogen direkt auszuhändigen und ihn unter Aufsicht ausfüllen zu lassen. Welche Form des Interviews gewählt wird, ist bei der Fragebogenerstellung zu berücksichtigen.

7.3.4 Zeitpunkt der Befragung

Der Zeitraum einer Gästebefragung hängt von folgenden Fragen ab:

- Was wollen wir untersuchen? Welche Jahreszeit interessiert uns (d.h. der gesamte Jahresablauf oder nur die Haupt- bzw. Nebensaison)? Steht der Wochenend-Kurztourismus im Vordergrund oder sind es die länger verweilenden Gäste?
- Wie groß soll die Stichprobe sein?
- Welche Zielgruppen wollen wir erreichen? Spielen Familien mit schulpflichtigen Kindern eine zentrale Rolle, wird die Befragung zu einem erheblichen Teil in den Ferien stattfinden müssen.

7.3.5 Erstellung des Fragebogens

7.3.5.1 Formulierung und Reihenfolge der Fragen

Bei der Ausarbeitung des Fragebogens geht es zunächst darum, die eigentlichen Forschungsfragen in einzelne, verständliche und konkrete Fragen zu übersetzen, um die *Validität* des Fragebogens sicherzustellen (d.h. messen die einzelnen Fragen tatsächlich das, was sie messen sollen?). Die Fragen müssen von den Befragten inhaltlich verstanden werden. Sie dürfen weder abstrakt sein noch Begriffe enthalten, die nicht jedem geläufig sind. Die Formulierungen müssen so eindeutig sein, daß sie von allen Befragten in der gleichen Weise verstanden werden. Emotional besetzte Begriffe sollten nicht verwendet werden. Werden Fragen zu scharf formuliert oder haben sie provozierenden Charakter, stößt dies bei den Befragten eher auf Ablehnung.

Innerhalb einer Frage kann schon die Änderung eines einzigen Wortes zu gravierenden Abweichungen bei den Antworten führen. Auch regionaler Sprachgebrauch spielt hierbei eine Rolle. Keinesfalls darf die Fragestellung den Befragten zu einer bestimmten Antwort verleiten. Auf die Formulierung muß höchster Wert gelegt werden, ihre Wirkung sollte in jedem Fall überprüft werden.

Fragen nach reinen Sachverhalten („Welche Farbe hat Ihr Auto") sind meist unproblematisch. Schwieriger wird es bei Fragen nach dem „Warum". Oft ist es nicht möglich, direkt danach zu fragen, da die Befragten sich z.B. ihrer eigentlichen Motive nicht bewußt sind oder die Antwort von Prestigedenken beeinflußt wird. In solchen Fällen ist eine Übersetzung der Frage nötig, d.h. die Motive müssen indirekt abgefragt werden.

Es ist hilfreich, sich in Erinnerung zu rufen, daß eine vollkommen fremde Person dazu angehalten werden soll, ihre Zeit zu opfern und ihre Einstellungen preiszugeben. Vor den Fragen sollte daher eine kurze Erläuterung zu Sinn und Zweck der Befragung stehen, ebenso die Anmerkung, daß die Angaben (trotz demographischer Fragen) vollkommen anonym bleiben. Um den Befragten zu motivieren, sollte der Fragebogen gewissen Spannungsbögen folgen. Zunächst muß ein Kontakt hergestellt, Vertrauen gewonnen werden, dann Interesse geweckt und vor allem gehalten werden.

Durch die Reihenfolge der Fragen läßt sich Abwechslung schaffen. So können sich für den Befragten langweilige (Alter, Aufenthaltsdauer) und interessante Fragen abwechseln. Nach Meinungsfragen können Fragen zum Wissen kommen; nach spannenden, mit Nachdenken verbundenen Fragen dann Auflockerungsfragen. Auch die Themenbereiche können abgewechselt werden, es müssen z.B. nicht alle Fragen zum Ausflugsverhalten in einem Block gestellt werden, man kann auch später wieder darauf zurückkommen. Zu viele Skalen oder „Schulnotenbewertungen" dürfen nicht hintereinander folgen, sie sind für den Befragten langweilig und anstrengend.

Es darf keinesfalls zu Ermüdung durch zu viele schwierige Fragen in Folge kommen, da dann die Gefahr besteht, daß das Interview abgebrochen wird. Wie bereits erwähnt, müssen am Anfang interessante Fragen stehen, um den Gast zu motivieren. Für das Untersuchungsziel wichtige Fragen sollten eher in die Mitte eines Bogens gelegt werden, sich jedoch mit für den Befragten interessanten Fragen abwechseln. Soziodemographische Fragen und solche, bei denen die Gefahr einer unaufrichtigen Beantwortung besteht (Einkommen), sollten zum Schluß gestellt werden, am Beginn könnten sie die Befragten verärgern. Auch Fragen, bei denen Hemmungen bei der Beantwortung erwartet werden (Tabuthemen, Einkommen), sollten „entschärft" werden. Dies kann durch Kategorienbildung erfolgen (Abfrage von Einkommensklassen statt genauem Einkommen). Ansonsten muß man sich mit „Tricks" bei der Formulierung behelfen, die Hemmungen abbauen („Viele sind ja der Meinung ... oder sagen ... , und Sie?").

Für die Länge des Fragebogens und damit die Dauer des Interviews gibt es keine konkrete Richtlinie. Optimal ist eine Beantwortungszeit von ca. 10 Minuten. Länger als 30 Minuten sollte sie auf keinen Fall betragen. Es hängt letztlich vom Interesse am Thema und der allgemeinen Befragungssituation ab, wie lange das Interview dauern kann.

Bereits vorhandene Kenntnisse über die Gäste müssen für die Entwicklung des Fragebogens genutzt werden. Sind viele ausländische Urlauber anzutreffen, kann der Bogen ggf. zweisprachig angelegt werden. Bei einem hohen Anteil von Geschäftsreisenden hingegen sollte die Befragung sehr kurz sein, da bei diese Gruppe die Beantwortungsbereitschaft sonst sehr gering ist.

7.3.5.2 Geschlossene und offene Fragen

Bei der Frageform wird zwischen geschlossenen und offenen Fragen unterschieden. Bei den geschlossenen Fragen sind die einzelnen Antwortmöglichkeiten bereits vorgegeben, wie z.B. „ja/nein/weiß nicht". Bei den offenen Fragen kann der Befragte seine Antwort frei formulieren.

Offene Fragen werden vor allem dann eingesetzt, wenn keine Kategorien gebildet werden können, weil kaum Wissen über die möglichen Antworten vorliegt oder die besondere Vielfalt der Antworten von Interesse ist. Sie liefern oft informationsreichere Antworten, sind aber für den Interviewer schwer zu notieren, da jeder Befragte anders formuliert und die Antworten z.T. sehr lang sein können. Die Antworten sind nicht direkt statistisch auswertbar, sie müssen zur Verarbeitung zuerst mit einigem Arbeitsaufwand in Kategorien zusammengefaßt werden.

Geschlossene Fragen sind hingegen schneller auszuwerten, sie können relativ einfach und einheitlich codiert werden. Es gibt verschiedene Formen der Antwortvorgabe: Ohne ausformulierte Antwortvorgabe, mit formulierter Antwortvorgabe oder als Skala. Die Vorgaben müssen sich genau abgrenzen lassen, jede Antwort muß eindeutig einer Kategorie zuzuordnen sein. Es muß auch sichergestellt sein, daß die Vorgaben realitätsnah sind, die Befragten ihre Antwort auch wirklich in den angebotenen Kategorien unterbringen können. Im Zweifelsfall kann die Möglichkeit „andere Antwort" eingefügt werden, bei der wie in einer offenen Frage alle sonstigen Antworten wörtlich eingetragen werden. Bei allen geschlossenen Fragen sollte die Kategorie „weiß nicht" oder „keine Antwort" aufgenommen werden, sie ist auch als konkrete Antwort zu werten. Viele Antworten in der Kategorie „weiß nicht" deuten in der Regel darauf hin, daß die Frage nicht zweckmäßig formuliert wurde.

Bei Fragen nach dem Image bieten sich Polaritätsprofile an. Dazu werden zu einzelnen Imageelementen Gegensatzpaare gebildet (saubere Landschaft/verschmutzte Landschaft), zwischen die eine Skala mit z.B. sieben Ankreuzmöglichkeiten gelegt wird. Der Gast nimmt dann eine Bewertung vor. Aus der Summe der Antworten zu einem Gegensatzpaar kann ein Durchschnittswert gebildet werden.

Eine Art Soll-Ist-Analyse erhält man dadurch, daß man die Gegensatzpaare des Polaritätsprofiles unter zwei verschiedenen Gesichtspunkten abfragt: Einmal nach der konkreten Meinung über das Zielgebiet, zum anderen darüber, inwieweit dem Befragten dieser spezielle Punkt wichtig ist.

7.3.5.3 Filter- und Gabelungsfragen

Will man etwas über eine bestimmte Teilgruppe in Erfahrung bringen, bietet sich eine Filterfrage bzw. eine Gabelung des Fragebogens an. Für den Interviewer muß jeweils ein entsprechender, leicht verständlicher Vermerk im Fragebogen enthalten sein.

Eine *Filterfrage* bedeutet, daß diejenigen Personen, die in diesem Zusammenhang nicht interessieren, aussortiert werden. So kann man z.B. demjenigen, der Schwimmen als Aktivität angibt, weitere Fragen nach dem Ort, der Häufigkeit etc. stellen. Diese Fragen sind jedoch von den „Nichtschwimmern" nicht zu beantworten.

Von einer *Gabelung* spricht man, wenn beide Gruppen (z.B. Schwimmer und Nichtschwimmer) interessieren, man ihnen jedoch unterschiedliche Fragen stellt. Es laufen also zwei Fragebogenstränge parallel, je nach Antwort bei der Gabelung wird dem Befragten dann Frageblock a) oder b) zugewiesen. Eine Gabelung kann auch benutzt werden, um im Vorfeld verschiedene Frageformulierungen auf ihre Wirkung zu testen.

7.3.5.4 Fragenbogen-Pretest

Zur Überprüfung der Frageformulierungen sollte grundsätzlich ein sogenannter Pretest durchgeführt werden. Es werden vorab Personen der Zielgruppe befragt, um den Fragebogen zu überprüfen. So können z.B. folgende Punkte rechtzeitig geklärt und ggf. noch korrigiert werden:

- Werden alle Fragen und Begriffe tatsächlich richtig verstanden?
- Stimmt die Reihenfolge der Fragen?
- Wird die Länge des Interviews akzeptiert?
- Sind die Interviewer genügend geschult?

7.4   Durchführung der Befragung

Um die Forderung der *Reliabilität* (Verläßlichkeit des Test-Instrumentes, d.h. es muß immer wieder zu gleichen Ergebnissen führen) zu erfüllen, darf während der Durchführung der Befragung nichts mehr geändert werden. Der Fragebogen und die Befragungsbedingungen müssen gleichbleiben.

Um dies zu gewährleisten, müssen die Interviewer absolute Neutralität wahren, unbefangen sein und die Interviews gleichförmig durchführen. Keinesfalls darf eine Beeinflussung des Befragten erfolgen, z.B. durch bestimmte Formulierungen, Nachhelfen, Kopfschütteln, Mimik oder ähnliches. Die Aufzeichnungen bei offenen Fragen sollten auch möglichst genau die Worte des Befragten wiedergeben und nicht nach dem Sprachgebrauch des Interviewers umformuliert werden. Völlig auszuschließen sind diese Faktoren nie, einiges geschieht schließlich auch unbewußt und die persönliche Ausstrahlung eines Menschen kann nicht ausgeschaltet werden. Jedoch müssen diese Fehlerquellen so gering wie möglich gehalten werden.

Indem man den Fragebogen bis auf das letzte Wort festlegt und den Interviewer nur den genauen Wortlaut vorlesen läßt, vermeidet man zumindest die Beeinflussung durch unterschiedliche Formulierungen. Die Fragen sollten auch so gestellt sein, daß der Befragte den Interviewer nicht um Erläuterungen bitten muß, da hierbei subjektive Einflüsse nicht zu vermeiden sind.

Im Laufe der Befragung stellt sich bei Interviewern ein gewisser Lerneffekt ein, sie meinen aufgrund von Erfahrungswerten schon zu wissen, wie die Antwort lautet, bevor sie vollständig erfolgt ist. Auch wird selektiv gehört, also eher das, was man zu hören erwartet. Es ist daher vorteilhaft, einen einzelnen Interviewer nicht zu viele Befragungen durchführen zu lassen, zumal auch viele Interviews hintereinander sehr anstrengend sind. Besser ist der Einsatz von vielen Interviewern, die jeweils nur eine begrenzte Zahl von Gesprächen führen müssen.

Ein Interviewer sollte möglichst kontaktfähig sein und eine angenehme Ausstrahlung haben, da sonst nur wenige Personen bereit sein werden, mit ihm ein Interview zu führen. Durchhaltevermögen ist erforderlich, da die Gespräche ermüdend und nach einer Weile u.U. langweilig werden können. Vor allem aber ist Ehrlichkeit gefragt. Bögen, die aufgrund von Bequemlichkeit vom Interviewer zum Teil oder ganz ausgefüllt werden, verfälschen das Ergebnis. Kontrollen können daher nicht schaden, auch um zu sehen, ob der Interviewer etwas nicht verstanden hat oder ob eine bewußte oder unbewußte Beeinflussung stattfindet.

7.5 Auswertung und Darstellung der Befragungsergebnisse

7.5.1 Aufbereitung der Daten

Die beantworteten Fragebögen – unabhängig davon, ob von den Befragten selbst oder von Interviewern ausgefüllt – müssen in einem ersten Auswertungsschritt erfaßt werden. Dies geschieht in der Regel computergestützt. Die manuelle Erfassung über Strichlisten ist heutzutage die Ausnahme und nur bei kleinen Interviewzahlen zu empfehlen.

Eine intensivere Bearbeitung im Vorfeld der Computererfassung erfordern die offenen Fragen. Die Antworten auf die offenen Fragen müssen thematischen Kategorien zugeordnet werden. Dies bedeutet, daß zunächst auf der Basis einer ersten Durchsicht der Antworten die Kategorien gebildet werden müssen. Im eigentlichen Erfassungsschritt werden die Nennungen dann in das Kategorienschema eingefügt. Dabei sollte eine zu große Zahl von Kategorien vermieden werden, da dies die Ergebnisdarstellung unnötig erschwert.

In der Praxis empfiehlt sich, die Datenerfassung und die reine EDV-gestützte Auswertung an spezialisierte Unternehmen zu vergeben, da diese über die entsprechenden Programme und die nötige Erfahrung verfügen.

7.5.2 Darstellung der Ergebnisse

Nach der Befragung und der Erfassung der Daten ist die Darstellung der Ergebnisse der dritte Schritt der Bearbeitung. Ziel dieses Schrittes ist es, das gesamte Material in Wort, Zahl und Schaubildern zu präsentieren, d.h. die statistische Gesamtmasse in Teile zu zerlegen.

Die einfachste Form der statistischen Darstellung sind Tabellen. Bei der Ergebnis-Darstellung empfiehlt es jedoch, nicht ausschließlich Tabellen zu verwenden, sondern so häufig wie möglich graphische Präsentationsformen zu wählen, da diese für den Leser leichter erfaßbar sind.

Bei den Tabellenarten unterscheiden wir eindimensionale und mehrdimensionale Varianten. Eine eindimensionale Grundtabelle ist eine einfache Auszählung, die der Beschreibung der Verhältnisse dient. Dargestellt wird nur die Häufigkeit, mit der die einzelnen Kategorien einer Frage genannt worden sind (in Prozent oder absoluten Werten). Sollten Mehrfachnennungen bei der Frage zulässig sein, kann die Summe der Prozentwerte 100 übersteigen.

In einer zweidimensionalen Tabelle wird ein einziges Merkmal (z.B. Alter) mit den Fragekategorien verknüpft, es werden also Zusammenhänge dargestellt. Das betrachtete Merkmal wird als unabhängige Variable bezeichnet, die Antwortkategorien als abhängige Variable. In getrennten Tabellen können verschiedene unabhängige Variable (Geschlecht, Einkommen etc.) in Bezug auf die Fragekategorien untersucht werden. Zu beachten ist, daß bei mehrdimensionalen Tabellen die Zahl der Nennungen in einzelnen Untergruppen so klein werden kann, daß nur noch sehr unsichere Aussagen getroffen werden können.

Neben der reinen Ergebnisdarstellung sollte überlegt werden, ob spezielle mathematisch-statistische Verfahren eingesetzt werden, die dazu dienen, Aussagen über die bestehenden Zusammenhänge zwischen einzelnen Variablen zu machen. Welche Verfahren jeweils angewendet werden können, hängt davon ab, auf welchem Meßniveau (nominales, ordinales, Intervall- bzw. rationales Niveau) die Daten vorliegen. Analyseverfahren, die für ein bestimmtes Niveau angewendet werden können, sind jeweils auch auf die rangniedrigeren Niveaus anwendbar. Typische Analyseverfahren sind z.B.

Signifikanzberechnungen, Bestimmung von Korrelations-Koeffizienten und Regressionsanalysen.

7.6 Zusammenfassung

Gästebefragungen sind Teil der touristischen Marktforschung und tragen mit zur Problemlösung in Kommunen und Regionen bei. Sie liefern Informationen, die unabdingbare Voraussetzung für ein effektives Tourismusmanagement sind.

Abschließend soll die Vorgehensweise bei der Durchführung einer Gästebefragung in Form einer Checkliste noch einmal zusammengefaßt werden:

1. *Problemdefinition*
   - fehlende Daten über Bedürfnisse, Struktur und Verhalten der Gäste
   - unbefriedigende Situation des Fremdenverkehrs
   - zu schwache Vor- und Nachsaison
   - etc.

2. *Problemanalyse*
   - Welche Daten und Informationen benötigen wir?
   - Welche Analyseansätze eignen sich?

3. *Hilft eine Gästebefragung bei der Problemlösung?*
   - Materiell:
     - Können Fragen an Gäste und die Auswertung der entsprechenden Antworten einen Beitrag zur Problemlösung leisten?
   - Formell:
     - Ist eine Gästebefragung methodisch korrekt durchführbar und kann eine Rücklaufquote erwartet werden, die eine sinnvolle Auswertung der erhobenen Daten zuläßt?

4. *Bestimmung von Art und Umfang der Befragung*:
   - Art:
     - Ist eine Vollerhebung oder Teilerhebung zweckmäßig?
     - Wie soll die Befragung durchgeführt werden (mündlich oder schriftlich)?
   - Umfang:
     - Welcher zeitliche Umfang soll für die Befragung angesetzt werden?
     - Wie groß soll die Stichprobe sein?

5. *Bestimmung der Auswertungsmethode*

6. *Entwurf des Fragebogens*

7. *Durchführung einer Pilotstudie (Pretest)*

8. *Ausarbeitung des endgültigen Fragebogens*

9. *Durchführung der Befragung*

10. *Einsammeln der Fragebögen und Rücklaufkontrolle*

11. *Erfassen und Auswerten der Antworten*

12. *Interpretation der Ergebnisse und Entwicklung eines Maßnahmekataloges.*

Literaturhinweise

Busch, H., B. Leitner (1992): Urlauberbefragungen in Zielgebieten. In: Chr. Becker (Hrsg.): Erhebungsmethoden und ihre Umsetzung in Tourismus und Freizeit. Materialien zur Fremdenverkehrsgeographie, Heft 25, Trier.
Diekmann, A. (1995): Empirische Sozialforschung. Grundlagen, Methoden, Anwendungen. Reinbek.
Friedrichs, J. (1985): Methoden empirischer Sozialforschung. 13. Aufl., Opladen
IVT Heilbronn (1989): Dokumentation zur Standardisierten Gästebefragung für das Land Baden-Württemberg. Heilbronn.
Landesverkehrsamt Südtirol (1990): Motive Meinungen und Verhaltensweisen, Bozen.
Noelle-Neumann, E., Th. Petersen (1996): Alle, nicht jeder. Einführung in die Methoden der Demoskopie. Überarbeitete Fassung. München.
Noelle-Neumann, E., R. Schulz (1989): Das Image der Schweiz in der Bundesrepublik Deutschland unter besonderer Berücksichtigung des Tourismus. Zürich.
Studienkreis für Tourismus e.V. (Hrsg.) (1988): Gästebefragungen. Ein Leitfaden für Praktiker. Starnberg.
Sudman, S., N. Bradburn (1982): Asking Questions. A Practical Guide to Questionnaire Design. San Francisco u.a..
Veal, A.J. (1992): Research Methods for Leisure and Tourism. Guildford.
Wyss, W. (1991): Marktforschung von A-Z. Adligenswil.

8 Image-Analysen

Rainer Wohlmann

8.1 Überlegungen zum Image-Begriff

Das Image einer Urlaubsregion, einer Urlaubsform oder eines Reiseveranstalters ist für den Urlauber nicht nur eine Orientierungsgröße bei seinen Reiseüberlegungen, sondern spielt auch im Entscheidungsprozeß über das Ziel, die Art und die Gestaltung seiner Urlaubsreise eine ganz entscheidende Rolle.

Dabei kommt es gar nicht darauf an, ob das Image den objektiven Gegebenheiten und Tatsachen entspricht, sondern vielmehr darauf, welche Vorstellungen, Meinungen und Erwartungen der einzelne mit dieser Region oder diesem Reiseveranstalter verbindet. Insofern ist das Image Ausdruck der subjektiv empfundenen Realität, an der der einzelne seine Entscheidungen orientiert. „Das Individuum richtet seine Entscheidungen gegenüber einem Meinungsgegenstand nicht danach, wie dieser ist, sondern danach, wie er glaubt, daß er wäre" (Spiegel, 1961, S. 29).

Am Beispiel des Images einer Urlaubsregion lassen sich Inhalt und Bedeutung dieses Begriffs recht anschaulich erläutern. In seiner einfachsten Form ist Image das Vorstellungsbild bzw. die Vorstellung, die jemand von dieser Region hat. Es entsteht „aus der Kombination von objektiven und subjektiven Faktoren" (Salcher, 1995, S. 131), die sich für den Urlauber oder Interessenten zu einem Gesamtbild zusammenfügen. Ganz konkret ist es einerseits das Wissen über diese Region, über seine Landschaft, seine Städte und Attraktionen, die als objektive Faktoren die Imagebildung beeinflussen. Ergänzt wird dieses Vorstellungsbild andererseits durch die subjektiven Vorstellungen, Meinungen und Erwartungen, die sich teilweise aufgrund objektiven Wissens, teilweise aufgrund subjektiver Empfindungen und Gefühle entwickelt haben.

Das Image einer Urlaubsregion ergibt sich aus der Vielzahl der individuellen Vorstellungsbilder, die in wesentlichen Punkten gleich oder sehr ähnlich sein werden, in anderen Punkten aber stark voneinander abweichen können. Je stärker dabei die individuellen Sichtweisen durch rationale und objektive Faktoren bestimmt werden, um so einheitlicher und gefestigter wird auch das Gesamtbild, das Image dieser Region sein.

Im Prinzip ist das Image das Ergebnis eines Meinungsbildungsprozesses, der nie endgültig abgeschlossen sein wird, sondern durch neue Informationen immer wieder in Gang gebracht und in eine bestimmte Richtung gelenkt werden kann.

8.2 Zweck und Aufgaben der Image-Analysen

Im Mittelpunkt der Tourismusforschung steht der Urlauber als potentieller Gast oder Kunde. Was er denkt, was er meint und wie er sich verhält, interessiert nicht nur seine potentiellen Gastgeber, sondern praktisch alle, die touristische Dienstleistungen anbieten. Dabei interessieren nicht nur die allgemeinen Denk- und Verhaltensweisen zum Thema Urlaub, sondern ganz speziell das, was er über die Anbieterseite und ihre konkreten Angebote denkt, was er davon hält, d.h. also im weitesten Sinne, welches Image die Anbieter touristischer Leistungen besitzen.

Aus diesem Grunde spielen Image-Analysen für die Tourismusforschung eine wichtige Rolle. Mit ihnen sollen insbesondere folgende Fragen beantwortet werden:

- Welche urlaubsrelevanten Faktoren und Dimensionen bestimmen das Image?
- Mit welchem Gewicht beeinflussen und prägen die Faktoren und Dimensionen das Image?
- Worin liegen die touristischen Stärken und Schwächen der unterschiedlichen Institutionen?
- Welche Position hat die untersuchte Institution im konkurrierenden Umfeld?
- Steht das Angebot im richtigen Verhältnis zu den Kosten und Preisen (Preis-Leistungs-Verhältnis)?

Die Aufgabe der Image-Analyse liegt also nicht nur in der Analyse der Denk- und Verhaltensweisen der tatsächlichen und potentiellen Urlauber, sondern auch in einer Standortbestimmung der eigenen Position.

Mit einer Image-Analyse wird eine größere Markttransparenz erreicht. Dies hat für sich schon einen großen Erkenntniswert. Im Bemühen um den Urlauber müssen solche Erkenntnisse aber auch umgesetzt werden: auf der einen Seite in die Entwicklung urlaubsgerechter Angebote, bei denen die Wünsche, Vorstellungen und Erwartungen der zukünftigen Urlauber mitberücksichtigt werden; auf der anderen Seite wird die Image-Analyse eine ganze Reihe von Ansatzpunkten aufzeigen, wie das Image im positiven Sinne, nämlich im Sinne der untersuchten Institution, stabilisiert oder verändert werden kann. Auf der Basis dieser Erkenntnisse kann eine intelligente und effiziente Marketingstrategie entwickelt werden, die den Urlauber für sich als Gast oder Kunden gewinnen soll. Insofern ist die Image-Analyse ein wichtiges Forschungsinstrument des strategischen Marketing im Tourismus.

8.3 Methoden der Image-Analyse

Die Aussagekraft und der Erfolg einer Image-Analyse hängen wie bei fast allen empirischen Untersuchungen ganz wesentlich ab von

- einer klaren Untersuchungskonzeption,
- der methodisch korrekten Anlage und Durchführung,
- einer professionellen Auswertung und Analyse und
- einer praxisbezogenen Umsetzung.

Zu diesen Punkten werden im ersten Schritt einige generelle Anmerkungen gemacht, die praktisch für alle Image-Analysen im touristischen Bereich gelten. Im zweiten Schritt werden Anlage und Durchführung von Image-Analysen an vier konkreten Beispielen erläutert, die in den letzten Jahren von M + E, Deutsche Gesellschaft für Markt- und Engpaßforschung, Frankfurt, überwiegend in Zusammenarbeit mit dem Studienkreis für Tourismus, Starnberg, durchgeführt wurden. Dabei geht es einmal um das Image eines Urlaubslandes und einer Urlaubsregion, zum anderen um das Image einer Urlaubsform und eines Reiseveranstalters.

In der *Untersuchungskonzeption* sollte als erstes der Untersuchungsgegenstand genau definiert werden. So hat z.B. eine Region nicht nur eines, sondern eine ganze Reihe von Images, je nachdem, unter welchem Aspekt die Region betrachtet wird. Ob die Qualitäten einer Region als Urlaubs- und Erholungsgebiet, als Wohngebiet oder als Industriestandort untersucht werden sollen, muß von vornherein klar definiert werden. Im touristischen Bereich interessiert in der Regel das Erscheinungsbild der Region als Urlaubs- und Erholungsgebiet, d.h. inwieweit die Region für längere oder kürzere Urlaubs- und Erholungsreisen als geeignet oder sogar als besonders attraktiv angesehen wird.

Von der Definition des zu untersuchenden Gegenstandes hängt es ganz wesentlich ab, an welche Personengruppen sich die Untersuchung richten muß. In die Untersuchung einbezogen werden sollten in jedem Fall alle tatsächlichen und potentiellen Interessenten, die als Urlauber und Gäste in Frage kommen können. Im weitesten Sinne ist dies die gesamte deutsche Bevölkerung, die Urlaubs- und Erholungsreisen unternimmt.

Aus finanziellen, aber auch aus forschungsökonomischen Gründen empfiehlt sich allerdings eine Konzentration auf die Personengruppen, die für die zu untersuchende Region als besonders interessant angesehen werden. So wird man in der Regel in die Untersuchung Gäste und Urlauber einbeziehen, die das Gebiet schon aus eigener Erfahrung kennen und aufgrund dieser Kenntnisse von dieser Region ein relativ objektives Vorstellungsbild haben.

Interessant werden aber auch solche Personengruppen sein, die die Region bisher nur dem Namen nach kennen und möglicherweise an einem zukünftigen Besuch interessiert sind oder die Region als völlig uninteressant ablehnen. Für beide Einstellungen wird es bestimmte Gründe geben, die im Rahmen der Image-Analyse untersucht und analysiert werden müssen.

Die Bestimmung der Zielgruppen, die in die Image-Analyse einbezogen werden sollen, hängt ganz wesentlich vom touristischen Angebot der Region und den möglicherweise geplanten Veränderungen ab. Trotz einer anzustrebenden Konzentration sollten die Zielgruppen nicht zu eng gefaßt werden, um auch neue Potentiale für die Region erschließen zu können.

Entsprechendes gilt selbstverständlich auch für die Image-Analysen von Urlaubsformen, Reiseveranstaltern usw. Neben einer klaren Definition, die in den meisten Fällen schon gegeben ist, kommt es auf die Zielgruppen an, die für die Urlaubsform oder für den Reiseveranstalter interessant sind. Im Prinzip wird man dabei immer aktuelle Urlauber oder Kunden sowie Interessenten in die Untersuchung einbeziehen.

Image-Analysen können mit verschiedenen empirischen Methoden – sowohl auf quantitativer als auch qualitativer Basis – durchgeführt werden. Dabei hängt die Wahl der Methoden ganz wesentlich vom Untersuchungsgegenstand und der Größe und Homogenität des anzusprechenden Potentials ab. In der Regel wird ein *Methoden-Mix aus qualitativen und quantitativen Methoden* zur Anwendung kommen, wobei je nach Aufgabenstellung der Schwerpunkt einmal mehr bei den qualitativen, zum anderen mehr bei den quantitativen Methoden liegen kann.

Sehr häufig erfolgt der Untersuchungsaufbau mehrstufig, indem zur Vorbereitung der Hauptuntersuchung eine qualitative Studie vorgeschaltet wird. Mit Gruppendiskussionen, Explorationen oder Expertengesprächen werden Einzelheiten der Untersuchungsaufgabe im freien Gespräch diskutiert und erfaßt. Auf diese Weise lassen sich erste Hypothesen überprüfen und wichtige Faktoren, die im Hinblick auf die Untersuchungsaufgabe eine Rolle spielen können, erkennen. Darüber hinaus dienen solche qualitativen Vorstudien aber auch ganz wesentlich der Entwicklung von sachadäquaten Erhebungsinstrumenten wie Skalen, Statementbatterien oder Frageformulierungen, mit denen in der nachfolgenden Hauptstudie die wichtigsten Aspekte der Untersuchungsaufgabe ganz gezielt angegangen werden können.

Während die Vorstudien mehr der Materialsammlung und der Entwicklung von aussagekräftigen Erhebungsinstrumenten dienen, soll die Hauptuntersuchung zuverlässige Ergebnisse zur Beantwortung der Untersuchungsaufgabe liefern. Aus diesem Grunde werden auf dieser Stufe in der Regel größere Gruppen der verschiedenen Interessentenpotentiale mit Hilfe von qualitativen Frageansätzen (d.h. viele offene Fragen) und mit voll durchstrukturierten quantitativen Interviews (einschließlich Skalierungen und Statementbatterien) befragt.

Die Wahl der geeigneten Untersuchungsmethode ist dabei wiederum abhängig vom Untersuchungsgegenstand und der Untersuchungsaufgabe. Handelt es sich um einen sehr speziellen Untersuchungsgegenstand, der nur für kleinere, speziell interessierte Bevölkerungsgruppen interessant ist, wird man eher einen qualitativen Untersuchungsansatz mit Gruppendiskussionen, Explorationen etc. wählen und diesen – soweit noch Probleme offen bleiben – durch kleinere flankierende Untersuchungen auf repräsentativer Basis ergänzen. Fragen über den Bekanntheitsgrad der untersuchten Institution und die Größe der verschiedenen Interessentenpotentiale können in diesem Rahmen geklärt werden.

Solche ergänzenden Repräsentativuntersuchungen sind allerdings nicht immer notwendig, da sehr oft aus vorliegendem Material, wie z.B. der Reiseanalyse des Studienkreises für Tourismus, schon Erkenntnisse der gewünschten Art herangezogen werden können.

Handelt es sich bei dem Untersuchungsgegenstand um eine Institution, die für breite Bevölkerungskreise oder für die gesamte Bevölkerung interessant ist, so kann eine repräsentative, mehr quantitativ ausgerichtete Untersuchung mit durchstrukturierten Interviews unter Berücksichtigung der finanziellen und forschungsökonomischen Gesichtspunkte die bessere Lösung sein. In diesen Fällen wird man im allgemeinen durch eine intensive qualitative Vorstudie die nachfolgende repräsentative Hauptstudie entsprechend vorbereiten.

In der Phase der *Auswertung und Analyse* können sowohl univariate als auch multivariate Analyseverfahren zur Anwendung kommen. Besonderen Erkenntniswert vermitteln im allgemeinen die multivariaten Analysetechniken, wie z.B. Faktorenanalyse, Segmentationsanalyse oder Clusteranalyse. Mit Hilfe der Faktorenanalyse können die wichtigsten Imagekomponenten definiert und beschrieben werden. Auf der Basis dieser ermittelten Einstellungsdimensionen lassen sich mit einer Clusteranalyse Personengruppen definieren, die in bezug auf Urlaub und Urlaubsreise unterschiedliche Wünsche und Erwartungen haben.

Aufgabe der abschließenden Analyse, die normalerweise in einem schriftlichen Bericht zusammengefaßt wird, ist die Herausarbeitung der Gemeinsamkeiten und der Unterschiede der verschiedenen angesprochenen Zielgruppen im Hinblick auf den Untersuchungsgegenstand. Dabei sollten nach Möglichkeit auch die Ursachen für diese unterschiedlichen oder gleichartigen Verhaltensweisen und Einstellungen aufgezeigt werden. Diese können beispielsweise sowohl im sozialen Umfeld und in der sozioökonomischen Situation der Betroffenen liegen als auch in ihrer Einstellung zu lebensrelevanten Themen oder zur Gestaltung ihrer Freizeit zu Hause und im Urlaub.

Die Erkenntnisse der Image-Analyse sollten von Marketingexperten weiter verarbeitet werden, indem diese in Zusammenarbeit mit dem Marktforscher markt- und kundenorientierte Marketingstrategien entwickeln.

8.4 Beispiele von Image-Analysen

8.4.1 Deutschland als Urlaubsland

Im Jahr 1986 beauftragte der Deutsche Fremdenverkehrsverband, Bonn, den Studienkreis für Tourismus, Starnberg, eine grundlegende Untersuchung zum Urlaub in Deutschland zu konzipieren. Anlaß war die Sorge der Deutschen Fremdenverkehrswirtschaft, „daß der Bundesbürger zwar immer reisefreudiger wird, sich das Haupturlaubsgeschehen aber zunehmend ins Ausland verlagert" (Deutscher Fremdenverkehrsverband, 1987, S. 9).

Kernstück dieses Forschungsprojektes war eine empirische Grundlagenuntersuchung zum Image Deutschlands als Urlaubsland. Ausgangspunkt der konzeptionellen Überlegungen war die Tatsache, daß immer mehr Deutsche ihren Urlaub im Ausland verbringen, obwohl Deutschland mit seinen vielfältigen Landschaftsformen und seinem großen Kulturangebot teilweise mehr, zumindest aber genauso viel wie manches andere Urlaubsland im Ausland bieten kann.

Unter Berücksichtigung dieser Rahmenbedingungen wurde zur Lösung dieser Aufgabe eine *dreistufige Untersuchung* konzipiert, die mit verschiedenen Methoden verschiedene Zielgruppen ansprechen sollte.

Auf der ersten Untersuchungsstufe diskutierten Urlauber der verschiedenen Altersgruppen (20–40 Jahre, 40–60 Jahre) im Rahmen von Gruppendiskussionen über ihre Einstellungen zum Deutschlandurlaub. Hinzu kamen noch Gruppendiskussionen mit Vätern und Müttern von Kleinkindern, die in der Regel mit der ganzen Familie verreisen. In jeder der Gruppen diskutierten acht bis zehn Personen – jeweils die Hälfte Deutschland- bzw. Auslandsurlauber – unter der Leitung eines psychologisch ausgebildeten Diskussionsleiters über ihre Einstellung zu einem Urlaub in Deutschland.

Auf der zweiten Stufe wurden Deutschland-, Auslands- und Wechselurlauber im Rahmen von explorativen Einzelgesprächen zum Thema Urlaub in Deutschland befragt.

Beide qualitativen Vorstudien erbrachten erste Erkenntnisse darüber, worin jüngere und ältere Alleinstehende und Familienreisende, regelmäßige Deutschland- und Auslandsurlauber die wesentlichen Vorteile und Nachteile eines Urlaubs in Deutschland sehen. Aufgrund dieses Materials konnten zielorientiere Skalen, Statementbatterien und spezielle Fragen entwickelt werden.

Für die Hauptstufe, die mit teilstrukturierten Fragebögen durchgeführt wurde, wurden die Befragten entsprechend ihrer Präferenz für bestimmte Landschaftsformen als Urlaubsgebiet ausgewählt. Ausgehend von der Tatsache, daß Deutschland als Urlaubsland seinen Urlaubern die nahezu gleichen Landschaften bieten kann wie Regionen im Ausland, wurden sechs Gruppen von Urlaubern ausgewählt, die in gleichen oder ähnlichen Landschaftsformen im In- und Ausland Urlaub machten: Den Urlaubern an den südeuropäischen Küsten des Mittelmeers wurden die Urlauber an den deutschen Nord- und Ostseeküsten, den Hochgebirgsurlaubern in den ausländischen Alpenregionen die Urlauber in den deutschen Alpen sowie den deutschen Mittelgebirgsurlaubern die Urlauber in den nord- und westeuropäischen Staaten, die dort vom Klima und vom Wetter her sehr ähnliche Verhältnisse vorfinden wie in Deutschland, gegenübergestellt (vgl. Lohmann/Wohlmann, 1987, S. 149 ff.).

Das Kriterium Landschaftsform, das auf die Art und die Gestaltung des Urlaubs einen sehr großen Einfluß hat, war also für Deutschland- und Auslandsurlauber gleich.

Darüber hinaus sollten sie jetzt Stellung nehmen, warum sie sich für oder gegen einen Deutschlandurlaub entschieden hatten.

Die Ergebnisse der Hauptstudie wurden mit multivariaten und anspruchsvollen mathematischen Verfahren analysiert. Neben einer Bestimmung der Faktoren, die für die Wahl eines Urlaubsortes entscheidend sind, konnte so auch ihr Einflußgewicht berechnet werden. So ergab sich z.B., daß über die Hälfte der Entscheidungsprozesse für die Wahl des Urlaubsortes allein durch drei Faktoren – Erholung/Gesundheit, Angebot an Aktivitäten, komfortable Unterkünfte – bestimmt wird (vgl. Lohmann/Wohlmann, 1987, S. 76 ff.).

Die anschließende Clusteranalyse ergab fünf Urlaubertypen, die sich wie folgt charakterisieren lassen:

Typ 1: Der Fernreisende, der möglichst weit weg will.
Typ 2: Der Billigurlauber – Hauptsache der Urlaub ist billig.
Typ 3: Der Heimatverbundene – im Urlaub nicht so weit wegfahren.
Typ 4: Der Sonnenanbeter – Hauptsache im Urlaub sonnen und baden.
Typ 5: Der Familienurlauber – im Urlaub auf Kinder Rücksicht nehmen.

Aus dieser Typologie wird deutlich, welche Urlaubertypen am ehesten für einen Deutschlandurlaub gewonnen werden können (Typ 2, 3 und 5) und für wen ein Urlaub in Deutschland in nächster Zeit kaum in Frage kommen wird (Typ 1 und 4) (vgl. Lohmann/Wohlmann, 1987, S. 90 ff.).

Als Ergänzung zu der qualitativen Untersuchung wurden Ergebnisse der Reiseanalyse herangezogen, die auf repräsentativer Basis eine Berechnung der Potentiale in den verschiedenen Bevölkerungs- und Urlaubergruppen ermöglichten.

Aufgrund der Ergebnisse dieser Image-Analyse entwickelte der Deutsche Fremdenverkehrsverband in mehreren Tagungen und Seminaren eine Broschüre mit „Marketingempfehlungen für den Deutschen Fremdenverkehr", in der die „sofortige Einleitung von Maßnahmen der Angebotsgestaltung, Werbung, Öffentlichkeitsarbeit und Verkaufsförderung auf allen Organisationsebenen als dringend geboten" herausgestellt wurde (Deutscher Fremdenverkehrsverband, 1987, S. 2).

8.4.2 Image der Lüneburger Heide

Im Rahmen einer Untersuchung über den Fremdenverkehr in der Region Lüneburger Heide wurde eine *psychologische Imageuntersuchung* durchgeführt. Untersuchungsgegenstand war die Lüneburger Heide als Urlaubs- und Erholungsgebiet.

Bei dieser überschaubaren und genau abgrenzbaren Region konnte von vornherein in der Image-Analyse wesentlich stärker auf mögliche beeinflussende Faktoren, wie z.B. die Bevölkerung als Gastgeber, die Städte und ihr kulturelles Leben, die Natur und ihre Schönheiten, eingegangen werden. Wie diese Region in ihrer Gesamtheit von ihren tatsächlichen und potentiellen Gästen gesehen wird, war das eigentliche Ziel der Image-Analyse. Darüber hinaus interessierte aber auch die Position dieser Region im konkurrierenden Umfeld der anderen deutschen Urlaubs- und Erholungsgebiete.

Zur Beantwortung dieser zentralen Fragen wurde eine dreistufige Untersuchungskonzeption entwickelt, die sich ausschließlich auf die tatsächlichen Gäste und das weiteste Interessentenpotential konzentrierte. So wurden im ersten Schritt Gruppendiskussionen mit Vertretern interessanter Zielgruppen wie z.B. den Älteren, den Naturverbundenen, den Gesundheitsbewußten, den Familien mit Kindern oder den Wochenendausflüglern aus den benachbarten Großstadtregionen durchgeführt. In diesen Gruppen diskutierten Kenner und Interessenten die touristischen Stärken und Schwächen dieser Region, aber auch die Bedingungen, unter denen diese Region noch mehr an Attraktivität gewinnen könnte.

Im zweiten Teil der Untersuchung wurden explorative Interviews mit Urlaubern, die diese Region schon aus eigener Erfahrung kennen oder an einem Besuch interessiert sind, durchgeführt. Einbezogen wurde auch eine Gruppe von Nichtinteressierten, um herauszufinden, auf welche Faktoren deren Nichtinteresse zurückzuführen ist.

Die Ergebnisse der beiden qualitativen Vorstudien vermittelten einen ersten Eindruck von den Meinungen und Einstellungen der tatsächlichen und potentiellen Gäste. Sie zeigten vor allem, welche Bereiche in der Hauptuntersuchung besonders angegangen werden sollten, um die Ursachen für diese Ansichten und Verhaltensweisen herauszufinden. Darüber hinaus wurden im Rahmen der explorativen Interviews schon Skalen und Statementbatterien im Hinblick auf ihren Erkenntniswert überprüft.

In der Hauptuntersuchung wurden im Rahmen psychologischer Interviews jeweils 200 Lüneburger-Heide-Urlauber, Heide-Interessenten und Heide-Nichtinteressenten sehr intensiv befragt. Dabei ging es nicht nur um die Landschaft, sondern auch um das touristische Angebot, das man dort erwartet und um die Art des Urlaubs, den man in diesem Gebiet verbringen möchte.

Eine ganz wesentliche Erkenntnis dieser Image-Analyse war, daß namentlich den Interessenten, die die Lüneburger Heide noch nicht aus eigener Erfahrung kennen, die vielfältige Landschaft dieser Region nicht bewußt ist. Sie verbinden mit der Lüneburger Heide in erster Linie Heidelandschaften und Heidschnucken, die aber nur einen geringen Teil des ganzen Gebietes ausmachen.

Die Ergebnisse der psychologischen Imageuntersuchung waren zusammen mit parallel laufenden Gästebefragungen und Expertengesprächen die Grundlage für die Entwicklung eines neuen Marketingkonzepts, das den Anbietern vor Ort ganz konkrete Maßnahmen vorschlägt, wie sie ihre touristischen Angebote entsprechend den Wünschen und Erwartungen ihrer tatsächlichen und potentiellen Gäste gestalten sollen. Darüber hinaus werden aber auch Maßnahmen empfohlen, wie die Interessenten angesprochen werden sollten, um sie als Gäste für die Lüneburger Heide gewinnen zu können.

Für den Fremdenverkehrsverband Lüneburger Heide waren die Ergebnisse Anlaß dafür, einen neuen übergreifenden Gebietsprospekt zu entwickeln, in dem sowohl die typische Heidelandschaft als auch die Vielfalt der übrigen Landschaftsteile, die den normalen Heide-Interessenten gar nicht so bewußt sind, dargestellt werden (vgl. Studienkreis für Tourismus, 1991).

8.4.3 Urlaub auf dem Bauernhof

Urlaub auf dem Bauernhof ist eine spezielle Form des Urlaubs in ländlicher Umgebung. Der Bauernhof als Urlaubsquartier ist dabei nicht nur Unterkunft und Verpflegungsstätte, sondern mit seinem natürlichen Umfeld ein ganz wesentlicher Faktor für die Art und die Gestaltung des Urlaubs.

Das Bundesministerium für Landwirtschaft und Forsten gab 1986 zusammen mit anderen interessierten Institutionen eine Untersuchung in Auftrag, die die Attraktivität und die Chancen des Urlaubs auf dem Bauernhof analysieren sollte. Dafür konzipierten der Studienkreis für Tourismus und M + E, Deutsche Gesellschaft für Markt- und Engpaßforschung, eine mehrteilige Untersuchung, die ein möglichst klares Bild vom Image des Urlaubs auf dem Bauernhof und der Nachfragesituation nach dieser Art von Urlaub geben sollte.

Kernstück dieses Forschungsprojekts war eine qualitative Untersuchung bei aktuellen und potentiellen Bauernhofurlaubern. Da es sich hier um eine ganz spezielle Form von Urlaub handelt, wurde die Untersuchung auf die Bevölkerungsgruppen konzentriert, die an einem Urlaub auf dem Lande interessiert sind, weil sie in erster Linie als Potential für einen Urlaub auf dem Bauernhof in Frage kommen. Um die Vor- und möglichen Nachteile dieser Urlaubsform möglichst vollständig zu erfassen, wurden verschiedene Gruppen mit unterschiedlichem Interesse an einem Urlaub auf dem Bauernhof zu diesem Thema befragt. So wurden sowohl regelmäßige Bauernhofurlauber als auch solche, die nicht mehr in diesem Rahmen Urlaub machen wollen, als auch Interessenten und Nichtinteressenten in die Untersuchung einbezogen.

In einer qualitativen Vorstudie wurde im Rahmen von explorativen Interviews der Untersuchungsansatz überprüft. Die Hauptuntersuchung fand in zwei Schritten statt: Zum einen wurden die Urlauber an ihrem Urlaubsort auf dem Bauernhof bzw. in den Gasthöfen und Pensionen aufgesucht. Dieser Teil der Untersuchung diente vor allem dazu herauszufinden, inwieweit sich Erwartungen und Wirklichkeit im Urlaub entsprechen. Im zweiten Teil der Hauptuntersuchung wurden in ihrem Heimatort ehemalige, aktuelle und potentielle Urlauber über ihre Meinungen und Einstellungen im Rahmen von qualitativen Interviews befragt.

Parallel dazu wurden im Rahmen der Reiseanalyse auf repräsentativer Basis Meinungen zum Urlaub auf dem Bauernhof erfaßt. Dieser Teil diente im wesentlichen zur Berechnung der Interessentenpotentiale für den Urlaub auf dem Lande und ganz speziell den Bauernhofurlaub.

Die Gegenüberstellung der Meinungen und Einstellungen der verschiedenen Zielgruppen ergab „ein umfassendes und aktuelles Bild der Situation der Nachfrageseite nach Urlaub auf dem Bauernhof" (Wohlmann/Lohmann, 1986, S. V).

Die Ergebnisse dieser Image-Analyse des Urlaubs auf dem Bauernhof wurden in einer Broschüre einem größeren Interessentenkreis zugänglich gemacht. Sie können „den Anbietern von Urlaub auf dem Bauernhof bei der Gestaltung ihres touristischen Angebots ebenso hilfreich sein wie den Entscheidungsträgern in Politik und Verwaltung" (Wohlmann/Lohmann, 1986, S. V).

8.4.4 Image eines Reiseveranstalters

Gegenstand dieser Imageuntersuchung war ein Reiseveranstalter mittlerer Größe, dessen Bekanntheitsgrad in der Bevölkerung bei 25% lag, in seinem engeren Kundenpotential – den Veranstalterreisenden – aber bei fast 70%. Dieser Reiseveranstalter war Marktführer in einem sehr speziellen, aber kleinen Segment. Darüber hinaus konnte man bei ihm fast alles buchen, was auch von den großen deutschen Reiseveranstaltern angeboten wird.

Aufgabe dieser Image-Analyse war es herauszufinden, was die tatsächlichen und potentiellen Kunden von ihm und seinen Angeboten halten, worin sie die Stärken und Schwächen dieses Reiseveranstalters sehen und unter welchen Bedingungen sie möglicherweise einmal ein Angebot dieses Reiseveranstalters in Anspruch nehmen würden. Durch die Aufgabenstellung waren auch schon die Zielgruppen, die in die Untersuchung einbezogen werden sollten, definiert: zum einen tatsächliche Kunden, die sich schon eine Urlaubsreise von diesem Reiseveranstalter organisieren ließen, zum anderen potentielle Kunden – nämlich Veranstalterreisende –, die zwar noch nicht mit diesem, aber mit anderen Reiseveranstaltern gereist waren.

Da dieser Reiseveranstalter regelmäßig im Abstand von mehreren Jahren sein Image im weitesten Kundenkreis überprüfen ließ, konnte das Projekt auf zwei Untersuchungsschritte konzentriert werden. Zum einen wurden im Rahmen einer repräsentativen Bevölkerungsumfrage der Bekanntheitsgrad und die Größe des weiteren und engeren Potentials ermittelt. Zum anderen wurden in einer mehr qualitativen Untersuchung Interviews mit Kunden sowie mit Veranstalterreisenden durchgeführt. Diese zweite, ganz spezielle Untersuchung sollte Auskunft darüber geben, wie die Kunden diesen Reiseveranstalter beurteilen, wie sie mit seinen Leistungen zufrieden sind und in welchen Bereichen möglicherweise noch Verbesserungen im Sinne der Optimierung des Angebots möglich sind.

Beim weiteren Potential, den Veranstalterreisenden, stand das Image dieses Reiseveranstalters im Mittelpunkt. Sie mußten ihr Urteil mehr auf das gründen, was sie bisher von diesem Reiseveranstalter gehört hatten. Darüber hinaus sollte gerade von diesen potentiellen Kunden in Erfahrung gebracht werden, warum sie bisher noch nicht die Leistungen dieses Reiseveranstalters in Anspruch genommen haben, was dem bisher entgegenstand und unter welchen Bedingungen und Umständen sie möglicherweise Kunden dieses Reiseveranstalters werden könnten.

Ein wesentliches Ergebnis dieser Image-Analyse war, daß dem Reiseveranstalter aufgrund seiner Marktführerschaft in einem ganz speziellen Segment die Kompetenz für die anderen Bereiche nicht in dem Maße zugetraut wurde, wie dies den Konkurrenten zugebilligt wird. Da aber in diesem speziellen Segment kaum noch Wachstumschancen gegeben sind, konnte eine Verbesserung der eigenen Marktposition nur über die anderen Bereiche erreicht werden. Deshalb hat der Reiseveranstalter aus den Ergebnissen dieser Image-Analyse die Konsequenzen gezogen und in einem wesentlichen Punkt seine Marketingstrategie geändert.

Die angeführten Beispiele zeigen, daß Image-Analysen im Tourismus sehr konkrete Ergebnisse liefern können, die nicht nur den Zustand beschreiben, sondern auch ganz konkrete Anregungen geben, wie die touristischen Angebote und Leistungen noch besser auf die Wünsche und Erwartungen der Urlauber ausgerichtet werden können. Die Entwicklung von Marketingstrategien, die diese Erkenntnisse berücksichtigen, ist ein wichtiger Schritt zur Verbesserung der Marktposition der jeweiligen Institution.

Literatur

Deutscher Fremdenverkehrsverband (Hrsg.) (1987): Marketing-Empfehlungen für den deutschen Fremdenverkehr.
Lohmann, M., R. Wohlmann (1987): Urlaub in Deutschland. Starnberg.
Salcher, E. (1995): Psychologische Marktforschung. 2., neu bearb. Aufl., Berlin/New York.
Spiegel, B. (1961): Die Struktur der Meinungsverteilung im sozialen Feld. Bern/Stuttgart.
Studienkreis für Tourismus (Hrsg.) (1991): Der Fremdenverkehr in der Lüneburger Heide – Marketingkonzept. Starnberg.
Wohlmann, R., M. Lohmann (1986): Urlaub auf dem Bauernhof, Urlaub auf dem Lande. Starnberg.

9 Kundenzufriedenheitsmessung und -management bei Reiseveranstaltern

Frank Schmieder

Ein Rückblick auf die historische Entwicklung der touristischen Dienstleistung zeigt, daß Optimierung von Kundenzufriedenheit nicht erst in Unternehmenszielsetzungen Eingang gefunden hat, seitdem sich das Marktwachstum abflacht und die Margen schrumpfen. Hingewiesen sei an dieser Stelle insbesondere auf die Arbeiten von Dann (1978) und Pizam/Neumann/Reichel (1978). Der Wechsel vom Verkäufermarkt zum Käufermarkt am Ende der achtziger Jahre hat Kundenzufriedenheit im Rahmen von Qualitätsmanagement- und Kundenbindungssystemen jedoch erst zu einem strategischen Thema aufgewertet.

Das Ziel jedes strategischen Ansatzes ist es, zusätzlichen Umsatz und Ertrag zu erwirtschaften. Hierfür reicht es nicht aus, Leistungsverbesserungen nach dem „Gießkannen-Prinzip" vorzunehmen und darauf zu hoffen, daß sich die Ertragsverbesserung automatisch einstellt. Ein strategisches Ziel erreicht man nicht ohne Konzept. Dieser Beitrag liefert kein fertiges Konzept. Maßgeschneiderte allgemeingültige Lösungen gibt es nicht. Vielmehr sollen hier Wege aufgezeigt werden, wie ein Konzept entwickelt werden kann. Schwerpunkt ist dabei die Kundenzufriedenheitsmessung bei Reiseveranstaltern. Dabei wird das Thema Kundenzufriedenheit in der Business-to-Business-Beziehung ausgeklammert und Kundenzufriedenheitsoptimierung allein in der Beziehung zum Endverbraucher behandelt.

Üblicherweise beginnt ein Konzept mit Festlegung von Ziel- und Meßgrößen. Dies setzt voraus, daß man das Pferd kennt, auf dem man reiten will. Um Mißverständnissen vorzubeugen, wird das einleitende Kapitel die Entstehung von Kundenzufriedenheit im Kopf des Verbrauchers beschreiben und an touristischen Beispielen konkretisieren.

In der weiteren Abfolge werden alternative Zielsetzungen des Kundenzufriedenheitsmanagements vorgestellt, die Optimierung von Kundenzufriedenheit unter einem Kosten-/Nutzenansatz im Wettbewerbsumfeld an einem Modell skizziert, Verfahren zur Messung von Kundenzufriedenheit beschrieben und Ansätze für Umsatz- und Ertragsverbesserung durch zielgruppenspezifische Verbraucheransprache aufgezeigt.

9.1 Kundenzufriedenheit

Kundenzufriedenheit entsteht im Kopf des Verbrauchers. Es gibt zwar objektive Qualitätsnormen, aber keine objektive Kundenzufriedenheit. Kundenzufriedenheit ist immer subjektiv und relativ. Kundenzufriedenheit entsteht, wenn die Erwartungen eines Kunden bei der Erbringung einer Leistung erfüllt oder übererfüllt werden. Besonders positiv wirkt sich die überraschende Übererfüllung von Erwartungen aus. Dieser Ansatz wird als „Standard Disconfirmation Paradigm" bezeichnet und geht auf Oliver (1980) zurück.

Die Meßlatte für die Leistungsbeurteilung ist also die Erwartungshaltung des Kunden. Die Erwartungshaltung wird einerseits durch die individuellen Ansprüche des Kunden, durch seine persönliche Bedürfnishierarchie, andererseits durch die vor Reiseantritt kommunizierte Leistungsbeschreibung und durch Leistungsvergleiche im relevanten Produktumfeld vor und während der Reise und zum dritten durch Wissen aus bisherigen Erfahrungen und Gesprächen im sozialen Umfeld geprägt.

Da der Kunde die Qualität von touristischen Dienstleistungen bei der Buchung nicht überprüfen kann, setzt die Leistungsbeschreibung die Basis für die Produktqualität und damit für die Kundenzufriedenheit. Beim Leistungsvergleich im relevanten Produktumfeld gibt es eine horizontale und eine vertikale Vergleichsebene. Auf der horizontalen Vergleichsebene setzt der Kunde die Leistung eines Anbieters in Relation zur gleichen Leistung eines anderen Anbieters. Trotz Leistungsverbesserung wird die Kundenzufriedenheit zurückgehen, wenn der Konkurrent im „Relevant Set", z.B. der benachbarte Hotelier, das nächstgelegene Reisebüro, die gleiche Leistung stärker verbessert. Entscheidend für die Kundenzufriedenheit ist also nicht das Leistungsniveau, sondern die Leistungsdifferenz. Selbst Parameter, die im Erwartungsranking von Kunden weit oben liegen, haben keinen Einfluß auf die Kundenzufriedenheit, wenn der Kontrasteffekt im „Relevant Set" zu gering ist.

So zeigt die TUI-Gästebefragung, daß den Nebenkosten im Hotel kundenseitig hohe Bedeutung zugemessen wird. Da der Kontrasteffekt zwischen vergleichbaren Anlagen aber gering ist, schlagen sich die durchweg schlechten Noten für das Niveau der Nebenkosten kaum auf die Kundenzufriedenheit nieder.

Auf der vertikalen Vergleichsebene bildet das interne Leistungsportfolio eines Anbieters den Bezugsrahmen. Der Kunde urteilt ganzheitlich. Er bewertet Einzelleistungen im Vergleich mit anderen Einzelleistungen. Auch dieser Effekt läßt sich an einem Beispiel aus der TUI-Gästebefragung aufzeigen: Ein Vier-Sterne-Hotel in einem Mittelstreckenziel wird von Kunden auf einer fünf-stufigen Kundenzufriedenheitsskala eher unterdurchschnittlich bewertet. Alle Leistungsdimensionen werden durchschnittlich bewertet. Bei „Freundlichkeit des Personals" fällt die Kundenzufriedenheit stark ab. Die Lage des Hotels ist objektiv zwar nicht besser als die vergleichbaren Anlagen im Zielgebiet, durch den Kontrasteffekt im internen Leistungsvergleich wird sie aber leicht überdurchschnittlich benotet. Der Hotelier folgt nun der Empfehlung der TUI, seinen Qualitätsstandard zu verbessern und schult sein Personal. Im Folgejahr bestätigt die TUI-Gästebefragung den Erfolg seiner Maßnahme. Die Freundlichkeit des Personals wird signifikant besser bewertet. An der Lage des Hotels hat sich faktisch nichts verändert. Sie wird jedoch durch den jetzt negativen Kontrasteffekt signifikant schlechter benotet als im Vorjahr.

9.2 Zielsetzung

Verbesserung von Kundenzufriedenheit ist kein Selbstzweck. Das Ziel ist Umsatz- und Ertragssteigerung. Erfolg setzt klar definierte operative Etappenziele voraus.

Ziele:
- Zusatzumsatz und -ertrag
- Veränderung des Verbraucherverhalten
- höhere Empfehlungsrate
- höhere Wiederverkaufsrate
- stärkere Markenbindung
- Cross-Selling

Maßnahmen:
- Implementierung von Verfahren zur Messung von Kundenzufriedenheit
- Differentielle Qualitätsverbesserung im gewichteten Leistungsportfolio
- Zielgruppengerechte Verbraucheransprache und Mediaauswahl
- Zielgruppenspezifische Ergebnisrechnung

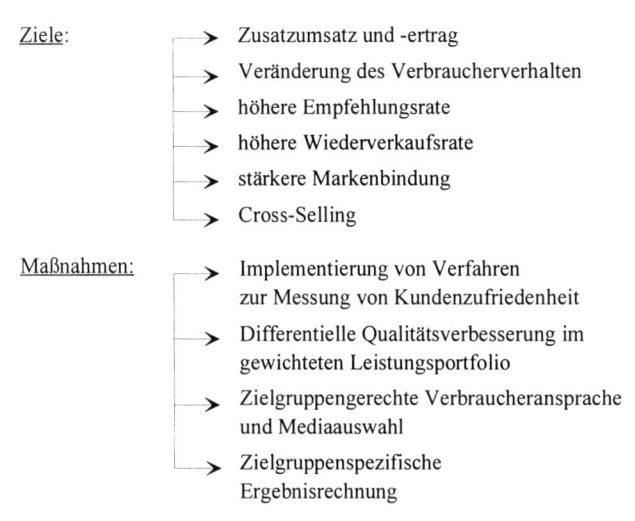

Abb. 1: Ziele und Maßnahmen des Kundenzufriedenheitsmanagements

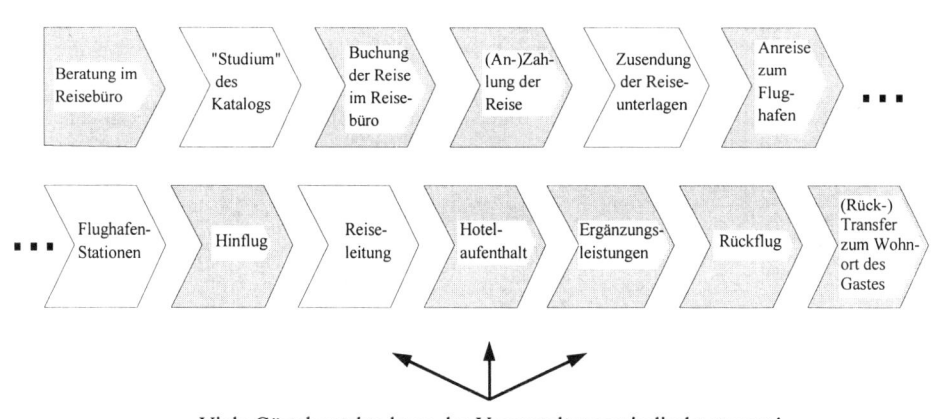

Beratung im Reisebüro → "Studium" des Katalogs → Buchung der Reise im Reisebüro → (An-)Zahlung der Reise → Zusendung der Reiseunterlagen → Anreise zum Flughafen → ... → Flughafen-Stationen → Hinflug → Reiseleitung → Hotelaufenthalt → Ergänzungsleistungen → Rückflug → (Rück-)Transfer zum Wohnort des Gastes

Viele Gästekontakte kann der Veranstalter nur indirekt steuern!

Abb. 2: Leistungskette Reiseveranstalter

Auch die Gewichtung der Etappenziele ist in einen strategischen Rahmen einzuordnen. Die touristische Dienstleistung eines Reiseveranstalters setzt sich aus unternehmenseigenen Leistungen und Fremdleistungen zusammen. Somit ist es das primäre Ziel, die Nettokundenzufriedenheit zu maximieren, die aus der Zufriedenheit der eigenen Marken-/Unternehmensleistung resultiert. Die Kundenzufriedenheit, die aus Fremdleistungen resultiert, sollte ebenfalls auf die eigene Marke addieren, die Markenloyalität stärken und Cross-Selling erleichtern. In der Positionierung eines Sortiments zählt die Bruttokundenzufriedenheit, die Gesamtkundenzufriedenheit, die sich aus den Qualitätsstandards aller Leistungsanbieter ergibt.

Soviel zur Theorie; in der Praxis kann ein Reiseveranstalter die Mehrzahl der kundenrelevanten Leistungen nur indirekt steuern (siehe Abb. 2).

Hinzu kommt, daß die meisten Reiseveranstalter in der Kundenansprache neben dem Preis die Qualität von Fremdleistungen (Anlagen, Fluggesellschaften) hervorheben und damit den Erwartungshorizont der Kunden prägen. Die eigene Leistung wird dem Kunden kaum präsent gemacht und hat für die Gesamtkundenzufriedenheit und die Markenloyalität daher wenig Gewicht.

9.3 Differentielle Qualitätsverbesserung im gewichteten Leistungsportfolio

Was Qualität ist, bestimmt der Kunde. Er bestimmt, mit welchem Qualitätsniveau er zufrieden ist. Von seiner Erwartungshaltung hängt es ab, welche Leistungsdimensionen wichtig sind. Optimierung von Kundenzufriedenheit kostet Geld. Zusatzumsatz und -ertrag setzen voraus, daß der Kunde bereit ist, für mehr Qualität einen Mehrpreis zu zahlen. Es gilt also, die Leistungsmerkmale zu identifizieren, die in der Erwartungshaltung des Kunden weit oben stehen, die ihm wichtig sind. Diese Leistungsdimensionen sind dann so zu steuern, daß das Qualitätsniveau zu 100% den Erwartungen der Kunden entspricht.

Aufwertung von unwichtigen Leistungen und Übererfüllung von wichtigen Leistungen ist defizitär. Übererfüllung von unwichtigen Leistungen ist ruinös. Die Gewichtung von Leistungsmerkmalen und die Festlegung von Leistungsausprägungen aus Kundensicht sollte unbedingt erste Priorität haben.

Zusätzlich ist bei der Strukturierung und Gewichtung des eigenen Leistungsportfolios der Wettbewerbsvergleich einzubeziehen. „Me-too"-Strategien sind auch beim Einsatz von Kundenzufriedenheits-Optimierungssystemen wenig erfolgreich. Die flächendeckenden Investitionen in Hoteltennisplätze und die Animationsprogramme von mediterranen Sun & Beachhotels sind unter diesem Gesichtspunkt ebenso kritisch zu betrachten wie die extreme Angebotsbreite von Hallenbädern in deutschen Ferienorten. Abbildung 3 zeigt an einem exemplarischen Modell die Positionierung touristischer Leistungselemente in Abhängigkeit vom Erwartungsniveau des Kunden und der Wichtigkeit des Leistungselementes für die Gesamtbeurteilung der Veranstalterleistung. Diese Darstellung geht zurück auf ein vom Infratest Burke entwickeltes System zur Steigerung der Kundenbindung mit dem Namen „Tri:M". In seinem Grundgedanken entspricht das sogenannte „Tri:M Grid" dem oben dargestellten Leistungsportfolio (vgl. Informationsbroschüre der Infratest Burke AG). Die Leistungselemente sind

Kundenzufriedenheitsmessung und -management   235

großteils anonymiert, da ein Reiseveranstalter im Wettbewerb auch für ein wissenschaftliches Handbuch nicht alle Erkenntnisse offenlegen kann.

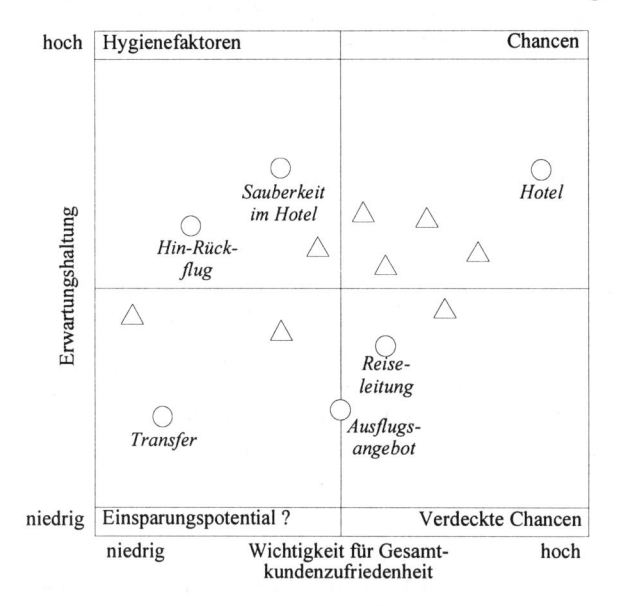

```
hoch │ Hygienefaktoren              │           Chancen
     │                              │
     │                              │
     │         ○                    │          ○
     │      Sauberkeit              │         Hotel
     │      im Hotel  △    △        │
     │   ○            △        △    │
     │  Hin-Rück-                   │
     │    flug                      │
     │                              │
     │ △       △                △   │
     │                              │
     │                    ○         │
     │                  Reise-      │
     │                  leitung     │
     │   ○              ○           │
     │ Transfer       Ausflugs-     │
     │                angebot       │
     │                              │
niedrig│ Einsparungspotential ?     │     Verdeckte Chancen
       niedrig    Wichtigkeit für Gesamt-      hoch
                  kundenzufriedenheit
```
(Erwartungshaltung)

Abb. 3: Positionierung touristischer Leistungselemente im Leistungsportfolio

Das in Abbildung 3 aufgezeigte Modell ist ausbaufähig. Auf der x-Achse läßt sich nicht nur die Variable „Wichtigkeit für die Gesamtkundenzufriedenheit", sondern auch die Variable „Wiederkaufsabsicht", „Empfehlungsabsicht" oder „Akzeptanz von Cross-Selling" darstellen, soweit diese Daten aus Kundenbefragungen vorliegen.

Aus Abbildung 3 läßt sich ableiten, welche Leistungselemente besonders stark auf die Gesamtkundenzufriedenheit durchschlagen. Sie zeigt, wo Handlungsbedarf und Handlungschancen bestehen, aber auch, wo sich Aufwand und Kosten ohne Auswirkung auf die Kundenzufriedenheit reduzieren lassen. Stehen Vergleichsdaten von Wettbewerbern zur Verfügung, so bietet das Verfahren zusätzlich die Möglichkeit einer Stärken- und Schwächeanalyse im Konkurrenzumfeld.

Die Quadrantenaufteilung erleichtert die Steuerung des eigenen Leistungsportfolios, da sie Handlungsoptionen aufzeigt.

Hygienefaktoren
Diese Leistungselemente liegen hoch in der Erwartungshaltung der Kunden, haben aber für die Erhöhung der Gesamtkundenzufriedenheit nur geringe Bedeutung, solange ein akzeptables Leistungsniveau gehalten wird. Hygienefaktoren sind meist sprungfixe Faktoren. Wird ein akzeptabler Schwellenwert unterschritten, so führt dies zu einem drastischen Rückgang der Gesamtkundenzufriedenheit. Investitionen in die Leistungs-

qualität über das erwartete Standard-Leistungsniveau hinaus führen jedoch kaum zu höherer Kundenzufriedenheit.

Ein durch die TUI-Gästebefragung gelegtes Beispiel ist das Leistungselement „Sauberkeit im Hotel". Deutsche Gäste legen viel Wert auf Sauberkeit. Mängel bei diesem Qualitätselement schlagen auf die Reiseveranstalterbeurteilung stark durch. Übererfüllung zeigt kaum Wirkung beim Kunden. „Sauberer als sauber", „ultra-" und megasauber" führt allenfalls in das Dilemma der Waschmittelindustrie. Sie wird allenfalls von Pedanten, nicht aber von der Mehrheit der Gäste honoriert.

Einsparungspotential
Leistungselemente in diesem Quadranten sind im Gesamtleistungsspektrum für den Kunden eher unwichtig. Sie haben keinen oder nur geringen Einfluß auf die Gesamtkundenzufriedenheit. Da der untere Schwellenwert viel niedriger liegt als bei Hygienefaktoren, kann hier mit einem Minimal-Qualitätsstandard operiert werden. Ein empirisch belegtes Beispiel der TUI-Gästebefragung ist die Transferleistung im Zielgebiet. Leistungselemente in diesem Quadranten sind auf Kostensenkungspotential zu überprüfen.

Chancen
Ausbau von Stärken und von Schwächen führt bei Leistungselementen, die sich hier gruppieren, am ehesten zur Stärkung der eigenen Position im Wettbewerbsumfeld. Nachteilig für Reiseveranstalter ist allerdings, daß sich hier ausschließlich fremdbestimmte Leistungsdimensionen gruppieren, die sich nur durch Beeinflußung der Leistungsträger bzw. durch eine aktive, kundenorientierte Sortimentspolitik steuern lassen (Beispiel: Hotelqualität).

Verdeckte Chancen
Hier liegen die noch nicht aktivierten Chancen für zukünftige Wettbewerbsvorteile. Durch signifikante, für den Kunden wahrnehmbare, Qualitätssprünge und durch flankierende Kommunikationsmaßnahmen lassen sich diese Leistungselemente im Wertesystem der Kunden aufwerten. Bei Meßwiederholung im Zielkorridor sollte das eigene Unternehmen in der selektiv aufgewerteten Qualitätsdimension im Quadrant 3 positioniert sein.

Bei der selektiven Optimierung des eigenen Leistungsportfolios mit der Zielsetzung, Kundenzufriedenheit und Wiederkaufsrate zu erhöhen, steht naturgemäß das Ziel, Stammkunden zu halten bzw. Neukunden zu Stammkunden zu machen, im Vordergrund.

Da aufgrund der extremen Angebotsbreite und -tiefe im Geschäftsfeld Tourismus bei fast allen Leistungsträgern die Mehrzahl der Gäste Neukunden sind, sollten die selektierten Leistungselemente auch dahingehend überprüft werden, ob sie kommunikativ und verkaufswirksam auch bei der Neukundenanspache wirken.

Nicht jede Leistungsdimension, die effektiv Kundenzufriedenheit und Wiederkaufsrate erhöht, eignet sich auch zur Neukundenansprache. Da ein Neukunde die Qualität der für ihn wichtigsten Leistung vor der Reise nicht überprüfen kann, entscheidet er allein auf der Basis der Leistungsbeschreibung. In der Leistungsbeschreibung läßt sich aber besonders die Qualität bei den Serviceleistungen kaum glaubwürdig und sinnvoll kommunzieren. Auch hier wieder das Beispiel „Sauberkeit im Hotel". Das Qualitätsniveau des Leistungselements läßt sich nicht vor der Reise ausloben, ohne in das Dilemma der Waschmittelindustrie zu kommen.

9.4 Messung von Kundenzufriedenheit

Im Rahmen von Qualitätsmanagementsystemen werden neben Gästebefragungen diverse Erhebungs- und Meßverfahren zur Leistungskontrolle eingesetzt. Bei der TUI sind dies neben der Reklamationsstatistik regelmäßige, standardisierte Leistungsberichte wie Hotelberichte, Destinationsberichte, Umweltberichte und Flugberichte, die überwiegend vom TUI-Service erstellt werden. Als Meßlatte dienen einheitliche Mindestqualitätsstandards, die für jede Leistungsebene in einem Qualitätsstandard festgelegt sind.

Durch Expertenberichte lassen sich objektive Leistungsmängel identifizieren und beseitigen. Reklamationsstatistiken basieren zwar auf dem subjektiven Werturteil von Kunden, sie sind aber weder repräsentativ für die Grundgesamtheit aller Kunden noch für das Leistungsniveau im gesamten Leistungsspektrum. Nicht jeder Kunde, der reklamiert, ist ein mit der Gesamtleistung unzufriedener Kunde. Nicht jeder unzufriedene Kunde reklamiert.

Da Kundenzufriedenheit ein subjektives Konstrukt im Kopf des Gastes ist, läßt sie sich nur durch regelmäßige, standardisierte, repräsentative Gästebefragungen messen.

Die TUI führt durch ihre Marktforschung seit Jahren solche Gästebefragungen durch. Bei Flugprogrammen wird die Gästebefragung als laufende Totalerhebung durchgeführt. Der Fragebogen wird durch die Kuvertiermaschine in alle Reiseunterlagen einsortiert. Bei erdgebundenen Programmen werden nur Großanlagen selektiv bestückt, da selbst eine Vollerhebung bei sehr kleinen Anlagen mit geringen Kontingenten auf Objektebene nicht zu auswertbaren Fallzahlen führt. Die durch Reisegewinne gestützte Rücklaufquote schwankt bei Flugprogrammen um 10%. Bei erdgebundenen Programmen liegt sie erheblich niedriger (geringere Markenloyalität?).

Die der TUI nach Beendigung der Reise postalisch zugeschickten Fragebögen durchlaufen eine Eingangskontrolle und werden dann direkt in ein externes Datenerfassungsinstitut weitergeleitet. Die Datenanalyse und die Erstellung von Standardberichten erfolgt in der TUI-Marktforschung unter Anwendung statistischer Analyseverfahren mit dem Programmpaket SPSS.

Gegenwärtig erlauben die verfügbaren Daten nur ein internes Benchmarking. So liegt der TUI-Service bei dem gesteckten Ziel, in allen Zielgebieten die Zufriedenheit mit dem Service auf der fünf-stufigen Zufriedenheitsskala auf eine Mindestdurchschnittsnote von „2" zu drücken, erfolgreich im Zielkorridor. Ein externes Benchmarking ist zur Zeit noch nicht möglich, da vergleichbare Daten über differentielle Kundenzufriedenheit bei Wettbewerbern noch nicht vorliegen.

Eine spezielle Umsetzungsvariante von Kundenzufriedenheitskontrollsystemen ist die Prämierung von besonders kundenfreundlichen Leistungen durch Gäste-Awards. Die TUI prämiert jährlich 100 Hotels, die in der Gästebefragung die höchste Kundenzufriedenheitsnote erhalten haben, mit dem „TUI-Holly". Die Hoteliers erhalten eine Urkunde und die ersten 10 eine Plastik (Pokal). Alle prämierten Hotels werden im Katalog mit dem „Holly-Signet" gekennzeichnet. Der „Holly" ist Motivation für die Hoteliers, ihre Leistungen kundenorientiert zu verbessern, da die Beschreibung ihres Hotels durch das Gästeurteil verkaufswirksam aufgewertet wird. Da nicht alle Hotels eigene Gästebefragungen zur Leistungssteuerung haben, bzw. diese nicht systematisch auswerten, stellt, die TUI ihren Hoteliers Daten aus der eigenen Gästebefragung zur Verfügung. Der Hotelier erhält für sein Hotel für die wichtigsten Leistungselemente ein Kundenzufriedenheitsprofil aus Sicht der TUI-Gäste. Er kann die Entwicklung seiner Leistungsbeurteilung im Vergleich zum Vorjahr und in einem anonymisierten Wettbewerbsumfeld (Kategorie im betreffenden Zielgebiet) analysieren.

9.5 Zielgruppenspezifische Verbraucheransprüche und Ergebnisrechnung

Es wurde bereits erwähnt, daß Kundenzufriedenheitsmessung ein Modell in einem übergeordneten Qualitätsmanagementsystem ist. Qualitätsmanagementsysteme sind ein Thema für sich und wurden deshalb nicht weiter behandelt. Auch Kundenbindungssysteme sind ein eigenes Thema. Allerdings ist Kundenzufriedenheitsmessung kein Modul, sondern die Basis für Kundenbindungssysteme. Es ist daher nur folgerichtig, abschließend die Brücke von der Kundenzufriedenheitsoptimierung zu Kundenbindungssystemen zu schlagen. Diese Brücke ist auch notwendig, um auf die eingangs skizzierten Zielsetzungen zurückzukommen.

Verbesserung von Kundenzufriedenheit nach dem „Gießkannen-Prinzip" ist in der Kosten-/Nutzenrelation wenig effektiv. Die Festlegung von Ziel- und Meßgrößen und die Kontrolle des wirtschaftlichen Erfolges kann nur in Kundenbindungssystemen erfolgen. Durch Gästebefragungen mit Meßwiederholung sind Kundensegmente zu bilden. Gebundene Kunden, Wechselkäufer, gefährdete Kunden und verlorene Kunden sind durch unterschiedliche Maßnahmebündel zu bearbeiten. Die Leistungssteuerung, die Mediaauswahl, die inhaltlichen Schwerpunkte der Kundenansprache, sowohl im persönlichen Kundenkontakt als auch über Medien (z.B. Mailings), sind auf die unterschiedliche Reise- und Produkterfahrung und damit auf die unterschiedliche Erwartungshaltung dieser Kundensegmente abzustimmen. Auch die Zielkosten- und Ergebnisrechnung läßt sich nicht mehr allein an Produktgruppen oder internen Organisationseinheiten festmachen. Sie muß sich zusätzlich auch nach Kundenzielgruppen darstellen lassen, damit die Ausgangszielsetzung, Zusatzumsatz und Ertrag zu erwirtschaften, auch meßbar wird.

Literatur

Dann, G. (1978): Tourist Satisfaction: A High Complex Variable. In: AOTR 5(4).

Oliver, R.L. (1980): A Cognitive Model of the Antecendents and Consequences of Satisfaction Decisions. In: JOMR 17 (Sept.), S. 460–469.

Pizam, A., Y. Neumann, A. Reichel (1978): Dimensions of Tourist Satisfaction with a Destination Area. In: AOTR 5 (3), S. 314–321.

10 Kalkulation und Kostenkontrolle

Joachim S. Tanski

10.1 Kostenrechnung im Tourismus

10.1.1 Tourismusunternehmen und Kostenrechnung

Die Frage, ob eine Kostenrechnung für alle Unternehmensformen notwendig sei, ist zumindest in der betriebswirtschaftlichen Literatur durchgängig bejaht worden. In der Praxis ergibt sich auf diese Frage häufig eine andere Antwort; insbesondere kleinere und kleinste Betriebe verzichten häufig auf eine kostenrechnerische Kontrolle ihres Betriebes. Dieses Phänomen kann grundsätzlich in allen Branchen beobachtet werden und ist wesentlich darauf zurückzuführen, daß in kleineren Betrieben teils aus fehlendem Verständnis für die Notwendigkeiten und teils wegen entstehender Aufwendungen auf eine aussagefähige Kostenrechnung verzichtet wird.

In kleineren Tourismusunternehmen ist die Abwesenheit einer Kostenrechnung besonders häufig zu beobachten; so gibt es kaum ein Reisebüro oder kleineres Hotel, welches ausreichende Informationen über seine Kostenstruktur besitzt. Insbesondere beim Reisebüro ist dies auf die fehlende Notwendigkeit zu eigener Produktkalkulation zurückzuführen; eine „Kostenkontrolle" findet dann häufig nur durch Interpretation des Gewinnes aus dem handels- und steuerrechtlichen Jahresabschluß statt. Auch bei kleineren Reiseveranstaltern finden sich Systeme der Kostenrechnung häufig nur in dem Mindestumfang, wie er zur Kalkulation der Reiseleistungen notwendig ist, wobei insbesondere die Unternehmensfixkosten nach sehr globalen Schlüsseln verteilt werden.

Aber auch bei einer Betrachtung von Reiseveranstaltern aller Größenklassen fällt auf, daß die Entwicklung der Kostenrechnung in dieser Branche – sieht man von den größten mit umfassendem, EDV-gestütztem Rechnungswesen ab – noch viele Entwicklungsmöglichkeiten offenläßt. In einer empirischen Erhebung am Institut für Tourismus der Freien Universität Berlin wurde im Jahr 1980[1] festgestellt, daß z.B. folgende Verfahren der Kostenanalyse bei Reiseveranstaltern angewandt werden:

Ist-Kosten-Analyse	50,8%
Normal-Kosten-Analyse	15,9%
Plan-Kosten-Analyse	31,9%
andere Verfahren	1,4%

---

[1] In den letzten Jahren konnte keine durchgreifende Änderung beobachtet werden, so daß diese Daten noch weitgehend als gültig betrachtet werden können.

Die Ist-Kostenrechnung ist damit – bei niedriger absoluter Zahl – noch das vorherrschende Instrument der Kostenrechnung, Verfahren der Plankostenrechnung, welche allerdings Unternehmens- und Umsatzpläne voraussetzen, sind dagegen nur bei einem Drittel der Reiseveranstalter zu finden. Auch bei der Frage nach dem Einsatz der Deckungsbeitragsrechnung zeigt sich, daß dieses Instrument keinesfalls eine durchgängige Verbreitung gefunden hat. Folgende Antworten (einschließlich Mehrfachnennungen) wurden gegeben:

Deckungsbeitragsrechnung wird ...

durchgängig verwandt	37,8%
bei der Preisfindung verwandt	32,4%
für die Absatzstrategie verwandt	10,8%
nicht verwandt	27,0%

Auch diese Antworten zeigen, daß entscheidungsorientierte Formen der Kostenrechnung nicht zum Standardrepertoire des Reiseveranstalters zählen. Andererseits sind es rund zwei Drittel (unter Berücksichtigung der Mehrfachnennungen), die die Deckungsbeitragsrechnung ganz oder teilweise einsetzen. Fraglich bleibt trotzdem, ob jene Unternehmen, welche die Deckungsbeitragsrechnung einsetzen, eine verursachungsgerechte Kostenzuordnung zu Produkten oder Produktgruppen besitzen, denn bei einer anderen Frage konnten nur 27,2% aller antwortenden Unternehmen angeben, daß sie eine Teilkostenrechnung orts-, zielgebiets- oder pax-bezogen durchführen.

10.1.2 Kostenstrukturen in Tourismusunternehmen

Tourismusunternehmen gehören zur Gruppe der Dienstleistungsunternehmen. Wie bei allen Dienstleistungsunternehmen stellen deshalb die fehlenden Lagermöglichkeiten der erstellten Leistungen und der überdurchschnittlich hohe Fixkostenanteil besondere Merkmale auch der Tourismusunternehmen dar (vgl. Institut, 1993, Sp. 4191). Da auch die Personalkosten innerhalb bestimmter (Kapazitäts-)Grenzen als fix anzusehen sind, müssen viele Tourismusunternehmen bei gegebener Auslastung mit einem Fixkostenanteil von 90% an den Gesamtkosten kalkulieren.

Innerhalb der Tourismusunternehmen weisen insbesondere Reisebüros einen Fixkostenblock von nahezu 100% der Gesamtkosten selbst bei Vollbeschäftigung auf, sofern diese ausschließlich die Vermittlung von Reisen betreiben; dabei ist zu beachten, daß die verkauften Reisen im Reisebüro keinen Kostencharakter haben, sondern in Höhe des Netto-Reisepreises (Reisepreis nach Abzug der Reisebüroprovision) als durchlaufender Posten zu betrachten ist. Variable Kosten treten im Reisebüro fast nur in Form von zusätzlichen Kommunikationskosten bei tatsächlichem Abschluß eines Reisevermittlungsvertrages auf.

Ähnlich sieht die Kostenstruktur im Beherbergungsgewerbe aus. Auch die Hotellerie sieht sich einem sehr hohen Fixkostenblock gegenüber (vgl. Kaspar, 1993, Sp. 1671). Die durch eine verkaufte Übernachtung entstehenden variablen Einzelkosten erschöpfen sich weitgehend in den Kosten für die im Bad bereitgestellten Kosmetika und zusätzlichen Energieverbrauch, wenn – wie zunehmend üblich – das Frühstück im Gastronomiebereich gesondert kalkuliert wird. Die Grenzkosten, die im Gemeinkostenbereich für zusätzliche Waschleistungen, Wäscheverschleiß etc. anfallen, zeichnen sich durch Geringfügigkeit aus.

Insgesamt liegen die variablen Kosten in der reinen Beherbergung regelmäßig deutlich unter 10% der Gesamtkosten bei Vollauslastung (vgl. Kunz, 1986, S. 83). Ein etwas anderes Bild zeichnet sich im Food&Beverage-Bereich, wo der Wareneinsatz immerhin durchschnittlich mit einem Drittel der Gesamtkosten angesetzt werden kann. Zuzüglich einiger anderer variablen Gemeinkosten ergibt sich ein Anteil der variablen Kosten von rund 40% an den gesamten Kosten.

Etwas günstiger stellt sich die Situation bei Transportunternehmen und Reiseveranstaltern dar. In beiden Fällen ist ein deutlicher Anteil an variablen Kosten gegeben, ohne daß jedoch der Fixkostenanteil auf eine Größe schrumpft, wie sie im verarbeitenden Gewerbe noch anzutreffen ist. Bei diesen Unternehmen stellt sich insbesondere das Problem der Bezugsgrößenwahl. So sind bei einem Luftfahrtunternehmen die Kerosinkosten in Bezug auf die geflogenen Meilen als variabel anzusehen, während sie in Bezug auf die Paxe fixen Charakter haben; die Erlöse sind jedoch immer pax-orientiert, so daß eine Gegenüberstellung einige – überwindbare – rechentechnische Probleme aufwirft.

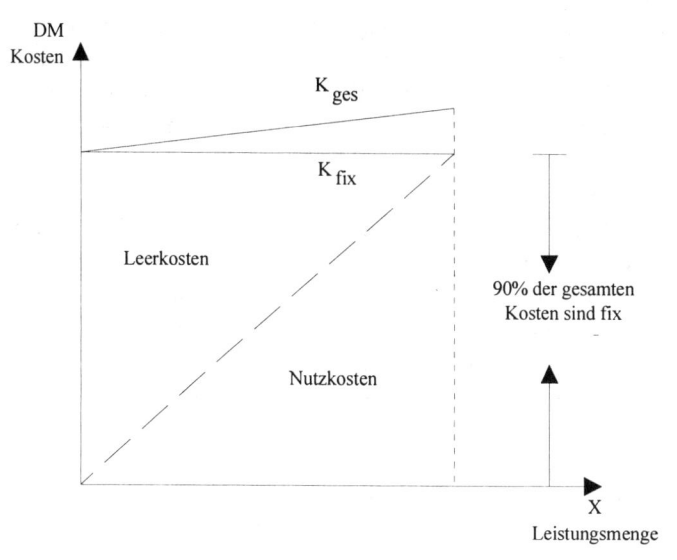

Abb. 1: Kostenstruktur in Tourismusunternehmen

Schaut man sich die Kostenstrukturen bei Reiseveranstaltern an, so ist zwischen jenen Veranstaltern, welche feste Hotelkontingente und Flugplätze im Blockcharter einkaufen, und solchen Veranstaltern, welche je nach Buchungseingang feste Reservierungen vornehmen (IT-Reisen), zu unterscheiden. Die erste Gruppe muß mit einem großen Fixkostenblock leben, während die zweite Gruppe einen wesentlich größeren Teil an variablen Kosten aufweist.

Insgesamt ist die Kostenstruktur in Tourismusunternehmen durch einen hohen Anteil an Fixkosten und einen sehr niedrigen Anteil an variablen Kosten gekennzeichnet (Abb. 1). Diese Struktur ist insoweit ungünstiger als in vielen anderen Branchen (wenngleich ein Anwachsen des Fixkostenanteils generell zu beobachten ist), aber typisch für Dienstleistungsunternehmen.

10.1.3 Weiterentwicklungen der Kostenrechnung in Tourismusunternehmen

Bedingt durch die dargestellte Kostenstruktur zeichnen sich zwei Wagnisse ab. Zum einen befinden sich Tourismusunternehmen in der ständigen Gefahr, bei einem Umsatzrückgang Fixkosten nicht oder nicht schnell genug abbauen zu können, mit der Folge eines hohen Anteils an Leerkosten. Mit Leerkosten wird der „nicht ausgenutzte" Teil der Fixkosten bezeichnet, also jener Teil, welcher bei einer gedanklichen Proportionalisierung der Fixkosten bei einem Rückgang des Beschäftigungsgrades entfallen würde. Dieses Problem zeigt sich besonders bei kurzfristig-reversiblen (z.B. saisonalen) Umsatzrückgängen.

Zum anderen ergeben sich bei einer Produktkalkulation rechentechnisch sehr hohe Deckungsbeiträge, welche bei alleiniger Betrachtung dieser Größe eine höhere Gewinnchance vermuten lassen, als aufgrund des hohen Fixkostenblocks tatsächlich gegeben ist. Wegen des sehr niedrigen Anteils der variablen Kosten an den Gesamtkosten muß die einfache Deckungsbeitragsrechnung zumindest um eine stufenweise Fixkostendeckungsrechnung ergänzt werden, wie sie sich heute bereits bei großen Reiseveranstaltern in Form der Zielgebietskalkulation findet.

Mit dem besonders großen Fixkostenblock und den typischen Produktlinien weisen Tourismusunternehmen gleichzeitig auch eine durch einen sehr hohen Gemeinkostenanteil geprägte Kostenstruktur auf. Für diese Situation bietet sich der Einsatz der in den USA entwickelten Methode des „activity-based-costing" an, für welche sich in Deutschland der Begriff *Prozeßkostenrechnung* durchgesetzt hat. Die Prozeßkostenrechnung ist eine Weiterentwicklung der Vollkostenrechnung und richtet sich auf die Kalkulation und Kontrolle der durch die Leistungserstellung verursachten einzelnen betrieblichen Prozesse.

Dem auf gegebenen Kapazitäten (insbesondere Transport- und Übernachtungskapazitäten) beruhenden Fixkostenblock ist ein möglichst großer Ertragsblock gegenüberzustellen. Da eine kurzfristige Veränderung der meisten Kosten nicht bzw. nur sehr eingeschränkt möglich ist, wird versucht, durch eine Ertragssteuerung aus den gegebenen Kapazitäten einen möglichst hohen Ertrag zu erwirtschaften. Dieses aus dem US-amerikanischen Airline-Bereich kommende Steuerungsinstrument wird als *Yield-Management* bezeichnet (vgl. Büttgen, 1996).

Die Grundüberlegung dieser Ertragssteuerung beruht darauf, die „verderblichen" Produkte Flugzeugplatz bzw. Hotelbett lieber zu einem niedrigeren Preis zu verkaufen als sie ungenutzt zu lassen, und ist keinesfalls neu. Als neu ist am Yield Management anzusehen, daß es unter Nutzung moderner Informationstechnologien bedeutend differenzierter arbeitet und sowohl den „Verlust" hochpreisiger Kunden zugunsten niedrigpreisiger Kunden durch abgestufte Produkte zu verhindern sucht als auch die Kostenentwicklung(-smöglichkeiten) in den Entscheidungsprozeß integriert.

Parallel zum Yield Management ist die Produktentwicklung zu sehen, die von den neuen Formen der *Zielkostenrechnung* (target costing) unterstützt wird. Im Gegensatz zur klassischen Produktkalkulation geht die Zielkostenrechnung retrograd von einem Marktpreis (target price) aus und bestimmt unter Ansatz eines gewünschten Gewinnes die maximalen Produktkosten (target costs = allowable costs). Bei dieser auch als „Market-into-Company-Verfahren„ bezeichneten Technik werden aufgrund von Marketinguntersuchungen nur solche kostenwirksamen Komponenten in das Produkt integriert, die vom Kunden auch entsprechend über den Preis honoriert werden (vgl. Freidank, 1994).

Für viele kostenrechnerische Überlegungen bietet sich auch der Einsatz der *Break-even-Analyse* an, welche die Struktur der fixen und variablen Kosten in jeder Rechnung berücksichtigt und deshalb Vorteile der Vollkostenrechnung als auch der Teilkostenrechnung vereint.

10.2 Break-even-Analyse

10.2.1 Darstellung der Break-even-Analyse

Bei der Break-even-Analyse handelt es sich um eine rechentechnische Analysemethode zur Ermittlung jenes Punktes bzw. jener Leistungsmenge, bei der Erlöse in gleicher Höhe wie Kosten anfallen. Vor und nach diesem Punkt gibt es Zonen, in denen ein Verlust bzw. ein Gewinn erwirtschaftet wird (vgl. Messenger/Shaw, 1993). Aufgrund der Tatsache, daß im Break-even-Punkt der Übergang von der Verlustzone in die Gewinnzone liegt, wird dieser Punkt häufig auch als Gewinnschwelle und die entsprechende Analyse als Gewinnschwellenanalyse bezeichnet. Auch der Begriff „toter Punkt" fand eine gewisse Verbreitung, da in diesem Punkt weder eine negative noch eine positive Entwicklungsmöglichkeit für das Unternehmen besteht.

Die Break-even-Analyse setzt eine möglichst genaue und umfassende Kenntnis der betrieblichen Kostenverläufe und der Ertragskurven voraus. Dazu ist entweder eine buchtechnische Kostenauflösung oder eine analytisch-mathematische Kostenauflösung durchzuführen. Bei der buchtechnischen Kostenauflösung geht man von einzelnen

Kostenarten (z.B. Löhne, Charterkosten des Verkehrsmittels) aus und untersucht sie hinsichtlich ihrer Variabilität, während bei der anderen Auflösungsmethode auf vorhandene Daten vergangener Perioden zurückgegriffen wird, um die Kostenfunktion mathematisch zu ermitteln. Wegen des ausgeprägten Vergangenheitsbezuges und wegen ihrer systemimmanenten Ungenauigkeit eignet sich diese mathematische Kostenauflösung jedoch nicht für die Analyse neuer Situationen wie beispielsweise die Kalkulation einer neu einzurichtenden Charterkette.

Die Break-even-Analyse läßt sich sowohl rein rechnerisch als auch – überwiegend – graphisch durchführen. Bei der rechnerischen Ermittlung des Break-even-Punktes (x_{BEP}) ist die Gleichung

Erlöse (E) = Kosten (K)

Ausgangspunkt der Rechnung. Da sich die Erlöse (= Umsätze) aus der Multiplikation der Einzelpreise (p) mit der Menge (x) ergeben, gilt

$$E = p \cdot x ,$$

während die Kosten aus der Addition der fixen Kosten (K_{fix}) mit den variablen Kosten (K_{var}) zu ermitteln sind, wobei die variablen Kosten, die hier im folgenden nur als proportionale Kosten (K_{prop}) dargestellt werden, die Multiplikation der Kosten pro Stück (k_{prop}) mit der Menge sind, so daß sich

$$K = K_{fix} + k_{prop} \cdot x$$

ergibt.

Werden nun die Erlösfunktion und die Kostenfunktion in die Break-even-Bedingung eingesetzt

$$p \cdot x = K_{fix} + K_{prop} \cdot x$$

und die so entstandene Gleichung nach x aufgelöst, errechnet sich der Break-even-Punkt aus

$$x_{BEP} = \frac{K_{fix}}{p - k_{prop}}$$

wobei sich das gleiche Ergebnis auch aus folgender Graphik ablesen läßt.

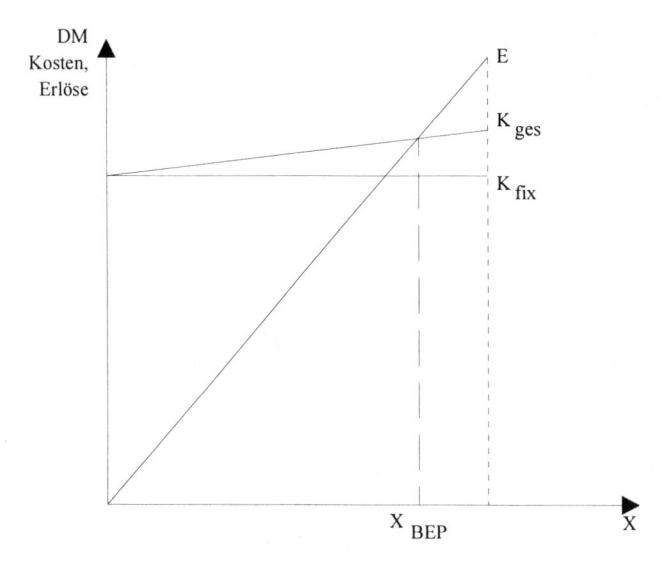

Abb. 2: Graphische Break-even-Analyse

10.2.2 Einsatzmöglichkeiten der Break-even-Analyse

Die Break-even-Analyse ist ein flexibles und vielseitig einsetzbares Instrument zur Aufbereitung der unternehmerischen Kosten- und Erlössituation. Ihre Vorteile liegen in folgenden Punkten:

1. Einfache Anwendung im Grundmodell,
2. schrittweise Anpassungsmöglichkeit an komplexere Sachverhalte,
3. schnelles Aufzeigen von Entscheidungswirkungen und
4. leicht verständliche Graphikdarstellung.

Zu 1.: Das Grundmodell der Break-even-Analyse zeichnet sich durch eine einfache Anwendbarkeit aus, da einerseits nur wenige Informationen benötigt werden, diese Informationen andererseits jedoch die zentralen Elemente der Kostenrechnung beinhalten. So ist es beispielsweise nicht möglich, eine Break-even-Analyse durchzuführen, ohne auf die Trennung von fixen und variablen Kosten zu verzichten. Diese zwangsweise Berücksichtigung unterschiedlichen Kostenverhaltens erleichtert auch dem ungeübten Anwender den Einsatz der Break-even-Analyse und sichert die Korrektheit der Analyseergebnisse.

Neben der Ermittlung der Break-even-Menge kann durch einfache Umformung der Gleichung auch der Break-even-Preis, also jener Preis, der bei einer gegebenen Menge zur Herstellung einer Erlös-Kosten-Gleichheit notwendig ist, errechnet werden. Dadurch ist dieselbe Rechenmethode ebenfalls für Kalkulationsaufgaben geeignet, wobei Preisfindung und Gewinnplanung (d.h. Kosten- und Erlösplanung) bei dieser Vorgehensweise eng verknüpft sind.

Zu 2.: Auch in komplexeren Anwendungsfällen kann die Break-even-Analyse durch entsprechende Erweiterungen leicht eingesetzt werden. So ist beispielsweise die Berücksichtigung mehrerer Produkte (z.B. unterschiedliche Destinationen beim Reiseveranstalter) bzw. Produktvarianten (z.B. unterschiedliche Zimmerkategorien im Hotelgewerbe) möglich. Auch eine Break-even-Analyse unter Wahrscheinlichkeitsannahmen (z.B. über das Kaufverhalten von Kunden) läßt sich durchführen (Beispiele für unterschiedliche Anwendungen der Break-even-Analyse finden sich bei Schweitzer/ Troßmann, 1986).

Zu 3.: Aufgrund der einfachen Struktur der Break-even-Analyse lassen sich Rechenvarianten problemlos bewältigen. Dies bedingt, daß Veränderungen der Kostensituation aufgrund veränderter Umweltsituationen genau wie aufgrund neuer innerbetrieblicher Entscheidungen einfach durchzurechnen sind, um die Auswirkungen auf die Kosten- und Erlössituation des Unternehmens aufzuzeigen. Auch zur Entscheidungsvorbereitung und -unterstützung läßt sich die Break-even-Analyse einsetzen; mit EDV-Unterstützung sind auch Break-even-Simulationen durchführbar. So lassen sich beispielsweise mit der Break-even-Analyse die Veränderungen in der Gewinnstruktur bei Einführung von Saison-Sonderkonditionen oder „last-minute"-Angeboten schnell aufzeigen.

Zu 4.: Die Break-even-Analyse läßt sich einfach und übersichtlich in graphischer Form darstellen. Dadurch können auch in Fragen der Kostenrechnung weniger geübten Personen die Unternehmenssituation oder die Auswirkungen bestimmter Entscheidungen transparent gemacht werden. Die graphische Auswertung der Break-even-Analyse ist deshalb auch ein ideales Instrument für Präsentationen.

10.2.3 Break-even-Analyse im Tourismus

Trotz vieler Vorteile, die die Break-even-Analyse aufweist, konnte sie sich bisher nicht vollständig durchsetzen. Um so interessanter ist die Antwort auf die an Reiseveranstalter gerichtete Frage, ob im Unternehmen die Break-even-Analyse eingesetzt wird. Diese Frage haben genau ein Drittel aller antwortenden Unternehmen bejaht, während immerhin ein weiteres Drittel angab, die Break-even-Analyse zumindest teilweise zu nutzen. Damit ist im Vergleich zu anderen Rechentechniken der Kostenrechnung eine gute Akzeptanz der Break-even-Analyse bei Reiseveranstaltern festzustellen.

Dies mag vor allem zwei Gründe haben: Wegen des sehr hohen Fixkostenanteils ergeben sich mit einer normalen Deckungsbeitragsrechnung sehr hohe, d.h. Gewinnmöglichkeiten versprechende Deckungsbeiträge, was bei einer nicht ausreichenden Berücksichtigung der Fixkosten zu einer Täuschung über die tatsächliche Erfolgssituation führen kann. Die Break-even-Analyse, welche die Fixkosten zwangsweise in die Rechnung einbezieht, zeichnet hier ein realistischeres Bild der Unternehmenssituation.

Weiterhin ist die Kostensituation in Tourismusunternehmen durch eine Vielzahl sprungfixer Kosten gekennzeichnet. Sprungfixe Kosten sind Kosten, die in einer definierten Beschäftigungsspanne fix, also beschäftigungsunabhängig sind, bei Verlassen dieser Spanne jedoch auf ein höheres oder tieferes Niveau springen. So sind die Kosten für einen Bus und einen Fahrer bei einem Busreiseveranstalter stets fix in Bezug auf die Zahl der verkauften Reisen. Steigt die Zahl der verkauften Reisen jedoch so stark, daß ein weiterer Bus eingesetzt werden muß, so springen die Fixkosten allein aufgrund der Kapazitätsausweitung auf ein höheres Niveau. Auch die Auswirkungen dieses Sachverhaltes lassen sich durch eine Break-even-Analyse leicht verdeutlichen.

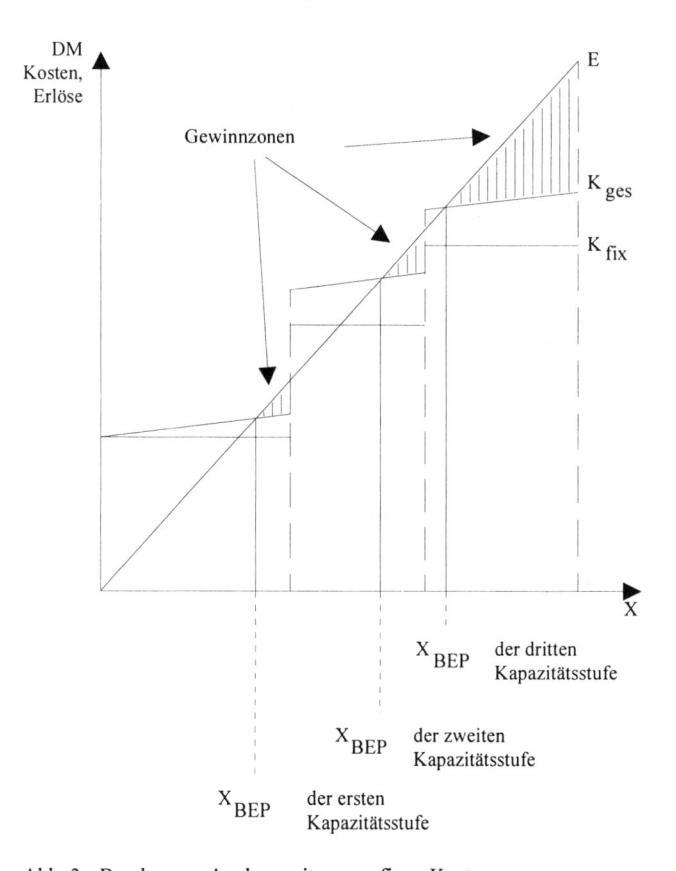

Abb. 3: Break-even-Analyse mit sprungfixen Kosten

10.3 Beispiel einer Break-even-Analyse

10.3.1 Darstellung der Ausgangslage

Im folgenden soll ein kleines, eher einfach ausgestattetes Reisebüro ohne IATA- und DB-Agentur mit Hilfe der Break-even-Analyse untersucht werden. Dazu werden sowohl Daten für die anfallenden Kosten als auch für die zu erwartenden Umsätze (Erträge) zusammengestellt.

Unter Berücksichtigung des Einzugsgebietes und der damit verbundenen Kundenstruktur wird ein Umsatz (Wert der verkauften Reiseleistung) von 1.050 DM pro Reisendem (Pax) angenommen. Da häufig mehrere Personen zusammen reisen, werden mit einer Buchung auch mehrere Reisende bei Reiseveranstaltern oder Transportunternehmen eingebucht. Pro Buchungsvorgang wird im folgenden von 2,2 Reisenden ausgegangen. Die Provision soll (unter Berücksichtigung teilweiser Provisionsweitergabe an Kunden) durchschnittlich 8% betragen.

Hinsichtlich der Fixkosten (jeweils als Monatswert) werden als Kostenarten angenommen:

Für einen 35 qm großes Ladengeschäft fallen 2.300 DM an. Stromkosten für die Beleuchtung des Geschäftes und von Werbemaßnahmen sind unabhängig von der Beschäftigung und betragen jeweils 300 DM. Auch die Postkosten (Telefon, Briefmarken etc.) sind weitgehend unabhängig von erfolgten Umsätzen und mit 350 DM anzusetzen. Zur Teilnahme an START-BTX ist ein PC einschließlich Btx-Anschluß für 440 DM zu mieten. Weiterhin werden Gehälter von 3.600 für eine Reisebüro-Vollkraft und von 900 DM für einen Auszubildenden gezahlt. Bei einem Volumen von 24.000 DM für das Anlagevermögen (Erstausstattung mit Tischen, Stühlen, Lampen etc.) und einer durchschnittlichen Nutzungsdauer von 8 Jahren errechnet sich ein Abschreibungsbetrag von 250 DM. An kalkulatorischen Kosten sind für das eingesetzte Eigenkapital von 75.000 DM (zur Finanzierung der Erstausstattung und der Anlaufkosten – nicht durch Einnahmen gedeckte, liquiditätswirksame Fixkosten über die ersten Monate als geschätztem Anlaufzeitraum –) bei einem Zinssatz von 8% insgesamt 500 DM und für den Unternehmerlohn des mitarbeitenden Eigentümers 5.000 DM anzusetzen.

Variable Kosten fallen in einem Reisebüro nur in extrem geringem Umfang an. Lediglich Papier- und Kommunikationskosten, die mit einer tatsächlich erfolgten Reisebuchung entstehen, sind als variable Kosten anzusehen. Hierbei ist zu berücksichtigen, daß weite Teile dieser Kostenarten regelmäßig auch ohne tatsächliche Buchung anfallen, insbesondere bei Kundenberatungen ohne direkten Zusammenhang mit einer Buchung. Pro Buchungsvorgang kann von durchschnittlich nur 3 DM an variablen Kosten ausgegangen werden. Da auch im Reisebüro sämtliche Rechnungen pax-orientiert durchgeführt werden, ist eine entsprechende Umrechnung vorzunehmen. Wenn pro Buchungsvorgang durchschnittlich 2,2 Personen (Paxe) reisen und dabei ein Umsatz von 1.050 DM/Pax erzielt wird, erbringt ein Buchungsvorgang einen Umsatz von 2.310 DM. Bei variablen Kosten von 3 DM ergeben sich 0,13% vom Umsatz.

10.3.2 Durchführung der Break-even-Analyse

Die Summe der Fixkosten beträgt:

Raummiete	2.300 DM
Strom	300 DM
Post	350 DM
START-BTX	440 DM
Gehalt, Vollkraft	3.600 DM
Gehalt, Auszub.	900 DM
Werbung	300 DM
div. (z.B. Steuerberater)	300 DM
Abschreibungen	250 DM
kalk. Eigenkapital-Zinsen	500 DM
kalk. Unternehmerlohn	5.000 DM
	14.240 DM

Die variablen Kosten sind mit 0,13% vom pax-bezogenen Umsatz anzusetzen. Damit ergibt sich folgende Gleichung:

E = K

(1) $1.050x \cdot 8\%$ = $14.240 + (1.050x \cdot 0,13\%)$
(2) $84x$ = $14.240 + 1,365x$
(3) $82,635x$ = 14.240
(4) x_{BEP} = $172,3$

Der Break-even-Punkt liegt somit bei 172,3 Reisenden entsprechend 78,3 Buchungsvorgängen pro Monat. Wird der Monat mit 20 Arbeitstagen angesetzt, so müssen pro Tag 3,9 Buchungen durchgeführt werden, um das Unternehmen aus der Verlustzone und an den Rand der Gewinnzone zu bringen.

Wird weiterhin ein monatlicher Gewinn von 3.000 DM (36.000 DM Jahresgewinn) gewünscht, so kann die dafür benötigte Break-even-Menge durch Erweiterung der Rechnung um diesen Gewinn ermittelt werden:

(1) $1.050x \cdot 8\%$ = $14.240 + (1.050x \cdot 0,13\%) + 3.000$
(2) $84x$ = $14.240 + 1,365x + 3.000$

(3) $82{,}635x$ $= 17.240$
(4) x_{Gewinn} $= 208{,}6$

208,6 Paxe lassen sich wiederum mit durchschnittlich 94,8 Buchungsvorgängen im Monat bzw. 4,7 Vorgängen pro Tag erreichen.

10.3.3 Ermittlung des liquiditätsorientieren Break-even-Punktes

Gerade in Anlaufphasen, aber auch in umsatzschwachen Zeiten kann die Zahl der Buchungen so weit zurückgehen, daß das Unternehmen in die Verlustzone, also unterhalb des Break-even-Punktes, gerät. Nicht alle der genannten Kosten sind liquiditätswirksam, d.h., daß nicht alle Kosten zu laufend zahlbaren Kosten gehören. Da die Erhaltung der Liquidität (der Zahlungsfähigkeit) für das Überleben eines Unternehmens wichtiger ist als das – kurzfristige – Erwirtschaften eines Gewinnes, stellt sich die Frage, wie weit der Umsatz zurückgehen kann, ohne daß die Liquidität gefährdet ist.

Dazu sind alle positiven und negativen Zahlungsströme gegenüberzustellen. In diesem Beispielsfall sind die Erträge in vollem Umfang liquiditätswirksam. Bei den fixen Kosten fallen jedoch die

Abschreibungen	250 DM
kalk. Zinsen	500 DM
kalk. Unternehmerlohn	5.000 DM
mit insgesamt	5.750 DM

als nicht liquiditätswirksam heraus, da mit diesen Kosten keine laufenden Zahlungen verbunden sind. Die variablen Kosten sind ebenfalls in vollem Umfang liquiditätswirksam.

Die Break-even-Rechnung verändert sich nun zu:

(1) $1.050x \cdot 8\%$ $= 8.490 + (1.050x \cdot 0{,}13\%)$
(2) $84x$ $= 8.490 + 1{,}365x$
(3) $82{,}635x$ $= 8.490$
(4) x_{liqui} $= 102{,}74$

Dies zeigt, daß mindestens 102,7 Einzelreisen mit durchschnittlich 46,7 Buchungsvorgängen (= 2,3 Buchungsvorgänge pro Tag) zu verkaufen sind, um durch die zufließenden Erlöse (Provisionen) jene Kosten zu decken, welche zu laufenden Zahlungen führen. Obwohl alle liquiditätswirksamen Verpflichtungen erfüllt werden können, ergibt sich ein Verlust (in Höhe der nicht liquiditätswirksamen Kosten) von

Erlöse: 1.050 · 102,74 · 8%   =   8.630 DM
Kosten: 14.240 + 1.050 · 102,74 · 0,13% = - 14.380 DM
Verlust: 5.750 DM

Arbeitet das Reisebüro gerade im Break-even-Punkt (= 172,3 Buchungen), so stellt sich die Frage, wie groß die Sicherheitsspanne (s) bis zum Erreichen des liquiditätserhaltenden Umsatzes ist.

$$s = \frac{x_{BEP} - x_{liqui}}{x_{BEP}}$$

$$s = \frac{172,3 - 102,7}{172,3} = \frac{69,6}{172,3} = 0,404$$

Somit darf die Beschäftigung des Reisebüros um 69,6 Einzelbuchungen (entsprechend 31,6 Buchungsvorgänge) zurückgehen, ohne daß die Liquidität gefährdet ist. Dies entspricht einer Sicherheitsspanne von 40,4%.

Bedeutend schlechter wäre die Rechnung, wenn statt des Eigenkapitals ganz oder teilweise Fremdkapital eingesetzt worden wäre. In die Berechnung des liquiditätsorientierten Break-even-Punktes müßten dann auch die Tilgungen und Zinsen für die Fremdkapitaldarlehen aufgenommen werden mit der Folge eines deutlich höher gelegenen liquiditätsorientierten Break-even-Punktes. Weiterhin setzt die Streichung des kalkulatorischen Unternehmerlohnes voraus, daß der Unternehmer über Ersparnisse verfügt, welche er zwecks Vermeidung von laufenden Entnahmen für seine Lebenshaltung einsetzen kann.

Literatur

Büttgen, Marion (1996): Yield Management. In: Die Betriebswirtschaft, Heft 2/1996, S. 260-263.
Freidank, Carl-Christian (1994): Target Costing und Prozeßkostenrechnung als Instrumente des strategischen Kostenmanagements. In: Tanski, J.S. (Hrsg.): Handbuch Finanz- und Rechnungswesen (HFR), Landsberg a. L., 1992 ff.
Institut für Tourismus und Freizeitwirtschaft der Wirtschaftsuniversität Wien (1993): Tourismusbetriebe. In: Wittmann, Kern, Köhler, Küpper, v. Wysocki (Hrsg.): Handwörterbuch der Betriebswirtschaft. 5. Aufl., Stuttgart.
Kaspar, Claude (1993): Hotel- und Gaststättenbetriebe: In: Wittmann, Kern, Köhler, Küpper, v. Wysocki (Hrsg.): Handwörterbuch der Betriebswirtschaft. 5. Aufl., Stuttgart.
Kunz, Beat (1986): Die Kosten des Hotels. 3. Aufl., Bern/Stuttgart.
Messenger, Sally, Shaw, Humphrey (1993): Financial Management for the Hospitality, Tourism and Leisure Industries. Houndmills/London.
Schweitzer, Marcell, Troßmann, Ernst (1986): Break-even-Analysen. Stuttgart.

11 Die Ausgabenstruktur von Reisenden in der Bundesrepublik Deutschland

Bernhard Harrer

11.1 Betrachtung des Tourismus als Wirtschaftsfaktor

11.1.1 Entwicklung der Fremdenverkehrswirtschaft

Der Tourismus gehört zu den am stärksten expandierenden Branchen des 20. Jahrhunderts. In den Anfängen blieb das Reisen der sozialen Oberschicht vorbehalten (Sozialprestige). Erst mit der Entwicklung der Massenverkehrsmittel beteiligten sich immer breitere Schichten am Reiseverkehr (vgl. Christaller, 1955). Dadurch entstanden Haupt- bzw. Nebenerwerbsmöglichkeiten im Bereich der Fremdenverkehrswirtschaft.

In der Bundesrepublik Deutschland kann inzwischen von mehr als 2 Mio. touristisch abhängigen Arbeitsplätzen ausgegangen werden (vgl. Koch/Zeiner/Harrer, 1991).[1] In dieser Größenordnung sind direkte und indirekte (vor- und nachgelagerte Branchen) Beschäftigungseffekte enthalten. Die sog. Sekundärwirkungen machen etwa ein Drittel des gesamten Beschäftigungsumfanges aus. Unmittelbar vom Fremdenverkehr profitieren unterschiedliche Angebotsbereiche. Herauszustellen sind insbesondere

- das Gastgewerbe (Beherbergung, Gastronomie),
- die Unternehmen zur Personenbeförderung (z.B. Luftverkehr, Schienenverkehr),
- die Reisevermittler- und -veranstalterbranche,
- öffentliche und private touristische Dienstleister (z.B. administrative Fremdenverkehrsstellen, Kurortunternehmungen, Verbände und Organisationen) sowie
- weitere profitierende Wirtschaftszweige (z.B. Einzelhandel, Unterhaltung).

11.1.2 Angebotsseitige Erhebungen

Aufgrund ihrer vielseitigen Verflechtungen ist die Tourismusbranche im Rahmen der Statistik (vgl. Statistisches Bundesamt, 1995) nicht als eigenständiger Wirtschaftszweig (wie z.B. Baugewerbe, Handel und Verkehr) ausgewiesen. Dies bedeutet, daß eine angebotsseitige Erfassung der Fremdenverkehrswirtschaft mit großen Problemen

---

[1] Für die alten Bundesländer liegen Detailanalysen vor, während in den neuen Bundesländern aufgrund der gravierenden Veränderungen bislang nur Schätzungen vorgenommen wurden.

verbunden ist. Teilbereiche können mit Hilfe von Arbeitsstättenzählungen, amtlichen Statistiken (z.B. Gastgewerbe, Verkehr) oder einzelbetrieblichen Befragungen recherchiert werden. Bei vielen Sektoren (z.B. Schuhindustrie, Automobilbranche, Textilindustrie) ist jedoch der touristische Anteil an der Wirtschaftskraft insgesamt kaum zu ermitteln. In diesem Zusammenhang können entweder grobe Schätzungen oder aufwendige Detailanalysen weiterhelfen. Hinsichtlich der angebotsseitigen Ermittlung des touristischen Stellenwertes besteht großer Forschungsbedarf.

Erst in jüngster Zeit wurden vorwiegend in den USA Versuche gestartet, diese Methode zur „Anwendungsreife" zu führen (vgl. World Travel & Tourism Council, 1993).

11.1.3 Nachfrageseitige Erhebungen

Um trotz der o.g. Probleme Aussagen zum ökonomischen Stellenwert des Tourismus machen zu können, werden in Deutschland seit vielen Jahren nachfrageseitige Untersuchungen vom Deutschen Wirtschaftswissenschaftlichen Institut für Fremdenverkehr e.V. an der Universität München (DWIF) durchgeführt. Als zentrale Bestimmungsgrößen für die Ermittlung des ökonomischen Stellenwertes der Tourismusbranche sind

− der Nachfrageumfang sowie
− Höhe und Struktur der Tagesausgaben von Touristen

anzusehen.

Aufgrund möglicher struktureller Veränderungen beim Ausgabeverhalten (z.B. Verschiebungen zwischen einzelnen Ausgabearten) oder gewandelter Rahmenbedingungen (z.B. Einkommensentwicklung), die Einfluß auf die Ausgabenhöhe nehmen können, ist eine regelmäßige Aktualisierung dieser Erhebungen notwendig. Derartige Entwicklungen können alleine durch Berücksichtigung der Preissteigerungsraten oder der Veränderung des Nachfrageumfanges nicht korrigiert werden. Mit diesen Untersuchungen wird den auf unterschiedlichen Ebenen (z.B. Gemeinde, Landkreis, Reisegebiet, Land, Bund) für den Fremdenverkehr zuständigen Institutionen Basismaterial für die Darstellung des Tourismus als Wirtschaftsfaktor an die Hand gegeben.

11.2 Ausgabenstruktur bei Tagesreisen

11.2.1 Methodische Vorgehensweise

Für das Jahr 1986 wurde erstmals in Deutschland eine bundesweite Studie über den Ausflugs- und Geschäftsreiseverkehr ohne Übernachtung durchgeführt (vgl. Koch/ Zeiner/Feige, 1987). Eine Neuauflage dieser Untersuchung für das vereinte Deutschland bestätigte eindrucksvoll die hohe wirtschaftliche Bedeutung dieses Marktsegmentes (vgl. Harrer et al., 1995). Da zum Tagesbesucherverkehr keine statistischen Informationen zur Verfügung stehen, war das Ziel der Primärerhebung nicht nur die Ermittlung der Tagesausgaben, sondern auch die Quantifizierung des Tagesbesuchervolumens. Um eine Hochrechnung der Befragungsergebnisse auf die Gesamtbevölkerung zu ermöglichen, mußte die Stichprobe den Grundsätzen der Repräsentativität genügen. Insbesondere die

- regionale Verteilung der Interviews (z.B. Ortsgröße, Regierungsbezirke) und
- die soziodemographische Struktur (z.B. Alter, Geschlecht) der befragten Personen

sind dabei von zentraler Bedeutung. Grundlage für die Interviews waren die vom Arbeitskreis Deutscher Marktforschungsinstitute (ADM) entworfenen Muster-Stichprobenpläne. Die Auswahl der zu befragenden Haushalte und der Zielpersonen im Haushalt wurde nach dem Zufallsprinzip (z.B. Next-Birthday-Methode) vorgenommen.[2]

Im Jahr 1993 wurden insgesamt rund 36.000 Interviews durchgeführt. Dies geschah in zwölf Befragungswellen bei einem Stichprobenumfang von 2.000 Interviews in den alten und 1.000 Interviews in den neuen Bundesländern pro Monat.[3] Die Befragungen wurden jeweils am Monatsanfang durchgeführt und beschäftigten sich mit den Aktivitäten im vorangegangenen Monat, so daß das Erinnerungsvermögen zur Beschreibung der letzten Tagesreise bzw. zur Nennung der Zahl unternommener Tagesreisen ausreiche. Selbst bei diesem Befragungsumfang stößt man bei kleinräumiger Betrachtungsweise an die Grenze der Darstellbarkeit. Für die meisten Fremdenverkehrsgebiete Deutschlands liegen jedoch fundierte Ergebnisse vor. Die EDV-Aufbereitung erfolgte mit dem Statistikprogramm SPSS für Windows (Version 6.0).

11.2.2 Rahmendaten zur Umsatzermittlung

Bei einer Beteiligung am Ausflugsverkehr (= Ausflugsintensität) der deutschen Bevölkerung von mehr als 85% und einer Häufigkeit von über 30 Ausflügen pro Ausflügler und Jahr, ergibt sich ein jährliches Volumen von über 2,1 Mrd. Ausflügen (vgl. Harrer et al., 1995, S. 11). Neben privat motivierten Tagesreisen (= Ausflügen) wurden im Zuge der Erhebungen auch geschäftlich motivierte Tagesreisen (= Tagesgeschäftsreisen) erfaßt. Die Tagesgeschäftsreiseintensität liegt mit weniger als 14% verständlicherweise deutlich niedriger. Jeder Tagesgeschäftsreisende macht pro Jahr etwas mehr

---

[2] Hinzuweisen ist an dieser Stelle auf die Möglichkeit der Darstellung von sog. Fehlertoleranzen. Hierbei werden Aussagen zur Eintreffwahrscheinlichkeit sowie zu möglichen statistischen Abweichungen, die abhängig vom Umfang der Stichprobe und vom Stichprobenanteil eines Merkmals sind, getroffen.
[3] Der bewußt gewählte disproportionale Stichprobenplan, der zu einer Überrepräsentanz der neuen Bundesländer führte, wurde durch entsprechende nachträgliche Ergebnisgewichtung korrigiert.

als 20 Tagesgeschäftsreisen. Dies führt zu einem Volumen von knapp 190 Mio. Tagesgeschäftsreisen pro Jahr (vgl. Harrer et al., 1995, S. 95 ff.). Insgesamt werden im Tagesbesucherverkehr (2,3 Milliarden) rund sieben- bis achtmal soviel Besuchertage produziert wie Übernachtungen (300 Millionen) in gewerblichen Beherbergungsbetrieben (vgl. Statistisches Bundesamt, 1996).

Die Tagesausgaben liegen pro Ausflügler im Bundesdurchschitt bei 38,80 DM; Tagesgeschäftsreisende geben am Tag 52,80 DM aus (vgl. Tabelle 1). Führt die Reise in ein ausländisches Zielgebiet, wird deutlich mehr Geld ausgegeben als im Inland. In den genannten Werten sind nur die Ausgaben im Zielgebiet berücksichtigt; Kosten für An- und Rückreise sind darin nicht enthalten. Durch eine differenzierte Abfrage bei der Art der Ausgaben, kann eine Zuordnung zu einzelnen Wirtschaftszweigen erfolgen.

Tab. 1: Ausgabenstruktur bei Tagesreisen der Deutschen

Ausgaben für	Tagesausflug		Tagesgeschäftsreise	
	DM	%	DM	%
Restaurant-/Cafébesuche etc.	14,50	37,4	29,80	55,8
Lebensmitteleinkäufe	2,70	6,9	4,80	9,0
Unterhaltung/Sport	2,90	7,5	1,90	3,5
lokaler Transport	0,50	1,3	2,20	4,1
Pauschale und Sonstiges	3,30	8,5	5,70	10,8
Σ	23,90	61,6	44,40	83,2
Einkäufe sonstiger Waren	14,90	38,4	8,40	16,8
Insgesamt	38,80	100,0	52,80	100,0

(*Quelle*: Harrer et al., 1995, S. 70 und 140)

Durch Zusammenfassung der einzelnen Ausgabenarten ergibt sich eine grobe Aufteilung in drei Kategorien. Von den Tagesreisen der Deutschen profitiert

- der Einzelhandel zu 43%,
- das Gastgewerbe zu 39,5%,
- die Dienstleistungsbranche zu 17,5%.

Diese Anteilswerte beziehen sich auf Gesamtumsätze in einer Höhe von über 85 Mrd. DM.

11.3 Ausgabenstruktur im übernachtenden Fremdenverkehr

11.3.1 Methodische Vorgehensweise

Seit mehreren Jahrzehnten werden in Deutschland Untersuchungen über die Ausgaben von Übernachtungsgästen durchgeführt. Die aktuellsten Erhebungen liegen für die alten Bundesländer aus dem Jahre 1991 und für die neuen Bundesländer aus dem Jahre 1992 vor (bei beiden Erhebungen wurden die gleichen Fragebögen verwendet). Bei der Auswahl der Erhebungsmethode ist es von besonderer Bedeutung, daß Daten zum Nachfrageumfang aus anderen Quellen zusammengetragen werden können. So werden die Übernachtungen in gewerblichen Beherbergungsbetrieben in der amtlichen Statistik erfaßt (vgl. Statistisches Bundesamt, 1996).[4] Daten zum Übernachtungsumfang in Privatquartieren werden teilweise von den Statistischen Landesämtern ausgewiesen[5] oder im Rahmen gezielter Analysen erhoben. Hierzu zählen Sonderauswertungen aus örtlichen Unterkunftsverzeichnissen[6] ebenso wie Gemeindebefragungen auf Bundesebene (vgl. Zeiner/Harrer, 1992). Bei den Primärerhebungen kann aus diesem Grund die Analyse der Tagesausgaben im Mittelpunkt stehen.

Von besonderer Bedeutung ist es, neben der Höhe und Struktur der Tagesausgaben, auch Zusammenhänge mit anderen Einflußfaktoren aufzudecken. Zu nennen sind beispielsweise Abhängigkeiten zwischen den Ausgaben und

- der gewählten Unterkunft (z.B. Hotel, Privatquartier, Campingplatz),
- dem Reisemotiv (z.B. Erholungsurlaub, Kurzurlaub, Kur, Geschäftsreise),
- der regionalen Verteilung (z.B. nach Bundesländern, nach Fremdenverkehrsgebieten),
- der Struktur der Befragungsorte (z.B. Ortsprädikate, Ortsgröße),
- dem Saisonverlauf (z.B. Hauptsaison, Vor-/Nachsaison) sowie
- der sozio-demographischen Struktur der Übernachtungsgäste (z.B. Alter, Herkunft, Einkommen, soziale Stellung).

Als statistisches Auswahlverfahren zur Recherche der aufgezeigten Fragestellung wurde das Quotenverfahren ausgewählt. Es wurden mündliche Befragungen von Übernachtungsgästen während ihres Aufenthaltes durchgeführt. Die Auswahl der zu befragenden Personen wurde nicht zufällig, sondern in Anlehnung an die wichtigsten Quo-

---

[4] Auch die Übernachtungen auf Campingplätzen werden dort erhoben.
[5] Die Regelungen sind allerdings von Bundesland zu Bundesland unterschiedlich. In Bayern werden die Privatquartierübernachtungen beispielsweise in allen prädikatisierten Orten erhoben (vgl. Bayerisches Landesamt für Statistik und Datenverarbeitung, 1996).
  In Mecklenburg-Vorpommern wurde für das Jahr 1993 eine Sondererhebung zu diesem Marktsegment durchgeführt (vgl. Statistisches Landesamt Mecklenburg-Vorpommern, 1994).
[6] Unter Zuhilfenahme betriebsartenspezifischer Auslastungskennziffern kann der Übernachtungsumfang schätzungsweise abgeleitet werden (vgl. Maschke, 1995).

tenmerkmale (z.B. Betriebsart, Zielgebiet, Saisonabschnitt)[7] vorgenommen. Für jeden Sample Point wurde eine Mindestanzahl an Interviews vorgeschrieben, um individuelle Einflußkriterien zu bereinigen. In den alten und neuen Bundesländern zusammen wurde das Ausgabeverhalten von über 27.000 Personen ermittelt. Auch wenn dieser Umfang nicht ausreicht, um ortsspezifische Detailinformationen zur Verfügung zu stellen, können diese Zahlen durch entsprechende Gewichtungsschritte bearbeitet werden und Informationen auf kleinräumiger Ebene liefern. Diese Nutzungsmöglichkeiten sind mit als Hauptziel der Untersuchung anzusehen.

11.3.2 Rahmendaten zur Umsatzermittlung

Für das Jahr 1995 wurden etwas mehr als 300 Mio. Übernachtungen in gewerblichen Beherbergungsbetrieben ausgewiesen (vgl. Statistisches Bundesamt, 1996, S. 12). Die Hochrechnung der Ergebnisse einer Gemeindebefragung in den alten Bundesländern läßt auf ein Übernachtungsvolumen in Privatquartieren (mit bis zu neun Betten) schließen, das eine Größenordnung von etwa 45% der Übernachtungen in gewerblichen Betrieben erreicht (vgl. Zeiner/Harrer, 1992, S. 196). Hinzu kommen weitere rund 23 Mio. Übernachtungen auf Campingplätzen (vgl. Statistisches Bundesamt, 1996, S. 40).

Die Ausgabensituation ist bei Übernachtungsgästen differenziert zu betrachten. Die Schwankungsbreite der Tagesausgaben pro Person ist stark ausgeprägt und reicht von unter 30,- DM bei Campinggästen bis teilweise über 300,- DM bei Übernachtungsgästen in First-Class-Hotels. Im Bundesdurchschnitt ergibt sich ein gewichteter Wert in Höhe von etwa 110,- DM, die ein Übernachtungsgast pro Tag ausgibt.[8] Erfaßt werden alle Ausgaben im Zielgebiet; die Anreise vom und die Rückreise zum Herkunftsort sind nicht enthalten. Der Ausgabenschwerpunkt bei Übernachtungsgästen liegt im Bereich Unterkunft und Verpflegung. Dennoch profitiert auch der Einzelhandel und das Dienstleistungsgewerbe.

Im Inland ist von einem Volumen von 450 bis 500 Mio. Übernachtungen gegen Entgelt (d.h. in gewerblichen Betrieben, Privatquartieren und Campingplätzen) auszugehen.[9] Eine Hochrechnung der Umsätze ergibt bei Zugrundelegung der durchschnittlichen Tagesausgaben eine Größenordnung von über 50 Mrd. DM.

---

[7] Die Quotenmerkmale können unter Berücksichtigung zur Verfügung stehender Rahmendaten aus der amtlichen Statistik gebildet werden.

[8] Berechnungen erfolgten unter Zuhilfenahme der Ergebnisse aus der Untersuchung von Zeiner/Harrer/Scherr (1993) sowie Zeiner/Harrer (1992).

[9] Darin nicht enthalten ist beispielsweise der Besucherverkehr bei Einheimischen und das Dauercampingwesen.

10%
Dienstleistungen

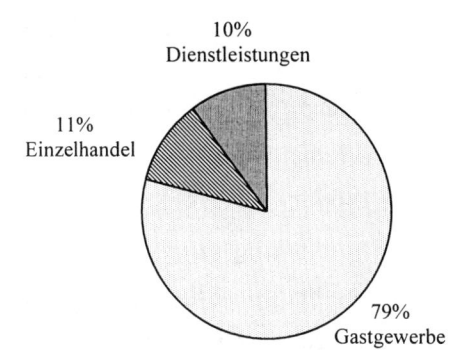

11%
Einzelhandel

79%
Gastgewerbe

Abb. 1: Ausgabenstruktur bei Übernachtungsgästen in Deutschland – insgesamt 110,- DM pro Person und Tag

11.4 Berechnungsweg zur Ermittlung der wirtschaftlichen Bedeutung des Tourismus in Deutschland

11.4.1 Hintergrundinformationen

Es ist davon auszugehen, daß der Tourismus einen Beitrag von über 5% zum Volkseinkommen in Deutschland leistet.[10] Eine exakte Größenordnung kann momentan nicht ausgewiesen werden, hierzu ist eine Aktualisierung und Erweiterung der Studie „Wirtschaftsfaktor Tourismus" notwendig. Neben den Ausgaben während der Reise bzw. im Zielgebiet ist vor allem auf die Bedeutung der Ausgaben für An- und Rückreise hinzuweisen. Die Verkehrsleistungen (inkl. Pkw-Fahrten) sind immerhin bei rund der Hälfte der Einkommenswirkungen aus den Ausgaben an den Aufenthaltsorten anzusetzen (vgl. Harrer et al., 1995, S. 191). Darüber hinaus müssen auch die Aktivitäten zur Reisevor- (z.B. Reiseliteratur) und -nachbereitung (z.B. Filmentwicklung) als touristisch relevant angesehen werden. In diesem Zusammenhang wären – wie bereits erwähnt – von einer angebotsseitigen Recherche durchaus neue Forschungserkenntnisse zu erwarten.

Bei einer gesamtdeutschen Analyse des Tourismusmarktes (Binnen-, Incoming und Outgoing-Tourismus) sind weitere Wechselwirkungen zu berücksichtigen. So kann beispielsweise davon ausgegangen werden, daß bei Auslandsreisen rund 25-30% der gesamten Reiseausgaben inländischen Betrieben (z.B. Verkehrsunternehmen, Reisebüros/-veranstalter) zugute kommen.[11] Desweiteren liegen zum Tagesbesucherverkehr nach Deutschland nur grobe Schätzungen vor. Ein wichtiges Instrument zur Gegenüberstellung von Deviseneinnahmen (aus Incoming-Nachfrage) und Devisenabfluß

---

[10] Grundlage für diesen Wert ist die Analyse zum Wirtschaftsfaktor Tourismus von Koch (1989).
[11] Vgl. hierzu auch die Ausführungen von Koch (1989) sowie Koch (1990).

(aus Outgoing-Nachfrage) liefert die Deutsche Bundesbank mit ihrer jährlich vorgelegten Reiseverkehrsbilanz. Hierin kommt zum Ausdruck, daß der Devisenabfluß mit 62 Mrd. DM deutlich höher liegt als die Deviseneinnahmen mit 17 Mrd. DM (vgl. Deutsche Bundesbank, 1994).

11.4.2 Ermittlung der Einkommenswirkungen

Grundlage für die Berechnung des ökonomischen Stellenwertes der Fremdenverkehrsbranche ist das Zusammentragen der notwendigen Rahmendaten. Dies sind vor allem

- die Ermittlung des Nachfrageumfanges der unterschiedlichen Marktsegmente sowie
- die dazugehörigen Ausgaben pro Person und Tag.

Von entscheidender Bedeutung für die Berechnungen ist es, daß keine allgemeinen Durchschnittswerte verwendet werden. Die orts- bzw. regionalspezifischen Gegebenheiten müssen durch entsprechende Gewichtungen Berücksichtigung finden (z.B. Struktur der Beherbergungsbetriebe, Zusammensetzung der Nachfrage, regionalspezifische Ausgabenwerte). Die weiteren Arbeitsschritte können systematisch durchgeführt werden. Die Vorgehensweise von der Umsatzermittlung bis zur Darstellung der Einkommenswirkungen soll nachfolgend in einem kurzen Überblick zusammengefaßt dargestellt werden (vgl. Zeiner/Harrer/Scherr, 1993, S. 121 ff.).[12]

1. *Die Bruttoumsätze.* Sie lassen sich für einzelne Marktsegmente aus der Multiplikation von Nachfrageumfang und Tagesausgaben pro Kopf ermitteln.
2. *Die Nettoumsätze.* Diese ergeben sich nach Abzug der jeweils anzusetzenden Mehrwertsteuer vom Bruttoumsatz.[13]
3. *Die Nettowertschöpfung.* Diese entspricht in etwa dem Volkseinkommen (Nettosozialprodukt zu Faktorkosten). Zur Berechnung werden die Wertschöpfungsquoten,[14] die für einzelne Wirtschaftszweige unterschiedlich sind,[15] auf den ermittelten Nettoumsatz bezogen. *Die durchschnittliche Wertschöpfungsquote* beträgt beim

---

[12] Beispielrechnungen sind auch an anderer Stelle nachzulesen (vgl. Deutscher Fremdenverkehrsverband, 1995).

[13] Neben dem üblichen MWSt-Satz von 15% ist bei Ausgaben für Lebensmittel, Druckerzeugnisse etc. der ermäßigte Steuersatz (7%) anzusetzen. Bei Privatvermietung wird i.d.R. keine MWSt in Ansatz gebracht.

[14] Die Wertschöpfungsquoten bringen den Anteil des Nettoumsatzes zum Ausdruck, der zu Einkommen (Löhne, Gehälter, Gewinne) wird. So sind beispielsweise Vorleistungen anderer Wirtschaftszweige, Abschreibungen und indirekte Steuern vom Nettoumsatz abzuziehen; Subventionen sind demgegenüber hinzuzufügen.

[15] Bei deren Ermittlung helfen beispielsweise Betriebsvergleiche für unterschiedliche Wirtschaftsbranchen.

übernachtenden Fremdenverkehr etwa 38% (vgl. Zeiner et al., 1993, S. 124) und *beim Tagesbesucherverkehr etwa 30%* (vgl. Harrer et al., 1995, S. 163 ff.).
4. *Der Beitrag des Fremdenverkehrs zum Volkseinkommen.* Dieser wird in einer Region durch Division der Einkommenswirkungen des Tourismus in dieser Region durch das gesamte Volkseinkommen in derselben Region ermittelt.

Als Ergebnis dieser vier Rechenschritte ergeben sich die Einkommenswirkungen im Rahmen der sog. 1. Umsatzstufe. Als sog. 2. Umsatzstufe können darüber hinaus die touristisch relevanten Einkommensanteile im Rahmen der Vorleistungen und Abschreibungen berücksichtigt werden. Über alle Wirtschaftsbereiche ergibt sich für die 2. Umsatzstufe eine durchschnittliche Wertschöpfungsquote von 30% (vgl. Koch, 1989, S. 27). Dieser Anteilswert ist auf die Differenz aus Nettoumsatz und Nettowertschöpfung 1. Umsatzstufe zu beziehen. Als Beispiel für die Berücksichtigung der 2. Umsatzstufe sind u.a. die Einkommenswirkungen bei Lieferanten von Vorleistungen für touristische Leistungen anzusehen, z.B. Lieferung der Brötchen vom Bäcker an einen Beherbergungsbetrieb. Die Einbeziehung der zweiten Umsatzstufe bei regionalen Untersuchungen wirft allerdings große Probleme auf, da über Vorleistungsverflechtungen i.d.R. keine oder nur ungenügende Informationen vorliegen. Bei nationaler Betrachtungsweise bereiten die Austauschbeziehungen hingegen keine Probleme, zumal internationale Importe und Exporte statistisch erfaßt werden und theoretisch berücksichtigt werden können.

11.4.3 Tourismus als Steuereinnahmequelle

Abschließend soll darauf hingewiesen werden, daß der Tourismus auch als Steuereinnahmequelle anzusehen ist. Zu nennen ist die anteilige Lohn- und Einkommensteuer, das Aufkommen an Gewerbe- und Grundsteuer sowie die Kurtaxe bzw. Fremdenverkehrsabgaben. Es ist davon auszugehen, daß etwa 2 bis 3% der touristischen Nettoumsätze einer Gemeinde an fremdenverkehrsbedingten Steuern zufließen (vgl. Koch, 1986). Der jeweilige Anteil hängt von der Struktur der Fremdenverkehrsbetriebe (z.B. Betriebsergebnis, Umsatz- und Kostenstruktur, Betriebssteueranteile am Umsatz) und den Rahmenbedingungen vor Ort (z.B. Gewerbesteuerumlage, Steuersatz, Gemeindeanteil des Steueraufkommens, kommunaler Finanzausgleich) ab. Es ist an dieser Stelle anzumerken, daß den Einnahmen auch beachtliche Ausgaben zur Bereitstellung der touristischen Infrastruktur gegenüberstehen. Auf die Bedeutung der Umwegrentabilität aus Investitionen in die Tourismusbranche soll in diesem Zusammenhang nur hingewiesen werden.

11.4.4 Berechnungsbeispiel

Zur besseren Veranschaulichung der beschriebenen Vorgehensweise soll eine Beispielrechnung durchgeführt werden. Ziel ist es, den ökonomischen Stellenwert des Tourismus für eine Region zu bestimmen. Hierfür müssen mehrere Rahmendaten zusammengetragen werden, die sich

- einerseits aus der Auswertung sekundärstatistischer Datenmaterialien und
- andererseits aus den Ergebnissen regionalspezifischer Primärerhebungen

ableiten lassen. Als Kenngrößen für die vorzunehmende Berechnung werden folgende Größen für das Untersuchungsgebiet vorgegeben:
- Zahl der Übernachtungen in privaten und gewerblichen Quartieren: 1 Mio.,
- Durchschnittliche Tagesausgaben eines Übernachtungsgastes: 150,- DM,
- Zahl der Tagesausflüge und Tagesgeschäftsreisen in das Zielgebiet: 5 Mio.,
- Durchschnittliche Tagesausgaben eines Tagesbesuchers: 30,- DM,
- Zahl der Einwohner im Untersuchungsgebiet: 50.000,
- Durchschnittliches Volkseinkommen je Einwohner: 30.000,- DM.

Diese Angaben beschreiben die Ausgangsposition in der Beispielregion. Es läßt sich daraus folgende Berechnung ableiten:

1. Ermittlung der Bruttoumsätze
    (6 Mio. Aufenthaltstage) x (50,- DM Tagesausgaben[16]) = 300 Mio. DM
2. Ermittlung des Nettoumsatzes
    (300 Mio. DM) – (13,5% MWSt[17]) = 265 Mio. DM
3. Ermittlung der Nettowertschöpfung
    (265 Mio. DM) x (34% Wertschöpfungsquote[18]) = 90 Mio. DM
4. Ermittlung des Fremdenverkehrsbeitrages zum Volkseinkommen:
    - Touristischer Einkommensbeitrag: 90 Mio. DM
    - Erwirtschaftetes Volkseinkommen im Untersuchungsgebiet:
        (50.000 Einwohner) x (30.000,- DM) = 1,5 Mrd. DM
    →(90 Mio. DM) : (1,5 Mrd. DM) = 6% Touristischer Einkommensbeitrag

---

[16] Dies ist der gewichtete Durchschnittswert der Tagesausgaben von Übernachtungsgästen und Tagesbesuchern.

[17] Es wird von einem durchschnittlichen Mehrwertsteuersatz zwischen 13% und 14% ausgegangen. Der normale Steuersatz liegt zur Zeit bei 15%. Es ist allerdings zu berüksichtigen, daß bei Privatvermietung beispielsweise keine Mehrwertsteuer anfällt und bei Ausgaben für Lebensmittel, Druckerzeugnissen, etc. der ermäßigte Steuersatz zu Buche schlägt.

[18] Die durchschnittliche Wertschöpfungsquote ergibt sich aus der Gewichtung der einzelnen Ausgabenarten mit den jeweiligen Wertschöpfungsquoten. Bei Ausgaben im Unterhaltungsbereich liegt die Wertschöpfungsquote relativ hoch (über 50%), während bei Ausgaben im Einzelhandel diese vergleichsweise niedrig ist (unter 20%). Für das Berechnungsbeispiel wird eine entsprechend gewichtete Wertschöpfungsquote von 34% in Ansatz gebracht.

5. Ermittlung der Einkommenswirkungen aus der 2. Umsatzstufe:
   (265 Mio. DM – 90 Mio. DM) x (30%) = 52,5 Mio. DM
6. Ermittlung der Steuereinnahmen aus dem Tourismus:
   (265 Mio. DM) x (2,5%) = 6,6 Mio. DM

Die kommunalen Erträge aus touristisch relevantem Steueraufkommen von Betrieben der Tourismuswirtschaft sowie durch Fremdenverkehrsabgaben bzw. Kurtaxe sind in der Regel sicherlich deutlich höher als der in den kommunalen Haushalten auf der Ausgabenseite für die Fremdenverkehrsverwaltung und andere touristisch relevanten Bereiche bilanzierte Betrag.

11.5 Zusammenfassung

Bei der Zusammenfassung der Ergebnisse soll eine Kennziffer zur Darstellung der wirtschaftlichen Bedeutung des Tourismus weiterhelfen. Im bundesdeutschen Durchschnitt kann der Einkommensbeitrag (die Wertschöpfung)

- je Tagesreise bei   17,- DM und
- je Übernachtung bei   57,- DM

angesetzt werden.[19] Darin enthalten sind die Wirkungen aus der 1. und 2. Umsatzstufe; Fahrtkosten sind nicht berücksichtigt. Rein rechnerisch ergibt sich dieser Wert aus der Division des jeweiligen *Wertschöpfungsbetrages* durch den jeweiligen Nachfrageumfang (Tagesreisen und Übernachtungsvolumen). *Der ausgewiesene Einkommensbeitrag drückt den Anteil der Ausgaben pro Tagesreise bzw. Übernachtung aus, der zu Einkommen (Löhne, Gehälter, Gewinne) wird.*

Damit ein durchschnittliches Volkseinkommen von rund 30.000 DM pro Jahr und Einwohner (vgl. Statistisches Bundesamt, 1995, S. 655) erzielt werden kann, sind dementsprechend

- entweder rund 1750 Tagesreisen
- oder rund 500 Übernachtungen

erforderlich. Demnach resultieren aus 3,5 Tagesreisen die gleichen Einkommenseffekte wie aus einer Übernachtung.

Der prozentuale Beitrag des Fremdenverkehrs zum Pro-Kopf-Einkommen läßt sich auch aus der Formel

$$\frac{\text{Wertschöpfung je Tourist und Tag} \times \text{Tourismusintensität}}{\text{Pro-Kopf-Einkommen}}$$

---

[19] Eigene Berechnungen in Anlehnung an die Grundlagenuntersuchungen des DWIF.

ableiten. Bei einer Wertschöpfung pro Gast von 30,- DM am Tag, einer Tourismusintensität[20] von 5.000 und einem Pro-Kopf-Einkommen von 30.000,- DM durchschnittlich pro Jahr, ergäbe sich beispielsweise ein Einkommensbeitrag in Höhe von 5% aus dem Tourismus.

Literatur

Bayerisches Landesamt für Statistik und Datenverarbeitung (Hrsg.) (1996): Der Fremdenverkehr in Bayern. In: Statistische Berichte für das Jahr 1995. München.
Christaller, W. (1955): Beiträge zu einer Geographie des Fremdenverkehrs. In: Erdkunde, Heft 1, Band IX, S. 1–7.
Deutsche Bundesbank (Hrsg.) (1994): Zahlungsbilanzstatistik, Statistisches Beiheft zum Monatsbericht 12/1994. Frankfurt/Main.
Deutscher Fremdenverkehrsverband (Hrsg.) (1995): Städtetourismus in Deutschland. In: Neue Fachreihe des Deutschen Fremdenverkehrsverbandes, Heft 7. Bonn.
Harrer, B., M. Zeiner, J. Maschke, S. Scherr (1995): Tagesreisen der Deutschen. In: Schriftenreihe des DWIF, Heft 46. München.
Koch, A. (1986): Wirtschaftliche Bedeutung des Fremdenverkehrs in ländlichen Gebieten. In: Schriftenreihe des Bundesministers für Raumordnung, Bauwesen und Städtebau. Entwicklung ländlicher Räume durch den Fremdenverkehr. Bonn-Bad Godesberg.
Koch, A. (1989): Wirtschaftsfaktor Tourismus. Eine Grundlagenstudie der Reisebranche. Hrsg. vom Deutschen Reisebüro-Verband. Frankfurt/Main.
Koch, A. (1990): Wirtschaftsfaktor Ferntourismus. Hrsg. vom Deutschen Reisebüro-Verband. Frankfurt/Main.
Koch, A., M. Zeiner, M. Feige (1987): Die ökonomische Bedeutung des Ausflugs- und Geschäftsreiseverkehr (ohne Übernachtung) in der Bundesrepublik Deutschland. In: Schriftenreihe des DWIF, Heft 39. München.
Koch, A., M. Zeiner, B. Harrer (1991): Strukturanalyse des touristischen Arbeitsmarktes. In: Schriftenreihe des DWIF, Heft 42. München.
Maschke, J. (1995): Betriebsvergleich für das Gastgewerbe in Bayern. In: Sonderreihe des DWIF, Nr. 62, München.
Statistisches Bundesamt (Hrsg.) (1995): Statistisches Jahrbuch 1995 für die Bundesrepublik Deutschland. Wiesbaden.
Statistisches Bundesamt (Hrsg.) (1996): Beherbergung im Reiseverkehr, Fachserie 6, Reihe 7.1., Dezember und Jahr 1995. Wiesbaden
Statistisches Landesamt Mecklenburg-Vorpommern (Hrsg.) (1994): Kapazitäten und Beherbergungsleistungen in Kleinbetrieben und Privatquartieren in Mecklenburg-Vorpommern 1993. In: Statistische Sonderhefte. Schwerin.
World Travel & Tourism Council (Hrsg.) (1993): Travel & Tourism. A new economic perspective. The 1993 WTTC Report-Research Edition. Brüssel.
Zeiner, M., B. Harrer (1992): Die Ausgabenstruktur im übernachtenden Fremdenverkehr in der Bundesrepublik Deutschland (ohne Beitrittsgebiet). In: Schriftenreihe des DWIF, Heft 43. München, S. 196.
Zeiner, M., B. Harrer, S. Scherr (1993): Die Ausgabenstruktur im übernachtenden Fremdenverkehr in den neuen Bundesländern. In:Schriftenreihe des DWIF, Heft 45. München.

---

[20] Die Tourismusintensität berechnet sich wie folgt: $\frac{(\text{Tagesbesuche} + \text{Übernachtungen}) \times 100}{\text{Einwohner}}$

12 Kennziffern einer harmonisierten touristischen Entwicklung

Hansruedi Müller und Beat Seiler

12.1 Ziele der Kennziffern

Mit den erarbeiteten „Kennziffern einer harmonisierten touristischen Entwicklung" soll ein Beitrag zur Umsetzung des Gedankenguts eines sowohl wirtschaftlich ergiebigen als auch sozial- und umweltschonenden Tourismus geleistet werden, und zwar insbesondere durch die Ausweitung der zu verwendenden Meßgrößen. Das praxisorientierte Ziel der Kennziffern besteht darin, den tourismuspolitischen Entscheidungsträgern ein Instrumentarium in die Hand zu geben, das ihnen erlaubt, mittels einfacher Zahlenverhältnisse und ohne allzu großen Zeitaufwand

– zu überprüfen, wie sanft, resp. wie hart die touristischen Entwicklungen in ihrer Gemeinde verlaufen (Analyse),
– festzustellen, wo Fehlentwicklungen entstehen könnten (Prognose),
– Anhaltspunkte zur zeitgerechten und eigenständigen Lenkung der Entwicklung zu finden (Steuerung).

Die Kennziffern richten sich an alle Kreise, die an einer Harmonisierung der touristischen Entwicklung interessiert sind, an Politiker(innen), Planer(innen), an Personen der Gemeinde- und Kreisverwaltungen, an Verkehrsdirektor(inn)en, an Manager(innen) von Tourismusbetrieben, an Investor(inn)en und an interessierte Bürger(innen) insbesondere auf der lokalen und regionalen Ebene.

12.2 Auswahl der Kennziffern

Der Suche nach geeigneten Kennziffern (auch Indikatoren genannt) lag das Zielsystem des Schweizerischen Tourismuskonzepts (1979) zugrunde. In zwei Schritten wurden in einem aufwendigen Auswahlverfahren die rund 200 möglichen Zielgrößen vorerst auf 32 und anschließend auf sieben Schlüsselgrößen reduziert. Den Schlüsselgrößen kommt die Funktion zu, qualitative Ziele aus den drei Bereichen Umwelt, Wirtschaft und Gesellschaft quantitativ zu erfassen. Dieser Indikatorenkatalog zeigt an, *was zu messen ist* (Abb. 1).

Umwelt		Wirtschaft		Gesellschaft	
Landschaft	Landwirtschaft	Beherbergung und Transport	Auslastung	Selbstbestimmung	Kulturelle Identität
Maß für die Landschafts- schonung: überbaute Bauzone ――― Bauzone insgesamt	Entwicklung der Landbearbeitung: %-Veränderung der landwirtschaft- lichen Nutzfläche in den letzten fünf Jahren	Übereinstimmung Bahnen-Betten: Transportkapazität Beschäftigungs- anlagen ――― Betten insgesamt Verhältnis Parahotellerie - Hotellerie: Betten Ferien- und Zweitwohnungen insg. ――― Betten Hotellerie	Winterauslastung der Bahnen: beförderte Personen ――― Transportkap. aller touristischen Bahnen	Ferienwohnungen im Besitz Ortsansässiger: %-Anteil Ferien- und Zweitwoh- nungen im Besitz von Ortsansäs- sigen	Betten insgesamt Grad der Bereistheit: Ortsansässige (Ganzjahr)

Abb. 1: Die Schlüsselgrößen im Überblick

Um mit den bezüglich einzelner Schlüsselgrößen errechneten Meßergebnissen die touristische Entwicklung einschätzen zu können, werden pro Indikator Richtwerte aufgestellt. Sie sollen zeigen, *wie das Gemessene zu beurteilen ist*. Mit den Farbbezeichnungen grün–gelb–rot erfolgt eine bewußte Anlehnung an die Verkehrssignale, die im modernen städtischen Leben auffallendste und alltäglichste Warnanzeige. Grün steht dabei für „freie Fahrt" resp. „problemlos", gelb für „Vorsicht" und rot für „Warnung/Stop", also für „sofort steuernd eingreifen".

12.3 Die sieben Schlüsselgrößen im alpinen Skitourismusgebiet und ihre Richtwerte

12.3.1 Landschaftsschonung

Die Kennziffer 1 ist ein Maß dafür, wie schonend mit der noch unbebauten Landschaft umgegangen werden soll. Ziel jeder touristischen Erschließung müßte es sein, die Landschaft schonend und umweltgerecht zu nutzen.

Berechnung:

$$\frac{\text{überbaute Bauzone} \times 100}{\text{Bauzone insgesamt}}$$

Bedeutung: Baulandeinzonungen gelten allgemein als wichtige Triebfedern des touristischen Wachstums. Sie vermögen deshalb ein gutes Bild zu vermitteln, ob der schonende Umgang mit der Landschaft in die Planung Eingang gefunden hat oder nicht. Je kleiner der Wert dieses Indikators ist, desto mehr Boden steht im Prinzip für eine baldige Überbauung (in der Schweiz innerhalb von 15 Jahren) zur Verfügung.

Richtwerte: grün: mehr als 91%
gelb: 83% bis 91%
rot: weniger als 83%

Diese Richtwerte gelten in dieser Höhe nur für den Zeitpunkt der Inkraftsetzung des Zonenplanes. Während der Laufzeit des Planes sind sie entsprechend heraufzusetzen.

12.3.2 Landnutzung

Diese 2. Kennziffer will anzeigen, wie sich die landwirtschaftliche Nutzfläche innerhalb von fünf Jahren verändert hat. Allgemein erklärtes Ziel ist es, intakte und geeignete Landschaften für die verschiedenartigen Flächenansprüche langfristig zu erhalten.

Berechnung:

$$\frac{(\text{landw. Nutzfläche}_{\text{heute}} - \text{landw. Nutzfläche}_{\text{vor 5 Jahren}}) \times 100}{\text{landwirtschaftliche Nutzfläche}_{\text{vor 5 Jahren}}}$$

Bedeutung: Landwirtschaft und Tourismus ergänzen sich im Berggebiet in hohem Maße: Die Berglandwirtschaft ist auf Nebenerwerbseinkommen aus dem Tourismus angewiesen. Umgekehrt braucht der Tourismus die Bergbauern, primär weil sie durch ihre tägliche Arbeit die Landschaft pflegen und das typische Brauchtum aufrechterhalten.

Richtwerte: grün: mehr als 0%
gelb: −2% bis 0%
rot: weniger als −2%

12.3.3 Abstimmung der Kapazitäten

Um zu überprüfen, wie gut Transport- und Bettenkapazitäten aufeinander abgestimmt sind, sollen in einer 3. Kennziffer die möglichen Höhenmeter je potentiellem Übernachtungsgast errechnet werden. Ziel ist es, den vieldiskutierten „Engpaßüberwindungsautomatismus" (vgl. Krippendorf/Müller, 1986) zu bremsen.

Berechnung:

$$\frac{\text{Transportkapazität der Beschäftigungsanlagen (Personen-Höhenmeter/h)}}{\text{Betten insgesamt}}$$

Bedeutung: Für eine harmonische Entwicklung einer Gemeinde ist es von großer Bedeutung, daß die beiden wichtigsten Angebotselemente des Bergtourismus – die Transportanlagen und die Unterkünfte – aufeinander abgestimmt werden. Sonst besteht dauernd die Gefahr der unkontrollierten Wachstumsspirale im Sinne von „mehr Bahnen → mehr Betten → mehr Bahnen → ...".

Richtwerte: grün: 280–340 Höhenmeter pro Stunde
gelb: 250–280 resp. 340–370 Höhenmeter pro Stunde
rot: weniger als 250, resp. mehr als 370 Höhenmeter pro Stunde

12.3.4 Bettenverhältnis

Mit Hilfe der 4. Kennziffer werden die Anzahl Betten der Ferien- und Zweitwohnungen (wichtige Problematik vor allem in der Schweiz) mit derjenigen der Hotellerie verglichen. Ziel ist es, eine geordnete touristische Entwicklung sicherzustellen und ein Übergewicht einer aus ökologischen, gesellschaftlichen, aber auch wirtschaftlichen Gründen problematischen Parahotellerie gegenüber der Hotellerie zu vermeiden.

Berechnung:

$$\frac{\text{Betten Ferien- und Zweitwohnungen insgesamt}}{\text{(vorhandene) Betten Hotellerie}}$$

Bedeutung: Aus der Sicht eines Ferienortes ist eine starke Dominanz von Ferien- und Zweitwohnungen zu vermeiden, vor allem, weil die Hotellerie deutlich weniger Raum und Energie verbraucht, die Infrastruktur gleichmäßiger belastet und eine viel höhere Wertschöpfung garantiert.

Richtwerte: grün: weniger als 2,5
gelb: 2,5 bis 3,0
rot: mehr als 3,0.

12.3.5 Winterauslastung der Bahnen

Mit Hilfe der 5. Kennziffer soll angezeigt werden, wie stark der Skitourismus die touristischen Transportanlagen während der rund vier Wintermonate auszulasten vermag. Ziel jedes Ferienortes sollte es sein, eine Optimierung der Struktur und der Nutzung des touristischen Produktionsapparates zu erreichen, denn oft sind unbefriedigende Rechnungsergebnisse von Transportanlagen auf strukturelle Schwächen und damit schlechte Auslastungen zurückzuführen.

Berechnung:

$$\frac{\text{Beförderte Personen Winter} \times 100}{\text{Transp.-Kap. aller tour. Bahnen} \times 840 \text{ Betriebs-Std. (120 Tage à 7 Std.)}}$$

Bedeutung: Eine schlechte Auslastung von Bahnen und Betten bedeutet nichts anderes, als mit der entsprechenden touristischen Suprastruktur das Landschaftsbild zu beeinträchtigen, ohne jedoch einen befriedigenden Nutzen zu erwirtschaften.

Richtwerte: grün: mehr als 35%
                gelb: 30% bis 35%
                rot: weniger als 30%

12.3.6 Selbstbestimmung

Die 6. Kennziffer ist ein Maß dafür, wie hoch der Selbstbestimmungsgrad (resp. wie gravierend die Fremdbestimmung) ist. Der Einfachheit halber wird der Anteil derjenigen Ferien- und Zweitwohnungen berechnet, der im Besitz von Ortsansässigen ist. Primäres Ziel jeder touristischen Entwicklung müßte die Erhöhung der Lebensqualität der Ortsansässigen sein. Vielfach bleibt beim Bau von Ferien- und Zweitwohnungen nämlich unberücksichtigt, daß mit dieser Art Entwicklung längerfristig eine große Gefahr der Fremdbestimmung verbunden ist, speziell durch langjährige Zweitwohnungsbesitzer in ihrem 3. Lebensabschnitt.

Berechnung:

%-Anteil Ferien- und Zweitwohnungen im Besitz von Ortsansässigen

Bedeutung: Jedes touristische Wachstum trägt den Keim der Fremdbestimmung in sich, insbesondere, indem die einheimische Bevölkerung die Kontrolle über den Grund und Boden verliert oder aber, indem die touristischen Bedürfnisse der Erholungsuchenden ständig vor die Interessen der Ortsansässigen gestellt werden. Besonders weit kann der Verlust an Selbstbstimmung gehen, wenn der Besitz wichtiger touristischer Angebotsbestandteile wie Luftseilbahnen, Hotels, Feriensiedlungen usw. in die Hände Auswärtiger übergeht, so daß nicht nur die Einflußnahmemöglichkeit Ortsansässiger schwindet, sondern auch der wirtschaftliche Nutzen abfließt.

Richtwerte: grün: mehr als 55%
gelb: 45% bis 55%
rot: weniger als 45%

12.3.7 Kulturelle Identität

Ziel der 7. Kennziffer ist es, einen Indikator für die kulturelle Identität zu finden. Behelfsmäßig wird sie über den Grad der Bereistheit der einheimischen Bevölkerung bestimmt, also über das Verhältnis zwischen Feriengästen (während Spitzenzeiten) und Ortsansässigen. Ziel jeder sanften touristischen Entwicklung müßte es sein, nicht nur ein optimales Reise- und Aufenthaltserlebnis zu ermöglichen, sondern auch zum besseren Verständnis zwischen Touristen und Einheimischen beizutragen. Durch die Einfachheit dieser Kennziffer wird der Ausflugstourismus nur ungenügend berücksichtigt.

Berechnung:

$$\frac{\text{Betten insgesamt}}{\text{Ortsansässige (Ganzjahr)}}$$

Bedeutung: Kultur ist etwas Lebendiges, welches sich dauernd verändert und deshalb nicht von der Außenwelt abgeschirmt werden sollte, um den eigenen Charakter zu wahren. Wenn jedoch die Zahl der Touristen diejenige der Ortsansässigen um ein Mehrfaches übersteigt, wenn der Lebensrhythmus allzu stark beeinträchtigt wird und wenn deshalb die Kontakte unter den Einheimischen in die Zwischensaisons verlegt werden müssen, dann droht das Selbstwertgefühl verloren zu gehen. Die eigenen Werte werden zugunsten einer versuchten, aber zum Scheitern verurteilten Anpassung aufgegeben.

Richtwerte: grün: weniger als 2,7
gelb: 2,7 bis 3,2
rot: mehr als 3,2.

12.3.8 Zusammenfassung

Mittels dieser sieben Schlüsselgrößen kann eine Gemeinde ein Warn- und Chancenprofil erstellen (Abb. 2).

	Chance (grüner Bereich)	Vorsicht (gelber Bereich)	Warnung (roter Bereich)
Landschaft			o
Landwirtschaft	o		
Beherbergung - Transport			o
Beherbergung			o
Auslastung			o
Selbstbestimmung			o
Kulturelle Identität	o		

Abb 2: Warn- und Chancenprofil

Zum Schluß seien die sieben Schlüsselgrößen mit ihren Warngrenzen nochmals kurz zusammengefaßt (vgl. Abb. 3). Das in Abb. 3 dargestellte Kennziffern-System läßt sich ohne große Probleme auf andere, nicht auf den Skisport ausgerichtete Tourismusorte übertragen. Insbesondere die Schlüsselgrößen 3 und 5 müßten durch analoge Indikatoren des entsprechenden Bereichs ersetzt werden.

Zielbereiche	Warngrenzen
1 Landschaftsschonung	Eine aufgrund der Planung mögliche Verdoppelung der Dorfgröße innerhalb weniger als 50 Jahren
2 Landnutzung	Ein Rückgang der landwirtschaftlichen Nutzfläche von mehr als 2% in fünf Jahren
3 Abstimmung der Kapazitäten	Eine Stundenkapazität der Bahnen und Lifte von über 400 Höhenmetern pro Übernachtungsgast
4 Bettenverhältnis	Ein Verhältnis von Ferien- und Zweitwohnungsbetten 3 : 1
5 Winterauslastung der Bahnen	Eine Auslastung der Bahnen und Lifte im Winter von weniger als 30%
6 Selbstbestimmung	Ein Besitzanteil der Ortsansässigen bei den Ferien- und Zweitwohnung von unter 50%
7 Kulturelle Identität	Ein Verhältnis von Betten zu Ortsansässigen von mehr als 3 : 1

Abb. 3: Überblick über die sieben Schlüsselgrößen

12.4 Würdigung der Kennziffern

Der Versuch, Kennziffern einer harmonisierten touristischen Entwicklung zu erarbeiten, dürfte die Tourismusdiskussion in zweifacher Hinsicht bereichern:

- Die Kennziffern konkretisieren die Forderungen nach einer Tourismusentwicklung, die sowohl wirtschaftlich ergiebig als auch sozial- und umweltverantwortlich sein soll, und tragen zu deren Umsetzung bei.
- Sie zwingen zu interdisziplinärem Denken und zeigen Schwächen resp. Gefahren auf einfache Art und Weise auf.

Zu betonen ist, daß die mit Kennziffern ermittelten Ergebnisse nie rein schematisch betrachtet werden dürfen, sondern daß sie mit viel gesundem Menschenverstand zu interpretieren sind. Zwar sind die Indikatoren einfache und nützliche Hilfsmittel zur Beurteilung der Entwicklung, doch können sie den Tourismusverantwortlichen die zu treffenden Entscheidungen nicht abnehmen.

Literatur

Beratende Kommission für Fremdenverkehr des Bundesrates (1979): Das Schweizerische Tourismuskonzept – Grundlagen für die Tourismuspolitik. Bern.
Krippendorf, J., HR. Müller (1986): Alpsegen Alptraum – Für eine Tourismus-Entwicklung im Einklang mit Mensch und Natur. Bern.
Seiler, B. (1989): Kennziffern einer harmonisierten touristischen Entwicklung – Sanfter Tourismus in Zahlen. In: Berner Studien zu Freizeit und Tourismus, Nr. 24. Bern.

Weitere Literatur

Krippendorf, J. (1984): Die Ferienmenschen – Für ein neues Verständnis von Freizeit und Reisen. Zürich.
Krippendorf, J., B. Kramer, HR. Müller (1989): Freizeit und Tourismus – Eine Einführung in Theorie und Politik. In: Berner Studien zu Freizeit und Tourismus, Nr. 22. Bern.
Mäder, U. (1985): Sanfter Tourismus: Alibi oder Chance? Die Schweiz – ein Vorbild für Entwicklungsländer? Zürich.
Müller, HR., M. Egger (1991): Achtung Steinschlag! Wechselwirkungen zwischen Wald und Tourismus – Strategien zu einer waldverträglichen Tourismuspolitik. Bern.
Peters, M., P. Zeugin (1979): Sozialindikatorenforschung – Eine Einführung. Stuttgart.
Schweizer Tourismus-Verband (Hrsg.) (1985): Zweitwohnungen – ein touristisches Dilemma? Leitfaden zur Steuerung der Entwicklung. Bern.

II Das Instrumentarium des Tourismus-Marketing und der Fremdenverkehrsplanung

A Planung von Marketing-Strategien

1 Leitbild und Positionierung

Günther Haedrich

1.1 Das touristische Planungssystem

Touristische Planungsobjekte sind Produkte, die teils aus materiellen, überwiegend aus immateriellen Bestandteilen zusammengesetzt sind. In der Regel erfolgt die Produktplanung unter dem Dach größerer touristischer Planungseinheiten – Reiseveranstalter, Regionen, Gemeinden und Zielorte. Diese Planungseinheiten werden überwiegend nach den Grundsätzen gewinnorientierter Unternehmen geführt, so daß heute allgemeines Einverständnis dahingehend besteht, daß die Prinzipien der Unternehmensplanung, speziell der Planung in Dienstleistungsunternehmen, Anwendung finden können.

In Anlehnung an Bleicher kann für die Unternehmensplanung der aus Abb. 1 ersichtliche Ablauf zugrunde gelegt werden. *Leitbilder* werden auf der *normativen Planungsebene* entwickelt und dienen als Eckpfeiler für das strategische und operative Management; sie betreffen allgemeine Grundsätze der Unternehmenspolitik. „Die Unternehmungspolitik ist eine Gesamtheit von Unternehmungsgrundsätzen oder Leitmaximen, die z.T. in einem Leitbild festgehalten, z.T. auch mündlich weitergegeben werden und die Zufriedenstellung aller „Stakeholder" betreffen. Sie sind der Ausdruck der ethischen, moralischen und psychologischen Werthaltungen des Unternehmers und/ oder der obersten Führungskräfte und regeln deren Verhalten" (Hinterhuber, 1996, S. 99).

Die in dem Leitbild verkörperten Werthaltungen werden im Rahmen der *Unternehmensphilosophie* bzw. der *unternehmerischen* Vision formuliert; die *Vision* kann beschrieben werden als „ein konkretes Zukunftsbild, nahe genug, daß wir die Realisierbarkeit noch sehen können, aber schon fern genug, um die Begeisterung der Organisation für eine neue Wirklichkeit zu wecken" (The Boston Consulting Group, 1988, S. 7). Hinterhuber bezeichnet die Vision als „Polarstern", dem die wegsuchende Karawane in der Wüste, deren Landschaftsbild sich in Sandstürmen dauernd ändert, folgt und zitiert Antoine de Saint-Exupéry mit dem bekannten Satz: „Wenn Du ein Schiff bauen willst, so trommle nicht die Männer zusammen, um Holz zu beschaffen, Werkzeuge vorzubereiten und Aufgaben zu vergeben, sondern lehre die Männer die Sehnsucht nach dem endlosen Meer" (vgl. Hinterhuber, 1996, S. 84 f.).

Damit derartige Vorstellungen von der Planungseinheit „Unternehmen" verstanden und verwirklicht werden können, ist ihre Konkretisierung in Form von Leitbildern zweckmäßig. Leitbilder dienen dazu, die Unternehmensphilosophie bzw. Vision für die Planungsträger zu übersetzen, mit anderen Worten sie als verbindliche Entwicklungsleitlinien des Unternehmens und handlungsbestimmende Leitprinzipien zu formulieren und festzulegen.

```
┌─────────────────────────────────────┐
│       Philosophie/Vision            │
└─────────────────────────────────────┘
                 ⇩                        Normatives
┌─────────────────────────────────────┐   Management
│     Leitbild/Unternehmenspolitik    │
└─────────────────────────────────────┘
                 ⇩
┌──────────────────┬──────────────────┐
│ Unternehmens-/   │ Unternehmens-/   │
│ Marketingziele   │ Marketingstrategie│
├──────────────────┼──────────────────┤   Strategisches
│ Organisations-   │ Führungs-        │   Management
│ strukturen       │ systeme          │
└──────────────────┴──────────────────┘
                 ⇩
┌──────────────────┬──────────────────┐
│ Funktionale      │ Maßnahmen-       │
│ Planungen        │ planung          │
├──────────────────┼──────────────────┤   Operatives
│ Organisatorische │ Führungs-        │   Management
│ Prozesse         │ verhalten        │
└──────────────────┴──────────────────┘

◄──────────────────────────────────►
        Horizontale Integration
```

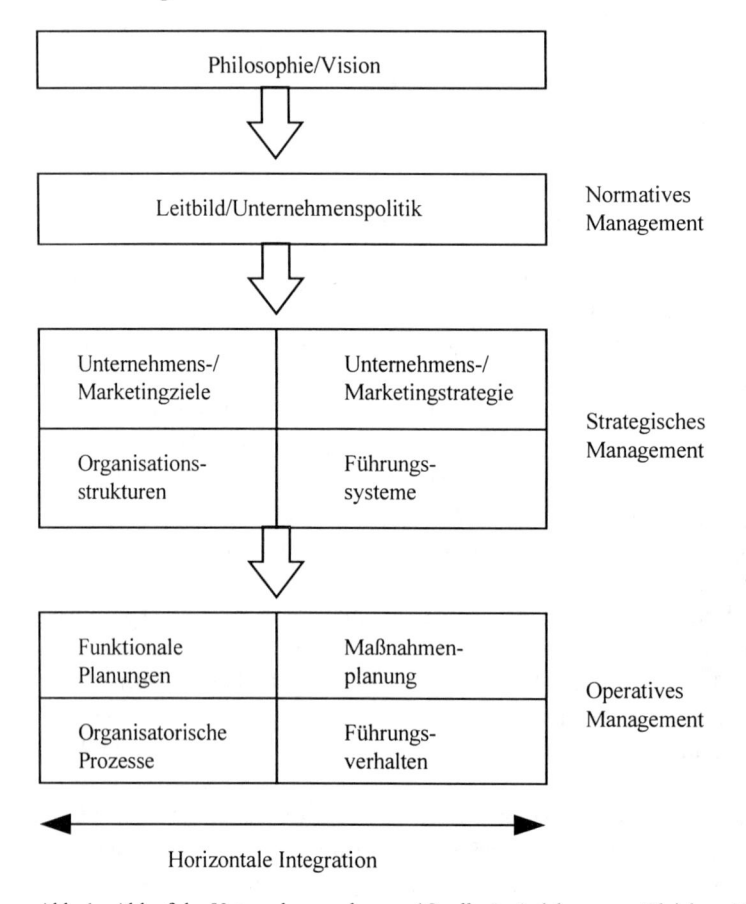

Abb. 1: Ablauf der Unternehmensplanung (*Quelle*: In Anlehnung an Bleicher, 1992, S. 72)

Auf der *strategischen Managementebene* spielt einerseits die strategische Planung eine wichtige Rolle, die die Aufgabe hat, die in dem Leitbild formulierten allgemeinen Grundsätze der Unternehmenspolitik mit Leben zu füllen. In diversifizierten Unternehmen sind i.d.R. einzelne Produkte bzw. strategische Geschäftsfelder[1]) Gegenstand der strategischen Planung; wenn das strategische Planungssystem markt- und kundenorientiert ist, spielt die *Marketing-Grundsatzstrategie* hier die zentrale Rolle. Auf

---

[1] Häufig werden Strategische Geschäftsfelder durch Zusammenfassung von Produkten mit einheitlichen strategischen Erfolgsfaktoren gebildet; sie können weitgehend mit dem Begriff „Marke" gleichgesetzt werden.

der Basis operationaler Marketingziele wird die zukünftig von dem Unternehmen zu besetzende Position im Wettbewerbsumfeld langfristig abgesteckt und festgelegt, auf welche Weise diese Position erreicht werden soll (vgl. Haedrich/Tomczak, 1994, 1996a). Folglich stellt die Positionierung den Ausgangspunkt und Kern der strategischen Unternehmens- und Marketingplanung dar; bestimmte Organisationsstrukturen und Führungssysteme sind notwendig, um die mit der Positionierung verfolgten Ziele zu realisieren.

Die taktische Umsetzung der strategischen Planung erfolgt dann auf der *operativen Managementebene*. Hier wird das Leistungsangebot konkret unter Rückgriff auf das Marketinginstrumentarium geplant, wobei es darauf ankommt, die Planung durch zweckmäßig gestaltete Arbeits- und Entscheidungsabläufe wirksam zu flankieren.

1.2 Leitbilder als Orientierungshilfen für das strategische und operative Management

Abbildung 2 gibt einen Überblick über die Struktur touristischer Leitbilder.

Festlegung von langfristigen Entwicklungsleitlinien:
- Wer sind wir?
- Wo wollen wir hin?
- Wie wollen wir unsere Ziele erreichen?
- Welche festen Grundsätze verfolgen wir dabei?

Abb. 2: Struktur eines touristischen Leibildes („Mission of the Business")

Zunächst geht es darum, die *strategische Ausgangssituation* zu umreißen, indem derzeitige Schwerpunkte und Entwicklungen betreffend das eigene Angebotsprogramm, die Nachfrage und den Wettbewerb skizziert werden. Dazu ist im Vorfeld eine gründliche Analysephase unabdingbar; u.a. geht es darum,

- relevante Entwicklungen in der globalen Umwelt (gesellschaftliche, ökologische, ökonomische, kulturelle, politische und technologische Rahmenbedingungen für die Planung),
- die eigenen Ressourcen und Fähigkeiten,
- die derzeitige Kundennachfrage nach Umfang, Struktur und Entwicklungspotential,
- Trends in der Nachfrage nach touristischen Angeboten,
- Entwicklungen auf der Ebene von Absatzmittlern,
- Struktur, Ressourcen und Fähigkeiten derzeitiger Wettbewerber sowie
- zukünftige Entwicklungen in der Wettbewerbsarena

zu erkennen, um aufbauend auf Chancen, die sich in der Umwelt abzeichnen, und eigenen Stärken im Vergleich zum Wettbewerb *strategische Erfolgsfaktoren* ableiten zu können (vgl. Abb. 3).

---
(1) Identifikation von Chancen/Risiken in der Umwelt.
(2) Ermittlung von Stärken/Schwächen (im Vergleich zum Wettbewerb).
(3) Ableitung von strategischen Erfolgsfaktoren, die dem eigenen Leistungsangebot einen dauerhaften Wettbewerbsvorteil sichern.

Abb. 3: Ableitung strategischer Erfolgsfaktoren

Als Ausgangspunkt für die Beantwortung der Fragen *Wo wollen wir hin* und *Wie wollen wir unsere Ziele erreichen* erweist es sich als besonders vorteilhaft, wenn das touristische Unternehmen über Ressourcen und Fähigkeiten verfügt, die für mehrere Produkte bzw. strategische Geschäftsfelder eingesetzt werden können und die weder substituierbar noch vom Wettbewerb imitierbar sind (sog. *Kernkompetenzen*, vgl. Hinterhuber/Aichner/Lobenwein, 1994, S. 125-133). Wenn es gelingt, derartige Ressourcen so umzusetzen, daß daraus ein dauerhafter Wettbewerbsvorteil resultiert, kann das Unternehmen mit einem positiven Ergebnis rechnen.

Die bei der Ressourcen-Umsetzung verfolgten festen Grundsätze betreffen u.a. das Verhalten gegenüber allen Stakeholdern, z.B. gegenüber Mitarbeitern, der einheimischen Bevölkerung, touristischen Organisationen und Institutionen in der Region bzw. am Ort, Lieferanten und Kapitalgebern. Derartige Anspruchsgruppen sind bei der Planung, insbesondere aber für eine reibungslose Implementierung touristischer Strategien und Maßnahmen oft von ausschlaggebender Bedeutung (vgl. hierzu auch den Beitrag von Siegfried Walch in Teil 3, Kap. II dieses Buches).

1.3 Positionierung von touristischen Unternehmen und Produkten

Bei der Positionierung touristischer Unternehmen bzw. – sofern unterschiedliche Produkte für verschiedenartige Nachfragesegmente angeboten werden – touristischer Produkte stellen die in dem Leitbild formulierten strategischen Erfolgsfaktoren den Ansatzpunkt dar („Wie wollen wir unsere Ziele erreichen?"). Darauf aufbauend sind sog. *Positionierungsziele* zu formulieren, die folgende Inhalte haben:

– „Aussagen über die Kunden (Marktsegmente), die erreicht werden sollen;
– Aussagen über deren Bedürfnisse (Probleme, Wünsche, Forderungen), die befriedigt werden sollen;
– Aussagen über die Art und das Ausmaß des angestrebten Konkurrenzvorteils;

– Aussagen über die geplante Gestaltung des Leistungsangebots (Problemlösung), welches die Kunden als am besten geeignet zur Befriedigung ihrer Bedürfnisse wahrnehmen sollen" (Haedrich/Tomczak, 1996b, S. 133).

Auf der Basis der Erkenntnisse über einen Kundennutzen, der die eigenen Produkte dauerhaft und positiv von Wettbewerbsangeboten abgrenzt, sind konkrete Leistungsangebote zu entwickeln. Der einzigartige Kundennutzen ist in einer Form zu kommunizieren, daß dieser für die Kunden glaubwürdig ist und in der gewünschten Weise von ihnen wahrgenommen wird. Dann ergibt sich eine „Unique Selling Proposition (USP)" oder eine „Unique Marketing Proposition (UMP)", m.a.W. ein strategischer Wettbewerbsvorteil.

In Abb. 4 sind wichtige Forderungen, die bei der Positionierung zu berücksichtigen sind, zusammengestellt worden (vgl. Haedrich/Tomczak, 1996b, S. 137).

(1) Ein echter, d.h. für die anvisierte Kundengruppe *bedeutsamer Kundennutzen* muß angesprochen werden.

(2) Der Nutzen muß das eigene Leistungsangebot möglichst *dauerhaft von Wettbewerbsangeboten positiv abgrenzen*.

(3) Der Nutzen muß auf *spezifische Ressourcen und/oder spezifisches Know-how* treffen.

(4) Der Nutzen muß für die Kunden *deutlich wahrnehmbar* sein; Maßstab für die erfolgreiche Umsetzung einer Positionierung ist somit die *subjektive Wahrnehmung der Kunden*.

Abb. 4: Forderungen an die Positionierung

Bei der Formulierung des strategischen Wettbewerbsvorteils vor dem Hintergrund der in dem Leitbild festgelegten Stoßrichtungen stellt man immer häufiger fest, daß auf diese Weise zwar ein strategisch relevanter Kundennutzen angesprochen werden kann, daß eine Alleinstellung vom Wettbewerb auf diese Weise aber kaum möglich ist. Erfolgversprechende Positionierungen bauen daher heute nicht (nur) auf artikulierten, sondern auf *latenten* Kundenbedürfnissen auf; das planende Unternehmen sollte versuchen, mit Hilfe der „aktiven" Positionierung seines Angebots ein neues Marktsegment zu besetzen. Dabei spielt einerseits die Entdeckung latenter Bedürfnisse mit Hilfe geeigneter Verfahren der empirischen Forschung, auf der anderen Seite der Einsatz von Kernkompetenzen eine wichtige Rolle („Outside-in-/Inside-out-Orientierung"; vgl. Haedrich/Tomczak, 1996b, S. 143-150).

1.4 Aufbau einer eigenständigen Corporate Identity

Ergebnis des normativen, strategischen und operativen Managements ist die Corporate Identity (vgl. Hinterhuber, 1989, S. 231-234). Dieser Begriff kann einerseits im Sinne des unternehmerischen Selbstverständnisses („Wer sind wir?") als *Unternehmenskultur* interpretiert werden. Im Zusammenhang mit dem strategischen und operativen Management geht es andererseits darum, das Unternehmen und seine Produkte zu positionieren, m.a.W. durch ein konsistentes und schlüssiges Auftreten des Unternehmens und seiner Leistungsangebote *positive Unternehmens- und Produktimages* gegenüber allen externen Anspruchsgruppen aufzubauen und zu festigen sowie durch Steigerung des Wir-Bewußtseins positive mitarbeiter- und führungsbezogene Wirkungen zu erzielen. Faßt man diese beiden Aspekte zusammen, so geht es letztendlich um Aufbau und Pflege eines Unternehmensimages, das dazu in der Lage ist, die unterschiedlichen Erwartungshaltungen aller Stakeholder zufriedenzustellen und dem Unternehmen auf diese Weise Handlungsspielraum zu verschaffen (vgl. Haedrich/Jeschke, 1992, 1994).

---

1. Corporate Idendity-Strategie nach außen: Marketingstrategie + Public Relations-Strategie
   - Zielgruppen: Kunden/externe Anspruchsgruppen
   - Ziele: Positionierungsziele/ökonomische Ziele
   - Strategie-Substanz: Qualitätsstrategie, Preisstrategie
   - Strategie-Stil: offensiv/defensiv; konservativ/innovativ
   - Strategie-Absicherung: z.B. Kooperation mit Absatzmittlern
2. Corporate Identity-Strategie nach innen: Binnenmarketing-Strategie („Internal-Relations-Strategie")
   - Zielgruppen: interne Anspruchsgruppen
   - Ziele: Positionierungsziele
   - Strategie-Stil: z.B. offene Kommunikation, Kooperation
3. Instrumentarium der Corporate Identity-Strategie
   - Corporate Behavior: z.B. Produkt- und Preismaßnahmen, Vertrieb
   - Corporate Design: Marke, gesamtes visuelles Erscheinungsbild
   - Corporate Communication: Kommunikationsmaßnahmen nach außen und innen
4. Strategie-Kontrolle

Abb. 5: Wesentliche Elemente einer Corporate Identity Strategie; Zielsetzung: einheitliches Auftreten nach außen und innen

In Abb. 5 sind wesentliche Elemente der Corporate Identity-Strategie dargestellt worden. Mit Hilfe der *Marketingstrategie* wird eine günstige Positionierung des Unternehmens und seiner Produkte in erster Linie bei der Kundenzielgruppe angestrebt, um nachgelagert festgelegte ökonomische Ziele (Marktanteil, Umsatz, Deckungsbeitrag) zu erreichen. Die *Public Relations-Strategie* verfolgt das Ziel der Positionierung des Unternehmens bei allen externen Anspruchsgruppen und wirkt insofern flankierend. Die nach innen gerichtete *Binnenmarketing-Strategie* („Internal-Relations-Strategie") strebt hingegen nach innen gerichtete Positionierungsziele an und dient dazu, den internen Handlungsspielraum des Unternehmens auszubauen, um die Durchsetzung der nach außen gerichteten strategischen und operativen Maßnahmen sicherzustellen. In beiden Fällen wird ein umfangreiches Instrumentarium eingesetzt, das sich aus den Elementen Corporate Behavior, Corporate Design und Corporate Communication zusammensetzt.

	Marketing / PR	Binnenmarketing
Umwelt- und Unternehmensanalyse	- Ermittlung marktlicher und sozio-politischer Chancen/Risiken - Ermittlung von Stärken/Schwächen	- Ermittlung interner Chancen/Risiken - Ermittlung von Stärken/Schwächen
Entwicklung von Leitlinien	Ergebnis: Identifikation strategischer Erfolgsfaktoren	
Positionierung	Positionierung gegenüber allen externen Anspruchsgruppen	Positionierung gegenüber allen internen Anspruchsgruppen
Strategische und operative Planung	Entwicklung abgestimmter Marketing-, Public Relations- und Binnenmarketing-Strategien und -Maßnahmen	
Realisation	Implementierung der Maßnahmen	
	Ergebnis: Marktlich tragfähige und sozio-politisch sowie intern akzeptierte Corporate Identity	
Evaluation / Kontrolle	Evaluation der Marketing- und PR-Maßnahmen	Evaluation der Binnenmarketing-Maßnahmen
	Ergebnis: Basis für weitere strategische und operative Planung	

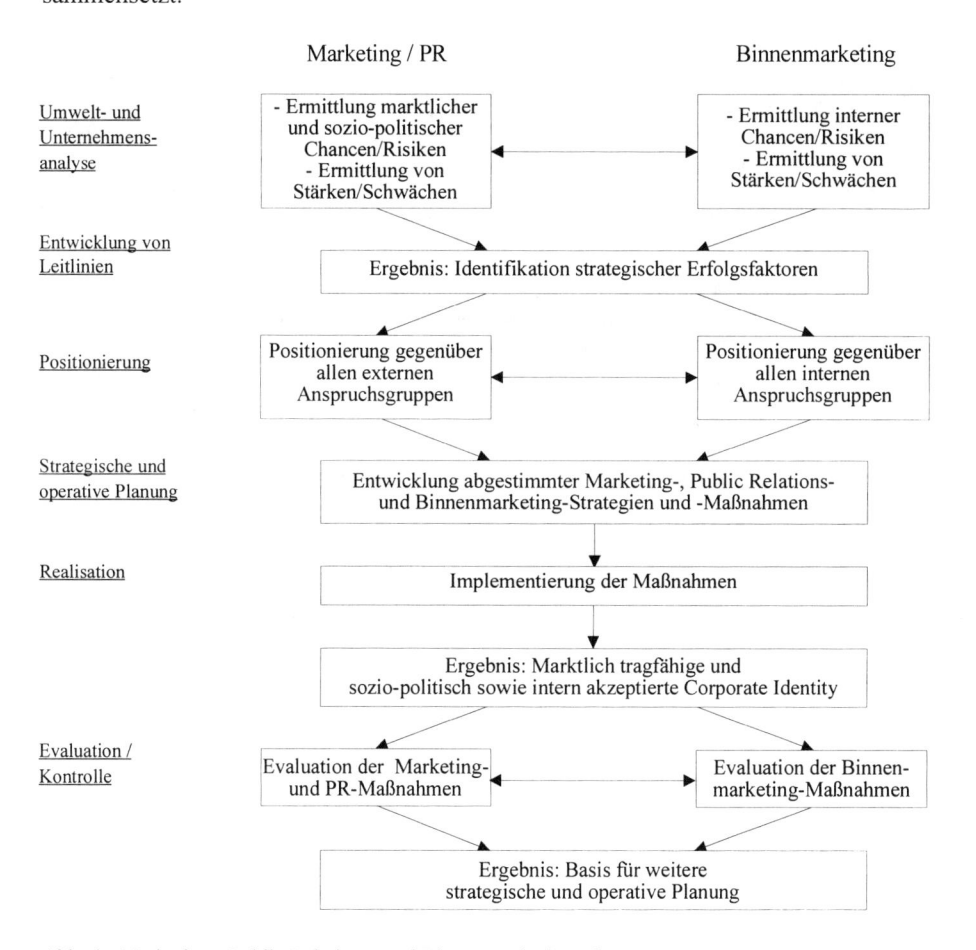

Abb. 6: Marketing-, Public Relations- und Binnenmarketing-Planung

Abb. 6 gibt einen Überblick über den Ablauf einer ineinander verzahnten Marketing-, Public Relations- und Binnenmarketing-Planung (vgl. Haedrich, 1992). Aufbauend auf der Analysephase werden strategische Erfolgsfaktoren ermittelt, die als Grundlage für die Positionierung des Unternehmens gegenüber allen (externen und internen) Anspruchsgruppen dienen. Der Entwicklung von abgestimmten Marketing-, Public Relations- und Binnenmarketing-Strategien und -maßnahmen folgt die Implementierungsphase, und den Abschluß bildet die Evaluierung der Maßnahmen, deren Ergebnis die Richtung für weitere Planungsschritte vorgibt.

Literatur

Bleicher, K. (1992): Das Konzept integriertes Management. 2. Aufl., Frankfurt am Main/New York, S. 72.
Haedrich, G. (1992): Public Relations im System des Strategischen Managements. In: A. Avenarius/W. Armbrecht (Hrsg.): Ist Public Relations eine Wissenschaft? Opladen, S. 257–278.
Haedrich, G., B.G. Jeschke (1992): Zum Management des Unternehmensimages. In: Die Betriebswirtschaft 54(1994)2, S. 211–220.
Haedrich, G., B.G. Jeschke (1994): Der Handlungsspielraum als Entscheidungsdimension in der strategischen Unternehmensführung. In: Zeitschrift Führung + Organisation, 61. Jg. (1992) Nr. 3, S. 173–177.
Haedrich, G., T. Tomczak (1994): Strategische Markenführung. In: Handbuch Markenartikel, M. Bruhn (Hrsg.). Stuttgart, S. 924–948.
Haedrich, G., T. Tomczak (1996a): Strategische Markenführung. 2. Aufl., Bern/Stuttgart/Wien.
Haedrich, G., T. Tomczak (1996b): Produktpolitik. Stuttgart/Berlin/Köln.
Hinterhuber, H.H. (1996): Strategische Unternehmungsführung, In: Strategisches Denken. 6. Aufl., Berlin/New York.
Hinterhuber, H.H., H. Aichner, W. Lobenwein (1994): Unternehmenswert und Lean Management. Wien.
The Boston Consulting Group (Hrsg.) (1988): Vision und Strategie. München.

2 Strategische Planung im Tourismus

Edgar Kreilkamp

2.1 Strategisches Management und strategische Planung

Die wachsende Dynamik der Umwelt ist ein vielzitiertes Phänomen mit umfangreichen Auswirkungen auf die Unternehmen. Umfang und Geschwindigkeit der Veränderungen in Technik, Markt und Gesellschaft sorgen für eine zunehmende Unsicherheit im Planungsprozeß von Unternehmen. Knapper werdende Ressourcen und stagnierende Märkte kennzeichnen heute viele Branchen. Daher wird es für alle Unternehmen immer dringender, langfristig zu denken und zu handeln.

Lange Zeit lebte die Tourismusindustrie in der Bundesrepublik Deutschland von hohen Wachstumsraten. Entsprechend wenig ausgeprägt ist die Marketing-Orientierung in der Tourismusbranche im Vergleich zu anderen Branchen. Haedrich (1991, S. 35) stellt fest, daß Teile der Tourismusindustrie die Bedeutung des Marketing bzw. der Marktingkonzeption noch nicht richtig erkannt haben und daß anderen die notwendigen Voraussetzungen zu einer professionellen Umsetzung fehlen. Von Roth (1995, S. 29) wird dies in seinem „Plädoyer für das Marketing in der Touristik" bestätigt.

2.1.1 Strategisches Management und Marketing

Um die Bedeutung der strategischen Planung im Rahmen eines strategischen Managements zu erläutern, scheint es zunächst erforderlich, auf die heutige Sichtweise des Marketing einzugehen. Vor dem Hintergrund einer deutlichen Wettbewerbsverschärfung, wie sie sich in vielen Märkten zu einem ausgeprägten Verdrängungswettbewerb gesteigert hat, wurde es erforderlich, sich stärker an den Bedürfnissen der Kunden zu orientieren, um langfristig den Erfolg des Unternehmens zu sichern. Entsprechend entwickelte sich Marketing als Führungskonzeption, gekennzeichnet durch eine unternehmerische Denkhaltung, deren Kernpunkt die konsequente Orientierung am Markt – gemeint sind die verschiedenen Absatzstufen bis hin zum Endverbraucher – ist. Freyer (1991a, S. 234) definiert seinen Marketing-Ansatz entsprechend wie folgt: „Zentrales Anliegen ist also die Ausrichtung der gesamten Betriebsaktivitäten auf den Markt. Ausgangspunkt sind die (durch die Marktforschung ermittelten) Nachfragewünsche, die unter Berücksichtigung der eigenen Betriebsziele und Produktionsmöglichkeiten in Produkte und Dienstleistungen umgesetzt werden." Diese Marketing-Sichtweise hat jedoch aufgrund der gesellschaftlichen und wirtschaftlichen Bedingungen in verschiedenen Branchen in den letzten Jahren eine mehrfache Erweiterung erfahren. So plädiert auch Freyer an anderer Stelle für eine Vertiefung und Erweiterung des Marketingverständnisses (vgl. Freyer, 1991b). In seinem neuesten Buch (Freyer 1997) beschäftigt er sich intensiv mit den verschiedenen Ausprägungen und Charakterisierungen des Marketing-Begriffs (Freyer 1997, S. 1–63). Durch die starke Fixierung auf einzelne Produkte und die jeweiligen Konsumenten gelang zwar eine bessere Befriedigung der Verbraucherbedürfnisse, es gab aber auch Nebenwirkungen, die nur wenige Unternehmen klar erkannten: Die Kosten stiegen in der Produktion, im Marketing und im Gemeinkostenbereich. Als Antwort auf steigende Kosten der großen Unternehmen konzentrierten sich kleinere Unternehmen auf wenige Produkte. Da ihre Preise häufig unter denen der traditionellen Branchenführer lagen, verkauften sie auch ohne umfangreiche Werbeanstrengungen und auf der Basis geringerer Gemeinkosten und erreichten eine entsprechend günstige Rentabilitätssituation; eine Beobachtung, die man gerade im Reiseveranstaltermarkt der Bundesrepublik Deutschland zur Zeit feststellen kann.

Diese Aspekte führten zu einer intensiven Diskussion, verbunden mit verschiedenen neuen Ansätzen. Eine neue und wichtige Akzentuierung erfährt diese marktorientierte Denkungsweise durch die Herausarbeitung der zentralen Rolle, die eine gründliche Analyse der Wettbewerbsunternehmen in einem Markt hinsichtlich der Formulierung der eigenen Strategie spielt (vgl. Porter, 1980; Porter, 1987). Während bisher explizit versucht wurde, Abnehmerbedürfnisse zu erforschen und lediglich implizit zu ermitteln, wie eigene Maßnahmen im Vergleich zu denen wichtiger Mitbewerber wirken, erhält nun die Analyse der Wettbewerbsstruktur auf den Märkten, der Strategien der Wettbewerber und der Gefahr des Eindringens neuer Wettbewerber einen großen Stellenwert (vgl. hierzu Kreilkamp, 1987, S. 167–219; Haedrich/Tomczak, 1996a, S. 13). Der von Porter geprägte Begriff „Wettbewerbsstrategie" macht diese Akzentverlagerung deutlich. Es handelt sich darum, die derzeitige und zukünftige Wettbewerbsstruktur zu erkennen und auf der Basis eigener Stärken und Schwächen gegenüber dem Wettbewerb strategische Erfolgsfaktoren für die angebotenen Leistungen aufzubauen und zu erhalten. Ob ein Unternehmen Erfolg hat oder nicht, entscheidet sich im Markt. Erfolgreiche Produkte sind solche, die Konsumentenbedürfnisse besser befriedigen als Wettbewerbsprodukte (Vorteile im Bewußtsein der Konsumenten). Insofern bedeutet Marketing nicht nur die optimale Befriedigung der Konsumentenbedürfnisse, sondern diese Betrachtung muß ergänzt werden: Marketing hat die Aufgabe, Konsumentenbedürfnisse besser zu befriedigen als dies Wettbewerbsprodukte können. Daher bedarf die Markt- bzw. Konsumentenorientierung einer Erweiterung durch die Wettbewerbsorientierung. Zusätzlich begann bereits Anfang der 70er Jahre eine Öffnung des Marketing zu einem gesellschaftsorientierten Marketing (vgl. hierzu Haedrich/Tomczak, 1996a, S. 15–23 und die dort angegebene Literatur).

Nicht zu unterschätzen ist die zunehmende Sensibilisierung weiter Bevölkerungskreise gegenüber den negativen Auswirkungen des Tourismus auf Umwelt und Gesellschaft. Umwelt- und Sozialverträglichkeit werden meist in einem Atemzug genannt.

Dabei ist das, was mit sozialverträglichem Tourismus umschrieben wird, ein Tourismus, der weitgehend frei ist von sozialen und gesellschaftlichen Implikationen für die einheimische Bevölkerung, noch schwieriger zu realisieren als die Umweltverträglichkeit; schließlich würde dies ein in höchstem Maße uneigennütziges Verhalten des Urlaubers erfordern. Andererseits ist ein Bewußtmachen der Umweltproblematik in den Zielgebieten, eine langfristige Tourismusplanung in bereits entwickelten oder eine Planung für noch nicht erschlossene Gebiete heute ohne Einbeziehung der Bevölkerung immer weniger denkbar. Ist die Bevölkerung aber einbezogen, so sind Fragen wie Überfremdung und gesunde Wirtschaftsstruktur ganz selbstverständlich Gegenstand der Diskussion (vgl. Roth, 1992, S. 52).

Sehr lange ist die überwiegende Mehrheit der Reiseveranstalter davon ausgegangen, Probleme der Umwelt seien eine Sache der Zielländer und Zielorte. Diese Einstellung ist heute nicht mehr zu rechtfertigen. Der Reiseveranstalter hat mehrfache Verantwortung: Gegenüber dem Reisenden, den er informieren muß über Vorhandensein/Nichtvorhandensein von Umweltproblemen am Zielort; gegenüber dem Zielgebiet/Zielort, indem er den Reisenden zum schonenden Umgang mit der Natur anhält; im Rahmen einer generellen gesellschaftsorientierten Verantwortung als Unternehmer, der gemeinsam mit den Partnern (im Zielgebiet) darauf einwirken muß, daß die natürlichen Ressourcen, die Grundlage jeglicher Tourismustätigkeit sind, geschont werden. Daraus leitet sich auch die Verpflichtung ab, auf die Tourismusverantwortlichen in den Zielgebieten Einfluß zu nehmen (vgl. Roth, 1992, S. 57).

2.1.2 Vom reaktiven zum aktiven Marketing

Die Aufgabe des Marketing als Führungskonzeption wird damit heute nicht nur als Orientierung der Organisation an den Bedürfnissen des Marktes, sondern auch an den Anforderungen der Gesellschaft verstanden. Marketing, verstanden als markt-, wettbewerbs- und gesellschaftsorientierte Unternehmensführung, erhält damit erweiterte Begriffsinhalte: „Marketing ist eine Führungskonzeption, mit der eine Organisation das Ziel verfolgt, Bedürfnisse und Anforderungen aus Markt und Gesellschaft möglichst frühzeitig zu erkennen und auf der Basis einer Analyse der eigenen Stärken und Schwächen im Verhältnis zum Wettbewerb Strategien zur aktiven Gestaltung der Beziehungen zwischen Organisation und Umwelt zu entwickeln und zu implementieren" (Haedrich/Tomczak, 1996a, S. 20). Diese Implikationen haben Einfluß auf die Gestaltung des Planungsprozesses von Unternehmen. Hinzu kommt ein weiterer Aspekt, den Hamel/Prahalad (1992, S. 44) eindringlich skizzieren: „Die globalen Wettbewerbsschlachten der 80er Jahre wurden gewonnen von Unternehmen, die Kosten- und Qualitätsvorteile auf bestehenden, klar markierten Märkten erzielen konnten. In den 90er Jahren werden die Sieger Unternehmen sein, die imstande sind, fundamental neue Märkte aufzubauen und zu beherrschen".

In diesem Sinne bedeutet Kundenorientierung, in Problemlösungen zu denken. Der Bedarf an bestimmten Produkten kann zurückgehen oder ganz verschwinden, Kundenbedürfnisse haben dagegen größere Stabilität. Dies bedeutet: Unternehmen müssen sich zurückbesinnen, daß Kunden Produkte in der Regel nicht kaufen, um sie zu besitzen, sondern um damit Probleme zu lösen (Kreilkamp 1994, S. 95–96). Das Verständnis um Kundenprobleme eröffnet die Basis für die Suche innovativer Produktkonzepte. Übliche Marktanalysen führen selten zu Innovationen. Es reicht in zahlreichen Märkten heutzutage nicht mehr aus, das Marketing an artikulierten Kundenwünschen auszurichten. Vielmehr wird es erforderlich, latent vorhandene Kundenwünsche zu eruieren und mit entsprechenden Marketingaktivitäten zu bedienen (vgl. hierzu auch Haedrich/Tomczak, 1996b, S. 141–150).

Hamel/Prahalad (1992, S. 47–49) glauben, daß es drei Arten von Unternehmen gibt: jene, die bloß ihre Kunden fragen, was sie haben wollen und damit enden, ihnen dauernd hinterherzulaufen. Dann jene, die – mindestens kurzfristig – ihre Kunden erfolgreich in eine Richtung drängen, in die diese gar nicht recht möchten. Schließlich solche, die ihre Kunden dorthin führen, wohin sie sie haben wollen, noch bevor die Kunden das selbst wollen.

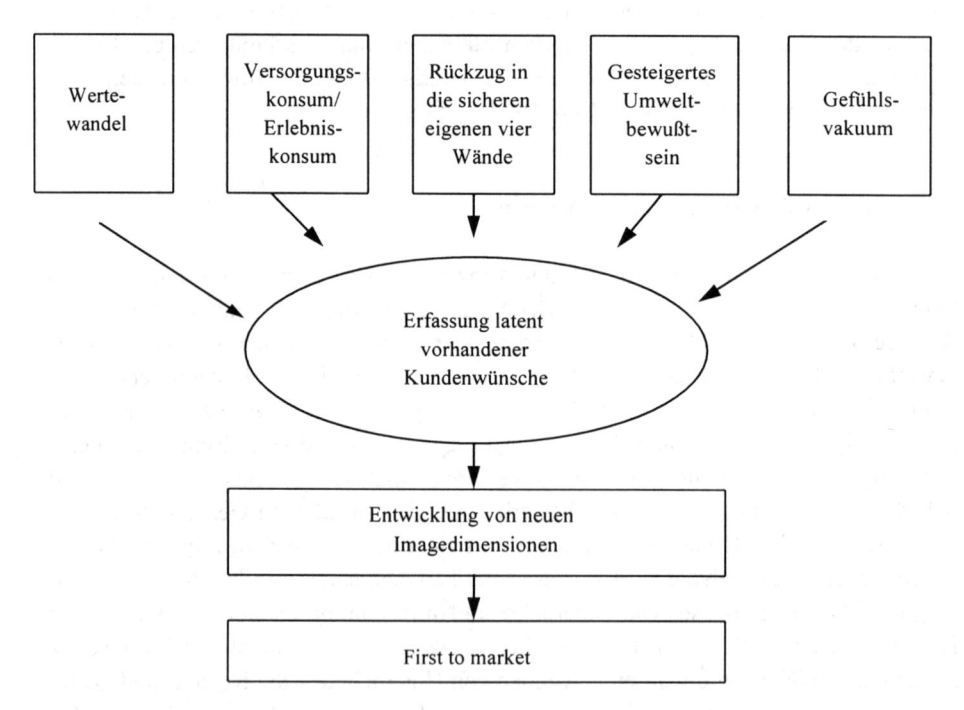

Abb. 1: Erfassung von Trends zur Entwicklung neuer Imagedimensionen (*Quelle*: Kreilkamp, 1994, S. 97)

Ein „Verstehen" der Kundenwünsche und entsprechender Entwicklungstrends ist erforderlich, um latent vorhandene Kundenwünsche zu erfassen. Aktives Marketing verlangt nicht nur ein entsprechendes Bewußtsein, sondern auch eine Verlagerung der instrumentellen Schwerpunkte. Bei der Erfassung von Qualitäts- oder Imagedimensionen geht es heute darum, Kundenwünsche in ihren Problem- und Erlebnisdimensionen besser zu erfassen und zu verstehen: Ein Reiseveranstalter verkauft nicht den Flug in ein bestimmtes Zielgebiet, verbunden mit Transfer und Unterkunft, sondern Urlaubserlebnisse.

Um die Regeln des Marktes und Wettbewerbs neu zu bestimmen, wird es in Zukunft verstärkt darum gehen, neue Imagedimensionen zu entwickeln. In der Zukunft werden nur Unternehmen erfolgreich bleiben, die sich nicht allzu sehr auf ihre bisherigen Märkte verlassen. Aus dem Verständnis der Kunden heraus sind neue Problemlösungsideen zu entwickeln, denn die Erfahrung zeigt, daß erfolgreiche Unternehmen und erfolgreiche Produkte in der Regel wichtige Imagedimensionen in einzigartiger Weise besetzen (vgl. Abb. 1 und Kreilkamp 1994, S. 96–98).

2.1.3 Strategische Planung

Allgemein könnte man sagen, daß Planung als ein systematisches, zukunftsbezogenes Durchdenken und Festlegen von Zielen, Maßnahmen, Mitteln und Wegen zur künftigen Zielerreichung aufzufassen ist (vgl. Kreilkamp, 1987, S. 3). Die strategische Planung beschäftigt sich in diesem Rahmen mit der globalen Analyse der Erfolgsquellen und der Entwicklung langfristig angelegter Konzepte zur Zukunftssicherung. Im einzelnen sind die folgenden Teilprobleme zu lösen (vgl. Meffert, 1988, S. 4; Haedrich/Tomczak, 1996a, S. 23–25):

- Bestimmung der Produkte und Märkte, in denen das Unternehmen tätig ist oder in der Zukunft tätig sein will (Defining the Business);
- Festlegung der Aufgabe, die jedes Geschäft bzw. Geschäftsfeld im Rahmen der gesamtunternehmerischen Zielsetzung zu übernehmen hat (Defining the Mission of the Business);
- Formulierung funktionaler Strategien, wobei marktorientierte Unternehmensführung impliziert, daß die Marketing-Planung die Rolle einer funktionalen Leitplanung übernimmt (Marketing als Führungskonzeption von Unternehmen);
- Budgetierung (Festlegung und Allokation der Ressourcen).

Somit kann vereinfacht strategische Planung auch als ein Prozeß bezeichnet werden, der alle Entscheidungen und Aktivitäten zur Erreichung einer effektiven Strategie beinhaltet. Strategisches Management in der heutigen Sichtweise ist dabei mehr als nur strategische Planung. Strategische Planung und Management werden in einem Prozeß vereint. Die Philosophie des Unternehmens ist geprägt von der Überzeugung, daß die

Zukunft aktiv geschaffen und gestaltet werden kann. Dementsprechend wird die gesamte Organisation darauf ausgerichtet, im Wettbewerb die Initiative zu ergreifen. Eine konsequente Anwendung und Durchsetzung strategischen Denkens auf allen Ebenen der Organisation sind wesentliche Kriterien des strategischen Managements (vgl. Kreilkamp, 1987, S. 17–28).

2.2 Überblick über die einzelnen Phasen der strategischen Planung

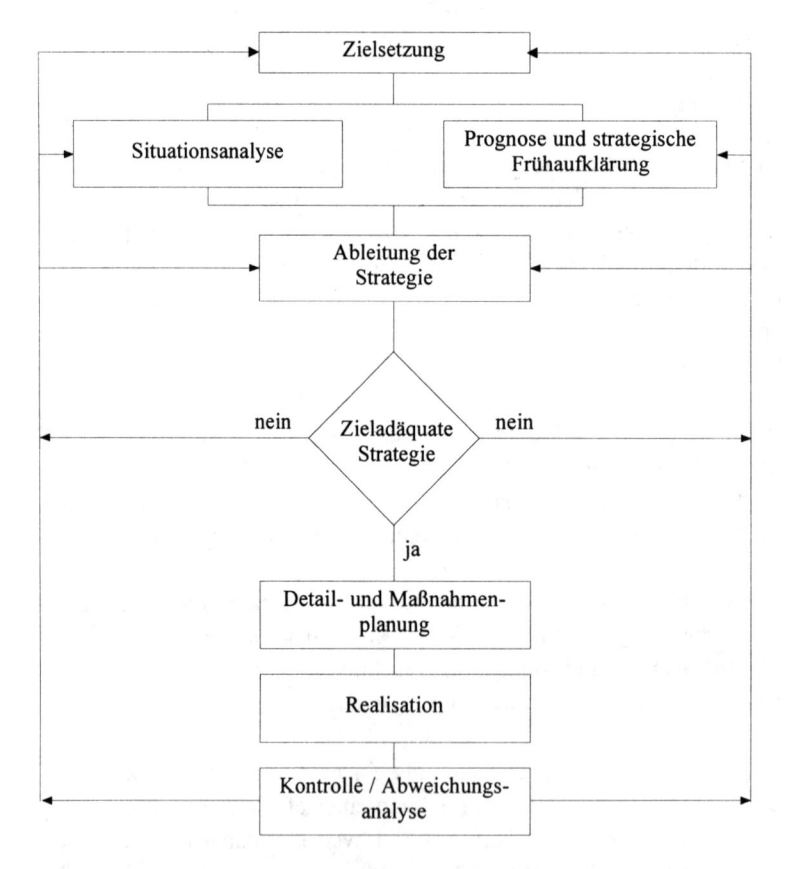

Der Prozeß der strategischen Planung wird von einer Reihe von Autoren (vgl. z.B. Kreilkamp, 1987, S. 60–67 und die dort angegebene Literatur; Meffert, 1988, S. 6–8; Meffert 1994, Haedrich/Tomczak, 1996a, S. 32 und Freyer 1997) diskutiert.

Den folgenden Ausführungen liegt der in Abb. 2 skizzierte Prozeß der strategischen Planung zugrunde.

Abb. 2: Prozeß der strategischen Planung

Es wird davon ausgegangen, daß vorgegebene Ziele zur Sicherung der Überlebensfähigkeit als „natürliche Oberziele" nur begrenzt zur Disposition stehen. Diese Ziele bestimmen den Rahmen, gewissermaßen die grobe Zielstrukturierung, als Ausgangspunkt des strategischen Planungsprozesses. Dabei gibt die strategische Planung Anstöße zur Konkretisierung und ggf. Modifikation der Ziele. Wesentlicher Teil der strategischen Planung ist die Situationsanalyse. Aufgabe dieser Analyse ist die systematische Suche und Diagnose von aktuellen und möglichen strategischen Problemen im Unternehmen selbst sowie in seiner vorhandenen und zukünftigen Umwelt. Durch die Erfassung der Unternehmensumwelt wird es möglich, die zentralen strategischen Erfolgsfaktoren der Märkte und Branchen zu bestimmen, in denen das Unternehmen tätig ist. Durch die Gegenüberstellung mit den Leistungspotentialen des Unternehmens können die unternehmensspezifischen Stärken und Schwächen ermittelt werden.

Während die Situationsanalyse der Bestimmung der strategischen Ausgangssituation dient, besteht die Aufgabe der Prognosephase vor allem darin, alternative Umweltentwicklungen zu definieren. Entsprechend große Bedeutung hat hier die strategische Frühaufklärung. Die hieran anschließende Ableitung und Entwicklung von Strategien baut auf dieser Analyse auf. Es ist zu beurteilen, inwieweit die Strategien realisierbar sind und wie sie zur Zielerreichung beitragen. Auf der Basis der verabschiedeten Strategie erfolgt die Detail- und Maßnahmenplanung, d.h. hier erfolgt eine detaillierte Ausarbeitung aller Aktivitäten mit Hilfe des marketingpolitischen Instrumentariums sowie entsprechender Maßnahmen in anderen Funktionsbereichen des Unternehmens. Nach der Umsetzung der Maßnahmen und Realisation der Strategie erfolgt eine permanente Kontrolle um zu überprüfen, inwieweit die Ziele erreicht wurden. Abweichungsanalysen geben Hinweise für eine Ziel- und/oder Maßnahmenrevision.

2.3 Strategische Planung bei Reiseveranstaltern

Die Reiseveranstalter nehmen innerhalb des Tourismus-Sektors eine zentrale Funktion ein: Sie kombinieren eigene und fremde Teilleistungen zu einem neuen, eigenständigen Produkt, der Pauschalreise. Entsprechend besteht die eigentliche Dienstleistung der Reiseveranstalter in der Planung und Organisation der Pauschalreise, ihrer Kommunikation, dem Verkauf und der Durchführung. Hinzu kommt die Übernahme des Haftungs- und Absatzrisikos, d.h. der Reiseveranstalter tritt gegenüber dem Reisenden als Vertragspartner auf, der auch für fehlerhafte Leistungen der Leistungsträger Hotel, Transport usw. haftet. Ebenso übernehmen die Reiseveranstalter das Absatzrisiko für die Leistungsträger, indem sie deren Leistungen in der Regel ganz oder teilweise im voraus kaufen und bezahlen (vgl. hierzu auch Hebestreit, 1992, S. 16 und S. 29 ff.).

Insgesamt weist die strategische Planung von Organisationen viele Gemeinsamkeiten auf. Im 3. Teil des Buches sind Beispiele der strategischen Fremdenverkehrsplanung von Orten, Regionen, Ländern etc. wiedergegeben. Es wird dabei deutlich, daß es viele Gemeinsamkeiten innerhalb des strategischen Planungsprozesses gibt; der Ablauf in seiner Gesamtstruktur ist dabei vergleichbar, und ebenso können viele Gedanken und Methoden auf andere touristische Leistungsträger übertragen werden.

2.3.1 Zielplanung

In allgemeiner Form können Ziele verstanden werden als Aussagen oder Vorstellungen über angestrebte Zustände, die durch Handlungen hergestellt werden sollen (vgl. Haedrich/Tomczak, 1996a, S. 75). Aufgrund der angesprochenen Entwicklungen in der sogenannten gesellschaftlichen Umwelt spielen heutzutage im Zielsystem von Reiseveranstaltern neben ökonomischen Zielen, wie z.B. Gewinn, Rentabilität, Wachstum, Stabilität, Liquidität oder Wirtschaftlichkeit, auch Aussagen eine zunehmend bedeutendere Rolle, die die Beziehungen zwischen Reiseveranstalter und Natur/Gesellschaft zum Inhalt haben (vgl. Abb. 3).

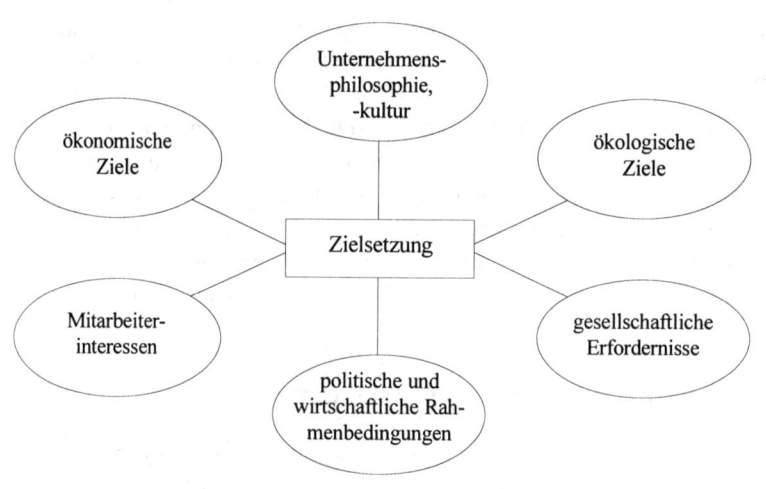

Abb. 3: Zielplanung

Besonders im Tourismus steht die Umwelt schon seit langem im Mittelpunkt der Diskussion. Natürliche Ressourcen sind eine wesentliche Grundlage des Tourismus. Lärmbelästigung durch Flugzeuge, Landschaftszerstörung durch Autobahnen und Bahntrassen, zubetonierte Strände durch unkontrollierte Hotelbauten, Skitourismus in den Alpen usw. haben die natürlichen Grundlagen des Tourismus zunehmend belastet. Hinzu kommen Lärm-, Luft- und im weitesten Sinne Umweltverschmutzungen (vgl. Freyer, 1991b, S. 152). Entsprechend sind diese ökologischen Aspekte in die unternehmerische Zielsetzung zu integrieren, damit es gelingt, ökologische Strategien und Konzepte zu entwickeln, die die Grundlagen des Tourismus weitaus besser schützen als dies in der Vergangenheit erfolgte. Inzwischen sind in dieser Beziehung verschiedene Maßnahmen eingeleitet worden: Beispielsweise die Ernennung von Umweltbeauftragten mit dem Ziel, nach innen (also bei Mitarbeitern) und nach außen (bei Partnern und der Öffentlichkeit) für den Umweltgedanken zu werben, oder auch die vom Deutschen Reisebüro-Verband (DRV) formulierten Umweltforderungen für Reiseveranstalter (vgl. Roth, 1992, S. 57).

Die gesellschaftlichen Auswirkungen touristischer Aktivitäten sind offensichtlicher als in vielen anderen Wirtschaftsbereichen. Der heutige Reiseveranstalter hat sich diesen Problemen zu stellen, die gesellschaftliche Verantwortung der Tourismus-Manager ist verstärkt gefragt. Neuere Untersuchungen zeigen, daß in weiten Kreisen der Bevölkerung ein Minimalkonsens dahingehend besteht, die Unternehmen stärker zur Verantwortung gegenüber gesellschaftlichen Belangen zu verpflichten. Haedrich/Tomczak (1996a, S. 16 f.) führen eine Untersuchung von Raffée/Wiedmann an, die belegt, daß die Bevölkerung in der Bundesrepublik Deutschland von Unternehmen nicht nur ein verstärktes Verantwortungsbewußtsein gegenüber der Umwelt fordert, sondern ebenso ein verstärktes Verantwortungsbewußtsein gegenüber Arbeitnehmern und Verbrauchern. Zimmer (1991) bezieht sich auf eine Studie des Münchener Organisations-Psychologen Lutz von Rosenstiel, der herausfand, daß für einen Teil des Führungskräfte-Nachwuchses materialistische Ziele (Wachstum, Gewinn, technischer Fortschritt, Karriere) gegenüber post-materialistischen (Umweltschutz, „Dritte Welt", Persönlichkeitsentwicklung) an Attraktivität verlieren (vgl. Zimmer, 1991, S. 251). Die Managerinnen und Manager geraten mehr und mehr in einen Zielkonflikt. Immer häufiger werden sie auch persönlich mit gesellschaftlich unerwünschten Zielen ihrer Organisation identifiziert, die sie häufig nur mit erheblichen inneren Konflikten vertreten können. Hinzu kommt ein Wandel der Arbeitsmoral. Arbeit wird zunehmend als hemmend, sinn-neutral und damit frustrierend empfunden. Um so wichtiger wird es auch für Reiseveranstalter, die Interessen ihrer Mitarbeiter sowie ihre Einstellungen und Wertvorstellungen bei der Ableitung des Zielsystems zu berücksichtigen. Hinzu treten häufig politische und wirtschaftliche Rahmenbedingungen (z.B. ökonomische Aspekte im Dritte-Welt-Tourismus).

Entsprechend wesentlich ist es für Unternehmen, die Beziehung zwischen Unternehmen und Markt einerseits (ökonomische Ziele, Mitarbeiterziele und Orientierung an den Nachfragewünschen) sowie Unternehmen und Gesellschaft andererseits (Ökologie, politische und wirtschaftliche Rahmenbedingungen und gesellschaftliche Erfordernisse) in Balance zu halten. All dies drückt sich aus in der Unternehmensphilosophie oder Unternehmenskultur (die Begriffe „Unternehmensphilosophie" und „Unternehmenskultur" werden häufig, wie auch hier, synonym verwendet; zu einer möglichen Abgrenzung vgl. Meffert, 1988, S. 338).

Unternehmenskultur beschreibt in diesem Zusammenhang „ein System von Wertvorstellungen, Verhaltensnormen sowie Denk- und Handlungsweisen, die das Verhalten von Mitarbeitern aller Stufen und damit das Erscheinungsbild eines Unternehmens prägen" (vgl. Pümpin/Kobi/Wüthrich, 1985; Meffert, 1988, S. 336 f.). Ausgelöst wurde die Diskussion um die Unternehmensphilosophie oder Unternehmenskultur durch die Studien von Peters/Waterman (1984). Faktoren, die lange als nicht beeinflußbare, irrationale, intuitive oder informelle Elemente der Organisation behandelt wurden, haben demnach genauso viel oder noch mehr mit dem Erfolg (oder Mißerfolg) von Unternehmen zu tun als die formalen Strukturen und Strategien (vgl. hierzu Kreilkamp, 1987, S. 20 f.; Meffert, 1988, S. 336 f.; Roth, 1995, S. 69). Eine schlüssige Unternehmensphilosophie definiert die Grundlagen und die übergeordneten Ziele für die unternehmerische Tätigkeit. Sie ist die Basis aller Aktivitäten der Mitarbeiter eines Unternehmens. Deshalb sollte sie auch schriftlich festgelegt sein, um Basis für die Kommunikation nach innen und außen sein zu können. Entsprechende Unternehmensgrundsätze, wie sie immer häufiger von großen Unternehmen formuliert und auch veröffentlicht werden, vermitteln einen Eindruck, welche Philosophie das Handeln dieser Unternehmen bestimmen soll, ohne jedoch über Tätigkeitsfelder, Differenzierungsmerkmale und Zukunftsvisionen schon letzten Aufschluß zu geben. Beispiele solcher Unternehmensphilosophien von Tourismusunternehmen finden sich bei Roth (1982a, S. 137 f.) sowie Zimmer (1991, S. 258–261).

Die Zielformulierung hat sich an dieser Unternehmensphilosophie und -kultur zu orientieren. Sie erfährt letztlich eine Konkretisierung durch die Formulierung des unternehmerischen Leitbildes. Ausgehend von der generellen Zielsetzung sind innerhalb des Leitbildes entsprechende Konkretisierungen für die Umsetzung der Strategie festzuschreiben (vgl. Punkt 2.3.4).

2.3.2 Analyse der strategischen Ausgangssituation

Die primäre Aufgabe der Situationsanalyse besteht in der systematischen Suche und Diagnose von aktuellen und möglichen strategischen Problemen im Unternehmen selbst sowie in seiner vorhandenen und zukünftigen Umwelt. Strategische Probleme können sowohl in der Umwelt in Form von Gefahren und Gelegenheiten bzw. Chancen und Risiken auftreten als auch im Unternehmen selbst, wo sie sich als Stärken und Schwächen manifestieren. Hieraus ergibt sich die traditionelle Unterteilung der strategischen Situationsanalyse nach Umwelt- und Unternehmensanalyse.

In Abb. 4 wurde diese Struktur jedoch weiter aufgegliedert. In Anlehnung an die häufig anzutreffende Aufteilung in Aufgabenumwelt (Branche bzw. Kunden, Handel, Wettbewerber) und allgemeine Umwelt (vgl. Meffert, 1988, S. 7) erfolgt zunächst eine Analyse der globalen Umwelt und regulativer Gruppen. Anschließend erfolgt eine Betrachtung der Interessengruppen, die durch ihr Handeln direkte Auswirkungen auf ein Unternehmen haben. Die Marktanalyse bezieht sich üblicherweise auf eine Betrachtung der Strukturentwicklung der Bedürfnisse, hier ist also der Kunde bzw. Abnehmer zentrales Objekt der Analyse sowie das von den Unternehmen auf dem Markt wirksame Angebot. Die Aufgabe der Wettbewerbsanalyse ist es, die Struktur und Dynamik des Wettbewerbs zu bestimmen sowie die eigenen Stärken und Schwächen im Vergleich zum Wettbewerb herauszuarbeiten. Schließlich erfolgt eine Analyse der Lieferanten bzw. Leistungsträger, die sowohl auf die Qualität als auch auf die Kosten der angebotenen Produkte Einfluß nehmen. Aufgabe der Unternehmensanalyse ist es, das Leistungspotential des Unternehmens zu erfassen und die strategischen Möglichkeiten aufzuzeigen.

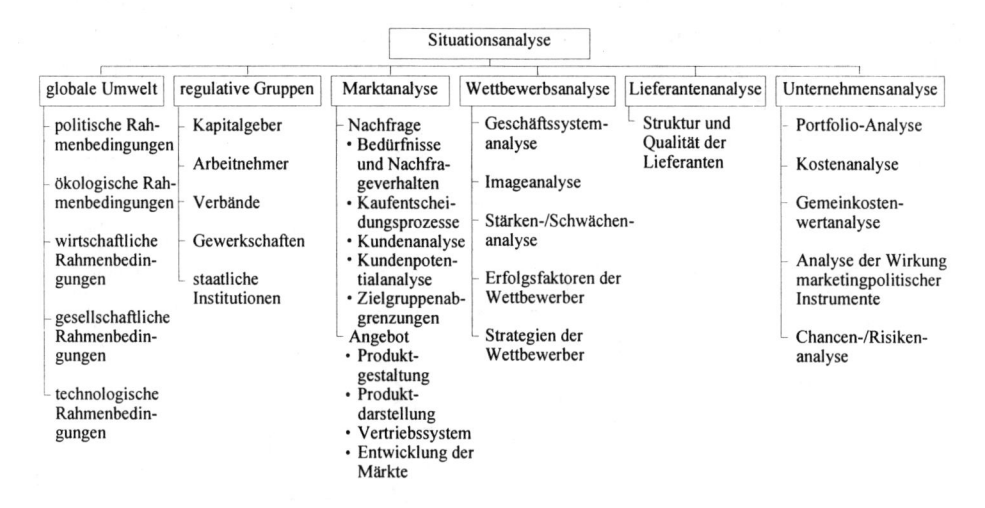

Situationsanalyse					
globale Umwelt	regulative Gruppen	Marktanalyse	Wettbewerbsanalyse	Lieferantenanalyse	Unternehmensanalyse
– politische Rahmenbedingungen	– Kapitalgeber	– Nachfrage • Bedürfnisse und Nachfrageverhalten • Kaufentscheidungsprozesse • Kundenanalyse • Kundenpotentialanalyse • Zielgruppenabgrenzungen – Angebot • Produktgestaltung • Produktdarstellung • Vertriebssystem • Entwicklung der Märkte	– Geschäftssystemanalyse	– Struktur und Qualität der Lieferanten	– Portfolio-Analyse
– ökologische Rahmenbedingungen	– Arbeitnehmer		– Imageanalyse		– Kostenanalyse
– wirtschaftliche Rahmenbedingungen	– Verbände		– Stärken-/Schwächenanalyse		– Gemeinkostenwertanalyse
– gesellschaftliche Rahmenbedingungen	– Gewerkschaften		– Erfolgsfaktoren der Wettbewerber		– Analyse der Wirkung marketingpolitischer Instrumente
– technologische Rahmenbedingungen	– staatliche Institutionen		– Strategien der Wettbewerber		– Chancen-/Risikenanalyse

Abb. 4: Analyse der strategischen Ausgangssituation

Insgesamt nimmt die strategische Situationsanalyse im Rahmen der Planung von Strategien einen breiten Raum ein, da die Entwicklung einer erfolgreichen Strategie nur auf der Grundlage einer zukunftsorientierten strategischen Analyse erfolgen kann. Im folgenden sollen die einzelnen Analyseschritte kurz dargestellt werden, wobei es jedoch nicht möglich ist, differenziert auf alle Einzelaspekte einzugehen. Beispielhaft werden verschiedene Verfahren der strategischen Analyse (Geschäftssystemanalyse, Stärken- und Schwächenanalyse auf der Basis einer Imageuntersuchung, Portfolio-Analyse) etwas genauer betrachtet.

2.3.2.1 Analyse der globalen Umwelt und regulativer Gruppen

Dynamik, Komplexität und Internationalisierung sind Schlagworte, die nicht zuletzt auch den Markt für Reiseveranstalter kennzeichnen. Insbesondere mit der Integration der europäischen Märkte, der Entwicklung neuer Medien, entsprechender Änderungen im Vertrieb und dem sich weiter verschärfenden Wettbewerb steht der Reiseveranstalter vor neuen Herausforderungen. Hinzu kommen weitere Kooperationen und Verflechtungen auf der Kapitalseite des Reiseveranstaltermarktes. Aufgabe der Analyse der globalen Umwelt und der regulativen Gruppen ist es, all diese Aspekte zu beobachten und zu analysieren sowie deren Einfluß auf die gegenwärtigen und zukünftigen Arbeitsgebiete des Unternehmens zu bestimmen.

Auf der Anbieterseite verstärken sich Entwicklungen, die teilweise schon in den vergangenen Jahren sehr deutlich wurden. Konzentrationsprozesse sowohl im Bereich der Reiseveranstalter als auch im Bereich der Reisemittler nehmen zu. Heute sprechen wir bereits von dem roten und dem gelben Lager, und wir gehen davon aus, daß letztlich zwei Anbietergruppen den Markt bestimmen werden, denn zum gleichen Konzern gehört die Fluggesellschaft, der Reiseveranstalter und die Reisebürokette (durchgängige Wertschöpfungskette).

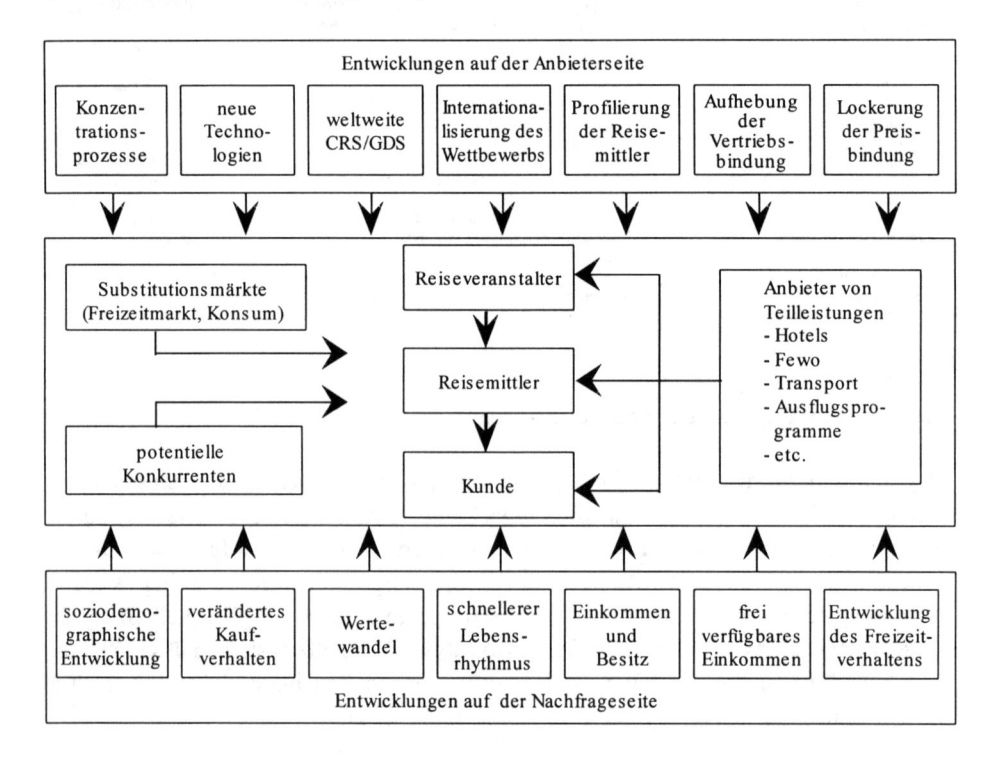

Abb. 5: Veränderungen im Tourismusmarkt

Neue Technologien werden zukünftiges Kaufverhalten bestimmen, CD-ROM, Internet und Online-Dienste gewinnen zunehmend an Bedeutung. Computer-Reservierungssysteme und insbesondere globale Distributionssysteme haben in der Vergangenheit sehr an Bedeutung gewonnen und müssen zumindest teilweise in der Zukunft mit einem anderen Stellenwert betrachtet werden. Auf Reisemittlerebene deutet sich eine Lockerung der Preisbindung an. Eine Internationalisierung des Wettbewerbs, die nicht zuletzt im Rahmen der EG-Binnenmarktdiskussion deutlich hervorgehoben wurde, zeichnet sich heute allerdings noch nicht im angenommenen Maße ab, obwohl auch hier erste Kooperationen und Allianzen sichtbar werden. Welche genauen Einflüsse die Einführung des EURO haben wird, ist heute noch nicht abzusehen. Insbesondere der

Einfluß auf das Konsumentenverhalten ist schwer abschätzbar und bis heute nicht untersucht.

Neben den Veränderungen auf der Angebotsseite kommen Veränderungen auf der Nachfrageseite. Nicht nur die Struktur der Nachfrager ändert sich (soziodemographische Entwicklung), sondern Einstellungen, Werte, Kaufverhalten und Lebensrhythmus ändern sich in gleichem Maße. Dies führt zu einem veränderten Freizeit- und Urlaubsverhalten. An dieser Stelle können nicht alle Einzelthemen aufgelistet werden; deutlich wird jedoch auch hier, daß sich, ähnlich wie auf der Anbieterseite, verschiedene Aspekte in Zukunft verstärken werden, der Kunde wird anspruchsvoller und ist in seinen Wünschen und Verhaltensweisen vielschichtig. Verbraucherverhalten ist damit künftig schwerer zu kalkulieren.

Tab. 1: Implementierung des Verbraucherverhaltens im Handel

Einflußfaktor	Beobachtbare Änderung	Einfluß auf Kaufprozesse
Bevölkerungsentwicklung	abnehmende Bevölkerung/Wandel in der Altersstruktur/Zunahme kleinerer Haushalte	verstärkte Nachfrage nach neuen Produkten/Dienstleistungen/Seniorenmarkt gewinnt an Bedeutung
Einkommen/Vermögen	abnehmende finanzielle Restriktionen	stärkere Akzeptanz hochwertiger/teurer Produkte/Kosten- und Preisführerschaft keine Garantie für Wettbewerbsvorteil
Bildungsniveau/Konsumerfahrung	steigendes Bildungsniveau Zunahme der Konsumerfahrung	konsumkritischeres Verhalten der Konsumenten (Einkaufsprofi) verstärkte Nachfrage nach neutralen Informationen (Produktnachrichten) generell zunehmende Informationsnachfrage aufgrund Informationsparadoxon: Konsument hat mehr Infos denn je (Medienfülle) und dennoch Infobedarf wie nie zuvor (Produktvielfalt, kritische Einstellung) verstärkte Nutzung der neuen Medien zur Informationsgewinnung und -verarbeitung verstärkte Preisvergleiche bei unauffälligen Produkten abnehmende Bindungsbereitschaft (Kunde wandert zwischen Produkten, Marken und Geschäften)
Wertewandel/Rückgang traditioneller Werte	Arbeit nicht mehr im Mittelpunkt Betonung von Unabhängigkeit, Individualität, Spontaneität	Abnahme von Produkt-, Marken- und Geschäftstreue Suche nach individuellen Produkten schnellere Test-Akzeptanz neuer Produkte/Betriebstypen
Aufkommen eines Wertepluralismus	ausgeprägte Meinungsvielfalt zu allen aktuellen Fragen	stark voneinander abweichende Verbraucherwünsche stark differenzierte Kundenansprüche an Geschäftstypen und Waren

Tab. 1: Fortsetzung

Einflußfaktor	Beobachtbare Änderung	Einfluß auf Kaufprozesse
Freizeitorientierung	Zeitparadoxon: obwohl Konsument mehr Zeit denn je hat, sucht er Zeitersparnis bei Routineangelegenheiten Convenience-Orientierung	Routinekäufe müssen schnell und bequem abzuwickeln sein Nachfrage nach Produkten mit hohem Convenience-Potential Nutzung convenience-orientierter Betriebstypen (one-stop-shopping, Heimlieferer)
Erlebnisorientierung	Suche nach Spannungs- und Erlebnisfeldern Realisierung des jeweils nächsthöheren Lebensstandardniveaus durch Lifestyle	Kauf von hochwertigen Produkten in erlebnisorientiertem Ambiente (high-touch) Suche nach Produkten/Dienstleistungen, die Erlebnisfelder erschließen Konsum als Lifestyle (neueste Mode, exotischste Früchte)
Trend zur Selbstverwirklichung	Anstreben von Selbstverwirklichung in allen Lebensbereichen	Suche nach individuellen Produkten (maßgeschneidert) Partizipation an Hersteller- und Handelspolitik Demonstration von Lebensstil durch Konsum (exklusive Produkte, sozial auffällige Produkte: Individualität braucht die Masse) Nutzung von Konsumgütern als Bausteine des Lebensgefühls
Gesundheits- und Umweltbewußtsein	Verbraucher wollen wissen, welche Auswirkungen ihr Verhalten auf sie selbst und die Umwelt hat	Bevorzugung umweltverträglicher Produkte/natürlicher Produkte Interesse an der Zusammensetzung der Produkte Suche nach Fitneßprodukten

(*Quelle*: in Anlehnung an Bellino, 1990, S. 221)

Der Markt wird fragmentierter, er splittet sich immer mehr auf in einzelne Facetten, die sich teilweise ergänzen, aber auch gegenläufige Trends annehmen. Die Menschen wollen Qualität zu einem günstigen Preis, Standard und Vielfalt, Plan- und Spontankauf. Dies ist bei der Planung der Angebote und dem Vertrieb der Produkte zu beachten, d.h. es wird in Zukunft nicht mehr *den* Nachfrager geben, sondern es wird viele Nachfragergruppen geben mit unterschiedlichen Bedürfnissen und andersartigem Kaufverhalten. Diese Nachfrager werden verschiedene Vertriebswege nutzen und ein differenziertes Informations- und Entscheidungsverhalten haben.

Unternimmt man den Versuch, den Einfluß eines veränderten Nachfrageverhaltens auf das Kaufverhalten zu analysieren, ist man gleichzeitig versucht, vollkommen neue Handelsstrukturen zu beschreiben. Zwar wird die Struktur der zukünftigen Märkte sehr stark von den Anforderungen des veränderten Konsumentenverhaltens abhängen, gleichzeitig wird es jedoch immer schwieriger, das Kaufverhalten der Konsumenten zu beschreiben. Der Handel trifft verstärkt auf multioptional agierende Kunden, deren

Kaufverhalten immer vielschichtiger und deren Lebensstile unterschiedlicher werden (vgl. Tab. 1). Im Vergleich zu früheren Konsumentengenerationen verfügen die Kunden von heute zudem über mehr Freizeit, sind mobiler, pflegen einen „gesunden Egoismus" und betonen alle Werte, die in Richtung Unabhängigkeit, Spontaneität, Erlebnis und Individualität gehen. Im Rahmen der Studie zum Tourismusmarkt der Zukunft (Kreilkamp, 1995) wurden diese Aspekte näher dargestellt und diskutiert.

Die systematische Beobachtung von globalen Umweltentwicklungen und von regulativen Gruppen ist eine so umfangreiche Aufgabe, daß sie die meisten Unternehmen überfordert, da diese nicht über die dazu notwendigen Ressourcen verfügen. Eine Studie des Instituts für Tourismus der Freien Universität Berlin, die in Zusammenarbeit mit der Kienbaum Unternehmensberatung erstellt wurde (vgl. Institut für Tourismus/ Kienbaum, 1991), ergab, daß sich nur wenige Unternehmen im Tourismusmarkt mit einer systematischen Analyse globaler Entwicklungen beschäftigen. Durch sich ständig ändernde Entwicklungen in der Umwelt wurden und werden die Unternehmen immer wieder veranlaßt bzw. gezwungen, ihr strategisches Verhalten entsprechend zu modifizieren. Potentiell sind sicher viele Aspekte relevant, wesentlich ist jedoch, daß aus der Menge der verschiedenen Umweltentwicklungen jene herausgegriffen werden, von denen wahrscheinlich eine signifikante Wirkung auf das Unternehmensgeschehen ausgehen wird (Beispiele relevanter Umweltentwicklungen für den Reiseveranstaltermarkt finden sich bei Hebestreit, 1992, S. 25–52, S. 76–91; Romeiß-Stracke, 1992, S. 21–28; Schrand, 1992, S. 1–20; Zimmer, 1991, S. 243–264; Merz, 1992, S. 245–265, Kreilkamp 1996 und Freyer 1997, S. 118–161).

2.3.2.2 Marktanalyse

Für jedes Unternehmen muß der Leistungsaustausch mit dem Markt im Mittelpunkt der Überlegungen stehen. Strategische Vorteile können sich letztlich nur in Vorteilen angebotener Problemlösungen im Blickwinkel der Konsumenten ausdrücken. Wesentliche Bedeutung kommt daher der Analyse der Bedürfnisstruktur und des Kaufverhaltens der Abnehmer/Kunden zu. Der Markt stellt nicht irgendein abstraktes Gebilde dar, in seinem Kern sind es die Kaufentscheidungen der Abnehmer, die über die Größe und das Wachstum des Marktes sowie über den Erfolg einer Strategie entscheiden. Daher sollte sich eine Analyse des Marktes auch nicht nur auf die Sammlung quantitativer Marktdaten wie Marktvolumen, Marktwachstum usw. beschränken, wesentlich ist die Erfassung der qualitativen Aspekte. Zu beantworten sind hier etwa folgende Fragen:

- Welche Bedürfnisstruktur weisen die derzeitigen Kunden des Marktes auf?
- Wie werden diese Bedürfnisse heute befriedigt?
- Wie informieren sich die Kunden?
- Wie erfolgt die Kaufentscheidung durch die Kunden?
- Welche Untergruppen von Kunden (Zielgruppen) sind zu unterscheiden?

Die Mehrzahl der touristischen Marktuntersuchungen in Deutschland legt ihren Schwerpunkt auf die Erfassung quantitativer Daten des Reiseverhaltens. Zu nennen sind hier die Reiseanalyse bzw. Urlaub + Reisen, der Reisemonitor, TouristScope und die Mobility-Studie (vgl. Seitz/Meyer 1995, S. 191–204). Zu den eigentlichen Motiven der Reisenden, zur Reiseentscheidung oder zum Informationsverhalten gibt es jedoch nur wenige empirische Erhebungen. Eine Übersicht hierzu liefert Hanrieder (1992, S. 95–104). In der Mehrzahl der Fälle beschränken sich Reiseveranstalter daher auf Ergebnisse ihrer eigenen Kundenbefragungen.

Aber nicht nur die Kaufentscheidungsprozesse, die Bedürfnisse und das Nachfrageverhalten sind zu erforschen, im Rahmen der Marktanalyse ist es außerdem notwendig, eine Vielzahl einzelner Aspekte zu untersuchen (vgl. hierzu auch Abb. 4). Die Kundenanalyse liefert Hinweise zur Struktur der Kunden des Reiseveranstalters, zu ihren Bedürfnissen, Wünschen und Problemen sowie zur Produktzufriedenheit. Die Kundenpotentialanalyse soll darüber hinaus Möglichkeiten aufzeigen, welche zusätzlichen Käuferschichten erschlossen werden können. Hierzu ist es erforderlich, daß auf der Basis einer differenzierten Marktsegmentierung entsprechende Zielgruppenabgrenzungen erfolgen. Die Marktanalyse beinhaltet aber auch die Analyse des derzeitigen Angebotes. So ist die Produktdarstellung und -vermarktung des eigenen Angebotes ständig an den sich wandelnden Bedürfnissen und Entscheidungsprozessen der Abnehmer zu orientieren. Darüber hinaus sind Fragen der optimalen Gestaltung des Vertriebssystems von Bedeutung. Ein weiterer Aspekt, der gerade in Zeiten sich wandelnder Märkte eine immer stärkere Bedeutung erhält, ist die Analyse der Entwicklung der Märkte, d.h. hier sind die einzelnen Zielgebiete des Pauschaltourismus ständig zu beobachten und zu analysieren, um zum einen eine Einschätzung der weiteren Entwicklung abgeben zu können, und zum anderen Risiken im Hinblick auf ökologische oder politische Einflüsse zu erfassen.

An dieser Stelle kann nicht auf all diese Einzelaspekte eingegangen werden. Einige für Reiseveranstalter wichtige Aspekte sollen im folgenden jedoch kurz aufgelistet werden (vgl. hierzu insbesondere Köllgen, 1991; Haedrich, 1991; Hebestreit, 1992, S. 123–203, Kreilkamp, 1995, S. 59–80):

– Die Befriedigung des psychischen Grundbedürfnisses, zu reisen und auf diese Weise Abstand vom Alltag zu gewinnen, ist heute für breite Bevölkerungskreise zur Selbstverständlichkeit geworden. Differenzierte Ansprüche einzelner Nachfragesegmente erfordern eine zunehmend differenziertere Marktbearbeitung. In diesem Zusammenhang wird der psychische Zusatznutzen des touristischen Angebots, das Urlaubserlebnis, immer stärker in den Mittelpunkt der Kundenerwartungen rücken.
– Aufgrund veränderter Markt- und Wettbewerbsbedingungen ist zu erwarten, daß in naher Zukunft mindestens in Teilbereichen des Tourismusmarktes „Low-Involvement-Bedingungen" herrschen werden. Der Tourist wird immer erfahrener und geht, wenn er beispielsweise einen Kurzurlaub oder eine Reise nach Mallorca plant, ein relativ gut kalkulierbares ökonomisches, psychisches und soziales Risiko ein. Ein-

zelne Angebote werden daher immer stärker austauschbar, und damit ändern sich bisher zugrunde gelegte Strukturen des Kaufentscheidungsprozesses.
- Zu beobachten ist ein Trend zur Neubewertung der Auswahlkriterien betreffend Urlaubsform und Zielgebiet. Neue Entscheidungskriterien wie etwa Ausmaß der Urbanisierung, Zustand der Umwelt im Zielgebiet bzw. die zunehmende Sensibilisierung weiter Bevölkerungskreise gegenüber den negativen Auswirkungen des Tourismus auf natürliche Umweltressourcen treten hinzu.
- Konsumenten vereinigen in sich verschiedene Verhaltensweisen. Der „hybride" Konsument sucht z.B. die fachkundige Beratung bei einer Nordamerika-Reise, während er in anderen Fällen Reisen mit ausgeprägtem SB-Käuferverhalten bucht.
- Wie in anderen Branchen steigt das Qualitätsbewußtsein der Kunden bei gleichzeitig erhöhtem Preis-/Leistungsbewußtsein.
- Es entstehen neue, auf Differenzierung und Individualität ausgerichtete Konsumententypen, die sich nicht primär durch soziodemographische Merkmale, sondern vielmehr durch ihre Lebenseinstellung und Lebensweise beschreiben lassen (Lifestyle-Typen).
- Die gestiegene Flexibilität und Offenheit weiter Teile der Bevölkerung führen zu kurzfristigeren Entscheidungen über Reiseart und Zielgebiet.

Wenn auch insgesamt eine Vielzahl von Informationen zu den Bedürfnissen der Reisenden vorliegt, so ist jedoch offensichtlich, daß insbesondere die genaue Erforschung des Kaufentscheidungsprozesses noch wenig ausgeprägt ist. Einen Überblick über den derzeitigen Stand der Forschung zur Reiseentscheidung in Deutschland geben Braun/Lohmann (1989). Wie Abb. 6 zeigt, beeinflußt eine Vielzahl einzelner Aspekte die Reiseentscheidung.

Aus Veranstaltersicht ist vor allem interessant, was der Käufer von dem Produkt „Pauschalreise" erwartet. Die Art des vom Käufer erwarteten Nutzens, basierend auf seinen Bedürfnissen, bildet daher den zentralen Punkt der Marktanalyse. Der Nutzen bzw. der Wert eines Produktes setzt sich dabei für einen potentiellen Abnehmer aus der (subjektiv wahrgenommenen) Leistung und dem entsprechenden (auch subjektiv eingeschätzten) Preis zusammen. Will ein Reiseveranstalter dem Preiswettbewerb entgehen, so muß er diesen weitgehend durch einen Qualitätswettbewerb durch den Aufbau eines positiven Markenimages ersetzen. Untersuchungen zeigen, daß dies bis heute noch nicht in dem Maße gelungen ist wie in anderen Branchen. Mit Hilfe des Verfahrens IDM (Information-Display-Matrix) wurden am Institut für Tourismus der Freien Universität Berlin die für die Entscheidung zu einer Pauschalreise relevanten Informationen erfaßt (vgl. Captuller, 1989). Dabei zeigte sich, daß neben dem Urlaubsziel insbesondere Preis und Hotel für die Reiseentscheidung ausschlaggebend sind. Von allen aufgenommenen Informationen stand die Information, welcher Reiseveranstalter die Reise durchführt, an letzter Stelle; das heißt andererseits, daß Aspekte wie Bademöglichkeiten, Verpflegung, Freizeitmöglichkeiten, Flugverbindungen, Zusatzleistungen und Transferzeit für viele Kunden wichtiger sind als die Information, welcher Reiseveranstalter die Reise durchführt. Zu ähnlichen Ergebnissen kommt eine Untersuchung von Rammel (1991). Ebenso zeigen die Ergebnisse einer im Auftrag der TUI 1988 vom PSYNA-Institut und vom MARPLAN-Institut durchgeführten Imageanalyse, daß das Profil der einzelnen Reiseveranstalter nur schwach ausgeprägt ist. Lediglich einige Spezialisten wie z.B. Club Med können sich stärker differenzieren (vgl. Schmieder, 1991, S. 511).

Gesellschaftliche Rahmenbedingungen
- Einkommens- und Besitzmerkmale
- konjunkturelle Situation
- kulturelle Normen und Werte

Bezugsgruppen
- Freundeskreis
- Bekannte / Verwandte
- Familie

Umwelt und Angebot
- Attraktivität der Reiseziele und Reiseform
- touristische Infrastruktur
- Freizeitmöglichkeiten
- Image
- Preis-/Leistungsverhältnis
- Verfügbarkeit

Person
- Persönlichkeit
- Lebensstil
- Reiseerfahrung
- Reisemotive
- Bedürfnisse
- Erwartungen
- Interessen
- physisch-psychische Einflüsse

Reiseentscheidung

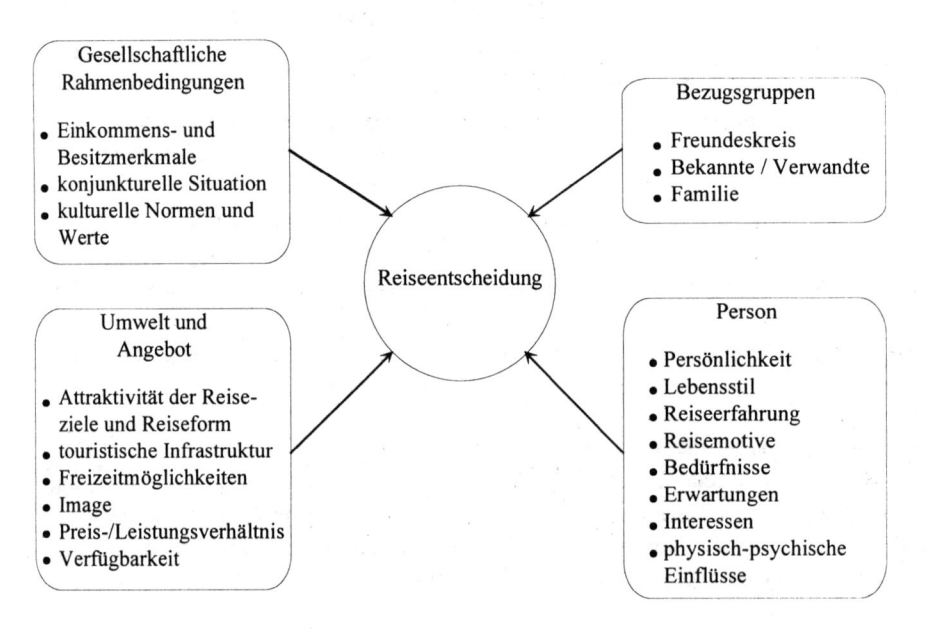

Abb. 6: Einflußfaktoren der Reiseentscheidung

Betrachtet man die Entwicklung auf der Nachfrage- und Angebotsseite, so ist mit einer nachhaltigen Intensivierung des Wettbewerbs zwischen den Reiseveranstaltern zu rechnen. Nicht nur die Öffnung des europäischen Marktes wird zu mehr Wettbewerb führen, auch ist davon auszugehen, daß weder die Reiseintensität noch der Anteil der Pauschalreisen in Zukunft noch sehr stark wachsen werden. Gewinner der veränderten Wettbewerbssituation waren in der Vergangenheit die kleineren und mittleren Veranstalter, deren Teilnehmeraufkommen tendenziell stärker stieg als das der Großveranstalter. Dies hat sich jedoch in den letzten Jahren geändert: Kleinere und mittelgroße Veranstalter, denen eine eindeutige Profilbildung nicht gelang, sahen sich einem verschärften Wettbewerb ausgesetzt und verloren ihre Rendite. Lediglich kleinen Zielgruppenanbietern scheint es zu gelingen, sich positiv vom Wettbewerb abzugrenzen. Im Rahmen der Marktanalyse wird es daher in Zukunft immer wichtiger sein, auf der Basis differenzierter Imageanalysen die Position des eigenen Produktes im Markt zu bestimmen. Wie die vom Institut für Tourismus in Zusammenarbeit mit der Kienbaum Unternehmensberatung erstellte Studie ergab (vgl. Institut für Tourismus/Kienbaum,

1991), geht die Masse der Reiseveranstalter immer noch davon aus, daß die für die Kaufentscheidung relevanten Faktoren Zuverlässigkeit, Kataloggestaltung, Beratung durch das Reisebüro, Qualität der Hotels und Appartements sowie positive Erfahrungen mit dem Reiseveranstalter sind. Im Sinne eines erlebnisorientierten Marketing scheint ein stärkerer Qualitätswettbewerb in der derzeitigen Marktsituation jedoch gefordert. So fragt auch Bleile: „Eine Verschärfung der Preiskämpfe oder gezielter Qualitätswettbewerb als Alternativen?" (Bleile, 1992, S. 40). Die Alternative für deutsche Veranstalter besteht in einer strategischen Neuorientierung hin zu einem forcierten Qualitätswettbewerb. Dies ist schwierig, erfordert Zeit und ein verändertes Bewußtsein im deutschen Reiseveranstaltermarkt.

2.3.2.3 Wettbewerbsanalyse

Ziel der Strategie ist die Schaffung von dauerhaften Wettbewerbsvorteilen in bezug auf die stärksten Konkurrenten, d.h. ein Unternehmen hat sich so mit seinen Produkten im Markt zu positionieren, daß es den Wert der Fähigkeiten maximiert, die es den Konkurrenten voraus hat (vgl. Kreilkamp, 1987, S. 167). Daraus folgt, daß ein zentraler Aspekt der Strategieformulierung die erkenntnisorientierte Wettbewerbsanalyse ist. Um im Wettbewerb bestehen zu können, müssen die Stellung der einzelnen Unternehmen in diesem Wettbewerb sowie die jeweiligen Stärken und Schwächen, Strategien und Fähigkeiten bekannt sein. Bereits im Rahmen der Marktanalyse wurden einige Aspekte angesprochen, die die Struktur des Wettbewerbs beeinflussen. So ist eine Imageanalyse gleichzeitig eine Analyse zur Beurteilung der Wettbewerbssituation, da nicht nur das eigene Image des Unternehmens oder der Produkte des Unternehmens bestimmt wird, sondern dies erfolgt jeweils im Vergleich zu den wichtigsten Wettbewerbern. Entsprechend ergeben sich hieraus auch wesentliche Ansatzpunkte für eine Stärken- und Schwächenanalyse, in der die Ergebnisse zusammenfassend dargestellt werden können. Mithin geht es in erster Linie darum, die eigene Position im Wettbewerbsumfeld kritisch zu beleuchten und eigene Stärken sichtbar zu machen, aber auch Schwachpunkte zu verdeutlichen, von denen unter Umständen Risiken ausgehen können. In Abb. 7 ist ein solches Stärken-/Schwächen-Profil wiedergegeben.

Dieses Profil, basierend auf einer Imageanalyse, d.h. auf der Basis der Einschätzung potentieller und tatsächlicher Kunden, zeigt die im Markt wirksamen Vor- und Nachteile des eigenen Unternehmens im Vergleich zum Wettbewerb. Diese Betrachtung muß jedoch ergänzt werden durch eine Beurteilung der Ressourcen und Fähigkeiten der Wettbewerber, da nur diese eine Aussage darüber erlauben, inwieweit Leistungsreserven bei den einzelnen Unternehmen bestehen, die sich zukünftig in Stärken und Schwächen niederschlagen können (zu den einzelnen Kriterien und zur Vorgehensweise vgl. Kreilkamp, 1987, S. 187–190).

	Stärke			Schwäche
	1	1,5	2	2,5

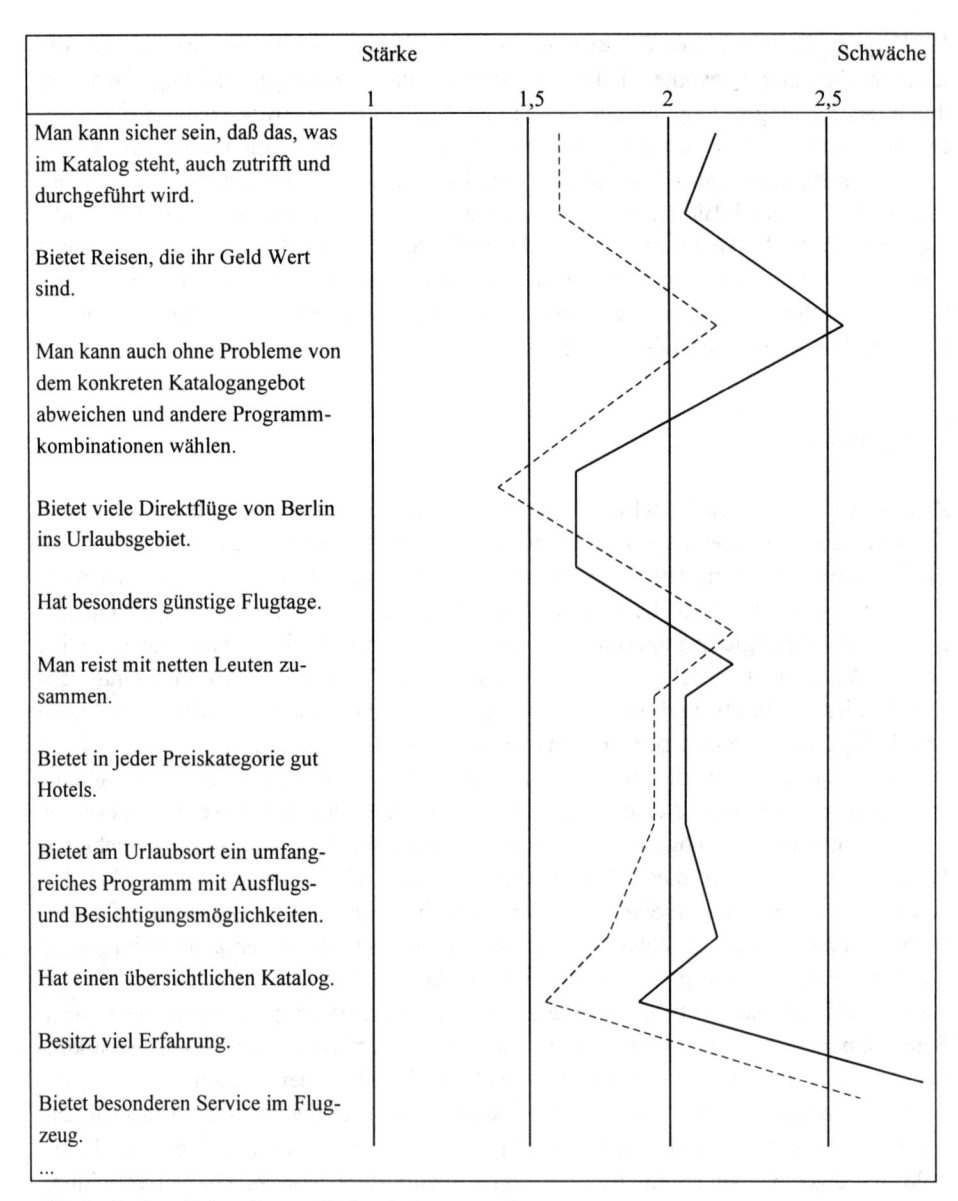

Merkmal
Man kann sicher sein, daß das, was im Katalog steht, auch zutrifft und durchgeführt wird.
Bietet Reisen, die ihr Geld Wert sind.
Man kann auch ohne Probleme von dem konkreten Katalogangebot abweichen und andere Programmkombinationen wählen.
Bietet viele Direktflüge von Berlin ins Urlaubsgebiet.
Hat besonders günstige Flugtage.
Man reist mit netten Leuten zusammen.
Bietet in jeder Preiskategorie gut Hotels.
Bietet am Urlaubsort ein umfangreiches Programm mit Ausflugs- und Besichtigungsmöglichkeiten.
Hat einen übersichtlichen Katalog.
Besitzt viel Erfahrung.
Bietet besonderen Service im Flugzeug.
...

Abb. 7: Stärken-/Schwächenprofil eines Reiseveranstalters

Eine weitaus differenziertere Methode zur Beurteilung der Wettbewerbssituation ist die Geschäftssystemanalyse. Das Geschäftssystem umfaßt die Abfolge der Schritte, mit denen ein Unternehmen in einem gegebenen Geschäft seine Güter oder Dienstleistungen produziert und an den Kunden bringt. Andere Autoren sprechen in diesem Zusammenhang auch von der Wertkettenanalyse (vgl. Porter, 1987; Kreilkamp, 1987,

S. 191–199 und die dort angegebene Literatur). Diese Analyse ist zunächst für das eigene Unternehmen und anschließend für jeden wichtigen Wettbewerber zu erstellen. In Abb. 8 ist das Geschäftssystem am Beispiel einer Flugpauschalreise wiedergegeben.

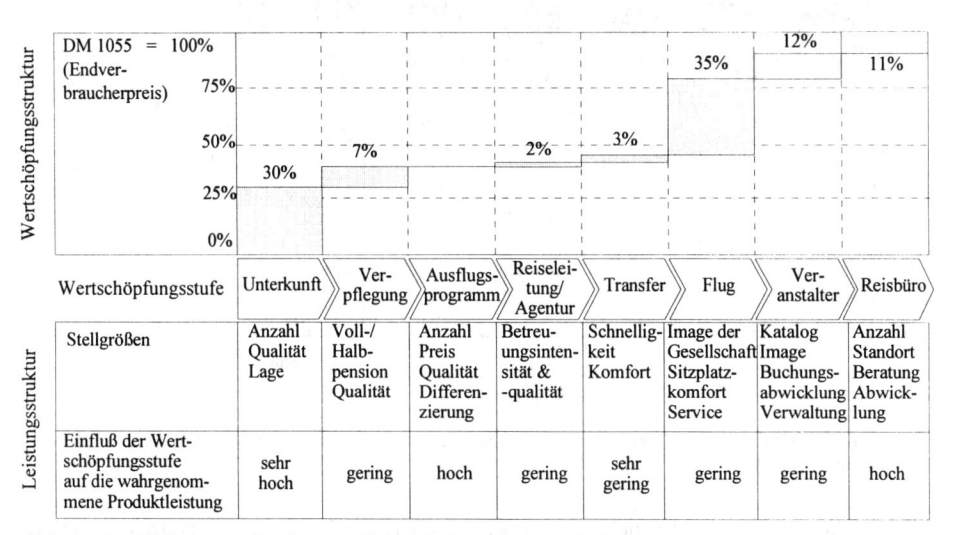

		Unterkunft	Ver-pflegung	Ausflugs-programm	Reiseleitung/ Agentur	Transfer	Flug	Ver-anstalter	Reisbüro
Wertschöpfungsstruktur	DM 1055 = 100% (Endverbraucherpreis) 75% 50% 25% 0%	30%	7%		2%	3%	35%	12%	11%
Leistungsstruktur	Stellgrößen	Anzahl Qualität Lage	Voll-/Halb-pension Qualität	Anzahl Preis Qualität Differenzierung	Betreuungsintensität & -qualität	Schnelligkeit Komfort	Image der Gesellschaft Sitzplatzkomfort Service	Katalog Image Buchungsabwicklung Verwaltung	Anzahl Standort Beratung Abwicklung
	Einfluß der Wertschöpfungsstufe auf die wahrgenommene Produktleistung	sehr hoch	gering	hoch	gering	sehr gering	gering	gering	hoch

Abb. 8: Geschäftssystem-Analyse am Beispiel einer Flugpauschalreise

Ausgehend vom Endverbraucherpreis wird zunächst für jede einzelne Stufe des Geschäftssystems ihr Anteil an der Gesamtwertschöpfung ermittelt. Hierdurch wird die Bedeutung einer jeden Stufe des Geschäftssystems im Hinblick auf die Preis-/Kostenstruktur deutlich. Durch den Vergleich mit der Wertschöpfungsstruktur der Wettbewerber können Unterschiede aufgedeckt und Ansätze für mögliche Kostenreduzierungen gefunden werden.

Auf der Leistungsseite ist für jede Wertschöpfungsstufe herauszuarbeiten, wie hoch der Einfluß bzw. die Bedeutung jeder einzelnen Stufe für die wahrgenommene Produktleistung ist. Eine genaue Kenntnis der Bedürfnisstruktur der Abnehmer und der Imagedimensionen der Produkte ist Voraussetzung einer solchen Analyse, denn besondere Leistungen eines Wettbewerbers sind nur dann von Bedeutung, wenn sie für den Abnehmer relevant sind. Insbesondere ist herauszuarbeiten, welche Aspekte bei den jeweiligen Wettbewerbern besser gelöst sind bzw. welche Wertschöpfungsstufen bei den einzelnen Wettbewerbern letztlich zur Profilierung des Produktes im Markt beitragen. Eine Gegenüberstellung der jeweiligen Leistungen der Wertschöpfungsstufen mit den entsprechenden Kosten verdeutlicht weitere Aspekte der Wettbewerbsstruktur. Häufig wird es erforderlich sein, in bestimmten Stufen des Geschäftssystems hohe Kosten in Kauf zu nehmen, um eine entsprechende Leistung sichern zu können.

Betrachtet man das Geschäftssystem der Flugpauschalreise einzelner Reiseveranstalter etwas genauer, so zeigen sich zunächst deutliche Unterschiede. Die folgende Abbildung enthält die Wertschöpfungsketten von sechs großen deutschen Reiseveranstaltern und eine Durchschnittsbewertung. Die einzelnen Reiseveranstalter wurden dabei anonymisiert.

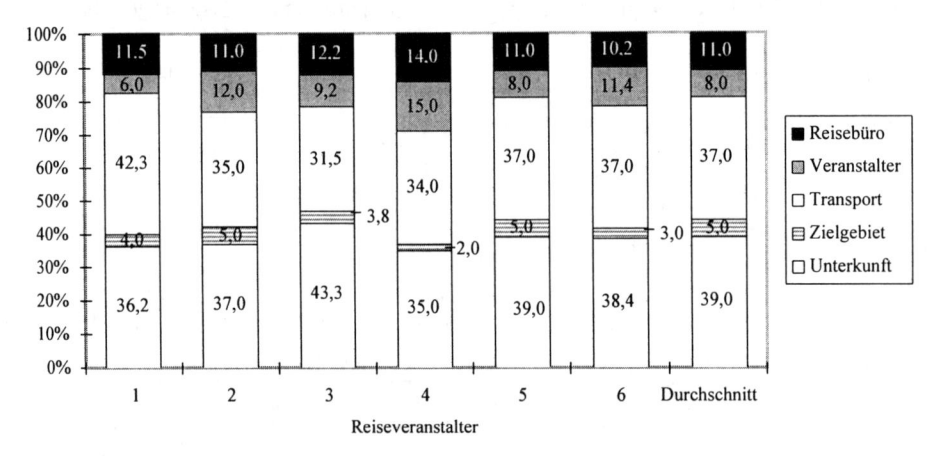

Abb. 9: Wertschöpfungsketten verschiedener großer deutscher Reiseveranstalter (*Quelle*: Kreilkamp, 1995, S. 148)

Wenn insgesamt in der Branche davon gesprochen wird, daß die einzelnen Kostenblöcke bei allen Veranstaltern gleich wären, so zeigen hier die sechs gegenübergestellten Wertschöpfungsketten vergleichbarer Reiseveranstalter doch deutliche Unterschiede. Wenn auch nicht immer sichergestellt werden kann, daß die Angaben genau den Realitäten entsprechen, sei es, daß der Reiseveranstalter keine genauen Angaben liefern wollte oder daß er dazu nicht in der Lage war, so zeigt sich aber bereits in den Wertschöpfungsanteilen der Reiseveranstalter selbst eine Spanne zwischen 6% und 15%. Auch im Bereich der an die Reisemittler weitergegebenen Provisionen zeigen sich deutliche Unterschiede. Betrachtet man das Geschäftssystem der Flugpauschalreise etwas genauer, so zeigt sich, daß der Reiseveranstalter nur einen relativ geringen Einfluß auf den Endverbraucherpreis und auch nur relativ geringe Einflußmöglichkeiten auf die wahrgenommene Produktleistung hat. Insofern verwundert es nicht, daß heute insbesondere Großveranstalter versuchen, weitere Stufen des Geschäftssystems in ihren Einfluß zu bekommen. So hat LTT/LTU auch Einfluß auf den Flugbereich, eine Stufe im Geschäftssystem mit sehr hohem Kostenanteil; die TUI investiert zur Zeit sehr stark in die Bereiche Unterkunft, Reiseleitung/Agentur und den Vertrieb, um damit einen größeren Einfluß auf die durch die Kunden wahrgenommene Produktleistung zu bekommen.

Zu berücksichtigen ist, daß die Zurechnung einzelner Kostenbestandteile im Reiseveranstaltermarkt nicht eindeutig ist: So rechnen einige Veranstalter Kick backs dem Reisebüroanteil zu, andere rechnen sie innerhalb dem Veranstalterbereich zu. Ebenso nicht eindeutig ist die Zurechnung der Werbezuschüsse, die die Hoteliers für die Darstellung in den Veranstalterkatalogen zahlen; einige Veranstalter reduzieren entsprechend den Unterkunftsanteil, andere rechnen diese Zuschüsse wiederum dem Veranstalterbereich zu. Ein dritter nicht eindeutig zuzuordnender Komplex sind Provisionen, die für die Buchung über die Reservierungssysteme der Veranstalter (Buchungsprämie) gezahlt werden.

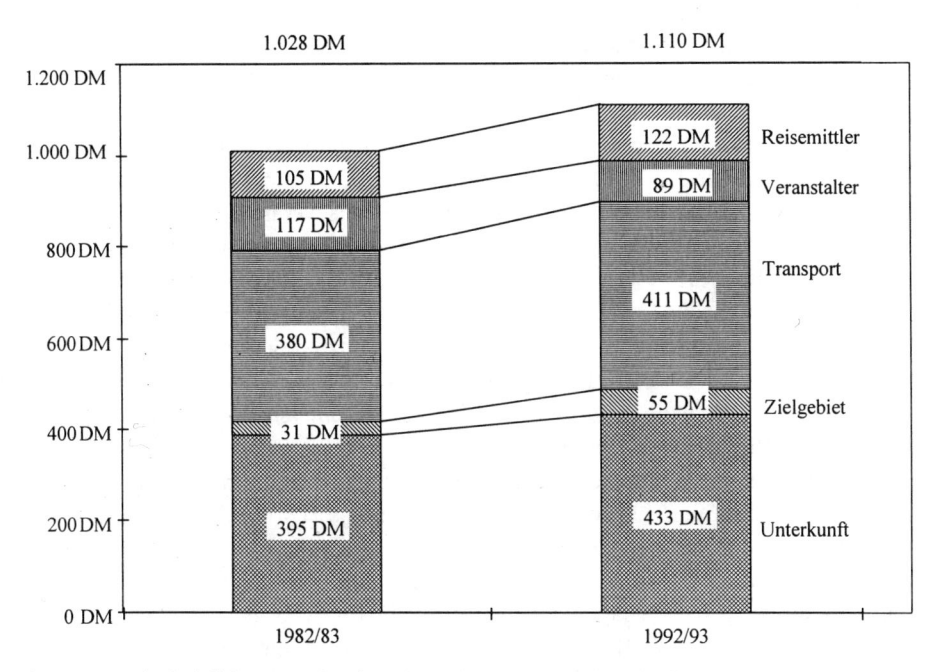

Abb. 10: Durchschnittliche Wertschöpfungskette einer Pauschalreise (*Quelle*: Kreilkamp 1995, S. 149)

Ein Vergleich der durchschnittlichen Wertschöpfungsketten im Reiseveranstaltermarkt 1982/83 und 1992/93 zeigt, daß bei einer Steigerung des Durchschnittspreises um ca. 80,- DM insbesondere die Bereiche Unterkunft und Transport absolut Anteile an der Wertschöpfungskette gewonnen haben (vgl. Abb. 10). Hier ist es gelungen, zumindestens teilweise Kostensteigerungen in Form von erhöhten Preisen im Markt durchzusetzen, wenn auch prozentual in sehr unterschiedlichem Maße (Unterkunft + 9,6%, Transport + 8,2%). Diese beiden Bereiche bestimmen weitgehend den Preis der Pauschalreisen. Die Kosten der Zielgebietsagenturen (Reiseleitung, Transfer etc.) sind in diesem Zusammenhang eher zu vernachlässigen.

Den Reiseveranstaltern und Reisemittlern ist es hingegen in den letzten 10 Jahren nicht gelungen, ihre absoluten Anteile pro verkaufter Reise zu steigern. Im Gegenteil: Insgesamt weist der Vergleich einen Rückgang bei der durchschnittlichen Veranstalterreise von 222,- DM auf 211,- DM aus. Während die Reisemittler noch Zuwachsraten, sowohl nominal als auch auf ihren Prozentanteil an der Wertschöpfungskette bezogen, registrieren konnten, ist der Anteil der Reiseveranstalter an der Wertschöpfungskette von 117,- DM auf 89,- DM zurückgegangen. Dies unterscheidet sich natürlich bei den einzelnen Reiseveranstaltern, wie bereits aus Abb. 9 deutlich wurde. Bei der Berechnung von DM-Beträgen nach einzelnen Veranstaltern ist darüber hinaus zu berücksichtigen, daß die einzelnen Veranstalter natürlich auch unterschiedliche Durchschnittsreisepreise im Markt realisieren, wodurch sich ihre Anteile an der Wertschöpfungskette wiederum deutlich gegenüber den Wettbewerbern unterscheiden. Kann beispielsweise ein Reiseveranstalter einen Durchschnittspreis von ca. 3.000,- DM realisieren, so würde bei einem Anteil von 8% ein Anteil von 240,- DM auf den Reiseveranstalter entfallen.

Betrachtet man die Leistungsseite, so ist zu konstatieren, daß leider nur relativ wenige Erkenntnisse über den Einfluß der einzelnen Wertschöpfungsstufen auf die wahrgenommene Produktqualität publiziert sind. Einzelne Reiseveranstalter führen zwar hierzu differenzierte Untersuchungen durch, diese Ergebnisse werden in der Regel jedoch nicht veröffentlicht. Insgesamt geht man in der Branche jedoch davon aus, daß sowohl das Hotel als auch die Leistungen des Zielgebietes entscheidende Einflußgrößen in Bezug auf die wahrgenommene Leistung sind. Hinzu kommt aber sicherlich ein Aspekt, der mit „Erlebniswert der Reise" beschrieben werden kann, der statistisch schwer faßbar und letztlich auch nicht hinreichend untersucht ist. Der Einfluß der zweiten wesentlichen Wertschöpfungsstufe von der Kostenseite aus, der Flugbereich, hat in Bezug auf die wahrgenommene Produktleistung, wie die meisten Untersuchungen ausweisen, nur eine sehr untergeordnete Bedeutung. Der dominierende Einfluß der Unterkunft auf die wahrgenommene Produktleistung hat darüber hinaus einen erheblichen Einfluß auf die Profilierung der Reiseveranstalter. Die Mehrzahl der Reiseveranstalter ist lediglich in der Lage, sich über die Selektion von Unterkunftsbetrieben ein spezifisches Profil zu schaffen. Gelungen ist diese spezifische Profilierung im Reiseveranstaltermarkt insbesondere beim Cluburlaub: hier sind die einzelnen Marken wie Robinson, Aldiana, Calimera oder Club Méd eigenständig positioniert. Im übrigen Unterkunftsbereich jedoch verhindert letztlich die mangelnde Profilierung der Hotelbetriebe eine gezielte Auswahl der Unterkünfte und damit auch eine gezielte Profilierung der Reiseveranstalter. Solange die Hotelbetriebe austauschbar sind, wird das Produkt der Pauschalreise auch austauschbar bleiben. Den Reiseveranstaltern bleibt damit nur eine eher emotionale Profilierung oder eine Profilierung über Zusatznutzen.

Aber nicht nur die Struktur des heutigen Wettbewerbs ist zu analysieren, auf der Grundlage der Analyseergebnisse müssen auch die Strategien der Konkurrenten explizit herausgearbeitet werden. Auf der Basis der gegenwärtigen Strategien, Ziele und Annahmen der Wettbewerber können nicht nur mögliche strategische Schritte bei gleichbleibender Umweltentwicklung abgeleitet werden, sondern es wird auch deutlich, wie die Wettbewerber voraussichtlich auf Strategien anderer Unternehmen und auf Markt- und Umweltveränderungen reagieren werden.

2.3.2.4 Lieferantenanalyse

Durch Preiserhöhungen oder Änderungen in der Qualität der angebotenen Dienste üben Lieferanten bzw. Leistungsträger im Tourismus einen großen Einfluß sowohl auf die Rentabilität der Reiseveranstalter als auch auf die wahrgenommene Produktleistung durch die Kunden aus. Dies zeigte sich bereits im Rahmen der Darstellung der Geschäftssystemanalyse (vgl. Abb. 8). Damit stellt sich für viele Reiseveranstalter die Frage der vertikalen Integration, d.h. die Frage, welche Stufen des Geschäftssystems durch das eigene Unternehmen wahrgenommen werden. Buzzel, der bereits 1984 verschiedene Untersuchungen zur vertikalen Integration in unterschiedlichen Branchen durchführte, kommt zu dem Ergebnis, daß sich insbesondere bei sehr hohem und sehr niedrigem Integrationsniveau hohe Ertragsraten einstellen, während sie in der Mitte am niedrigsten sind. Dies würde für Reiseveranstalter bedeuten, daß ein Unternehmen entweder den größten Teil des Geschäftssystems kontrolliert bzw. selbst wahrnimmt und relativ erfolgreich sein kann. Anderseits kann der Veranstalter selbst nur wenig Wertschöpfung betreiben (z.B. lediglich die reine Veranstaltertätigkeit ausüben) und dennoch erfolgreich sein. Der Mittelweg ist allem Anschein nach eine fragwürdige Strategie (vgl. Buzzel, 1984).

2.3.2.5 Unternehmensanalyse

Die Analyse der Leistungspotentiale des Unternehmens erfolgt mit Hilfe der Unternehmensanalyse: Ihr Zweck besteht darin, aus der bisherigen Entwicklung des Unternehmens und den Charakteristiken des derzeitigen Verhaltens zu einer Beurteilung des Unternehmens als Gesamtheit und seiner einzelnen Potentiale zu kommen.

Die Schaffung von dauerhaften Wettbewerbsvorteilen setzt voraus, daß sich ein Unternehmen mit seinen Produkten im Markt so positioniert, daß es den Wert seiner Fähigkeiten maximiert, die es den Wettbewerbern voraus hat. Hierzu ist es zunächst erforderlich, daß ein Unternehmen seine jeweilige Position im Markt und gegenüber den Wettbewerbern bestimmt. Alle angeführten Aspekte der Markt- und Wettbewerbsanalyse sind entsprechend für das eigene Unternehmen zu erfassen und zu analysieren. Darüber hinaus beinhaltet die Unternehmensanalyse jedoch sehr deutlich Aspekte eines prospektiven Vorgehens, d.h. nicht nur die gegenwärtige Situation ist zu erfassen, sondern es sind auch Möglichkeiten zur Verbesserung der jeweiligen Aspekte herauszuarbeiten, um Unternehmensschwächen zu überwinden und Stärken weiter auszubauen.

Aber nicht nur die Ressourcen und Fähigkeiten sind im Rahmen der Unternehmensanalyse zu erfassen, auch die Kosten des Unternehmens sind einer differenzierten Analyse zu unterziehen. Eine solche Analyse bezieht sämtliche Kostenpositionen ein und darf sich nicht nur auf eine reine Produkt- oder Zielgebietsbetrachtung beschränken. Vor allem im Gemeinkostenbereich von Reiseveranstaltern befinden sich häufig Kostenreserven, die mit Hilfe der Gemeinkosten-Wertanalyse aufgedeckt werden können. Im Marketingbereich beschäftigt man sich primär mit der Analyse der Wirkung marketingpolitischer Instrumente, um hier eine weitere Optimierung voranzutreiben.

Die einzelnen Märkte eines Unternehmens bieten unterschiedliche Chancen und haben unterschiedliche Risiken. Daher ist es erforderlich, die einzelnen Geschäftsbereiche des Unternehmens mit ihren Ertragsaussichten sowie mit ihren Chancen und Risiken aus dem Gesamtzusammenhang des Unternehmens heraus zu beurteilen, um über die Verteilung der knappen Ressourcen entscheiden zu können. Hier hat sich in den letzten Jahren die Portfolio-Analyse als Planungsverfahren durchgesetzt, die davon ausgeht, daß ein Unternehmen dann langfristig existenzfähig sein wird, wenn sein Portfolio von Geschäften sowohl in finanz- als auch in ertragswirtschaftlicher Hinsicht ausgeglichen ist, d.h. Mittelbedarf und Mittelerzeugung müssen sich entsprechen. Weiterhin muß eine Balance zwischen risikoreichen Geschäften mit sehr guten Zukunftsaussichten und risikoarmen Geschäften mit vielleicht nur begrenzten Zukunftsaussichten gegeben sein.

Basis der Portfolio-Analyse ist die Definition strategischer Geschäftsfelder, d.h. die Zusammenfassung von Produkt-Markt-Kombinationen, die gemeinsam eine Funktion erfüllen, die sich klar von der anderer Produkt-Markt-Kombinationen abhebt. Wesentliche Kriterien bei der Bildung strategischer Geschäftsfelder sind eine klare Definition der Marktaufgabe, die Möglichkeit der Realisierung von Wettbewerbsvorteilen und die selbständige Managebarkeit (zu einzelnen Aspekten der Geschäftsfelddefinition vgl. Kreilkamp, 1987, S. 316–334 und die dort angegebene Literatur). Im Hinblick auf die zentrale strategische Zielsetzung, zukünftig tragfähige Renditebringer für das Unternehmen aufzubauen und heutige Renditebringer so lange wie möglich zu halten, bietet eine gesamtunternehmensbezogene Vorgehensweise eindeutige Vorteile: Die Allokation knapper Ressourcen erfolgt anhand sogenannter Normstrategien, und zwar in der Weise, daß Geschäftsfelder mit den langfristig größten Chancen in bezug auf Marktanteile und Renditen am stärksten unterstützt werden. Insbesondere Question Marks bzw. Stars bieten solche Chancen, da sie sich in wachsenden Märkten befinden. Entsprechend lautet hier die Normstrategie: Investieren bzw. wachsen. Hierbei ist zu beachten, daß es nicht sinnvoll sein kann, die Unternehmensressourcen auf viele Bereiche aufzusplitten, d.h. hier muß eine Konzentration der Mittel in dem Sinne erfolgen, daß die erfolgversprechendsten Question Marks und Stars ausgewählt werden, um sie entsprechend zu forcieren. Geschäftsfelder in stagnierenden bzw. schrumpfenden Märkten dagegen haben generell kaum noch Wachstumsmöglichkeiten; ist ihre Rendite hoch, wie bei den Cash Cows, dann ist es zweckmäßig, sie durch entsprechende Mittelzuweisung solange wie möglich zu halten, gleichzeitig aber auch mit den durch sie freigesetzten Mitteln Nachwuchsprodukte (Question Marks) zu fördern. Entsprechend lautet die Normstrategie für Cash Cows: Zur Erhaltung der Position nicht benötigte Mittel abschöpfen. Wenn Produkte oder Geschäftsfelder keine ausreichende Rendite mehr erwirtschaften, ist im allgemeinen eine Eliminierungsstrategie angebracht, da solche Geschäftsfelder die gesamtunternehmerischen Ressourcen belasten. Auf alle Einzelheiten in Zusammenhang mit der Portfolio-Planung soll an dieser Stelle nicht näher eingegangen werden (vgl. hinsichtlich der Grundlagen der Portfolio-Modelle, der verschiedenen Arten von Portfolio-Modellen und der Diskussion von Vor- und Nachteilen Kreilkamp, 1987, S. 316–562; Haedrich/Tomczak, 1996a, S. 63–67).

Anhand des folgenden Beispiels aus dem Reiseveranstaltermarkt sollen einige strategische Erkenntnisse, die aus der Portfolio-Analyse abgeleitet werden können, kurz diskutiert werden (vgl. Abb. 11).

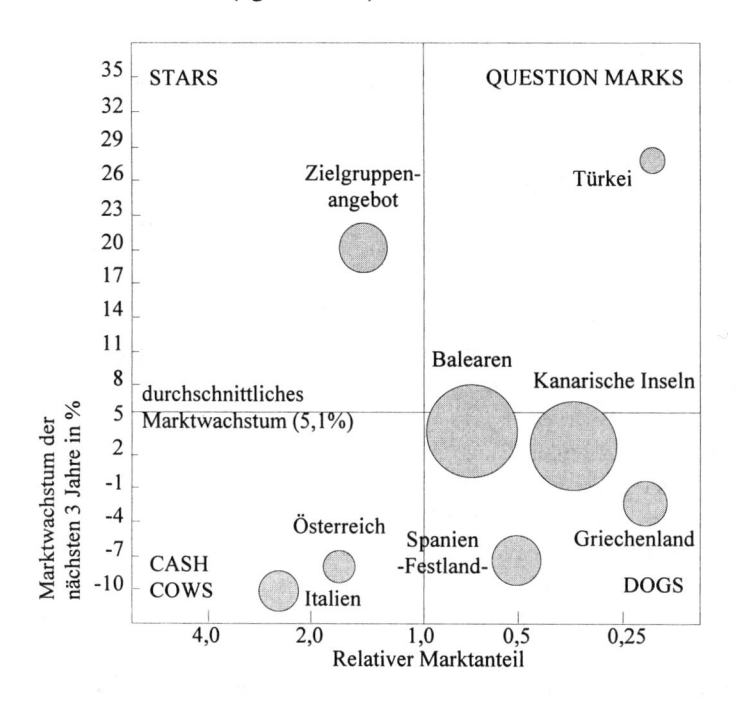

Abb. 11: Portfolio-Modell der Boston Consulting Group

Wenngleich immer wieder vom Marktanteils-Marktwachstums-Portfolio die Rede ist, beschreibt die Abzisse der Matrix nicht den absoluten, sondern den relativen Marktanteil, der als Quotient aus dem Marktanteil des eigenen Unternehmens und dem Marktanteil des stärksten Konkurrenten errechnet wird. Auf der Ordinate wird das erwartete Marktwachstum der nächsten drei Jahre abgetragen. Die einzelnen strategischen Geschäftsfelder eines Unternehmens werden durch Kreise dargestellt, die entsprechend dem erwarteten Marktwachstum und dem relativen Marktanteil in der Matrix positioniert werden. Die Größe der Kreise entspricht dem in den Geschäftsbereichen gebundenen Kapital (bzw. hilfsweise dem Umsatzanteil am Gesamtunternehmen). Um Geschäftseinheiten mit ähnlichen Cash-flow-Charakteristiken und -Erfordernissen zusammenzufassen, wird das Portfolio mit zwei Hilfslinien in vier Quadranten eingeteilt. Zum einen erfolgt eine Unterteilung beim relativen Marktanteil beim Faktor 1,0, d.h. es erfolgt hier eine Trennung zwischen Geschäftsfeldern, die eine führende Marktposition erreicht haben (Marktführer) und Geschäftsfeldern, die lediglich die zweite, dritte usw. Position innehaben. Auf der Marktwachstumsachse erfolgt eine Trennung beim durchschnittlichen Marktwachstum der Branche. Zugrunde gelegt wurden in dem vorliegenden Beispiel die Teilnehmerzahlen sowohl im Hinblick auf die Bestimmung des relativen Marktanteils als auch im Hinblick auf die Einschätzung des Marktwachstums der nächsten drei Jahre. Aus der Darstellung wird ersichtlich, daß der Reiseveranstalter, dessen Portfolio hier wiedergegeben ist, die größten Teilnehmerzahlen mit den Balearen, den Kanarischen Inseln und mit dem spanischen Festland realisiert, hier jedoch keine Marktführerposition besitzt. Eine Marktführerposition hat der Reiseveranstalter lediglich bei Flugreisen nach Österreich und Italien (Cash Cows), einem relativ kleinen Marktsegment im Flugbereich, jedoch – bedingt durch die Marktführerposition – mit relativ guten Renditen. Im Question-Mark-Bereich befindet sich lediglich ein Geschäftsfeld mit hohen Marktwachstumserwartungen, das Zielgebiet Türkei, in dem der Reiseveranstalter jedoch nur eine schwache Position innehat. Bei allen angesprochenen Geschäftsfeldern handelt es sich um Flugreisen, die sich in ihrer Qualität, ihrer Produktdarstellung und ihrer Vermarktung nicht unterscheiden von dem Angebot der großen Massenreiseveranstalter. Entsprechend unbefriedigend ist die Situation des dargestellten mittelgroßen Reiseveranstalters.

Das Portfolio zeigt aber darüber hinaus, daß eine Verbesserung der derzeitigen Position über die Erstellung bestimmter Zielgruppenangebote denkbar ist. Im Star-Bereich befindet sich ein neues Produkt des Reiseveranstalters, das auf eine spezielle Zielgruppe zugeschnitten ist. Innerhalb von relativ kurzer Zeit gelang es hier, die Marktführerposition zu erringen. Es handelt sich hier um ein Geschäftsfeld, das nicht nur in einem Bereich überdurchschnittlich hoher Wachstumsraten angesiedelt ist, sondern in dem auch über die Marktführerposition heute und in Zukunft hohe Renditen zu erwirtschaften sind. Für den Reiseveranstalter wird es in Zukunft wichtig sein, über weitere Zielgruppenangebote neue Wachstumsmärkte zu erschließen, da die Hauptgeschäftsbereiche des Unternehmens im Dog-Bereich liegen und somit nur noch relativ kurzfristig finanzielle Mittel freisetzen werden. Darüber hinaus zeigt das Portfolio, daß es dringend geboten scheint, in Wachstumsmärkte zu investieren, um auch in Zukunft Umsatzzuwächse realisieren zu können und um das Risiko stärker zu streuen (zu einer Darstellung des Marktattraktivitäts-Geschäftsfeldstärken-Portfolios im Tourismus vgl. Haedrich/Kreilkamp, 1984).

Ein Synergieeffekt aus Umweltanalyse einerseits und Unternehmensanalyse andererseits läßt sich durch eine Zusammenführung der Ergebnisse in einer Chancen-/Gefahrenanalyse erreichen (vgl. Kreilkamp, 1987, S. 240 f.; Pümpin, 1980, S. 25–29). Basierend auf der Analyse der globalen Umwelt, der regulativen Gruppen, des Marktes, des Wettbewerbs und der Lieferanten werden alternative Umweltentwicklungen aufgezeigt und den Stärken und Schwächen des Unternehmens gegenübergestellt. Umweltentwicklungen können sowohl Chancen als auch Gefahren für das Unternehmen mit sich bringen. Trifft eine aufgezeigte Umweltentwicklung auf eine Stärke, so ist dies ganz bestimmt eine Chance, denn das Unternehmen ist aufgrund seiner Voraussetzungen besser als die Wettbewerber in der Lage, die neue Entwicklung zu nutzen. Die Gegenüberstellung von Stärken/Schwächen mit Gelegenheiten/Gefahren dient somit der Ermittlung von Chancen und Risiken und impliziert zwangsläufig Prognoseprobleme. Auf diese Aspekte soll innerhalb des nächsten Gliederungspunktes kurz eingegangen werden.

2.3.3 Prognose und strategische Frühaufklärung

Das besondere Kennzeichen der strategischen Planung ist ihre Zukunftsorientierung, d.h. sie muß mit Blick auf die Zukunft betrieben werden. Dazu bedarf die Analyse der Ist-Situation einer Ergänzung um die Prognose. Erst durch die Erfassung von gegenwarts- und zukunftsbezogenen Informationen werden die strategischen Erfordernisse sichtbar.

Insbesondere im Tourismusmarkt trat in den letzten Jahren eine Vielzahl von Ereignissen und Entwicklungen ein, die erheblichen Einfluß auf die Situation von Reiseveranstaltern hatten. Als Beispiele können genannt werden:

- die Wiedervereinigung Deutschlands;
- die schrittweise Einführung der Marktwirtschaft in den ehemals sozialistischen Staaten;
- der Golfkrieg mit einem deutlichen Rückgang des Tourismus in den Nahen Osten, nach Nordafrika und in die Türkei;
- der serbisch-kroatische Bürgerkrieg;
- Umweltkatastrophen wie Ozonloch, Robbensterben, Algenpest, Waldsterben usw.

Prognosen können nur Vermutungen über Eintrittswahrscheinlichkeiten globaler, nationaler und touristischer Ereignisse beinhalten. Zielsetzung sowohl quantitativer als auch qualitativer Prognoseverfahren (Darstellung der einzelnen Verfahren bei Kreilkamp, 1987, S. 247–254) ist es, die wahrscheinlichsten Trends in der Zukunftsentwicklung vorherzusagen, auf die man sich dann durch gezielte Strategien einstellt. Solche Verfahren sind jedoch weniger dazu geeignet, Trendbrüche und alternative Entwicklungsmöglichkeiten herauszuarbeiten. Daher bieten sich hier als Ergänzung strategische Frühaufklärungssysteme an (vgl. Abb. 12).

Strategische Frühaufklärungssysteme sollen Veränderungen der Umwelt, die Bedrohungen oder Chancen für das Unternehmen bedeuten, frühzeitig ankündigen, so daß noch Maßnahmen zum Abwenden bzw. zum Ausnützen des Ereignisses möglich sind. An dieser Stelle kann nicht auf die einzelnen Verfahren der strategischen Frühaufklärung eingegangen werden (vgl. hierzu insbesondere Kreilkamp, 1987, S. 254–313 und die dort angegebene Literatur). Von der Vielzahl der einzelnen Verfahren, die im Rahmen der Prognose und strategischen Frühaufklärung eingesetzt werden, nutzt die

Tourismusbranche vor allem die Delphi-Methode und die Szenario-Technik (vgl. hierzu Schrand, 1992, S. 3–20).

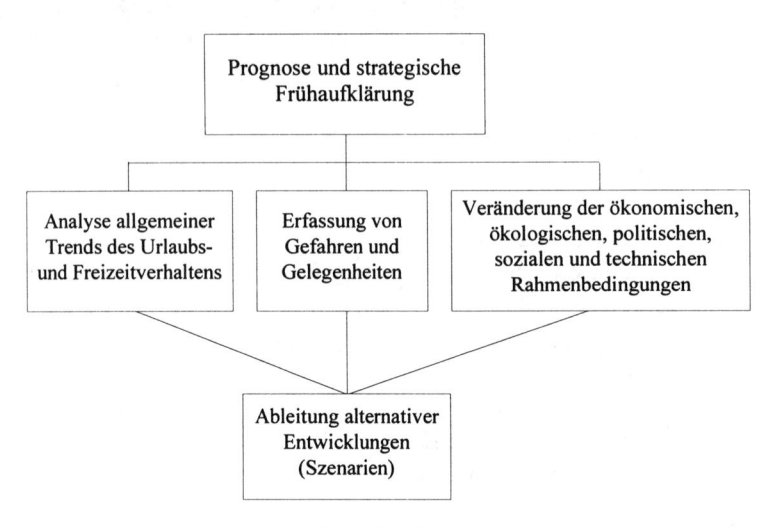

```
                    ┌─────────────────────────┐
                    │ Prognose und strategische│
                    │     Frühaufklärung       │
                    └─────────────────────────┘
           ┌──────────────┬──────────────┐
           ▼              ▼              ▼
   ┌──────────────┐ ┌──────────────┐ ┌──────────────────────┐
   │Analyse       │ │Erfassung von │ │Veränderung der       │
   │allgemeiner   │ │Gefahren und  │ │ökonomischen,         │
   │Trends des    │ │Gelegenheiten │ │ökologischen,         │
   │Urlaubs- und  │ │              │ │politischen, sozialen │
   │Freizeit-     │ │              │ │und technischen       │
   │verhaltens    │ │              │ │Rahmenbedingungen     │
   └──────────────┘ └──────────────┘ └──────────────────────┘
           └──────────────┬──────────────┘
                          ▼
                ┌──────────────────────┐
                │ Ableitung alternativer│
                │    Entwicklungen      │
                │     (Szenarien)       │
                └──────────────────────┘
```

Abb. 12: Prognose und strategische Frühaufklärung

Die Delphi-Methode ist eine qualitative und nicht-repräsentative schriftliche und mehrstufige Expertenbefragung zu zukünftigen Branchenentwicklungen. Die zweite Methode, die Szenario-Technik, dient der Abbildung alternativer Umwelten als einer hypothetischen Folge von Ereignissen. Entsprechend besteht die Aufgabe der Szenario-Technik nicht nur darin, mögliche alternative Umweltsituationen aufzuzeigen, wesentlich ist auch die exakte Beschreibung der Entwicklungpfade, die zu diesen Zukunftsbildern hinführen. Ihr Wert liegt vor allem darin, den Entscheidern zu verdeutlichen, welche Faktoren in Wechselwirkungen mit anderen Größen stehen und in welchem Ausmaß sie ihre weitere Entwicklung beeinflussen. Darüber hinaus sollen sie den Planer von der eindimensionalen Prognose wegführen und für die Entwicklung der wichtigsten Unternehmensumfelder sensibilisieren. Das Durchdenken von Alternativen hilft, sich frühzeitig auf eventuelle Änderungen einzustellen, damit man im Bedarfsfall schnell und flexibel reagieren kann (zur Szenario-Technik vgl. insbesondere Reibnitz, 1987).

Hingewiesen sei an dieser Stelle auf ein von Battelle entwickeltes Frühaufklärungssystem, das der Beobachtung kritischer Entwicklungen dienen soll. Zu diesem Zweck wird ein Beobachternetz aufgebaut, das von den eigenen Mitarbeitern des Unternehmens betrieben wird. Diese Mitarbeiter werden intensiv geschult und haben die Aufgabe, neben ihrer funktionalen Tätigkeit kontinuierlich Frühaufklärungssignale zu erfassen und an die Zentrale weiterzumelden. Durch den Aufbau eines solchen dezentralen Beobachternetzes ist es möglich, daß die Beobachter gezielt für die Erfassung bestimmter Themen oder Indikatoren eingesetzt werden, d.h. es ist denkbar, daß ein Beobachter lediglich die Aufgabe erhält, eine bestimmte Schlüsselorganisation oder ein bestimmtes Land im Hinblick auf bestimmte Indikatoren zu beobachten. Dadurch wird eine weitgehende Spezialisierung erreicht, die es ermöglicht, gezielt bestimmte Entwicklungen zu erfassen. Frühaufklärungsinformationen versetzen die Unternehmen in die Lage, Zeit zur Vorbereitung geeigneter Anpassungsmaßnahmen zu haben, denn nur das Unternehmen, das sich frühzeitig auf bestimmte Entwicklungen einstellt, wird hieraus Wettbewerbsvorteile gewinnen können.

Für Reiseveranstalter, die in der Regel international tätig sind, spielen darüber hinaus spezielle Risikoanalysen eine wesentliche Rolle. Für die Beurteilung und Auswahl von Zielgebieten genügt im allgemeinen nicht eine generelle Analyse der allgemeinen Absatzvoraussetzungen, sondern es sind vor allem auch die politischen Risiken der einzelnen Länder zu berücksichtigen. Hierfür werden inzwischen von verschiedenen Institutionen regelmäßig länderspezifische Risikoindizes ermittelt. Einer der bekanntesten Services für die Quantifizierung länderspezifischer Risiken ist der BERI-Informationsdienst, dessen Daten über ein Experten-Panel für 48 Länder erhoben werden (zu BERI vgl. insbesondere Backhaus/Meyer, 1987, S. 103 ff.). Ein weiterer spezifischer Ansatz, der neben dem politischen Risiko auch die Attraktivität der jeweiligen Länder berücksichtigt, ist die Länder-Portfolio-Analyse. Grundgedanke ist dabei, daß es nicht so sehr darauf ankommt, eine einzelne Länderentscheidung zu optimieren, sondern diese Optimierung ist erst durch den Verbund einer großen Zahl von Auslandsentscheidungen zu erzielen (vgl. hierzu Becker, 1993, S. 453 f. und die dort angegebene Literatur).

2.3.4 Ableitung der Strategie

Auf der Basis einer umfassenden Situationsanalyse, die sich sowohl auf die Unternehmensumwelt als auch auf das Unternehmen selbst bezieht, und der Diskussion alternativer Umweltentwicklungen mit Hilfe von Prognosen und strategischer Frühaufklärung können Strategien abgeleitet und entsprechend den Unternehmenserfordernissen entwickelt werden, d.h. erst eine differenzierte strategische Analyse eröffnet das Verständnis für Erfolg oder Nichterfolg von Strategien und somit letztlich für den Erfolg oder Nichterfolg von Unternehmen. Dabei ist die Entwicklung zukunftsorientierter Strategien in hohem Maße ein kreativer, oft von Spontaneingebungen getragener Prozeß, der aber – durch bestimmte Untersuchungsraster bzw. Denkverfahren geordnet – unterstützt und in einen strategischen Planungsablauf eingegliedert werden kann.

Generell gilt, daß es Aufgabe einer Grundsatzstrategie ist, die zukünftige Stellung des Unternehmens und seiner Produkte im Markt und im Wettbewerb festzulegen, um dadurch Wege zu einem effizienten Einsatz des Marketing-Mix zu weisen. Im Rahmen der Ableitung der Strategie ist auf Basis der Zielsetzung und der hierin konkretisierten Unternehmensphilosophie das Leitbild zu bestimmen. Damit soll die spezifische Rolle des Unternehmens, die im Rahmen der Unternehmensphilosophie eher global formuliert ist, für den Markt konkretisiert werden. Becker (1993, S. 52) geht dabei von einem marketingorientierten Leitbild aus, in dem die Überlebens- bzw. Konkurrenzfähigkeit des eigenen Unternehmens und seine spezifische Rolle im Markt konkretisiert werden. Diese Trennung in Unternehmensphilosophie und Unternehmensleitbild, wie Becker sie vorschlägt, wird in der Literatur jedoch nicht einheitlich gesehen. Haedrich/Tomczak (1996a, S. 23 und 26) oder auch Hebestreit (1992, S. 64) verwenden beide Begriffe synonym. Andere Autoren, wie beispielsweise Hinterhuber (1989, S. 60), sehen im Leitbild eher die aus der Unternehmensphilosophie abgeleiteten Leitsätze oder Unternehmensgrundsätze, die schriftlich niedergelegt werden.

Im Sinne einer strategischen Planung, die die Aufgabe hat, die Zielsetzung des Unternehmens zu konkretisieren, soll an dieser Stelle der Auffassung von Becker gefolgt werden, derzufolge die Unternehmensphilosophie als ein Ausdruck der Unternehmenskultur eher Wertvorstellungen und Überzeugungen sowie Normen und Verhaltensregeln festlegt, an der sich konkretes Verhalten im Unternehmen zu orientieren hat. Das Leitbild, das stärker marketingorientiert ist, ist demgegenüber eine Konkretisierung der strategischen Verhaltensweisen unter Beachtung der Unternehmensphilosophie. Soll das Leitbild diesem Anspruch gerecht werden, so muß es folgende Aspekte beinhalten:

- Konkretisierung der Zielsetzung im Sinne einer markt-, wettbewerbs- und gesellschaftsorientierten Denkweise;
- Bestimmung der anzusprechenden Zielgruppen;
- Bestimmung der Position des Unternehmens und der Positionierung der einzelnen Produkte in Abgrenzung vom Wettbewerb;
- genaue Definition der strategischen Grundausrichtung des Unternehmens und der einzelnen Produkte/Dienstleistungen;
- Präzisierung der marketingpolitischen Zielsetzung (angestrebter Marktanteil, Bekanntheitsgrad und Image in bezug auf die relevanten Zielgruppen);
- Zeitrahmen, innerhalb dessen die angestrebten Ziele realisiert werden sollen.

In der einschlägigen Literatur wird der Ableitung der Grundsatzstrategie breiter Raum gewidmet (vgl. z.B. Haedrich/Tomczak, 1996a, S. 99 ff.; Roth, 1995, S. 71–85; Hebestreit, 1992, S. 460–498; Becker, 1993, S. 121–326; Wöhler, 1991a, 1991b und die jeweils angegebene Literatur). Die einzelnen vorgestellten Konzepte werden allerdings von unterschiedlichen Erkenntnisinteressen geleitet, was zur Folge hat, daß die empfohlenen Strategiealternativen jeweils andere Ausrichtungen des marketingstrategischen Verhaltens zum Inhalt haben. An dieser Stelle soll eine Systematisierung der einzelnen Ansätze erfolgen, wobei zu betonen ist, daß diese Systematik ausgehend von dem Ansatz von Becker (1993) und von Haedrich/Tomczak (1996a) entwickelt wurde (vgl. Abb. 13). Im einzelnen lassen sich neun Ansätze (Strategieebenen) unterscheiden, die im folgenden lediglich in ihren Ausprägungen wiedergegeben werden sollen (zur Darstellung der einzelnen Ansätze zur Produkt- und Preispolitik vgl. den folgenden Beitrag).

Strategische Planung im Tourismus 319

```
                        ┌──────────────────┐
                        │  Ableitung der   │
                        │    Strategie     │
                        └────────┬─────────┘
                                 │
┌──────────────────┐      ┌──────┴──────┐      ┌──────────────────┐
│  Konkretisierung │      │             │      │  Bestimmung der  │
│ einer veränderten├──────┤   Leitbild  ├──────┤   touristischen  │
│ Unternehmenspolitik│    │             │      │    Zielgruppen   │
└──────────────────┘      └──────┬──────┘      └──────────────────┘
                                 │
                     ┌───────────┴───────────┐
                     │   Positionierung und  │
                     │   Abgrenzung vom      │
                     │      Wettbewerb       │
                     └───────────┬───────────┘
                                 │
                     ┌───────────┴───────────┐
                     │ Strategische Alternativen │
                     └───────────────────────┘
```

| Markt-eintritt | Markt-abdeckung | Markt-stimulierung | Differen-zierung der Marktstrategie | Markt-stellung | Strategie-stil | Markt-position | Markt-areal | Strategie-absicherung |

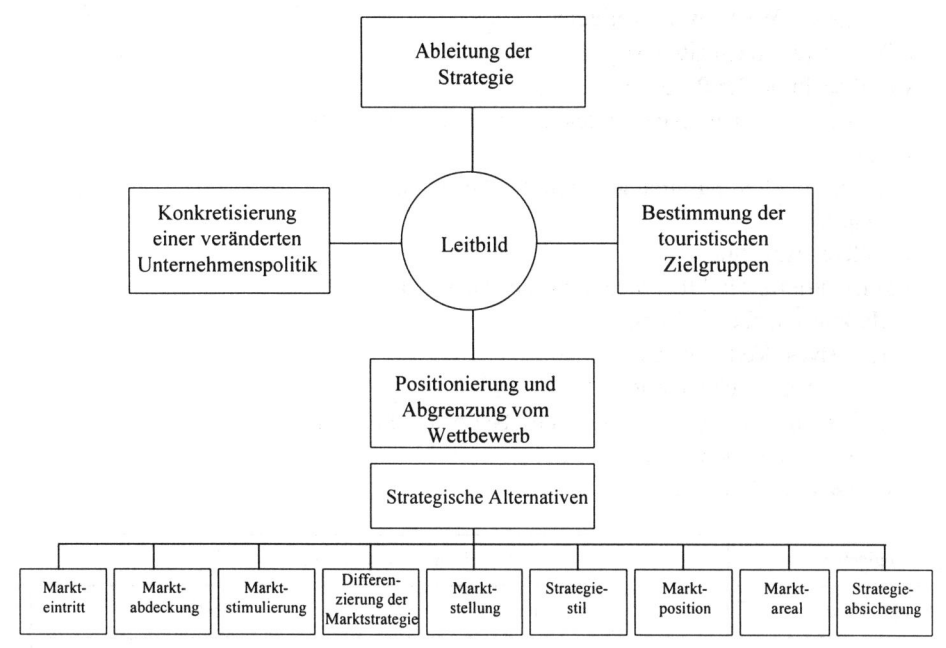

Abb. 13: Ableitung der Strategie

Betrachtet man die zur Verfügung stehenden strategischen Alternativen (vgl. Abb. 14), so wird deutlich, daß jede Strategie die Kombination einer Strategiealternative je Strategieebene ist. Becker spricht hier von Strategieprofilen (vgl. Becker, 1993, S. 311 ff.). Bei der Zusammenfügung der jeweiligen Strategiealternativen gibt es große Wahlfreiheiten, aber auch bestimmte Wahlzwänge. Wahlzwänge bestehen immer dann, wenn es quasi natürliche Strategiebündelungen zu beachten gilt, deren Durchbrechung zwar nicht unmöglich ist, die jedoch nicht selten zu erheblichen Komplikationen führen kann. So ist eine Präferenzstrategie sowohl mit einer Massenmarkt- als auch einer Marktsegmentierungsstrategie verknüpfbar, während die Preis-Mengen-Strategie im Prinzip nur eine massenmarktstrategische Bearbeitung zuläßt. Ebenso ist eine undifferenzierte Marktabdeckung nicht mit einer Marktsegmentierungsstrategie kombinierbar. Insgesamt zeigen sich jedoch sehr viele Kombinationsmöglichkeiten.

Betrachtet man den touristischen Markt, so wird man feststellen, daß das zur Verfügung stehende Strategiespektrum z.Zt. im deutschen Markt nicht ausgenutzt wird. Die folgenden Beispiele zeigen die typischen Strategiekombinationen im Tourismusmarkt:

– Massenmarktstrategien mit folgender Ausprägung:
  • Folger,
  • eher Preis-Mengen-Strategie,
  • undifferenzierte Marktbearbeitung,
  • Marktführer oder Marktherausforderer,

- defensives Wettbewerbsverhalten,
- Wettbewerb nach alten Regeln,
- Beibehaltung der Position,
- regionale oder nationale Strategie, teilweise international,
- Anpassungsstrategie;
– Marktsegmentierungsstrategien mit der Ausprägung:
- Folger,
- Präferenzstrategie,
- konzentrierte Marktbearbeitung (Spezialisierung),
- Marktnischenbearbeitung,
- defensives Wettbewerbsverhalten,
- Wettbewerb nach alten Regeln,
- Beibehaltung der Position, teilweise Neupositionierung,
- regionale oder nationale Strategie,
- Umgehungsstrategie.

Strategieebene	Strategiealternativen			
Markteintritt	Pionier		Folger	
Marktabdeckung	Massenmarktstrategie		Marktsegmentierungsstrategie	
Marktstimulierung	Präferenzstrategie		Preis-Mengen-Strategie	
Differenzierung der Marktbearbeitung	Undifferenzierte Marktbearbeitung	Konzentrierte Marktbearbeitung (Spezialisierung)	Differenzierte Marktbearbeitung (verschiedene Spezialisierungen mit totaler Marktabdeckung)	
Marktstellung	Marktführer	Marktherausforderer	Marktmitläufer	Marktnischenbearbeiter
Strategiestil	Defensives Wettbewerbsverhalten		Offensives Wettbewerbsverhalten	
	Wettbewerb nach alten Regeln (Anpassung)		Wettbewerb nach neuen Regeln (Abhebung)	
Marktposition	Beibehaltung der Position	Umpositionierung	Neupositionierung	
Marktareal	lokal	regional	national	international	global (Weltmarkt)
Strategieabsicherung	Anpassung	Konflikt	Kooperation	Umgehung

Abb. 14: Strategische Alternativen

Sicherlich ließen sich auch andere Beispiele finden. Deutlich wird jedoch, daß insbesondere offensives Wettbewerbsverhalten nach neuen Regeln nur selten anzutreffen ist. Zu gleichen Ergebnissen kommt auch die vom Institut für Tourismus der Freien Universität Berlin in Zusammenarbeit mit der Kienbaum Unternehmensberatung erarbeitete Untersuchung zur strategischen Situation bundesdeutscher Reiseveranstalter (vgl. Institut für Tourismus/Kienbaum, 1991). Von den Massenmarktanbietern wird in der Mehrzahl der Fälle angegeben, daß sie Generalisten mit Qualitätsführerschaft sind. Gleichzeitig geben diese Unternehmen jedoch an, daß der Me-too-Anteil ihrer Produkte zwischen 75% und 85% liegt, d.h. die Mehrzahl der Produkte hat keine positive Alleinstellung und ist austauschbar. Wenn auch dieser Anteil bei den Anbietern, die Marktsegmentierungsstrategien verfolgen, indem sie sich auf bestimmte Zielgruppen konzentrieren, niedriger liegt, so beträgt aber auch hier der Me-too-Anteil zwischen 60% und 65%. Diese Veranstalter geben an, daß sie Spezialisten im Hochpreissegment mit Qualitätsführerschaft sind. Insofern ist zu fragen, weshalb im deutschen Reiseveranstaltermarkt aus dem zur Verfügung stehenden Strategiespektrum lediglich zwei Strategien realisiert werden.

2.3.5 Detail- und Maßnahmenplanung

Orientiert an der Grundsatzstrategie sind die Entscheidungen über die Maßnahmen zu treffen, mit denen das Marketingzielsystem realisiert werden soll, wobei die Bemühungen darauf gerichtet sind, die optimale Kombination (Marketing-Mix) der marketingpolitischen Instrumente zu finden. Im Rahmen des Marketing-Mix geht es um die Frage, welche Instrumente in welcher Intensität und Ausgestaltung einzusetzen sind, um die vorgegebene Strategie bestmöglich umzusetzen (vgl. Abb. 15).

Im Rahmen der Produktpolitik sind entsprechende Maßnahmen in bezug auf die Zielgebietswahl, die Produktgestaltung (Leistungsbestandteile des Produktes), die Produktdarstellung und -vermarktung sowie die Programmpolitik zu treffen. Eine differenzierte Preispolitik im Sinne der Strategie beinhaltet Fragen der Preisfestsetzung, der Preisdifferenzierung und der Konditionen/Provision. Durch die Vertriebspolitik muß gewährleistet werden, daß das Angebot problemlos gebucht werden kann. Hier sind insbesondere die Vertriebskanäle festzulegen, entsprechende Vertriebssysteme zur Verfügung zu stellen und die vertrieblichen Aktivitäten zu steuern. Aufgabe der Kommunikationspolitik ist die Steigerung des Bekanntheitsgrades und der Aufbau eines eigenständigen Images auf der Basis der abgeleiteten Strategie. Entsprechende Maßnahmen betreffen die Kataloggestaltung, die Werbung, Verkaufsförderung, Public Relations und Messeaktivitäten. Auf die einzelnen Maßnahmen der Gestaltung des Marketing-Mix wird im Rahmen dieses Buches in den folgenden Kapiteln näher eingegangen.

Detail- und Maßnahmenplanung			
Produktpolitik	Preispolitik	Vertriebspolitik	Kommunikationspolitik
– Zielgebietswahl	– Preisfestsetzung	– Vertriebskanäle	– Katalog
– Produktgestaltung	– Preisdifferenzierung	– Vertriebssystem	– Werbung
– Produktdarstellung und Vermarktung	– Konditionen / Provisionen	– Vertriebssteuerung	– Verkaufsförderung
– Programmpolitik			– Public Relations
			– Messen

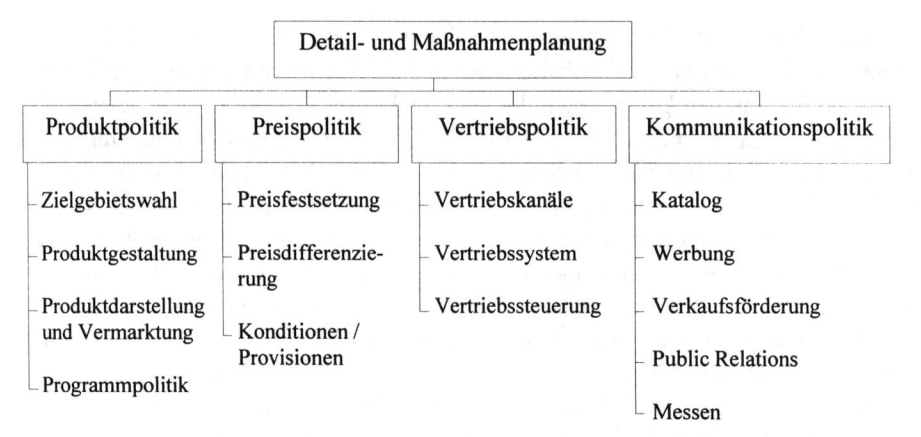

Abb. 15: Detail- und Maßnahmenplanung

2.3.6 Realisation der Maßnahmen und Kontrolle der Aktivitäten

Zentraler Bestandteil jeder strategischen Planung ist die Sicherstellung der Umsetzung auf allen Ebenen. Alle Aktivitäten müssen im Sinne der Strategie koordiniert und umgesetzt werden. Laufend muß überprüft werden, ob die Maßnahmen im Sinne der Strategie „greifen". Eine Erfassung der Abweichungen und eine differenzierte Analyse der Abweichungsursachen bietet die Basis für eine Anpassung der Strategie und/oder eine Korrektur der Maßnahmen.

Literatur

Backhaus, K., M. Meyer (1987): Länderrisiken im internationalen Marketing. In: Harvard Manager, Heft 3, S. 103–112.
Becker, J. (1993): Marketing-Konzeption. 5. verbesserte und ergänzte Auflage. München.
Bellino, H. (1990): Einflüsse des Verbraucherverhaltens auf die Betriebstypenpolitik. In: Gruber, H., W.A. Tietze: Der Handel für die Märkte von morgen. Frankfurt, S. 217–231.
Bleile, G. (1992): Eine Verschärfung der Preiskämpfe oder gezielter Qualitätswettbewerb als Alternativen? In: FVW, Fremdenverkehrswirtschaft International, Heft 2, S. 40–44.
Braun, O. L., M. Lohmann (1989): Die Reiseentscheidung. Starnberg.
Buzzel, R. D. (1984): Bringt vertikale Integration Vorteile? In: Harvard Manager, Heft 1, S. 51–59.
Captuller, B. (1989): Informationsaufnahme im Reiseentscheidungsprozeß. Diplomarbeit, Freie Universität Berlin.
Freyer, W. (1991a): Tourismus. 3. ergänzte und aktualisierte Auflage. München/Wien.
Freyer, W. (1991b): Ganzheitliches Marketing im Tourismus. In: Studienkreis für Tourismus (Hrsg.): Marketing im Tourismus. Bericht über die Fachtagung des Studienkreises für Tourismus am 7.3.1990 im Rahmen der ITB Berlin. Starnberg, S. 137–162.
Freyer, W. (1997): Tourismus–Marketing. München/Wien.

Haedrich, G. (1991): Modernes Marketing im Tourismus. In: Studienkreis für Tourismus (Hrsg.): Marketing im Tourismus. Bericht über die Fachtagung des Studienkreises für Tourismus am 7.3.1990 im Rahmen der ITB Berlin. Starnberg, S. 21–38.

Haedrich, G., E. Kreilkamp (1984): Einsatz des Portfolio-Managements in der Tourismus- und Fremdenverkehrsplanung. In: Revue de tourisme, No. 1, S. 4–12.

Haedrich, G., T. Tomczak (1996a): Strategische Markenführung. 2. Aufl., Bern/Stuttgart/Wien.

Haedrich, G., T. Tomczak (1996b): Produktpolitik. Kohlhammer Edition Marketing. Stuttgart/Berlin/Köln.

Hamel, G. D.K. Prahalad (1991): Nur Kernkompetenzen sichern das Überleben. In: Harvard-Manager, Nr. 2, S. 66–78.

Hanrieder, M. (1992): Marketing-Forschung und Informations-Analyse als Grundlage der Marketing-Planung. In: P. Roth, A. Schrand (Hrsg.): Touristik-Marketing. München, S. 81–109. Hebestreit, D. (1992): Touristik Marketing. 3. erweiterte und überarbeitete Auflage, Berlin.

Hinterhuber, H. H. (1989): Strategische Unternehmungsführung, Band I: Strategisches Denken. 4., völlig neu bearbeitete Auflage, Berlin/New York.

Institut für Tourismus der Freien Universität Berlin und Kienbaum Unternehmensberatung (1991): Strategische Situation bundesdeutscher Reiseveranstalter. Düsseldorf/Berlin.

Köllgen, R. (1991): Strategisches Marketing – Ansatzpunkte für Reiseveranstalter. In: Studienkreis für Tourismus (Hrsg.): Marketing im Tourismus. Bericht über die Fachtagung des Studienkreises für Tourismus am 7.3.1990 im Rahmen der ITB Berlin. Starnberg, S. 39–55.

Kreilkamp, E. (1987): Strategisches Management und Marketing. Berlin/New York.

Kreilkamp, E. (1994): Kundenorientierung und aktive Positionierung. In: T. Tomczak, Ch. Belz: Kundennähe realisieren. St. Gallen, S. 81–99.

Kreilkamp, E. unter Mitarbeit von S. Mischkowski, U. Regele, R. Salfner und D. Schmücker (1995): Tourismusmarkt der Zukunft. Die Entwicklung des Reiseveranstalter- und Reisemittlermarktes in der Bundesrepublik Deutschland. Frankfurt/Main.

Meffert, H. (1988): Strategische Unternehmensführung und Marketing. Wiesbaden.

Meffert, H. (1994): Marketing-Management. Wiesbaden.

Merz, A. (1992): Wyk auf Föhr: Oase für gesundheitsorientierte Aktiv-Urlauber. In: P. Roth, A. Schrand (Hrsg.): Touristik-Marketing. München, S. 245–265.

Peters, Th. J., R. H. Waterman jun. (1984): Auf der Suche nach Spitzenleistungen. 5. Auflage, Landsberg/Lech.

Porter, M. E. (1980): Competitive Strategy. New York.

Porter, M. E. (1987): Wettbewerbsstrategie. 4. Auflage, Frankfurt a.M.

Pümpin, C. (1980): Strategische Führung in der Unternehmungspraxis. Bern.

Pümpin, C., J.-M. Kobi, H. H. Wüthrich (1985): Unternehmenskultur. In: Die Orientierung, Nr. 85 (Hrsg.: Schweizerische Volksbank). Bern.

Rammel, R. (1991): Läßt sich der Charterflugreisende durch Preisdifferenzierung beeinflussen? In: Jahrbuch für Fremdenverkehr 1990 (Hrsg.: Böventer/Haas). München.

Reibnitz, U. (1987): Szenarien – Optionen für die Zukunft. Hamburg u.a.

Romeiß-Stracke, F. (1992): Die Veränderungen der gesellschaftlichen Rahmenbedingungen für die Touristik. In: P. Roth, A. Schrand (Hrsg.): Touristik-Marketing. München, S. 21–28.

Roth, P. (1992): Umweltverträglicher Tourismus: Von der Forderung zur Realisierung. In: P. Roth, A. Schrand (Hrsg.): Touristik-Marketing. München, S. 45–80.

Roth, P. (1995): Grundlagen des Touristikmarketing. In: P. Roth, A. Schrand (Hrsg.): Touristikmarketing. München, S. 27–144.

Roth, P., A. Schrand (Hrsg.) (1995): Touristik-Marketing. 2. Auflage, München.

Schmieder, F. (1991): Vom Einzelmarken- zum Dachmarken-Konzept: Markenpolitik am Beispiel der TUI. In: E. Seitz, J. Wolf (Hrsg.): Tourismusmanagement und -marketing. Landsberg/Lech, S. 507–516.

Schrand, A. (1992): Tourismus 2000: Der Strukturwandel auf den Touristik-Märkten. In: P. Roth, A. Schrand (Hrsg.): Touristik-Marketing. München, S. 1–20.

Seitz, E., W. Meyer (1995): Tourismusmarktforschung. München.
Seitz, E., J. Wolf (Hrsg.) (1991): Tourismusmanagement und -marketing. Landsberg/Lech.
Studienkreis für Tourismus (Hrsg.) (1991): Marketing im Tourismus. Bericht über die Fachtagung des Studienkreises für Tourismus am 7.3.1990 im Rahmen der ITB Berlin. Starnberg.
Studienkreis für Tourismus (Hrsg.) (1992): Reiseanalyse 1991. Starnberg.
Wöhler, K. (1991a): Bestimmung von Marketingstrukturen. In: Studienkreis für Tourismus (Hrsg.): Marketing im Tourismus. Bericht über die Fachtagung des Studienkreises für Tourismus am 7.3.1990 im Rahmen der ITB Berlin. Starnberg, S. 57–70.
Wöhler, K. (1991b): Zielgruppenorientiertes Marketing. In: Studienkreis für Tourismus (Hrsg.): Marketing im Tourismus. Bericht über die Fachtagung des Studienkreises für Tourismus am 7.3.1990 im Rahmen der ITB Berlin. Starnberg, S. 71–86.
Zimmer, P. (1991): Ganzheitliches Management im Tourismus. In: E. Seitz, J. Wolf (Hrsg.): Tourismusmanagement und -marketing. Landsberg/Lech, S. 243–264.

3 Produkt- und Preispolitik

Edgar Kreilkamp

3.1 Tourismus-Marketing als Dienstleistungsmarketing

Das touristische Produkt ist ein Produkt von hoher Komplexität, das in sehr vielfältigen Formen nachgefragt wird: Es reicht vom Angebot an Pauschalreisen der Reiseveranstalter über die Vermittlungsleistungen der Reisebüros, über die Leistungen der Reiseleiter oder Sportlehrer bis zur Produktion von Souvenirs der Souvenir-Industrie oder Dienstleistungen des Hotelfriseurs (vgl. Freyer, 1991, S. 120). Einerseits erstellt jeder Betrieb bzw. jeder touristische Teilbereich sein eigenes touristisches Produkt:

– Die Transportbetriebe erstellen die Beförderungsleistung,
– die Hotels die Beherbergungsleistung,
– die Reiseführer die Reiseleitung,
– die Souvenir-Industrie die Souvenirs,
– Verlage die Reisezeitschrift und Landkarten usw.

Andererseits fragt der Tourist im allgemeinen ein Leistungsbündel (touristisches Produkt) nach, mit anderen Worten, die einzelnen touristischen Teilbereiche stehen in einem engen Abhängigkeitsverhältnis zueinander und tragen in ihrer Gesamtheit zur Erstellung eines touristischen Gesamtproduktes bei. Unter dem Produkt ist dabei die Gesamtleistung (Qualität, Service, Zusatzleistungen usw.) zu verstehen, die den Endabnehmer dazu veranlaßt, es zu kaufen. Der Wert (bzw. die Nutzenerwartung), den ein Abnehmer einem bestimmten Produkt beimißt, steht dabei in direktem Verhältnis zu der von ihm angenommenen Fähigkeit des Produktes, seine Probleme zu lösen bzw. seinen Bedarf zu decken. Entsprechend ist für den Abnehmer ein Produkt eine komplexe Ansammlung zu befriedigender Wertvorstellungen (vgl. Kreilkamp, 1987, S. 115). Der Bedarf des Urlaubers reduziert sich dabei nicht nur auf Teilleistungen wie Transport, Beherbergung oder Verpflegung, der Urlauber versucht vielmehr, eine Vielzahl komplexer Bedürfnisse zu befriedigen. Er sucht Erholung, Kontakte, Bildung, Erlebnisse, Geselligkeit, kreative Entfaltung usw., den Urlaub als Gegenalltag oder als Ergänzung des beruflichen Alltags (vgl. Steinecke, 1983, S. 46 f.; Freyer, 1991, S. 129). In ihrem Kern ist die touristische Leistung, das touristische Produkt eine Dienstleistung. Daher sollen im folgenden einige Aspekte des Dienstleistungsmarketing näher betrachtet werden (vgl. hierzu insbesondere Meffert/Bruhn, 1995; Bruhn/Stauß, 1995; Freyer 1997, S. 64–71).

Dienstleistungen weisen gegenüber Sachgütern einige Besonderheiten auf. So haben Zeithaml et al. (1985) mittels einer Auswertung der nordamerikanischen Dienstleistungsmarketing-Literatur vier zentrale Eigenschaften bestimmt, die Dienstleistungen von Sachgütern unterscheiden. Dies sind (vgl. Zeithaml et al., 1985, S. 33 f.):

– Intangibilität (Nichtgreifbarkeit),
– Untrennbarkeit von Produktion und Konsumtion,
– Heterogenität und
– Vergänglichkeit.

Dienstleistungen sind „Verrichtungen" (vgl. Scheuch, 1982, S. 16), die nicht in der gleichen Weise wie Sachgüter sinnlich wahrnehmbar sind. Die Tatsache, daß Dienstleistungen intangibel sind, hat nicht unerhebliche Auswirkungen auf das Marketing für Dienstleistungen. So kann man davon ausgehen, daß Konsumenten im allgemeinen bei Dienstleistungen ein höheres wahrgenommenes Risiko auf sich nehmen als bei Produkten (vgl. u.a. Gusemann, 1981; Murray, 1991).

Ebenso wie der Faktor „Intangibilität" ist auch die für die meisten Dienstleistungen gegebene Untrennbarkeit von Produktion und Verbrauch von Bedeutung im Hinblick auf das Marketing für Dienstleistungen. Im Gegensatz zu Sachgütern, die zuerst produziert, dann verkauft und schließlich konsumiert werden, werden Dienstleistungen zunächst verkauft und in der Folge simultan produziert und konsumiert. Hieraus ergibt sich die Notwendigkeit des direkten Kontaktes des Abnehmers der Dienstleistung mit dem Dienstleister. Meyer (1986, S. 22) spricht hier von der „Integration eines externen Faktors in den Herstellungsprozeß". Die Mitarbeiter eines Dienstleistungsunternehmens, die in direktem Kontakt mit den Kunden stehen, nehmen dadurch sowohl Marketing- als auch operative Funktionen wahr.

Gleichsam als Folge der Intangibilität und der Untrennbarkeit von Produktion und Konsumtion sind einzelne Dienstleistungen häufig heterogen. Unter Heterogenität verstehen Zeithaml et al. (1985, S. 34) die bei Dienstleistungen potentielle hohe Variabilität der Qualität. Im Vergleich zu Sachgütern können Dienstleistungen nicht im gleichen Ausmaß während und nach dem Produktionsprozeß einer Qualitätskontrolle unterworfen werden. Darüber hinaus variiert die Qualität der Verrichtungen aufgrund der persönlichen Interaktion zwischen Mitarbeiter und Kunde sowie zwischen Kunden untereinander. Eine konsistente Qualität ist in Fällen großer persönlicher Interaktion bei der Dienstleistung kaum zu erreichen. Hieraus ergibt sich die Notwendigkeit für ein Dienstleistungsunternehmen, geeignete Maßnahmen zur Aufrechterhaltung bzw. Wiederherstellung der Zufriedenheit derjenigen Kunden zu entwickeln, die einen Dienst unterhalb dem angestrebten bzw. von dem jeweiligen Kunden erwarteten Qualitätsstandards erhalten haben.

Da es sich bei Dienstleistungen um Verrichtungen handelt, können sie nicht gespeichert und gelagert werden, sie sind vergänglich. Das Zustandekommen einer Dienstleistung erfordert daher die Bereitstellung des Dienstepotentials (vgl. Scheuch, 1982, S. 5). Hieraus ergibt sich das Problem der zeitgenauen Angleichung von Angebot (= Produktion) und Nachfrage.

Aufgrund der Besonderheiten von Dienstleistungen sind die für Sachgüter entwickelten Konzeptionen in bezug auf die Qualität eines Produktes hier nicht anwendbar. Außerdem ist eine Definition der Qualität von Dienstleistungen nur schwer zu leisten, da „es bei Dienstleistungen keine ... objektivierbare, mit der Produktqualität direkt vergleichbare Dienstleistungsqualität geben kann" (Meyer/Mattmüller, 1987, S. 189). Man muß daher davon ausgehen, daß die Qualität einer Dienstleistung nur aus der individuellen Sicht der einzelnen Konsumenten beurteilt werden kann. Nicht die objektive Qualität eines Produktes/einer Dienstleistung, sondern vielmehr die subjektiv wahrgenommene Qualität ist als ausschlaggebend für das Konsumentenverhalten anzusehen. Daher ist die Betrachtung der objektiven Qualität bei der Planung von Marktstrategien nur bedingt aussagekräftig; eine Konzentration auf die subjektiv empfundene Qualität der Konsumenten ist zwingend erforderlich (vgl. Kreilkamp, 1987, S. 115 und S. 121 ff.).

Mit dem Problem der Charakterisierung der Qualität von Dienstleistungen befassen sich z.B. Grönroos (1983, S. 20 ff.) und Parasuraman et al. (1985). Die Qualität einer Dienstleistung wird aufgefaßt als ein vom Konsumenten aufgestellter Vergleich der erwarteten Dienstleistung mit der wahrgenommenen Dienstleistung. Die Beurteilung der Qualität erfolgt durch den Kunden hierbei nicht nur anhand des Resultats („Was" hat der Nachfrager erhalten?), sondern auch anhand des Prozesses der Diensterbringung („Wie" hat er die Dienstleistung erhalten?). Grönroos (1983, S. 25 f.) bezeichnet diese beiden Dimensionen der Dienstleistungsqualität als technische bzw. funktionale Qualität.

Daher besitzt die persönliche Kommunikation zwischen Kunden und Mitarbeiter des Dienstleistungsanbieters eine dominierende Bedeutung. In der Literatur zum Dienstleistungsmarketing spricht man in diesem Zusammenhang vom „Service Encounter" (vgl. Bitner et al., 1990, S. 72). Bitner (1990, S. 69) vertritt gar die Auffassung, daß die Zufriedenheit der Kunden mit einer Dienstleistung direkt und in erster Linie vom Management der Service Encounter abhängt: In vielen Fällen wird die Leistung des Anbieters durch den Kontakt des Kunden mit dem Personal des Dienstleistungsunternehmens definiert. Wie bereits anfangs ausgeführt, ist das wahrgenommene Risiko von Konsumenten bei Dienstleistungen im allgemeinen höher als bei Sachgütern. Ein wahrgenommenes Risiko ist Anlaß für den Konsumenten, Informationen zu suchen, mit anderen Worten, die Informationssuche wird als Strategie der Risikoreduktion angewandt. Man könnte hieraus schlußfolgern, daß Konsumenten bei einer Dienstleistungs-Kaufentscheidung mehr Informationen aufnehmen als dies bei Sachgütern der Fall ist. Hierzu ist jedoch einschränkend anzumerken, daß die Informationssuche nur eine von mehreren möglichen Strategien (z.B. preisorientierte Qualitätsbeurteilung,

Marken- und Geschäftstreue, Orientierung an bekannten Marken) der Risikoreduktion darstellt.

Da Käufer einer Dienstleistung vor dem Kauf nur wenige Eigenschaften der Dienstleistung kontrollieren und überprüfen können, wählen Konsumenten, die ihr Risikoempfinden reduzieren wollen, Informationen von Personen, die bereits Erfahrung mit der in Frage stehenden Dienstleistung gemacht haben. Hierbei sind unabhängige persönliche Quellen besonders effektiv, da Konsumenten größeres Vertrauen in persönliche Informationsquellen setzen. Dies zeigt sich auch im Tourismus. Freunde, Bekannte, Arbeitskollegen sind die wichtigsten Informationsquellen in bezug auf Reiseentscheidungen (vgl. Studienkreis für Tourismus, 1991a, S. 2). Auch dem Beratungs-/ Verkaufspersonal kommt eine wichtige Rolle als persönliche Informationsquelle zu. Zeithaml (1981) unterscheidet hier zwischen Eigenschaften der Dienstleistung, die der Konsument vor dem Kauf kontrollieren und überprüfen kann (sog. Search Qualities), und Eigenschaften, die erst während der Konsumtion ausgemacht werden können (sog. Experience Qualities). Während Informationen über die Experience Quality primär über unabhängige Personen wie Freunde, Bekannte, Arbeitskollegen vermittelt werden können, hat das Dienstleistungsunternehmen insbesondere Möglichkeiten, sog. Search Qualities zu vermitteln. Der persönliche Kontakt der Mitarbeiter der letzten Station des Absatzweges mit dem potentiellen Kunden ist daher bei einer Kaufentscheidung für Dienstleistungen von sehr großer Bedeutung. Darüber hinaus erleichtert die Bereitstellung adäquater Hinweise dem Konsumenten die Beurteilung der Qualität der angebotenen Dienstleistungen.

Aber nicht nur Informationen vor der Kaufentscheidung sind innerhalb des Dienstleistungsmarketing von entscheidender Bedeutung, genauso entscheiden natürlich der persönliche Kontakt bei der Erbringung der Dienstleistung über die wahrgenommene Qualität und auch der Service eines Dienstleistungsunternehmens nach erbrachter Leistung. Insbesondere die Frage des Umgangs mit unzufriedenen Kunden wird in der Literatur ausführlich diskutiert. Untersuchungen haben erwiesen, daß auch unbefriedigende Diensterbringungen durch entsprechende Handhabung (z.B. Kompensation) zu positiv erinnerten Erlebnissen werden können (vgl. Bitner et al., 1990). Eine entsprechende Beschwerdepolitik kann dazu beitragen, daß

- Informationen über die von den Konsumenten erwartete Dienstleistung zur Verfügung gestellt werden,
- durch die Herstellung von Beschwerdezufriedenheit Grundlagen für Einstellungsverbesserungen und somit Kundenbindungen und Markentreue geschaffen werden,
- negative Mund-zu-Mund-Kommunikation vermieden, positive Mund-zu-Mund-Kommunikation hingegen gefördert wird,
- ein positives Unternehmensimage entwickelt bzw. aufgebaut werden kann (vgl. Stauss, 1989, S. 46 f.).

Diese Ziele des Beschwerdemanagements sind jedoch nur erreichbar, wenn unzufriedene Kunden motiviert werden, sich zu beschweren, diese Beschwerden systematisch bezüglich ihres Informationsgehalts überprüft und schließlich adäquat behandelt werden.

3.2 Produkt- und Preispolitik als Teil des marketingpolitischen Instrumentariums

Die Produkt- und Preispolitik ist das Kernstück der Marketingplanung, da vertriebs- und kommunikationspolitische Entscheidungen nur in enger Abstimmung mit ihr getroffen werden können. Die Produkt- und Preispolitik dient der Planung des Leistungsprogramms touristischer Unternehmen und Institutionen. In Anlehnung an Haedrich (1982, S. 1-5), der die Produkt- und Preispolitik unter dem Begriff Angebotspolitik zusammenfaßt, ist in Abb. 1 die Wirkungsweise der Marketing-Instrumentalbereiche wiedergegeben.

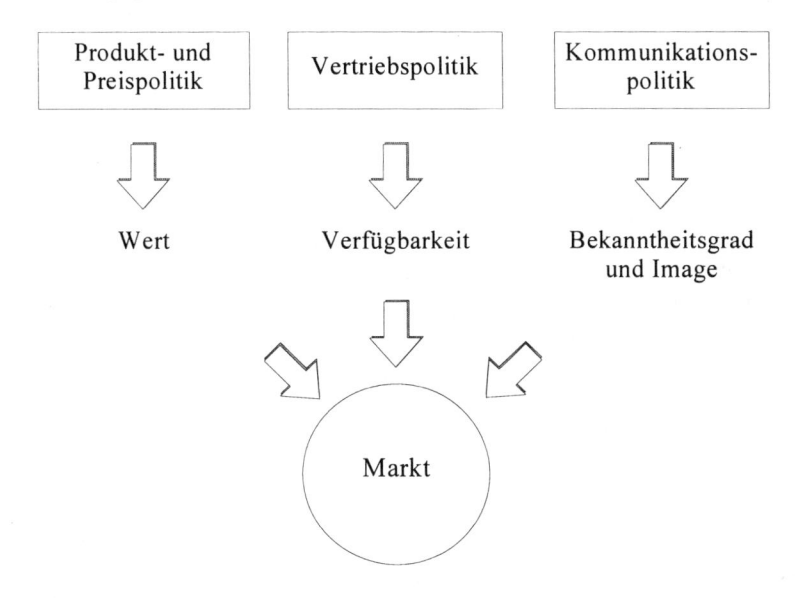

Abb. 1: Wirkungsweise der marketingpolitischen Instrumentalbereiche (*Quelle:* Haedrich, 1982, S. 2)

Die Produkt- und Preispolitik bestimmt den Wert (Nutzenerwartung der Abnehmer) eines Angebots, während durch die Vertriebspolitik (häufig Distributionspolitik genannt) die Verfügbarkeit und durch Kommunikation Bekanntheitsgrad und Image eines Angebots festgelegt werden. Alle drei Instrumentalbereiche wirken simultan im Sinne einer zielgerichteten Maßnahme zur Differenzierung vom Wettbewerb (Positionierung) auf den Markt ein.

Orientiert an der Grundsatzstrategie ist im Rahmen der Produktpolitik das touristische Produkt mit seinen einzelnen Leistungsbestandteilen zu gestalten. Dabei unterscheidet sich das zur Verfügung stehende Spektrum von Instrumenten in Abhängigkeit davon, ob es sich um einen Reiseveranstalter, einen Transportbetrieb, ein Hotel oder ein Fremdenverkehrsgebiet handelt. An dieser Stelle wird beispielhaft auf das Produktinstrumentarium von Reiseveranstaltern eingegangen.

3.3 Produktpolitisches Instrumentarium von Reiseveranstaltern

Reiseveranstalter haben im Rahmen der Produktpolitik Maßnahmen in bezug auf

- die Zielgebietswahl,
- die Produktgestaltung (Leistungsbestandteile des Produktes),
- die Produktdarstellung und -vermarktung sowie
- die Programmpolitik

zu treffen.

3.3.1 Zielgebietswahl

Gegenüber den primären Urlaubsmotiven ist die Veranstalter-Entscheidung nur eine von vielen, weniger bedeutenden Teilentscheidungen des Reisenden (vgl. Hebestreit, 1992, S. 185 und Kap. II.A.2 im 2. Teil dieses Buches). Alle Untersuchungen zeigen deutlich, daß in einer Rangreihe der Teilentscheidungen das Reiseziel allen anderen Entscheidungen vorgeordnet ist (vgl. zum Stand der Forschung zur Reiseentscheidung Braun/Lohmann, 1989). Zwischen der ersten Überlegung und der Entscheidung für ein Reiseziel liegt ein Entscheidungsprozeß von zwei bis drei Monaten. Da die Reisezieltreue der Pauschalreisenden im Vergleich zu Individualreisenden deutlich geringer ist (vgl. Hebestreit 1992, S. 173, der sich auf Ergebnisse der Reiseanalyse bezieht), ist es für einen Reiseveranstalter wesentlich, daß er die Reisezielentscheidung seiner Kunden und potentiellen Kunden genau analysiert, damit er die entsprechenden Angebote zur Verfügung stellen kann. Hierfür ist sowohl eine genaue Kenntnis der Motivation der Reisenden als auch eine Beobachtung des Images der Zielgebiete erforderlich (wichtige Informationen hierfür lieferte die Reiseanalyse 1990, in der insbesondere der Einfluß des Images verschiedener Zielgebiete auf die Reiseentscheidung erfaßt wurde; vgl. Studienkreis für Tourismus, 1991b).

Ganz offensichtlich nimmt mit zunehmender Zielgebietserfahrung die Pauschalreiseintensität nicht ab. Angeregt vom vielfältigen Veranstalterangebot – die großen Reiseveranstalter in der Bundesrepublik Deutschland bieten im Sommer im Durchschnitt über 40 verschiedene Zielgebiete an – entscheidet sich der Pauschalreisende für ein anderes Hotel, einen anderen Ort, häufig sogar für ein anderes Land. „Entgegen manchen Vorstellungen sind es nicht die Pauschalreisenden, die in festgefahrenen Urlaubsgewohnheiten von Jahr zu Jahr an denselben Ort fahren, vielmehr erschließt sich ein großer Teil der Pauschalreisenden jedes Jahr ein neues Urlaubsgebiet im Ausland. Dadurch gibt es erhebliche Wanderungsbewegungen innerhalb der Urlaubsländer" (Zucker-Stenger, 1986, S. 9).

Ausgehend von diesen Erkenntnissen führte die TUI 1990 ihr neues Markenkonzept ein. Es war belegt, daß mehr als zwei Drittel aller Kunden bereits beim ersten Reisebürokontakt klare Vorstellungen über das Reiseland der geplanten Urlaubsreise haben. Mit der Segmentierung nach TUI-Länderkatalogen wurde somit dem wichtigsten Auswahlkriterium der Kunden Rechnung getragen. Dadurch wurde es möglich, die volle Angebotsbreite der TUI in den einzelnen Zielgebieten und damit die Auswahl- und Produktkompetenz überzeugender und wettbewerbswirksamer darzustellen (vgl. Schmieder 1991, S. 514).

3.3.2 Produktgestaltung

Neben der Zielgebietsentscheidung, die im Rahmen der Produktpolitik von Reiseveranstaltern eine herausragende Rolle einnimmt, ergeben sich wichtige Maßnahmen im Bereich der Produktgestaltung zur Umsetzung der Strategie. Das Produkt des Reiseveranstalters, in der Regel die Pauschalreise, enthält verschiedenartige Leistungselemente, wie Transport, Unterkunft, Verpflegung, Transfer, Reiseleitung, Unterhaltung, Betreuung, Informations-, Buchungs- und Abwicklungskomfort, die untereinander verknüpft und vom Veranstalter als Gesamtpaket angeboten werden. In der Auswahl, im Einkauf und in der Zusammenfassung der Leistungen im Sinne der Strategie liegt die Gestaltungsaufgabe des Reiseveranstalters. Hebestreit (1992, S. 220–222) zeigt deutlich die kombinatorische Gestaltungsvielfalt der Pauschalreise (vgl. Tab. 1).

Wenn auch die Zusammenstellung der Leistungsbestandteile zu einem Produkt „Pauschalreise" einerseits abhängig von den gewählten strategischen Alternativen (vgl. hierzu Punkt 3.5 dieses Aufsatzes) ist, so wird andererseits die Produktgestaltung durch beschaffungstechnische Restriktionen und die Marktgegebenheiten der Beschaffungsmärkte beeinflußt und begrenzt. Aus diesem Grunde ist ein an der Absatzpolitik orientiertes Beschaffungsmarketing unerläßlich (vgl. hierzu und zu den nachfolgenden Gesichtspunkten zum Beschaffungsmarketing Haedrich, 1983, S. 244 und Pompl 1997). Beschaffungsmarketing heißt, Unternehmen, Institutionen oder Personen, die wichtige Bestandteile für das eigene Produkt erbringen, daran zu interessieren, ihre Dienste termingerecht, in bestimmter Qualität und Quantität und zu festgelegten Preisen zur Verfügung zu stellen.

Tab. 1: Beeinflußbarkeit von Pauschalreisebestandteilen

Pauschalreisebestandteil bzw. Instrumentalvariable	bestimmbar	vom Veranstalter mit Einschränkungen beeinflußbar	nicht beeinflußbar
Zielgebiet, Zielort	Art (Lage, Charakteristik, Attraktionen, Möglichkeiten)	langfristige, strukturelle Maßnahmen	ungeplante Entwicklungen (Wetter, Politik, Seuchen u.ä.)
Verkehrsträger	Art, Fahrt- und Flugroute, Zwischenaufenthalte	Zeit und Ort des Reiseantritts, Reisedauer, Komfort, Eigenschaften Mitreisender	Pünktlichkeit der Beförderung, technische Zuverlässigkeit
Transfer	Art, Strecke, Dauer	Qualität, Pünktlichkeit	kurzfristige Qualitätsschwankungen
Unterkunft	Art, Lage, Ausstattung, Service, Qualitätsstandard	Größe des eigenen Kontingents, Kontingente anderer Veranstalter, Aufenthaltsdauer, Gästestruktur	kurzfristige Qualitätsschwankungen, individuelle Servicefaktoren
Verpflegung	Art, Umfang	Qualitätsstandard	kurzfristige Qualitätsschwankungen, Befriedigung individueller Wünsche
Zusatzleistungen	Art, Umfang, Preise, wenn katalogmäßig erfaßt	Qualitätsstandard, Preise, wenn nicht katalogmäßig angeboten	kurzfristige Qualitätsschwankungen
Betreuung	Umfang während Reise, Aufenthalt und Transfer, Qualitätsstandard	kurzfristige Qualitätsschwankungen	
Atmosphäre, Gesellschaft, Unterhaltung	Anregungen, Angebote	äußerer Rahmen, Charakteristik der eigenen Gäste	Charakteristik anderer Gäste, individuelle Einflußfaktoren
Buchungsabwicklung	Komfort, Schnelligkeit, Verläßlichkeit, Umbuchungswahrscheinlichkeit	Qualität des externen Buchungspersonals (Reisebüro etc.)	
Preise	bei fix kontrahierten Leistungen	bei mit Gleitklauseln kontrahierten Leistungen	bei nicht kontrahierten Leistungen während Reise und Aufenthalt

Das kann z.B. erreicht werden durch

- Akquisition von oder Kooperation mit verschiedenen Leistungsträgern (z.B. Agenturen, Hotels) in den Zielgebieten,
- vertragliche Bindungen von Leistungsträgern und durch
- Schulung und Motivation der Leistungsträger.

Dabei wird in der Regel derjenige Nachfrager von Beschaffungsleistungen im Vorteil sein, der über eine relativ große Macht und entsprechende finanzielle Mittel verfügt.

An dieser Stelle sei an den „Service Encounter" erinnert (vgl. Punkt 3.1 dieses Aufsatzes). Die Beurteilung der Qualität der Dienstleistung „Pauschalreise" erfolgt durch den Kunden nicht nur dadurch, welche Einzelbestandteile ihm geboten werden, sondern auch über die Erbringung der Dienstleistung durch das Personal des Reiseveranstalters. Bei Dienstleistungen erlebt der Verbraucher die Erstellung des Produktes mit. Dabei bewegt sich der Reisende (insbesondere der Pauschalreisende) häufig in Massensituationen: Schlange stehen auf überfüllten Flughäfen, der Kampf um das Reisegepäck nach der Ankunft, Besichtigungen in Großgruppen. Selbst wenn die Dienstleistung korrekt erbracht wurde, wird der Prozeß ihrer Erstellung als wenig urlaubsadäquat erlebt, mitunter sogar als menschenunwürdig empfunden, eben als Massenabfertigung. Die Handhabung einer solchen Situation durch die Mitarbeiter oder Vertreter des Reiseveranstalters prägt entscheidend die Qualität des Produkts „Pauschalreise".

Da die Pauschalreise in ihrer Qualität (der objektiven und subjektiv vom Kunden empfundenen) so stark vom Sachwissen, von den Fähigkeiten und der Service-Qualität der Mitarbeiter abhängt, ist die gesamte Organisation des Reiseveranstalters unter Service-Orientierung auf die Kunden auszurichten. Entsprechende Maßnahmen im Sinne einer solchen Service-Orientierung können sein (vgl. Institut für Tourismus/ Kienbaum 1991, S. 54–55):

– regelmäßige persönliche Überwachung der Dienstleistungsqualität vor Ort,
– die Entwicklung von Service-Programmen für Mitarbeiter,
– gezielte Auswertung der Kundenzuschriften, um den (positiv bzw. negativ) Betroffenen in Kenntnis zu setzen,
– Auswahl der Leistungsträger unter Service-Aspekten.

Pompl erweitert die Service-Orientierung des Qualitätsmanagements um eine Umwelt- und Sozialorientierung. „Qualitäts-Management als strategische Stoßrichtung ist das Konzept eines ganzheitlichen Managements, das die Verantwortung für die natürliche und soziale Umwelt, die Ansprüche des Kunden und die wirtschaftlichen Interessen des Unternehmens gleichermaßen berücksichtigt. Es hebt ... den vermeintlichen Widerspruch von Ökonomie und Ökologie auf, indem es durch Reduzierung der Umweltbelastung zu qualitativ höheren Produkten führt und durch eine Verbesserung der Service-Komponente eine Produkterweiterung erzielt, aber nicht durch exzessiveren Konsum, sondern durch intensiveres Bemühen um den Kunden als Gast" (Pompl, 1991, S. 199). Eine Qualitätsstrategie im Tourismus erfordert, Qualitäts-Management als aktiven Wettbewerbsparameter statt als bloß passive Reaktion auf Marktveränderungen infolge unternehmensexterner Prozesse zu sehen:

- Umwelt-, Sozial- und Service-Orientierung nicht als kurzfristige Taktik der Katastrophen- oder Mängelbeseitigung zu interpretieren, sondern als langfristige Option im Hinblick auf Qualität;
- systematisch in Marktforschung, Produktentwicklung, Marketing, Personal- und Organisationsentwicklung zu investieren;
- eine feste Verankerung der Qualitäts-Denkweise in der Unternehmensphilosophie und im Unternehmens-Leitbild.

Um ein solchermaßen definiertes Qualitätsmanagement auch auf die Leistungsträger zu erweitern, müssen innerhalb des Beschaffungsmarketing folgende Aspekte berücksichtigt werden:

- eine eindeutige Festlegung der Leistungsqualität mit Hilfe von Qualitätsnormen,
- die Information der Leistungsträger über diese Normen,
- die Auswahl der Leistungsträger nach dem Kriterium der zuverlässigen Erfüllung dieser Normen (vgl. Pompl, 1991, S. 204).

Ziel eines solchen Beschaffungsmarketing ist es, die Märkte nicht nur unter Kosten-, sondern auch unter Qualitätsgesichtspunkten zu verändern. Langfristiges Ziel dieser auf eine qualitative Verbesserung zielenden Strategie sind Leistungsträger, deren Produkte nicht zufällig mehr oder weniger gut zu Reisetypen und Zielgruppen passen, sondern die auf die Bedürfnisse der Nachfrager ebenso maßgeschneidert sind wie auf die Vermeidung sozialer und ökologischer Folgeschäden des Tourismus.

3.3.3 Produktdarstellung und -vermarktung

Nicht nur die Leistungsbestandteile des Produktes müssen im Sinne der verschiedenen Strategien gestaltet werden, wesentlich ist auch eine entsprechende Produktdarstellung und -vermarktung. Im Reiseveranstalterbereich kommt hier neben einer entsprechenden Marke (Name bzw. Logo im Sinne einer einheitlichen Produktkennzeichnung) der Darstellung des Angebotes im Veranstalterkatalog die größte Bedeutung zu. Die Produktkennzeichnung (Marke) stellt eine wichtige Voraussetzung für die Identifizierung des eigenen Angebotes dar. Dabei können unterschiedliche Formen (Typen) von Marken unterschieden werden (vgl. Becker, 1993, S. 179; Haedrich/Tomczak, 1996, S. 27–29 und Roth 1996, S. 440):

- Produkt-Marken (Mono-Marken); Beispiel: Robinson-Club. Produkt und Marke sind hier identisch.
- Programm-Marken (Range-Marken); Beispiel: Airtours. Nach bedarfsorientierten Gesichtspunkten zusammengestellte Produktprogramme werden mit einer übergreifenden Markenbezeichnung zusammengefaßt.
- Dach-Marken (Company-Marken); Beispiel: TUI. Die Herstellermarke dient als „Klammer" um die Produkte eines Anbieters.

An den Beispielen wird deutlich, daß die Touristik Union International (TUI) gleichzeitig alle Markenformen verwendet. Die Produktmarke hat den großen Vorteil, daß hier eine Marke nur von einem Produkt getragen wird; sie kann damit sehr klar und spezifisch profiliert werden. Der Nachteil dieses Markentyps besteht allerdings darin, daß ein einziges Produkt auch alle Markenaufwendungen tragen muß. Bei der Dach-Marke als dem anderen Extremtyp besteht der Vorteil umgekehrt darin, daß alle Produkte eines Unternehmens einen einheitlichen Markennamen tragen und den für ihn notwendigen Profilierungsaufwand gemeinsam finanzieren. Demgegenüber besteht der grundsätzliche Nachteil einer solchen Dach-Marke darin, daß sie nicht so spezifisch profiliert werden kann. Insofern stellt die Programm-Markenstrategie häufig einen Kompromiß dar oder, wie am Beispiel der TUI zu sehen, sind verschiedene Markenstrategien kombinierbar.

Die Kataloge eines Reiseveranstalters beinhalten das gesamte Angebot oder das Angebot einer Produktgruppe des Veranstalters pro Saison. Sie sind die Grundlage für Verkauf bzw. Kauf eines Produktes, das – im Grunde ein Urlaubserlebnis – nur unvollkommen darstellbar ist, dessen Bestandteile vorher nicht in Augenschein genommen werden können und das der Käufer im voraus bezahlen muß (vgl. Hebestreit, 1992, S. 432). Der Veranstalterkatalog ist damit häufig der einzige direkte Kontakt des Abnehmers der Dienstleistung mit dem Dienstleister, denn häufig erfolgt die Auswahl der entsprechenden Reise und damit die Reiseentscheidung nicht im Reisebüro, sondern bei dem Kunden „zu Hause". Für Pauschalreisen ist darüber hinaus natürlich das Reisebüro eine wichtige Informationsstelle. Insgesamt nutzen zwar nur ca. 35% der Reisenden Reise- und Veranstalterbüros, bei Pauschalreisenden liegt der Anteil der Reisebüronutzung jedoch bei ca. 57% (vgl. Studienkreis für Tourismus, 1992, S. 119). Wenn sich auch nicht alle Pauschalreisenden im Hinblick auf die Reiseentscheidung beraten lassen – viele möchten sich nur über freie Plätze bei bereits getroffenen Reiseentscheidungen informieren –, so besitzen doch die Reisebüroexpedienten eine wichtige Funktion hinsichtlich der Beratung von potentiellen Kunden und können damit die Reiseentscheidung beeinflussen. Aber auch dieses Beratungsgespräch erfolgt häufig unter Zuhilfenahme der Kataloge. Beachtet man diese Aspekte, so wird die entscheidende Bedeutung des Reiseveranstalterkataloges deutlich: Der Veranstalterkatalog ist nicht nur ein Teil der Produktpolitik, da er die von den Veranstaltern ausgearbeiteten Produkte darstellt, er ist gleichzeitig ein Mittel der Vertriebspolitik, d.h. er ermöglicht die Verfügbarkeit über das Angebot, und letztlich auch ein Instrument der Kommunikationspolitik, da er eine wichtige Werbefunktion erfüllt. Die Gestaltung der Veranstalterkataloge muß daher zwei teilweise gegensätzlichen Aufgaben gerecht werden (vgl. Hebestreit, 1992, S. 433):

- umfassend und sorgfältig über das Angebot zu informieren,
- die Präferenzbildung für die Leistungen des Veranstalters und für einzelne Angebote sicherzustellen.

3.3.4 Programmpolitik

Ein weiteres Instrument der Produktpolitik ist die Programm- oder Sortimentspolitik. Unter dem Begriff Produktprogramm versteht der Reiseveranstalter entweder das Gesamtprogramm an Reisen, das er anbietet, oder ein Programm für einzelne Produktgruppen. Als Produktgruppe (oder Produktbereich), die einen Bedarfskomplex abdecken soll, versteht Hebestreit (1992, S. 289) jedoch nicht die üblichen verkehrsträgerbezogenen (Flug-, Bahn-, Schiffs-, IT-Reisen) oder zielgebietsmäßig definierten Produktgruppen (Spanien, Griechenland, Tunesien), sondern er führt an, daß ein breites Sortiment immer dann vorliegt, wenn die Produktbereiche eines Veranstalters viele Urlaubsformen als Bedarfskomplex umfassen (z.B. Strandurlaub, Erlebnisreisen, Familienurlaub, Cluburlaub, Studienreisen, Hobbyurlaub, individuelle Reisen usw.). Von Sortimentstiefe spricht Hebestreit (1992, S. 290) immer dann, wenn pro Produktgruppe eine große Auswahl an Reisen gegeben ist, und zwar an Zielgebieten, Zielorten, Hotels, Verkehrsträgern, Abreiseterminen und Saisonzeiten. Diese eher an den Verbraucherinteressen orientierte Gliederung ermöglicht einer Zielgruppe nach erfolgter Grundsatzentscheidung über die Art ihres Urlaubs die Auswahl aus einem Sortiment vieler Alternativen.

Betrachtet man den deutschen Reiseveranstaltermarkt, so zeigt sich, daß in der Vergangenheit insbesondere eine Sortimentsvertiefung erfolgte, d.h. die Zahl der Direktflüge wurde vergrößert, neue Abflugorte wurden ins Angebot genommen, Hotelkontingente erweitert usw. Strategisch gesehen ist jedoch eine Verbreiterung des Sortiments und eine Orientierung an den spezifischen Bedürfnissen einzelner Zielgruppen häufig interessanter, da hierdurch neue Kundenschichten erschlossen werden können. Ebenso wäre unter programmpolitischen Gesichtspunkten eine Trennung des Sortiments in Low-Involvement- und High-Involvement-Produkte denkbar, da sich hier sowohl die Bedürfnisse als auch die Strukturen des Kaufentscheidungsprozesses unterscheiden (zu Low-Involvement-Bedingungen vgl. Haedrich, 1991, S. 34; Haedrich/ Tomczak, 1996, S. 41-46).

3.4 Preispolitik von Reiseveranstaltern

Voraussetzung für eine möglichst breite Verbraucherakzeptanz ist nicht nur ein positives Image bzw. eine überzeugende, den Nutzenvorstellungen der Abnehmer entsprechende Produktleistung, sondern ein positives Preis-Leistungs-Verhältnis. Ähnlich wie bei der Erfassung der qualitativen Produktleistung ist auch bei der Erfassung des Preisniveaus des Produktes zu differenzieren zwischen dem tatsächlichen Preis, den der Abnehmer zahlen muß, und dem subjektiv wahrgenommenen Preis. Besondere Relevanz kommt daher den Prozessen der Preiswahrnehmung und Preisbeurteilung einerseits sowie der Rolle des Preises als Qualitätsindikator andererseits zu. Der Abnehmer besitzt hier verschiedene Möglichkeiten der Preisbeurteilung; entweder wird der Preis in Relation zur erwarteten Leistung des Produktes gesetzt, oder der Abnehmer orientiert sich an den Preisen vergleichbarer Produkte. Angesichts der Vielfalt und Komplexität der Angebote an Pauschalreisen sind Käufer häufig nicht in der Lage, sich ein zutreffendes Urteil über die Qualität aller Produktalternativen zu verschaffen. Praktisch bleibt dem Käufer kaum etwas anderes übrig, als seine Kaufentscheidung auf der Basis unvollkommener Qualitätsinformationen, d.h. unter Risiko zu treffen. Dieses wahrgenommene Qualitätsrisiko versucht der Käufer zu reduzieren, indem er die Qualität anhand von Kriterien oder Indikatoren beurteilt, die ihm leichter zugänglich sind und bei denen er eine enge Beziehung zur „objektiven Qualität" vermutet. Bedeutsame Indikatoren dieser Art können der Markenname, der Reiseveranstalter, das anbietende Reisebüro, aber auch der Preis sein. Entsprechend kann der Preis nicht isoliert innerhalb der Planung von Produkten beurteilt werden, er steht immer in enger Beziehung zu der angebotenen Leistung und ist damit ein wichtiger strategischer Faktor.

Eine genaue Preisbeurteilung von Veranstalterangeboten ist häufig sehr schwierig, da in der Regel nur wenige Überschneidungsangebote (gleiches Hotel mit den gleichen Leistungen) angeboten werden. Hinzu kommt, daß die Preise je nach Abflugwoche, Abflughafen und Dauer der Reise variieren. Tab. 2 zeigt ein Beispiel.

Tab. 2: Preisvergleich eines Veranstalterangebots

Zielgebiet: Teneriffa, Winter 1989/90
    Veranstalter A (mittelgroßer Reiseveranstalter)
    Veranstalter B (großer Reiseveranstalter)

Überschneidungen insgesamt: 25,2%
Veranstalter A billiger:
    eine Woche: 66,8% der Angebote
    zwei Wochen: 47,7% der Angebote
    drei Wochen: 34,1% der Angebote

Einzelvergleich eines Überschneidungshotels – Puerto de la Cruz, Hotel Atalaya (eine Woche) – nach Abflugwoche:

	Preis Veranstalter A	Preis Veranstalter B	Preisdifferenz von B gegenüber A	
	(DM)	(DM)	(DM)	(%)
44. Woche	1 498	1 578	+ 80	+ 5,1
45. Woche	1 498	1 578	+ 80	+ 5,1
46. Woche	1 442	1 478	+ 36	+ 2,4
47. Woche	1 442	1 338	− 104	− 7,8

Der direkte Preisvergleich, der insgesamt nur bei 25,2% der Angebote in diesem Beispiel möglich ist, zeigt nicht nur die Schwierigkeit für einen Kunden, eine Preisübersicht zu bekommen, sondern auch, daß je nach Dauer der Reise und Abflugwoche entweder Veranstalter A oder Veranstalter B günstiger ist.

Insofern ist zu fragen, wie von Reiseveranstaltern Preise festgesetzt werden. Ein sehr umfassendes Beispiel zur Preiskalkulation, dargestellt am Preiskalkulations-System der TUI, zeigt Hebestreit (1992, S. 271–281) in Anlehnung an Ungefug (1986). Grundsätzlich spielen bei der Preisbildung drei Prinzipien zusammen:

- die Orientierung der Preise an der Ausgabebereitschaft der Zielgruppen (nachfrageorientierte Preisfestsetzung),
- die Orientierung an den Wettbewerbern (konkurrenzorientierte Preisfestsetzung),
- die Orientierung der Preise an den Kosten (kostenorientierte Preisfestsetzung).

Die Orientierung an der Nachfrage bedeutet, daß der Anbieter versucht, eine „Nachfrage-Reaktionsfunktion" zu ermitteln. Die Möglichkeiten dafür sind jedoch begrenzt, da in der Regel die erforderlichen Informationen nicht zur Verfügung stehen. Daher erfolgt die Preisentscheidung in der Praxis meist nach Erfahrungswerten. Allgemein geht man davon aus, daß die Nachfrage nach touristischen Produkten preiselastisch ist, wobei diese Aussage jedoch zielgruppenspezifisch zu relativieren ist. Hebestreit (1992, S. 260) sieht die Ursachen der relativ großen Preiselastizität der Nachfrage darin, daß die Urlaubsreise – in erster Linie die Pauschalreise – in den letzten Jahren als Produkt in immer tiefere Einkommensschichten vordrang, wo das Preisargument besonders wichtig ist. Mit zunehmendem Wohlstand schwächt sich zwar generell die Preisempfindlichkeit der Käufer ab, wenngleich angenommen werden muß, daß bei höherem Bildungsgrad auch die Markttransparenz des Käufers steigt. Generell muß gesagt werden, daß die Preiselastizität auch in starkem Maße von der Austauschbarkeit der Angebote abhängt: Ist der Käufer der Meinung, daß sich die Angebote in weiten Teilen gleichen, so wird er seiner Entscheidung eher den Preis zugrunde legen, als wenn es sich um ein hoch spezialisiertes Angebot handelt, das für ihn eine deutlich höhere Wertigkeit besitzt.

Da davon ausgegangen werden muß, daß viele Käufer die Preisgünstigkeit des Angebotes durch Vergleiche mit Wettbewerbsprodukten beurteilen, spielt die wettbewerbs- oder konkurrenzorientierte Preisfestsetzung im Veranstalterbereich eine große Rolle. Auf der Basis der Preispolitik in der Vergangenheit und einer Beurteilung der Strategie der Wettbewerber erfolgt eine Preisprognose, an der man sich bei der Preisfestsetzung orientiert. Kleinere oder mittelgroße Veranstalter, die aufgrund ihres Massenangebotes und ihrer relativ kleinen Renditen in ihrem Erfolg sehr stark von der Preispolitik abhängig sind, warten häufig, bis die großen Reiseveranstalter ihre Kataloge veröffentlicht haben, um dann anschließend die eigenen Preise festzusetzen. Eine solche Verhaltensweise führt zwar dazu, daß das Segment der Frühbucher nicht vollständig abgeschöpft werden kann, andererseits stützt sich die Festsetzung der Preise jedoch nicht auf Vermutungen über Wettbewerbspreise, sondern eine genaue Orientierung ist möglich.

Letztlich ist noch die kostenorientierte Preisfestsetzung zu erläutern. Grundsätzlich muß gesagt werden, daß der Preis, der im Markt realisiert werden kann, nur dadurch bestimmt werden kann, daß die Produktleistung im Vergleich zum Wettbewerb aus Nachfragersicht beurteilt wird. Letztlich entscheiden die Kunden, zu welchem Preis sie bereit sind, die Reise zu buchen. Die Kosten sind so gesehen kein Anhaltspunkt zur Preisfestsetzung, sondern sie dienen lediglich der Ermittlung der wirtschaftlichen Konsequenzen einer marktorientierten Preisbildung. Um hier zu einer genauen Beurteilung zu kommen, ist eine differenzierte Deckungsbeitragsrechnung unerläßlich. In Abb. 2 wird die Struktur einer Deckungsbeitragsrechnung nach dem Prinzip der direkt zurechenbaren Einzelkosten wiedergegeben. Sie soll lediglich das Prinzip einer stufenweisen Deckungsbeitragsrechnung verdeutlichen.

	Hotel	Zielgebiet	Unternehmen
Bruttoerlöse – Provision Reisebüro			
= Nettoerlöse			
– Flugkosten – Hotelkosten – Transferkosten – Provision – Zielgebietsagentur			
= Rohertrag			
– fest angestellte Reiseleitung im Zielgebiet – Servicecenter im Zielgebiet			
= Deckungsbeitrag 1			
– Katalogkosten (Zielgebiet) – Zielgebietswerbung – sonstige Zielgebietskosten			
= Deckungsbeitrag 2			
– Marketingkosten (Werbung, VKF, restl. Katalogkosten)			
= Deckungsbeitrag 3			
– Vertriebskosten – Abschreibungen – Verwaltung etc.			
= Ergebnis I (Ergebnis vor Steuern)			

Abb. 2: Deckungsbeitragsrechnung Reiseveranstalter

Die Nettoerlöse werden durch Abzug der Provision von den Bruttoerlösen ermittelt. Anschließend erfolgt eine Zurechnung der Kosten, die lediglich dann entstehen, wenn ein bestimmtes Hotel im Angebot ist. Hierzu zählen in der Regel die entsprechenden Flugkosten (da bei weniger Hotelkapazität auch weniger Flugkapazität eingekauft werden kann), die direkten Hotelkosten, die Transferkosten (die im Regelfall nur dann anfallen, wenn das bestimmte Hotel im Angebot ist) und die Provision für die Zielgebietsagentur. Hieraus errechnet sich der Rohertrag. Alle in der Deckungsbeitragsrechnung folgenden Kosten können nicht dem Hotel zugerechnet werden, da sie unabhängig davon anfallen, ob ein konkretes Hotel im Angebot ist oder nicht. Entsprechend werden weitere Kosten wie beispielsweise die Kosten der fest angestellten Reiseleitung im Zielgebiet, die Kosten des Service-Centers im Zielgebiet oder auch die Katalogkosten, die ein direktes Zielgebiet betreffen, lediglich dem Zielgebiet zugerechnet, da diese Kosten erst dann wegfallen würden, wenn das bestimmte Zielgebiet aus dem Programm genommen werden würde. Alle folgenden Kosten, die weder einem speziellen Hotel noch einem Zielgebiet zugerechnet werden können, werden lediglich dem Unternehmen als Ganzem zugerechnet. Beispiele hierfür sind generelle Vertriebs- oder Verwaltungskosten, Abschreibungen usw. Entsprechend sind in Abb. 2 alle Felder schraffiert, die im Hinblick auf ein bestimmtes Bezugsobjekt (Hotel- bzw. Zielgebiet) nicht mit direkt zurechenbaren Einzelkosten belastet werden können.

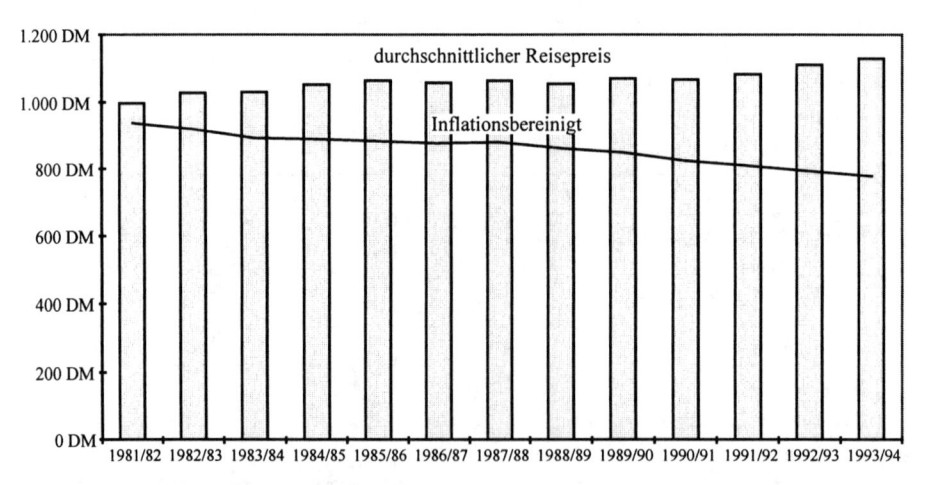

Abb. 3: Entwicklung des durchschnittlichen Reisepreises bei der Veranstalterreise (*Quelle*: Kreilkamp, 1995, S. 146)

Solange der Rohertrag noch positiv ist, ist es für den Reiseveranstalter aus dem Blickwinkel der Kostenrechnung von Vorteil, das Hotelangebot im Programm zu behalten. Da alle nach dem Rohertrag stehenden Kosten von „fest angestellte Reiseleitung im Zielgebiet" bis „Abschreibungen, Verwaltung etc." bei einem Wegfall des Hotelangebotes weiterhin anfielen, trägt jeder auch noch so kleine Rohertrag zur Dekkung der weiteren Kosten bei. Ähnlich verhält es sich mit dem Zielgebiet: Solange in unserem Beispiel der Deckungsbeitrag 2 positiv ist, trägt das Zielgebiet zur Deckung der Gemeinkosten bei.

Um die stark ungleichmäßige Kapazitätsauslastung günstig zu beeinflussen, setzen die Reiseveranstalter eine Vielzahl von Methoden der Preisdifferenzierung ein. Gleichzeitig ist die Preisdifferenzierung wegen ihrer zumindest teilweise schnellen Veränderbarkeit und der hohen Preiselastizität der Nachfrage ein außerordentlich variationsfähiges Marketinginstrument. An preisdifferenzierenden Maßnahmen, die einzeln oder kombiniert eingesetzt werden, stehen dem Veranstalter zur Verfügung (vgl. Hebestreit, 1992, S. 265):

- Preisdifferenzierung nach Saisonzeiten,
- Preisdifferenzierung nach Abreisetermin,
- Preisdifferenzierung nach der Reisedauer,
- Preisdifferenzierung nach dem Buchungszeitpunkt,
- Preisdifferenzierung nach Zielgruppen (z.B. Kinderermäßigung),
- regionale Preisdifferenzierung (z.B. unterschiedliche Abflughäfen),
- Preisdifferenzierung nach der Teilnehmerzahl pro Buchung,
- Preisdifferenzierung nach dem Grad der Nachfragekonkretisierung (z.B. Fortuna Reisen von NUR),
- Preisdifferenzierung über Sonderangebote.

Betrachtet man die durchschnittliche Preisentwicklung der Veranstalterreise seit dem Geschäftsjahr 1981/82, so zeigt sich, daß nur geringfügige Preiserhöhungen realisiert werden konnten (vgl. Abb. 3). Beachtet man dabei ferner, daß sich letztlich die Struktur der Veranstalterreisen dahingehend geändert hat, daß immer mehr Fernreiseziele gebucht werden, so würde sich sicherlich bei einer Betrachtung der Preise der Reiseziele der Jahre 1981/82 im Vergleich zu den heutigen Preisen ergeben, daß der durchschnittliche Reisepreis stagniert bzw. rückläufig ist. Berechnet man die Entwicklung der realen Preise, d.h. korrigiert man die Preisentwicklung um den vom Statistischen Bundesamt ausgewiesenen Preisindex, so zeigt sich ein deutlicher Rückgang der Preise der Veranstalterreise. Setzt man das Jahr 1981/82 gleich 100, so ergibt sich für 1993/94 ein Wert von 83.

Ursache dieses Preisrückgangs ist die weitgehende Austauschbarkeit der Produkte und der hierdurch bedingte intensive Wettbewerb. Diese Entwicklung fördert sicherlich, in der Vergangenheit und auch heute, den Trend zur Pauschalreise. Andererseits erklärt sie auch, warum es immer schwieriger wird, über Provision und Gewinne zu diskutieren. Die Preisentwicklung hat einen deutlichen Einfluß auf das gesamte Kostengefüge der beteiligten Unternehmen und damit auf die gesamte Wertschöpfungsstruktur. Bei verstärktem Wettbewerb und zunehmender Konzentration auf Reiseveranstalter- wie auf Reisemittlerseite wird die Bedeutung langfristig konzipierter Strategien wachsen. Wie in anderen Märkten wird sich wahrscheinlich eine Schichtung des Marktes vollziehen in der Art, daß hochpreisige Markenartikel entstehen, Konsummarken das mittlere Preissegment abdecken und Billigmarken im Low-Involvement-Bereich angeboten werden (zur Marktschichtung vgl. Becker, 1993, S. 190 und S. 423–428).

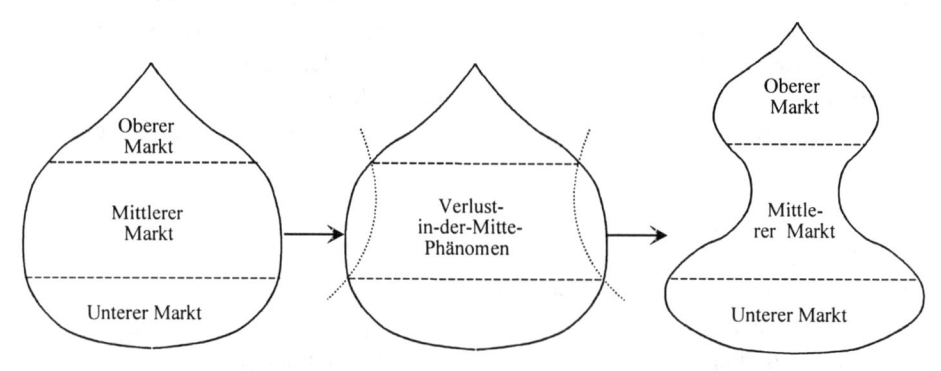

Abb. 4: Änderungen in der Marktschichtenstruktur (*Quelle*: Becker, 1993, S. 318)

Während bislang viele Märkte eine typische Zwiebelform aufwiesen (d.h. der Markt der Mitte (mittlere Marktschicht) war durchweg am größten), hat ein Großteil der Märkte inzwischen eine glockenförmige Konfiguration angenommen (Becker, 1993, S. 424).

Typisch für den mittleren und den oberen Markt sind sogenannte Markenkäufer, die primär über präferenzstrategische Konzepte zu mobilisieren sind, d.h. hierbei handelt es sich um Kunden, die primär über Qualität und Leistung der Produkte angesprochen werden und die auch bereit sind, entsprechend der höheren Leistung einen erhöhten Preis zu zahlen. Im unteren Markt dominiert der sogenannte Preiskäufer, der nur über Preis-Mengen-Strategien zu gewinnen und für den letztlich der Preis das kaufentscheidende Kriterium ist. Die Tatsache, daß sich vermehrt ursprünglich „dicke Märkte" gleichsam zu „schlanken" Märkten entwickeln, zwingt die Unternehmen zu bestimmten strategischen Fluchtbewegungen, nämlich

- entweder zur strategischen Positionsveränderung nach oben, d.h. zur qualitativ hochwertigen Marke mit überdurchschnittlichem Preis, oder
- zur strategischen Positionsveränderung nach unten, d.h. zur preisaggressiven Auch-Marke.

Diese Marktschichten-Veränderungen sind das Ergebnis ausgeprägter Polarisierungserscheinungen auf allen Marktstufen (Verbraucher, Handel und Produzent). Ihre ökonomischen Ausgangspunkte liegen primär auf der Verbraucherebene, auf der – durch ganz verschiedene Einflüsse (wie Arbeitslosigkeit, politische Entwicklung, ökologische Probleme, Verunsicherung über Lebensperspektiven) – Umwertungen stattgefunden haben, die in hohem Maße konsumrelevant sind. Einige Polarisierungserscheinungen auf allen drei Marktstufen sind in der folgenden Tabelle wiedergegeben.

Tab. 3: Polarisierungserscheinungen auf allen drei Marktstufen

Marktstufen	Typische Polarisierungen		
Verbraucher	Prestigeorientierung	⇔	Hinwendung zum Einfachen
	Streben nach Convenience	⇔	Trend zum Selbermachen
	Genußorientierung	⇔	Gesundheitsbewußtsein
Handel	Erlebniskonzept	⇔	Versorgungskonzept
	Spezialitätenorientierung	⇔	Discountorientierung
	Herstellermarkenforcierung	⇔	Eigenmarkenforcierung
Industrie	Qualitätsorientierung	⇔	Preisorientierung
	Segmentspezifische Vermarktung	⇔	Massenvermarktung
	Echte Markenkonzepte	⇔	Auch-Marken-Konzepte

(*Quelle*: Becker, 1993, S. 425)

Diese Entwicklungen besitzen auch für den touristischen Markt eine erhebliche Relevanz. Ähnlich wie im Konsumgütermarkt werden sich auch im Tourismusmarkt der Zukunft die Ansprüche der Verbraucher an Produkte und Dienstleistungen noch stärker polarisieren. Deutlich zeigen sich im Markt Trends hin zu höherer Qualität, aber auch hin zu einem noch günstigeren Preis. Es kann bezweifelt werden, daß beide Aspekte in einem Angebot zu realisieren sein werden. Auch im Tourismusmarkt wird es nicht möglich sein, die beste Qualität zum günstigsten Preis anzubieten. Die Angebote werden sich stärker polarisieren. Auf der einen Seite gibt es Qualitätsangebote, die einen deutlichen Mehrwert im Sinne von mehr Qualität bieten, auf der anderen Seite standardisierte, preisgünstige Angebote im Sinne von „Standardqualität". Wahrscheinlich werden sich beide Aspekte gleichbedeutend weiterentwickeln. Der Wunsch nach Vielfalt, nach Neuem, nach Erlebnissen wird sicherlich auf der einen Seite eine ganz entscheidende Rolle spielen, auf der anderen Seite ist jedoch Standardisierung gefordert, um kostengünstige Angebote überhaupt realisieren zu können.

3.5 Strategische Alternativen

Generell steht dem Reiseveranstalter eine Vielzahl unterschiedlicher strategischer Alternativen zur Verfügung (vgl. hierzu die Ausführungen und Abb. 13 in Kap. II.A.2 im 2. Teil dieses Buches). Sie umfassen das gesamte marketingpolitische Instrumentarium und haben darüber hinaus häufig Einfluß auf die Planungen anderer Funktionsbereiche des Unternehmens. Da die Produkt- und Preispolitik als Kern des Marketinginstrumentariums dabei häufig eine Schlüsselrolle einnimmt, sollen an dieser Stelle einige strategische Alternativen kurz dargestellt werden (zu den folgenden und weitergehenden Ausführungen vgl. z.B. Haedrich/Tomczak, 1996, S. 99–124.; Roth, 1995, S. 71–85;

Hebestreit, 1992, S. 460–498; Becker, 1993, S. 121–347 und Freyer 1997, S. 361–410, sowie die jeweils angegebene Literatur).

3.5.1 Marktstimulierungsstrategien

Nach Becker lassen sich zwei grundlegende Basisstrategien zur Beeinflussung des Marktes unterscheiden (vgl. Becker, 1993, S. 153–216; Roth, 1995, S. 75–76):

- die Präferenzstrategie (Qualitätswettbewerb über Leistungsvorteile),
- die Preis-Mengen-Strategie (Preiswettbewerb über Preisvorteile).

Tab. 4: Merkmale von Präferenz- und Preis-Mengen-Strategie

Merkmale	Präferenz-Strategie	Preis-Mengen-Strategie
Prinzip	Qualitätswettbewerb	Preiswettbewerb
Charakteristik	Hochpreis-Konzept durch – Aufbau von Präferenzen – Entwicklung eines Marken-Images – Eigenständige Positionierung	Niedrigpreis-Konzept durch – Verzicht auf Aufbau von Präferenzen – Verzicht auf Marke – Verzicht auf eigenständige Positionierung
Zielgruppe	Qualitätskäufer, Markenkäufer	Preiskäufer
Wirkungsweise	Langfristiger Aufbau von Präferenzen, Marken-Image	Schnelle Wirkung, jedoch kein Aufbau von Präferenzen/Image
Dominanter Bereich im Unternehmen	Marketing-Bereich	Einkauf, Beschaffung
Typischer Marketing-Mix	Dominanz von Leistungspolitik (insbesondere Service-Politik) und Kommunikationspolitik (eigenständige Positionierung, Marken-Image)	Durchschnittliches Leistungsangebot, schwach ausgeprägte Werbung, Aktivitäten in Verkaufsförderung, aggressive Preispolitik
Vorteile	Aufbau einer eigenständigen Marktposition, gute Ertragschancen	Geringe Investitionen in Leistungs- und Kommunikationspolitik; Ertragschancen bei kostengünstigem Einkauf und günstiger Gesamtkostenstruktur
Nachteile	– Investitionen in Leistungs- und Kommunikationspolitik – Langfrist-Konzept – Marktrisiko bei fehlenden Marketing-Voraussetzungen	durch Preiswettbewerb – kein Aufbau von Präferenzen – daher austauschbar – Existenzgefährdung bei ruinösem Wettbewerb

(*Quelle:* Roth, 1995, S. 76 in Anlehnung an Becker, 1988, S. 204 f.)

Viele Reiseveranstalter verfolgen eine Preis-Mengen-Strategie, d.h. sie agieren hauptsächlich über den Preis. Dies liegt zum einen an dem Erfolg, den man mit dem standardisierten, weitgehend austauschbaren Produkt „Pauschalreise" bei wachsender Nachfrage über viele Jahre hatte, andererseits fehlen aber auch Einsicht und Knowhow, um präferenzbildende Qualitäten und Produkte zu entwickeln. Die Preis-Mengen-Strategie ist leichter zu verwirklichen und greift schneller. Die Präferenzstrategie hingegen erfordert den systematischen Aufbau von zusätzlichem Nutzen und ist nur langfristig erfolgreich durchzuführen (vgl. Roth, 1995, S. 75). Die Merkmale von Präferenz- und Preis-Mengen-Strategie sind in Tab. 4 wiedergegeben.

Ziel einer Präferenzstrategie ist es, durch den Aufbau eines Markenimages den Preiswettbewerb weitgehend durch einen Qualitätswettbewerb zu ersetzen. Hierzu müssen ausreichende finanzielle Mittel für den Aufbau der Präferenzen (u.a. Investitionen in die Kommunikationspolitik) und entsprechendes Management- und Marketing-Know-how zur Verfügung stehen. Beispiele hierfür sind Studiosus und Airtours. Die Preis-Mengen-Strategie verlangt vorrangig bestimmte kostenmäßige Voraussetzungen in allen Bereichen des Unternehmens. Ertragschancen bestehen nur durch einen kostenoptimalen Einkauf bei den einzelnen Leistungsträgern und geringe Kosten in Marketing und Verwaltung. Da auch häufig mittelständische Reiseveranstalter eine Preis-Mengen-Strategie verfolgen, besteht hier die Gefahr, nicht mehr kostendeckend anbieten zu können. Zwar hat der mittelständische Reiseveranstalter im Vergleich zu großen Reiseveranstaltern häufig geringere Kosten im Marketing und in der Verwaltung, die Beschaffungskosten liegen jedoch häufig über denen der großen Reiseveranstalter.

Insbesondere der Aufbau von Präferenzen, d.h. die Durchsetzung einer Strategie, die durch überdurchschnittliche Produktqualität einen besonderen Kundennutzen schafft, ist im deutschen Reiseveranstaltermarkt nur wenigen Unternehmen gelungen. Pompl (1996, S. 190–202) sieht vor allem folgende strategischen Ansatzpunkte für das Erreichen einer solchen Vorzugsstellung:

- Qualität der Basisleistungen
- Möglichkeiten der Produkterweiterung
- Urlaubsinhalte
- Individualisierung des Produkts
- Kundenintegration

Die Qualität der Basisleistungen kann sowohl durch eine die Mindestanforderungen übersteigende technische Qualität (bessere Hotels, Fluggesellschaften, Transferbusse etc.) als auch durch eine Verbesserung der funktionalen Qualität, also durch eine Verbesserung der Leistungserstellung (Abwicklung einer Reise = Prozeßbetrachtung), erreicht werden. Als Beispiele zum Umgang mit der Urlaubszeit der Kunden führt Pompl (1996, S. 191) an: Einhaltung von Reisezeiten, Vermeidung unnötiger Wartezeiten, Gestaltung von Wartezeiten und unnötige Rückflugbestätigung. Produkterweiterungen haben eine Präferenzbildung zum Ziel, die über die Mehrung des Kundennutzens durch zusätzliche organisatorische, rechtliche, wirtschaftliche, soziale und informative Produktelemente erreicht werden soll. Hierzu zählen die Aufnahme zusätzlicher Leistungselemente (Versicherung, Präsent etc.), die Erweiterung des Produkts zur Servicekette (z.B. Abholservice, kostenloses Parken des PKW am Flughafen etc.) und die Verbesserung der Prestigefunktion der Reise. Unter denkbaren qualitativen Aspekten zur Erweiterung der funktionellen Qualität führt Pompl an gleicher Stelle verschiedene Beispiele an, die dem Kunden einen Mehrwert bieten sollen (Leistung über die Erwartung hinausgehend, sozial- und umweltverträgliche Reise, Erlebnisqualitäten usw.). Unter Produktfokussierung versteht Pompl (1996, S. 198-201) die Konzentration auf spezielle Urlaubsmotive im Sinne einer differenzierten Zielgruppenstrategie und unter Individualisierung in Anlehnung an Kotler/Biemel (1995, S. 412) die „Fähigkeit, in großem Umfang individuell gestaltete Produkte herzustellen, die den Erfordernissen des einzelnen Kunden entsprechen". Letzlich ist unter den Aspekten einer möglichen Profilierung der Veranstalterprodukte die Kundenintegration zu berücksichtigen, d.h. die prozeßorientierte Steuerung der Produktgestaltung unter Einbringung des externen Faktors Kunde, denn letztlich ist es der Kunde, der nicht nur die Leistung der Reise beurteilt, sondern sie auch durch seine Beteiligung und sein subjektives Erleben in der Qualität mit beeinflußt.

Betrachtet man die Vielzahl der angeführten Möglichkeiten der präferenzorientierten Produktgestaltung (innovative Unternehmer werden weitere Möglichkeiten finden), so ist es letzlich nur schwer zu verstehen, weshalb es heute im Reiseveranstaltermarkt nur wenigen Unternehmen gelungen ist, eindeutige Präferenzen aufzubauen. Ursache ist sicherlich das seit Jahren anhaltende hohe Marktwachstum, das bis heute ein differenziertes Marketing im Massenmarkt verhindert hat, denn Wachstum und Rentabilität waren auch anders zu realisieren. Mit zunehmender Marktsättigung wird jedoch der gezielte Aufbau von Präferenzen immer wichtiger, um sich vom Wettbewerb abzugrenzen.

3.5.2 Strategien der Marktabdeckung und Marktbearbeitung

Eine wesentliche strategische Entscheidung betrifft die Art und Weise der Differenzierung bzw. der Abdeckung des Marktes, in dem ein Unternehmen tätig werden will. Grundsätzlich sind zwei strategische Alternativen der Marktabdeckung zu unterscheiden:

- Massenmarketing (undifferenziertes Marketing) und
- Marktsegmentierung (differenziertes Marketing).

Massenmarketing bedeutet, daß Standardprodukte angeboten werden, die die durchschnittlichen Bedürfnisse von jedermann zu befriedigen vermögen (= allgemeine Bedürfnisbefriedigung). Nicht die Unterschiede zwischen den Kunden interessieren, sondern die Gemeinsamkeiten. Ziel ist es, ein Produkt bzw. Programm anzubieten, das eine möglichst große Anzahl von Käufern anzusprechen vermag. Verfolgt man die Strategie der Marktsegmentierung oder eine Spezialisierungsstrategie, so versucht man, spezielle Käufer (Segmente) zu identifizieren, die mit jeweils besonders auf sie zugeschnittenen Produkten bedient werden (= spezielle Bedürfnisbefriedigung). Ziel dieser Strategie ist es, sich mit Produkten oder Programmen auf ein oder mehrere Segment(e) des Marktes zu konzentrieren, um so in einem Teil des Marktes Vorteile vor den Wettbewerbern realisieren zu können. Roth (1995, S. 77) weist darauf hin, daß Massenmarktstrategien nicht zwangsweise Preis-Mengen-Strategien sein müssen. Einige Konsumgütermärkte zeigen das Gegenteil. Hier sind große deutsche Markenartikel (Nivea, Persil) durch Präferenzstrategien erfolgreich. Im Veranstalterbereich versucht die TUI im Rahmen des Massenmarketing ebenfalls, eine Präferenzstrategie zu realisieren.

Wurden für die Segmentierung der Märkte lange Zeit vorwiegend demographische Kriterien herangezogen, so haben in den letzten Jahren vor allem Urlaubertypologien an Bedeutung gewonnen. Haedrich (1983, S. 252) führt für den Tourismusbereich folgende Kriterien der Marktsegmentierung an:

- sozio-demographische Faktoren (z.B. Alter, Geschlecht, soziale Schicht, Haushaltsgröße und -struktur, regionale Merkmale),
- Reisemotive (z.B. Wunsch nach Erholung, kulturellen Erlebnissen, Abenteuer),
- Urlaubstypen (Bevölkerungsgruppen, die bestimmte Einstellungen und Verhaltensweisen gegenüber dem Urlaub haben),
- Reiseziele,
- Verkehrsmittel,
- Stellenwert der Urlaubsreise (Hauptreise, Zweit- bzw. Drittreise),
- Spontaneität der Reisebuchung,
- Reisedauer (Urlaubsreisen, Kurzreisen).

Generell ergeben sich Marktsegmente in der Regel erst durch die Kombination verschiedener Bestimmungsmerkmale (Beispiel: Abenteuerurlaub für 20–39jährige Zweiturlauber mit relativ kurzfristigen Reiseplänen, die individuell behandelt werden wollen, Land und Leute kennenlernen möchten und in bestimmte, noch nicht erschlossene Zielgebiete reisen wollen). Betrachtet man die Vielzahl der Kombinationsmöglichkeiten, so ist die Anzahl der denkbaren Marktsegmente fast unerschöpflich. Wichtig ist jedoch, daß bei der Definition von Marktsegmenten lediglich Abnehmer bzw. potentielle Kunden zusammengefaßt werden, deren Bedürfnisstruktur möglichst homogen ist. Das Hauptziel der Segmentierungspolitik besteht immer darin, ein möglichst hohes Maß an Identität (Identifizierungsmöglichkeit) zwischen einer bestimmten Art und Zahl von Käufern bzw. Abnehmern einerseits und dem angebotenen Produkt einschließlich seines Vermarktungskonzeptes andererseits zu realisieren. Nur dadurch, daß eine bestimmte Bevölkerungsgruppe sozio-demographisch definiert werden kann,

Marktsegmente im Tourismus

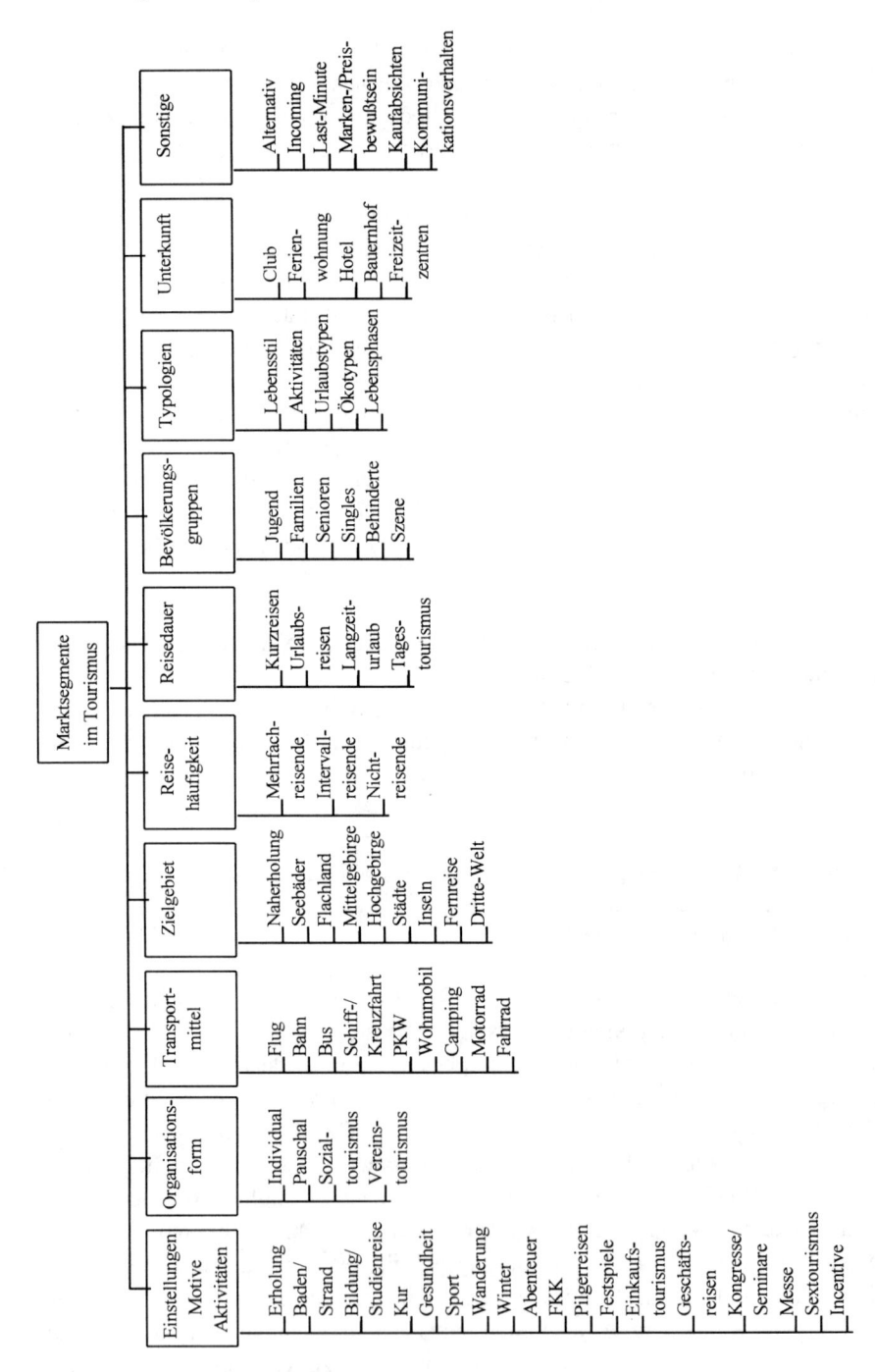

Einstellungen / Motive / Aktivitäten: Erholung, Baden/Strand, Bildung/Studienreise, Kur, Gesundheit, Sport, Wanderung, Winter, Abenteuer, FKK, Pilgerreisen, Festspiele, Einkaufstourismus, Geschäftsreisen, Kongresse/Seminare, Messe, Sextourismus, Incentive

Organisationsform: Individual, Pauschal, Sozialtourismus, Vereinstourismus

Transportmittel: Flug, Bahn, Bus, Schiff-/Kreuzfahrt, PKW, Wohnmobil, Camping, Motorrad, Fahrrad

Zielgebiet: Naherholung, Seebäder, Flachland, Mittelgebirge, Hochgebirge, Städte, Inseln, Fernreise, Dritte-Welt

Reisehäufigkeit: Mehrfachreisende, Intervallreisende, Nichtreisende

Reisedauer: Kurzreisen, Urlaubsreisen, Langzeiturlaub, Tagestourismus

Bevölkerungsgruppen: Jugend, Familien, Senioren, Singles, Behinderte, Szene

Typologien: Lebensstil, Aktivitäten, Urlaubstypen, Ökotypen, Lebensphasen

Unterkunft: Club, Ferienwohnung, Hotel, Bauernhof, Freizeitzentren

Sonstige: Alternativ, Incoming, Last-Minute, Marken-/Preisbewußtsein, Kaufabsichten, Kommunikationsverhalten

Abb. 5: Marktsegmente im Tourismus

ist noch kein Marktsegment gebildet. Abbildung 5 strukturiert die wesentlichsten Marktsegmente im Tourismus (ohne den Anspruch auf Vollständigkeit, denn weitere Differenzierungen sind jederzeit möglich).

Erst vergleichbare Bedürfnisse in bezug auf speziell gestaltete Reiseveranstalterprodukte definieren ein Marktsegment. Dies zeigt sich deutlich, wenn man „Singels" oder „Alleinreisende" als ein Marktsegment definiert. Innerhalb dieser Gruppe der Alleinreisenden finden sich sowohl Jugendliche als auch ältere Menschen. Ebenso finden sich bei Alleinreisenden Personen, die alleine leben, aber auch Personen, die nicht alleine leben. Insofern muß man sich fragen, ob der im Haushalt seiner Eltern lebende Jugendliche die gleichen Bedürfnisse in bezug auf eine Urlaubsreise hat wie die allein lebende Rentnerin. Wenn auch diese beiden Kriterien (Alter, Haushaltsstruktur) sicherlich alleine nicht ausreichen, um Reiseverhalten zu erklären, so konnte jedoch gezeigt werden, daß hier weitere Differenzierungen notwendig sind, um von einem Marktsegment „Alleinreisende" sprechen zu können.

3.5.3 Marktstellung

Die Stärke eines Unternehmens im Markt bestimmt sich aus der Höhe des Marktanteils im Verhältnis zu den Wettbewerbern. In fast jedem Markt gibt es ein Unternehmen, das als anerkannter Marktführer gilt. Dieses Unternehmen hat den größten Marktanteil auf dem Markt, bestimmt weitgehend die Regeln des Wettbewerbs und ist damit ein Orientierungspunkt für die übrigen Konkurrenten. Unternehmen, die in einem Markt an zweiter, dritter oder vierter Stelle stehen, sind oft von beträchtlicher Größe, haben jedoch einen kleineren Marktanteil als der Marktführer. Sie können eine von zwei Grundhaltungen einnehmen: Sie versuchen, ihre Marktanteile zu erhöhen und greifen den Marktführer an, entsprechend werden sie als Marktherausforderer bezeichnet; versuchen sie lediglich ihre Position zu halten und akzeptieren sie die Regeln des Wettbewerbs, so werden sie Markt-Mitläufer genannt. Ist ein Unternehmen nicht in der Lage, einen deutlichen Wettbewerbsvorteil aufzubauen, so bleibt ihm unter Umständen nur die Position des Markt-Mitläufers.

In fast jedem Markt gibt es eine Anzahl von Unternehmen mit kleinem Marktanteil, die lediglich in einem Teilbereich des Marktes aktiv sind und die so versuchen, eine Konfrontation mit den Wettbewerbern zu vermeiden, die den Gesamtmarkt bedienen. Sie versuchen, Marktsegmente zu finden, die sie durch entsprechende Spezialisierung besser bedienen können als die Anbieter des Gesamtmarktes. Der Schlüssel zum Erfolg beim Marktnischenbearbeiter ist demnach die Spezialisierung, eine Strategie, in die viele Unternehmen, die auf dem Gesamtmarkt nicht mit dem Marktführer konkurrieren können, abwandern, da diese Strategie langfristig mehr Erfolg verspricht als eine Markt-Mitläuferstrategie.

3.5.4 Strategiestil

Speziell im Tourismusmarkt verhalten sich viele Unternehmen eher defensiv und passen sich den Regeln des Wettbewerbs an. Wer jedoch nach neuen Regeln sucht, wer versucht, sich von der Konkurrenz durch ein anderes Verhalten gegenüber den Kunden abzugrenzen, wer neue Produkte kreiert und neue Ideen in den Markt bringt, verhält sich dabei tendenziell eher offensiv. Eine solche Strategie bedingt ein sehr hohes Innovationspotential, verspricht aber auch die die Realisierung anspruchsvoller Ziele.

3.5.5 Marktposition

In Fällen, in denen auf der Basis der bisherigen Marketingstrategie keine Marktchancen mehr bestehen, beispielsweise weil sich die Einstellungen der Kernzielgruppe zu der Marke in den negativen Bereich hinein verschoben haben, ist eine Neupositionierung mit Hilfe einer Strategie notwendig, die von einer stark veränderten Zielgruppe ausgeht. Versucht ein Anbieter lediglich, sich den veränderten Verbraucherbedürfnissen anzupassen, so spricht man eher von einer Umpositionierung im Sinne einer Relaunch-Strategie. Bei einer Umpositionierung versucht man in der Regel, den bisherigen Zielgruppenkern zu erhalten und seine Bedürfnisse durch eine Veränderung bestimmter Eigenschaften des Angebots noch besser als bisher zu treffen. Damit können in der strategischen Planung gleichzeitig bestimmte Zielgruppen-Verlagerungen bzw. -Erweiterungen beabsichtigt sein, ohne daß die Produktposition jedoch grundsätzlich aufgegeben wird. Nur in den Fällen, in denen auf der Basis der bisherigen Strategie keine Wachstumsmöglichkeiten für Umsatz und Ertrag mehr bestehen, ist eine Neupositionierung notwendig, die von einer stark veränderten Zielgruppe ausgeht. Jede Um- bzw. Neupositionierung führt zu einer Aktualisierung des Angebotes und damit zu neuen Kaufimpulsen.

3.5.6 Marktarealstrategien

Speziell im Tourismusmarkt gibt es eine große Zahl von Reiseveranstaltern, die ihre Produkte lediglich lokal oder regional anbieten. Die Strategie einer Marktausdehnung sollte immer vom Kerngebiet aus differenzierend-selektiv erfolgen, d.h. es werden im Zeitablauf zusätzliche Vertriebsgebiete geschaffen, in denen ohne große Marktwiderstände zusätzliche Absatzpotentiale erschlossen werden können, ohne daß die hierdurch verursachten zusätzlichen Kosten die Finanzkraft des Unternehmens übersteigen.

3.6 Zur strategischen Situation im deutschen Reiseveranstaltermarkt

Der deutsche Reiseveranstaltermarkt ist gekennzeichnet durch eine Vielzahl von Reiseveranstaltern, die versuchen, den Gesamtmarkt über eine Preis-Mengen-Strategie zu bedienen, d.h., daß sie letztlich den Preis als wesentlichstes Element ihrer Wettbewerbsstrategie betrachten. Da es der Mehrzahl der Reiseveranstalter nicht gelungen ist, Präferenzen aufzubauen, will der Kunde dasjenige Produkt, das den günstigsten Preis hat. Dabei ist inzwischen die Preisempfindlichkeit der Kunden so stark ausgeprägt, daß schon ein geringer Preisunterschied den Ausschlag für einen Veranstalter geben kann. Eine primär preisorientierte Produktgestaltung ist in Zeiten eines hohen Gesamtmarktwachstums durchaus erfolgversprechend. Kostenvorteile durch Scale-Effekte können ausgenutzt werden, um eine Sicherung der Position und/oder einen Ausbau des Marktanteils zu erreichen. Dieses war in Deutschland in der Zeit, in der der Pauschalreisemarkt boomte (ca. 1959-1969) bzw. die Phase der Marktreife (ca. 1972-1988) durchlief, sicherlich eine vernünftige Strategie (Hebestreit, 1992, S. 223 ff). Die Wiedervereinigung führte ebenso zu einer starken Wachstumsphase in den Jahren 1991 bis 1996 und damit zu einer weiteren starken Akzentuierung der Preis-Mengen-Strategie im deutschen Markt. Gleichzeitig geriet die Vielzahl der großen Reiseveranstalter in einen verschärften Wettbewerb. Zusammen mit der geringen Präferenzbildung für die Produkte der einzelnen Reiseveranstalter führt dies zwangsläufig zu einem ruinösen Preiswettbewerb. Sinkende Renditen zwingen die Veranstalter zum Umdenken. Das Schlagwort der Branche ist „Qualität". Inzwischen propagieren alle Veranstalter „Qualität zu angemessenen Preisen", wobei Qualität häufig im Sinne von „Erfüllung der versprochenen Leistung" – für den Reisenden eine Selbstverständlichkeit – verstanden wird. Auch ein reibungsloser Ablauf der gesamten Reise dient nicht mehr der Präferenzbildung, lediglich das „Nichtvorhandensein" führt zu Reklamationen und Unmut.

Es ist bis heute nur sehr wenigen Veranstaltern gelungen, konsequent eine Präferenzstrategie zu verfolgen und sich hiermit auch erfolgreich am Markt zu positionieren. Auf der anderen Seite kann streng genommen immer nur ein Veranstalter den günstigsten Preis bieten. Dies führt dazu, daß sich die große Mehrheit der Veranstalter in einer „gefährlichen Mittellage" (Becker, 1993, S. 156) befindet. Es werden Reisen von mäßiger Qualität zu einem geringen Preis (aber nicht dem günstigsten) angeboten, die für den Kunden keinen besonderen Vorteil und damit keinen zusätzlichen Nutzen beinhalten. Der Urlauber erhält weder ein besonders preisgünstiges Angebot noch kann er erwarten, eine qualitativ hochwertige, einzigartige Reise gebucht zu haben. Dies wiederum hat zu Folge, daß diese Angebote und die anbietenden Reiseveranstalter für den Reisekunden unprofiliert und damit beliebig austauschbar sind. Der Käufer wird darum eher versuchen, entweder in Richtung Preis oder in Richtung Qualität das beste Angebot zu erhalten, als sich mit einem indifferenten Angebot zufriedenzugeben. Betroffen hiervon sind in der Hauptsache die mittelständischen Me-too-Anbieter. Es gilt die Devise, „sich neu zu positionieren und den Einmal-Kunden systematisch zum Stammkunden zu erziehen" (Lenner 1993, S. 41). Es wird zu einer Polarisierung im Buchungsverhalten kommen: Hochwertige und preiswerte Reisen haben, wie oben angeführt, gute Wachstums- und Renditechancen, das Mittelpreissegment eher geringere.

Zum Aufbau von Veranstalterpräferenzen bedarf es einer konsequenten Marketingstrategie, die durch alle Bereiche geht und einen für den Kunden klar erkennbaren USP schafft. TUI hat als erste der „Großen" auf eine neue Strategie der Präferenzbildung durch das Erfüllen hoher Qualitätsstandards gesetzt und hat den Vorteil, daß sie auf Grund ihrer Größe über Kostenvorteile verfügt, die es ihr ermöglichen, diese Strategie konsequent durchzuführen. Dazu gehören das einheitliche Auftreten am Markt genauso wie die Bestrebungen, eine möglichst weitreichende vertikale Integration aufzubauen, um die Sicherung der vorgegebenen Qualitätsstandards besser kontrollieren und beeinflussen zu können.

TUI verfolgt seit 1990 ein Dachmarkenkonzept, für das ein Großteil der bis dahin existierenden Marken zusammengefaßt wurde und nun über die Länder- und Zielgruppenkataloge unter dem einheitlichen Namen TUI vertrieben wird. Durchbrochen wird dieses Vorgehen nur durch einige Einzelmarken, die getrennt als Mono-Marken geführt werden. Es handelt sich hierbei um Marken, die sich produkttechnisch, zielgruppenmäßig und bei Bedarf vertriebstechnisch exakter definieren lassen und somit besser individuell geführt werden können. Auch ITS vertreibt die ursprünglichen einzelnen Vertriebsmarken unter einem Namen und Logo. NUR setzt auf einzelne Marken und hat sicherlich den Vorteil, mit der Marke „Neckermann Reisen" über eine seit 25 Jahren mit einer eindeutigen Erwartungshaltung beim Kunden profilierte und positionierte Marke zu verfügen (Niedecken 1993, S. 30). Man will hier auch weiterhin in der Hauptsache auf die eher preiswerte typische Pauschalreise setzen, natürlich nicht, ohne auch in anderen Segmenten aktiv zu sein. Das Beispiel Neckermann darf jedoch nicht den Eindruck erwecken, daß Massenmarktstrategien grundsätzlich über den Preis geführt werden. Sicherlich hat die TUI das Ziel eines Präferenzaufbaus im Massenmarkt, das Ziel ist jedoch noch nicht erreicht. Die LTT/LTU-Gruppe verfolgt gegenüber dem Endkunden eine Einzelmarkenstrategie, versucht jedoch, über die Marke LTU ein gemeinsames Dach zu schaffen. Daß es auch heute noch möglich ist, sich im Markt der preiswerten Reiseveranstalter zu positionieren, zeigen die Umsatzerfolge von Alltours, Fischer und der Frosch Touristik. Ebenso ist es der TUI gelungen, mit der Marke 1,2-Fly Marktanteile im Niedrigpreismarkt hinzuzugewinnen. Wer letztlich in diesem Markt noch rentabel operiert, kann nicht beurteilt werden, da hierüber keine Ergebnisse vorliegen. Die Probleme der mittelgroßen Veranstalter Hetzel und Kreutzer in den vergangen Jahren zeigen jedoch, daß die Gewinnspannen äußerst gering sind.

Produkt- und Preispolitik 353

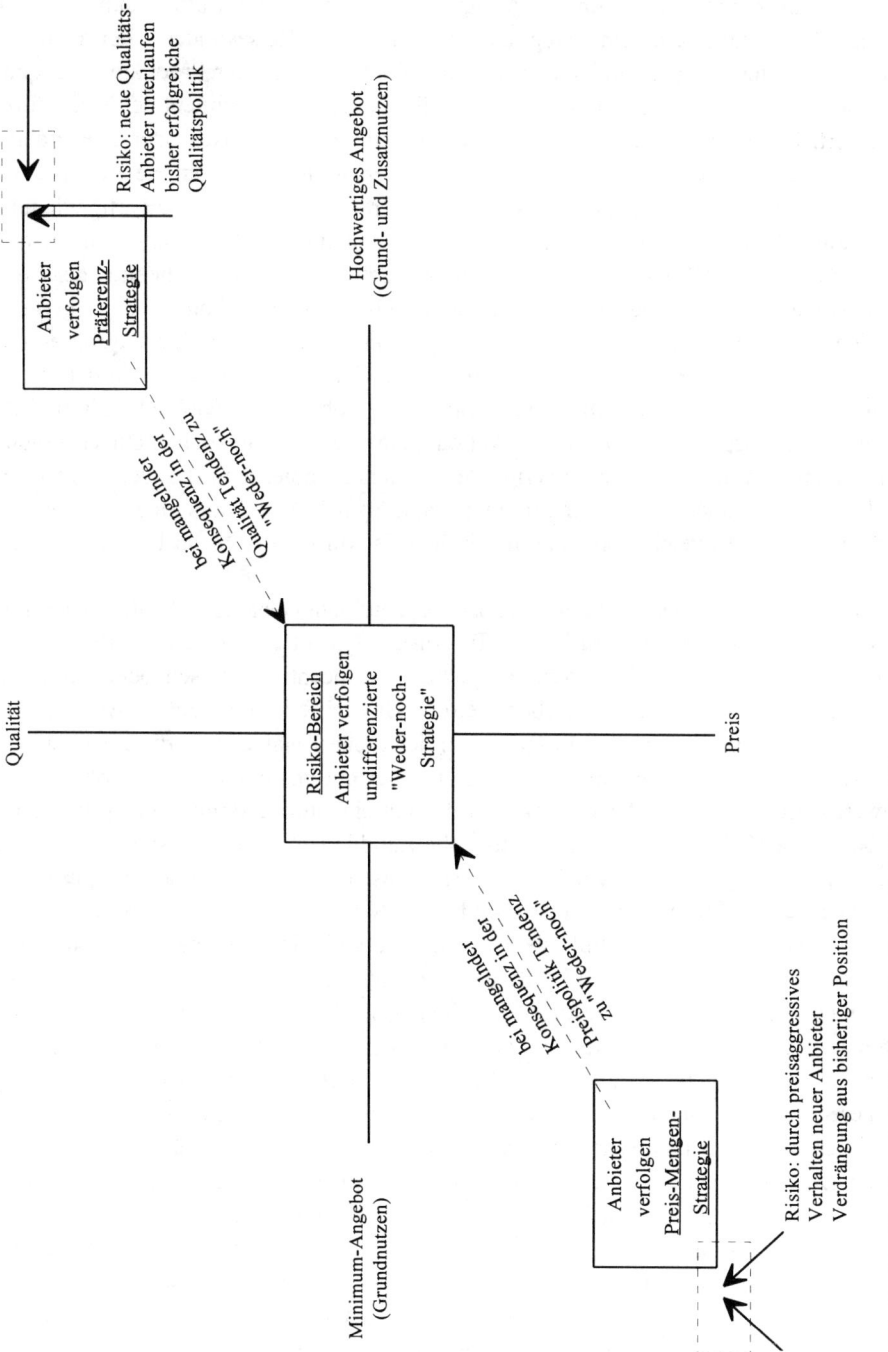

Abb. 6: Das Problem der Mittellagen (*Quelle*: Roth, 1995, S. 77)

Die Spezialisierung auf bestimmte Zielgruppen ist gerade für mittelständische und kleinere Veranstalter eine gute Möglichkeit, sich bei den Reisekunden, aber auch bei den Reisemittlern zu positionieren. Durch die Einzigartigkeit der Produkte wird eine gesicherte Marktposition aufgebaut und auch die Existenz im Sortiment der Reisebüros gesichert. Insbesondere Studienreiseveranstalter wie z.B. Studiosus oder Kreuzfahrtspezialisten wie Seetours, aber auch auf ein Verkehrsmittel spezialisierte Veranstalter wie Hafermann (Bus) oder Ameropa (Bahn) vertrauen auf diese Einzigartigkeit und den damit erlangten Bekanntheitsgrad. Eine Spezialisierung auf bestimmte Länder, wie bei Olimar (Portugal) oder Öger Tours (Türkei), zeigt weitere Möglichkeiten der Spezialisierung. Hervorragende Kenntnisse des jeweiligen Landes können dazu genutzt werden, ein gutes Image bei Kunden und Expedienten aufzubauen. Spezialprogramme können zu einer weiteren Profilierung führen. Die Gefahr hierbei besteht in der extremen Abhängigkeit von einem Land. Klimakatastrophen oder politische Ereignisse können, wie beispielsweise bei der Türkei oder Ägypten, zu erheblichen Umsatzeinbußen führen. Um dieses Risiko zu vermindern, nehmen immer mehr Länderspezialisten auch andere Destinationen in ihr Programm auf. So hat Öger Tours eine Erweiterung der Länderpalette erreicht und kann inzwischen als Allround-Anbieter bezeichnet werden.

Das Hauptgewicht der Produkte des DER liegt auf dem Gebiet der Städte- und Kurzreisen und der Reisen, die nach dem Baukasten-System zusammengestellt werden. Hinzu kommen noch einige Spezialprodukte, wie Incentives Reisen oder Congress Reisen, die als Submarken vertrieben werden. Das DER ist mit seinem Angebot als Ergänzungsveranstalter zu den Programmen der großen Massenmarktveranstalter und als Nummer Eins der Touristik-Spezialveranstalter gut positioniert. Der größte Wettbewerbsvorteil dürfte im Augenblick aber das gut eingeführte Baukasten-System sein. Neben den großen Veranstaltern sind eine Vielzahl kleinerer und kleinster Veranstalter im Markt tätig, die immer wieder neue Marktnischen entdecken oder bei geringem Umsatzniveau in Spezialmärkten tätig sind.

Die Produkt- und Preispolitik als Kern des Marketinginstrumentariums nimmt bei jeder Strategie eine Schlüsselrolle ein, denn letztlich sind es die Produkte eines Unternehmens, die die Basis für Erfolg oder Nichterfolg legen. Der Abnehmer wird sich immer für das Produkt entscheiden, das ihm den größten Nutzen bietet und seine Bedürfnisse am besten befriedigt. Die Kunden sind weiterhin in nur sehr begrenztem Maße bereit, für eine höhere Qualität auch höhere Preise zu zahlen. Dies kann zwei Gründe haben: Entweder unterscheidet sich die Qualität der Angebote nicht und der Reiseveranstalter ist damit austauschbar, oder es ist nicht gelungen, den Kunden Qualitätsunterschiede deutlich zu machen. Beides scheint auf die Mehrzahl der Veranstalter zuzutreffen. Absolut dominierende Strategie der großen Veranstalter ist die Preis-Mengen-Strategie. Eine weitere Konzentration auf wenige große Reiseveranstalter auf der einen Seite und eine deutlichere Profilierung einzelner Anbieter in wenigen Marktsegmenten ist die Folge. Kleinere und unprofilierte Massenveranstalter werden aufgrund ihrer Kostenstruktur und ihrer Vertriebsstärke in Zukunft kaum in der Lage sein, im künftigen Preiswettbewerb zu bestehen.

Literatur

Becker, J. (1993): Marketing-Konzeption. 5., verbesserte und ergänzte Auflage, München.
Bitner, M. J. (1990): Evaluating Service Encounters: The Effects of Physical Surroundings and Employee Responses. In: Journal of Marketing, Vol. 54, No. 2, S. 69–82.
Bitner, M. J., B. H. Booms, M. S. Tetreault (1990): The Service Encounter: Diagnosing Favorable and Unfavorable Incidents. In: Journal of Marketing, Vol. 54, No. 1, S. 71–84.
Braun, O. L., M. Lohmann (1989): Die Reiseentscheidung. Starnberg.
Bruhn, M., B. Stauss (Hrsg.) (1995): Dienstleistungsqualität. 2. Auflage, Wiesbaden.
Donnelly, J. H., W. R. George (Hrsg.) (1981): Marketing of Services. Chicago.
Freyer, W. (1991): Tourismus. Einführung in die Fremdenverkehrsökonomie. 3. Auflage, München/Wien.
Freyer, W. (1997): Tourismus-Marketing. Marktorientiertes Management im Mikro- und Makrobereich der Tourismuswirtschaft. München/Wien.
Grönroos, C. (1983): Strategic Management and Marketing in the Service Sector. Cambridge.
Gusemann, D. S. (1981): Risk Perception and Risk Reduction in Consumer Services. In: J. H., W. R. George (Hrsg.): Marketing of Services. Chicago, S. 200–204.
Haedrich, G. (1982): Angebotspolitik. Berlin/New York.
Haedrich, G. (1983): Angebotspolitik. In: G. Haedrich, C. Kaspar, H. Kleinert, K. Klemm (Hrsg.): Tourismus-Management. Berlin/New York, S. 241–261.
Haedrich G., C. Kaspar, H. Kleinert, K. Klemm (Hrsg.) (1983): Tourismus-Management. Berlin/New York.
Haedrich, G., T. Tomczak (1996): Strategische Markenführung. 2. Aufl., Bern/Stuttgart/Wien.
Haedrich, G. (1991): Modernes Marketing im Tourismus. In: Studienkreis für Tourismus (Hrsg.): Marketing im Tourismus. Bericht über die Fachtagung des Studienkreises für Tourismus am 7.3.1990 im Rahmen der ITB Berlin. Starnberg, S. 21–38.
Hebestreit, D. (1992): Touristik Marketing. 3. erweiterte und überarbeitete Auflage, Berlin.
Institut für Tourismus der FU Berlin/Kienbaum Unternehmensberatung (Hrsg.) (1991): Strategische Situation bundesdeutscher Reiseveranstalter. Düsseldorf/Berlin.
Kotler, Ph., F. Biemel (1995): Marketing-Management. 8. Auflage, Stuttgart.
Kreilkamp, E. (1987): Strategisches Management und Marketing. Berlin/New York.
Kreilkamp, E. unter Mitarbeit von S. Mischkowski, U. Regele, R. Salfner und D. Schmücker (1995): Tourismusmarkt der Zukunft. Die Entwicklung des Reiseveranstalter- und Reisemittlermarktes in der Bundesrepublik Deutschland. Frankfurt/Main.
Lenner, K. (1993): Selbst schuld, wer die fetten Jahre nicht genutzt hat. In FVW, Fremdenverkehrswirtschaft international, Heft 24, S. 38–43.
Meffert, H., M. Bruhn (1995): Dienstleistungsmarketing. Wiesbaden.
Meyer, A. (1986): Dienstleistungsmarketing. 2. Auflage, Augsburg.
Meyer, A., R. Mattmüller (1987): Qualität von Dienstleistungen. In: Marketing ZFP, Heft 3, S. 187–195.
Mundt, J.W. (Hrsg.) (1996): Reiseveranstaltung. 3. Auflage, München/Wien.
Murray, K. B. (1991): A Test of Services Marketing Theory: Consumer Information Acquisition Activities. In: Journal of Marketing, Vol. 66, No. 1, S. 10–25.
Niedecken, I. (1993): Nabelschau beendet, das Augenmerk gilt dem Kunden. In: FVW, Fremdenverkehrswirtschaft international, Heft 24, S. 27–30.
Olavarria-Berger, M. (1991): Bedeutung und Umfang der Absatzwege einer Luftverkehrsgesellschaft. Diplomarbeit am Fachbereich Wirtschaftswissenschaft der FU Berlin. Berlin.

Parasuraman, A., V. A. Zeithaml, L. L. Berry (1985): A Conceptual Model of Service Quality and its Implications for Future Research. In: Journal of Marketing, Vol. 49, No. 4, S. 41–50.
Pompl, W. (1991): Qualitätsmanagement als strategische Option für Reiseveranstalter. In: Qualitätstourismus – Konzeption einer gleichermaßen wirtschafts-, sozial- und umweltverträglichen Entwicklung. Publikation der AIEST, Nr. 33, St. Gallen, S. 197–208.
Pompl, W. (1997): Touristikmanagement 1. Beschaffungsmanagement. 2. Auflage, Berlin/Heidelberg/ New York.
Pompl, W. (1996): Touristikmanagement 2. Qualitäts-, Produkt-, Preismanagement. Berlin/Heidelberg/ New York.
Roth, P. (1995): Grundlagen des Touristikmarketing. In: P. Roth, A. Schrand (Hrsg.): Touristikmarketing. München, S. 27–144.
Roth, P. (1996): Das Marketing der Reiseveranstalter. In: J.W. Mundt (Hrsg.): Reiseveranstaltung. 3. Auflage, München/Wien, S. 407–467.
Roth, P., A. Schrand (Hrsg.) (1995): Touristik-Marketing. 2. Auflage, München.
Scheuch, F. (1982): Dienstleistungsmarketing. München.
Schmieder, F. (1991): Vom Einzelmarken- zum Dachmarken-Konzept: Markenpolitik am Beispiel der TUI. In: E. Seitz, J. Wolf (Hrsg.): Tourismusmanagement und -marketing. Landsberg/Lech, S. 507–516.
Seitz, E., J. Wolf (Hrsg.) (1991): Tourismusmanagement und -marketing. Landsberg/Lech.
Stauss, B. (1989): Beschwerdepolitik als Instrument des Dienstleistungsmarketing. In: Jahrbuch der Absatz- und Verbrauchsforschung, Heft 1, S. 41–62.
Steinecke, A. (1983): Gesellschaftliche Grundlagen der Fremdenverkehrsentwicklung. In: G. Haedrich, C. Kaspar, H. Kleinert, K. Klemm (Hrsg.): Tourismus-Management. Berlin/New York, S. 37–55.
Studienkreis für Tourismus (Hrsg.) (1991a): Marketing im Tourismus. Bericht über die Fachtagung des Studienkreises für Tourismus am 7.3.1990 im Rahmen der ITB Berlin. Starnberg.
Studienkreis für Tourismus (Hrsg.) (1991b): Reiseanalyse 1990. Starnberg.
Studienkreis für Tourismus (Hrsg.) (1992): Reiseanalyse 1991. Starnberg.
Ungefug, H.-G. (1986): Hinter der Kulisse der Veranstalterreise (Teil 5 – Kalkulation) „Wie eine dreidimensional gekrümmte Ebene". In: FVW, Fremdenverkehrswirtschaft international, Heft 7, S. 30–41.
Zeithaml, V. A. (1981): How Consumer Evaluation Processes Differ Between Goods and Services. In: J. H. Donnelly, W. R. George (Hrsg.): Marketing of Services. Chicago, S. 186–190.
Zeithaml, V. A., A. Parasuraman, L. L. Berry (1985): Problems and Strategies in Service Management. In: Journal of Marketing, Vol. 49, No. 2, S. 33–46.
Zucker-Stenger, W.-H. (1986): Pauschalreisende sind kein besonderes Völkchen (II), Sicherheit, Preisgarantie und -transparenz überzeugen. In: FVW, Fremdenverkehrswirtschaft international, Heft 20, S. 8–12.

4 Total Quality Management im Tourismus

Bernd Stauss

Angesichts nachhaltiger Entwicklungstrends auf den Märkten werden Kundennähe und Qualität immer mehr zu entscheidenden Erfolgsfaktoren im touristischen Wettbewerb. Die Kunden erhöhen ihre Ansprüche an die Service- und Erlebnisqualität des Angebots, sie sind selbstbewußter und kritischer geworden und machen ihr Wiederkaufverhalten von der Erfüllung ihrer Qualitätserwartungen abhängig. Ihre Wechselbereitschaft wird zudem durch eine Verschärfung der Konkurrenzsituation auf allen Ebenen des touristischen Angebots gestärkt. Durch Internationalisierung des Wettbewerbs und Deregulierung sehen sich Reiseveranstalter und Leistungsträger – wie Fluggesellschaften – vor der Herausforderung, gleichzeitig Leistungsverbesserungen anzubieten und Kosten zu reduzieren. Reisemittler stehen angesichts von Vertriebsliberalisierung, Konzentrationstendenzen auf der Veranstalterseite und technologischen Entwicklungen, die Direktbuchungen fördern, vor der Notwendigkeit, ihre Anstrengungen zu verstärken, Kunden durch überzeugende Beratungsqualität zu gewinnen und zu binden. Ferienorte und -regionen sehen sich der Tatsache gegenüber, daß die Zahl der Urlaubsregionen weltweit zunimmt und zugleich deren Attraktivität, da erhebliche Investitionen in die touristische Infrastruktur getätigt werden und man sich erfolgreich bemüht, für anspruchsvolle Gäste ein hohes Serviceniveau zu niedrigen Preisen zu bieten (Romeiß-Stracke, 1995, S. 10 ff.). In dieser Situation verstärken Unternehmen aus allen touristischen Bereichen ihre Bemühungen um Definition und Sicherstellung der von ihnen angebotenen Dienstleistungsqualität und um die Einführung eines konsequenten Qualitätsmanagements.

Wenn sie nicht – wie bestimmte Leistungsträger (Busreiseanbieter) oder Reisebüros – von ihren unternehmerischen Kunden gedrängt werden, ein Qualitätmanagement entsprechend der DIN ISO 9.000 Reihe durch ein Zertifikat nachzuweisen, dann orientieren sie sich an einem Qualitätsmanagement-Verständnis, das seit einigen Jahren weltweit mit großem Erfolg in Unternehmen unterschiedlicher Größe aus verschiedenen Branchen praktiziert wird: Total Quality Management (TQM). Dieses Verständnis soll im folgenden anhand von zehn Merkmalen (siehe auch Abb. 1) allgemein beschrieben und zugleich mit Anwendungsbezug auf touristische Anbieter konkretisiert werden.

1. Qualitätsmanagement als Unternehmensphilosophie
2. Kundenorientierung
3. Messung der Kundenzufriedenheit
4. Leistungsspezifikation
5. Fehlerprävention
6. Wiedergutmachung – Beschwerdemanagement
7. Interne Kunden – Lieferanten – Beziehungen
8. Mitarbeiterorientierung
9. Kontinuierliche Verbesserung
10. Führungsverantwortung

Abb. 1: Wesentliche Merkmale des Total Quality Management

4.1 Qualitätsmanagement als Unternehmensphilosophie

Total Quality Management bricht mit dem traditionellen, vor allem industriell geprägten Qualitätsverständnis, das primär durch eine Kontrollperspektive gekennzeichnet war. Man meinte lange Zeit, Qualität durch Zwischen- und Endkontrollen und anschließende Fehlerbeseitigung herstellen zu können, und die Aufgabe der Qualitätssicherung wurde einer spezifischen unternehmerischen Abteilung zugewiesen. Erst langsam setzte sich unter dem Erfolg japanischer Produkte und Managementmethoden die Einsicht durch, daß Qualität nicht nachträglich und damit besonders kostenträchtig in Produkte, Dienstleistungen und Prozesse „reingeprüft" werden kann, sondern präventiv erzeugt werden muß, indem von vornherein Fehlervermeidung geplant und ein Prozeß der ständigen Suche nach Verbesserungspotentialen eingeleitet und aufrechterhalten wird. Dieses Ziel ist aber nicht durch Aktivitäten bestimmter Experten allein zu erreichen, sondern nur durch das Engagement aller Unternehmensangehörigen. Insofern bedarf es einer spezifischen Unternehmenskultur und eines umfassenden Managementkonzepts, das von der Unternehmensspitze getragen wird und alle Mitarbeiter einbezieht. Ein solches Konzept stellt das Total Quality Management dar.

Allgemein versteht man unter Total Quality Management alle Strukturen, Abläufe und Maßnahmen, die dazu dienen, die Qualität von Produkten und Dienstleistungen einer Unternehmung in allen Funktionen und allen Ebenen durch die Mitwirkung aller Mitarbeiter kostengünstig zu gewährleisten sowie kontinuierlich zu verbessern, um eine bestmögliche Bedürfnisbefriedigung der Kunden zu ermöglichen (Oess, 1994, S. 89). Wichtige Konkretisierungen dieses Verständnisses stellen TQM-Auszeichnungen dar, die in fast allen Ländern an Unternehmen für Spitzenleistungen im Total Quality Management verliehen werden. Dazu gehören der Deming Prize (Japan), der

Malcolm Baldrige National Quality Award (USA) und der European Quality Award, der seit 1982 auf europäischer Ebene verliehen wird.

Abbildung 2 gibt eine Übersicht über das Modell des europäischen Qualitätspreises, das auch den umfassenden Charakter des Qualitätsverständnisses deutlich macht. Auf der rechten Seite der Abbildung werden die Ergebnisdimension des Total Quality Managements betrachtet, nämlich eine Verbesserung der Geschäftsergebnisse als Folge von positiven Wirkungen der Qualitätsfortschritte im Hinblick auf Kundenzufriedenheit, Mitarbeiterzufriedenheit und Gesellschaft. Diese Ergebnisse sollen erreicht werden durch interne Maßnahmen, die als „Befähiger" bezeichnet werden. Dazu gehören die internen Prozesse, Ressourcen und Mitarbeiter, die – wie Unternehmenspolitik und Strategie – von der Führung des Unternehmens bestimmt und gesteuert werden.

Die Bedeutung der Qualitätspreise, wie des European Quality Awards, ist nun keineswegs auf die Unternehmen beschränkt, die den Preis erhalten oder im Prozeß der Bewerbung wertvolle Erfahrungen gewinnen. Tausende von Unternehmen verwenden inzwischen die Kriterien und Bewertungsrichtlinien dieser Preise für die Identifikation von Schwächen ihres Qualitätsmanagement-Systems und für die Implementierung ihres eigenen Total Quality Management-Programms. Denn die Bewerbungsunterlagen geben ganz konkrete Hinweise darauf, wie das eigene Unternehmen hinsichtlich der Ergebnis- und Befähigerkriterien bewertet werden kann und welche Maßnahmen somit vordringlich im Verbesserungsprozeß zu ergreifen sind. Darüber hinaus liefern auch die veröffentlichten Bewerbungsunterlagen und Erfahrungsberichte von Preisträgern wertvolle Hinweise, wobei für touristische Anbieter vor allem die Unterlagen des Hotelunternehmens Ritz-Carlton interessant sind, das als erster Dienstleister aus dem Beherbergungsgewerbe den renommierten Malcolm Baldrige National Quality Award gewann (Ritz-Carlton, 1994).

4.2 Kundenorientierung

Der Kerngedanke des Total Quality Management Ansatzes ist die Ausrichtung der unternehmerischen Prozesse und Leistungen auf Kundenanforderungen und -bedürfnisse. Zwar ist die Maxime der Kundenorientierung nicht neu, doch im Rahmen des TQM wird konsequent auf deren Realisierung gedrängt. Denn häufig steht den unternehmerischen Bekenntnissen zur Kundennähe eine andere Praxis gegenüber, in der eine Orientierung an den Interessen des Managements (z.B. an einfach überwachbaren und nach internen Gesichtspunkten effizienten Prozessen), an den Interessen der Mitarbeiter (etwa bezüglich Öffnungszeiten oder Prozeßabläufen) oder an vermeintlichen Sachzwängen (organisatorischen Regelungen, Softwarevorgaben) erfolgt. Um diese Denkhaltungen zu überwinden, wird konsequent der Dialog mit dem Kunden gesucht, und es werden spezifische Planungsinstrumente eingesetzt, um Kundenanforderungen zur Grundlage von Prozeß- und Leistungsinnovationen zu machen.

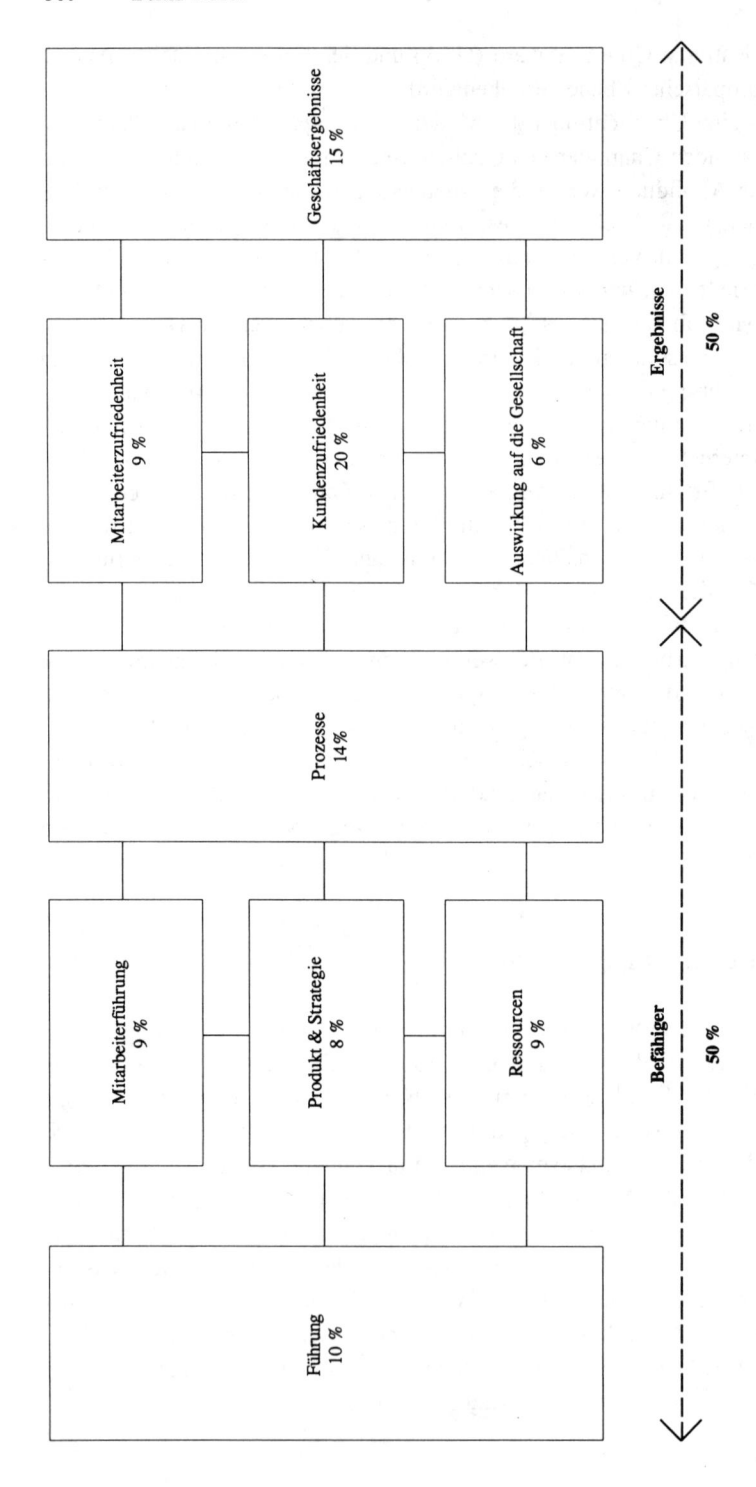

Führung 10 %	Mitarbeiterführung 9 % Produkt & Strategie 8 % Ressourcen 9 %	Prozesse 14 %	Mitarbeiterzufriedenheit 9 % Kundenzufriedenheit 20 % Auswirkung auf die Gesellschaft 6 %	Geschäftsergebnisse 15 %

Befähiger 50 % — **Ergebnisse** 50 %

Abb. 2: Das Europäische Modell für Total Quality Management (*Quelle*: Ellis, 1995, S. 280)

Voraussetzung dafür ist die Einsicht, daß es nicht Aufgabe der unternehmensinternen Experten ist, Qualitätsmerkmale und -niveaus festzulegen, sondern daß der Kunde die Qualität definiert. Kundenorientierung beinhaltet somit ein primär subjektives Qualitätsverständnis im Sinne der *vom Kunden wahrgenommenen Qualität*. Daraus resultiert die Notwendigkeit, sich mit dem Prozeß der Qualitätswahrnehmung von Dienstleistungskunden zu befassen.

Die Qualitätswahrnehmung von Servicekunden wird wesentlich von zwei charakteristischen Merkmalen von Dienstleistungen beeinflußt: Intangibilität und Kundenbeteiligung.

Intangibilität oder Nichtgreifbarkeit bezeichnet die Tatsache, daß eine Dienstleistung – wie ein Reiseangebot – nicht wie ein materielles Gut berührt und als Objekt in Augenschein genommen werden kann. Wegen der Intangibilität ist der Anteil an Leistungsmerkmalen, die ein Reisender vor Antritt seiner Reise überprüfen und kontrollieren kann, gering. Demgegenüber ist der Anteil der Qualitätsaspekte hoch, die er erst während der Reise erfahren kann. So erlebt er die Freundlichkeit und Kompetenz des Flugbegleitpersonals erst während des Fluges.

In dieser Situation empfindet der Kunde ein größeres wahrgenommenes Kaufrisiko (Zeithaml, 1981), d.h. er fühlt deutlicher die mit dem Konsum verbundenen Risiken, sei es, weil er sich des Leistungsergebnisses keinesfalls sicher ist (z.B. ob der versprochene Reise-Nutzen „Erholung" oder „Unterhaltung" auch eintrifft), oder sei es, weil er weiß, daß er das Ergebnis der Dienstleistung nicht mehr rückgängig machen (z.B. eine mißlungene Reise umtauschen) kann.

Zur Reduzierung des Risikos orientiert sich der Kunde bei der Bewertung vor allem an erkennbaren Aspekten des Leistungsumfeldes und verwendet sie im Sinne von Schlüsselinformationen als Indikatoren der Qualität. Dazu gehören die beobachtbaren materiellen Elemente der Dienstleistung (wie Gebäude, Räume, Einrichtungsgegenstände). Wie amerikanische Studien zeigen, schließen Reisebürokunden z.B. von dem Durcheinander auf dem Schreibtisch im Reisebüro auf eine mangelnde Verläßlichkeit der Beratung (Bitner, 1990). Ebenso ist zu erwarten, daß Restaurantgäste von der mangelnden Sauberkeit im Speiseraum auf Hygienemängel in der Küche schließen.

Das zweite Merkmal, die *Kundenbeteiligung*, bezeichnet die Tatsache, daß die Leistungserstellung meist nicht möglich ist, ohne daß der nachfragende Kunde sich selbst oder eines seiner Güter in den Prozeß einbringt. Die Reise findet ohne Reisenden als Dienstleistung nicht statt, die Dienstleistung des Reisebüros nicht ohne Reisebürokunden. Dienstleistungen werden also in einem Interaktionsprozeß zwischen dem Personal des Anbieters und dem Kunden erstellt. Damit wird die Qualitätswahrnehmung wesentlich vom Kundenkontaktpersonal bestimmt, und zwar auch dann, wenn der Kontakt relativ kurzzeitig ist, wie etwa beim Kauf einer Bahnkarte, beim Check-In, bei einer telefonischen Rückfrage bei der Hotelrezeption. In allen Fällen machen Kunden ihre qualitative Einschätzung der Dienstleistung und ihr Wiederkaufverhalten davon abhängig, wie positiv oder negativ sie diesen Kontakt erlebt haben, obwohl es sich nicht um die eigentliche Kernleistung des Unternehmens handelt.

Darüber hinaus bedingt die Kundenbeteiligung an der Leistungserstellung zugleich, daß die Dienstleistungsnutzung nicht als punktueller Eindruck, sondern als Prozeß erlebt wird. Dienstleistungskonsum verbraucht Zeit und beinhaltet eine Abfolge von Interaktionen. Alle Kontaktpunkte, an denen der Kunde, der Reisende, mit irgendeinem Aspekt des Dienstleistungsangebots in Berührung kommt, stellen einen „Augenblick der Wahrheit" („moment of truth") dar, weil hier Qualitätswahrnehmung stattfindet und sich das Qualitätsmanagement bewähren muß (Albrecht, 1988; Stauss, 1995a).

Insofern kommt es darauf an, diese Kontaktpunkte in dem vom Kunden während der Dienstleistung erlebten Ablauf zu erfassen. Für diesen Zweck liegen inzwischen verschiedene methodische Vorschläge vor, deren Gemeinsamkeit darin besteht, daß sie Varianten von Ablaufdiagrammen darstellen. Aufbauend auf Arbeiten von Shostack (1987) schlagen beispielsweise Gummesson/Kingman-Brundage (1992) eine „Dienstleistungskarte" vor, die den Ablauf der Interaktionen bzw. Kundenkontaktpunkte in chronologischer Folge horizontal wiedergibt. Dieses Grundmodell wird dann in vertikaler Hinsicht ergänzt, um die Beziehungen zum Leistungserstellungssystem, d.h. zu den unternehmerischen Prozessen, zu verdeutlichen. Eine „Interaktionslinie" trennt die von den Kunden allein ausgeführten Handlungen von den Interaktionen mit dem Kundenkontaktpersonal. Die „Wahrnehmbarkeitslinie" grenzt den für die Kunden sichtbaren Teil des Dienstleistungsangebots ab. Darüber hinaus kann kontaktpunktspezifisch verdeutlicht werden, welche Aspekte des physischen Umfeldes der Kunde an jedem Kontaktpunkt erlebt (siehe Abb. 3).

Auf der Basis eines so visualisierten Kundenpfades bzw. einer „Dienstleistungskarte" lassen sich nun die Qualitätswahrnehmung des Kunden prozeßorientiert, d.h. kontaktpunktspezifisch ermitteln und die zentralen Ansatzpunkte eines kundenprozeßorientierten Qualitätsmanagements (tangibles Umfeld, Mitarbeiter, Zeit und die Kunden selbst) differenziert gestalten (Stauss, 1995c).

4.3 Messung der Kundenzufriedenheit

Wenn Qualität vom Kunden bestimmt wird und Kundenzufriedenheit wesentliches Ziel des Qualitätsmanagements ist, dann ist die Messung von Kundenzufriedenheit erforderlich, um den Grad der Zielerreichung zu überprüfen. Für diesen Zweck steht eine Vielzahl von Verfahren zur Verfügung, die die Marketingwissenschaft in den letzten Jahren entwickelt und verfeinert hat.

Am häufigsten werden Erhebungen mit Hilfe sogenannter *merkmalsorientierter Zufriedenheitsbefragungen* durchgeführt. Sie heißen merkmalsorientiert, weil sie auf der Annahme beruhen, daß der Kunde seine grundsätzliche Qualitätsbeurteilung (z.B. eines Hotels) aufgrund der Bewertung der einzelnen Qualitätsmerkmale vornimmt (z.B. Standort, Freundlichkeit, Kompetenz). Dementsprechend gehen Qualitätsbefragungen

Total Quality Management im Tourismus 363

Physische Elemente		Parkplatz Schaufenster Eingang	Einrichtung	Schreibtisch Computer Formulare	Einrichtung	Anschreiben
Kunde	Telefonische Anfrage	Gang zum Reisebüro	Innenraum Reisebüro	Beratung	Verlassen des Reisebüros	Empfang Reiseunterlagen

Interaktionslinie

Mitarbeiter ← ← Mitarbeiter

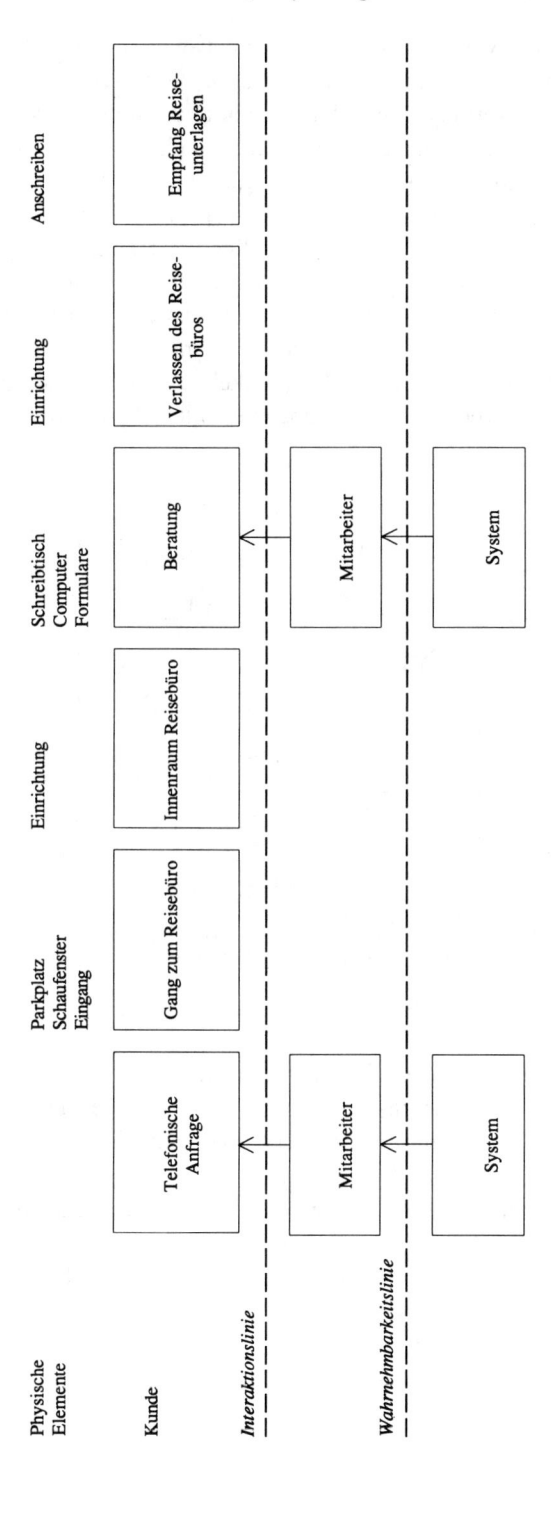

Wahrnehmbarkeitslinie

System System

Abb. 3: „Dienstleistungskarte" (Service Map) für eine Beratung im Reisebüro (*Quelle*: Stauss, 1995d, S. 111)

dieser Art so vor, daß sie die Kunden entweder direkt nach ihrer Zufriedenheit mit den einzelnen Leistungsmerkmalen befragen oder diese als Diskrepanzen zwischen den erfragten Erwartungen und Wahrnehmungen ermitteln. Darüber hinaus kann zusätzlich erhoben werden, welches Gewicht die Kunden auf die jeweiligen Merkmale legen, so daß eine zweidimensionale Auswertung der Befragungsergebnisse möglich ist. In Abbildung 4 sind beispielsweise die Ergebnisse einer Zufriedenheitsmessung für ein Hotel angeführt, in der die jeweiligen Merkmale entsprechend ihrer Bewertung (Durchschnittswert der Zufriedenheit) und ihrer Gewichtung (durchschnittliche Bedeutung für den Kunden) eingetragen sind. Aus einer solchen Darstellung ist u.a. ersichtlich, welche der von Kunden als besonders wichtig angesehenen Merkmale nicht zufriedenstellend bewertet werden (dunkel hervorgehobener Quadrant in Abb. 4), so daß hier Qualitätsverbesserungsmaßnahmen mit erster Priorität ansetzen sollten.

Merkmale der Hotelqualität

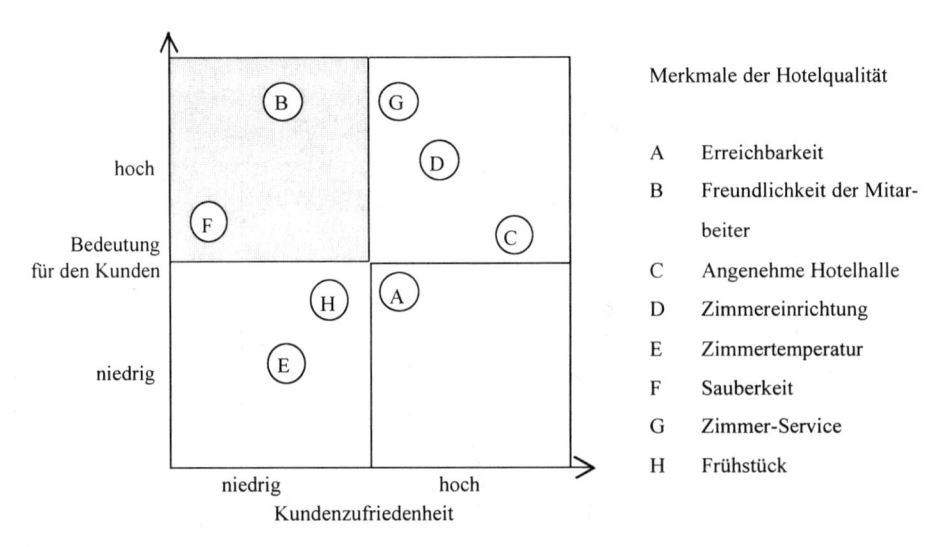

A   Erreichbarkeit
B   Freundlichkeit der Mitarbeiter
C   Angenehme Hotelhalle
D   Zimmereinrichtung
E   Zimmertemperatur
F   Sauberkeit
G   Zimmer-Service
H   Frühstück

Abb. 4: Zufriedenheits-/Bedeutungsportfolio

Fragebögen, mit denen merkmalsorientiert die Zufriedenheit von Gästen ermittelt wird, sind gerade im touristischen Bereich weit verbreitet. Luftlinien – wie die Lufthansa – setzen sie regelmäßig und in großem Umfang ein (Klein, 1995, S. 488), gleiches gilt für große Hotels oder Autovermietungen.

Solche merkmalsorientierten Verfahren sind grundsätzlich in hohem Maße zur subjektiven Qualitätsmessung geeignet, weil sie Informationen darüber liefern, welche Merkmale die Kunden bei der Beurteilung des Angebots heranziehen, welche Bedeutung sie ihnen beimessen und wie sie die jeweilige unternehmerische Leistung wahrnehmen. Diese positive Bewertung gilt vor allem, wenn die ermittelten Daten regelmäßig mit Vergangenheits- und Vergleichswerten von Wettbewerbern konfrontiert werden, um Entwicklungen im Zeitablauf und relative Positionen im Konkurrenzvergleich erkennen und analysieren zu können.

Trotz dieser positiven Bewertung ist insofern eine Einschränkung zu machen, als die Ergebnisse merkmalsorientierter Verfahren meist nur wenig aussagefähig im Hinblick auf konkrete Maßnahmen des Qualitätsmanagements sind. So kann man beispielsweise der Auswertung der Zufriedenheitsbefragung in Abbildung 4 entnehmen, daß die Kunden eine Verbesserung hinsichtlich Freundlichkeit und Sauberkeit wünschen. Doch die Daten enthalten keine Hinweise darauf, welches konkrete Personalverhalten die Kunden bemängeln und wo Korrekturmaßnahmen anzusetzen sind. Deshalb erscheint es angebracht, zumindest ergänzend auch ereignisorientierte Verfahren der Qualitäts- und Zufriedenheitsmessung einzusetzen. Das Ziel der *ereignis-orientierten Verfahren* besteht in dem Bemühen, das Qualitätserleben der Kunden konkret zu erfassen, indem man deren Schilderungen über ihre Erlebnisse mit dem Dienstleister und dem Dienstleistungsangebot auswertet. Als wichtigste Ansätze in diesem Zusammenhang sind die Beschwerdeanalyse, die Methode der Kritischen Ereignisse (Critical Incident Technique) sowie die Sequentielle Ereignismethode zu nennen.

Die *Beschwerdeanalyse* betrifft die inhaltsanalytische Auswertung von Kundenbeschwerden. Die in Beschwerden enthaltenen Informationen geben Hinweise auf Schwächen in der Dienstleistungsplanung oder -erstellung, auf Veränderungen in Verbrauchereinstellungen und -verhalten, neue Produktideen, Marktchancen usw. Seit Jahren belegen Ergebnisse der Beschwerde- und Zufriedenheitsforschung übereinstimmend den hohen Nutzen von Beschwerdeinformationen für Marketingmaßnahmen und Qualitätskontrollen (Stauss/Seidel, 1996). Insofern bedarf es einer systematischen Auswertung der Beschwerdeinformationen in qualitativer und quantitativer Hinsicht und einer Einspeisung dieser Daten in Verbesserungsprozesse. Auch sind Kunden zu stimulieren, ihre Unzufriedenheit direkt gegenüber dem Anbieter zu formulieren, um möglichst umfangreiche Informationen über erlebte negative Kundenerlebnisse zu erhalten und die Chancen zu erhöhen, aus unzufriedenen zufriedene Kunden zu machen.

Da Beschwerden nur Hinweise auf qualitative Schwächen enthalten und nur einen Teil der tatsächlich aufgetretenen Probleme erfassen, sind weitere Kundenschilderungen über ihr Qualitätserleben in mündlichen Interviews einzuholen.

Dabei hat sich besonders die *Methode der kritischen Ereignisse* bewährt. Hier werden die Kunden mittels offener Fragen aufgefordert, über außergewöhnlich positive oder negative Erlebnisse („kritische Ereignisse") mit dem Dienstleistungsangebot detailliert zu berichten. *Kritische Ereignisse* sind somit Vorfälle, die von den Kunden als besonders erfreulich oder ärgerlich empfunden und im Gedächtnis behalten werden. Es sind die Geschichten, die den Kunden einfallen, wenn sie ihre Erfahrung mit dem touristischen Dienstleister reflektieren, und die sie im persönlichen Umfeld weitererzählen. Insofern spricht viel dafür, daß diese Ereignisse ganz wesentlich das globale Qualitätsurteil beeinflussen und das Kaufverhalten bestimmen. Kritische Ereignisse werden im Rahmen mündlicher Interviews erhoben, in denen die Kunden aufgefordert werden, eine Situation (z.B. während ihres Hotelaufenthaltes) zu schildern, die für sie mit besonders positiven bzw. negativen Erlebnissen verbunden ist. Die Ereignisse enthalten eindeutige und sehr konkrete Informationen, die unmittelbar für spezifische Maßnahmen des Qualitätsmanagements genutzt werden können.

In der Abbildung 5 sind Beispiele für negative Ereignisse von Reisebürokunden hinsichtlich verschiedener Phasen der Dienstleistungsnutzung aufgeführt. Allerdings handelt es sich hier nur um Kurzformulierungen, stellvertretend für ausführlichere Fallschilderungen.

Phase: Beratung

Einrichtung läßt keine Gesprächssituation aufkommen; andere Kunden können jederzeit zuhören
Mitarbeiter hört dem Kunden nicht richtig zu
Mitarbeiter unterstellt dem Kunden Bedürfnisse, die er gar nicht hat
Mitarbeiter wirkt gehetzt, drängt zu sehr auf Entscheidung
Mitarbeiter hat Probleme mit dem Computer
Mitarbeiter wird ständig durch das Telefon unterbrochen
Mitarbeiter wird ungeduldig, schielt nach dem nächsten Kunden
Mitarbeiter berechnet nicht den günstigsten Tarif/Preis

Abb. 5: Negative kristische Ereignisse im Reisebüro

Will man den Prozeßcharakter des Dienstleistungserlebens auch bei der Zufriedenheitsmessung berücksichtigen, bietet es sich an, die *Sequentielle Ereignismethode* anzuwenden. Sie sieht die Ermittlung von allen (nicht nur „kritischen") positiven und negativen Ereignissen im Qualitätserleben von Dienstleistungskunden auf der Basis eines visualisierten Kundenpfades in mündlichen Interviews vor. Eine Anwendung dieser Methode auf eine touristische Dienstleistung zeigen Stauss/Weinlich (1996). Sie untersuchten eine Teilphase eines Cluburlaubs, nämlich die Phase „Empfang der Gäste". Sie beginnt – wie Abbildung 6 zeigt – am Flughafen des Zielortes, nachdem der Gast mit seinem Gepäck die Zollkontrolle passiert hat, und schließt den Transfer zur Clubanlage, die Ankunft im Club, das Einchecken sowie das Aufsuchen des Zimmers ein. Das Ende des betrachteten Bereichs bildet der Moment, in dem der Gast mit seinem Gepäck das Zimmer in der Clubanlage betritt.

Den Gästen des Clubs wurde der visualisierte Kundenpfad gezeigt, und sie wurden gebeten, diesen Ablauf noch einmal gedanklich durchzugehen und zu schildern, was sie in den einzelnen Teilschritten erlebt haben. Im Ergebnis zeigte es sich, daß die Gäste kontaktpunktspezifisch eine Fülle von Einzelereignissen nennen konnten, die zwar nur im Ausnahmefall als dramatisch empfunden, aber doch als Einflußgrößen des Qualitätserlebens im Gedächtnis behalten wurden. In den positiven Ereignisschilderungen wurde deutlich, welche konkreten Aspekte vom Kunden honoriert und daher

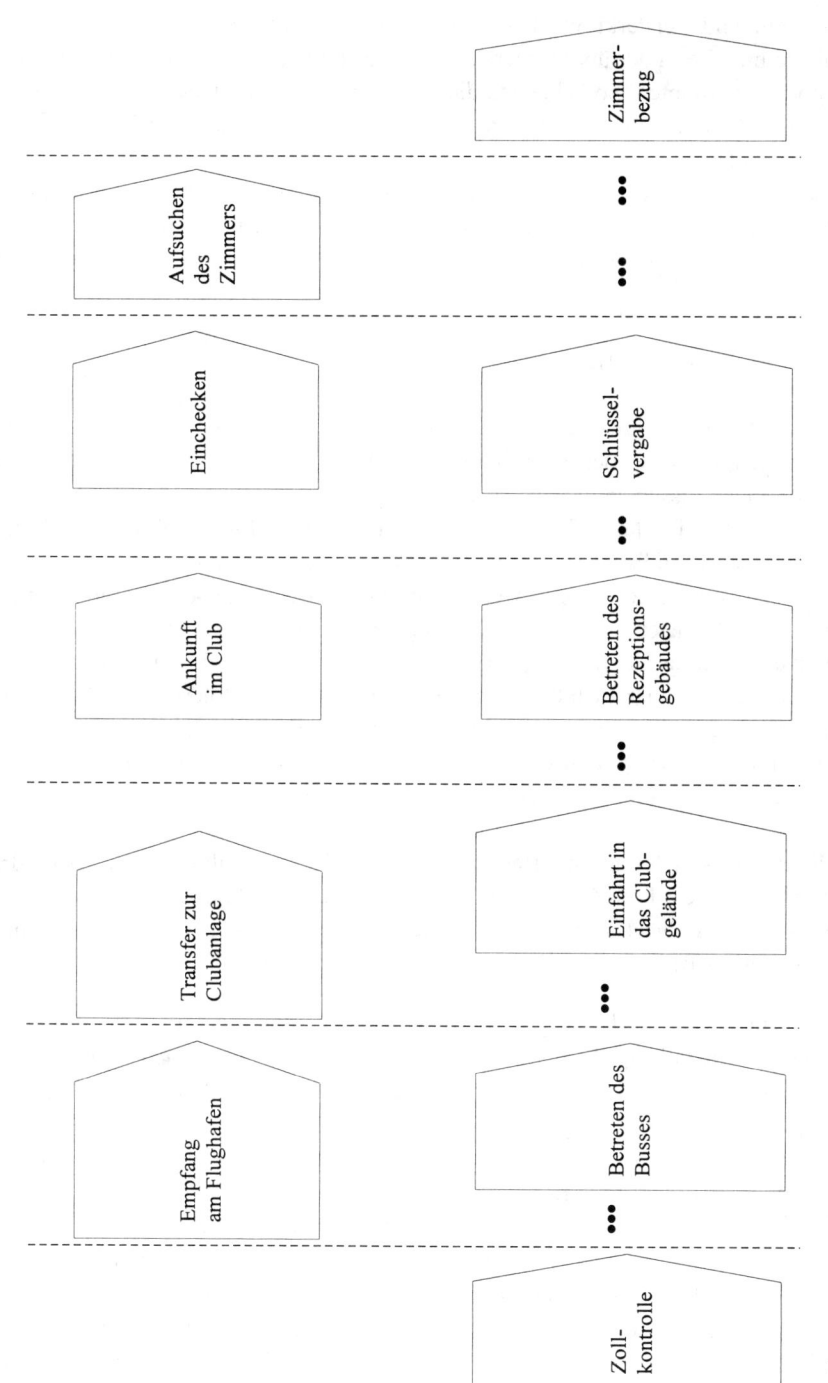

Abb. 6: Der Bereich „Empfang der Gäste" im Rahmen eines Cluburlaubs

Prozessschritte (von unten nach oben):
- Zollkontrolle
- Empfang am Flughafen / Betreten des Busses
- Transfer zur Clubanlage / Einfahrt in das Clubgelände
- Ankunft im Club / Betreten des Rezeptionsgebäudes
- Einchecken / Schlüsselvergabe
- Aufsuchen des Zimmers
- Zimmerbezug

beibehalten und verstärkt werden sollten, die negativen Schilderungen wiesen auf Probleme hin, die in der überwiegenden Zahl der Fälle schnell und ohne große Kosten gelöst werden konnten. So beklagten die Gäste in bezug auf die letzte Teilperiode Orientierungsschwierigkeiten, hatten aber auch klare Vorstellungen darüber, auf welche Ursachen diese zurückzuführen sind (verwirrende Zimmernumerierung, fehlende Hinweisschilder, unverständliches Kartenmaterial). Diese konkreten Hinweise auf leicht realisierbare Verbesserungsmöglichkeiten machen die Sequentielle Ereignismethode zu einem wertvollen ergänzenden Instrument der wahrgenommenen Qualitätsmessung.

4.4 Leistungsspezifikation

Um ein auf Kundenwünsche abgestimmtes und einheitlich hohes Qualitätsniveau sicherzustellen, bedarf es der Spezifikation der Dienstleistungsqualität, d.h. der Aufstellung von Qualitätsstandards. Selbstverständlich ist es im Dienstleistungsbereich aufgrund von Intangibilität und Kundenbeteiligung schwer, für die einzelnen Merkmale konkrete Qualitätsindikatoren zu ermitteln und die jeweiligen angestrebten Leistungsniveaus genau zu spezifizieren. Aber durch eine konsequente Analyse und zumindest partielle Standardisierung von Dienstleistungsprozessen ist es doch vielfach möglich, objektive Standards zu fixieren, z.B. hinsichtlich der Zeit, in der eine Transaktion durchzuführen ist, oder auch bezüglich der Anzahl maximal tolerierbarer Fehler. Viele Dienstleister, gerade auch im Bereich touristischer Dienstleistungen, beweisen, daß diese Vorgehensweise praktikabel ist. Beispielhaft sei auf zwei *Qualitätsstandards* der Deutschen Lufthansa hingewiesen:

- „Wartezeit bei telefonischer Reservierung: Der Kunde erhält spätestens beim dritten Wählversuch ein Frei-Zeichen und wird innerhalb von 20 Sekunden bedient.
- Wartezeit am Check-in-Schalter: Der Kunde wartet maximal 5 Minuten vom Anstellen in der Reihe bis zur Bedienung" (Beckmann, 1991, S. 387).

Wenn – anders als in den angeführten Beispielen – eine quantifizierte Vorgabe des Leistungsniveaus nicht möglich ist, sollte man sich um eine möglichst genaue verbale Umschreibung der Standards bemühen. Wichtig dabei ist, daß sie auf die Kundenbedürfnisse abgestimmt, möglichst unternehmensweit einsetzbar und meßbar sind (Drewes/Klee, 1995, S. 504). Abbildung 7 zeigt die entsprechende Vorgehensweise zur Sicherung einer ungestörten Beratung in einem Reisebüro.

Sind keine objektiven Standards formulierbar, kommt es darauf an, subjektive Standards in Form von Zufriedenheitswerten vorzugeben und zu überprüfen. Zum Beispiel kann es sinnvoll sein, in bezug auf Einzelmerkmale der Dienstleistungsqualität (z.B. Schnelligkeit oder Freundlichkeit) Prozentzahlen begeisterter (Globalzufriedenheitsnote 1) und zufriedener Gäste (Globalzufriedenheitsnote 2) als Soll-Werte zu formulieren.

Kontaktsituation	Beratungsgespräch in der Geschäftsstelle
Ergebnis für den Kunden	Das Beratungsgespräch verläuft ungestört durch Mitarbeiter, Telefon oder andere Kunden
Wie erreichen Sie das Ergebnis für den Kunden?	Sie ändern die Raumaufteilung durch geschicktes Umstellen der Möbel und veranlassen ggf. eine Umgestaltung
	Sie stellen Ihr Telefon konsequent auf einen Kollegen um
	Sie treffen im Kollegenkreis klare Vereinbarungen, in welchen Ausnahmefällen ein Beratungsgespräch gestört werden darf
Indikator	Anteil der ungestört verlaufenden Kundengespräche
Kontrolle	Interne Kontrolle; schriftliche Kundenbefragung

Abb. 7: Beispiele eines Servicestandards (*Quelle*: in Anlehnung an Drewes und Klee, 1995, S. 505)

4.5 Fehlerprävention

Erstes Gebot des Qualitätsmanagements ist es, den Service von vornherein in der gewünschten Weise bereitzustellen, d.h. durch eine entsprechend ausgefeilte Planung die Entstehung von Problemen zu vermeiden. Auf diese Weise läßt sich eine Fülle von „Kosten der Nichtqualität" vermeiden, die man meist unterschätzt, weil sie nicht systematisch erfaßt werden. Zu diesen Kosten der Nichtqualität gehören Fehlerkosten und Abwanderungskosten.

Unter (internen und externen) *Fehlerkosten* versteht man die Mehrkosten, die durch fehlerhafte Produkte oder Leistungen entstehen. Interne Fehlerkosten ergeben sich aus Mängeln, die vor der Leistung an den Kunden auftreten (z.B. Kosten für Doppelarbeit). Externe Fehlerkosten treten aufgrund von Mängeln in der kundenbezogenen Leistungserstellung auf (Kosten für die Bearbeitung und Kompensation von Kundenbeschwerden, Garantieleistungen, Befriedigung von Gewährleistungs- und Haftungsansprüchen).

Über die Größenordnung der Fehlerkosten in Unternehmen sind nur grobe Schätzungen möglich, und betriebs- bzw. branchenspezifische Differenzierungen sind erforderlich. Beispielhaft sei nur auf die Schätzung von Oakland (1986, S. 203) verwiesen, daß selbst in gut organisierten Banken etwa 15 Prozent der Arbeitskapazität durch fehlerhafte Leistungen beansprucht wird.

Dabei sind mit diesen Fehlerkosten die wesentlichsten „Kosten" mangelhafter Qualität noch gar nicht erfaßt. Die gravierendsten finanziellen Einbußen ergeben sich in den meisten Fällen in Form entgangener Erlöse durch Abwanderungen der Kunden und das

Nichtzustandekommen möglicher Geschäfte aufgrund mangelnder Qualität (*Abwanderungskosten*). Diese Einbußen werden in der Regel trotz ihrer Bedeutung übersehen bzw. nicht berücksichtigt, weil sie nicht direkt ausgabenwirksam sind und in der Kostenrechnung nicht auftauchen.

Um sich die Größenordnung dieser „Kosten der Nichtqualität" bewußt zu machen, erscheint es sinnvoll, zumindest für ausgewählte, häufig auftretende Fehler eine Kalkulation vorzunehmen. Zur Illustration wird in Abbildung 8 die Vorgehensweise der Kostenberechnung von Ritz-Carlton am Beispiel des Fehlers „Reserviertes Zimmer ist bei Ankunft der Gäste noch nicht bezugsfertig" demonstriert. Bei Auftreten dieses Fehlers können unterschiedliche Maßnahmen von seiten des Hotels erforderlich sein (Gratiscocktail, Entschuldigungsbrief usw.), deren Kosten eindeutig zu berechnen sind. Zudem ist auch die Größenordnung entgangener Umsätze im Falle der Abwanderung unzufriedener Gäste bekannt. Wenn man nun aufgrund langjähriger Erfahrung berücksichtigt, wie oft ein solcher Fehler vorkommt und mit welcher Wahrscheinlichkeit die jeweiligen Konsequenzen auftreten, läßt sich die große ökonomische Bedeutung nur dieses einen Fehlers unmittelbar ablesen. Auf diese Weise ist auch innerbetrieblich zu verdeutlichen, daß Maßnahmen der Fehlervermeidung ein wertvoller Ansatz dafür sind, gleichzeitig die Qualität zu erhöhen *und* die Kosten zu senken.

4.6 Wiedergutmachung – Beschwerdemanagement

Im Dienstleistungsbereich ist das Auftreten von Problemen nicht vollständig zu vermeiden. Faktoren wie das Wetter und das Kundenverhalten liegen – wie Hart/Heskett/Sasser (1991) betonen – außerhalb der unternehmerischen Kontrolle: Das beste Reservierungssystem kann den Nebel nicht verhindern; der talentierteste Koch nicht vermeiden, daß das Essen dem Kunden nicht schmeckt. Dazu ist das Mitarbeiterverhalten nicht vollständig zu standardisieren. Wenn aber mit dem Auftreten von Problemen gerechnet werden muß, dann müssen Mitarbeiter und Systeme auch darauf vorbereitet und zur richtigen Reaktion in der Lage sein. Seit Jahren hat die Zufriedenheits- und Beschwerdeforschung immer wieder nachgewiesen, welche positiven Auswirkungen eine schnelle und kundengerechte Beschwerdebearbeitung auf Kundenzufriedenheit und Kundenbindung hat. Nur beispielhaft sei auf die empirischen Ergebnisse des Deutschen Kundenbarometers hingewiesen: „Herausragendes Beschwerdemanagement ist eine nicht zu unterschätzende Chance zur Steigerung der Kundenzufriedenheit. Gelingt es dem Unternehmen, die Beschwerdeführer durch die Antwort zu überzeugen, so kann deren Kundenzufriedenheit sogar über dem Wert beschwerdefreier Kunden liegen. Beschwerdemanagement ist demzufolge auch ein ausgezeichnetes Instrument zur Kundenbindung" (Deutsche Marketing-Vereinigung, 1993, S. 31). Insofern kommt es

Mögliche Folgen bei nicht gemachten Betten	Kosten	Wahrscheinlichkeit	Kalkulierte Kosten		
			Material	Personal	Entgangener Umsatz
Leiter Reinigungsdienst verliert 15 Minuten	1,75	90%		1,58	
Empfangschef verliert 10 Minuten	2,00	90%		1,80	
Hotelmanager verliert 10 Minuten	2,00	50%		1,00	
Gratiscocktail für den Gast	3,00	90%	2,70		
Kleine Aufmerksamkeit	12,00	50%	6,00		
Hoteldirektor schreibt Entschuldigungsbrief	10,00	25%	2,50		
Gast kommt nicht wieder	337,50	10%			33,75
			11,20	4,38	33,75

Check-Ins / Jahr	Fehlerquote	Fehler pro Jahr
50.000	2%	1.000

	Fehlerkosten		
	11.200	4.380	33.750
	Gesamtverlust 49.330		

Abb. 8: Kosten von Service-Fehlern (Quelle: Möhlmann et al., 1993, S. 194)

darauf an, daß auch touristische Dienstleister ein professionelles Beschwerdemanagement einführen, indem sie für unzufriedene Kunden leicht zugängliche (z.B. telefonische) Beschwerdekanäle schaffen, eine sach- und problemgerechte Beschwerdebearbeitung vornehmen sowie Beschwerden systematisch hinsichtlich ihres informatorischen Gehaltes für Qualitätsverbesse-rungsmaßnahmen auswerten (Stauss/Seidel, 1996).

Als wesentlichen Bestandteil eines Beschwerdemanagements hat die Hotelkette Ritz-Carlton das Prinzip des „Beschwerdeeigentums" eingeführt. Es besagt, daß jeder Mitarbeiter, an den ein Problem herangetragen wird, zum „Eigentümer" dieser Beschwerde wird und für dessen Lösung verantwortlich ist. Wenn beispielsweise ein Hotelgast im hauseigenen Restaurant erwähnt, daß der Fernsehempfang in seinem Zimmer gestört ist, muß der Kellner den Mechaniker benachrichtigen und sich solange um das Problem kümmern, bis er sicher ist, daß es tatsächlich beseitigt ist. Dementsprechend heißt es in den Unternehmensgrundsätzen: „Die unmittelbare Beschwichtigung unserer Gäste muß von jedem Mitarbeiter sichergestellt werden. Reagieren Sie augenblicklich und beheben Sie das Problem sofort. Fragen Sie innerhalb von 20 Minuten bei dem Gast nach, um sicherzugehen, daß das Problem zu seiner Zufriedenheit gelöst worden ist. Tun Sie alles, was in Ihrer Macht steht, um niemals einen einzigen Gast zu verlieren" (Ritz-Carlton, 1994, S. 372).

4.7 Interne Kunden-Lieferanten-Beziehungen

Eine wesentliche Erkenntnis des Total Quality Managements liegt darin, daß in Unternehmen Kundennähe nur dann konsequent praktiziert wird, wenn die Maxime der Kundenorientierung nicht nur auf externe Kunden, sondern auch auf unternehmensinterne Prozesse angewendet wird. Um dies zu ermöglichen, wird ein Prozeßmanagement mit internen Kunden-Lieferanten-Beziehungen geschaffen. Ausgangspunkt ist die Überlegung, daß unternehmerische Aktivitäten als Prozeß mit einer logischen Reihenfolge mit meßbarem Input, einem Wertschöpfungsbeitrag und einem spezifischen Output verstanden werden können. Jeder Prozeß beginnt mit der Anforderung des Kunden und endet mit der Übergabe des Ergebnisses an den Kunden. Insofern kann auch jede organisatorische Einheit als Element dieser Prozeßkette aufgefaßt werden, die zugleich Kunde in bezug auf die Leistungen des internen Lieferanten und Lieferant der eigenen Leistung in bezug auf einen weiteren internen Kunden ist. Wird ein solcher Prozeß zunächst einmal identifiziert und unter Effizienzgesichtspunkten optimiert, werden Schnittstellen und Verantwortlichkeiten geklärt und die Leistungen entsprechend vorher festgelegter Indikatoren überprüft, lassen sich grundsätzlich die wesentlichen Ziele eines solchen kundenorientierten Prozeßmanagements erreichen: Die Ausrichtung der Geschäftsprozesse auf die Anforderungen des externen Kunden und die interne Durchsetzung kundenorientierten Denkens (Holst, 1992).

Wie für Unternehmen aus anderen Branchen, stellt die Umsetzung des Prinzips der internen Kunden-Lieferanten-Beziehungen auch für viele touristische Dienstleister eine erhebliche Herausforderung dar. Vielfach fehlt es noch an einer sorgfältigen Analyse der internen Prozesse und der Festlegung von Leistungsniveaus und Prozeßverantwortlichkeiten. Wenig ausgeprägt ist auch die Bereitschaft, die nächste Abteilung oder den nächsten Mitarbeiter in der Prozeßkette als internen Kunden anzusehen und sich wirklich kundenorientiert zu verhalten. Gerade in internen Prozessen neigen viele Mitarbeiter aufgrund ihres jeweiligen Experten- oder Hierarchiestatus zu einem angebotsorientierten Verhalten. Hier sind nachhaltige Organisations- und Personalentwicklungsanstrengungen erforderlich.

4.8 Mitarbeiterorientierung

Eine Besonderheit der Dienstleistungsproduktion liegt in dem Interaktionscharakter von Dienstleistungen und damit in der Bedeutung des Personals und seines Verhaltens für die Qualitätswahrnehmung der Kunden. Von allen Kundenkontaktpunkten kommt denen mit direktem persönlichen Kontakt zwischen Kunde und Kontaktpersonal die größte Bedeutung zu. Empirische Studien belegen, in welch hohem Maße Kunden als Grund für ihre Unzufriedenheit und ihren Wechsel des Anbieters mangelhaftes Personalverhalten (wie Unfreundlichkeit, mangelnde Hilfsbereitschaft, unpersönliche Abfertigung usw.) ansehen (Bowers/Martin/Luker, 1990, S. 58).

Alle qualitätsbezogenen Anstrengungen in den Bereichen der Angebotsplanung sind daher vergeblich, wenn das Personal die Kundenanforderungen nicht angemessen erfüllt. Ein ungeeigneter, unmotivierter oder schlecht gelaunter Mitarbeiter, eine falsche, schroffe Antwort am Telefon können wesentlich darüber entscheiden, ob Interessenten zu Kunden werden und Kunden bleiben (Frisch, 1989, S. 242).

Insofern ist dem personalorientierten *„internen Marketing"* im Rahmen einer unternehmensweiten Qualitätspolitik ein großer Stellenwert beizumessen. Es muß gewährleisten, daß sich die Mitarbeiter in ihren Aktivitäten – vor allem in den Kundenkontaktsituationen – so verhalten (können), daß Kunden gewonnen, zufriedengestellt und gehalten werden (Stauss, 1995b).

Das Interne Marketing-Mix beinhaltet zum einen, daß die herkömmlichen *personalpolitischen Instrumente in Orientierung auf die absatzmarktbezogenen Qualitätsziele* eingesetzt werden müssen. Dazu gehören eine *serviceorientierte Personalauswahl*, bei der nicht nur Branchenkenntnisse, sondern vor allem auch die persönliche Einstellung zum Kunden und zur Dienstleistung bewertet werden, und die Verknüpfung materieller und immaterieller *Entlohnungen* mit der Erreichung von Umsatz-, Kundenzufriedenheits- und Qualitätszielen. Darüber hinaus kommt dem *qualitätsorientierten Einsatz interner Kommunikationsinstrumente* große Bedeutung zu. Dazu gehören *Medien*, in denen über das grundlegende Qualitätsverständnis und aktuelle Programmschwerpunkte informiert wird. Abbildung 9 zeigt eine Informationskarte von Ritz-Carlton für jeden

Informationskarte für jeden Mitarbeiter von Ritz-Carlton

Die Drei Stufen der Dienstleistung

1.
Eine herzliche und aufrichtige Begüßung. Sprechen Sie den Kunden, wenn angebracht und möglich, mit seinem Namen an.

2.
Vorwegnahme und Erfüllung der Gästewünsche.

3.
Ein liebenswürdiger Abschied. Verabschieden Sie sich mit einem herzlichen "Auf Wiedersehen!" und sprechen Sie den Gast, wenn angebracht und möglich, mit seinem Namen an.

"Wir sind Damen und Herren im Dienste für Damen und Herren"

THE RITZ-CARLTON

Credo

In einem Ritz-Carlton Hotel ist das aufrichtige Bemühen um das Wohlergehen unserer Gäste unser oberstes Gebot.

Wir sichern unseren Gästen ein Höchstmaß an persönlichem Service und Annehmlichkeiten zu. Stets genießen unsere Gäste ein herzliches, entspanntes und dennoch gepflegtes Ambiente.

Das Erlebnis Ritz-Carlton belebt die Sinne, vermittelt Wohlbehagen und erfüllt selbst die unausgesprochenen Wünsche und Bedürfnisse unserer Gäste.

Abb. 9: Informationskarte für jeden Mitarbeiter von Ritz-Carlton (*Quelle:* Ritz-Carlton, 1994, S. 371)

Mitarbeiter, die ihn permanent an die Qualitätsphilosophie und das Rollenverständnis erinnert. Dazu kommen *Trainings*, die nicht kurzfristige „smile-Übungen", sondern Bildungsinvestitionen in die Bewältigung kommunikativer Situationen darstellen. Weite Ansatzpunkte sind die Pflege der *interaktiven Kommunikation* zwischen Vorgesetzten und Mitarbeitern durch regelmäßige Gespräche, Beteiligung von Mitarbeitern an der Qualitätsplanung und -verbesserung sowie die Übertragung von Verantwortung an Kundenkontaktmitarbeiter durch Empowerment.

Hinsichtlich des *Empowerment*, also der Verlagerung von Entscheidungsrechten und die Übertragung autonomer Handlungsspielräume auf das Kontaktpersonal, sei noch einmal auf die Vorgehensweise der Hotelgruppe Ritz-Carlton hingewiesen. Um für den Kunden eine möglichst schnelle Problemlösung zu erreichen und zugleich die Mitarbeitermotivation zu verstärken und das Management zu entlasten, wurden die Prinzipien von „Beschwerdeeigentum" und „Empowerment" gekoppelt. Den Mitarbeitern wird nicht nur die Verantwortung für unmittelbare Problemlösungen übertragen, sondern auch die dazu erforderlichen Handlungskompetenzen. So darf jeder Mitarbeiter im Problemfall ohne Rücksprache bis zu $ 2.000 aufwenden, um den sich beschwerenden Gast wieder zufriedenzustellen (Ritz-Carlton, 1994).

4.9 Kontinuierliche Verbesserung

Eine wesentliche Erkenntnis des TQM liegt darin, daß Qualität nicht ein einmal erreichtes Ergebnis, sondern ein permanenter Prozeß der Bemühung um Verbesserung ist. Bei Xerox wird dies folgendermaßen ausgedrückt: „Quality: A race without a finish line" (Xerox, 1993). Dieses prozeßbezogene Verständnis von Qualität wird von den Japanern mit dem Begriff „Kaizen" bezeichnet. Es handelt sich dabei um eine kundenorientierte Verbesserungsstrategie, die nicht – wie im Westen üblich – primär die Ergebnisse, sondern zunächst die Prozesse betrachtet und Anstrengungen zur ständigen Verbesserung – auch in kleinen Schritten – belohnt (Zink, 1995, S. 15 ff.).

Basis des Kaizen-Prozesses ist das PDCA-Prinzip (Plan-Do-Check-Act): Ein Kreislauf von Planung, Umsetzung, Überprüfung und Analyse als Voraussetzung für den nächsten Kreislauf. Sofern es gelingt, die Mitarbeiter zu motivieren, Arbeitsabläufe unter Anwendung dieses Prinzips ständig einer Analyse und verbessernden Modifikation zu unterziehen, wird auch die gesamtunternehmerische Leistungsqualität steigen.

4.10 Führungsverantwortung

Qualität im Sinne eines unternehmensweiten Bemühens umzusetzen, ist ein unternehmenskultureller Wandel, der nur langfristig durchführbar ist und das bedingungslose Engagement des Top-Managements verlangt. Die obersten Führungskräfte müssen nicht nur Qualitätsorientierung zur Handlungsmaxime machen, sondern auch entsprechende Prioritäten durch Zuweisung von Ressourcen und Managementzeit setzen. Sie haben gegenüber Mittel-Management und Mitarbeitern durch Konsequenz zu demonstrieren, daß die verkündete Qualitätsorientierung wichtig und unumstößlich ist. Dazu ist ihr Vorleben durch qualitätsbewußtes und kundenorientiertes Verhalten unumgänglich. Welche Glaubwürdigkeit Vorgesetzte und die von ihnen vorgeschlagenen Programme verdienen, beurteilen Mitarbeiter danach, inwieweit Worte und Taten übereinstimmen. Demgemäß müssen sich die Mitglieder einer Unternehmensleitung permanent selbst um Qualitätsverbesserung bemühen, den persönlichen Kontakt zu Kunden suchen, sich für Kundenanliegen einsetzen und dafür sorgen, daß Umstände, die Probleme verursachen, auch geändert werden. Nur wer sich als Topmanager der Größe der Herausforderung bewußt ist, sollte sich auf Total Quality Management einlassen. Denn nur dann wird er auch bei Schwierigkeiten den Weg eines kulturellen Wandels weitergehen, der über die kundenorientierte Verbesserung von Prozessen und Leistungen das Unternehmen in die Lage versetzt, auf steigende und sich schnell ändernde Kundenanforderungen flexibel zu reagieren und im Wettbewerb erfolgreich zu bestehen.

Literatur

Albrecht, K. (1988): At America's Service. How Corporations Can Revolutionize the Way They Treat Their Customers. Homewood.

Beckmann, F. (1991): Qualitätssicherung und -messung bei der Deutschen Lufthansa AG. In: M. Bruhn, B. Stauss (Hrsg.): Dienstleistungsqualität. 1. Aufl., Wiesbaden, S. 379–389.

Bitner, M.J. (1990): Evaluating Service Encounters: The Effects of Physical Surroundings and Employee Responses. In: Journal of Marketing, 54. Jg., April, S. 69–82.

Bowers, M.R., C.L. Martin, A. Luker, (1990): Trading Places. Employees as Customers, Customers as Employees. In: Journal of Services Marketing, 4. Jg., H. 2, S. 55–69.

Deutsche Marketing-Vereinigung (1993): Das Deutsche Kundenbarometer – Qualität und Zufriedenheit. Düsseldorf/Bonn.

Drewes, W., J. Klee (1995): Messung der Dienstleistungsqualität und Qualitätsmanagement bei Kreditinstituten – am Beispiel einer deutschen Großsparkasse: In: M. Bruhn, B. Stauss, (Hrsg.): Dienstleistungsqualität, 2. Aufl., Wiesbaden, S. 495–526.

Ellis, V. (1995): Der European Quality Award. In: B. Stauss, (Hrsg.) Qualitätsmanagement und Zertifizierung: Von DIN ISO 9000 zum Total Quality Management. Wiesbaden. S. 278–302.

Frisch, W. (1989): Service-Management: Marktorientierung in der mittelständischen Unternehmenspolitik. Wiesbaden.

Gummesson, E., E.J., Kingman-Brundage (1992): Service Design and Quality: Applying Service Blueprinting and Service Mapping to Railroad Services. In: P. Kunst, J. Lemmink (Hrsg.): Quality Management in Services. Assen/Maastricht, S. 101–114.

Hart, C.W.L., J.L. Heskett, W.E. Jr. Sasser (1991): Wie Sie aus Pannen Profit ziehen. In: Harvard Manager, 13. Jg., H. 1, S. 128–136.

Holst, J. (1992): Der Wandel im Dienstleistungsbereich. Mit Prozeßmanagement zur schlanken Organisation. In: Controlling, 4. Jg., H. 5, S. 260–267.

Klein, H. (1995): Qualitätsmanagement der Deutschen Lufthansa. In: M. Bruhn, B. Stauss (Hrsg.): Dienstleistungsqualität, 2. Aufl., Wiesbaden, S. 477–493.

Möhlmann, B., Rieker, J., Risch, S. (1993): Die Millionenfehler. In: Manager Magazin, H. 9, S. 193–205.
Oakland, J.S. (1986): Systematic Quality Management in Banking. In: The Service Industries Journal, 6. Jg., H. 2, S. 193–204.
Oess, A. (1993): Total Quality Management. 3. Aufl., Wiesbaden.
Ritz-Carlton (1994): The Ritz-Carlton Hotel Company – Preisträger 1992 der höchsten amerikanischen Qualitätsauszeichnung, des Malcolm Baldrige National Quality Awards: Zusammenfassung der Bewerbungsunterlagen. In: B. Stauss (Hrsg.): Qualitätsmanagement und Zertifizierung. Wiesbaden, S. 356–395.
Romeiß-Stracke, F. (1995): Service-Qualität im Tourismus. München.
Shostack, G.L. (1987): Service Positioning Through Structural Change. In: Journal of Marketing, 51. Jg., January, S. 34–43.
Stauss, B. (1995a): „Augenblicke der Wahrheit" in der Dienstleistungserstellung – Ihre Relevanz und ihre Messung mit Hilfe der Kontaktpunkt-Analyse. In: M. Bruhn, B. Stauss (Hrsg.): Dienstleistungsqualität, Konzepte – Methoden – Erfahrungen. 2. Aufl., Wiesbaden, S. 379–399.
Stauss, B. (1995b) Internes Marketing. In: M. Bruhn, B. Stauss (Hrsg.): Dienstleistungsqualität, Konzepte – Methoden – Erfahrungen. 2. Aufl., Wiesbaden, S. 257–276.
Stauss, B. (1995c): Kundenprozeßorientiertes Qualitätsmanagement im Dienstleistungsbereich. In: D.B. Preßmar (Hrsg.): Total Quality Management II, Schriften zur Unternehmensführung. Bd. 55. Wiesbaden.
Stauss, B. (1995d): Differenzierung am POS durch Total Quality Management. In: Markt 2000 – Wohin geht die Reise? Seminarbroschüre der LTU Touristik University. Düsseldorf, S. 101–130.
Stauss, B., W. Seidel (1996): Beschwerdemanagement. München/Wien.
Stauss, B., B. Weinlich (1996): Die Sequentielle Ereignismethode – ein Instrument der prozeßorientierten Messung von Dienstleistungsqualität. In: der markt, 35. Jg., Nr. 136, S. 49–58.
Xerox (1993): Quality: A Race Without a Finish Line. Rochester.
Zeithaml, V.A. (1981): How Consumer Evaluation Processes Differ between Goods and Services. In: J.H. Donelly, W.R. George (Hrsg.): Marketing of Services. In: Proceedings Series. Chicago, S. 186–190.
Zink, K.J. (1995): TQM als integratives Managementkonzept. München/Wien.

5 Kommunikationspolitik

Günther Haedrich

Aufgrund der Besonderheiten von Dienstleistungen spielt hier die Kommunikation eine herausragende Rolle. In der Regel kann die Dienstleistungsqualität erst nach dem Kauf bzw. der Inanspruchnahme der Dienstleistung beurteilt werden, so daß es sich um sog. Vertrauenskäufe handelt (vgl. Abb. 1). Zwar spielt unter Umständen auch die Erfahrung eine gewisse Rolle, sie bietet aber keine hinreichende Grundlage, um eine Dienstleistung vorab zuverlässig beurteilen zu können.

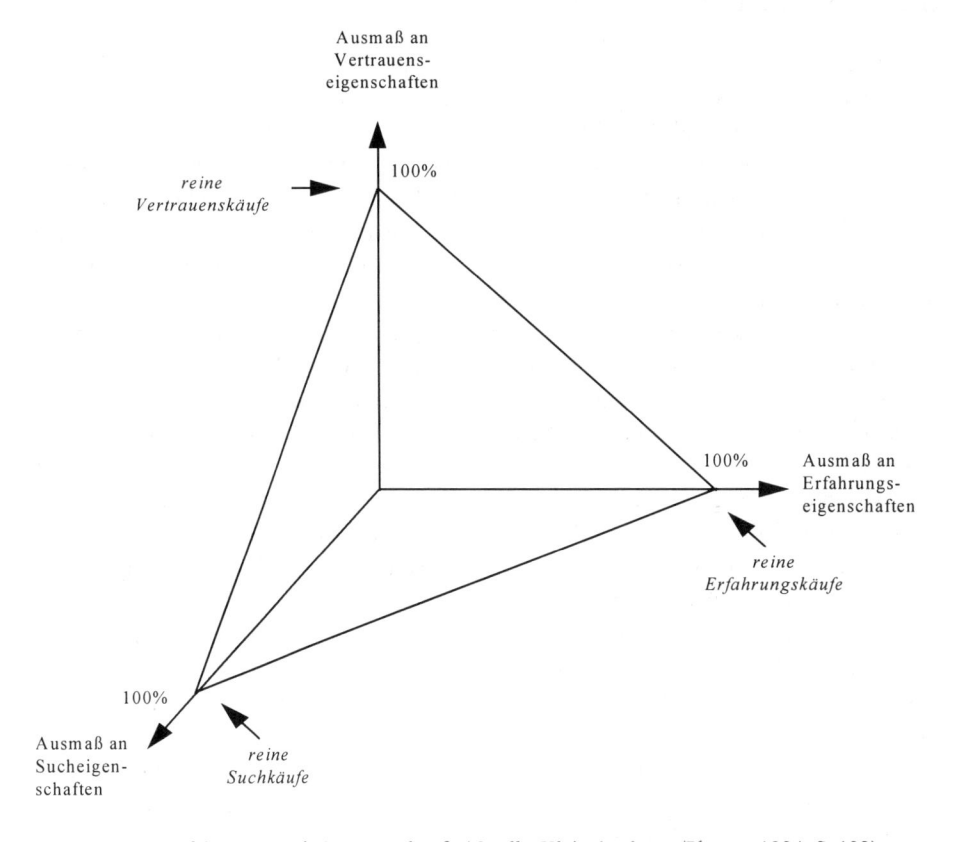

Abb. 1: Such-, Erfahrungs- und Vertrauenskäufe (*Quelle*: Kleinaltenkamp/Plötner, 1994, S. 132)

5.1 Abgrenzung der Kommunikationsinstrumente

Das Kommunikationsinstrumentarium umfaßt zunächst drei „klassische" Instrumente mit unterschiedlichen Eigenschaften und Aufgaben. Während eine trennscharfe Abgrenzung dieser Instrumente anhand von strengen wissenschaftlichen Maßstäben auf Schwierigkeiten stößt, kann aus der Sicht der touristischen Praxis der Versuch einer Abgrenzung anhand der Kriterien

- Rolle des Instruments im Kommunikationsinstrumentarium,
- Kommunikationsobjekt,
- Zielgruppe der Kommunikation,
- Planungshorizont,
- Wirkungsweise und
- Hauptziel des Kommunikationsinstruments

unternommen werden (vgl. Abb. 2).

Werbung ist normalerweise Basisinstrument der produktbezogenen Kommunikation. Sie wendet sich schwerpunktmäßig an potentielle (bereits gewonnene bzw. prospektive) Kunden, und zwar i.d.R. an Endabnehmer des Produkts (potentielle Reisende), auf dem Wege über unterschiedliche Medien, direkt bzw. im Falle der Katalogwerbung über Reisemittler. Aufgrund der zentralen Zielsetzung, für die umworbenen Produkte positive und wettbewerbsabgrenzende Images aufzubauen und den damit verbundenen psychischen Prozessen ist der Planungshorizont der Werbung gewöhnlich langfristig, d.h. er reicht über eine Planungsperiode hinaus.

Im Gegensatz dazu werden *Verkaufsförderung* und *Produkt-PR* häufig flankierend zu Werbekampagnen eingesetzt, um die Aktualität einzelner Produkte bzw. Programme des Anbieters bei potentiellen Kunden, bei Absatzmittlern bzw. bei der eigenen Verkauforganisation zu erhöhen. Beispiele für Verkaufsförderungsmaßnahmen sind Display-Materialien, Schaufensterdekorationen oder besondere Leistungsanreize für den Außendienst (vgl. im einzelnen Abschnitt 5.3 dieses Aufsatzes). Überwiegend kommt Verkaufsförderung am Verkaufsort (z.B. im Reisebüro) zum Einsatz; anders als im Falle der Werbung werden Verkaufsförderungsmaßnahmen eher kurzfristig geplant und wirken auch nur über einen begrenzten Zeitraum.

Auch Produkt-PR sind in der Regel ein kurzfristig wirkendes Kommunikationsinstrument. Als Beispiel kann die Vorstellung des Angebotsprogramms eines Reiseveranstalters in der Presse angeführt werden, parallel zur Neuerscheinung des Katalogs für die kommende Saison.

Public Relations unterscheiden sich insofern deutlich von den beiden zuerst aufgeführten Instrumenten, als es sich hier um ein auf die touristische Organisation als Ganzes bezogenes Kommunikationsinstrument handelt (Kommunikationsobjekte können z.B. ein Reiseveranstalter oder ein touristisches Zielgebiet sein). Hier geht es darum, den Instrumenten der Marktkommunikation ein auf einen größeren und wesentlich heterogeneren Adressatenkreis zugeschnittenes Instrument zur Seite zu stellen: Angesprochen werden sollen externe bzw. interne Teilöffentlichkeiten, die ein Interesse an der touristischen Organisation haben bzw. die Ansprüche in unterschiedlicher Form stellen bzw. stellen könnten (z.B. Medien, kommunale Einrichtungen, politische Parteien, Umweltschutzorganisationen, Mitarbeiter, Gewerkschaften). Public Relations in dem so verstandenen Sinne sind abzugrenzen von Maßnahmen der sogenannten Produkt-PR. Über Medien bzw. auf dem Wege über Direktkommunikation soll bei einzelnen relevanten Teilöffentlichkeiten ein positives Image der touristischen Organisation aufgebaut und erhalten werden; ähnlich wie bei der Werbung erfordert das im allgemeinen einen langfristigen Planungshorizont.

Kriterien \ Instrumente	Werbung (inkl. Katalogwerbung)	Verkaufsförderung (inkl. Produkt-PR)	Public Relations (PR)
Rolle im Kommunkationsinstrumentarium	Basisinstrument, produktbezogen	oft Zusatzinstrument	Basisinstrument, bezogen auf die gesamte Organisation
Kommunikationsobjekt	Produkte/ Programme	Produkte/ Programme	Touristische Organisation
Zielgruppe(n)	potentielle Kunden (Reisende)	potentielle Kunden/ Absatzmittler/ Verkaufsorganisation	relevante externe bzw. interne Teilöffentlichkeiten („Anspruchsgruppen")
Planungshorizont	langfristig	eher kurzfristig	langfristig
Wirkungsweise	über Medien, direkt, z.T. am Ort des Verkaufs	überwiegend am Ort des Verkaufs	über Medien, direkt
Hauptziel	Produkt-Image/ Produkt-Aktualität	Produkt-Aktualität	Image der Organisation

Abb. 2: Abgrenzungsmöglichkeiten der „klassischen" Kommunikationsinstrumente Werbung, Verkaufsförderung, Public Relations

Wegen ihres relativ eigenständigen Charakters ergänzen sich diese drei „klassischen" Instrumente im Idealfall zu einer kommunikativen Gesamtwirkung: Vor dem positiven Image-Hintergrund einer touristischen Organisation ist es leichter, positive Produktimages aufzubauen und diese durch flankierende Verkaufsförderungsmaßnahmen zu aktualisieren. Geht man davon aus, daß Werbung und Public Relations produkt- bzw. organisationsbezogene Basisinstrumente der Kommunikation darstellen, dann könnte man vermuten, daß sich der gesamte Kommunikationsaufwand der Branche zum größeren Teil auf diese beiden Instrumente verteilt. Diese Vermutung wird allerdings durch die Realität nicht bestätigt: Obwohl die Verkaufsförderungsanstrengungen der Tourismusbranche nicht annähernd exakt ermittelbar sind, gehen Experten davon aus, daß die Aufwendungen für Verkaufsförderung diejenigen für „klassische" Werbung (Werbung in Tageszeitungen, Zeitschriften, im Funk und Fernsehen) erreichen, wenn nicht sogar übersteigen. 1991 betrugen die „klassischen" Werbeaufwendungen im Tourismus 420,5 Mio DM (vgl. Tab. 1); sie sind von 1987 bis 1991 weit überproportional um 64,5% angewachsen (einschließlich Plakatwerbung).

Welche Rolle die Aufwendungen für Public-Relations-Maßnahmen im Tourismus spielen, ist aus den veröffentlichten Unterlagen nicht zu entnehmen; Aufwendungen für Public-Relations-Mediakampagnen sind ohnehin von den „klassischen" Werbeaufwendungen nicht zu trennen. Insgesamt gesehen dürften Public-Relations-Aktivitäten im Tourismus bisher noch eine relativ geringe Bedeutung haben, gemessen an der Intensität der Werbe- und Verkaufsförderungsanstrengungen. Allerdings ist zu erwarten, daß dieses Kommunkationsinstrument in Zukunft erhöhte Aufmerksamkeit erlangen wird, u.a. wegen der steigenden Bedeutung gesellschaftlicher Teilöffentlichkeiten für den langfristigen Erfolg touristischer Organisationen.

Tab. 1: Brutto-Werbeinvestitionen im Bereich Touristik 1987-1991

Gesamt in Mio DM	1987	1988	1989	1990	1991
	255,6	292,8	332,2	398,2	420,5
Anteile in %					
Tageszeitungen	36,6	38,5	36,5	38,4	43,7
Publikumszeitschriften	47,2	39,6	37,3	37,0	32,5
Fachzeitschriften	3,0	3,1	3,2	2,9	2,6
Fernsehen	5,4	5,6	9,1	10,6	11,3
Hörfunk	7,8	9,9	10,0	8,5	7,4
Plakat	–	3,3	3,8	2,6	2,5

Bei allen drei „klassischen" Kommunikationsinstrumenten handelt es sich um Instrumente der *Massenkommunikation*, die relativ große, wirtschaftlich tragfähige Zielgruppen (im Markt) bzw. Teilöffentlichkeiten (im gesellschaftlichen Umfeld) ansprechen sollen. Heute und in Zukunft spielen die sog. *nicht-klassischen* Kommunikationsinstrumente eine immer größere Rolle; in Abb. 3 wird der Versuch unternommen, beide Gruppen von Kommunikationsinstrumenten durch griffige Kriterien gegeneinander abzugrenzen. Dabei spielt die *individuelle Ansprachemöglichkeit* von Zielpersonen und die *Interaktivität* dieser Instrumente eine besondere Rolle.

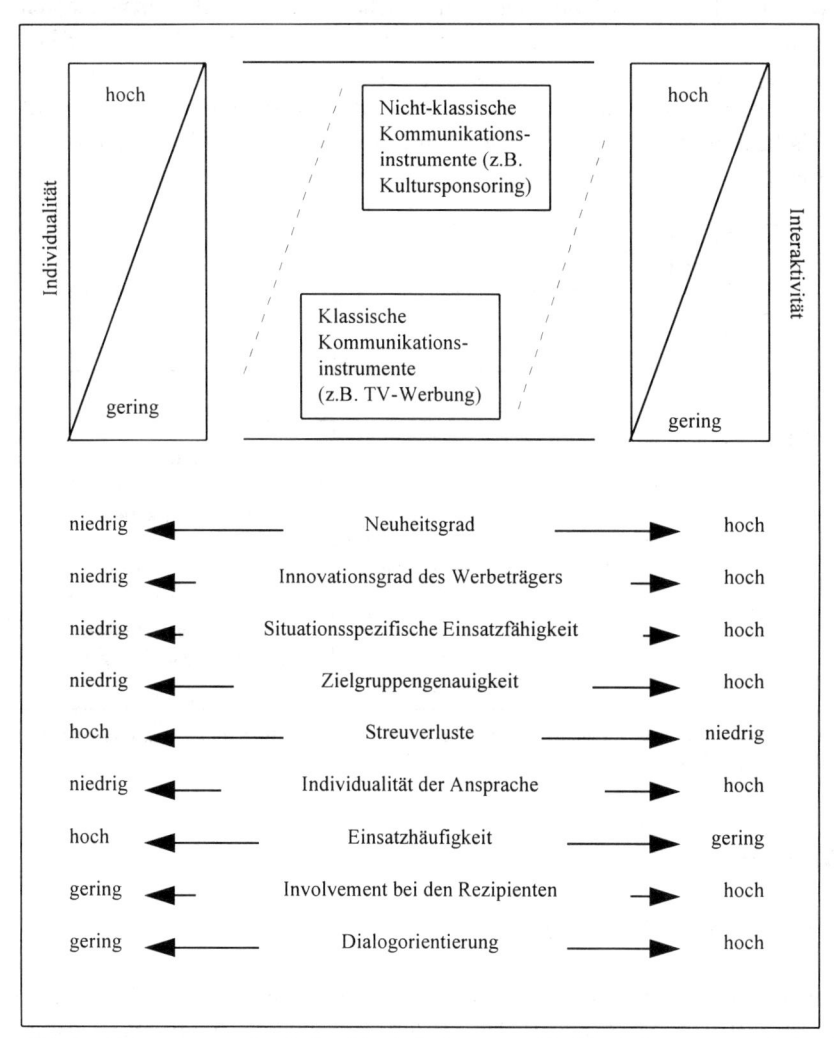

```
Individualität:  hoch → gering
Interaktivität:  hoch → gering

Nicht-klassische Kommunikationsinstrumente (z.B. Kultursponsoring)
Klassische Kommunikationsinstrumente (z.B. TV-Werbung)

niedrig ← Neuheitsgrad → hoch
niedrig ← Innovationsgrad des Werbeträgers → hoch
niedrig ← Situationsspezifische Einsatzfähigkeit → hoch
niedrig ← Zielgruppengenauigkeit → hoch
hoch ← Streuverluste → niedrig
niedrig ← Individualität der Ansprache → hoch
hoch ← Einsatzhäufigkeit → gering
gering ← Involvement bei den Rezipienten → hoch
gering ← Dialogorientierung → hoch
```

Abb. 3: Abgrenzungsmerkmale für „klassische" versus „nicht-klassische" Kommunikationsinstrumente (*Quelle*: Bruhn, 1995, S. 35)

Als Beispiele für „nicht-klassische" Kommunikationsinstrumente werden Kunden- und Mitarbeiterzeitschriften, Handzettel, Wurfsendungen, das interaktive Fernsehen, Sponsoring, Event-Marketing und Product Placement genannt; zum Teil wenden sich diese Instrumente direkt an einzelne Zielpersonen, teilweise über Medien (vgl. Bruhn, 1995, S. 36).

Bruhn untergliedert die „klassischen" und „nicht-klassischen" Kommunikationsinstrumente aufgrund einer empirischen Untersuchung in vier Gruppen: solche mit einem starken bzw. schwachen *Einfluß auf andere* und solche mit einer starken bzw. starken *Beeinflußbarkeit durch andere* Kommunikationsinstrumente (vgl. Abb. 4). „Klassische" Werbung gilt als Kommunikationsinstrument mit einem starken Einfluß und schwacher Beeinflußbarkeit, während beispielsweise Messen/Ausstellungen und Direct Marketing als Instrumente mit einem schwachen Einfluß und starker Beeinflußbarkeit eingestuft werden.

Beeinfluß-barkeit \ Einflußnahme	Starke Einflußnahme	Schwache Einflußnahme
Schwache Beeinflußbarkeit	*Leitinstrumente* Klassische Werbung	*Integrationsinstrumente* Sponsoring Personal Selling Event-Marketing
Starke Beeinflußbarkeit	*Kristallisationsinstrumente* PR/Öffentlichkeitsarbeit Verkaufsförderung Interne Kommunikation	*Folgeinstrumente* Messen/Ausstellungen Direct Marketing

Abb. 4: Analyse von Kommunikationsinstrumenten auf der Basis von Beziehungsanalysen (*Quelle:* Bruhn, 1995, S. 39)

5.2 Werbung

5.2.1 Kernprobleme der Werbeplanung

Die Werbeplanung durchläuft – wie aus Abb. 5 ersichtlich ist – verschiedene Stufen (vgl. Haedrich, 1976, S. 51–85): Aus den produktbezogenen ökonomischen Marketingzielen (Marktanteils-, Absatz-, Umsatz-, Deckungsbeitragsziele) und den außerökonomischen Positionierungszielen werden operationale Werbeziele abgeleitet; gleichzeitig wird die Zielgruppe für die werblichen Maßnahmen festgelegt. Im Zentrum der Maßnahmenplanung stehen die konzeptionelle Gestaltung der Werbung und die Bestimmung der Werbemittel (z.B. Katalog) und Medien, über die werbliche Botschaft an die Zielgruppe herangeführt werden soll. Sofern die Planung ziel- und zielgruppenbezogen erfolgt, ist die Höhe des Werbeetats eine abhängige Variable; allerdings ist in der Praxis davon auszugehen, daß bereits am Anfang der Werbeplanung

Überlegungen über eine realistische Höhe des Werbeetats stehen, da der gesamte verfügbare Kommunikationsetat mindestens kurzfristig eine feste Richtgröße darstellt. Ist der aus der Ziel- und Maßnahmenplanung abgeleitete notwendige Werbeetat größer als die verfügbare Etatsumme, müssen u.U. Zielrevisionen durchgeführt werden; unrealistische Zielvorgaben wirken demotivierend und destabilisieren u.U. das gesamte Planungssystem der Organisation.

Bei der *Bestimmung der Werbeziele* geht es darum festzulegen, welche Aufgaben die Werbung im Hinblick auf die angestrebte Position eines Produkts im Wettbewerbsumfeld übernehmen kann und sollte, damit bestimmte ökonomische Marketingziele realisiert werden. Wichtigstes Ziel der Werbung ist es, positive und wettbewerbsabgrenzende Produktimages aufzubauen und zu festigen. Images sind psychische Konstrukte, die in der Sozialpsychologie der Kategorie der sogenannten Grundhaltungen („attitudes") zugeordnet werden; sie sind durch eine kognitive (Produktkenntnis) und eine affektive Komponente (Emotionen, Motive) geprägt. Da der Erwerb und die Nutzung von touristischen Produkten wie eingangs angeführt zum überwiegenden Teil auf Vertrauen gegenüber dem Anbieter basieren und sich überdies viele touristische Produkte objektiv gesehen kaum voneinander unterscheiden, hat die emotionale Imagekomponente überragende Bedeutung: Die werbungtreibende Organisation strebt an, möglichst positive subjektive Produktvorstellungen aufzubauen, durch die sich das eigene Angebot in den Augen der potentiellen Kunden vorteilhaft von Konkurrenzprodukten abhebt. Images haben die Eigenschaft, daß ihr Aufbau relativ lange Zeit erfordert, und daß sie – einmal verfestigt – schwer beeinflußbar sind; aus diesem Grunde sollten Werbekampagnen gründlich und für einen längerfristigen Zeitraum geplant werden.

Ein zweites Ziel der Werbung besteht darin, das angebotene Produkt im Bewußtsein der Kunden so zu verankern, daß es bei einer zu treffenden Kaufentscheidung gegenwärtig, d.h. im sogenannten *evoked set* des Käufers vorrätig ist; in diesem Zusammenhang spricht man von der *Aktualität* von Produkten. Wie wir noch sehen werden, spielt eine hohe Produktaktualität besonders dann eine Rolle, wenn das Angebot der Kategorie der sogenannten Low-Involvement-Produkte zuzuordnen ist (vgl. Abschnitt 5.2.2 dieses Aufsatzes).

Zielvorgaben sollten nicht nur realistisch, sondern stets auch operational sein (vgl. Haedrich/Tomczak, 1996a, S. 81 ff.): Festzulegen sind in jedem Falle Zielinhalt, Zielausmaß sowie der zeitliche Horizont, in dem ein bestimmtes Ziel erreicht werden soll (Beispiel: Erhöhung des spontanen Bekanntheitsgrades – der Aktualität – von Produkt A in einem Jahr von 30% auf 40%).

```
            ┌─────────────────────────────────┐
      ┌────▶│  Marketingziele/-zielgruppe     │◀────┐
      │     │     Kommunikationsetat          │     │
      │     └─────────────────────────────────┘     │
      │              │         │                    │
      │              ▼         ▼                    │
      │      ┌──────────┐   ┌──────────┐            │
      └─────▶│ Werbeziele│   │ VKF-Ziele│◀──────────┤
             └──────────┘   └──────────┘            │
                   │              │                 │
                   ▼              ▼                 │
             ┌──────────┐   ┌──────────┐            │
             │  Werbe-  │   │Zielgruppe│            │
             │zielgruppe│   │  der VKF │            │
             └──────────┘   └──────────┘            │
                   │              │                 │
                   ▼              ▼                 │
             ┌──────────┐   ┌──────────┐            │
             │  Werbe-  │   │   VKF-   │            │
             │konzeption│   │konzeption│            │
             └──────────┘   └──────────┘            │
                   │              │                 │
                   ▼              ▼                 │
             ┌──────────┐   ┌──────────┐            │
             │  Media-  │   │ (Media-  │            │
             │konzeption│   │Konzeption)│           │
             └──────────┘   └──────────┘            │
                   │              │                 │
                   ▼              ▼                 │
             ┌──────────┐   ┌──────────┐            │
             │ Werbeetat│   │ VKF-Etat │            │
             └──────────┘   └──────────┘            │
```

           Maßnahmen -
           Realisation

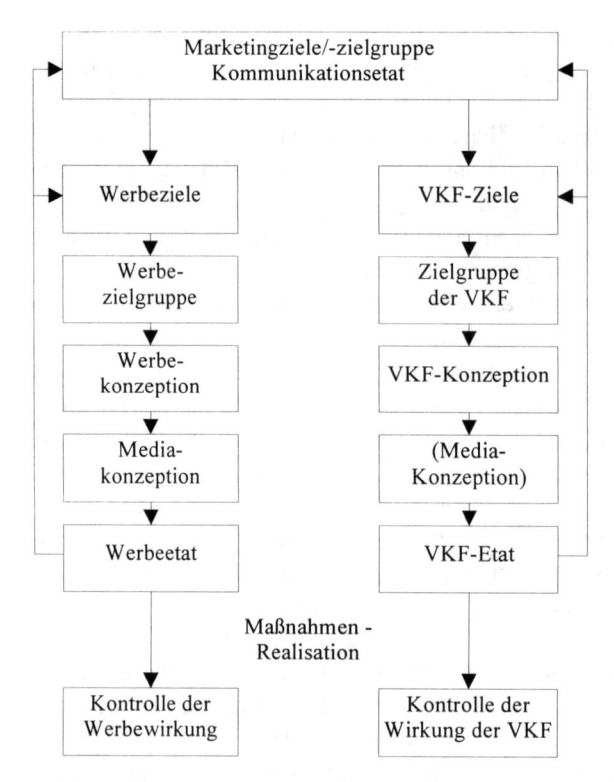

```
             ┌──────────┐   ┌──────────┐
             │Kontrolle der│ │Kontrolle der│
             │Werbewirkung │ │Wirkung der VKF│
             └──────────┘   └──────────┘
```

Abb. 5: Ablauf der Kommunikationsplanung

Was die Eingrenzung der *Werbezielgruppe* betrifft, so wird häufig aus der gesamten Marketingzielgruppe eine Kerngruppe definiert, die durch werbliche Maßnahmen erreicht werden soll. Eine wichtige Rolle spielt hier die genauere Beschreibung der Werbezielgruppe, z.B. im Hinblick auf Urlaubsaktivitäten, Interessen, Meinungen und Einstellungen zu einzelnen Urlaubsgebieten. Die Abgrenzung von Urlaubersegmenten nach einzelnen Lebensstilen der Reisenden („Life-Style-Segmentierung") erfolgt unter Einsatz von Verfahren der Faktoren- und Cluster-Analyse; ermittelt werden Urlaubertypen, die durch bestimmte aktive Variablen gebildet (beispielsweise A–I–O-Konzept: A = Activities; I = Interests; O = Opinions) und durch unterschiedliche passive Merkmale näher beschrieben werden können (z.B. durch ihr Buchungsverhalten und die Nutzung bestimmter Verkehrsmittel für die Urlaubsreise). Derartige Segmentierungsansätze schlagen gleichzeitig die Brücke zu der konzeptionellen Gestaltung zielgruppenspezifischer Werbemaßnahmen. Früher wurden sog. Lebensstil-Gruppen in der Reiseanalyse des Studienkreises für Tourismus, Starnberg, gebildet; die neueste Reiseanalyse Urlaub und Reisen (U + R 96) enthält lediglich Angaben zum Reiseverhalten einzelner Lebensphasen-Gruppen (z.B. junge Unverheiratete, Familien mit kleinen

Kindern, Senioren-Paare) und bietet in Form von Sonderauszählungen Zielgruppendefinitionen auf dem Wege über Urlaubsreisemotive an.

Die zentrale kreative Idee der werblichen Kommunikation, die sog. *Werbekonzeption*, leitet sich als kommunikatives Dach aus der Produktpositionierung ab (vgl. Abb. 6). Die im Wettbewerbsumfeld angestrebte Position des eigenen Produkts orientiert sich an dem Nutzen, den das Produkt für die Zielgruppenangehörigen darstellen soll; ein solcher Nutzen („Consumer Benefit") erfüllt im Idealfall drei Forderungen (vgl. Rossiter/Percy, 1987, S. 175 f.); er soll

– für die Zielgruppe relevant sein,
– aus den Produkteigenschaften abzuleiten sein,
– die Basis bilden für eine vom Wettbewerb klar abgrenzende Alleinstellung des Produkts („Unique Selling Proposition" bzw. „Unique Advertising Proposition").

Außerdem ist es natürlich wichtig, daß der Produktnutzen eng an Motive der Zielgruppenangehörigen gekoppelt ist und durch die Kommunikation begründet wird. Ein Beispiel soll diesen Zusammenhang erläutern: Das Reisemotiv „Sich verwöhnen lassen" könnte bei Angehörigen einer bestimmten Zielgruppe mit folgenden Nutzenerwartungen verbunden sein: in der Sonne am Strand liegen, gute Gastronomie genießen, sich in einem angenehmen Klima aufhalten. Daraus abgeleitet könnte die Positionierung des Angebots erfolgen, und die zentrale kommunikative Idee für eine Werbekampagne könnte den speziellen Nutzen des Verwöhntwerdens durch herausragende Erlebnisse in den Mittelpunkt rücken; Beispiel: „Sie haben es sich verdient – TUI: Schöne Ferien." Der erste Teil der Aussage dient quasi als Rationalisierungsbrücke (sog. Reason Why). Wichtig ist allerdings, daß das Versprechen durch das Produkt auch gehalten werden kann, d.h. daß entsprechende Ressourcen zur Verfügung stehen, die Stärken des betreffenden Angebots darstellen und mit denen eine positive und möglichst lang andauernde Abgrenzung gegenüber Wettbewerbsangeboten erfolgen kann. Bei der kritischen Überprüfung der Kommunikationskonzeption auf ihre Wirkung müssen daher zwei Schlüsselfragen gestellt werden:

(1) Werden durch die Werbung verhaltenswirksame Motive angesprochen?
(2) Machen die durch Text und Bild vermittelten Informationen eindeutig klar, daß das Angebot Eigenschaften hat, mit denen diese Motive besser als durch Konkurrenzprodukte zufriedengestellt werden können?

Neuerdings wird betont, daß diese „klassische" Vorgehensweise bei der Positionierung in der Regel keine hinreichende Basis für die Ableitung einer Unique Advertising Proposition darstellt. Aufgezeigte Mängel beziehen sich u.a. darauf, daß auf diese Weise eine Gleichschaltung aller konkurrierenden Angebote erfolgt, daß das Vorgehen rein reaktiv und zu wenig innovationsorientiert ist, da lediglich artikulierte Kundenwünsche in die Überlegungen einbezogen werden. Bei einer *aktiven* Positionierung im Gegensatz dazu geht es darum, beispielsweise durch qualitative Verfahren der Marktforschung (Gruppendiskussionen und ähnliche) *latente* Kundenwünsche frühzeitig zu erkennen, die u.U. die Grundlage für die Schaffung eines gänzlich neuen Marktsegments bilden können (vgl. Haedrich/Tomczak, 1996b, S. 141-150).

Positionierung → Basis: Produkt- und Leistungsidee ("Was das Produkt zu bieten hat")

↕

Einzigartiger Produktnutzen ("Was der potentielle Käufer haben möchte")

↓

Kommunikationsziele
Kommunikations-Zielgruppe → Zentrale Kommunikationsidee
(Kernzielgruppe) (Kommunikations-Konzeption)

↑

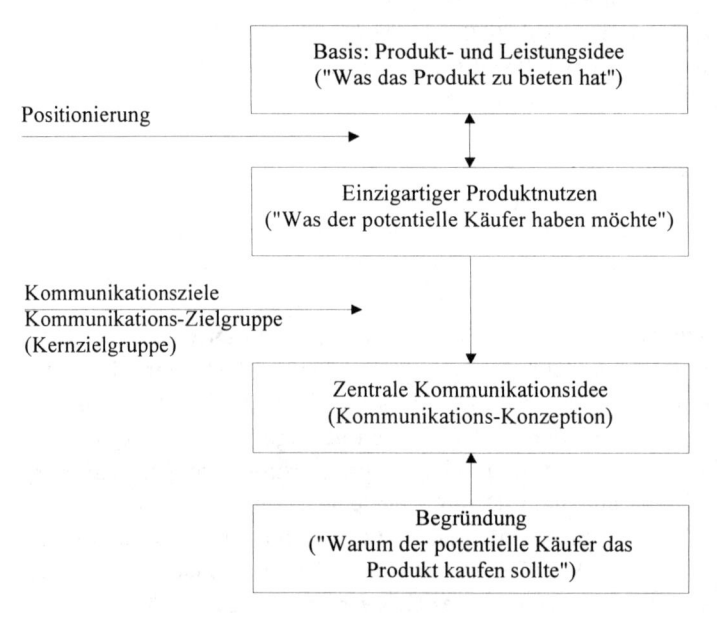

Begründung ("Warum der potentielle Käufer das Produkt kaufen sollte")

Abb. 6: Ableitung der zentralen Kommunikationsidee

Eng mit den konzeptionellen Überlegungen verzahnt ist die *Mediaplanung*, mit der zwei Teilziele erreicht werden sollen. Die *quantitative Zielvorstellung* lautet, einen bestimmten Teil der Angehörigen der werblichen Kernzielgruppe (z.B. 60%) mit einer Anzahl von Kontakten zu versorgen, die notwendig sind, um die sog. Wirkschwelle der Werbung zu überschreiten („*wirksame Reichweite*"). Als Nebenziel wird angestrebt, diese „wirksame Reichweite" möglichst kostengünstig zu realisieren. In der Regel geht die Planung davon aus, daß die Werbewirkungskurve einen s-förmigen Verlauf hat, d.h. daß die Wirkung der Werbung zunächst ansteigt, einen höchsten Punkt erreicht und danach wieder abfällt. Dabei wirken zwei Faktoren in entgegengesetzte Richtung: ein positiver sog. Habituationsfaktor, mit dem ein schrittweiser Lernerfolg verbunden ist, und ein gegenläufiger sog. Tedium-Faktor (Langweil-Faktor), der mit der Zahl der Expositionen der Werbebotschaft immer stärker wird und den positiven Faktor schließlich überlagert, so daß die Werbewirkung abnimmt und eventuell sogar negativ wird. Allerdings ist dieser Kurvenverlauf in der Praxis nicht allgemein bestätigt worden; vielfach wird angenommen, daß die positive Wirkung parallel zu der Einschaltfrequenz der Werbung weiter ansteigt – das gilt insbesondere bei Produkten, die unter Low-Involvement-Bedingungen gekauft und genutzt werden, vgl. Abschnitt

5.2.2 –, evtl. allerdings einen degressiven Verlauf annimmt. Auf jeden Fall wird eine Mindestzahl von Kontakten vorausgesetzt, damit überhaupt eine Wirkung eintreten kann. In Abb. 7 wird davon ausgegangen, daß eine Wirkung der Werbung lediglich bei denjenigen Zielgruppenangehörigen erwartet werden kann, die sechs und mehr Kontakte mit der Werbung haben; bei dem restlichen Teil der Zielgruppe (bei denjenigen also, die weniger Kontakte mit der Werbung erhalten) bleibt die Kampagne vermutlich wirkungslos. Die beispielhaften Berechnungen zeigen, daß Mediakombination B offenbar bei gleicher Etathöhe eine wesentlich höhere (wirksame) Reichweite bei den Zielpersonen hat als Kombination A (Reichweite sechs und mehr Kontakte: Kombination B = 10,6%, Kombination A = 4,3%).

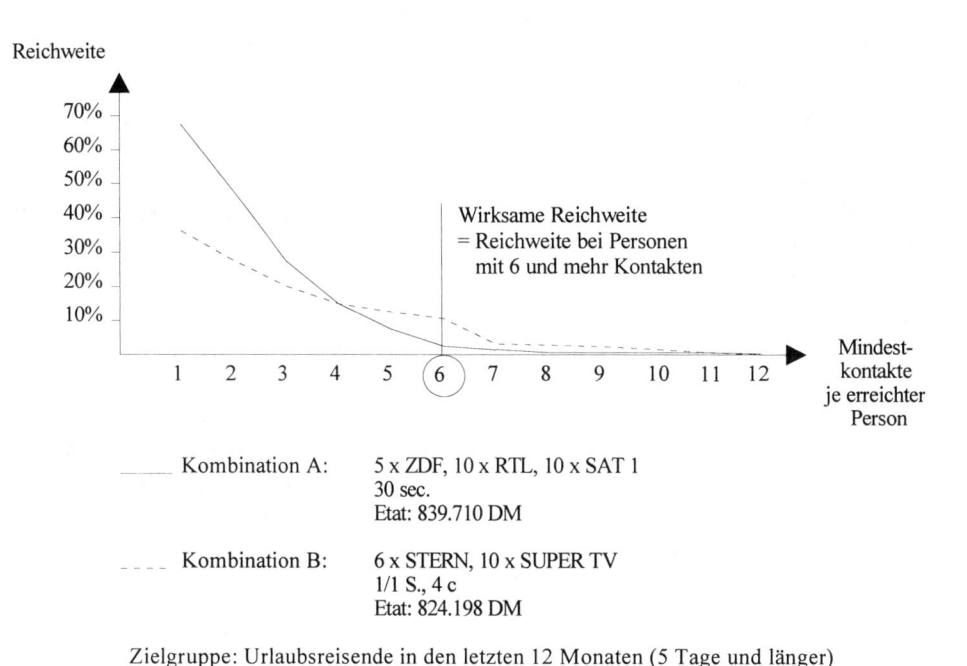

Abb. 7: Darstellung der wirksamen Reichweite (*Quelle:* Berechnungen anhand Media-Dialog-System MDS, Programmpaket, 1990)

Problematisch ist allerdings, daß in diesem quantifizierbaren Teilbereich der Mediaplanung lediglich *Media*-Kontakte geplant werden können, keine Kontakte mit der Botschaft selbst. Aufgrund der bekannten Tatsache, daß heute generell mit einer Reizüberflutung gerechnet werden muß, wird Werbung lediglich selektiv beachtet, m.a.W. ob Medien- und Werbemittelkontakt übereinstimmen, ist an dieser Stelle eine offene Frage. In der *qualitativen Mediaplanung* wird daher der Versuch unternommen, Medien nach ihrer unterschiedlichen Qualifikation zur Übermittlung von Kontakten mit der werblichen Botschaft (sog. *Kontaktqualität*) auszuwählen. Bei Printmedien kann die Kontaktqualität auf dem Wege über den sogenannten *Seiten-Kontaktwert* annähernd ermittelt werden. Dieser gibt an, wieviele Zielpersonen eine durchschnittliche Seite in einer durchschnittlichen Ausgabe eines Titels einmal aufschlagen (bzw. bei dem Seiten-Mehrfach-Kontaktwert, wieviele Zielpersonen eine durchschnittliche Seite einer durchschnittlichen Ausgabe eines Titels mehr als einmal aufschlagen). Im Gegensatz zu Medien mit einer Breitenwirkung kann bei touristischen Zielgruppenmedien („Special-Interest-Medien") von vornherein mit einer relativ hohen Kontaktqualität gerechnet werden.

Unterlagen zur Mediaplanung können entweder Leseranalysen (z.B. MA – Media-Analyse, eine jährliche Untersuchung der AGMA – Arbeitsgemeinschaft Media-Analyse; AWA – Allensbacher Werbeträger-Analyse, jährlich durchgeführt vom Institut für Demoskopie Allensbach) oder speziellen Untersuchungen der großen Verlage bzw. der Rundfunk- und Fernsehanstalten entnommen werden.

Bei der *Etatplanung* geht es darum, die ziel- und zielgruppenbezogenen Werbemaßnahmen finanziell abzusichern. Probleme bereitet die Tatsache, daß der Verlauf der Werbewirkungskurve im voraus schwer abzuschätzen ist; dementsprechend ist es schwierig, die Frage zu beantworten, wie hoch der finanzielle Aufwand sein muß, um festgelegte Werbeziele mit Hilfe bestimmter Maßnahmen zu realisieren. Der Verlauf der Werbewirkungskurve ist im Einzelfalle abhängig von der gewählten Zielgruppe, der Lebensphase des Produkts, der Werbekonzeption und Gestaltung der Werbemittel, ebenso dem Media-Mix sowie der quantitativen und qualitativen Ausstattung aller zum Einsatz gelangenden Marketinginstrumente (Produkt, Preis, Vertrieb, andere Kommunikationsmaßnahmen). In der Praxis hat die Anwendung der sogenannten Marktanteils-Werbe-Ratio (MWR) einige Verbreitung; hierbei geht der Planer von der Überlegung aus, daß ein dem Wettbewerbsumfeld entsprechendes Verhältnis zwischen dem angestrebten Marktanteil des Produkts und den eingesetzten Werbeaufwendungen erreicht werden muß. Die einfache Formel lautet:

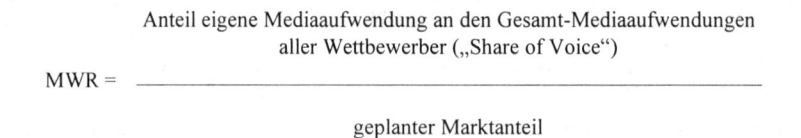

$$MWR = \frac{\text{Anteil eigene Mediaaufwendungen an den Gesamt-Mediaaufwendungen aller Wettbewerber ("Share of Voice")}}{\text{geplanter Marktanteil}}$$

Wenn der Wettbewerber A beispielsweise 30% der gesamten Mediaaufwendungen aller in Frage kommenden Wettbewerber tätigt und sein Marktanteil 17% beträgt, dann errechnet sich eine MWR von 30/17 = 1,76, d.h. um einen Marktanteilsprozentpunkt zu erreichen, mußte ein Anteil von 1,76% an den gesamten Branchen-Aufwendungen eingesetzt werden. Anhand von empirischen Untersuchungen ist festgestellt worden, daß es branchentypische Marktanteils-Werbe-Ratios gibt, die zur eigenen Planung (beispielsweise bei einem beabsichtigten Marktanteilsausbau) herangezogen werden können (entsprechende Daten über branchenspezifische Werbeaufwendungen können von der Fa. Nielsen Werbeforschung S + P, Hamburg, bezogen werden. Allerdings handelt es sich hierbei – das dürfte klargeworden sein – lediglich um ein recht grobes Planungshilfsmittel: Der Werbeplaner ist gut beraten, wenn er außerdem weitere Entscheidungskriterien heranzieht, u.a. Erfahrungen mit ähnlichen Produkten, Ergebnisse aus Werbewirkungsuntersuchungen, aus denen Aussagen über die relative Qualität der eigenen Werbekonzeption abzuleiten sind, und eine gründliche Analyse der sogenannten strategischen Erfolgsfaktoren des Produkts durchführt (zu diesem Begriff vgl. den Beitrag „Tourismus-Management und Tourismus-Marketing" im ersten Teil dieses Buches.

Die Werbeplanung wird mit einer *Wirkungskontrolle* abgeschlossen. Diese dient dazu, einerseits bereits vor der Einschaltung der werblichen Maßnahmen Anhaltspunkte für Stärken bzw. Schwächen der eigenen Konzeption im Vergleich zur Konkurrenzwerbung zu erhalten (sog. Pretest), auf der anderen Seite nach der Einschaltung der Werbung zu erfahren, ob die Werbung „gegriffen" hat und ob die gesetzten Ziele – beispielsweise die Erhöhung der Marken-Aktualität oder Penetration des Marken-Images – erreicht werden konnten (sog. Posttest). Derartige Erkenntnisse sind u.a. wichtig, um die Planung in den nächsten Perioden fortzuführen.

Man unterscheidet die *Kontrolle der außerökonomischen Werbewirkung* von der *ökonomischen Wirkungskontrolle*; letztere wirft die Frage auf, inwieweit die Werbung ökonomische (Marketing-)Ziele, wie etwa die Erhöhung des Marktanteils, die Stabilisierung des Umsatzes oder die Erreichung eines bestimmten Produktdeckungsbeitrags, unterstützt hat (sog. Werb*erfolgs*kontrolle). Da die Wirkung der Werbung bekanntlich von der anderer Marketinginstrumente nicht oder nur in aufwendigen experimentellen Testanlagen isoliert werden kann, beschränkt man sich in der Praxis in der Regel auf die Kontrolle der außerökonomischen Werbewirkung. Hier geht es darum zu untersuchen, ob festgelegte außerökonomische Werbeziele (z.B. die positive Beeinflussung von Produktkenntnis oder der Aufbau bzw. die Festigung von Produktimages) erreicht worden sind; dazu ist Voraussetzung, daß die Werbebotschaft überhaupt wahrgenommen und richtig verstanden worden ist, damit bei den Zielgruppenangehörigen bestimmte kognitive oder affektive Lernprozesse einsetzen konnten. In Abb. 8 ist die entsprechende Lernhierarchie mit schwarzen Pfeilen markiert worden (zu der in der Abbildung eingetragenen Low-Involvement-Hierarchie vgl. Abschnitt 5.2.2 in diesem Aufsatz). In jedem Falle ist Voraussetzung zu einer Wirkungskontrolle der Werbung, daß die Werbeziele *operational* formuliert worden sind, da andernfalls keine Möglichkeit besteht, gemessene Zustandsveränderungen in der Zielgruppe zu interpretieren und daraus Schlußfolgerungen für die Planung der nächsten Periode(n) zu ziehen.

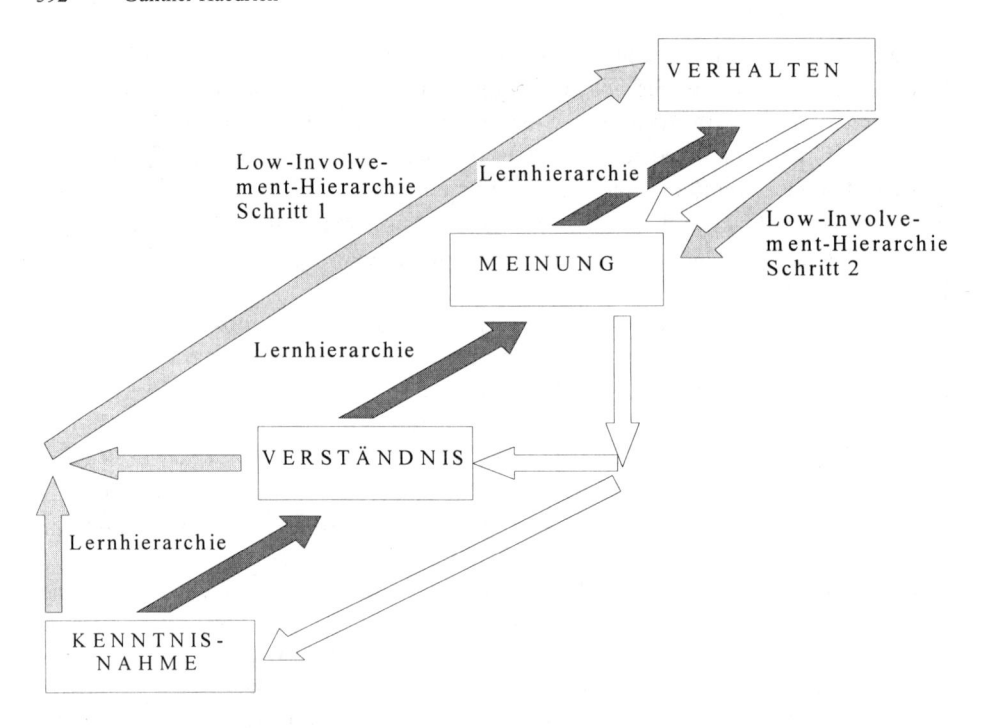

Abb. 8: Lern-Hierarchien (*Quelle:* Ray, 1974, S. 149)

Auf einzelne Verfahren der Kontrolle der Werbewirkung kann hier nicht im einzelnen eingegangen werden. Grob unterschieden werden können quantitative und qualitative *Verfahren der Wirkungsmessung*. Während die erste Verfahrensgruppe im allgemeinen auf repräsentativer Basis und mit standardisierten Erhebungsinstrumenten arbeitet, werden bei qualitativen Verfahren der Befragung bzw. der Beobachtung häufig nichtrepräsentative kleinere Stichproben sowie strukturierte Erhebungsanweisungen zugrundegelegt (vgl. Büning et al., 1981, S. 79–86 und 95–129). Je nachdem, in welchem Stadium die Werbewirkungskontrolle erfolgt – vor bzw. nach der Einschaltung der Werbung in den Medien – und an welchen Kriterien die Werbewirkung festgemacht werden soll, haben beide Verfahrensgruppen ihre Berechtigung. Während beispielsweise Wahrnehmungsmessungen häufig auf qualitativem Wege vorgenommen werden (z.B. mit Hilfe apparativer Verfahren durch den Einsatz des Tachistoskops oder von Blickaufzeichnungsgeräten), werden zur Messung der Gedächtniswirkung von werblichen Botschaften häufig standardisierte Verfahren auf repräsentativer Basis eingesetzt (z.B. der Impact-Test von Gallup oder der Recognition-Test von Starch) (vgl. hierzu im einzelnen auch Schweiger/Schrattenecker, 1992, S. 217–249).

5.2.2 Das Low-Involvement-Phänomen

Nicht nur viele Konsumgütermärkte, sondern in zunehmendem Maße auch touristische Märkte sind heute durch eine stagnierende oder sogar rückläufige Nachfrage und einen intensiven Verdrängungswettbewerb gekennzeichnet. Aus der Sicht der Konsumenten sind die Produkte auf solchen Märkten in der Regel weitgehend austauschbar; beispielsweise gilt das für die meisten Billigreisen und für Reiseangebote, die keinen eindeutig abgrenzbaren Produktnutzen für den Käufer versprechen. Hier ist das Phänomen zu beobachten, daß das Engagement, mit dem sich die potentiellen Käufer den angebotenen Produkten zuwenden, als relativ gering zu bezeichnen ist; die Produkte werden weder mit zentralen persönlichen Werten in Verbindung gebracht noch existiert ein hohes ökonomisches Risiko bei der Wahl zwischen mehreren Angeboten derselben Art. Der potentielle Konsument geht vielmehr davon aus, daß es für ihn persönlich relativ belanglos ist, ob er Angebot A oder B auswählt und trifft seine Kaufentscheidung demzufolge unter sogenannten Low-Involvement-Bedingungen: „A low involvement purchase is one where the consumer does not consider the product sufficiently important to his or her believe system and does not strongly identify with the product" (Assael, 1984, S. 80).

Besonders problematisch ist in diesem Zusammenhang, daß der Prozeß der Verarbeitung werblicher Botschaften eine veränderte Stufenfolge erkennen läßt (vgl. Abb. 8): Aus dem Verlauf der Low-Involvement-Hierarchie ist abzulesen, daß die wichtige Stufe der Ausbildung einer (positiven) Meinung über das Produkt (Produktimage) übersprungen wird, d.h. der Kauf oder Nichtkauf von sogenannten Low-Involvement-Produkten ist ausschließlich von der Kenntnis und dem Verständnis der werblichen Botschaft abhängig. Der Aufbau eines Produktimages als wichtige Voraussetzung dafür, daß das betreffende Produkt in den Augen des potentiellen Kunden einen differenzierbaren und eigenständigen Nutzen für ihn bietet, kommt gegebenenfalls erst nach positiven Erfahrungen mit dem Produkt zustande; auch hier ist allerdings davon auszugehen, daß ständig ähnliche Produkte mit ihren Botschaften um die Gunst des Käufers konkurrieren, so daß keine feste Produktbindung entsteht. Daher kommt es darauf an, daß das eigene Angebot den potentiellen Käufern möglichst ständig präsent ist; die Werbung muß darauf abzielen, die Aktualität des Produkts auf hohem Niveau zu halten, was u.a. durch hohe Einschaltfrequenzen erreicht werden kann. Aktualisierenden Medien wie Tageszeitung, Fernsehen oder Rundfunk kommt dabei eine wichtige Rolle zu; da textliche Informationen im allgemeinen nur eine untergeordnete Bedeutung haben, ist der Einsatz von aktuellen Medien wie der Tageszeitung bzw. von Medien mit emotionalisierender Wirkung (durch Bilder, Musik) angezeigt, um die werbliche Botschaft möglichst wirksam zu übermitteln.

Kroeber-Riel spricht in diesem Zusammenhang von einer „emotionalen Produktpositionierung" und schlägt vor, „Produkte und Dienstleistungen als Medien emotionaler Erlebnisse" zu positionieren: „Die Werbung übernimmt im Rahmen des Erlebnismarketing die Aufgabe, das Angebot in der emotionalen Erfahrungs- und Erlebniswelt der

Konsumenten zu verankern" (Kroeber-Riel, 1993, S. 69). Dazu gehört, daß die erlebnismäßige Positionierung des Angebots konsequent in dem gesamten Marketing-Mix umgesetzt wird, nicht nur in der Werbung. Erlebniswerte tragen zur Steigerung der individuellen Lebensqualität der Konsumenten bei; sie werden nicht nur durch die Kommunikation vermittelt, sondern sind bereits in der Produktpolitik (z.B. im Produkt selbst, in der Markierung), aber auch im Vertrieb (z.B. durch die Auswahl eines das Produkt- und Kommunikationserlebnis unterstützenden Vertriebskanals mit entsprechender Ausstrahlung) angelegt (vgl. Konert, 1986, S. 35–57 und S. 216–247; Haedrich/Tomczak, 1988; Haedrich/Tomczak, 1996a, S. 41–46).

Dem Kommunikationsinstrument Werbung fällt die Aufgabe zu, „innere Erlebnisbilder" bei den potentiellen Empfängern aufzubauen; gemeint sind damit *strategische Schlüsselbilder*, d.h. visuelle (oder auch gegebenenfalls akustische) Grundmotive, „die den Erlebniskern bilden und die zahlreichen nicht-sprachlichen Auftritte der Marken und Unternehmen auf eine Linie bringen" (Kroeber-Riel, 1993, S. 75). Im Zusammenhang damit spielt die *Life-Style-Zielgruppensegmentierung* eine wichtige Rolle, weil sie eine besonders gute Möglichkeit bietet, das Angebot entsprechend den Nutzenerwartungen der Zielgruppenangehörigen zu positionieren („Life-Style-Positionierung") und anschließend die einzelnen Bausteine des Marketing-Mix auf die angesteuerte Position des Produkts im Wettbewerbsumfeld zuzuschneiden. Plastisches Beispiel für den Aufbau strategischer Schlüsselbilder vor dem Hintergrund von Lebensstil-Analysen ist die Zigarettenmarke Marlboro; hier ist es offensichtlich gelungen, für ein typisches Low-Involvement-Produkt eine lang andauernde Markenbindung aufzubauen, indem nicht ein relativ banales und austauschbares Produkt, sondern in erster Linie ein „Lebensstil" kommuniziert wird.

Nicht immer ist ein derartiges Vorgehen erfolgreich, d.h. es muß damit gerechnet werden, daß eine eindeutige Produktdifferenzierung auf dem Wege über Emotionalisierungstechniken aus konzeptionellen Gründen aussichtslos erscheint, sei es, daß keine entsprechenden emotionalisierenden Leitmotive gefunden werden oder daß es aufgrund des Charakters des Angebots („was das Produkt zu bieten hat") nicht möglich ist, ein Erlebnisprofil aufzubauen. In diesem Falle könnte eine „Positionierung durch Aktualität" naheliegen. Das Ziel der Aktualitätspositionierung kann erreicht werden über eine aktivierende Werbung, die dazu dient, das Augenmerk des potentiellen Käufers auf dieses Angebot zu lenken: Marke im Mittelpunkt, häufiger Kontakt mit der Marke, Einsatz von Medien wie Außenwerbung, Inszenierung der Marke in Unterhaltungssendungen („Product Placement"). Außerdem ist der verstärkte Einsatz von Produkt-PR und Verkaufsförderungsmaßnahmen angebracht, um das Produkt vordergründig im Bewußtsein der Zielgruppenangehörigen zu verankern (vgl. hierzu auch Kroeber-Riel, 1993, S. 82–90).

5.3 Verkaufsförderung (Sales Promotion)

Cristofolini definiert Verkaufsförderung als „ein zeitlich gezielt und marktsegmentspezifisch einsetzbares Kommunikationsinstrument des Marketingmix von Industrie-, Handels- und Dienstleistungsunternehmen. Sie informiert und beeinflußt kurzfristig und langfristig Verkaufsorganisationen, Absatzmittler und Verbraucher bzw. Verwender durch personen- und sachbezogene, stationäre und variabel erweiterte Leistungen zum Angebot" (Cristofolini, 1994, S. 1075).

Wie bereits erwähnt worden ist, spielen die Verkaufsförderungsaufwendungen in der Tourismusbranche eine ähnlich große, wenn nicht sogar bedeutendere Rolle als die Aufwendungen für Werbung. Als Gründe dafür können zwei Tatsachen angeführt werden:

- Durch die enorme Werbekonkurrenz hat es der einzelne Anbieter immer schwerer, sich bei der Zielgruppe mit Hilfe werblicher Maßnahmen Gehör zu verschaffen.
- Im Zeichen stagnierender und schrumpfender Märkte wird es immer wichtiger, Maßnahmen einzusetzen, die die Distribution zusätzlich unterstützen und unmittelbar am Ort des Verkaufs wirksam werden, um auf diese Weise den gesamten Weg des Angebots möglichst lückenlos abzudecken.

Mit Verkaufsförderungsmaßnahmen, die sich an Verbraucher/Verwender wenden („*Consumer Promotions*"), wird allgemein ausgedrückt das Ziel verfolgt, Kunden zu aktivieren, indem diesen in der Regel ein besonderer Anreiz geboten wird, sich mit dem jeweiligen Angebot näher zu beschäftigen. Konkrete Zielvorgaben können die Neukundengewinnung, Erhaltung von Stammkunden oder die Induzierung von Impulskäufen betreffen; häufig sind mit solchen Anreizen preisliche Aktivitäten verbunden. Eine wichtige Aufgabe von Verbraucher-Promotions besteht darin, im Zusammenwirken mit der Werbung eine *Sogwirkung* bei den Reisemittlern zu entwickeln und diese zu veranlassen, häufig nachgefragte Produkte auch dementsprechend selbst zu forcieren („*Pull-Effekt*" der Kommunikation).

Mit handelsbezogener Verkaufsförderung (*„Trade Promotions", „Dealer Promotions"*) sind Maßnahmen gemeint, die Reisemittler zu zusätzlichen Anstrengungen aktivieren sollen. Zum einen geht es dem Anbieter darum, den Distributionsgrad seiner Produkte zu verbessern, indem neue Reisemittler gewonnen werden; auf der anderen Seite verfolgen Händler-Promotions die Zielsetzung, die Reisemittler verstärkt zur Unterstützung der eigenen Angebote zu motivieren. Damit wird ein sogenannter *Push-Effekt* der Kommunikation angestrebt, der parallel zu dem oben beschriebenen Pull-Effekt einsetzt und diesen ergänzt und verstärkt.

Schließlich wenden sich Verkaufsförderungsmaßnahmen direkt an die *Außendienstmitarbeiter* des Anbieters von Reiseprodukten (Reisende, Handelsvertreter) oder an das *Verkaufspersonal* von Reisemittlern, um Leistungsvermögen und Leistungsbereitschaft der Verkaufsorgane zu erhöhen und zur Verbesserung der Marktposition des Anbieters beizutragen, indem eine zusätzliche Push-Wirkung initiiert wird.

Abb. 9 gibt einen Überblick über einzelne Verkaufsförderungsaktivitäten für unterschiedliche Zielgruppen. Die als „sonstige Verkaufsförderung" angeführten Maßnahmen, auch als „Opinion Leader Promotions" bezeichnet, reichen in das Gebiet der Produkt-PR hinein, sofern es sich um produktbezogene Aktivitäten handelt; u.U. geht es aber auch um Public Relations im klassischen Sinne, wenn mit den Maßnahmen *Organisationsziele* (z.B. Ziele von kommunalen Anbietern oder Reiseveranstaltern) realisiert werden sollen (vgl. hierzu Abschnitt 5.4 dieses Beitrags).

In der Regel kann davon ausgegangen werden, daß es sich bei Verkaufsförderung im Gegensatz zur Werbung um einmalige, d.h. nicht wiederkehrende Kommunikationsmaßnahmen handelt (vgl. Haedrich, 1976, S. 44), die auf eine bestimmte Zielsetzung und Zielgruppe im Absatzkanal ausgerichtet sind; daher spricht man häufig auch von „maßgeschneiderter" Verkaufsförderung. Dabei ist es zweckmäßig, verbraucher-, reisemittler- und außendienstgerichtete Aktionen eng zu verzahnen, um durch ein integratives Vorgehen (u.U. gekoppelt mit Werbung und Public Relations) eine optimale kommunikative Gesamtwirkung zu erzielen.

Obwohl Verkaufsförderung oft als eher kurzfristiges Kommunikationsinstrument eingestuft worden ist, ist eine sorgfältige Planung Voraussetzung, um die Wirkungsmöglichkeiten dieses Instruments voll auszuschöpfen. Entsprechend dem Stufenmodell der Kommunikationsplanung (vgl. Abb. 5) läuft die Planung von Verkaufsförderungsaktionen parallel zu und abgestimmt mit der Werbeplanung in einzelnen Schritten ab (vgl. Haedrich, 1992a, S. 1216 f.). *Ziele* für Verkaufsförderungsmaßnahmen werden aus den ökonomischen und außerökonomischen Marketingzielen abgeleitet; Verkaufsförderung hat im Rahmen der Positionierung des angebotenen Produkts insbesondere die Aufgabe zu erfüllen, das Angebot zu aktualisieren bzw. im Bewußtsein der Abnehmerzielgruppen aktuell zu halten, als Mittel zur Realisierung ökonomischer Marketingziele. Die *Zielgruppen* der Verkaufsförderung sind – wie bereits dargestellt worden ist – mannigfaltig; insofern gilt es, die Marketingzielgruppe zu differenzieren und möglicherweise sogar zu erweitern.

Ziel- und Zielgruppenplanung liefern Vorgaben für die anschließende *Konzeptions- und Maßnahmenplanung*. Ähnlich wie bei der Werbeplanung wird eine zentrale kreative Idee entwickelt, die einen Nutzen für die Zielgruppe kommuniziert und die in einzelne konkrete Verkaufsförderungsaktivitäten „umgesetzt" wird. Dabei ist unbedingt darauf zu achten, daß die Werbe- und Verkaufsförderungskonzeptionen trotz unterschiedlicher Zielvorgaben kompatibel sind, d.h. sich in Stil und Aussage nicht widersprechen, sondern möglichst harmonisch ergänzen. Trotz der Unterschiedlichkeit von Werbe- und Verkaufsförderungszielen soll eine eindeutige Position für das Angebot im Wettbewerbsumfeld erreicht werden; beide Kommunikationsinstrumente haben im Rahmen dieser Aufgabenstellung wichtige Teilfunktionen zu übernehmen, beispielsweise auf der einen Seite den Aufbau bzw. die Festigung eines Produktimages, andererseits die Erhöhung der Produktaktualität bzw. die Stabilisierung des Aktualitätsgrades auf einem bestimmten Niveau.

```
                              Verkaufsförderung
        ┌──────────────────────────┼──────────────────────────┐
  reisemittlerbezogene      endverbraucher-               sonstige
   Verkaufsförderung       bezogene Verkaufs-          Verkaufsförderung
                               förderung
   ┌──────┴──────┐
auf das Ver-   auf das Reise-
kaufspersonal  büro aus-
ausgerichtet   gerichtet
```

auf das Verkaufspersonal ausgerichtet	auf das Reisebüro ausgerichtet	endverbraucherbezogene Verkaufsförderung: Sie kann zum Teil direkt vom Veranstalter, zum Teil über den Reisemittler an den Endverbraucher herangetragen werden:	sonstige Verkaufsförderung Adressat: sog. Multiplikatoren, wie bei
- Informationsveranstaltungen - Schulungen - Expeditenreisen - Verkaufswettbewerbe - Leistungsanreize	- Displaymaterial - Reisebüro-Wettbewerbe - Super-Provision - Info-Schreiben, Vakanzlisten, usw. - Info-Thek, Video-Thek - Verkaufsfolder	- Attraktives Schaufenster- und Innenraum-Display - Verbundaktionen der Reiseveranstalter mit Fremdenverkehrsregionen oder -orten (Folkloredarbietung, thematisches Schaufenster) - Verbraucherwettbewerbe (Gewinnspiele, Preisausschreiben, Gutscheinaktion) - Zugaben (Puzzle, Reiseführer) - Sonderaktionen	- Journalistenreisen - Aktionen bei Vorständen von Vereinen, Clubs

Abb. 9: Beispiele für Verkaufsförderungsmaßnahmen (*Quelle:* anbiet-technik, 1987)

Auf bestimmte Ziele ausgerichtete Verkaufsförderungsmaßnahmen benötigen einen *Verkaufsförderungsetat* in einer Höhe, die ausreicht, um die zielorientierte Maßnahmenplanung durchführen zu können. Ziel- und in der Folge Maßnahmen-Revisionen können notwendig werden, falls die verfügbaren Mittel geringer als veranschlagt sind.

In der abschließenden *Kontrollphase* können ähnlich wie bei der Kontrolle der Werbung bestimmte Pretest-Verfahren eingesetzt werden, um zu ermitteln, inwieweit geplante Maßnahmen voraussichtlich dazu in der Lage sein werden, die operational formulierten Zielvorgaben zu realisieren. Herangezogen werden beispielsweise Konzeptionstests in Form von Gruppendiskussionen mit potentiellen Käufern bestimmter Reiseangebote oder Gespräche mit wichtigen Reisemittlern (sog. Expertenumfragen). Einsetzbar sind auch Verfahren der Testmarktforschung (z.B. Store-Tests), um geplante bzw. realisierte Maßnahmen in einer begrenzten Auswahl von Testgeschäften auf ihre Wirkung zu überprüfen, etwa durch eine Kombination von Kundenbeobachtung und Befragung von Kunden und Verkaufspersonal.

Seit einiger Zeit werden von der Firma Nielsen Werbeforschung S + P, Hamburg, Panel-Untersuchungen durchgeführt, die Anhaltspunkte über die ökonomische Wirkung von Verkaufsförderungsmaßnahmen liefern können.

5.4 Public Relations

Im ersten Teil dieses Buches ist dargestellt worden, daß jede Organisation bestrebt sein muß, in ihren Austauschbeziehungen zu Markt und Gesellschaft die Balance zu halten. Die Abhängigkeit des wirtschaftlichen Erfolges von dem Eingehen auf gesellschaftsbezogene Ziele ist besonders groß in Branchen, die in eine komplexe, dynamische Umwelt eingebettet sind. Deutlich wird das anhand der Ergebnisse einer empirischen Untersuchung, die 1991 in deutschen Unternehmen der alten Bundesländer durchgeführt worden ist: Die befragten Mitglieder der Geschäftsleitungen gaben an, daß sich 9,7% der geplanten Wettbewerbsstrategien als undurchführbar erwiesen, 20,1% vor der Implementierung einer erheblichen Veränderung bedurften, 29,6% geringfügig modifiziert werden mußten und nur 40,6% ohne Behinderungen durch gesellschaftliche Anspruchsgruppen durchgeführt werden konnten. Gegenüber 1987 ist der Anteil der nicht bzw. nur mit Veränderungen durchführbaren Wettbewerbsstrategien deutlich angestiegen; das dürfte auch für die Implementierung zahlreicher touristischer Strategien zutreffen, wenn man nur einmal die gegensätzlichen Anforderungen von Planern und Umweltschützern in Rechnung stellt. Vor allem in Unternehmen, die der öffentlichen Meinungsbildung in überdurchschnittlichem Maße ausgesetzt sind, werden derartige Restriktionen spürbar; touristische Organisationen sind häufig von Umwelten umgeben, die durch zunehmende Komplexität und Veränderungsgeschwindigkeit gekennzeichnet sind, und abgesehen von verstärktem Konkurrenzdruck wachsen auch die Ansprüche gesellschaftlicher Gruppierungen an die Anbieter touristischer Leistungen.

Hier sind Public Relations herausgefordert; es handelt sich darum, einen Dialog mit relevanten Teilöffentlichkeiten in Markt und Gesellschaft (eingeschlossen die Mitarbeiter der Organisation) aufzunehmen, um Chancen und Risiken in der Umwelt möglichst frühzeitig erkennen und Strategien einleiten zu können, die dazu geeignet sind, den *Handlungsspielraum* der Organisation zu erhöhen und damit ihre *Effektivität* und Effizienz aufrecht zu erhalten (vgl. Haedrich/Jeschke, 1994).

Grunig/Hunt (1984, S. 6) definieren Public Relations zutreffend als „das Management der Kommunikation zwischen einer Organisation und ihren Teilöffentlichkeiten". Unter anderem geht es darum, Multiplikatoren (z.B. Journalisten) und meinungsbildenden Kreisen (beispielsweise Stammkunden) ein positives Image zu vermitteln, und zwar durch Maßnahmen wie Pressekonferenzen, redaktionelle Beiträge in der Presse, PR-Anzeigenkampagnen, Messen und Ausstellungen, Vorträge und Publikationen. Public Relations wenden sich aber auch an interne Teilöffentlichkeiten, z.B. bei einem kommunalen Anbieter an Hotels, Restaurants, Freizeitbetriebe, die ortsansässige Bevölkerung und andere infrastrukturelle Einrichtungen bzw. deren Träger. Dadurch soll ein Konsens über die Marketingstrategie, die die Organisation einschlagen möchte, erreicht und die Kooperationsbereitschaft zwischen einzelnen Beteiligten bzw. Betroffenen durch PR-Maßnahmen wie Informationsgespräche, Berichte in der Lokalpresse und Informationsbroschüren gefördert werden.

Den Hintergrund dafür, daß ein fruchtbarer Dialog zwischen der Organisation und wichtigen Umweltgruppen in Gang kommt, bildet eine *strategische, d.h. eng mit der strategischen Unternehmens- und Marketingplanung abgestimmte Public-Relations-Planung*. Public Relations als strategisches Instrument müssen ebenso wie Marketing in dem Leitbild und in konkreten Führungsleitlinien verankert sein, um die Organisation dazu in die Lage zu versetzen, ihr strategisches Erfolgspotential gegenüber Markt und Gesellschaft auszuschöpfen bzw. strategische Erfolgsfaktoren zu etablieren, mit denen langfristig Wettbewerbsvorteile realisiert werden können. Marketing hat seinen Schwerpunkt beim Management des marktlichen Umfeldes der Organisation, während bei Public Relations der Bezug zu relevanten gesellschaftlichen Teilöffentlichkeiten überwiegt. In Zukunft kann allerdings davon ausgegangen werden, daß die Bedeutung von Public Relations für Markttransaktionen stark zunehmen wird und daß die Trennlinie zwischen Markt und Gesellschaft einerseits, den Zielsetzungen von Marketing und Public Relations auf der anderen Seite mehr und mehr verschwimmen dürfte. Insofern liegt der Gedanke nahe, *Marketing und Public Relations zu einer einheitlichen Führungskonzeption von Organisationen zu verschmelzen* (vgl. Haedrich, 1987, S. 28–31; 1992b). In einem solchen Falle würden Marketing und Public Relations zu einer konsistenten strategischen Grundhaltung der Organisation zusammengeführt werden, und ein wesentlicher Vorteil läge sicherlich in der Chance für die Organisation, ein klares Image bei allen relevanten Gruppen in Markt und Gesellschaft aufzubauen und fest zu verankern. Für die Public-Relations-Planung beinhaltet diese Vision, daß einzelne Planungsstufen eng mit der Marketingplanung zu verzahnen sind (vgl. Abb. 10).

Strategische Erfolgsfaktoren gegenüber Markt und Gesellschaft ergeben sich dadurch, daß entsprechende Ressourcen und Fähigkeiten zur Verfügung stehen, um Chancen rechtzeitig zu nutzen bzw. Gefahren gegenzusteuern. Die Ableitung von abgestimmten Marketing- und Public-Relations-Zielen und -Strategien basiert auf der klaren Positionsbestimmung der Organisation, aus der zu erkennen ist, ob die Organisation grundsätzlich zu einem Dialog mit ihrer Umwelt bereit ist oder ob sie sich eher passiv verhält, so daß Chancen u.U. verspielt und Risiken soweit wie möglich umgangen werden. Die Kooperation mit Markt und Gesellschaft kann insofern als empfehlenswerter Strategietyp bezeichnet werden, als mit einem aktiven Umwelt-Management im allgemeinen ein beiderseitiger Nutzen verbunden ist (vgl. auch Haedrich/Tomczak, 1996a, S. 18 ff.). Eine auf einer klaren strategischen Leitlinie fußende Vorgehensweise gegenüber allen relevanten marktlichen und gesellschaftlichen Interaktionspartnern führt am ehesten zu einer tragfähigen und akzeptierten Identität der Organisation nach außen und innen und ermöglicht eine Vergrößerung des Handlungsspielraumes gegenüber ihren verschiedenen Umwelten, und solche strategisch abgesteckten

Freiräume sind der Hintergrund für langfristigen ökonomischen Erfolg: „Kooperation mit relevanten Umweltgruppen verhilft einer Organisation zu mehr Unabhängigkeit, führt allerdings nicht zu einer völligen Autonomie den Umwelten gegenüber" (Grunig, 1987, S. 31; Übersetzung durch den Verfasser).

5.5 Corporate Communications als Klammer

Eine eindeutige Identität der Organisation nach außen (gegenüber marktlichen und gesellschaftlichen Umwelten) und nach innen (z.B. gegenüber den Mitarbeitern) bringt zahlreiche Vorteile mit sich:

- Die Organisation wird für alle Interaktionspartner in ihrem Verhalten berechenbarer.
- Kontinuität des Verhaltens zahlt sich häufig in der Weise aus, daß marktliche und gesellschaftliche Interaktionspartner zu einer dauerhaften Kooperation mit der Organisation bereit sind.
- Gleichzeitig erhöht sich der Handlungsspielraum der Organisation, indem ihre ökonomisch ausgerichteten Interessen gesellschaftlich legitimiert werden.

Mit Hilfe strategischer Maßnahmen („Corporate-Identity-Strategie") wird angestrebt, das Selbstverständnis der Organisation nach außen und innen zu vermitteln und ein klares und eindeutiges Organisationsimage aufzubauen und zu festigen. In dem sogenannten Corporate-Identity-Mix sollen alle Instrumente der Kommunikation („Corporate Communications"), das reale Verhalten der Organisation gegenüber allen Interaktionspartnern („Corporate Behavior") und ihr gesamtes Erscheinungsbild („Corporate Design") in die gleiche Richtung wirken (vgl. Hinterhuber, 1989, S. 231–239). Die Integration aller kommunikativen Aktivitäten kann auf *inhaltlichem* Wege (durch Bilder bzw. durch Sprache) oder *formal* (z.B. durch das Logo, durch die Typographie und das gesamte Erscheinungsbild der Kommunikation) erfolgen (vgl. Esch, 1993). Aufgabe der Integration der Kommunikation ist es, dafür zu sorgen, daß die Kommunikation nach außen und innen einheitlich ist. Hier liegt eine wichtige Koordinationsaufgabe, und es ist einleuchtend, daß durch die unterschiedlichen Teilaufgaben der verschiedenen Kommunikationsinstrumente im Kommunikations-Mix erhebliche Koordinationsprobleme entstehen können. Unter anderem muß für Marketing und Public Relations eine einheitliche Sprachregelung gefunden werden; insofern müssen Marketing- und Public Relations-Abteilungen eng zusammenarbeiten, um die Balance zwischen einzelnen Kommunikationszielen und -maßnahmen herzustellen. Allerdings geht aus einer neueren empirischen Untersuchung des Instituts für Marketing der Freien Universität Berlin hervor, daß die Zusammenarbeit zwischen beiden Bereichen in der Praxis relativ schwach ausgeprägt zu sein scheint: 38,5% der befragten PR-Leiter in der bundesdeutschen Industrie gaben 1993 an, daß Public Relations und Marketing inhaltlich und organisatorisch voneinander unabhängig sind, nur 26,9% bekundeten, daß beide Bereiche gleichberechtigt und eng miteinander verknüpft sind (vgl. Haedrich et al., 1995).

	Marketing	**Public Relations**
1. Umwelt- und Organisationsanalyse	• Analyse der Aufgabenumwelt • Ableitung von Chancen/Risiken gegenüber den Märkten	• Analyse der gesellschaftlichen Umwelt • Ableitung von Chancen/Risiken gegenüber der Gesellschaft
	Identifikation von strategischen Erfolgsfaktoren in Markt und Gesellschaft	
2. Positionierung (Festlegung der strategischen Leitlinie)	• Positionierung der Organisation gegenüber den Märkten	• Positionierung der Organisation gegenüber der Gesellschaft (einschl. Mitarbeiter)
	Ableitung des Zielsystems der Organisation und der Aufgaben für einzelne Strategische Geschäftsfelder	
3. Entwicklung von Strategien	Entwicklung von abgestimmten Strategien, bezogen auf einzelne Zielgruppen im Markt und auf einzelne relevante Anspruchsgruppen in der Gesellschaft	
	Detaillierte und zeitlich fixierte Maßnahmenpläne für Marketing und Public Relations	
4. Realisation der Maßnahmen	Realisation der Marketing- und Public Relations-Maßnahmen	
	Aufbau einer marktlich tragfähigen und gesellschaftlich akzeptablen Corporate Identity	
5. Strategie-Kontrolle	• Evaluation der Marketing-Strategie	• Evaluation der Public Relations-Strategie
	Basis für weitere strategische Planung	

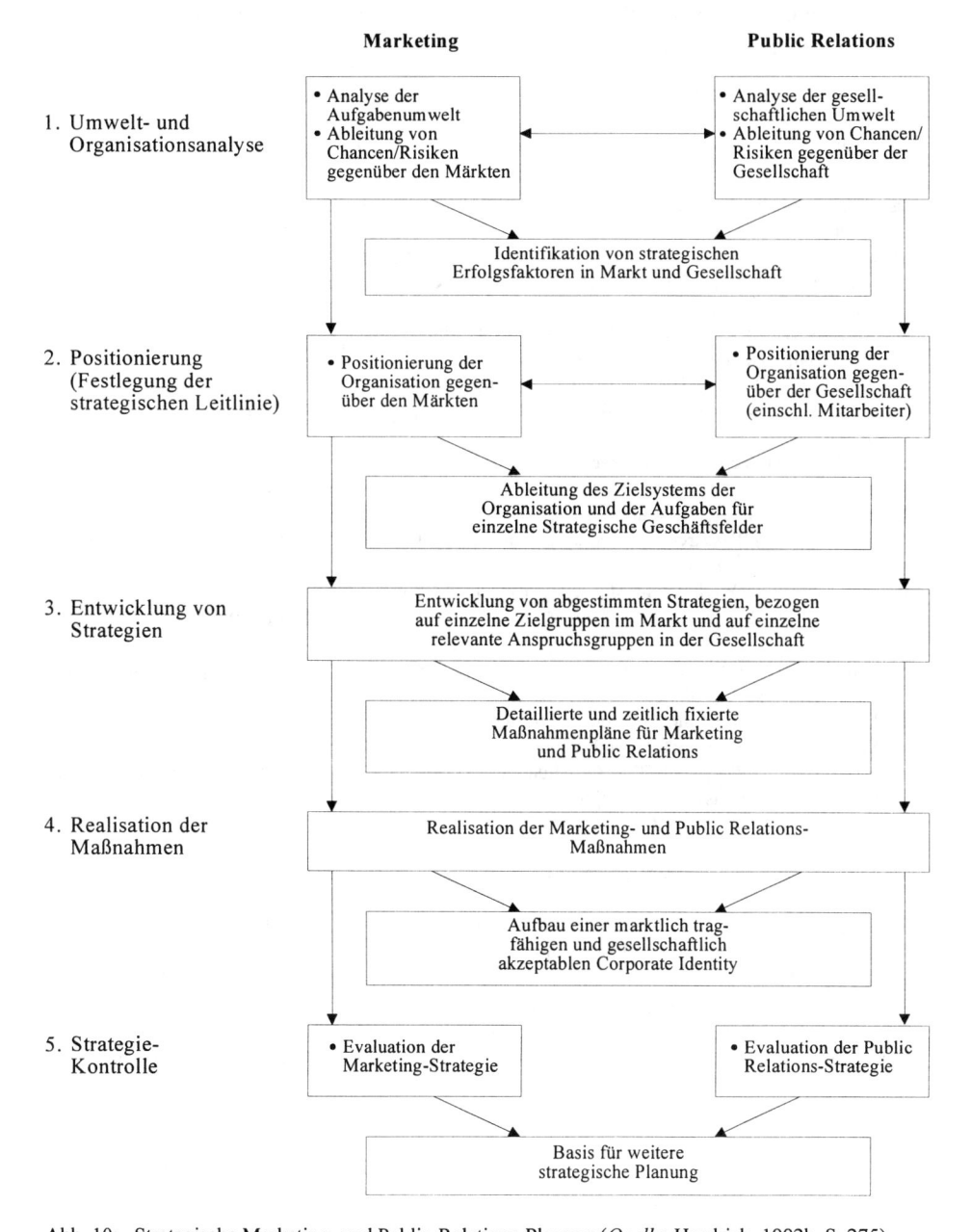

Abb. 10: Strategische Marketing- und Public-Relations-Planung (*Quelle*: Haedrich, 1992b, S. 275)

Die Integration aller kommunikativen Aktivitäten ist Angelegenheit der obersten Leitung der Organisation, und ihre wichtige Aufgabe besteht darin, die Zuständigkeit und Verantwortung für ein einheitliches kommunikatives Auftreten der Organisation selbst zu übernehmen oder eine entsprechende Koordinationsstelle mit entsprechender Kompetenz und Verantwortung einzurichten.

Literatur

Assael, H. (1984): Consumer Behavior and Marketing Action. 2. Aufl., Boston.
Axel Springer Verlag AG (Hrsg.) (1990): Media-Dialog-System MDS. Hamburg.
Bruhn, M. (1995): Die Rolle der Nicht-Klassiker in der integrierten Unternehmenskommunikation. In: Thexis Fachbuch für Marketing „Die Nicht-Klassiker der Unternehmenskommunikation". St. Gallen, S. 28–48.
Büning, H., G. Haedrich, H. Kleinert, A. Kuss, B. Streitberg (1981): Operationale Verfahren der Markt- und Sozialforschung. Berlin/New York.
Cristofolini, P., G. Thieß (1979): Verkaufsförderung. Berlin/New York.
Cristofolini, P. (1994): Markenpolitik und Verkaufsförderung. In: M. Bruhn (Hrsg.), Handbuch Markenartikel, Bd. II. München, S. 1073–1091.
Esch, F.-J. (1993): Verhaltenswissenschaftliche Aspekte der Integrierten Marketingkommunikation. In: Werbeforschung & Praxis Heft 1/1993, S. 20–28.
Grunig, J.E., T. Hunt (1984): Managing Public Relations. New York.
Grunig, J.E. (1987): Research in the Strategic Management of Public Relations. In: International Public Relations Review, Herbst 1987, S. 28–32.
Haedrich, G. (1976): Werbung als Marketinginstrument. Berlin/New York.
Haedrich, G. (1987): Zum Verhältnis von Marketing und Public Relations. In: Marketing – ZFP, Heft 1, S. 25–31.
Haedrich, G. (1992a): Verkaufsförderungsplanung und -kontrolle. In: H. Diller (Hrsg.), Vahlens Großes Marketing Lexikon. München, S. 1216f.
Haedrich, G. (1992b): Public Relations im System des Strategischen Managements. In: H. Avenarius, W. Armbrecht (Hrsg.), Ist Public Relations eine Wissenschaft? Opladen, S. 257–278.
Haedrich, G., E. Kreilkamp (1983): Zur Situation der Öffentlichkeitsarbeit in deutschen Unternehmen. In: Die Betriebswirtschaft, 43 (3), S. 431–443.
Haedrich, G., T. Tomczak (1988): Erlebnis-Marketing: Angebots-Differenzierung durch Emotionalisierung. In: Thexis, 1, S. 35–41.
Haedrich, G., B. Jeschke (1994): Zum Management des Unternehmensimage. In: Die Betriebswirtschaft 54 (1994) (2), S. 211–220.
Haedrich, G., T. Jenner, M. Olavarria, S. Possekel (1995): Zur Situation der Öffentlichkeitsarbeit in deutschen Unternehmen im Jahr 1993. In: Die Betriebswirtschaft 66 (1995) (5), S. 615–626.
Haedrich, G., T. Tomczak (1996a): Strategische Markenführung. 2. Aufl., Bern/Stuttgart/Wien.
Haedrich, G., T. Tomczak (1996b): Produktpolitik. Stuttgart/Berlin/Köln.
Hinterhuber, H.H. (1989): Strategische Unternehmungsführung, Band II. Berlin/New York.
Kleinaltenkamp, M., O. Plötner (1994): Business-to-Business-Kommunikation. In: Werbeforschung & Praxis, Heft 4/1994, S. 130–137.
Konert, F.-J. (1986): Vermittlung emotionaler Erlebniswerte. Eine Marketingstrategie für gesättigte Märkte. Heidelberg/Wien.
Kroeber-Riel, W. (1993): Strategie und Technik der Werbung. 4. Aufl., Stuttgart/Berlin/Köln.
O.V. (1987): Verkaufsförderung im Tourismus. In: anbiet-technik information aus der Verkaufsförderung IV, September 1987, S. 6.

Ray, M. (1974): Marketing Communication and the Hierarchy-of-Effects. In: P. Clarke (Hrsg.): New Models for Mass Communication Research. Beverley Hills/London, S. 147–176.
Rossiter, J.R., L. Percy (1987): Advertising and Promotion Management. New York u.a.
Schweiger, G., G. Schrattenecker (1992): Werbung. 3. Aufl., Stuttgart/Jena.
Studienkreis für Tourismus (1990): Reiseanalyse 1989 (RA 89). Starnberg.

6 Vertriebspolitik im Tourismus

Ulrike Regele und Dirk J. Schmücker

6.1 Einführung

Dieser Artikel beschäftigt sich mit der Vertriebspolitik von Tourismusunternehmen und -organisationen. Die tatsächlich im Markt existierenden Vertriebssysteme werden untersucht und in einen theoretischen Bezugsrahmen eingeordnet.

Die Grundlage aller Marketingentscheidungen bilden die Bedürfnisse und das Verhalten der Kunden. Die Auswirkungen des Entscheidungs- und Informationsverhaltens von (potentiellen) Kunden auf die Distributionspolitik von Tourismusunternehmen stellt Kapitel 6.2 dar. Im Rahmen der Distributionspolitik kommt der Make-or-Buy-Entscheidung eine besondere Bedeutung zu. Die zunehmende Beachtung institutionenökonomischer Ansätze in der Marketingtheorie (vgl. Kaas, 1995) findet ihr praktisches Pendant in der Einführung neuerer Vertriebsformen (z.B. Franchising) und der Änderung von Eigentumsrechten (z.B. Aufweichung des Handelsvertreterstatus der Reisebüros) im Tourismusmarkt. Mit diesem Themenkomplex beschäftigt sich Kapitel 6.3. Distributionsstrategien und insbesondere das vertikale Marketing als eine mögliche Option und seine Ausprägungen im Tourismusmarkt werden in Kapitel 6.4 vorgestellt. Die Vertriebsformen, wie sie im deutschen Tourismusmarkt tatsächlich anzutreffen sind, sind Gegenstand des fünften Kapitels. Veränderte Marktbedingungen erfordern neue Formen der Zusammenarbeit zwischen den Beteiligten. Dabei wird auf alle Marktteilnehmer, die im weiteren Sinne als Produzenten zu bezeichnen sind, eingegangen.

Die klassische Marketingtheorie bezeichnet die Distributionspolitik als „die Regelung bzw. Festlegung aller betrieblichen Aktivitäten, die darauf gerichtet sind, eine Leistung vom Ort ihrer Entstehung unter Überbrückung von Raum und Zeit an jene Stelle(n), wo sie nach dem Wunsch von Anbieter und Nachfrager in den Verfügungsbereich des letzteren übergehen soll, zu" (Nieschlag/Dichtl/Hörschgen, 1994, S. 426). Für den Vertrieb von Tourismusdienstleistungen ergibt sich eine wesentliche Änderung dieser Definition: Es wird nämlich zunächst nur die Information über die Leistung und daran anschließend ein Leistungsversprechen übertragen. Die Leistung selbst wird in der Regel zeitlich und räumlich getrennt vom Verkauf erbracht. Die Dienstleistungseigenschaft touristischer Produkte begründet eine starke, ja fast ausschließliche Informationsorientierung des Vertriebs. Die Einordnung des Tourismusmanagement als „Management von Informationsgeschäften" (Schertler, 1994, S. 34) verdeutlicht diese Orientierung. Die Entwicklung im Informationsmarkt von gedruckten zu elektronischen Medien verändert das Informationsverhalten von Marktteilnehmern auf Kunden-, Mittler- und Produzentenseite. Dieser Wandel hin zu einer verstärkt informationstechnologischen Orientierung wird in Kapitel 6 aufgegriffen und in seinen Auswirkungen auf den Reisevertrieb dargestellt.

6.2 Entscheidungs- und Informationsverhalten der Konsumenten

Ein grundlegendes Problem des Vertriebs touristischer Leistungen, wie im übrigen aller Dienstleistungen, liegt in der Intangibilität des Produkts. Es wird nicht das Produkt, sondern lediglich ein Leistungsversprechen am Markt angeboten und verkauft. Die Folge ist beim Kunden ein tendenziell höheres wahrgenommenes Risiko vor dem Kauf. Damit einher geht die Dominanz von Erfahrungs- und Vertrauenselementen in der Kaufentscheidung (vgl. Zeithaml, 1981; Weiber/Adler, 1995).

Wie kann der (potentielle) Kunde diese Unsicherheit vor dem Kauf verringern? Er wird versuchen, sich möglichst viele, genaue und zuverlässige („ehrliche") Informationen zu beschaffen. Der Aufwand, den er bereit ist, in die Informationssuche zu investieren, wird von verschiedenen Faktoren abhängen. Kuß (1991, S. 32 ff.) schlägt insbesondere vier Faktoren vor, die die Art der Kaufentscheidung beeinflußen (Involvement, wahrgenommene Produktunterschiede, Häufigkeit gleichartiger Entscheidungen, Zeitdruck bei der Kaufentscheidung). Dabei wird insbesondere das Involvement als wesentlicher Faktor für die Einordnung des Entscheidungsniveaus und damit auch des Informationsverhaltens gesehen.

		Habitualisiertes Kaufverhalten
Extensive Kaufentscheidungen	Limitierte Kaufentscheidungen	
		Impulskäufe

Ausmaß an kognitiver Steuerung

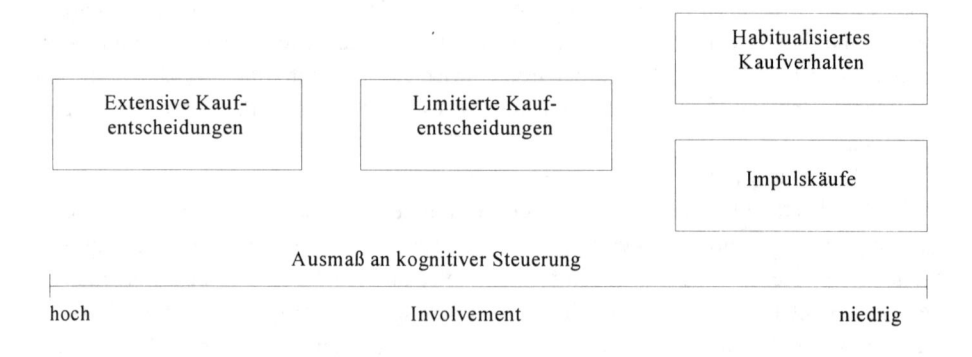

hoch   Involvement   niedrig

Abb. 1: Ausmaß kognitiver Steuerung bei unterschiedlichen Typen von Kaufentscheidungen (leicht verändert nach: Kuß, 1991, S. 26)

Je höher das Entscheidungsniveau (also je höher das Involvement, je größer die wahrgenommenen Produktunterschiede, je geringer die Kauferfahrung mit solchen Gütern und je geringer der Zeitdruck bei der Kaufentscheidung) und je höher das Ausmaß an kognitiver Steuerung, desto mehr Aufwand wird der Konsument betreiben, Informationen zur Verringerung seiner Entscheidungsunsicherheit zu erlangen. Ein fünftes Element, das zu verstärkter Informationssuche anregt, ist das oben bereits beschriebene Vorhandensein der Erfahrungs- und Vertrauenselemente in der Kaufentscheidung. Die entsprechende These lautet hier: Je weniger der Konsument in der Lage ist, die Beschaffenheit des Gutes oder der Dienstleistung vor dem Kauf zu beurteilen, desto mehr Informationen wird er versuchen zu bekommen.

Bei einfachen, materiellen Produkten sind die Informationen im vorhinein relativ leicht zu erhalten. Je komplexer die Produkte und je höher der immaterielle Anteil an den Produkten, desto schwerer wird die Informationssuche. Positioniert man die (Urlaubs-) Reise in einer entsprechenden Matrix, so ergibt sich das in Abb. 2 dargestellte Bild.

```
hoch │   Reifenwechsel           Urlaubsreise
     │
A    │
n    │
t    │
e    │
i    │
l    │
     │
i.E. │
     │
     │
niedrig │  Schreibwaren           Hifi-Anlage
     └────────────────────────────────────────▶
        niedrig       Komplexität       hoch
```

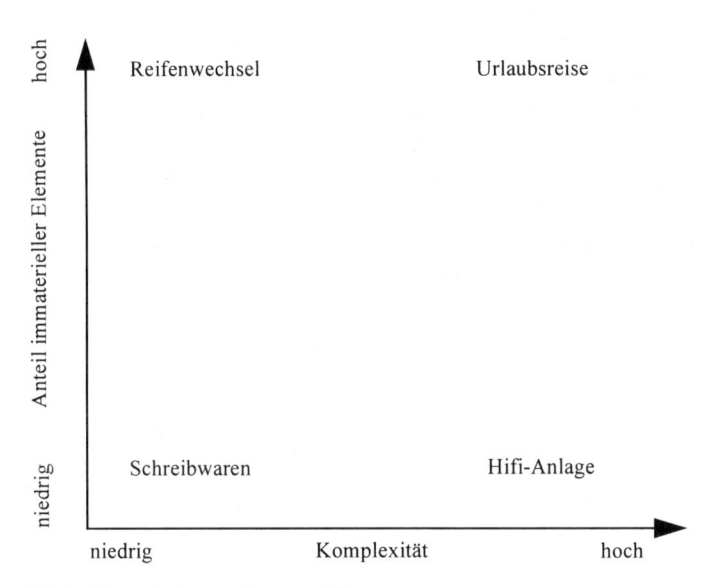

Abb. 2: Komplexität und Immaterialität

Die Abbildung beschreibt zum einen die Komplexität des Produktes (auf der Abszisse) und zum anderen den Anteil immaterieller Elemente (auf der Ordinate) anhand von Beispielen. Der Kauf einer Hifi-Anlage etwa bezieht sich auf ein hochkomplexes Produkt, der Anteil immaterieller Elemente am Produkt ist aber relativ gering (es handelt sich schließlich um Hardware, die bestimmte technische Eigenschaften besitzt, meß- und prüfbar ist und vor dem Kauf getestet werden kann). Schreibwaren, z.B. Bleistifte, Schreibpapier, haben ebenfalls wenige immaterielle Anteile, sind aber weit weniger komplex. Ein ebenfalls wenig komplexes Produkt ist der Reifenwechsel. Allerdings spielt hier das materielle Produkt im Kaufprozess keine Rolle (häufig bringt der Kunde seine Reifen mit), das Produkt „Reifenwechsel" als solches ist immateriell. Urlaubsreisen schließlich sind in diesem Zusammenhang als komplexe Produkte mit einem hohen (fast ausschließlichen) immateriellen Anteil zu kennzeichnen. Die Probleme der Bewertung des Produktes in der Entscheidungsphase treffen hier also in besonderer Weise zu.

Während die Einteilung von Kuß auf die Sichtweise des Konsumenten abzielt, lassen sich auch Parameter feststellen, die vom jeweiligen Konsumenten unabhängig sind, aber dennoch das Entscheidungsniveau beeinflussen. Nicht jede Art von Reisen ist auf dem gleichen Entscheidungsniveau des Konsumenten zu suchen. Standardisierte Produkte, die anderen Produkten ähneln oder die wenig Komplexität aufweisen, sind für den Kunden einfacher zu handhaben als komplexe Produkte, die sich deutlich von anderen unterscheiden und zu denen wenig Informationen vorliegen oder beschafft werden können.

Fragt man nun nach dem Einfluß des Kaufentscheidungsniveaus auf die Wahl des Distributionweges, so ist auch hier wieder zu trennen. Zum einen läßt sich fragen: Welche Typen von Konsumenten bevorzugen bestimmte Distributionswege? Zum anderen aber auch: Für welche Produkttypen kommen bestimmte Distributionswege in Betracht? Gleichzeitig hängen aber auch Konsumententyp und Produkttyp zusammen: Der Konsument vom Typ „ängstlich" wird eher selten ein Reiseprodukt vom Typ „Abenteuer" nachfragen. Dennoch können beide Ausprägungen mit Blick auf die Wahl des Distributionsweges das selbe Ergebnis haben: Intensive Informationssuche und Suche nach Unterstützung oder Bestätigung bei der Kaufentscheidung.

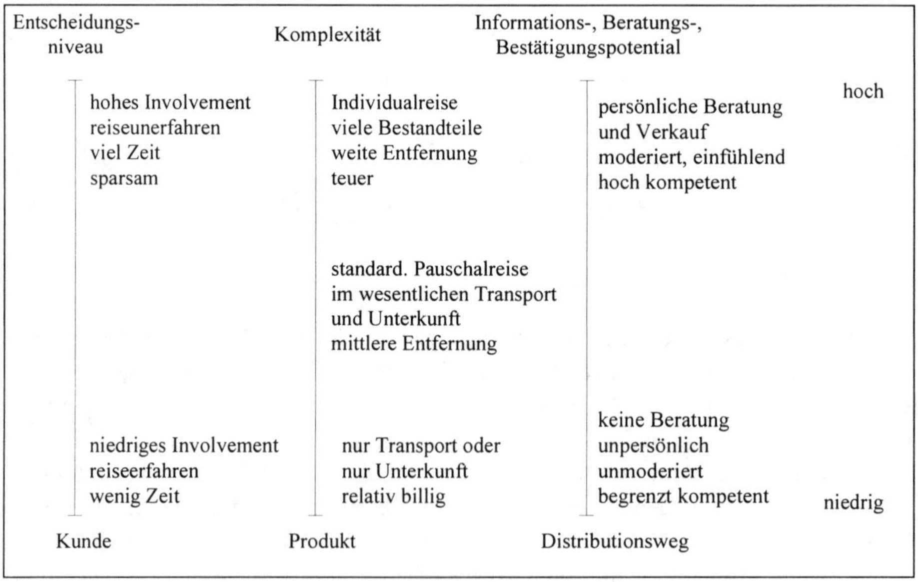

Entscheidungs- niveau	Komplexität	Informations-, Beratungs-, Bestätigungspotential	
hohes Involvement reiseunerfahren viel Zeit sparsam	Individualreise viele Bestandteile weite Entfernung teuer	persönliche Beratung und Verkauf moderiert, einfühlend hoch kompetent	hoch
	standard. Pauschalreise im wesentlichen Transport und Unterkunft mittlere Entfernung		
niedriges Involvement reiseerfahren wenig Zeit	nur Transport oder nur Unterkunft relativ billig	keine Beratung unpersönlich unmoderiert begrenzt kompetent	niedrig
Kunde	Produkt	Distributionsweg	

Abb. 3: Entscheidungsniveau, Produkteigenschaften und Distributionsweg

Es lassen sich also drei verschiedene Parameter des Entscheidungsniveaus in bezug auf den Distributionsweg festhalten:

- Entscheidungsniveau (Kundensicht),
- Immaterialität und Komplexität (Produktsicht),
- Eignung des Distributionsweges, Information, Beratung und Bestätigung zu liefern.

Je höher das Entscheidungsniveau, je mehr immaterielle Anteile und je komplexer das Produkt, desto höher die Anforderungen des Kunden an die Informations-, Beratungs- und Bestätigungsfunktion des Distributionsweges. Distributionswege wie Reisebüros oder allgemein persönlicher Verkauf würden auf der entsprechenden Skala relativ weit oben angeordnet. Aber auch technische Hilfsmittel wie intelligente „persönliche" Agenten (vgl. Kapitel 6.6) werden in diesem Bereich in Zukunft eine Rolle spielen. Am unteren Ende der Skala sind z.b. Verkaufsautomaten angesiedelt. Dazwischen sind z.B. Verkauf über Online-Dienste oder branchenfremde Vertriebswege (wie Lotto-Annahmestellen) anzuordnen.

Damit wird klar: Es gibt nicht „den" Vertriebsweg für ein gegebenes Produkt. Und es gibt nicht „den" Vertriebsweg für einen Konsumententyp. Erst die Kombination aus beiden Faktoren läßt einen Vertriebsweg geeignet erscheinen oder nicht. Konkret: Die wenig komplexe Leistung „Bahnfahrkarte" kann zwar tendenziell eher über Automaten verkauft werden als die Weltreise. Aber reiseunerfahrene Kunden, die viel Zeit mitbringen und für die die Bahnfahrt von A nach B ein großes Erlebnis ist, werden dennoch nicht am Automaten kaufen. Und selbst weitgereiste, reiseerfahrene Kunden werden sich bei bestimmten Produkten eher auf die Beratung im Reisebüro verlassen als alles allein über einen Online-Service zu buchen.

6.3 Modelle des Vertriebs von Dienstleistungen

Ausgangspunkt der folgenden Überlegungen ist die Distributionspolitik der Produzenten von Reiseleistungen. Produzenten sind zum einen alle Leistungsträger, wie z.B. Transportunternehmen, Unterkunftsbetriebe, Zielgebietsagenturen oder Mietwagenunternehmen. Die Leistungen dieser Produzenten sind in der Regel Einzelleistungen, z.B. ein Flugsitz, eine Ferienwohnung, ein Ausflug oder ein Mietwagen. Eine erste mögliche Vertriebsstufe ist der Verkauf der Einzelleistungen an einen weiteren Produzenten, der aus diesen Einzelprodukten ein neues Produkt herstellt. In der Regel ist dies das Geschäft der Reiseveranstalter. Diese Aufgabe können aber auch Organisationen des regionalen Tourismusmanagements (sogenannte DMOs, z.B. Verkehrsämter, Tourismusverbände) wahrnehmen, die verschiedene Leistungen ihres Gebiets einkaufen und zu einem neuen Produkt kombinieren. Die Produzenteneigenschaft von Reiseveranstaltern ist inzwischen weitgehend akzeptiert (vgl. Hebestreit, 1992, S. 15; Pompl, 1994, S. 28; auch Freyer, 1995, S. 150) und bedarf daher hier keiner weiteren Diskussion.[1] Analog lassen sich auch die angeführten regionalen Tourismusorganisationen als Produzenten bezeichnen. Allerdings sind sie, im Gegensatz zu Reiseveranstaltern, im allgemeinen auf ihre Region beschränkt und nehmen neben der Produktion von Pauschalreisen noch vielfältige andere Aufgaben wahr (siehe z.B. Roth, 1995, S. 142 f.).

6.3.1 Fremd- und Eigenvertrieb, direkter und indirekter Absatz

Eine der wesentlichen Entscheidungen im Rahmen der Distributionspolitik ist die Wahl des Absatzweges, genauer die Entscheidung des Managements, entweder

1. Leistungen selbst abzusetzen oder
2. sich anderer Unternehmen zu bedienen.

Steindl (1972, S. 45) bezeichnete, auf Grundlage der prägenden Arbeiten Gutenbergs, für den Tourismusmarkt die erste Option als „direkten Absatz", die zweite als „indirekten Absatz". Diese Definition ist für den heutigen Tourismusmarkt nicht mehr zureichend, da sie den Ort des Verkaufs (PoS, Point of Sale) nicht genügend berücksichtigt. Außerdem kann es zu Begriffsverwirrungen kommen, da der Terminus „Direktvertrieb" häufig den Vertrieb mit Hilfe von Direktmarketinginstrumenten, die den Kauf beim Kunden zu Hause ermöglichen, bezeichnet (vgl. z.B. Meinig, 1992). Da es aus Kundensicht insbesondere bei Erfahrungskäufen (s. Kapitel 2) einen erheblichen Unterschied macht, ob die Leistung zu Hause (z.B. per Telefon, MailOrder oder Online-Dienst) allein oder in einem Ladengeschäft (z.B. Reisebüro, Lottoannahmestelle, Buchungsstelle, Flughafen) mit Beratung und Unterstützung gekauft wird, soll im folgenden der PoS ebenfalls betrachtet werden.

„Aus Sicht [des Nachfragers] ist es unerheblich, ob der Betreiber eines Geschäftes der Hersteller selbst oder ein Händler ist oder ob der ihn zu Hause aufsuchende Außendienstmitarbeiter als Angestellter eines Herstellers oder Reisender [im Sinne von selbständigem Handelsvertreter] auftritt. Die Ähnlichkeit des Verkaufs in einer vom Hersteller betriebenen Filiale mit dem Verkauf im Einzelhandelsgeschäft ist sicherlich größer als die Ähnlichkeit mit dem Verkauf in der Wohnung des Nachfragers durch eine Verkäufer des Herstellers" (Engelhardt/Witte, 1990, S. 8). Auch wenn diese Argumentation überzogen scheint, (so kann es aus Nachfragersicht durchaus relevant sein, daß ein Händler die Produkte vieler Hersteller anbietet, also eine breitere Marktübersicht bietet, oder daß ein Factory-Outlet mit Produkten nur eines Herstellers eventuell günstigere Preise bieten kann als der freie Handel), so ist doch die Einbeziehung des PoS auch im Tourismusmarkt relevant und wird daher im weiteren mit betrachtet.

---

[1] Ausnahmen sind Veranstalter, die Einzelleistungen unverändert weiterverkaufen (z.B. DERTOUR, CA Ferntouristik). Diese Veranstalter sind eher als Großhändler zu betrachten.

Um den
1. Direktvertrieb i.S.v. „Absatz ohne Einschaltung von fremden Absatzmittlern" von dem
2. Direktvertrieb i.S.v. „Vertrieb unter Einsatz des Direktmarketinginstrumentariums" abzugrenzen,

soll im folgenden von Eigenvertrieb für die erste Form und von Home-Order-Vertrieb für die zweite Form gesprochen werden.

Es wird klar, daß Eigenvertrieb an verschiedenen Points of Sale mit verschiedenen Kontaktarten zu realisieren ist. Das Gleiche gilt aber auch für den Fremdvertrieb, so daß sich letztlich nach der Grundsatzentscheidung für den Produzenten: Eigenvertrieb oder Fremdvertrieb („Make" or „Buy") weitere Entscheidungen bezüglich der Kundenansprache (PoS und Art des Kontaktes) ergeben.

Als Eigenvertrieb wird also z.B. der Absatz der Leistung durch den Produzenten (also ohne Einschaltung eines unternehmensfremden Vetriebsorgans, sei es als Händler oder Mittler) bezeichnet, bei dem der Kunde seinen Kauf von zu Hause aus tätigen kann. Der Produzent bedient sich dabei der Mittel des klassischen (z.B. Werbebriefe, Katalogversand) oder elektronischen (z.B. Faxabruf, Online-Dienste) Direktmarketings. Ebenfalls Eigenvertrieb wäre der Absatz der Leistung durch ein Ladengeschäft, das Teil des produzierenden Unternehmens ist oder von diesem maßgeblich beeinflußt wird (zur Rolle von Franchise-Betrieben s.u.).

Fremdvertrieb bezeichnet z.B. den Absatz der Leistung über dritte Unternehmen, die sich der Instrumente des klassischen oder elektronischen Direktmarketing bedienen. Dabei ist es zunächst unerheblich, ob die dritten Unternehmen als Händler oder als Mittler auftreten (vgl. Kapitel 6.2). Fremdvertrieb liegt auch vor, wenn dritte Unternehmen die Leistung in einem Ladengeschäft verkaufen. Diese dritten Unternehmen erbringen die Leistung nicht selbst, sondern verkaufen lediglich das Anrecht, später eine Leistung in Anspruch zu nehmen. Dieses Anrecht wird in der Regel durch einen Anrechtsschein (z.B. Ticket, Voucher) dokumentiert. Solche Unternehmen können mit Scheuch (1982, S. 166) als „Diensteanrechtshandelsbetriebe" bezeichnet werden.

Um die definitorischen Abgrenzungen zu verdeutlichen, sind in der folgenden Übersicht einige Marktbeispiele gegeben:

Eigenvertrieb als Home-Order-Vertrieb
- Lufthansa Info Flyway im Internet (http://www.lufthansa.com) oder per CD
- DB-Angebot in Btx/T-Online (*DB#)
- Reise-Quelle-Katalog (Vetrieb von Quelle-TUI-Reisen)
- Hausprospektversand einer Ferienwohnungsinhaberin an der deutschen Nordseeküste

Eigenvertrieb als Vertrieb in Ladengeschäften
- Das DER-Reisebüro in Leipzig vertreibt eine DERTOUR-Reise in die USA
- Buchung einer Delta-Airlines-Passage FRA-NYC-FRA im Frankfurter Stadtbüro von Delta Airlines

- Kauf einer Fahrkarte im Reisezentrum Hamburg Hbf
- L'tur Last Minute, Baden-Baden, verkauft eine selbstproduzierte Reise im Flughafenbüro Hannover

Fremdvertrieb als Home-Order-Vertrieb
- Flugpreisangebot der Leitz & Thies GbR im Internet (http://www.travel-overland.de)
- L'tur Last Minute, Baden-Baden, verkauft eine TUI-Reise per Fax-polling-System
- Geschäftsführer Dr. Meyer ruft „sein" First-Reisebüro an und bucht den wöchentlichen British Airways-Flug zu seiner Niederlassung in London
- Auf eine Anzeige im Hamburger Abendblatt hin ruft Frau Meyer das Hapag Lloyd Callcenter in Bremen an und bucht einen 3-Tage-Trip nach Wien aus dem DER-TOUR-Städtereisenkatalog

Fremdvertrieb als Vertrieb in Ladengeschäften
- Das Reisebüro Müller vermittelt eine zweiwöchige TUI-Urlaubsreise an die Algarve
- Buchung einer Glücks-Reise in einer Lotto-Annahmestelle

Nicht alle Verkaufssituationen sind so eindeutig wie die oben aufgeführten. So können zum einen Kombinationen aus Home-Order- und Laden-Vertrieb auftreten (z.B. Information per Telefon, Buchung im Ladengeschäft). Zum zweiten entstehen durch Beteiligungen Situationen, die nicht eindeutig dem Eigen- oder Fremdvertrieb zuzuordnen sind. Hier sind drei wesentliche Konstellationen von Bedeutung:

- Produzenten beteiligen sich an Vertriebsunternehmen (Beispiele: Lufthansa City Center Reisebüropartner GmbH, Frankfurt/Main, DERPART Reisevertrieb GmbH, Frankfurt/Main)
- Vertriebsunternehmen beteiligen sich an Produzenten (beispielsweise: TUI Touristik Union International GmbH & Co. KG, Hannover, in den 60er Jahren)
- Produzenten und Vertriebsunternehmen gehen eine Franchise-Kooperation ein (Beispiele: TUI Urlaub Center GmbH, Hannover, Flugbörse D+S Reisen GmbH, München, Holiday Land Franchise Management GmbH, Oberursel)

In transaktionskostentheoretischer Betrachtung (vgl. z.B. Fischer, 1993) sind diese Mischformen von besonderer Bedeutung, da sie das zwischen den Koordinationsextrema Markt und Hierarchie aufgespannte Kontinuum darstellen. Es ist zu vermuten, daß die institutionenökonomische Betrachtung der Vertriebspartnerschaften (dargestellt durch Analyse der Machtstruktur, Prinzipal-Agent-Beziehung oder Wertschöpfungskette) in Zukunft stärkeres Gewicht erhalten wird als die Diskussion um den formalrechtlichen Handelsvertreterstatus der Agenten. Zwar werden Agenturverträge heute in der Regel in Form von Handelsvertretungsverträgen nach § 84ff. HGB geschlossen. Die Realität in der Branche (Nettopreise statt Provision, Tätigwerden für unmittelbar konkurrierende Handelsherren oder auch das vollständige Fehlen von Agenturvereinbarungen im Sinne einer „ständigen Betrauung") und insbesondere neue Vertriebsformen, die durch das HGB nicht oder nur unzureichend erfaßt werden, lassen die formaljuristische Betrachtung gegenüber der ökonomischen zurücktreten. Zu diesen „neuen Vertriebsformen" lassen sich eben auch die oben angeführten Kooperationslösungen zählen. Die Übertragung institutionenökonomischer Überlegungen auf die Marketingtheorie ist bisher vor allem im Bereich der Sachgüter erfolgt (vgl. Kaas, 1995). Eine Anwendung auf den Vertrieb von (touristischen) Dienstleistungen existiert dagegen nur in Ansätzen (vgl. Ernst, 1994).

Auf die vertriebsbezogenen Verflechtungen in der deutschen Tourismusbranche wird in Kapitel 5.2 näher eingegangen.

Zur systematischen Erklärung der Vertriebswegewahl kann die in den letzten Jahren zunehmend diskutierte institutionenökonomische Theorie herangezogen werden (vgl. grundlegend Coase, 1937 und Williamson, 1990). Wesentlicher Bestandteil dieser Theorie ist die Betrachtung von Transaktionskosten auf Produzenten- wie Kundenseite. Transaktionskosten lassen sich vereinfacht als alle die Kosten bezeichnen, die nicht Produktionskosten sind, wie die folgende Abbildung verdeutlicht.

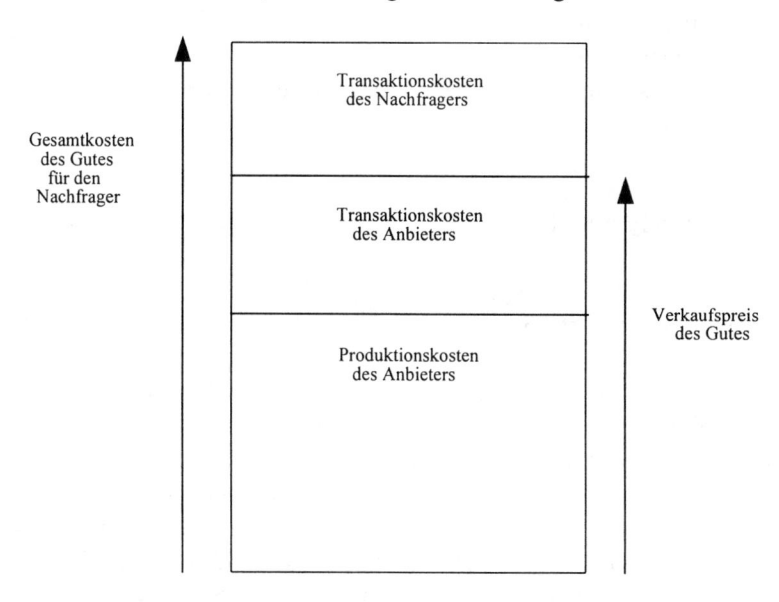

Abb. 4: Transaktionskosten und Produktionskosten (*Quelle*: Ernst/Hofmann/Walpuski, 1995, S. 67)

Transaktionskosten fallen an für die Informationssuche (z.B. „Wer bietet das gewünschte Produkt an?"), die Vereinbarung der Konditionen sowie Durchführung und Kontrolle der Abwicklung. Die so entstehenden Kosten können in monetärer Form auftreten. Insbesondere beim Endkunden ist aber die Bewertung der Transaktionskosten ein Problem. Entscheidet sich ein Urlauber für eine Trekkingreise in den Harz, so muß er zunächst eine Vielzahl von Informationen sammeln und bewerten (Unterkunft, Wegenetz, An- und Abreise, Transport des Gepäcks, etc.). Dabei treten sowohl monetär bewertbare Kosten (z.B. Telefongebühren zum Hotel, Briefmarken für die Postkarte an den Verkehrsverein) als auch nicht oder nur schwer bewertbare Kosten (z.B. Zeiteinsatz) auf. Ziel sowohl der Produzenten als auch der Kunden wird es sein, die Transaktionskosten so gering wie möglich zu halten, denn schließlich soll am Markt das Produkt und nicht die Zusatzkosten verwertet werden.

Überträgt man diese Überlegungen auf die Wahl des Absatzweges, so wird es das Ziel der Produzenten sein, den Absatzweg so zu wählen, daß die Transaktionskosten beider Marktteilnehmer minimiert werden. Bezogen auf die Entscheidung, die Produkte im Eigen- oder Fremdvertrieb anzubieten, lautet das Kriterium zur Einschaltung dritter Unternehmen (Intermediäre) im Vertrieb:

$$PK_A + TK_A + TK_E > PK_A + (TK_A - TKE_A) + (TK_E - TKE_E) + TK_I$$

wobei

PK_j = Produktionskosten
TK_j = Transaktionskosten
TKE_j = Transaktionskostenersparnis bei Einschaltung eines Intermediärs

und

j_A = des anbietenden Herstellers
j_E = des nachfragenden Endabnehmers
j_I = des Intermediärs

leicht verändert nach: Fischer (1993, S. 250).

Die Transaktionskostenersparnis der Kunden und Produzenten bei Einschaltung des Intermediärs muß also größer sein als die Transaktionskosten, die der Intermediär verursacht. Der gleiche Sachverhalt läßt sich auch graphisch darstellen (siehe Abb. 5).

Es wird deutlich, daß die Einschaltung von Intermediären eine Transaktionskostenersparnis zur Folge haben muß, damit sie einen Effizienzgewinn verursachen kann. Intermediäre, die die gesamten Transaktionskosten erhöhen statt sie zu senken, können in diesem Modell nicht existieren. Die geforderte Transaktionskostenersparnis kann in verschiedenen Formen auftreten:

- *Die Vertriebskosten des Produzenten werden gesenkt.* Der Intermediär setzt die Produkte kostengünstiger im Markt ab als der Produzent selbst dies könnte. So ist es z.B. für viele Anbieter nur schwer möglich, einen für den relevanten Markt flächendeckenden Eigenvertrieb zu organisieren Der relevante Markt eines Reiseveranstalters könnte etwa das Bundesgebiet sein. Eine Airline könnte den Weltmarkt als relevanten Markt definieren. Solche Unternehmen werden Schwierigkeiten haben, den relevanten Markt ausschließlich im Eigenvertrieb abzudecken. Auch die Einführung des Home-Order-Eigenvertriebs kann unter diesem Gesichtspunkt betrachtet werden. Die Investition in das eigene Vertriebssystem (z.B. Online-Anbindung des eigenen Reservierungsrechners mit Update- und Wartungsaufwand) kann höhere Vertriebskosten zur Folge haben als der Vetrieb über Intermediäre (z.b. aufgrund des Baligh-Richartz-Effekts, der die Reduktion der Kontakthäufigkeit durch Intermediäre beschreibt, vgl. Baligh/Richartz, 1967).

- *Die Informationsbeschaffungskosten des Kunden werden gesenkt.* Die relevanten Informationen bestehen nicht nur aus der oben angesprochenen Frage „Wer bietet das gewünschte Produkt, Zielgebiet, etc. an?", sondern beinhalten auch Fragen nach Zeiten, Vakanzen, Preisen und weiteren Konditionen.

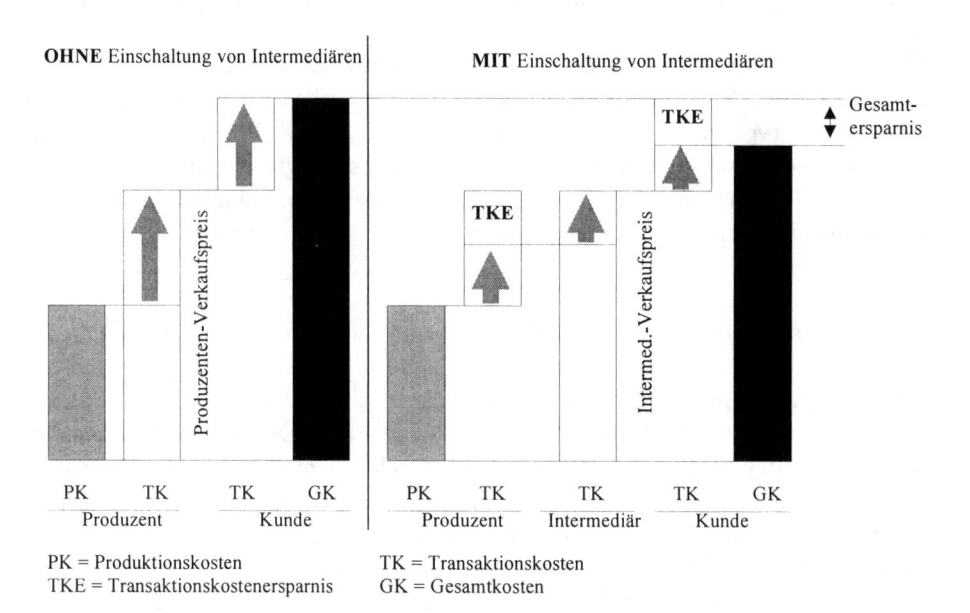

Abb. 5: Effizienzbedingung für den Einsatz von Intermediären (leicht verändert nach: Fischer, 1993, S. 251)

Daneben lassen sich noch weitere Formen denken (z.B. Senkung der Durchführungs- und Abwicklungskosten des Produzenten). Für die grundlegende Betrachtung ist es zunächst unerheblich, ob die Transaktionskostenersparnis beim Produzenten, beim Kunden oder bei beiden auftritt. Steigen beispielsweise die Vertriebskosten des Produzenten durch die Einschaltung eines Intermediärs, so muß die Transaktionskostensparnis des Kunden diese Steigerung zumindest ausgleichen. Die Ersparnis kann z.B. durch einen geringeren Suchaufwand oder die simultane Abfrage der Vakanzen mehrerer Anbieter (wie sie im Reisebüro möglich ist) auftreten. Selbst wenn der Verkaufspreis bei Einschaltung eines Intermediärs höher ist als bei Zustandekommen einer direkten Leistungsbeziehung zwischen Hersteller und Endabnehmer, kann die Einschaltung des Intermediärs effizient sein, da der Endabnehmer aufgrund geringerer Transaktionskosten insgesamt geringere Gesamtkosten zu tragen hat (vgl. Fischer, 1993, S. 250).

Die Entscheidung zwischen Fremd- und Eigenvertrieb (oder institutionenökonomisch ausgedrückt: die Wahl zwischen Markt und Hierarchie als Koordinationsform) ist nicht auf die beiden Extrempunkte beschränkt. Vielmehr ist der Entscheidungsraum als Kontinuum anzusehen. Darüber hinaus können für ein Unternehmen verschiedene Koordinationsformen gleichzeitig existieren. Zunächst zum Entscheidungsraum: Dieser wird begrenzt durch die Extremalternativen „Eigenvertrieb" und „Fremdvertrieb". Dazwischen liegen Alternativen, die nicht eindeutig einem der beiden Pole zuzuordnen sind.

Bezieht man darüber hinaus noch die Dimension der Eigentumsrechte in die Überlegungen ein, so wäre im Bereich des Fremdvertriebs zwischen Mittler und Händler zu unterscheiden (vgl. dazu Kapitel 6.3.2). Weiterhin lassen sich die Dimensionen „Rechtliche Selbständigkeit" und „Wirtschaftliche Selbständigkeit" betrachten.

Inwieweit Informationstechnologien zur Senkung der Transaktionskosten beitragen können und dies auch tatsächlich tun, wird in Kapitel 6.6 näher erläutert.

6.3.2 Fremdvertrieb: Händler und Mittler

Der Fremdvertrieb von Gütern und Leistungen kann über unterschiedliche Kanäle erfolgen. Ein grundsätzlicher Unterschied besteht darin, ob die Distribution über Händler oder Mittler erfolgt. Dabei sind Händler als Unternehmen zu sehen, die Leistungen zu Netto-Preisen einkaufen, also Eigentümer dieser Ware werden, und diese zu selbstkalkulierten Preisen veräußern. Mittler sind dagegen nicht befugt, im eigenen Namen zu selbstbestimmten Preisen zu verkaufen, sondern vermitteln eine Leistung zu einem vom Hersteller vorgegebenen Preis. Dabei kann ein Vertriebsunternehmen durchaus beide Positionen einnehmen, d.h. es kann gewisse Leistungen als Händler verkaufen, andere aber nur vermitteln. Ebenso kann ein Hersteller mehrere Vertriebswege nutzen.

6.3.2.1 Vertrieb über Händler

Wie oben angeführt sind Händler Unternehmen, die eine Leistung im eigenen Namen und auf eigene Rechnung einkaufen, um sie wiederzuverkaufen. Dabei übernimmt der Händler das volle Risiko. Dies kann ein Vorteil für den Hersteller sein. Allerdings kann sich die Zwischenstufe Händler auch als Nachteil erweisen, da es dem Hersteller nicht mehr unbedingt möglich ist, seine Marketingstrategie, insbesondere im Preisbereich, bis zum Endverbraucher durchzusetzen. Dafür bietet sich für Handelsbetriebe die Möglichkeit, eine eigenständige Preispolitik durchzuführen und sich auch über diesen Weg zu profilieren. Markantes Beispiel für diese Strategie sind die zahlreichen Discounter im Lebensmitteleinzelhandel, aber auch Exclusivstrategien im Bekleidungsmarkt.

In der Tourismusbranche erfolgt der Vertrieb an den Endkunden bisher nur in geringem Maße über Händler, da die meisten Leistungen über Reisemittler (siehe auch 6.3.2.2) vertrieben werden, die in der Regel als Handelsvertreter tätig sind.

Einige Reiseveranstalter können in diesem Zusammenhang auch als „Großhändler" (Wholesalers) verstanden werden. Dies trifft auf die Veranstalter zu, die Bausteinprogramme anbieten und eingekaufte Leistungen unverändert an den Endverbraucher weiterverkaufen, z.B. DERTOUR oder CA Ferntouristik. Ebenfalls als Händler treten die Consolidator auf, die Tickets von Fluggesellschaften kaufen und an die Reisebüros weiterverkaufen. In diesem Fall sind auch die Reisebüros als Händler zu betrachten, da sie die Tickets zu Netto-Preisen einkaufen, also Eigentümer der „Ware" werden und den Verkaufspreis selbst kalkulieren.

6.3.2.2 Vertrieb über Mittler

Die Mittler, die in der Tourismusbranche tätig sind – die Reisebüros – sind in der Regel Handelsvertreter. Neben Handelsvertretern gibt es auch Handelsmakler oder Kommissionäre. Allen ist gemeinsam, daß sie zwar selbständige Unternehmen sind, aber nicht in eigenem Namen handeln. Im folgenden werden die Ausführungen auf den Begriff des Handelsvertreters beschränkt.

Der genaue Begriff, die Rechte und Pflichten des Handelsvertreters sind im Handelsgesetzbuch in den §§ 85 bis 92c geregelt. In § 84, Abs. 1, Satz 1 HGB wird als Handelsvertreter ausgewiesen, „wer als selbständiger Gewerbetreibender ständig damit betraut ist für einen anderen Unternehmer Geschäfte zu vermitteln oder in dessen Namen abzuschließen". Aufgrund des Handelsvertreterstatus ist ein Mittler an die Preise gebunden, die ihm durch den Handelsherrn vorgegeben werden. Als Vergütung für seine Tätigkeit steht dem Handelsvertreter nach der Ausführung des Geschäfts durch den Unternehmer eine Provision zu. Diese Regelung hat für den Mittler den Vorteil, daß er keine Vorratshaltung betreiben muß und somit auch das Risiko vermeidet, eingekaufte Ware nicht abzusetzen. Vorteil für den Hersteller ist, daß er im Gegensatz zum Vertrieb über den Händler seine Preisstrategie bis zum Endkunden kontrollieren kann. Dies stellt sich in der Reisebranche aber auch immer mehr als Nachteil für die Reisemittler heraus, denen es nicht möglich ist, sich durch eine eigenständige Preisstrategie zu profilieren.

In der betriebswirtschaftlichen Literatur zur Distribution wird der Handelsvertreter dem Direktvertrieb zugeordnet (vgl. z.B. Weis, 1990, S. 266 oder Wöhe, 1996, S. 725). Dies trifft aus rein rechtlicher Sicht auch auf das Verhältnis Reiseveranstalter – Reisebüro – Endkunde zu, da das Reisebüro nicht Eigentümer der „Ware" Reise wird, sondern die Reise *direkt* vom Reiseveranstalter an den Endkunden verkauft wird. Betrachtet man das Verhältnis Reiseveranstalter – Reisebüro – Endkunde jedoch funktional, kann man das Reisebüro nicht dem Direktvertrieb zuordnen, da es etliche Funktionen übernimmt, die sonst auch den Handelsbetrieben zugeordnet werden. Zum Beispiel überbrückt das Reisebüro die „räumliche" Distanz zwischen Reiseveranstalter und Endkunden mittels Reservierungssystem oder anderer Kommunikationseinrichtungen. Es verfügt z.B. auch über eine eigene Markterschließungsfunktion (Weiss, 1990, S. 285–286), d.h. es wirbt selbst um neue Kunden.

Als Entlohnung für seine Tätigkeit erhält das Reisebüro eine Provision vom Reiseveranstalter. Die Höhe dieser Provision ist abhängig vom Provisionssystem der Reiseveranstalter (vgl. Tab. 1). In der Regel handelt es sich um eine Staffelprovision, d.h., je mehr Umsatz ein Reisebüro innerhalb eines Jahres mit dem Veranstalter erzielt, desto höher ist seine Provision. Aufgrund der Vertriebsliberalisierung haben die großen Veranstalter ihr Provisionssystem dahingehend geändert, daß nun auch Umsatzzuwächse oder -rückgänge mit einer höheren oder niedrigeren Provision belohnt bzw. bestraft werden.

Wie lange der Handelsvertreterstatus für Reisebüros noch Bestand haben wird, ist ein ständiges Thema in der Diskussion über die Entwicklung des deutschen Reisebüromarkts. Schon heute zeigen sich Tendenzen, die in die Richtung der Aufhebung des Handelsvertreterstatus weisen. Gerade im Geschäftsreisemarkt hat dieser Status heute kaum noch Bedeutung. Die Reisebüros in diesem Markt erhalten ihre Entlohnung nicht mehr über die Provisionen der Leistungsträger, sondern geben diese Provision weiter an ihre Kunden und erhalten von ihren Kunden eine Bezahlung in Form von Management-Fees. Die Entwicklung wird sich fortsetzen. In Zukunft wird die Bezahlung in diesem Bereich über Transaction-Fees (Bezahlung der einzelnen Dienstleistung) erfolgen (vgl. Spielberger, 1997, S. 10). Auch im Privatreisemarkt gibt es Entwicklungen in diese Richtung. So werden dort inzwischen Rabatte an die Kunden vergeben (vgl. Chierek, 1997, S. 20). Auch die Zunahmen im Bereich der Consolidator-Flugtickets verweisen auf eine immer stärkere Aufweichung des Handelsvertreterstatus.

Die Konsequenz einer Aufhebung des Handelsvertreterstatus wäre in erster Linie, daß die Reisebüros eine eigenständige Preispolitik betreiben könnten, und daß es aus diesem Grund wahrscheinlich zunächst zu harten Preiskämpfen im Markt kommen würde, die eine relativ starke Marktbereinigung zur Folge hätten. Insbesondere ungebundene Einzelreisebüros hätten stark unter dieser Entwicklung zu leiden, da sie bei weitem nicht die Marktmacht gegenüber Veranstaltern und Leistungsträgern haben, wie große Ketten und Kooperationen.

Tab. 1: Beispiele für Provisionssysteme von Großveranstaltern: Provisionsvergleich für das Touristikjahr 1996/97

	Veranstalter														
	TUI			NUR			LTT*)			ITS			Alltours		
Umsatzzuwachs im Vergleich zum VJ in %	-5	0	+5	-5	0	+5	-5	0	+5	-5	0	+5	-5	0	+5
Gesamtumsatz per 31.10.96	Gesamtprovision für das Touristikjahr 1996/97														
100.000 DM	7,00	9,00	9,00	8,00	8,00	8,19	10,00	10,40	10,50	11,00	11,00	11,00	11,00	11,00	11,00
350.000 DM	10,30	10,50	10,74	9,50	9,50	9,69	10,50 bis 11,40	10,90 bis 11,80	11,00 bis 11,90	11,00	11,50	11,50	11,75	11,75	11,75
600.000 DM	10,80	11,00	11,24	10,00	10,00	10,19	10,70 bis 11,80	11,10 bis 12,20	11,30 bis 12,50	11,00	12,00	12,00	12,25	12,25	12,25
1.000.000 DM	11,20	11,40	11,64	10,00	10,00	10,19	11,10 bis 12,60	11,50 bis 13,00	11,70 bis 13,30	11,00	12,00	12,00	12,70	12,70	12,90
2.000.000 DM	11,50	11,70	11,94	11,00	11,00	11,19	12,00 bis 13,00	12,50 bis 13,40	12,70 bis 13,50	11,00	12,00	12,00	12,90	12,90	12,90

*) Die LTU differenziert nach Postleitzahlgebieten. Berücksichtigt wurden neben der Staffelprovision auch der Gruppenbonus (0,3 Prozent bei Erreichen des Vorjahres) und ein Durchschnittswert für den Veranstalterbonus (0,1 Prozent bei Erreichen des Vorjahres, 0,2 Prozent bei Zuwachs + 5 Prozent)

(*Quelle*: Spielberger, 1996b, S. 22-23)

6.4 Distributionsstrategien

In diesem Kapitel soll aufgezeigt werden, welche Einflüsse es auf die Wahl der Strategien im Bereich der Distribution gibt und wie sie im Tourismus ausgeprägt sind. Es werden dann schwerpunktmäßig spezielle Distributionsansätze, wie Push- & Pull, vertikales Marketing und Key-Account-Management dargestellt.

6.4.1 Einflußfaktoren auf Distributionsstrategien

Ähnlich wie in anderen Handelsbereichen zeigen sich auch im Tourismus zunehmend Einflußfaktoren, die Veränderungen im Verhältnis Reisemittler und Leistungsanbieter beeinflussen. Es gibt zum einen quantitative Veränderungen (Reduzierung der Entscheidungsstellen infolge der Zunahme der horizontalen und vertikalen Kooperation, Zunahme der Konzentration, Zunahme der Bedeutung von Kooperation). Dabei hat eine Reduzierung der Betriebsstellen wie im Einzelhandel hat im Reisemittlermarkt noch nicht stattgefunden, wird aber in Zukunft sicherlich eine Rolle spielen.

Ausdifferenzierung von Märkten
"Überangebotssituation"

Herstellerangebote

Politisch-rechtliche Herausforderungen
- Pauschalreiserichtlinie
- Preisbindung
- Vertriebsliberalisierung

- Distributionsfilter
- Imagefilter
- Plazierungsfilter
- Beratungs- und Servicefilter

Alternative Vertriebswege durch neue Medien

Konzentrationsprozesse im Reisemittlermarkt

Emanzipation eines eigenständigen Handelsmarketing

Endverbrauchernachfrage

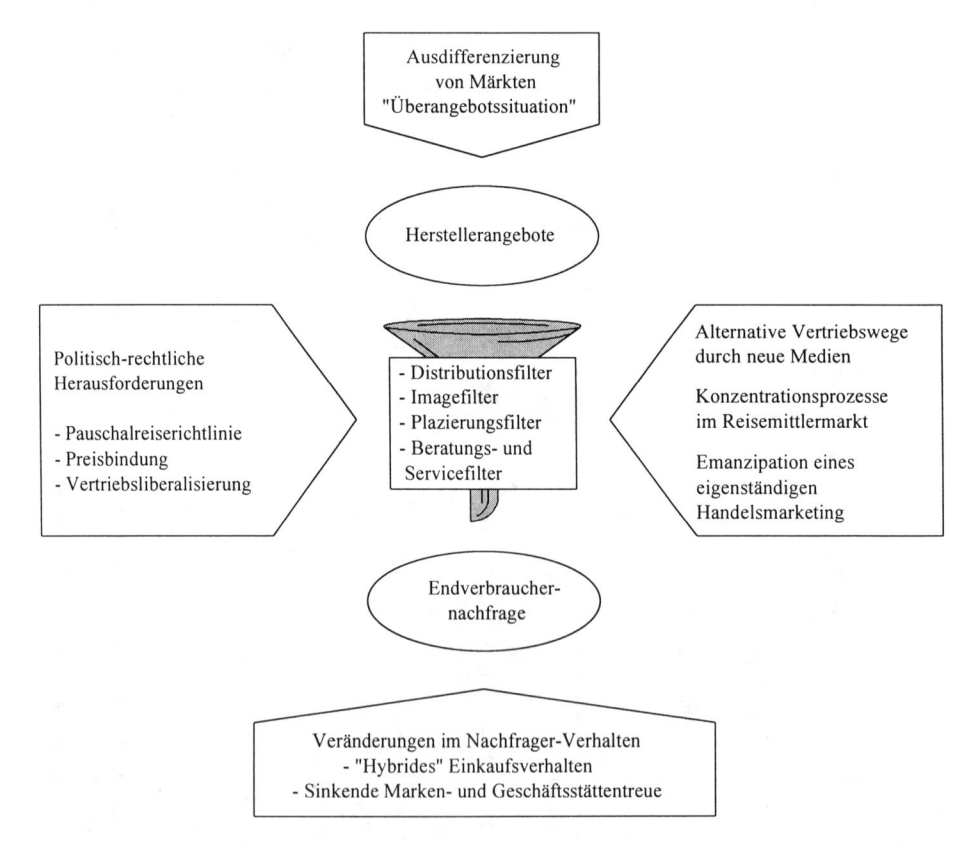

Veränderungen im Nachfrager-Verhalten
- "Hybrides" Einkaufsverhalten
- Sinkende Marken- und Geschäftsstättentreue

Abb. 6: Einflußfaktoren auf die Distributionspolitik (leicht verändert, nach: Meffert, 1994, S. 165)

Auf der anderen Seite gibt es auch qualitative Veränderungen auf der Reisemittlerebene. Die Struktur der Entscheidungsprozesse verändert sich durch die Tendenz zur Zentralisierung und zu multipersonalen Entscheidungsprozessen (Einkaufsgremien), durch verbesserte Entscheidungsgrundlagen infolge rechnergestützer Informationssysteme und durch eine zunehmende Knappheit des Platzes in den Regalen, der durch eine stark ansteigende Zahl von Me-Too-Produkten bedingt ist (vgl. Zentes, 1989, S. 224). Insgesamt deutet sich eine Machtverschiebung zugunsten der Reisemittler an, d.h. die Veranstalter werden, wenn sie nicht über stark profilierte Produkte verfügen, in Zukunft ihre Strategien gegenüber dem Handel verändern müssen. Weitere Einflüsse sind aber auch das veränderte Verbraucherverhalten und veränderte gesetzliche und politische Rahmenbedingungen (vgl. Abb. 6).

6.4.2 Push- und Pull-Strategie

Zwei Grundstrategien in der Distribution sind die Push- und die Pull-Strategien. Die Grundstruktur der Konzepte wird im folgenden aufgezeigt:

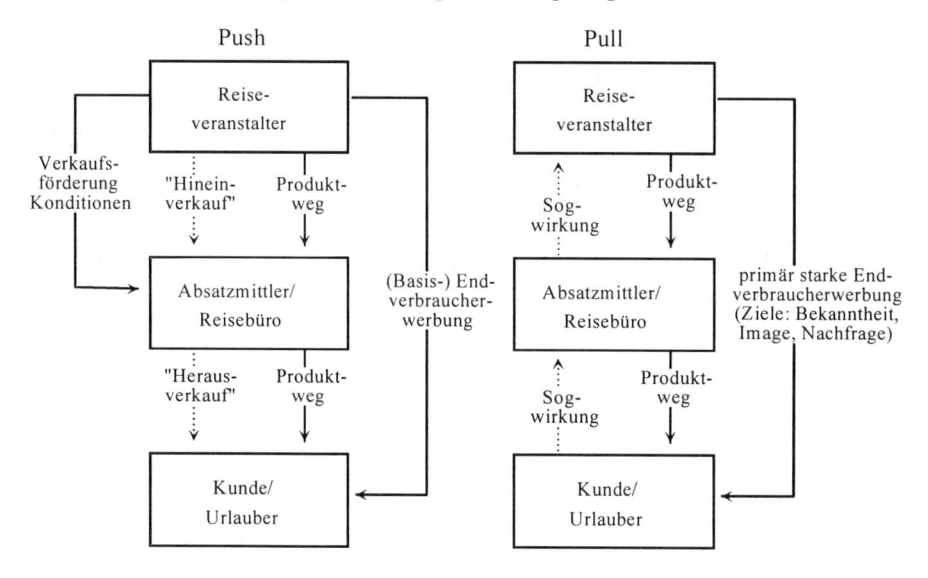

Abb. 7: Push- und Pull-Strategie nach: Becker (1993, S. 526 f.) und Roth (1996, S. 458)

Das Ziel der Pull-Strategie (= klassisches Markenartikelkonzept) ist die Profilierung des Herstellers (Reiseveranstalter/Leistungsträger) beim Endverbraucher. Um dieses Ziel zu erreichen, wird eine starke Endverbraucherwerbung betrieben. Dies führt dann dazu, daß die Reiseleistungen der betreffenden Unternehmen im Reisebüro immer wieder und verstärkt nachgefragt werden. Der Pull-Effekt führt zu einer Bindung der Reisemittler an die Produkte der Veranstalter und Leistungsträger und erhöht die Macht auf Seiten der Hersteller.

Das Ziel der Push-Strategie (= Ergänzungskonzept) ist die Profilierung des Herstellers (Reiseveranstalter/Leistungsträger) beim Handel. Dieses Ziel, der „Hineinverkauf", wird insbesondere durch den Einsatz von Verkaufsförderungsmaßnahmen und günstige Konditionen verfolgt. Der Absatzmittler soll vom Produkt des Veranstalters oder Leistungsträgers so überzeugt werden, daß er es zum einem in sein Sortiment aufnimmt und zum anderen seinem Kunden bevorzugt anbietet.

Die Push- und Pull-Strategie sind aber in den heutigen Märkten, zunehmend auch im Tourismus, meist nicht mehr ausreichend. Die Wirkung des Pull-Kozepts wird durch den zunehmenden Verdrängungswettbewerb, den dadurch abnehmenden Präferenzaufbau und die zurückgehenden Markentreue eingeschränkt. Die Wirksamkeit des Push-Konzepts ist dadurch geschwächt, daß die Macht des Handel stärker geworden ist und er sich nicht mehr unter Druck setzen läßt (vgl. Becker, 1993, S. 526-527). Aus diesem Grund ist eine andere Ausrichtung der Distributionskonzepte erforderlich, hier kann das Konzept des vertikales Marketing einen Ansatz bieten.

6.4.3 Vertikales Marketing

Die Notwendigkeit für die Anwendung vertikaler Marketingkonzepte liegt zum einen in der zunehmende Konzentration der Reisemittlerbranche (vgl. dazu Punkt 5.2). Zum anderen versuchen die immer stärker werdenden Reisemittlergruppen sich selbst zu profilieren und eigenständiges Endkundenmarketing zu betreiben. Weiterhin wird es immer wichtiger, bei den meist austauschbaren und unprofilierten Produkten der Reiseveranstalter die Profilierung in der Distribution zu suchen. Auch die immer noch vorhandenen Liberalisierungsbestrebungen der EU in Bezug auf den Handelsvertreterstatus und die Preisbindung sollten die Reiseveranstalter und Leistungsträger dazu anregen, vertikale Marketingsysteme zu entwickeln und anzuwenden, denn so können die Prozesse zwischen den verschiedenen Distributionsstufen auf Dauer wirtschaftlich sinnvoll gestaltet werden.

Die sinnvolle wirtschaftliche Gestaltung des Verhältnisses zwischen den verschiedenen Teilnehmern an der Distribution ist ein Leitgedanke des vertikalen Marketings (vgl. Geppert, 1995, S. 10). Nach Belz (1989, S. 34) kann vertikales Marketing als die „bewußte Gestaltung der Arbeitsteilung und Partnerschaft zwischen den vertikal beteiligten Produktions- und Handelsstufen einer Branche, differenziert nach Marktleistungen, Märkten und Kundengruppen" verstanden werden. Diese Definition soll aber nicht als Einschränkung des vertikalen Marketing auf „Kooperationsstrategien" aufgefaßt werden.[2] Die wichtigsten Aspekte der Definition sind die „bewußte Gestaltung"

---

[2] Einige Autoren sind zwar der Ansicht das vertikales Marketing mit vertikaler Kooperation gleichzusetzen ist (vgl. z.B. Thies, 1976). Diese Einstellung wird in der Literatur z.T. aber auch kritisiert, da sie eine Einschränkung des strategischen Möglichkeitsraumes darstellt (vgl. z.B. Diller/Gaitanides, 1988, S. 97).

des Verhältnisses zwischen den vertikalen Marktpartnern, dazu kann auch durchaus, wie in jeder Partnerschaft, eine Konfrontation mit dem „Handelspartner" gehören.

Zum vertikalen Marketing gehören die grundsätzliche Ausrichtung der Machtpolitik und die Umsetzung der Strategie durch die Marktselektion und das Marketing-Mix (s. Abb. 8).

```
                        Vertikales Marketingkonzept
          ┌──────────────────────┼──────────────────────┐
   Marktselektionskonzept   Machtpolitisches Konzept   Marketing-Mix-Konzept

 ├ Marktabdeckungsziele     ├ Umgehung                  ├ Produktkompetenz
 ├ Ein- vs. zweistufiger    ├ Autonomie                 ├ Gewinnanreiz
 │  Vertrieb                ├ Partnerschaft             ├ Service
 └ Vertriebsbindungskonzepte└ Anpassung                 ├ Beziehungspflege
                                                        ├ Information und Kommunikation
                                                        └ Sortimentsanpassung
```

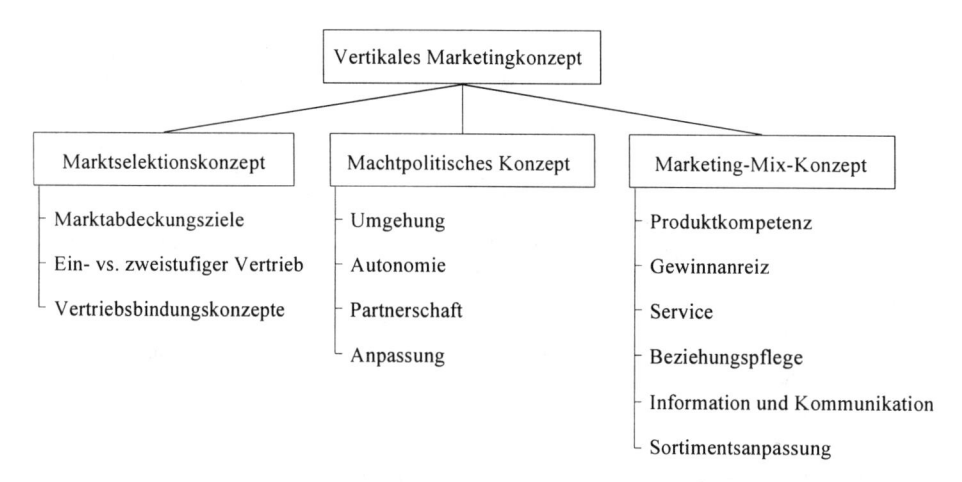

Abb. 8: Komponenten vertikaler Marketingkonzepte (*Quelle*: Diller, 1989, S. 215, leicht verändert)

6.4.3.1 Machtpolitisches Konzept

Das machtpolitische Konzept umfaßt im Rahmen des vertikalen Marketing den „bewußt formulierten strategischen Anspruch, eine bestimmte Machtposition im Machtgefüge des Distributionskanals zu erlangen" (Diller, 1989, S. 217).

Das Konzept basiert vor allem auf der Überlegung, daß die Hersteller von Konsumgütern, aber auch von Dienstleistungen nicht mehr nur die klassischen Alternativen zum Machterwerb gegenüber dem Handel – Push oder Pull (vgl. auch Punkt 6.4.2) – wählen können, sondern daß ergänzende Strategien über die Machtverhältnisse im Absatzkanal entscheiden (vgl. Diller, 1989, S. 217).

In diesem Zusammenhang hat Diller (1989, S. 217) in Bezug auf den Lebensmitteleinzelhandel vier Optionen ausgemacht, die aber auch auf die Tourismusbranche übertragen werden können:

- die Umgehungsstrategie
- die Autonomiestrategie
- die Partnerschaftsstrategie und
- die Anpassungsstrategie

Bei Meffert (1994, S. 167) findet sich ein ähnlicher Ansatz. Er charakterisiert die Strategiealternativen anhand von zwei Dimensionen: Ist das Marketing des Herstellers (Reiseveranstalter/Leistungsträger) gegenüber dem Handel aktiv oder passiv und gestaltet der Hersteller seine Absatzwege aktiv oder verhält er sich in dieser Beziehung passiv? Aus diesen Dimensionen ergibt sich folgende Vier-Felder-Matrix:

Tab. 2: Strategien im vertikalen Marketing

Marketing des Herstellers	passiv in der Gestaltung der Absatzwege	aktiv in der Gestaltung der Absatzwege
passiv in der Reaktion auf Marketingaktivitäten des Handels	Anpassung (Machtduldung)	Konflikt (Machtkampf)
aktiv in der Reaktion auf Marketingaktivitäten des Handels	Kooperation (Machterwerb)[1]	Umgehung/Ausweichen (Machtumgehung)

[1] Die Bezeichnung „Machterwerb" für die Strategie der Kooperation ist zunächst nicht einsichtig und wird von Meffert nur insofern begründet, daß eine herstellerseitig initiierte Kooperationsstrategie oft das Ziel hat, die Macht zugunsten des Anbieters zu erhöhen.

(*Quelle*: Meffert 1994, S. 167)

Die Umgehungsstrategie (Umgehung/Ausweichung)
Die Umgehungsstrategie beinhaltet eine totale oder partielle Umgehung von Reisemittlern. Die totale Umgehung ist gleichzusetzen mit dem Direktvertrieb, da die Handelsstufe völlig aus dem Vertrieb ausgeklammert wird. Partielle Umgehung bedeutet meist ein bewußtes Ausweichen vor der Marktmacht und der Abhängigkeit bestimmter großer Handelsgruppen. Dies kann zum einen durch die Bearbeitung von Markt-Nischen oder durch die Konzentration auf weniger mächtige Marktpartner geschehen. Es kann natürlich auch dadurch erfolgen, daß ein Veranstalter verschiedene Markenartikel anbietet, wobei eine Marke nur über einen bestimmten Weg vertrieben wird (selektiver Vertrieb bei Multimarkenstrategie). Hierzu gehört auch ein Großteil der alternativen Vertriebswege. Dazu zählt z.B. der Versandhandel, die elektronischen Medien wie Fax-Polling oder die neuen Medien (z.B. Internet oder CD-ROM). Berücksichtigt werden muß dabei jedoch, daß sich die Produkte, für diese Vertriebswege eignen müssen (vgl. Kapitel 6.2). Zum gegenwärtigen Zeitpunkt bieten sich diese Vertriebswege unter anderem für wenig erklärungsbedürftige/nicht-beratungsintensive Produkte, wie z.B. Flugtickets, Bahnfahrkarten oder Standardreisen an (vgl. auch Abb. 3).

Die Autonomiestrategie (Konflikt)
Im Rahmen der Autonomiestrategie oder Strategie der Stärke hat der Hersteller den Anspruch, die Führungsrolle im Hersteller-Händler-Verhältnis einzunehmen. Diese Strategien können im Tourismus die Reiseveranstalter und Leistungsträger verfolgen, die über ein Produkt verfügen, das ein besonders profiliertes Image besitzt (z.B. TUI

oder Lufthansa[3]). Dies ist aber im Tourismusmarkt bis heute nur wenigen Unternehmen und das auch nur ansatzweise gelungen. Andere Grundlagen für die Anwendung einer Strategie der Stärke können Allianzen und Kooperationen auf Reiseveranstalter- oder Leistungsträgerseite sein, die das ökonomische Potential der Anbieter so groß werden lassen, daß die Reisemittler in ihrem Sortiment nicht auf diesen verzichten können. Aber auch die Reisemittler können sich zusammenschließen, um eine entsprechende Machtstellung gegenüber den Herstellern aufzubauen.

Die Partnerschaftsstrategie (Kooperation)
Im Rahmen der Partnerschaftsstrategie werden Kooperationskonzepte entwickelt und angewendet, die beiden Partnern einen ökonomischen Zusatznutzen bieten müssen, um auf Dauer zu funktionieren. Häufig wird nur diese Strategie als „Vertikales Marketing" bezeichnet (vgl. auch Fußnote 2). Ziel ist es, eine langfristige vertikale Leistungsgemeinschaft zwischen Reiseveranstalter/Leistungsträger und Reisemittlern aufzubauen, von der auf lange Sicht beide Seiten profitieren können. Dieses Konzept ist langfristig angelegt und fordert von den Partnern eine hohe Kooperationsfähigkeit. In der Tourismusbranche sind solche Ansätze auf der Ebene der Reiseveranstalter/Reisemittler bisher eher selten zu entdecken und werden, wenn überhaupt, nur zögerlich durchgeführt. Als ein Beispiel können die TUI Profi Partner genannt werden, wobei aber auch hier nicht von einer richtigen Strategie gesprochen werden kann.

Die Anpassungsstrategie (Anpassung)
Bei der Anpassungsstrategie handelt es sich um eine eher passive Variante im Spektrum der machtpolitischen Instrumente. Der Reiseveranstalter oder Leistungsträger verzichtet in diesem Fall auf den Führungsanspruch gegenüber dem Vertriebspartner. Dieser Verzicht zeigt sich z.B. darin, daß der Reiseveranstalter kaum eigene Pull-Aktivitäten unternimmt und sich gegenüber den Reisemittlern eher reaktiv verhält. Der Veranstalter bemüht sich aber um eine besonders enge Zusammenarbeit und geht auf die Wünsche der Reisemittler ein. Dies kann u.a. die Gestaltung des Kataloges betreffen, indem z.B. das Titelblatt auch den Name des Reisemittlers enthält. Aber auch die Produktion von Exklusiv-Reisen oder Handelsmarken können dazugehören. Diller (1989, S. 219) sieht in der Anpassungsstrategie zwar ein „machtpolitisch unbequemes, aber ökonomisch u.U. durchaus zweckmäßiges strategisches Marketingkonzept".

---

[3] Das Beispiel Lufthansa zeigt momentan sehr beispielhaft die Strategie der Stärke gegenüber dem Handel. Dies wird z.B. in der Diskussion um die neuerdings separat ausgewiesenen variablen Landegebühren, die dem Reisebüro nicht mehr verprovisioniert werden, oder den Widerständen der Reisebüros gegenüber dem Lufthansa-Info-Flyway und dem neuen Provisionsmodell sehr deutlich.

6.4.3.2 Marktselektionskonzept

Inhalte des Marktselektionskonzepts sind zum einen die strategischen Marktabdeckungsziele und zum anderen die damit verbundenen Grundsatzentscheidungen hinsichtlich der Struktur der Absatzwege eines Reiseveranstalters oder Leistungsträgers (vgl. Diller, 1989, S. 216).

Im Rahmen der Marktabdeckungsziele lassen sich zwei Extrempunkte aufzeigen:

- Der ubiquitäre Vertrieb und
- der exklusive Vertrieb.

Dazwischen steht der
- selektive Vertrieb.

Wählt ein Veranstalter den ubiquitären Vertrieb, dann entscheidet er sich dafür, möglichst alle Vertriebsstellen und sämtliche Vertriebskanäle zu nutzen, d.h. möglichst überall verfügbar zu sein. Diese Situation ist heute bei den meisten mittleren und teilweise auch kleineren Reiseveranstaltern üblich, sieht man einmal von den geforderten Mindestumsätzen ab, durch die Büros, die nicht wirtschaftlich zu betreuen sind, vom Vertrieb ausgeschlossen werden.

Beim Exklusivvertrieb dürfen nur bewußt ausgewählte Vertriebsstellen, die untereinander kaum oder nur wenig im Wettbewerb stehen, das Produkt verkaufen. In der Tourismusbranche sind dies z.B. Sonderreisen, die vom einem Veranstalter exklusiv über eine Kette oder Kooperation vertrieben werden. Ansonsten ist diese Vertriebsart im Tourismus nur wenig verbreitet.

Der selektive Vertrieb bildet eine Zwischenstufe, die in unterschiedlicher Intensität auftreten kann. Dabei werden die Vertriebsstellen nach qualitativen Merkmalen bewertet und ausgewählt. Kriterien können dabei objektiver (z.B. Schaufenstergröße, Mindestbetriebsgröße oder -umsatz) oder subjektiver Art (z.B. Kooperationsbereitschaft, Akzeptanz von Leistungsmaßstäben) sein (vgl. Geppert, 1995, S. 224/225). Ein Beispiel für selektive Vertriebsgestaltung war die Situation der deutschen Tourismusbranche vor der Vertriebsliberalisierung, in der die Großveranstalter TUI und NUR Reisen gegenseitig Vertriebsstellen des jeweiligen Konkurrenten aus ihrem Distributionssystem ausgeschlossen hatten. Ein selektives Vertriebskonzept liegt auch für DB- und IATA-Leistungen vor. Für den Vertrieb dieser Produkte werden nur Agenturen zugelassen, die bestimmte Bedingungen erfüllen.

Die Struktur der Absatzwege wird auch dadurch bestimmt, wie viele Stufen ein Produkt auf dem Weg zum Endkunden durchläuft. Grundsätzlich sind dabei zwei Unterscheidungen möglich:

- Einstufiger bzw. verkürzter Absatzweg
  (z.B. Reiseveranstalter -> Reisebüro -> Endkunde) und der

- Zwei- oder mehrstufiger[4] bzw. unverkürzter Absatzweg
  (Fluggesellschaft → Consolidator → Reisebüro → Endkunde oder
- Reiseveranstalter → Kooperations- oder Kettenzentrale → Reisebüro → Endkunde)
(vgl. Geppert, 1995, S. 224).

Dabei ist zu berücksichtigen, daß mit jeder zwischengeschalteten Stufe der Einfluß des Herstellers auf den Endkunden geringer wird.

6.4.3.3 Marketing-Mix-Konzept

Die Maßnahmen im Rahmen des vertikalen Marketing-Mix können als Anreiz-Strategien gegenüber den Reisemittlern aufgefaßt werden (vgl. Westphal, 1991, S. 129). Der Einsatz der Marketinginstrumente (vgl. Tab. 3) gegenüber den Vertriebspartnern verfolgt dabei ähnliche Ziele wie das Endkundenmarketing. Auch hier geht es darum, sich gegenüber den Wettbewerben zu profilieren und Vorteile beim Vertrieb zu erlangen. Dem Reiseveranstalter stehen dabei verschiedene Möglichkeiten zur Verfügung. Er kann sich durch eine spezielle Produktkompetenz (z.B. Studiosus für Studienreisen), Gewinnanreize (z.B. Sonderprovisionen, Kick-Backs etc.), besonderen Service (z.B. gutes Reservierungssystem, gute telefonische Erreichbarkeit und Betreuung), intensiver Pflege der Beziehung zu den Reisemittlern (z.B. Besuche durch den Außendienst), Information und Kommunikation (z.B. besondere Informationen zu Zielgebieten, Informationen über Sonderangebote) und eine auf den Reisemittler ausgerichtete Anpassung seines Sortiments einen Vorteil gegenüber den Wettbewerbern erlangen.

In Tab. 3 werden die Ergebnisse von zwei unterschiedlichen Untersuchungen zu Stimulierungs-Instrumenten gegenüber dem Vertrieb dargestellt. Sie sind daher nicht unmittelbar vergleichbar. In der ersten Untersuchung wurden Hersteller von Handelsgütern nach der Wichtigkeit von Stimulierungs-Instrumenten gegenüber dem Handel gefragt, in der zweiten Untersuchung wurden Reiseveranstalter nach der Wichtigkeit von Key-Account-Management-Instrumenten gegenüber Reisemittlern befragt. Trotz z.T. unterschiedlicher Items, die abgefragt wurden, gibt es auch Gemeinsamkeiten. Bei beiden Untersuchungen sind „intensive persönliche Beziehungen" sehr wichtig. Weitere wichtige Aspekte in beiden Untersuchungen sind die „handels- bzw. schlüsselkundenorientierte Verkaufsförderung" und der Aspekt „günstige Konditionen" bzw. „Provisionsanpassung".

---

[4] Mehr als zwei Absatzstufen gibt es in der Vertriebskette der Reiseveranstalter oder Leistungsträger i.d.R. nicht.

Tab. 3: Die relative Wichtigkeit von Stimulierungs-Instrumenten gegenüber dem Handel und die von Key-Account-Management-Instrumenten gegenüber den Reisemittlern

Stimulierungsinstrumente	Ø	Key-Account-Management-Instrumente	Ø
Hervorragendes Endverbrauchermarketing	5,90	Intensiver persönlicher Kontakt zu Entscheidungsträgern bei den Schlüsselkunden	5,73
Intensiver persönlicher Kontakt	5,80	Gute Erreichbarkeit von kompetenten Ansprechpartnern im eigenen Unternehmen	5,64
Richtige Vertriebsorganisation	5,80	Schlüsselkundenorientierte Verkaufsförderaktionen	5,45
Handelsorientierte Verkaufsförderung	5,75	Provisionsanpassung (Sonder- oder Superprovision)	5,27
Günstige Konditionen	5,65	Einzelvereinbarung bezüglich Provisionen	5,10
Verkaufshilfen für den Handel	5,60	Informationsreisen für Schlüsselkunden	5,09
Innovative Produkte	5,60	Schulungsmaßnahmen für Schlüsselkunden	5,09
Marketing Know-How	5,30	Absolutes gegenseitiges Vertrauen	5,00
Absolutes gegenseitiges Vertrauen	5,20	Werbekostenzuschüsse	4,91
Wertvolle Informationen	5,20	Verkaufshilfen für die Schlüsselkunden (Displays etc.)	4,73
Handelsorientierte Sortimente	5,10	Angebot wertvoller Informationen an die Schlüsselkunden	4,64
Finanzielle Anreize	4,90	Bedienungsfreundliche und leistungsstarke Buchungs- und Reservierungssysteme	4,45
Handelsorientierte Produktverpackungen	4,80	Kooperation mit den Schlüsselkunden	4,36
Serviceleistungen für den Handel	4,50	Keine Drohungen gegen die Schlüsselkunden	4,27
An den Handel gerichtete Werbung	4,00	Vermittlung von Marketing-Know-How gegenüber den Schlüsselkunden	3,91
Übernahme von Logistikfunktionen	3,70	An die Schlüsselkunden gerichtete Werbung	3,64
Schulung/Training von Handelsmitgliedern	3,50	Handelsmarken	3,64
Produktion von Handelsmarken	2,70	Franchise-Systeme (eigenes Unternehmen als Franchise-Geber)	3,56
Exklusivartikel	2,30	Exklusivangebote (z.B. Sonderreisen zum Exklusivvertrieb)	3,45
Drohungen (z.B. Liefersperren)	1,70	Schlüsselkundenspezifische Anpassung der Leistungen bzw. Kataloge	3,00
(7=außerordentlich wichtig)		Abfrage des Stellenwerts mit einer Skala von 1=sehr gering bis 6=sehr groß	

(*Quelle*: Diller, 1989, S. 219 und Stephan, 1996, S. 88)

Weniger wichtig ist in beiden Untersuchungen z.B. das Angebot von „Handelsmarken" oder „exklusiven Angeboten". Wichtiger als im Handel wird in der Reisebranche der Aspekt „Schulungen" eingeschätzt, was sicherlich damit zusammenhängt, daß Reisen ein erklärungsbedürftigeres Produkt als Handelsgüter ist. An letzter Stelle findet sich bei den Reiseveranstaltern die „schlüsselkundenspezifische Anpassung der Leistungen bzw. Kataloge", die bei den Stimulierungs-Instrumenten gegenüber dem Handel („handelsorientierte Sortimente") doch eine wesentlich wichtigere Rolle einnimmt.

6.5 Vertriebspolitik im deutschen Reisemarkt

Das folgende Kapitel enthält zunächst einen Überblick über den grundsätzlichen Verlauf der Distributionswege im deutschen Tourismusmarkt und geht dann näher auf zwei wichtige Marktsegmente, Reiseveranstalter und DMOs (Destination Marketing Organisations, Organisationen des regionalen Tourismusmanagements wie z.B. Tourist-Informationen, Verkehrsvereine, -ämter, -verbände, Kurverwaltungen) ein.

Ausgangspunkt der Überlegungen sind die Leistungsträger, also die Unternehmen oder Organisationen, die die primären Einzelleistungen zur Verfügung stellen. Dies können Unterkunftsbetriebe, Transportunternehmen, Incoming-Agenturen oder auch Verbände und Behörden, die z.B. Führungen anbieten, sein. Sie stehen vor der unmittelbaren „Make-or-Buy"-Entscheidung: Entweder den Weg zum Kunden direkt zu suchen oder aber Intermediäre einzuschalten. Diese Intermediäre können in der Form von Produzenten der zweiten Stufe (Veranstalter) oder aber als Händler oder Mittler auftreten. Die Händler und Mittler können ihre Leistungen entweder entgeltlich (z.B. Reisebüros) oder unentgeltlich (z.B. DMOs, die sich pauschal finanzieren) anbieten.

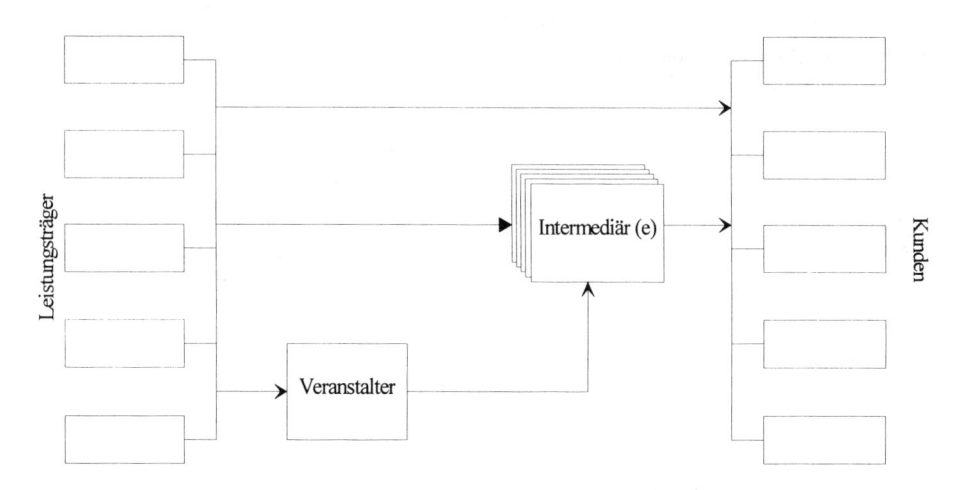

Abb. 9: Grundsätzliche Vertriebsmöglichkeiten im Tourismusmarkt

Auch für die Produzenten der zweiten Stufe steht wieder die „Make-or-Buy"-Entscheidung an. Den Gesamtablauf verdeutlicht Abb. 9.

Als Beispiele sollen in diesem Kapitel die Vertriebsstrategien von Reiseveranstaltern und die Vertriebssituation im deutschen Fremdenverkehr genauer dargestellt werden.

6.5.1 Reiseveranstalter

Die folgende Abb. 10 gibt einen Überblick über die Vertriebskanäle von Reiseveranstaltern. Sie zeigt auch auf, welche Bedeutung die Vertriebswege heute haben bzw. wie ihre Bedeutung für die Zukunft eingeschätzt wird.

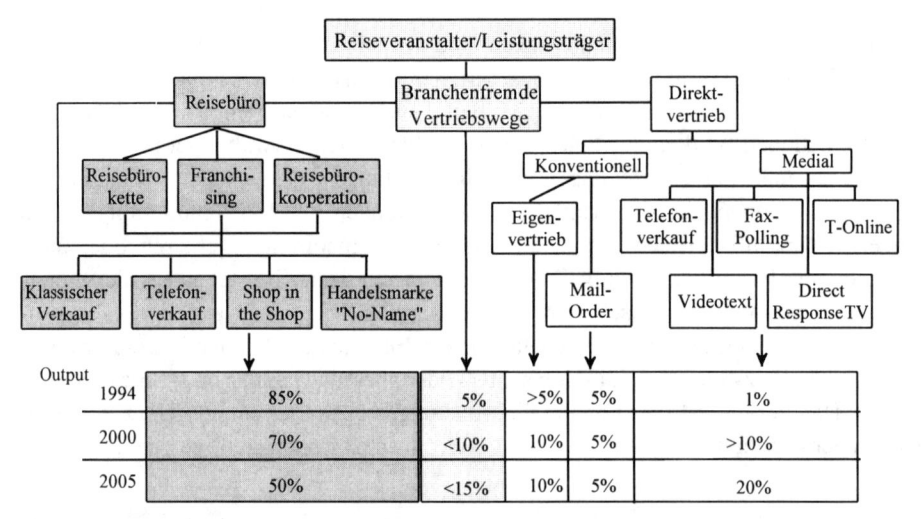

Output	Reisebüro	Branchenfremde Vertriebswege	Direktvertrieb (Eigenvertrieb)	Direktvertrieb (Mail-Order)	Direktvertrieb (Medial)
1994	85%	5%	>5%	5%	1%
2000	70%	<10%	10%	5%	>10%
2005	50%	<15%	10%	5%	20%

Abb. 10: Vertriebswege der Reiseveranstalter und ihre zukünftige Entwicklung (*Quellen*: reber consult + partner, 1995, S. 79/80; Kreilkamp, 1995, S. 192)

Der vorrangige Vertriebsweg der Reiseveranstalter sind heute und in Zukunft die Reisebüros. Für die Zukunft sagen jedoch verschiedene Untersuchungen (vgl. Kreilkamp, 1995 und reber consult + partner, 1995) eine abnehmende Bedeutung dieses Vertriebskanals und die Verlagerung auf branchenfremde Vertriebswege (z.B. Banken, Clubs und Vereine, Tankstellen) und den Direktvertrieb vor allem über elektronische Medien voraus.

Die Auswahl der Vertriebswege durch die Veranstalter und Leistungsträger ist von verschiedenen Faktoren beeinflußt (vgl. Roth, 1992, S. 130 f.):

- Ist eine Übernahme der Distributionsfunktion durch den Veranstalter/Leistungsträger selbst möglich (Eigenvertrieb) oder muß sie auf andere Unternehmen übertragen werden (Fremdvertrieb)?

- Wie können die Marketingziele und die sich daraus ergebenden distributionspolitischen Ziele im Vertrieb umgesetzt werden?
- Wie muß das Leistungsprofil der auszuwählenden Absatzmittler gestaltet sein?
- Gibt es die Möglichkeit alternative Vertriebswege mit dem bestehenden Vertriebssystem zu kombinieren?

Diese Aspekte sind wichtige Entscheidungsfaktoren bei der Gestaltung des Vertriebssystems, d.h. inwieweit findet direkter oder indirekter Vertrieb bzw. Eigen- oder Fremdvertrieb statt. Weiterhin beeinflussen Konzernzugehörigkeit, Wettbewerbssituation und Vertriebskosten in hohem Maß die Entscheidung für die Wahl des Distributionssystem.

Die Distributionspolitik von Reiseveranstaltern ist stark von ihrer Größe abhängig. Kleine Veranstalter verkaufen ihre Produkte in der Regel direkt an den Endkunden. Die großen und mittleren Veranstalter vertreiben ihre Produkte dagegen meist über Reisebüros. Dabei nutzen sie vor allem fremde Vertriebsstellen (vgl. Tab. 4). Bei der TUI hat der Vertrieb über eigene Reisebüros keine große Bedeutung, da der Konzern nur in sehr geringem Maß über eigene Reisebüros verfügt. Bei ITS gibt es nach dem Verkauf an den Handelskonzern Rewe keinen Eigenvertrieb mehr, da die ITS-Reisebüros in die Atlas-Kette integriert wurden. Geringe Bedeutung hat der Eigenvertrieb bei der LTU Touristik und Alltours. Beide bauen aber den Eigenvertrieb aus. Den höchsten Umsatzanteil über eigene Vertriebsstellen erzielen NUR (10,3%) und DERTOUR (11,0%).

Tab. 4: Vertriebsstruktur großer deutscher Reiseveranstalter 1995/96

	TUI	NUR	LTT	DERTOUR	ITS	Alltours
Anzahl der eigenen Vertriebsstellen 1995/96	–	527	124	408	–	70
Umsatzanteil in % 1994/95[1]	–	10,3%	0,9%	11,0%	–	2,2%
Anzahl der fremden Vertriebsstellen 1995/96	9.600	8.603	9.400	5.800	8.500	9.000
Umsatzanteil in % 1994/95	100,0%	89,7%	99,1%	89,0%	100,0%	97,8%

[1] Für die Umsätze liegen keine aktuellen Angaben vor, da diese in der Veranstalterdokumentation der FVW International für das Touristikjahr 1995/96 nicht ausgewiesen wurden.

(*Quelle*: FVW International, 1996, S. 32 u. 1995, S. 24; Spielberger, 1996a, S. 15; DRV Vertriebsdatenbank)

Dieses Bild verändert sich aber unter Berücksichtigung der verschiedenen Beteiligungs- und Besitzverhältnisse (vgl. Abb. 11 und Tab. 5). Auffällig ist hier insbesondere der hohe Umsatzanteil, den ITS und NUR über ihre Konzernvertrieb erzielt haben. So hat ITS im Touristikjahr 1993/94 im Eigenvertrieb fast 40% des Veranstalterumsatzes erwirtschaftet. Zur aktuellen Situation liegen leider keine Angaben vor. Bei NUR betrug dieser Anteil immerhin 30%.

Tab. 5: Vertikale Integrationsansätze von Reiseveranstaltern

Leistungs-träger	Reisebürounternehmen	Anzahl der Vertriebsstellen			Umsatz-anteil in %
		1993/94	1994/95	1995/96	1993/94[1])
TUI	• TUI-Urlaub-Center	178	233	275	5%
NUR	• Karstadt/Hertie-Reisebürokette • Euro Lloyd (Mehrheitsbeteiligung) • NUR • NVAG • Holiday Land • Beteiligungen (z.B. Blum)	insgesamt 477	insgesamt 601	insgesamt 612	30%
DER	• DER-Konzern (inkl. Rominger und abr) • DERPART[2])	insgesamt 335	insgesamt 388	insgesamt 408	12%
ITS	• Atlas	515	589	583	39%[3])
LTT	• LTU Reisebürobeteiligungsgesellschaft	14	89	124	k.A.
	• Tjaereborg/Allkauf (nur Tjaereborg)	29	33	_[4])	8%
	• Thomas Cook[5])	64	157	149	k.A.

[1]) Dieser Umsatzanteil stellt den touristischen Veranstalterumsatz dar, der mit dem „Eigenvertrieb" erzielt wird. Aktuellere Zahlen liegen leider nicht vor.
[2]) Bei DERPART wird nur der Umsatz von Büros berücksichtigt, an denen eine Mehrheitsbeteiligung vorliegt. Eine Verstärkung des Konzernvertriebs könnte durch die geplante Integration von DER-Konzern-Reisebüros, DERPART-Büros und Lufthansa City Centern zustande kommen (vgl. Niedecken, 1997, S. 8).
[3]) Diese Zahl bezieht sich auf die ITS-Reisebüros vor dem Verkauf an Rewe und der Eingliederung in die Reisebürokette Atlas.
[4]) Die Tjaereborg-Büros wurden zum 1.11.96 in die LTU Reisebürobeteiligungsgesellschaft eingegliedert.
[5]) Der Einfluß der LTU Touristik auf die Reisebürokette Thomas Cook ist nur bedingt über die Beteiligung der West LB an beiden Unternehmen gegeben. Der Einfluß ist außerdem dadurch geschwächt, daß sich Thomas Cook dem Franchise-System FIRST angeschlossen hat.

(*Quelle*: vgl. Kreilkamp, 1995, S. 162; Spielberger 1996a, S. 15; DRV Vertriebsdatenbank)

Die Zahl der Agenturen im Fremdvertrieb der Großveranstalter hat sich nach der Vertriebsliberalisierung stark erhöht. TUI, NUR und ITS haben nach dem 1. November 1994 die Zahl ihrer Agenturen mehr als verdoppelt. Die Vertriebsausweitung ist inzwischen als abgeschlossen zu bezeichnen. Teilweise gibt es bei den Veranstaltern aber Überlegungen, aufgrund der hohen Vertriebskosten, die durch die Ausweitung des

Vertriebs entstanden sind, die Vertriebsnetze zu verkleinern bzw. zu bereinigen und leistungsschwache Agenturen durch stärkere zu ersetzen (vgl. Spielberger 1996, S. 15).

Tab 6: Entwicklung des Vertriebsnetz der deutschen Großveranstalter 1995/96

Veranstalter	Vertriebsstellen 1995/96	Veränderung in %
TUI[1]	9.600	+ 2,0
NUR[2]	9.130	- 5.9
LTT	9.400	± 0,0
DER[3]	6.208	+ 3,5
Alltours[4]	9.070	+ 6,2
ITS	8.500	± 0,0

[1] Agenturen Inland 8.800 inkl. 275 TUC und 2.300 Profipartner.
[2] Davon 527 konzerneigene und 85 Franchise-Büros.
[3] Davon 408 konzerneigene Büros.
[4] Davon 48 eigene Reisebüros, 10 Flughafenbüros und 12 Franchise-Büros.

(*Quelle*: Spielberger, 1996a, S. 15)

6.5.2 Verflechtungen in der deutschen Tourismusbranche und Konzentration im Reisemittlerbereich

An dieser Stelle sollen die Kapitalverflechtungen der wichtigsten touristischen Marktteilnehmer dargestellt werden. Im deutsche Tourismusmarkt gab es schon immer Verbindungen zwischen den größeren Marktteilnehmern, aber in den letzten Jahren hat die vertikale Integration, insbesondere auf den Vertrieb bezogen, aufgrund der verschärften Wettbewerbsbedingungen und der Konzentration im Reisemittlerbereich eine immer wichtigere Bedeutung gewonnen.

So versuchen die großen Veranstalter, durch Beteiligung an oder den Ausbau von Reisebüroketten und Franchise-Systemen immer stärker ihren momentanen Hauptvertriebsweg (vgl. auch Punkt 6.6.1) zu steuern und zu kontrollieren. Dazu kommen Beteiligungen an anderen, für das Distributionssystem wichtigen Einrichtungen.

Aber auch die Leistungsträger versuchen, durch vertikale Integration ihre Distributionswege abzusichern. Dies ist zum einen, wie bei den Reiseveranstaltern, der Aufbau von Vertriebskanälen, die direkt den Endverbraucher ansprechen und trifft z.B. auf die Lufthansa und das Franchise-System Lufthansa City Centern zu, an dem die Fluggesellschaft mit 50% beteiligt ist. Zum anderen findet die vertikale Integration aber auch durch Beteiligung von Leistungsträgern an Reiseveranstaltern statt, die die Kapazitätsauslastung insbesondere der Charterfluggesellschaften sichern sollen. Exemplarisch dafür ist die Ferienfluggesellschaft Condor, die sich inzwischen an mehreren mittelgroßen Reiseveranstaltern (Kreutzer, Fischer, Öger, Alpha/Air Marin) beteiligt hat.

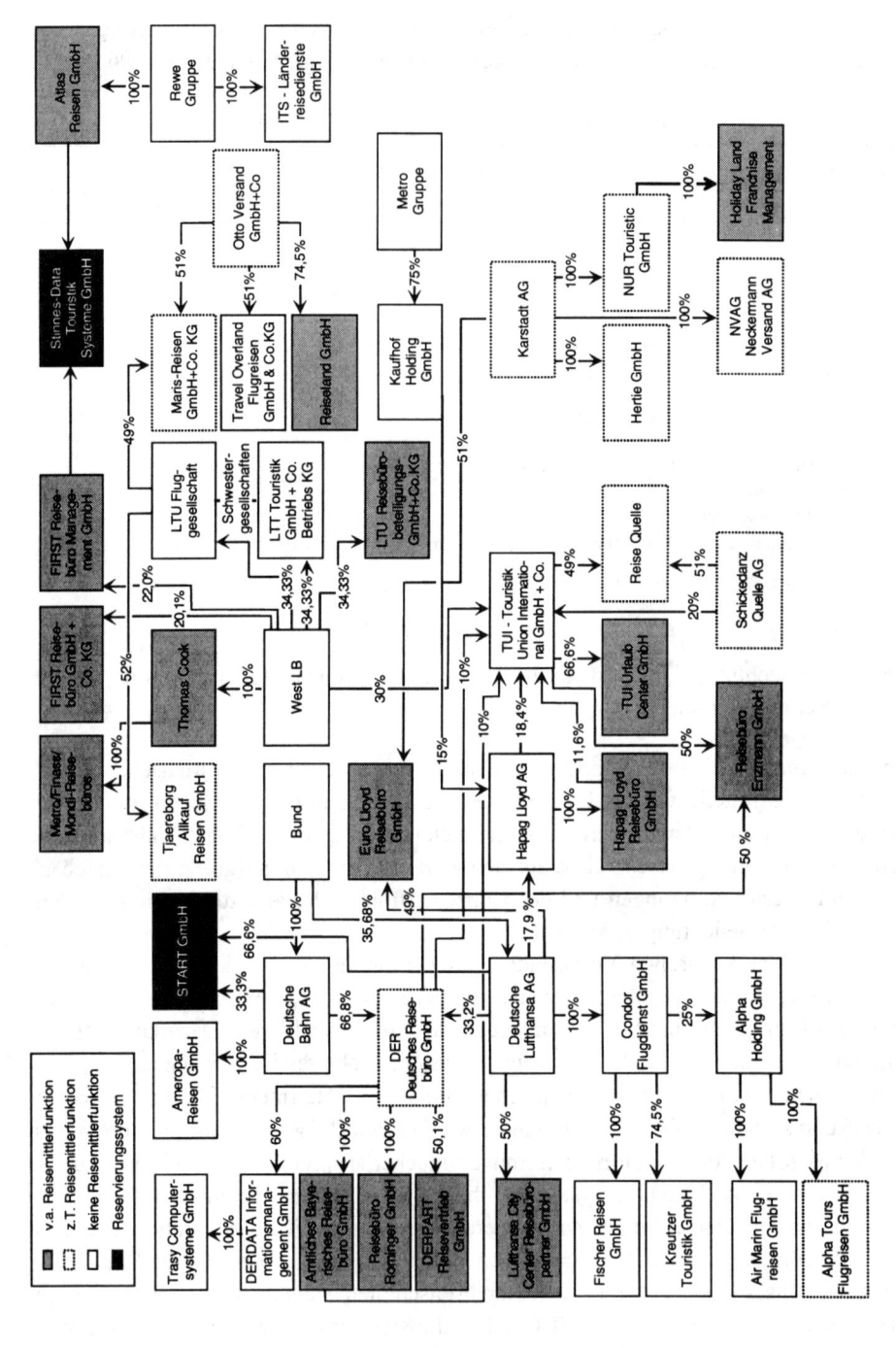

Abb. 11: Verflechtungen in der deutschen Tourismusbranche (Kreilkamp, 1995, S. 183; DER Marktforschung, Stand September 1996)

In Abb. 11 werden die Verflechtungen der größten Marktteilnehmer in Deutschland dargestellt.

Neben der vertikalen Integration von Veranstaltern und Leistungsträgern kommt es auch immer stärker zu Konzentrationsbewegungen auf der horizontalen Ebene der Reisemittler.

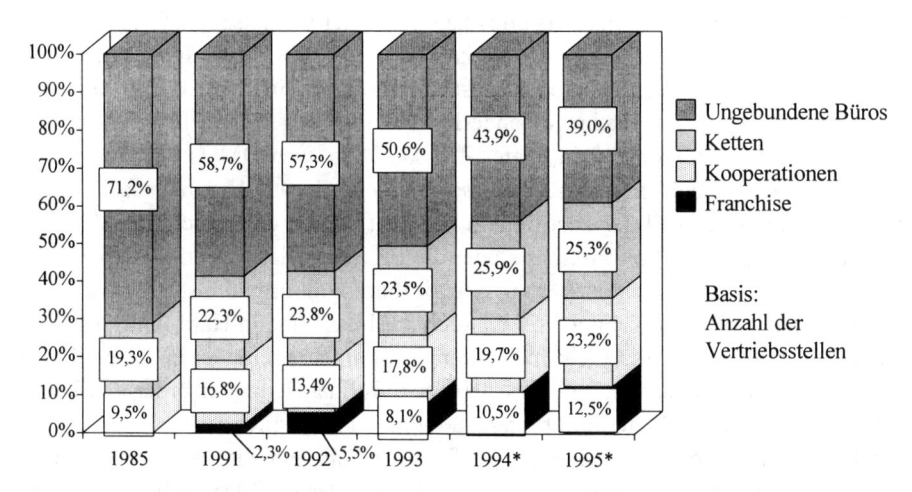

Abb. 12: Marktanteile verschiedener Reisebüroorganisationen (Abweichungen gegenüber früheren Veröffentlichungen sind aufgrund aktualisierter und ergänzter Unternehmensinformationen möglich) (*Quelle*: vgl. Kreilkamp, 1996, S. 43)

Abb. 12 zeigt, daß sich der Anteil von unabhängigen Reisebüros in den letzten Jahren stark verringert hat, dafür organisierte Händlergruppen (Ketten, Kooperationen und Franchise-Systeme) zugenommen haben, die mehr und mehr auch gegenüber den Reiseveranstaltern und Leistungsträgern an Macht gewinnen.

Für die Reiseveranstalter und Leistungsträger stellt sich deshalb zunehmend die Aufgabe, der möglichen Machtverschiebung in Richtung des Handels mit wirksamen Konzepten entgegenzutreten. Ein vertikales Marketingsystem, das den gesamten Prozeß der Distribution vom Hersteller bis zum Endkunden berücksichtigt, sollte aufgebaut werden, so daß extreme Entwicklungen wie im Lebensmitteleinzelhandel möglicherweise überhaupt nicht auftreten. Die Elemente eines vertikalen Marketingkonzepts wurden unter Punkt 6.4.3 ausführlich behandelt.

6.5.3 Regionale Tourismus-Informationsstellen

Anders als im Markt der Reiseveranstalter, Fluggesellschaften, etc. haben die Organisationen des regionalen Tourismusmanagements (DMOs, Destination Marketing Organisations) zwar die Aufgabe, kommunikations- und auch distributionspolitische

Ziele für ihre Leistungsträger zu verfolgen. In der Realität haben sie aber kaum Einfluß auf die produkt- oder preispolitischen Elemente der Marketingarbeit, da diese in der Regel von den Leistungsträgern selbst abgedeckt werden (Ausnahmen: Pauschalangebote, die von den DMOs erstellt werden). Ein weiterer Unterschied zum Markt der Veranstalter etc. besteht darin, daß DMOs ihre Leistungen zu einer Art Pauschalpreis in den Markt bringen. Dieser Pauschalpreis hängt von der Organisationsform ab: Verkehrsvereine erheben Mitgliedsbeiträge, Verkehrsämter oder Kurverwaltungen erhalten ihre Budgets aus Steuereinnahmen oder pauschal erhobenen Fremdenverkehrsabgaben etc., überörtliche Fremdenverkehrsverbände leben in der Regel von Finanzierungsanteilen ihrer Mitglieder usw. Erst in letzter Zeit kommen auch DMOs verstärkt dazu, einzelne Leistungen nicht mehr pauschal, sondern einzeln auf Leistungsbasis abzurechnen. Im konkreten Fall der Distribution bedeutet dies in der Regel eine Vermittlung von Leistungen auf Provisionsbasis oder die Eigenkalkulation von Pauschalangeboten. Diese Entwicklung geht einher mit der Einführung informationstechnologischer Unterstützung („IRS", vgl. Kapitel 6.6.2). Durch die Investition in Hard- und Software und den Betrieb der IRS, die nicht mehr komplett durch Zuschüsse der öffentlichen Hand getragen werden können, wird eine teilweise Refinanzierung erforderlich. Diese Refinanzierung wird durch die Einführung einer Provision möglich.

Die Distributionsform der DMOs (im einfachsten Falle ein Zimmernachweis oder eine Zentrale Zimmervermittlung, die per Karteikarte oder per EDV geführt wird) ist im Regelfall der Direktvertrieb: Potentielle Kunden rufen an, schreiben oder kommen persönlich zur Tourist Information. Das Leistungsversprechen der DMOs kann dann unterschiedliche Formen annehmen: eine verbindliche Reservierung, für die der Kunde einen Anrechtsschein erhält, eine Voranfrage oder auch nur ein Angebot, welche Leistungen noch verfügbar sind. Dabei gehen die DMOs in der Regel nur auf ihr Einzugsgebiet ein. Regionenübergreifende Buchungen sind bisher eher die Ausnahme (anders als im Ausland, z.B. auf den britischen Inseln, wo „Book a Bed Ahead" eher den Normalfall als die Ausnahme darstellt), werden allerdings mit der Einführung von IRS an Bedeutung gewinnen, da so zusätzliche Einnahmen für die buchende Stelle generiert werden können.

6.6 Informationstechnologische Unterstützung des Vertriebs

Die Bedeutung von Information bei der Vermarktung von Dienstleistungen wurde in der Einleitung zu diesem Artikel bereits kurz angesprochen. Aufgrund spezifischer Dienstleistungseigenschaften, insbesondere der Intangibilität, kommt der Produktinformation vor dem Kauf eine besondere Bedeutung zu. Der Kunde kann das touristische Produkt nicht prüfen, bevor er es nicht „er-fahren" (oder „er-flogen") hat. Die Prägung des Produktes durch Erfahrungseigenschaften läßt die Information über das Produkt zu einem Wettbewerbsfaktor sowohl auf Produzenten- wie auf Vertriebsseite werden (vgl. Weiber/Adler, 1995, S. 107). Während die Information über das touristische Produkt traditionell auf bedrucktem Papier zur Verfügung stand, nimmt heute die Informationstechnologie einen zunehmend größeren Raum in Produktion und Vertrieb ein. Der Verkauf vieler touristischer Dienstleistungen sowie die damit verbundenen Controlling-Instrumente (z.B. Yield-Management) ist ohne informationstechnologische Unterstützung aufgrund der anfallenden hohen Datenmengen sowie die z.T. weltweite Verteilung und Verfügbarkeit der Daten nicht mehr denkbar.

Die Anwendung von Informationstechnologie auf touristische Dienstleistungen existiert seit den 50er Jahren. Seitdem ist eine Öffnung des in EDV-Anlagen gesammelten Datenmaterials von zunächst geschlossenen unternehmenseigenen Netzen in Richtung öffentlicher Datennetze bis hin zum Internet zu verzeichnen. Damit einher geht eine Verlagerung des Einsatzfeldes der Informationstechnologie: Vom hausinternen „elektronischen Karteikasten" über die Einbeziehung der Vertriebspartner bis zur Buchungsmöglichkeit für den Endkunden.

Der Einsatz von Informationstechnologien zum Vertrieb (touristischer) Leistungen führt bei konsequenter Weiterführung zur Etablierung von elektronischen Märkten. Das bedeutet: Angebot und Nachfrage werden mit Hilfe von Informationstechnologien koordiniert (vgl. Ritz, 1992; Ernst, 1994; Ernst/Hofmann/Walpuski, 1995). Als Vorteile elektronischer Märkte werden z.B. genannt:

- „Ubiquität: EM's [Elektronische Märkte] sind bis zu 24 Stunden pro Tag für alle Benutzer geöffnet, die Zugang zu Telekommunikationsnetzwerken haben.
- Leichter Zugang zur Information, auch wenn ein unterschiedlicher Informationsstand der Teilnehmer nicht ausgeschlossen werden kann.
- Geringere Transaktionskosten während allen Phasen." (Schmid, 1994, S. 503)

Hier wird ein Idealbild elektronischer Märkte gezeichnet, das mit der touristischen Realität zumindest momentan noch nicht übereinstimmt. Viele Reservierungssysteme bei Leistungsträgern arbeiten z.B. nachts nicht, damit das System gepflegt werden kann. Um den Zugang zur gewünschten Information zu bekommen, sind häufig vielfache Abfragen in verschiedenen Systemen mit unterschiedlichen Benutzeroberflächen notwendig, die auch für professionelle Benutzer nicht immer ohne weiteres zu bedienen sind. Das Ersparnispotential im Bereich der Transaktionskosten ist also bisher nicht ausgeschöpft, auch wenn die Entwicklung deutlich in diese Richtung zielt. Dies gilt insbesondere für die Öffnung der bisher professionell genutzten Informationssysteme für den Endkunden, die durch die boomartigen Entwicklung verschiedener Online-Services in die Aufschwungphase eintritt. Auch die Entwicklung intelligenter Software-Agenten, die selbsttätig Informationen aus entfernten Datenbanken sammeln und ihrem Auftraggeber in der gewünschten Form präsentieren, ist ein deutlicher Schritt hin zur Etablierung automatisierter elektronischer Märkte (vgl. Ernie/Norrie, 1997; Ng/Sussmann, 1996).

6.6.1 GDS, CRS und NDS

Die Grundlage der informationstechnologisch gestützten Vermarktung touristischer Leistungen bilden die Reservierungssysteme der Leistungsträger. Im Airline-Bereich werden diese internen Reservierungssysteme auch als Inventarsysteme (Inventory-Systems) bezeichnet, da sie die verfügbaren Kapazitäten (inventories) beinhalten. Die Inventarsysteme (der oben erwähnte „elektronische Karteikasten") dürften inzwischen bei allen Fluggesellschaften eingeführt sein. Inventarsysteme werden z.b. benötigt, um Yield-Management-Programme anzubinden. Das Inventarsystem stellt dann die Schnittstelle zur Kapazitätssteuerung dar. In bestimmten Fällen wird das Inventarsystem gleichzeitig als Distributionssystem genutzt, indem Airline-eigene Vertriebsstellen das Inventarsystem direkt nutzen. Aber auch im Fremdvertrieb kommt es zu Vermischungen (Beispiel: Sabre ist Inventar- und Distributionssystem für American Airlines). Eine entsprechende EG-Verordnung[5] sieht dabei eine logische, nicht aber eine physikalische Trennung (De-Hosting) zwischen Inventar- und Distributionssystem vor (vgl. Jegminat, 1993, S. 29). Im Hotelbereich werden (zumindest in größeren Hotels) in der Regel hauseigene Reservierungssysteme (z.B. Fidelio, HIS) eingesetzt und fungieren gegebenenfalls ebenfalls als Schnittstelle zur Kapazitätssteuerung.

In der nächsten Stufe der Wertschöpfungskette können Kontingente aus dem Inventarsystem an Reiseveranstalter oder DMOs (z.B. Fremdenverkehrsverbände, Tourist Informationen) abgegeben werden. Diese Kontingente werden beim Reiseveranstalter bzw. bei der Regionalen Tourismusorganisation in ein eigenes Inventarsystem überführt. Daher sind die Reservierungssysteme der Veranstalter bzw. der Regionalen Tourismusorganisationen ebenfalls der Inventarsphäre zuzurechnen. Die Veranstaltersysteme (die man zur Abgrenzung als TORS – Tour Operator Reservation Systems bezeichnen könnte) und regionalen Einrichtungen (die heute in der Regel als IRS – Informations- und Reservierungssystem bezeichnet werden) können auch Distributionsfunktionen wahrnehmen, indem z.B. Reisebüros eine direkte Verbindung zum Reiseveranstalter aufbauen. Der Begriff IRS ist zwar inzwischen seit längerem geläufig (vgl. Fried & Partner, 1989, S. 8 ff.); zur genaueren Abgrenzung sollte allerdings eher von „Regionalen Informations- und Reservierungssystemen" (RIRS) oder noch besser, weil internationaler, von Destination Management Systems (DMS) (vgl. Bennett, 1995, S. 378) gesprochen werden. TORS (also Veranstaltersysteme) und DMS (also regionale Systeme) können auch Distributionsaufgaben für die Inventarsysteme der vorgelagerten Wertschöpfungsstufe wahrnehmen, wenn z.B. das inventarisierte Kontingent überschritten werden soll. TORS und RIRS wären dann der Distributionssphäre zuzurechnen.

Die internen Reservierungssysteme (RS) der Inventarsphäre sollten von den Vertriebssystemen der Distrbutionssphäre unterschieden werden. Den RS fehlt das Merk-

---

[5] Verordnung (EWG) Nr. 2299/89 über einen Verhaltenskodex im Zusammenhang mit computergestützten Reservierungssystemen, KOM (93) 405 endg. vom 29.9.1993.

mal der Zentralität: Alle Inventare werden dezentral beim jeweiligen Leistungsträger, Veranstalter oder der DMO vorgehalten. Konstituierendes Merkmal der Inventarsysteme ist die Einmaligkeit ihrer Information: Jede Leistung (z.B. Hotelzimmer, Flugsitz, Mietwagen, Konzertplatz) darf nur einmal inventarisiert sein und verfügbar gemacht werden. Wird diese Bedingung verletzt (wird also die Integrität der verteilten Datenbanken nicht aufrechterhalten), kann es zu mehrfachen Reservierungen für dieselbe Leistung kommen, was zwangsläufig eine Überbuchung der einzelnen Leistung verursacht. Das Inventarsystem stellt somit den Ort der letztendlichen Reservierung dar.

Die Systeme der Distributionssphäre dagegen sind nur in der Lage, Reservierungswünsche an das Inventarsystem weiterzuleiten. Es ist also denkbar, ein Inventarsystem ohne die Systeme der Distributionssphäre zu betreiben (z.B. im Direktvertrieb), nicht jedoch umgekehrt. Die wesentliche Aufgabe der Distributionssphäre ist die Bündelung (Zentralisierung) von Reservierungswünschen. Ein passender Begriff wäre also „Computer-Vertriebssystem" („Computer Distribution System, CDS").

In der Distributionssphäre existieren verschiedene Systeme. Aus den Inventarsystemen der Airlines sind die Globalen Vertriebssysteme (Global Distribution Systems, GDS) entstanden. Konstituierendes Merkmal ist die Globalität, also die weltweite Verfügbarkeit. Dies trifft zur Zeit auf vier Systeme zu:

- Galileo/Apollo
- Amadeus/System One
- Sabre/Fantasia/Axess
- Worldspan/Abacus

Die GDS leiten Reservierungswünsche an die angeschlossenen Inventarsysteme weiter. Da die GDS zum überwiegenden Teil von Airlines betrieben werden, kann es allerdings auch zu der Situation kommen, daß das GDS gleichzeitig das Inventarsystem der betreibenden Airline darstellt.

Vorreiter dieser Entwicklung waren die großen US-amerikanischen Fluggesellschaften. „American Airlines began working on a computerized reservation system in the late 1950s as the volume of reservations began to outrun our capacity to handle them with index cards and blackboards. In 1963, the year SABRE debuted, it processed data related to 85,000 phone calls, 40,000 confirmed reservations, and 20,000 ticket sales" (Hopper, 1990, S. 120). Das Datenvolumen hat sich seitdem beträchtlich erhöht: Nach einer Galileo-Marktbeobachtung wickelten die GDS 1993 625 Millionen Buchungssegmente ab (Jegminat, 1994, S. 27).

Der Marktauftritt der GDS in den nationalen Märkten kann entweder direkt oder über ein Nationales Vertriebssystem (National Distribution System, NDS) erfolgen. In Deutschland beispielsweise treten Amadeus, Galileo und Sabre direkt im Markt auf, Amadeus nutzt das CRS START als NDS. In Großbritannien wird Galileo durch Galileo UK (ehemals Travicom) vertreten. Die NDS fungieren dabei als Informationsvermittler (Switching Company), d.h. die Daten (z.B. Reservierungswunsch, Verfügbarkeit) werden transparent an das GDS übergeben, das die Daten wiederum an das Inventarsystem weiterleitet.

Daneben werden die nationalen Märkte durch Distributionssysteme bedient, die gleichzeitig als NDS fungieren können (z.B. START in Deutschland), aber nicht müssen (z.B. AT&T Istel in Großbritannien). Diese Konstellation spielt insbesondere im Bereich vor allem national nachgefragter Leistungen (z.B. Veranstalterreisen, Bahnplätze, Tickets) eine überragende Rolle. Für die Anbieter solcher Leistungen macht es keinen Sinn, ihre Leistungen über ein GDS weltweit anzubieten, da Produkt- und Preisgestaltung sowie Abrechnung national ausgerichtet sind.

Weiterhin existieren in der Distributionssphäre Systeme, die für einen Verbund von Leistungsträgern Vertriebsaufgaben übernehmen. Hier ist z.B. an Hotelreservierungssysteme wie SRS (Steigenberger Reservation Service) zu denken. Abbildung 13 faßt die definitorischen Aussagen noch einmal zusammen.

Der Begriff CRS (Computer Reservation System) wird inzwischen in der Branche für (fast) alles, was mit dem Verkauf von Reiseleistungen über Computernetze zusammenhängt, verwendet. Im strengen Sinne ist dies aber, wie oben gezeigt, nicht richtig. „The term CRS seems to have crept into common usage like so many other Americanisms. It simply stands for Computer Reservation System and is the term used to describe the technology which controls an airline's seat inventory for sales and operational purposes, and also provides access to the reservation facilities of other travel suppliers such as hotels and car rental companies" (Inkpen, 1994, S. 78). Nach dieser Definition, die sich tatsächlich auch in Deutschland durchgesetzt hat, werden also auch die Systeme der Distributionssphäre als Reservierungssystem (CRS) bezeichnet, obwohl die eigentliche Reservierung ja nur im Inventarsystem des Anbieters stattfindet. Grund für diese Begriffsverwirrung dürfte vor allem die historische Entwicklung dieser Systeme sein. Zunächst entwickelten vor allem US-amerikanische Fluggesellschaften in Zusammenarbeit mit EDV-Herstellern computergestützte Systeme (z.B. Sabre, Pars, Apollo, Soda oder Datas II), die die Inventare der einzelnen Flüge sowie den Status der verfügbaren Plätze enthielten. Diese Systeme konnten zunächst nicht für den automatisierten Vertrieb über Telekommunikationswege eingesetzt werden (vgl. z.B. die Schilderung des BOAC-Systems bei Inkpen, 1994, S. 24). Erst ab Mitte der 70er Jahre stellte man erste Reservierungsterminals auch den Vertriebspartnern in den Reisebüros zur Verfügung (Schulz/Frank/Seitz, 1996, S. 52). Gleichzeitig entstanden neben den Airline-Systemen auch solche, die den Vertrieb von Bahn- oder Veranstalterreisen erlauben sollten. Eines der größten Systeme dieser Art, das deutsche START, ging nach mehrjähriger Entwicklungszeit 1979 in Betrieb. Zur gleichen Zeit werden auch in den Airline-Systemen die Leistungen anderer Fluggesellschaften sowie Hotel- und Mietwagenunternehmen verfügbar gemacht (Schulz/Frank/Seitz, 1996, S. 52). Im Laufe der 80er Jahre wurde vor allem an der Weiterentwicklung der bestehenden Strukturen gearbeitet: Weltweite Kooperationen und die Ausweitung der in den Systemen angebotenen Leistungsträger gingen einher mit dem Wachstum der Nutzer- und Terminalzahlen, das sich bis heute fortsetzt. So stieg die Zahl der GDS-Terminals allein in den vergangenen drei Jahren um mehr als 28%:

```
┌─────────────────┐      ┌──────────────────┐      ┌──────────────┐
│ Airline         │      │ Globale          │      │ Reisebüros   │
│ Hotel           │      │ Vertriebs-       │      │              │
│ Mietwagen       │      │ systeme (GDS)    │      │              │
│ Bahn            │      │                  │      │ Endkunde     │
│ Tickets         │      │ Nationale CRS    │      │ (Online-     │
│ ...             │      │                  │      │  Zugriff)    │
└─────────────────┘      │ Verbund-         │      └──────────────┘
                         │ Vertriebssysteme │
                         └──────────────────┘
```

Reservierungssysteme (RS)   Zentrale Reservierungssysteme (CRS)   Absatz-Markt
(Inventarsphäre)   (Distributionssphäre/ Vertriebssphäre)

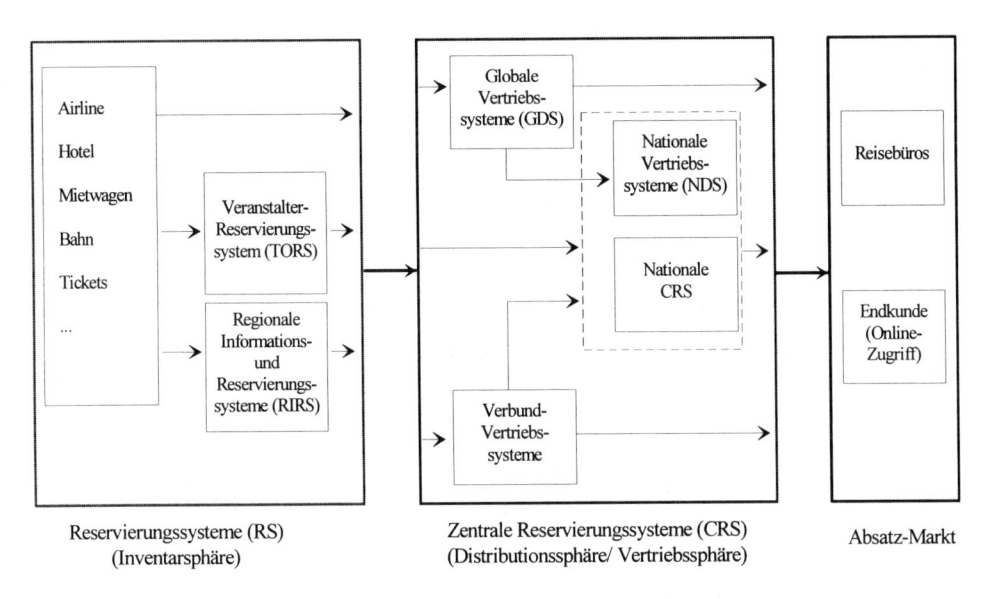

Abb. 13: Informationstechnologische Unterstützung des Vertriebs touristischer Leistungen

Tab. 7: Standorte und Terminals der GDS

Global Distribution System	Standorte 1993	Standorte 1996
Amadeus	17.489	35.493
Galileo	25.446	32.326
Sabre	25.113	28.112
Worldspan	16.718	15.327
Gesamt (weltweit)	84.766	111.258
Global Distribution System	Terminals 1993	Terminals 1996
Amadeus	46.326	100.166
Galileo	92.466	119.400
Sabre	109.243	117.914
Worldspan	52.173	47.950
Gesamt (weltweit)	300.208	385.430

(*Quellen*: FVW International Nr. 24 vom 2.11.1993, S. 2; Schulz/Frank/Seitz, 1996, S. 55)

Das Ergebnis der über 30jährigen Entwicklung: Der heutige GDS-Markt ist geprägt durch nur vier Kooperationsstränge.

	Systemkooperationen				
International (USA)	APOLLO (von Covia)	SYSTEM ONE	**SABRE**	**WORLD-SPAN**	CRS/GDS
International (Asien, Pazifik)		ABACUS	FANTASIA AXESS	ABACUS	CRS/GDS
International (Europa)	GALILEO	**AMA-DEUS**			CRS/GDS
National	TRAVICOM TRAVI-SWISS TRAVI-AUSTRIA SOUTHERN-CROSS GEMINI	START ESTEREL SAVIA SMART FINNRES		PARS DATAS II	NDS
Lokale und regionale Anbieter					

CRS = Central Reservation System
GDS = Global Distribution System
NDS = National Distribution System

Der jeweilige Systemträger (GDS) ist **fett** gedruckt.

Abb. 14: Global Distribution Systems (Eigene Darstellung nach Ernst, 1994, S. 419 und Gärtner, 1993, S. 626 f.)

6.6.2 IRS in Zielgebietsorganisationen (DMO)

Während die Etablierung informationstechnologischer Unterstützung im Markt der Reiseveranstalter, Reisemittler und größeren Leistungsträger (z.B. Fluggesellschaften, Hotelketten) weit fortgeschritten ist, stehen die DMOs in dieser Hinsicht noch am Anfang. Die ersten funktionierenden Zielgebietsreservierungssysteme wurden in Deutschland zwar schon in den 80er Jahren eingeführt, ein entscheidender Fortschritt kam aber erst mit der Diskussion um die deutschlandweite Einführung eines nationalen Reservierungssystems (eigentlich Distributionssystems) zustande. Mit Schlagwörtern wie „Es ist leichter, einen Urlaub auf Mallorca zu buchen als ein Hotelzimmer auf Sylt" und „Deutschland muß buchbar werden" wurde von seiten der Fremdenverkehrsverbände und auch der Politik versucht, die bestehenden Insellösungen zu einem nationalen, einheitlichen System um- bzw. auszubauen. Dabei stand und steht die Öffnung des Vertriebsweges „Reisebüro" im Vordergrund der öffentlichen Diskussion. Zu diesem Zweck wurde, mit Unterstützung des Bundes, eine Gesellschaft gegründet, der inzwischen alle Bundesländer (über ihre Fremdenverkehrsverbände oder angegliederten Vertriebsgesellschaften) als Gesellschafter beigetreten sind. Ziel dieser Deutschland Informations- und Reservierungsgesellschaft (DIRG) ist die deutschlandweite Bündelung und Koordinierung der Informations- und Reservierungsaktivitäten.

Ein wesentliches Problem des IRS-Einsatzes besteht in der sehr heterogenen, kleinstunternehmerisch geprägten Struktur der angeschlossenen Leistungsträger und einem Professionalisierungsdefizit auf verschiedenen Ebenen. Nicht nur auf Vermieterseite wird eine Umstellung auf neue Gegebenheiten (z.B. intensive Kontingentpflege, provisionsfähige Angebote) notwendig. Auch der Betreiber eines IRS, in der Regel die lokale oder regionale DMO, muß sich auf eine Neudefinition seiner Aufgaben („vom Prospektverteiler zum Informationsbroker") einlassen. Dieser Prozeß benötigt Zeit und wirft zahlreiche organisatorische Probleme auf (angefangen bei der Hard- und Softwareausstattung bis zur Neugestaltung der Öffnungszeiten). Diese Probleme scheinen sich aber zur Zeit in vielen Tourismusorten und -regionen zu lösen, so daß mit einer Angleichung der Verhältnisse zum Markt der Reiseveranstalter und Reisemittler zu rechnen ist.

Literatur

Ahlert, D. (1996): Distributionspolitik. 3. Aufl., Stuttgart/Jena.
Baligh, H.H., L.E. Richartz (1967): Vertical Market Structures. Boston.
Becker, J. (1993): Marketing-Konzeption: Grundlagen des strategischen Marketing-Managements. München.
Belz, Ch. (1989): Konstruktives Marketing: Marketing-Diagnose und Lösungen für umkämpfte Märkte in Sättigung, Stagnation und Schrumpfung. Savosa u.a.
Bennett, M. (1995): The Consumer Marketing Revolution: The Impact of IT on Tourism. In: Journal of Vacation Marketing, Vol. 1, No. 4, S. 378–382.
Chierek, M. (1997): Endverbraucher-Rabatte auf Touristikprodukte – Messen die Veranstalter mit zweierlei Maß? In: FVW International, Heft 4, S. 20–22.
Coase, R.H. (1937): The Nature of the Firm. In: Economica, N.S., 4, S. 386–405.
Diller, H. (1989): Key-Account-Management als vertikales Marketingkonzept. In: Marketing-ZFP, Heft 4, S. 213–223.
Diller, H., M. Gaitanides (1988): Das Key-Account-Management in der Lebensmittelindustrie – Eine empirische Studie zur Ausgestaltung und Effizienz. Hamburg.
Diller, H., M. Kusterer (1988): Beziehungsmanagement – Theoretische Grundlagen und explorative Befunde. In: Marketing-ZFP, Heft 3, S. 211–220.
Engel, J.F., R.D. Blackwell, P.W. Miniard (1990): Consumer Behavior. 6. Aufl., Chicago.
Engelhardt, W., P. Witte (1990): Direktvertrieb im Kosumgüter- und Dienstleistungsbereich: Abgrenzung und Umfang. Stuttgart.
Ernie, A., M.C. Norrie (1997): SnowNEt: An Agent-Based Internet Tourist Information Service. In: Tjoa, A.M. (Hrsg.): Information and Communication Technologies in Tourism 1997. Wien/ New York, S. 2938.
Ernst, M. (1994): Wettbewerbsvorteile durch Informationstechnologien am Beispiel internationaler Tourismusmärkte. In: WiSt, Heft 8, S. 417–422.

Ernst, M., W. Hofmann, D. Walpuski (1995): Erhöhter Preiswettbewerb durch Informationsmärkte. In: Jahrbuch für Absatz- und Verbrauchsforschung, 1, S. 65–84.

Fischer, M. (1993): Distributionsentscheidungen aus transaktionkostentheoretischer Sicht. In: Marketing ZFP, Heft 4, S. 247-258.

Freyer, W. (1995): Tourismus. 5. Aufl., München/Wien.

Fried & Partner (1989): Informations- und Reservierungssysteme für den deutschen Fremdenverkehr. München.

FVW International (1994): Deutsche Veranstalter in Zahlen. Beilage zur FVW International, Heft 28.

FVW International (1995): Deutsche Veranstalter in Zahlen. Beilage zur FVW International, Heft 28.

FVW International (1996): Deutsche Veranstalter in Zahlen. Beilage zur FVW International, Heft 28.

Gärtner, K.(1993): Internationale Computer-Reservierungssysteme. In: Haedrich, G. et al. (Hrsg.): Tourismus-Management. Berlin, S. 619–630.

Geppert, H. M. (1995): Vertikales Marketing in der Touristik-Branche. Bern u.a.

Hebestreit, D. (1992): Touristik-Marketing. 3. Aufl., Berlin.

Inkpen, G. (1994): Information Technology for Travel and Tourism. London.

Jegminat, G. (1993): Verhaltenkodex für CRS: Jährlich kommen die Revisoren. In: FVW International, Heft 22, S. 29

Jegminat, G. (1994): Galileo International – Marktführung beansprucht. In: FVW International, Heft 23, S. 27

Kaas, K. P. (Hrsg.) (1995): Kontrakte, Geschäftsbeziehungen, Netzwerke: Marketing und neue Institutionenökonomik. ZfbF Sonderheft 35. Düsseldorf.

Kreilkamp, E. u.a. (1995): Tourismusmarkt der Zukunft. Frankfurt.

Kuß, A. (1991): Käuferverhalten. Stuttgart.

Meffert, H. (1994): Marketing-Managment: Analyse – Strategie – Implementierung. Wiesbaden.

Meinig, W. (1992): Direktvertrieb. In: Diller, H. (Hrsg.): Vahlens Großes Marketing Lexikon. München, S. 210–213.

Mundt, J. (1996): Reiseveranstaltung. 3. Aufl., München/Wien.

Ng, F.Y.Y., S. Sussmann (1996): A Personal Travel Assistant for Holiday Selection – A Learning Interface Agent Approach. In: Klein, S. et al. (Hrsg.): Information and Communication Technologies in Tourism: Proceedings of the International Conference in Innsbruck, Austria, 1996. Wien/ New York.

Niedecken, I. (1997): Umstrukturierung und Neupositionierung des Deutschen Reisebüros – DERPART und LCC sollen ins Boot geholt werden. In: FVW International, Heft 8, S. 8/9.

Nieschlag, R., E. Dichtl, H. Hörschgen (1994): Marketing. 17. Aufl., Berlin.

Pompl, W. (1994): Touristikmanagement I. Berlin.

reber consult + partner (1995): Reisemarkt 2000 – unter besonderer Berücksichtigung der Vertriebslandschaft. Unveröffentlichte Studie im Auftrag der TUI. Fellbach

Roth, P. (1996): Das Marketing der Reiseveranstalter. In: Mundt, J. (1996): Reiseveranstaltung. 3. Aufl., München/Wien, S. 407–467.

Roth, P. (1995): Grundlagen des Touristikmarketing. In: Roth, P., A. Schrand (Hrsg.): Touristik-Marketing. 2. Aufl., München, S. 27–143.

Roth, P., A. Schrand (Hrsg.) (1992): Touristik-Marketing. München.

Ritz, D. (1992): Elektronische Märkte verändern die Tourismusbranche. In: io Management Zeitschrift, Jg. 61, Heft 1, S. 77–81.

Schertler, W. (1994): Dienstleistungseigenschaften begründen Informationsgeschäfte. In: Schertler, W. (Hrsg.): Tourismus als Informationsgeschäft. Wien, S. 17–42.

Scheuch, F. (1982): Dienstleistungsmarketing. München.

Schmid, B. (1994): Elektronische Märkte im Tourismus. In: Schertler, W. (Hrsg.): Tourismus als Informationsgeschäft. Wien, S. 499–524.

Schulz, A., K. Frank, E. Seitz (1996): Tourismus und EDV: Reservierungssysteme und Telematik. München.

Spielberger, M. (1996a): Durchschnittsumsätze der Agenturen 1995/96 – Der höchste Zuwachs mit Neckermann. In: FVW International, Heft 27, S. 15.

Spielberger, M. (1996b): Vom schmucken Beiwerk nicht blenden lassen – Provisionsvergleich für das Touristikjahr 1996/97. In: FVW International, Heft 22, S. 22–24.

Spielberger, M. (1997): VDR-Mitglieder diskutieren die Rolle der Reisebüros – Als echte Dienstleister unverzichtbar. In: FVW International, Heft 10, S. 10–11.

Steindl, A. (1972): Zur Wahl der Absatzmethode von Reiseveranstaltern. Wien.

Stephan, Chr. (1996): Vertriebsstrategien unter verschärften Wettbewerbsbedingungen im Touristikmarkt. Lüneburg.

Thies, G. (1976): Vertikales Marketing. Berlin/New York.

Weiber, R., J. Adler (1995): Positionierung von Kaufprozessen im informationsökonomischen Dreieck: Operationalisierung und verhaltenswissenschaftliche Prüfung. In: ZFBF, Jg. 47, H. 2, S. 99–123.

Weinhold, M. (1995): Computerreservierungssysteme im Luftverkehr: Erfahrungen in den USA und Empfehlungen für Europa. Baden-Baden.

Weis, H. Chr. (1990): Marketing. 7. Aufl., Ludwigshafen.

Westphal, J. (1991): Vertikale Wettbewerbsstrategien in der Konsumgüterindustrie. Wiesbaden.

Williamson, O.E. (1990): Die ökonomischen Institutionen des Kapitalismus: Unternehmen, Märkte, Kooperationen. Tübingen.

Wittmann, W. (1959): Unternehmung und unvollkommene Information. Köln.

Wöhe, G. (1996): Einführung in die Allgemeine Betriebswirtschaftslehre. 19. Aufl., München.

Zeithaml, V.A. (1981): How Consumer Evaluation Processes Differ between Goods and Services. In: Donnelly, J.H., W.R. George (Hrsg.): Marketing of Services. Chicago, S. 186–190.

B Fremdenverkehrsplanung

1 Instrumente der Raumordnung, der regionalen Fremdenverkehrsplanung und der Fremdenverkehrsförderung

Christoph Becker

1.1 Die Position der Raumordnung gegenüber der Fachplanung

Für den Fremdenverkehr – wie auch für andere Bereiche der Daseinsvorsorge – besteht auf Bundes- und Länderebene eine Fachplanung, die für das Fachressort ermittelt, was und wie etwas zur Befriedigung der touristischen Bedürfnisse der Gesellschaft zu geschehen hat und wie die entsprechenden Zielvorstellungen mit Hilfe systematisch vorbereiteter Maßnahmen durchgeführt werden können. Die Zielvorstellungen des Fachressorts, das bei den Wirtschaftsministerien angesiedelt ist, werden in der Regel in einem Fremdenverkehrsprogramm niedergelegt. Mit Förderprogrammen und finanziellen Zuweisungen für bestimmte Vorhaben wird die Fremdenverkehrspolitik vom Fachressort realisiert.

Die geförderten (und nicht-geförderten) Maßnahmen zur Entwicklung des Fremdenverkehrs wie Neubau und Umbau von Fremdenverkehrsbetrieben und -einrichtungen beanspruchen – wie auch alle anderen Maßnahmen zur Verbesserung der Infrastruktur – nicht nur Grund und Boden, sondern sie beeinflussen sowohl die Umwelt als auch die Wirtschafts-, Sozial- und Siedlungsstruktur des jeweiligen Raumes. Damit die vielfältigen Planungen der einzelnen öffentlichen Planungsträger sich gegenseitig ergänzen und fördern sowie sich vor allem nicht beeinträchtigen, bedarf es der Abstimmung der verschiedenen Planungen mit dem Ziel, die optimale Gesamtentwicklung und Ordnung des Raumes sicherzustellen (vgl. v. Malchus, 1989, S. 1).

Hier liegt die Aufgabe der Raumordnung: Da viele Planungen und Maßnahmen der Fachplanungen andere Ressorts tangieren sowie häufig überörtlich und umfassend konzipiert sind, muß die Raumordnung die vielfältigen Fachplanungen untereinander abstimmen, aber dabei den Kommunen einen eigenen Gestaltungsraum belassen. Dazu sind überörtliche, die Fachplanungen umfassende Pläne und Programme in einem zusammenfassenden Konzept der Raumordnung zu entwickeln. Das Konzept der übergeordneten, überörtlichen und zusammenfassenden Planung muß dann die übergeordneten räumlichen Entwicklungsvorstellungen beinhalten und in die Erarbeitung dieser Konzepte die Fachplanungsträger und die kommunalen Planungsträger sachgerecht nach dem Gegenstromprinzip einbeziehen. Hierzu bringt die Fremdenverkehrsplanung als Fachressort ihre fachlichen Ziele und Vorgaben mit ein, so daß die Raumordnung in Abstimmung mit dem Fachressort Schwerpunkte in zeitlicher und räumlicher Hinsicht setzen kann. Grundlage für die Tätigkeit der Raumordnung sind die Landesplanungsgesetze des Bundes und der Länder.

Rechtswirksam aufgestellte Ziele der Raumordnung sind von allen Planungsbehörden zu beachten. Planungsentscheidungen der Fachplanungen, aber auch der Kommunen, die mit einem Ziel der Raumordnung nicht vereinbar sind, sind rechtswidrig. Da die Aufstellung der Raumordnungspläne auf den verschiedenen Ebenen jeweils eine Reihe von Jahren in Anspruch nimmt und sie für eine Dauer von ungefähr zehn Jahren bestimmt sind, werden sie gerne als nicht mehr zeitgemäß dargestellt, zumal sie von Gemeinden und privaten Investoren vielfach als Verhinderungspolitik bezeichnet werden. Zweifellos besitzt die Fachpolitik mit ihren Fördermitteln einen höheren politischen Stellenwert als die koordinierende Raumordnung.

1.2 Fachplanungen im Fremdenverkehrsbereich

1.2.1 Fachplanung des Bundes

Obwohl die Bundesregierung im Jahre 1975 ein tourismuspolitisches Programm (Deutscher Bundestag, 1975) vorgelegt hat, kann von einem einheitlichen, abgestimmten Handeln in Fragen des Tourismus keine Rede sein. Sechs verschiedene Ministerien und bei diesen noch verschiedene Abteilungen sind allein mit Förderprogrammen beschäftigt, die dem Tourismus zugute kommen (vgl. Becker/Klemm, 1978, S. 20). Obwohl es mit dem Wirtschaftsministerium ein federführendes Ministerium in Sachen Tourismus gibt, wird diese Ressortzersplitterung vielfach beklagt. Allerdings ist das Fremdenverkehrsreferat im Wirtschaftsministerium nur mit wenigen Personen besetzt, was den politischen Stellenwert des Fremdenverkehrs charakterisiert. Immerhin gibt es seit 1987 einen Staatssekretär, der u.a. für den Fremdenverkehr zuständig ist. Im gleichen Jahr wurde zunächst ein Unterausschuß, seit 1991 ein (Voll-)Ausschuß des Deutschen Bundestages für diesen Bereich eingesetzt, der sich seit 1996 als „Ausschuß für Tourismus" bezeichnet.

Im Tourismuspolitischen Programm der Bundesregierung werden fünf Zielbereiche benannt, die durch verschiedene Maßnahmenkomplexe konkretisiert werden:

- Sicherung der Rahmenbedingungen, u.a. durch Erarbeiten von Belastungswerten, Ausbau der Infrastruktur, Berücksichtigung des Fremdenverkehrs in der allgemeinen Gesetzgebung;
- Steigerung der Leistungsfähigkeit der deutschen Fremdenverkehrswirtschaft, u.a. durch Unterstützung der Marktbeobachtung, Investitionsbeihilfen für Fremdenverkehrsbetriebe, Förderung der Auslandswerbung;
- Öffnung des Tourismus für breite Bevölkerungsschichten, u.a. durch Beihilfen zu Einrichtungen für förderungsbedürftige Gruppen, Förderung des Informationswesens, Förderung des internationalen Jugendaustausches;

- Ausbau der internationalen Zusammenarbeit, u.a. durch Entwicklung einer Tourismuspolitik in der EG, Zusammenarbeit mit internationalen Organisationen;
- Verbesserungen für das Durchführen der Tourismuspolitik, u.a. durch Intensivierung der Zusammenarbeit mit den Ländern und der Fremdenverkehrswirtschaft, Verbesserung der Fremdenverkehrsstatistik.

Diese unvollständige Auflistung der verschiedenen Maßnahmenkomplexe dokumentiert die Vielfalt der auf allen Ebenen zu schaffenden Voraussetzungen, um dem Touristen ein zufriedenstellendes Angebot präsentieren zu können.

Die Ziele und Maßnahmen stellen sich zunächst als konfliktlos dar – jedermann kann ihnen zustimmen. Ähnlich verhält es sich mit den Positionspapieren der Parteien zum Tourismus, in denen – außer bei den Grünen – kaum eine parteispezifische Linie sichtbar wird. Erst bei der Realisierung einzelner Maßnahmen im engen Raum treten die Probleme der touristischen Entwicklung zutage.

Vom finanziellen Aufwand her haben der Ausbau der Fremdenverkehrsinfrastruktur und die Investitionsbeihilfen für Fremdenverkehrsbetriebe besonderes Gewicht. Sie werden freilich gemeinsam mit den Ländern im Rahmen der Gemeinschaftsaufgabe „Verbesserung der regionalen Wirtschaftsstruktur" (GRW) durchgeführt, da die Wirtschaftsförderung Ländersache ist.

Immer wieder wird eine Fortschreibung des Tourismuspolitischen Programms gefordert. Eine genauere Durchsicht des Programms zeigt aber, daß die aktuellen Probleme wie Umwelt, EU oder neue Trends durchaus angesprochen bzw. subsumierbar sind. Von daher ist weniger ein neues Programm wichtig als vielmehr Schritte zur Realisierung des vorhandenen Programms unter Berücksichtigung der neueren Entwicklung. Auf Bundesebene ist verstärkter Einsatz vor allem auf den folgenden Gebieten notwendig:

- Verbesserung der zusammengestutzten amtlichen Fremdenverkehrsstatistik (vgl. Statistisches Bundesamt, 1991),
- Unterstützung einer Image-Werbung für den Inlandstourismus,
- starke Ausweitung der Tourismusforschung,
- Förderung von Modellvorhaben für umweltschonenden Tourismus.

Immerhin hat das Bundesministerium für Wirtschaft 1994 einen „Bericht der Bundesregierung über die Entwicklung des Tourismus" vorgelegt, in dem ausführlich die vielfältigen Maßnahmen zur Förderung des Tourismus dargestellt werden und auch besonders auf die Probleme in den neuen Bundesländern und bei der internationalen Zusammenarbeit eingegangen wird.

1.2.2 Fachplanung und Förderung durch die Länder

In den meisten alten Ländern haben die Wirtschaftsministerien Fremdenverkehrsentwicklungsprogramme vorgelegt. Sie erschienen in der Regel zu Beginn der 70er Jahre und wurden teilweise nach mehr oder weniger langer Pause erneuert (vgl. Tab. 1). Die Programme enthalten zumeist einen umfangreichen analytischen Teil, in dem problemorientiert auf die Fremdenverkehrssituation, die verschiedenen Fremdenverkehrsarten, das natürliche und infrastrukturelle Umfeld sowie auf die einzelnen Fremdenverkehrsgebiete des Landes eingegangen wird.

Tab. 1: Fremdenverkehrsprogramme der Landeswirtschaftsministerien (Stand 7/1996)

Land	Erscheinungsjahr	Bezeichnung
Baden-Württemberg	1971	Fremdenverkehrs-Entwicklungsprogramm (ausgelaufen)
	1977	Heilbäderprogramm für Baden-Württemberg (ausgelaufen)
Bayern	1970	Fremdenverkehrsförderungsprogramm
	1974	Fremdenverkehrsförderungsprogramm
	1978	Fremdenverkehrsförderungsprogramm
	1994	Tourismuspolitisches Konzept der Bayerischen Staatsregierung
Brandenburg	1993	Fremdenverkehrskonzeption für das Land Brandenburg – Leitlinien, Ziele und Maßnahmen zur Tourismusentwicklung
Hessen	1970	Großer Hessenplan; Fremdenverkehrs-Entwicklungsplan
	1973	Landesentwicklungsplan, Fachplan Fremdenverkehr
Mecklenburg-Vorpommern	1993	Tourismuskonzeption Mecklenburg-Vorpommern – Ziele und Aktionsprogramm
Niedersachsen	1974	Fremdenverkehrsprogramm
	1980	Fremdenverkehrsprogramm Niedersachsen, Schwerpunktförderung für fremdenverkehrliche Infrastrukturprojekte 1981-1984
	1987	Niedersächsisches Fremdenverkehrsprogramm 1987-1991
	1992	Tourismuskonzept Niedersachsen (1992-1996)
Nordrhein-Westfalen	1979	Kurorteförderungsprogramm
Rheinland-Pfalz	1971	Entwicklungsprogramm für den Fremdenverkehr
	1972	Bäderbericht der Landesregierung Rheinland-Pfalz
Saarland	–	–
Sachsen	–	–
Sachsen-Anhalt	–	–
Schleswig-Holstein	1981	Entwicklungsperspektiven für den Fremdenverkehr Schleswig-Holsteins
	1990	Fremdenverkehrskonzeption für Schleswig-Holstein
	1996	Tourismuskonzeption 1996
Thüringen	–	–

Als Ziele der Fremdenverkehrsförderung werden die Strukturverbesserungen in wirtschaftsschwachen Räumen, die Schaffung ausreichender Erholungsmöglichkeiten und die Unterstützung des Mittelstandes genannt. Schließlich enthalten die Programme die konkreten Fördermaßnahmen mit den Vergabegrundsätzen.

Die Fachreferate für Fremdenverkehr haben in den Ländern ein vielfältiges Spektrum an Aufgaben wahrzunehmen, was von Fragen der Prädikatisierung von Fremdenverkehrsgemeinden, der Organisation von Wettbewerben und dem Abhalten von Tagungen über Weiterbildungsveranstaltungen bis hin zur Beantwortung parlamentarischer Anfragen reicht. Für die Tourismuswerbung des jeweiligen Landes werden bedeutende Zuschüsse an die einzelnen Fremdenverkehrsverbände überwiesen. Eine weitere wichtige Aufgabe ist die Organisation der Vergabe von Fördermitteln für Fremdenverkehrseinrichtungen und Fremdenverkehrsbetriebe.

Wichtigstes Förderinstrument ist seit 1969 die Gemeinschaftsaufgabe „Verbesserung der regionalen Wirtschaftsstruktur" (GRW), die von Bund und Ländern zu gleichen Teilen finanziert wird. Sie fördert das Gewerbe – und damit auch das Fremdenverkehrsgewerbe – freilich nur in den wirtschaftsschwachen Räumen der Bundesrepublik, bis 1990 Flächen mit 33,9% der Wohnbevölkerung; da die neuen Bundesländer vollständig an der GRW-Förderung partizipieren, gehören seit 1997 nur noch Flächen mit 20,8% der westdeutschen Bevölkerung zum Fördergebiet.

Mit GRW-Mitteln können Investitionen sowohl in die Fremdenverkehrsinfrastruktur als auch bei Fremdenverkehrsbetrieben gefördert werden. Bei der Fremdenverkehrsinfrastruktur können Geländeerschließung und der Bau von öffentlichen Fremdenverkehrseinrichtungen mit bis zu 80% bezuschußt werden. Für die Errichtung, Erweiterung und Modernisierung von Fremdenverkehrsbetrieben gilt ein Förderhöchstsatz von bis zu 28%; das Land Rheinland-Pfalz gewährt jedoch z.B. bei der Neuerrichtung von Fremdenverkehrsbetrieben nur 10% sowie bei der Erweiterung und Modernisierung lediglich 12% Investitionszuschuß, weitere Mittel aus anderen Förderprogrammen können bis zum Erreichen des Höchstsatzes hinzutreten. In den neuen Bundesländern gelten Förderhöchstsätze von bis zu 50%. Teilweise stammen die Fördermittel auch aus dem „Europäischen Fond für regionale Entwicklung" (EFRE); diese werden zu gleichen Konditionen mit einer leicht modifizierten regionalen Abgrenzung vergeben. Im Rahmen der GRW werden neuerdings auch Zuschüsse zur Förderung von Beratungs- und Schulungsleistungen, zur Förderung von Humankapital und zur Förderung angewandter Forschung und Entwicklung gewährt. Wegen Mittelknappheit schränken einzelne Länder die Vergabe der GRW-Mittel ein: So fördert Rheinland-Pfalz z.B. nur Projekte mit einem Investitionsaufwand von bis zu 5 Mio. DM, so daß damit etwa neue Ferienzentren aus der Förderung herausfallen. Zusätzlich können auch Eigenkapitalhilfsprogramme, das ERP-Programm oder Zinszuschußprogramme der Länder in Anspruch genommen werden, deren Subventionswert freilich die GRW-Fördersätze nicht um mehr als 10% übersteigen darf. Daneben werden im gesamten Bundesgebiet Hilfen für den Mittelstand gewährt, die auch für Fremdenverkehrsbetriebe gelten: Existenzgründungsförderung, Bürgschaften, Kapitalbeteiligungen und Zinszuschüsse. Um für mehr Umweltschonung im Tourismus zu sorgen, haben die einzelnen Länder unterschiedliche Maßnahmen ergriffen; allein Schleswig-Holstein hat ein kleines Förderprogramm für umweltschonende Tourismusprojekte aufgelegt (Becker/Job/Witzel, 1996).

Auch andere Landesministerien sind mit dem Tourismus befaßt, etwa bei „Urlaub auf dem Bauernhof" (Landwirtschaftsministerium), bei Familienferienstätten (Sozialministerium) oder bei den Staatsbädern (Finanzministerium, in Nordrhein-Westfalen Ministerium für Arbeit, Gesundheit und Soziales).

Die von den Wirtschaftsministerien der Länder finanzierte Tourismusforschung und auch die Beratung der übrigen Gebietskörperschaften wird zunehmend von Consulting-Firmen durchgeführt, die von den jeweiligen Ländern mitfinanziert werden (Europäisches Tourismus Institut GmbH an der Universität Trier, HLT Gesellschaft für Forschung Planung Entwicklung mbH, Wiesbaden, Institut für Tourismus- und Bäderforschung in Nordeuropa GmbH, Kiel) oder dort ansässig sind (DWIF, München, Kurorteberatung Reppel, Ettlingen).

1.3 Fremdenverkehrsplanung von Raumordnung und Regionalplanung und deren Instrumente

1.3.1 Fremdenverkehrsplanung der Bundesraumordnung

In Fragen der Raumordnung verfügt die Bundesregierung nur über eine Rahmenkompetenz, ansonsten unterliegt die Raumordnung der Länderhoheit. So wird der Fremdenverkehr im Bundesraumordnungsprogramm von 1975 und in den Raumordnungsberichten angesprochen, indem auf gewisse Trends und Probleme hingewiesen wird und globale Leitvorstellungen geäußert werden. Diese Leitlinien haben aber letztlich keine oder nur geringe Auswirkungen auf die Landesplanung.

Daneben veranlaßt das Bundesministerium für Raumordnung, Bauwesen und Städtebau anwendungsorientierte Fremdenverkehrsforschung: Es wurden insbesondere zum Gewinnen raumordnerischer Erkenntnisse Forschungsaufträge unter anderem zu den regionalpolitischen Effekten des Fremdenverkehrs (Becker/Klemm, 1978), zu neuen Trends in Freizeit und Fremdenverkehr (Nake-Mann, 1984), zur Entwicklung ländlicher Räume durch den Fremdenverkehr (BMBau, 1986) und zu umweltschonenden Konzepten der Raumordnung für Naherholungsgebiete (Becker/Job/Koch, 1991) und zu den Ferienzentren der zweiten Generation (Lüthje/Lindstädt, 1994) vergeben.

1.3.2 Instrumente der Landesplanung für den Fremdenverkehrsbereich

Auch wenn die Landesplanung in einzelnen Ländern der Bundesrepublik mehr oder weniger eng mit der Regionalplanung verknüpft ist, erfolgt hier eine getrennte Darstellung, weil damit auch die Problematik deutlicher wird.

Grundlegende Bedeutung für die Fremdenverkehrsentwicklung haben die Aussagen und Ausweisungen der Landesraumordnungs- oder Landesentwicklungsprogramme. Insbesondere in den Flächenländern der Bundesrepublik nimmt der Fremdenverkehr im Rahmen der übrigen Funktionen eine durchaus bedeutende Position ein.

Wichtige und spezifische Aufgabe der Landesplanung ist die Ausweisung von Räumen für bestimmte Funktionen, so auch für den Fremdenverkehr. Aufgrund der natürlichen, kulturräumlichen und infrastrukturellen Eignung werden Fremdenverkehrsgebiete ausgewiesen, in denen diese Grundlagen des Fremdenverkehrs erhalten, verbessert und gesichert werden sollen. Weiterhin soll in diesen Fremdenverkehrsgebieten eine gewisse Bündelung der Fremdenverkehrsentwicklung stattfinden, um Synergie-Effekte zu nutzen.

So wurden z.B. in Rheinland-Pfalz 1980 im Zusammenhang mit einer Karte der Gebiete mit besonderer Bedeutung für Fremdenverkehr und/oder Naherholung „Schwerpunktbereiche der weiteren Fremdenverkehrsentwicklung" benannt und grob ausgewiesen (1995 „Erholungsräume"); die exakte Abgrenzung dieser Schwerpunktbereiche bzw. Erholungsräume obliegt der Regionalplanung. In Schleswig-Holstein, wo ebenso wie im Saarland Landes- und Regionalplanung miteinander verknüpft sind, wird bei der Ausweisung der Fremdenverkehrsgebiete nach Ordnungs-, Gestaltungs- und Entwicklungsräumen differenziert – je nach Belastung oder Entwicklungsmöglichkeiten der einzelnen Teilräume. Im Saarland werden „Schwerpunkträume der Erholung" und „Erholungs-Vorranggebiete" ausgewiesen.

Die Ausweisungen der Landesplanung sind mit den zuständigen Fachressorts abgestimmt, damit sind die Fachressorts auch an die Grundsätze und Ziele der Landesplanung gebunden. Weiterhin setzen sie den Rahmen für die konkretere Ausweisung durch die Regionalplanung (soweit diese nicht in einem Zuge erfolgt). Insbesondere wo sich mehrere Funktionsbereiche überlagern, soll die Regionalplanung auf kleinräumigerer Ebene eine differenzierte Ausweisung vornehmen. Schließlich haben sich die Gemeinden mit ihren Bauleitplänen den Zielen der Landesplanung, die in den Regionalen Raumordnungsplänen weiter konkretisiert werden, anzupassen.

Finanzielle Mittel zur Förderung des Fremdenverkehrs sollen vorrangig, aber nicht ausschließlich (was Willkür-Entscheidungen Tür und Tor öffnet) in den ausgewiesenen Fremdenverkehrsgebieten konzentriert werden. In den Fremdenverkehrsgebieten, die gleichzeitig als wirtschaftsschwach eingestuft sind, wird auch insbesondere die GRW mit ihren Fördermitteln wirksam.

Ergänzend zur Ausweisung von Fremdenverkehrsgebieten gibt die Landesplanung in der Regel auch einen Rahmen für die Funktionsbestimmung der Gemeinden vor. So kann z.B. in Rheinland-Pfalz von der Regionalplanung Gemeinden die besondere Funktion Fremdenverkehr zugewiesen werden, wenn diese aufgrund ihrer landschaftlichen Attraktivität und ihrer infrastrukturellen Ausstattung über die Voraussetzungen für eine ökologisch und sozialverträgliche Intensivierung des Fremdenverkehrs verfügen. Darüber hinaus enthalten die Landesentwicklungsprogramme – hier am Beispiel des Landesentwicklungsprogramms Rheinland-Pfalz von 1995 – vielfältige Aussagen zum Fremdenverkehrssektor, die hier in verkürzter Form aufgeführt werden:

- Die Heilbäder und Kurorte sollen in ihrer sozialpolitischen Funktion gestärkt und als wirtschaftliche Schwerpunkte des Fremdenverkehrs – vor allem auch im Hinblick auf das gewerbliche Fremdenverkehrsangebot – erhalten und weiterentwickelt werden.
- In den Fremdenverkehrsgemeinden soll vorrangig die Qualität des Angebots verbessert werden.
- In den zentralen Orten und besonders in den Oberzentren sollen die Voraussetzungen für den Städtetourismus verbessert werden.
- Das Angebot „Urlaub auf dem Bauernhof" soll ausgebaut und den wachsenden Ansprüchen der Gäste angepaßt werden.
- Für die Standortwahl von Golfplätzen, Ferien- und Freizeitparks wird schwerpunktartig eine größere Zahl von Planungsgrundsätzen aufgeführt, die bei neuen Vorhaben zu beachten sind.

Bei diesen Aussagen wird deutlich, daß sie teils von der jeweiligen Fachplanung übernommen worden sind, teils mit raumordnerischen Zielvorstellungen verknüpft wurden oder auch wie bei der Standortwahl von Ferienparks usw. primär Ziele der Raumordnung verfolgen. Der Charakter der Aussagen ist allgemein gehalten, es werden Entwicklungsrichtungen angegeben. Diese leitbildhaften Formulierungen der Landesplanung, die freilich schon wesentlich konkreter sind als auf der Bundesebene, reichen aus, da die Aussagen und Ausweisungen von der Regionalplanung weiter zu konkretisieren sind.

Die Aufstellung von Landesentwicklungsprogrammen erstreckt sich über mehrere Jahre, und sie sollen mindestens für zehn Jahre gültig sein.

Um Einzelprojekte auf die raumordnerischen Erfordernisse einschließlich der Umweltverträglichkeit überprüfen zu können, wurde schon in den 50er Jahren das Raumordnungsverfahren in einzelnen Bundesländern eingeführt. Es wird vor allem angewandt,

- wenn neue, im Regionalen Raumordnungsplan nicht verankerte Vorhaben ohne großen Verzug durchgeführt werden sollen,
- wenn größere Vorhaben starke Auswirkungen auf andere Bereiche erwarten lassen,
- oder wenn sich verschiedene, konkurrierende Funktionen in einem Raum überlagern und eine Lösung für die widerstreitenden Interessen gesucht wird.

Eine entsprechende rahmengesetzliche Vorgabe des Bundes in § 6a des 1989 und 1993 novellierten Raumordnungsgesetzes und eine dazu erlassene Raumordnungsverordnung wird von den Ländern in ländergesetzliche Bestimmungen umgesetzt.

Im Fremdenverkehrsbereich kommen Raumordnungsverfahren vor allem für neue, größere Projekte wie Feriendörfer, Freizeitparks, Campingplätze, Liftanlagen mit Skipisten oder Freizeitseen in Frage, sei es, daß es sich um nicht im Regionalen Raumordnungsplan enthaltene Projekte handelt, oder sei es, daß insbesondere die Auswirkungen vorgesehener Großprojekte überprüft werden sollen.

Im Raumordnungsverfahren wird sowohl die Frage des „Ob überhaupt" gestellt als auch die Frage, welche Alternativstandorte es gibt, ob das Vorhaben dem gewählten Standort zuträglich ist und wie es auf andere Vorhaben, Maßnahmen und Gegebenheiten abgestimmt werden soll. Im Zuge eines Raumordnungsverfahrens wird von der fachlich nicht gebundenen Landesplanungsbehörde großer Wert auf eine ressourcenschützende Planung des Vorhabens gelegt (Brenken, 1995). So wird das Ergebnis des Raumordnungsverfahrens und die darin eingeschlossene Bewertung der Auswirkungen eines Vorhabens auf die Umwelt bei den nachfolgenden Genehmigungen, Planfeststellungen oder Zulassungsverfahren grundsätzlich berücksichtigt. Die fachliche Umweltverträglichkeitsprüfung (UVP) nach dem UVP-Gesetz von 1990 erfolgt sodann im Rahmen letztgenannter Verfahren. Allerdings besteht nach Bundesrecht keine Verpflichtung, die Umweltverträglichkeit von Freizeitanlagen wie Golfplätzen, Yachthäfen und Skiliften zu überprüfen. Die Errichtung von Feriendörfern, Hotelkomplexen und sonstigen großen Einrichtungen für die Beherbergung unterliegt nur dann der UVP-Pflicht, sofern die Aufstellung von Bebauungsplänen erforderlich ist. Es bleibt abzuwarten, ob die Länder weitergehende Regelungen treffen.

Der am Ende des Raumordnungsverfahrens stehende Beschluß hat zwar nur empfehlenden Charakter, schlägt aber bei einem nachfolgenden Genehmigungsverfahren als Stellungnahme der Landesplanungsbehörde voll zu Buche.

Das Raumordnungsverfahren setzt selbst keine Ziele, es kann gesetzte Ziele auch nicht verändern, da es sich um ein Abstimmungsinstrument handelt. Auch wenn bei Fremdenverkehrsvorhaben Standortalternativen überprüft werden, so wird in der Regel der vorgeschlagene Standort bestätigt, zumal der Erwerb oder die Sicherung von Grundstücken nur selten die Realisierung des Vorhabens an einer anderen Stelle zuläßt. Kommt das Raumordnungsverfahren zu dem Ergebnis, daß die Abstimmung nicht möglich ist, kann das Projekt nicht realisiert werden, da keine Aussicht besteht, die landesplanerische Zustimmung zu erhalten. Der Projektträger tut in diesem Falle gut daran, das Genehmigungsverfahren für sein Vorhaben an dem bisher vorgesehenen Standort nicht zu beantragen. Die gleiche Wirkung geht von einem Raumordnungsverfahren aus, wenn es zu dem Ergebnis kommt, daß das Projekt die rechtswirksamen Ziele der Raumordnung und Landesplanung nicht beachtet.

Um die förmlichen Raumordnungsverfahren noch flexibler zu gestalten, hat Bayern das Instrument der Teilraum-Gutachten und Rheinland-Pfalz die Raumnutzungskonzepte eingeführt. Mit diesen neuen Instrumenten können u.a. bei überörtlichen Fremdenverkehrsvorhaben vergleichsweise zügig mit allen Trägern öffentlicher Belange abgestimmte Konzeptionen erstellt werden, allerdings fehlt bei ihnen die formalrechtliche Bindungswirkung.

In gewisser Hinsicht stellen auch die jetzt im vierjährigen Turnus erstellten Raumordnungsberichte der Länder ein Instrument der Raumordnung dar. Sie enthalten nämlich nicht nur – mehr als Erfolgsbericht denn als Erfolgskontrolle – eine Bilanz der zur räumlichen Entwicklung durchgeführten Maßnahmen, sondern sie beinhalten auch eine Darstellung der auf die räumliche Entwicklung des Landes einwirkenden Tatsachen, und vor allem werden die sich abzeichnenden Entwicklungstrends dargestellt. Diese Entwicklungstrends finden bereits Berücksichtigung z.B. bei der Beurteilung im Rahmen eines Raumordnungsverfahrens.

1.3.3 Instrumente der Regionalplanung für den Fremdenverkehrsbereich

Die Regionalplanung nimmt eine wichtige Mittlerfunktion zwischen der kommunalen und den staatlichen Planungsebenen ein. Sie betreibt eine integrierte, also eine zusammenfassende, überörtliche und überfachliche Planung, die die übergeordneten und großräumigen Zielsetzungen des Bundes und der Länder für die Raum- und Siedlungsstruktur sowie für die gesellschaftliche und wirtschaftliche Entwicklung aufnimmt, konkretisiert, räumlich verfeinert und mit den regionsspezifischen Bedürfnissen, die u.a. von den Gemeinden eingebracht werden, zu einer regionalen Entwicklungskonzeption verbindet.

Wenn die Regionalpläne genehmigt sind, gelten die darin niedergelegten Zielsetzungen für die Behörden des Bundes und der Länder sowie für die Gemeinden und Gemeindeverbände als verbindlich und sind bei allen Aktivitäten zu beachten. Entgegenstehendes muß dann unterbleiben oder toleriebar sein.

In bezug auf den Fremdenverkehr werden – wie auch in anderen Bereichen – die Ziele der Landesplanung in den Regionalen Raumordnungsplan übernommen und teilweise regionsspezifisch weiter ausdifferenziert.

So werden in der Regel die Fremdenverkehrsgebiete exakt abgegrenzt und ausgewiesen, teilweise in weiter differenzierter Form. Dabei kann sich die Regionalplanung nur schwer dem Drängen zahlreicher, nur begrenzt geeigneter Gemeinden entziehen, in die Fremdenverkehrsgebiete mit aufgenommen zu werden, so daß es meist zu einer eher uferlosen Ausweitung dieser Fremdenverkehrsgebiete kommt. Weiter wird ein Teil der Gemeinden als Fremdenverkehrsgemeinde ausgewiesen.

Für die Fremdenverkehrsgebiete werden dann jeweils die Schwerpunktorte für den Fremdenverkehr benannt, es wird dargestellt, wo ein Ausbau stattfinden soll und welche Entwicklungslinien in bezug auf die Fremdenverkehrsinfrastruktur und auf das Beherbergungsgewerbe verfolgt werden sollen.

Über die Erstellung der Regionalen Raumordnungspläne hinaus ist die Regionalplanung beim Vorgang der Anpassung der Einzelplanungen und Maßnahmen in der Regel eingeschaltet. Dabei dringt sie durch Überzeugungskraft auf eine möglichst umfassende Anpassung der jeweiligen Vorhaben an die regionalplanerischen Zielsetzungen. Schließlich bietet die Regionalplanung den Kommunen eine Beratung u.a. bei Fremdenverkehrsprojekten an, wobei dann planerisch optimale Lösungen erarbeitet werden können.

1.4 Fremdenverkehrsentwicklungskonzeptionen der Gemeinden und Gemeindeverbände

Häufiger geben Gemeinden, Gruppen von Gemeinden, Kreise, Fremdenverkehrsgebiete oder Planungsgemeinschaften Fremdenverkehrsentwicklungskonzeptionen in Auftrag, oder sie vergeben Gutachten für touristische Detailprobleme. Die Erstellung solcher Konzeptionen ist für die Gebietskörperschaften nicht verpflichtend, und sie binden auch keine Gebietskörperschaft an die dort getroffenen Aussagen.

Es geht in der Regel um die Erarbeitung eines zukunftsorientierten Handlungsrahmens für den Bereich des Fremdenverkehrs. Dabei ist es wichtig, bei der Erstellung der Fremdenverkehrskonzeption die regionalplanerischen Vorgaben zu berücksichtigen. Bei längerfristig orientierten Projekten kann mit solchen Fremdenverkehrskonzeptionen eine Berücksichtigung dieser Planungen in den ca. alle zehn Jahre zu revidierenden Regionalen Raumordnungsprogrammen angestrebt werden.

Literatur

Becker, Chr., H. Job, M. Koch (1991): Umweltschonende Konzepte der Raumordnung für Naherholungsgebiete. Belastungen, Lösungs- und Planungsansätze, Verwaltungsstrukturen. Forschungsauftrag des Bundesministers für Raumordnung, Bauwesen und Städtebau. Trier (Materialien zur Fremdenverkehrsgeographie, Heft 22).

Becker, Chr., H. Job, A. Witzel (1996): Tourismus und nachhaltige Entwicklung. Grundlagen und praktische Ansätze für den mitteleuropäischen Raum. Darmstadt.

Becker, Chr., K. Klemm (1978): Raumwirksame Instrumente des Bundes im Bereich der Freizeit. Bonn (Schriftenreihe „Raumordnung" des Bundesministers für Raumordnung, Bauwesen und Städtebau, Bd. 06.028).

Brenken, G. (1995): Raumordnungsverfahren. In: Akademie für Raumforschung und Landesplanung (Hrsg.): Handwörterbuch der Raumordnung. Hannover, S. 766–774.

Bundesminister für Raumordnung, Bauwesen und Städtebau (Hrsg.) (1986): Entwicklung ländlicher Räume durch den Fremdenverkehr. Bonn (Schriftenreihe „Raumordnung" des Bundesministers für Raumordnung, Bauwesen und Städtebau, Bd. 06.058).

Bundesministerium für Wirtschaft (1994): Bericht der Bundesregierung über die Entwicklung des Tourismus. Bonn (BMWi-Dokumentation Nr. 349).

Deutscher Bundestag (Hrsg.) (1975): Tourismus in der Bundesrepublik Deutschland – Grundlagen und Ziele –. Bonn (Drucksache 7/3840).

Lüthje, K., B. Lindstädt (1994): Freizeit- und Ferienzentren – Umfang und regionale Verteilung. Materialien zur Raumentwicklung, H. 66. Bonn.

Malchus, V., Frhr. v. (1989): Zum Verhältnis von Raumordnung und Fachplanung im Planungssystem der Bundesrepublik Deutschland. In: Akademie für Raumforschung und Landesplanung (Hrsg.): Daten zur Raumplanung, Teil C, Fachplanungen und Raumordnung, Hannover, S. 1–20.

Nake-Mann, Br. (1984): Neue Trends in Freizeit und Fremdenverkehr. Bonn (Schriftenreihe „Raumordnung" des Bundesministers für Raumordnung, Bauwesen und Städtebau, Bd. 06.051).

Statisches Bundesamt (Hrsg.) (1991): Tourismus in der Gesamtwirtschaft. Ergebnisse des 4. Wiesbadener Gesprächs am 28./29. März 1990. Stuttgart (Schriftenreihe Forum der Bundesstatistik, Bd. 17).

Weitere Literatur

Becker, Chr. (1989): Fachplanungen für Erholung und Fremdenverkehr. In: Akademie für Raumforschung und Landesplanung (Hrsg.): Daten zur Raumplanung, Teil C, Fachplanungen und Raumordnung. Hannover, S. 477–501.

Ministerkonferenz für Raumordnung (MKRO) (1979): Grundlagen der Ausweisung und Gestaltung von Gebieten für Freizeit und Erholung. Entschließung vom 12. November 1979.

Niemeier, H.-G. (1982): Rechtliche und organisatorische Fragen. In: Akademie für Raumforschung und Landesplanung (Hrsg.): Grundriß der Raumordnung. Hannover, S. 290–310.

Schmitz, G. (1995): Regionalplanung. In: Akademie für Raumforschung und Landesplanung (Hrsg.): Handwörterbuch der Raumordnung. Hannover, S. 823–830.

2 Die Umweltverträglichkeitsprüfung (UVP) für touristische Projekte

Hans-Joachim Schemel

2.1 Einführung

Der Tourismus ist mehr noch als andere Wirtschaftszweige auf eine hohe Umweltqualität angewiesen. Denn – wie zahlreiche Untersuchungen der letzten Jahre belegen – für den immer umweltsensibler reagierenden Gast ist die erlebbare Umwelt (Ruhe, gute Luft, klares Wasser, unversiegelter Boden, ein naturnahes Orts- und Landschaftsbild) zu einem entscheidenden Kriterium bei der Wahl seines Urlaubsortes geworden. Wenn also touristische Projekte mit Hilfe einer UVP rechtzeitig und gründlich auf ihre Umweltauswirkungen geprüft werden mit dem Ziel, Umweltbelastungen so weit wie möglich zu vermeiden bzw. zu minimieren, dann handelt der Projektbetreiber nicht nur im Interesse der Allgmeinheit, sondern auch im wirtschaftlichen Interesse der Branche (sofern die Wirtschaftlichkeit langfristig gesehen wird).

Gerade für den Tourismus gilt daher der Anspruch, die UVP in erster Linie als ein Instrument der Selbstkontrolle zu begreifen und sich nicht darauf zu beschränken, dem UVP-Gesetz zu genügen, indem dessen Mindestanforderungen gerade eben erfüllt werden.

Das bundesdeutsche Gesetz über die Umweltverträglichkeitsprüfung (UVPG 1990) schreibt die Prüfung nur für Großprojekte vor: im touristischen Bereich für die „Errichtung von Feriendörfern, Hotelkomplexen und sonstigen großen Einrichtungen für die Ferien- und Fremdenbeherbergung, für die Bebauungspläne aufgestellt werden" (Anlage zu § 3 UVPG).

Diese Einengung des Anwendungsbereichs ist nicht sachlich, sondern nur politisch zu begründen. Sie läßt außer acht, daß auch „kleinere" Vorhaben gravierende Eingriffe in die Landschaft darstellen können. Schon in der Vergangenheit haben solche Projekte bei ökologisch falscher Standortwahl und Ausgestaltung beachtlich zum schleichenden bis galoppierenden Verlust hochwertiger landschaftlicher Qualitäten und Umweltressourcen beigetragen. Hier ist z.B. an Campingplätze, Skilifte, Golfanlagen, Modellflugplätze, Motorsport-, Wassersport- und andere Freizeitanlagen (einschließlich Verkehrsanbindung) zu denken (vgl. Schemel/Erbguth, 1992).

Da sich in Deutschland die Entscheidungsträger auf der kommunalen Ebene immer weniger nachsagen lassen wollen, sie hätten die Umweltfolgen ihrer Entscheidungen nicht ausreichend bedacht, hat sich als zweiter Strang neben der gesetzlich vorgeschriebenen UVP die sog. „kommunale UVP" durchgesetzt. Diese behandelt auch umwelterhebliche Vorhaben, deren Prüfung nicht gesetzlich vorgeschrieben ist, die jedoch einen Eingriff in Natur und Landschaft darstellen und daher eine systematische Auseinandersetzung mit den ökologischen und ästhetischen Auswirkungen sowie mit deren Vermeidung nahelegen. Die freiwillig durchgeführte UVP zeigt den verantwortlichen Umgang mit Natur und Umwelt und liegt insofern im Trend, als dadurch (jenseits staatlicher Reglementierung) die vielbeschworene Eigenverantwortlichkeit und „Zukunftskompetenz" von Wirtschaft und Kommunen demonstriert werden kann (vgl. SRU 1996).

2.2 Inhalt und Zweck der UVP/UVS

Die Umweltverträglichkeitsprüfung (UVP) ist ein Instrument für die angemessene Berücksichtigung der Umweltbelange bei der Vorbereitung von Entscheidungen, deren Ausführung voraussichtlich die Umwelt erheblich verändert. Sie eignet sich als Grundlage einer öffentlichen Erörterung des Vorhabens aus Sicht der Umwelt.

Zwischen der UVP als Verfahren und als Gutachten (UVS = Umweltverträglichkeitsstudie) ist zu unterscheiden. Das Verfahren der UVP erstreckt sich über folgende Schritte (vgl. Bunge, 1988):

– Feststellung der Umwelterheblichkeit: Welche Belange werden durch das Vorhaben berührt, und sind diese komplex genug, um die Durchführung einer UVP sinnvoll erscheinen zu lassen? Oder genügt eine knappe Stellungnahme bzw. ein sektorales Gutachten?
– Bestimmung des Untersuchungsrahmens („Scoping"): Wie ist das Untersuchungsprogramm abzugrenzen? Welche Schutzgüter werden durch das Vorhaben voraussichtlich besonders betroffen, wo müssen die Schwerpunkte der Untersuchung liegen? Welches methodische Vorgehen wird gewählt? Beim Scoping sollten auch die Gegner des Verhabens gehört werden.
– Erstellung des UVP-Gutachtens (= UVS): Untersuchungsbericht über die voraussehbaren Umweltauswirkungen des Vorhabens (Ermittlung, Beschreibung, Bewertung) mit (vorläufiger) Schlußfolgerung zur Umwelt(un)verträglichkeit;
– Überprüfung und Diskussion des UVP-Gutachtens durch Dritte (Fachbehörden, Öffentlichkeit etc.);
– Abschließende Beurteilung der Umweltauswirkungen und ihrer Konsequenzen hinsichtlich Umwelt(un)verträglichkeit durch die zuständige Behörde;
– Einbeziehung der UVP-Ergebnisse in den Entscheidungsprozeß über das „Ob", „Wo" und „Wie" des Vorhabens;
– Nachkontrolle während und nach Realisierung des Vorhabens (Überprüfung der Einhaltung verbindlicher Auflagen).

Das Gutachten zur UVP (die UVS) ist das Kernstück der UVP. Es ist bestimmten inhaltlichen und methodischen Mindestanforderungen unterworfen, um sicherzustellen, daß die Umweltauswirkungen in angemessener Weise gewürdigt werden. Hier stellt sich die Frage, was als „angemessen" zu bezeichnen ist.

Umweltgesichtspunkte wurden und werden auch außerhalb einer UVP bei der Vorbereitung von Entscheidungen berücksichtigt. Das Besondere der UVP, dem die UVS Rechnung zu tragen hat, liegt darin, daß sie

- vollständig (alle Schutzgüter umfassend),
- gesamthaft (die Wechselwirkungen zwischen den Umweltmedien berücksichtigend),
- systematisch (in geordneten, nachvollziehbaren Arbeitsschritten; Sachaussagen und Werturteile sind unterscheidbar zu halten) und
- rechtzeitig (bevor umweltrelevante „Weichen" gestellt sind)

die Umweltfolgen eines räumlichen Vorhabens erfaßt, beschreibt und bewertet.

Die verschiedenen Umweltaspekte werden als Ganzes (als „Paket") gewürdigt, bevor sie im weiteren Entscheidungsprozeß (z.B. im Rahmen eines Raumordnungsverfahrens) gegen andere (z.B. wirtschaftliche und soziale) Belange abgewogen werden.

Die UVS untersucht die Auswirkungen des zu prüfenden Vorhabens auf

- Menschen (Lärm, Gesundheitsgefährdung),
- Tiere und Pflanzen (Lebensräume, Lebensansprüche bestimmter Tierpopulationen und Pflanzengesellschaften),
- Boden (Lebensraumfunktion, Erosionsschutz, stoffliche Belastung),
- Wasser (Oberflächengewässer und Grundwasser hinsichtlich stofflicher Belastungen, Ufergestalt, Trinkwasserschutz),
- Luft, Klima (Emissionen, Immissionen, Luftaustausch),
- Landschaft (Landschaftsbild, Erlebniswirksamkeit),

einschließlich der jeweiligen Wechselwirkungen. Berücksichtigt werden auch Kultur- und sonstige Sachgüter, d.h. die Betroffenheit vor allem historischer Bausubstanz durch Flächenansprüche und Emissionen.

Die Aufzählung der Schutzgüter macht deutlich, daß es bei der UVP nur um Belange der Umwelt geht, nicht auch um soziale und/oder wirtschaftliche Interessen. So etwa werden bei der Prüfung eines Golfplatzes zwar z.B. die Auswirkungen auf Tier-/Pflanzenwelt und Landschaftsbild behandelt. Es wird jedoch z.B. nicht die Frage untersucht, in welcher Weise die Erholungsansprüche der Allgemeinheit oder die der Clubmitglieder durch das Projekt tangiert werden und welche Ansprüche vorrangig zu berücksichtigen sind.

Laut UVP-Gesetz (§ 6) ist die UVS vom Projektträger durchzuführen (d.h. in Auftrag zu geben). Er hat sich gründlich mit den Umweltkonsequenzen seiner Handlungsabsicht auseinanderzusetzen. „Der Projektträger muß konzipieren, disponieren, recherchieren, evaluieren und erforderlichenfalls kompensieren" (Gassner/Winkelbrandt, 1990). Die Analyse und Prognose der Umweltauswirkungen, deren Beschreibung und Bewertung liegen also in der originären Verantwortung des Projektträgers. Behördliche Aufgaben sind die Beteiligung der betroffenen Fachbehörden und der Öffentlichkeit sowie die abschließende Bewertung der Umweltauswirkungen (Schlußfolgerung, ob umweltverträglich oder nicht) einschließlich der zusammenfassenden Darstellung der Ergebnisse. Die Einbeziehung der UVP-Ergebnisse in die Entscheidung sowie die Nachkontrolle sind von der Genehmigungsbehörde bzw. von der Kommune sachlich und politisch zu verantworten.

Der Zweck einer Umweltverträglichkeitsstudie (UVS) ist ein dreifacher: *Erstens* dient sie der ökologischen Selbstkontrolle. Ohne die Umweltfolgen hinreichend zu bedenken, könnte das Vorhaben nicht sachgerecht geplant und durchgeführt werden. Das gilt sowohl für vorbereitende Projektkonzepte (Strukturpläne) als auch für detaillierte Projektentwürfe. Schon das Ergebnis der UVS kann unter Umständen dazu führen, daß das geplante Vorhaben frühzeitig aufgegeben oder ein anderer Standort gewählt oder eine sonstige größere Veränderung der Planungsabsicht vorgenommen wird. Das kann dem Projektträger viel Ärger, Zeit und Kosten sparen. Im günstigen Fall läßt sich mit Hilfe einer UVS das Vorhaben von vornherein umweltverträglich konzipieren.

Zweitens dient die UVS als Diskussionsplattform. Sie konfrontiert die eventuell einander gegenüberstehenden Befürworter und Gegner des Projekts mit überprüfbaren Sachverhalten und nachvollziehbaren Bewertungsschritten, eignet sich also zur Entlarvung von bloßer Polemik und bietet die Möglichkeit zur fairen, sachbezogenen Auseinandersetzung mit den Pro- und Contra-Argumenten. Das setzt Offenheit (Zugänglichkeit des Gutachtens) und gegenseitige Respektierung der Kontrahenten (Anerkennung des Bemühens um eine gute Lösung) voraus.

Drittens ist die UVS als Entscheidungshilfe für Behörden und Gerichte geeignet. Sie ist Grundlage für die Zulassung des Vorhabens im Rahmen des planerischen Ermessens (z.B. einer Planfeststellung oder eines Raumordnungsverfahrens) oder im Rahmen einer Kontrollerlaubnis.

2.3 Zur Methodik

2.3.1 Arbeitsschritte

Grundsätzlich ist keine starre methodische Herangehensweise vorgegeben, sondern die Abfolge, die Differenziertheit und die Darstellung der Arbeitsschritte sind den jeweiligen Besonderheiten des Raums und des Projekts anzupassen. Bei aller Offenheit der

Methodik sind bei einer UVS jedoch die folgenden Arbeitsschritte in jedem Fall zu vollziehen:
(a) *Analyse und Bewertung des Standorts (bzw. der Standortalternativen):* Der Bestand an landschaftsökologischen Qualitäten (Boden, Wasser, Luft, Tier- und Pflanzenwelt etc.) wird problembezogen erfaßt, beschrieben und bewertet.
(b) *Darstellung des Vorhabens (bzw. mehrerer Projektalternativen):* Nach umweltrelevanten Merkmalen (z.B. Flächenversiegelung, Emissionen) wird das Vorhaben in seiner Lage und Ausgestaltung beschrieben.
(c) *Wirkungsprognose:* Durch Überlagerung von a) und b) wird das Vorhaben auf den Standort (auf die Standortalternativen) projiziert und festgestellt, welche Umweltqualitäten sich voraussichtlich wie verändern. Es erfolgt ein Vergleich des Status quo mit dem ökologischen Zustand nach Realisierung des Vorhabens. Ein wichtiger methodischer Schritt ist dabei die ökologische Flächenbilanz: die Gegenüberstellung von zu erwartenden ökologischen Abwertungen und Aufwertungen (Konfliktflächen/Aufwertungsflächen) (vgl. Abschnitt 2.3.3 dieses Beitrags).
(d) *Maßstäbe der Umweltverträglichkeit:* Unter Bezug auf allgemeine und spezielle räumliche Umweltqualitätsziele (Verschlechterungsverbot, Vermeidungs- und Minimierungsgebot) werden die Maßstäbe genannt, an denen das Projekt gemessen wird, um die Frage nach der Umweltverträglichkeit beantworten zu können.
(e) *Mögliche Projektverbesserungen:* Die im Zuge der Untersuchung erkennbaren Möglichkeiten der Vermeidung und Minderung von Umweltbelastungen sowie der ökologischen Kompensation werden (unter Rücksprache mit dem Projektträger und den Fachbehörden) auf ihre Realisierungschancen geprüft. Gegebenenfalls ist die Projektkonzeption entsprechend abzuwandeln.
(f) *Prüfung des abgewandelten Projekts:* Modifizierte Wirkungsprognose wie c) unter Einbeziehung der Verbesserungen gemäß Schritt e).
(g) *Schlußfolgerung zur Umwelt(un)verträglichkeit des geprüften Projekts:* Auf der Grundlage der Arbeitsschritte a) bis d) werden Aussagen zur relativen und zur absoluten Umweltverträglichkeit abgeleitet. Zunächst also wird die unter Umweltgesichtspunkten günstigste Lösung ermittelt (relative Umweltverträglichkeit einer der Alternativen). Sodann wird diese daraufhin geprüft, ob sie die genannten Maßstäbe der Umweltverträglichkeit erfüllt (absolute Umweltverträglichkeit) und wie erheblich die unvermeidbaren Umweltbelastungen einzustufen sind.

2.3.2 Bewertungen und Transparenz

Die Auseinandersetzung mit den Umweltkonsequenzen eines Vorhabens im Rahmen einer UVP (und auch einer UVS) beinhaltet nicht nur die Ermittlung und Beschreibung, sondern auch die Bewertung der Umweltauswirkungen. Von den Sachaussagen, die allein naturwissenschaftlich-technisch nachprüfbare Kausalbeziehungen wiedergeben, sind die bewertenden Aussagen zu unterscheiden, die sich auf der Basis von Sachaussagen auf Werturteile (Ziele und Grundsätze im weitesten Sinne) beziehen.

Bereits im Begriff „Umweltbelastung" steckt eine Wertung. Denn als Umweltbelastung bezeichnen wird eine negativ eingestufte Veränderung: die (Schaffung einer) Diskrepanz zwischen gewollten und tatsächlichen bzw. prognostizierten Zuständen von Umwelt und Landschaft. Der Belastungsbegriff wird also auf den Menschen, auf seine Ziele im Hinblick auf Natur und Umwelt bezogen.

Dieses anthropozentrische (auf menschliche Ziele und Wertmaßstäbe hin orientierte) Verständnis von Umweltbelastungen mag vielleicht bei manchem den Eindruck der Beliebigkeit, der Willkür erwecken. Die Frage wäre dann: Lassen sich nicht Belastungen ganz einfach „hinwegdefinieren", indem die Ziele entsprechend anspruchslos gesetzt werden? Dazu muß betont werden: Es ist nicht die Orientierung an politischen Tageszielen gemeint. Im Rahmen der Bewertungsschritte muß der Umweltgutachter die mehr oder weniger konkret und verbindlich formulierten Umweltziele plausibel interpretieren, z.B. auf der Basis von Programmaussagen, Orientierungs-, Richt- und Grenzwerten, Aussagen zu Vorrang und Schutzwürdigkeit, wie sie in Gesetzen und Verordnungen, in landesplanerischen Programmen und Plänen niedergelegt sind.[1]

Bewertungen der Umweltverträglichkeit können sich z.B. an folgenden Maßstäben orientieren (nur wenn die Maßstäbe eingehalten werden, ist das Vorhaben umweltverträglich):

- Status quo: Die Umweltqualität darf sich insgesamt nicht verschlechtern, d.h. jede ökologische Abwertung ist gleichartig oder gleichwertig zu kompensieren, sofern sie kompensierbar ist.
- Minimierungsgebot: Der Stand des Wissens bzw. der Technik ist voll anzuwenden, um Umweltschäden so gering wie möglich zu halten (dieser Maßstab ist vor allem bei der Beurteilung von Schadstoffemissionen anzuwenden, auch z.B. bei der Bewältigung von Verkehrsproblemen).
- Einhaltung von Umweltstandards (Grenzwerten), z.B. hinsichtlich Schadstoffen und Lärm: Exakt quantifizierte Mindestqualitäten bestimmter Umweltmedien oder exakt definierte Emissionsstandards dürfen nicht verletzt werden. Grenzwerte markieren bekanntlich nur den gerade noch unter gesundheitlichen oder anderen Aspekten erträglichen Grad der Umweltqualität und sind bereits Ausdruck politischer Kompromisse, in die neben den Umweltschäden auch sozio-ökonomische Gesichtspunkte eingeflossen sind. Nur ein kleiner Teil der insgesamt zu prüfenden Umweltqualitäten wird durch verbindliche Grenzwerte abgedeckt.

---

[1] Die Bundesregierung hat 1995 eine „Allgemeine Verwaltungsvorschrift" zur Ausführung des UVP-Gesetzes (UVPwV) erlassen, in der gesetzliche Bewertungsmaßstäbe (z.B. die Eingriffsregelung nach § 8 a Abs. 1 BNatSchG) sowie Orientierungshilfen (z.B. für die Bewertung der Ausgleichbarkeit eines Eingriffs in Natur und Landschaft) enthalten sind (vgl. HdUVP 1996, Kennzahl 7505).

– Einhaltung von Schutzzwecken oder konkreten Qualitätszielen für bestimmte Gebiet: In Schutzgebieten bzw. Vorranggebieten mit hinreichend konkreten Zielaussagen dürfen keine Veränderungen vorgenommen werden, die diesen Normen widersprechen. Zusätzlich muß in Vorrangräumen des Naturschutzes das ökologische Entwicklungspotential berücksichtigt werden.

Die Frage nach der Umweltverträglichkeit verlangt eine Antwort, die nur positiv oder negativ (ja/nein) ausfallen kann, wobei die positive Stellunahme an konkrete Bedingungen geknüpft ist. Maßstab ist zumindest, ob sich die Umweltqualität insgesamt verbessert oder verschlechtert. Ein Projekt, das die Umweltqualität insgesamt verschlechtert, kann nicht als umweltverträglich bezeichnet werden. Das Wörtchen „insgesamt" macht deutlich, daß die Bilanzierung von Umwelt*be*lastungen und Umwelt*ent*lastungen (Aufwertungen) eine zentrale Rolle spielt, also die Frage der Kompensation von unvermeidbaren Umweltbelastungen. Der UVP-Gutachter muß fachlich plausibel aufzeigen und begründen, ob und inwiefern die Minderung bestimmter Umweltqualitäten durch Aufwertung oder Neuschaffung gleichartiger oder andersartiger Umweltqualitäten an anderer Stelle kompensiert werden kann. Dabei hat er zu berücksichtigen, daß der Verlust bestimmter Umweltqualitäten ökologisch nicht angemessen kompensierbar ist (z.B. bestimmte schützenswerte Biotoptypen).

Auf die verschiedenen Möglichkeiten, die in dem Vorgang des Bewertens liegen, wird hier besonders deshalb hingewiesen, weil die Bewertung ein methodisch schwieriges, jedoch unvermeidliches Handwerk ist. Gerade daraus ergibt sich die zwingende Forderung nach Transparenz, damit die im Rahmen der Bewertung (inter-)subjektiv getroffenen Werturteile (und das dahinterstehende Wollen, die mehr oder weniger konkreten Ziele bzw. Verzichte) überprüfbar und diskutierbar bleiben. Hier kann sich kein Experte, Behördenvertreter oder Entscheidungsträger hinter irgendeine „höhere Kompetenz" zurückziehen. Denn über das, was in einer konkreten Situation gewollt wird oder worauf verzichtet wird, kann nur die offene Auseinandersetzung mit dem Vorhaben, die konstruktive Erörterung des „Pro" und „Contra" Aufschluß geben.

Das UVP-Gutachten bietet somit eine sachliche Diskussionsplattform, auf der mit „offenen Karten" gespielt werden muß. Hier kann sich das sachlich fundierte Argument durchsetzen. Nur so ist der umweltbewußte Bürger davon zu überzeugen, daß sich hinter den Aussagen des UVP-Gutachtens keine unausgesprochenen Interessen verbergen oder sonstige Motive, die nichts mit dem Schutz der Umwelt zu tun haben.

Der UVP-Gutachter kann seine wertenden Aussagen nur vorläufig treffen, weil ihm die Legitimation zur endgültigen Bewertung oder Abwägung fehlt. Seine Aufgabe ist es, seine Bewertungen aus der Sache heraus zu begründen, wohlwissend, daß dabei ein entscheidender „Rest" bleibt, der nur intersubjektiv gefunden und letztlich nur politisch verantwortet werden kann. Bei der Anwendung von Bewertungsverfahren, die formal die Sachaussagen mit Wertaussagen verknüpfen, hat er strikt jeder Versuchung zu widerstehen, Wertungen hinter pseudoobjektiven Darstellungen zu verstecken. Im

Rahmen des UVP-Gutachtens geht es nur um die Bewertung der Umweltaspekte untereinander (interne Abwägung). Dazu bemerkt der Sachverständigenrat für Umweltfragen (SRU): „Immerhin ist die Bewertung allein auf die Umweltauswirkungen des Vorhabens bezogen. Es ist nicht Aufgabe der Bewertung, unter Abwägung mit gegenläufigen (z.B. wirtschaftlichen, sozialen, regionalpolitischen) Belangen festzustellen, ob ein angenommenes Umweltrisiko sozial zumutbar ist oder aber vermieden oder wenigstens reduziert werden muß" (SRU, 1987, S. 13). Diese Abwägung der betroffenen Umweltbelange mit gegenläufigen Belangen ist ein Schritt, der auf die Durchführung der UVP folgt und für den im Rahmen der UVP die Belange der Umwelt aufbereitet wurden.

2.3.3 Ökologische Flächenbilanz

Da die Beurteilung der bestehenden und zukünftigen ökologischen Situation auf den vorgesehenen Standorten eine zentrale Rolle spielt, soll hier darauf näher eingegangen werden. Im Rahmen der ökologischen Flächenbilanz (wertender Vorher-Nachher-Vergleich) wird der gesamte Standort der Freizeitinfrastruktur (einschließlich des „Ausstrahlungsbereichs" mit den von der Anlage ausgehenden Erholungsaktivitäten) flächendeckend in Biotoptypen (Raumeinheiten mit bestimmtem einheitlichem Charakter) unterteilt. Nach Kriterien der ökologischen Schutzwürdigkeit, Belastbarkeit und Wiederherstellbarkeit (Ersetzbarkeit) werden diese Biotoptypen in ihrer Ausprägung vor und nach Projektrealisierung in folgende Wertkategorien gruppiert:

- Taburäume (Wertkategorie I: nicht ersetzbar, höchste Schutzwürdigkeit und Empfindlichkeit). Taburäume entsprechen den in § 20c BNatSchG („Schutz bestimmter Biotope") genannten Lebensräumen (vgl. Tab. 1). Diese sind in den Naturschutzgesetzen mancher Bundesländer noch ergänzt worden.
- Disponible Räume hoher und mittlerer ökologischer Wertigkeit (Wertkategorien II und III). Diese Räume sind mehr oder weniger stark anthropogen geprägt und bei Verlust oder Entwertung mittelfristig (in einem Zeitraum von 20 Jahren) an anderer Stelle ersetzbar durch Pflanzungen, durch „Sich-Selbst-Überlassen", durch extensive Pflegeeingriffe, Fernhalten von Stoffeinträgen und durch andere auf ihren Charakter abgestimmte Maßnahmen des Biotopmanagements.
- Ökologisch geringwertige Räume (Wertkategorie IV). Diese stark gestörten, denaturierten (naturfernen) Landschaftsbereiche (z.B. Ackerflächen) können unter Umständen zur Kompensation von Verlusten in den Wertkategorien II und III herangezogen werden, wenn sie entsprechend ökologisch aufgewertet werden.
- Sanierungsräume (Wertkategorie V): versiegelte bzw. kontaminierte Flächen, die saniert bzw. ökologisch aufgewertet werden müssen durch Entsiegelung bzw. Reinigung und sonstige Formen der ökologischen Zustandsverbesserung.

Tab. 1: Besonders schützenswerte Biotoptypen (Taburäume)

- Moore, Sümpfe, Röhrichte
- seggen- und binsenreiche Naßwiesen
- Quellbereiche
- naturnahe und unverbaute Bach- und Flußabschnitte
- Verlandungsbreiche stehender Gewässer
- offene Binnendünen
- offene natürliche Block- und Geröllhalden
- Zwergstrauch- und Wacholderheiden
- Borstgrasrasen, Trockenrasen
- Wälder und Gebüsche trockenwarmer Standorte
- Bruch-, Sumpf- und Auwälder
- Fels- und Steilküsten
- offene Felsbildungen
- Strandwälle sowie Dünen, Salzwiesen und Wattflächen im Küstenbereich
- alpine Rasen sowie Schneetälchen und Krummholzgebüsche im alpinen Bereich

Tab. 2: Disponible Räume

Biotoptypen der Kategorie II (ökologisch wertvolle, mittelfristig ersetzbare Landschaftsteile):
- Mischwald-Jungwuchs
- Waldränder, Saumgesellschaften (jünger als 20 Jahre)
- Hecken (ebenerdig, relativ jung)
- Baumgruppen, Baumreihen, Einzelbäume (relativ jung)
- Magerwiesen, Magerweiden
- Stehende Kleingewässer (künstlich)
- Gräben mit Gehölzbestand und Hochstaudenfluren, wasserführend
- Ufer stehender und fließender natürlicher Gewässer ohne Schutzstatus

Biotoptypen der Kategorie III (ersetzbare Landschaftsteile mittlerer ökologischer Wertigkeit):
- Intensivforstflächen (Monokultur)
- Böschungen, Feldraine, Wegeränder
- Gräben (künstlich gezogen) ohne Gehölzbestand (ständig oder periodisch wasserführend)
- Grünland- und Ackerbrache
- Schlagfluren, Ruderalfluren auf nährstoffreichen Standorten
- Steinbrüche, Kies- und Sandgruben, Schutthalden (aufgelassen)
- Kleinstrukturen (wie Mauern, Lesesteinwälle, Wurzelstöcke, Steinhaufen, Totholz)

Biotoptypen der Kategorie IV (ökologisch geringwertige Flächen):
- Intensiv genutzte Grünflächen (Fettwiesen, Fettweiden)
- Sportrasen, Parkrasen
- Ackerland einschließlich Sonderkulturen (Wein, Hopfen)
- Gärten und Grabeland
- Obstkulturen (intensiv genutzt)
- Absetzbecken, Rieselfelder
- Halden, Aufschüttungen
- Straßenbegleitgrün (bei stärkerem Verkehr)

Die Kriterien für die Zuordnung zu den Wertkategorien sowie Hinweise zu einer detaillierten Bewertung sind an anderer Stelle ausgeführt (Schemel, 1987, 1988a). In den

Tabellen 1 und 2 sind die wichtigsten Biotoptypen den Wertkategorien I bis IV zugeordnet.

Die hier dargestellte Kategorisierung der Flächen bezieht sich überwiegend auf vegetationsökologische Ausstattungsmerkmale. Diese sind in vielen Fällen zu ergänzen durch tierökologische Abgrenzungskriterien, und zwar dann, wenn sich die Lebensräume schützenswerter Tierarten nicht mit den abgegrenzten Biotoptypen decken. So etwa erstreckt sich der Lebensraum von Vögeln und Amphibien über mehrere Biotoptypen. Solche tierökologischen Aspekte ebenso wie andere den ökologischen Wert einer Fläche bestimmende Gesichtspunkte sind in der Bewertung zu berücksichtigen, indem die bisher nur grob (nach Kategorien) eingestuften Biotoptypen einer stärker differenzierten „Feinbewertung" unterzogen werden.

Neben der ökologischen Flächenbilanz sind auch solche potentiellen Umweltveränderungen zu erfassen, die sich nicht allein flächenmäßig quantifizieren lassen, z.B. die stoffliche Beeinträchtigung von Boden und Wasser, Luft- und Lärmbelastungen (etwa durch den Verkehr) sowie Biotopverbund (Zuordnung, Lage und Mindestgröße von Lebensräumen) und Landschaftsbild („Schönheit, Vielfalt und Eigenart").

2.4 Beispiele für prüfwürdige Freizeitanlagen

Am Beispiel von Golfplätzen, Hotelanlagen, Segelhäfen und Skiliften sollen knapp die spezielle Problematik sowie die wichtigsten Bewertungsaspekte aufgezeigt werden.

Der *Golfplatz* repräsentiert eine relativ großflächige landschaftsbezogene Freizeitinfrastruktur. Der Anlagen-Standort ist weder an bestimmte Landschaftsformationen noch an eine bestimmte natürliche Ausstattung gebunden, was sehr große Handlungsspielräume eröffnet. Bei sensibler Standortwahl kann es sogar zu einer ökologischen Aufwertung des Platzareals kommen.

Golfplätze werden häufig sehr unkritisch gesehen, weil sie grün sind und auf Laien meist einen naturnahen Eindruck machen. Dabei wird jedoch leicht übersehen, daß es vor allem auf die Naturferne bzw. Naturnähe der Vornutzung ankommt. Die Vielschnittrasen auf den großflächigen Spielbahnen und mehr noch auf den kleinflächigen Grüns und Abschlägen haben ökologisch einen sehr geringen Wert, wie der Vergleich mit normalem Grünland (Wiese, Weide) zeigt: Die intensive Rasenpflege vernichtet die Lebensbedingungen zahlreicher Pflanzen- und Tierarten, die auf die vielfältigen Kleinstrukturen und Nahrungsquellen des Grünlandes angewiesen sind. Es bleibt nur eine geringe Zahl von „Allerweltsarten" in der eintönig strukturierten, niedrigen und dichten Rasennarbe. Hinzu kommt vielfach noch der belastende Einfluß von Entwässerungen und Stoffzufuhr (Dünger, Pestizide).

Golfanlagen können eine Belastung der Landschaft darstellen oder aber eine ökologische Bereicherung: je nach Lage (Standortwahl), Flächengröße, Gestaltung und Pflegeintensität. Die wichtigsten Merkmale der Umweltverträglichkeit:

Lage: Meidung ökologisch wertvoller Bereiche (Umwandlungsverbot) und hochwertiger Landschaftsbildensemble. Ackerflächen sind aus ökologischer Sicht die besten Golfstandorte.
Größe: Je größer der Platz, desto höher der Anteil der relativ naturnahen Rauheflächen (gute Möglichkeiten der ökologischen Kompensation oder gar der ökologischen Aufwertung des Standorts).
Gestaltung: Genügend große und zusammenhängende Rauheflächen (Biotopverbund auf dem Platz).
Pflege: Meidung von Düngern und Pestiziden, Zurückhaltung in der Schnitthäufigkeit.

Für das Erreichen des Prädikats „landschaftlicher Golfplatz" sind zwei Bedingungen zu erfüllen: Erstens muß die Naturnähe des Standorts insgesamt zunehmen, wobei ökologisch wertvolle und nicht ersetzbare Flächen unbeeinträchtigt bleiben. Zweitens ist die „Drei-Drittel-Regel" zu erfüllen. Diese besagt, daß nur höchstens ein Drittel der Gesamtfläche sportfunktional genutzt ist (Nettospielfläche). Ein weiteres Drittel der Fläche wird durch gestalterisches Funktionsgrün eingenommen (schmale Rauhezonen zwischen den Spielbahnen), und ein Drittel erreicht die Qualität einer ökologischen Ausgleichsfläche (größere zusammenhängende Rauhebereiche, die vom sportlichen Geschehen unbeeinflußt sind).

Ob eine *Hotelanlage* als umweltverträglich eingestuft wird, hängt vor allem davon ab,

- welcher Verkehr durch das Projekt wo hervorgerufen wird (Ruhestörung, Abgase, Straßenbau),
- welche Flächen und Lebensräume direkt und indirekt betroffen und verändert werden (ökologischer Wert und Empfindlichkeit des Standorts),
- ob die Abwasserentsorgung befriedigend ist,
- ob das Landschaftsbild durch einen Baukörper in seiner Eigenart gestört wird,
- ob eine hinreichende ökologische Kompensation unvermeidbarer Belastungen möglich ist.

Ein durch die Medien sehr bekanntes Beispiel ist die Prüfung eines 620-Betten-Hotelkomplexes mit Außenanlagen an der türkischen Mittelmeerküste im Mündungsbereich des Dalyan-Flusses (Kinzelbach/Schemel, 1987). Hier stand die tierökologische Frage im Mittelpunkt, ob durch das Projekt die vom Aussterben bedrohte Riesenschildkröte Caretta caretta durch Verlust oder Beeinträchtigung eines ihrer letzten Brutgebiete an dieser Küste betroffen sei. Eine weitere zentrale Frage war, welche Standortalternativen und sonstigen touristischen Alternativen denkbar und zu empfehlen seien, falls der vorgesehene Standort in ernsthaften Konflikt mit den Lebensraumansprüchen der Karettschildkrötenpopulation gerate. Um diese Fragen sachgerecht beantworten zu können, mußte das größere Umfeld (der Strandbereich mit ökologisch hochwertigem Flußmündungsbereich und Hinterland) in die Untersuchung einbezogen werden.

Die Lösung der tierökologischen Fragen muß auch im Zusammenhang mit Fragen zu den planerischen Konsequenzen gesehen werden. Hierbei ging es vor allem um den wirksamen Schutz sowohl der Caretta-caretta-Population als auch der anderen gefährdeten Arten und ihrer Lebensräume sowie des gesamten Landschaftsgefüges. Neben der Auseinandersetzung mit dem Hotelprojekt war das Interesse darauf gerichtet, im Rahmen eines Schutzgebietskonzepts eine geeignete Zonierung mit abgestuften Nutzungseinschränkungen zu skizzieren. Thema war außerdem, ob als Alternative zu Großprojekten eine Entwicklung nach dem Muster des „sanften Tourismus" erfolgversprechende Perspektiven eröffnet: eine Entwicklung, die mit dem Schutzgebietskonzept vereinbar wäre.

Mit Hilfe des UVP-Gutachtens wurde nicht nur ein schwerwiegender ökologischer Konflikt abgewendet. Auch ein bedenklicher Imageverlust für die Tourismusbranche konnte vermieden werden. Mehr noch: Ein deutliches Zeichen der Umweltverantwortlichkeit konnte von Vertretern des Tourismus gegenüber der Öffentlichkeit gesetzt werden, indem der Vorrang des Naturschutzes anerkannt wurde.

Segelsportanlagen sind ökologisch dadurch gekennzeichnet, daß sie in besonders empfindlichen Zonen liegen: in Seeuferbereichen, die in naturnaher Ausprägung äußerst selten geworden sind. Eine weitere potentielle Problematik liegt in den Wassersportaktivitäten, die von der Anlage (Segelboothafen oder Surf-Einlaßstelle) ausgehen. Je nach der speziellen Situation wird das Hauptaugenmerk des Gutachters mehr auf den direkten Folgen des Hafelbaus oder mehr auf den Sekundäreffekten liegen (Reichholf/Schemel, 1988).

Um die zu erwartenden Auswirkungen des Wassersports auf die ökologische Situation eines bestimmten Sees und seiner Flachuferbereiche erkunden zu können, müssen nicht nur die wertvollen Biotope kartiert werden, sondern auch Informationen über das aktuelle und potentielle Vorkommen an wassergebundenen Tierarten, über deren Lebensraumansprüche und Fluchtdistanzen vorliegen (Emittlung der Störanfälligkeit). Zur Bestimmung der Schutzwürdigkeit einzelner Populationen ist es zwar wichtig, den Grad der Seltenheit zu wissen, jedoch gehören zur Schutzwürdigkeit der Populationen und ihrer Lebensräume auch Qualitäten, die mit „Komplexheit", „Intaktheit" und „Natürlichkeit" des gesamten Ökosystems umschrieben werden können, z.B. einer großen Schilfzone oder eines nischenreichen Ufers.

Sehr wichtig sind auch Informationen über die Vorbelastungen des Gewässers, die einen ähnlichen Charakter haben wie die wassersportbedingten Störungen. Es geht dabei vor allem um Angler und Jäger, die bekanntlich in sensiblen Ruhezonen einen so gravierenden Störeinfluß ausüben können, daß es fraglich ist, ob hier zusätzliche wassersportliche Aktivitäten überhaupt noch störökologisch ins Gewicht fallen. Es wäre vom Standpunkt des Naturschutzes höchst uneffektiv, wenn ein großer Aufwand zur Fernhaltung von Freizeitaktivitäten betrieben wird, jedoch gleichzeitig der Schutzzweck des fraglichen Gewässers durch andere Nutzungen bereits ad absurdum geführt ist.

Skilifte mit den dazugehörigen Abfahrten sind nicht nur als Einzelprojekte zu sehen, sondern müssen in den Gesamtzusammenhang der hohen Beanspruchung des Alpenraums durch den Wintertourismus gesehen werden. Die weniger schneesicheren, ökologisch weit mehr belastbaren Mittelgebirge sind generell als Standorte für Skianlagen wesentlich unproblematischer einzustufen als die ökologisch hoch empfindlichen Alpen.

Kennzeichnend für den alpinen Pistensport ist

– die hohe Dichte der Sporttreibenden auf eingeschränktem Raum (Massenphänomen),
– die Beanspruchung empfindlicher Gebiete (speziell deren Erosionsanfälligkeit und Störanfälligkeit für Tier- und Pflanzenwelt, Belastung des Landschaftsbildes),
– der hohe technische Aufwand (Aufstiegshilfen, Pistenausbau, Geländeeingriffe),
– die Auslösung von Sekundäreffekten (vor allem durch den Individualverkehr, durch den Bau von Hotels, weiteren Freizeitanlagen etc.).

Ein besonders Problem stellt der Gletscherskilauf dar. Hier sind durch die Anlagen und Aktivitäten besonders sensible Räume betroffen, da die Eismassen in ihrer Funktion als Trinkwasserreserven für zukünftige Generationen gefährdet werden.

In den Geländekorrekturen ist (neben der Waldrodung) der schwerwiegendste Eingriff in den alpinen Naturhaushalt zu sehen (Erosion, erhöhter Oberflächenabfluß, Lebensraumzerstörung, Landschaftsbildverschandelung). Die Möglichkeiten der Sanierung bzw. Renaturierung bestehender Pisten sind begrenzt.

Die eingeebneten Pisten sind für die anspruchsvolleren Skiläufer reizlos geworden, weshalb verstärkt das „Abenteuer" abseits der Pisten gesucht wird. Der „Variantenskilauf" wiederum ist eine schwerwiegende Störquelle für scheue und ruhebedürftige Tierarten (vor allem für Birkhuhn, Auerhuhn, Haselhuhn und Schneehuhn).

Der alpine Skisport gehört nicht nur wegen seiner gravierenden unmittelbaren Umweltbelastungen, sondern ebenso auch wegen seiner Funktion als Motor einer ungebremsten touristischen Wachstumsdynamik in vielen Regionen der Alpen zu den problematischsten Sportarten.

Statt neue Skianlagen zu errichten, sollten „sanftere" Formen des Wintersports gefördert werden. Wenn die Loipen ökologisch empfindliche Teilräume meiden, ist der Langlauf aus Umweltsicht unproblematisch.

Es bleibt jedoch in jedem Fall das kaum noch erträgliche Problem der „Autoflut". Wenn es nicht gelingt, dem Individualverkehr Schranken zu setzen und den öffentlichen Verkehr als ernstzunehmende Alternative auszubauen, dann lassen sich die Sekundäreffekte des Skitourismus nicht „in den Griff" bekommen.

2.5 Schlußbemerkung

Die UVP ist nur ein (wenn auch ein wichtiges) Instrument der raumbezogenen Umweltvorsorge unter mehreren. Sie kann ihre Wirksamkeit nur im Zusammenspiel mit und in Ergänzung zu diesen anderen Instrumenten voll entfalten. So etwa ist die UVP auf anspruchsvolle Zielvorgaben angewiesen, die sich aus einer großräumigen Umweltperspektive ableiten lassen. Denn die Projekt-UVP untersucht nur das Vorhaben selbst und sein näheres Umfeld, sie setzt auch selbst keine Ziele. Sie muß sich z.B. auf Vorrangräume und Schutzgebietssysteme stützen können, die im Rahmen von Regional- und Landschaftsplänen festgesetzt wurden.

Ausdrücklich sei davor gewarnt, sich schon damit zufrieden zu geben, daß überhaupt eine UVS erstellt wurde. Ihr bloßer Einsatz garantiert noch nicht eine effektive Umweltvorsorge. Es komt auf die Qualität ihrer Durchführung an, d.h. darauf, ob tatsächlich alle erheblich berührten Umweltaspekte angemessen gewürdigt wurden und ob unvermeidbare Belastungen ökologisch angemessen kompensiert werden können. Das Instrument läßt sich durchaus auch zur Verschleierung von Umweltzerstörung einsetzen. Damit das nicht geschieht, ist eine wachsame Öffentlichkeit und ein verantwortliches Engagement von Fachbehörden unerläßlich. Durch eine sorgfältige Erarbeitung von Sachaussagen sowie durch deren transparente Bewertung läßt sich im Rahmen der UVS fundiert herausfinden, ob bzw. unter welchen Bedingungen das jeweilige Vorhaben als umweltverträglich bezeichnet werden kann. Ein solches Gutachten wird sich einer öffentlichen Erörterung stellen können.

Selbst wenn die UVS sorgfältig erarbeitet und die gesamte UVP verantwortungsbewußt durchgeführt worden ist, bedeutet dies noch keinen sicheren Erfolg im Sinne der Umweltvorsorge. Denn es wird sich im anschließenden Entscheidungsprozeß erst noch herausstellen, in welcher Weise die Ergebnisse der UVP eingeflossen sind: Welches Gewicht ihnen bei der Abwägung mit entgegenstehenden Interessen beigemessen wurde.

Literatur

Bunge, T. (1988): Zweck, Inhalt und Verfahren von Umweltvertträglichkeitsprüfungen. In: Handbuch der Umweltverträglichkeitsprüfung (HdUVP). Berlin.

Handbuch der Umweltverträglichkeitsprüfung (HdUVP). (1988-1996): Ergänzbare Sammlung der Rechtsgrundlagen, Prüfinhalte und -methoden für Behörden, Unternehmen, Sachverständige und die juristische Praxis. Storm, P.C. und T. Bunge (Hrsg.), Loseblatt-Ausgabe. Berlin.

Gassner, E., A. Winkelbrandt (1990): Umweltverträglichkeitsprüfung in der Praxis. München.

Kinzelbach, R., H.-J. Schemel (1987): Umweltverträglichkeitsprüfung eines Hotelprojekts (Dalyan, Türkei). Gutachten im Auftrag der GTZ. Darmstadt/München (unveröffentlicht).

Otto-Zimmermann, K. et al. (1988): Kommunale Umweltverträglichkeitsprüfung (UVP). Schriftenreihe des Gemeindetages Baden-Württembergs, Bd. 3. Stuttgart.

Reichholf, J., H.-J. Schemel (1988): Segelsport und Naturschutz – gehört das Segeln aus ökologischer Sicht zur „ruhigen Erholung"? In: ZAU (Zeitschrift für angewandte Umweltforschung), Jg. 1, H. 4, S. 343–354.

Scharpf, H. (1980): Die Belastungsproblematik im Rahmen der Freizeitplanung. In: Buchwald/Engelhardt (Hrsg.): Handbuch für Planung, Gestaltung und Schutz der Umwelt, Bd. 3, S. 345–360.

Schemel, H.-J. (1987): Umweltverträgliche Freizeitanlagen – Eine Anleitung zur Prüfung von Projekten des Ski-, Wasser- und Golfsports aus der Sicht der Umwelt. Bd. I (Analyse und Bewertung). UBA-Berichte 5/87. Berlin.

Schemel, H.-J. (1988a): Die Umweltverträglichkeitsprüfung von Sport- und Freizeitanlagen. In: Handbuch der Umweltverträglichkeitsprüfung (HdUVP). Berlin.

Schemel, H.-J. (1988b): Tourismus und Landschaftserhaltung – eine Planungshilfe für Ferienorte mit praktischen Beispielen. ADAC (Hrsg.). München.

Schemel, H.-J. (1990a): Die Umweltverträglichkeitsprüfung von Golfplätzen im Rahmen von Raumordnungsverfahren. In: Arbeitsmaterial der Akademie für Raumforschung und Landesplanung (12. Seminar für Landesplaner in Bayern). Hannover, S. 42–61.

Schemel, H.-J. (1990b): Tierökologische Informationen im Rahmen der Umweltverträglichkeitsprüfung von Freizeiteinrichtungen am Beispiel Hotelprojekt, Golfanlage und Wassersport. In Schriftenreihe für Landschaftspflege und Naturschutz, H. 32. Bonn-Bad Godesberg, S. 55–65.

Schemel, H.-J., W. Erbguth (1992): Handbuch Sport und Umwelt. Bundesumweltministerium/Deutscher Sportbund/Deutscher Naturschutzring (Hrsg.). Köln.

SRU (Rat von Sachverständigen für Umweltfragen) (1987): Stellungnahme zur Umsetzung der EG-Richtlinie über die Umweltverträglichkeitsprüfung in das nationale Recht. Hrsg. v. Bundesumweltministerium. Bonn.

SRU (Rat von Sachverständigen für Umweltfragen) (1996): Umweltgutachten 1996 – Zur Umsetzung einer dauerhaft-umweltgerechten Entwicklung. Stuttgart.

3 Freizeit- und Tourismusarchitektur

Felizitas Romeiß-Stracke

„Architektur ist eines der wichtigsten Medien, die täglich auf uns einwirken. Es ist vor allen Dingen ein Medium, dem wir nicht ausweichen können, das wir also konsumieren, ob wir wollen oder nicht.
    Architektur kann unsere Seele gesund erhalten, sie kann sie aber auch krank machen. Der Gestaltpsychologe vertritt die Meinung, daß Architektur die Empfindungswelt des Menschen in hohem Maße beeinflußt. Er spricht dabei von der Gefühlsansteckung, die sich als intensive Form der Kommunikation zwischen Mensch und Bauwerk einstellt. Architekten sind also Regisseure, die Formen, Farben, Materialien, Licht und Schatten, Zeichen und Symbole so einsetzen, daß sich eine geplante Einstimmung des Menschen ergibt. Diese Einstimmung betrifft das Gemüt. Das Freizeit-Gemüt müßte durch Dinge getroffen werden, die eine Erfahrung ohne Scheinhaftigkeit ermöglichen. Für die Architektur bedeutet dies ein sinnliches Milieu zum Anfassen." (Dahinden, 1986, S. 2)

3.1 Tourismus und Architektur – ein zu wenig beachteter Zusammenhang

Jeder Tourist bewegt sich in gebauter Umwelt, die in irgendeiner Weise Architektur darstellt. Flughäfen, historische Sehenswürdigkeiten, ganze Fremdenverkehrsorte, Hotels, selbst Kiosk und Kassiererhäuschen: all das ist Architektur – geplant, gestaltet, gebaut.

Schaut man unsere gewachsenen Tourismusorte in Europa an, so kann man sich allerdings des Gefühls nicht erwehren, daß hier nicht geplant und gestaltet, sondern ohne Konzept irgendwie gebaut wurde.

Der Tourismus entwickelte sich in den letzten vierzig Jahren baulich vielerorts ohne planerische Steuerung. Erst die Ökologie-Debatte änderte hieran etwas, stellte jedoch nur die ökologischen Probleme in den Vordergrund, nicht die funktionalen und ästhetischen Schwächen von Ortsentwicklung und Architektur.

In den älteren Tourismusregionen lassen sich deutlich bauliche Entwicklungsstufen ablesen.

1955 bis Ende der 60er Jahre: der Wildwuchs der Addition
Eine Pension, ein Hotel am anderen, noch eine Straße noch ein Geschäft – die Nachfrage ist groß, alles wird akzeptiert. Dieser Wildwuchs in Stein und Beton legte den Grundstein für viele Schwierigkeiten, die traditionelle Fremdenverkehrsorte heute haben.

1970 bis ca 1980: die Infrastruktur-Phase
Die Tourismus-Orte bauen verstärkt Sport- und Freizeitinfrastruktur: Hallenbäder, Tennisplätze, Eislaufbahnen, Stadien, bessere Seilbahnen und Lifte u.s.w. Die Hotels ziehen nach: Hotel-Pools, Hotel-Tennisplätze. Man meint, der Gast brauche diese Aktivitätsangebote. Heute müssen es Golfplätzen und Mountainbike-Trails sein.

Infrastruktur braucht ebenfalls Fläche. Man nimmt sie, wo sie vorhanden oder dort, wo noch etwas übrig ist. Selten erfolgt eine gezielte Einordnung in ein Ortsentwicklungskonzept. Häufig ist nicht einmal die verkehrliche Anbindung geregelt.

Die Tourismus-Orte werden ein unübersichtliches Patchwork aus Beherbergung und Infrastruktur.

1980 bis Anfang der 90er Jahre: innere Perfektion
Das Angebot wird nach innen perfektioniert: hier und da eine kleine Fußgängerzone, vielleicht auch eine gestaltete Grünanlage. Programm und Animation für die Gäste werden verstärkt entwickelt. Dafür baut man ein Haus des Gastes oder ein Kulturzentrum, in dem auch Seminare und Kongresse abgehalten werden.

Heute stehen wir in den meisten Tourismusregionen vor einem formalen Misch-Masch, dessen Häßlichkeit in den Orts- und Hotelprospekten dezent wegfotografiert werden muß. Leider gibt es keine Untersuchungen darüber, ob die seit Mitte der neunziger Jahre zu beobachtenden Rückgänge in den Übernachtungszahlen in diesen Orten unter anderem auch auf deren Häßlichkeit zurückzuführen ist.

In den betroffenen Regionen spielen die Architektur und Ortsgestaltungen in Diskussionen jedenfalls kaum eine Rolle.

In den Reiseteilen der Presse und den TV-Magazinen wird Tourismusarchitektur mit Betonburgen an der südspanischen Küste gleichgesetzt, neuerdings auch mit Ferienzentren wie Center Parcs oder Sun Parcs. Eine differenzierte Betrachtung des Themas Tourismus-Architektur ist in den Medien äußerst selten, weil das ganze Thema Tourismus mit Vorurteilen und Klischees behaftet ist.

Und die Planer und Architekten, die das Thema eigentlich angehen sollte, interessieren sich kaum für Tourismus-Architektur. Bei ihnen hat das Thema etwas unseriöses an sich. Wohnungsbau, Industriebau, Verwaltungsbau – das ist seriös und verspricht Reputation. Selbst wenn ein Architekt ein Museum baut, wird er die seriöse kulturelle Aufgabe hervorheben, und es ist ihm unangenehm, letztlich eine touristische Sehenswürdigkeit gebaut zu haben.

Obgleich viele Architekten in diesen Jahren ernsthafte wirtschaftliche Probleme haben, weigern sie sich hartnäckig, die Bau-Aufgabe Tourismus anzunehmen. Ihre Fachzeitschriften sind nicht besser: nur ein kleiner Bruchteil der Artikel beschäftigt sich mit dem Thema. Die Architektur-Studiengänge in Deutschland bringen das Thema Tourismus praktisch nicht. Auch die Berufsverbände und Kammern wissen mit dem Stichwort Tourismus nichts anzufangen. Daran hat sich seit Jahren nichts geändert, obgleich die wirtschaftliche Bedeutung des Tourismus unübersehbar geworden ist und auch als Bauaufgabe interessant werden müßte (Flagge/Romeiß-Stracke, 1988, S. 26 ff.; Paul, 1996).

Architekten leisten sich eine ignorante Haltung: weil er die Erscheinungsformen des Tourismus als unästhetisch empfindet, wendet sich der Berufs-Ästhet davon ab und überläßt das Feld den weniger empfindlichen Bauträgern. Nun hat er einen doppelten Grund, das Thema abstoßend zu finden: mangelnde Ästhetik und „Investoren-Architektur"....

Zwar ist auch den Tourismus-Managern selbst nicht immer bewußt, daß der größte Teil dessen, was sie als „Attraktivität" verkaufen, aus Gebautem in irgendeiner Form, also aus Architektur besteht. Aber hier wächst das Bewußtsein deutlich, vor allem in den Alpenländern. Ein Überdruß an der „Jodelarchitektur" der aufgeblasenen Bauernhäuser und Schnitzbalkone führte in Tourismuskreisen zur Suche nach anderen Lösungen. Das begann mit einer Retrospektive auf die moderne Hotelarchitektur der zwanziger und dreißiger Jahre (Sexten Kultur, 1989). 1994 initiierte die Tirol-Werbung eine Ausstellung „Bauen für Gäste", die Südtiroler Landesregierung und das Verkehrsamt Sexten organisierten 1992 erstmals den Architekturpreis „Neues Bauen in den Alpen" (Mayr-Fingerle, 1992 und 1996), das Bundesministerium für wirtschafliche Angelegenheiten in Wien lobte einen Preis für Tourismus-Architektur aus. Solche Initiativen gibt es in der BRD nicht – hier hat der Tourismus auch nicht den wirtschaftlichen und politischen Stellenwert. Aber sie könnten notwendig werden, um das Produkt Deutschland-Urlaub wieder attraktiver zu machen.

Immerhin haben die deutschen Hotel- und Gaststättenverbände wenigstens eigene Sachgebiete für Architektur und Baufragen in der Betriebsberatung.

Über den Graben zwischen Architekten und Touristikern wird also gegenwärtig eher von Seiten des Tourismus die Brücke gebaut. Ein Tourismus-Psychologe formulierte Kriterien für die bauliche Atmosphäre am Urlaubsort, kein Architekt! (Schober, 1995, S. 21 ff.).

3.2 Was ist eigentlich Tourismus-Architektur?

Architekten pflegen Hotelbau und Tourismus-Architektur gleichzusetzen (Paul, 1996, S. 54). Aber Tourismus-Architektur umfaßt wesentlich mehr. Dazu gehören alle Bauten und Räume, die das touristische „Produkt" prägen. Zerlegt man es einmal in Produktkomponenten (Romeiß-Stracke, 1989), so ergeben sich jeweils folgende dazugehörige Bauten und Räume:

- *Wohnen*: Hotelzimmer, Ferienwohnungen, Campingplätze etc.
- *Essen und Trinken*: Restaurants, Kneipen und Bars, Imbißstuben etc.
- *Service*: Gebäude der Tourist-Info, Informationstafeln, Haus des Gastes, Kurhaus etc.

- *Spazierengehen, Einkaufen*: Ortszentrum, Ladenpassagen, Fußgängerzonen, Fassaden, Parks etc.
- *Sport und Unterhaltung*: Bäder, Stadien, Tennisanlagen, Fitneßanlagen, Theater, Kino etc.
- *Landschaftserlebnis*: Wanderwege, Bänke, Schutzhütten, Lagerplätze, Aussichtstürme etc.
- *An- und Abfahrt*: Bahnhof, Parkplätze, Hafen, Flughafen etc.

Viele der in dieser Aufzählung genannten Räume oder Bauten wurden und werden in der Planung kaum in Zusammenhang mit Tourismus gesehen, nicht einmal in Kur- oder Fremdenverkehrsorten. Es ist die Regel, daß das Planungs-Ressort in der Verwaltung einer solchen Gemeinde diesen Zusammenhang nicht sieht und die Kooperation mit dem Tourismus-Ressort nicht rechtzeitig sucht. So entstehen immer wieder unnötige funktionale und ästhetische Störungen.

Seit Ende der achtziger Jahre hat sich eine Art von Tourismus-Architektur entwickelt, die sich aus dem Zusammenhang gewachsener Orte herausbewegt: Center Parcs, Ressort-Hotels, Ferien-Clubs bis hin zu ganz eigenen, neuen Städten für Touristen wie sie in USA verwirklicht werden. Wahrscheinlich wird dies die Tourismus-Architektur der Zukunft sein, wenn es den gewachsenen Fremdenverkehrsorten nicht gelingt, sich rechtzeitig ästhetisch und funktional für den Tourismus neu zu ordnen.

3.3 Tourismusarchitektur = Disneyland?

Eigene Bauformen für den Tourismus werden von Architekten, aber auch von Tourismuskritikern gerne als „Scheinwelten", als Disneyworld abgetan. Das Echte, das Gewachsene, das Ehrliche sei dem Fiktionalen in jedem Falle vorzuziehen (z.B. Hasse, 1993, S. 42 ff.).

Bereits Anfang der 70er Jahre hatte diese Debatte ihren Vorläufer in der Auseinandersetzung um die Feriensiedlung Port Grimaud. Der Architekt, François Spoerry, hatte es gewagt, eine künstliche kleine Hafenstadt zu bauen, deren Häusern man die Vorfertigung nicht ansieht, weil provencalische Architekturelemente als Dekoration verwendet wurden. Heute wirkt das erste künstliche Port Grimaud für den Betrachter absolut echt.

Aber die Architekten sehen darin noch immer einen Sündenfall: „Spätestens seit Spoerrys Port Grimaud weiß die Welt, daß man in der Ferienarchitektur mit einer Ansammlung von Vorspiegelungen Erfolg haben und seinen Markt machen kann. Sehen wir mit Walt Disney unsere Future World in rosa! Frisch, fromm, fröhlich, frei, glücklich, sportlich und gesund? Nein, alles Konsum!" (von Bredow, 1990, S. 337).

„Künstliche Ferienwelten" sind seit Anfang der neunziger Jahre auch ein Reizthema unter Tourismus-Experten. Man bekämpft sie vor allem aus sozialkulturellen und ökologischen Gründen, teilweise geradezu hysterisch (Burghoff/Kresta, 1995). Nur zögerlich beginnt sich eine etwas nüchternere Sicht der Dinge durchzusetzen (Isenberg, 1995). Leider müssen die Kritiker die hohen Auslastungsquoten, z.B. von „Center Parcs" oder „Kärntner Bauerndörfern", zur Kenntnis nehmen, Belegungsraten, von denen Mittelgebirgspensionen nur träumen können. Offensichtlich finden die Touristen hier etwas, das sie woanders nicht bekommen.

3.4 Wie wichtig ist den Touristen die Architektur?

Über die Bedeutung des baulichen Erceinungsbildes für die Wahl des Urlaubszieles wissen wir nach wie vor sehr wenig. Die gängigen Umfragen (Reiseanalyse, Travel Monitor) geben hierzu nicht direkt Auskunft.

Allenfalls das in der Reiseanalyse seit Jahren abgefragte Urlaubsmotiv „Tapetenwechsel" gibt ein Stichwort. Es steht neben „Erholung" an erster Stelle aller Urlaubsmotive (F.U.R. 1996). „Tapetenwechsel" kann im Wortsinne bedeuten, „eine anders gestaltete Umwelt aufsuchen", eine, die den eigenen Bedürfnissen temporär besser entspricht, die schöner ist, usw.

Darüber hinaus existieren nur wenige ältere Spezial-Untersuchungen zu dem Thema, die mit Vorlage von Fotos gearbeitet haben (u.a. Romeiß-Stracke, 1986; Scharpf et. al., 1988).

Trotz des geringen Wissensstandes sei die Hypothese gewagt, daß die Architektur im Urlaub eine wachsende Rolle spielt. Bei gleichem Komfort und gleichem Preis gibt vermutlich das bauliche Erscheinungsbild eines Hotels oder einer Resort-Anlage im Katalog den Ausschlag, weil man meint, daß es dort „schöner" sei.

Schönheit ist eine wesentliche Erwartung im Zusammenhang mit dem Urlaubsglück (Romeiß-Stracke, 1996), und je weiter die Ästhetisierung unserer Konsum- und Lebenswelt voranschreitet, desto weniger kann sich dem auch das Konsumgut Urlaub entziehen. Gewachsene Reiseerfahrung und bessere Informationsmöglichkeiten werden diese Entwicklung noch schneller vorantreiben.

Selbstverständlich ist Schönheit subjektiv – sehr zum Leidwesen vieler Architekten, die ihre ästhetischen Standards gerne verallgemeinert wissen möchten. Was sie als Kitsch und Dekor abtun, wird von vielen Touristen gerade geliebt. Hierin finden sie ganz offensichtlich die emotionale Resonanz, die sie suchen.

In der Soziologie, in der Psychologie und auch in der touristischen Marktforschung geht man heute von sich segmentierenden Lebensstil-Gruppen und Milieus aus. Sie sind vor allem in ihrem Konsumverhalten und in ihrem Verhalten in Freizeit und Urlaub zu erkennen (u.a. Lüdtke, 1993; Schulze, 1993).

Überträgt man die Ergebnisse aus der Milieu- und Lebensstil-Forschung auf die Tourismusarchitektur, so kann man unterschiedliche „Symbol- und Zeichensprachen" in den architektonischen Ambientes sehen, in denen Touristen sich gerne aufhalten. Es ist ja nur logisch, daß zu den verschiedenen Ausdrucksformen sozialer Milieus in Kleidung, Wohnungseinrichtung, Auto, Eßgewohnheiten usw. auch die entsprechenden Präferenzen in Bezug auf die Urlaubs-Umwelt gehören. Architektur ist als Ergänzung und Bestätigung des eigenen Stils wichtig. Sie kann im Tourismus-Marketing also auch ganz bewußt eingesetzt werden.

3.5 Die Inszenierung der schönen Urlaubssituation

Tourismusarchitektur sollte die Symbol- und Zeichenwelt der unterschiedlichen sozialen Milieus aufgreifen und sich durchaus zur „Inszenierung" bekennen. Die „künstlichen" Ferienwelten haben auch deshalb soviel Erfolg, weil sie das von Anfang an tun können, ohne Rücksicht auf „gewachsene" Strukturen.

Inszenieren heißt „in Szene setzen", eine Szene mit ihren Darstellern und ihren Handlungsabläufen genau durchdenken, eine Situation ermöglichen – ganz egal, ob es um Wohnen in der Stadt, um Arbeit, um Einkaufen oder um Freizeit und Urlaub geht. Inszenieren heißt, Form und Funktion in einen harmonischen, ästhetischen Einklang zu bringen.

Funktion bedeutet: Räume und Bauten müssen den spezifischen Tages- und Handlungsabläufen des jeweiligen Urlaubertyps, seinen funktionalen Erwartungen an die Urlaubs-Situation entsprechen.

Form heißt: die ästhetische Symbolwelt der Urlaubertypen aufnehmen und in den Räumen und Bauten spiegeln.

Wie immer sie dann ausfällt, perfekt ist die Situation nur, wenn folgende Dinge beachtet werden und im richtigen Verhältnis zueinander stehen:

– Topographie und Struktur des Raumes,
– Zuordnung von Funktionselementen,
– Verhältnis von natürlichen und gebauten Elementen,
– Bezug von offenen und geschlossenen Räumen zueinander,
– Proportionen,
– Materialien und Oberflächentextur,
– Farben,
– Licht und Lichtführung,
– Luft, Gerüche, Mikroklima,
– Geräusche, Beschallung, Musik,
– Möblierung,
– Dekoration und Accessoires, bis hin zur Kunst.

Wenn diese Bestandteile einer Situation „stimmen", dann ergibt sich das Empfinden von Harmonie und Schönheit. Das Befinden der Menschen in dieser Situation ist gut und sicher,

– weil sie sich physisch wohlfühlen, z.B. weil die Temperatur in dem jeweiligen Raum der Tätigkeit angemessen ist, weil es gut riecht, weil das Licht den Augen nicht weh tut, weil sie bequem sitzen usw.

– weil sie sich leicht im Raum orientieren können (optimal auch ohne Schilder), weil sie sich nicht vor Unfällen oder anderen Menschen fürchten müssen,
– weil sie ihr Bedürfnis nach Kommunikation und Nähe ohne Zwang erfüllen können, d.h., daß unauffällige Gelegenheiten der Begegnung und der gegenseitigen Beobachtung gegeben sind,
– weil aber genauso das Bedürfnis nach Distanz, nach Rückzug, nach zeitweiliger Isolation erfüllt wird.

Und da zeigt sich: dies sind fundamentale Grundsätze des Bauens allgemein! Denn gute Architektur „inszeniert" jeglichen Raum, ab Wohnung, Büro, Straße oder Platz immer in gewisser Weise. Warum also soll man sie nicht auf die Urlaubssituation anwenden? Warum soll Perfektion hier negativ sein, wo sie in anderen Architektur-Sektoren als professionell gilt?

3.6   Entwicklung einer Baukultur für Freizeit und Tourismus

Es ist heute schon abzusehen, daß in Zukunft nur noch die perfekte Urlaubssituation eine wirtschaftliche Chance haben wird. Die gegenwärtig laufende Qualitäts-Diskussion, die im Tourismus Kunden-Orientierung meint (Romeiß-Stracke, 1995), kann und wird vor der Qualität der Architektur nicht haltmachen.

Damit wird ein neues Stichwort fällig: Sanierung von Tourismus-Orten und Regionen, nicht nur im wirtschaftlichen, sondern vor allem im baulichen Bereich. Das häßliche MischMasch muß vielerorts neu geordnet, teilweise auch abgerissen werden. „Rückbau", ein Begriff aus der Verkehrsplanung, wird ebenfalls notwendig sein, nämlich in Tourismus-Regionen, die sich im verschärften internationalen Wettbewerb überhaupt nicht mehr behaupten können. An Gewerbebrachen haben wir uns schon gewöhnt. Tourismus-Brachen können folgen. Investitions-Ruinen gibt es schon. Wie wir mit solchem Niedergang umgehen, dafür gibt es bislang ebensowenig Kriterien, wie es sie für die dynamische Entwicklung der letzten vierzig Jahre gegeben hat.

Daneben stehen viele Groß-Projekte an, bei denen eine Diskussion um ihre architektonische Qualität überfällig ist, sei es Centro Oberhausen, seien es Multiplexx-Kinos, seien es neue Freizeitparks oder Ferienzentren (ILS, 1994). Planer und Architekten sind auf diese Entwicklung kaum vorbereitet, kritisieren dann aber hinterher die schlechte Architektur. Davon lassen sich amerikanische, japanische und arabische Investoren, die Europa als lukrativen Freizeit- und Tourismus-Anlagemarkt entdeckt haben, allerdings nicht beeindrucken.

Tourismus-Manager werden also von den Fachleuten, die hier eigentlich Qualität entwickeln müßten, allein gelassen.

Wer die Architekten-Szene in Deutschland kennt, weiß, daß sich daran so schnell nichts ändern wird. Da aber gute Architektur immer mehr zum wirtschaftlichen Erfolgskriterium des Tourismus-Angebotes wird, müssen nolens volens die Tourismus-

Manager selbst eine größere Sensibilität für diese Fragen entwickeln, damit sie wenigstens als kompetente Bauherren auftreten können, die klar benennen können, welche Art von Architektur ihren wirtschaftlichen Erfolg stützt und welche ihm schadet. Dabei geht es nicht um wertfreie Ästhetik und nicht um zynisches Anbiedern an den Durchschnittsgeschmack – es geht um die Entwicklung einer tragfähigen Baukultur für den zukunftsträchtigen Wirtschafts- und Lebensbereich Tourismus.

Literatur

Bredow, J. von (1990): Wie verkaufen die Ferienclubs ihre Architektur? In: Der Architekt 7/8.
Burghoff, Chr., E. Kresta (1995): Schönen Urlaub. München.
Dahinden, J. (1986): Freizeitarchitektur: Wirklichkeit und Traum. In: architektur wettbewerbe Nr. 127, Stuttgart.
Flagge, I., F. Romeiß-Stracke (1988): Freizeitarchitektur. Reihe Architektur in der Demokratie. Ministerium für Stadtentwicklung, Wohnen und Verkehr des Landes Nordrhein-Westfalen (Hrsg.). Stuttgart.
F.U.R. (Hrsg.) (1996): Kurzfassung der Reise-Analyse 1996. Hamburg.
Hasse, J. (1993): Heimat und Landschaft. Über Gartenzwerge, Center Parcs und andere Ästhetisierungen. Wien.
ILS, Institut für Landes- und Stadtentwicklung des Landes Nordrhein-Westfalen (Hrsg.) (1994): Kommerzielle Freizeitgroßeinrichtungen. Dortmund.
Isenberg, W. (Hrg.) (1995): Kathedralen der Freizeitgesellschaft, Bensberger Protokolle 83.
Lüdtke, H. (1993): Zeitverwendung und Lebensstile. Marburg.
Mayr-Fingerle, Ch. (1992): Neues Bauen in den Alpen. Wien.
Mayr-Fingerle, Ch. (1996): Neues Bauen in den Alpen. Wien.
Paul, S. (1996): Der Stellenwert des Tourismus in den Bildungsmedien der Architekten, Dipl.Arb. München.
Romeiß-Stracke, F., Stracke, F. (1986): Freizeitwohnen – ein konstruktives Konzept. Braunschweig.
Romeiß-Stracke, F. (1989): Neues Denken im Tourismus. ADAC (Hrsg.). München.
Romeiß-Stracke, F. (1995): Servicequalität im Tourismus. ADAC (Hrsg.). München.
Romeiß-Stracke, F. (1996): Vom Urlaubs-Traum zum Traumurlaub: die Traumfabrik Tourismus. In: ETI (Hrsg.). Der Tourismusmarkt von morgen zwischen Preispolitik und Kultkonsum. Trier.
Sexten Kultur (1989): Hotelarchitektur in den Alpen. Sexten.
Scharpf, H. et al. (1988): Erlebnisqualität baulicher Strukturen in Fremdenverkehrsgemeinden. Hannover.
Schober, M. (1995): Kreative Wege zum besseren Angebot. ADAC. München.
Schulze, G. (1993): Die Erlebnisgesellschaft. Frankfurt.

Weitere Literatur

Romeiß-Stracke, F. (1994): Alltagsästhetik im Tourismus? In: Der Architekt 10/94, S. 571.
Romeiß-Stracke, F. (1994): Gestaltung der Urlaubswelt – Resultat von ästhetischer Sensibilisierung und Kooperation aller Anbieter. In: Wandel im Tourismus – Herausforderung und Chance, Arbeitskreis für Freizeit und Tourismus an der Universität Innsbruck (Hrsg.). Innsbruck.

4 Touristische Vernetzungsmatrix – Eine Methode für eine gesamtheitliche Schaden-Nutzen-Analyse

Hansruedi Müller

4.1 Die Notwendigkeit des vernetzten Denkens

„Was wir brauchen, ist mehr Einsicht und Verständnis für die Zusammenhänge, für Ursachen und Wirkungen." Diese oft gehörte Aussage legt den Finger auf eine wunde Stelle, die im Tourismus ganz speziell empfindlich ist: Im Tourismus als „Querschnittsdisziplin" verbindet sich alles mit allem. Alle tourismuspolitischen Entscheidungen sind Entscheidungen in einem komplexen System. Doch in unserer Zeit der Spezialisierung haben wir weitgehend verlernt, in Zusammenhängen zu denken. Schon die Art der heutigen Wissensvermittlung ist darauf ausgelegt, Detailerkenntnisse zu erlangen. Entschlüsse werden gefaßt, ohne die vielschichtigen Konsequenzen bedacht zu haben. Auch die Forschung zerlegt zusammenhängende Bereiche immer weiter. Überall scheint man davon auszugehen, daß das „Ganze" verstanden werden kann, wenn die Eigenschaften der einzelnen Teile gründlich genug bekannt sind.

Fritjof Capra (1984, S. 7) stellt dieser Sicht der Dinge ein neues Paradigma gegenüber: „Die Eigenschaften der Teile werden durch die Dynamik des Ganzen bestimmt und nicht umgekehrt." Es kommt also ein zweiter Aspekt in der neuen Denkweise hinzu: Unser Blickpunkt hat sich von der Betrachtung starrer Strukturen zu lösen und muß sich vermehrt flexiblen Prozessen zuwenden. Vernetztes Denken einerseits und Prozeßdenken andererseits ist vonnöten, wenn wir übergeordnete Steuerungs- oder Regelungsprinzipien, also Zusammenhänge, erkennen wollen. Die Forderung nach globalem Denken wird auch in Tourismuskreisen immer lauter. Doch diese neue Denkweise will geübt sein. Im Rahmen der tourismuspolitischen Problemsynthese des Forschungsprogramms „Man and Biosphere (MAB)" entwickelten wir eine Methode, die hilft, sich in die fluktuierenden Zusammenhänge komplexer Systeme einzufühlen: die *touristische Vernetzungsmatrix*. Das Übungsmodell führt zu einer umfassenden *Schaden-Nutzen-Analyse* und leitet zu *Steuerungsstrategien* über. In der Folge wird versucht, die Methode Schritt für Schritt vorzustellen. Zur Veranschaulichung werden die Ergebnisse der Synthese der MAB-Forschungsarbeiten verwendet (vgl. Müller, 1986).

4.2 Vom Papiercomputer zur touristischen Vernetzungsmatrix

Die Grundidee zur touristischen Vernetzungsmatrix stammt von Frederic Vester (1983, S. 130 ff.). In seinem „Papiercomputer" stehen die Beziehungen zwischen den einzelnen Elementen eines Systems, also die Prozesse, im Vordergrund und nicht – wie meistens – die Elemente selbst. Mit Hilfe des Papiercomputers können insbesondere die folgenden Fragen beantwortet werden:

- Welche Elemente beeinflussen die anderen stark, werden aber von ihnen nur schwach beeinflußt? (aktive Elemente)
- Welche Elemente beeinflussen die übrigen nur schwach, werden aber selber stark beeinflußt? (passive Elemente)
- Welche Elemente beeinflussen die übrigen nur schwach, werden aber gleichzeitig von ihnen nur schwach beeinflußt? (stille Elemente)
- Welche Elemente beeinflussen die übrigen stark und werden auch von ihnen stark beeinflußt? (kritische Elemente)

Basierend auf der Idee Vesters haben wir den Papiercomputer unseren Bedürfnissen angepaßt, verfeinert und zur touristischen Vernetzungsmatrix ausgebaut.

Für den Aufbau und die Interpretation der Vernetzungsmatrix sind fünf Vorgehensschritte erforderlich.

4.2.1 Schritt 1: Auswahl und Beschreibung der Elemente

Vorerst sind die wichtigsten Elemente eines Systems auszuwählen und zu beschreiben. Die Elemente müssen nicht perfekt definiert und voneinander abgegrenzt sein; sie dürfen „schmierig" ineinander übergehen.

Für den konkreten Fall eines „durchschnittlichen" Tourismusortes im Berggebiet (lokales Berg-Sozio-Öko-System) können die folgenden zwölf Elemente aus allen möglichen Bereichen ausgewählt werden: 1. Landschaft, 2. Luft, 3. Wasser, 4. Infrastruktur (inkl. Verkehr), 5. Ortsansässige, 6. Touristen, 7. Gastgewerbe, 8. Parahotellerie (insbesondere Ferien- und Zweitwohnungen), 9. Seilbahnen (touristische Transportanlagen), 10. Landwirtschaft, 11. Gewerbe und 12. übrige Dienstleistungen.

4.2.2 Schritt 2: Beurteilung der Ein- und Auswirkungen

Im nächsten Schritt beurteilen wir die wechselseitigen Ein- und Auswirkungen, möglichst abgestützt auf zuverlässige Informationen. Dabei können persönliche Wertungen nicht ganz ausgeschlossen werden. Als Auswirkungen bezeichnen wir die aktiv verursachten, als Einwirkungen die passiv erduldeten Beeinflussungen. Eine grobe Bewertungsskala genügt: 0 = keine, 1 = schwache, 2 = mittlere, 3 = starke Beeinflussung. Die Beziehungen können positiv (Nutzen) oder negativ (Schaden) sein.

Aufgrund der intensiven Untersuchungen der rund 40 MAB-Forscher in den vier Testgebieten Davos, Grindelwald, Aletschgebiet und Pay-d'Enhaut konnten diese wechselseitigen Beziehungen zwischen den zwölf Elementen eingehend beschrieben und beurteilt werden (vgl. Müller, 1986; Messerli, 1989).

4.2.3 Schritt 3: Erstellen der Nutzen- und Schadenmatrizen

aktive Beziehung → von	auf →	Landschaft (1)	Luft (2)	Wasser (3)	Infrastruktur (4)	Ortsansässige (5)	Touristen (6)	Gastgewerbe (7)	Parahotellerie (8)	Seilbahnen (9)	Landwirtschaft (10)	Gewerbe (11)	Dienstleist. (12)	AS	Q
Landschaft (1)		×	3	3	2	3	3	2	2	3	3	2	1	27	1.8
Luft (2)		3	×	2	1	3	3	2	3	3	3	1	0	24	6.0
Wasser (3)		3	1	×	0	3	3	3	3	3	3	2	1	25	3.6
Infrastruktur (4)		1	0	1	×	2	3	3	3	2	2	2	1	20	1.7
Ortsansässige (5)		1	0	1	2	×	2	3	2	1	1	2	2	17	0.6
Touristen (6)		1	0	0	1	3	×	3	3	3	2	3	3	22	0.8
Gastgewerbe (7)		1	0	0	1	3	3	×	2	2	1	2	2	17	0.7
Parahotellerie (8)		1	0	0	1	2	2	1	×	2	1	3	2	15	0.6
Seilbahnen (9)		1	0	0	1	2	2	2	2	×	2	1	1	14	0.6
Landwirtschaft (10)		2	0	0	1	2	3	2	2	3	×	1	1	17	0.8
Gewerbe (11)		1	0	0	1	3	1	1	2	1	2	×	1	13	0.7
Dienstleist. (12)		0	0	0	1	3	2	1	2	0	1	1	×	11	0.7
Kennziffern	PS	15	4	7	12	29	27	23	26	23	21	20	15		
	P	405	96	175	240	493	594	391	390	322	357	260	165		

Legende:
AS Aktivsumme
PS Passivsumme
P   Produkt = AS · PS
Q   Quotient = AS : PS

Bewertungsskala:
0 kein Nutzen/Schaden (unwichtig)
1 geringer Nutzen/Schaden (nicht so wichtig)
2 mittlerer Nutzen/Schaden (eher wichtig)
3 großer Nutzen/Schaden (sehr wichtig)

Abb. 1: Nutzenmatrix eines lokalen Berg-Sozio-Öko-Systems

Nachdem die unterschiedlichsten positiven und negativen Ein- und Auswirkungen beurteilt wurden, stellen wir die Resultate in einer Nutzen- und einer Schadenmatrix zusammen (vgl. Abb. 1 und 2). Abb. 1 zeigt bereits, daß beispielsweise

- im aktiven Bereich Landschaft den größten (Aktivsumme = 27) und Dienstleistungen den kleinsten Nutzen stiften (Aktivsumme = 11);
- im passiven Bereich Ortsansässige am meisten (Passivsumme = 29) und Luft am wenigsten vom Nutzen profitieren (Passivsumme = 4).

aktive Beziehung von → auf ↑		Landschaft (1)	Luft (2)	Wasser (3)	Infrastruktur (4)	Ortsansässige (5)	Touristen (6)	Gastgewerbe (7)	Parahotellerie (8)	Seilbahnen (9)	Landwirtschaft (10)	Gewerbe (11)	Dienstleist. (12)	AS	Q
Landschaft	(1)	×	0	1	2	2	1	1	2	1	2	1	1	14	0.7
Luft	(2)	3	×	1	0	1	2	1	1	0	2	0	0	11	0.8
Wasser	(3)	2	0	×	3	2	2	2	2	1	2	1	1	18	1.3
Infrastruktur	(4)	2	3	1	×	3	2	2	2	2	1	1	1	20	1.1
Ortsansässige	(5)	1	1	2	2	×	1	1	1	1	1	1	1	13	0.7
Touristen	(6)	2	2	2	2	3	×	2	1	1	2	1	1	19	1.4
Gastgewerbe	(7)	1	1	1	1	2	1	×	0	0	1	1	1	10	0.8
Parahotellerie	(8)	3	2	1	3	3	1	2	×	1	3	1	0	20	1.5
Seilbahnen	(9)	3	1	0	3	1	1	1	0	×	2	0	0	12	1.5
Landwirtschaft	(10)	1	0	2	1	1	1	0	1	1	×	0	1	9	0.5
Gewerbe	(11)	2	2	2	1	1	1	0	2	0	1	×	1	13	1.6
Dienstleist.	(12)	1	1	1	1	0	1	1	1	0	1	1	×	9	1.1
Kennziffern	PS	21	13	14	19	19	14	13	13	8	18	8	8		
	P	294	143	252	380	247	266	130	260	96	162	104	72		

Legende:

AS Aktivsumme
PS Passivsumme
P Produkt = AS · PS
Q Quotient = AS : PS

Bewertungsskala:

0 kein Nutzen/Schaden (unwichtig)
1 geringer Nutzen/Schaden (nicht so wichtig)
2 mittlerer Nutzen/Schaden (eher wichtig)
3 großer Nutzen/Schaden (sehr wichtig)

Abb. 2: Schadenmatrix eines lokalen Berg-Sozio-Öko-Systems

Aus Abb. 2 läßt sich ablesen, daß

- aktiv Parahotellerie zusammen mit Infrastruktur die höchsten (Aktivsumme = 20), Landwirtschaft und Dienstleistungen die geringsten Schäden verursachen (Aktivsumme = 9);
- passiv Landschaft von den höchsten (Passivsumme = 21), Seilbahnen, Gewerbe und Dienstleistungen von den geringsten Schäden betroffen werden (Passivsumme = 8).

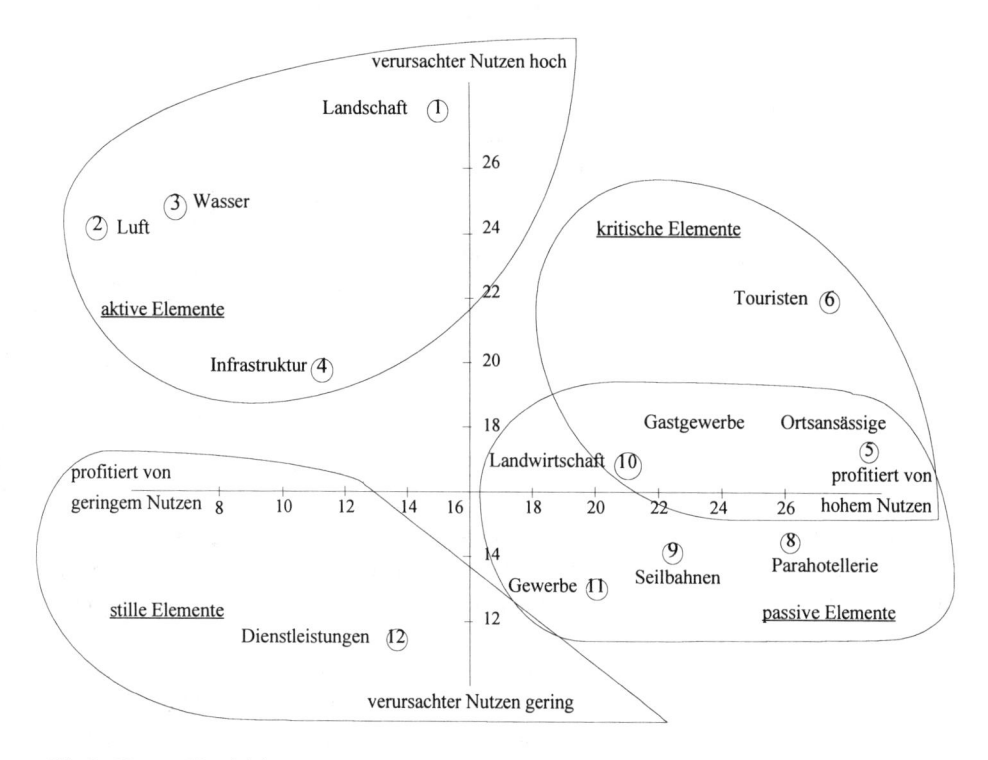

Abb. 3: Nutzen-Vergleich

So läßt sich jedes Element aufgrund seiner aktiven und passiven Schadenbeziehungen charakterisieren. Ein Koordinatenkreuz kann dies am besten veranschaulichen (vgl. Abb. 3 und 4).

Je nach Verhältnis der Summe von Ein- und Auswirkungen bezeichnen wir Elemente als kritisch, aktiv, passiv oder still, wobei ein Element im Nutzen-Vergleich eine völlig andere Position einnehmen kann als im Schaden-Vergleich. So ist beispielsweise Infrastruktur ein eher kritisches Element im Schaden-Vergleich, aber ein aktives Element im Nutzen-Vergleich. Oder bei Luft ergibt sich die Kombination „still/aktiv".

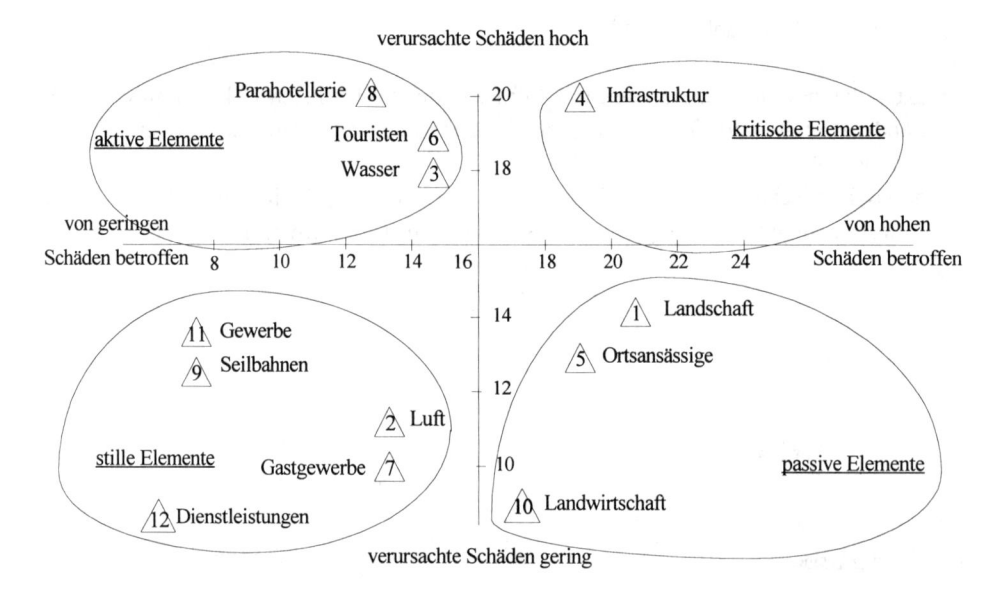

Abb. 4: Schaden-Vergleich

4.2.4 Schritt 4: Interpretieren des Schaden-Nutzen-Vergleichs

Die Standorte der einzelnen Elemente in den beiden Koordinatenkreuzen (vgl. Abb. 3 und 4), die aufgrund ihrer Beziehungen zu den anderen Elementen zustande gekommen sind, lassen sich besonders gut erklären, wenn Nutzen- und Schaden-Vergleiche kombiniert werden (vgl. Abb. 5).

Dieser Schaden-Nutzen-Vergleich der zwölf Elemente kann aufgrund verschiedener Merkmale interpretiert werden. Die vierdimensionale Darstellung erlaubt es, die Pfeile in bezug auf die allgemeine Richtung, die Steilheit, die Länge und die Position zu hinterfragen.

Zur allgemeinen Richtung eines Pfeils:
Sie sagt aus, wie die aktiven und passiven Beziehungen im Schadenbereich zu denjenigen im Nutzenbereich stehen. Es können grundsätzlich vier Kategorien unterschieden werden, die wir – ähnlich der sogenannten Portfolio-Methode – mit „Star", „Cashcow", „Dog" und „Parasite" benennen wollen:

- „Star" = Pfeil nach rechts oben (z.B. [7] Gastgewerbe)
  - Die produzierten Nutzen sind größer als die verursachten Schäden – fortan *Nutzenproduzenten* genannt.
  - Wird von Nutzen mehr begünstigt als von Schäden betroffen – *Nutzenprofiteur*.

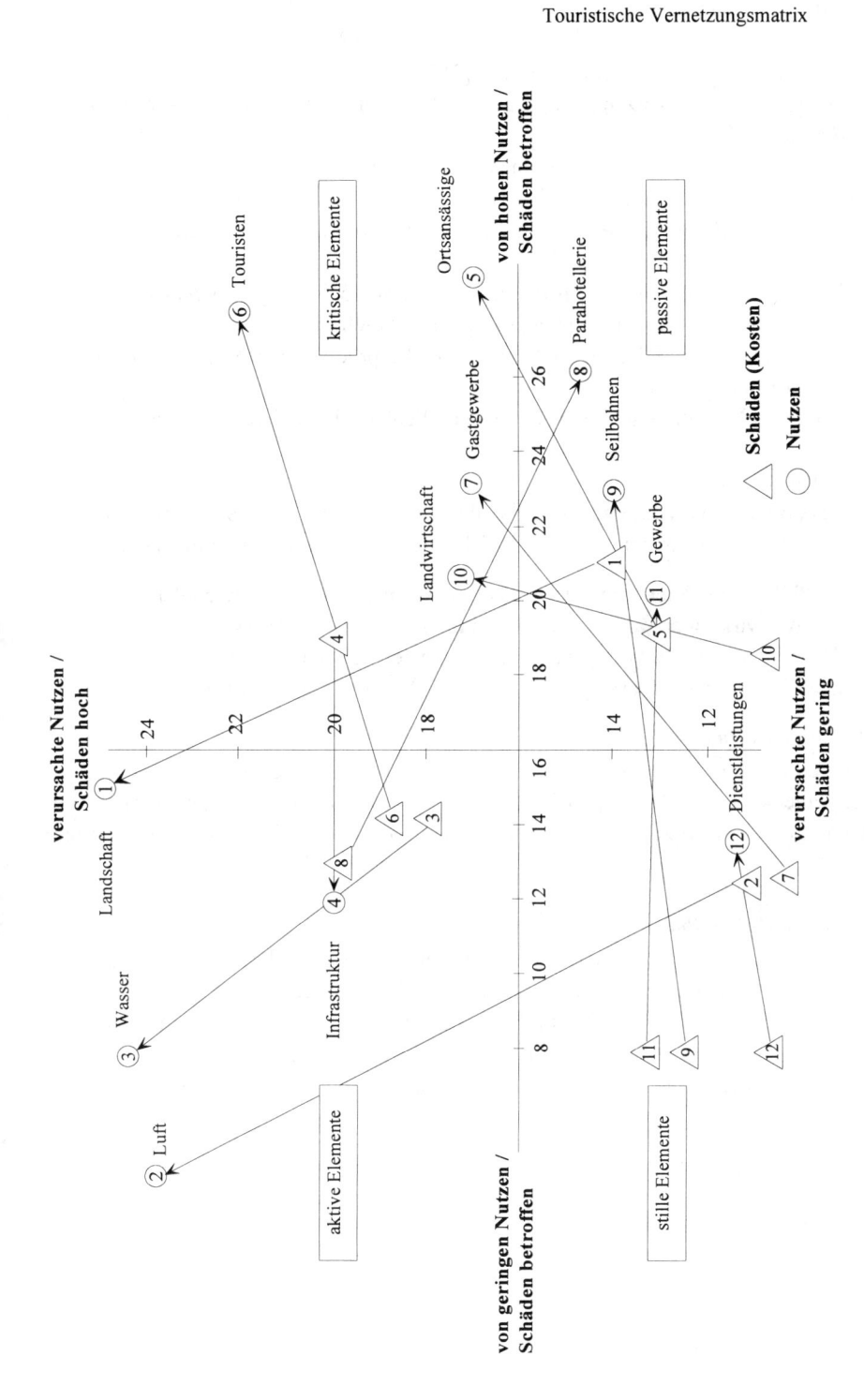

Abb. 5: Schaden-Nutzen-Vergleich der Elemente eines lokalen Berg-Sozio-Ökosystems

- „Cash-cow" = Pfeil nach links oben (z.B. [2] Luft)
  • Die produzierten Nutzen sind größer als die verursachten Schäden – *Nutzenproduzent.*
  • Wird von Schäden mehr betroffen als von Nutzen begünstigt – *Schadenträger.*
- „Dog" = Pfeil nach links unten (z.B. [4] Infrastruktur, nicht eindeutig)
  • Die verursachten Schäden sind größer als die produzierten Nutzen – *Schadenverursacher.*
  • Wird von Schäden mehr betroffen als von Nutzen begünstigt – *Schadenträger.*
- „Parasite" = Pfeil nach rechts unten (z.B. [8] Parahotellerie)
  • Die verursachten Schäden sind größer als die produzierten Nutzen – *Schadenverursacher.*
  • Wird von Nutzen mehr begünstigt als von Schäden betroffen – *Nutzenprofiteur.*

Zur Steilheit eines Pfeils
Sie gibt an, ob die Auswirkungen, d.h. die aktiven Beziehungen im Schaden- und Nutzenbereich, die Einwirkungen (passive Beziehungen) dominieren oder umgekehrt:

- Steile Pfeile in alle Richtungen (z.B. [1] Landschaft, [10] Landwirtschaft)
  • Die Auswirkungen (aktiv) dominieren die Einwirkungen (passiv).
- Flache Pfeile in alle Richtungen (z.B. [6] Touristen, [9] Seilbahnen)
  • Die Einwirkungen (passiv) dominieren die Auswirkungen (aktiv).

Zur Länge eines Pfeils
Mit der Länge der Pfeile erhalten wir Informationen über die Größe des Schaden-Nutzen-Unterschiedes: Bei langen Pfeilen (z.B. [2] Luft oder [9] Seilbahnen) ist die Differenz groß, bei kurzen (z.B. [4] Infrastruktur oder [12] Dienstleistungen) ist sie klein.

Zur Position (der Pfeilmitte)
Oben haben wir bereits von aktiven, passiven, kritischen und stillen Elementen gesprochen. Mit der Trennung von Schaden- und Nutzenbeziehungen ist dies nicht mehr so einfach möglich: Das Element [2] Luft beispielsweise ist im Schadenbereich ein stilles, im Nutzenbereich ein aktives Element. Ganz grob lassen sich die Elemente aufgrund der Pfeilmitte einer Position zuteilen, die etwa wie folgt interpretiert werden kann:

- Pfeilmitte im Bereich der *aktiven Elemente:* Die Auswirkungen (aktiv) dominieren die Einwirkungen (passiv);
- Pfeilmitte im Bereich der *kritischen Elemente:* große Auswirkungen (aktiv) und Einwirkungen (passiv);
- Pfeilmitte im Bereich der *passiven Elemente:* Die Einwirkungen (passiv) dominieren die Auswirkungen (aktiv);
- Pfeilmitte im Bereich der *stillen Elemente:* kleine Auswirkungen (aktiv) und Einwirkungen (passiv).

Die vierdimensionale Darstellung der Wechselwirkungen in Abb. 5 erlaubt uns eine weitgehende Interpretation der Elemente. Dabei helfen uns vor allem die Pfeile zwischen den Schaden- und Nutzenbeziehungen, die durch ihre allgemeine Richtung, Steilheit, Länge und Position Informationen vermitteln.

- Die *Landschaft* [1], d.h. der Boden, der Wald, die Fauna, die Flora und die Topographie, gehört zu den „Cash-cows": Die Funktion als Nutzenproduzent ist sehr stark ausgeprägt. Die verursachten Schäden sind relativ gering. Gleichzeitig wird die Landschaft aber von vielen Schäden betroffen. Sie ist ein typischer Schadenträger.
- Ähnlich das Element *Luft* [2]: Es gehört ebenfalls zu den „Cash-cows", ist also Nutzenproduzent und gleichzeitiger Schadenträger. Die Differenz zwischen Nutzen und Schäden ist sowohl im Aus- wie im Einwirkungsbereich sehr groß. Im Vergleich zur Landschaft gehört es jedoch eher zu den stillen Elementen.
- Auch das Element *Wasser* [3], bei dem der Schnee nicht vergessen werden darf, ist eine „Cash-cow": Obwohl die verursachten Schäden viel größer sind als bei den beiden anderen natürlichen Elementen, überwiegt die Nutzenproduktionsfunktion. Im Bereich der Einwirkungen müssen mehr Schäden getragen werden als von Nutzen profitiert werden kann. Wasser gehört aber klar zu den aktiven Elementen.

Mit allen *drei natürlichen Elementen* Landschaft, Luft und Wasser ist somit wegen der großen Bedeutung ihrer Nutzenfunktionen in einem Berg-Sozio-Öko-System vorsichtig umzugehen. Die Schäden, die sie zu tragen haben, könnten bald einmal so groß werden, daß sich auch die Nutzen stark vermindern. Eine solche Entwicklung würde unweigerlich zu schwerwiegenden Veränderungen im System führen (Ausbleiben von Touristen, Abwandern der Ortsansässigen, Naturkatastrophen, Zusammenbruch der Landwirtschaft etc.).

- Das Element *Infrastruktur* [4], zu dem wir auch den Verkehr zählen, nimmt eine Mittelstellung ein. Eindeutig ist nur, daß die passiven Schadeneinwirkungen weit größer sind als die Nutzeneinwirkungen. Die aktiven Schadenauswirkungen sind aber gleich groß wie die Nutzenauswirkungen. Es handelt sich also um einen Zwitter zwischen „Dog" und „Cash-cow".
- Demgegenüber sind *Ortsansässige* [5] wieder viel eindeutiger zu charakterisieren. Sie gehören zu den „Stars", die mehr Nutzen als Schäden bewirken, aber auch von mehr Nutzen als Schäden profitieren können. Insbesondere im Nutzenbereich dominieren die passiven Beziehungen, doch müssen die Ortsansässigen im Schadenbereich gleichzeitig mehr passiv erdulden als sie aktiv verursachen.
- Ähnlich die *Touristen* [6]: Sie verursachen zwar nur unwesentlich mehr Nutzen als sie für Schäden verantwortlich sind, doch profitieren sie im Nutzenbereich weit mehr als sie Schäden zu tragen haben. Bezüglich der Intensität dieser Beziehungen gehören die Touristen zu den kritischen Elementen.

Beide *sozialen Elemente*, die Ortsansässigen und die Touristen, gehören zu den Profiteuren des Systems. Dies scheint plausibel zu sein, fällt es ihnen doch am leichtesten, auszuziehen oder auszubleiben, wenn sich die Verhältnisse gegen sie wenden.

- Das *Gastgewerbe* [7], also die Hotellerie und die Restauration, ist ein Element mit beinahe idealtypischem Charakter. Zwar könnten die produzierten Nutzen noch etwas höher sein (Arbeitsplatzqualität), doch sind sie immerhin weit größer als die verursachten Schäden. Die ertragenen und verursachten Schäden halten sich etwa die Waage. Gesamthaft gehört das Gastgewerbe eher zu den passiven Elementen.
- Ein in seiner Positionierung eindeutiges Element ist die *Parahotellerie* [8] mit den Ferien- und Zweitwohnungen: Es ist der einzige „Parasite" im System, der durch die beiden Merkmale Schadenverursacher und Nutzenprofiteur gekennzeichnet ist. Die Schäden, für die die Parahotellerie verantwortlich gemacht werden muß, sind also weit größer als die Nutzen, obwohl sie von viel mehr Nutzen profitiert als Schäden tragen muß. Bezüglich der Position wechselt sie von einem aktiven Schadenelement zu einem passiven Nutzenelement.
- Das Element *Seilbahnen* [9] kann gut mit dem Element Touristen [6] verglichen werden: Beide sind zwar „Stars", doch überwiegt der gestiftete Nutzen nur unwesentlich gegenüber den verursachten Schäden. Im passiven Einwirkungsbereich profitieren sie sehr viel mehr als sie Schäden zu tragen haben. Im Gegensatz zu den Touristen handelt es sich bei den Seilbahnen eher um ein stilles resp. passives Element.
- Die *Landwirtschaft* [10] ist ebenfalls ein „Star", bei dem aber die produzierten Nutzen eindeutig größer sind als die verursachten Schäden. Die zu tragenden Schäden sind jedoch beinahe so groß wie die Nutzen, von denen sie profitieren kann. Die Landwirtschaft gehört zur Elemente-Kategorie, bei denen die passiven Wirkungen überwiegen.
- Beim *Gewerbe* [11] heben sich die produzierten Nutzen und die verusachten Schäden auf. Gleichzeitig ist es ein eindeutiger Nutzenprofiteur. Somit kann es weder den „Stars" noch den „Parasites" eindeutig zugeordnet werden. Die Schaden-Nutzen-Vergleiche des Gewerbes und der Seilbahnen liegen im Endeffekt sehr nahe beieinander.
- Das stillste Element sind die *übrigen Dienstleistungen* [12], obwohl – oder vielleicht gerade weil – darin viele Bereiche zusammengefaßt sind. Als „Star" ist es für mehr Nutzen als Schäden verantwortlich. Auch profitiert es mehr von den Nutzeneinwirkungen als von den Schäden anderer Elemente. Dies alles ist jedoch nicht spektakulär.

Gesamthaft kann von den *wirtschaftlichen Elementen* [7]–[12] gesagt werden, daß sie durchweg zu den Nutzenprofiteuren gehören. Zwar sind sie meist auch Nutzenproduzenten, also „Stars", doch gibt es auch „Parasites" unter ihnen. Im Hinblick auf Korrekturstrategien ist das Augenmerk deshalb vor allem auf letztere zu legen, d.h. auf die Parahotellerie und das Gewerbe.

4.2.5 Schritt 5: Ableiten von Strategien

Die Vernetzungsmatrix liefert uns auch Anhaltspunkte für die zu wählenden Grundstrategien. Dabei sind die Elemente mittels geeigneter Steuerungsinstrumente dahingehend zu beeinflussen, daß jedes einzelne Element möglichst mehr Nutzen produziert, weniger Schäden verursacht, von mehr Nutzen begünstigt und von weniger Schäden betroffen wird als bisher. Um dies zu erreichen, sind – bezogen auf die Elemente – vier Grundstrategien denkbar:

- produzierte Nutzen fördern
  Auswirkungen (aktiv)
- verursachte Schäden verringern
  Auswirkungen (aktiv)
- Begünstigungen im Nutzenbereich fördern
  Einwirkungen (passiv)
- Belastungen im Schadenbereich verringern
  Einwirkungen (passiv)

Jede der vier Grundstrategien kann selbstverständlich auf jedes Element angewendet werden, wobei unterschiedliche Erfolge zu erwarten sind. Welche Grundstrategie am erfolgversprechendsten ist, hängt von der allgemeinen Richtung, der Steilheit und der Position des Pfeils ab.

Bei der *Landschaft* [1] hat beispielsweise der Abbau der Belastungen im Schadenbereich erste Priorität. Dabei geht es um den Schutz von Fauna und Flora und um die stärkere Gewichtung der Bodenerhaltungs- gegenüber den Bodenverwertungsinteressen. Nutzungsansprüche müssen sich in erster Linie an der Belastbarkeit des Naturhaushaltes orientieren.

Anders beim *Gastgewerbe* [7] mit seinem günstigen Schaden-Nutzen-Verhältnis: Um zu einem noch wertvolleren Element zu werden, sind vor allem die produzierten Nutzen zu fördern. Dazu einige Stichworte: Verbesserung der Arbeitsplatzqualität, der Auslastung, der Kinderfreundlichkeit, der Animation, der Qualitäts- und Preiskontrolle usw.

4.3 Der Nutzen der Vernetzungsmatrix

Die Vernetzungsmatrix hat viele Vorteile, die in der Tourismusdiskussion von Nutzen sein könnten:

- Sie zwingt zu einem vernetzten Denken.
- Sie stellt die Beziehungen zwischen den Elementen in den Vordergrund, die völlig unterschiedlich geartet sein können.
- Sie bildet ein geeignetes Grundraster, um die verschiedensten Forschungsresultate zu gliedern.
- Sie erfordert keinen wissenschaftlichen Perfektionismus.
- Sie zwingt, Bewertungen und Einschätzungen offenzulegen, die unumgänglicherweise durch persönliche Werturteile gefärbt sind.
- Sie ermöglicht eine eingehende Schaden-Nutzen-Analyse.
- Sie begründet die Prioritätenordnung der Grundstrategien.

Bei der abstrakten Modellierung darf nicht vergessen werden, wie die einzelnen Einschätzungen zustandekamen. Die Gefahr einer „pseudowissenschaftlichen Scheingenauigkeit" ist groß. Es wäre falsch, die Vernetzungsmatrix mit Rechenschieber, Maßstab oder Winkelmesser auf Kommastellen genau zu interpretieren. Wenn aber diese Methode mit den nötigen Vorbehalten und mit viel gesundem Menschenverstand gehandhabt wird, ist sie ein gutes Hilfsmittel, insbesondere, um Denken in Zusammenhängen einzuüben.

Literatur

Capra, F. (1984): Vorwort zu R. Lutz: Die sanfte Wende – Aufbruch ins ökologische Zeitalter. München.

Messerli, P. (1989): Mensch und Natur im alpinen Lebensraum – Risiken, Chancen, Perspektiven. Zentrale Erkenntnisse aus dem schweizerischen MAB-Programm. Bern.

Müller, HR. (1986): Tourismus in Berggemeinden: Nutzen und Schaden – Eine Synthese der MAB-Forschungsarbeiten aus tourismuspolitischer Sicht. In: Schlussberichte zum Schweizerischen MAB-Programm, Nr. 19. Bern.

Vester, F. (1983): Ballungsgebiete in der Krise – Vom Verstehen und Planen menschlicher Lebensräume. München.

Weitere Literatur

Krippendorf, J., HR. Müller (1986): Alpsegen Alptraum – Für eine Tourismus-Entwicklung im Einklang mit Mensch und Natur. Bern.

5 Kurort-Entwicklungsplanung

Klaus Reppel und Barbara Jaster

5.1 Einführung

5.1.1 Kur, Kurort und Kurort-Entwicklungsplanung

Heilbäder und Kurorte[1] spielen eine bedeutende Rolle im deutschen Tourismus: Allein in den Mineral- und Moorbädern, Heilklimatischen und Kneippkurorten werden etwa ein Drittel aller in der Bundesrepublik registrierten Übernachtungen verbucht. Darüber hinaus haben die Heilbäder und Kurorte aber auch eine wichtige gesundheits- und sozialpolitische Aufgabe. Denn die *Kur*[2] stellt neben der ambulanten ärztlichen Versorgung und der stationären Behandlung im Akutkrankenhaus die dritte Säule im Gesamtsystem der medizinischen Versorgung dar.

Um einen hohen Qualitätsstandard zu gewährleisten und die staatliche Anerkennung zu erlangen, müssen sich die Kurorte Prädikatisierungsverfahren unterziehen. Die Kriterien für die einzelnen Prädikate beziehen sich auf die medizinischen, hygienischen, klimatischen und ökologischen Voraussetzungen sowie auf den sogenannten „Kurortcharakter". Sie sind durch die Fachausschüsse des Deutschen Bäderverbandes e.V. in den „Begriffsbestimmungen für Kurorte, Erholungsorte und Heilbrunnen" niedergelegt (vgl. Deutscher Bäderverband e.V., 1991). Die Bundesländer gründen sich mit ihren Kurorte-Verordnungen bzw. -Gesetzen auf diese „Begriffsbestimmungen" und regeln das Anerkennungsverfahren.

Die deutschen Heilbäder und Kurorte stehen gegenwärtig in einem komplexen Spannungsfeld aus

---

[1] *Kurorte* sind „Gebiete (Orte oder Ortsteile), die besondere natürliche Gegebenheiten – natürliche Heilmittel des Bodens, des Meeres und des Klimas – , zweckentsprechende Einrichtungen (...) und einen artgemäßen Kurortcharakter (...) für Kuren (...) zur Heilung, Linderung oder Vorbeugung menschlicher Krankheiten aufweisen" (vgl. Deutscher Bäderverband e.V., 1991).

[2] Die *Kur* ist eine medizinische Behandlungsform zur Erhaltung und/oder zur Wiederherstellung der Gesundheit in einem *anerkannten Heilbad oder Kurort*. Bei der Kurbehandlung kommt den natürlichen, vor allem den ortsgebundenen und ortstypischen Heilmitteln eine besondere Bedeutung zu (Definition nach W. Rundler). Nach Art der Durchführung wird unterschieden zwischen stationären, kurorttherapeutischen Heilverfahren, ambulanten Vorsorge- und Rehabilitationsmaßnahmen sowie Anschlußheilbehandlungen.

- ihren natürlichen Voraussetzungen und den in der Vergangenheit vorgenommenen Weichenstellungen,
- staatlichen Regelungen (z.B., wie oben beschrieben, zur Prädikatisierung),
- Trends und Marktentwicklungen (hier wirkt sich die Gesundheitsreformgesetzgebung aus, aber auch die wachsende Konkurrenz im In- und Ausland).

Diese Situation stellt hohe Anforderungen an die politischen und touristischen Entscheidungsträger in den Kommunen. Denn: Kurort oder Heilbad kann heute und in Zukunft nur sein, wer es bewußt will und diese Funktion gezielt und planmäßig angeht, umsetzt und bereit ist, Planung und Handeln den sich wandelnden Markterfordernissen anzupassen.

Als „Kompaß" für die zukünftige Entwicklung des prädikatisierten oder eine Prädikatisierung anstrebenden Ortes kann der *Kurort-Entwicklungsplan (KEP)* dienen. Der Kurort-Entwicklungsplan ist ein *ganzheitlich vernetzter und interdisziplinärer Ideen-, Planungs- und Realisierungs-Rahmen, nach dem die Zukunft eines Kurortes auszurichten ist.* Er ist das Ergebnis eines komplexen Optimierungsvorgangs und stellt die gedankliche Vorwegnahme und Ausgestaltung künftiger Entwicklungen und des künftigen Geschehens dar.[3] Er ist mittel- bis langfristig angelegt (etwa auf 10 bis 15 Jahre) und umfaßt sowohl den Ort als auch die angegliederten Entwicklungsräume und ländlichen Flächen. Der KEP ist Grundlage und Entscheidungshilfe zur Aufstellung der Bauleitplanung und der mittelfristigen Finanzplanung des Ortes.

Der Kurort-Entwicklungsplan ist eine freiwillige Aufgabe des betreffenden Heilbads oder Kurorts. Allerdings ist er in die Planungshierarchie und Raumordnung eingebunden und zwischen Flächennutzungsplan und Bebauungsplan angesiedelt. Durch Aufnahme in den Bebauungsplan erhält er Rechtskraft. Der Kurort-Entwicklungsplan wird verstanden als Rahmenplan für kurortspezifische Belange (ähnlich den Rahmenplänen für z.B. Sporteinrichtungen oder Industrieansiedlungen); dennoch muß er mit allen übrigen Fachdisziplinen verknüpft werden (vgl. Kap. 1.4).

Synonym zu „Kurort-Entwicklungsplan" verwendete Begriffe im engeren Sinne sind:

- Kurortentwicklungsprogramm
- Kurortentwicklungsplanungsrahmen
- Kurortentwicklungsphilosophie und Strategiepapier.

Teilaspekte finden sich auch in den Begriffen

- Leitbild
- Ortskonzeption
- Funktions- und Raumprogramm des Ortes.

---

[3] Definition nach K. Reppel.

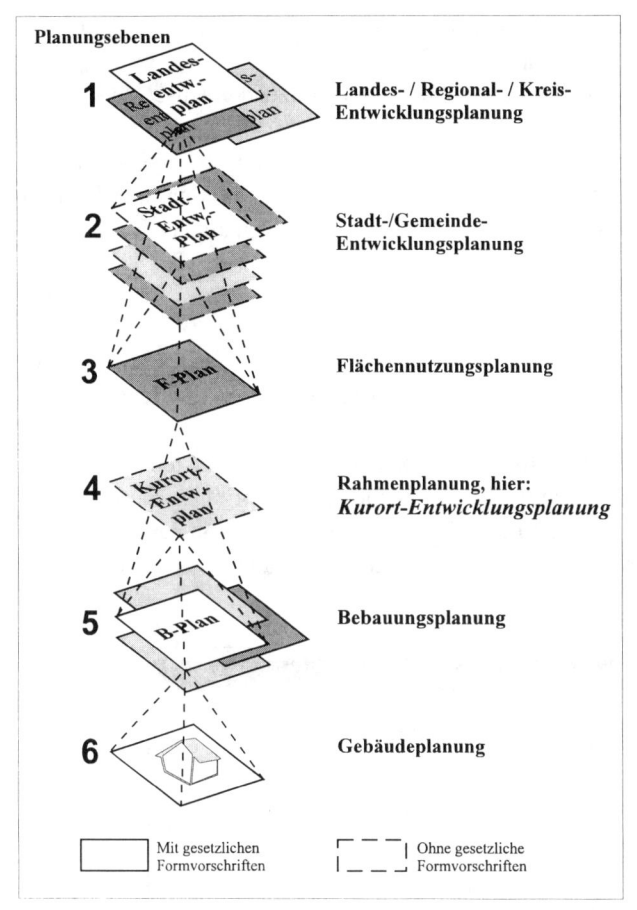

Abb. 1: Kurort-Entwicklungsplanung in der Planungshierarchie (*Quelle:* nach Dill/Kanitz, 1994)

5.1.2 Aufgaben und Zielsetzung der Kurort-Entwicklungsplanung

Ziel eines Kurort-Entwicklungsplans ist es, den politischen Entscheidungsträgern (Stadt- oder Gemeinderat) bei der Finanz- und Bauleitplanung als Entscheidungshilfe zu dienen, um so die öffentlichen Mittel zielgerecht einsetzen zu können und zu richtigen öffentlichen und privaten Investitionen anzuregen. Ein wichtiger Gesichtspunkt ist dabei die Ausrichtung auf die Marktsituation und die Marktentwicklung.

Im einzelnen soll der Kurort-Entwicklungsplan aufzeigen,

– in welche Richtung sich der Ort grundsätzlich entwickeln soll/will (z.B. reines Heilbad oder Heilbad-Tourismus-Kombination),

- welche planerischen Konsequenzen sich daraus ergeben (im Hinblick auf die Regional-, Orts- und Objektplanung) und
- welche Außen- und Innenmarketing-Maßnahmen unterstützend umzusetzen sind.

Stets wird der Kurort-Entwicklungsplan Aussagen über örtliche allgemeine Zusammenhänge wie auch über die ortsspezifischen Probleme machen müssen, um dann für seine Zielrichtung relevante Gesichtspunkte detailliert festlegen zu können.

5.1.3 Wandel in der Kurort-Planungsphilosophie

Die Anforderungen an den Kurort-Entwicklungsplan haben sich in den letzen Jahren grundlegend verändert.

In Zeiten des stürmischen Aufbruchs und Aufbaus galt es, in einer teilweise hektischen Bautätigkeit eine gewisse Ordnung in die Entwicklung zu bringen. Diese Zeit, in der in erster Linie die Architekten bestimmend waren, war geprägt von der Devise: „Es geht künftig unentwegt aufwärts". Im Kurort hat man „verkauft, was da war" (und nicht verkauft, was der Markt wollte).

Entwicklung der Planungsphilosophie	
vorgestern ← gestern ← heute → morgen → übermorgen	
Primat der Architekten	*Primat der Marketer*
„Verkäufermarkt"	„Käufermarkt"
hardware-orientiert	software-orientiert
statisch	dynamisch
	Konflikt-felder
Bürger/Gastgeber	Gast als Bürger auf Zeit
Angebot	Nachfrage
Möglichkeiten	Erwartungen
selbstbezogen	gast-/marktbezogen
↓	↓
erfolgreich gestern	erfolgreich morgen

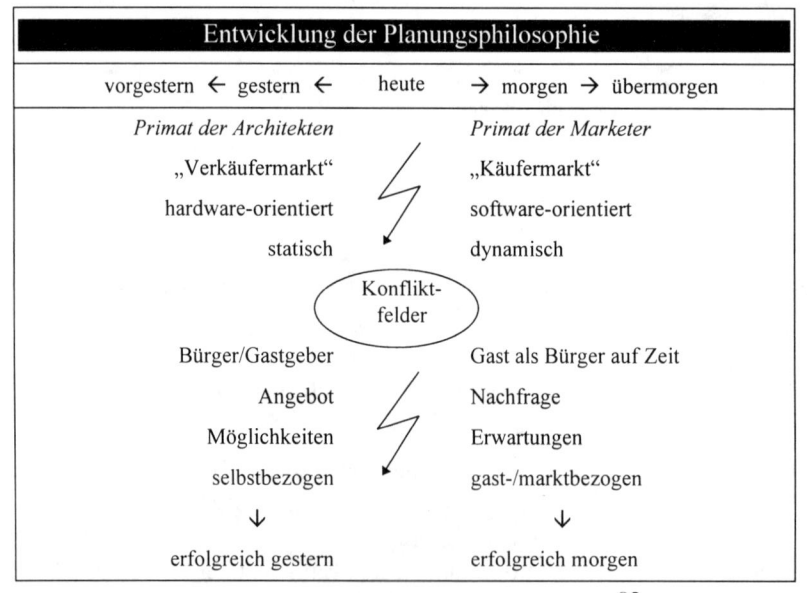

Abb. 2: Entwicklung der Planungsphilosophie © REPPEL +PARTNER

In Zeiten der Marktsättigung, Finanzengpässe und Rückgänge in den Heilbädern und Kurorten geht es darum, über den Kurort-Entwicklungsplan Funktionsoptimierungen, Qualitätsverbesserungen, teilweise Kapazitätsreduzierungen/Rückbau vorzunehmen.

Der Kurort-Entwicklungsplan ist zu einem Optimierungsrahmen geworden, in dessen Zentrum die Nachfrage steht und nicht mehr so sehr das Angebot. Es wird nun „verkauft, was der Markt will" und nicht mehr nur das, was da ist.

Auch im Heilbäderwesen und damit in der Kurort-Entwicklungsplanung vollzieht sich also der Wandel vom „Verkäufer-" zum „Käufermarkt" oder: vom „Primat der Architekten" zum „Primat der Marketer" (vgl. Abb. 2).

Dieser Paradigmawechsel macht den Heilbädern und Kurorten bisher jedoch noch ungeahnte Schwierigkeiten; Anpassungen an die sich wandelnden strukturellen und konjunkturellen Bedingungen vollziehen sich zum Teil ungeplant und heftig.

5.1.4 Ganzheitlichkeit der Kurort-Entwicklungsplanung

Da im Kurort verschiedene Bereiche miteinander vernetzt sind (das Produkt „Kur" setzt sich ebenso wie „Urlaub" aus einer Vielzahl von Bestandteilen zusammen), muß auch die Kurort-Entwicklungsplanung interdisziplinär angelegt sein und vielfältige Aspekte berücksichtigen, so muß sie z.B.

- *alle Fach-Disziplinen einbinden* (vom Verkehrsplaner bis zum Landschaftsplaner),
- *viele Segmente abdecken* (Landschaft, Bebauung, Kur, Beherbergung, Ortsteile, Marketing...),
- *unterschiedliche Zielvorstellungen in jeweilige Zonen gliedern*, wie z.B. Kurzone, Hotelzone, Wohnbereich, Grünzone, Gewerbezone,
- *Sonderaspekte berücksichtigen* (insbesondere ökologische Fragen),
- *vielfältige Bedingungen erfüllen*, z.B. Innen- und Außenmarketing bedenken, darunter das Machbare und Leistbare hinsichtlich Investitionen, Personal, Bevölkerungswillen abschätzen,
- *heute planen, was auch morgen noch Gültigkeit hat oder angepaßt werden kann* (variable Gestaltung).

5.1.5 Fachliche Begleitung und kurortwissenschaftliche Betreuung

Der Kurort-Entwicklungsplan sollte von der Kommune in Zusammenarbeit mit einem erfahrenen Fachberatungsinstitut erstellt werden.

Das eingeschaltete Fachbüro oder die Fachbüros sollten außer planerischen und Marketing-bezogenen Aspekten auch den kurortwissenschaftlichen und medizinischen Bereich abdecken.

Balneologie und Kurortmedizin sind ein wesentlicher fachlicher Beitrag für den Kurort-Entwicklungsplan. Sowohl zur Analytik und Qualitätskontrolle der natürlichen Heilmittel, als auch zur richtigen therapeutischen Anwendung der natürlichen Heilmittel im Rahmen der Kurortmedizin müssen Empfehlungen ausgesprochen werden. Kurort-Entwicklungspläne sollen Aussagen machen über die Eignung und Anwendung der natürlichen Heilmittel (entsprechend den Heilanzeigen und Gegenindikationen) und Empfehlungen zur Gestaltung der kurmedizinischen Einrichtungen, Aktivitäten, Kurformen und Angebote geben.

5.2 Vorgehensweise und Planungsablauf

Bei der Erarbeitung des Kurort-Entwicklungsplans empfiehlt sich ein Vorgehen in *acht Schritten*, die im folgenden Schema dargestellt sind. Wichtig ist die enge Abstimmung zwischen dem Fachbüro und dem Auftraggeber (Gemeinderat, Kurverwaltung). Darüber hinaus kommt auch der Einbeziehung der Leistungsträger und Bürger (z.B. durch Arbeitsgruppen) eine wichtige Bedeutung zu. Denn letztlich kann die Kurortentwicklung nur erfolgreich sein, wenn alle ihre Leitlinien mittragen.

Schritt 1	Planungsvorbereitung
	• Prioritäten • Projektbegleitung
	• Erwartungen • Arbeitsgruppen
	• Zeitplan • Erfolgskontrolle
	↓
Schritt 2	Situationsanalyse im „Innenmarkt"
	• Allg. Daten und Fakten • Freizeiteinrichtungen
	• Lage, Naturraum etc. • Verkehr
	• Städtebaul. Entwicklung • Wohnen/Baugebiete
	• Freiraumsituation und Grün- • Industrie/Gewerbe
	bereiche • Regionaler und überregionaler Planungs-
	• Kurgebiete stand
	• Kureinrichtungen • Planungsvorhaben
	• Angebot und Nachfrage (allgemein touristisch und kurspezifisch)
	• Marketing
	• Innenmarketing
	• Kur- und Tourismusorganisation
	• Stellenwert von Kur und Fremdenverkehr
	• Stärken-Schwächen-Analyse
	↓
Schritt 3	Markt- und Wettbewerbsanalyse
	• Marktsituation im Heilbäder- und Gesundheitsmarkt
	• Trends (z.B. Bevölkerungs-, Einkommensentwicklung, Reisemarkt, Gastgewerbe, Sport, Umwelt etc.)
	• Szenarien („Was wäre, wenn...")
	• Konkurrenz- und Wettbewerbsanalyse
	• Chancen/Probleme, Potentiale
	↓

Fortsetzung nächste Seite

Schritt 4	Ziele und Strategien
	• Leitbild als „kurörtliches Grundgesetz", USP („Unique selling proposition")
	• Generelle und operationale Ziele
	• Strategien

↓

Schritt 5	Kurort-Entwicklungskonzept

Planerischer Teil	Marketing-Konzept
Maßnahmen/Empfehlungen	Maßnahmen/Empfehlungen
• Landschaftsraum	• Angebot: Kur, Gesundheitsurlaub, allg. Tourismus, Gastgewerbe, tourismusflankierende Sektoren, Kultur, Veranstaltungen
• Städtebau	
• Freiraumsituation und Grünbereiche	• Zielgruppen
• Kurgebiete	• Marketing
• Kureinrichtungen	• Innenmarketing
• Freizeiteinrichtungen	• Kur- und Tourismusorganisation
• Verkehr	
• Wohnen/Baugebiete	
• Industrie/Gewerbe	

↓

Schritt 6	Maßnahmenplan
	Praxisnahe Beschreibung der Maßnahmen mit:
	• Zuständigkeiten (Kurverwaltung, Rathaus, Arbeitsgruppen, Leistungsträger ...)
	• Prioritäten
	• Fristigkeit (kurz-, mittel- oder langfristig)
	• Kosten (Investitions- u. laufende Kosten)

↓

Schritt 7	Umsetzung und Umsetzungsbegleitung
	1. Diskussion und Beratung in den Gremien
	2. Ggf. Bildung einer „Strategiekommission" zur Umsetzung (mit Vertretern der Gemeinde, der Kurverwaltung, der Kurbetriebe etc.)
	3. Realistischer Zeit- u. Finanzierungsplan
	4. Aktivierung von Arbeitsgruppen zu bestimmten Themenbereichen (z.B. Infrastruktur/Ortsbild, Angebotsgestaltung, Medizin/Therapie, Außenmarketing)
	5. Gliederung der Maßnahmen aus örtlicher Sicht
	6. Bearbeitung der umzusetzenden Maßnahmen
	7. Abstimmung mit „Strategiekommission", Öffentlichkeitsarbeit

↓

Schritt 8	Fortschreibung/Anpassung
	Fortschreibung und Anpassung zu z.B. folgenden Anlässen:
	• Heftige Entwicklungen am Heilbädermarkt mit deutlichen Auswirkungen auf das betroffene Heilbad
	• Wichtige kommunalpolitische Entwicklungen (z.B. Klinikbauten, Ausweisung großer Wohngebiete)

Schema 1: Vorgehensweise zur Erarbeitung eines Kurort-Entwicklungsplans © REPPEL +PARTNER

5.3 Praxisbeispiele

Die folgenden Beispiele aus der praktischen Beratungstätigkeit zeigen, auf welche Inhalte sich ein Kurort-Entwicklungsplan beziehen kann und welche Darstellungsweisen es dafür gibt.

5.3.1 Stärken-Schwächen-Analyse

Faktoren	Bewertung	Gut			Mittel				Schwach		
		1	2	3	4	5	6	7	8	9	10
Ortsbild	Historischer Ortskern	●									
	Touristische Beschilderung					●					
Verkehr	Erreichbarkeit		●								
	Verkehrssituation										●
	Rad-/Fußwege					●					
	Parkplatzsituation							●			
Kurort-medizinische Kompetenz	Spezialisierung	●									
	Kurmittel	●									
	Kurkliniken/Kurmittelhäuser	●									
	Kurpark						●				
Beherbergung	Anzahl Beherbergungsstätten					●					
	Struktur der Einrichtungen				●				●		
	Niveau der Ausstattung			●					●		
Gastronomie	Anzahl				●						
	Struktur der Einrichtungen				●	●					
	Niveau der Ausstattung				●						
Infrastruktur	Allgemeine Infrastruktur				●						
	Sport-					●					
	Sehenswürdigkeiten			●							
Nachfrage	Bisherige Gästegruppen						●				
	Zukünftiges Zielgruppenpo-			●							
Marketing	Werbemittel				●				●		
	Verkaufsförderung					●					
	Öffentlichkeitsarbeit				●				●		
Innenmarketing	Örtliche Zusammenarbeit					●			●		
	Fremdenverkehrsbewußtsein					●					

Abb. 3: Beispiel für eine Stärken-Schwächen-Analyse © REPPEL+PARTNER

Schritt 2 der Kurort-Entwicklungsplanung (vgl. Kap. 5.2) schließt ab mit einer gewichteten Stärken-Schwächen-Analyse in tabellarischer Darstellung (Abb. 3). Diese Stärken-Schwächen-Analyse sollte sowohl das Ortsbild, die Verkehrsanbindung und die infrastrukturelle Ausstattung, als auch die kur- und tourismusbezogenen Aktivitäten umfassen.

5.3.2 Alleinstellungsfähigkeit und Potentiale

Aus der Stärken-Schwächen-Analyse, die sich auf den Innenmarkt bezieht (*Schritt 2*), und der Markt- und Wettbewerbsanalyse (*Schritt 3*) werden in *Schritt 4* die alleinstellungsfähigen Stärken des Ortes ermittelt, die sein sogenanntes „USP" („Unique selling proposition") bilden. Diese alleinstellungsfähigen Stärken können, zusammen mit den Zukunftspotentialen des Ortes, in folgender Weise dargestellt werden:

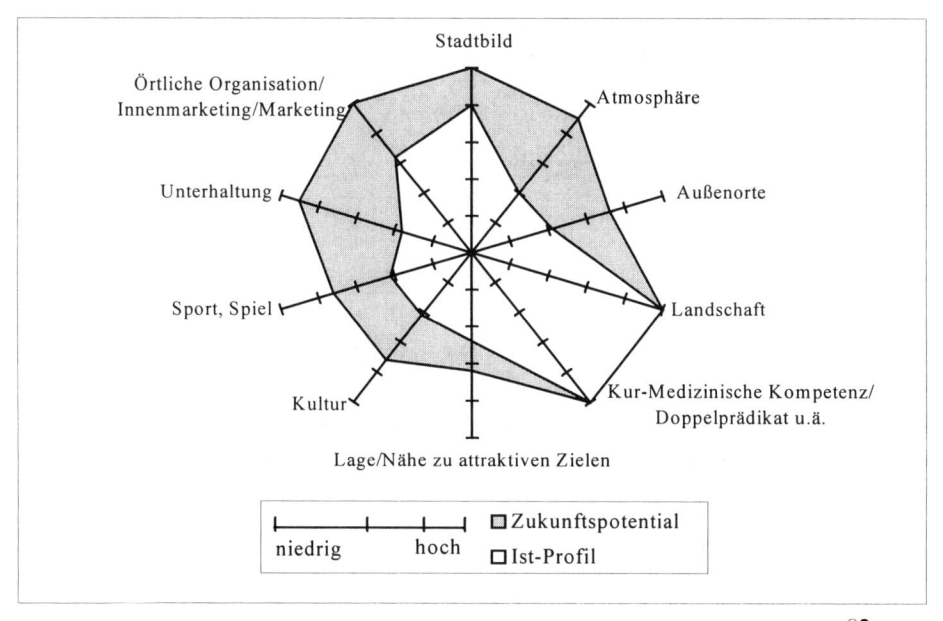

Abb. 4: Beispiel für ein Alleinstellungs-Profil mit Zukunftspotentialen © REPPEL+PARTNER

5.3.3 Orts-Leitbild

Das Leitbild (*Schritt 4*) formuliert eine Art Selbstverständnis für den Kurort. Im einzelnen gibt es Antworten auf die Fragen:

– Wer sind wir?
– Was macht uns einzigartig? (vgl. „USP")

- Wo wollen wir hin?
- Was sind unsere Prioritäten?

Das Leitbild muß auf breitester Ebene von Bürgern, Politikern und Leistungsträgern mitgetragen werden und sollte langfristig unverändert bleiben.

Beispiel für ein kurörtliches Leitbild:
- Wir sind eine traditionsreiche Kurstadt mit hohem Wohn- und Freizeitwert und attraktivem touristischen Umfeld.
- Wir besitzen hohe Kurkompetenz: Wir sind mehrfach prädikatisiert, verfügen über hochwirksame natürliche Kurmittel und spezialisierte Kureinrichtungen.
- Neben der Kur wollen wir den Gesundheits- und Erholungstourismus als zweites Standbein aufbauen. Dabei wollen wir streng markt- und verkaufsorientiert vorgehen.
- Wir streben oberste Qualität in Infrastruktur, Angebot und Gästebetreuung an.
- Unser Ort soll lebenswert für Gäste und Bürger gleichermaßen sein. Wir bemühen uns um eine enge Zusammenarbeit mit den touristischen Entscheidungs- und Leistungsträgern.
- Wir wollen unseren Ort umweltverträglich, im Sinne von natur- und sozialverträglich, weiterentwickeln.

5.3.4 Angebot und Nachfrage

Die notwendigen Strategien im Bereich „Angebot und Nachfrage" werden ebenfalls in *Schritt 4* der Kurort-Entwicklungsplanung ermittelt.

Eine Möglichkeit zur Bestimmung und Darstellung der möglichen Strategien bildet auch im Tourismus- und Heilbäderwesen die Ansoffsche Matrix (vgl. Abb. 5). Mit zunehmender Hinwendung zu neuer Nachfrage bzw. neuen Angeboten erhöht sich der Schwierigkeitsgrad der Bearbeitung – in der Graphik durch die dunklere Schraffierung gekennzeichnet.

Eine interessante Variante der Portfolio-Darstellung gegenwärtiger und künftiger Angebote für einen Kur- und Fremdenverkehrsort zeigt Abb. 6. Die verschiedenen Kur- und Tourismusformen werden durch ihre Positionierung zwischen zwei Faktorenpaaren beschrieben (kurze/lange Verweildauer auf der Vertikalachse – Urlaub und Kur auf der Horizontalachse). Außerdem wird ihr heutiger und künftiger Umfang durch verschiedene gerahmte Kreise bestimmt.

	Gegenwärtige Nachfrage	Verwandte / Neue Nachfrage
Gegenwärtige Angebote	**Markt-durchdringung**	**Markt-entwicklung**
Verwandte / Neue Angebote	**Angebots-entwicklung**	**Diversifikation**

▒ niedriger Schwierigkeitsgrad

▥ hoher Schwierigkeitsgrad

Abb. 5: Systemskizze der Ansoffschen Matrix und ihrer Anwendung im Tourismus in Anlehnung an Koschnik (1987)

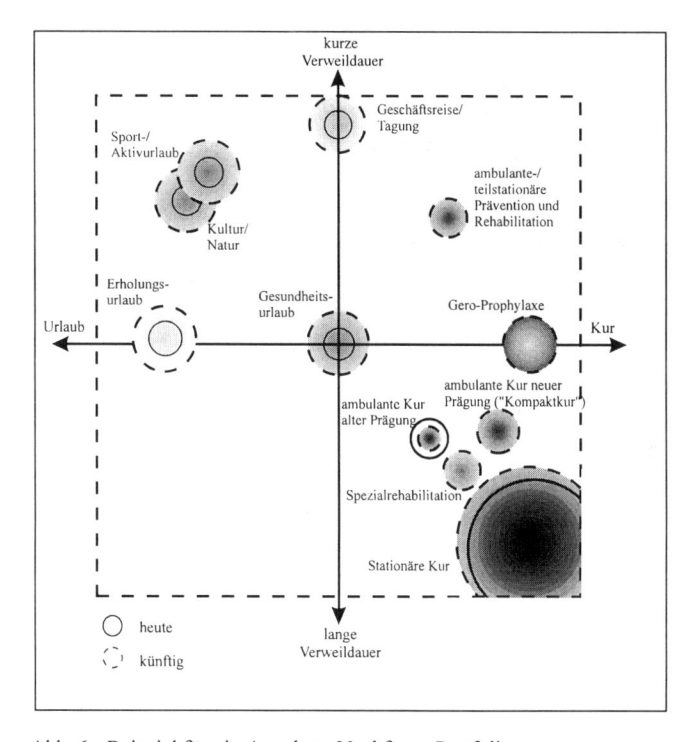

Abb. 6: Beispiel für ein Angebots-Nachfrage-Portfolio

Das Portfolio ist das Ergebnis einer eingehenden Situations-, Markt- und Wettbewerbsanalyse. Es enthält folgende Aussagen:

- Welche Kur- und Tourimusformen sind bereits heute im Ort X erfolgreich?
  Eine dominierende Stellung nimmt z.B. in Ort X heute die stationäre Kur ein.
- Wo liegen in Zukunft die Potentiale?
  Potentiale liegen in verschiedenen Bereichen, die bereits heute in X vertreten sind (z.B. Gesundheitsurlaub, dem Sport-/Aktivurlaub oder auch der Geschäftsreise), aber auch in Segmenten, die neu aufzubauen sind (z.B. Gero-Prophylaxe, Spezialrehabilitation oder „Kompaktkuren"). Ungünstig sind demgegenüber die Prognosen für die stationäre Kur und die ambulante Kur alter Prägung; hier werden zukünftig Rückgänge zu verzeichnen sein.
- Wie lange verweilen die Gäste bei diesen verschiedenen Aufenthaltsformen?
  Am längsten ist die Verweildauer im Bereich der stationären Kur, am niedrigsten bei Geschäftsreisen und Tagungen.
- Sind sie eher urlaubs- oder kurorientiert?
  Es läßt sich ein leichtes Übergewicht bei den kurorientierten Aufenthaltsformen feststellen.

5.3.5 Umweltverträgliche Kurortentwicklung

Im Kurort-Entwicklungskonzept (*Schritt 5*) werden alle Ziele und Strategien in konkrete Maßnahmen umgesetzt. Das Entwicklungskonzept muß sowohl theoretisch fundiert als auch insbesondere praktisch ausgelegt sein.

Das Kurort-Entwicklungskonzept besteht aus einem planerischen Teil und dem Marketing-Konzept. Beide Bereiche sind eng miteinander vernetzt, wie das folgende Schaubild am Beispiel der umweltverträglichen Kurortentwicklung zeigt.

Beispiele für Maßnahmen aus dem Bereich der „Umweltverträglichen Kurortentwicklung" sind:

- Erarbeitung eines Verkehrskonzeptes als Grundstein für eine umwelt- und menschenfreundliche Stadtgestaltung,
- Verstärkter Einsatz regionaler Produkte in der Gastronomie,
- Durchführung von Gastgeber-Seminaren zu ökologischer Betriebsführung,
- Umweltverträgliche Gestaltung von Freizeitangeboten (Naturerlebnisangebote, Wanderungen nur außerhalb sensibler Landschaftsteile),

Lenkung der Besucherströme des Tagestourismus, z.B. durch ein Park + Ride-System und einen Fahrradverleih.

Abb. 7: Umweltverträgliche Kurortentwicklung © REPPEL+PARTNER

5.4 Planerischer Teil

Zwei Beispiele sollen verdeutlichen, wie Ziele und Strategien *(Schritt 4)* planerisch in Maßnahmen *(Schritt 5)* umgesetzt werden können.

Im Plan „Grüne Bänder – Grüne Ränder" (Abb. 8) sind die wesentlichen Grünstrukturen des Gebietes in und um den Beispielort in ihrem Bestand sowie in ihren weiterzuentwickelnden Tendenzen aufgezeichnet. Außerdem sind Konfliktbereiche kenntlich gemacht und verschiedene Zonen für Wohnen, Kur und Fremdenverkehr eingetragen.

Der Plan „Leitlinien ins Kurgebiet" (Abb. 9) enthält die Ausarbeitung eines Leitsystems vom Stadtzentrum zum Kurgebiet. Dabei wird besonderes Augenmerk gelegt auf

- die Darstellung der wichtigen Blickachsen,
- das Aufzeigen von Leitlinien in Form von Grünzügen, Hecken, Alleen, Spuren,
- die Gestaltung von Kreuzungsbereichen,
- die Plazierung von Zeichen des Kurgebiets.

510   Klaus Reppel und Barbara Jaster

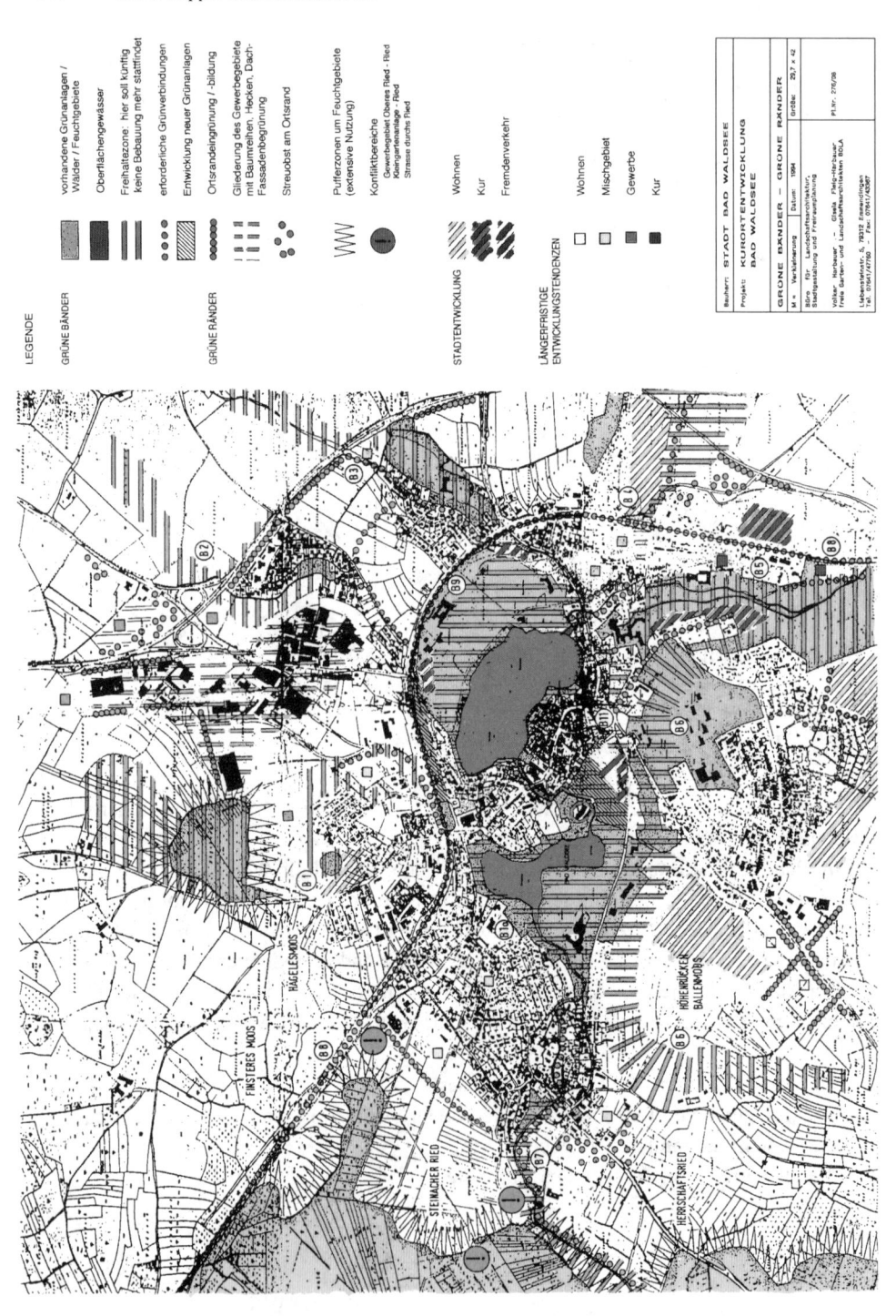

Kurort-Entwicklungsplanung 511

	Kurklinik
	Kurgebiet
→	erste und wichtige Blickachsen auf Seen und Altstadt
○	Kreuzungsbereich - Gestaltung - Beschilderung
●●●●●●●	Leitlinien ins Kurgebiet (Grünzüge/Alleen/Hecken/Spuren)
✸	Entree Zeichen des Kurgebiets

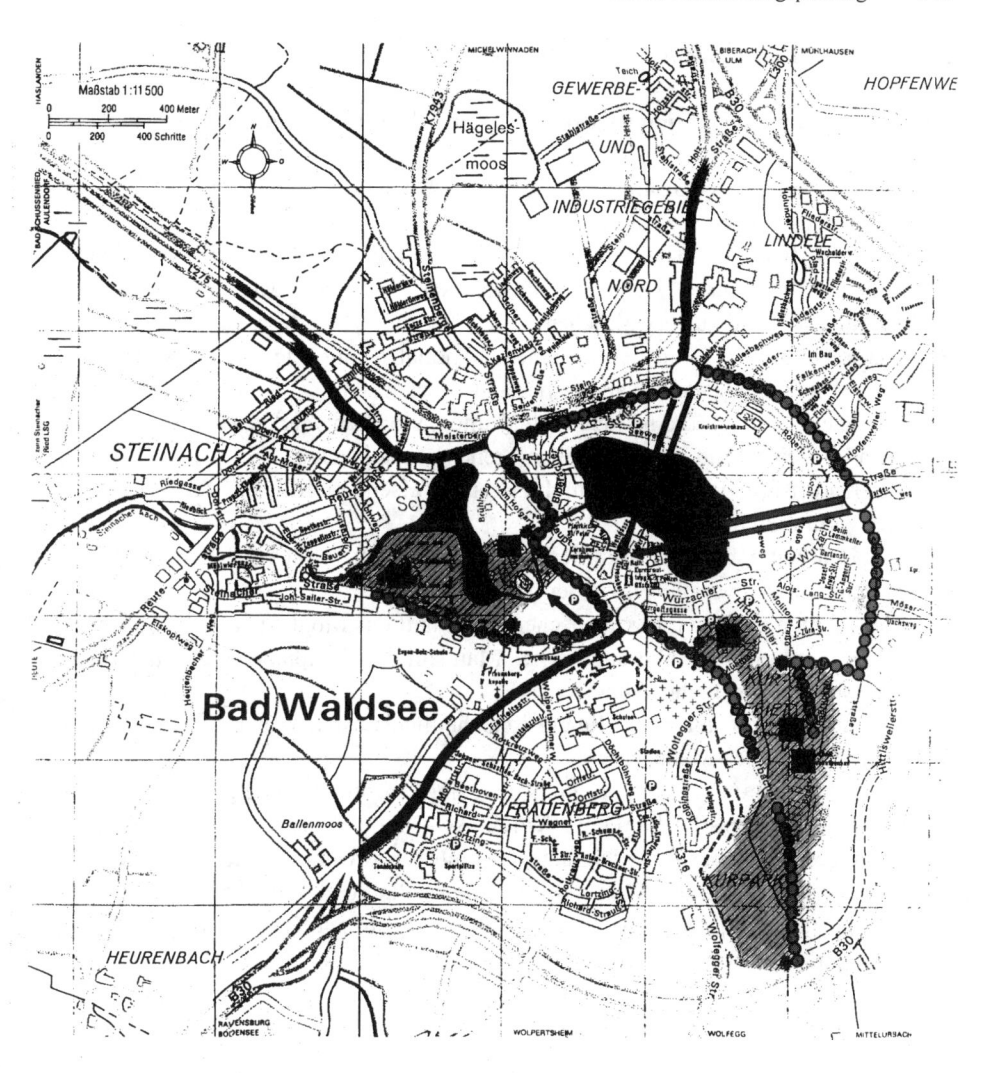

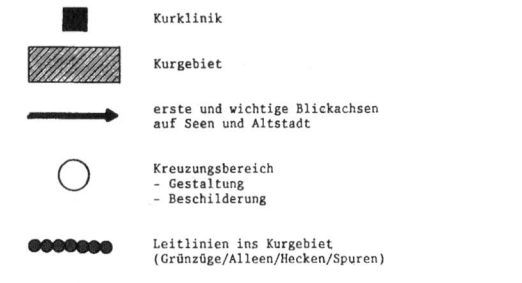

Abb. 9: Plan „Leitlinien ins Kurgebiet" (Beispiel)

5.4 Zehn Erfolgsfaktoren für die Kurort-Entwicklungsplanung

Folgende 10 Faktoren bestimmen den Erfolg eines Kurort-Entwicklungsplans:

1. Kurort-Entwicklungsplanung ist „Chefsache"! (Wegen der damit verbundenen kommunalpolitischen Steuerungsfunktion.)
2. Die Orts-Verantwortlichen müssen den ausdrücklichen Willen haben, die Planung in Angriff zu nehmen, sie in Zusammenarbeit mit einem Fachbüro durchzuführen und anschließend zu verwirklichen!
3. Das Fachbüro muß mit den örtlichen, regionalen und relevanten überregionalen Gegebenheiten und dem Planungsbestand vertraut sein!
4. Das Fachbüro muß die nationalen und internationalen Marktentwicklungen sowie die allgemeinen und kurspezifischen Trends genau kennen!
5. Der Kurort-Entwicklungsplan muß zukunftsweisende Leitlinien, Ziele und Strategien formulieren!
6. Die Bearbeitung muß marktorientiert und rationell erfolgen! („Schubladen-Gutachten" müssen vermieden werden.)
7. Maßnahmen müssen mit realistischem Blick auf das Mögliche und Machbare festgelegt werden! (Formulierungen wie „Man sollte, man könnte, man müßte überlegen, ob..." helfen nicht weiter.)
8. Wichtig sind ein interdisziplinärer, ganzheitlicher Ansatz und die kluge Vernetzung der diversen Maßnahmen!
9. Der Kurort-Entwicklungsplan muß unbedingt im kooperativen Verbund vor Ort erarbeitet werden! (Er darf kein „Schreibtisch-Produkt" sein.)
10. Die Ideen des Kurort-Entwicklungsplans müssen sowohl nach innen (an Mitarbeiter der Verwaltung, der Kur- und Tourismusstellen und -einrichtungen, Leistungsträger, Bürger), als auch nach außen (an übergeordnete Behörden und Verbände, Kostenträger etc.) vermittelt werden!

Literatur

Deutscher Bäderverband e.V. (1991): Begriffsbestimmungen für Kurorte, Erholungsorte und Heilbrunnen. 10. Aufl., Gütersloh.

Dill, G., Kanitz, H. (Hrsg.) (1994): Grundlagen praktischer Kommunalpolitik. Heft 3 und 4: Planen, Bauen, Umwelt & Verkehr. Konrad-Adenauer-Stiftung, Sankt Augustin.

Koschnik, W. (1987): Standard-Lexikon für Marketing, Marktkommunikation, Markt- und Mediaforschung. München, London, New York, Paris.

Reppel, K. (1992): Entwicklung der Planungs-Philosophie. In: Heilbäderverband Baden-Württemberg e.V.: Ergebnisbericht der Arbeitstagung der Führungskräfte am 20. und 21. Februar 1992 in Bad Liebenzell.

Reppel, K. (1995): Die Kur im vernetzten Zusammenhang. In: Fortbildungsakademie und Beratungszentrum Bad Elster – Deutscher Bäderverband e.V. – Europäisches Kurforum: Die Kur im vernetzten Zusammenhang. Seminar in Bad Elster am 19.09.1995.

Rundler, W. (1990): Braucht die Kur ein neues Marketing? In: Deutsches Seminar für Fremdenverkehr, Neues Marketing für Heilbäder und Kurorte. Dokumentation zum Fachkursus 219/89 vom 17.-19. November 1989.

Weiterführende Literatur

Forcher, R. (1995): Kurortentwicklungsplanung: Wie geht das? Anforderungen – Bereiche – Beteiligte. In: Fortbildungsakademie und Beratungszentrum Bad Elster – Deutscher Bäderverband e.V. – Europäisches Kurforum: Der Kurort im schwierigen Markt. – Planung, Finanzierung, Vermarktung. Seminar in Bad Elster am 21. und 22.03.1995.

Fortbildungsakademie und Beratungszentrum Bad Elster – Deutscher Bäderverband e.V. (1994): Nachschlagewerk für die Mitarbeiter des Kur- und Bäderwesens. Veröffentlichung im Rahmen der „Soforthilfekonzeption zum Wiederaufbau des Kur- und Bäderwesens auf dem Gebiet der ehemaligen DDR, im Auftrag des Bundesministeriums für Gesundheit. Redaktion: Reppel + Partner, Ettlingen.

Hartog, R., Groeben, C.-A. v. d. (1979): Leitlinien für die Planung und Gestaltung in Heilbädern und Kurorten. 2. überarb. Aufl., hg. vom Deutschen Bäderverband, Kassel.

Wallner, G.: Kurortarchitektur und Kurortentwicklungsplan. In: Heilbad & Kurort, 9-10/88.

Wir danken der Stadt Bad Waldsee für die freundliche Genehmigung zur auszugsweisen Veröffentlichung von planerischen Darstellungen aus der Kurort-Entwicklungskonzeption 1995.

6 Pressearbeit im Tourismus

Horst Schwartz und Sabine Neumann

6.1 Stellung der Pressearbeit

„Bei ihrem Auftreten in der Öffentlichkeit hat die bundesdeutsche Reiseindustrie bisher nur wenig unternommen, um im äußeren Erscheinungsbild ihrer außerordentlichen Bedeutung als Wirtschaftsfaktor gerecht zu werden" (Ganser, 1991, S. 7). Und nicht selten wird Öffentlichkeitsarbeit (Public Relations bzw. PR) mit Werbung verwechselt, zumal bei Unternehmen oder Organisationen mit kleinerem Etat und geringer Personalausstattung beide Marketing-Aufgaben auf demselben Schreibtisch abgewickelt werden. Dabei will Werbung einen unmittelbaren Kaufentschluß auslösen, während Public Relations das nachhaltige Bemühen um Wohlwollen, Sympathie und Vertrauen in der Öffentlichkeit für ein Unternehmen, seine Mitarbeiter und seine Produkte darstellt (vgl. Lang/Eberle/Bartl, 1989, S. 147, 149).

Widmete Tietz vor gut 15 Jahren dem Thema Public Relations in seinem Handbuch der Tourismuswirtschaft (1980, S. 78) nur zehn knappe Zeilen, sagt Knöbl (1991, S. 80) heute dem gesamten Bereich der Öffentlichkeitsarbeit eine zunehmend wachsende Bedeutung voraus. Sie erschöpft sich nicht in Pressearbeit. Pressearbeit ist lediglich ein Teilbereich der übergeordneten PR-Arbeit, dem aber als Multiplikator ein nicht zu unterschätzender Stellenwert eingeräumt werden muß (vgl. Bürger, 1991a, S. 4). Käufer – in diesem Fall Urlauber – „glauben" einerseits redaktionellen Beiträgen mehr als Anzeigen und vertrauen andererseits Zeitungsberichten eher als bloßen PR-Gags. Umfragen belegen die Langzeitwirkung der Reiseberichterstattung (vgl. Junge, 1982, S. 20).

Doch die Reisebranche – dies gilt vor allem für Fremdenverkehrsstellen und Reiseunternehmen – hat längst noch nicht den Wert der Massenmedien erkannt; selbst wer der Pressearbeit aufgeschlossen gegenübersteht, unterschätzt oft deren Stellenwert und auch den damit verbundenen Arbeitsaufwand. Einerseits ist die Zahl der Printmedien und Rundfunksender in den letzten Jahren rasant gestiegen, und andererseits müssen die Massenmedien bei ständig wachsender Freizeit ihren Lesern, Hörern und Zuschauern mehr Informationen und Tips zur Ferien- und Freizeitgestaltung bieten. Obwohl beide Seiten aufeinander angewiesen sind und die Bereitschaft zur Zusammenarbeit groß ist, ist der Umgang miteinander oft von Unsicherheit und Unwissen bestimmt: Den Medienvertretern fehlen Einsichten in die Fremdenverkehrsarbeit, und die Touristikbranche liefert eher Werbeaussagen als die von den Journalisten benötigten sachlichen Informationen.

6.2 Vom Umgang mit Journalisten

6.2.1 Allgemeine Grundsätze

Das „kleine Einmaleins" der Pressearbeit ist weder besonders schwierig, noch kostet es viel Geld (vgl. Schwartz, 1989, S. 5). Beim alltäglichen Umgang mit Journalisten ist zu bedenken, daß die Ware „Nachricht" verderblich ist. Schriftliche und vor allem telefonische Anfragen müssen kurzfristig beantwortet werden. Häufig ist das Gegenteil in der Praxis der Fall. Die Vereinigung Deutscher Reisejournalisten (VDRJ) beklagt unzuverlässigen Service bei vielen Fremdenverkehrsämtern, mangelnde telefonische Erreichbarkeit und „Schweigen statt Reagieren" in den (meist negativen) Fällen, in denen Ereignisse „der Kommentierung oder auch der Korrektur bedürfen" (vgl. VDRJ, 1987, S. 6). Natürlich sind den Medienvertretern die Gründe für solches Verhalten bekannt – nur schwer zu überwindende hierarchische Strukturen im öffentlichen Dienst, Unterbesetzung von Stellen auch in der freien Wirtschaft, gleitende Arbeitszeit –, doch bringen sie für derart unprofessionelle Pressearbeit kein Verständnis auf und verlagern ihre Recherchen auf den kleinen Kreis der verläßlicheren Quellen.

6.2.2 Leserbriefe

Selten werden Touristiker von sich aus aktiv, regen z.B. eine Berichterstattung an oder bringen sich durch einen Leserbrief zu einem aktuellen, branchenbezogenen Thema ins Gespräch. Auch als preiswerte und effektive Alternative zu offiziellen Gegendarstellungen (vgl. Bürger, 1991b, S. 6) werden Leserbriefe unterschätzt.

6.2.3 Direkte Pressekontakte

6.2.3.1 Personenbezogene Kontaktpflege

Zu wenig Bedeutung wird auch Pressekontakten zugemessen, die Eigeninitiative voraussetzen und auf Dienstreisen, Messebesuchen oder am Rande von Kongressen eingeleitet werden könnten. Dabei ist „personenbezogene Kontaktpflege ein wichtiges Instrument der Öffentlichkeitsarbeit" (Bürger, 1991c, S. 1). Derartige Kontakte sollten mit Hilfe einer Journalistenkartei erfaßt werden, in die nicht nur die einzelnen Begegnungen, sondern auch Arbeitsgebiete, Interessenschwerpunkte und persönliche Daten aufgenommen werden.

6.2.3.2 Grundsatz der Gleichbehandlung

Journalisten-Kontaktpflege darf nicht als Aufbau eines besonderen Vertrauensverhältnisses zu einigen wenigen Medienvertretern mißverstanden werden! Das verärgert nicht nur ausgegrenzte Journalisten, sondern verstößt auch gegen den Grundsatz der Gleichbehandlung, dem vor allem der öffentliche Dienst verpflichtet ist. Einer vernünftigen Zusammenarbeit ebenso abträglich sind sowohl Lob als auch Tadel als ständige Reaktion auf die Berichterstattung. In beiden Fällen werden unnötige Abhängigkeiten geschaffen, da sich Journalisten unter Druck gesetzt fühlen, was einem unverkrampften Umgang miteinander – und einer objektiven Berichterstattung – im Wege steht.

6.2.4 Verbotene Kopplungsgeschäfte

Nicht nur moralisch verwerflich, sondern auch juristisch anfechtbar sind die heute oft praktizierten Kopplungsgeschäfte, bei denen redaktionelle Berichterstattung durch die Schaltung von Anzeigen erkauft wird. Dies verstößt gegen die Zugabeverordnung, das Rabattgesetz und gegen das Gesetz gegen den unlauteren Wettbewerb. Und obwohl die Akquisition für Kopplungsgeschäfte häufig an Nötigung grenzt, werten nicht nur unerfahrene Touristiker die auf diese Weise erzielten Abdrucke als Beleg einer erfolgreichen Pressearbeit. Direkter ist der Weg, die Veröffentlichung von Berichten im redaktionellen Teil einer Publikation zu erkaufen; eine derartige Werbung ist sittenwidrig, wenn der Text nicht als „Anzeige" oder „Werbung" deklariert wird. Noch schwieriger als bei Printmedien sind solche Verstöße im Hörfunk auszumachen; vor allem bei Privatsendern werden die Grenzen von Werbung und redaktioneller Veröffentlichung gern verwischt, obwohl der Gesetzgeber auch hier eine klare Trennung vorschreibt.

6.3 Pressedienste

6.3.1 Brücke zwischen Branche und Medien

Nur zweimal im Jahr verschicken viele Reiseveranstalter eine Pressemeldung: „Neuer Katalog erschienen" und „... noch Plätze frei". Die Gefahr, daß sich hier Redakteure als billige Werbeträger mißbraucht fühlen, liegt auf der Hand. Schriftliche Pressearbeit wird erst glaubwürdig, wenn sie mit einer gewissen Kontinuität erfolgt. Ein regelmäßig herausgegebener Pressedienst kann zur ständigen Brücke zwischen touristischen Anbietern und den Medien heranreifen (vgl. VDRJ, 1983, S. 14). Damit reicht seine Aufgabe über das bloße Vermitteln von Nachrichten und Informationen hinaus. Pressedienste können persönliche Kontakte nicht ersetzen, bieten aber „die Chance, die Journalisten immer wieder an das Fremdenverkehrsamt und sein Land zu erinnern" (VDRJ,

1983, S. 12). Der Herausgeber des Pressedienstes rückt als wichtige Recherchen-Quelle in das Bewußtsein der Medienvertreter, denn durch den kontinuierlich veröffentlichten Pressedienst werden Journalisten „sensibilisiert gegenüber Problemen und Situationen dieses Landes und wenden sich somit eher von sich aus bei Recherchierarbeiten an das betreffende Fremdenverkehrsamt" (VDRJ, 1983, S. 12). Gleiches gilt natürlich für jeden anderen touristischen Leistungsträger. Ob die erstrebte Kontinuität im monatlichen, zweimonatigen oder vierteljährlichen Versand eines Pressedienstes besteht, hängt vom Informationspotential ab.

6.3.2 Die Themen

Die Themenskala, die genutzt werden kann, ist in der Regel vielfältiger als die Branche annimmt. Nicht nur Sensationen oder bewegende Neuigkeiten sind gefragt. Neben aktuellen Ereignissen (Veranstaltungen, Jubiläen, Einweihungen), personellen Veränderungen (neuer Kurdirektor) und der Herausgabe von Informationshilfen (Radwanderkarte, Unterkunftsverzeichnis) ist auch berichtenswert, was sich im touristischen Umfeld befindet: die Sehenswürdigkeiten im Nachbarkreis, Tagesausflugsziele, Veränderungen im Branchenzweig, dem man angehört. Das gleiche gilt für Meldungen von ständiger Aktualität: Berichte zu Themen über Fitneß und Gesundheit, Umweltschutz, Angebote für Frauen, Alleinreisende, Kinder und Familien, behindertengerechtes Reisen. Die Informationsbereitschaft darf auch in Krisensituationen – bei Streiks, Unglücken oder drastischen Preiserhöhungen – nicht nachlassen oder ganz verschwinden, denn Redaktionen registrieren ein solches Verhalten peinlich genau (vgl. VDRJ, 1983, S. 1 f.).

6.3.3 Die Gestaltung

Der Erfolg eines Pressedienstes hängt aber nicht allein von seiner kontinuierlichen Veröffentlichung und den gewählten Themen, sondern auch – und das entscheidend – von seiner formalen Gestaltung ab. Die meisten Reiseredaktionen sind personell chronisch unterbesetzt, so daß häufig keine Zeit zu einer aufwendigen Bearbeitung des Pressematerials bleibt. Wer also formale Fehler vermeidet, hat Wettbewerbsvorteile gegenüber seinen Branchenkollegen, denn wenn „Ihre Presseinformationen regelmäßig von einer Güte sind, die dem Journalisten zusagt, dann wird er bei den Stapeln, die er täglich durchzuarbeiten hat, schon von der Optik Ihrer Pressemitteilung eine positive Erinnerung an die letzte Berichterstattung haben" (Bürger, 1991a, S. 107).

Empfehlenswert ist ein eigens für Pressemeldungen gestaltetes Pressepapier mit dem unverwechselbaren Signet (Logo) des Herausgebers. Auf jeden Fall sollte das Blatt als „Presseinformation" (Pressemitteilung, Pressedienst) gekennzeichnet sein. Zu den formalen Kriterien gehören außerdem: Absenderangabe (möglichst mit Nennung des für Presseanfragen zuständigen Ansprechpartners), breiter Rand für Korrekturen und Satzanweisungen an beiden Seiten, großzügiger Zeilenabstand (eineinhalb oder zwei Zeilen), Platz für eine doppelzeilige Überschrift. Der Text sollte linksbündig geschrieben sein. Auf eine plakative, einer Anzeige entsprechenden Schreibweise mit häufigen Absätzen ist zu verzichten. Sämtliche Textpassagen, auch Absenderangaben, innerhalb eines Absatzes müssen im Fließtext geschrieben werden.

Eine Längenangabe („15 Zeilen/50 Anschläge" oder Gesamtzahl der Anschläge) erleichtert den bearbeitenden Redakteuren die Umrechnung des Textes auf die jeweilige Spaltenbreite ihrer Zeitung bzw. in Sendeminuten beim Hörfunk. Das Pressepapier darf nur einseitig beschriftet sein. Wer pro Meldung oder Bericht ein neues Blatt anfängt, erhöht seine Abdruckchancen, da die nicht sofort verwendeten Meldungen auf diese Weise besser archiviert werden können. Aus gleichem Grund sollten die einzelnen Blätter eines aus mehreren Meldungen oder Berichten bestehenden Pressedienstes höchstens einmal gefaltet werden. Nur mehrseitige Meldungen, nicht aber alle Blätter eines Pressedienstes, können geheftet werden. Der Vermerk „Abdruck honorarfrei" erübrigt sich, da Pressedienste in der Regel kostenlos zur Verfügung gestellt werden. Auf die „Bitte um Beleg" kann ebenso verzichtet werden wie auf ein Anschreiben zum Pressedienst, nicht aber auf ein Inhaltsverzeichnis.

6.3.4 Der Stil

Auch an die Schreibweise der Texte werden bestimmte Anforderungen gestellt, um die Bearbeitung möglichst zu vereinfachen. Zu vermeiden sind Wörter in Versalien, Unterstreichungen, Fettung und Sperrung einzelner Wörter, Abkürzungen (Kilometer statt km, Prozent statt % usw.). Dies gilt vor allem für Angebotsbeschreibungen: „Die Pauschale kostet 350 DM" statt „... DM 350,–", „Doppelzimmer mit Fließwasser" statt „DZ mit fl. w. + k. W.".

Häufigster Fehler bei der sprachlichen Gestaltung von Pressetexten ist die Verwendung eines Sprachstils, den die Verfasser aus ihren Werbetexten übernehmen. Andererseits sind umgangssprachliche Ausdrücke ebenso unangebracht. Beide Stilarten verwässern die Aussage der zu übermittelnden Nachricht. Auch für Pressedienste gilt die Forderung von Schneider (1991, S. 11): „Nicht nur verständlich, sondern auch korrekt und elegant zu schreiben, besteht heute mehr Anlaß als noch vor zwanzig Jahren: Das pausenlose Wortgeriesel aus immer mehr und immer aggressiveren Massenmedien stumpft uns ab; die Politiker stopfen uns geblähte Floskeln, die Bürokraten einen Salat von Substantiven in die Ohren; der Teenager-Jargon macht sich in der Gemeinsprache mausig wie noch nie; und der Duden hat kapituliert vor der öden Mode der nur noch deskriptiven Linguistik."

Zu den stilistischen Unsauberkeiten zählen auch Mundart-Ausdrücke („heuer", „Schmankerl", „Zuckerl"), Übertreibungen und nicht belegbare Wertungen („Highlights", „absoluter Höhepunkt", „Mega-Events", „einzigartig"). Werden Personen namentlich genannt oder zitiert, ist die Titulierung mit „Herr/Frau/Fräulein" zu vermeiden. Eine direkte Ansprache des Lesers („Buchen Sie ...") ist bei Printmedien im allgemeinen unüblich und sollte aus diesem Grund unterbleiben.

Nicht selten fehlen in Meldungen wichtige Informationen. Die von Jefkins entwickelte „Sieben-Schritt-Formel" (zit. nach Köppel, 1983, S. 28 f.) gewährleistet nicht nur die Vollständigkeit einer Meldung, sondern erleichtert auch ihre Strukturierung.

6.3.5 Pressefotos

Gute Fotos erhöhen die Abdruckchancen einer Pressemeldung. Fotos werden immer für objektiver gehalten als das geschriebene Wort. Ein (gutes) Foto mit einer (guten) Bildunterschrift macht manchmal sogar einen längeren Bericht überflüssig. Tageszeitungen benötigen Schwarzweiß-Fotos oder kontrastreiche Farbpapierbilder, Publikumszeitschriften Farbdias. Um Kosten zu sparen, sollte man Pressediensten keine Originalfotos, sondern Kopien in Originalgröße mit einem Bestellformular beilegen. Der Verlust unersetzlicher Dias läßt sich durch Einsendung von Diakopien vermeiden, die heute in technisch hervorragender Qualität und preiswert gezogen werden. Bei Schwarzweiß-Fotos ist eine Rücksendung durch die Redaktionen nicht üblich, wohl aber bei Dias oder Diakopien.

Das Mindestformat bei Schwarzweiß-Fotos beträgt 13 cm × 18 cm, im Idealfall wählt man 18 cm × 24 cm. Die weißglänzend vergrößerten Motive erhalten eine doppelte Bildunterschrift, wobei eine beim Betrachten des Bildes zu lesen sein muß.

Obwohl aus technischer Sicht Kleinbild-Dias ausreichen, bevorzugen Bildredakteure das Mittelformat 6 cm × 6 cm. Zum Versand sind Glasrahmen ungeeignet, mit einer Schutzhülle versehene Passepartouts hingegen sichern das Dia, heben es bei der Auswahl von den anderen ab, bieten Raum genug für eine Bildunterschrift, erlauben das Einzeichnen von Ausschnitten etc.

Redaktionen beklagen häufig den technisch schlechten Zustand der Pressefotos und eine einfallslose Motiv-Wahl. Dazu gehören Gruppenfotos, händeschüttelnde und dabei unnatürlich in die Kamera lächelnde Personen und Gratulanten oder Spender, die überdimensional große Schecks, Urkunden oder ähnliches überreichen. Auch Motive mit Werbecharakter gehören nicht in die Rubrik Pressefoto.

Wer Pressefotos verschickt, muß sich auch mit der rechtlichen Seite auseinandersetzen (vgl. VDRJ, o.J.). Das Recht am eigenen Bild läßt nur in wenigen Fällen (bei Prominenten in ihrem öffentlichen Wirkungskreis, bei Besuchern von Massenveranstaltungen, sofern sie auch in der Masse fotografiert werden) eine gewerbliche Verwertung von Fotos ohne die Einwilligung der abgebildeten Personen zu. Redaktionen können bei der Zusendung von Pressefotos davon ausgehen, daß die Urheberrechte des Fotografen durch den Herausgeber des Pressedienstes nicht verletzt werden. Das bedeutet, daß z.B. Verkehrsämter vor dem Ankauf eines Fotos mit dem Fotografen klären müssen, ob sie die Aufnahme mit allen Rechten (zu jedem beliebigen Zweck) oder mit eingeschränktem Nutzungsrecht (nur zum vereinbarten Zweck) erwerben.

6.3.6   Verteiler

Bei der Aufstellung eines Presseverteilers unterläuft den meisten Fremdenverkehrsstellen oder touristischen Anbietern ein Standardfehler: Der Empfängerkreis wird zu breit gestreut. Dabei läßt sich mit einer Anschriftenliste von rund 250 bis 300 Adressen effektiv arbeiten.

6.3.6.1 Zeitungen/Zeitschriften/Agenturen

Zahlreiche Tageszeitungen verfügen über keine eigene Reiseredaktion, da sie nur sogenannte „Kopfblätter" (Regionalausgaben mit eigenem Titel und Lokalteil) sind und – neben dem Nachrichten-, Wirtschafts- und Feuilleton-Teil – auch die Reisebeilage von der Zentralredaktion übernehmen. Andere Zeitungen arbeiten eng zusammen und beziehen ihren Reiseteil von einer Hauptredaktion. Daneben gibt es Reise-Supplements, die verschiedenen Tageszeitungen beigelegt werden. In jedem Fall genügt die Zusendung des Pressematerials an die entsprechende Reiseredaktion. Neben Fachzeitschriften und Publikumszeitschriften (mit eigenem Reiseteil) werden in den Verteiler häufig auch Zeitschriften für spezielle Zielgruppen (z.B. Angler, Eisenbahnfreunde, Anhänger bestimmter Sportarten) aufgenommen. Solche Special-Interest-Magazine sollten jeweils nur dann in den Versand einbezogen werden, wenn das Pressematerial Informationen für den entsprechenden Leserkreis enthält.

Wichtige Meldungen sollten auch an die zuständige Presse-Agentur geschickt werden. Beim Aufbau des Verteilers sind ferner touristische Fachagenturen und Informationsdienste zu berücksichtigen.

6.3.6.2 Rundfunk und Fernsehen

Neben den Reiseredaktionen der ARD-Rundfunk- und Fernsehanstalten sollten auch die kommerziellen Sender nicht vernachlässigt werden. Allerdings besitzen zahlreiche von ihnen keine eigene Reiseredaktion. Nach einer von den Verfassern im Herbst 1995 durchgeführten Untersuchung aus Anlaß eines Rundfunk-Workshops für das Deutsche Seminar für Fremdenverkehr verfügten nur 45 von 150 seinerzeit existierenden privaten Rundfunksendern über einen eigenen Sendeplatz oder eine ganze Sendung für die Reiseberichterstattung, aber 65 bekundeten Interesse an Reisethemen und entsprechenden Presseinformationen.

6.3.6.3 Freie Journalisten

Da der Journalistenberuf ungeschützt ist, lassen sich viele nicht hauptberuflich arbeitende Journalisten als „freie Reisejournalisten" registrieren und in Adressenverzeichnisse aufnehmen. Sie sind für einen sparsam konzipierten Verteiler nicht relevant. Dennoch lohnt es sich, eine begrenzte Anzahl freier Journalisten in den Empfängerkreis einzubeziehen, um diese über das Angebot zu informieren und ihnen Anregungen für die eigene Berichterstattung zu liefern.

Ein namentlicher Versand der Presseaussendungen wirkt persönlicher, ist aber mit einem Risiko verbunden: Die Daten müssen ständig aktualisiert werden. Keines der branchenüblichen Nachschlagewerke erfüllt alle Auswahlkriterien zur Aufstellung eines begrenzten, aber ausreichenden und aktuellen Verteilers. Am ehesten wird die dreibändige Lose-Blatt-Sammlung von Zimpel (vgl. Zimpel, o.J.) den Anforderungen gerecht. Natürlich kann man auch nach bestimmten Auswahlkriterien zusammengestellte Adressen von Adreß-Verlagen kaufen, doch sind diese nur zum einmaligen Gebrauch bestimmt und deshalb in der Anschaffung sehr teuer. Außerdem ist eine Qualitätsprüfung schwierig.

6.3.6.4 Erfolgskontrolle

Zur Erfolgskontrolle empfiehlt sich der Bezug eines Ausschnittdienstes; jedoch müssen dem Ausschnitt-Büro als Lesehilfe eindeutige Such-Stichworte und eine begrenzte Liste der auszuwertenden Zeitungen und Zeitschriften an die Hand gegeben werden. Erfahrungsgemäß kann kein Ausschnittdienst eine hundertprozentige Erfolgskontrolle gewährleisten.

Zum geschickten Binnenmarketing gehört eine regelmäßige Zusammenstellung der veröffentlichten Zeitungsberichte für Aufsichtsgremien, Geldgeber und Leistungsträger.

6.4 Pressekonferenzen

Die Erfolge eines monatelangen Bemühens um gute Pressearbeit können durch eine nicht sorgfältig vorbereitete und unprofessionell durchgeführte Pressekonferenz mit einem Schlag zunichte gemacht werden: „Je professioneller eine Pressekonferenz abläuft, um so besser ist dies für eine vertrauensvolle Zusammenarbeit des Fremdenverkehrsamtes mit den Journalisten" (vgl. VDRJ, 1987, S. 14). Mit anderen Worten: Allein der Informationswert einer Pressekonferenz zählt (vgl. Bürger, 1991a, S. 119). Natürlich gibt es auch Einladungen zu Pressegesprächen, die eine gewisse Tradition haben – z.B. aus Anlaß einer touristischen Messe – und vorrangig der Kontaktpflege dienen. Will man auf diese Weise „Flagge zeigen", sollte man zum „Pressegespräch" einladen und seine Veranstaltung nicht „Pressekonferenz" nennen. Obwohl sich die Zielrichtung beider Veranstaltungen unterscheidet, bedürfen beide der gleichen Sorgfalt in Vorbereitung und Programmablauf.

6.4.1 Vorbereitung

Einladungen – mit vollständiger Angabe des Anlasses und der Gesprächspartner – sollten im Normalfall drei Wochen vor dem Ereignis verschickt werden; für lokale Ereignisse und Pressekonferenzen mit der ortsansässigen Presse gelten natürlich kürzere Einladungsfristen. Um Terminüberschneidungen zu vermeiden, kann man sich bei Redaktionen nach bereits vorliegenden Konferenz-Terminen erkundigen.

Bei der Wahl des Veranstaltungsortes wird häufig der Fehler begangen, ein besonders exquisites Hotel oder Restaurant auszusuchen, in der Hoffnung, damit möglichst viele Journalisten zur Zusage zu bewegen. Dabei entscheiden ein vorhandener Parkplatz und der Informationsgehalt der Einladung über die Teilnahme. Um die Zusage-Quote zu erhöhen, sollten die Gastgeber alle Redaktionen, die ihr Kommen angekündigt haben, am Tag vor dem Ereignis noch einmal telefonisch an ihre Absicht erinnern.

6.4.2 Ausstattung

Filme, Dias und Videostreifen finden nur in Ausnahmefällen – z.B. wenn sie preisgekrönt worden sind – auf einer Pressekonferenz ihre Berechtigung. In solchen Fällen sollten die technische Ausstattung und der Raum (Beleuchtung, Verdunkelungsmöglichkeiten) zeitig vor Beginn geprüft werden.

Um Nachfaß-Aktionen zu gewährleisten (siehe Abschnitt 6.4.4), muß eine Anwesenheitsliste ausliegen, in die sich die Gäste eintragen. Diesen wiederum sollte eine Auflistung der Gesprächspartner vorgelegt werden. Ungünstig ist es, wenn Pressemappen den vollständigen Redetext enthalten, weil dann die Aufmerksamkeit der Journalisten sehr gering ist. Es empfiehlt sich, die Pressemappe lediglich mit ergänzenden Materialien zum gesprochenen Wort auszustatten (Statistiken, Hintergrundinformationen, Bilanzen etc.). Journalisten, die an der Teilnahme verhindert sind, erhalten nach der Konferenz das komplette Material, also auch Kurzaufzeichnungen der Redebeiträge. Fotos und Prospektmaterial werden gesondert ausgelegt.

6.4.3 Ablauf

Die Person, die das ganze Jahr über den Kontakt zur Presse hält, sollte die Begrüßung und Moderation der Pressekonferenz übernehmen. Die einzelnen Referate dürfen eine Länge von fünf Minuten nicht überschreiten. Um zu vermeiden, daß die Redebeiträge mit Informationen überfrachtet werden, kann immer wieder auf die ergänzenden Texte in der Pressemappe hingewiesen werden. Für den Erfolg einer Pressekonferenz ist es unerheblich, ob sich zwei Redner die Wortbeiträge im Fünf-Minuten-Rhythmus teilen oder mehrere Gastgeber die Kurzreferate halten.

Einer häufig verbreiteten Unsitte, die Pressekonferenz für aktuelle Rundfunkinterviews zu unterbrechen, sollte man nicht nachgeben. Rundfunk- und auch ausführlichere Zeitungsinterviews gehören an das Ende der Pressekonferenz; für sie sollte ein separater, ruhiger Raum zur Verfügung gestellt werden. Die Interviews sind bei der Zeitkalkulation mit zu berücksichtigen.

Das gilt vor allem für den Fall, daß nach der Pressekonferenz ein Essen gegeben wird. Ein solches Essen läßt sich gut zum weiteren Gedankenaustausch nutzen. Jedoch ist ein Essen für den Erfolg der Pressekonferenz – mit Ausnahme von Abendeinladungen – unerheblich; aus Terminnot begrüßen viele Journalisten sogar, wenn sich die Bewirtung auf einen kleinen Imbiß während der Pressekonferenz beschränkt. Aus demselben Grund werden Journalisten auch ungehalten, wenn der Beginn der Veranstaltung über das akademische Viertel hinausgezögert wird. Insgesamt sollte die Dauer der Pressekonferenz einschließlich der Diskussion eine Stunde nicht überschreiten.

Die Verlosung von Reisen, die Beilage von Geschenk-Gutscheinen zur Einladung und teure Werbegeschenke sind mit dem Prinzip journalistischer Unabhängigkeit nicht zu vereinbaren. Hier ist äußerste Zurückhaltung angebracht; falls ein Pressegeschenk überreicht wird, sollte es einen Bezug zum Thema der Pressekonferenz haben (vgl. Schwartz, 1989, S. 48). Für Give-aways, wie Aufkleber und Schlüsselanhänger, sind Journalisten nicht die richtige Zielgruppe.

6.4.4 Nachbereitung

Nur in seltenen Fällen werden die auf Pressekonferenzen geknüpften persönlichen Kontakte im Zuge einer Nachbereitung vertieft. Dazu reicht ein freundlicher Brief („Dank für die Teilnahme ...") nicht aus. Auf der Pressekonferenz angekündigte Termine und Ereignisse (z.B. Fertigstellung bestimmter Einrichtungen, wichtige Veranstaltungen) bilden ideale Themen für Nachfaß-Aktionen mit Brief, Presseinformation und ergänzenden Unterlagen.

6.5 Pressereisen – Selbstdarstellung vor Ort

Touristische Dienstleistungen und der Freizeitwert einer Urlaubsregion sind nicht meßbar, verpackbar und – z.B. auf Ausstellungen – vorzeigbar. Pressearbeit kann noch so perfekt sein, ohne das PR-Instrument der Informationsreisen fehlt ihr der unmittelbare Beleg für den Wahrheitsgehalt. Auch Knöbl (1991, S. 82 f.) rechnet damit, daß selbst bei Ausnutzung der modernsten Informationstechniken auch in Zukunft die lebensgerechte Präsentation eines Urlaubsgebietes von Bedeutung ist. Eine Pressereise bietet nicht nur die Möglichkeit zur Selbstdarstellung vor Ort, sondern darüber hinaus die Chance, zu kritischen Fragen der recherchierenden Gäste sofort Stellung nehmen zu können (vgl. Ganser, 1991, S. 128).

6.5.1 Vorbereitung

6.5.1.1 Einladungen

Einladungen an Journalisten erfordern eine ebenso gründliche Vorbereitung wie die Organisation von Gruppenreisen, wobei sich der Trend hin zu kleineren, überschaubaren Gruppengrößen entwickelt hat.

Einladungen, die unter einem bestimmten Thema stehen (z.B. durch Schleswig-Holstein „auf Störtebekers Spuren"), finden eher Zuspruch als solche, die nur in eine Region oder einen Ort laden. Viele Veranstalter von Pressereisen sind dazu übergegangen, schon Monate vor dem Reisetermin unverbindliche Voreinladungen zu verschikken bzw. mehrere Reisen zur Auswahl vorzuschlagen. Dieses Verfahren erleichtert Gastgebern und Journalisten die Planung. Die konkrete Einladung sollte in jedem Fall sechs bis acht Wochen vorher versandt werden. Sie wird an den Leiter der Reiseredaktion adressiert, der natürlich nicht immer selbst an der Reise teilnehmen kann. Häufig gibt er die Einladung an Kollegen anderer Ressorts weiter. Diese sollten den Gastgebern ebenso willkommen sein wie Volontäre, die mit auf Reisen geschickt werden. Auf die Qualität der Berichterstattung hat die hierarchische Stellung der Journalisten nur selten Einfluß.

6.5.1.2 Reisedauer

Handelt es sich nicht um eine Pauschalreise, die an wöchentliche Flugtermine gebunden ist, reichen zur Information drei Tage – zuzüglich Zeit für An- und Abreise – im Zielgebiet aus. Häufig wird ein zu früher Reisetermin gewählt, an dem die touristische Infrastruktur noch nicht den Stand der Hochsaison erreicht hat. Geschickter ausgesucht sind Termine kurz vor oder unmittelbar nach der Hochsaison.

6.5.1.3 Kosten

Die eigentliche Saison fällt für Informationsreisen meist aus, da die Gastgeber auf Sponsorleistungen ihrer örtlichen Leistungsträger angewiesen sind. Bei Einladungen werden An- und Abreise (im Normalfall Bahnfahrt 1. Klasse), Übernachtung, Verpflegung, Transfers und Extraleistungen gezahlt, die unmittelbar mit dem Programm zusammenhängen (Eintrittsgelder etc.). Unüblich ist die Übernahme der Kosten für eventuell mitreisende Partner, private Telefonate und privaten Verzehr in der Bar oder Minibar.

6.5.1.4 Programm

Das endgültige Programm muß Raum für Ruhephasen, eigene Recherchen und intensive Gespräche mit Gastgebern und Leistungsträgern lassen. Durchaus nützlich ist es, sich als Gastgeber in einem Schlußgespräch der Kritik zu stellen. Da nur selten eine homogene Gruppe reist und neben schreibenden Journalisten auch Fotografen und Rundfunkmitarbeiter geladen sind, ist es unumgänglich, auch deren Bedürfnisse bei der Programmplanung zu berücksichtigen und im Programm entsprechend darauf hinzuweisen.

Listen von Kontaktadressen, Quartieren, mitreisenden Journalisten und Reiseveranstaltern, die das entsprechende Gebiet anbieten, sollten dem endgültigen Programm ebenso beigefügt werden wie erstes Informationsmaterial.

6.5.2 Ablauf

Eine Karte mit farblich unterschiedlich markierten Tagesrouten erleichtert den Teilnehmern die Orientierung. Die Gäste dürfen nicht von Ort zu Ort oder von Programmpunkt zu Programmpunkt „weitergereicht", sondern müssen durchgängig von einer Person betreut werden. Das gilt auch für Abendveranstaltungen. Die Begleitperson kann Programmfehler auch während der Reise korrigieren. Bei Journalisten sind durchweg Begrüßungsreden – vor allem von Bürgermeistern und Funktionären –, die Besichtigung von Schwimmhallen und Spaßbädern und täglich wiederkehrende Spezialitäten der Region auf der Speisekarte verpönt.

Für Geschenke gilt die gleiche Zurückhaltung wie bei Pressekonferenzen.

6.5.3 Nachbereitung

Bei allen Beteiligten findet eine Liste der Gesprächspartner, die während der Reise – geplant oder spontan – getroffen wurden, Anklang. Die Anknüpfungspunkte für Nachfaß-Aktionen decken sich mit denen der Pressekonferenzen. Eine Zusammenfassung aller im Zusammenhang mit der Reise veröffentlichten Berichte sollte nicht nur an Aufsichtsgremien, Leistungsträger und Sponsoren, sondern auch an alle Reiseteilnehmer verschickt werden.

6.6 Schlußbemerkung

Die Finessen der Pressearbeit zu erlernen, ist ein lebenslanger Prozeß. Das Grundwissen läßt sich zwar durch Fachliteratur erwerben, aber die Anwendung in der Praxis steht und fällt mit der Bereitschaft, sich auf Menschen einzustellen.

Leider wird Pressearbeit in den Ausbildungsplänen für Touristiker an Hoch- und Fachhochschulen und in berufspraktischen Ausbildungsgängen vernachlässigt. In Betrieben und touristischen Organisationen setzt sich die stiefmütterliche Behandlung des Bereichs der Pressearbeit fort. Einige Fremdenverkehrsverbände haben diesen Mangel erkannt und bieten im Rahmen ihrer Fortbildung Kurse zum Thema Pressearbeit im Tourismus an. Die zentrale Weiterbildungseinrichtung für die deutsche Tourismuswirtschaft, das Deutsche Seminar für Fremdenverkehr (DSF), Berlin, veranstaltet seit Jahren solche Kurse in verschiedenen Stufen für Anfänger, Fortgeschrittene und langjährige Profis. Die stets hohen Auslastungsquoten dieser Seminare beweisen den großen Nachholbedarf der Branche.

Literatur

Aigner, G. (1992): Ressort: Reise. Neue Verantwortung im Reisejournalismus. München.
Bürger, J. H. (1991a): PR: Gebrauchsanleitung für praxisorientierte Öffentlichkeitsarbeit, Rubrik: Berufspraxis/Öffentlichkeitsarbeit 1. Landsberg/Lech.
Bürger, J. H. (1991b): PR: Gebrauchsanleitung für praxisorientierte Öffentlichkeitsarbeit, Rubrik: Recht 3. Landsberg/Lech.
Bürger, J. H. (1991c): PR: Gebrauchsanleitung für praxisorientierte Öffentlichkeitsarbeit, Rubrik: Journalismus 5. Landsberg/Lech.
Gerhardt, R. (1993): Lesebuch für Schreiber. Vom journalistischen Umgang mit der Sprache. Frankfurt a.M.
Ganser, A. (1991): Öffentlichkeitsarbeit in der Touristik. München.
Junge, G. (1982): Die Presse und ihre Bedeutung für den Fremdenverkehr. München.
Knöbl, Chr. (1991): Öffentlichkeitsarbeit. In: Österreich Werbung (Hrsg.): Marketing 2000. Wien.
Köppel, H. J. (1983): Die gleiche Reise ist nicht dieselbe Reise. In: Touristikmanagement, Nr. 3, S. 28 f.
Lang, H.-R., G. Eberle, H. Bartl (Hrsg.) (1989): TourLex. Darmstadt.
Schneider, W. (o.J.): Deutsch für Profis. Hamburg.
Neumann, S., H. Schwartz (1993): Pressearbeit im Tourismus. Deutsches Seminar für Fremdenverkehr (Hrsg.). Berlin.
Tietz, B. (1980): Handbuch der Tourismuswirtschaft. München.
Vereinigung Deutscher Reisejournalisten (VDRJ) (Hrsg.) (1983): Hinweise für Herausgeber touristischer Pressedienste. München.
Vereinigung Deutscher Reisejournalisten (VDRJ) (Hrsg.) (1987): Fremdenverkehrsämter und Medien. München.
Vereinigung Deutscher Reisejournalisten (VDRJ) (Hrsg.) (o.J.): Urheberschutz und Recht am eigenen Bild. München.
Zimpel, D. (Hrsg.) (o.J.): Loseblatt-Sammlung Zimpel 1 (Zeitungen), Zimpel 2 (Zeitschriften), Zimpel 3 (Funk und Fernsehen). München.

C Reiseleitung und Reiseplanung

1 Planung von wissenschaftlichen Studienreisen

Walter Eder

1.1 Begriffsdefinition und Voraussetzungen für die Planung einer Studienreise

„Eine Studienreise ist eine Gruppenreise mit begrenzter Teilnehmerzahl, festgelegtem Reiseverlauf sowie deutschsprachiger, fachlich qualifizierter Reiseleitung." In dieser Definition der „Arbeitsgemeinschaft Studienreisen" von 1983 wird der Begriff „wissenschaftlich" bewußt vermieden, um sich nicht unnötig Regreßansprüchen von Reisenden auszusetzen, die mit den Leistungen des Reiseleiters unzufrieden sind.[1] Wenn hier dennoch von „wissenschaftlichen Studienreisen" gesprochen wird, so nicht wegen einer nostalgischen Sehnsucht nach der dürren Seminaratmosphäre antiquierten akademischen Frontalunterrichts, sondern mit Rücksicht auf ein gemeinsames Kriterium von Studium und Wissenschaft: den prozessualen Charakter des Lernens und Erkennens. Eine *wissenschaftliche Studienreise* ist demnach eine als Pauschalreise mit festem Programm angebotene Gruppenreise von ca. 20 Teilnehmern,[2] betreut von einem fachlich qualifizierten Reiseleiter. Er hat den störungsfreien organisatorischen Ablauf der Reise zu sichern und sachlich zutreffende Informationen zum Inhalt des Programms, vor allem aber Alternativen der Deutung und Interpretation der visuell erfaßbaren Objekte und Objektgruppen in den besuchten Regionen und Ländern zu bieten.

Obwohl eine Reiseleitung dieser Art in der Regel eine akademische Ausbildung voraussetzt, betont diese Definition nicht nur Kriterien des Inhalts und einer, nicht zwingend durch akademische Grade und Prüfungen, nachgewiesenen fachlichen Qualifikation des Reiseleiters, sondern in gleichem Maße auch ein bestimmtes Prinzip der kommunikativen Wissensvermittlung, nämlich den dynamischen Prozeß des „interaktiven Lernens".[3] An die Stelle dogmatisch gebotener Lehrmeinungen tritt dabei die

---

[1] Zur Definition siehe Günter (1991b, S. 31).
[2] Kubsch (1991, S. 422) nennt die Zahl von 30 Teilnehmern „für den optimalen Einsatz eines Studienreiseleiters". Diese Zahl entspringt dem Wunschdenken eines Veranstalters, keineswegs den Grundsätzen einer verantwortungsvollen Planung einer Studienreise, die diesen Namen verdient.
[3] Diese Formulierung lehnt sich auch inhaltlich an das Kommunikationsmodell der „themenzentrierten Interaktion" an, das von Cohn (1988) für Lehr- und Lernsituationen in Gruppen entwickelt wurde. Apodiktische Äußerungen wie „Nicht mehr das Wissen eines Reiseleiters ist entscheidend ..." (Albrecht/Kunze, 1991, S. 198) verschieben das notwendige Gleichgewicht zwischen Fachwissen und den pädagogisch-psychologischen Fähigkeiten in unzulässiger Weise zugunsten

Diskussion verschiedener wissenschaftlicher Meinungen und Interpretationsmöglichkeiten durch den Reiseleiter, zwischen Reiseleiter und Gruppe und innerhalb der Gruppe.

Aus dieser Prämisse ergeben sich folgende organisatorische und inhaltliche *Voraussetzungen für die Planung* von Studienreisen:

– Die Präsentation der Objekte darf nicht zum Akt der Selbstbestätigung des Reiseleiters werden, sondern muß einen Rahmen schaffen, der es dem Reisenden erlaubt, sich aufgrund ausreichender und fachgerechter Informationen durch den Reiseleiter ein begründetes Urteil über die Schlüssigkeit der Deutung oder über den Grad der Wahrscheinlichkeit unterschiedlicher Interpretationen zu bilden.
– Die konkrete Planung einer Studienreise hat von einem inhaltlich-thematisch übergreifenden „roten Faden" auszugehen, der im Gesamttitel der Reise sichtbar wird und es auch erlaubt, die Vielzahl der Objekte in einzelne sinnvoll ausgewählte „Erlebnissequenzen" zu gruppieren, die als „Tagesthemen" formuliert werden können.
– Die Entwicklung eines Konzepts einer pädagogisch und kommerziell erfolgversprechenden Studienreise durch den Veranstalter verlangt vom ersten Schritt an die enge Zusammenarbeit zwischen Fachleuten des technisch-organisatorischen Bereichs (Transport, Unterkunft, Marketing) und erfahrenen Kennern der Geschichte und Kultur des ins Auge gefaßten Zielgebiets, in der Regel also Reiseleitern.

1.2 Zwischen Ideal und Realität: Der Entwurf einer Studienreise

Wie jede Planung ist auch die Planung einer Studienreise die Herstellung eines optimalen Kompromisses zwischen Wünschbarem und Machbarem. Dieser Kompromiß erfordert im Fall der wissenschaftlichen Studienreise eine besonders hohe Flexibilität der Beteiligten, da auf der einen Seite der Veranstalter die berechtigten Grundsätze der Rentabilität und Konkurrenzfähigkeit zu berücksichtigen hat, während auf der anderen Seite der Reiseleiter mit dem gleichen Recht auf inhaltlicher Vollständigkeit bzw. optimaler Aussagekraft der auszuwählenden Beispiele bestehen muß. In manchen Fällen werden sich beide Seiten mit zweitbesten Lösungen zufriedengeben müssen, um das gemeinsame Ziel zu erreichen, nämlich eine inhaltlich gediegene und zugleich marktfähige Studienreise zu entwerfen (vgl. Albrecht/Kunze, 1991, S. 185–199, bes. S. 188; Kubsch, 1991, S. 417–433). Dabei muß von Anfang an eine enge Verzahnung und die gegenseitige Respektierung von Veranstalter- und Reiseleiterinteressen sichergestellt werden. Die Rolle des Reiseleiters wird mit fortschreitender Konkretisierung der Pla-

---

der Didaktik und Methodik. Wissensvermittlung setzt Wissen voraus; wer nichts zu sagen hat, braucht auch nicht zu überlegen, wie er es sagt.

nung immer bedeutender, bis sie schließlich faktisch in seine Alleinverantwortlichkeit bei der Feinplanung mündet.

1.3   Planungsanlaß und Planungsziele

Der Anstoß zur Entwicklung einer neuen Studienreise kann vom Veranstalter wie vom Reiseleiter ausgehen. Im ersten Fall können erweiterte Geschäftsbeziehungen, neue Kenntnisse über die touristische Infrastruktur in den Zielländern, Trendbeobachtungen beim Käuferverhalten oder auch der Wunsch im Vordergrund stehen, bereits vorhandene Kapazitäten auf dem Transport- und Hotelsektor besser zu nutzen. Im zweiten Fall werden die pädagogische Absicht, den Reisenden interessante, aber noch fremde Regionen zu erschließen, oder Veränderungen im „Angebot" an Sehenswürdigkeiten in bereits bekannten Zielgebieten den Ausschlag geben (neue Museen oder Ausgrabungen, Restauration von bisher unzugänglichen Objekten, Einrichtung von Naturschutzparks usw.). In beiden Fällen kann die Neigung, eine Studienreise zu planen, auch durch externe Faktoren gefördert werden, etwa durch einen Wandel im allgemeinen Bekanntheitsgrad bestimmter Regionen und Völker, der durch die Reiseberichterstattung in den Medien oder spektakuläre politische Ereignisse hervorgerufen wird oder durch politische Entwicklungen in Ländern, die sich aus wirtschaftlichen Gründen bewußt dem Tourismus öffnen.

1.4   Die Grobplanung

In dieser Phase sind die jeweiligen Vorschläge gemeinsam vom Veranstalter und Reiseleiter unter den Aspekten der Durchführbarkeit und der Konkurrenzfähigkeit zu prüfen.

Die *Durchführbarkeit* einer Reise ist dann gegeben, wenn das vom Veranstalter vorgesehene Zielgebiet genügend historische, kulturelle, ethnologische oder auch zoologische oder geologische Attraktionen bietet,[4] um eine inhaltlich anspruchsvolle Reise zu gestalten, bzw. wenn der vom Reiseleiter eingebrachte, hauptsächlich am Inhalt orientierte Vorschlag auf der Basis der touristischen Infrastruktur der betreffenden Region umsetzbar ist. Nicht jede Region erfüllt beide Voraussetzungen.

---

[4] Über das breite Spektrum geeigneter Inhalte und Themen von Studienreisen informieren eindrucksvoll die in Günter (1991a, S. 225–399) zusammengestellten zwölf Aufsätze. Leider fehlen Konzepte für Reisen zu technischen Denkmälern („Industriearchäologie") oder für Literaturreisen.

534 Walter Eder

Reiseveranstalter		Reiseleiter
Technisch-oganisat. Know-how		Fachlich-pädagog. Know-how

Planungsanlass:
Ausbau touristischer Infrastruktur
Trends in den Reisemotiven
Geschäftsverbindungen
Freie Kapazitäten usw.

Planungsanlass:
Erschliessung neuer Zentren
(Museen, Grabungen,
Restauration u.a.)
Histor.-kultur. Jubiläen
Neue didaktische Konzepte

Reisevorschlag → Prüfung auf Durchführbarkeit u. Konkurrenzfähigkeit

Fachliche Qualität
Objekte
Routenführung
Kohärenz

Reisevorschlag ← Prüfung auf Durchführbarkeit u. Konkurrenzfähigkeit

Techn.-org. Qualität
Hotels (Etappen)
Transport, Preis
Dauer

Grobplanung
Preis
Häufigkeit
Termine
Reisethema (Arbeitstitel)
Route
Objekte
Dauer
Etappengliederung

Feinplanung
Reisetitel (Pädagog.-inhaltl. Ziel)
Tagesthemen (mit exakter Zeitplanung)
Endgültige Routenführung mit Etappenzielen

Organ. Vorbereitung
Flugkontingente
Transport im Zielgebiet
Hotelkontingente

← Abstimmung →

Teilnehmerinformation
Katalogtexte
Werbetexte
Reisebegleiterheft
(Pläne, Karten, Texte)

Werbung, Katalog, Begleitheft für Reisende
Kundenbetreuung (Verkauf, Sonderwünsche)

← Abstimmung →
Information →

Gruppe, Sonderwünsche
Last-Minute-Änderungen

Reiseverlauf

Begleitende Überwachung der Durchführung ("Katastrophenwache")

← →

Sicherung des organisat. Ablaufs nach Programm, fachliche Information, Abstimmung der Didaktik auf die Gruppe, Steuerung des "Gruppenklimas"

Reiseleiterbericht:

Erfolgskontrolle
Techn-organisat. Probleme
Preiskalkulation
Nachfrage
Reklamationen

Abstimmung
Techn-org. Verbesserungen
inhaltliche Veränderungen

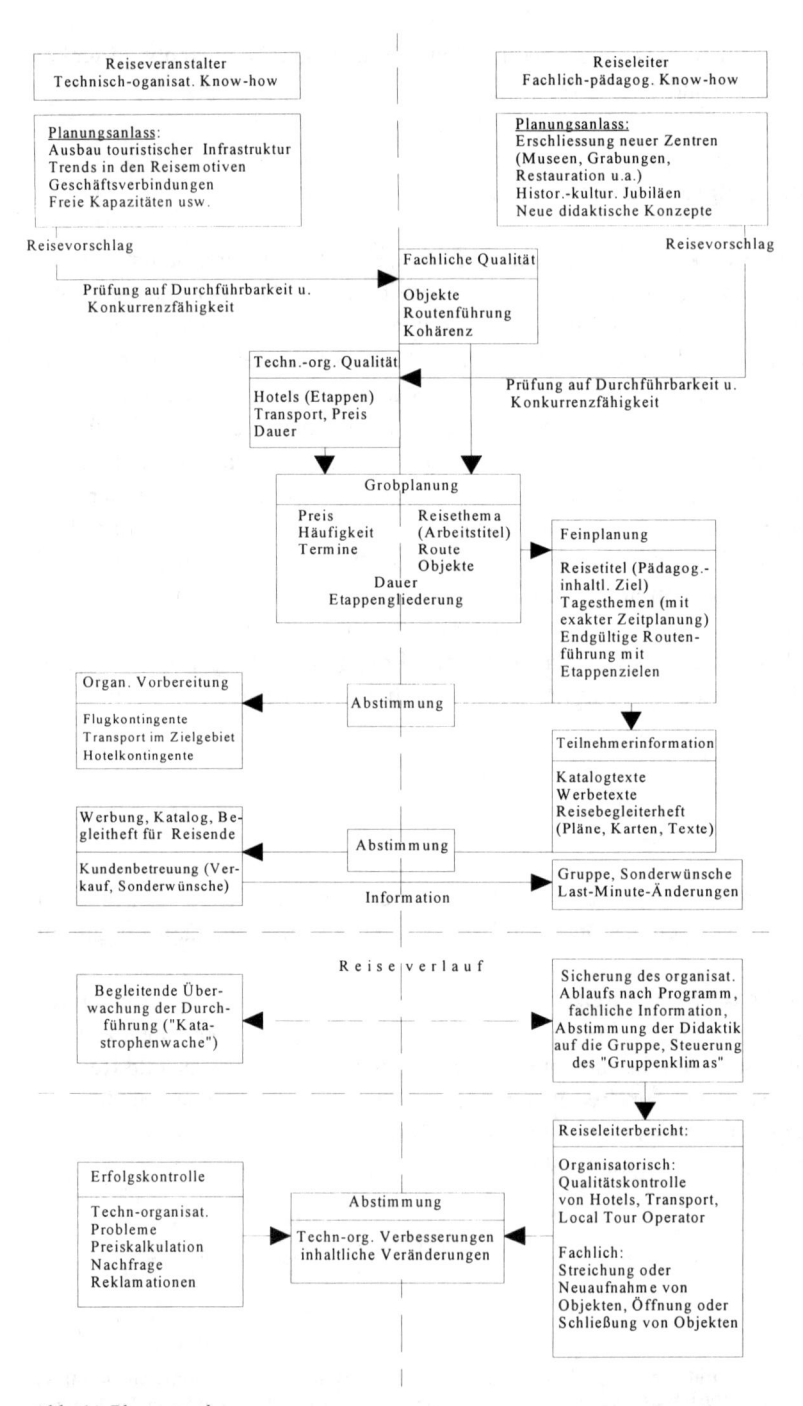

Organisatorisch:
Qualitätskontrolle von Hotels, Transport, Local Tour Operator

Fachlich:
Streichung oder Neuaufnahme von Objekten, Öffnung oder Schließung von Objekten

Abb. 1: Planungsschema

Die *Konkurrenzfähigkeit* ist gegeben, wenn die Studienreise in eine Angebotslücke stößt oder wenn konkurrierende Angebote bei gleicher Leistung preislich unterboten oder bei gleichem Preis inhaltlich überboten werden können. Der Grobentscheidung hat daher eine genaue Prüfung des vorhandenen Studienreiseangebots möglichst vieler Mitbewerber auf dem Markt voranzugehen. Der Veranstalter prüft dabei die Preise, die Dauer der Reisen, die Qualität von Transport und Unterkunft und den gesamten Umfang der Leistungen. Der Reiseleiter achtet auf Auswahl und Menge der Objekte, die thematischen Schwerpunkte und die Routenführung.

1.5 Die Optimierung des Kompromisses: die Feinplanung

Die Feinplanung liegt überwiegend in den Händen des Reiseleiters. Da sich im Veranstalterbereich angesichts der zunehmenden weltweiten Standardisierung auf dem Sektor des Transport- und Hotelangebots kaum noch Verbesserungen erzielen lassen, liegt es hauptsächlich beim Sachverstand und der Findigkeit des Reiseleiters, die Qualität und den Erfolg einer Studienreise innerhalb eines festen zeitlichen und/oder finanziellen Rahmens zu optimieren.

Zweifellos lebt eine Studienreise von ihren fachlichen Inhalten. Ihnen ist deshalb bei der Planung die oberste Priorität einzuräumen. Andererseits bestimmt die Art und Weise der Präsentation dieser Inhalte, also der didaktische Prozeß der Vermittlung, den Lernerfolg und damit den Grad der Zufriedenheit der Teilnehmer, die eine Studienreise gebucht haben, um etwas klüger nach Hause zu kommen. Dies wiederum erhöht die Bereitschaft der Gruppe, physische Belastungen auf sich zu nehmen, und schafft ein Gruppenklima, das streßhemmend und konfliktmindernd wirkt. Im Grunde sind deshalb bei der Planung die drei Faktoren *Inhalt*, *Didaktik* und *Gruppensituation* stets nebeneinander und gleichwertig zu berücksichtigen. Wenn sie im folgenden getrennt behandelt werden – ohne freilich Überschneidungen ganz vermeiden zu können –, so geschieht dies aus Gründen der systematischen Darstellung.

Die der *Feinplanung zugrunde liegenden Hauptkomponenten* sind der fachliche Inhalt, die pädagogischen Anforderungen an Didaktik und Methodik und die psychische und physische Belastbarkeit der Teilnehmer in der spezifischen Situation einer Gruppenreise.

Auswahl und Anordnung der fachbezogenen Inhalte
Sie ist in groben Zügen bereits in der Phase der Grobplanung erfolgt und hat zur Festlegung eines Reisethemas geführt. Aufgabe der Feinplanung ist es, alle in Frage kommenden Objekte nach ihrer exemplarischen Bedeutung für das spezifische Lernziel der Reise zu gewichten und zu sortieren, mit einem zeitlichen Rahmen für die Präsentation zu versehen und so anzuordnen, daß eine entwickelnde Darstellung etwa der Eigenart eines Architektur- oder Kunststils, typischer Lebensformen, der historischen Kontinui-

täten und Brüche in der jeweiligen Region oder Stadt möglich ist. Aus dieser am Inhalt orientierten Auswahl und didaktischen Erwägungen folgenden Anordnung entsteht das zeitliche und örtliche Grundgerüst.

Eine Studienreise kann sich jedoch in der Regel nicht nur auf Objekte beschränken, die in unmittelbarem Zusammenhang mit dem Reisethema stehen, da die Reise zwar meist in die Geschichte, aber immer auch in die Gegenwart eines Landes führt. Selbst wenn manche Studienreisende in der Tradition der alten „Bildungsreise" kaum Informationen über Land und Leute erwarten, werden Auskünfte über das politische System, das Schulwesen, die Wirtschaftsformen und Verhaltensweisen usw. als Bereicherung empfunden. Zudem erhöhen sie zusammen mit der Vertrautheit auch das Sicherheitsgefühl in der fremden Umgebung. Deshalb sind auch Objekte auszuwählen, die einen visuellen Anlaß zur Darstellung von landeskundlichem Hintergrundwissen bieten (Rathäuser, Kasernen, religiöse Bauten usw.) oder den direkten Kontakt ermöglichen (Besuch einer Dorfschule, eines Gottesdienstes, von Märkten oder Festen). Der Umfang dieser Gruppe von Objekten ist abhängig vom Reisethema und der damit verbundenen Erwartungshaltung des Reisenden: Ein etwas vager Reisetitel „Bezaubernde Südwesttürkei" muß dem Land und seinen Bewohnern größeren Anteil geben als ein Spezialtitel „Auf den Spuren Alexanders des Großen", obwohl beide Reisen in die gleiche Region führen. Im Zusammenhang mit der Landeskunde steht auch das spontane Aufgreifen von Straßenszenen, auffälligen Trachten, Wahlplakaten, Graffiti, Karikaturen in Zeitungen usw. Dies kann zwar nicht fest eingeplant werden, da sich die Anlässe zufällig ergeben, ist aber immer anzustreben.[5]

Eine dritte Gruppe von Objekten, die in die Planung einzubeziehen sind, bilden die sogenannten touristischen „Highlights", selbst wenn sie keinen Zusammenhang mit dem Thema aufweisen und wenig Aussagekraft für das moderne Leben haben. Diese Objekte sind entweder durch die Literatur, die Massenmedien und die Tourismuswerbung so bekannt geworden oder so fest mit der klischeehaften Vorstellung von einer Region verbunden, daß der Verzicht auf ihren Besuch Enttäuschungen hervorrufen würde. So wird man niemals die Kathedralen der Ile de France verlassen, ohne den Eiffelturm gesehen zu haben, oder dem antiken Rom ohne den Besuch der Spanischen Treppe den Rücken kehren.

Die Fülle der unter den drei Aspekten des fachlichen Inhalts, der Landeskunde und der Klischeebindung ausgewählten Objekte führt leicht zu einer Überlastung des Programms und zu einer zusammenhanglosen Aufzählung der Sehenswürdigkeiten in den Katalogen der Veranstalter. In der Praxis ist diese Überlastung vom Veranstalter meist gewünscht; denn viele Kunden geben bei gleichem Reisepreis dem umfangreicheren Angebot an Sehenswürdigkeiten den Vorrang, obgleich dadurch die Intensität des Studiums gesenkt und der Erfolg der Reise als Studienreise gefährdet wird. Auch wenn auf der Reise häufig klar wird, daß weniger mehr gewesen wäre, ist der Reiseleiter an

---

5 Isenberg (1991, S. 225–236) liefert eine sehr anregende und kompetente Zusammenfassung seiner langjährigen Forschungen zur „Spurensuche".

das übervolle Programm gebunden. Er darf Kürzungen auch nicht auf Mehrheitsbeschlüsse der Gruppe stützen, da jeder einzelne Kunde Anspruch auf die vollständige Durchführung des im Katalog ausgedruckten Programms hat.

Um zu verhindern, daß die Konkurrenz der Veranstalter die Studienreise als solche vernichtet, ist bei der Planung darauf zu achten, daß bereits im Katalog neben der thematischen Eingrenzung der Reise auch den einzelnen Tagen oder Halbtagen Sachthemen zugeordnet werden. Sie zeigen inhaltliche, auf das Reisethema bezogene Schwerpunkte an, die es einerseits ermöglichen, die bunte Vielfalt mit einem festen Rahmen zu versehen und es andererseits erlauben, die übrigen Programmpunkte zeitlich weniger stark zu gewichten. Des weiteren sollte den Kunden ein Begleitheft zur Verfügung stehen, das auf die spezielle Reise abgestimmt ist und in der Reihenfolge der Reiseetappen visuelle Unterstützung und Orientierungshilfe bietet (Kartenausschnitte mit eingezeichneter Reiseroute und Besichtigungszielen, Grundrisse, Pläne, Schaubilder, Rekonstruktionen, Zeitleisten usw.). Die eng aufeinander abgestimmte optische und akustische Information durch Begleitheft und Reiseleiter erleichtert einen kooperativen Führungsstil, spart Zeit und trägt dennoch erheblich zur Vertiefung der erworbenen Kenntnisse bei.

Didaktik und Methodik
Bereits in die Definition der Studienreise und in die Grobplanung sind wichtige Elemente der Didaktik und Methodik eingeflossen: Mit der Festlegung des Reiseziels und der Formulierung des Reisethemas sind Inhalt und Lernziel der Wissensvermittlung bereits definiert worden.[6] Mit dem Prinzip des interaktiven Lernens als wesentlichem Kriterium der wissenschaftlichen Studienreise ist auch der methodische Ansatz beschrieben.

Der didaktisch-methodischen Umsetzung von Lerninhalten auf Studienreisen stellen sich zwei Aufgaben: zum einen die sachkundige Präsentation von Objekten, die meist den Bereichen der Geschichte, Kunstgeschichte oder Archäologie angehören und durch ihre feiertägliche Aura die Annäherung erschweren; zum anderen die Verbindung konträrer Bedürfnisse des Reisenden, der mit der Buchung einer Studienreise als Urlaubsreise zwar einerseits seinen Willen zum „Studieren" erklärt, aber andererseits ein latentes oder offenes Bedürfnis nach Erholung und Urlaub hat.

Die Präsentation ist deshalb so zu gestalten, daß der Reisende sein Bedürfnis nach der Vermehrung seines Wissens befriedigen und zugleich diesen Erfolg seiner eigenen Aktivität und Mitwirkung zuschreiben kann. Der Erholungseffekt einer Studienreise fließt zwar auch aus der geschickten Anordnung und Nutzung von Freizeiten, Spaziergängen oder der Planung von Picknicks am Strand und an Aussichtspunkten, vor allem aber ergibt er sich aus dem „Belohnungswert" von Studienreisen, der in der tätigen

---

[6] Eine solide Einführung gibt Günter (1991c, S. 200–224). Ebenfalls zu empfehlen ist Schneider (1990), der am Beispiel Griechenlands und Zyperns verschiedene didaktische Modelle und methodische Vorgehensweisen diskutiert und ihre Anwendbarkeit auf die Praxis überprüft.

Mehrung von Kenntnissen und damit der Bestätigung der eigenen gedanklichen Fähigkeiten liegt. „Die Kunst ist eine der Belohnungen, die uns zufallen, wenn wir denken, indem wir sehen" (Arnheim, 1985, S. 296).

Die Haupttätigkeit des Reiseleiters besteht im Zeigen. Wenn aber Zeigen nicht nur ein Hinweisen und Benennen bleiben, sondern zum Begreifen und zum Erkennen führen soll, ist eine Methode des Zeigens notwendig, die von den Mechanismen der Wahrnehmung, also des Sehens, ausgeht.[7] Sehen ist so selbstverständlich, daß es häufig mit Erkennen verwechselt wird. Es ist jedoch ein Irrtum zu glauben, alle Menschen sähen das gleiche, nur weil sich ein Gegenstand bei allen in gleicher Form auf der Netzhaut spiegelt. Sehen hat jedoch insofern mit Erkennen zu tun, weil menschliche Wahrnehmung auf Bekanntes und Vertrautes zielt, Sehen also immer auch ein Wieder-Erkennen ist.

Daß der Umfang dessen, was man sieht, und die Präzision bei der Einordnung des Gesehenen in den Verstand von der Erfahrungsbreite und dem Wissen des jeweiligen Betrachters abhängt, macht der vielzitierte Satz „Man sieht nur, was man weiß" deutlich. Je größer demnach die Menge des aus Erfahrung, Studium und Forschung gewonnenen Wissens ist, desto mehr wird der Betrachter sehen, und desto besser wird er Neues verstehen können; denn die auf Reisen erforderliche kulturelle Assimilationsfähigkeit ist nichts anderes als das „Verstehen des Neuen durch Angleichung an den bekannten Kulturbestand" (Panofsky, zit. in Bätschmann, 1988, S. 16). Daraus folgt, daß Fachmann und Laie tatsächlich verschiedene Dinge sehen, daß aber auch Fachleute unter sich Verschiedenes sehen, wie der Streit um die Zuordnung von Kunstwerken zu einzelnen Künstlern immer wieder beweist.

Für den Reiseleiter als dem „Fachmann" ergibt sich daraus die pädagogische Aufgabe, dem Reisenden als dem „Laien" ein Objekt zu zeigen, indem er es aus der Fülle seiner Erfahrung und Forschung heraus beschreibt – und damit das Sichtbare erst bewußt macht – und es aufgrund seines Wissens deutet, wobei er seine eigene Deutung plausibel und begreifbar machen muß, indem er die Gründe sowohl für seine als auch für weitere, abweichende Interpretationen zu erläutern hat.

---

[7] Es ist bedauerlich und hoffentlich nur ein Versehen, daß sich auch in der 2. Auflage des auf Vollständigkeit bedachten „Handbuch für Studienreiseleiter" (HfS) (Günter, 1991a) kein Artikel findet, der sich den grundsätzlichen Problemen der Mechanismen und Voraussetzungen von Wahrnehmung widmet. Lediglich Isenberg spricht in seinem Beitrag auf S. 231 kurz die Frage von Wirklichkeit und Wahrnehmung an. Selbst der Kunsthistoriker Kluckert widmet dieser Grundfrage weder in seinem Beitrag im HfS (S. 373–386) noch in seinem Buch (Kluckert, 1981) besondere Aufmerksamkeit. Als „Pflichtlektüre" für Reiseplaner und Reiseleiter seien deshalb ergänzend empfohlen: Baxandall (1977), Arnheim (1985) – unverzichtbar! –, Bätschmann (1988) und Belting et al. (1988) mit anregenden Beiträgen. Eine geradezu vorbildliche Umsetzung der Forschungen zur Wahrnehmungspsychologie in der Praxis des Reiseleiters ist Gerhard Winter, Universität Tübingen, in seinem Vortrag „Wirklichkeit und Erfahrung – Umweltwahrnehmung bei Studienreisen" bei der Akademie Tutzing 1978 gelungen. Meines Wissens ist dieser Vortrag leider nicht publiziert worden.

Beim Problem der Deutung wird klar, daß der oben zitierte Satz „Man sieht nur, was man weiß" nur die halbe Wahrheit sagt. Denkt man den Satz nämlich zu Ende, so ergibt sich das pessimistische Ergebnis, daß man durch Sehen nichts lernen könne, weil sich im wiedererkennenden Sehen ja nur das bereits Gelernte wiederholt. Sehen ist aber mehr: Es ist „anschauliches Denken", ein Denken in Bildern und mit Bildern, das zum Erkennen bisher unbekannter Zusammenhänge und Konstellationen führen kann. Die bekannten „Aha-Effekte" sind solche plötzlichen Erweiterungen des „Gesichtskreises", wenn sich Altbekanntes zu einem neuen Verständnis ordnet.

Erkennendes Sehen ist bereits Aktion, nämlich die Tätigkeit der Wahrnehmungsorgane und des Gedächtnisses beim Empfangen, Bewahren, Einordnen und Verarbeiten des visuellen Materials, das sich dem Auge bietet. Die damit verbundenen Denkanstöße und der daraus resultierende Lerneffekt können weiter gesteigert werden durch die aktive Beteiligung der Reisenden am Beschreiben und in der Diskussion der möglichen Deutungen. Bei der Einbeziehung der Teilnehmer in diesen Prozeß sind jedoch zwei Faktoren zu berücksichtigen: der Wissensstand und die Gruppensituation. Zu allgemeine Fragen an die Gruppe wie „Was sehen Sie?" oder die lehrerhafte Aufforderung „Beschreiben Sie doch mal ...!" sind ebenso unangebracht wie Appelle an die Emotionen, etwa „Gefällt Ihnen das Bild?" oder „Was empfinden Sie beim Anblick dieser Fassade?"[8] Denn allgemein gestellte Fragen schaffen Verwirrung (Wo anfangen?) und Unzufriedenheit (Wozu haben wir einen Reiseleiter?), an die Emotion gerichtete Fragen wiederum bringen Konflikte zwischen der persönlichen Meinung und dem Konformitätsdruck, der von der angenommenen Mehrheitsmeinung der Gruppenmitglieder ausgeht. Verlegenheit und Erwartungsdruck schaffen Aggressionen, setzen Mechanismen der Wahrnehmungsabwehr in Gang (Rückzug aus Angst vor Blamage) und verhindern so den Lerneffekt.

Bei der Planung ist deshalb zu berücksichtigen, daß besonders am Anfang der Reise nur solche Fragen an die Gruppe gestellt werden, die aufgrund einer durchschnittlichen Erfahrung und der aufmerksamen Beobachtung des Objekts zu beantworten sind („Worauf ist Ihr Blick als erstes gefallen?"; „Von welcher Seite fällt das Licht in das Bild?"; „Stimmt die Perspektive?"). Erst wenn im Laufe der Reise genügend Erfahrungsmaterial angesammelt worden ist, sind Fragen wie „Woran erinnert Sie das?" oder „Was fällt Ihnen auf?" sinnvoll und weiterführend.

Das Prinzip des interaktiven Lernens zielt auf Kooperation und Kommunikation. Es wäre aber ein Mißverständnis, hinter diesem Prinzip das Agieren gleichgestellter Partner zu vermuten; denn Lernen auf Reisen ist hauptsächlich Erziehung zum Schauen. Dabei hat der Reiseleiter in der Rolle des Erziehers durch Sachinformationen ein annähernd gleiches Niveau der Fähigkeiten zum Schauen und zur Interpretation in der

---

[8] Kluckert (1981, S. 124) hält es für eine brauchbare didaktische Methode, den ersten visuellen Eindruck zu nutzen, um „den Betrachter für oder gegen das Kunstwerk einzunehmen". Er übersieht dabei, daß der Gruppendruck kaum eine ehrliche Antwort erwarten läßt und die durchaus erwünschte Diskussion zu einem peinlichen Scheingefecht werden kann.

Gruppe zu schaffen. Erst auf dieser Grundlage ist die Gruppe zunehmend in der Lage, zum kompetenten Gesprächspartner zu werden und durch eigene Beobachtung und Kombination von Beobachtungen zu eigenständigen Deutungen unbekannter Objekte zu finden, die in manchen Fällen sogar Forschungsanreize bieten können. Nichts wäre verkehrter als die kreative Potenz zu unterschätzen, die eine Erziehung zu schöpferischem Schauen in einer Gruppe freisetzen kann.

Gelingt es dem Reiseleiter, die Reisenden zum eigenständigen Transfer des gemeinsam Gelernten auf neue Objekte und Situationen zu befähigen, so hat er sein didaktisches Idealziel erreicht, nämlich sich selbst überflüssig gemacht. Anders also als bei der organisatorischen und inhaltlichen Planung einer Studienreise, bei der die Rolle des Reiseleiters auf Kosten der Rolle des Veranstalters ständig zunimmt, ist bei der didaktisch-methodischen Planung davon auszugehen, daß die Rolle des Reiseleiters als „Lehrer" zugunsten der Rolle der mitreisenden „Schüler" ständig abnimmt. Didaktik und Methodik der Reiseleitung dürfen also nicht statisch geplant werden, sondern müssen während des Reiseverlaufs ständig dem veränderten Wissensstand der Teilnehmer angepaßt werden. Hierin liegt eine besondere Schwierigkeit, da dem Reiseleiter die in der Erwachsenenpädagogik (vgl. Günter, 1991c, S. 204–206) teilweise üblichen Instrumente der Wissensüberprüfung (Referate, schriftliche Arbeiten u.ä.) nicht zur Verfügung stehen und er allein auf die Erfolgskontrolle durch intensive, zeitraubende Kommunikation angewiesen ist.

In den bisherigen Ausführungen wurde das Objekt in erster Linie in seiner formalen Eigenart und künstlerischen Eigenständigkeit, eben das Kunstwerk als Kunstwerk gesehen. Grundsätzlich besitzt jedoch jedes Objekt neben seiner Form auch eine Funktion, über die eine Beschreibung nur unvollständig Auskunft geben kann, deren Kenntnis aber für die „Deutung der Bedeutung" des Objekts im historischen Rahmen unverzichtbar ist. Unter diesem Aspekt ist jedes sichtbare Objekt auch „Anlaß", um das nur Angedeutete oder gar nicht Sichtbare vor dem geistigen Auge der Betrachter sichtbar zu machen: die historischen Bedingungen, die zu seiner Entstehung geführt haben; die kunsthistorischen Entwicklungslinien, die auf das Objekt zu und von ihm wegführen; die materiellen und technischen Voraussetzungen, die es möglich machten; die ideologischen Absichten, die Form, Ausmaße, Material und symbolische Qualität bestimmten. Gerade dieser Aspekt der formprägenden Funktion ist es, der Kunst von ihrem unnahbaren Sockel hebt, sie zum „normalen" Ausdruck menschlichen Handelns und Leidens macht und damit Vergangenheit und Gegenwart verbindet.[9]

---

[9] „Im weitesten Sinne läßt sich behaupten, daß jede visuelle Form, sei es nun ein Gemälde, ein Bauwerk, ein Ornament oder ein Stuhl, etwas über die Natur des menschlichen Daseins aussagt" (Arnheim, 1985, S. 279).

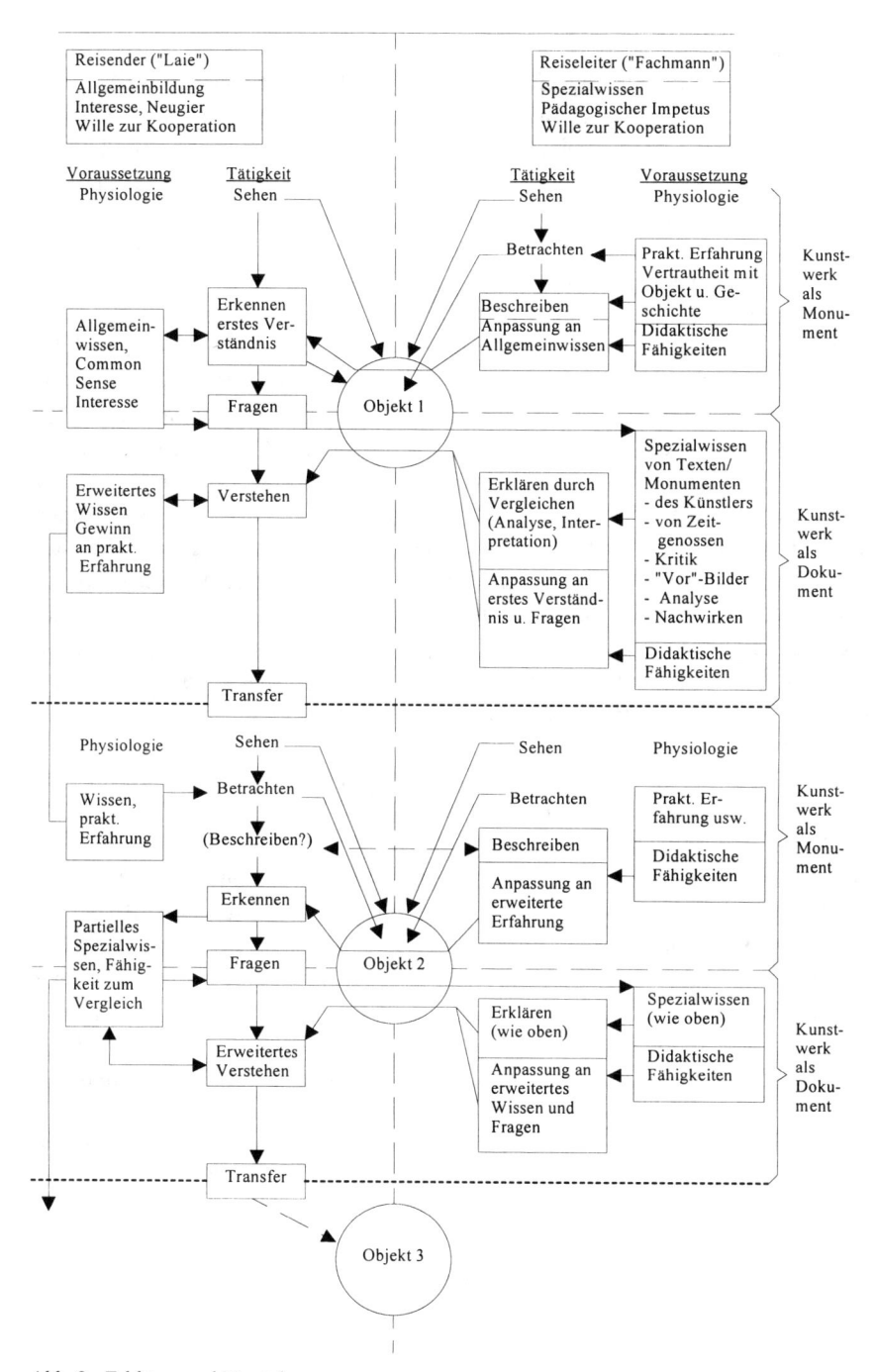

Planung von wissenschaftlichen Studienreisen 541

Abb. 2: Erklären und Verstehen

Die Gruppensituation
Obgleich Studienreisen regelmäßig Gruppenreisen und häufig Busreisen sind, legen die Teilnehmer relativ wenig Wert auf Geselligkeit. Der typische Studienreisende ist eher ein „verhinderter Individualreisender", der die Gruppe nicht sucht, sondern in Kauf nimmt, weil er aus den unterschiedlichsten Gründen anders nicht an das geographische und wissenschaftliche Ziel seiner Reisewünsche käme.[10] Für den Reiseleiter ergibt sich daher die widersprüchliche Aufgabe, die Gruppe als Gruppe zu homogenisieren, um eine Aufspaltung in konkurrierende Einzelgruppen zu verhindern und gleichzeitig der Individualität des einzelnen Gruppenmitglieds Rechnung zu tragen.[11]

Der Homogenisierung förderlich ist der in etwa vergleichbare Bildungsstand und der gehobene soziale Status von Studienreisenden, da der relativ hohe Preis von Studienreisen einen Auswahleffekt hervorruft. Ebenfalls günstig ist ein gemeinsames hohes Interesse an den Inhalten der Studienreise und eine überdurchschnittliche Lernmotivation, die häufig auch mit dem Wunsch verbunden ist, einen angemessenen Gegenwert für die Kosten der Studienreise zu erhalten (vgl. Günter, 1991b, S. 41–45). Keinesfalls homogen ist die sachliche Vorbereitung der Teilnehmer auf das Reisethema: Hier stehen neben belesenen und gut informierten Gruppenmitgliedern mit teilweise hohem Spezialwissen auch Teilnehmer, denen es nicht möglich war oder notwendig schien, sich vor der Reise eingehend zu informieren. Erfahrungsgemäß wenig vergleichbar ist auch die Art und Weise des Umgangs mit Geld: Hier reicht die Palette von extremer Sparsamkeit („Die Reise war teuer genug") bis zu verschwenderischer Kaufwut („Hier kommen wir nicht mehr her").

Es ist die Aufgabe des Reiseleiters, diese unterschiedlichen Voraussetzungen bereits bei der Planung, vor allem der Zeitplanung, zu berücksichtigen, um sie auf der Reise nicht zu offenbar werden zu lassen:

Um die Unterschiede im Wissensstand auszugleichen, sind in den ersten Tagen Erläuterungen besonders ausführlich zu geben, durch graphische Hilfen (z.B. Ritzzeichnungen auf dem Boden oder mit Hilfe mitgebrachter großformatiger Skizzen) zu vertiefen und gelegentlich zu wiederholen. Fachbegriffe sollten zwar verwendet, aber müssen ergänzend in einfachen Worten umschrieben werden. Zudem ist genügend Zeit für Fragen einzuplanen und ständig die Gelegenheit zu schaffen, abseits der Gruppe gefragt zu werden. Wichtige Fragen sind nach einem gewissen zeitlichen Abstand und

---

[10] Die Auswertung einer Befragung von Dr. Tigges-Reisenden 1986 läßt den Studienreisenden geradezu als einen „Sozialmuffel" erscheinen: „Kontakt zu Mitreisenden" scheint ihm gerade noch wichtig (an elfter Stelle von 16 Vorgaben), „Spaß, Unterhaltung" steht an vorletzter Stelle (vgl. Gayler, 1991, S. 125–126).

[11] Schmidt (1991, S. 132–154) und Petersen (1991, S. 155–173) liefern scharfsichtige Analysen der Gruppenpsychologie und wertvolle Anregungen zur Konfliktvorbeugung und -steuerung. Teils amüsant, aber nichtsdestoweniger zutreffend sind die Beobachtungen „Zur Psychologie der Reisegruppe" (Weisbach, 1981, S. 233–241), der in seiner Typologie der Reisenden allerdings einen weitverbreiteten Typus vergessen hat: den befehlsgewohnten Ehepartner (meistens männlich), der seinem gehorsamen Gegenstück (meistens weiblich) stets beweisen muß, daß er doch besser ist als der Reiseleiter.

unter Wahrung der Anonymität des Fragers aufzugreifen und mit der einleitenden Formel „Einige unter Ihnen haben sich sicher vorhin gefragt ..." auch vor der Gruppe zu beantworten. Grundsätzlich gilt für das Verhalten des Reiseleiters: Es gibt keine „dummen Fragen" der Reisenden, denn jede Frage verrät Interesse, es gibt nur unvollständige Informationen des Reiseleiters. Außerdem sind anfangs längere Busfahrten vordringlich dazu zu nutzen, um überblicksartig sachbezogene Einführungen in das Reisethema zu bieten. Dem Problem der Unterforderung der „Wissenden", das bei dieser Form des Niveauausgleichs auftreten kann, begegnet man durch eingestreute Formeln, etwa „Wie Sie alle wissen ..." oder „Ich darf nur daran erinnern ...", die den Kenner auf die Stufe des Reiseleiters heben und ihm sein Wissen bestätigen.

Um auffällige Unterschiede im Ausgabenverhalten, die sich in erster Linie bei der Wahl der Restaurants und beim Einkaufen zeigen können, nicht zu deutlich werden zu lassen, sind für Mittagspausen Orte zu wählen, die auf engem Raum ein breites Angebot von Restaurants bieten und an denen sich Gelegenheiten zum Einkaufen mit der Planung von Freizeiten verbinden lassen. In beiden Fällen löst sich die Gruppe auf. Der Verzicht auf gemeinsame Mahlzeiten (außerhalb der im Reisepreis enthaltenen Leistungen!) und Einkaufstouren verlangsamt auch den Prozeß der „Entmündigung", der meist auftritt, wenn der Reisende niemals gezwungen ist, sich allein oder mit wenigen Mitreisenden ohne Reiseleiter zurechtfinden zu müssen. Das erhöhte Risiko des Reiseleiters, durch das „Freilaufen" der Gruppe den Zeitplan zu gefährden, wird mehr als aufgewogen durch das Erfolgserlebnis der Reisenden und eine bessere Landeskenntnis.

Der Respekt vor der Individualität des Gruppenreisenden beeinflußt das Gruppenklima entscheidend. Deshalb hat der Reiseleiter seine Kenntnisse und seine „Gunst" allen Reisenden gleichmäßig zukommen zu lassen, sie möglichst früh namentlich anzusprechen, regelmäßig den Tisch bei den Mahlzeiten zu wechseln und die Mitglieder der Gruppe immer vor dem Bus zu erwarten und zu begrüßen. Das sicherste Mittel, eine Reise zum Mißerfolg werden zu lassen, ist die Bevorzugung einzelner Mitglieder. Die Rücksicht auf die ausgeprägte Individualität der Studienreisenden läßt es auch geraten erscheinen, Informationen an die Gruppe außerhalb des Besichtigungsprogramms, etwa im Speisesaal des Hotels oder bei Pausen, nicht laut und pauschal hinauszuposaunen, sondern sie an den einzelnen Tischen bekanntzugeben.

In der Tagesplanung zu berücksichtigen ist eine Besonderheit von Gruppenreisen: die Freisetzung von Aggressionsstaus am vierten Tag und etwa vier Tage vor Ende der Reise. Sobald nämlich in den ersten drei Tagen die Unsicherheit in der Gruppe überwunden ist, verlassen manche Teilnehmer am vierten Tag die „Deckung" und versuchen ihre Individualität durch Nörgelei und Herstellung einer „Hackordnung" innerhalb der Gruppe zu beweisen. Der Aggressionsstau am Ende der Reise scheint aus einer Kombination von Ermüdung und „Rückkehrangst" in den Arbeitsalltag zu entstehen. Diese Tage sind deshalb besonders sorgfältig so zu planen, daß sich möglichst wenig Gelegenheiten zu Konflikten in der Gruppe und möglichst viele Möglichkeiten zu Gesprächen zwischen Reiseleiter und den einzelnen Teilnehmern bieten, um das Selbstbewußtsein zu heben und gezielt Konfliktsteuerungsstrategien einsetzen zu können. Der Einschub eines freien Tages verschiebt hier das Problem nur auf den nächsten Tag, da die Gruppe diesen Prozeß des „reinigenden Gewitters" zur Herstellung ihrer Psychohygiene offensichtlich braucht.

1.6 Planungsziel Sicherheit

Entscheidend für das Gelingen einer Reise ist ein weiterer Faktor, auf den die drei Komponenten der Feinplanung abgestimmt sein sollten: die innere und äußere Sicherheit der Reisenden. Die vordringlichste Aufgabe des Reiseleiters ist es daher, die stets vorhandene Unsicherheit der Reisenden in einer fremden Gruppe, mit einem fremden Reiseleiter und in einer fremden Umgebung zu vermindern und Sicherheit zu schaffen, d.h. die ablenkenden und bedrohlichen Faktoren der fremden Umgebung auf ein Minimum zu reduzieren (vgl. Schmidt, 1991, S. 141–143). Nur dann ist es möglich, die Aufmerksamkeit und Beteiligung der Reisenden bei der Erkundung von Land und Leuten und ihres kulturellen Erbes so zu erhöhen, daß sie zu „Komplizen im Schauen" werden und trotz eines gedrängten Programms die entspannte Atmosphäre eines Urlaubs genießen können.

Sicherheit entsteht durch Wissen, und zwar durch das Wissen des Reiseleiters, der wegen seiner Erfahrungen mit Reisenden und seiner Kenntnisse des Reiselandes zu einer Insel des Vertrauens in einem Meer des (noch) Fremden wird, vor allem aber durch das Wissen des Reisenden über die äußeren Bedingungen der Reise, von der er vorerst nur den Rahmen des Programms kennt. Es ist daher von besonderer Bedeutung, nicht nur den Programmablauf in all seinen Punkten genau einzuhalten, sondern auch den Reisenden ständig mit Informationen zu versehen, die ihm das Agieren und die räumliche und zeitliche Orientierung in einer ungewohnten Umgebung erleichtern. Bereits beim Transfer vom Flughafen zum Hotel vermindern triviale Angaben das Gefühl der Fremdheit und der Unsicherheit: Vorstellung des (einheimischen) Busfahrers, Informationen über die Ortszeit und die Währung, die Modalitäten und Kosten des Telefonierens nach Hause, über Postgebühren und Trinkgeldsitten, über Lage und Qualität des Hotels und die voraussichtliche Zeit der Ankunft am Hotel und des Abendessens. Selbst Hinweise auf Schwierigkeiten (Verspätungen, Streiks, Einzelzimmerprobleme, Wasserrationierung usw.) oder die Warnung vor Gefahren (Straßenraub, Betrug, aggressive Bettelei, Krankheiten) tragen zur Hebung des Sicherheitsgefühls bei und verstärken das Vertrauen in die organisatorische Kompetenz des Reiseleiters. Nichts schadet einer Reise mehr als ein Reiseleiter, der nur vor Monumenten gesprächig wird (vgl. Petersen, 1991, S. 164–166).

Der Reisende muß an jedem Punkt der Reise wissen, was wann auf ihn zukommt oder zukommen könnte, um sich auf mögliche Probleme einstellen zu können, vor allem aber – und dies ist für das Erlebnis einer Studienreise als Urlaubsreise äußerst wichtig – um eine gewisse persönliche Planungsfreiheit innerhalb des Programmzwangs zu gewinnen.[12] Dazu benötigt er rechtzeitig verläßliche und genaue Angaben über „Leerzeiten", die er nach eigenen Wünschen gestalten kann (Ort, Zeit und Dauer von Pausen; Zeitspannen zwischen dem Beginn des Frühstücksservice und der Abfahrt, der Ankunft und dem Abendessen, dem Ende einer Objektbesichtigung und der Weiterfahrt usw.) und „Brauchzeiten", die sich aus dem Programm ergeben (Reihenfolge, Zeit und Dauer von Besichtigungen; Fahrtstrecken und -dauer usw.).

„Ja mach' nur einen Plan ...": Plantreue durch Plankontrolle
Das Planungsziel Sicherheit kann nur erreicht werden, wenn der Tagesablauf bis ins Detail durchstrukturiert ist und sowohl zeitlich wie inhaltlich eingehalten wird.[13] Die bereits verschlossenen Tore eines Museums oder einer Grabung lassen Vorfreude in Enttäuschung umschlagen, eine verspätete Ankunft im Hotel macht geplante Spaziergänge, Einkäufe und Badefreuden zunichte. Es liegt in der Natur des (reisenden) Menschen, verpaßten Gelegenheiten besonders tief nachzutrauern, weil die Erwartungshaltung nicht an der Realität überprüft werden kann, und zwar auch dann, wenn der Gegenstand der Erwartung gar nicht so besonders hoch eingeschätzt wird („Schon wieder so ein Museum ... und dann auch noch geschlossen!?"). Neben einer umfassenden Information ist deshalb absolute Plantreue erforderlich, um das Gefühl der Sicherheit und Zufriedenheit zu gewährleisten.

Plantreue läßt sich nur durch *strikte und laufende Plankontrolle* erreichen und setzt eine schriftlich fixierte Ablaufsplanung voraus, aus der der Reiseleiter zu jedem Zeitpunkt erkennen kann, ob er „noch im Plan ist" oder ob, in welchem Umfang und an welcher Stelle er eventuell Korrekturen vornehmen kann und muß. Exakte Plankontrolle erlaubt es auch, schon sehr früh die konkreten Auswirkungen nicht vorhersehbarer Ereignisse (Streiks, Staus, Straßenbau, Pannen, Witterungsumschläge usw.) auf den Zeitplan zu überprüfen und den Teilnehmern rechtzeitig Straffungen oder Streichungen im Programm und drohende Verspätungen mitzuteilen, damit sie sich auf die neue Situation einstellen können. Eine minutiöse Zeitplanung und die laufende Information über die bevorstehenden Aktivitäten schaffen zudem eine maximale Kongruenz von Erwartungen und Erfüllung: Die Reise erscheint „wie aus einem Guß", läuft wie von selbst und wird trotz gedrängten Programms zur Urlaubsreise, weil ohne viel eigenes Zutun einfach „alles stimmt".

---

[12] Petersen (1991, S. 166) bezeichnet dies zutreffend als „Information zur Reduktion von Abhängigkeit (vom Programm und vom Reiseleiter)".

[13] Damit ist jedoch keine Strukturierung gemeint wie sie Müllenmeister (1991, S. 434–444) vorschlägt. Er versucht mit einer Kosten-/Nutzen-Rechnung des Zeitaufwands und der Mathematisierung der Fahrt-Halt-Relationen objektiv scheinende Regeln für den Programmaufbau zu gewinnen und kommt zu dem Schluß: „Maßstab für die Qualität einer Rundfahrt ... ist lediglich das Urlaubserlebnis der Reiseteilnehmer" (S. 444). Das mag für „Rundreisen" gelten, was immer das auch inhaltlich sein mag, für Studienreisen gilt es nicht in dieser Ausschließlichkeit: In allen einschlägigen Umfragen stehen „etwas für Kultur und Bildung tun" erheblich höher in der Gunst der Studienreisenden als etwa „abschalten" oder „tun und lassen können, was man will".

Als Grundlage effizienter Plankontrolle ist ein fünfspaltiges *Planungsschema* zu erstellen, das als Fahrtenbuch[14] dient und dessen einzelne Spalten Raum bieten für

- eine Zeitleiste (Abfahren, Ankünfte, Pausenzeiten),
- ein Ortsverzeichnis (Start – Zwischenziele – Tagesziel einschließlich wichtiger landeskundlicher Besonderheiten für die fahrtbegleitende Erläuterung),
- die Fahrtstrecken (in km) zwischen den Teilzielen, Straßenbeschaffenheit, voraussichtliche Fahrtdauer (möglichst exakt),
- Informationsinhalte technischer Art (Führungsablauf, mögliche Aktivitäten während der Pausen u.ä.) und fachlicher Art (Themen der Überblicksvorträge, Vorbereitung auf nächstes Zwischenziel, Führungsinhalte),
- Bemerkungen und Korrekturen, die in den abschließenden Reiseleiterbericht an den Veranstalter einfließen und die Grundlage für Veränderungen und Verbesserungen der Reiseplanung bilden.

Die Informationen fachlicher Art erscheinen in diesem Schema in der Regel nicht in voller Länge, sondern werden durch Hinweise auf numerierte Karteikarten oder ähnliches ersetzt, die die volle Information bieten. Grundsätzlich ist der freie Vortrag anzustreben, da er weniger ermüdend wirkt, doch ist immer anzuraten, sich die wichtigsten Inhalte vor einer Führung oder fahrtbegleitenden Erläuterung stichpunktartig zu vergegenwärtigen. Dies gilt vor allem für Reiseleiter, die in kurzen Abständen jeweils die gleiche Tour führen, da hier die Gefahr besteht, daß sie bei einer Gruppe irrtümlich Informationen voraussetzen, die sie der vorhergehenden Gruppe gegeben haben: Hohe Führungsdichte eines Reiseleiters im gleichen Zielgebiet führt ohne disziplinierte ständige Plankontrolle nicht zur Hebung, sondern wegen der unausbleiblichen negativen Folgen der Routine zur Senkung der Qualität von Studienreisen!

Bei der Erstellung des Zeitplans sind zwei Aspekte als grundlegend zu berücksichtigen: Erstens ist neben dem zeitlichen Fixpunkt für die Abfahrt am Morgen ein zweiter Fixpunkt für die Abfahrt nach dem Mittagessen einzuplanen. Zweitens sind für jede Fahrtstrecke und jede Führung zusätzliche „Pufferzeiten" von ca. 15–20% der vorgesehenen Fahrt- oder Führungszeit vorzusehen. Eine einstündige Führung erfordert demnach einen „Puffer" von etwa 10 Minuten. Der doppelte zeitliche Fixpunkt am Morgen und Mittag erleichtert es, die Feingliederung des Nachmittags von der des Vormittags vollständig abzukoppeln. Zeitdefizite des Vormittags können dann entweder durch Umplanungen der Mittagspause oder mit Hilfe angesammelter Pufferzeiten ausgeglichen werden und beeinträchtigen nicht den pünktlichen Neustart des Programms am Nachmittag. Die Anordnung von Pufferzeiten ermöglicht es, leichte Verspätungen aufzufangen, oder, falls sie dazu nicht benötigt werden, Führungen lockerer

---

[14] Das hier vorgeschlagene Fahrtenbuch dient ausschließlich der „Plankontrolle auf einen Blick" und zur lückenlosen Information der Reisenden, entspricht also nicht dem „Vademecum" des Reiseleiters, das Kubsch (1991, S. 431 f.) beschreibt und das selbstverständlich für den Reiseleiter unverzichtbar ist.

– urlaubsgerechter – zu gestalten, statt der direkten Anfahrt vor das Objekt „spontan" einen Umweg zu wählen oder sich ihm durch Gassen zu nähern, die für den Bus nicht zu befahren sind, oder auch ein brandneues Objekt vorzustellen, das den Reiseteilnehmern einen Wissensvorsprung vor den gedruckten Reiseführern und einen Prestigevorsprung vor den Bekannten zu Hause verschafft. Pufferzeiten und doppelter Fixpunkt sind das Geheimnis eines anspruchsvollen und zugleich urlaubsgerechten, locker und spontan scheinenden Führungsstils auf Studienreisen, setzen allerdings schärfste zeitliche Kalkulation und beste Kenntnis des Zielgebiets voraus.

Die einzelnen Abschnitte einer Tagesplanung wiederholen sich täglich. Es ist deshalb zur Planungserleichterung möglich, „*Regelblöcke*" als „*Checklisten*" zu bilden und zwar für die Bereiche Start, Abfahrt, Fahren, Besichtigung, Neustart und Ankunft.

- Der „*Regelblock Start*" umfaßt alle Tätigkeiten des Reiseleiters, bevor sich der Bus in Bewegung setzt oder die Gruppe zum Rundgang aufbricht. Er wird in seiner vollständigen Form nur benötigt, wenn die Gruppe das Hotel endgültig verläßt:
  - Gepäckcheck (Überwachen des Sammelns und Verladens der Koffer, Prüfung auf Vollständigkeit, Trinkgeld Gepäckträger);
  - Rezeptionscheck (Vollzähligkeit der Schlüssel, Frage nach offenen privaten Rechnungen – Telefon, Getränke usw. – der Reisenden, eventuell Abrechnung und „letzte Rate" Trinkgeld, Adresse für die Nachsendung vergessener und vom Personal gefundener Gegenstände der Teilnehmer; bei Rückkehr ins gleiche Hotel: Vereinbarung oder Erinnerung an den Zeitpunkt des Abendessens einschließlich Menüwünsche;
  - namentliche Einzelbegrüßung der Teilnehmer vor der Bustür (nicht sitzend im Bus), zugleich letzter Tourcheck mit Fahrer und/oder Stadtführer (falls vorgeschrieben) zur Information über voraussichtliche Schwierigkeiten, Prüfung des Busmikrophons;
  - zum festgesetzten Abfahrtszeitpunkt Abzählen der Gruppe im Bus mit Kontrollzählung; falls vollzählig, allgemeine Begrüßung über Busmikrophon und „Startcheck": Alle Schlüssel abgegeben? Alle Pässe zurückbekommen? Alle privaten Rechnungen bezahlt? Alle Jacken, Taschen, Brillen, Fotoapparate, Bücher aus dem Frühstücksraum mitgebracht? Abfahrt.
- Im „*Regelblock Abfahrt*" sind mehrere Teilinformationen und fahrtbegleitende Hinweise zusammengefaßt, die unmittelbar (!) mit dem Anfahren zu geben sind, aber je nach Lage des Hotels und der Fahrtroute unterschiedlich angeordnet und gewichtet werden können:
  - Information über Tagesplan mit kurzer Erläuterung des Tagesthemas und knapper inhaltlicher Skizze der Etappen und des Tagesziels (Ort, Lage und Ausstattung des Zielhotels); exakte Planungszeiten für erste Pause und Mittagessen, voraussichtliche Ankunftszeit am Abend; Erwähnung von möglichen Schwierigkeiten, falls konkret bekannt; Hinweis auf landesspezifische Fest- oder Gedenktage, die auf den Reisetag fallen.

- Führt die Strecke durch die bereits besichtigte Stadt, so sind die bekannten Objekte noch einmal zu benennen (auch die nicht an der Strecke liegenden) und unbekannt gebliebene, aber relativ bedeutende und vom Bus aus sichtbare Objekte zu erläutern (Anreiz für eine weitere Reise!).
- Führt die Strecke an der Stadt vorbei, so ist zumindest eine zusammenfassende „Ausleitung" aus der Stadt oder Region zu geben.
- Wird für die Ausfahrt aus der Region eine andere Strecke benutzt als für die Einfahrt, so ist die Rolle und Bedeutung der Straße für die Region zu erläutern (spezielle Bezeichnung: „Salzstraße, „Camino Real", „Oregon Trail", „Pilgerweg"; Geschichte der Straße und Kontinuität der Straßenführung; Personalisierung: Zug Alexanders des Großen, Kreuzfahrerroute, Missionsreisen usw.); Einbindung in das überregionale kommunikative Netz; System der Straßennumerierung usw.
- Gelegenheit zum Fotostop nutzen (Rückblick).

– Der „Regelblock Fahren" wiederholt sich mehrmals täglich. Er setzt sich aus Teilblöcken, die der Vorbereitung auf das nächste Zwischenziel dienen, und fahrtbegleitenden Hinweisen zusammen. Hier sind auch Überblicksvorträge zur Geschichte, Kunstgeschichte und Landeskunde im weitesten Sinne einzuordnen. Im folgenden werden die Teilblöcke in der häufigsten chronologischen Anordnung genannt, wobei zu beachten ist, daß der Teilblock „Fahrtbegleitende Hinweise" sich je nach visuellem Anlaß in zahlreiche kleine Abschnitte gliedern kann:
- Fahrplan bis zum nächsten Zwischenziel: Zeit der Ankunft, allgemeine Angaben zu Streckenführung, landschaftlicher Eigenart, geographischen und geologischen Besonderheiten, historischer Bedeutung usw.
- Fahrtbegleitende Hinweise: Als Faustregel gilt, daß jedes durch Ausmaße (besonders groß oder besonders klein), Eigenartigkeit oder Fremdheit ins Auge fallende Objekt benannt und erklärt werden sollte, und zwar synchron zur Sichtbarkeit. Die Frage „Was ist das?" bedeutet, daß der Reiseleiter zu spät geschaltet hat. Für die Landeskunde wichtig sind manchmal auch unauffällige, aber aussagekräftige Besonderheiten wie Gesteinsschichtungen, Vegetation oder Wüstungen, Wegweiser zu bekannten Orten, siedlungstypologische Ortsnamensformen oder auffällige Ortsnamen, die ethnische oder religiöse Enklaven ankündigen. Immer unsichtbar, aber mit höchster Bedeutung für die Sprach- und Dialektentwicklung sowie für die Siedlungsgeschichte sind geographische Eigennamen von Bergen, Flüssen, Landschaften. In all diesen Fällen sind die Hinweise rechtzeitig vorzubereiten und bei schlechter Sichtbarkeit der Objekte die Augen sorgfältig verbal von Orientierungspunkt zu Orientierungspunkt zu führen, bisweilen ist auch die Geschwindigkeit des Busses zu vermindern oder anzuhalten. Die Enttäuschung über etwas Sichtbares, aber nicht Gesehenes wirkt sich auf das Erfolgserlebnis negativer aus als die völlige Unkenntnis über die Existenz eines Objekts. Besonders wichtig ist es, visuelle Hinweise auf Wirtschafts- und Le-

bensformen, also etwa Reisfelder, Abbau von Bodenschätzen, Nomadenzelte, Slums, Bewässerung usw. zu nutzen.
- Überblicksvorträge sind wegen der im Tagesverlauf sinkenden Aufmerksamkeit prinzipiell am Vormittag einzuordnen. Sie sollen einen engen Bezug entweder zu den momentanen, kurz vorher oder kurz nachher gebotenen visuellen Reizen haben oder eine in der Gruppe geführte Diskussion systematisieren helfen. Erfahrungsgemäß sind Vorträge dieser Art zwischen der Mittagspause und dem nächsten nachmittäglichen Zwischenziel unangebracht und fast eine Zumutung („Verdauungsflaute").
- Vorbereitung auf das nächste Ziel. Sie vertieft die bereits im „Fahrplan" skizzierte inhaltliche Einführung. Etwa zehn Minuten vor der Ankunft am Besichtigungsort ist der Inhalt der folgenden Präsentation anzukündigen und die logische Verbindung zum Tages- und Reisethema herzustellen oder zu begründen, weshalb die Besichtigung geplant ist, obwohl keine oder nur eine schwache Verbindung besteht. Ebenfalls ist darzustellen, wieweit das folgende Objekt eine Bestätigung und Vertiefung oder eine Relativierung und Modifizierung der bisher auf der Reise gewonnen Erkenntnisse erwarten läßt, um über den Vergleich etwa die Festigung einer formalen oder funktionalen Typologie zu erreichen oder die Existenz von Sonderformen zu erschließen.

Zu diesem Teilblock kann ein Fotostop mit guter Sicht auf das Objekt bei der Anfahrt gehören. Unverzichtbar sind präzise Informationen über den organisatorischen Ablauf der folgenden Führung: Dauer der gemeinsamen Besichtigung; vorgesehene Zeit für eigene Besichtigung oder Fotografieren, Kauf von Postkarten oder Literatur im Anschluß an die Führung (nicht während des Erwerbs der Eintrittskarten durch den Reiseleiter!); Hinweis auf eventuell vorhandene Cafeteria und WC (passende Münzen und Papiertaschentücher bereithalten); exakte und mehrfache Nennung des Treffpunkts und des Zeitpunkts der Weiterfahrt; am Beginn der Reise auch Hinweis auf besondere Kennzeichen des Busses, um das Wiederfinden zu erleichtern. Diese Angaben sind bereits im Bus zu geben, die Zeit- und Ortsangaben des Treffpunkts nach Beendigung der gemeinsamen Führung zu wiederholen.
- Der *„Regelblock Besichtigung"* bemißt sich zeitlich aus der Summe der Einstiegs- und Ausstiegszeiten, des Kartenkaufs, der Besichtigungszeit und der „Freizeit" der Teilnehmer. Der zeitliche Umfang der Besichtigungszeit und der „Freizeit" hängt ab von der Ausdehnung des Objekts oder der Objektgruppe, der Besucherdichte und (vor allem im Freien) von den klimatischen oder Witterungsbedingungen. Die „Freizeit" sollte nie mehr als ein Viertel der Besichtigungszeit betragen, um den Eindruck des „Trödelns" zu vermeiden, und braucht nicht en bloc angeboten zu werden. Bei ausgedehnten Führungen ist die „Freizeit" zu splitten, da der Teilnehmer nach dem Ende des Rundgangs nicht mehr an eine interessante Stelle zurückkehren kann. Allerdings führt dies häufig zum Verbrauch der Pufferzeit.

Die Routenführung in weitläufigen Komplexen ist vor Beginn der Führung mit Hilfe eines Plans zu beschreiben, um die Orientierung zu erleichtern. Während der Führung ist aus dem gleichen Grund der jeweilige Standort mehrfach auf dem Plan zu zeigen. Bei der Planung der Strecke ist entweder eine chronologische Anordnung der präsentierten Objekte, etwa in Museen,[15] oder eine Reihenfolge anzustreben, die den Weg der früheren Besucher und Nutzer nachzeichnet: Prozessionswege zu antiken Heiligtümern (etwa auf die Akropolis in Athen oder in Delphi) oder mittelalterlichen Pilgerzielen; die Wege von Klosterbewohnern in dem von der Ordensregel vorgeschriebenen Tagesablauf; die räumliche Folge der Stufen in geistlichen und weltlichen Zeremonien usw.[16]

---

[15] Für die Planung von Museumsführungen bietet Kluckert (1981, S. 174–204) eine knappe, aber sehr nützliche Typologie der Museen und einfallsreiche Vorschläge zur Führung. Zu knapp erscheint mir das Museumsgebäude und die Geschichte der Sammlung(en) angesprochen zu sein: Mit den hehren „Kunsttempeln" verbinden sich häufig recht handfeste politische Absichten, vor allem mit den sog. „Nationalmuseen". Gebäude und Sammlung können national-imperiale (Louvre, British Museum) oder nationalistische bzw. politisch-identifaktorische (Archäologisches Museum Athen, Geschichte des Judentums Tel Aviv, Nationalmuseum Mexico City, Air and Space Museum Washington D.C.) Aspekte verdeutlichen, die für das Verständnis der Inhalte wichtig sind. Desgleichen spiegelt sich die Entwicklung der modernen Museumsdidaktik (z.B. in Köln, Stuttgart) in der Gebäudeform und/oder der Anordnung der Exponate ebenso wider, wie sich zuweilen das Selbstverständnis von Politikern in Ausstellungsgebäuden manifestiert (Centre Pompidou, Paris). Zur exemplarischen Lektüre empfohlen: Wescher (1978), und aufmerksam zu beobachten: der Streit um die Parthenonskulpturen in London.

Zur Museumsdidaktik anregend: Schuck-Wersig/Wersig (1986), die Zeitschrift „Freizeitpädagogik" (12. Jg., Heft 1–2/1990) mit dem Schwerpunktthema „Freizeitpädagogik im Museum" und Grütter (1994).

[16] Zur Planung der Präsentation archäologischer Zonen finden sich zahlreiche Beispiele und anregende Hinweise bei Weis (1991, S. 342–372) und Schneider (1990); zum Problem Denkmalpflege und Tourismus vgl. Eder (1987, S. 644–655).

Zur Planung von Stadtführungen und -rundfahrten liegt nun eine zusammenfassende Darstellung durch Schmeer-Sturm (1991, S. 387–399) vor. Trotz zahlreicher Details und nützlicher didaktischer Hinweise wirkt der Aufsatz diffus, weil es der Autorin nicht gelingt, einen von der spezifischen Eigenart des Lebensraums Stadt ausgehenden systematischen Planungsansatz zu gewinnen. So zieht sie keinen Nutzen aus dem auf S. 390, Anm. 2, zitierten Standardwerk zur Geschichte und Funktion der Stadt von Lewis Mumford und scheint das wichtigste Werk zur Wahrnehmung von Städten nicht zu kennen: Lynch (1960). Deshalb seien hier einige Grundprobleme der Auswahl und Anordnung von Besichtigungszielen und der Routenführung zusammengefaßt:

Die Ausgangsfragen bei der Planung sind: Was erwartet der Reisende von einer Stadt im allgemeinen und von einer speziellen Stadt im besonderen? Wie findet er sich in der Stadt zurecht, lernt sie kennen und gewinnt Sicherheit?

Im allgemeinen erwartet der Reisende von einer Stadt die üblichen Zentrumsfunktionen, d.h. politische Repräsentation (Verwaltungsgebäude, Regierungsgebäude, Denkmäler, repräsentative Straßen und Plätze), ein erweitertes und anspruchsvolles Kulturangebot (Oper, Theater, Konzerte, Kinos, Museen, Ausstellungen), umfangreiche Einkaufsmöglichkeiten (Kaufhäuser, Basare, Märkte, Boutiquen, Fußgängerzonen) und erleichterte Kommunikation (Massenverkehrsmittel, Kneipen, Straßencafés). Daneben bestehen spezifische Erwartungen, die sich mit klischeehaften Vorstellungen von der „Atmosphäre" einer Stadt verbinden. So erwartet man etwa von London gelassene Geschäftigkeit, von Paris Esprit und leicht verruchten Glanz, von New York ethnische Farbigkeit und

− Der *„Regelblock Neustart"* berücksichtigt die organisatorischen und inhaltlichen Bedingungen des Aufbruchs nach einer Besichtigung:
  • Warten auf die Gruppe am Treffpunkt in gut sichtbarer Position ca. fünf Minuten vor vereinbarter Zeit;
  • Abzählen im Bus mit Kontrollzählung, „Startcheck": Nichts in Cafeteria liegenlassen? Gekauftes mitgebracht? (Spätestens zu diesem Zeitpunkt sollte der Reiseleiter Briefmarken für Postkarten bereithalten.)
  • Abfahrt;
  • Nachbereitung des Gesehenen: Beantwortung von Fragen einzelner für die gesamte Gruppe; Besonderheiten hervorheben (erstmals Gesehenes in typologischen Zusammenhang mit bereits Bekanntem bringen bzw. Kontrast oder Einmaligkeit betonen);
  • eventuell Fotostop (Rückblick).
− Der *„Regelblock Ankunft"* steht kurz vor dem Ende einer Tagesfahrt. Er bereitet auf das Hotel vor und leitet zum nächsten Tag über:
  • Informationen über das Hotel: Lage (im Ort, am Rande oder außerhalb; wenn nötig Angabe von Transportbedingungen in den Ort); Qualität und Ausstattung (Swimmingpool, Sauna etc.), architektonische und andere Besonderheiten;
  • Vorstellung des nächsten Tages: Tagesthema, Streckenführung, Zwischenziele und Endpunkt, Abfahrts- und Ankunftszeit;

---

hektische Betriebsamkeit, von Neapel Schmutz und in Palermo die Mafia. Obwohl es nicht die Aufgabe eines Reiseleiters ist, Vorurteile und Klischees zu festigen, dürfen bei einer Stadtrundfahrt die wie immer begründeten Erwartungen nicht außer acht gelassen werden, und sei es nur, um sie zu korrigieren. Gleichfalls sind die kommunikativen und politischen Zentren zu berücksichtigen, und zwar nicht nur als Beiwerk zu Kunst und Kultur, sondern als integrative Bestandteile der speziellen Eigenart einer Stadt.

Das Zurechtfindenkönnen in einer Stadt (auch ohne den Reiseleiter) muß gefördert werden durch die Berücksichtigung der Orientierungsgewohnheiten von Menschen in architektonisch verdichteten Ballungsräumen. Lynch (1960) hat mehrere Elemente herausgearbeitet, aus denen sich Stadtbewohner einen „inneren Stadtplan" (mental map) bilden, der ihnen die Orientierung ermöglicht, indem sie nach der üblichen Methode des Gehens einer Reihe von Merkzeichen folgen. Solche einprägsamen Merkzeichen sind z.B. Straßen (Fifth Avenue, Via del Corso, „Kudamm", Champs Elysees, Hohe Straße in Köln), die das „Rückgrat" eines Straßensystems bilden; Konzentrationspunkte jeder Art, wie Verkehrsknotenpunkte (Picadilly Circus, Piazza Venezia in Rom), Bahnhöfe, Bankenviertel, charakteristische Stadtteile (Montmartre, Chinatown, Trastevere, Kreuzberg) oder „Schauseiten", d.h. gut sichtbar am Fluß oder Meer, auf Terrassen oder Plateaus gelegene Parks oder Gebäudegruppen mit Ensemblecharakter; herausragende Gebäude (Wolkenkratzer, Kirchen, Türme, Brücken und Brückenpfeiler), aber auch auffällig kleine Gebäude in einer Zeile hoher Häuser. All diese Merkzeichen sind bei der Routenführung der Stadtrundfahrt in ihrer Bedeutung für die selbständige sichere Orientierung der Reisenden in der Stadt zu bedenken und bei der Rundfahrt, möglichst mit Hilfe ausgegebener Stadtpläne (mit eingezeichneter Route) in das kommunikative System der Stadt einzuordnen. Andernfalls bleibt die Stadt mit all ihren wertvollen Monumenten und Museen ein zusammenhangloses Kaleidoskop von Mosaiksteinchen ohne Rahmen, ein Asphaltdschungel, der eher bedrohlich wirkt, als er zur Erkundung einlädt.

- Hinweise auf besondere Bedingungen und spezielle Ausrüstung (Taschenlampen, festes Schuhwerk, Sonnenschutz, bei Wanderungen Wasservorrat usw.). Zusammen mit der Abfahrtszeit sind speziell diese Hinweise gegen Ende des Abendessens an den einzelnen Tischen zu wiederholen und, falls unverzichtbar, am nächsten Morgen beim Startcheck zu überprüfen. Führen unterlassene oder lückenhafte Hinweise zur Gefährdung der Gesundheit der Reisenden, sind Regreßansprüche an den Veranstalter möglich (Bartl, 1991, S. 441–481).
- Informationen über Hoteleinchecken: Modalitäten der Zimmerverteilung und des Koffertransports (eventuell gebräuchliches Trinkgeld für Träger); Termin des Abendessens; zum Abschluß Wiederholung der Abfahrtszeit oder des Führungsbeginns am nächsten Morgen;
- Ankunft und Rezeptionscheck: Zahl der Zimmer (Problem Einzelzimmer), Organisation des Gepäcktransports, Bestätigung des Abendessentermins und der Frühstückszeiten, Übertrag der Zimmernummern auf eigene Teilnehmerliste mit Einweisung der Reisenden; dabei Wiederholung des Abendessentermins und Angabe des Speisesaals.

Nach Einweisung der Teilnehmer bleibt der Reiseleiter noch 15–20 Minuten an der Rezeption, um bei eventuellen Beschwerden oder Sonderwünschen behilflich sein zu können. Dabei erfolgt der Tourcheck für den nächsten Tag mit dem Busfahrer (meist nicht unbedingt nötig, aber immer anzuraten, da auf diese Weise der Fahrer in den Ablauf der Reise und die Interessen der Gruppe integriert wird).

Die hohe Informationsdichte der Regelblöcke kann den Anschein erwecken, der Reiseleiter würde die Gruppe unablässig „berieseln". Das ist aber nicht der Fall, weil die meisten Informationen nur wenige Minuten oder sogar Sekunden in Anspruch nehmen und die organisatorischen Hinweise im Laufe der Fahrt zu freundlichen Kürzeln schrumpfen. Dennoch ist die ständige Variation der Formulierungen und des Sprachniveaus erforderlich, um den Eindruck der geist- und lieblosen Routine zu vermeiden. Grundsätzlich sind längere Vorträge vorher anzukündigen, und es ist darauf zu achten, daß den Reisenden genügend Zeit bleibt, um sich zu unterhalten, zu lesen oder auch nur zu dösen.

1.7 Epilog: Die wissenschaftliche Studienreise als Markenartikel

Obwohl der Studienreisemarkt überdurchschnittliche Zuwachsraten verzeichnen kann und wegen einer zahlungskräftigen Klientel wirtschaftlichen Konjunkturschwankungen weniger ausgeliefert ist, wird er ein relativ kleines Marktsegment bleiben. Hinderlich für eine Erweiterung sind das verbreitete Image der Studienreise als „rollendes Seminar" oder „Diavortrag auf Rädern" und der im Vergleich zu üblichen Busreisen sehr hohe Preis. Speziell dieser Preis bedarf einer Rechtfertigung, der nicht nur im Etikett „Studienreise" liegen darf. Vielmehr muß diese Form der Reise mit standardisierten

Qualitätskriterien ausgestattet sein, die aus der Studienreise einen unverwechselbaren und „preiswerten" (d.h. seinen hohen Preis werten) Markenartikel von gleichbleibend hohem Niveau machen.

Diese Standardisierung kann nicht durch die Betonung der Inhalte, d.h. die Summe der Sehenswürdigkeiten, gefördert werden, da diese Ziele auch billiger erreicht werden können, sondern muß sich auf eine einheitliche Vermittlungsstrategie dieser Inhalte in der spezifischen Situation des Urlaubs stützen. Um dem Begriff „Studienreise" gerecht zu werden, hat diese Reiseform sowohl „Studien" als auch eine (Urlaubs-)"Reise" zu bieten. Sie muß also dem Reisenden einerseits den erwarteten substanziellen Zugewinn an Kenntnissen und Fähigkeiten sichern und ihn dabei nicht zum bloßen Wissenskonsumenten degradieren, sondern ihn „studierend" am Erwerb dieses Wissens beteiligen, und andererseits dem Studierenden das Gefühl der Sicherheit, Sorglosigkeit und Freiheit vermitteln, das der Reisende im Urlaub erwartet.

Die hier vorgeschlagene Methode des kommunikativen interaktiven Lernens in Verbindung mit einer detaillierten Planung und strikten Plankontrolle ist geeignet, beide Ziele zu erreichen. Voraussetzung für eine derartige Standardisierung der Studienreise ist eine gleichmäßig hohe Fertigkeit der Reiseleiter in den Vermittlungstechniken und ein hohes Maß von Allgemeinbildung neben den fachlichen Spezialkenntnissen. Falsche Sparsamkeit, Rücksicht auf akademische Grade oder schlichte Unkenntnis der Anforderungen in der Praxis des Reiseleiters haben die Veranstalter, wie es scheint, bisher davon abgehalten, sowohl eine konsequente methodische Schulung als auch eine fachübergreifende Homogenisierung des Reiseleiterwissens in tourismusrelevanten Fächern durch wissenschaftliche Weiterbildungsseminare oder Literaturhinweise zu betreiben. Auf lange Sicht jedoch dürfte sich die Entwicklung der Studienreise zu einem Markenartikel von homogener Qualität als Chance der Marktbehauptung und -erweiterung erweisen.

Gewinner bei dieser Standardisierung ist zweifellos der Reisende, der dem „Produkt Studienreise" vertrauen kann, und wahrscheinlich auch der Veranstalter. Verlierer ist ebenso zweifellos der Reiseleiter. Denn er muß sich jetzt schon klaglos damit abfinden, daß seine Tätigkeit und seine Bemühungen gerade bei einer gelungenen Reise weit unterschätzt werden. Obwohl er den Urlaubseffekt von Studienreisen nur mit höchster Konzentration von früh bis spät und dem ständigen (verstohlenen!) Blick auf die Uhr erkaufen muß, darf er den damit verbundenen Streß nicht sichtbar werden lassen, um die lockere Atmosphäre nicht zu stören. Je besser die Reise läuft, desto weniger erkennt man seine planende und ordnende Hand, und so soll es auch sein.

Literatur

Albrecht, U., H. Kunze (1991): Konzepte der Studienreise. In: W. Günter (Hrsg.): Handbuch für Studienreiseleiter. 2. Aufl., Starnberg, S. 185–199.
Arnheim, R. (1985): Anschauliches Denken. 5. Aufl., Köln.

Bartl, H. (1991): Studienreiseleitung und Recht. In: W. Günter (Hrsg.): Handbuch für Studienreiseleiter. 2. Aufl., Starnberg, S. 445–481.
Baxandall, M. (1977): Die Wirklichkeit der Bilder: Malerei und Erfahrung im Italien des 15. Jahrhunderts. Frankfurt a.M.
Bätschmann, O. (1988): Einführung in die kunstgeschichtliche Hermeneutik. 3. Aufl., Darmstadt.
Belting, H. et al. (Hrsg.) (1988): Kunstgeschichte: Eine Einführung. 3. Aufl., Berlin.
Cohn, R.C. (1988): Von der Psychoanalyse zur themenzentrierten Interaktion. 8. Aufl., Stuttgart.
Eder, W. (1987): Unsichtbares sichtbar machen: Überlegungen zum Wiederaufbau antiker Denkmäler. In: Universitas, 42. Jg., Nr. 495, S. 644–655.
Gayler, B. (1991): Erwartungen und Bedürfnisse des Studienreisenden. In: W. Günter (Hrsg.): Handbuch für Studienreiseleiter. 2. Aufl., Starnberg, S. 125–126.
Grütter, H. Th. (1994): Die Präsentation der Vergangenheit. Zur Darstellung von Geschichte in historischen Museen und Ausstellungen. In: K. Füßmann et al. (Hrsg.): Historische Faszination. Geschichtskultur heute. Köln/Weimar/Wien, S. 173–187.
Günter, W. (1991a) (Hrsg.): Handbuch für Studienreiseleiter. 2. Aufl., Starnberg.
Günter, W. (1991b): Der moderne Bildungstourismus: Formen, Merkmale und Beteiligte. In: W. Günter (Hrsg.): Handbuch für Studienreiseleiter. 2. Aufl., S. 31; 41–45.
Günter, W. (1991c): Allgemeine Didaktik und Methodik der Studienreise. In: W. Günter (Hrsg.): Handbuch für Studienreiseleiter. 2. Aufl., Starnberg, S. 200–224.
Isenberg, W. (1991): Spontane länderkundliche Forschungen auf Studienreisen. In: W. Günter (Hrsg.): Handbuch für Studienreiseleiter. 2. Aufl., Starnberg, S. 225–236.
Kächele, H., H. Vogel (1991): Was sind Studienreiseleiter/innen eigentlich wert? Markierungen für den Weg zu einem leistungsbezogenen Entgelt. In: W. Günter (Hrsg.): Handbuch für Studienreiseleiter. 2. Aufl., Starnberg, S. 556–565.
Kluckert, E. (1981): Kunstführung und Reiseleitung: Methodik und Didaktik. Oettingen, S. 174–204.
Kluckert, E. (1991): Kunst und Kunstgeschichte auf Studienreisen. In: W. Günter (Hrsg.): Handbuch für Studienreiseleiter. 2. Aufl., Starnberg, S. 124; 373–386.
Kubsch, W. (1991): Planung, Vorbereitung und Durchführung von Studienreisen. In: W. Günter (Hrsg.): Handbuch für Studienreiseleiter. 2. Aufl., Starnberg, S. 417–433.
Lynch, K. (1960): The Image of the City. Cambridge/Mass. (dt. Übersetzung: Das Bild der Stadt. Berlin/Frankfurt a.M./Wien, 1965).
Müllenmeister, H. M. (1991): Das Programmkonzept des Reiseleiters. In: W. Günter (Hrsg.): Handbuch für Studienreiseleiter. 2. Aufl., Starnberg, S. 434–444.
o.V. (1990): Freizeitpädagogik im Museum. In: Freizeitpädagogik, 12. Hg., Heft 1–2.
Petersen, D. (1991): Konfliktregelung in der Reisegruppe. In: W. Günter (Hrsg.): Handbuch für Studienreiseleiter. 2. Aufl., Starnberg, S. 155–173.
Schmeer-Sturm, M.-L. (1991): Stadtbesichtigungen. In: W. Günter (Hrsg.): Handbuch für Studienreiseleiter. 2. Aufl., Starnberg, S. 387–399.
Schmidt, B. (1991): Auf dem Weg zu einer Psychologie der Studienreisegruppe. In: W. Günter (Hrsg.): Handbuch für Studienreiseleiter. 2. Aufl., Starnberg, S. 132–154.
Schneider, A. (1990): Historische Reiseführung: Leitfaden für Reiseleiter (Berichte und Materialien des Instituts für Tourismus der Freien Universität Berlin, Nr. 7). Berlin.
Schuck-Wersig, P., G. Wersig (1986): Die Lust am Schauen oder Müssen Museen langweilig sein? Berlin.
Weis, B. K. (1991): Die archäologische Studienreise. In: W. Günter (Hrsg.): Handbuch für Studienreiseleiter. 2. Aufl., Starnberg, S. 342–372.
Weisbach, Ch. (1981): Zur Psychologie der Reisegruppe. In: E. Kluckert: Kunstführung und Reiseleitung. Oettingen, S. 233–241.
Wescher, P. (1978): Kunstraub unter Napoleon. Berlin.

2 Ziele und Aufgaben der Gästeführung und -betreuung

Marie-Louise Schmeer-Sturm

2.1 Was versteht man unter Gästeführern und -betreuern?

Neben dem Reiseleiter oder -begleiter (vgl. Schmeer, 1984; Schmeer-Sturm, 1989, 1990, 1996 a) begegnet der Tourist dem einheimischen Ortsführer, der für ein Objekt bzw. einen Ort zuständig ist (vgl. Schmeer, 1985a-e; Schmeer-Sturm, 1996b). Während man früher dafür den Begriff „Fremdenführer/in" verwendet hat, spricht man heute auch von „Gästeführern/innen". Eine Sonderform der „local guides" ist der Schloßführer. Es handelt sich hier in vielen Fällen um einen Hausmeister, der z.B. bei der Bayerischen Schlösser- und Seenverwaltung als Arbeiter beschäftigt ist und ein vorgefertigtes Manuskript referiert. Ebenfalls eine Sonderform stellen Museumsführer dar, soweit sie sich aus dem wissenschaftlichen Personal eines Museums rekrutieren und dort eine feste Anstellung haben. Angestellte Ortsführer finden sich bisweilen auch in Fremdenverkehrsämtern, wo sie kaufmännische und beratende Tätigkeit haben und z.T. Führungen übernehmen. Ansonsten arbeiten Gästeführer/innen im allgemeinen freiberuflich gegen ein Stunden- bzw. Tageshonorar, in über der Hälfte der Fälle sogar ehrenamtlich (Bartl/Schöpp/Wittpohl, 1986, S. 132). Neben den Gästeführern gibt es noch die Gästebetreuer, insbesondere in Kur- und Erholungsorten (vgl. Grümme et al., 1987). Diese werden z.B. bei der Vorbereitung und Gestaltung von Spielfesten, für die Animation in Pensionen und Hotels, für verschiedene Aktionen im Bereich der Kreativität, Bildung, Unterhaltung, Erholung, Therapie und Beherbergung (vgl. Nahrstedt, 1987, S. 9) eingesetzt. Ich werde mich im folgenden auf die Bereiche Bildung und Unterhaltung konzentrieren, die zumeist von den sogenannten Gästeführern, aber auch von zahlreichen Gästebetreuern abgedeckt werden, da die Übergänge von Information zu Unterhaltung und Animation oft fließend sind.

2.1.1 Inhalte von Gästeführungen

Gästeführungen vermitteln in erster Linie einen Überblick über die verschiedenen Angebote des Fremdenverkehrsortes (Monumente, Freizeit-, Verkehrs- und Erholungsreinrichtungen). Darüber hinaus ist der Ortsführer in seiner Funktion als Sympathieträger nicht zu unterschätzen: Eine gelungene, freundliche Führung vermittelt ein positives Verhältnis zum Urlaubsort und ermöglicht dem Gast die Identifikation mit „seinem" Ferienziel.

Welche Führungsthemen werden im allgemeinen angeboten? Nach einer Untersuchung des Deutschen Seminars für Fremdenverkehr in Berlin (DSF, 1993, S. 43) sind Geschichte (89,9%) und Kultur (79,8%) sowie Landschaftskunde/ Geologie (50,5%) in den meisten der untersuchten Orte mit Gästeführungen die Schwerpunkte der Führungen. Aber auch das örtliche Handwerk und die Industrie (19,4%), ortsspezifische Veranstaltungen, Verkehrseinrichtungen (6,1%) und das Sportangebot des Ortes (10,6%) werden in die Führungen mit einbezogen.

2.1.2 Regionaltypische Sonderführungen

Orte, die nicht über herausragende Kulturdenkmäler verfügen, oder private Initiativen, wie z.b. der „Arbeitskreis neue Städtetouren", bieten gelegentlich Spezialführungen an, die aber auch in Orten mit konventionellen Führungsinhalten für besonders Interessierte verkauft werden können. Solche speziellen Führungsthemen können sein:

- Botanik (z.B. Moor-Exkursion),
- Geologie (z.B. Versteinerungen im Altmühltal),
- Ornithologie (z.B. Flußläufe, Vogelstimmenwanderung),
- Forst- und Weidewirtschaft (z.B. Vorgebirge),
- Stadt-Sanierungsprojekte,
- literarische Rundgänge (z.B. „Vom Blauen Reiter bis zur Weißen Rose" in München),
- „alternative" oder „antifaschistische" Stadtrundgänge (vgl. Schmeer-Sturm, 1996b, S. 23–34).

Beispiele für den letzteren Bereich bietet der Nürnberger Verein „Geschichte für Alle e.V.", der in seinem Veranstaltungsprogramm Themen offeriert wie: „Das ehemalige Reichsparteitagsgelände"; „Rundfahrt zu den Stätten des Widerstands und der Verfolgung"; „Das Leben der Oberschichten in reichsstädtischer Zeit"; „Das Leben der Unterschichten in reichsstädtischer Zeit"; „Industrialisierung in Nürnberg"; „Frauen-Stadtrundgang"; „Jahrhundertelang eine Heimat – Rundgang zur Geschichte der Juden in Fürth"; „Von Festungsbaumeistern und Fließbandarbeitern – Rundgang zur Geschichte der Ausländer und Arbeitsemigranten in Nürnberg".

Gelegentlich bieten Fremdenverkehrsorte oder Museen auch explizit neben einer Standard-Überblicksführung Schwerpunktführungen zu verschiedenen Themen an. Ein positives Beispiel hierfür ist das Freilichtmuseum des Bezirks Oberbayern an der Glentleiten (Großweil), das damit auch zum Wiederkommen der Gäste motiviert:

(1) Wie war das Leben auf dem Dorf vor 100 oder 200 Jahren?
(2) Wie ist ein Bauernhaus gebaut?
(3) Arbeit in der Landwirtschaft;
(4) Gärten von 800 bis 1930;
(5) Hauswirtschaft und Kochtechniken;
(6) Textilien herstellen, weben und färben;
(7) Handwerk und vorindustrielle Technik im bäuerlichen Bereich;
(8) Bäuerlicher Jahresablauf im Kirchenjahr, Feste und Bräuche;
(9) Das Freilichtmuseum, wie Sie es nicht kennen (Blick hinter die „Kulissen").

2.1.3 Ausarbeitung origineller, zielgruppenorientierter Führungsangebote

Eine Möglichkeit für den Fremdenverkehrsort, sich im touristischen Wettbewerb zu profilieren, ist es, durch phantasievolle, originelle und aus dem üblichen Rahmen fallende Angebote bestimmte Besuchergruppen anzuziehen. Beispiele dafür sind:

- Fotoführungen,
- Radrundfahren,
- Stadterkundungsspiele,
- Fahrrad-Rallyes,
- Kinderführungen,
- Führungen für Familien mit Kindern,
- Erlebniswanderungen,
- Mundartführungen.

2.2 Besichtungsobjekte im Reisegebiet

Mit dem kunstgeschichtlich-vergangenheitsorientierten Aspekt wird nur ein kleiner Bereich der bereisten Region und ihrer heutigen Realität erfaßt. Im folgenden wird deshalb ein Kanon von „bildenden" Einrichtungen und Denkmälern (Schmeer-Sturm, 1991b, S. 18) vorgestellt, der Verkehrsämtern und Gästeführern Anregungen für eine abwechslungsreiche und zeitgemäße Programmgestaltung geben kann, wenn auch im allgemeinen bei konventionellen Gästeführungen Objekte aus dem Bereich „Kunst und Kultur in der Vergangenheit" dominieren.

Geschichte, Kunst und Kultur in der Vergangenheit
a) Museen und Galerien (z.B. Alte Pinakothek in München)
b) Häuser berühmter Menschen (z.B. Goethehaus in Frankfurt)
c) Gedenkstätten (z.B. Plötzensee in Berlin)
d) Historische Stadtbilder (z.B. Lübeck, Rothenburg)

e) Homogene Straßenzüge und Plätze (z.B. Ludwigstraße in München)
f) Kirchen und Klöster (z.B. Corvey, Vierzehnheiligen, Benediktbeuern)
g) Rathäuser und schöne Bürgerhäuser (z.B. Augsburg)
h) Stadtbefestigungen, Türme, Tore (z.B. Nürnberg, Rothenburg)
i) Schlösser, Burgen, Pfalzen (z.B. Hohenzollern, Goslar)
j) Ausgrabungen (z.B. Limesmuseum in Aalen)
k) Nekropolen und Monumentalfriedhöfe (z.B. Jüdischer Friedhof in Worms)
l) Technische Attraktionen wie Hafenanlagen und Brücken (z.B. Hamburg, Echelsbacher Brücke)
m) Technische Betriebe der Vergangenheit (z.B. Salzbergwerke, Bad Reichenhall; alte, wiederaufgebaute Handwerksbetriebe im Freilichtmuseum, Glentleiten)
n) Volkskunst (z.B. Bayerisches Nationalmuseum, München; Heimat- und Bauernhofmuseen)

Wohnen
a) Arbeiterviertel
b) Luxusviertel
c) Bürgerhäuser
d) Residenzen (z.B. Würzburg)
e) Wohnmuseen (z.B. Münchener Stadtmuseum)
f) Bauernhäuser (z.B. Besichtigung eines verlassenen Hofes, Freilichtmuseum)
g) Besondere Techniken beim Bau von Wohnhäusern (z.B. Fachwerk)

Örtliches Brauchtum
a) Weltliche Feste (z.B. Kölner Karneval, Oktoberfest in München, Jahrgangsfeste in Schwäbisch Gmünd)
b) Umzüge und Prozessionen (Fronleichnamsprozession)
c) Kirchliche Feste (Leonhardiritt in Bad Tölz)
d) Traditionelle Märkte und Messen (Christkindlmarkt und Auerdult in München)

Bildung, Wissenschaft und Forschung
a) Kindergärten und Schulen mit besonderen Schwerpunkten (z.B. Montessori-Kindergärten)
b) Versuchsschulen (z.B. Laborschule in Bielefeld)
c) Universitäten (z.B. Heidelberg)
d) Akademien und Institute (z.B. Akademie der Wissenschaften, München; Gesellschaft für Strahlenschutz in Neuherberg bei München)

Theater- und Musikleben
a) Freilichtbühnen (z.B. Schwäbisch Hall, Konstanz)
b) Schloß- und Kirchenkonzerte (z.B. Schloß Nymphenburg, Ottobeuren)
c) Theater (z.B. Wiener Burgtheater)

d) Marionettentheater und Puppenspiel (z.B. Puppentheater und -museum in München)
e) Oper und Operette (z.B. Bayreuth, Theater des Westens in Berlin)
f) Ballett, Tanz und Volkslied (Ballettschulen, Gesangvereine, Trachtenvereine und ihre Vorführungen; Heimatbühnen)

Sportanlagen
a) Stadien, Sportpaläste und Arenen (z.B. Olympiapark in München)
b) Schanzen und andere Sporteinrichtungen (z.B. Skiflugschanze in Oberstdorf)

Politik
a) Politische Institutionen und Gebäude (z.B. Bonn; Rathäuser)
b) Politisch motivierte Versammlungen, Feste und Umzüge (z.B. Feiern am 1. Mai)
c) Wahlkampf (z.B. Plakatwerbung)
d) Unterschiedliche politische Interessengruppen (z.B. Plakate, Graffiti, besetzte Häuser, Demonstrationen, Bürgerversammlungen)
e) Umweltpolitik (z.B. Verschmutzung von Flüssen, Verteilung und Akzeptanz von Glascontainern, Müllbeseitigung, Naturschutz, verkehrsberuhigte Zonen, Grad der Bepflanzung mit Bäumen, Ausbau der öffentlichen Verkehrsmittel)
f) Familien- und Sozialpolitik (Verteilung und Gestaltung von Spielplätzen und Grünflächen, Erholungsflächen, besondere familien- und kindgerechte Einrichtungen)
g) Sozialeinrichtungen (z.B. besondere Einrichtungen für Behinderte, Alte, Kranke, Randgruppen, Asylanten; Jugendzentren, Frauenhäuser; Kureinrichtungen und Sanatorien)
h) Energiepolitik (Atomkraftwerke, Wasser- und Kohlekraftwerke, alternative Energiegewinnung)

Industrie, Handwerk und Handel
a) Fabrikanlagen (z.B. Bayerische Motorenwerke, München)
b) Märkte (z.B. Viktualienmarkt in München)
c) Häfen (z.B. Kiel)
d) Besondere Läden (z.B. kulinarische Spezialitäten des Fremdenverkehrsortes)
e) Industriekultur (z.B. Jugendstilbrücken und -hallen)
f) Messen (z.B. Internationale Tourismus-Börse in Berlin)

Land- und Forstwirtschaft
a) Landwirtschaftliche Musterbetriebe und Versuchsanstalten (z.B. Weihenstephan bei Freising/Obb.)
b) Bauernhäuser, die für die Region typisch sind (z.B. Vierseithof in Niederbayern)
c) Waldlehrpfade

Gastronomie
a) Typische Lokale (z.B. Hofbräuhaus in München)
b) Weinkelterei und -probe (z.B. in Rüdesheim)

Landschaftliche Schönheiten und Besonderheiten
a) Aussichtsberge und „Aussichten" als Synthese (z.B. Zugspitze)
b) Bergtäler und -schluchten (z.B. Höllental-Klamm bei Garmisch)
c) Seen und Wasserfälle (z.B. Bodensee, Rheinfall)
d) Höhlen (z.B. Blaubeuren)
e) Versteinerungen (z.B. Altmühltal)
f) Merkwürdige Felsbildungen (z.B. „Pfahl", Oberpfalz)
g) Vorkommen besonders seltener oder eigenartiger Tiere, Zoos (z.B. Tierpark Hellabrunn, München)
h) Botanische Gärten, Flora, Haine (z.B. Lüneburger Heide)

Freizeiteinrichtungen und Amüsiergelegenheiten
a) Schwimmbäder (z.B. Alpamare, Bad Tölz)
b) Freizeitparks und -zentren (z.B. Märchenpark, Westernstadt, Wildpark)
c) Erschließung der Natur für Freizeitaktivitäten (z.B. Bergbahnen, Loipen, beschilderte Naturpfade, Lehrpfade, Wanderwege, Trimm-dich-Wege, Baggerseen, Nationalparks)
d) Nachtleben (z.B. Hamburg, St. Pauli)

Sprache
a) Dialekte der Gegend (z.B. Mundartführungen)
b) Typische Sprichwörter und Redensarten in Zusammenhang mit Besichtigungsobjekten (z.B. „Abwarten und Tee trinken" – abgewandelte Äußerung des Wunderdoktors „Schäfer Ast" in der Lüneburger Heide)
c) Berühmte Literaten und ihre Werke in Zusammenhang mit Besichtigungen (z.B. Mörikes „Schöne Lau" am Blautopf)
d) Berühmte Komiker und Auszüge aus ihren Werken (auf Kassette) im Zusammenhang mit Besichtigungen (z.B. Karl Valentin und Lisl Karlstadt in München)

2.3 Voraussetzungen für den Beruf des Gästeführers

Für den Beruf des Gästeführers bzw. der Gästeführerin gibt es in Deutschland bisher, im Gegensatz zu anderen Ländern der EU, wie z.B. Griechenland, Spanien oder Frankreich, weder eine verbindliche Ausbildung und eine damit verbundene Lizenz noch ein Berufsbild (vgl. dazu Schmeer-Sturm, 1996b, S. 133 ff.; Kaechele, 1990, S. 96 ff.). Nachdem die Tätigkeit des Gästeführers also bisher nicht durch eine Ausbildungsordnung eng umrissen ist, sollen im folgenden Tätigkeitsmerkmale, Voraussetzungen,

Ziele und Aufgaben der Gästeführung beschrieben werden, um sich damit einem Berufsbild zu nähern (vgl. Schmeer-Sturm, 1989, S. 44).

Fundamentale Voraussetzungen für die Tätigkeit des Gästeführers, die entweder im Selbststudium oder durch Kurse der Fremdenverkehrsämter, der Volkshochschulen und anderer Institutionen der Erwachsenenbildung vermittelt werden könnten, sind:

- Sachkompetenz (Orts- und Objektkenntnis),
- methodisches Können,
- Fähigkeit zur Einfühlung, Hinwendung an den Reisenden und Kommunikation; sozial-integrativer Führungsstil; gruppendynamische Kenntnisse und Fähigkeiten,
- organisatorische und planerische Kompetenz,
- Führungskompetenz und Durchsetzungsfähigkeit,
- persönliche Einsatzbereitschaft und berufliches Engagement,
- überdurchschnittliche psychische und physische Belastbarkeit,
- sprachliches Geschick, Können und Einfühlungsvermögen (ggf. Fremdsprachenkenntnisse).

2.4 Ziele der Gästeführung

2.4.1 Ziele aus der Sicht des Fremdenverkehrsortes

Die Vorteile von Gästeführungen für den Fremdenverkehrsort werden von Bartel/Schöpp/Wittpohl (1986, S. 16) wie folgt benannt:

- Steigerung des Bekanntheitsgrades des Ortes,
- Verbesserung des örtlichen Images,
- Korrektur eventueller Vorurteile,
- Sicherung des neuen Gästepotentials,
- Gewinnung neuer Gäste,
- Gäste werden zu Stammgästen.
- Gäste, die mit einer Gästeführung zufrieden sind, sind anderen evtl. bestehenden Mängeln gegenüber toleranter.
- Gäste werden zu eigenen Unternehmungen motiviert.

2.4.2 Angebot strukturierter Information

Aus der Sicht des Gastes sieht die Zielsetzung so aus, daß er sich über das Angebot des Fremdenverkehrsortes informieren möchte, aber nicht in langweilig-belehrender Form, nicht in einem nicht enden wollenden Schwall von Namen, Daten und Fakten, sondern in unterhaltsamer Art. Leider dominiert bei Führungen noch häufig der alte, auf Vollständigkeit bedachte Vortragsstil, es fehlen – und wird auch in den Ausbildungen zu wenig behandelt – der Mut zur Lücke und das exemplarische Lernen. Die Qualität einer guten Gästeführung besteht u.a. darin, daß die Vielzahl der vorhandenen Informationen über das Führungsobjekt vom Gästeführer nach Art und Interesse der Gruppenteilnehmer, nach der zur Verfügung stehenden Zeit, nach äußeren Bedingungen (z.B. Regenwetter) in ihrer Bedeutsamkeit geordnet und eine sinnvolle Auswahl daraus getroffen wird. Wird nur ein einmal auswendiggelernter Text referiert, so ist der Ortsführer zumeist unflexibel in der Reaktion auf Gästewünsche und wenig bereit, seine Zeitstruktur und seine Inhalte den Bedürfnissen der Gruppe anzupassen. Auf Dauer ist er dann durch Medien wie Führungen auf Tonband oder Video ersetzbar.

Abgesehen von den o.g. äußeren Bedigungen einer Führung wird der Gästeführer durch Richtziele (vgl. Schmeer-Sturm, 1996b, S. 18) geleitet, die ihn bei der Auswahl und in der Art der Erläuterungen im Rahmen der Besichtigungen beeinflussen. Der Gästeführer sollte sich im Laufe seiner Ausbildung klar werden, welche Richtziele ihm besonders wichtig sind, bzw. welche Ziele im Hinblick auf seine Führungsobjekte als besonders geeignet erscheinen. Dementsprechend wird es ihm leichter fallen, einen „roten Faden" durch die Vielzahl der Eindrücke und Erklärungen im Laufe einer Führung zu ziehen.

Nachdem es bisher noch keine pädagogische Theorie der Gästeführung, noch keine allgemeine Ausbildung und somit weder Lehrpläne noch Bestimmungen über Richtziele gibt, sollen folgende Ziele vorgeschlagen werden:
Der Besucher soll

(1) historische, politisch-gesellschaftlich-soziale, wirtschaftliche, religiöse, geographische Grundstrukturen der bereisten Region bzw. des besuchten Ortes kennenlernen;
(2) die kulturellen Hintergründe der Kunst kennenlernen;
(3) sich der geschichtlich bedingten Relativität der eigenen Wertvorstellungen und Verhaltensweisen bewußt werden;
(4) „Sehen lernen" und Kunstwerke und/oder geographische Erscheinungen beschreiben;
(5) sich in dem neuen Gebiet bzw. der fremden Stadt allein zurechtfinden können;
(6) Kommunikationsbarrieren überwinden;
(7) die Bereitschaft entwickeln, sich für eine gesunde Umwelt einzusetzen, die Bedeutung eines umwelt- und sozialverträglichen Tourismus erkennen sowie sich dementsprechend verhalten.

2.4.3 Sinnes- und Erlebnisorientierung

Der Frankfurter Professor Horst Rumpf kritisiert die in unserer westlichen Kultur allgegenwärtige „Gebärde der Besichtigung". Sie ist einerseits zwar durchaus als Fortschritt in der Folge der Aufklärung zu sehen (Aufhebung von Unterwürfigkeit, z.B. bei der Besichtigung eines Schlosses im Vergleich zu Besuchern des 17. Jahrhunderts). Andererseits leiten sich davon auch diverse Einschränkungen ab:

- Das „inoffiziell Gesehene" wird zumeist verdrängt gegenüber bestimmten Wahrnehmungs- und Einschätzungspflichten.
- Sprache in Form von Erklärungen und Beschriftungen organisiert die Aufmerksamkeit, z.T. beobachtet man eine Sprache ergriffener Ehrfurcht, die verdeutlicht, daß Museen und Besichtigungen heute einen fast kultisch-religiösen Stellenwert einnehmen. Die Sprache der Information bzw. der Belehrung erzeugt ein „Resultatwissen" und beschleunigt den Einordnungsblick.
- Der Betrachter wird losgelöst von anderen Sinnen, so daß „unser Restkörper zur Prothese der Augen, vielleicht auch noch der Ohren schrumpft" (Rumpf, 1988, S. 38). Diese körperlose Besichtigungsform sei „gefräßig" und „gehetzt".

Was die Arbeit mit Kindern betrifft, so gibt es hier von seiten der Museumspädagogik bereits viele konkrete und anschauliche Beispiele, wie der „Restkörper" wieder berücksichtigt und die Sinne in die Kunstbetrachtung miteinbezogen werden. Diese kommen oft von der Kunsterziehung her, wie z.B. Barbara Wolffhardt, die in ihrem Buch „Kinder entdecken das Museum" (1983) verschiedene Möglichkeiten erläutert: Tierbilder von Franz Marc werden in der Münchener Lenbachgalerie betrachtet, und anschließend drucken die Kinder ihr Lieblingstier mit einem Styropordruckstock auf ein T-Shirt (oder malen bzw. zeichnen es) (Wolffhardt, 1983, S. 20).

Das Bild Wassily Kandinskys „Farbklänge" setzt sie um in ein Spiel: Die weiße Bildfläche dient als Bühne, die abstrakten Formen auf ihr als Schauspieler. Der Hauptdarsteller ist der rote Fleck; weitere Darsteller sind das gelbe Viereck, Haken und Hörner, Dreiecke, Kreise, Wellenformen usw. Die Kinder stellen die Formen durch typische Laute und Bewegungen dar und übersetzen anschließend die schauspielerischen Erfahrungen ins Bildnerische durch ein Gemeinschaftsbild (Wolffhardt, 1983, S. 35 ff.).

Ein drittes Beispiel geht stärker ins plastische Arbeiten: Nach Betrachtung von Masken, z.B. im Fastnachtmuseum Langenstein, erstellen die Kinder Masken aus Abfallmaterial, Papiermaché oder Gips mit eingebauten Phantasieformen (Wolffhardt, 1983, S. 59 ff.).

Vielfältig sind die Methoden, die von der Museumspädagogik für Kinder entwickelt wurden, z.B. (nach Weschenfelder, 1981, S. 105 f.): Detektivspiele, Such- und Forscheraufgaben, die im Museum zu lösen sind, Befragungen anderer Kinder, von Erwachsenen, des Museumspersonals über das Museum, Sammeln und Zusammenstellen eigener Mini-Museen, Kinder führen Kinder im Museum und erzählen, was sie wissen oder sich ausdenken, Nachstellen von Bildern und Plastiken, von historischen Szenen, Museumszeitung, von Kindern geschrieben und gedruckt, Theaterspiele (Szenen aus der Stadtgeschichte, Talk-Show, Quiz, Kunst-Jury, Atelier, Museumsgründung usw.), Malatelier und kreative Eigentätigkeit der Kinder, Musik und Tanz zum Zuhören, Anschauen, Selbermachen, Werkstätten und Möglichkeit zur Bearbeitung von Materialien, die ähnlich auch im Museum zu sehen sind, Exkursionen zu historischen Bauten und Orten in der Stadt unter bestimmten Aufgabenstellungen, Diskussionen und Gespräche, Puppentheater, in dem historische Szenen gespielt werden usw.

Die von Weschenfelder in Zusammenhang mit den Angeboten der Pädagogischen Aktion (München) beschriebenen Möglichkeiten wurden z.T. auch in einem Hamburger Projekt umgesetzt: Das „Museum von Sinnen", das von Mitarbeitern aller museumspädagogischen Abteilungen der Hamburger Museen gemeinsam geplant und 1987 durchgeführt wurde, fand am Gerhard-Hauptmann-Platz in der Hamburger Innenstadt statt. „Es sollte von seiner Struktur her die Funktionen und den Betrieb eines herkömmlichen Museums darstellen, aber auch ‚von Sinnen', das andere, unübliche, verrückte Museum sein, in dem das Erleben und Lernen über alle Sinne geht, in dem sinnliche und sinnbetonte Aspekte im Vordergrund stehen" (von Gehren et al., 1989, S. 201).

Einige Spielstationen verdeutlichen das Wesen dieses Hamburger Projekts: „Da gab es eine Speicherstadt, eine von außen einsehbare Fachwerkkonstruktion, die mit ihrem Angebot ein Stück Stadtgeschichte und Wirtschaftsgeschichte der Stadt Hamburg versinnlichte: Es ging um die nach Hamburg eingeführten und in der Speicherstadt gelagerten Waren. Hier konnten die verschiedensten Naturprodukte, wie Kaffee, Tee, Kakao, Gewürze betrachtet, befühlt, berochen, geschmeckt und auch weiterverarbeitet werden, z.B. in Trinkschokolade, Gewürzbonbons etc. Nicht nur Kinder, sondern auch viele Erwachsene wurden von diesem Angebot angezogen, zumal durch Hinzuziehung von Fachleuten (ein Tee-Experte, eine Botanikerin, echte Zöllner) so manche Bildungslücke geschlossen werden konnte" (von Gehren et al., 1989, S. 201).

In einer anderen Abteilung sollte die wissenschaftliche Arbeit eines Museums transparent gemacht werden, indem Kinder, in Anlehnung an die übliche Feldforschung der Völkerkundler, den Hamburger erforschten: „Tag für Tag unter jeweils einem anderen thematischen Schwerpunkt erforschten sie per Interviewbogen, Beobachtungsaufträgen und sinnlichen Tests den ‚typischen' Hamburger. Die umfangreichen Ergebnisse mußten anschließend geordnet, ausgewertet und auf eine wissenschaftliche Verwertung hin aufgearbeitet werden. Am Ende stand eine Ausstellung, natürlich konzipiert unter neuesten museumspädagogischen Erkenntnissen, die Auskunft gab über den Hamburger: seine Eßgewohnheiten, sein Sprachvermögen, sein Lungenvolumen, seine Eitelkeiten, u.v.m." (von Gehren et al., 1989, S. 202).

Wenn sie solche spielerischen, animativen Formen der Stadterkundung und Gästebetreuung durchführen wollen, sind die Verkehrsämter zu einer stärkeren Zusammenarbeit mit entsprechenden pädagogischen Initiativen aufgerufen. Leider weiß man diesbezüglich noch viel zu wenig voneinander, könnte aber mit Sicherheit wechselseitig viel voneinander lernen und Angebote gemeinsam besser an den Mann, die Frau oder das Kind bringen.

Bei Wanderführungen ist es sicherlich leichter als in der Stadt, die Sinne (vgl. Schmeer-Sturm, 1994, S. 49–59) stärker miteinzubeziehen. Die Motorik spielt allein durch das Gehen und Steigen schon eine ganz andere Rolle als beim Sitzen im Reisebus. Vorstellbar sind kleine Atemübungen mit den Teilnehmern vor einem anstrengenden Aufstieg, biorhythmische oder gymnastische Übungen zur Auflockerung, das bewußte Riechen von Pflanzen, Heilkräutern, von Bäumen (z.B. frischen Lärchen). Das Schmecken von Wildfrüchten und Pflanzen. Das Hören von Vogel- und Tierstimmen, das bewußte Aufnehmen der Stille im Wald. Das Fühlen der Gesteine, verschiedenartiger Baumstrukturen, haariger, stacheliger, klebriger, stechender, glatter, samtiger, rauher Blattoberflächen. Das Fühlen verschiedenen Untergrunds: des federnden Waldbodens, des harten Kiesweges, des rutschenden Geröllfeldes. Das Fühlen der Elemente: der kalte, zugige Gipfel, der warme, windgeschützte Rastplatz, die modrige, feuchtkalte Höhle, die stechende Hitze bei baumlosem Weg, das kühlende, erfrischende und belebende Element des Wassers, das man durchschreitet, an dessen Naß man sich labt (vgl. Wegener-Spöhring, 1991).

Der Zukunftstrend geht dahin, daß der Urlauber weniger eine Reise nach einem bestimmten Land buchen wird, sondern sich vielmehr nach Animationsangeboten (Urlaubsaktivitäten) zur Buchung einer Reise entscheiden wird. Reinhard Schober geht diesbezüglich noch einen Schritt weiter: „Nicht in erster Linie Land- oder Animationsangebot sollten buchungsfähig sein, sondern bereits der erlebnismäßige Zustand, um den es dem Urlauber ja letztlich geht" (Schober, 1975, S. 19).

2.4.4 Kommunikation zwischen Gästeführer und Reisegast

Der Reisegast, insbesondere wenn er sich längere Zeit in einem Urlaubsort aufhält, sucht neben der Orientierung und der Information auch Anschluß an andere Touristen. Dieses kommunikative Motiv wird allerdings nicht immer offen eingestanden.

Wie kann der Gästeführer diesem Bedürfnis nach Kommunikation gerecht werden?

– Negativbeispiel: „Der ‚Führer' steht zwischen Betrachter und Kunstwerk und bestätigt sich durch diese Führung seine eigenen Anschauungen und Auffassungen. Der so Geführte hat keine Gelegenheit, weiterführende Fragen oder aber Probleme aufgrund eines Unbehagens am Kunstwerk zu äußern" (Thinesse-Demel, 1990b, S. 24). Der Führer sollte also von seinem „Podest" heruntersteigen und sich in gleicher Ebene mit den Gästen einreihen.
– Er sucht den Kontakt mit der Gruppe, versucht deren rein rezeptives Verhalten abzubauen. Die kommunikative Führung ist auf eine Auseinandersetzung des Betrachters mit dem Kunst- oder Führungsobjekt angelegt, wodurch auch Assoziationen, Vermutungen und Vorwissen der Betrachter zur Sprache kommen können.
– Durch eine kommunikative Führung verliert sich die Zentrierung auf die Person des Führers, der Gästeführer kommt mit den Gästen, aber auch die Gäste untereinander ins Gespräch. Der „Führer" wird somit zum „Gesprächsleiter", zum „Moderator",

der im Hinblick auf die Struktur und das Programm die Gesprächsanteile wieder zusammenführt und zum nächsten Gesichts- und Besichtigungspunkt überleitet.
- Methoden, um von der „Einwegkommunikation" wegzukommen, sind Impulse und Fragen an das Publikum. Allerdings ist hierbei auf einen unterhaltsamen lockeren Stil der Präsentation zu achten, da die Fragen sonst streng und lehrhaft wirken und die erzielte Wirkung – mehr Kommunikation zwischen Gästeführer und Gästen – ausbleibt. Ungünstig sind reine Wissensfragen, günstig solche, die sich auf die Alltagskompetenz der Teilnehmer (z.B. Wie alt war Goethe wohl, als dieses Bild von ihm gemalt wurde?) bzw. auf schon besprochene Inhalte beziehen.

Neben zahlreichen inhaltlichen gibt es auch methodische Differenzierungsmöglichkeiten im Angebot von Gästeführungen durch Verkehrsämter, Museen oder Institutionen der Erwachsenenbildung. In München z.B. existiert seit über 10 Jahren in allen größeren Museen und Ausstellungshäusern ein System regelmäßiger, das ganze Jahr über stattfindender Führungen, die ohne Voranmeldung zu den jeweils festgesetzten Zeiten besucht werden können. Das sogenannte „vhs-führungsnetz" (vgl. Thinesse-Demel, 1990a) bietet Führungsgespräche an, die von auswärtigen Besuchern, aber auch von den Münchnern gerne besucht werden. Konzepte vergleichbarer Art könnten Kontakte zwischen Reisenden und „Bereisten" fördern und damit neue Dimensionen der Verständigung im Rahmen der Gästeführung eröffnen.

Literatur

Bartl, H., U. Schöpp, A. Wittpohl (1986): Gästeführung in der Fremdenverkehrspraxis. Leitfaden für die Ausbildung von Gästeführern in Fremdenverkehrsorten. München.
Deutsches Seminar für Fremdenverkehr (DSF) (Hrsg.) (1993): Praktischer Leitfaden für Gästeführungen in deutschen Fremdenverkehrsorten. Berlin.
Gehren, F. von, G. Schirmann, T. Ullmann (1989): „Museum von Sinnen". Ein Ferienfestival des Museumspädagogischen Dienstes Hamburg. In: W. Zacharias (Hrsg.): Gelebter Raum. Beiträge zu einer Ökologie der Erfahrung. München.
Grümme, W., S. Hamann, W. Nahrstedt, W. Thevis (1987): Gästebetreuung in Kur- und Erholungsorten. Theoretische Grundlagen und Praxismodelle. Schriftenreihe IFKA, Bd. 3, Bielefeld.
Kaechele, H. (1990): Fremdenführung und Reiseleitung in der EG. In: U. Braun-Moser: Europäische Tourismuspolitik. Sindelfingen, S. 96–106.
Nahrstedt, W. (1987): Gästebetreuung als ein neues Aufgabengebiet der Freizeitpädagogik und Kulturarbeit. In: Grümme, W., S. Hamann, W. Nahrstedt, W. Thevis: Gästebetreuung in Kur- und Erholungsorten. Theoretische Grundlagen und Praxismodelle. Schriftenreihe IFKA, Bd. 3, Bielefeld, S. 9–26.
Rumpf, H. (1988): Die Gebärde der Besichtigung. In: erziehung heute, H. 4, S. 30–40.
Schmeer, M.-L. (1984): Handbuch der Reisepädagogik. Didaktik und Methodik der Bildungsreise am Beispiel Italien. München.
Schmeer, M.-L. (1985a): Gästeführungen: Plädoyer für mehr Ausbildung. In: Der Fremdenverkehr + Das Reisebüro, H. 7, S. 26–28.
Schmeer, M.-L. (1985b): Führer, Fremde, Frustrationen. Bisherige Angebote und pädagogische Überlegungen zu einer animativen Gästeführung. In: Animation, H. 4, S. 206–211.

Schmeer, M.-L. (1985c): Die Fremdenverkehrshochschule. Profi-Kurs für Gästeführer 1. Folge. In: Der Fremdenverkehr + Das Reisebüro, H. 9, S. 22–26.
Schmeer, M.-L. (1985d): Die Fremdenverkehrshochschule. Profi-Kurs für Gästeführer 2. Folge, Modell Augsburg. In: Der Fremdenverkehr + Das Reisebüro, H. 10, S. 20–22.
Schmeer, M.-L. (1985e): Die Fremdenverkehrshochschule. Profi-Kurs für Gästeführer 3. Folge, Variationen und Feinarbeit. In: Der Fremdenverkehr + Das Reisebüro, H. 11, S. 27–30.
Schmeer-Sturm, M.-L. (1989): Der Reiseleiter, Tätigkeitsmerkmale, Voraussetzungen und Aufgaben. In: Animation, H. 2, S. 44–45.
Schmeer-Sturm, M.-L. (1990): Würstchen wärmen, Kaffee kochen? Berufsbild Reiseleitung und Gästeführung im europäischen Vergleich. In: Animation, H. 4, S. 105–109.
Schmeer-Sturm, M.-L. (1994): Sinnenorientierte Musuempädagogik. In: Vieregg, H., M.-L. Schmeer-Sturm, J. Thinesse-Demel, K. Ulbricht (Hrsg.): Museumspädagogik in neuer Sicht. Erwachsenenbildung im Museum. Bd. I, Baltmannsweiler, S. 49–59.
Schmeer-Sturm, M.-L. (Hrsg.) (1996a): Reiseleitung. München.
Schmeer-Sturm, M.-L. (Hrsg.) (1996b): Gästeführung. München.
Schober, R. (1975): Das Erlebnis: eigentliches Urlaubsziel. In: Beratung Freizeit, H. 1, S. 19.
Thinesse-Demel, J. (1990a): Die Münchner Volkshochschule im Museum: Das VHS-Führungsnetz – Methodischer Aufbau und Organisationsstruktur. In: M.-L. Schmeer-Sturm/J. Thinesse-Demel/ K. Ulbricht/H. Vieregg (Hrsg.): Museumspädagogik. Grundlagen und Praxisberichte. Baltmannsweiler, S. 88–105.
Thinesse-Demel, J. (1990b): Die kommunikative Führung im Museum. In: M.-L. Schmeer-Sturm (Hrsg.): Freizeitpädagogik, 12. Jg., H. 1-2: Freizeitpädagogik im Museum, S. 21–29.
Wegener-Spöhring, G. (1991): Massentourismus und Pädagogik. Essays, Theorien, Gedanken zu einer gestörten Beziehung. Hohengehren.
Weschenfelder, K. (1982): Animation im Museum. In: H. W. Opaschowski (Hrsg.): Methoden der Animation, Praxisbeispiele. Bad Heilbrunn.
Wolffhardt, B. (1983): Kinder entdecken das Museum. Betrachten und Selbermachen. München.

III Ziele und Aufgaben touristischer Leistungsträger

1 Reisevermittler

Werner Sülberg

Im Unterschied zu den meisten anderen Ländern haben sich die kommerziellen Reisemarktstrukturen in der Bundesrepublik unter maßgeblichem Einfluß des Reisevermittler-Gewerbes entwickelt. Insbesondere das Entstehen der großen Reiseveranstalter ist auf vertriebsstrategische Interessen der deutschen Reisevermittler zurückzuführen. Die Reisemärkte anderer Länder werden zumeist von starken Direkt- und Eigenvertriebssystemen der Leistungsträger dominiert und überlassen dem Reisevertrieb eine relativ einflußlose Position. Die Sonderstellung des Reisevermittler-Gewerbes in Deutschland hängt vor allem mit seiner historischen Entwicklung zusammen.

1.1 Entwicklung kommerzieller Reisemarktstrukturen in Deutschland

1.1.1 Entstehung des Reisevermittler-Gewerbes

Am Ursprung allen Reisens stand der Handel und damit der Transport von Gütern. Die ersten Reisegesellschaften waren die Karawanen des Altertums. Im Zuge der regelmäßigen Ausgestaltung derartiger Handelsströme wurden Reiseorganisationen geschaffen, die sich zu Lande als Speditionen und zu Wasser als Reedereien betätigten. Historisch überliefert ist die Existenz einer offiziellen, reisebüroähnlichen Organisation bereits bei den Römern, die Reiseinformationen erteilte, Platzreservierungen für Schiffe und Kutschen vornahm, Fahrausweise ausstellte und Unterkunftsleistungen vermittelte. Als Arbeitsunterlagen dienten dazu Reisebeschreibungen und Itinerarien, die Vorläufer der heutigen Kursbücher. Mit zunehmender Arbeitsteilung wuchs die Nachfrage nach Personenverkehrsleistungen, überwiegend zu geschäftlichen Zwecken neben dem bis dahin vorherrschenden Güterverkehr. Diese Zusatzfunktion wurde von Reedereien und Speditionen zunächst mit übernommen, zumal es noch keine reinen Personenverkehrsmittel gab. Ein nennenswerter Personenreiseverkehr entwickelte sich erst im Zuge von Pilgerreisen und den Auswanderungsbewegungen im 18. und 19. Jahrhundert. In zunehmendem Maße etablierten namhafte Reedereien auch im Binnenland Vermittlungsbüros für den Fracht- und Personenverkehr. Durch die Ausbreitung des Schienenverkehrs vollzog sich eine parallele Entwicklung bei den Speditionen.

Mit der Veranstaltung von Gesellschaftsreisen per Eisenbahn ermöglichte der Engländer Thomas Cook Mitte des vergangenen Jahrhunderts erstmalig touristische Reisen für größere Personenkreise. Durch Ausdehnung seiner Reisen auf ganz Europa übertrug er seine Ideen auch auf andere Länder. 1865 eröffnete Thomas Cook in London ein Reisebüro und baute in den Folgejahren in ganz Europa und in Übersee ein Netz eigener Reiseagenturen aus, bei denen Bahnpauschalreisen, aber auch einzelne, internationale Bahnfahrausweise erhältlich waren (vgl. Fuss, 1960, S. 11–42).

Zu Beginn des 20. Jahrhunderts unterhielten in Deutschland die beiden Reedereien der Hamburg-Amerika-Linie und des Norddeutschen Lloyd ein umfangreiches Netz von Niederlassungen mit kleinen Reiseabteilungen, die in den Folgejahren weiter ausgebaut und verselbständigt wurden. Ähnlich wie Thomas Cook hatten auch in Deutschland einzelne Reiseunternehmen von den Eisenbahnen eine Erlaubnis zum Verkauf von amtlichen Fahrkarten erhalten, allerdings ohne Provisionszahlung. Zu Beginn dieses Jahrhunderts ergriffen die Deutschen Staatsbahnen die Initiative zur Schaffung eines Verbundes von Reisebüros. Die Königlich-Bayerische-Staats-Eisenbahn-Verwaltung erwarb 1910 das Reisebüro der Speditionsfirma Schenker & Co. und legte damit den Grundstein für die Bayerische Reisebüro GmbH, das spätere amtliche bayerische Reisebüro (abr). Weitere Gründungsgesellschafter waren der Norddeutsche Lloyd, die Firma Thomas Cook und die Bayerische Handelsbank.

Nach langen Verhandlungen wurde 1917 das bayerische Modell auf Reichsebene übertragen. Am 17. Oktober des Jahres gründeten die deutschen Regierungen mit Staatsbahnbesitz (die spätere Deutsche Reichsbahn) zusammen mit den großen deutschen Schiffahrtsgesellschaften Hamburg-Amerika-Linie und Norddeutscher Lloyd das Deutsche Reisebüro (DR). Dieses Unternehmen erhielt 1918 die Erlaubnis zum Verkauf von Eisenbahn-Fahrausweisen außerhalb von Bahnhöfen zu Originalpreisen auf Provisionsbasis und wurde nach Beitritt ungarischer und österreichischer Gesellschafter in Mitteleuropäisches Reisebüro (MER) umbenannt. Den Stamm der Reisebüros, die in den Folgejahren als MER-Vertreter zum Bahnfahrausweis-Verkauf berechtigt waren, bildeten neben zahlreichen Reederei-Niederlassungen vor allem selbständige Reisebüros, die zusätzlich aufgrund von Agenturverträgen u.a. mit Schiffahrts- und später Fluggesellschaften Fahrausweise bzw. Flugtickets verkauften sowie in kleinem Umfang Gruppen- und Einzelpauschal-Reisen veranstalteten. Bis zum Ausbruch des 2. Weltkriegs expandierte das Verkaufsnetz des MER auf 17 eigene Filialen, 336 Inlands- sowie 850 Auslandsvertretungen. Die Passage- und Reisebüros der Hamburg-Amerika-Linie und des Norddeutschen Lloyd, die jeweils Beteiligungen an abr und MER unterhielten, wurden 1941 zu einer gemeinsamen Reisebüro-Organisation zusammengefaßt und ab 1948 unter der Firmierung Hapag Lloyd-Reisebüro fortgeführt. Die Fusion der beiden Reedereien erfolgte 1970.

Von den Auswirkungen des 2. Weltkriegs wurde das MER besonders hart getroffen. Aufgrund eines Beschlusses des Alliierten Kontrollrates verlor das MER sämtliche Auslandsniederlassungen und mußte seine Tätigkeiten auf das Inland beschränken. Zugleich wurde es umbenannt in Deutsches Reisebüro (DER). Bereits 1947 fanden sich die alten MER-Vertretungen zusammen, um über den mühevollen Wiederaufbau einer zentralen DER-Organisation zu beraten. Erst 1954, mit Inkrafttreten der Pariser

Verträge, erhielt das DER die Erlaubnis zur Wiederaufnahme von Auslandsbeziehungen. Die MER-Zentrale in Ost-Berlin und die auf dem Gebiet der damaligen DDR befindlichen Reisebüros wurden enteignet bzw. als Staatsbetriebe fortgeführt und 1964 in VEB Reisebüro der Deutschen Demokratischen Republik umbenannt (vgl. Fuss, 1960, S. 43–52; TID-Touristik Dokumentation, 1980/1982; DER, 1987). Seit der Wiedervereinigung Anfang 1990 firmiert das Unternehmen als Reisewelt bzw. Europäisches Reisebüro GmbH und 100%ige Beteiligung der Kaufhof-Tochter (später REWE-Tochter) ITS Reisen GmbH. 1995 wurde ITS einschließlich der ostdeutschen Reisewelt-Büros an den Rewe-Konzern veräußert, der seit 1990 die Reisebürokette Atlas von 20 auf über 300 Vertriebsstellen ausgebaut hatte. Auch die bisherigen Reisewelt-Büros firmieren seit 1996 unter dem Namen Atlas.

1.1.2 Entwicklung von Reiseveranstaltern aus den Reisebüros

Im Zuge des Neuaufbaus nach dem 2. Weltkrieg entschlossen sich die drei Reisebüroketten DER, abr und Hapag Lloyd neben ihrer breitgefächerten Vermittlungstätigkeit auch als Reiseveranstalter tätig zu werden. Sie gründeten 1948 gemeinsam mit dem österreichischen Reisebüro Dr. Karl Degener die Arbeitsgemeinschaft DER-Gesellschaftsreisen, aus der 1951 die Touropa hervorging. Durch regelmäßige Fahrten zu festen Reiseterminen mit großen Teilnehmerzahlen, die einen kompletten Sonderzug auslasteten, konnten Erholungsreisen wesentlich preiswerter angeboten werden, als es bis dahin für ein einzelnes Reisebüro im Rahmen kleiner Gruppen möglich war. 1953 entstanden durch den Zusammenschluß mehrerer Reisebüros zwei weitere Fahrgemeinschaften, die als selbständige Reiseveranstalter ausgegliedert wurden: die Reisebüros Scharnow, Kahn, Bangemann, Dr. Friedrich und das Essener Reisebüro gründeten das Unternehmen Scharnow; die Reisebüros Lührs, Strickrodt sowie die Verlagsreisebüros der Zeitungen Die Welt und Hamburger Abendblatt gründeten die Firma Hummel. Ab Mitte der 50er Jahre kooperierten diese drei Reiseveranstalter in verschiedenen Marktsegmenten, vor allem, um nach Aufnahme des Flugpauschalreiseverkehrs ihre Auslastungsrisiken zu vermindern. 1968 gründeten sie gemeinsam mit dem seit 1928 bestehenden Studienreisen-Veranstalter Dr. Tigges die Touristik Union International (TUI). Dieser Veranstalter-Verbund wurde 1970 ergänzt um das von Hummel 1969 gegründete, auf Jugendreisen spezialisierte Unternehmen Twen Tours. Im gleichen Jahr brachten DER, abr, Hapag Lloyd und Airtour-Flugreisen, ein Verbund selbständiger Reisebüros, den IT-Flugreiseveranstalter airtours international in die TUI ein.

Während die genannten sechs Veranstalter-Marken aus den traditionellen Reisebüros und Reisebüroketten hervorgingen, die bis heute ein wesentliches Standbein ihres Vertriebsnetzes sind, drangen mit Beginn der 60er Jahre zunächst Versand- und später auch Warenhäuser in den lukrativen, im Aufschwung befindlichen Reisemarkt ein. Quelle und Neckermann boten in ihren Versandkatalogen sowie in ihren eigenen Warenhäusern und Verkaufsstellen vor allem Flugpauschalreisen zu den Sonnenzielen des Mittelmeeres an. Mit Beginn des Massentourismus, etwa ab 1964, erwies sich jedoch dieser Vertriebsweg als zu eng. Da ihnen das Verkaufsnetz der traditionellen Reisebüros aufgrund von deren enger Bindung an die heutigen Veranstaltermarken der TUI verschlossen blieb, gründete die Neckermann Versand AG 1965 den Reiseveranstalter Neckermann + Reisen (später: NUR Touristik GmbH), der neben der konzerneigenen Versandhandels-Organisation bis heute ein eigenes, exklusives Netz von selbständigen Touristik-Agenturen als bewußte Alternative zum traditionellen Allround-Reisebüro betreibt. 1975 erwarb NUR den in wirtschaftliche Schwierigkeiten geratenen gewerkschaftseigenen Reiseveranstalter g-u-t-Reisen.

Das Versandhaus Quelle war zurückhaltender bei seinen Aktivitäten im touristischen Sektor. 1968 übernahm das Unternehmen den Flugreiseveranstalter Transeuropa und veräußerte die nunmehr selbst produzierten Touristik-Programme über die eigene Verkaufsorganisation. 1971 übernahm die Karstadt AG 50% der Anteile von Transeuropa, die 1972 als siebte Veranstaltermarke vollständig in die TUI eingebracht wurde. Nachdem Karstadt die Aktienmehrheit an der Neckermann-Versand AG erworben und damit Einfluß auf das Reise-Tochterunternehmen NUR gewonnen hatte, erfolgte 1976 nach Einspruch des Bundeskartellamtes der Austausch der Karstadt-Kapitalanteile an der TUI gegen Anteile der Horten AG. Beide Kaufhaus-Konzerne betreiben darüber hinaus innerhalb ihrer Warenhäuser als Ergänzung ihrer Handelspalette je nach Standort Reisevermittlungsstellen oder Mehrlizenz-Reisebüros (vgl. TID-Touristik Dokumentation, 1980; Tietz, 1980, S. 471 ff.; Hochreiter/Arndt, 1978, S. 95; Dörr/Raasch, 1989).

Neben NUR umging auch der 1970 von der Kaufhof AG gegründete, heute fünftgrößte deutsche Reiseveranstalter, ITS (International Tourist Services), die traditionellen Reisebüros. Das Unternehmen bot bis 1994 seine Produkte in den Warenhäusern Kaufhof und Hertie, in Verbrauchermärkten (u.a. Ratio, Coop, Massa, Metro), über die Versandhäuser Otto und Schwab sowie in zahlreichen Lotto- und Toto-Annahmestellen an. Auf diese Weise wurde einer großen Zahl von branchenfremden Nebenerwerbsbetrieben der Zugang zum Reiseveranstaltermarkt erschlossen.

1.1.3 Verflechtungen zwischen Reisevermittler- und Reiseveranstaltergewerbe

Die heutige Struktur des Reisegewerbes hat sich aus einer kumulativen Ausweitung der Vertriebswege des Reisebürofachhandels sowie der Waren- und Versandhäuser ergeben. Dabei ist der größte Reiseveranstalter, die TUI, bis heute im Besitz der Gründer der fusionierten Veranstalterunternehmen und somit der Eigentümer eines großen Teils ihres eigenen Vertriebsnetzes. Aber auch die Entstehung der zweit-, viert- und fünftgrößten Veranstalter, NUR, DER und ITS, erklärt sich im wesentlichen aus vertriebsstrategischen Überlegungen und Aktivitäten im Handels- und Reisevermittlungsgewerbe. Eine Ausnahme bildet dabei lediglich der drittgrößte Veranstalter LTT mit den Marken Jahn-Reisen, Meier's Weltreisen, Transair, THR Jet und Bett sowie Tjaereborg, der aufgrund produktionsstrategischer Anforderungen zur Kapazitätsauslastung der Charter-Fluggesellschaft LTU entstanden ist.

Seit 1990 haben sich bei nahezu allen großen Reiseveranstaltern durch vertikale und horizontale Expansion sowie durch Veränderung der Eigentumsverhältnisse neue Interessenskonstellationen entwickelt. Den Auftakt hierzu bildete das Engagement der Westdeutschen Landesbank im deutschen Tourismusgewerbe. Diese übernahm zunächst 34,6% der bislang im Familienbesitz Conle befindlichen LTU-Gruppe. 1992 bündelte und erwarb sie die Anteile der kleinen Reisebürogesellschafter der TUI wie u.a. Scharnow, Bangemann, Strickrodt, Kahn, Essener Reisebüro, Lührs und der Familie Tigges Erben. Nach langwierigen Verhandlungen über die Vorkaufsrechte mit den anderen bisherigen Mitgesellschaftern Deutsches Reisebüro, abr Reisebüro, Hapag Lloyd sowie Horten und Quelle einigte man sich auf eine neue Gesellschafterstruktur, bei der die Westdeutsche Landesbank und Hapag Lloyd jeweils 30% der Anteile an der TUI halten, Quelle 20% sowie DER und abr je 10%. Horten zog sich zugunsten von Quelle aus der Beteiligung an TUI zurück. 1995 wurden schließlich im Zuge konzerninterner Umstrukturierungen die abr-Anteile auf die Deutsche Bahn AG übertragen. Im gleichen Jahr erwarb die Westdeutsche Landesbank von der British Midland Bank alle Anteile an der weltweit drittgrößten Reisebürokette Thomas Cook plc, deren Geschäftsreisetätigkeit bereits ein Jahr später ausgegliedert und an American Express verkauft wurde, die damit zur mit Abstand international größten Reisebürokette der Welt aufstieg. Schließlich weitete die Westdeutsche Landesbank ihr Tourismus-Engagement auch noch mit einer Beteiligung von 89,2% an der Köln-Düsseldorfer Rheinschiffahrt AG aus.

Völlig konträr hierzu verlief das touristische Engagement der Metro-Gruppe mit ihrer Tochtergesellschaft Kaufhof. Die Kaufhof AG hatte im Laufe der zweiten Hälfte der 80er Jahre neben den deutschen Unternehmen Jet-Reisen, ATT-Reisen und EVS ein internationales Portfolio an Reiseveranstaltern zusammengekauft mit Kuoni (Schweiz), Holland International (Niederlande), Sun International (Belgien), Voyages Conseil (Frankreich), Travelplan (Spanien) und GTE Tours (Großbritannien). Aufgrund eines außerhalb der beiden Kaufhausketten Kaufhof und Hertie schwachen Vertriebs im deutschen Reisemarkt, der nicht zuletzt auch ein Ergebnis der rechtlich umstrittenen Vertriebsbindung war (siehe Kapitel 1.2.4.), blieben die deutschen Veranstalter der ITS-Gruppe wachstums- und ergebnisschwach. Mit der Übernahme der drei Reisebüroketten Europäisches Reisebüro/Reisewelt, Jugendtourist und Palm-Touristik sollten diese Vertriebsdefizite vor allem im neu hinzugekommenen ostdeutschen Reisemarkt behoben werden, jedoch übernahm man zugleich mit diesen Ketten erhebliche finanzielle Altlasten. Aufgrund der vom Kartellamt genehmigten Fusionen der vier großen Warenhausketten Kaufhof/Horten und Karstadt/Hertie, erfolgte 1993 und 1994 ein vollständiges Revirement. Die Hertie-Büros wurden sukzessive an Karstadt übergeben und Kaufhof übernahm die Horten-Reisebüros. Da der Deckungsbeitrag des gesamten touristischen Engagements für Metro und Kaufhof nach wie vor unbefriedigend war, entschloß sich Metro zum vollständigen Rückzug aus der Touristik. So wurde 1994 die Geschäftstätigkeit von Jet-Reisen auf ITS verschmolzen und ITS-Reisen einschließlich der Reisebüroketten Reisewelt, Palm-Touristik, Jugendtourist, Kaufhof- und Horten-Reisebüro an die Handelsgruppe Rewe verkauft, die 1989 eine kleine Reisebürokette namens Atlas mit 20 Betriebsstellen übernommen hatte und diese durch eine flächendeckende Eröffnung von Reisebüros bis zu diesem Zeitpunkt auf über 300 Vertriebsstellen ausgeweitet hatte. Die im Gegensatz zu den Inlandsaktivitäten fast ausnahmslos profitablen und attraktiven Auslandsbeteiligungen wurden bis Ende 1995 mit Ausnahme von Sun International in Belgien, für das sich bislang kein Interessent fand, schrittweise veräußert. Die Beteiligung an Kuoni wurde an die Hugentobler-Stiftung zurückverkauft und von dieser an der Schweizer Börse plaziert. Die Beteiligung an Holland International erwarb die TUI und verschmolz sie mit der eigenen Tochtergesellschaft Arke Reisen, so daß durch die Fusion dieser beiden Marktführer der mit Abstand größte holländische Reisekonzern entstand. Travelplan wurde von der spanischen Hidalgo-Gruppe übernommen. Der Türkei-Spezialist ATT-Reisen wurde an den Türkei-Marktführer Öger-Tours veräußert. Schließlich verkaufte Ende 1995 die Metro ihre eigenen z.T. unter dem Namen FINASS firmierenden Verbrauchermarkt-Reisebüros an die deutsche Thomas Cook Reisebüro GmbH, eine Beteiligung der Westdeutschen Landesbank.

Auch die Deutsche Bahn AG und die Deutsche Lufthansa verstärkten ihr Engagement im Reiseveranstaltermarkt. Nach Ausscheiden der Hapag Lloyd AG als Gesellschafter der Deutsches Reisebüro GmbH erhöhten die DB ihre Beteiligung auf 66,8% und die Lufthansa auf 33,2%. Zuvor hatte die DB AG die Beteiligung der Deutschen-Verkehrs-Bank an der Ameropa GmbH übernommen und ihre Anteile auf 100% aufgestockt. Die Lufthansa beteiligte sich 1994 mit 50% an der zum TUI-Konzern gehörenden Airtours GmbH, gab aber 1996 diese Beteiligung wieder an die TUI zurück. Angesichts der starken Lagerbildung um die TUI, Hapag Lloyd und LTU beteiligte sich die Lufthansa Charterflugtochter Condor GmbH zur Sicherung ihrer Flugkapazitäten an einigen bislang im Familien- bzw. Privatbesitz befindlichen mittelgroßen Veranstaltern wie Fischer-Reisen (100%), Kreutzer-Reisen (74,5%), Air Marin (25%) und Öger-Tours (10%).

Bemerkenswerte Entwicklungen in den letzten fünf Jahren erzielten die Gruppe Frosch-Reisen/CA-Ferntouristik, Alltours und der vom Türkei-Boom profitierende Spezialist Öger-Tours, die sich im Veranstalter-Ranking weit nach vorne katapultierten. Ohne spektakuläre Zukäufe und gesellschaftsrechtliche Veränderungen erzeugte der Branchenzweite NUR-Touristik im Windschatten dieser gravierenden strategischen Veränderungen aus eigener Kraft sukzessive Marktanteilsgewinne, so daß sich die relative Position von NUR gegenüber der Konkurrenz permanent verbesserte. Die Härte dieser strategischen Marktanteils- und Positionskämpfe führte allerdings auch 1996 zum bislang größten Konkurs des deutschen Reisemarktes durch die Insolvenz des Stuttgarter Regionalveranstalters Hetzel-Reisen.

Tab.1: Konzentration des Reiseveranstaltermarktes 1990-1995

	Umsatz in Mio DEM		Differenz in %	Marktanteil in %	
	1995	1990	1990/95	1995	1990
Top Five	13.549	7.794	+73,8	48,6	40,6
Top Ten	16.710	9.843	+69,7	60,0	51,3
Andere Reiseveranstalter	11.190	8.257	+49,5	34,6	43,0
Reisemittler mit Veranstaltertätigkeit	1.500	1.100	+36,4	5,4	5,7
Gesamtmarkt	29.400	19.200	+59,2	100,0	100,0

Diese Veränderungen im deutschen Reiseveranstaltermarkt haben die Konzentrationstendenz weiter verstärkt, so nahm der Marktanteil der größten fünf Veranstalter von 1990 bis 1995 von 40,6% auf 48,6% weiter zu. Auch der Marktanteil der größten 10 stieg von 51,3% auf 60% in diesem Zeitraum. Entsprechend nahm der Anteil der mittleren und kleinen Veranstalter auf den nachfolgenden Rängen von 48,7% auf 40% ab (Tab. 1). Wie gravierend die Verschiebungen in den Einzelfällen waren und wie sich das Ranking seit 1990 verändert hat, veranschaulicht Tabelle 2.

Auch der deutsche Reisevermittlermarkt ist insbesondere in den 90er Jahren durch umfangreiche Umstrukturierungen geprägt. Während der Reiseboom bis Anfang der 80er Jahre für die neuen, zumeist branchenfremden Vertriebsformen noch ausreichend Expansionsmöglichkeiten bot, ohne dem klassischen Reisebürofachhandel spürbar Markt-anteile zu entziehen, führte die fortwährende Ausweitung von Reisevertriebsstellen zunehmend zu einem Verdrängungswettbewerb, dem die selbständigen, nicht organisierten Reiseagenturen, ähnlich wie die Kleinbetriebe des Facheinzelhandels, auf Dauer kaum gewachsen sind. Unwillkürlich drängen sich Parallelen zwischen Reisevermittlungs- und Handelsgewerbe auf: Organisation und Kooperation erlangen mehr und mehr an Bedeutung, wenn der Facheinzelhandel bzw. das Reisebüro seine Marktposition halten und gegenüber Warenhäusern, Verbrauchermärkten, Filialunternehmen und Einkaufsgemeinschaften bestehen will (vgl. Gruner + Jahr, 1981, S. 7 f.; Jaspert, 1981; Handelsblatt, 1981). Dabei hilft es wenig, die Probleme der Branche im Rahmen einer eigenen Tourismus-Betriebswirtschaft lösen zu wollen. Vielmehr empfiehlt es sich, den Blick auf die innovativen, zukunftsweisenden und bereits erprobten Entwicklungen im klassischen Handelsmarketing zu lenken.

Während die großen Reisebüroketten bereits seit Mitte der 80er Jahre durch Zukäufe und Neueröffnungen ihre Vertriebsnetze kontrolliert ergänzten, wurde seit Beginn der 90iger Jahre u.a. auch durch die Integration Ostdeutschlands die Politik einer flächendeckenden Präsenz zur dominanten Strategie erhoben. In einem völlig überhitzten Markt verkauften viele mittelständischen Reiseunternehmer zum Teil völlig überzogenen Preisen ihre Unternehmen an die großen Reisebüroketten, die damit ihre Vertriebsnetze extrem ausweiteten (Tabelle 3).

Tab. 2: Veranstalter-Ranking 1985, 1990 und 1995

	1995 Umsatz in Mio. DM	Rangfolge	1990 Umsatz in Mio. DM	Rangfolge	1985 Umsatz in Mio. DM	Rangfolge	1995/85 Veränderung in %
TUI Deutschland	5.294	1	3.761	1	2.793	1	89,5
NUR Touristik	3.380	2	1.966	2	1.219	2	177,3
LTT-Gruppe	3.200	3	1.925	3	1.032	3	210,1
DERTOUR	1.354	4	943	4	334	5	305,4
ITS	925	5	762	5	524	4	76,5
Alltours	905	6	278	10	84	11	977,4
Öger Tours	720	7	143	14	–	–	–
Kreutzer	570	8	306	8	180	7	216,7
Frosch-Gruppe	497	9	117	15	–	–	–
Fischer	469	10	295	9	60	12	681,7
Air Marin	366	11	267	11	–	–	–
Hetzel	353	12	329	6	279	6	26,5
Studiosus	322	13	181	13	91	10	253,8
Hapag Lloyd Tours	302	14	54	19	40	13	655,0
Nazar	240	15	–	–	–	–	–
ADAC	229	16	190	12	143	9	60,1
Ameropa	212	17	323	7	152	8	39,5
Phoenix	199	18	96	17	–	–	–
Olimar	188	19	107	16	–	–	–
Unger	133	20	78	18	–	–	–

Dieser Konzentrationsprozeß eskalierte noch weiter, indem große Ketten kleinere aufkauften und sich auch Veranstalter und Leistungsträger um den Kauf und die Kontrolle eigener stationärer Reisebürovertriebswege bemühten. Abbildung 1 veranschaulicht dramatisch, wie die 1990 rund 30 größten Reisebüroketten durch Aufkäufe und Fusionen zu nur noch 10, zum Teil marktbeherrschenden Reiseorganisationen zusammengefaßt worden sind. U.a. erwarb 1995 die Karstadt AG 51% der Anteile an der bisherigen 100%igen Lufthansa-Reisebürotochtergesellschaft Euro Lloyd. Mit der Übernahme der drittgrößten deutschen Reisebürokette Hertie kamen auch deren Reisebürobetriebsstellen zum Karstadt-Konzern. Durch eine konzerninterne Neuordnung übernahm die Deutsches Reisebüro GmbH 1992 von der Muttergesellschaft DB alle Anteile an der Reisebüro Rominger GmbH und 1995 alle Anteile an der abr Reisebüro GmbH. Die Rewe-Tochtergesellschaft Atlas-Reisen, die seit 1989 ihr Vertriebsnetz von 20 auf über 300 Reisebürobetriebsstellen überwiegend durch Neugründungen ausgeweitet hatte, übernahm 1995 die Reisebürobetriebsstellen von Kaufhof und Horten sowie die ostdeutschen Reiseketten Reisewelt, Palm-Touristik und Jugend-Tourist, die nunmehr allesamt unter dem Namen Atlas-Reisen firmieren sollen. Amexco erwarb 1994 sämtliche Geschäftsreiseaktivitäten von Thomas Cook und übernahm u.a. auch die Schenker-Reisebüros, nachdem die DB den Transport- und Logistik-Konzern Schenker an die zum Veba-Konzern gehörende Rhenus Spedition verkauft hatte. Die deutsche Thomas Cook Reisebüro GmbH übernahm 1993 die schwerpunktmäßig in Norddeutschland tätige Reisebürokette Auto Fischer und nach Ausgliederung der Geschäftsreisesparte zu Amexco die Verbrauchermarkt-Reisebüros von Metro/Finass.

Tab. 3: Rangfolge der zehn größten Reisebüroketten 1985, 1990 und 1995

	Umsatz in Mio. DM			Anzahl Reisebüros		
	1995	1990	1985	1995	1990	1985
1. DER-Konzern[1]	2.789	842	657	388	89	68
2. Karstadt[2]	2.589	550	423	601	101	91
3. First	2.533	1463	1.348	423	174	123
4. Hapag Lloyd	2.350	1.335	980	366	103	74
5. Atlas[3]	1.508	120	55	589	64	15
6. Amexco[4]	1.092	226	143	115	21	8
7. Carlson Wagonlit[5]	559	128	103	118	24	19
8. Thomas Cook[6]	453	303	126	187	23	11
9. Quelle	340	333	242	179	183	194
10. Reiseland	177	–	–			
11. abr	–	755	641	–	55	46
12. Eurolloyd	–	437	283	–	34	21
13. NUR-Touristic	–	334	288	–	111	68
14. Kaufhof/Hertie	–	309	342	–	169	168
15. Rominger	–	282	211	–	36	25

[1] 1995 inkl. abr, Rominger und DERPART-Niederlassungen und -Beteiligungen
[2] 1995 inkl. Eurolloyd, NUR Touristic, NVAG, Hertie
[3] 1995 inkl. Reisewelt, Palm Touristik, Jugendtouristik, Kaufhof, Horten
[4] 1995 inkl. Thomas Cook Geschäftsreisen, Schenker Reisebüro
[5] 1995 inkl. Brewe, Sato
[6] 1995 inkl. Auto Fischer, Metro/Finass, ohne Geschäftsreisen

Die Konzentration des Reisemittlermarktes beschleunigte sich jedoch auch weiter durch die Zusammenschlüsse selbständiger Reisebüros zu Kooperationen und Franchise-Systemen. Gab es 1990 noch 4 Kooperationen und 1 Franchise-System, so gab es 1996 bereits nahezu 30 derartige Organisationen. Pioniere und Marktführer sind nach wie vor die Kooperation DERPART Reisevertrieb GmbH, deren 226 Gesellschafter 1995 mit 448 Reisebüros einen Umsatz von rund 3,0 Mrd. DM erwirtschafteten und die Franchise-Organisation First, die 1995 mit 423 Reisebürovertriebsstellen einen Umsatz von 2,53 Mrd. DM erzielten. 1996 übernahm die Westdeutsche Landesbank 20,1% der Anteile an First und brachte ihre deutsche Reisebürokette Thomas Cook Reisebüro GmbH als neuen Franchise-Partner mit ein, so daß auch die kettenähnlich organisierte Franchise-Organisation First 1996 einen Umsatz von 3,1 Mrd. DM mit über 600 Reisebüros erzielen wird. Darüber hinaus gründeten Anfang der 90er Jahre die Lufthansa mit Lufthansa City Center und die TUI mit TUI Urlaubs Center zwei neue leistungsträgerorientierte Franchise-Systeme, die ebenso wie viele andere Neugründungen einen erheblichen Zulauf an mittelständischen, selbständigen Betrieben verzeichneten. Auch renommierte Reisebüroketten, die vorerst keine Chance haben, einen flächendeckenden Vertrieb in Deutschland zu erzielen, schlossen sich Kooperationen oder Franchise-Systemen an, wie z.B. die deutsche Kuoni-Tochtergesellschaft Travel Vision an First und die deutschen Carlson Wagonlit Büros an Complan.

Diese Entwicklungen führten dazu, daß der Umsatzanteil der Ketten, Kooperationen und Franchise-Systeme 1990 bis 1995 von 40,1% auf 70,1% zunahmen, wobei sich der Marktanteil der Ketten von 28,6% auf 34,1% und der der Kooperationen und Franchise-Systeme von 11,5% auf 36,0% erhöhte. Der Umsatzanteil der Einzelbüros ohne Kooperations- und Franchisebindung nahm von 56,8% auf 29,9% ab. Noch höher ist der Konzentrationsgrad im über Reisebüros organisierten Geschäftsreisebereich. Hier stieg der Marktanteil von Ketten, Kooperationen und Franchise-Systemen seit 1990 sogar von 62,4% auf über 90%, während er im Urlaubs- und Privatreisebereich von 32,2% auf rund 58% zunahm (Tabelle 4).

Tab. 4: Konzentration des Reisemittlermarktes 1990-1995

	Umsatz in Mio. DM		Differenz in %	Marktanteil in %	
	1995	1990	1990/95	1995	1990
Reisebüroketten	14.440	7.662	88,0	34,1	28,6
Reisebürokooperationen	15.251	3.081	395,0	36,0	11,5
Ketten & Kooperationen	29.690	10.760	175,9	70,1	40,1
Einzelbüros	12.710	16.040	-20,8	29,9	56,8
Gesamtmarkt	42.400	26.800	58,2	100	100

Die Aufgaben der Kooperationen und Franchise-Systeme bestehen vor allen Dingen darin, ihren zumeist mittelständischen Mitgliedsunternehmen ähnliche Vorteile zu verschaffen wie sie Großunternehmen oder Ketten besitzen. Dies impliziert vor allem seit Aufhebung der Vertriebsbindung (siehe Kapitel 1.2.4.) die Sortimentssteuerung zur Erzielung des ertragsoptimalen Provisionsmixes. Darüber hinaus geben sie ihren Partnern Managementhilfen, führen gemeinsame Verkaufs- und Werbeaktionen durch und bilden im Rahmen ihrer Statuten Interessensvertretungen. Die Mitgliedschaft in diesen Kooperationen ist zumeist an Betriebsgrößen, Lizenzen oder andere Standards gebunden. Auch hier wird deutlich, daß sich im Reisevertrieb vergleichbare Entwicklungen wie im Handel vollziehen.

Reisevermittler   581

Rangfolge der Ketten nach Umsatz

	1990	Umsatz in Mio. DM			1995		1996 Umsatz in Mio. DM
1.	Hapag-Lloyd	1.275	1.	Deutsches Reisebüro abr (1995)		DB/DER-Konzern	2.789
2.	Deutsches Reisebüro	842		Rominger (1992)			
3.	abr	755		DERPART-NL + Bet.			
4.	Karstadt	550		Enzmann (1994)			
5.	Euro Lloyd	437		GO!Reisen (1994)			
6.	BS & K	358	2.	Karstadt		Karstadt-Konzern	2.589
7.	NUR	334		NUR			
8.	Quelle	333		NVAG			
9.	ITS*	309		Euro Lloyd (1995)			
10.	Thomas Cook	303		Blum (1993)**			
11.	Rominger	282		Hertie (1995)**			
12.	Reisewelt/Palm/Jugendtour.	240	3.	First		First	2.533
13.	Hartmann	232		BS& K			
14.	American Express	227		Hartmann			
15.	Dr. Tigges/Panopa	180		Kuoni Rsb. D.			
16.	NVAG	157	4.	Hapag Lloyd		Hapag-Lloyd	2.350
17.	Carlson Wagonlit	128	5.	Atlas		Atlas	1.508
18.	First	123		Kaufhof** (1995)			
19.	Atlas	120		Reisewelt/Palm/JT 1995**			
20.	Brune	110		Horten (1995)			
21.	Kuoni	106	6.	Amexco		Amexco	1.092
22.	Horten	94		Th. Cook Busi. (1994)			
23.	Schenker Rhenus	80		Schenker Rhe. (1993)			
24.	Alpha	72		RAK/Lifeco 1993			
25.	Auto Fischer	70	7.	Carlson Wagonlit		C. Wagonlit	559
26.	Metro/Finass	65		Brune (1994)			
27.	Sato	60		Sato (1994)			
28.	Brewo	57	8.	Thomas Cook		Thomas Cook	453 → 2.986
29.	GO!Reisen	55		Auto Fischer (1993)			
30.	RAK/Lifeco	50		Metro/Finass (1995)**			
31.	Blum	40	9.	Quelle		Reise Quelle	340
			10.	Reiseland		Otto Versand	177

* Kaufhof 188 Mio., Hertie 121 Mio.
** Diese Reisebüroketten erzielten vor der Neuordnung 1995 folgende Umsätze: Kaufhof 220 Mio., Hertie 120 Mio., Horten 100 Mio., Metro/Finass 160 Mio. Reisewelt/Palm/JT 390 Mio., Blum 60 Mio.

Abb. 1: Konzentration der Reisebüroketten 1990 bis 1995

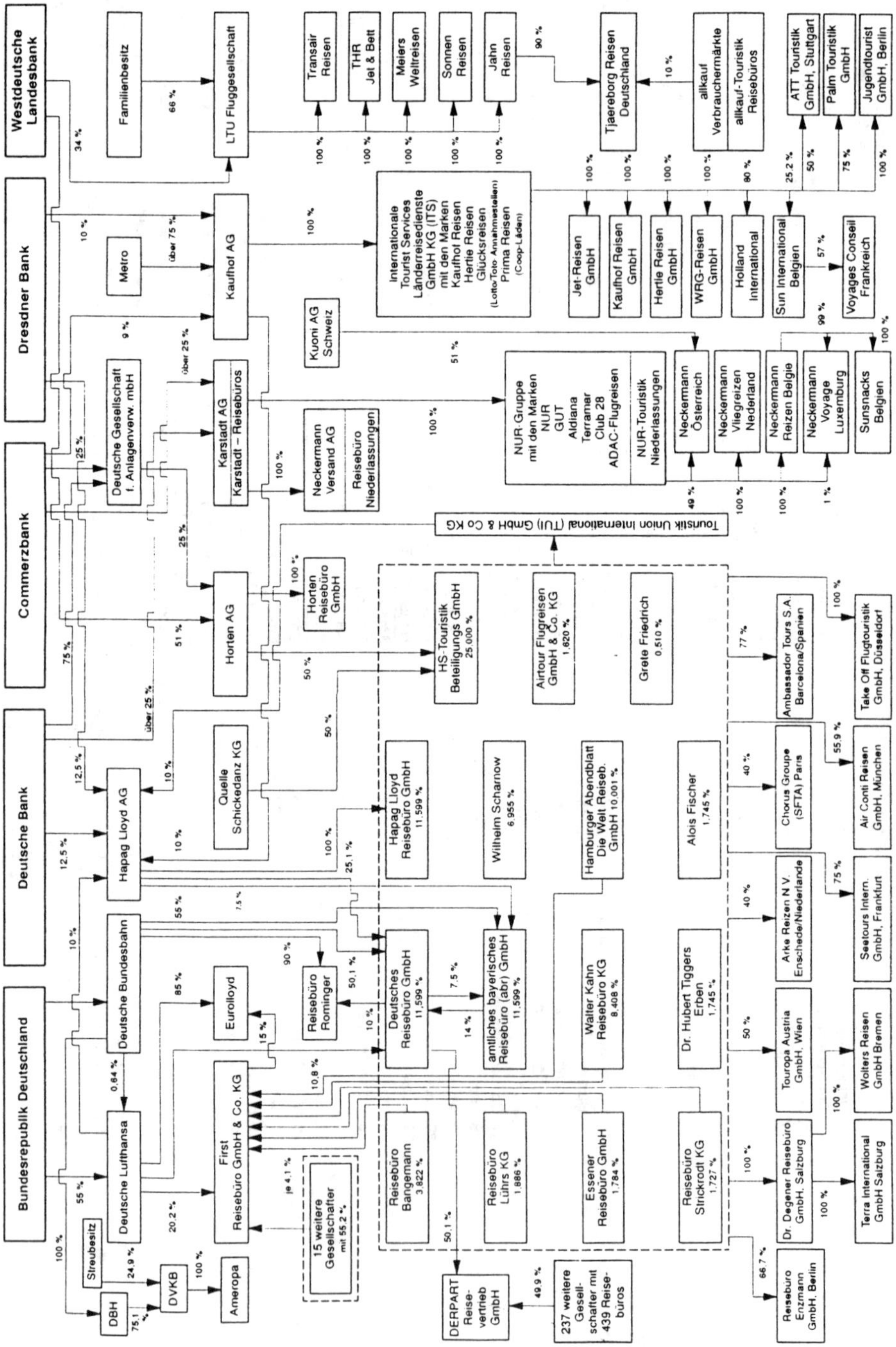
Westdeutsche Landesbank
Dresdner Bank
Commerzbank
Deutsche Bank
Bundesrepublik Deutschland
Familienbesitz
Metro
Deutsche Gesellschaft f. Anlagenverw. mbH
Hapag Lloyd AG
Deutsche Bundesbahn
Deutsche Lufthansa
Streubesitz
DBH
DVKB
Ameropa
LTU Fluggesellschaft
Kaufhof AG
Karstadt AG
Karstadt – Reisebüros
Horten AG
Quelle Schickedanz KG
Eurolloyd
First Reisebüro GmbH & Co. KG
15 weitere Gesellschafter mit 55,2 %
Transair Reisen
THR Jet & Bett
Meiers Weltreisen
Sonnen Reisen
Jahn Reisen
Internationale Tourist Services Länderreisedienste GmbH KG (ITS) mit den Marken Kaufhof Reisen Hertie Reisen Glücksreisen (Lotto/Toto Annahmestellen) Prima Reisen (Coop-Läden)
Kuoni AG Schweiz
Neckermann Versand AG
Reisebüro Niederlassungen
Horten Reisebüro GmbH
Reisebüro Rominger
Tjaereborg Reisen Deutschland
allkauf Verbrauchermärkte
allkauf-Touristik Reisebüros
ATT Touristik GmbH, Stuttgart
Palm Touristik GmbH
Jugendtourist GmbH, Berlin
Jet-Reisen GmbH
Kaufhof Reisen GmbH
Hertie Reisen GmbH
WRG-Reisen GmbH
Holland International
Sun International Belgien
Voyages Conseil Frankreich
NUR-Gruppe mit den Marken NUR GUT Aldiana Terramar Club 28 ADAC-Flugreisen
NUR-Touristik Niederlassungen
Neckermann Österreich
Neckermann Vliegreizen Nederland
Neckermann Reizen Belgie
Neckermann Voyage Luxemburg
Sunsnacks Belgien
Touristik Union International (TUI) GmbH & Co KG
HS-Touristik Beteiligungs GmbH 25,000 %
Airtour Flugreisen GmbH & Co. KG 1,620 %
Grete Friedrich 0,510 %
Hapag Lloyd Reisebüro GmbH 11,599 %
Wilhelm Scharnow 6,955 %
Hamburger Abendblatt Die Welt Reiseb. GmbH 10,001 %
Alois Fischer 1,745 %
Deutsches Reisebüro GmbH 11,599 %
amtliches bayerisches Reisebüro (abr) GmbH 11,599 %
Walter Kahn Reisebüro KG 8,408 %
Dr. Hubert Tiggers Erben 1,745 %
Reisebüro Bangemann 3,822 %
Reisebüro Lührs KG 1,886 %
Essener Reisebüro GmbH 1,784 %
Reisebüro Strickrodt KG 1,727 %
DERPART Reise-vertrieb GmbH
237 weitere Gesell-schafter mit 439 Reise-büros
Ambassador Tours S.A. Barcelona/Spanien
Take Off Flugtouristik GmbH, Düsseldorf
Chorus Groupe (SFTA) Paris
Air Conti Reisen GmbH, München
Arke Reizen N.V. Enschede/Niederlande
Seetours Intern. GmbH, Frankfurt
Touropa Austria GmbH, Wien
Wolters Reisen GmbH Bremen
Dr. Degener Reisebüro GmbH, Salzburg
Terra International GmbH Salzburg
Reisebüro Enzmann GmbH, Berlin

Die komplexen Verpflechtungen des Reiseveranstalter- und Reisevermittlermarktes veranschaulicht Abbildung 2. Daraus geht vor allem der starke Einfluß der deutschen Verkehrsträger Deutsche Bahn AG und Deutsche Lufthansa AG sowie der weitgehend im Besitz der deutschen Großbanken befindlichen Handels- und Warenhauskonzerne hervor.

1.1.4 Horizontale und vertikale Konzentrationstendenzen im Spannungsfeld schrumpfender Ertragsmargen und Wertschöpfungsprozesse

Untersucht man die Hintergründe für die aufgezeigten Konzentrationstendenzen, so wird deutlich, daß sie eigentlich weitgehend branchenunabhängig sind und der Reisemarkt nunmehr von einigen Entwicklungen eingeholt wird, die in anderen Branchen, wenn auch zum Teil mit unterschiedlichen Ausprägungen, bereits seit langem eingetreten sind:

a) Marktkonzentration entsteht bei Wegfall von Schutz-, Regulierungs- und Subventionierungsmechanismen in einzelnen Teilmärkten und damit als Folge von rechtlich oder politisch initiierter Liberalisierung.

b) Marktkonzentration entsteht als Reaktion hochentwickelter Märkte oder Teilmärkte in der Sättigungsphase des Produktlebenszyklus, wenn
 – die Kreativität zur Schaffung neuer und diversifizierter Angebote ausgereizt ist,
 – Newcomer bei niedrigen Markteintrittsbarrieren überwiegend als Me-too-Anbieter in den Markt einsteigen, um unbelastet von Marktentwicklungskosten Renditen abzuschöpfen,
 – bei starkem Wettbewerb die Margen schrumpfen und marktübliche Renditen und Dividenden nur noch über „economies of scale" oder „economies of scope" zu realisieren sind.

c) Konzentration ist die Reaktion von Märkten, die aufgrund ihres Geschäftssystems (z.B. Provisionen mit prozentualen Abhängigkeiten vom Verkaufsergebnis, Handelsvertreter-Systeme) keine nennenswerten Einfluß auf Gestaltung ihrer Marge haben und damit zu permanentem Wachstum gezwungen sind, um ihren Ressourceneinsatz zu finanzieren (Kosten- und Produktivitätsdruck).

d) Konzentration ist ein Kettenreaktionseffekt auf Konzentrationen in vor- oder nachgelagerten Wertschöpfungsstufen zur Sicherung von Einkaufsmacht bzw. vertrieblicher Unabhängigkeit (horizontale oder vertikale Konzentration).

Überträgt man diese Grundtendenzen und Erklärungsansätze auf das gegenwärtige Marktgeschehen des Reisemarktes, so führen auch hier die wirtschaftlichen Kausalzusammenhänge des strategischen Handels der einzelnen Marktteilnehmer zu einer nahezu zwangsläufigen Normalität des Konzentrationsprozesses. Die Rahmenbedingungen des Reisemarktes sind vor allem dadurch gekennzeichnet, daß rund 1/4 aller Deutschen keine Urlaubsreise tätigt. Von den Reisenden verreisen 60% individuell, d.h. ohne Reisebüro oder Reiseveranstalter in Anspruch zu nehmen. Somit sind lediglich rund 30% aller Deutschen Kunde eines oder mehrerer Reiseunternehmen. Dieser Anteil ist zwar in den letzten Jahren tendenziell gestiegen, betrifft jedoch immer noch eine Minderheit, da es offensichtlich viele Reiseformen gibt, die ohne Branchenbeteiligung für den Endverbraucher wirtschaftlich günstiger zu organisieren sind.

Damit ergibt sich als erste Erkenntnis, daß es für die Branchenunternehmen kaum möglich ist, die Gesamtwertschöpfungs-Marge der Reiseorganisation zu steigern, da einerseits die Nachfrager Reisen im Gegensatz zu den meisten Konsumgütern durchaus selbst produzieren können und zum anderen die Leistungsträger für eine mehrstufigen Reiseorganisation gegenüber der Möglichkeit zum Direktvertrieb über die eigene Logistik nur ein begrenztes Vertriebsbudget zur Verfügung stellen. Die zweite Erkenntnis ist, daß die von den originären Leistungsträgern zur Verfügung gestellte Marge bei konsequentem wirtschaftlichen Handeln damit maximal so groß sein kann, wie der Saldo aus Nutzen und Kosten des Direktvertriebs. Eine Steigerung der Gesamtmarge für Reisebüros und Reiseveranstalter über derzeit 20% bis 25% des Endverkaufspreises für die Reiseleistung hinaus dürfte daher unrealistisch sein. Vielmehr wird diese Marge durch kostengünstigere Direktvertriebsmöglichkeiten (z.B. Online-Dienste) weiter unter Druck geraten.

Sinkende Margen führen zum Druck auf alle Marktpartner, von denen nur die wirtschaftlich Stärksten ohne Schaden den Wettbewerb überstehen. Damit besteht die Notwendigkeit, die unter Druck geratene Marge zwischen Reiseveranstaltern, Zielgebietsagenturen und Reisevermittlern neu zu verteilen. Ein Ventil, um den Umverteilungsdruck durch sinkende Margen zu mindern, ist die vertikale Integration, d.h. die Konzentration aller im Produktionsprozeß benötigten Wertschöpfungsstufen und Ressourcen in einem einheitlichen wirtschaftlichen Prozeß. Diese Konzentration ist jedoch nur für kapitalstarke Unternehmen möglich. Sie wird in der Regel eingeleitet durch den in der Wertschöpfungskette stärksten Partner.

Fehlende Kapitalkraft für eine vertikale Integration erfordert eine eigenständige Profilierung innerhalb der Wertschöpfungskette gegenüber den vor- und nachgelagerten Stufen, um möglichst die eigene Marge zu erhalten oder ggfs. zu Lasten der anderen zu steigern. Eine derartige Profilierung kann nur erzeugt werden, wenn ein Unternehmen solvent und gesund ist und somit über wirtschaftliche Handlungsspielräume verfügt. Maßnahmen, um derartige Spielräume zu erzeugen können marktbezogene Parameter wie Stammkundenbindung, Markenbindung oder Innovationsfreudigkeit sein oder unternehmensinterne Parameter wie „economies of scope" auf der Ertragsseite (Einkaufsmacht, Sortimentssteuerung, eigenständige Preispolitik über Handelsmarke) oder „economies of scale" auf der Kostenseite (organisatorische Maßnahmen zur Produktivitätssteigerung, Flexibilisierung des Ressourceneinsatzes, Investition in Systemtechniken, Flexibilisierung von Fixkosten, Standortoptimierungen u.ä.). Die unternehmensinternen Parameter verdeutlichen bei sinkenden Ertragsmargen sehr schnell, daß sie um so leichter umsetzbar sind, je größer und kapitalkräftiger ein Unternehmen ist. Die marktbezogenen Parameter sind auch für kleinere Unternehmen und Nischenanbieter einsetzbar.

Reisebüroketten haben unter diesem Aspekt Vorteile gegenüber Kooperationen und diese wiederum gegenüber Einzelbüros. Kooperationen sind somit möglicherweise nur eine Durchgangsstation vom Einzelbüro zur Kette mit einem sukzessiven Erziehungsprozeß zum Kettenverhalten, der durch ein Franchising noch intensiviert werden kann. Ähnliches gilt für omnipräsente Großveranstalter als Vollsortimenter gegenüber Metoo-Veranstaltern und Regionalanbietern.

In dem Moment, in dem ein Unternehmen nicht mehr in der Lage ist, die vorgenannten Aktionsparameter zu seinen Gunsten für die eigene Profitabilität zu nutzen und seine Position im schrumpfenden Wertschöpfungsprozeß zu halten, ist die Überlegung zur Veräußerung an ein größeres Unternehmen oder die Bündelung mit anderen zu größeren Einheiten wirtschaftlich eine Zwangsfolge. Dabei ist festzustellen, daß alle Marktteilnehmer bewußt oder unbewußt als eigenständige Mikroökonomien nach ganz normalen und logischen marktwirtschaftlichen Prizipien agieren und nicht etwa, um anderen zu schaden oder gesetzliche Wettbewerbsregeln zu umgehen. Wirtschaftspolitisch und volkswirtschaftlich unerwünschte Entwicklungen können nur makroökonomisch mit den Mitteln der Ordnungspolitik, die in liberalen Wirtschaftsordnungen tabu sind, oder des Wettbewerbsrechts reguliert werden.

Der Konzentrationsprozeß ist eine sich gegenseitig aufschaukelnde Entwicklung, wie sie auch in den letzten 20 Jahren im Handelsbereich entstanden ist. Leistungsträger wie Fluggesellschaften, Hotels und andere tendieren in unserer Wachstumsgesellschaft zu permanenten Investitionen. Diese Investitionen erzeugen zunächst Überkapazitäten, die über sinkende Preise in den Markt gedrückt werden. Bei sinkenden Preisen und prozentualen Margenabhängigkeiten in den verschiedenen Wertschöpfungsstufen (z.B. Provisionen, prozentuale Kalkulationsaufschläge) bedeutet dies für Veranstalter wie Reisebüros sinkende absolute Margen. Diese Entwicklung kann nur durch Produktivitätssteigerungen kompensiert werden. Während die Möglichkeiten zur Produktivitätssteigerung bei den Reiseveranstaltern durch den effizienten Einsatz von EDV-Techniken und hochentwickelten Reservierungssystemen sowie durch die Einkaufsbündelung in einzelnen Zielgebieten bereits in der Vergangenheit recht hoch war, konnten sie den Margenverfall weitgehend abfedern und die günstigeren Einkaufspreise, zum Leidwesen der über feste Provisionssätze entlohnten Reisebüros, an den Markt weitergeben, deren Durchschnittserträge pro Verkaufsvorgang somit abnahmen. Möglichkeiten zur Produktivitätssteigerung in den Reisebüros ergaben sich erst durch den konzentrierten Einsatz und den Ausbau der Funktionalitäten der Reservierungssysteme und sind insgesamt natürlich begrenzt. Weitere Möglichkeiten zur Produktivitätssteigerung bei den Reisevermittlern bestehen allein in der Schaffung von Handelsmacht. Diese wurden durch die Bildung von Kooperationen, Franchisegruppierungen und das Wachstum der Reisebüroketten sukzessive aufgebaut. Um dieser sich bildenden Handelsmacht auszuweichen, versuchen Reiseveranstalter und Leistungsträger daher verstärkt, selbst Reisebüroketten bzw. Franchiseunternehmen aufzubauen und gehen sukzessive den

Weg der vertikalen Integration. Diese Vorgehensweise erzeugt wiederum bei Ketten und Kooperationen als Gegenreaktion Maßnahmen zur Sortimentssteuerung und Auslistung, um sich der Konkurrenz des Eigenvertriebs der Veranstalter zu erwehren. Ergebnis ist, daß beide Seiten in einem völlig überhitzten Markt für Reisebüros zu weit überzogenen Preisen gigantische Vertriebsnetze zusammenkaufen, so daß am Ende sowohl auf der Reiseveranstalter- wie auf der Reisevermittlerseite wohl nur wenige dominante Großunternehmen übrigbleiben werden.

Inwieweit eines Tages die originären Leistungsträger die lachenden Dritten sein werden, wenn sie sowohl Veranstaltern wie Reisebüros verdeutlichen, daß sie eigentlich nicht mehr gebraucht werden oder im Wertschöpfungsprozeß sogar hinderlich sind, weil die inzwischen entwickelten Direktvertriebssysteme und Online-Dienste eine kostengünstigere Informations- und Vertriebslogistik für den Endverbraucher ermöglichen, ist z.Zt. Spekulation. Der dargestellte Erklärungsansatz soll Anlaß geben, einmal darüber nachzudenken, ob nicht alle, Produzenten, Großhändler, Einzelhändler, Politiker und letztendlich die Endverbraucher durch ein mikroökonomisch logisches Marktverhalten dazu beitragen, daß Konzentrationsprozesse in hochentwickelten Marktwirtschaften mit Sättigungstendenzen eigentlich ein ganz natürlicher Prozeß sind, und zwar ganz gleich, in welcher Branche. Dennoch werden auch in Zukunft innovative kleine und mittelgroße Nischenanbieter ihre Existenzberechtigung bei ausreichenden wirtschaftlichen Spielräumen behalten. Aber auch hier ist zu bedenken, daß die Zahl der Nischen begrenzt ist und die Kreativität zur Innovation in weitgehend gesättigten und substituierbaren Märkten abnimmt.

1.2 Funktionale Arbeitsteilung im Reisemarkt

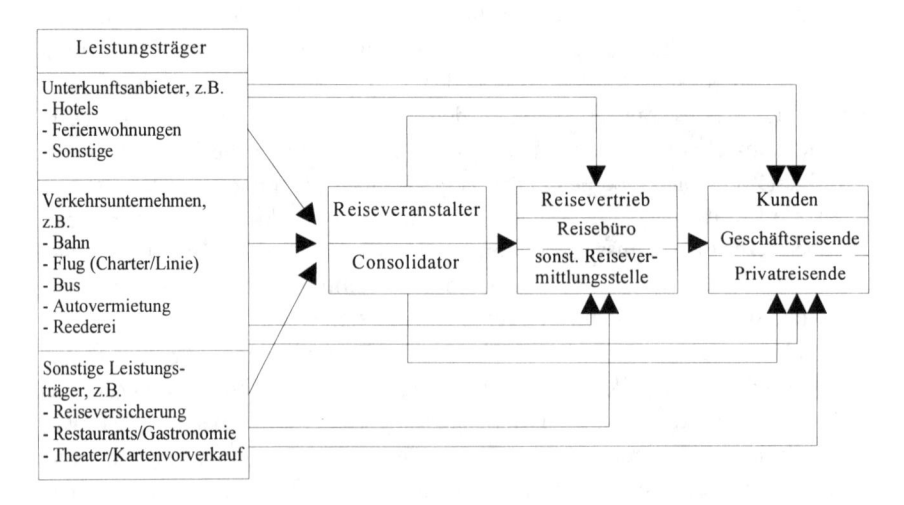

Abb. 3: Funktionen und Zusammenhänge zwischen den Teilnehmern und Funktionsträgern in den verschiedenen Segmenten des Reisemarktes

1.2.1 Nachfrageseite

Auf der Nachfrageseite wird grundlegend zwischen dem Incoming-Geschäft, bei dem ausländische Nachfrager inländische Reiseleistungen kaufen, und dem Outgoing-Geschäft, bei dem inländische Nachfrager Reiseleistungen des Auslandes erwerben, unterschieden. Je geringer die touristische Attraktivität eines Landes im internationalen Vergleich ist und je stärker die Leistungsträger eines Landes von internationalen Reservierungssystemen erschlossen sind, desto geringer wird die Bedeutung des Incoming-Geschäftes, zumal sich die Agenturen im Ausland über das Reservierungssystem zumeist alle notwendigen Kapazitäten und Serviceleistungen direkt besorgen können. In Deutschland beträgt der Anteil des Incoming-Umsatzes an den gesamten kommerziellen Reisemarktaktivitäten weniger als 10%. Die folgenden Ausführungen beziehen sich daher im wesentlichen auf das Outgoing-Geschäft.

Die Nachfrage nach Reiseleistungen differenziert sich in den Geschäftsreise-Verkehr einerseits und den Privat- und Urlaubsreiseverkehr andererseits. Geschäftsreisende fragen überwiegend Flugscheine, Bahnfahrausweise, Hotelvermittlungen sowie Nebenleistungen wie Reiseversicherungen, Visa und Mietwagen nach, während Urlaubsreisende primär Voll- oder Teilpauschalreisen und ferner ebenso wie Privatreisende Beförderungsleistungen per Bahn, Flugzeug, Bus oder Schiff sowie Unterkunftsleistungen, Reiseversicherungen und Visa als Reisekomponenten erwerben.

Kommerziell von Bedeutung ist ferner die Unterscheidung der Nachfrageseite nach Einzel- und Gruppenreisenden. Wird eine Reise nach den Wünschen einer bereits vorhandenen Gruppe zusammengestellt, so spricht man von einer Gesellschaftsreise. Wird hingegen eine Reise für Einzelpersonen angeboten, die zu einer Gruppe zusammengefügt werden, so spricht man von einer Gruppenpauschalreise (vgl. Klatt, 1976, S. 1; Tietz, 1980, S. 6).

Rund 38% aller Urlaubsreisen (42,6 Mio. Reisen) wurden 1995 über ein Reisebüro oder einen Reiseveranstalter gebucht (vgl. Deutscher Reisemonitor 1995). Dies unterstreicht die große Bedeutung des Reisevermittlungsgewerbes im Urlaubsverkehr.

1.2.2 Angebotsseite

Die Angebotsseite des Reisemarktes umfaßt im wesentlichen drei Funktionsträger:

- Leistungsträger,
- Reiseveranstalter/Consolidators und
- Reisevermittler.

Leistungsträger sind Unternehmen, die Grundleistungen für touristische Produkte anbieten. Dazu zählen vor allem Transportunternehmen wie Eisenbahnen, Fluggesellschaften, Busunternehmen, Reedereien und Autovermietungen, ferner Hotels, Ferienwohnungsvermieter, sonstige Unterkunftsanbieter sowie Reiseversicherungen, gastronomische Betriebe, Veranstalter kultureller und sonstiger Ereignisse etc. Im weitesten Sinne gelten sie als Produzenten von Reiseleistungen.

Als Reiseveranstalter bezeichnet man Unternehmen, die Einzelleistungen verschiedener Leistungsträger zusammenstellen und als einheitliches Leistungspaket zu einem Gesamtpreis anbieten. Besteht dieses Leistungspaket aus Transport- und Unterkunftsleistung, so spricht man von einer Vollpauschalreise. Hingegen bestehen Teilpauschalreisen entweder nur aus Transport- oder nur aus Unterkunftsleistungen, die von einem Reiseveranstalter in der Regel zur Auslastung von Restkapazitäten auch einzeln angeboten werden. Eine besondere Form von Veranstalter-Reisen sind Incentive-Reisen, die von Reisebüros oder Spezialveranstaltern im Auftrag von Großunternehmen für deren Mitarbeiter produziert werden, und zwar im Zusammenhang mit Verkaufs- oder Leistungswettbewerben.

Während die Reiseveranstalter als Zwischenhändler die Produkte der Leistungsträger zum größten Teil modifizieren und veredeln, sind Consolidator ausschließlich als Großhändler, vor allem für Airlines und zunehmend auch für Hotelgesellschaften, tätig. Consolidator bündeln die Umsätze z.B. für eine Fluggesellschaft, um als Großabnehmer höherer Provisionen oder günstigere Nettopreise zu erzielen, als es nach dem offiziellen IATA-Tarif-System möglich ist. Die Airlines nutzen diese Consolidator als Generalagenten, die auf den Markt regulierend einwirken sollen, wenn der Verkauf von Flugtickets über den offiziellen IATA-Vertrieb nach ihrer Ansicht unbefriedigend ist. Preise und Provisionen werden oftmals direkt miteinander vereinbart und in der Regel nicht über die offiziellen Inkasso-Systeme abgerechnet. Durch Weitergabe der ihnen durch die Airlines eingeräumten Rabatte über Nettopreise oder Provisionen an die Reisebüros oder aber auch direkt an die Kunden haben sich die Consolidators einen sehr aktiven Markt geschaffen.

Reisevermittler sind die Einzelhändler des Reisegewerbes. Sie vermitteln die von Unterkunftsanbietern, Verkehrsunternehmen oder sonstigen Leistungsträgern produzierten, von Reiseveranstaltern zusammengestellten und von Consolidator angebotenen Reiseleistungen an Urlauber, Privat- und Geschäftsreisende. Von der Vielzahl an Reisevermittlungsstellen werden nur jene als Reisebüro bezeichnet, die diese Tätigkeiten als Haupterwerb betreiben. Verfügen sie neben der touristischen Angebotspalette zusätzlich über mindestens eine Beförderungslizenz (IATA- und/oder DB-Lizenz), so werden sie als klassische Reisebüros bezeichnet; verfügen sie über touristische und beide Beförderungslizenzen, so spricht man von Vollreisebüros.

1.2.3 Bedeutung der Vertriebswege

Auf dem Weg zum Verbraucher durchläuft eine Reiseleistung bis zu drei Produktions- bzw. Handelsstufen (Wertschöpfungsstufen), wobei jede durch Erwirtschaftung einer eigenen Verdienstmarge das Produkt verteuert. Große Leistungsträger und Veranstalter versuchen daher, den Zwischenhandel auszuschalten, um selbst höhere Margen zu erwirtschaften und den so entstandenen Eigenvertrieb gegenüber dem Fremdvertrieb besser steuern zu können.

Leistungsträger und Veranstalter/Consolidators können ihre Leistungen aber auch unter Umgehung der Reisevermittler direkt an die Kunden verkaufen. Den somit eingesparten Zwischenhandelsmargen stehen jedoch erhebliche Kosten für ein eigenes, flächendeckendes Vertriebsnetz, für die Vorhaltung preiswerter Kommunikationswege zu den Kunden (z.B. per 0130-Nummer zum Ortstarif, über Online-Dienste, Btx oder per Brief) sowie erhebliche Werbe- und Akquisitionskosten mit hohen Streuverlusten (z.B. per Katalog, per Funk- und Fernsehmedien, per Mailing) gegenüber. Hinzu kommt, daß Reisebüros in den meisten Fällen eine höhere Stammkundenbindung erzielen als Veranstalter und Leistungsträger. Ein ausschließlicher Direkt- oder Eigenvertrieb ist daher in der Regel nur in einem örtlich, regional oder zielgruppenspezifisch eng begrenzten Markt mit unkomplizierten und weitgehend selbsterklärlichen Angeboten wirtschaftlich sinnvoll. Mit wenigen Ausnahmen (Unterkunftsanbieter) setzen überregional anbietende Leistungsträger und Reiseveranstalter/Consolidators ihre Leistungen überwiegend über das Reisevermittlergewerbe ab, weil es ihnen aufgrund der immensen Vertriebskosten nicht möglich ist, ausreichend große kundennahe Vertriebsnetze zu unterhalten:

- Reiseveranstalter veräußern im Durchschnitt rund 85% der Pauschal- und Teilpauschalreisen über Reisevermittler und 15% im Direktvertrieb. Durch Last-Minute-Verkäufe per Telefon und an Flughafen-Countern sowie zunehmende Direktvertriebsaktivitäten nimmt dieser Anteil kontinuierlich zu.
- Die in Deutschland tätigen Fluggesellschaften erwirtschaften rund 12% ihres Umsatzes im Eigenvertrieb, rund 71% über Reisebüros und ca. 17% über Consolidators, die ihrerseits wiederum rund drei Viertel über Reisevermittler absetzen.
- Die Deutsche Bahn erzielt rund 72% ihres gesamten Personenverkehrsumsatzes über ihre eigenen Fahrkartenschalter und rund 28% über Reisebüros. Im Geschäftsreiseverkehr liegt der Marktanteil des Reisebürovertriebs jedoch bei 82%.

Die Verbindungslinien in Abb. 3 stellen die Vielfalt der Vertriebswege und Leistungsbeziehungen zwischen den verschiedenen Teilnehmern, Funktionsträgern und Segmenten des Reisemarktes dar.

1.2.4 Wirtschaftlicher und rechtlicher Status der Reisevermittler

Reisebüros sind Unternehmen, die touristische Leistungen von Reiseveranstaltern, Beförderungsleistungen, Unterkunftsarrangements sowie Versicherungen, Eintrittskarten und ähnliche Leistungen vermitteln, die im Zusammenhang mit Reisen nachgefragt werden. In den Fällen, in denen sie selbst Reisen arrangieren und durchführen, werden sie zugleich als Veranstalter tätig.

Im juristischen Sinne sind Reisevermittler Handelsvertreter, deren Aufgaben, Rechte und Pflichten gegenüber den Handelsherren bzw. Auftraggebern (Leistungsträger, Reiseveranstalter) in Agenturverträgen festgelegt werden. In derartigen Handelsvertreter-Verträgen (§§ 84 ff. HGB) werden u.a. geregelt:

- Verkaufssortiment des jeweiligen Handelsherrn,
- nachzuweisende Mindestumsätze und Qualifikationen der Verkaufsmitarbeiter,
- Kommunikationswege zwischen den Vertragspartnern (Reservierungssystem, START, BTX, telefonisch, schriftlich),
- Vergütungsvereinbarung durch Provisions- und/oder Superprovisionszahlung,
- Zuschüsse, Erstattungen und Boni des Handelsherrn für die dem Handelsvertreter entstandenen, aber von ihm nicht zu vertretenden Kosten,
- Umfang der durchzuführenden Werbemaßnahmen und Werbeverpflichtungen sowie eventuelle Werbekostenzuschüsse,
- Zurverfügungstellung von Verkaufshilfen wie Prospekte, Tarifinformationen, Agenturmitteilungen, Schulungen, Informationsreisen und Außendienst-Betreuung,
- Abrechnungs- und Inkassomodalitäten,
- Sorgfalt und Vertraulichkeit bezüglich der Behandlung und Aufbewahrung der gegenseitig zur Verfügung gestellten Daten.

Die Ausgestaltung solcher Agenturverträge ist vor allem deshalb notwendig, weil Reisebüros große Summen von Fremdgeldern, die den Reiseveranstaltern und Leistungsträgern zustehen, verwalten müssen. Nur etwa 8–12% der von den Kunden vereinnahmten Gelder verbleiben in der Regel bei den Reisevermittlern, der große Rest ist an die Leistungsträger abzuführen. Da das Betreiben von Reisebüros in der Bundesrepublik Deutschland nicht lizenziert und somit nicht vom Staat beaufsichtigt wird, verschaffen sich die Ersteller von Reiseleistungen Aufsichts- und Informationsrechte auf vertraglichem Wege. Dabei wird der Ruf nach einem Reisebüro-Zulassungsgesetz, wie es beispielsweise in Skandinavien, Italien, Belgien, Luxemburg, Frankreich, Griechenland, Portugal, Irland und Österreich seit langem existiert, angesichts der notwendigen Harmonisierung der Wettbewerbsbedingungen innerhalb des EU-Marktes immer wieder laut.

Aufgrund der rechtlichen Konstruktion des Handelsvertreterrechts schließt das Reisebüro als Vermittler mit dem Kunden einen Geschäftsbesorgungsvertrag (§ 675 BGB) und ist dabei zuständig und verantwortlich für die sachlich richtige Beratung sowie die ordnungsgemäße Besorgung der vom Kunden gewünschten Leistungen. Die Durchführung der Reiseleistung fällt dabei in den Zuständigkeitsbereich der Leistungsträger bzw. der Reiseveranstalter. Bei der Vermittlung einer Pauschalreise kommt zwischen Kunden und Reiseveranstalter ein Reisevertrag gemäß den §§ 651a ff. BGB zustande. Beim Verkauf von Bahnfahrkarten, Flugtickets, Schiffahrscheinen sowie bei der Reservierung von Mietwagen und Hotelübernachtungen wird ein Beförderungs- bzw. Beherbergungsvertrag direkt zwischen Kunden und Leistungsträgern im Sinne des Werkvertragsrechts (§§ 631 ff. BGB) oder Dienstvertragsrechts (§§ 611 ff. BGB) geschlossen. Tritt das Reisebüro als Veranstalter auf, so schließt es selbst einen Reisevertrag mit dem Kunden; tritt es als Leistungsträger auf, so steht es im Verhältnis zum Kunden direkt in einem Dienst- oder Werkvertragsverhältnis. Seit 1995 sind alle Unternehmen, die Reiseveranstaltungen durchführen, gesetzlich verpflichtet, sich zum Schutz der vereinnahmten Kundengelder gegen den eigenen Konkurs zu versichern. Der jeweilige rechtliche Status von Reisevermittlern ist in Abb. 4 darstellt (vgl. Tietz, 1980, S. 252 f.; Füth/Walter, 1975, S. 52; Bartl, 1991).

Handelsvertreter sind häufig nur für einen Handelsherrn tätig. Derartige Klauseln finden sich auch in Agenturverträgen der großen Reiseveranstalter wieder. So untersagte die TUI Anfang der 70er Jahre ihren Agenturen die Vermittlung von Reiseleistungen für die Konkurrenten NUR und ITS. Als 1987 auch NUR den Konkurrenten ITS durch eine Änderung der Agenturverträge aus seinem Vertrieb verbannen wollte, untersagte das Bundeskartellamt, nicht zuletzt im Interesse von ITS, derartige Vertriebsbindungen. Gegen die Klage von TUI und NUR bestätigte das Bundeskammergericht in Berlin erstinstanzlich die Untersagungsverfügung der Kartellbehörde. TUI und NUR beantragten daraufhin Revision beim Bundesgerichtshof, der das Urteil aufhob und zur erneuten rechtlichen Beurteilung wieder an das Bundeskammergericht zurückverwies, wo es bis 1994 immer noch anhängig war. Zur Sommersaison 1995 haben sich TUI, NUR und ITS aus freien Stücken darauf verständigt, die Vertriebsbindung aufzuheben, womit dem jahrelangen Rechtsstreit die Grundlage entzogen wurde. Damit sind die Reisevermittler nunmehr frei, ihr Angebotssortiment aus zwei oder gar mehreren Leitveranstaltern zusammenzustellen, soweit dies aufgrund der Mengen- und Zuwachsvereinbarungen bei den Vergütungsregelungen für sie wirtschaftlich sinnvoll ist.

Streitpunkt war u.a. auch die Rechtmäßigkeit des Handelsvertreter-Status von Reisebüros bei der Vermittlung von Pauschalreisen. Das Bundeskartellamt ist der Auffassung, daß Reisevermittler, die aufgrund der Ausschlußklausel ihres Leitveranstalters zwar nicht die Produkte der wichtigsten Konkurrenten, gleichwohl aber Reisen zahlreicher anderer Reiseveranstalter vermitteln, keine Handelsvertreter, sondern vielmehr Reisehändler sind. In diesem Falle wären Vertriebsbindungen als unerlaubte Wettbewerbsbeschränkungen zu untersagen und die besonderen rechtlichen Bindungen zwischen Handelsvertreter und Handelsherrn unwirksam. Zu einer ähnlichen rechtlichen Beurteilung kamen bereits Anfang der 80er Jahre die Kartellbehörden für den belgischen Reisemarkt. Dort ging mit der Aberkennung des Handelsvertreter-Status auch die Preisbindung verloren. Die europäische Wettbewerbsbehörde beabsichtigt nach Übergang der Zuständigkeit ab 1993 angesichts des Unikats des deutschen Handelsvertreter-Rechts besonders strenge Maßstäbe an die Anwendung dieses Rechtsinstituts zu legen. Reisebüros, denen der Status eines Handelsvertreters nicht zusteht oder aberkannt wird, würden dann zwangsläufig zu Händlern. Reiseanstalter und Reisemittler rechnen mittelfristig als Konsequenz mit der Aufhebung der Preisbindung. Reisevermittler, die ihren Status als Handelsvertreter behalten wollen, werden sich zukünftig wohl exklusiv in den Vertrieb eines Großveranstalters integrieren müssen, die zu diesem Zweck verschiedene Franchise- und Partnerschaftsmodelle entwickeln. Der Vorteil derartiger Modelle besteht darin, daß sich Reisevermittler exklusiv über das spezifische Veranstaltersortiment profilieren können und vom jeweiligen Leitveranstalter zusätzliche Vorteile erhalten. Ihr Nachteil ist jedoch, daß dadurch zugleich wirtschaftliche Abhängigkeitsverhältnisse entstehen, die die Anpassungsfähigkeit eines selbständigen Unternehmens an die Veränderungen des Marktes erheblich behindern können (vgl. Hochreiter/Arndt, 1978, S. 128 ff.).

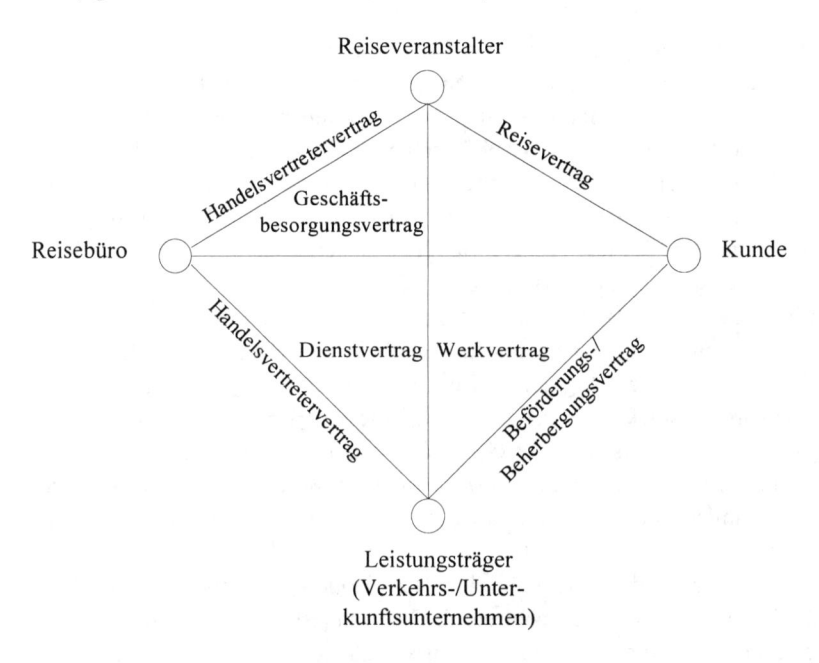

Abb. 4: Rechtsbeziehungen touristischer Funktionsträger

1.3 Quantitative Strukturen des Reisevermittlungsgewerbes

1.3.1 Marktgröße

1.3.1.1 Anzahl und Struktur der Reisevermittlungsstellen

Da die Zulassung zum Reisevermittlergewerbe (wie im übrigen auch zum Reiseveranstaltergewerbe) in Deutschland weder begrenzt noch genehmigungspflichtig ist, gibt es keine offizielle Statistik über die Zahl der Reisevermittlerstellen. Die vermeintlich als sichere Quelle oftmals zitierte letzte Arbeitsstättenzählung des Statistischen Bundesamtes (1987: ca. 8.500 Reisevermittlungsstellen) ist u.a. deswegen nicht ausreichend aussagefähig, weil

- sie es den befragten Unternehmen selbst überläßt, sich zum Reisegewerbe zu rechnen, so daß u.a. auch nationale und internationale Fremdenverkehrsämter, touristische Beratungsfirmen und Holdings oder Time-Sharing-Unternehmen mitgezählt werden,
- touristische Vermittlungsstellen, die als Nebenerwerbsbetriebe anderer Gewerbezweige geführt werden, nicht erfaßt werden (z.B. Kaufhaus-, Versandhaus-, Verbrauchermarktbüros, Fahrkartenausgaben, Airline-Büros, Lotto-/Toto-Annahmestellen, Tankstellen, ADAC-Geschäftsstellen, Zeitschriftenhandel),
- kein Abgleich zwischen den Angaben von Filialbetrieben und denen der jeweiligen Muttergesellschaften erfolgt, so daß fünf der zehn größten Reiseunternehmen nicht oder zumindest nicht in der richtigen Größenordnung erfaßt wurden.

Die nachfolgenden Ausführungen beziehen sich auf Erhebungen der Deutsches Reisebüro GmbH (DER). Sie wurden durch Abgleiche der Vertriebsnetze von IATA, DB, TUI, NUR, ITS und DER ermittelt und hochgerechnet (vgl. Tab. 5).

Tab. 5: Entwicklung der Reisevermittlungsstellen

	Reisevermittlungsstellen insgesamt	davon: Haupterwerb		davon: Nebenerwerb
		Klassische Reisebüros	Touristik-Reisebüros	Reisevermittlungsstellen
1970	3.120	800	1.720	600
1975	7.350	920	2.230	4.200
1980	9.500	1.180	3.620	4.700
1985	10.150	1.550	3.700	4.900
1990	13.200	2.650	5.050	5.500
1995	18.000*)	4.800	6.700	6.500

*) davon rund 3.000 in den neuen Bundesländern

Die Gesamtzahl aller Reisevertriebsstellen in Westdeutschland hat sich von 3.120 in 1970 über 9.500 in 1980 und 13.200 in 1990 auf rund 18.000 in 1995 erhöht. Von 1970 bis 1980 hat sich der touristische Vertrieb vor allem durch den starken Zuwachs an Nebenerwerbsvertriebsstellen (+ 4.100) verdreifacht. Die Zahl der Touristik-Reisebüros verdoppelte sich (+ 1.900), während die Zahl der klassischen Reisebüros angesichts der restriktiven Zulassungsbedingungen für DB- und IATA-Lizenzen unterproportional um lediglich 380 (+ 47,5%) stieg. Für diese Mehr-Lizenz-Reisebüros waren diese Jahre „Goldgräber-Zeiten", da diese Agenturen bei zugleich stark expansiver touristischer Nachfrage ohne nennenswerte Marktanteilskämpfe und abgeschirmt durch Lizenz-Schutzräume erhebliche Umsatzzuwächse verzeichnen konnten.

Das änderte sich jedoch Anfang der 80er Jahre. Nach der zweiten Ölkrise 1981/82 konnte sich die Nachfrage nach Veranstalterreisen erst ab 1985 wieder erholen. Die Zahl der touristischen Vertriebsstellen blieb nahezu konstant (Haupterwerb + 80 bzw. + 2,2%, Nebenerwerb + 200 bzw. + 4,3%). Lediglich der unvermindert wachsende Bahn- und Flugverkehr (Umsatzplus 13,5% bzw. 40,2%) führte über zusätzliche DB- und IATA-Lizenzen zu einer Zunahme um 370 klassische Reisebüros (+ 31,4%).

Der Zeitraum von 1985 bis 1990 stand im Zeichen von Liberalisierungsbestrebungen in allen Bereichen (Tab. 6). Angesichts der Vorbereitungen auf den EG-Markt wurden das starre IATA-Tarifgefüge aufgeweicht, die Zulassungsbedingungen für IATA-Agenturen erheblich vereinfacht und Consolidators im Markt etabliert, die schließlich durch die IATA-Resolution 814 als „other agents" legalisiert wurden. Insgesamt stieg die Zahl der IATA-Agenturen in diesem Fünf-Jahres-Zeitraum um 914 bzw. 71,2% von 1283 auf 2197, von 1985 bis 1995 sogar um 2908 bzw. 227%. Es unterliegt reiner Spekulation, ob das Wachstum des Flug- und insbesondere des Geschäftsreiseverkehrs Folge oder Grundlage dieser Vertriebsexpansion ist. Namhafte Unternehmensberatungen empfehlen den Veranstaltern, aber auch Bundesbahn und Lufthansa, ihren Marktanteil über einen flächendeckend ausgeweiteten Vertrieb und neue Vertriebskonzepte (Franchise-, Partner- und Shop-in-Shop-Modelle) zu sichern. Als letzter Leistungsträger lockerte die Deutsche Bundesbahn die Zulassungsbedingungen für die DB-Agenturen, die von 1985 bis 1990 um 522 bzw. 54,1%, von 1985 bis 1995 sogar um 1662 bzw. 172% zunahmen. Der beachtliche Umsatzzuwachs von 108% in diesem Zeitraum blieb jedoch deutlich hinter der Vertriebsexpansion zurück. Dennoch erzielte der Reisebürovertrieb seit 1980 Jahr für Jahr höhere Umsatzsteigerungen als der DB-Eigenvertrieb über die Fahrkartenschalter, so daß die DB-Agenturen ihren Marktanteil sukzessive von 21% auf 28% ausweiten konnten. Zusätzlich sorgte die juristische Auseinandersetzung der Reiseveranstalter um die Vertriebsbindung von 1980 bis 1990 für eine inflationäre Ausweitung um insgesamt 3050 Reisevermittlungsstellen (+ 30%), da alle Beteiligten bemüht waren, ihre Ausgangsposition bis zur bevorstehenden Aufhebung der Vertriebsbindung zu verbessern.

Die Expansion von 13.200 auf rund 18.000 Reisevermittlungsstellen von 1990 bis 1995 ist im wesentlichen auf die Erschließung Ostdeutschlands nach der Wiedervereinigung zurückzuführen. Die Zahl der in diesem Zeitraum in den neuen Bundesländern entstandenen Reisevermittlungsstellen wird auf 3.000 geschätzt. In Westdeutschland nahm die Zahl der Vermittlungsstellen nur noch um 1.800 zu. Dabei ist bemerkenswert, daß sich die Zahl der klassischen Reisebüros mit Touristik- und Beförderungslizenzen in diesen 5 Jahren von 2.650 auf 4.800 fast verdoppelte – ein Ergebnis der vereinfachten Zulassungsbedingungen der Bahn und der IATA. Die in den alten Bundesländern hinzugekommenen Reisevermittlungsstellen sind zum Teil aus organisatorischen Gründen von Reisebüroketten und -kooperationen abgespaltene Betriebsstellen für zentrale Geschäftsreisezentren oder Implants sowie von diesen eröffnete Satellitenbüros zur Flächenerschließung, zum Teil aber auch Vertriebsstellen, die oftmals von Branchenfremden zur Abrundung ihrer Produktpalette oder zur Erschließung neuer Vertriebswege geschaffen wurden. Dies schließt auch außergewöhnliche Experimente ein wie die Vermittlung von Pauschalreisen über den Tchibo-Kaffeehandel, Plus- und Rewe-Lebensmittelmärkte sowie Postschalter.

Tab. 6: Zahl und Umsatz der Reisevertriebsstellen 1970–1995

	1995	1994	1993	1992	1991	1990	1985	1980	1975	1970
Klassische Rsb.	4.800	4.400	3.750	3.400	2.980	2.650	1.550	1.180	920	800
Touristik Rsb.	6.700	6.600	6.300	5.800	5.620	5.050	3.700	3.620	2.230	1.720
Nebenerwerbsstellen	6.500	6.500	6.800	6.300	6.000	5.500	4.900	4.700	4.200	600
Reisevertriebsstellen insges.	18.000	17.500	16.800	15.500	14.600	13.200	10.150	9.500	7.350	3.120
davon:										
IATA-Agentur.	4.191	3.833	3.429	3.019	2.571	2.197	1.283	990	757	650
DB-Agenturen	2.627	2.440	2.173	1.939	1.734	1.487	965	837	737	631
Umsätze aller Reisevertriebsstellen in Mrd. DM	42,4	39,6	35,9	33,6	28,6	26,9	19,0	14,4	9,2	ca. 6,5
davon:										
Touristik	25,0	23,2	20,5	19,3	16,3	15,6	11,2	9,0	6,0	k.A.
Linienflug	12,8	12,1	11,2	10,2	8,1	7,4	4,8	3,6	2,0	1,6
Bahn	2,1	2,0	1,9	1,8	1,5	1,2	1,0	0,9	0,7	0,5
Sonstiges	2,5	2,3	2,3	2,3	2,7	2,7	2,0	1,0	0,5	k.A.

Von den 13.200 Vertriebsstellen 1990 in Westdeutschland entfielen rund 5.000 auf Handelsbetriebe: 270 Kaufhaus-Reisebüros, 360 Verbrauchermarkt-Reisebüros, 280 Versandhaus-Vertriebsstellen und rund 4.100 Lotto-/Toto-Annahmestellen mit den verschiedensten Vertriebsformen (Zeitschriften- und Tabakwarenläden, Tankstellen, Kioske, Buchgeschäfte, Drogerien, Lebensmittelmärkte etc.). Weitere ca. 200 Reisevermittlungsstellen werden von Volks- und Raiffeisenbanken sowie Sparkassen betrieben. Neuere Daten liegen zur Zeit nicht vor, jedoch dürfte sich die Betriebstypen-Struktur nicht gravierend verändert haben. Der Drang dieser branchenfremden Unternehmen in den Reisemarkt ist neben der Profilierung mit einem attraktiven Produkt vor allem bedingt durch folgende Faktoren (vgl. Egler, 1980):

– Ergänzung der ohnehin reichhaltigen Produktpalette,
– Auslastung vorhandener Raum- und Personalkapazitäten, dadurch geringe Grenzkosten im Zuge der Mischkalkulation mit anderen Produkten,
– Möglichkeit zur Verbundwerbung mit anderen Produkten,

- hohe Werbekraft und Werbereichweiten bei hoher Kundenfrequenz an meist sehr attraktiven Standorten (die für Reisebüros fast unerschwinglich sind),
- rationellere Sortimentgestaltung durch Beschränkung auf ein schmales, beratungsarmes Reiseangebot,
- straff organisierte Verwaltungsabläufe auf vorhandenen EDV-Systemen,
- relative Unabhängigkeit von der Erwirtschaftung hoher Deckungsbeiträge, die für Reisefachgeschäfte wegen fehlender Alternativ-Geschäftsfelder lebensnotwendig sind.

1.3.1.2 Volumen und Struktur der Reisevermittlungsumsätze

Der Gesamtumsatz aller rund 18.000 Reisevermittlungsstellen in Westdeutschland betrug 1995 42,4 Mrd. DM. Er stieg seit 1990 um 15,5 Mrd. DM bzw. um 57,6%, d.h. um durchschnittlich 9,5% pro Jahr (Tab. 6). Die größten Zuwächse in diesem Zeitraum verzeichneten die Bahnumsätze mit + 76,8% auf 2,1 Mrd. DM und die Flugumsätze mit + 73,0% auf 12,8 Mrd. DM. Die Touristik-Umsätze (Veranstaltung und Vermittlung) erhöhten sich hingegen „nur" um 60,3% auf 25,0 Mrd. DM. Die sonstigen Umsätze betreffen mit insgesamt 2,5 Mrd. DM u.a. Schiffahrscheine, Hotel- und Mietwagen-Voucher, Eintrittskarten für Veranstaltungen, den Gastarbeiter- und Jugendreiseverkehr, Versicherungen und sonstige Verkäufe (bis 1990 zum Teil auch Consolidator-Flugtickets). Betrachtet man die Wachstumsdynamik des Reisevermittlungsmarktes in 5-Jahreszyklen, so ergibt sich folgender Verlauf:

Tab. 7: Konjunkturzyklen des Reisemarktes

	Veränderungen in % insgesamt	Veränderungen in % im Jahresdurchschnitt
1970–1975	+ 41,5	+ 7,2
1975–1980	+ 56,6	+ 9,4
1980–1985	+ 31,9	+ 5,7
1985–1990	+ 41,6	+ 7,2
1990–1995	+ 57,6	+ 9,5
1970–1995	+ 552,3	+ 7,8

Die „goldenen" 70er Jahre brachten die bislang höchsten Zuwachsraten – nicht zuletzt das Ergebnis einer restriktiven Lizenzierungspolitik der Leistungsträger sowie der aufgrund steigender Nachfrage und relativ hoher Inflationsraten beständig steigenden Umsätze. Nach der zweiten Ölkrise 1980/81 war vorübergehend bis 1985 eine leichte konjunkturelle Delle spürbar, ehe die liberalisierte Vertriebspolitik der Leistungsträger und Veranstalter gestützt auf permanent sinkende Angebotspreise einen erneuten Nachfrageboom erzeugten. Das Wachstum der letzten 5 Jahre seit 1990 stützt sich zu etwa zwei Drittel auf die Markterschließung in Ostdeutschland und überdeckt, daß das

Wachstum in den alten Bundesländern nur noch 3–4% jährlich erreichte. Mit der Normalisierung des Wachstumsschubes aus Ostdeutschland droht dem deutschen Reisevermittlungsmarkt eine Phase der Stagnation.

Gliedert man die Umsätze des Reisevermittlungsmarktes nach den Nachfragesegmenten, so ergibt sich für 1995 (1990) etwa folgende Struktur:

- Urlaubsreiseverkehr   27,5   (17,4) Mrd. DM
- Geschäftsreiseverkehr   10,4   (6,3) Mrd. DM
- Privatreiseverkehr   4,5   (3,1) Mrd. DM

Dabei weist der Geschäftsreiseverkehr seit 1985 mit einem jahresdurchschnittlichen Wachstum von rund 10% die größte Wachstumsdynamik auf. Strukturiert man die Reisevermittlungsumsätze nach den verschiedenen Reisevertriebstypen, so wird deren unterschiedliche vertriebsstrategische Bedeutung für den Gesamtmarkt deutlich (Tab. 8).

Tab. 8: Umsatzstruktur nach Vertriebstypen 1990 und 1995

	Vertriebsstellen in Deutschland		Anteil in %		Umsatz in Mrd. DM		Umsatzanteil in %	
	1995	1990	1995	1990	1995	1990	1995	1990
Klassische Reisebüros	4.800	2.650	26,7	20,1	29,3	16,7	69,1	62,4
Touristik-Reisebüros	6.700	5.039	37,2	38,2	12,6	9,6	29,7	35,8
Nebenerwerbs-Vertriebsstellen	6.500	5.508	36,1	41,7	0,5	0,5	1,2	1,8
Summe	18.000	13.197	100,0	100,0	42,4	26,8	100,0	100,0
davon in Westdeutschland	14.400		85,7					
davon in Ostdeutschland	2.400		14,3					
davon organisiert								
in Ketten	3.209	1.523	17,8	11,5	17,8	8,4	42,0	31,4
in Kooperationen	3.447	774	19,2	5,9	12,0	3,0	28,3	11,2
gesamt Ketten + Koop.	6.656	2.297	37,0	17,4	29,8	11,4	70,3	42,6

Die 4.800 klassischen Reisebüros (26,7% aller Vermittlungsstellen) erwirtschafteten mit 29,3 Mrd. DM Umsatz 69,1% des Gesamtvolumens. Dieser Anteil lag 1990 noch bei 62,4%. Völlig ohne Bedeutung sind die 6.500 Nebenerwerbsvertriebsstellen mit rd. 500 Mio. DM Umsatz (1,2% des Marktes). Sie erzielen im Durchschnitt nur rund 75.000 DM Umsatz pro Vertriebsstelle, während die 6.700 Touristik-Reisebüros, die 37,2% des Marktes ausmachen, 29,7% des Marktvolumens erwirtschaften. Nach Betriebstypen feiner differenziert, tätigt ein voll-lizenziertes Reisebüro durchschnittlich 8,5 Mio. DM, ein klassisches Reisebüro 6,1 Mio. DM, ein Kaufhaus-Reisebüro

3,0 Mio. DM, ein Touristik-Reisebüro 2,5 Mio. DM und ein Verbrauchermarkt-Reisebüro 1,5 Mio. DM Jahresumsatz.

Wie in Abschnitt 1.1.3 dargestellt, ist der Reisevermittlungsmarkt in Deutschland durch einen hohen Konzentrationsgrad gekennzeichnet. Die 15 größten Reisebüroketten haben im Jahr 1995 mit 3.209 (1990: 1.523) Reisebüros 17,8 Mrd. DM (1990: 8,4 Mrd. DM) und somit 42,0% (1990: 31,4%) des Gesamtmarktvolumens erwirtschaftet. Rechnet man die inzwischen 23 (1990: drei) Kooperationsverbunde mit weiteren 3.447 (1990: 774) Reisebüros und 12,0 Mrd. DM Umsatz (1990: 3,0 Mrd. DM) hinzu, so haben diese insgesamt 6656 (1990: 2297) Reisebüros (37,0% aller Vermittlungsstellen) 29,8 Mrd. DM (1990: 11,4 Mrd. DM) Umsatz getätigt (70,3% des Marktes).

1.3.2 Markt- und Angebotssegmente

1.3.2.1 Touristik

Der Gesamtmarkt für Veranstalterreisen belief sich 1995 auf etwa 29,4 Mrd. DM Umsatz (1990: 19,2 Mrd. DM). Davon wurden schätzungsweise 85%, entsprechend 25 Mrd. DM, über Reisevermittlerstellen verkauft. Weitere 6% des Marktes, entsprechend rund 1 Mrd. DM, entfielen auf Gruppenreisen, die überwiegend von großen Reisebüros auf eigenes Risiko veranstaltet wurden, wobei in der Regel eine Marge von ca. 15-20% für Kosten, Risiko und Gewinn einkalkuliert wird. Bei den Vermittlungsumsätzen beträgt die von den Veranstaltern gezahlte Basisprovision zwischen 8% und 12%. Bei entsprechenden Umsatzgrößen und Wachstumsraten können die Reisevermittler darüber hinaus bis zu 3% Superprovision erhalten. Die klassischen Reisebüros erzielten 1995 im Durchschnitt über die gesamte Veranstalter-Palette eine Provision von 11,0% (1990: 10,7%). Einzelne Reisebüros oder Reisebüroketten können vor allem im Touristik-Geschäft mit gezielter Sortimentssteuerung, z.B. durch Beschränkung auf ein oder zwei Leitveranstalter sowie einige wenige Ergänzungs- und Nischenanbieter, angesichts dieser Provisionsstrukturen erhebliche Zusatzerträge erwirtschaften. Dies gilt um so mehr, je höher der Abhängigkeitsgrad des jeweiligen Unternehmens vom touristischen Geschäft ist. Er beträgt bei den 4.800 klassischen Reisebüros durchschnittlich 43%, bei allen anderen Reisevermittlungsstellen in der Regel 100%.

Die eigentlich nicht mehr zeitgemäße vollständige Abhängigkeit der Provisionseinnahmen von den getätigten Umsätzen ist insbesondere deshalb gefährlich, weil der durchschnittliche Reisepreis pro Teilnehmer durch den fast ruinösen Preiswettbewerb zwischen den Reiseveranstaltern von 1986 bis 1995 lediglich von 1.049 DM auf 1.073 DM gestiegen ist, d.h. lediglich um 24 DM bzw. 1,0% in zehn (!) Jahren. Eine Verschlechterung der Deckungsbeiträge in dieser Sparte kann demnach nur durch eine Verbesserung des Provisionsmix oder eine Steigerung der Produktivität verhindert werden. In den klassischen Reisebüros dürfte die Vermittlung von Veranstalterreisen im Vergleich zu den anderen Agenturgeschäften dennoch den relativ größten Dekkungsbeitrag erbringen, weil 10% des Umsatzes als Anzahlung bereits bei der Buchung der Reisen zur Verbesserung der operativen Liquidität oder evtl. sogar zur Geldanlage zur Verfügung stehen, während im Geschäftsreiseverkehr fast ausschließlich kreditiver Umsatz mit längeren Zahlungszielen getätigt wird. Darüber hinaus sind den Ertrag mindernde Rabatte angesichts fehlender Großkunden in dieser Sparte nicht üblich. Vor diesem Hintergrund bedarf die im allgemeinen renditestärkste Sparte des Reisebürogeschäfts eines ganz besonders sorgfältigen betriebswirtschaftlichen Managements.

1.3.2.2 Flug

Der Gesamtumsatz für Linienflüge betrug 1995 14,5 Mrd. DM (1990: 11,1 Mrd. DM). Davon wurden 12%, entsprechend 1,7 Mrd. DM, von den in- und ausländischen Airlines in der Bundesrepublik direkt abgesetzt, 71%, entsprechend 10,3 Mrd. DM, als IATA-BSP-Umsatz (BSP = Bank Settlement Plan) über Reisebüros verkauft (1990: 66% bzw. 7,3 Mrd. DM) und 17%, entsprechend 2,5 Mrd. DM, über Consolidator vertrieben (1990: 9% bzw. 1,0 Mrd. DM), die in der Regel über Reisebüros vermittelt wurden. Die Regelprovision für die IATA-Umsätze beträgt 9%. Airlines gewähren in Abhängigkeit von der Umsatzgröße und -steigerung Zusatzprovisionen bis zur doppelten Höhe oder Nettotarife als „negociated fares". Consolidator bieten ihre Tarife in der Regel zu Nettopreisen an, auf die das Reisebüro eine individuell kalkulierte Verdienstmarge aufschlägt. Im Durchschnitt aller Linienflugangebote dürfte ein Reisebüro, je nach Angebotsmix, Umsatzgröße und Ketten- oder Kooperations-Zugehörigkeit eine Verdienstmarge von etwa 10–12% für die Vermittlung von Linienflügen erhalten. Der Deckungsbeitrag dieser Geschäftssparte unterliegt jedoch erheblichen Gefahren. Ähnlich wie auf dem Reiseveranstalter-Markt hat sich zwischen den verschiedenen Airlines ein ruinöser Preiswettbewerb entwickelt. Dieser hat dazu geführt, daß sich der Durchschnittspreis pro Flugticket von 650 DM in 1985 auf 750 DM in 1995 erhöht hat, d.h. um 106 DM bzw. 16% in zehn Jahren (zum Vergleich Lebenshaltungskostenindex im gleichen Zeitraum + 38%). Infolge der direkten Erlösabhängigkeit von den Umsätzen muß somit ein Teil der Zusatzprovisionen als Ausgleich für den verringerten Durchschnittsertrag pro Ticket herhalten. Die Reisebüros konnten eine Verschlechterung des Deckungsbeitrags in dieser Sparte nur durch eine erhöhte Produktivität oder durch günstigere Einkaufskonditionen bei den Airlines verhindern.

Rabatte oder kostenintensive Dienstleistungen, hohe kreditive Umsätze oder lange Zahlungsziele bei besonders großen und wichtigen Geschäftsreisekunden müssen mit besonderer Sorgfalt kalkuliert werden. Immerhin beträgt der Umsatz der Flug-Sparte in den klassischen Reisebüros im Durchschnitt rund 41%, so daß ein durch falsche Kalkulation entstandener negativer Deckungsbeitrag sehr schnell auch zu einem Verlust für das Gesamtunternehmen führt. Es sollte in jedem Einzelfall geprüft werden (vgl. Lintl, 1991):

- ob beispielsweise die jeweilige Firma vorwiegend deutsche, europäische oder internationale Strecken fliegt,
- ob vorzugsweise First-Class, Business-Class oder Sondertarife gebucht werden,
- ob man zur Erlangung von Superprovisionen seitens der Airlines auf die Wahl der Fluggesellschaften Einfluß nehmen kann,
- ob jedes zweite Ticket umgebucht werden muß, oder ob dies nur in Ausnahmefällen vorkommt,
- ob als Besteller seitens der Firma verschiedene Sekretariate oder eine zentrale Reisestelle tätig sind, wo Ablauforganisation, Rechnungsstellung und Kommunikation kostengünstig zwischen Firma und Reisebüro aufeinander abgestimmt werden können,
- ob die Abwicklung des Etats in einem zentralen Geschäftsreise-Service oder in mehreren dezentralen Standorten erfolgen soll,
- wie hoch der Aufwand zusätzlicher verlangter Dienstleistungen ist (kostenstellenbezogene Abrechnungen, Reports über die verkauften Airlines und Einzelstrecken, Einsparungen pro Ticket etc.).

Derartige Einflußfaktoren wirken sich unmittelbar auf den Durchschnittsertrag pro Arbeitsvorgang und auf die Produktivität der Mitarbeiter im Firmendienst aus. Erst nach genauer Analyse kann dann über Art und Umfang der zu erbringenden Serviceleistungen, das Zahlungsziel und ein entsprechendes Rabattmodell entschieden werden. Der Jahresumsatz des jeweiligen Firmenkunden spielt dabei oftmals nur eine untergeordnete Rolle. Schließlich sind die Zeiten, in denen Flugumsatz um jeden Preis gemacht werden mußte, um die IATA-Lizenz zu erlangen und zu behalten, seit der Liberalisierung der Zulassungsbedingungen Mitte der 80er Jahre längst vorbei. Auch rein umsatzbezogene Prämien für Akquisiteure sind aus den aufgezeigten Gründen betriebswirtschaftlich nicht vertretbar. Große Reisebüros, Reisebüroketten und Kooperationsverbände mit entsprechend günstigen Einkaufskonditionen bei den Airlines haben allerdings größere Kalkulationsspielräume im Wettbewerb um Firmenkunden. Sie werden vor allem durch die erwartete Expansion des Geschäftsreiseverkehrs im EU-Binnenmarkt bzw. die weltweite Globalisierung profitieren, wenn sie abgesichert durch straffes betriebswirtschaftliches Management ihre Marktchancen suchen. Auch neue Geschäftssysteme wie die Abwicklung gegen Dienstleistungsgebühr (Handling-Fee) nehmen in dieser Sparte weiter zu.

1.3.2.3 Bahn

Der Gesamtumsatz der Deutsche Bahn AG im nationalen und internationalen Schienen-Personenfernverkehr betrug im Jahr 1995 7,6 Mrd. DM. Rund 72%, entsprechend 5,5 Mrd. DM, entfielen davon auf die eigenen Fahrkarten-Ausgaben, die restlichen 28%, entsprechend 2,1 Mrd. DM, wurden über Reisebüros getätigt. Die Basisprovision beträgt 10%, darauf wird eine zuwachsabhängige Superprovision von bis zu 2% gezahlt. Dadurch ergibt sich im Durchschnitt pro Agentur eine Vergütung von 11,4% des Umsatzes. Obwohl die Deutsche Bahn AG einem nur mittelbaren Wettbewerb zu den Verkehrsmitteln Flugzeug, Bus und PKW ausgesetzt ist und keinen direkten Konkurrenten im Schienenverkehr hat, versucht sie seit 1983 („rosarote Angebote") mit einer inflationären Tarifvielfalt, die auch von Experten kaum noch beherrschbar ist, ihre Marktposition zu verbessern. Der Umsatz im Reisebüro-Vertrieb stieg seit 1985 gegenüber dem Eigenvertrieb mit + 88% überproportional. Dieser Zuwachs ist vor allem auch auf die Integration der Deutschen Reichsbahn nach 1990 zurückzuführen. Aufgrund der Tarifvielfalt und der neuen BahnCard-Angebote ist ein hoher Anteil von früheren Normaltarif-Kunden auf die vielfältigen Sondertarife umgestiegen. Durch diese Entwicklung sank der Durchschnittspreis pro Fahrkarte von 46,73 DM in 1985 über 38,89 DM in 1990 auf 37,60 DM in 1995, d.h. um 9,13 DM bzw. 19,5% in zehn Jahren. Auch die 1990 eingeführte, sich durchschnittlich mit + 1,5% auswirkende Superprovision konnte nicht verhindern, daß sich trotz jährlicher Tariferhöhungen der Durchschnittsertrag pro Fahrkarte seit 1985 durch den verschobenen Nachfragemix um rund 8% verringerte. Der ohnehin geringe Deckungsbeitrag in dieser Sparte hat sich dadurch weiter veschlechtert; einige Agenturen behaupten sogar, er sei negativ.

Die Wirtschaftlichkeit des Verkaufs von Bahnfahrkarten hängt in Zukunft maßgeblich davon ab, daß die Deutsche Bahn neben einer akzeptablen Durchschnittsprovision die Tarifvoraussetzungen vereinfacht und innerhalb des in den Reisebüros verfügbaren START-Systems umgehend EDV-technische Verbesserungen wie die Verknüpfung von Fahrplanauskunft, Reservierung, Tarifrechnung und Best-Choice-Funktion realisiert, um den Beratungsaufwand zu reduzieren. Für die meisten klassischen Reisebüros ist das Bahngeschäft unabhängig von seiner Wirtschaftlichkeit als Serviceleistung, als Ergänzung von Urlaubsangeboten, bei einem hohen Anteil des Firmengeschäfts und zur kontinuierlichen Stammkundenpflege unersetzlich. Angesichts des geringen Anteils von nur 13% am Gesamtgeschäftsvolumen der voll-lizenzierten Reisebüros fällt allerdings der wirtschaftliche Deckungsbeitrag des Bahngeschäftes nicht gravierend ins Gewicht.

Es ist zu erwarten, daß die Nachfrage nach Bahnfahrausweisen angesichts der Überlastungen von Straßen und Flughäfen mit zunehmenden Hochgeschwindigkeitsverkehren im europäischen Binnenmarkt, den von der DB AG eingeführten und geplanten Qualitätsverbesserungen sowie durch die Öffnung nach Osteuropa zunehmen wird. Parallel dazu wird auch die Zahl der Vertriebsstellen, deren Zulassung trotz bereits vereinfachter Bedingungen voraussichtlich weiter liberalisiert werden wird, künftig steigen.

1.3.3 Betriebswirtschaftliche Struktur und Kennziffern von Reisebüros

DERDATA, das Rechenzentrum der Deutsches Reisebüro GmbH, bei dem 1995 rund 3.900 Reisebüros ihre Bilanzen, Gewinn- und Verlust-Rechnungen, Umsatzstatistiken, Gehaltsabrechnungen, Marketing-Dateien oder sonstige Auswertungen erstellen ließen, ermittelt von 1972 bis 1990 regelmäßig auf Basis des vorhandenen Datenmaterials Betriebsvergleiche und Umsatztrends (Reisebüro-Spiegel). Die nachfolgend analysierten Daten sind allerdings nur repräsentativ für voll-lizenzierte Reisebüros und nicht für reine Touristik-Vermittlungsstellen. Alle Angaben beziehen sich auf Durchschnittswerte für eine repräsentative Agentur. Seit 1993 haben der Deutsche Reisebüro-Verband (DRV) und der Bundesverband mittelständischer Reiseunternehmen (ASR) mit Unterstützung des Bundeswirtschaftsministeriums einen Branchenbetriebsvergleich geschaffen. Ergebnisse des Betriebsvergleichs 1994 (vgl. Kreilkamp/Regele/Schmücker, 1996) werden dabei trotz teilweiser methodischer Probleme, da die Stichprobe eine andere Struktur aufweist, mitberücksichtigt.

1.3.3.1 Umsatz-, Erlös- und Kostenstruktur

Die drei Sparten Touristik (einschl. Eigenveranstaltungen), Bahn und Flug entsprechen über 97% des gesamten Umsatzvolumens. Angesichts der sehr unterschiedlichen Entwicklung der einzelnen Sparten in den letzten 15–20 Jahren hat sich jedoch die Bedeutung der einzelnen Geschäftsbereiche deutlich verschoben.

Tab. 9: Indexentwicklung der wichtigsten Umsatzsparten (1976 = 100)

	1976	1980	1985	1990	1995
Touristik	100,0	155,1	192,1	248,7	293,1
Flug	100,0	159,0	205,6	271,7	322,9
Bahn	100,0	126,8	142,8	166,5	283,8
Gesamt	100,0	149,8	185,0	236,0	303,9

(*Quelle:* DERDATA-Reisebürospiegel 1960-1990; Kreilkamp/Regele/Schmücker, 1996)

Der Index der Gesamtumsatzentwicklung belief sich 1995 auf 293,1 Punkte, was seit 1976 einer durchschnittlichen Steigerungsrate von 6,0% pro Jahr entspricht (Tab. 9). Während sich die Touristik-Umsätze mit 293,1 Punkten (Jahresdurchschnitt 5,8%) in etwa im Gesamttrend bewegten, nahmen vor allem die Flugumsätze mit 322,9 Punkten (Jahresdurchschnitt + 6,4%) überproportional zu. Die Bahn-Umsätze blieben mit 283,8 Punkten (Jahresdurchschnitt + 5,6%) etwas hinter der allgemeinen Entwicklung zurück. Entsprechend nahm der Anteil des einst bedeutenden Bahn-Geschäfts seit 1972 von 25,5% auf nur noch 12,8% ab (Tab. 10). Hingegen stieg der Anteil der Touristik-Umsätze am Gesamtvolumen im gleichen Zeitraum von 36,0% auf 43,0% und der

Anteil der Flugumsätze von 32,9% auf 41,3%. Die Höhe der Umsatzanteile sagt jedoch, wie im Abschnitt 1.3.2 erläutert, noch nichts über die wirtschaftliche Bedeutung der einzelnen Sparten aus. Dies verdeutlicht erst ein Blick auf die Struktur der Erlöse. Dabei wird deutlich, daß die Touristik angesichts hoher Provisionssätze bei relativ hohen Durchschnittsumsätzen pro Verkaufsvorgang die wirtschaftlich bedeutendste Sparte ist; der Erlösanteil dieser Sparte ist auch im langfristigen Vergleich stets größer als ihr Umsatzanteil. Er beträgt 1995 immerhin 43,2%. Im Flugbereich wurden im Betrachtungszeitraum durchgängig die niedrigsten Provisionen gezahlt. Dies führt dazu, daß sein Erlösanteil stets geringer ist als seine umsatzmäßige Bedeutung. Er liegt 1990 bei nur 39,2%, wobei jedoch zu beachten ist, daß sich dieser Anteil durch die zusätzlichen Airline-Superprovisionen tendenziell ständig erhöht hat. Bis Mitte der 80er Jahre war auch die wirtschaftliche Bedeutung des Bahn-Geschäfts etwas geringer, als es der Umsatzanteil auswies. Erst nach Einführung des Superprovisionsmodells und der Bonuszahlungen für die Nutzung des START-Systems liegt der Erlösanteil mit 13,9% höher als der Umsatzanteil mit 12,8%.

Tab. 10: Umsatz- und Erlösstruktur in % nach Geschäftssparten

	1972		1980		1990		1995	
	Umsatz	Erlös	Umsatz	Erlös	Umsatz	Erlös	Umsatz	Erlös
Touristik	36,0	38,2	39,6	40,7	40,4	42,3	43,0	43,2
Flug	32,9	28,6	37,6	34,0	43,1	37,5	41,3	39,2
Bahn	25,5	23,4	18,8	18,3	12,9	14,1	12,8	13,9
Sonstiges	5,6	9,8	4,0	7,0	3,6	6,1	2,9	3,7
Gesamt	100,0	100,0	100,0	100,0	100,0	100,0	100,0	100,0

(*Quelle:* DERDATA-Betriebsvergleich 1972-1990; Kreilkamp/Regele/Schmücker, 1996)

Tab. 11: Provisionssätze in % nach Geschäftssparten

	1972	1980	1990	1994
Touristik	9,1	9,9	10,7	11,0
Flug	7,6	8,9	9,3	10,3
DB/DER	8,6	9,5	11,6	11,9
Durchschnitt	8,5	9,8	10,7	11,4

(*Quelle:* DERDATA-Betriebsvergleich 1972-1990; Kreilkamp/Regele/Schmücker, 1996)

Der durchschnittliche Provisionssatz im Reisebürogeschäft stieg zwischen 1972 und 1980 von 8,5% auf 9,8% (Tab. 11). Angesichts inflationärer Preisentwicklung der touristischen Produkte und der zügigen Anpassung der Basisprovisionen konnten die Reisebüros auch ohne Produktivitätszuwachs attraktive Erlössteigerungen erzielen. Dies änderte sich jedoch in den 80er Jahren, als die Leistungsträger ihre Basisprovisionen weitgehend konstant hielten und nur noch leistungsbezogene Zusatzprovisionen zahlten. Dadurch stieg der durchschnittliche Provisionssatz von 1980 bis 1990 nur noch um 0,9 Prozentpunkte auf 10,7%. Angesichts des zunehmenden Preiswettbewerbs und einer relativ stabilen wirtschaftlichen Entwicklung nahmen auch die Preise der touristischen Leistungen nur noch moderat zu, so daß die Erlöszuwächse bescheiden blieben und die Reisebüros zur Deckung ihrer Kosten erhebliche Produktivitätszuwächse erzielen mußten. Erfolgreich blieb dabei nur derjenige, der in der Lage war, durch gestraffte Arbeitsabläufe, gezielten EDV-Einsatz und Nutzung der Möglichkeiten der internationalen Reservierungssysteme die Produktivität pro Mitarbeiter zu steigern.

Mit einem Anteil von rund 60% an den Gesamtkosten stellen die Personalkosten den mit Abstand größten Kostenfaktor im Reisebürogewerbe dar (Tab. 12). Daran hat sich seit 1972 relativ wenig geändert. Der geringfügige Rückgang des Personalkostenanteils ist im wesentlichen auf den verstärkten EDV-Einsatz und die verbesserten Kommunikationsmittel zurückzuführen. Entsprechend nahm der Anteil der Kommunikationskosten als zweitwichtigste Kostenart auf 9,3% zu. Der anteilige Rückgang in 1980 kam nur deshalb zustande, weil die EDV-Kosten im damals für die Reisebüros gültigen Kontenrahmen von DERDATA noch in den sonstigen Kosten enthalten waren. Der zunehmende Anteil der Werbe- und Akquisitionskosten seit 1972 wird angesichts des beständig zunehmenden Wettbewerbs zwischen den Reisebüros um Kunden und Marktanteile verständlich. Bemerkenswert ist der seit 1990 deutlich gestiegene Anteil der Raumkosten, der fast 20 Jahre lang relativ konstant war. Obwohl die meisten Reisebüros infolge drastisch gestiegener Quadratmeterpreise für Ladenflächen in zentralen Innenstadtlagen immer mehr in Randlagen abgedrängt wurden, hat die Bedeutung attraktiver Standorte im Reisebüro-Ladengeschäft nach der Verlagerung von Firmendiensten, Gruppenreisen- und Verwaltungsabteilungen in preisgünstigere Etagenbüros stark zugenommen.

Tab. 12: Kostenstruktur in %

	1972	1980	1990	1994
Personalkosten	62,1	61,1	60,9	59,7
Raumkosten	7,7	7,1	7,4	10,7
Kommunikationskosten	8,2	6,7	9,1	9,3
Werbekosten	3,5	4,7	4,8	5,5
übrige Kosten	18,5	20,4	17,8	14,8
Gesamt	100,0	100,0	100,0	100,0

(*Quelle:* DERDATA-Betriebsvergleich 1972-1990; Kreilkamp/Regele/Schmücker, 1996)

1.3.3.2 Wirtschaftlichkeitskennziffern

Tatsächlich hat sich der Durchschnittsumsatz pro Verkaufsmitarbeiter in 1972 von 540.000 DM über 911.000 DM in 1980, 1.188.000 DM in 1990 auf 1.154.000 DM in 1994 mehr als verdoppelt (vgl. Tab. 13). Der leichte Rückgang seit 1990 ist vor allem auf die sinkenden Durchschnittspreise pro Ticket bzw. Kunde zurückzuführen, d.h., trotz zunehmender Produktivität durch erheblich gestiegene Stückzahlen konnten die Umsätze pro Verkaufsmitarbeiter nicht erhöht werden. Der Durchschnittserlös pro Mitarbeiter hat sich im gleichen Zeitraum angesichts der verbesserten Provisionsregelungen sogar verdreifacht (+ 249,7%). Die Durchschnittskosten pro Mitarbeiter stiegen allerdings noch geringfügig stärker (+ 251,5%). Seit 1990 hat sich der positive Trend steigender Ergebnisbeiträge pro Mitarbeiter allerdings umgekehrt. In den „goldenen" 70er Jahren stieg dieser Ergebnisbeitrag deutlich von 3.300 DM bis auf 9.000 DM in 1980. Bis 1990 erfolgte allerdings nur noch eine geringfügige Zunahme auf 11.500 DM, um dann bis 1990 auf 11.000 DM zurückzugehen, da die Kosten pro Mitarbeiter überproportional zu den Erlösen pro Mitarbeiter stiegen.

Tab. 13: Wirtschaftlichkeitskennziffern

	1972	1980	Veränd. in %	1990	Veränd. in %	1994	Veränd. in %
Durchschnittsumsatz pro Verkaufsmitarbeiter (in 1.000 DM)	540	911	+ 68,7	1.188	+ 30,4	1.154	− 2,9
Durchschnittserlös pro Mitarbeiter (in 1.000 DM)	34,0	73,0	+ 114,7	104,0	+ 42,5	118,9	+ 14,3
Durchschnittskosten pro Mitarbeiter (in 1.000 DM)	30,7	64,0	+ 108,5	92,5	+ 44,5	107,9	+ 16,6
Deckungsbeitrag pro Mitarbeiter (in 1.000 DM)	3,3	9,0	+ 172,7	11,5	+ 27,7	11,0	− 4,3
Anzahl der Mitarbeiter im Verkauf pro Mitarbeiter im Verwaltungsbereich	5,9	6,9	+ 16,9	8,3	+ 20,3	8,7	+ 4,8
Nettoumsatzrendite (in %)	0,79	1,29		1,1		1,06	
Nettoerlösrendite (in %)	8,13	9,83		11,05		9,20	

(*Quelle*: DERDATA-Betriebsvergleich 1972-1990; Kreilkamp/Regele/Schmücker, 1996)

Durch den EDV-Einsatz machte sich vor allem im Rechnungswesen und in Verwaltungsfunktionen ein Produktivitätszuwachs bemerkbar. Während 1972 für 5,9 Verkaufsmitarbeiter 1 Verwaltungsmitarbeiter erforderlich war, konnte dieser 1994 bereits die administrativen Aufgaben von 8,7 Verkäufern erledigen. Die durchschnittliche Umsatzrendite der Reisebüros stieg von 0,79% in 1972 über den Spitzenwert von 1,48% in 1978 auf 1,29% in 1980, um anschließend nahezu kontinuierlich bis auf 0,67% in 1983 zurückzufallen und sich unter Schwankungen bis 1994 bei rund 1% einzupendeln.

Eine Umsatzrendite von 1,06% (1994) besagt, daß der Jahresüberschuß vor Steuern dieses Unternehmens 1,06% des getätigten Umsatzes beträgt. Das durchschnittliche voll-lizenzierte Reisebüro tätigt einen Jahresumsatz von rund 8,5 Mio. DM, woraus demzufolge ein Jahresüberschuß vor Steuern von rund 90.000 DM erwirtschaftet wird. Die kleinste betriebswirtschaftliche Fehlentscheidung, z.B. eine selbst veranstaltete Gruppenreise, bei der die gecharterten Kontingente nicht ausgelastet werden können, eine personelle Überbesetzung oder geringere Superprovisionen durch eine fehlende Angebotssteuerung, bringt dieses Unternehmen sehr schnell in die roten Zahlen. Nur angesichts der fehlenden Qualifikations- und Marktzugangskontrollen, des oftmals rein thematisch-hobbymäßigen Interesses am Reisegeschäft sowie der relativ niedrigen Markteintrittsbarrieren wird es verständlich, warum sich trotz der im Vergleich zu anderen Branchen sehr geringen Renditeaussichten immer wieder zahlreiche Kleinunternehmer dazu entschließen, in das Reisevermittlungsgewerbe einzusteigen. Wachstum und dauerhaften Erfolg können allerdings nur wenige aufweisen. Dazu trägt u.a. die zunehmende Konzentration der Branche bei, die wohl nur Großunternehmen und Kooperationen dauerhaft ein sicheres wirtschaftliches Überleben sichert.

Aus dem betrieblichen Rechnungswesen von Reisevermittlern läßt sich im allgemeinen nur die Erlösrendite ableiten, die sich als prozentualer Anteil des Jahresüberschusses vor Steuern an den Umsatzerlösen ergibt. Die Umsatzerlöse sind identisch mit den Provisionseinnahmen, während die den Leistungsträgern zustehenden Verkaufseinnahmen als Inkasso-Umsätze unberücksichtigt bleiben. Die Erlösrendite hat sich von 8,13% in 1972 über 9,83% in 1980 auf 11,05% in 1990 erhöht und ist bis 1994 bis auf 8,8% zurückgegangen, da die Produktivitätssteigerungen trotz Verbesserung der Durchschnittsprovisionen nicht ausreichen, um die Kostenentwicklung zu kompensieren. Im Vergleich mit anderen Branchen kann sie sich jedoch durchaus sehen lassen. Zum Vergleich sind die 1994 ermittelten Umsatz- und Erlösrenditen für verschiedene Arten bzw. Betriebstypen von Reisebüros in Tabelle 14 dargestellt:

Tab. 14: Umsatz- und Erlösrendite 1994

	Umsatzrendite	Erlösrendite
alle Reisebüros	1,0%	8,8%
voll-lizenziertes Reisebüro	1,1%	9,2%
Touristik-Reisebüro	1,1%	9,3%
Filialbüro	1,4%	12,1%
Einzelbüro	0,7%	6,0%
– kooperationsgebunden	0,7%	6,3%
– nicht kooperationsgebunden	0,6%	5,1%
Hauptgeschäftslage	1,1%	9,5%
mittlere Geschäftslage	1,0%	8,1%
ruhige Geschäftslage	0,8%	6,1%

(*Quelle:* Kreilkamp/Regele/Schmücker, 1996)

1.4 Die Bedeutung von Reservierungs-, Front-Office- und Back-Office-Systemen das Reisevermittlergewerbe

Viele Leistungsträger, vor allem die Fluggesellschaften, haben sich bereits Ende der 60er, Anfang der 70er Jahre um die Schaffung von elektronischen Reservierungssystemen bemüht, die jedoch zunächst ausschließlich hausintern zur Kapazitätsverwaltung, Kalkulation und Abrechnung genutzt wurden. Die Reisevermittler bzw. die Kunden waren jedoch gezwungen, eine Buchung schriftlich oder telefonisch vorzunehmen. Rückbestätigung, Rechnungsstellung und Unterlagenversand erfolgten postalisch oder mit der Ticketausstellung über ein hierzu autorisiertes Reisebüro. Auch die Deutsche Bundesbahn besaß mit EPA (Elektronische Platz-Anweisung) bereits ein einfaches, zahlenkodiertes Reservierungssystem für viele nationale und internationale Fernzüge, das sie über ihr eigenes BASA-Diensttelefonnetz betrieb und auch bereits einigen bahnhofsnahen Reisebüros verfügbar machte.

Mit zunehmender Sicherheit und Schnelligkeit des Datenaustausches über entsprechende Fernübertragungsnetze Mitte der 70er Jahre zeichnete sich die Notwendigkeit ab, den Vertrieb mit Online-Reservierungsterminals auszustatten. Da die verschiedenen Endgeräte weder hardware- noch softwaremäßig kompatibel waren, hätte dies zu einer abenteuerlichen EDV-Terminal-Landschaft bei den Reisevermittlern geführt, wie sie auch heute noch in einigen ansonsten technologisch fortschrittlichen Ländern (u.a. USA, Japan, Großbritannien) vorzufinden ist.

Wieder machte sich der im internationalen Vergleich sehr große Einfluß der deutschen Reisevermittler bemerkbar, als sie die Initiative zur Gründung der START GmbH (Studiengesellschaft zur Automation im Reisegewerbe und Tourismus) ergriffen, deren Ziel die Entwicklung eines sogenannten Front-Office-Systems, d.h. eines Einheits-Reisebüro-Terminals für alle wichtigen Leistungsträger und Veranstalter in Deutschland war. Jeweils 25% der Anteile übernahmen die Bundesbahn und Lufthansa, die ihre mehr oder weniger vorhandenen Systeme mit dem START-Kommunikationsrechner kompatibel machen mußten, weitere 25% die TUI, die zu diesem Zweck ein neues, eigenes Reservierungssystem (IRIS) entwickelte, und die restlichen 25% zu jeweils gleichen Teilen die drei Reisebüroketten DER, abr und Hapag Lloyd, die zugleich stellvertretend die Interessen des gesamten Reisevermittlergewerbes wahrnahmen. Das DER verfolgte zusätzlich das Ziel, die EDV-Dienstleistungen seines seit 1972 tätigen Service-Rechenzentrums DERDATA (mit den Tätigkeitsfeldern Leistungsträger-Abrechnungen, betriebswirtschaftliche Steuerungsinstrumente, Rechnungswesen und Gehaltsabrechnung für Reisebüros) als Back-Office-System in START zu integrieren. Damit wurde es möglich, die für die Erstellung von Rechnungen und Kassenzetteln in START gespeicherten Daten automatisch in die Buchhaltung sowie in die Abrechnung des jeweiligen Reisebüros gegenüber den Leistungsträgern zu übernehmen und somit erhebliche Rationalisierungspotentiale im administrativen Bereich zu schaffen. Vor allem die Kombination aus Reservierungs-, Front-Office- und Back-Office-System sorgte für den einzigartigen Erfolg von START, das in seiner

Leistungsvielfalt, Kompatibilität und Akzeptanz bis heute weltweit keine vergleichbare Kopie gefunden hat.

Dies bekommen derzeit die Mega-Reservierungssysteme der großen Fluggesellschaften zu spüren (vgl. Abb. 5). International sind die Airlines am stärksten auf weltweit rund um die Uhr arbeitende, mit anderen Leistungsträgern umfassend verknüpfbare Kommunikations- und Reservierungssysteme angewiesen. Nur die größten von ihnen sind in der Lage, die immensen Milliarden-Dollar-Investitionen aufzubringen. So entwickelten American Airlines das bislang erfolgreichste System Sabre, United Airlines Apollo und die US-Gesellschaften Delta, TWA und Northwest Orient Worldspan. Nach dem anfänglichen Versuch der großen europäischen Airlines, ein gemeinsames System zu entwickeln, sind letztlich wegen unüberbrückbarer Interessenkonflikte aufgrund von Konkurrenz- und Abhängigkeitsverhältnissen mit Amadeus (Lufthansa, Air France, Iberia) und Galileo (British Airways, KLM, Swissair, Alitalia) zwei Lager entstanden, die nach gescheiterten Eigenentwicklungsversuchen nunmehr lediglich die bestehenden Systeme System One (Amadeus) und Apollo (Galileo) modifizieren und adaptieren.

In Fernost wurde unter Federführung von Singapore Airlines und Cathay Pacific Airlines (Hongkong) das Abacus-System geschaffen, dem mittlerweile aber auch schon eine Anlehnung an Amadeus und Sabre nachgesagt wird. Darüber hinaus sind noch das Fantasia-System von Quantas (Australien), System One von Texas Air, Axxess von Japan Airlines und Gemini von Air Canada zu nennen. Im übrigen sind alle Systeme miteinander vernetzt, jedoch im Direct-Access, d.h. in freier Kapazitätsverfügbarkeit, nur für die jeweilig assoziierten und gesellschaftsrechtlich verbundenen Airlines zugänglich.

Diese Mega-Reservierungssysteme, die u.a. auch Hotels, Mietwagen sowie zukünftig Bahnleistungen enthalten, finanzieren sich durch eine Buchungsgebühr von 2-3 US$ pro Flugstrecke oder Leistung. Dieser Preis gilt auch für die Verrechnung der zwischen den verschiedenen Systemen getätigten Reservierungen. Während Amadeus als Lufthansa-System in Deutschland durch den Anschluß an START auf einen Schlag eine hohe Vertriebspräsenz mit ausgefeiltem, servicefreundlichem Front- und Back-Office-System erzielen kann, tun sich die anderen Systeme im deutschen Markt sehr schwer, da sie ohne START ein eigenes Front-Office-System in den Reisebüros installieren müssen, ganz zu schweigen von fehlenden Back-Office-Leistungen. In Erkenntnis der besonderen Bedeutung von START haben die deutschen Leistungsträger-Gesellschafter im Zuge der gesellschaftsrechtlichen Neuordnung des Unternehmens 1990 ihre Anteile erhöht. Die drei Reisebürogesellschafter gaben ihre Anteile zurück und erhielten Mitspracherechte in einem Nutzerbeirat. Lufthansa, Bundesbahn und TUI hielten seither jeweils 30% an START, und Amadeus übernahm die restlichen 10%, so daß ein Anschluß anderer Airline-Systeme an START nicht ohne den Einfluß von Lufthansa und Amadeus erfolgen kann. Angesichts der bevorstehenden Privatisierung der Telekom, zahlreicher preisgünstiger Netzwerk-Anbieter, der zunehmenden Bedeutung eines internationalen Vertriebs von Leistungen deutscher Veranstalter und Leistungsträger und aufkommender Alternativen durch Online-Dienste, befinden sich auch die bisherigen START-Gesellschafter in einem Neuorientierungsprozeß. Keiner will seine Präsenz im START-System aufgeben, jedoch möchte man weitgehend flexibel und neutral die Veränderungen des Telekommunikationsmarktes für sich nutzen. Dabei werden weitere Investitionen in das stark Airline-dominierte START-System mit Gesellschaftermitteln nicht mehr als unbedingt notwendig betrachtet. Vor diesem Hintergrund hat die TUI 1996 ihre START-Beteiligung an Amadeus verkauft. Auch die Deutsche Bahn AG prüft derzeit ihre Beteiligung an START unter diesem Blickwinkel.

Es existieren weitere Airline-Systeme: System One (Texas Air), Phantasia (Japan Airlines, Qantas).Dem START-System sind heute auf der Anbieterseite neben Amadeus und Bundesbahn über 90 Reiseveranstalter und sonstige Leistungsträger (Reedereien, Mietwagen- und Hotelgesellschaften, Reiseversicherungen und Theatervorverkaufskassen) sowie DERDATA und STINNESDATA als EDV-Dienstleister angeschlossen. Auf der Nutzerseite stehen diesen rd. 15.000 Reisevermittler mit über 32.000 Reservierungsterminals gegenüber (Abb. 5). Die monatliche Terminalmiete der Reisebüros finanziert sich zum größten Teil durch Bonuszahlungen, die die Leistungsträger zum einen aufgrund der ihnen durch die START-Nutzung entstehenden Kosten- und Rationalisierungsvorteile und zum anderen wegen ihrer Pflichten aus dem Handelsvertreter-Verhältnis zahlen. Den Reisevermittlern bringt dieser Reservierungsweg neben den administrativen Vorteilen zusätzliche Kommunikationskosten-Ersparnisse.

Mittlerweile kann es sich kein Leistungsträger oder Reiseveranstalter, der an einem starken, flächendeckenden Vertrieb in Deutschland interessiert ist, mehr leisten, ohne das auf maßgebliche Initiative des deutschen Reisevermittlergewerbes entwickelte START-System auszukommen, auch dann nicht, wenn er aufgrund der Erfahrungen in anderen Märkten vom eigenen Vertriebserfolg überzeugt ist. Durch Unkenntnis der deutschen Marktverhältnisse sind bereits viele, vor allem ausländische Reiseunternehmen, in Deutschland gescheitert. Ihre relativ geringe Bedeutung im Markt gegenüber einheimischen Anbietern, trotz zum Teil größerer Preisvorteile, ist der beste Beleg dafür. Die Komplexität der internationalen Reservierungssysteme und von START haben zugleich bewirkt, daß der Vertrieb über elektronische Medien am Reisevermittlungsgewerbe vorbei direkt an die Kunden, z.B. über Bildschirmtext (BTX) bzw. Online-Dienste, nahezu bedeutungslos ist. Ein Laie ist kaum in der Lage, das Know-how für die Nutzung der heutigen Systeme zu erwerben. Die Gefahr, daß Reisevermittler durch moderne Reservierungssysteme teilweise überflüssig werden, scheint zumindest vorerst gebannt zu sein. Dieses kann sich jedoch tendenziell ändern, wenn die Kosten der Online-Dienste nach der Liberalisierung des Telekommunikationsmarktes (Aufhebung des Deutsche Telekom-Monopols 1998) deutlich verringern.

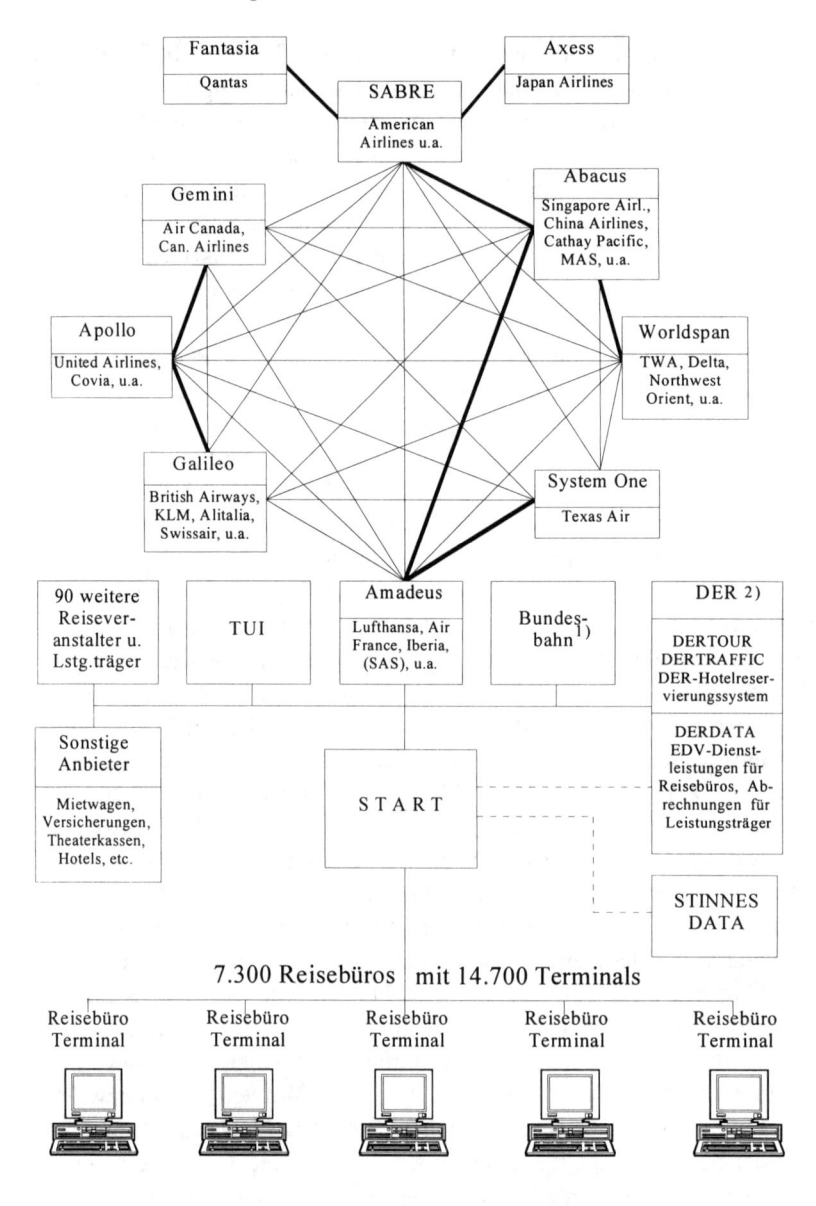

— Direct Access
...... Kommunikationsleitungen

[1] Das DB-Reservierungssystem in online verbunden mit den Systemen ausländischer Eisenbahnen.
[2] Das DER ist intern mit weiteren Leistungsträgern verbunden, u.a. mit Center Parcs, Utell (Hotelreservierungssystem), verschiedenen Reedereien, Europäische Reiseversicherung, Deutsche Touring.

Abb. 5: Verknüpfung von Reservierungs-, Front-Office- und Back-Office-Systemen im deutschen Reisemarkt

1.5 Internationale Expansion und Kooperation des deutschen Reisevermittlungsgewerbes

Nachdem die vertikalen und horizontalen Konzentrationsbewegungen zwischen Leistungsträgern, Reiseveranstaltern und Reisevermittlern in den nationalen Märkten zunehmend an Grenzen stoßen, streben viele Unternehmen angesichts der Öffnung des EU-Marktes seit 1993 und der zunehmenden Globalisierung ihrer internationalen Großkunden nunmehr auch internationale Verflechtungen an. Die größten Initiativen gehen dabei von den Fluggesellschaften und Reiseveranstaltern aus, die sich über Beteiligungen neue ausländische Märkte und Vertriebsnetze erschließen möchten. Außer den weltweit bedeutenden Hotel- und Mietwagenunternehmen sowie den Veranstaltern Club Méditerranée (Frankreich), Center Parcs (Niederlande) und Hotelplan (Schweiz) ist es allerdings bislang keinem Produzenten von Reiseleistungen gelungen, sich dauerhaft und in nennenswerter Größenordnung im nachfragestarken deutschen Reisemarkt anzusiedeln. Hingegen unterhalten deutsche Touristik-Unternehmen und Leistungsträger zahlreiche internationale Beteiligungen. Auch das ist ein Indiz für die große Bedeutung und Stärke des deutschen Reisevertriebs sowie seiner technischen Systeme und Verflechtungen.

Die internationale Expansion des Reisevermittlergewerbes konzentriert sich fast ausschließlich auf den Geschäftsreise-Service. 1994 fusionierten die beiden weltweiten Marktführer American Express (Nr. 1) und Thomas Cook (Nr. 2) ihre Geschäftsreiseaktivitäten ebenso wie die Nr. 3 und Nr. 4 Wagonlit und Carlson Travel. Diese beiden Konglomerate dominieren in fast allen wichtigen Industrieländern die Geschäftsreisemärkte. In Deutschland ist ihr Einfluß (American Express 115 Standorte mit 1,1 Mrd. DM Umsatz, Carlson Wagonlit 118 Standorte mit 0,6 Mrd. DM Umsatz, siehe Tab. 3) noch relativ gering. Daneben macht sich lediglich Kuoni über die deutsche Tochtergesellschaft Travel Vision (35 Standorte mit 0,3 Mrd. DM Umsatz) als ausländische Reisebüroorganisation und Partner der Geschäftsreisen-Kooperation BTI-Business Travel International bemerkbar. Darüber hinaus unterhalten noch C.I.T. (Italien) drei und das Skandinavische Reisebüro (Schweden) fünf Filialen in der Bundesrepublik. Hingegen sind deutsche Reisebüros im Ausland kaum anzutreffen. Das DER betreibt insgesamt dreizehn Auslandsfilialen, allerdings zumeist als Generalagenturen oder Incoming-Büros (vier in den USA, drei in Italien, zwei in Spanien und je eine in Kanada, Großbritannien, Frankreich und Japan). Hapag Lloyd löste 1990 sein gesamtes Auslandsfilialnetz auf, wobei die elf Verkaufsbüros in den USA an die Lufthansa-Tochtergesellschaft Eurolloyd verkauft wurden. Die Reisebürokette Kühne & Nagel hat je eine Niederlassung in Großbritannien, Kanada, Südafrika und Malaysia. Ferner besitzt die TUI zu 100% die österreichischen Reisebürogesellschaften Dr. Degener und Tiroler Landesreisebüro (53 Verkaufsbüros) sowie über die beiden zu 91% erworbenen Reiseveranstalter Arke Reizen und Holland International 330 Reisebüros in den Niederlanden und Belgien.

Die Vorhaltung von Auslandsfilialen ist offensichtlich primär für jene Unternehmen wirtschaftlich interessant, die diese Vertriebsbüros in starkem Umfang für eigene Produkte der Muttergesellschaft nutzen, wie American Express (Kreditkarten und Travellercheques), Thomas Cook (Travellercheques), Kuoni (Veranstalterreisen), Wagonlit (internationale Hotelvermarktung), DER (Vertrieb internationaler DERTOUR- und Bahn-Produkte, Veranstaltung von Reisen nach Deutschland bzw. Europa sowie Incoming-Agentur für eigene Reiseveranstaltungen) und Kühne & Nagel (Spedition, Frachtgeschäft).

Mit der stärkeren Internationalisierung des Firmenreisegeschäftes und der zunehmenden Bündelung der Reiseaktivitäten international operierender Großkonzerne gewinnt die Sicherstellung eines weltweit 24 Stunden arbeitenden Servicenetzes zunehmende Bedeutung. Nach den Fusionen American Express/Thomas Cook und Carlson Wagonlit allein für diesen Zweck ein internationales Vertriebsnetz aufzubauen, ist weder finanzierbar noch wirtschaftlich sinnvoll. Daher haben große Reisebüroketten weltumspannende Kooperationen gegründet, wobei jedes Land nur durch eine möglichst flächendeckend arbeitende Reisebürokette repräsentiert wird. Auf Gegenseitigkeitsbasis besorgen die einzelnen Unternehmen Reiseleistungen für Firmenkunden eines Kooperationspartners und betreuen dessen Geschäftsreisende im Zielland. Der jeweilig entstandene Aufwand wird zwischen den Partnern verrechnet, so daß ein Firmenkunde oder Konzern nur mit seinem Heimat-Reisebüro abrechnet und kommuniziert. Die weltweite Online-Kommunikation wird vor allem mit Hilfe der internationalen Reservierungssysteme sichergestellt, deren Verfügbarkeit und einheitlicher Standard für alle Partnerunternehmen Grundvoraussetzung ist. Auf dem deutschen Markt sind seit 1990 vor allem die Kooperationen BTI-Business Travel International (Partner: u.a. Kuoni für Schweiz/Österreich/Deutschland/Frankreich/Italien, IVI Travel/USA, Hogg Robinson/Großbritannien, Holland International/Niederlande, Bennett Travel/Skandinavien, El Corte Ingles/Spanien, National Australia Travel/Australien), Internet (Partner: u.a. DER-Gruppe/Deutschland, Maritz Travel Company/USA, Gastaldi Tours/Italien, Gray Dawes Travel/Großbritannien, Japan Travel Bureau/Japan, Ruefa Reisebüro/Österreich, Jetset Travel/Singapur, Protravel/Frankreich, Viajes Marsans/Spanien) tätig. Weitere sind in Gründung und Aufbau begriffen und zur Zeit noch unbedeutend.

Angesichts dieser Entwicklungen scheint vorerst keine Dringlichkeit für Reisebüroketten zur weiteren internationalen Expansion eigener Filialnetze gegeben. Auch Leistungsträger und Veranstalter werden beim internationalen Vertrieb zukünftig anstelle eines kostenintensiven, risikoreichen Eigenvertriebs eher verstärkt auf einen flexiblen, durch internationale Vertriebssysteme unterstützten und durch ein variantenreiches Marketinginstrumentarium steuerbaren Fremdvertrieb setzen.

Literatur

Bartl, H. (1991): Vertragsbeziehungen der Reisebranche. In: Touristik aktuell, Nr. 10/91.
DERDATA (Hrsg.) (1972–1990): Betriebsvergleich. Frankfurt/M.
DERDATA (Hrsg.) (1976–1990): Reisebüro-Spiegel. Frankfurt/M.
Deutsches Reisebüro (DER) (Hrsg.) (1987): 70 Jahre Deutsches Reisebüro (Dokumentation). Frankfurt a.M.
Dörr, G., E. Raasch (1989): Das Reisegeschäft. Wie gründe und führe ich ein Reisebüro. Bonn.
Egler, J. (1980): Das Reisebüro der 80er Jahre. Vortragsmanuskript. Worms.
Füth, G., E. Walter (1975): Betriebs- und Volkswirtschaftslehre für Reiseverkehrsunternehmen. Melsungen.
Fuss, W. (1960): Geschichte der Reisebüros. Darmstadt.
Gruner und Jahr (Hrsg.) (1981): Verbrauchermärkte, SB-Warenhäuser, Discounter. In: G + J Branchenbild, Nr. 48/81.
Hochreiter, R., U. Arndt (1978): Die Tourismusindustrie. Frankfurt/M./Bern/Las Vegas.
Jaspert, W. (1981): Einzelhandel – Konflikte ungelöst. In: Handelsblatt vom 6./7.11.1981.
Klatt, H. (1976): Reisebürodienstleistungen. In: H. Klatt (Hrsg.): Recht der Touristik. Neuwied.
Kreilkamp, E., U. Regele, D. Schmücker (1996): Erfolgsfaktoren für Reisebüros 1994 – Betriebsvergleich mit Schwerpunkt Personal. Hamburg.
Lintl, W. (1991): Wirtschaftliche Unternehmensführung im Reisebüro – Kalkulationsmöglichkeiten erfolgreich nutzen. Vortragsmanuskript. 23. DER-Tagung. Berlin.
O.V. (1981): Conzen fordert mehr Hilfe zur Selbsthilfe. In: Handelsblatt vom 2.11.1981.
O.V. (1986, 1991): Deutsche Reisebüroketten in Zahlen. In: FVW International v. 12.8.1986 bzw. 18.6.1991.
Studienkreis für Tourismus (Hrsg.) (1990): Reiseanalyse. Starnberg.
TID-Touristik Dokumentation (1980a): Beilagen der Fachzeitschrift FVW International vom 29.2., 28.3., 28.4. und 23.5.1980.
TID-Touristik Dokumentation (1980b): Beilagen der Fachzeitschrift FVW International vom 28.3., 28.4. und 23.5.1980.
TID-Touristik Dokumentation (1982): Beilage der Fachzeitschrift FVW International vom 29.1.1982.
Tietz, B. (1980): Handbuch der Tourismus-Wirtschaft. München.

Weitere Literatur

O.V. (1980-1995): Dokumentation Deutsche Reisebüroketten und Kooperationen. In: FVW International.
O.V. (1976-1995): Dokumentation Deutscher Reiseveranstaltermarkt in Zahlen. In: FVW International.

2 Reiseveranstalter – Funktion im Touristikmarkt

Gerhard Heine

2.1 Der Markt der Reiseveranstalter

2.1.1 Historische Entwicklung

Als 1841 der Baptistenprediger Thomas Cook auf dem Weg zu einem Abstinenzlertreffen in Leicester auf die Idee kam, einen eigenen Zug zusammenzustellen, der die Abstinenzlerfreunde von Leicester nach Loughborough und zurück brachte, und er daraufhin 570 Kunden mit einer Preisofferte von 1 Schilling für die 22-Meilen-Rundreise gewann, war nicht abzusehen, welche Entwicklung er mit dieser Idee einleiten sollte (vgl. Gee et al., 1989, S. 32).

In der Tat wird noch heute das Tagesarrangement von Thomas Cook aus dem Jahre 1841 als Wiege der Veranstalterreise angesehen. In Deutschland gehörten insbesondere Dr. Tigges (seit 1928) und Dr. Degener zu den Pionieren der organisierten Urlaubsreise. Während sich die Tigges-Fahrten schwerpunktmäßig an Reisegruppen wandten, vereinbarte Dr. Degener 1932 mit der Reichsbahn erstmalig Durchschnittspreise für eine ganze Saison. Nach dem 2. Weltkrieg (1948) veranlaßte er die Deutsche Bundesbahn, besondere Urlauberzüge zur Verfügung zu stellen, die geeignet waren, eine große Anzahl von Erholungssuchenden in die Urlaubsgebiete zu befördern. Die Nachtzüge führten Liegewagen, in die Dr. Degener (Touropa) selbst investierte. Mittels dieser Programme nahmen zahlreiche Orte in den Alpen, den Mittelgebirgen, an der Nordsee und der Ostsee sowie an der Adria und der Riviera einen schnellen touristischen Aufschwung.

Neben den Bahnverkehren entstanden auch turnusmäßig organisierte Omnibusprogramme für nahe und mittlere Entfernungsbereiche.

Seit 1956 boten Touropa, Scharnow und andere Reiseveranstalter auch Flugreisen an. Als großes Flugreisezielgebiet wurden schnell die Balearen bekannt. Im Jahr 1965 reisten ca. 180.000 deutsche Urlauber nach Mallorca, im Jahr 1995 waren es ca. 2,1 Mio. Urlauber.

2.1.2 Weltmarkt

Der Veranstaltermarkt ist – weltweit gesehen – sehr unterschiedlich erschlossen. Innerhalb der entsendenden Länder liegen die Schwerpunkte in West- und Nordeuropa und in Japan. Gemessen an der überragenden Wirtschaftskraft der USA sind hingegen dort die Veranstalterreisen unterentwickelt. Hier spielt neben dem Einzelchartergeschäft die teilorganisierte Urlaubsreise, insbesondere das Zielgebietsarrangement, eine gewisse Rolle. Aus der Größe und Vielgestaltigkeit des nordamerikanischen Kontinents erklärt sich die deutlich dominierende Anzahl der Inlandsreisen.

Innerhalb Europas liegen die Marktschwerpunkte in Deutschland, Großbritannien und den Benelux-Ländern.

Umfassende und zuverlässige quantitative Aussagen zum Weltmarkt liegen nicht vor. Die vorhandenen Daten beziehen sich auf einzelne Urlaubssegmente und sind vielfach auf Schätzungen angewiesen. Immerhin ergibt sich aus dem Zahlenzusammenhang, daß der Tourismus heute weltweit neben der Energiewirtschaft und der Autoindustrie zu den größten Wirtschaftszweigen zählt. Nach Schätzung der World Tourism Organization (WTO) entfielen auf den Tourismus im Jahr 1990 Umsätze von über 230 Mrd. US$, im Jahr 1993 bereits 324 Mrd. US$. Die Anzahl der Touristen wird für 1993 weltweit auf ca. 500 Mio. Reisende geschätzt.[1] Welcher Anteil davon auf organisierte Urlaubsreisen, also auf das Geschäft der Reiseveranstalter, entfällt, ist nicht sicher abzuschätzen.

Nach Meinung des WTO-Präsidenten wird sich der Welttourismus innerhalb der nächsten zehn Jahre verdoppeln.

2.1.3 Europäischer Markt

Wenn man die Daten der WTO zu den vorhandenen europäischen Daten in Beziehung setzt, zeigt sich, daß Europa im kontinentalen Vergleich der wichtigste Teilmarkt im Welttourismus ist. Im Jahr 1992 erreichte der Urlaubsreisemarkt in Europa ein Teilnehmervolumen von ca. 384 Mio. Reisen[2] (Abb. 1). Die Veranstalter konnten etwa 36% des Marktes auf sich ziehen. So ergibt sich für 1991/92 eine Zahl von ca. 107 Mio. Veranstalterreisen in Europa.

Abb. 1 zeigt, daß in Europa der deutsche Markt in demselben Reisejahr mit ca. 152 Mio. Urlaubsreisen, davon ca. 32 Mio. Veranstalterreisen, den größten Teilmarkt bildet, gefolgt von Großbritannien und den Benelux-Ländern. Die Abbildung zeigt weiter, daß die Urlaubsreisen insgesamt in Europa in den folgenden Jahren kaum zunahmen, während der Veranstalterteil anstieg.

---

[1] Keine Angabe zur Mindestaufenthaltsdauer.
[2] Betrachtet sind Reisen mit mehr als einer Übernachtung (*Quelle*: TUI Marktforschung).

2.1.4 Deutscher Markt

In Deutschland leben außerordentlich reisefreudige Menschen, deren Reiselust von einem hohen wirtschaftlichen Standard begünstigt wird. Aber neben den positiven allgemeinen Wirtschaftsfaktoren hat die Reisebranche, haben die Chartergesellschaften, Reiseveranstalter und Reisebüros wesentlich zur Entfaltung des Tourismus in Deutschland beigetragen. Der deutsche Reisemarkt wird durch leistungsfähige, moderne Fluggesellschaften, durch eine Vielzahl von Reiseveranstaltern[3] und ein dichtes Netz kundennaher Reisebüros[4] bedient.

	91/92	92/93		93/94		94/95	
Europa:							
Urlaubsreisen gesamt	383.985,0	374.990,0	-2,3%	380.889,0	1,6%	390.410,0	2,5%
organisierte Urlaubsreisen	106.806,0	105.196,0	-1,5%	108.192,0	2,8%	115.171,0	6,5%
BRD:							
Urlaubsreisen gesamt	152.408,0	148.058,0	-2,9%	135.829,0	-8,3%	136.392,0	0,4%
organisierte Urlaubsreisen	32.214,2	34.923,2	8,4%	37.957,0	8,7%	39.849,1	5,0%

Quelle: TUI Marktforschung
Europa - Eigenberechnung aus dem Europäischen Reisemonitor
BRD - Eigenberechnung aus TouristScope (91/92 und 92/93) und dem Deutschen Reisemonitor (93/94 und 94/95)

Abb. 1: Entwicklung des Reisemarktes in Europa und der BRD mit mehr als einer Übernachtung

Unter den Reiseveranstaltern gibt es überregional arbeitende Universalanbieter, viele regionale Anbieter und Unternehmen, die sich auf bestimmte Reisearten (z.B. Studienreisen) oder spezielle Ziele beschränken. Die fünf größten Veranstalter, TUI, NUR, LTT, DERTOUR und ITS, bedienen etwa ein Drittel der deutschen Pauschalreisenden, während sich zwei Drittel auf die Vielzahl der mittleren und kleinen Veranstalter verteilen.[5] Auch Reisebüros organisieren gern spezielle Reisen für ihre Kunden und üben damit Veranstaltertätigkeit aus.

---

[3] Größenordnung 1.200 RV.
[4] Größenordnung 13.000 bis 15.000 Rb.
[5] Siehe Veranstalterübersichten der Fremdenverkehrswirtschaft International (FVW GJ 1994/95). Bei den Flugpauschalreisen ist die Konzentration größer.

2.2 Funktion der Reiseveranstalter im Tourismusmarkt

2.2.1 Vermarktungsfunktion

In der Tourismuswirtschaft erfüllen die Reiseveranstalter eine wichtige Vermarktungsfunktion. Zahlreiche Reiseländer sind erst durch die Tätigkeit der Reiseveranstalter für die deutschen Urlauber erschlossen worden. Inhaltlich beginnt die Tätigkeit der Veranstalter mit der Sammlung und Aufbereitung aller wichtigen Informationen über ein touristisches Zielland. Daran schließt sich die Prüfung der Marktchancen im Quellmarkt an. Sodann erfolgt die Erstellung kundengerechter Angebote (Reiseprogramme). Dies geschieht durch Bündelung der einzelnen Reisekomponenten zu einem neuen, eigenständigen Produkt, dem Pauschalreisearrangement. Den Grundkomponenten Transport und Aufenthalt werden insbesondere Servicekomponenten wie z.B. Transfers, Zielortservice, Ausflüge, Mietwagen hinzugefügt, so daß eine neue komplette Dienstleistung entsteht, die der Urlauber vom Antritt seiner Reise bis zur Rückkehr in den Heimatort, u.U. bis in seine Wohnung, nutzen kann. Zum Pauschalarrangement gehören ferner Komponenten, die die rechtliche Position der Urlauber absichern und verbessern.

2.2.2 Unternehmenszielsetzung, Unternehmenszweck

Die unternehmerischen Tätigkeiten der Reiseveranstalter sind auf die Erzielung von Umsätzen und Gewinnen gerichtet. Ihr Rahmen wird im allgemeinen in der Unternehmenssatzung (Gesellschaftsvertrag) abgesteckt. Dort finden sich Formulierungen wie z.B.: „Unternehmenszweck ist die Veranstaltung und der Vertrieb von Urlaubsreisen aller Art sowie alle Geschäfte, die diesem Zweck unmittelbar oder mittelbar förderlich sind."

Der zweite Halbsatz öffnet praktisch die Tür zu der Betätigung der Reiseveranstalter in allen touristischen Wertschöpfungsstufen, die in Abb. 2 dargestellt sind. Größere Reiseveranstalter sind mit unterschiedlichen Akzenten zugleich im Hotelgeschäft tätig, betreiben Zielgebietsagenturen und eigene Reisebüroketten. Einige Unternehmen verknüpfen Carrier- und Reiseveranstaltergeschäfte.

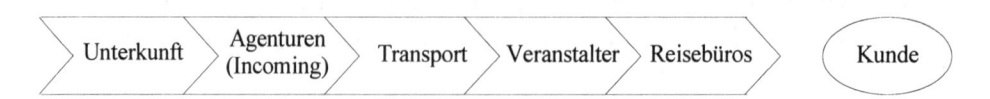

> Unterkunft > Agenturen (Incoming) > Transport > Veranstalter > Reisebüros > (Kunde)

Abb. 2: Touristische Wertkette

Die unterschiedlichen Anteile der einzelnen Leistungen in der touristischen Wertschöpfungskette, die in Abb. 3 dargestellt sind, erklären einleuchtend das Bestreben der Reiseveranstalter, ihre Tätigkeit über ihr Kerngeschäft hinaus zu entwickeln. Dabei spielen nicht nur zusätzliche Gewinnchancen eine Rolle. Die Sicherung von Qualitätsstandards gibt dafür einen weiteren Anlaß. Dieser Frage ist im Veranstaltergeschäft große Bedeutung beizumessen. Hat der Veranstalter festen Zugriff auf den Beförderungsstandard und die Hotelleistung, fällt ihm die Erfüllung seines umfassenden Leistungsversprechens natürlich leichter. Auch die eigene Serviceorganisation im Zielgebiet verbessert die Basis für die Garantie von hohen Qualitätsstandards.

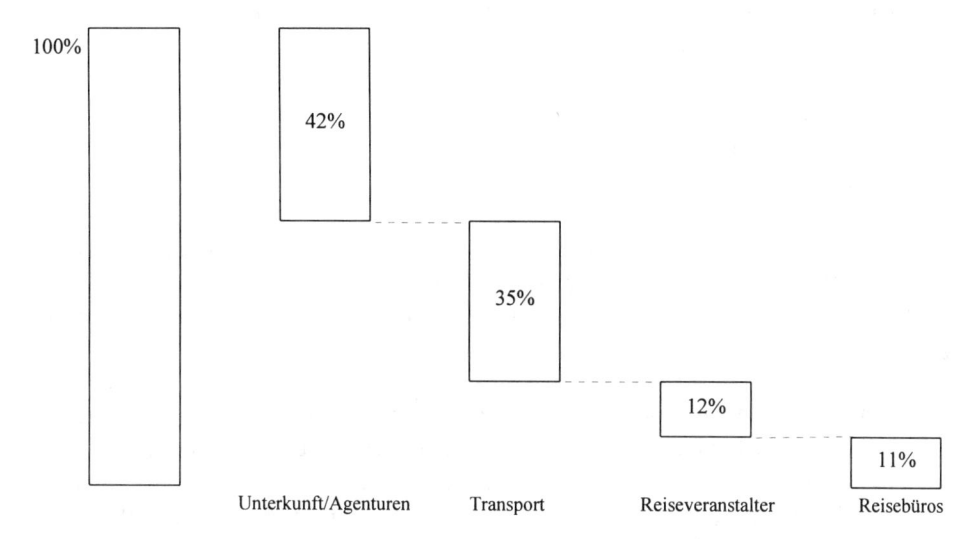

```
100% |
     |   [Unterkunft/Agenturen]   42%   [Transport]   35%   [Reiseveranstalter]   12%   [Reisebüros]   11%
```

Abb. 3: Anteile einzelner Leistungen in der touristischen Wertkette

Schließlich spielen auch markentechnische Vorteile eine Rolle. Je mehr Teilelemente der Reise unter der Marke des Veranstalters gezeigt werden können, desto klarer bildet sich das Profil des Veranstalters im Bewußtsein der Kunden ab. Markentreue resultiert aus Erfahrungen. Je häufiger positive Kontakte mit der Veranstaltermarke stattfinden, desto schneller entwickelt sich eine enge, feste Kundenbindung.

2.2.3 Unternehmensinterne Zielformulierungen

Wie auch in anderen Wirtschaftszweigen formulieren die Unternehmen der Reisebranche ihre Unternehmensgrundsätze und -ziele gern in kurzen Thesen, um Rahmen und Schwerpunkte der Unternehmenstätigkeit gegenüber den eigenen Mitarbeiter(innen) und gegenüber der Öffentlichkeit zu verdeutlichen. Um die Eigenverantwortlichkeit der Mitarbeiter(innen) zu stärken und Motivation in das Unternehmen zu tragen, handelt es sich häufig um Formulierungen, die gemeinsam von Management und Belegschaft erarbeitet werden.

Der Studienreiseveranstalter Studiosus hält beispielsweise folgende allgemeine Wertvorstellungen und Grundhaltungen als Zielthesen fest:

(1) Brückenschlagen zu anderen Kulturen und Menschen
(2) Sicherung der Unternehmensexistenz
(3) Zufriedene Kunden
(4) Zufriedene Mitarbeiter
(5) Umweltverträgliche und von sozialer Verantwortung getragene Leistungen
(6) Qualität
(7) Innovation
(8) Angemessener Ertrag
(9) Unabhängigkeit
(10) Marktführerschaft.

Während Studiosus besonders zum Kennen- und Verstehenlernen fremder Länder, Menschen und Kulturen beitragen will, rückt die TUI in ihrer Unternehmensphilosophie („Die 10 Grundsätze der TUI") klar die Wünsche ihrer Kunden in den Vordergrund:

(1) Der Gast bestimmt unser Handeln. Der Gast mit seinen persönlichen Wünschen steht im Mittelpunkt unserer Arbeit. Wir sind uns bewußt, welchen hohen Stellenwert der Urlaub für den Gast besitzt und welche verantwortungsvolle Aufgabe wir übernehmen, damit unsere Gäste schöne Ferien erleben. Wir wollen alle Kontakte nutzen, dem einzelnen Gast zu zeigen, wie wichtig wir seine Wünsche nehmen. Wir wollen ihm das Gefühl geben, uns stets und überall herzlich willkommen zu sein. Bei dieser Aufgabe ist jeder von uns gefordert.
(2) Wir setzen auf Qualität
(3) Wir wollen besser sein als andere
(4) Wir bauen auf professionelle Partnerschaft
(5) Wir wollen wirtschaftlichen Erfolg
(6) Wir haben langfristige Ziele
(7) Wir wollen flexibel, schnell und innovativ sein
(8) Wir engagieren uns für den Schutz der Umwelt
(9) Wir sind ein Teil der Öffentlichkeit
(10) Die Mitarbeiter bestimmen den Erfolg.

Ausgehend von dem Anspruch einer universellen Marktbearbeitung versteht sich die TUI als Multi-Zielgruppen- und Multi-Produkt-Veranstalter. Sie erstreckt ihre Tätigkeit auf eine Vielzahl europäischer und außereuropäischer Märkte.

Eine ähnliche Unternehmensphilosophie verfolgt NUR. Aus der Gründungsgeschichte (Neckermann-Versand) leitet sich der spezifische Anspruch ab, besonders preisgünstige Reisen zu produzieren. Eine ähnliche Situation gilt für ITS-Reisen (früher Metro-, jetzt Rewe-Gruppe). DERTOUR und LTT sind eher als Spezialanbieter mit ausgeprägten Teilsegmenten zu bezeichnen (z.B. Meier's Weltreisen bei LTT; USA-, Irland-, Sport- und Kurzreisen bei DERTOUR).

2.2.4 Schwerpunkte und Besonderheiten im Geschäft der Reiseveranstalter

2.2.4.1 Planung der Angebote

Der traditionellen Arbeitsweise der Reiseveranstalter, das bedeutet Erstellung der Angebote für eine Urlaubssaison und Verkauf über Kataloge, liegen verhältnismäßig lange Planungszeiträume zugrunde. Die Grobeinschätzung der Nachfrage und der Hoteleinkauf beginnen mit einem Vorlauf von etwa 1 1/2 Jahren, es folgen die Aufnahme der Hotelkapazitäten in die internen EDV-Systeme, die Festlegung der Devisenkurse, der Einkauf der Transportleistungen, die Kalkulation mit der Bildung von Gesamtpreisen (Endpreisen), die Gestaltung der Katalogtexte und -bilder, die Verabschiedung des Katalogdesigns und die Übernahme der Produkt- und Preisdateien in das Buchungssystem. Es leuchtet ein, daß bei einem so langen Planungslauf besondere Vorkehrungen für den Fall getroffen werden müssen, daß sich die Nachfrage später nicht prognosegerecht entwickelt. Dafür steht eine Reihe von Instrumenten zur Verfügung.

2.2.4.2 Angebots- und Nachfragesteuerung

Ein wichtiges Instrument liegt in der Gestaltung der Hotel- und Beförderungsverträge, die die Festabnahme von Kontingenten vorsehen können oder das Recht einräumen, Teilkontingente innerhalb bestimmter Fristen zurückzugeben. Beide Vertragstypen werden in der Einkaufspraxis angewandt.[6]

Ein weiteres Instrument der Angebots- und Nachfragesteuerung liegt in der flexiblen Gestaltung des Sales-Mix. Teilmengen der eingekauften Leistungen können aus dem Pauschalangebot herausgenommen und einer Einzelvermarktung zugeführt werden. Nur-Flug- oder Nur-Hotel-Angebote erscheinen dann vermehrt auf dem Markt. Ferner kann die Steuerung über den Preis betrieben werden, indem mittels kurzfristiger Sonderangebote versucht wird, eine zusätzliche Nachfrage zu wecken.

Die Methoden der Angebots- und Nachfragesteuerung sind insbesondere in den USA systematisch erforscht worden (Steuerung von Flugkapazitäten). Die Steuerungsentscheidungen und -maßnahmen werden allgemein als Yield-Management, manchmal auch als Revenue-Management bezeichnet. Dieses Management gewinnt immer größe-

---

[6] Ob und inwieweit insbesondere in Festabnahmeverträgen Exklusivrechte vereinbart werden können, ist nicht endgültig geklärt. Das Kartellamt sieht darin eine Wettbewerbsbehinderung und hat deshalb Exklusivverträge beanstandet. Eine letztinstanzliche Entscheidung liegt bisher nicht vor.

re Bedeutung, einerseits, weil im Touristikmarkt Sättigungserscheinungen auftreten mit der Folge von Überkapazitäten, andererseits, weil die Prognoseverfahren keine Gewähr dafür bieten, das Käufer- und Wettbewerbsverhalten exakt vorherzubestimmen.

Viele Kunden (z.B. die sog. Smart Shopper) ändern kurzfristig ihre Kaufgewohnheiten. Im immer schärfer werdenden Wettbewerb sind Wettbewerberaktivitäten und -aktionen nicht im voraus kalkulierbar. Besonders bei Nachfrageschwankungen suchen viele Unternehmen ihr Heil in kurzfristigen Preis- und Sonderaktionen, um die Wettbewerber zu verunsichern und zu verdrängen.

So wichtig und unverzichtbar das Yield-Management für die kurzfristige Ertragsoptimierung ist, so wenig dürfen die längerfristig negativen Wirkungen von ständigen Angebots- und Preisveränderungen übersehen werden. Die Praxis zeigt, daß eine solche Politik leicht zu einem allgemeinen down-pricing führen kann. Ist erst einmal das Vertrauen des Kunden in einen „gerechten" Preis, also einen Preis, der dem Wert der Leistungen entspricht, erschüttert, dann wird er immer dem jeweils niedrigsten Preis nachjagen und seine Qualitätsansprüche hintanstellen. Für eine seriöse Produkt- und Markenpolitik werden bei einer solchen Entwicklung die Spielräume eng.

Aufgrund der geschilderten Entwicklung hat sich mit den wachsenden Überkapazitäten in den letzten Jahren ein neues, eigenständiges Geschäftsfeld der Reiseveranstalter herausgebildet, nämlich der Markt der sog. Last-minute-Reisen. Über die Definition dieses Marktes besteht noch keine Einigkeit. Nach ersten Gerichtsentscheidungen dürfte sich die Fristigkeit bei diesen Angeboten auf einen Buchungszeitraum von ca. 2 Wochen vor Reiseantritt stellen. Während dieser kurze Zeitraum für Flugreisen einleuchtet, mögen z.B. für Kreuzfahrten auch noch Buchungen innerhalb von 3-4 Wochen vor Reisebeginn unter den Begriff „last minute" passen.

Nicht endgültig geklärt ist ferner, ob es sich bei den Kurzfristangeboten immer um besonders preisgünstige Offerten handeln muß. Im Touristikmarkt herrscht diese Auffassung zur Zeit zwar vor. In anderen Kurzfristmärkten wird allerdings durchaus auch mit erhöhten Preisen gearbeitet (z.B. zu Messen und Großveranstaltungen), so daß die Preiskomponente m.E. aus dem Begriff „last minute" herausgehalten werden muß. „Last-minute"-Reisen unterscheiden sich von den Katalogangeboten wesentlich durch den Leistungsinhalt. Im allgemeinen fehlen bestimmte Servicekomponenten. Auch Haftungsfragen sind zum Teil unterschiedlich zu beurteilen (z.B. bei anonymen Ausschreibungen).[7]

---

[7] Siehe Führich (1995, S. 104, 444).

2.2.4.3 Markenbildung

Wenn es einem Produkt gelingt, Markencharakter zu erreichen, ist zumeist die Basis für einen langfristigen Markterfolg gelegt. Denn Kunden entwickeln gern Präferenzen für bestimmte Marken und steigern die Präferenz oft bis zur Identifikation. Ihr Vertrauen in die Marke gilt in erster Linie den Eigenschaften des Produkts, das die Marke verkörpert, aber darüber hinaus auch der Herstellerfirma. Markenkäufer sind Wiederholungskäufer und deshalb besonders wertvolle Kunden.

Ausgeprägte Markenbildung finden wir z.B. in der Autoindustrie, bei Genuß- und Hygienemitteln und in der Bekleidungsbranche. Aber auch im Handel und für die Unternehmen des Dienstleistungssektors ist die Markenbildung eine existentielle unternehmerische Aufgabenstellung. Denn die gute Marke kann zum goldenen Schlüssel Richtung Kunde werden. Ihre Kraft vermittelt Kompetenz und Differenzierung, sie verleiht dem Produkt oder der Dienstleistung Individualität und Präsenz. Als Verbindungsglied zwischen der Produkt(Angebots)realität und dem werblichen Auftritt des Unternehmens bildet die Marke den Bezugspunkt für die Gefühle und Emotionen der Verbraucher. Im Verhältnis zwischen Hersteller und Handel wird die Marke zum Träger langfristiger Kooperationen.[8]

Obwohl sich die Angebote der Touristikwirtschaft für eine Markenbildung gut eignen – bei der Urlaubsreise handelt es sich um ein hochwertiges, emotional aufgeladenes „Produkt", das praktisch die gesamte Bevölkerung als Nachfragepotential vorfindet –, sind die Touristikmarken insgesamt unterentwickelt. Bis auf wenige Fluggesellschaften, die Bahn, einige Feriengebiete und einige Hotelgesellschaften genießen touristische Dienstleistungen bis heute kaum Markengeltung. Unter den Reiseveranstaltern ist es lediglich der TUI in den letzten Jahren gelungen, den Bekanntheitsgrad ihres Namens und ihrer Angebote deutlich zu erhöhen, es folgen Neckermann-Reisen und einige andere.

Gerade die öfter anzutreffende Meinung, die Angebote der Reiseveranstalter seien mehr oder weniger austauschbar, wird die Veranstalter mehr als bisher zur Markenbildung zwingen. Dabei ist es wichtig, diejenigen Merkmale und Komponenten eines Urlaubsarrangements als Markenträger herauszustellen, durch die sich dieses Arrangement von anderen Angeboten unterscheidet. Da zahlreiche Urlaubsreisen mit denselben oder ähnlich strukturierten Fluggesellschaften und Hotels organisiert werden, handelt es sich um eine schwierige Aufgabenstellung.

Dennoch ist gerade die Marke geeignet, das Dilemma aufzulösen, denn die Marke ist das Mittel, einen emotionalen, subjektiven (Erlebnis)Nutzen zu vermitteln, der Kunden veranlaßt, ein bestimmtes Angebot eines bestimmten Veranstalters besonders zu mögen und für sich auszuwählen. Dabei hilft besonders gute Werbung, denn die Metapher für die Marke liefert eigentlich immer eine außergewöhnliche Werbeidee. Sie ist der Urquell, dem der Erlebnisnutzen des Angebots entspringt (vgl. Gotta u.a.,

---

[8] Domizlaff u.a. (1982, S. 29).

1988). Beispiele dafür hat jeder von uns im Kopf: Die lila Kuh, den Cowboy, den Stern. Aber auch Slogans können zu solchen Metaphern werden. „Qualität ist das beste Rezept", „Persil bleibt Persil", „Alle reden vom Wetter – wir nicht". Solche Mataphern lassen sich natürlich auch im Urlaubsgeschäft finden. „Die schönsten Wochen des Jahres" möchte wohl jeder aus seinem Urlaub machen. Und einen Urlaub zu machen, „den man sich verdient" hat, bedeutet, etwas ganz besonders Gutes für sich zu tun, sich etwas Schönes zu gönnen.

Mit der Lösung der kreativen Aufgabe ist es im Markenmanagement allerdings keineswegs getan, denn Markenaufbau und -pflege erfordern beträchtliche finanzielle Mittel. Im Konzert der über 50.000 in Deutschland beworbenen Marken werden weniger als 2.000 von einer breiteren Verbraucherschaft wahrgenommen. Die Marke muß deshalb ständig in das Bewußtsein der Verbraucher zurückgerufen werden, um ihre Wirkung nicht zu verlieren.

2.2.4.4 Vertriebsfragen

Wenn die Funktionen der Reiseveranstalter bisher aus der Produzenten- und Markensicht beleuchtet wurden, so spielt die Vertriebspolitik natürlich für den unternehmerischen Erfolg ebenfalls eine bedeutende Rolle. Im zweiten Teil dieses Buches ist die Vertriebspolitik in der Touristik ausführlich dargestellt. Dort findet der Leser eine umfassende Übersicht über alle strategischen und methodischen Fragen. An dieser Stelle soll deshalb nur einem einzigen besonders wichtigen Thema nachgegangen werden, nämlich dem Vordringen der Elektronik und ihren Auswirkungen auf Vertriebswege und -formen. Diesem Thema werden z.Zt. viele Seminare und Branchentreffen gewidmet, es hält die Unternehmen der Reisebranche wie kein anderes Thema in Atem.

a) Bisherige Entwicklung
„Tourismus ist Informationsgeschäft" lautet eine verbreitete Aussage, die Information als einen wichtigen strategischen Erfolgsfaktor im touristischen Geschäft beschreibt (Schertler u.a., 1994). In der Tat können Reiseveranstalter und Reisebüros als Anbieter von Informationsprodukten auf Informationsmärkten bezeichnet werden. Kaum ein anderer Markt weist eine so hohe Informationsintensität auf wie der touristische, und so verwundert es nicht, daß EDV-Systeme in der Touristik schnell breiten Einsatz fanden. Anfang der siebziger Jahre entstanden die großen Computer-Reservierungs-Systeme (CRS) der Fluggesellschaften, die Systeme der Reiseveranstalter und das gesamttouristisch aufgebaute Start-System. Heute ist Start mit fast 90% Marktabdeckung das dominante System in Deutschland. Über Start wurden 1995 etwa 7 Mio. touristische Buchungen abgewickelt. Hinter dieser Zahl stehen knapp 17 Mio. Urlauber (pro Buchung durchschnittlich 2,4 Personen).

b) Die neuen Medien

Die Entwicklungen haben bei den CRS keineswegs haltgemacht: Heute sind zahlreiche neue Medien und Medienkombinationen im Markt, deren Potentiale viele neue Gestaltungsoptionen im touristischen Marketing und Vertrieb bieten: BTX bzw. Datex J, Videotext, Audiotex, Fax-Polling, Verkaufsautomaten, CD-Rom, CD-I, neue Online- und TV-Dienste befinden sich in Anwendung oder Entwicklung, und in hohem Tempo kommen neue elektronische Kommunikationsinstrumente dazu. Während frühere elektronische Entwicklungen gezielt auf Anwendungen für Unternehmen und Organisationen (Professionals) abstellten, wenden sich diese seit der Entwicklung und schnellen Verbreitung der Personal Computer (PC) verstärkt an die private Kundschaft, insbesondere an junge, mit elektronischen Geräten aufwachsende Menschen. Nun werden multimediale Anwendungen und Distributionskanäle für sämtliche Produkte und Dienstleistungen aufgebaut, die sich auch privat vermarkten lassen.

Ganz neu wird auch die emotionale Seite der Elektroniknutzer angesprochen. Ein buntes Medien-Mix entsteht, in dem auf der Basis digitaler Technik und Verwendung leistungsstarker Kompressions- und Speicherverfahren dynamische Audio- und Video-Medien wie Text, Graphik, Bild integriert werden. Sie sind interaktiv nutzbar, und so entstehen neuartige Anwendungen, Spiele, Edu- und Infotainment und neue Beratungs- und Verkaufssysteme. Die Technik scheint keine Grenzen zu kennen. Die Online-Dienste und das Internet ermöglichen die Kommunikation in weltweiten Netzen. Zahlungs- und Abrechnungsvorgänge können bald sicher per Electronic cash erledigt werden. Das Fernsehen wird zum interaktiven Medium, die Couch Potato wird zum Couch Commander.[9]

Alle Entwicklungen vollziehen sich jedoch in Stufen. Die wahrscheinlichen Schritte auf dem Gebiet des Fernsehens zeigt Abb. 4. Das Tempo wird nicht zuletzt von der Frage abhängen, ob und wie schnell trotz scharfen Wettbewerbs eine einheitliche technologische Basis geschaffen wird. Außerdem darf nicht in Vergessenheit geraten, daß Technikreife nicht Marktreife ist, denn die Marktreife hängt von der Nachfrageseite ab. Die Einstellung der Bevölkerung zu elektronischen Anwendungen ist aber durchaus heterogen: Technik-Freaks und -Aufgeschlossene sind genauso anzutreffen wie Technikfeinde und -Uninteressierte. Allerdings wird die Zukunft eine immer größere Gewöhnung an die neuen Techniken und Anwendungen bringen.

c) Die Position der Reiseveranstalter und Reisebüros

Da dem Verbraucher schon heute und in Zukunft immer mehr und immer bessere Informationen zur Verfügung gestellt werden, laufen besonders die Hauptdienstleister, das heißt die Reiseveranstalter und Reisebüros, Gefahr, einem technologieinduzierten „Shake Out" zum Opfer zu fallen.

---

[9] Näheres dazu und zum folgenden in der DRV-Studie „Touristikmarkt der Zukunft", TUI Verkaufsleitertreffen (1995), nicht veröffentlicht.

Die bisherigen Geschäftsabläufe können sich grundlegend ändern: Jeder kann nun mit jedem kommunizieren. Kommunikative Umwege werden obsolet. Jede Information sucht den kürzesten Weg zum Verbraucher. Wer im Markt der Zukunft bestehen will, muß zeigen, welchen Nutzen er dem Kunden bringt. Die Reiseveranstalter und Reisebüros sind durch die neuen Medien grundsätzlich und ganz besonders gefordert, ihre Marktberechtigung neu unter Beweis zu stellen, ggf. ganz neu zu definieren.

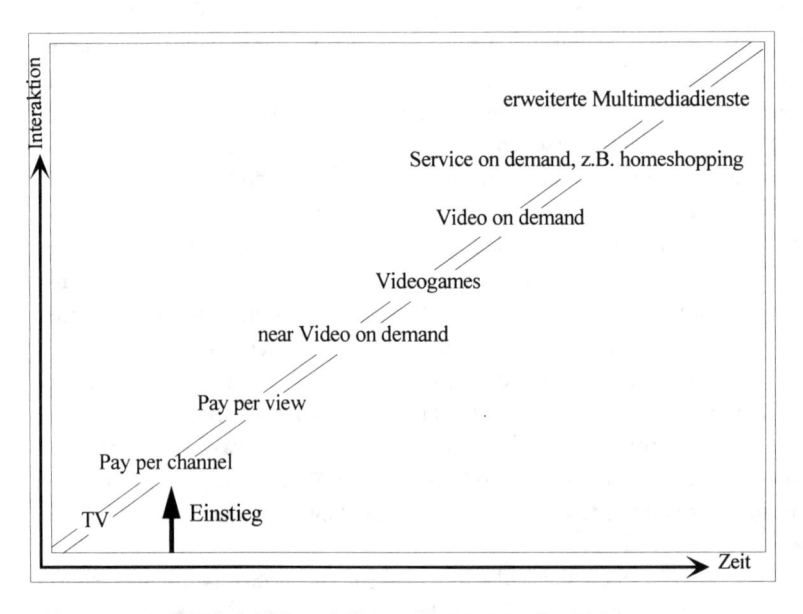

Abb. 4: Das Fernsehen wird interaktiv (*Quelle*: DRV-Studie 1994)

An dieser Stelle sind die Technologietauglichkeit touristischer Produkte (Anbieterkomponente) und die beiden Nachfragekomponenten Beratungsintensität und Buchungs- und Reisemündigkeit zu betrachten. Neuere Untersuchungen zeigen, daß die Marktchancen für die neuen Medien (als Ersatz für die Veranstalter- und Reisebürotätigkeit) vor allem bei hochstandardisierten Produkten günstig sind, die von Kunden nachgefragt werden, die über Mut, Neugier, Organisationstalent und Eigeninitiative verfügen. Alle übrigen touristischen Angebote eignen sich zur Zeit wenig oder gar nicht für den direkten Vertrieb über neue Medien.

2.3 Ausblick

Die Existenz der neuen Kommunikationstechniken wird allerdings im Laufe der Zeit immer klarer in das Bewußtsein breiter Bevölkerungsschichten treten und nach und nach zur Änderung der Kaufgewohnheiten führen. Die Zuhilfenahme von Technik, die für die professionellen Touristikplaner und -verkäufer seit langem selbstverständlich ist, wird auch den privaten Nutzer erreichen. In einem allgemeinen Informations-Overkill können sich die touristischen Dienstleister aber zu begehrten Informationsbrokern entwickeln, die Informationen kundenspezifisch selektieren und aufbereiten. Darüber hinaus müssen die Reiseveranstalter insgesamt eine neue, höhere Dienstleistungskultur aufbauen.

Im Urlaubsgeschäft spielt Vertrauensbildung eine entscheidende Rolle, denn bei der Urlaubsreise handelt es sich nun einmal um eine hochwertige Dienstleistung, deren Spezifikum darin besteht, daß sie erst Wochen oder Monate nach Kauf und Bezahlung erbracht wird. Der Touristikkunde kauft ein Versprechen, das der Reiseveranstalter einzuhalten hat. Wenn er im Reisebüro dafür sozusagen eine Rückbestätigung erhalten kann, warum sollte er darauf verzichten und sich statt dessen allein einer anonymen Technik anvertrauen? Und was die Serviceleistung der Reiseveranstalter betrifft: Warum sollte der Urlauber auf den Service am Flughafen, bei Ankunft im Zielgebiet, während des Aufenthalts und bei der Rückreise verzichten? Warum sollte er das umfassende Leistungs- und Haftungsversprechen des Veranstalters nicht nutzen, das bis zur Regulierung aller möglichen Leistungsabweichungen reicht? Eine anonyme Technik kann diese Rolle nicht einnehmen. Sie kann Vertrauen in die Richtigkeit von Informationen wecken. Umfassende Vertrauensbildung verlangt jedoch einen Partner, der ständig präsent ist, individuell aufklärt und korrigierend eingreift, wenn etwas nicht nach Wunsch verläuft. Wenn sich das zukünftige Marketing der Reiseveranstalter klar auf das Ziel der Vertrauensbildung ausrichtet und alle Instrumente wie Servicestandards, Mitarbeiterpotentiale, Markenpflege und moderne Technik dabei nutzt, ist die Substitution der Veranstaltertätigkeit allein durch Technik nicht zu befürchten.

Im Verhältnis zwischen Reiseveranstaltern und Reisebüros verändert sich vieles. Während den Veranstaltern in der Vergangenheit im wesentlichen einzelne Reisebürobetriebe gegenüberstanden, haben sich inzwischen marktstarke Reisebüroketten und -kooperationen gebildet. Im Jahr 1995 zogen die Ketten und Kooperationen mehr als die Hälfte aller Touristikumsätze auf sich. Angesichts der anhaltenden Expansion schreitet die Konzentration im Reisebüromarkt von Jahr zu Jahr fort.

Im Markt der Reiseveranstalter verlaufen die Entwicklungen ähnlich. Zwar haben sich in den letzten Jahren einige neue Veranstalter etabliert. Im Vordergrund stehen jedoch Veränderungen in den Eigentumsverhältnissen zahlreicher Unternehmen. Zu neuen Gesellschafterkonstellationen ist es in letzter Zeit z.B. bei TUI, ITS, DER, LTU, Hetzel, Kreutzer, Fischer, Öger und BFR gekommen. Wenn man den Eigentumswechsel näher analysiert, muß man feststellen, daß sich auch im Veranstaltermarkt Konzentrationstendenzen abzeichnen.

Wenn man das Zusammenwachsen der nationalen Märkte zu einem großen europäischen Binnenmarkt sieht, dann besitzt die Bildung größerer Unternehmenseinheiten eine zwingende Logik, denn im europäischen Wettbewerb entscheiden neben gutem Marketing nicht zuletzt auch die finanziellen Ressourcen über Erfolg und Mißerfolg.

Zweifellos werden mit der Harmonisierung der rechtlichen, steuerlichen und währungstechnischen Rahmenbedingungen neue Anreize für unternehmerische Aktivitäten in allen europäischen Ländern geschaffen. Wer sie wahrnehmen will, muß sich rechtzeitig dafür rüsten.

Literatur

Domizlaff, H. u.a. (1982): Die Gewinnung des öffentlichen Vertrauens. Hamburg.
Führich, E. (1995): Reiserecht. 2. Aufl., Heidelberg.
Gee, Ch.Y., J.C. Makens, D.J.L. Choy (1989): The Travel Industry. 2nd Ed., New York.
Gotta, M. u.a. (1988): Brand News. Spiegel Verlagsreihe Fach & Wissen Nr. 8, Hamburg.
Schertler, W. u.a. (1994): Tourismus als Informationsgeschäft. Wien.

3 Positionierung, Aufgaben und Organisation von Incomingagenturen

Thomas Winkelmann

Ziele, Aufgaben und Organisation von Incomingagenturen

Jede touristische Leistung kann heute via weltweitem Reservierungssystem (GDS – Global Distribution System) direkt von einem Reisebüro oder zum Beispiel via Internet vom Verbraucher gebucht werden. Jede Flugstrecke, jeder Mietwagen, Hotels in allen Städten der Welt, etc. lassen sich via GDS buchen. Gleichzeitig werden die Reisenden erfahrener, haben bessere Sprachkenntnisse, sind preissensibel. Trendforscher berichten von „Ich-Orientierung", neuer Individualität und verstärktem Freiheitsdenken. Alle aufgezeigten Entwicklungen lassen die Zukunftschancen von Reiseveranstaltern in einem eher negativen Licht erscheinen.

Trotz dieser Faktoren erlebt die Veranstalterreise einen seit vielen Jahren stabilen Aufwärtstrend, dies sowohl bei Urlaubsreisen im „Warmwasserbereich", bei Fernreisen im Baukastensystem als auch bei Reisen innerhalb Deutschlands. Die Gründe hierfür sind vielschichtig. Wesentlich sind die Aspekte Kreativität, Zuverlässigkeit, Preiswürdigkeit sowie Haftung.

Bucht ein Reisender heute sein Hotel via Internet, reserviert seinen Flug direkt bei der Fluggesellschaft und seine Theaterkarten durch einen Anruf beim Theater, so hat er

– drei Vorgänge selbst zu erledigen (im optimalen Fall, daß keine Änderung der Reisepläne eintritt),
– kaum Preistransparenz und muß
– bei einem unvorhergesehenen Ereignis während der Reise selbst dafür sorgen, „sein Geld zurückzubekommen".

Reiseveranstalter bündeln Reiseleistungen zu immer beliebiger kombinierbaren Paketen und haften nach europäischem Reiserecht für jede ihrer versprochenen Dienstleistungen. Die Veranstalter erhalten dabei meist Preise, die dem einzelnen Reisenden nicht zugänglich sind. Die alte Grenze zwischen Individual- und Pauschalreisen existiert nicht mehr – die Angebote werden immer mehr ersetzt durch die individualisierte Veranstalterreise.

Um diese Dienstleistungen zu erbringen, sind neben anderen Faktoren zwei von wesentlicher Bedeutung:

1. Die Nutzung modernster Computerschnittstellen zwischen Leistungsträger und Veranstalter sowie
2. die immer aufwendigere und kurzfristigere Beschaffung von Leistungen in den Zielgebieten.

Letzteres wird meist von Incomingagenturen geleistet, die durch ihre Präsenz im Zielgebiet, ihre Kenntnis der Quellmärkte sowie durch ihren hohen Grad an Technisierung die kostengünstige Beschaffung und Organisation von Reiseprodukten ermöglichen. Die Zuverlässigkeit dieser Dienstleistung ist Garant für den Erfolg einer Veranstalterreise.

3.1 Ziele

Ziel einer Incomingagentur ist die reibungslose Durchführung touristischer Programme im Zielgebiet nach den Wünschen des touristischen Anbieters im Quellmarkt der Reisenden. Die hierbei erwirtschafteten Provisionen dienen zur Deckung der Kosten und zur Erwirtschaftung von Gewinnen.

Reiseagenturen in Zielgebieten – oder besser: Incomingagenturen – sind Makler zwischen Leistungsträgern im Zielgebiet einerseits und Anbietern in den Herkunftsländern der Gäste andererseits. Die Präsenz im Zielgebiet ist wichtigstes Merkmal für die Funktionsfähigkeit einer Incomingagentur. Die Agentur handelt entsprechend den Wünschen und Maßgaben ihrer Kunden. Hierbei tritt die Agentur allerdings nicht allein als Makler, sondern häufig auch als Repräsentant des Veranstalters gegenüber Anbietern und Gästen in Erscheinung.

Die Betreuung von Gästen im Zielgebiet durch verschiedene Serviceleistungen ist ein Hauptbeschäftigungsfeld der Incomingagentur. Hier stellt die Agentur Reiseleiter, Service-Büros, Beratungstelefone, etc. zur Verfügung. Art und Umfang dieser Leistungen richten sich nach den Wünschen der Reiseveranstalter, können also im Einzelfall sehr variieren. Zweites wichtiges Standbein ist der Ein- und Verkauf touristischer Dienstleistungen wie Hotelkapazitäten, Transportmittel aller Art, touristische Programmpunkte, etc. Darüber hinaus ist die Agentur verantwortlich für Koordinierung und Durchführung aller Aktivitäten im Zielgebiet. Zusätzlich wickelt sie auf Wunsch und im Namen ihrer Kunden die gesamten Reservierungen eines Veranstalters sowie das Abrechnungswesen mit den Leistungsträgern vor Ort ab.

Basis zur Erwirtschaftung von Gewinnen einer Incomingagentur sind:

1. Der Verkauf kompletter Pakete an Reiseveranstalter, welche diese auf ihrem Markt anbieten:
Diese Leistungen können alle touristischen Leistungen in einem Zielgebiet beinhalten.

2. Der Verkauf von Einzelleistungen direkt an Gäste im Zielgebiet (Ausflüge, Mietwagen, etc.) durch Reiseleiter oder Service-Büros:
Viele Gäste entscheiden sich erst nach Kenntnis der örtlichen Gegebenheiten zum Kauf von Ausflugspaketen, zur Anmietung eines Mietwagens oder zur Verlängerung ihres Hotelaufenthalts. Letztere sind für den Gast sichtbare Aktivitäten der Agentur, während der Verkauf touristischer Leistungen an Reiseveranstalter dem Gast in der Regel nicht ersichtlich ist.
3. Die Abwicklung von weiteren Dienstleistungen für den Kunden Reiseveranstalter:
Diese Services reichen von der Kontrolle des Zahlungsverkehrs zwischen Reiseveranstalter und Hotels über die Entwicklung von EDV-Schnittstellen zwischen Veranstalter und Leistungsträgern bis hin zur Abwicklung von Reklamationsvorgängen direkt im Zielgebiet.

Einige Incomingagenturen betreiben auch klassische Reisebüros in den Zielgebieten. Der Großteil der klassischen Incomingarbeit spielt sich jedoch unsichtbar für den Gast ab. Augenfälligste Mitarbeiter für ihn sind die Reiseleiter, welche die Gäste vor Ort betreuen und auf Anhieb erkennbare Repräsentanten der Reiseveranstalter sind. Eine gute Agentur hält den eigenen Namen im Hintergrund und unterstützt den Markenauftritt des Veranstalters beim Gast im Zielgebiet.

3.1.1 Definitionen

Nachdem zuvor der Begriff der Incomingagentur definiert wurde, sollen im folgenden weitere Begriffe erläutert werden, die im Zusammenhang dieser Darstellungen von Bedeutung sind.

Leistungsträger
Hiermit sind alle Anbieter von touristischen Produkten und Dienstleistungen gemeint, die dem Gast im Zielgebiet offeriert und von ihm konsumiert werden. Dazu zählen Hotels, Busgesellschaften, Restaurants, Flug- und Schiffahrtsgesellschaften, ein großer Teil des Groß- und Einzelhandels genauso wie Reiseleiter, Entertainer oder Souvenirhersteller.

Kunde
Kunden einer Incomingagentur sind Anbieter von touristischen Produkten im Herkunftsland der Gäste. Dazu zählen Reiseveranstalter, Reisebüros, Flug- und Schiffahrtsgesellschaften, aber auch Unternehmen oder Einzelpersonen außerhalb der Tourismusbranche, die sich direkt an eine Incomingagentur zum Einkauf einer Dienstleistung wenden. Reiseveranstalter schließen in aller Regel Dienstleistungsverträge mit „ihrer" Agentur im Zielgebiet ab. Diese Verträge definieren die zu erbringenden Leistungen und die dafür ausgehandelten Preise. Einzelpersonen oder Firmen wenden sich

meist mit einem konkreten Projekt an Zielgebietsagenturen. Hier werden Preise zur Abwicklung einer konkreten Reise quotiert.

Gast
Für eine Incomingagentur ist der Gast im Zielgebiet der Endverbraucher, der eine bereits im Herkunftsland gebuchte Leistung nun vor Ort in Anspruch nehmen will. Zusätzlich konsumiert der Gast während seines Aufenthaltes im Zielgebiet weitere Produkte und Dienstleistungen, die ihm unter anderen von der Incomingagentur angeboten werden.

Herkunftsland
Hierunter versteht die Incomingagentur den Markt ihrer Kunden. Die Agentur tritt im Herkunftsland selbst nicht direkt als Anbieter auf. Sie beschränkt ihre Kommunikationsaktivitäten in der Hauptsache auf Werbung in touristischen Fachzeitschriften, Messepräsenz und gezielte Kontaktaufnahme bzw. -pflege zu touristischen Anbietern, um sich beim Fachpublikum bekanntzumachen.

3.1.2 Positionierung

Der Incomingmarkt ist wie fast alle Bereiche des Tourismus durch einen starken Wettbewerb und eine große Anzahl von Anbietern in allen Zielgebieten geprägt. In einigen Zielgebieten gibt es gesetzliche Regelungen, die das Betreiben einer Agentur erschweren. So benötigt man staatliche Lizenzen, die wiederum von Gremien verteilt werden, in denen wichtige Leistungsträger als Mitglieder sitzen. Auch kann die Forderung von hohen Bankgarantien den Markteintritt beschränken. In vielen Ländern gibt es keine gesetzliche Beschränkungen zur Betreibung von Incomingagenturen. Jede Incomingagentur versucht daher, sich auf ihrem Markt durch eine positive Alleinstellung (Unique Selling Proposition – USP) zu positionieren, die sie von den Mitbewerbern abhebt.

Möglichkeiten einer darzustellenden USP sind
a) Qualität
Hier kann sich die Agentur durch zuverlässige Arbeit, Schnelligkeit in der Bearbeitung, individuelle Betreuung unterschiedlichster Zielgruppen, außerordentliche Marktkenntnisse, etc. von den Mitbewerbern abheben. Für den Veranstalter als Kunden der Agentur sind auch Merkmale wie die zügige und zuverlässige Abwicklung des Zahlungsverkehrs und die großzügige Bearbeitung von Kulanzen von Wichtigkeit.

Die immer stärker auf den Preis orientierte Vermarktungsstrategie vieler Veranstalter hat den Incomingagenturen in den vergangenen Jahren immer weniger Spielraum gelassen, ihre eigenen Qualitätsansprüche im Herkunftsland auch mit angemessenen Preisen durchzusetzen (siehe auch b).

Die Qualität touristischer Dienstleistungen ist für viele Gäste erst nach Eintreffen im Zielgebiet erkennbar und erlebbar. Aber gerade diese Dienstleistungen sind es, die das Produkt „Urlaub" auch qualitativ von Mitbewerbern unterscheidbar macht, da man davon ausgehen muß, daß Transportmittel (Fluggesellschaft, Bahn, Bus, etc.) sowie die meisten Hotelangebote von mehr als einem Veranstalter angeboten werden. Beispiele für erlebbare Qualitätsunterschiede sind:

Transfer zwischen Flughafen und Hotel
Ein Qualitätsanbieter wird die Wartezeit vor Abfahrt des Transferbusses vom Flughafen beschränken (Beispiel: 30 Minuten) – ein Billiganbieter wartet, bis auch der letzte Platz im Bus durch später eintreffende Passagiere besetzt wird. Pro Gast ist der Billigtransfer natürlich preiswerter zu kalkulieren. Nachteil für den ankommenden Gast ist aber neben der Wartezeit auch die Transferdauer, da in vielen Fällen eine große Anzahl von Hotels vor seinem Urlaubsdomizil angefahren werden. Das gleiche wiederholt sich dann natürlich auf der Rückreise, so daß ein Transfer auch einmal um 01.00 Uhr morgens beginnen kann, obwohl der Flug erst um 06.00 Uhr vom 45 Minuten reine Fahrtzeit entfernten Flughafen startet.

Ein Qualitätsanbieter beschränkt neben der Wartezeit auch die Anzahl der angefahrenen Hotels auf beispielsweise maximal drei. Sein Transferpreis wird höher sein, da er mit nicht immer voll besetzten Bussen fahren kann, will er sein Qualitätsversprechen auch umsetzen.

Mitarbeiterpräsenz an strategischen Punkten im Zielgebiet
Flughafen, Hotel oder Flaniermeile – überall da, wo Gäste den Service „ihres" Veranstalters suchen, wird ein Qualitätsanbieter präsent sein: dies in ausreichender Zahl durch geschulte und kompetente Mitarbeiter zu kundenfreundlichen Öffnungszeiten sowie durch Servicetelefone, die in allen Zielgebieten 24 Stunden, 7 Tage in der Woche besetzt sein müssen. Ein Billiganbieter verzichtet auf diesen Service, läßt Transfers unbegleitet, verzichtet auf Büros in den touristischen Zentren und bietet keine Helpline an.

Kulanz vor Ort
Reisen ist eine emotionale und von vielen nicht planbaren Faktoren (Wetter!) abhängige Angelegenheit. Geht also etwas schief, so ist schnelle Hilfe und, wenn nötig, kundenfreundliche Kulanz von großer Wichtigkeit. Ein Qualitätsanbieter weiß, daß ein unzufrieden nach Hause zurückkehrender Gast den Grund seiner Unzufriedenheit an eine nicht unbedeutende Zahl von Personen weitergeben wird. Ein zufriedener Gast kommuniziert dies zwar weniger, summa summarum zahlt sich Qualität aber aus. Qualität zeigt sich also durch Präsenz und Kompetenz, aber auch durch Entscheidungsfreiraum für Mitarbeiter vor Ort. Dies bringt zufriedene Kunden und reduziert Kosten im Backoffice des Veranstalters, indem zeit- und geldraubende Briefwechsel mit unzufriedenen Gästen vermieden werden können. Die Incomingagentur als Teil des lokalen

Serviceteams trägt also große Verantwortung für das organisatorische Gelingen einer Reise. Nur der zufriedene Gast wird seinem Veranstalter treu bleiben – die Agentur hat es somit zum Teil selbst in der Hand, die Kunden der Folgejahre zu gewinnen.

Incomingagenturen müssen sich den unterschiedlichen Qualitätsanforderungen ihrer Veranstalterkunden stellen. Natürlich wird immer höchste Qualität zu günstigsten Preisen gefordert werden. Da Mängel im touristischen Dienstleistungsprodukt für den Gast erst vor Ort prüfbar und spürbar sind, reagieren Kunden vor allem bei versprochener, aber nicht oder schlecht erbrachter Leistung immer kritischer. Ein verbraucherfreundliches Reiserecht unterstützt diese Haltung vielfach. Außer im Personalbereich kann eine Agentur auch in anderen Bereichen „sparen", also Qualität mindern. So können beispielsweise solche Busgesellschaften billiger anbieten, deren Fahrzeuge alt sind oder die an teuren Versicherungen sparen. Mit Hotels können derart niedrige Preise ausgehandelt werden, daß der Gast grundsätzlich die schlechtesten Zimmer im Haus erhält, oder das eingeschlossene Mahlzeiten auf minimalen Qualitätsstandard heruntergeschraubt werden.

b) Preise

Großagenturen können auf Grund ihres Einkaufsvolumens bei Leistungsträgern Beschaffungsvorteile bei Preisen und Kapazitäten erzielen und diese an ihre Kunden weitergeben. In einem heiß umkämpften Markt spielt diese Art von USP eine immer dominierendere Rolle. Preisvorteile können in aller Regel nur auf Grund von Volumen erzielt werden. Kleinere Agenturen versuchen daher, ihren Wettbewerbsnachteil bei der Beschaffung dadurch wettzumachen, daß sie Nischenpolitik betreiben (siehe d). Gleichzeitig arbeiten sie häufig mit deutlich günstigeren Kostenstrukturen als Konzernbeteiligungen unter den Großagenturen. Dies wird durch kleinere Büros, fehlende Verwaltungskosten, wenig Werbung, vor allem aber durch flache oder nicht vorhandene Hierarchien erreicht.

Automatisierte Abwicklung durch immer leistungsfähigere Computer- und Kommunikationssysteme haben vor allem im Verwaltungsbereich viele Einsparungen gebracht. Vorangehen muß aber gerade bei Großagenturen die Investition in hochaktuelle Hard- und Software, die dazu ständig zu aktualisieren ist.

c) Auswahl von Mitarbeitern

Eine seriöse Agentur beschäftigt Mitarbeiter, die sich als Repräsentanten des jeweiligen Kunden (Veranstalters) verstehen, kompetent und service-orientiert arbeiten. Diese Mitarbeiter sollen geschult und erfahren sein. Sie sollten sich legal im Zielgebiet aufhalten (Aufenthalts- und Arbeitsgenehmigung), die Sprachen sowohl des Gastlandes als auch des Herkunftslandes beherrschen und sämtliche Regeln des Gastlandes einhalten. Dazu gehören vor allem die Steuer- und Versicherungsgesetzgebung im Zielgebiet. Wichtig ist weiterhin der sensible Umgang mit den kulturellen und moralischen Regeln des Gastlandes. Was so selbstverständlich klingt, wird in der Realität häufig nicht umgesetzt. Immer noch gibt es in der Incomingbranche sehr viele unseriöse Unternehmen, die keinerlei Sozialabgaben und Steuern abführen, minimale Löhne zahlen und ihre Schwarzarbeiter dadurch zwingen, mit unseriösen Nebengeschäften ihre persönliche Ertragslage auf Kosten der Gäste zu verbessern.

d) Nischenpolitik

Auch bei Incomingagenturen beherrschen – wie bei Reiseveranstaltern – in jedem Zielgebiet einige wenige Großanbieter den Markt. Diese können vor allem durch günstige Beschaffungspreise und moderne Kommunikationstechniken sowie einem großen und geschulten Mitarbeiterstab überzeugen. Trotzdem gibt es auch für kleinere Agenturen Möglichkeiten, sich durch Spezialisierung von den Mitbewerbern abzuheben. Viele Agenturen spezialisieren sich auf bestimmte Herkunftsländer, seltene Sprachen ihrer Reiseleiter, individuelle Betreuung von Special-Interest Gruppen und ähnliches mehr. Durch diese Art von USP kann es kleineren Agenturen gelingen, daß auch Großveranstalter bestimmte Aufträge nicht an „ihre" Stammagentur, sondern an einen Spezialisten geben. Gerade mittlere und kleine Veranstalter bevorzugen z.T. Agenturen, die nicht mit einem Großveranstalter aus dem selben Herkunftsland zusammenarbeiten. Hier wird ein Interessenkonflikt befürchtet, der sich zu Ungunsten des touristischen Programms und der Marktchancen des kleineren Veranstalters auswirken könnte.

e) Technisierung

Die kostengünstige und schnelle Übermittlung und genaue Verarbeitung von Millionen von Kundendaten erfordert den Einsatz modernster Techniken. Eine Incomingagentur ist zum einen Switchboard zwischen Veranstalterdaten und Leistungsträgern, zum anderen werden von ihr aber auch Verwaltungsaufgaben unterschiedlichster Art erledigt. Nur professionelles Yield Management ermöglicht den zeitgerechten Verkauf von Angeboten. Dies gilt für Last-Minute-Angebote, bei denen die Agentur die Veranstalterverkaufsaktivitäten durch Bereitstellung neuer und quantitativ ausreichender Hotelkapazitäten unterstützt. Yield Management heißt aber auch die Aufstockung rasch ausverkaufter Kapazitäten für stark nachgefragte Produkte. Dies ist durch ein sehr gutes Geschäfts- und Beziehungsnetwork im Zielgebiet möglich. Um kostengünstig und schnell zu sein, ist aber eine technische Verknüpfung der einzelnen Beteiligten unabdingbar geworden. Die meisten Veranstalter sind online mit wichtigen Leistungsträgern verbunden, eine Incomingagentur benötigt diese Schnittstellen zu ihren regionalen Geschäftspartnern.

3.2 Aufgaben einer Incomingagentur

3.2.1 Traditionelle Aufgaben

Die traditionellen Tätigkeitsfelder einer Incomingagentur sind:

a) Beschaffung von Bettenkapazitäten
Jeder Reiseveranstalter benötigt für seine Programmgestaltung ausreichende Bettenkapazitäten im von ihm angebotenen Zielgebiet. Diese werden vom Veranstalter vertraglich abgesichert, wobei die Incomingagentur manchmal die Rolle des Vertragspartners übernimmt. Die Verträge zwischen Hotels und Agenturen umfassen neben dem Preis des jeweiligen Zimmers viele weitere Details wie Zahlungsmodalitäten, Zimmerqualitäten, garantierte Anzahl von Zimmern pro Saison, Verbindung des Zimmerpreises mit anderen Leistungen (Mahlzeiten, Transfers, etc.), u.v.m.

Der Veranstalter kann der Agentur genaue Vorgaben über seine Einkaufswünsche geben, oder aber die Agentur unterbreitet ihrem Kunden eine Reihe von Vorschlägen, aus denen dieser auswählt. Optimal ist hierbei ein gegenseitiger Austausch, da beide Seiten jeweils im Zielgebiet bzw. im Herkunftsland die besseren Marktkenntnisse haben. Von entscheidender Bedeutung wird hier auch die Zusammenarbeit mit vom Veranstalter entsandten Produkteinkäufern.

Aufgabe der Agentur ist zudem die Beratung des Kunden über die sichtbaren Fakten hinaus. Nur die Agentur verfügt über „Insiderwissen" und kann darüber informieren, wie es z.B. um die finanzielle Situation in einem bestimmten Hotel bestellt ist, wie die Zimmervergabepolitik aussieht, ob Bauarbeiten in Zukunft geplant sind, ob der Hotelstrand in der Hochsaison auch wirklich gesäubert wird, ob angeschlossene Restaurants ihre Qualitätsstandards einhalten, oder ob gar mit einer baldigen Schließung des Hotels zu rechnen ist.

Da sich die Angebotssituation eines Zielgebietes ununterbrochen ändert und auch Quellmärkte für dieses Zielgebiet sehr unterschiedliche Buchungssituationen ausweisen können, ist die ständige Kommunikation zwischen Agentur und Veranstaltereinkauf von größter Bedeutung. Ein Veranstalter ohne diesen Kontakt läuft Gefahr, wichtige Entwicklungen im Zielgebiet nicht rechtzeitig mitzubekommen.

b) Beschaffung von Transportleistungen
Nach Vorgaben des Kunden kauft eine Incomingagentur Transportkapazitäten (Busse, Mietwagen, Chauffeure, etc.) ein und stellt diese zur Verfügung. Auch hier richtet sich das Angebot strikt nach den Vorstellungen des Kunden, der meist vorrangig an einem möglichst kostengünstigen Angebot interessiert ist. Neben dem Einkauf übernimmt die Agentur die Koordination und Abwicklung der gebuchten Leistungen. Wie in allen Dienstleistungsbereichen ist auch hier eine ständige Kontrolle von großer Wichtigkeit. Jeder eingesetzte Bus muß verkehrstüchtig, versichert, sauber und für den Gast als Bus „seines" Veranstalters erkennbar sein. Auch sollte der Busfahrer nicht nur freundlich

und kooperativ sein, sondern darüber hinaus auf eine entsprechende äußere Erscheinung achten, da auch er für die Gäste Repräsentant des Veranstalters ist. Ähnliches gilt für alle Transportmittel. Hier wird deutlich: Die Qualität der Agentur beweist sich nicht zuletzt anhand der Sorgfalt bei vielen kleinen Details, die für den Gesamterfolg einer Pauschalreise von entscheidender Bedeutung sind.

c) Betreuung der Gäste durch Reiseleiter
Jede Incomingagentur beschäftigt Reiseleiter, die sich im Außendienst um die Gäste kümmern. Dies beginnt bei einer typischen Pauschalreise mit der Begrüßung z.B. am Flughafen, setzt sich bei der Betreuung in den Vertragshotels fort und endet mit der begleiteten Heimfahrt. Man unterscheidet in der Regel zwischen drei Gruppen von Reiseleitern:

Festangestellte Mitarbeiter der Agentur
Diese sind entweder ausschließlich für einen Großveranstalter tätig und sollen vom Gast auch nur als solche erkennbar sein. Oder sie übernehmen für mehrere, meist mittlere Veranstalter gleichzeitig die Gästebetreuung. Diese Mitarbeiter beziehen ein monatliches Gehalt und sind in der Regel saisonweise oder ganzjährig für die Agentur tätig.

Von Reiseveranstaltern entsandte Kräfte
Solche Reiseleiter werden von Großveranstaltern saisonweise in Zielgebiete entsandt, um sich dort ausschließlich um die Gäste des Veranstalters zu kümmern. Hierbei handelt es sich zum Großteil um Veranstalter, die auf eine einheitliche Schulung, einheitliches Auftreten und ein für den Gast erkennbares Corporate Design Wert legen. Die hohe Gästezahl im Zielgebiet rechtfertigt für diese Veranstalter die Entsendung eigener Reiseleiter. Diese Mitarbeiter beziehen in der Regel ein Gehalt in ihrem Heimatland sowie einen Zielgebietszuschuß. Viele Veranstalter haben in den vergangenen Jahren von Verträgen mit hohem Anteil an Fixgehalt zu variableren Vergütungen gewechselt, um Reiseleiter verstärkt an den Erträgen ihrer Ausflugsverkäufe zu beteiligen. In vielen Fällen handelt es sich um Kräfte mit Zeitverträgen. In Zielgebieten außerhalb der EU ist es für ausländische Anbieter vielfach legal nicht möglich, eigene Mitarbeiter zu entsenden, da diese keine Aufenthalts- oder Arbeitsgenehmigung erhalten.

Freie Mitarbeiter
Sie sind als Freelancer für verschiedene Agenturen und damit auch für verschiedene Veranstalter tätig. Hierbei handelt es sich um Kräfte, die oft kein Interesse an einer Festeinstellung haben und nur gelegentlich jobben. In Zielgebieten mit spezieller Sozialgesetzgebung, z.B. in den USA, stellen diese Kräfte die Mehrheit der eingesetzten Reiseleiter.

d) Abwicklung des Buchungsaufkommens
Trotz weitgehender Automatisierung in den letzten Jahren ist Pauschaltourismus immer noch ein beratungsintensives Dienstleistungsprodukt. Großveranstalter sind zumeist online mit ihrer Agentur verbunden, um die für eine Buchung erforderlichen Daten zu übermitteln. Aufgabe der Agentur ist die selektive Weitergabe dieser Daten an die Leistungsträger im Zielgebiet. Die reibungslose Abwicklung einer gebuchten Leistung ist auch heute noch eine personalintensive Dienstleistung, die persönliche Kontakte (und Kontaktpflege) zu Hotels, Busgesellschaften, Airlines, etc. erfordert.

Pauschalprogramme sind zwar weitgehend standardisiert, ein service-orientierter Veranstalter wird aber immer mit einer Agentur zusammenarbeiten, die auch individuelle Gästewünsche erfüllen kann. Täglich gehen bei Veranstaltern Buchungen ein, die Sonderwünsche beinhalten. Und dies gilt für VIP's genauso wie für Gäste mit körperlichen Behinderungen: Die Incomingagentur sorgt für die vielen kleinen Schritte und Dinge, die notwendig sind, um auch innerhalb des Massentourismus individuelle Bedürfnisse und Wünsche der Gäste zu erfüllen. Touristische Dienstleistungen werden immer mehr in standardisierter Qualität angeboten, bleiben aber trotzdem keine feststehenden Größen, sondern dynamische Vorgänge, auf die schnell, angemessen und zuverlässig reagiert werden muß. Wichtig ist hierbei der Hinweis, daß jedes touristische Produkt als Aneinanderreihung unterschiedlicher Dienstleistungen der ständigen, aufmerksamen Kontrolle durch die Agentur bedarf.

Der enorme Preiswettbewerb im Pauschaltourismus setzt hier aber sowohl Veranstaltern als auch Agenturen Grenzen. Gerade im Billigsegment sind aufwendige Buchungsabwicklungen nicht mehr tragbar. Veranstalter im billigsten Marktbereich arbeiten häufig mit Agenturen zusammen, die sich mit niedrigen Preise positionieren, dann aber zur Deckung ihrer Kosten an Qualität sparen müssen und zum Beispiel unseriöse Zusatzgeschäfte im Zielgebiet anbieten (überteuerte Ausflugsprogramme, Ausbleiben von vereinbarten Serviceleistungen, etc.).

e) Umsetzung des Corporate Design des Veranstalters
Für die Gäste im Zielgebiet muß der Veranstalter, bei dem sie ihre Reise gebucht haben, immer erkennbar sein. Der Name der Incomingagentur ist nur von sekundärer Bedeutung. Für den Gast muß das Büro der Agentur Anlaufpunkt „seines" Veranstalters sein. Da vielen Gästen die Unterschiede zwischen Airline, Veranstalter, Reisebüro oder Agentur nicht klar sind, müssen deutliche optische Hilfsmittel dem Gast die Orientierung erleichtern. Die Agentur stellt die Büroräume für vom Veranstalter ins Zielgebiet entsandte Kräfte, darüber hinaus tritt die Agentur dem Gast gegenüber als Repräsentant des Veranstalters auf. Dies wird für den Gast sichtbar durch entsprechende Kleidung (z.B. Uniformen) der Reiseleiter; Aushänge in Hotels, deren Gestaltung eindeutig den Veranstalter (wieder-)erkennen läßt, deutlich sichtbare Veranstalterlogos im Service-Büro, auf Bussen, etc. Auch können spezielle Servicetelefone eingerichtet werden, an denen sich Mitarbeiter der Agentur ausschließlich mit dem Namen des Veranstalters oder der Fluggesellschaft melden.

f) Informationsweitergabe an Veranstalter
Wichtiger Bestandteil der Zusammenarbeit zwischen Agentur und Kunden ist die laufende Information des Kunden über Geschehnisse im Zielgebiet. Da touristische Programme sehr lange im voraus geplant und eingekauft werden (oft mit einem Vorlauf von bis zu 9 Monaten), müssen absehbare Veränderungen im Zielgebiet einkalkuliert werden. Hier kann nur die Agentur, da vor Ort präsent, Informationen ins Herkunftsland übermitteln. Dies betrifft u.a. etwaige bauliche Maßnahmen, Veränderungen im Service und Preisänderungen bis hin zu politischen Informationen oder Hinweisen auf mögliche umweltbedingte Einflüsse. Eine verantwortungsbewußte Agentur informiert ihre Kunden immer rechtzeitig über sämtliche Vorgänge, die für das touristische Programm und für die Gäste von Wichtigkeit sein könnten. Die Agentur betätigt sich hier außerdem permanent als „Feuerwehr", da in einem Zielgebiet täglich Dinge passieren, die den reibungslosen Ablauf einer Reise gefährden können.

g) Gruppen – Special Interest
Neben der Pauschalreise beschäftigt sich jede Incomingagentur mit dem weiten Bereich der Gruppenreisen. Hierbei handelt es sich in aller Regel um von Reiseveranstaltern, Reisebüros oder Firmen organisierte Reisen. Das Spektrum der Gruppenprogramme reicht von der Durchführung, z.B. eines Transfers für wenige Personen vom Flughafen zum Hotel, bis hin zu aufwendigen Incentiveprogrammen für Hunderte von Gästen im Werte von vielen hunderttausend DM.

Gerade im Gruppenbereich ist das Einschalten einer ortskundigen Agentur für den Veranstalter unerläßlich. Zwar kann fast jede Leistung (Hotel, Transportmittel, etc.) auch direkt vom Veranstalter beim Leistungsträger gebucht werden. Aber besonders in diesem sensiblen Spezialbereich spielen die Präsenz vor Ort, die bessere Zielgebietskenntnis und das weitgehende Ausschließen des „Human Error" durch die Agentur eine entscheidende Rolle zu ihren Gunsten. Es ist kein Problem, ein Hotel weltweit via elektronischer Reservierungssysteme direkt einzukaufen. Ob aber dann bei Ankunft einer Gruppe wirklich alle Zimmer in einwandfreiem Zustand sind, sämtliche Schlüssel tatsächlich bereitliegen, das Firmenlogo des Kunden über dem Eingang prangt und das Restaurant die korrekte Tischreservierung vorgenommen hat, ist nur schwer sicherzustellen. Die genaue Überwachung der vielen kleinen Details kann nur eine Incomingagentur zuverlässig leisten. Und gerade bei hochwertigen Reisen, die den Teilnehmern unvergeßliche Eindrücke vermitteln sollen und oft motivierenden Charakter haben, ist ein perfekter Ablauf unerläßlich. Zusätzlich schlüpft die Agentur hier in die Rolle eines kreativen Ideenentwicklers. Gäste sind heute reiseerfahren, haben „alles schon gesehen" und ihre Reizschwelle liegt sehr hoch. Nur eine kreative Agentur wird immer neue Erlebnis-Programme entwickeln, die kaum ein Gast auf eigene Faust organisieren kann. In großen Agenturen beschäftigen sich speziell ausgebildete Mitarbeiter ausschließlich mit der Ausarbeitung, Organisation und Durchführung derartiger Programme.

h) Touristische Angebote vor Ort

Jeder Pauschalgast nimmt während seines Aufenthaltes im Zielgebiet weitere Dienstleistungen in Anspruch. In jedem Zielgebiet werden Gästen zusätzlich zu den von ihnen bereits zu Hause gebuchten Leistungen weitere Produkte angeboten. Mietwagen, Animationsprogramme, Ausflüge und Hotelübernachtungen werden durch zahlreiche Anbieter offeriert. Die Incomingagentur bietet dem Gast ebenfalls entsprechende Leistungen an. Verkauft werden diese entweder durch Servicebüros oder durch Reiseleiter. Wichtig ist hier, daß das Verkaufen von provisionsträchtigen Zusatzleistungen nicht im Vordergrund der Aktivitäten der Reiseleitung stehen darf. An erster Stelle muß für die Reiseleitung immer die seriöse und hilfsbereite Betreuung und Beratung der Gäste stehen (siehe Abb. 1). Nur der service-orientierte Mitarbeiter wird seinen Kunden auch weitere Services verkaufen können. Im Vergleich mit anderen Anbietern hat die Agentur hier einige entscheidende Vorteile, welche die Konsumbereitschaft der Gäste geradezu „automatisch" zu ihr lenken:

Schnelligkeit

Der Gast lernt die Angebote zuerst bei der Agentur kennen, z.B. bereits bei der Begrüßung durch die Reiseleitung oder in der ersten Sprechstunde. Außerdem weiß der Gast, wo und wann die Reiseleitung erreichbar ist.

Vertrauenswürdigkeit

Der Gast hat bei „seinem" Veranstalter gebucht und assoziiert die Agentur und deren Mitarbeiter mit diesem. Bei gleichem Preis-/Leistungsverhältnis kauft der Gast eher bei „seiner" Agentur bzw. „seiner" Reiseleitung.

Zuverlässigkeit

Der Gast weiß, daß er bei Buchung einer Zusatzdienstleistung bei der ihm bekannten Agentur bzw. Reiseleitung eine hohe Verläßlichkeit und guten Service erwarten kann.

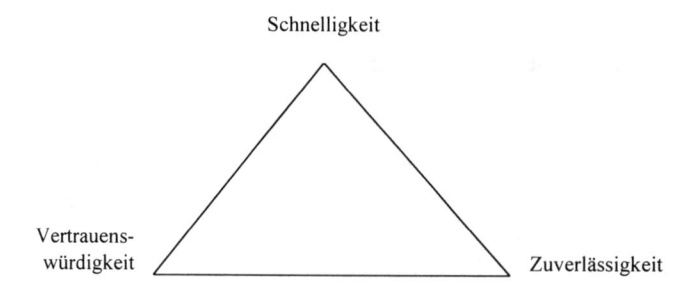

Abb. 1: Serviceorientierung der Incomingagenturen

3.2.2 Veränderungen

In den Jahren des sich entwickelnden Massentourismus lag die Hauptaufgabe von Incomingagenturen in der Abwicklung der Reisen für eine Vielzahl von Urlaubern. Für Marketingansätze und kreative Ideen blieb kaum Zeit, da man genug damit zu tun hatte, sich mit viel Improvisationskunst von Saison zu Saison zu retten. Typische Kennzeichen des Nachfragemarktes waren bald aber auch die unvermeidlichen Sünden, welche den Ruf der Pauschalreise negativ beeinflussen sollten. Überbuchte Hotels, unerfahrene und überlastete Reiseleiter, zu große und z.T. unrichtige Versprechungen in Reiseprospekten oder fehlende Organisation führten zu teilweise nicht erfüllten Dienstleistungsversprechen. Gleichzeitig war diese Anfangsperiode gekennzeichnet durch recht üppige Deckungsbeiträge, die der boomende Markt eine Zeitlang auch akzeptierte. Hinzu kam, daß die Wettbewerbssituation zwischen den Incomingagenturen nicht sehr ausgeprägt war – jeder konnte ausreichend Geschäfte tätigen.

Der Boom in der Reiseindustrie führte zum Markteintritt immer neuer Anbieter. Anfang der achtziger Jahre war das Angebot schließlich z.T. erheblich größer als die Nachfrage. Die Reiseintensität stieg noch immer, noch schneller stiegen aber die Kapazitäten, was zu einem verschärften Preiswettbewerb führte. Der Auftritt neuer Anbieter im Incomingbereich, die auch am Boom teilhaben wollten, hatte auch in den Zielgebieten eine Verschärfung des Wettbewerbs zur Folge.

Die Agenturen sehen sich in den neunziger Jahren nunmehr einem Markt gegenüber, der einen immer günstigeren Preis bei hoher Qualität fordert. Gleichzeitig muß die Agentur zusätzlich zu ihren traditionellen Aufgaben neue übernehmen, will sie im Verdrängungswettbewerb der Zukunft bestehen.

3.2.3 Neue Aufgaben

Eine moderne Agentur muß heute versuchen für ihre Kunden mitzudenken – sich also nicht nur auf operationelle Tätigkeiten beschränken, sondern aktiv und kreativ mitgestalten. Zu den neuen Aufgaben einer Incomingagentur gehören unter anderem:

Entwicklung von Marketingstrategien zur Produktoptimierung
Viele Veranstalter laufen Gefahr, im Laufe der Jahre innovativen Ideen gegenüber weniger aufgeschlossen zu werden. Man hat bestimmte Dinge „immer so gemacht" und ist um so überraschter, wenn Marktanteile verloren gehen. Die Incomingagentur kann zwar nicht die Marketingpolitik ihres Kunden bestimmen. Sie sollte aber Informationen über Entwicklungen im Zielgebiet weitergeben, die für die Erstellung einer Marketingstrategie von Bedeutung sind. Dazu zählen Informationen über die Aktionen von anderen Veranstaltern im Zielgebiet, Preisentwicklungen bei Leistungsträgern während einer laufenden Saison, Qualitätsveränderungen innerhalb des vorhandenen

Angebots oder auch die Beratung über Möglichkeiten zur Angebotserweiterung. Der Erfolg oder Mißerfolg von neuen Produktvarianten ist im Zielgebiet täglich präsent. Entwicklungen anderer Quellmärkte kann man hier aufmerksam beobachten.

Die von den Veranstaltern beschäftigten Einkäufer, welche die Leistungen für ihren Auftraggeber im Zielgebiet zusammenstellen, sind wichtige Kommunikationspartner der Agentur. Nur durch einen beiderseitigen, kreativen Austausch von Know-How und Ideen kann das für den Kunden richtige Produkt geformt werden. Diese Kommunikation ist heute mit Sicherheit ein Schwachpunkt innerhalb der Entwicklung des touristischen Produkts. Die Praxiserfahrung lehrt, daß Einkäufer durch eine starke Agentur latent um ihre Legitimation fürchten. Der Einkäufer sollte optimalerweise die Agentur mit einem präzisen Briefing über die Wünsche des Veranstalters ausstatten, die Kompetenz und Kenntnisse der Agentur im Zielgebiet müssen ihn bei der Erstellung seines Produktes unterstützen. Hier gilt: Je genauer die Agentur weiß, was der Kunde von ihr will, um so erfolgreicher kann sie reagieren.

Mithilfe der Agentur bei der Verringerung des Charterrisikos des Veranstalters
Größter Risikofaktor im Flugpauschalreisegeschäft sind für den Veranstalter die eingekauften Flugplätze. Während einer Charterkette gibt es immer buchungsschwache Termine, bei denen die vorhandenen Plätze nicht mit dem angebotenen Programm gefüllt werden können. Vielfach werden die Agenturen heute rechtzeitig über diese Termine informiert, so daß Zusatzprogramme speziell für diese Termine aufgelegt werden können. Eine mitdenkende Agentur gibt ihren Kunden dazu Hinweise über Preisentwicklungen im Zielgebiet, die beispielsweise in bestimmten Zeiträumen besonders attraktive Angebote möglich machen. Ziel ist es hierbei, einen nicht ausgelasteten Flug mit einem nicht ausgelasteten Hotel zu kombinieren. Diese rechtzeitige Angebotssteuerung ist Verkaufspolitik, bei der die Agentur aktiv mitarbeitet. Optimaler ist aber aktives Yield Management bereits im Zielgebiet. Jede Agentur kann heute mit dem Reservierungssystemen ihres Veranstalters verbunden sein. Ein Mitarbeiter vor Ort, der ausverkaufte Produkte auf seinem Bildschirm sieht, kann vor Ort nachkaufen und die neuen Kapazitäten direkt in das Verkaufssystem des Veranstalters stellen. Im sensiblen „Last Minute Bereich", wo Angebote auch zur Verlustminimierung im Flugbereich genutzt werden, ist eine Angebotsentwicklung nötig, bei der nachfrageschwache Zeiträume auch durch kurzfristigsten kostengünstigen Nachkauf unterstützt werden.

Verringerung des Risiko-Hotelanteils
In vielen Zielgebieten lassen sich begehrte Produkte nur durch die vertragliche Zusicherung von bestimmten Gästezahlen für den Veranstalter sichern. Noch riskanter ist die garantierte Abnahme z.B. von Hotelkapazitäten durch einen Veranstalter. In beiden Fällen ist auch die Incomingagentur vor Ort für die Minimierung des Risikos verantwortlich. Dies kann, in schlecht verkauften Zeiträumen, z.B. durch den Weiterverkauf an andere Veranstalter aus anderen Quellmärkten geschehen. Aber auch das unterjähri-

ge Nachverhandeln von Vertragskonditionen gehört zur Aufgabe einer Agentur, da ein Hoteleinkäufer eines Veranstalters oft nicht permanent im Zielgebiet sein kann.

Diversifizierung der eigenen Programmangebote
Eine moderne Agentur muß sich den unterschiedlichsten Anforderungsprofilen einer Vielzahl von Zielgruppen anpassen können und auf entsprechende Wünsche der Veranstalter reagieren. Was wie eine Binsenweisheit klingt, setzt sich bei vielen Agenturen erst in den letzten Jahren durch: marketingorientierte Produktpolitik und zielgruppengerechte Angebote. Hierfür sind vor allem Kenntnisse des Marktes in den entsprechenden Herkunftsländern nötig. Die Agentur sollte z.B. über Lifestyle-Entwicklungen und entsprechend verändertes Verbraucherverhalten informiert sein. Insbesondere hochpreisige Angebote für Gruppen- und Incentivereisen erfordern kreative und flexible Köpfe in der Agentur, die angemessene Programme entwickeln können, beispielsweise als Veranstaltungsexperten für Kongressreisen u.ä.

Marktbeobachtung im Zielgebiet
Auch in der Vergangenheit haben Agenturen Kundenreaktionen auf Angebote registriert und verarbeitet. Heute sollte es zur Routine einer Agentur gehören, gezielte Marktforschung vor Ort durchzuführen. Hierzu gehören das Konzipieren und Austeilen von Fragebögen, die Befragung der Gäste durch Reiseleiter anhand zuvor festgelegter Fragen oder auch die Auswertung von Verkaufszahlen, beispielsweise bei Ausflugsprogrammen. Die Verbraucherreaktionen sind direkt im Anschluß an den Konsum einer gebuchten Leistung meist spontan und ehrlich – die Ergebnisse entsprechend wertvoll für Agentur und Veranstalter. Zusammen mit ihren Kunden sollte die Agentur die Ergebnisse einer Saison in die Produktplanung des nächsten Programms einfließen lassen.

3.3 Organisation von Incomingagenturen

Incomingagenturen sind von unterschiedlichster Größe und Organisationsstruktur. Großagenturen mit Hunderten von Mitarbeitern existieren neben Ein-Personen-Betrieben, High-Tech-Betriebe finden sich ebenso wie Organisationen, in denen selbst einfache Kommunikationstechniken fehlen.

3.3.1 Großagenturen

Großagenturen sind in der Regel in allen Teilen eines Zielgebietes präsent, haben also eine funktionierende Organisation, z.B. auf allen spanischen Inseln oder in allen Teilen Nordamerikas. Die direkte Präsenz einer Agentur ist von entscheidender Wichtigkeit, um die oben dargestellten Aufgaben erfüllen zu können. Auch einer Großagentur ist es z.B. kaum möglich, mit einem Büro in Palma das Zielgebiet Lanzarote zufriedenstellend abzudecken – das gleiche gilt für alle anderen Zielgebiete.

Großagenturen sind in der Regel wie folgt strukturiert: Am Hauptsitz der Agentur befinden sich das Management und der administrative Bereich der Agentur. Der Hauptsitz liegt immer in Flughafennähe und hat in der Regel keinen Kundenkontakt. Daher sollten diese Büros aus Kostengründen abseits der teuren Regionen eines Zielgebiets liegen. Über das Zielgebiet verstreut liegen Serviceagenturen. Diese sind die für den Gast sichtbaren Schaufenster der Agentur, in denen die Reiseleiter ihr Büro haben, Sprechstunden stattfinden und Informationen für alle Gäste der Agentur ausliegen.

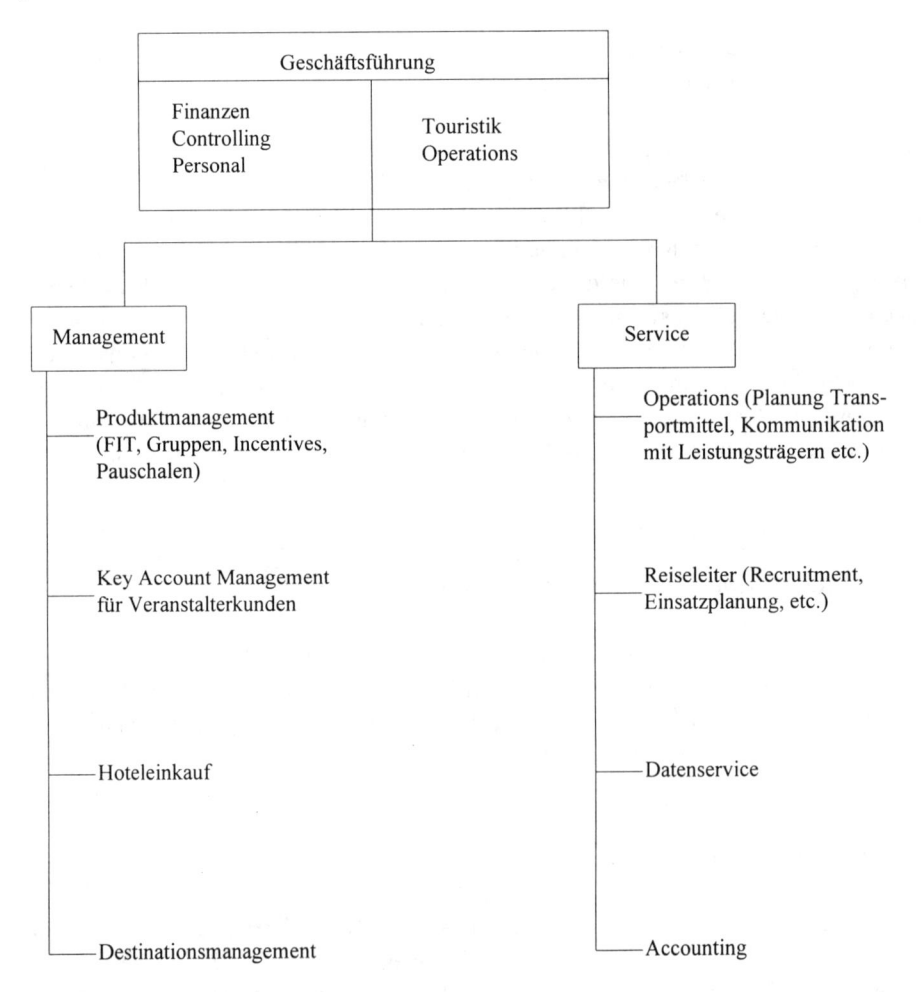

```
                    Geschäftsführung
            ┌─────────────────┬──────────────────┐
            │    Finanzen     │                  │
            │   Controlling   │    Touristik     │
            │    Personal     │    Operations    │
            └─────────────────┴──────────────────┘
                              │
              ┌───────────────┴───────────────┐
        ┌─────────┐                      ┌─────────┐
        │Management│                      │ Service │
        └─────────┘                      └─────────┘
             │                                │
    Produktmanagement              Operations (Planung Trans-
    (FIT, Gruppen, Incentives,     portmittel, Kommunikation
    Pauschalen)                    mit Leistungsträgern etc.)

    Key Account Management         Reiseleiter (Recruitment,
    für Veranstalterkunden         Einsatzplanung, etc.)

    Hoteleinkauf                   Datenservice

    Destinationsmanagement         Accounting
```

Abb. 2: Organisationsstruktur einer Großagentur

Dem aufmerksamen Gast wird nicht entgehen, daß dieselbe Agentur oft mehrere Veranstalter aus demselben Herkunftsland vertritt. Qualitätsanbieter sind in allen touristischen Zentren einer Insel präsent. Ein Billiganbieter verzichtet auf diesen kostenintensiven Service. Werden verschiedene Veranstalter durch ein Servicebüro bedient, so ist es Aufgabe der Agentur, auf eine positive Alleinstellung möglichst jedes einzelnen Veranstalters im Erlebnisbereich des Gastes hinzuwirken. Wichtigstes Instrumentarium ist dabei die Bereitstellung von Personal (Reiseleitern), das sich ausschließlich um die Gäste eines Veranstalters kümmert. Kommen dazu noch Merkmale eines Corporate Design wie Uniformen, Aushänge, Busschilder, etc., kann gewährleistet werden, daß der Gast in den Mitarbeitern der Agentur seinen Veranstalter wiederfindet (siehe Abb. 2).

Neben Reiseleitern sollte die Agentur für jeden Veranstalterkunden einen verantwortlichen Produktmanager benennen. Dieser kennt „seine" Kunden sowie deren Wünsche und Bedürfnisse. Synergien entstehen für die Agentur durch den gemeinsamen Einkauf von Leistungen für mehrere Veranstalter.

3.3.2 Großveranstalter als Agentureigner

In den achtziger Jahren sind immer mehr Großveranstalter dazu übergegangen, in den für sie wichtigsten Zielgebieten eigene Agenturen zu gründen, bzw. sich an vorhandenen Agenturen zu beteiligen. Einige Veranstalter suchten ausschließlich Mehrheitsbeteiligungen, andere haben sich bewußt für Minderheitsbeteiligungen entschieden, um in ihren Augen höhere Flexibilität zu erhalten. Die Gründe für Beteiligungen im Zielgebiet sind aber dieselben:

Kosten minimieren
Die Beschaffungskosten des Landarrangements sind z.B. bei einer Flugpauschalreise nach dem Flugkostenanteil der entscheidende Kostenfaktor bei der Kalkulation eines Pauschalpreises. Es ist daher logisch, daß jeder Veranstalter alles daransetzen wird, hier Kostenvorteile gegenüber den Mitbewerbern zu erzielen.

Qualität kontrollieren
Bei einem Dienstleistungsprodukt, dessen Qualität der Verbraucher erst nach dem Kauf prüfen kann, ist es enorm wichtig, Qualitätsstandards des Veranstalters vor Ort zu etablieren und zu kontrollieren. Viele Veranstalter haben die Erfahrung gemacht, daß der umsatzstärkste Veranstalter bei einer Agentur die größten Einflußmöglichkeiten hat. Die eigene Agentur scheint deshalb für den qualitätsbewußten Großveranstalter die beste Garantie zu bieten, mit seinem Produkt und seinem Namen im Zentrum der Bemühungen der Agentur zu stehen. Aber auch hier bleibt eine ständige Qualitätskontrolle notwendig.

Konsumbereitschaft lenken
Pauschalreisen werden aufgrund des aggressiven Preismarketings mit immer dürftigeren Deckungsbeiträgen kalkuliert. Am Reisebürocounter fällt die Veranstalterentscheidung nicht selten wegen einer geringfügigen Preisdifferenz. Touristiker wissen aber, daß sich dieses sehr preisbewußte Verbraucherverhalten vielfach ändert, wenn der Gast im Zielgebiet eingetroffen ist: Die Konsumbereitschaft der Gäste ist vorhanden – Ziel der Agentur muß es sein, diese auf sich zu lenken. Hier hat die hauseigene Agentur als erster und wichtigster Ansprechpartner des Gastes einen entscheidenden Wettbewerbsvorteil gegenüber allen anderen Anbietern im Zielgebiet. Bietet die Agentur vor Ort qualitativ gute Zusatzleistungen zu marktgerechten Preisen an, kann sie den Vertrauens- und Kompetenzvorsprung, den sie bei den Gästen genießt, zur Erwirtschaftung von Gewinnen im Bereich Zusatzgeschäft nutzen. Im Mietwagen- und Ausflugsgeschäft herrscht zwar auch ein Preiswettbewerb, die Deckungsbeiträge sind aber vielfach höher als bei der Kalkulation einer Pauschalreise, da die Agentur als Händler ohne Abnahmerisiko auftritt.

Synergieeffekte nutzen
Großveranstalter sind heute Großkonzerne mit internationalen Verflechtungen. Ihnen gehören oftmals Veranstalter in verschiedenen Herkunftsländern (trifft auf alle deutschen Großveranstalter im Warmwassersegment zu) und sie bieten Zielgebiete in ganz Europa bzw. weltweit an. Hierbei liegt es im Interesse des Veranstalters, seine Einkaufsmacht im Zielgebiet bei Hotelketten, Mietwagenfirmen, etc. zu bündeln. Bei der Nutzung einer eigenen Agentur kann der Veranstalter auf deren Einkaufsverhalten Einfluß nehmen und somit Preisvorteile erzielen.

Corporate Design visualisieren
Viele Veranstalter leiden darunter, daß sie ein austauschbares Produkt verkaufen, dessen einzige erkennbare USP der Preis ist. Einige Großveranstalter sind dazu übergegangen, durch massive Präsenz eigener, entsprechend geschulter Reiseleiter in jedem von ihnen angebotenen Zielgebiet „Flagge zu zeigen". Der Gast erkennt seinen Veranstalter in den Zielgebieten bereits an den Uniformen, dem Auftreten der Reiseleiter und an den immer wiederkehrenden Markenzeichen (z.B. als Buslackierung). In einer eigenen Agentur sind selbst die Büroräume noch in den Farben des Veranstalters gehalten.

Die aufgeführten Punkte verdeutlichen, daß ein Großveranstalter gut beraten ist, in wichtigen Zielgebieten eigene Agenturen zu betreiben. Grundvoraussetzung für den Erfolg eines solchen Projektes ist, daß ein kenntnisreiches und motiviertes Management diese Agenturen betreibt. Dieses qualifizierte Management darf sich nicht auf die Zentrale beschränken, sondern muß gerade vor Ort, in den unterschiedlichen touristischen Regionen eines Zielgebietes präsent sein. Nur durch den gekoppelten Einsatz einheimischer Kräfte und Mitarbeitern aus den Herkunftsländern kann gewährleistet werden, daß sich profunde Ortskenntnisse im Zielgebiet mit Marktkenntnissen aus den Herkunftsländern erfolgreich bündeln lassen. Betreibt ein Großveranstalter Agenturen in vielen Zielgebieten, so werden die Koordination aller Agenturaktivitäten, Einkaufsbündelung, Qualitätskontrolle, etc. zu einer wichtigen Managementaufgabe in der Zentrale des Veranstalters. Dazu muß das zentrale Management über exzellente Führungs- und Kontrollmechanismen verfügen, da kaum ein Bereich im Tourismus so heikel und sensibel ist, wie die Organisation und Abwicklung der Reise im Zielgebiet. Hinzu kommt die enorm wichtige Kontrolle des Zahlungsverkehrs mit großen Leistungsträgern. Die Praxis lehrt, daß ein labiles Agenturmanagement schnell Gefahr laufen kann, den zahlreichen Verlockungen eines Zielgebietes zu erliegen. Die sorgfältige Auswahl des Agenturmanagements ist eine wesentliche Grundbedingung für den Erfolg eigener Agenturen.

Konzernbeteiligungen unterliegen immer aufwendigeren Controlling- und Reportingvorgaben ihrer Zentralen. Jahresabschlüsse müssen pünktlich erstellt, Planzahlen für Jahre im voraus ermittelt und Monatsreportings genau ermittelt werden. Komplizierte Hierarchien erhöhen zusätzlich Kosten und verringern Beweglichkeit. Unabhängige Agenturen können hier entscheidende Kostenvorteile erzielen und ihre Kunden preiswerter bedienen.

3.3.3 Agenturen mit regionalen Schwerpunkten

Neben den veranstaltereigenen Großagenturen gibt es in allen Zielgebieten unabhängige Agenturen von zum Teil beachtlicher Größe, die als Kunden zahlreiche mittlere und regionale Veranstalter betreuen, für die sich der Aufbau einer eigenen Agentur nicht lohnt. Hier kann die Agentur durch gebündelten Einkauf Synergieeffekte im Preis- und Angebotsbereich erzielen, die ein mittlerer Veranstalter allein nicht erreichen könnte. Die Agentur sollte im Idealfall eine Anzahl ähnlich strukturierter Veranstalter betreuen, die allerdings auf ihrem Heimatmarkt nicht direkt konkurrieren, da sonst Interessenkonflikte entstehen könnten.

In vielen Ländern weisen unterschiedliche touristische Regionen große kulturelle und politische Unterschiede auf. Regionale Agenturen leben von ihrer Kompetenz in ihrem Heimatterrain, werden daher nicht in andere Gebiete eines Landes expandieren.

Einige Großveranstalter haben sich bewußt dazu entschieden, weiter mit dieser Art von Agenturen zusammenzuarbeiten, da sie bei Übernahme eigener Beteiligungen im Zielgebiet die nötige Flexibilität bei der Auswahl des lokalen Partners verlieren. Allerdings wollen auch diese Veranstalter nicht auf die im Zielgebiet erwirtschafteten Erträge verzichten und sichern sich diese durch entsprechende Verträge mit ihren Agenturen.

Regionale, unabhängige Agenturen werden vielfach von Privatpersonen betrieben, die sich von Familienbetrieben zu regelrechten Großbetrieben entwickelt haben, welche an vielen Orten eines Zielgebiets tätig sind und für den Wettbewerb zwischen den Incomingagenturen eine enorm belebende Wirkung haben.

Die lokalen Marktgebenheiten sowie die kulturellen und politischen Gegebenheiten eines Landes veranlassen viele Reiseveranstalter zu einer Splittung ihrer Incomingagenturen in einem Land. So werden in einigen Ländern auf jeder Insel andere Agenturen beauftragt, da beispielsweise die zentrale Führung aus der Hauptstadt eines Landes zu negativen Konsequenzen auf einer Insel führen könnte.

Die Vielzahl von Anbietern im Incomingbereich mit sehr unterschiedlichen Strukturen garantieren auch in den kommenden Jahren einen regen Wettbewerb. Die Technisierung und Automatisierung weiterer Abläufe des touristischen Produktes wird die klassischen Dienstleistungsaufgaben – kundenorientierter Service und fachliche Kompetenz – aber nicht ersetzen. Urlaub wird auch weiter von Menschen für Menschen gemacht. Hochtechnisierte Incomingagenturen werden in Zukunft Backofficesysteme weitgehend automatisieren und damit genügend Freiraum für ihre Aufgabe „Dienst am Kunden" haben.

4 Renaissance des Bahntourismus – touristische Produkt- und Angebotsstrategien für das nächste Jahrtausend

Ralf Baumbach

4.1 Ausgangslage

Das Entstehen und die Entwicklung vieler deutscher Reiseveranstalter der 50er Jahre basierte im wesentlichen auf Deutschland-Reisezielen – ergänzt durch Österreich, Schweiz, Italien. In den frühen 50er Jahren und bis in die Mitte der 60er galt die Bahn aufgrund der mangelhaften „Automobilität" als „das touristische Massenbeförderungsmittel" und als das Rückgrat der deutschen Touristik schlechthin. Gereist wurde mit speziell für den Fernreiseverkehr konstruierten Touristikzügen namens „Touropa-Fernexpress" und „Alpen-See-Express", die für die Nachtfahrten zunächst mit Hängematten, später dann mit richtigen Liegen ausgestattet waren. Neben Waging und Ruhpolding wurden auch zahlreiche andere Orte angefahren, und zwar aus den Hauptquellgebieten Norddeutschland, Ruhr- und Rhein/Main-Gebiet, überwiegend in Oberbayern, im Allgäu und im Schwarzwald/Bodenseeraum. Andere deutsche Ferienregionen waren über diese Sonderzugschiene nicht erreichbar.

Durch den unaufhaltsamen Aufstieg der Flugtouristik, vor allem im touristischen Chartersegment, verlor die Bahn nach und nach an Bedeutung für die gesamte Touristikbranche sowie für weite Teile des Individualtourismus. Auch durch die zunehmende „Automobilität" wuchs naturgemäß die Zahl der Individualreisenden, die mit ihrem Statussymbol in den Urlaub reisen wollten. Nur zögernd gaben die Reiseveranstalter diesem Trend nach und erlaubten auch die Buchung des „Nur-Aufenthaltes", also mit eigener Anreise. Die Konsequenz war der stetige Verlust an Marktanteilen, der durch die Privatisierung der Bahn und durch die konsequente Ausrichtung marketing- und vertriebsseitiger Aktivitäten auf die Touristik in der zweiten Hälfte der 90er Jahre aufgefangen und bis zu Anfang des nächsten Jahrtausends in eine Trendwende umgekehrt werden soll.

Die Bahntouristik befindet sich heute im Aufwind. Neue Konzepte und eine auf Partnerschaft ausgerichtete Kooperations- und Synergiepolitik haben Einzug gehalten und stärken die angestrebte Marktdurchdringung mittels der eingeschalteten Multiplikatoren innerhalb der Tourismusbranche. In den letzten 20-30 Jahren wurde die Bahntouristik auf relativ niedrigem Niveau geführt. Es fanden nur marginale Investitionen in touristisches Wagenmaterial und eine zeitweise nicht besonders partnerschaftlich ausgerichtete Tarif- bzw. Angebotspolitik statt. Die Bahntouristik stützte sich im wesentlichen auf die Gebiete Sonderverkehre, Schulfahrtenprogramme, regionale Tagesreisen, UrlaubsExpress (eine Weiterführung des Alpensee- bzw. TUI-Ferienexpress) und auf das Angebotsfeld der 100%igen Reisetochter Ameropa. Die organisatorische Ausrichtung im Personenfernverkehr galt überwiegend der Produktentwicklung und Tarifpolitik im Hinblick auf Erhaltung, Pflege und den freien Zugang eines für jedermann konzipierten Beförderungssystems im Linienverkehr. Im Zusammenhang mit der Bahnreform (1993/94) wurden im Rahmen einer Grundlagenforschung Analysen angestrengt, die dem Geschäftsbereich Fernverkehr (Reisen über 100 km Distanz mit den Produktgruppen ICE, IC/EC, IR, Auto-, Nacht- und Sonderverkehre) erhebliche Zukunftpotentiale in der freizeitbedingten bzw. touristischen Nachfrage prognostizierten.

Bereits in den Jahren 1994/95 war gut ein Drittel (ca. 35%) aller Umsätze touristischer Natur.

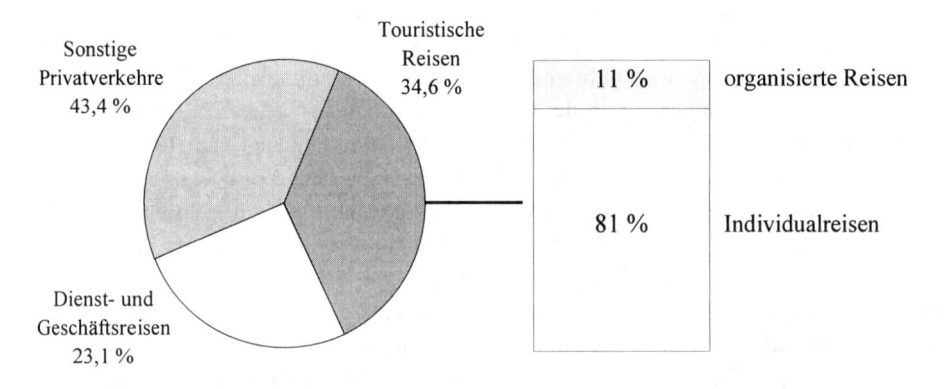

Abb. 1: Touristische Umsätze im Personenverkehr

Circa 44% sind sogenannte „Privatverkehre" (zum Beispiel Besuch von Verwandten und Bekannten), von denen ein derzeit nicht meßbarer Teil ebenfalls im Freizeitsegment (Urlaubsmotive) liegt und somit partiell ebenfalls der Touristik zuzurechnen ist. Erstaunlicherweise sind nur ca. 23% Dienst- und Geschäftsreisen, wozu auch die sogenannten Fernpendlerverkehre (Fahrten vom und zum Arbeitsplatz über 100 km) zählen. Gemessen am touristischen Gesamtumsatz des Personenfernverkehrs betragen die über touristische Individual- und Gruppenprogramme vertriebenen Bahnreisen nur ca. 11%. Der Rest liegt im Bereich des Individualverkehrs. Gemessen am Gesamtpotential erdgebundener Reisen ist ein Marktanteil von durchschnittlich 12-13% nicht besonders zufriedenstellend. Die Touristiknachfrage im Hauptquelland Deutschland ist trotz stark preis- und wirtschaftsabhängiger Faktoren eine der stabilsten und, auf die Bevölkerungsdichte gerechnet, auch eine der wachstums- und potentialstärksten in Europa.

Einige Daten, die den aktuellen Status in unserem touristischen Segment widerspiegeln: 1995 fanden ca. 160 Mio. Urlaubsreisen statt (Prognose für das Jahr 2000 rd. 177 Mio.). Insgesamt gaben die Urlaubsreisenden ca. DM 131 Mrd. aus. Während der letzten 5 Jahre wuchs der Markt durchschnittlich um 6,6% pro Jahr. Von 1993 auf

1994 betrug das Marktwachstum der maßgeblichen Reiseveranstalter in Deutschland durchschnittlich 13,8%. Überdurchschnittlich entwickelten sich Flug und Bus. Unterdurchschnittlich PKW und Schiff. Veranstalterreisen mit der Bahn waren sogar rückläufig. Am Segment Urlaubsreisen von mehr als 5 Tagen hält die Bahn einen Marktanteil von knapp 9%. Bezogen auf alle Reisen (ein Tag und mehr) sind es 13%, d.h. die Bahn wird überwiegend für kürzere Reisen (unter 5 Tagen) benutzt. Aus den vorliegenden Zahlen läßt sich ableiten, daß die Bahn noch erhebliche Potentiale vor allem aus dem Segment der privaten PKW-Nutzer nutzen kann. Urlaubsreisen über 5 Tage sind aufgrund stark flugbezogener Angebotsstrukturen seit Jahren rückläufig. Die größte Kompetenz für touristische Teilleistungen liegen demnach bei den Kurzreisen, also bei der Zweit-, Dritt- oder Mehrfachurlaubsreise. Hier gewinnt insbesondere der Städte- und Eventtourismus zunehmend an Bedeutung.

Die Deutsche Bahn hat im vergangenen Jahr intern wie extern eine Renaissance des Bahntourismus eingeleitet. Durch eine glaubhafte Produkt-, Service- und Preisausrichtung gerade im Hinblick auf touristische Zielgruppen sollen neue Kunden gewonnen und alte Kunde zurückgewonnen bzw. erhalten werden. Das Motto der zukünftigen Bahntouristik wird von Heinz Neuhaus, Vorstand für den Personenfernverkehr, wie folgt beschrieben: „In der neuen Bahntouristik wird nicht die Transportleistung, sondern die gesamte Reisedienstleistung unser Angebot bestimmen." Der Weg in die Freizeitgesellschaft mit dem Wunsch nach kürzerem, aber dafür häufigerem Verreisen, nach erhöhtem Mobilitätsbedürfnis vor Ort und intensivem Erleben oder Erholung von Anfang an wird an der Bahn nicht vorbeigehen.

4.2 Produktstrategien

Grundsätzlich werden bei der Bahn ähnlich wie auch im Flugverkehr zwei Arten von Beförderungsdienstleistungen unterschieden. Der vertaktete Linienverkehr und der Bedarfs- oder Gelegenheitsverkehr. Um das Volumen der dahinter stehenden Verkehrsleistung deutlich zu machen: Im Personenverkehr werden derzeit (Stichtag 29.9.95) ca. 27.800 Züge fast täglich zum Einsatz gebracht. Es werden pro Jahr ca. 640 Mio. Zugkilometer gefahren. Dabei wurden 1995 ca. 1,4 Mrd. Reisende befördert, die insgesamt ca. 61 Mrd. Personenkilometer (Pkm) reisten.

4.2.1 Das Liniensystem

Zum einen handelt es sich um die sogenannten Regel- oder Linienverkehre, die in einem fein aufeinander abgestimmten Netz derart miteinander verzahnt bzw. vertaktet sind, daß sich im Rahmen der prognostizierten Verkehrsströme optimalerweise ideale Verbindungen unter Berücksichtigung von wirtschaftlichen Aspekten ergeben. Das Liniensystem der Deutsche Bahn AG ist unterteilt in Nahverkehr (i.d.R. Verkehre mit maximal 100 km Reiseentfernung, durchschnittliche Reiseweite bei ca. 25 km) und Fernverkehr (Überlandverkehre mit durchschnittlich ca. 230 km Reiseweite pro Fahrstrecke). Aufgrund der fortschreitenden regionalisierten Verantwortung im Nahverkehr ist das Produktbild nicht mehr einheitlich. Zu den Verkehrsleistungen, die die Deutsche Bahn AG in der Fläche bzw. für die kommunalen Besteller erbringt, gehören derzeit die Produktgruppen: StadtExpress (SE), RegionalExpress (RE) und S-Bahnen (S). Die Leistungen im Rahmen der regionalen Verkehrs- und Tarifverbünde sind vielschichtig. Die touristische Relevanz des Nahverkehr beschränkt sich derzeit auf die Gebiete des Naherholungs- und Ausflugstourismus sowie auf Teile der integrierten Mobilität in Städten und tourististischen Zielgebieten.

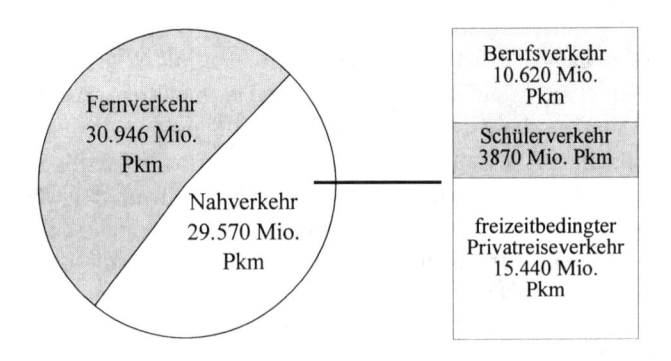

Abb. 2: Reisendenkilometer 1995 in Mio. Pkm (*Quelle*: Deutsche Bahn AG, 1996, S. 32)

Im Fernverkehr unterscheidet man die Produktgruppen InterRegio (IR), InterCity (IC) und InterCityExpress (ICE). Bereits in wenigen Jahren sollen aus diesen drei Produkttypen nur noch zwei jeweils homogene Produktgruppen entstehen. Unterschieden wird zukünftig der Hochgeschwindigkeitsverkehr (HGV) und der konventionelle Geschwindigkeitsverkehr (KGV). Im HGV (Spitzengeschwindigkeiten von 250 bis dato maximal 330 km/Std.) werden dann die Produkte ICE und die neuen Neigetechniktriebzüge (ICT) konzentriert werden. Im KGV (Spitzengeschwindigkeiten bis 200 km/h) werden die beiden Langstreckenprodukte IC, bei internationalen Verbindungen EuroCity (EC), sowie der IR zu einem einheitlichen Produktbild zusammengefaßt.

Gerade die letztgenannten Produkte haben aufgrund Ihrer Routenplanung und aufgrund der Produkt- und Serviceausrichtung eine starke Affinität für touristische Verkehre.

Anders als in vielen anderen Staaten ist das Fernverkehrssystem ein offenes System, d.h. es besteht in der Regel keine Reservierungspflicht zur Nutzung der Züge.

Sonstiger
Fernverkehr
1,0

InterRegio
1,0

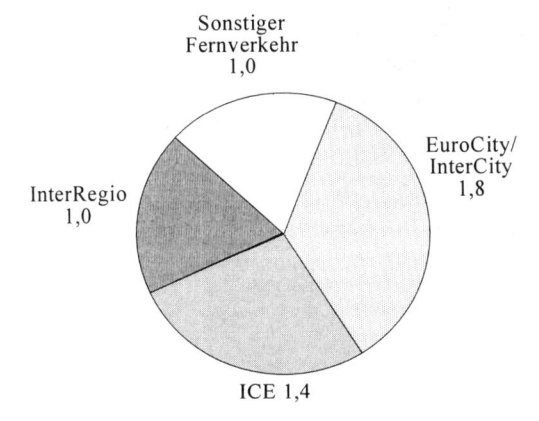

EuroCity/
InterCity
1,8

ICE 1,4

Abb. 3: Umsatz im Fernverkehr in Mrd. DM (*Quelle*: Deutsche Bahn AG, 1996, S. 26)

4.2.2 Das Charter- und Turnuszugsystem (Bedarfsverkehr)

Besteht das Liniensystem vorwiegend aus ganzjährigen Relationen, so werden Charter- bzw. Sonderzugverkehre für stark saisonale oder sehr spezifische Potentiale bzw. bestimmte Kundensegmente eingesetzt. Der Vorteil dieses Systems ist die Flexibilität hinsichtlich der Routen- und Fahrplangestaltung sowie die kapazitäre wie produktseitige Ausrichtung auf die spezifische Nachfrage.

Im Rahmen der Vermarktung unterscheidet man zwischen Vollcharter (ein fester Besteller für den gesamten Zug) und Teilcharter (Fahrten im Eigenrisiko der Bahn und Vercharterung an mehrere Charternehmer sowie an Einzelkunden). Man unterscheidet ferner zwischen Einzelfahrten und sogenannten Sonderzug-Turnusverkehren (Charterketten). Ein weiteres Feld, und hier ist die Abgrenzung zum Linienverkehr fließend, sind die sogenannten Verstärkungsverkehre zur Entlastung von zeitlich stark nachgefragten Relationen (wie zum Beispiel zu bestimmten gesellschaftlichen oder kulturellen Anlässen, Events oder zu Messezeiten). Züge für Charterverkehre wurden bisher i.d.R. aus Beständen des Linienverkehrs rekrutiert. Aufgrund der Fusion von Bundesbahn und Reichsbahn sowie der Trennung der Fahrzeugbestände im Nah- und Fernverkehr wurden die Recourcen deutlich knapper, so daß hier in den letzten Jahren ein Einbruch erfolgte. Inzwischen wurde hier reinvestiert. Komfortabel ausgestattete Züge, wie die beiden Touristikzüge, haben bereits große Kundenkreise zurückgewonnen. Geplant sind ferner völlig neu konstruierte Fahrzeuge für den kombinierten Tages- und Nachtreiseverkehr für weiter entfernte europäische Relationen.

Kernstrategie ist es, touristische Potentiale zu erschließen, die mit den Produkten des Regelverkehrs nicht zu erreichen sind. Hierzu gehören unter anderem auch die Autoreisezugverkehre, ein Segment, welches gerade in den Ferienzeiten eine enorm große Nachfrage hat und aufgrund des verbesserungswürdigen Preis-/Leistungsverhältnisses derzeit einem kompletten Relaunch unterzogen wird. Ein weiteres Charter- bzw. Turnuszugsegment der Bahn sind die nostalgischen Touristikbahnen, die i.d.R. am Wochenende regelmäßig verkehren und an Wochentagen für Charterfahrten zur Verfügung stehen. Die DB AG besitzt ein großes Portfolio an fahrbereiten historischen Fahrzeugen, die in den kommenden Jahren gezielt in touristischen Regionen i.d.R. saisonal zum Einsatz kommen sollen und dort gemeinsam mit angebundenen Eventprogrammen ein fester Bestandteil der regionalen Tourismusattraktionen sind.

4.3 Touristische Kernstrategien

Ziel der massiven Tourismusausrichtung der DB AG ist eine Verdoppelung der Umsätze innerhalb von 5 Jahren. Als erster Ansatz befinden sich im wesentlichen 5 Kernstrategien in der Umsetzung:

4.3.1 Ausbau der Vertriebswege in der Bahntouristik

Eine der vorrangigen Aufgaben beim Wiederaufbau der Bahntouristik ist es, die Präsenz der Angebote und Produkte in den Reisebüros (dort vor allem am touristischen Point-of-sale, d.h. im Touristikverkauf) über Reiseveranstalter und über elektronische Buchungssysteme zu optimieren. Als Reisespezialist für Deutschland und Nachbarländer im erdgebundenen Segment nimmt hier der Reiseveranstalter AMEROPA-Reisen GmbH, ein Tochterunternehmen der Deutschen Bahn, eine besondere Stellung ein.

Im ersten Schritt wurde eine generalisierte CRS (Computer-Reservierungs-System)- und Reiseveranstalter-Schnittstelle zur Rechnerkopplung von DB-Partnersystemen aufgebaut. Angedacht sind sowohl Online- wie auch Offline-Lösungen, so daß selbst kleinere veranstaltende Reisebüros oder kleinere Reiseveranstalter ihre Wertschöpfung durch eine automatisierte Einbindung von Bahnwerten ohne großen Personalaufwand erhöhen können.

Ziel ist es, allen Kunden, die zum Beispiel ein Hotel oder eine Ferienwohnung über eines der gängigen Reservierungssysteme buchen, möglichst im gleichen Reservierungsvorgang auch die Bahnreise optional, jedoch aktiv anzubieten. Vor diesem Hintergrund könnte vor allem die weitere Entwicklung des Systems EuroSTART bzw. DIRG von großer Bedeutung für die Bahntouristik der kommenden Jahre sein.

4.3.2 Verbesserung des Dienstleistungsangebotes bei Bahnreisen

Eine entscheidende Bedeutung kommt der touristischen Dienstleistungsqualität als Ganzes zu. Wurde in der Vergangenheit lediglich die Beförderungsleistung als Aufgabe der Bahn betrachtet, so ist dies weder aus Sicht der Kunden noch aus Sicht der

Multiplikatoren ausreichend. Den wenigsten Kunden ist damit gedient, daß eine mehr oder weniger lange Strecke unter Verwendung der Bahn zurückgelegt werden kann. Probleme bereiten zum Teil die Wahl der besten und kostengünstigsten Verbindung, die Anreise zum nächstgelegenen Fernverkehrsbahnhof mit Direktanschluß in das gewählte Zielgebiet, das Umsteigen, um in abgelegene Gebiete zu gelangen, der Transport des Gepäcks, der Transfer vom Zielbahnhof bis in den Urlaubsort bzw. bis ins Urlaubsquartier, die Mobilität ohne eigenes Auto vor Ort, die Transparenz der regionalen Fahrpläne und die Beachtung der örtlichen ÖPNV-Tarife. All dies sind, im Zusammenhang mit der Bahnreise, Faktoren, die die Qualität der gesamten Reisedienstleistung beeinflussen können und große Teile der Bevölkerung davon abhalten, die Bahn für freizeitbedingte Reisen häufiger zu nutzen.

1993 wurde damit begonnen, über Pilotprojekte in Baden-Württemberg und Bayern, die Leistungen für Bahnreisende vor allem in Form eines funktionierenden Transfersystems im Zielgebiet auszubauen. Getestet wurden mehrere Modelle der Kooperation. Ziel ist es jedoch, bezogen auf fest definierte touristische Endpunkte des Fernverkehrs (Qualitätskriterium schnelle Direktverbindungen aus potentialstarken Ballungsgebieten), mittelfristig zu einem touristisch flächendeckenden Bahn-Transfersystem zu kommen, welches nicht nur von den Gästen der Bahn, sondern auch von den Gästen der Reiseveranstalter genutzt werden kann.

Langfristiges Ziel ist es, die gesamte Transport- und Servicekette (von Haus zu Haus) als Komplettdienstleister den Bahnkunden und Multiplikatoren (Vermittler wie Veranstalter) anzubieten. Hierzu gehört u.a. die Transferleistung im Quellgebiet, die Service- und/oder Erlebniskomponenten während der Fahrt, die Abholung und Rückführung im Zielgebiet sowie weitere Leistungen vor, während und nach der Bahnreise. Übergreifende Services auf Bahnhöfen oder beim Gepäcktransport sollen dem Kunden den Verzicht auf die Reise mit dem eigenen Auto erleichtern. Um diese Zielsetzung erfolgreich umzusetzen, bedarf es starker Partner mit gut funktionierenden und kundennahen Strukturen. Aus diesem Grunde wurde u.a. die Kooperation mit touristischen Städten und Regionen auf eine neue Basis gestellt.

Einer der wesentlichen Problemstellungen vor allem für bestimmte Zielgruppen, wie Familien mit Kindern oder Senioren, ist der Transport des für längere Reisen notwendigen Gepäcks. Hier wurden innerhalb kurzer Zeit zwei neue Verfahren eingeführt, die den Transport von Haus zu Haus oder vom Postamt aus bis zur Zieladresse abdecken. Darüber hinaus werden die Systeme für sperriges Gepäck wie Fahrräder oder mitzuführende Koffer für bestimmte Züge mit entsprechendem Bedarf weiter ausgebaut. Saisonal werden auf bestimmten Relationen in IC/EC- oder IR-Zügen Gepäckwagen mitgeführt, die bei rechtzeitigem Check-In deutlich zum Reisekomfort beitragen. Sukzessive werden Quell- und Zielgebietsbahnhöfe mit starker Nutzungsfrequenz zu kundenfreundlichen Reise- und Dienstleitungszentren ausgebaut. Hierzu wurden Pilotprojekte für ein touristisches Revitalisierungskonzept mit der entsprechenden Infrastruktur ausgestattet. Nach erfolgreichem Ausbau sollen nach und nach weitere Standorte in enger Zusammenarbeit mit den örtlichen Tourismusorganisationen zu sogenannten Ferienzielbahnhöfen ausgebaut werden.

Um den Service im Zug permanent zu verbessern, wurden Ideenzüge ausgewählt, in denen fortlaufend neue Servicekonzepte getestet und bei erfolgreichem Test in die Serie gebracht werden. Zu den Servicebereichen gehören neben Animation und elektronischer Unterhaltung auch Catering und zielgruppenspezifischer Service.

4.3.3 Erweiterung der Angebotsbasis für touristische Zielgruppen

Rund 90% der touristischen Bahnverkehre sind national geprägt. Das Potential für Reisen ins benachbarte Ausland ist stark durch die An- und Abreise mit dem eigenen PKW gekennzeichnet.

Diversen Befragungen zufolge liegt der Hauptgrund der Ablehnung der Bahn als Reisemittel für die Urlaubsreise in der mangelnden Mobilität vor Ort. Aus diesem Grunde wurde 1996 ein Kombinationsangebot im ersten Ansatz für Deutschlandurlauber entworfen, welches im ersten Jahr für insgesamt 26 Urlaubsgebiete auf dem Markt ist. Bis Ende 1998 sind insgesamt ca. 60 Gebiete für Urlaubs- und Kurzurlaubsziele gemeinsam mit den regionalen Fremdenverkehrsorganisationen geplant, so daß es bezüglich touristisch relevanter Urlaubsnetze fast zu einer Flächendeckung kommt.

Das Angebot umfaßt die Nutzung der Nah- und Fernverkehrsbahnen (IC/EC in einigen Gebieten, ICE ausgenommen) in einem Umfang von 400-500 km Schienennetz. Integriert werden sukzessive alle touristisch relevanten Buslinien, Verbundverkehrsmittel, ggf. Schiffsverkehre und in Einzelfällen auch private Touristikbahnen. In Zusammenarbeit mit den örtlichen Fremdenverkehrsorganisationen werden weitere Zusatzleistungen (freie Eintritte, Ermäßigungen für touristische Attraktionen, etc.) in das für zielgebietsspezifische Ausflüge und Touren konzipierte Ticket integriert. Ziel ist es, dem Bahnreisenden eine umfassende Mobilitäts- und Freizeitkarte für die besuchte Region zu einem extrem attraktiven Preis zur Verfügung zu stellen. Je nach Nutzungsintensität und Wert der integrierten Leistungen wird dieses Ticket die Leistungen der Reise im eigenen PKW mehr als kompensieren und somit die touristischen Zielgebiete sukzessive vom zum Teil nicht mehr tragbaren Individualverkehr entlasten.

In der Umsetzung befinden sich darüber hinaus spezielle Zonen-/Sparpreise für touristische Reisen mit der Bahn. Anders als bei den bisherigen Angeboten ist die Höhe des Preises in erster Linie abhängig von der teilstreckenbezogenen Auslastung der Züge sowie von weiteren zielgruppenspezifischen Restriktionen wie Reservierungspflicht, Vorausbuchungszeitraum und anderen Faktoren, die es erlauben, touristische Verkehre stärker als bisher auf Basis vorliegender Buchungen zu planen. In diesem Zusammenhang stehen zielgruppenspezifische Angebote wie zum Beispiel für Familien, Jugend- oder Seniorengruppen, die neben der reinen Beförderungsleistung weitere Serviceleistungen, wie Abteile zur Alleinbenutzung oder Gepäcktransporte und ähnliches im Reisepreis einschließen.

Eine besondere Bedeutung wird in Zukunft auch der regionalen Bahntouristik zukommen. Die Aufgabe der regionalen Touristik ist es, entsprechende Angebote vor allem auf einen überschaubaren Quellmarkt zuzuschneiden. Wichtig ist hierbei die verstärkte Wettbewerbsausrichtung der Bahnangebote gegenüber der regionalen Bustouristik sowie die Rücksicht auf regionale Bedürfnisstrukturen. Angebote für eintägige Reiseanlässe stehen genauso im Vordergrund wie mehrtägige Fahrten in die benachbarte Umgebung oder in innerdeutsche Metropolen mit reichhaltigen Erlebnisprogrammen. Zur Auslastungssteuerung sollen gezielt regionale Sonderangebote auf bestimmten Relationen eingesetzt werden, die auf gewissen Teilabschnitten oder zu bestimmten Zeiten die Züge mit zusätzlicher, i.d.R. privater Nachfrage auffüllen sollen.

Von zunehmender Bedeutung sind Großveranstaltungen, zu denen die Teilnehmer zum Teil bundesweit anreisen (Love-Parade, Rock- und Popkonzerte, Papst-Besuche, Sportereignisse, kulturelle Events wie die Reichstagsverhüllung, u.v.a.m.). Hierzu befindet sich ein entsprechendes „Eventticket" (Arbeitstitel) in Vorbereitung, welches im Rahmen von An- und Abreisezonen die sternförmige Reise quer durch Deutschland zu speziellen Eventpreisen, zum Teil inklusive Eintrittsticket, zuläßt. Gewaltige Potentiale sind auch in der Gruppentouristik (laut Definition der internationalen Bahnen besteht eine Gruppe aus mindestens 6 gemeinsam reisenden Erwachsenen) zu erwarten. Hier unterscheidet man grundsätzlich zwischen Fahrten für geschlossene Gesellschaften (homogene Nachfragegruppen) in Regel- oder in Charterzügen und die meist anlaßbezogene Bildung von zuvor heterogenen Gruppen für Programmreisen oder relationsbezogener Beförderung.

Die touristischen Zielgruppen sind aufgrund eines relativ homogenen Nachfrageverhaltens (preissensibel und zeitlagenflexibel) im besonderen Maße geeignet, unter Verwendung einer preisdifferenzierten Steuerung und einer zug- und zeitlagenabhängigen Preisbildung Verkehrsströme zu privaten, kulturellen oder gesellschaftspolitischen Anlässen zu steuern. In diesen auslastungsbezogenen Angebotsstrukturen sind für die Bahn die ersten Ansätze einer dem Yieldmanagement ähnlichen Angebotspolitik zu sehen, die, bei flächendeckender Anwendung für die freizeitbedingten Verkehre/Angebote, deutlich zur Optimierung der Gesamtauslastung der Fernverkehrszüge, zur Akquisition neuer Kundengruppen (Non-User) und somit letztlich zur preislichen Attraktivität des Beförderungssystems Bahn in erhöhtem Maße beitragen.

4.3.4 Neupositionierung der Bahntouristik im Markt

Für den weiteren Ausbau der Bahntouristik ist nicht allein die externe, sondern auch die interne Bereitschaft der gesamten Belegschaft erforderlich, um die bereits zuvor erwähnte Trendwende für touristische Bahnreisen einzuleiten. Dementsprechend ist parallel eine glaubhafte interne Neupositionierung zur erfolgreichen Umsetzung der strategischen Ziele genauso erforderlich wie die kontinuierliche externe Neupositionierung.

Es ist in der Öffentlichkeit und zum Teil auch innerhalb der Branche weitgehend unbekannt, daß die Deutsche Bahn im Rahmen der touristischen Beteiligungen ein hervorragendes Portfolio wichtiger Verkehrs- und Touristikunternehmen besitzt oder an diesen maßgeblich beteiligt ist. Die Bahn ist unter diesen Gesichtspunkten und unter Berücksichtigung der vielschichtigen Beteiligungen bereits heute der größte Touristikkonzern innerhalb Deutschlands. Im Rahmen der Nutzung von Konzernsynergien werden sich hier über die Einbindung des Carriers hinaus weitere Möglichkeiten der internen Zusammenarbeit ergeben, die für einen weiteren Ausbau der erdgebundenen Touristik von entscheidender Bedeutung sein wird.

Seit Mitte Februar 1996 läuft eine, gemeinsam mit touristischen Kooperationspartnern finanzierte, zielgebietsbezogene Werbekampagne für Reisen mit der Bahn an. Mit diesem Konzept ist die Deutsche Bahn AG u.a. der langjährigen politischen Forderung nach einer Endverbraucherkampagne für den deutschen Fremdenverkehr/Tourismus durch den Deutschen Fremdenverkehrsverband zuvorgekommen.

Ziel ist es, den vorläufigen Etat der DB AG von ca. 5 Millionen DM per anno gemeinsam mit touristischen Destinationen und Leistungsträgern zu verdoppeln, um so die Finanzaufwendungen quell- und zielbezogen derart optimal einzusetzen, daß sich die Werbewirkung über Wiedererkennung, mengenbezogener Rabattstaffel in klassischen Medien und konzentriertem Einsatz der Mittel im Gegensatz zur individuellen Schaltung der Destinationen um ein Vielfaches erhöht. Gemeinsam mit den beteiligten Tourismusorganisationen wird die Stellung der Deutschen Bahn AG als der „national carrier" in der Öffentlichkeit weiter in den Vordergrund gestellt. Ziel der werblichen und angebotspolitischen Bemühungen ist es, daß die Bahn bei der Reiseentscheidung der potentiellen Kunden für Reisen innerhalb Deutschlands langfristig zur Selbstverständlichkeit und für Reisen in benachbarte oder gut erreichbare Staaten zur selbstverständlichen Alternative wird.

Ein wichtiger Punkt im Rahmen der öffentlichen Neupositionierung sind die bahntouristischen Standorte und hier in erster Linie die touristischen Reisezentren der DB AG. Ziel ist es, im Rahmen der Sortimentspolitik sukzessive Spezialagenturen für erdgebundes Reisen gerade in starken Quellgebieten zu etablieren. Neben der Ausrichtung auf Individual- und Gruppenreisen sollten als Imageträger auch weltweite Bahntouristik angeboten werden.

4.3.5 Verbesserung der Produktqualität im touristischen Verkehr

1996 wurden verschiedene Piloten einer neuen Generation von tages- und nachtreisetauglichen Fahrzeugen (Sitz-Liegewagen) in Einsatz gebracht und einer Marktforschung unterzogen. Zur Aufstockung des Fahrzeugparks vor allem für touristische Langstrecken sind für die kommenden Jahre insgesamt 160 neue Schlafwagen und bis zu 350 neue Liegewagen geplant.

Komplett neu positioniert wird das gesamte Angebotssegment der Autoreisezüge. Der Philosophie folgend, daß kleine Organisationseinheiten erfolgreicher bei Launch und Relaunch angeschlagener Produkte sind, werden alle Aktivitäten in diesem Segment kurzfristig in einer zunächst DB-eigenen GmbH zusammengezogen und ausgebaut. Eine gelungene Markteinführung haben die beiden Touristikzüge (Charterzüge für individuelle Anlässe) hinter sich. Im Durchschnitt betrug die Auslastung der für Charterverkehre zur Verfügung stehenden Fahrzeuge bisher 80-90 Tage pro Jahr. Für die beiden Touristikzüge werden Auslastungen von nahezu 200 Tagen pro Jahr erwartet. In Planung befindet sich ein weiterer Charterzug, jedoch gegenüber den beiden Vorgängern mit veränderter Positionierung, indem hier ein europaweit einsetzbarer Tages- und Nachtkreuzfahrtzug für gehobene Ansprüche konzipiert wird. Nächtliches Reisen zwischen europäischen Metropolen oder touristisch interessanten Zielgebieten verbunden mit Besichtigungsprogrammen über Tag und ggf. unterhaltsamen Abendshows sind die Eckwerte des neuen Bahn-Kreuzfahrtprogrammes, welches über deutsche Reiseveranstalter vertrieben werden soll.

Im Gegensatz zu den früheren Ansätzen, den Urlaubsreiseverkehr weitgehend auf gecharterte Ketten zu lenken, geht die Deutsche Bahn AG mit den neuen Charterprodukten in Richtung Kurz- und Erlebnisreisen mit einer Dauer von maximal einer Woche. Das Feld der längeren Urlaubsreisen (ab 5 Tage) wird u.a. aufgrund flexibilisierter Bettenwechsel in den meisten touristischen Regionen nur noch bedingt, d.h. mit starker Saisonalität über Charterketten, zu bedienen sein. Eine besondere Bedeutung kommt daher der touristischen Vermarktung des Linienverkehrs zu. Allein für die kommenden 5 Jahre sind 140 Züge in ICE-Qualität bestellt, die dafür sorgen, daß die Gäste der Bahn schneller, flexibler und preiswerter reisen. Ziel ist es, die Produktqualität von Fahrzeugen mit hoher touristischer Nutzung zu verbessern, um das Image touristischer Reisen mit der Bahn nachhaltig zu verändern und das Preis-/Leistungsverhältnis von Bahnreisen stetig zu verbessern.

Literatur

Deutsche Bahn AG (1996): Geschäftsbericht 1995. Frankfurt am Main.

5 Busunternehmen – Ursachen und Entstehen von ausgewählten Eigenarten und Besonderheiten des deutschen Bustouristikmarktes

Dieter Gauf

5.1 Einleitung

Das Funktionieren von Märkten in hochentwickelten Staaten wird im allgemeinen von einem rechtlichen Regelwerk flankiert. Während sich die rechtliche Regelung des Linienverkehrs mit Kraftfahrzeugen in Deutschland bis 1917 zurückverfolgen läßt, dauerte es bis 1934, bis auch der Gelegenheitsverkehr, also im Sinne des Gesetzes „der Verkehr, der nicht Linienverkehr ist", durch das „Gesetz über die Beförderung von Personen zu Lande" vom 2. Dezember 1934 geregelt wurde. Diese Regelung bildet auch die Grundlage des Personenbeförderungsgesetzes (PBefG) der Bundesrepublik Deutschland von 1952, das, von einigen Neufassungen und Ergänzungen abgesehen, noch heute einen wichtigen Rahmen der Bustouristik darstellt. Es handelt sich dabei zwar um einen rechtlichen Rahmen, der allerdings erhebliche Auswirkungen hatte auf das Angebot sowie die Markt- und Unternehmensentwicklung. Wesentlicher Faktor ist dabei die Regelung des Marktzuganges durch ein Genehmigungsverfahren, das die Vergabe von Linienverkehrskonzessionen sehr restriktiv handhabt, während der Zugang zum Gelegenheitsverkehrsmarkt relativ einfach ist. Kritiker des Personenbeförderungsgesetzes bezeichnen es als Gesetz zum Schutz der Interessen von Linienverkehrsunternehmen, die sich häufig im öffentlichen Besitz befinden. Das PBefG beinhaltet Vorschriften über die Art der Leistungserstellung (Ferienzielreiseverkehr/Pendelverkehr, Ausflugsverkehr/Rundfahrt mit geschlossenen Türen und den sogenannten Mietomnibusverkehr; §§ 48 und 49 PBefG) sowie Zusteigeregelungen und Unterwegsbedienungsverbote. Eine eingehendere Untersuchung der Auswirkungen des Personenbeförderungsgesetzes vorwegnehmend kann hier bereits festgestellt werden, daß es das Entstehen von regionalen bzw. lokalen Teilmärkten sowie von Überkapazitäten begünstigt hat.

Als Zwischenergebnis ist festzuhalten, daß die rechtlichen Rahmenbedingungen den Markt auf der Angebotsseite nachhaltig beeinflußt haben. Dabei sind Angebots- und Unternehmensstrukturen entstanden, die dem heutigen Wettbewerb angepaßt sind. Inwieweit sie allerdings dem künftigen Wettbewerb im EG-Binnenmarkt entsprechen, ist die Frage.

5.2 Entwicklung der Bustouristik in Deutschland

Die Entwicklung der Busreisen in Deutschland läßt sich bis in die Zeit vor dem 1. Weltkrieg zurückverfolgen, wobei Ausflüge in die nähere und weitere Umgebung mit dem Reisebus durch Verkehrsunternehmen durchgeführt wurden. Allerdings hatte die Veranstaltung dieser Reisen in den ersten Jahrzehnten des 20. Jahrhunderts eine geringe quantitative und wirtschaftliche Bedeutung (vgl. Huss/Schenk, 1986, S. 82 ff.).

Nach dem 2. Weltkrieg kam es in den 50er Jahren zu einem regelrechten Nachfrageschub für Busreisen, begründet durch den enormen Nachholbedarf und begünstigt durch das sich abzeichnende Wirtschaftswunder. Immerhin verzeichnete der Reisebus 1954 einen Marktanteil von 17%[1] (vgl. Lohmann, 1990, S. 2). Ende der 50er und Anfang der 60er Jahre schrieben viele Busreiseveranstalter Ferienzielreisen an die Costa Brava sowie die italienische Riviera und Adria aus. Bei der Hin- und Rückreise mußte dabei jeweils eine Zwischenübernachtung eingelegt werden. Ferner führte nahezu jeder Busreiseveranstalter wöchentliche Pendelverkehre nach Österreich und zu deutschen Destinationen beispielsweise nach Bayern oder ins Allgäu durch. Mitte der 60er Jahre mußten die Busreiseveranstalter für beide Reisearten erhebliche Rückgänge hinnehmen:

- Das Aufkommen preisgünstiger Charterflüge in die Mittelmeerländer führte dazu, daß die Busferienzielreisen in diese Regionen innerhalb von 2–3 Jahren fast völlig zum Erliegen kamen.
- Bei den deutschsprachigen Destinationen kam es zu einem langsameren, aber ebenso nachhaltigen Rückgang. Begründet wurde dieser durch die zunehmende Reiseerfahrung und PKW-Dichte, aber auch durch die offensichtlichen Möglichkeiten der Gäste, direkt beim Vermieter zu buchen. Damit wurde die Ferienreise mit dem Bus zu diesen Zielen einfach substituierbar durch die Individualreise.

Busunternehmer, die eine frühzeitige Diversifikation in den Bereichen Rund- und Städtereisen versäumt hatten, wurden in der damaligen Zeit gravierend in ihrer Existenz bedroht.

In den 70er Jahren kam es zu einer Renaissance der Ferienzielreisen ans Mittelmeer. Begünstigt wurde dies durch die Einführung von Tempo 100 km/h, die Ausstattung von Reisebussen mit WC und Bordküche (heute bei 90% bzw. 80% der Reisebusse), die durchgängige Autobahnverbindung der Warmwasserziele mit Deutschland und den Anstieg der Kerosinpreise als Auswirkung der damaligen Nahostkriege und -krisen. Heute stellen Ferienzielreisen mit dem Bus an die Costa Brava/Costa Dorada, die italienische und jugoslawische Adria, die Riviera, sogar nach Grichenland und in die Türkei wieder ein wichtiges Standbein der Bustouristik dar. Die meisten dieser Ziele können heute nonstop mit einer Zweifahrerbesatzung in 13–20 Stunden erreicht wer-

---

[1] Bei allen Statistiken wird von Werten für die alten Bundesländer ausgegangen, sofern kein besonderer Hinweis erfolgt.

den. Parallel dazu konnte die Busreise ihre Anteile im Bereich der Rund- und Studienreisen halten bzw. ausbauen. Insgesamt hat sich der Marktanteil der Urlaubsreisen mit dem Bus bei ± 10% einpendeln können. Darüber hinaus verzeichnet der Reisebus beachtliche Marktanteile bei Kurz- und Städtereisen.

Bemerkenswert ist der geringe Marktanteil der großen deutschen Reiseveranstalter in der Bustouristik. Die großen Veranstalter (TUI, NUR, ITS), die insgesamt auf dem Pauschalreisemarkt Marktanteile von ca. 30% halten (vgl. FVW, 1990, S. C), verzeichnen in der Bustouristik zusammen lediglich einen Marktanteil von weniger als 0,5%. Gerade für die großen Reiseveranstalter stellen die einschränkenden Vorschriften des PBefG neben den betrieblichen Eigenarten der Bustouristik offensichtlich erhebliche Probleme dar.

5.3 Die Nachfrageseite

Laut den Reiseanalysen des Studienkreises für Tourismus, Starnberg, verzeichnete der Reisebus in den letzten Jahren folgende Anteile an den Reiseverkehrsmitteln bei der Haupturlaubsreise und der zweiten Urlaubsreise (Tab. 1):

Tab. 1: Anteil des Reisebusses an den Reiseverkehrsmitteln bei der Haupturlaubsreise sowie der zweiten Urlaubsreise

	1988	1989	1990
Haupturlaubsreise	9,6%	9,4%	8,0%
Zweite Urlaubsreise	12,5%	13,4%	9,6%

(*Quelle:* Studienkreis für Tourismus, Starnberg)

Bei den Kurzreisen (Kontinuierliche Reiseanalyse, 1989) erreichte der Bus einen Anteil von 9,8%.

Die Urlaubsreise mit dem Bus ist eine typische Veranstalterreise, d.h. 88,7% der durch die Reiseanalyse 1990 Befragten gaben an, daß es sich um eine ganz oder teilweise organisierte Reiseform handelte. Damit nimmt bei Busreisen im Vergleich zu anderen Reiseverkehrsmitteln die Pauschalreise den Spitzenplatz ein (bei PKW-Reisen betrug der Pauschalreiseanteil 10,3%, bei Bahnreisen 24,5% und bei Linienflügen 66,5%; lediglich im Teilbereich Charterflug liegt der Wert mit 99,9% aus verständlichen Gründen noch höher).

Die wichtigsten *Busreiseziele* befinden sich überwiegend im relativ nahegelegenen europäischen Ausland (vgl. Tab. 2, sowie Lohmann, 1990, S. 2). Hierbei stellen insbesondere *Städtereisen* ein wichtiges Marktsegment der Bustouristik dar (vgl. Tab. 3).

Tab. 2: Die wichtigsten Zielländer der Busreisenden 1990

	Haupt-urlaubsreise (%)	Zweite Urlaubs-reise (%)
Deutschland	29,9	38,0
– Alte Bundesländer	28,1	30,9
– Neue Bundesländer	1,8	7,2
Italien	18,8	9,0
Spanien	12,6	7,2
– Nordspanien/Küste	9,0	(x)
Frankreich	9,0	6,5
Österreich	7,5	11,2
Osteuropäische Länder	5,7	(x)
Jugoslawien	4,9	4,0
Großbritannien	4,5	2,1
Skandinavien/Dänemark	2,5	(x)
Schweiz	1,4	8,4

(x) = Weniger als 0,5%
(*Quelle:* Studienkreis für Tourismus, Starnberg)

Tab. 3: Anteil des Reisebusses an den Reiseverkehrsmitteln bei Städtereisen in ausgewählte Länder 1989

Zielland der Städtereisen	Anteil des Reisebusses (in %)
Frankreich	44,6
Italien	43,6
Österreich	28,2
Schweiz	22,2
ehemalige DDR	14,8
Niederlande	13,0
Bundesrepublik Deutschland	8,8

(*Quelle:* Studienkreis für Tourismus, Starnberg)

Bei den *Reisemotiven* wird eine heterogene Struktur sichtbar (vgl. Tab. 4). Im Vordergrund steht zwar der Geselligkeitsaspekt der Busreise als „Gesellschaftsreise". Danach kann allerdings eine Unterscheidung getroffen werden zwischen dem Urlaubertyp, der eine Bade-/Erholungsreise bucht, und dem, der Studien-/Besichtigungsreisen bevorzugt. Daraus läßt sich auch der relativ hohe Anteil bestimmter Zielländer ableiten, z.B. von Italien, das sich sowohl bei Bade- und Erholungsreisen (Südtirol, Gardasee) wie auch bei Rund- und Studienreisen einer großen Attraktivität erfreut. Gleiches trifft zu auf Frankreich, das insgesamt als Destination von längeren Rundreisen nachgefragt wird bzw. dessen profilierte Regionen (Côte d'Azur, Elsaß, Normandie) für kürzere Rundreisen sowie für Städtereisen (Ziel Nr. 1: Paris) geeignet sind. In diesem Zusammenhang zu erwähnen sind ferner Großbritannien als Rund- und Studienreisezielgebiet bzw. London als Städtereiseziel, ferner Österreich, das seinen früheren hohen Anteil bei den Haupturlaubsreisen mit dem Bus durch eine stärkere Nachfrage bei Bus-Kurz- und -Städtereisen ausgleichen konnte.

Tab. 4: Reisemotive der Busreisenden im Jahr 1990

Reisemotiv	Anteil der Reisenden (in %)
Vergnügungsreise	29,7
Verwandten-/Bekanntenbesuche	0,7
Sportreise	2,4
Strand-/Badeurlaub	13,1
Studien-/Besichtigungsreise	19,4
Gesundheitsurlaub	5,4
Ausruhurlaub	18,9
Bildungsreise	8,2
Abenteuerreise	2,2

(Quelle: Reiseanalyse 1990, Studienkreis für Tourismus, Starnberg)

Auch bezüglich der *sozio-demographischen Daten* der Busreisenden ist von einer heterogenen Struktur auszugehen. Überproportional zur Gesamtbevölkerung vertreten sind im Reisebus Jugendliche sowie Reisende im Alter von über 50 Jahren (vgl. Tab. 5). Ebenfalls überdurchschnittlich vertreten sind Bezieher niedriger Einkommen, wobei anzumerken ist, daß auch die relativ hohe Einkommensklasse (Haushaltsnettoeinkommen 4.000–5.000 DM) eine verhältnismäßig starke Gruppe bildet. Das ist ein Beleg für die Annahme, daß die Kunden der höherwertigen Rund- und Studienreisen aus kaufkräftigen Schichten stammen.

Tab. 5: Altersstruktur der Busreisenden

Altersgruppe	Anteil der Reisenden (in %)
14–19 Jahre	12,8
20–29 Jahre	
30–39 Jahre	26,2
40–49 Jahre	
50–59 Jahre	20,2
60–69 Jahre	19,3
70–79 Jahre	18,5
80 Jahre und älter	3,0

(Quelle: Reiseanalyse 1990, Studienkreis für Tourismus, Starnberg)

5.4 Die Angebotsseite

Eine Besonderheit des Bustouristikmarktes ist, daß häufig Reiseveranstalter und Verkehrsträger identisch sind, d.h. es handelt sich um das gleiche Unternehmen bzw. eine Unternehmensgruppe, wobei z.B. der ursprüngliche Mischbetrieb in einen Reiseveranstalter- und einen Verkehrsbetrieb aufgespalten wird. Letzteres wird praktiziert, um das in die Busse investierte Kapital vor den kaufmännischen Risiken der Reiseveranstaltung abzusichern. Die Verfügungsgewalt über beide Betriebe bleibt de facto bei einer Leitung. Reine Busreiseveranstalter ohne angeschlossenen Verkehrsbetrieb stellen nach wie vor die Ausnahme dar, obwohl sich inzwischen mehrere Unternehmen ganz von ihrem Verkehrsbetrieb getrennt haben. Ferner sind Unternehmen entstanden, die unmittelbar in die Touristik eingestiegen sind, im Gegensatz zu der üblichen Entwicklung, daß die Reiseveranstaltung im Grunde genommen aus auslastungsfördernden Maßnahmen des Verkehrsbetriebs hervorgegangen ist. Beigetragen zu dieser Besonderheit hat das PBefG, indem der Veranstalter von Busreisen über eine Genehmigung zur Personenbeförderung verfügen muß, auch wenn er ausschließlich fremde Fahrzeuge einsetzt bzw. mit Verkehrsunternehmen kooperiert, die selbst über die notwendigen Genehmigungen verfügen. Die Auswirkungen der Kopplung von Reiseveranstaltung und Verkehrsbetrieb auf die Unternehmensführung sowie auf Organisation, Planung, Leistungserstellung, Personalwesen, Marketing und Finanzwesen sind gravierend (vgl. dazu Gauf, 1982, S. 87 ff.).

Das touristische Angebot der deutschen Busreiseveranstalter umfaßt schwerpunktmäßig folgende Leistungen:

- Ferienzielreisen,
- Rund- und Studienreisen,
- Städtereisen,
- Kurzreisen,
- Tagesfahrten,
- veranstaltungsbezogene Reisen,
- Mietomnibusverkehre (inkl. Incoming),
- Erbringung der üblichen Dienstleistungen eines Reiseunternehmens.

Angesichts von gravierenden Defiziten im statistischen Berichtswesen[2] muß bei der Aufstellung von Kennzahlen auf verschiedene Teiluntersuchungen zurückgegriffen werden. Es gibt ca. 5.200 Busunternehmen (Statistisches Bundesamt, 1990, S. 27 ff.), von denen allerdings nur ca. 1.200 Unternehmen eine nennenswerte Bustouristik betreiben (vgl. Gauf, 1987, S. 15 ff.). Für Nordrhein-Westfalen (vgl. NWO, 1990, S. 23 ff.) wird beispielsweise von einer Betriebsgröße von durchschnittlich 5,7 Bussen und 7,7 Mitarbeitern ausgegangen. Der Ring Deutscher Autobusunternehmungen

---

[2] Beispielsweise werden vom Statistischen Bundesamt viele Busunternehmen statistisch nicht erfaßt, da die Abschneidegrenze bei 6 Bussen liegt.

(RDA), in dem die führenden deutschen Busreiseveranstalter organisiert sind, berichtet von durchschnittlich 16 Bussen und 25 Mitarbeitern pro Betrieb (vgl. Bittner, 1985, S. 99 ff.). Insgesamt kann von kleinen, mittelständischen Unternehmen gesprochen werden, von denen viele als Familienbetriebe geführt werden.

Die einschlägigen Vorschriften des Personenbeförderungsrechts betreffend das Unterwegsbedienungsverbot bzw. die Zusteigeregelungen (vgl. dazu weiter unten) sowie bestimmte betriebliche Eigenarten haben zum Entstehen von regionalen Teilmärkten beigetragen. Die Busunternehmen operieren vorwiegend auf lokaler, allenfalls regionaler Ebene, wobei sich die Teilmärkte überlappen. Hafermann (1979, S. 93) spricht in diesem Zusammenhang von atomistischer Konkurrenz. Trotz der rechtlichen Marktzugangshürden ist es auf dem Gelegenheitsverkehrsmarkt zu einem Überangebot von Reisebussen gekommen. Bezüglich der *Busreiseveranstaltung* spricht Zuck (1980, S. 8) von geographisch abgegrenzten Märkten, die oligopolistische Tendenzen fördern. Der Verfasser geht von ca. 100 lokalen Märkten aus, in denen jeweils einige Marktführer sowie mehrere weniger profilierte Wettbewerber Busreisen anbieten. Auch diese Marktführer verfügen selten über mehr als 20 Reisebusse.

Die Kostenstruktur weist einen sehr hohen Anteil an Fixkosten aus. Ca. 80% der Betriebskosten eines Busses (einschließlich anteiliger Unternehmensgemeinkosten) sind fix. Die variablen Kosten entfallen im wesentlichen auf Kraft- und Betriebsstoffe, Abnutzung und fahrtabhängige Kosten (Spesen, Gebühren etc.).

Wie bereits angeführt, stellen die Marktzugangsbestimmungen des Personenbeförderungsgesetzes keine unüberwindlichen Hürden für den Marktzutritt dar. Die fachliche Qualifikation kann entweder durch eine entsprechende Ausbildung (Studium, abgeschlossene Berufsausbildung zum Reiseverkehrskaufmann bzw. Straßenpersonenverkehrskaufmann) oder durch eine Fachkundeprüfung nachgewiesen werden. Die nachzuweisenden finanziellen Mittel entsprechen den üblichen Sicherheiten, die ohnehin für den Kauf eines Reisebusses notwendig sind. Als Ergebnis kann also von einem relativ freien Marktzugang ausgegangen werden.

Die bisher beschriebenen Faktoren „relativ freier Marktzutritt", „hohe Fixkosten" und „niedrige variable Kosten" sowie saisonale Komponenten bewirken einen scharfen Wettbewerb insbesondere in den Nebensaisonzeiten. Die Situation ist vergleichbar mit der Hotellerie, in der zu bestimmten Terminen Kapazitäten erheblich unter Vollkosten-Niveau angeboten werden. Die teilweise sehr niedrigen Preise für Busreisen erklären sich aus einer Deckungsbeitragskalkulation zwecks Kapazitätsauslastung.

5.5 Rechtliche Rahmenbedingungen

Neben den einschlägigen Vorschriften des sogenannten Reiserechts (u.a. § 651 A–K BGB) stellt das Personenbeförderungsrecht die zweite Säule des rechtlichen Rahmens dar. Kern sind das deutsche Personenbeförderungsgesetz (PBefG) sowie im grenzüberschreitenden Verkehr die EG-Abkommen und Richtlinien sowie die Vereinbarungen der EG mit Nicht-EG-Ländern (vgl. Bidinger, 1991, S. N 010 ff. und P 100 ff.). In der hier gebotenen Kürze werden im folgenden die Ursachen, Sachzwänge und Auswirkungen dieser Bestimmungen auf die Bustouristik skizziert.

Wie auch in anderen Verkehrsbereichen lassen sich Busverkehre in *Linienverkehre* und *Gelegenheitsverkehre* unterteilen (vgl. Bidinger, 1991, B § 42 und B § 46). Linienverkehre spielen derzeit in der Bustouristik keine quantitativ bedeutende Rolle. Bei den meisten Busreisen handelt es sich um Pauschalangebote der mittelständischen Busreiseveranstalter. Im Hinblick auf die weitgehend an den Erfordernissen des Linienverkehrs ausgerichteten gesetzlichen Regelungen, die auch auf den Gelegenheitsverkehr ausstrahlen, ist es hier angebracht, die Berührungspunkte beider Verkehrsarten zu betrachten.

Bekanntlich sind *Linienverkehre* regelmäßige Beförderungen zwischen zwei und mehr Punkten. Kriterien des Linienverkehrs sind u.a.

– Regelmäßigkeit,
– feste (veröffentlichte) Fahrpläne,
– feste Preise/Tarife,
– Beförderungspflicht,

d.h. der Linienverkehrsbetrieb hält laufend Kapazitäten bereit. Die Amortisation der Investitionen dafür hängt von der Auslastung der Linienverkehre ab. Das Verkehrsaufkommen verläuft selten gleichmäßig. Vielmehr tritt die Verkehrsnachfrage zu bestimmten zeitlichen Nachfragespitzen bzw. in bestimmten Nachfrageräumen konzentriert auf. Weiterhin ist die Unpaarigkeit der Verkehrsströme zu berücksichtigen.

Ein *Bedarfsverkehrsträger*, der sich auf bestimmte Nachfragespitzen konzentrieren würde, ohne laufend einen kostenträchtigen Linienverkehr zu betreiben, würde einerseits erhebliche Gewinnchancen realisieren können, während er andererseits die Auslastung der regelmäßigen Linienverkehrsdienste negativ beeinflussen würde. Unter anderem daher sind seit jeher Linienverkehrsunternehmen bestrebt, den Wettbewerb durch Bedarfsverkehrsträger möglichst weitgehend auszuschließen. In diesem Zusammenhang sind die Vergabe von Linienverkehrskonzessionen sowie einschränkende Wettbewerbsgesetze mit entsprechenden Kontrollmaßnahmen zu erwähnen, die auch die reinen Gelegenheitsverkehre und damit das Bustouristikgeschäft beeinflussen.

Der Marktzugang im Busverkehr ist nach dem Personenbeförderungsgesetz von einer vorherigen behördlichen Genehmigung abhängig (vgl. Bidinger, 1991, B § 2 ff.). Im *Linienverkehr* erfolgt dabei eine objektive und subjektive Prüfung. Während es sich bei der objektiven Prüfung um eine Bedarfsprüfung (§ 13 II PBefG) handelt, bezieht sich die subjektive Prüfung auf die fachliche, persönliche und finanzielle Qualifikation des Antragstellers (§ 13 I PBefG). Beim *Gelegenheitsverkehr* geht der Gesetzgeber von einem grundsätzlichen Bedarf aus und erteilt die Genehmigung, soweit die subjektive, also bewerberbezogene Prüfung positiv verläuft. Dabei werden die fachliche und persönliche Eignung, also die Unbescholtenheit und Integrität des Antragstellers sowie die finanzielle Leistungsfähigkeit untersucht. Auch aus diesem Grund sind Linienverkehrsunternehmen an gesetzlichen Regelungen interessiert, um den Wettbewerb durch Gelegenheitsverkehrsunternehmen in kontrollierbaren Grenzen zu halten.

Im folgenden werden einige wesentliche Regelungen des Gelegenheitsverkehrs dargestellt, die für die Bustouristik Gültigkeit haben:

- Bei der Reiseveranstaltung im Rahmen des Gelegenheitsverkehrs handelt es sich um Rundfahrten mit geschlossenen Türen (international verwenderter Begriff analog zur deutschen Ausflugsfahrt nach § 48.1 PBefG) oder um Ferienzielreisen. Bei den erstgenannten Rundfahrten mit geschlossenen Türen wird prinzipiell davon ausgegangen, daß es sich dabei um eine Gesellschaftsreise einer geschlossenen Reisegruppe handelt, wobei keine Passagiere unterwegs aufgenommen oder abgesetzt werden sollen (§ 48.3 PBefG).
- Bei Ferienzielreiseverkehren/Pendelverkehren müssen die Passagiere im Besitz eines vorher gekauften Hin- und Rückfahrscheins sein. Es muß sich um eine Kombination von Beförderung und gleichzeitig gebuchter Unterkunft handeln. Eine Beförderung lediglich zum Zwecke der Hin- oder Rückfahrt oder ohne Unterkunft ist nicht zulässig. Das Abhol- und das Zielgebiet sind auf einige wenige Orte begrenzt.
- Generell liegen restriktive Zustiegsbestimmungen vor, d.h. Zubringerdienste und Zusteigemöglichkeiten in Reisebusse sind nur innerhalb eines engen Raumes zulässig und unterliegen der behördlichen Genehmigung (vgl. Bidinger, 1991, B 48 Anm. 19 ff.).
- Generell sind Konstruktionen, mit denen das Personenbeförderungsgesetz formal umgangen werden soll, die praktisch auf einen linienähnlichen Verkehr bzw. eine Konkurrenz der Linienverkehrsunternehmen hinauslaufen, nicht zulässig (vgl. Bidinger, 1991, B 6 ff.).

Offensichtlich haben diese Vorschriften des Personenbeförderungsgesetzes erheblichen Einfluß auf die Entwicklung des Bustouristikmarktes, speziell auf der Angebotsseite, gehabt. Beispielsweise haben das sogenannte Unterwegsbedienungsverbot sowie einschränkende Zustiegsregelungen eine überregionale Veranstaltertätigkeit beeinträchtigt. Zwar ist es einem Busveranstalter erlaubt, überall in Deutschland Reisen auszuschreiben; durch die o.g. Regelungen werden allerdings Maßnahmen zur optimalen Kapazitätsauslastung, wie Bündelung der Teilnehmer bzw. Bedienung verschiedener Teilmärkte, verhindert. Auch Kooperationen von mittelständischen Busreiseveranstaltern finden gewisse Grenzen. Mithin haben die Vorschriften das Entstehen von großen marktbeherrschenden Bustouristikunternehmen – wie sie z.B. in den Niederlanden vorzufinden sind – behindert.

Zu erwartende Gesetze und Vorschriften im Zusammenhang mit der beabsichtigten Dienstleistungsfreiheit im gemeinsamen Binnenmarkt der Europäischen Gemeinschaft werden freilich wesentliche Veränderungen mit sich bringen, die gerade jene Bestimmungen betreffen, die maßgeblich am Entstehen dieses von Eigenarten und Besonderheiten geprägten Marktes verantwortlich sind, z.B. durch die geplante künftig zulässige Beförderung im Ferienzielreiseverkehr/Pendelverkehr von bis zu 20% Passagieren, die keine Unterkunft gebucht haben.

Literatur

Bidinger, H. (1991): Kommentar zum Personenbeförderungsrecht. Loseblattsammlung, Berlin.
Bittner, A. (1985): Erste Grundlagenuntersuchung: Struktur der Kraftomnibus-Unternehmen (A 1) des Bundesverbandes Reise-Ring Deutscher Autobusunternhmungen e.V. Internationaler Bustouristik Verband. Unveröffentlichte Studie.
FVW Fremdenverkehrswirtschaft (1990): Der deusche Veranstaltermarkt in Zahlen. Beilage in Ausgabe 28/90.
Gauf, D. (1982): Touristikmarketing für Busunternehmer. München.
Gauf, D. (1987): Partner in der Bustouristik. München.
Hafermann, M. (1979): Marktstrukturuntersuchung im Omnibusgewerbe. Unveröffentlichte Studie.
Huss, W., W. Schenk (1986): Omnibusgeschichte. München.
Lohmann, M. (1990): Kurzreisen sind ein wichtiges Marktsegment. In: FVW Fremdenverkehrswirtschaft, Beilage in Ausgabe 20/90.
NWO Verband Nordhrein-Westfälischer Omnibusunternehmer (1980): Bericht zur Jahrestagung.
Statistisches Bundesamt (1990): Unternehmen- und Arbeitsstättenzählung vom 25. Mai 1987. Fachserie/Heft 2, Arbeitsstätten und Beschäftigte. Stuttgart.
Studienkreis für Tourismus, Starnberg (1989–1991): Reiseanalysen 1988–1990. Starnberg.
Studienkreis für Tourismus, Starnberg (1990): Kontinuierliche Reiseanalyse 1989. Starnberg.
Zuck, R. (1980): Die Omnibusreise – Theorie und Praxis. München.

6 Beherbergungs- und Gaststättengewerbe

Eberhard Gugg

6.1 Das Gastgewerbe

6.1.1 Die wirtschaftliche Bedeutung des Gastgewerbes

Das Gastgewerbe ist ein bedeutender Wirtschaftsfaktor in der Bundesrepublik Deutschland. Im Jahre 1993 betrug der Umsatz in allen 223.000 Betrieben dieser Branche ca. 90 Mrd. DM; etwa 59% davon entfielen auf die Gaststätten, ca. 34% auf die Beherbergungsbetriebe und ca. 7% auf die Kantinen und Caterer (vgl. Statistisches Bundesamt, 1995; auch zu den nachfolgenden Zahlenangaben).

Während die Umsatzentwicklung in den Jahren 1986 bis 1993 Steigerungsraten zeigte, kehrte sich dieser Trend 1994 um. So wiesen die Veröffentlichungen des Statistischen Bundesamtes für 1994 eine nominale Abnahme der Umsätze im westdeutschen Gastgewerbe um 0,8% aus, eine seit 1968 erstmals wieder negative Veränderungsrate.

Von den etwa 223.000 Betrieben sind 170.000 oder 77% dem Gaststättengewerbe zuzuordnen. Der Vergleich mit der Umsatzaufteilung zeigt deutlich die Unterschiede bei der Betriebsgröße.

1993 waren im Gastgewerbe ca. 1.228.113 Personen beschäftigt. Ca. 794.000 Mitarbeiter arbeiteten im Gaststättengewerbe, 363.000 in den Beherbergungsbetrieben. Die Zahl der Teilzeitbeschäftigten ist ganz erheblich. Sie beträgt bei den Gaststättenbetrieben ca. 52%, im Beherbergungsgewerbe immerhin noch 33,6%. Diese Zahlen belegen, daß das Gastgewerbe hervorragend geeignet ist, auf individuell gestaltbare Arbeitsplanung einzugehen. Die Anforderungen im Beherbergungsgewerbe nach kontinuierlichen Dienstleistungen und – damit verbunden – nach höherer Qualifikation lassen eine stärkere Inanspruchnahme des Teilzeitmarktes nicht zu. Der in allen Bereichen beklagte Arbeitskräftemangel wird deshalb unterschiedliche Lösungsansätze verlangen. Hier gibt es eine Reihe von Anregungen, angefangen von je einem Wochentags- und einem Wochenendteam bis hin zu Veränderungen der Betriebsgrößen, d.h. auch zu einer Verkleinerung der Hotels.

Tatsächlich ist die Produktivität im Gastgewerbe, gemessen am Umsatz je Beschäftigtem, mit ca. 80.000,- DM im Jahr relativ gering. Dabei schneiden die Beherbergungsbetriebe mit ca. 120.000,- DM je Beschäftigtem erheblich besser ab als das Gaststättengewerbe mit nur je 60.000,- DM. Interessant dabei ist aber, daß auch im

Beherbergungsgewerbe zumindest auf den ersten Blick keine eindeutige Rangordnung bei der Mitarbeiterproduktivität festzustellen ist. So gibt es traditionelle Betriebe, die einen Mitarbeiterumsatz von je 170.000,- DM ausweisen, während andere nur auf 110.000,- DM kommen. Eine nähere Analyse läßt jedoch vermuten, daß nicht nur die Höhe der Auslastung eine Rolle spielt, sondern auch die Qualitätsklasse. In den Hotels der hohen und höchsten Qualitätskategorie muß besonderer Wert auf den Service gelegt werden. Die dort niedrigeren Umsatzzahlen je Mitarbeiter belegen aber, daß dieser Standard von der Nachfrage nicht ausreichend honoriert wird. Die Problematik der Arbeitskräftesituation wird also in Zukunft auch hinsichtlich der angestrebten Qualität zu überprüfen sein.

6.2 Das Beherbergungsgewerbe

6.2.1 Die aktuelle Situation

Im Jahre 1995 wurden in der Bundesrepublik Deutschland 53.416 Betriebe des Beherbergungsgewerbes gezählt. Die Struktur war folgendermaßen:

Hotels	13.029
Gasthöfe	10.731
Hotels garnis	9.448
sonstige Beherbergungsstätten	20.208
	53.416

In diesen Betrieben wurden rund 2,3 Mio. Betten angeboten. Die Zahl der Übernachtungen lag bei etwa 300 Mio., die der Ankünfte bei ca. 88 Mio. Die durchschnittliche Aufenthaltsdauer betrug 3,4 Tage. Aus den Zahlen ist zu entnehmen, daß die Stadthotels mit den im allgemeinen nur kurz verweilenden Geschäftsreisenden dominieren.

Ca. 13% aller Übernachtungen entfielen auf Ausländer. Der Ausländerreiseverkehr konzentriert sich fast ausschließlich auf die Großstädte; dort wurden beinahe zwei Drittel aller Ausländer gezählt. Dagegen kommt dem Ausländerreiseverkehr in den Kur- und Ferienorten – von wenigen Ausnahmen abgesehen – nur eine sehr geringe Bedeutung zu. Die starke Konzentration auf die Großstädte zeigt weiter, daß die Ausländer überwiegend als Geschäftsreisende oder als Kongreß- und Tagungsteilnehmer kommen.

Das gesamte Beherbergungsgewerbe ist überwiegend klein- und mittel-betrieblich und wird einzeln bewirtschaftet; in der Hotellerie gibt es jedoch starke Tendenzen zur Kettenhotellerie. So dominieren die einer nationalen oder internationalen Hotelgesellschaft angehörenden Betriebe die Liste der zehn umsatzstärksten Hotels in Deutschland, welche in Tab. 1 aufgeführt werden.

Tab. 1: Die zehn umsatzmäßig größten Hotels in der Bundesrepublik Deutschland 1995 (1994)

Unternehmen		Anzahl Zimmer / Betten	Netto-umsatz (Mio. DM)	Veränderung gegenüber Vorjahr (%)
1 (1)	Sheraton Frankfurt Hotel Frankfurt am Main	1.050 / 2.100	96,0	0,0
2 (2)	Hotel Bayerischer Hof München	409 / 714	74,0	+ 5,7
3 (3)	Hotel Inter-Continental Berlin Berlin	511 / 940	59,0	+ 4,8
4 (4)	Hotel Inter-Continental Frankfurt, Frankfurt a. M.	772 / 1.158	53,0	+ 1,3
5 (40)	Hotel Berlin, Berlin	701 / 1.402	52,0	+ 88,4
6 (6)	Maritim Köln, Köln	454 / 870	49,9	+ 8,0
7 (8)	Frankfurt Marriott Hotel Frankfurt a. M.	588 / 1.176	47,3	+ 6,5
8 (5)	Berlin Hilton, Berlin	502 / 801	45,4	− 2,8
9 (10)	Grand Hotel Esplanade, Berlin	402 / 804	43,5	0,0
10 (11)	Forum Hotel Berlin, Berlin	945 / 1.482	42,9	+ 1,4

(*Quelle*: NGZ, 1996)

Das größte Hotel Deutschlands, das Sheraton Hotel am Flughafen Frankfurt am Main, nimmt auch im internationalen Vergleich eine Spitzenposition ein: Es ist zur Zeit das größte Hotel in Westeuropa.

Die Gründe für die Konzentrationstendenz liegen im gemeinsamen Einkauf und in der gemeinsamen Produktion, insbesondere aber im Marketing.

Die Jahresauslastung der Zimmer der zehn Spitzenhotels lag 1995 in fast allen Fällen bei über 65%, wobei die Spitzenwerte vom Sheraton Frankfurt Hotel (77,6%), vom Frankfurt Marriott Hotel (72,6%) und vom Maritim Köln (71,7%) erreicht werden. Daß eine hohe Belegung nicht in jedem Fall mit einem hohen Umsatz gleichzusetzen ist, zeigen die teilweise recht niedrigen durchschnittlichen Zimmererlöse (in der Hotellerie wird unterschieden zwischen dem offiziellen Zimmerpreis, dem „Schrankpreis" – der im Kleiderschrank aushängt – und dem durchschnittlich erlösten Zimmerpreis, also nach Abzug aller Nachlässe und Rabatte). Hier führt bei den zehn umsatzstärksten Hotels das Hotel Bayerischer Hof in München mit 270,- DM je verkauftem Zimmer.

Die expansive Angebotsentwicklung im Hotelbereich wird sowohl in den alten wie auch den neuen Bundesländern in zunehmendem Maße durch die Hotelgesellschaften mitgeprägt. 1995 waren in Deutschland 63 Hotelgesellschaften mit 935 Betrieben und einer Gesamtkapazität von 144.000 Zimmern vertreten. Damit stieg sowohl die Zahl der Anbieter als auch die der Zimmer gegenüber 1994 um 10%. Da in zunehmendem Maße die Hotelketten auch in den Markt der einfacheren und mittleren Hotels drängen, ist für die dort noch selbständigen Hoteliers das betriebswirtschaftliche Erfordernis, eine freiwillige Kooperation mit anderen Hotels einzugehen, sehr stark geworden. Ca. 28 Kooperationen bieten hier beinahe jede wünschenswerte Möglichkeit. Die Ringhotels stehen mit 150 Hotels an erster Stelle, gefolgt von Best Western Hotels Deutschland und Akzent Hotelkooperation GmbH mit jeweils 120 Betrieben.

Inzwischen gehört jedes dritte Hotelzimmer zu einer Hotelkette; jedes sechste Hotelzimmer ist einer Kooperation angeschlossen; die Tendenz ist steigend.

6.2.2 Die zukünftige Entwicklung

Die in den letzten Jahren verstärkt auftretenden Probleme sind noch nicht überwunden. Wachsende Überkapazitäten, das Vordringen neuer und billiger Anbieter sowie das gestiegene Kostenbewußtsein von Firmen und Geschäftsreisenden belasten die Hotellerie in weitem Umfang.

Auch das Personalproblem wird sich weiter verschärfen. Geht man davon aus, daß aus betriebswirtschaftlichen Gründen die Personalkosten nicht mehr als 40% des Umsatzes ausmachen dürfen, dann sind, wie die Umsätze je Mitarbeiter zeigen, den Möglichkeiten, in der Entlohnung etwa mit der Industrie gleichzuziehen, enge Grenzen gesetzt. Eine Lösung des Personalproblems kann die Beschleunigung der Konzentration zur Kettenhotellerie oder zur Kooperation sein, um noch mehr Abteilungen (z.B. Einkauf, Ausbildung, Marketing) zu zentralisieren. Eine andere Tendenz liegt in der – bisher aus betriebswirtschaftlicher Sicht abgelehnten – Verkleinerung der Hotelgröße, um möglichst nur mit einem Fachehepaar und deren Angehörigen als Pächter auszukommen, wie dies z.B. von der französischen Accor – Gruppe mit den ehemaligen „Formel I" – und jetzigen Etap-Hotels propagiert wird.

An direkten Eingriffen werden zur Zeit folgende vier Themen diskutiert:

- *Thema Nr. 1: Hotelklassifizierung*
  Die EG-Kommission schlägt ähnlich wie bei anderen Produkten auch für das Beherbergungsgewerbe eine europaeinheitliche Klassifizierung vor. Eine derartige Einteilung gibt es bisher in Deutschland noch nicht. Die Notwendigkeit der Klassifizierung ist in der Branche auch höchst umstritten. Hinzu kommt, daß die bisher in Europa praktizierten Bewertungsschemata stark voneinander abweichen. Auf alle Fälle würde in Deutschland mit ca. 10.000 Hotels allein in den alten Bundesländern durch die Einführung der Klassifizierung ein Kostenblock entstehen, der in keinem Verhältnis zu einem eventuellen Nutzenvorteil steht.
- *Thema Nr. 2: Brandschutzempfehlungen*
  Hier sind Deutschland und England allen anderen europäischen Ländern weit voraus. Wenn Portugal oder Griechenland nur halb so strenge Brandschutzanforderungen hätten wie Deutschland, dann müßten dort sicherlich einige Hotels sofort geschlossen werden. Dieses Thema wird die deutschen Hoteliers also in absehbarer Zeit nicht betreffen.

− *Thema Nr. 3: Reservierungssysteme*
Das Projekt, ein gesamteuropäisches Reservierungssystem zu schaffen, ist in Frage gestellt, nicht zuletzt wegen der wirtschaftlichen Schwierigkeiten einiger existierender Reservierungssysteme.
− *Thema Nr. 4: Angleichung der Mehrwertsteuer im europäischen Beherbergungsgewerbe*
Hier fühlt sich das deutsche Hotelgewerbe über die Maßen benachteiligt. In den meisten anderen Ländern Europas liegt die Mehrwertsteuer im Hotel- und Gaststättengewerbe bei 5–6%. Da in diesen Ländern die Mehrwertsteuersätze aus Gründen der Kostenbelastung aber nicht angehoben werden können (daran wird auch der jünst ergangene Beschluß der europaweiten Festlegung der Mehrwertsteuer auf 15% oder 16% nichts ändern), rechnet sich das deutsche Hotel- und Gaststättengewerbe in diesem Punkt einen erheblichen Argumentationsvorteil zugunsten einer reduzierten Mehrwertsteuer auch in der deutschen Hotellerie aus.

Um sich angesichts der sich abzeichnenden Entwicklung steigender Angebotskapazität und weiter stagnierender Nachfrage auch in Zukunft am Markt erfolgreich behaupten zu können, kommt der nachfrageadäquaten Positionierung der einzelnen Hotels zunehmende Bedeutung zu. Eine weitere Frage ist, wie sich die Veränderungen in der Touristikbranche auf die Hotellerie auswirken werden. Hierbei ist vor allem die zunehmende Bedeutung von Reservierungssystemen zu nennen. So sind viele Hoteliers bereits zu Teilnehmern im Internet geworden. Waren vor zwei Jahren erst ca. 80 Hotels und Hotelgesellschaften im Internet vertreten, sind es heute allein im europäischen Raum über 500. Inwieweit seitens der Nutzer Akzeptanzschwellen überwunden werden und somit ein bedeutendes Buchungsvolumen über Online-Dienste realisiert werden kann, bleibt abzuwarten.

Ein anderer Trend ist die Konzentration auf horizontaler und vertikaler Ebene. Dies bedeutet, daß sich z.B. Fluggesellschaften im Reise- und Hotelmarkt etablieren, aber auch, daß Reiseveranstalter sich zum Hotelmarkt Zugang verschaffen und sich an Fluggesellschaften beteiligen. Die einstmals anzutreffende Meinung, daß die Probleme der Reiseveranstalter durch die Probleme der Hotel potenziert würden, hat sich als nicht haltbar erwiesen; vielmehr waren die Vorteile dieser Diversifizierung durch die damit verbundene Risikoverteilung erheblich größer. Die Öffnung der Märkte wird die Konkurrenz weiter verschärfen, was sich vorwiegend in einem intensiveren Preis- und Qualitätswettbewerb niederschlagen wird.

6.3 Das Gaststättengewerbe

6.3.1 Die aktuelle Situation

Das Gaststättengewerbe verfügte 1993 über 170.407 Betriebe (Statistisches Bundesamt, 1995), nämlich

Restaurants, Cafés, Eisdielen und Imbißhallen	102.802
Sonstiges Gaststättengewerbe	67.605
	170.407
Kantinen und Caterer	7.096

Der Arbeitskräftemangel wirkt sich im Gaststättengewerbe voll aus. Bei nur rund 60.000,- DM Umsatz je Mitarbeiter sind einer Abhilfe extrem enge Grenzen gesetzt, da auch hier die betriebswirtschaftliche Forderung lautet, die Personalkosten unter 40% des Umsatzes zu halten. Gaststätten bieten zwar einerseits die schnelle Möglichkeit zur Selbständigkeit, andererseits zeigt der hohe Eigentümer- und Pächterwechsel die Schwierigkeiten der Branche.

Tab. 2: Die zehn umsatzstärksten Gastronomieunternehmen in Deutschland 1995 (1994)

Unternehmen	Vertriebslinien	Netto-Umsatz (in Mio. DM)		Betriebe (31.12.)	
		1995	1994	1995	1994
1 (1) McDonald's Deutschland Inc., München	McDonald's	2.981,0	2.593,2	649	571
2 (2) LSG Lufthansa Service Holding AG, Kriftel	LSG-Airline Catering, Partyservice, Airport-G.	1.495,8	1.180,0	29	29
3 (3) Autobahn Tank & Rast AG, Bonn	Raststätten	1.001,8	985,8	371	365
4 (4) Mitropa AG, Berlin	Mitropa	637,0	647,0	559	592
5 (6) Dinea Gastronomie GmbH, Köln	Dinea, Grillpfanne, Axxe, Da Capo	473,0	348,0	289	233
6 (5) Nordsee GmbH, Bremerhaven	Nordsee, Meeres-Buffet	372,2	368,2	297	292
7 (7) Mövenpick Gesellschaften Deutschland, Stuttgart	Mövenpick, Marché, Mövenpick-Hotelrest.	336,1	338,2	48	44
8 (8) Karstadt AG, Essen	Karstadt-Gastronomie	304,0	306,7	138	135
9 (9) Burger King GmbH, München	Burger King	286,0	275,0	125	99
10 (10) Wienerwald GmbH, München	Wienerwald	243,0	242,8	162	162

(*Quelle*: NGZ, 1996)

Auch im Gaststättengewerbe ist eine sehr hohe Konzentrationstendenz erkennbar. Die Umsatzzahlen der zehn umsatzgrößten Gastronomieunternehmen in Deutschland sind beeindruckend (vgl. Tab. 2).

Die fortschreitende Aufteilung in Versorgungsgastronomie einerseits und Erlebnisgastronomie andererseits ist beachtlich. Der überlagernde Trend der Systemgastronomie, der grundsätzlich beide Gastronomiearten betrifft, zeigt ebenfalls eine zunehmende Tendenz.

6.3.2 Die zukünftige Entwicklung

In zunehmendem Maße wird das Gaststättengewerbe durch die „Schwarzgastronomie" (Vereinsgastronomie) beeinträchtigt. Der Grund zur Beschwerde wird in der steuerlichen Ungleichbehandlung gesehen, die dazu beiträgt, daß dieser Umsatz am Gaststättengewerbe vorbeigeht. In vermehrtem Maße wird auch über von Getränkefirmen gesponserte Künstlerauftritte geklagt.

Dieser für Gaststätten negativen Tendenz steht jedoch gegenüber, daß in der Hotellerie ähnlich wie in Amerika die Gastronomie erheblich verkleinert wird und dadurch zusätzliche Nachfrage auf das Gaststättengewerbe zukommt. Galt in der Hotellerie bisher die Regel: 1 Gast = 1 Stuhl im Restaurant, so wird wohl in Zukunft die Kennziffer auf 3 Gäste = 1 Stuhl im Restaurant verschoben werden. Dies wird zum Vorteil jener Gastronomiebetriebe sein, die in der Nähe von Hotels angesiedelt sind.

Da die Gastronomie aber auch einen „point of sales" für Getränkefirmen darstellt, sind bereits erste Versuche von Brauereien feststellbar, auf diesem Gebiet von sich aus tätig zu werden und die bisher geübte Zurückhaltung im Hinblick auf Beteiligungen in der Gastronomie aufzugeben. Dies könnte auch bedeuten, daß künftig Gastronomiebetriebe häufiger auf ihre Marktposition überprüft werden und – wenn der Getränkeumsatz zurückgeht – derartigen Beteiligungen offen gegenüberstehen. Da Gaststätten aber auch ganz erheblich zur Belebung der Innenstädte beitragen, wird in zunehmendem Maße die Stadtplanung branchenfördernd eingreifen und in den Bebauungsplänen Nutzflächen für Gaststätten ausweisen müssen.

6.4 Ausblick

Das Hotel- und Gaststättengewerbe beschäftigt heute so viele Mitarbeiter wie nie zuvor, und das Branchenwachstum ist weiter steigend. Der Aufschwung wird beflügelt durch die zunehmende Freizeit und das ansteigende disponible Einkommen der Bürger. Auch die Verschiebung der Altersstruktur nach oben bringt weitere Nachfrage. Da das Gastgewerbe jedoch überwiegend aus klein- und mittelgroßen Betrieben besteht, erhält es auf politischer Ebene bisher noch nicht die Beachtung, die es verdient. Es bleibt die Forderung, daß sich dies ändert, damit berechtigte Ansprüche durchgesetzt werden können.

Erfreulich ist der Sachverhalt, daß das Gastgewerbe immer mehr Interesse bei jungen Menschen findet. Die Ausbildungsmöglichkeiten werden erheblich ausgeweitet. Bereits heute wird Managementqualifikation auf Hochschulebene angeboten und – wie die stringenten Zugangsbeschränkungen zeigen – lebhaft nachgefragt. Eine verbesserte Qualifikation ist u.a. deshalb erforderlich, um die ganz erheblich angestiegenen Investitionen in der Hotellerie rentabel zu gestalten und die in alle Bereiche des Gastgewerbes Einzug haltende Elektronik mit ihren Möglichkeiten betriebswirtschaftlich voll ausschöpfen zu können.

Literatur

DEHOGA (Hrsg.): Jahresbericht 1994/95. Bonn.
NGZ – Neue Gastronomische Zeitung für Führungskräfte in Restaurant und Hotel, April/Mai 1996.
Statistisches Bundesamt (1995): Statistisches Jahrbuch für die Bundesrepublik Deutschland.
Statistisches Bundesamt (1995): Fachserie 6, Handel, Gastgewerbe, Reiseverkehr, Reihe 7.1, Beherbergung und Reiseverkehr. Wiesbaden.

7 Freizeitparks und Freizeitzentren – Ziele und Aufgaben als touristische Leistungsträger

Heinz Rico Scherrieb

7.1 Was sind Freizeitparks und Freizeitzentren?

7.1.1 Der Begriff

Die Touristikwissenschaft kennt nur wenige Begriffe, die so inhaltsarm und nebulös sind wie die Bezeichnungen „Freizeitpark" und „Freizeitzentren". Der erste dieser Begriffe umschreibt nichts anderes, als daß in einem Park die „Freizeit" verbracht werden kann. Der zweite dieser Begriffe deutet darauf hin, daß eine Vielzahl von Einrichtungen für Freizeitzwecke „zentral" zusammengefaßt ist.

Viele Einrichtungen der Freizeitindustrie bedienen sich heute dieser Begriffe. Auch in der Bevölkerung gibt es kein klares Vorstellungsbild über Freizeitzentren. Der Begriff Freizeitparks hingegen wird weitgehend mit Erlebnisparks, vereinzelt auch mit Bungalow-Siedlungen (Center Parcs) assoziiert.

Um zu einer praktikablen Begriffsbestimmung zu kommen, wäre folgende Definition ein gemeinsamer Nenner:

„Freizeit- und Erlebnisparks sind Anlagen, in denen Freizeitzwecken dienende Einrichtungen verschiedener oder derselben Art vorhanden sind, wobei diese Einrichtungen untereinander in einem engen räumlichen und funktionellen Zusammenhang stehen."

Um zu vermeiden, daß sich auch Gastronomiebetriebe mit wenigen Kinderspielgeräten als Freizeitpark bezeichnen, hat die Freizeitindustrie noch Mindestgrößen festgesetzt.

7.1.2 Die Betriebsarten

Die verschiedenen Betriebsarten von Freizeitzentren und Freizeitparks kann man etwa so untergliedern (vgl. Abb. 1).

Dabei werden diese verschiedenen Betriebsarten in den zur Verfügung stehenden Freizeitblöcken (Tagesfreizeit, Wochenendfreizeit und Urlaub) unterschiedlich stark genutzt. Der Schwerpunkt bei der Werktagsfreizeit liegt bei den Lunaparks, Tivoliparks, Diskoparks und Kinoparks. Die übrigen Freizeitzentren und Freizeitparks sind weit stärker wochenendorientiert. Nachdem sich die durchschnittliche Reisedauer beim

Haupturlaub bei ca. 15 Tagen eingependelt hat, verlagert sich die Nutzung all dieser Einrichtungen auch zunehmend in die Zeit der Hauptferien („jeder Tag ist Wochenende"), da nicht die gesamte Zeit der Ferien für Reisen genutzt wird.

Erlebnispark	Erholungspark	Badepark	Spiel- und Sportpark
Lunapark	Städt. Parkanlagen	Spaßbad	Kinderspielpark
Tivoli-Park	Revierpark	Wasserpark	Fitnesszentrum
Safaripark	Gartenschau	Thermal-	Golf Driving Range
Themenpark	Botanischer Garten	Erlebnisbad	Tenniscenter
Urban Entertainment Center	Freizeit-Resort	Saunapark	Squashcenter
		Thermalbad	Wellnesscenter

(alle unter: Freizeitparks/Freizeitzentren)

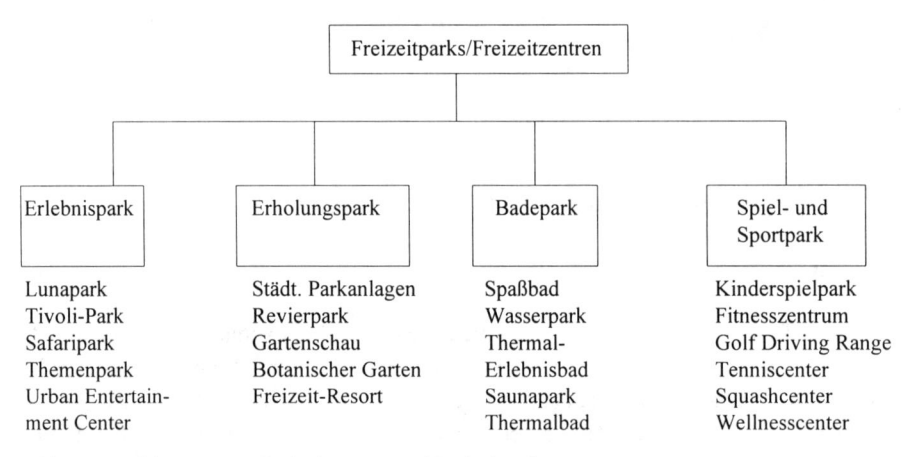

Abb. 1: Betriebsarten von Freizeitzentren und Freizeitparks

7.1.3 Die Standorte

Die verschiedenen Freizeitparks und Freizeitzentren können auch nach ihren unterschiedlichen Standorten eingeordnet werden (vgl. Abb. 2 und 3).

All diese Anlagen sind aufgrund ihres engen räumlichen Zusammenhangs mit der Stadt auch in deren touristisches Angebot integriert und daher selten eine eigenständige touristische Destination. Sie verbessern oder prägen das touristische Angebot ihres Standortes.

Freizeitparks und Freizeitzentren im Ausflugsbereich der Städte hingegen sind aufgrund ihrer Solitärstellung darauf angewiesen, eine hohe Eigenattraktivität zu entwickeln, wenn sie als touristische Leistungsträger „autonom" auf dem Markt auftreten wollen. Zwar können sie bisweilen von der touristischen Gesamtinfrastruktur einer Region und dem dortigen Gästeaufkommen partizipieren und für diese auch positive Wechselwirkungen herstellen, doch hängt es letztendlich von der Anziehungskraft der Anlage selbst ab, welche Rolle sie auf dem touristischen Markt spielt. In der letzten Zeit zeigen immer mehr Untersuchungen, daß vor allem Freizeitparks in der Lage sind, bestimmte Regionen als Familienurlaubsziele zu profilieren (z. B. Legoland in Dänemark).

Vergnügungsparks
- Lunapark
- Tivoli-Park
- Urban Entertainment Centers

Badeparks
- Outdoor-Wasserparks
- Spaß- und Tropenbäder (Indoor-Wasserparks)
- Thermal-Spaßbäder
- Thermal-Erlebnisbäder
- Sportkomplexanlagen mit integriertem Bad
- Gesundheitszentren/Fitnessparks

Gartenparks und Tierparks
- Städtische Parkanlagen
- Regionalparks (Revierparks)
- Gartenschauen, Gartenparks
- Tiergärten, Zoos

Sport- und Spielparks
- Kinder-Spielparks
- Golf Driving Ranges
- Tennis-, Squash- und Fitnesscenter

Abb. 2: Freizeitparks und Freizeitzentren als Freizeitinfrastruktur in den Städten und in ihrem unmittelbaren Umfeld

Erlebnisparks
- Themen-Erlebnisparks
- Safariparks
- Märchenparks und Märchengärten

Outdoor-Wasserparks an Seen oder am Meer

Bungalow- und Hotel-Resorts
- Bungalow-Resorts
- Erlebnispark-Resorts
- Hotel-Resorts

Abb. 3: Freizeitparks und Freizeitzentren im Ausflugsbereich der Städte

In der jüngsten Vergangenheit haben sich mehrere sukzessiv gewachsene Tagesausflugsziele durch die Angliederung von Beherbergungseinheiten zu eigenständigen Touristikdestinationen entwickelt, weil diese Tagesausflugsziele eine Betriebsgröße und Attraktivität erreicht haben, welche einen Mehrtagesaufenthalt ratsam oder erforderlich machen (z.B. Disney World in Orlando, Florida, und das Disneyland Paris).

7.2 Freizeitparks und Freizeitzentren als Freizeitinfrastruktur in den Städten und in ihrem unmittelbaren Umfeld

7.2.1 Vergnügungsparks und Unterhaltungsparks

7.2.1.1 Lunaparks

Aufgrund der beengten und teilweise sogar menschenunwürdigen Unterkünfte in den Arbeitersiedlungen während des beginnenden Industriezeitalters war der Drang und die Notwendigkeit groß, die wenigen freien Stunden außerhalb der Wohnung zu verbringen.

Viele Schaustellerbetriebe, die damals noch von Stadt zu Stadt zogen, merkten sehr bald, daß sich in bestimmten städtischen Ballungszentren immer genügend Publikum für den Besuch eines Kirmesplatzes begeistern ließ. So entschlossen sie sich, aus ihren beweglichen Fahrgeschäften und Buden festmontierte Anlagen zu machen und diese im Laufe der Zeit auszubauen. Dazu wurden Spielcasinos, kleinere Theater und Schaubuden installiert. Fast jede europäische Hauptstadt konnte dadurch bald über einen Lunapark verfügen (Die bekanntesten in Deutschland befanden sich in Berlin und Leipzig).

Diese „stationären Rummelplätze" waren natürlich auch von der immer drastischer werdenden räumlichen Enge der Städte betroffen. In Großbritannien waren die Lunaparks bald gezwungen, sich in die Ausflugsorte, Seebäder oder Küstenorte auf Holzstege (sog. Piers) zurückzuziehen, um dort ihr Programm zu offerieren. In Berlin wurde der Lunapark einer Prachtstraße, die unter Kaiser Wilhelm II geplant wurde, geopfert. Auch in den meisten anderen deutschen Städten, in denen solche Lunaparks existierten, sind diese städtebaulichen Maßnahmen zum Opfer gefallen.

Einer der wenigen noch bestehenden Lunaparks ist der Prater in Wien, der hauptsächlich wegen seines Riesenrades zur städtischen Sehenswürdigkeit geworden ist.

7.2.1.2 Tivoli-Parks

Tivoli-Parks bieten zwar auch zahlreiche Fahrgelegenheiten und Schaubuden wie Lunaparks, doch kann man sie als die „1. Evolution der Lunaparks" bezeichnen.

Tivolis sind in Stadtparks mit aufwendiger gärtnerischer Anlage integriert, offerieren dem Publikum auch Anspruchsvolleres (Theater, Cabarets, Tanzveranstaltungen), beherbergen in der Regel gute Restaurants, so daß auch die sozial bessergestellten Schichten dort ihre Abendfreizeit verbringen und sind, wie das Beispiel des Tivoli Kopenhagen oder des Gröna Lund Tivoli, Stockholm, sowie des Lisebergpark in Göteborg zeigen, bald durch ihre hochqualitative Einrichtung wesentliche Bestandteile des touristischen Gesamtangebotes ihrer Stadt und bisweilen ihres Landes geworden, ohne daß diese Tivoli-Parks selbst touristische Beherbergungseinrichtungen anbieten.

Tivoli-Parks existieren in der Bundesrepublik Deutschland nicht. Durch die Schaustellertradition sowie die zur Zeit noch intakten Innenstädte mit „aktivem Nachtleben" und den vielen Festen in den verschiedenen Stadtteilen war für diese Anlagen kein Bedarf vorhanden. Nachdem nunmehr aber Klagen von Nachbarn zunehmend Volksfeste, Gastronomiebetriebe, Kinos und Diskos in ihrer Tätigkeit einengen, andererseits aber in der Bevölkerung der Bedarf nach „Ausgehmeilen" und „Ausgehvierteln" wächst, sind viele Planungsbehörden bereit, solche Tivoli-Parks als Ziele für die städtische oder regionale Feierabendfreizeit fernab von Wohngebieten neu zu schaffen.

Durch ihre Angebotsdichte und Angebotsvielfalt sind Tivoli-Parks auch in Zukunft Anziehungspunkte nicht nur für das innerstädtische Freizeitangebot, sondern sind, wie das Tivoli Kopenhagen, auch Bestandteil für die touristische Gesamtqualität einer Stadt oder Region.

7.2.1.3 Urban Entertainment Centers

Derzeitig sind in Deutschland vor allem Diskoparks bereits in Betrieb. Verschiedene Diskotheken, die in Gewerbegebieten oder zusammen mit Einkaufszentren (um eine Doppelnutzung der Parkplätze zu ermöglichen) entstanden sind, erlauben es den Diskobesuchern, ohne Störung für die Innenstädte und ohne Nachbarschaftskontakt von Diskothek zu Diskothek zu bummeln. Synergetische Effekte ergeben sich, wenn an diese Diskoparks auch Großkinos wie Multiplex, CineMaxx oder IMAX-Kinos angegliedert werden. Auch Gastronomieparks (Gastronomiezonen – wie im Centro Oberhausen) sind Anlagen, die von derselben Zielgruppe genutzt werden.

Nicht nur für den Außenbereich, sondern vor allem auch für die Gestaltung von innerstädtischen Gewerbeflächen haben sich in der letzten Zeit einige Urban Entertainment Centers als erfolgreich erwiesen:

- Cinopolis
  Das Cinopolis besteht aus einer Reihe von „Action-Kinos" mit geringer Sitzplatzkapazität (max. 80 Plätze). Bei diesem Kinoangebot handelt es sich nicht um Vorführungen in Spielfilmlänge, sondern um Kinos mit einem großen technischen Aufwand zur Erzielung bestimmter Effekte (3-D, Fahrtsimulation, Rundumprojektion etc.). Die Vorführungen sind ca. 10-15 Minuten lang. Durch die Kombination verschiedener Projektionsarten auf beschränktem Raum ist es möglich, im Cinopolis dennoch bei Nutzung aller Angebote ein abendfüllendes Programm zu gestalten.
- Lasertec-Center
  Beim Lasertec-Center handelt es sich um ein „Indoorlabyrinth", das in abgedunkelten Räumen auf verschiedenen Ebenen ein „Räuber- und Gendarmspiel" unter den Teilnehmern ermöglicht. Die Spielteilnehmer erhalten am Eingang eine Ausrüstung, die aus einem Schutzhelm, einer Weste und einem Lasergewehr besteht. Ziel dieses Spieles ist es, möglichst viele der anderen Personen, die sich im Lasertec-Center

aufhalten, zu entdecken und auf ihnen mit dem Lasergewehr Treffer zu plazieren. Gewinner wird derjenige, der am wenigsten Treffer erhalten hat und dem es auch gelungen ist, die meisten Treffer zu plazieren. Das Spiel ist sowohl als Gruppen- als auch als Einzelspiel geeignet.

In Mitteleuropa bestehen große Vorbehalte gegen dieses Spiel, weil es als „gewaltverherrlichend" eingestuft wird. Einige Pädagogen akzeptieren durchaus die Grundelemente dieses Spieles und erkennen, daß es sich beim Räuber- und Gendarmspiel oder bei den Wildwestspielen der Kinder auf der Straße um dasselbe Spielprinzip ohne aufwendige Technik handelt.

- VRC – Virtual Reality Center
Eine Fortentwicklung der „Automatenhallen" sind die Virtual Reality Centers, die oft auch noch mit Automatenhallen kombiniert werden. Aufgrund der gesetzlichen Bestimmungen in Deutschland sind Virtual Reality Centers jedoch sowohl vom Image als auch von ihren Zulassungsbedingungen noch priviligiert. Automatenfirmen wie Sega haben mit eigenen Virtual-Reality-Konzepten (Sega World) dieses Marktsegment in anderen Ländern bereits in großem Maße erschlossen.

- Computer-Play-Land
Ebenfalls wegen der Jugendschutzbestimmungen (Verbot für Jugendliche unter 16 Jahren, an Videoautomaten zu spielen) hat die Unterhaltungsindustrie diese Lücke dadurch geschlossen, daß auf Spielcomputern eine Vielzahl von Computerspielen angeboten wird. Die Spielzeit wird dann nach Minuten abgerechnet. Die Software (die Computerspiele) ist nachher käuflich zu erwerben, was das Spiel an diesen Computern zu einem „Testlauf" macht.

- Internet-Café, Youth Entertainment Center (YEC)
Vorrangig gastronomisch ausgerichtete Konzepte wie das Internet-Café oder das „Edge" zielen darauf ab, daß die Nutzung von Unterhaltungseinrichtungen, Automaten und ähnlichen Angeboten „so nebenbei" erfolgt. Gastronomieeinrichtungen und Unterhaltungsangebote (vor allem Automaten und Computer) werden in diesen beiden Konzepten synergetisch angeboten. Insbesondere das Konzept „Edge" (eine Art Automaten-Straßencafé) will gar nicht erst eine Stammkundschaft gewinnen, sondern zielt darauf ab, daß die Laufkundschaft im Vorübergehen die Angebote nutzt.

- Family Entertainment Centers
Die vorgenannten Betriebstypen der Urbain Entertainment Centers werden ergänzt durch Einrichtungen für Familien mit Kindern bis zu 12 Jahren. Die Family Entertainment Centers (FECs) sind Kleinfreizeitanlagen, meist in Gebäuden, mit Soft-Spielanlagen, Videokinos, Videospielen, kleineren Fahrattraktionen (Kinderkarussells, Skootern, Kleineisenbahn). Ihr Erfolg in den USA und in den asiatischen Ländern war phänomenal. Aufgrund einer versäumten Ausbau- und Erneuerungsstrategie ist jedoch die Zahl der FECs in den USA mittlerweile auf fast die Hälfte zurückgegangen. Der Rückgang ist auch dadurch bedingt, daß der Innovationseffekt von neuen Einrichtungen immer kürzere Zeit vorhält und es für die Betreiber not-

wendig wird, in einem neuen Konzept (temporäre Aufstellung von Attraktionen) dafür zu sorgen, daß der „Reiz des Neuen" nicht nachläßt.
- Edutainment Center
Bedingt durch das Verbot von Videospielen, welche in den USA und in Japan das wirtschaftliche Rückgrat für diese FECs bilden, und durch die spezielle „pädagogische Ausrichtung" der „sinnvollen Freizeit" in Deutschland und in den europäischen Nachbarländern haben sich in Mitteleuropa wie in einigen asiatischen Staaten die Edutainment Centers einen besseren Marktzugang verschaffen können. Zwar wird in den Edutainment Centers ebenfalls ein breites Spektrum von Spielattraktionen geboten, doch ist das Spielen stets „interaktiv". Viele Geräte und Fahrattraktionen können nur dann benutzt werden, wenn voher eine Geschicklichkeits- oder Wissensaufgabe gelöst wurde. Edutainment Centers werden ebenso wie die FECs oft als Zusatzeinrichtungen in großen Einkaufszentren installiert und dort auch mit einer speziellen Kinderbetreuung ausgestattet, um die Eltern während ihres Einkaufsvorgangs von Ihren quengelnden Kleinen zu entlasten.

Die Urbain Entertainment Centers sind keine touristischen Hauptattraktionen, aber immer bedeutender werdende Bestandteile einer touristischen Infrastruktur.

7.2.2 Badeparks

Große Badeparks sind wichtige touristische Leistungsträger, weil sie aufgrund ihrer Größe eine nicht unbedeutende Eigenanziehungskraft entwickelt haben. Nicht selten erfolgt die Einrichtung von Wasserparks auch als Reaktion auf Umweltprobleme (z.B. Algenverschmutzung an der italienischen Küste). In vielen Regionen am Mittelmeer werden durch die Wasserparks wenig kinderfreundliche Stein- und Felsstrände aufgewertet.

7.2.2.1 Outdoor-Wasserparks

Outdoor-Wasserparks sind eine Fortentwicklung der bisherigen Strand- und Freibäder. Ihre Attraktivität beruht meist auf großdimensionierten Rutschen. In der Bundesrepublik Deutschland, wo vor ca. 10 Jahren die ersten Rutschen in Freibädern eingebaut wurden, haben diese Rutschen Steigerungen im Besucheraufkommen von 160% gebracht. Mittlerweile zeigen sich in der Bundesrepublik Deutschland dieselben Gesetzmäßigkeiten wie auch in den Wasserparks in den USA, in Japan und an den Mittelmeerküstenorten: Der Einbau von nur ein oder zwei Rutschen genügt nicht. Der Erfolg eines Wasserparks hängt davon ab, daß für die diversen Altersschichten die verschiedensten Wasserattraktionen geboten werden, da Rutschen meist nur von einem Zielgruppensegment und auch nicht allzuhäufig genutzt werden. In der letzten Zeit haben sich Strömungsbahnen, in denen geschwommen oder mit Reifen gepaddelt werden kann, Reifenrutschen und Surf-Wellenbecken als die Renner erwiesen. Das Publikum in derartigen Wasserparks ist stark von Jugendlichen geprägt. Der Anteil von Jugendlichen beträgt weit über 50%, die ständig nach Neuerungen verlangen.

Als Mindestausstattungskriterien müssen nach den Normen des Europäischen Wasserpark- und Freizeitbäderverbandes in einem Outdoor-Wasserpark vorhanden sein:

– mindestens drei Wasserrutschen;
– Wasserspielplätze;
– mindestens fünf andere Wasserattraktionen (z.B. Lazy River, Wild River, Hot-Whirl-Pools);
– mindestens zwei bis drei Pools mit einer Fläche von 1.000 qm.

7.2.2.2 Spaßbäder und Tropenbäder (Indoor-Wasserparks)

Die Spaßbäder, allesamt unter Dach, haben den Aufschwung der freizeitorientierten Bäder in der Bundesrepublik Deutschland mitbegründet. Der gesundheitliche oder sportliche Aspekt des Schwimmens als Sport oder als „Bewegung" ist bei den Spaßbädern nebensächlich. Das Vergnügen mit dem Wasser in jeder Form steht im Vordergrund. Aus diesem Grund sind Rutschen aller Art, Wasserspielplätze, Sprungtürme, Hot-Whirl-Pools, Bootsfahrten etc. Hauptangebotsbestandteile. Spaßbäder sind in ihrer Konzeption typische Familienbäder und werden wiederum hauptsächlich von Jugendlichen und schulpflichtigen Kindern, Vereinen und größeren Gruppen aufgesucht. Der hohe Lärmpegel wirkt in der Regel abschreckend auf die ältere Generationen, obwohl es bestimmte Zeiten (Vormittagsstunden) gibt, in denen sich ältere Personen aufgrund der geringen Nutzung durch Familien oder Kinder wohler fühlen.

Typische Spaßbäder in der Bundesrepublik Deutschland sind das „blub" in Berlin, das Alpamare in Bad Tölz, das Aqualand in Köln und das Aquatoll in Neckarsulm.

Die Fortentwicklung der Spaßbäder sind die Tropenbäder. Hier werden Spaßbadelemente vor allem durch eine aufwendige Dekoration unter Verwendung von Naturpflanzen und natürlichen oder an Natur erinnernde Materialien (Sandsteinfelsen etc.) ergänzt. Die Tropenbäder bilden den Kern des Betriebskonzepts der Bäder in den Center Parcs oder Gran Dorado Bungalowparks.

Als Mindestausstattungskriterien müssen nach den Normen des Europäischen Wasserpark- und Freizeitbäderverbandes für Spaß- oder Tropenbäder (Indoor-Wasserparks) vorhanden sein:

– mindestens eine Rutsche von mindestens 50 m Länge;
– mindestens fünf verschiedene Wasserattraktionen;
– Saunaanlagen;
– mehrere Becken mit einer Gesamtfläche von 700 qm;

- eine architektonische Konzeption, die sich sowohl in der Ausführung, den verwendeten Materialien als auch in;
- ihrer Dekoration von den herkömmlichen Sportbädern wesentlich unterscheidet;
- großdimensionierte Aufenthalts- und Liegeflächen;
- Gastronomieanlagen im Badebereich;
- Wellenbad oder Wild River;
- Außenschwimmbecken;
- Solarien;
- eine Wassertemperatur von mindestens 27°C.

7.2.2.3 Thermal-Spaßbäder

Thermal-Spaßbäder zeichnen sich vor allem dadurch aus, daß zu ihrem „Wasserspaß" Thermalwasser verwendet wird. Im Gegensatz zu den herkömmlichen Spaßbädern, die fast ausschließlich nur Wasserattraktionen und streng separiert Saunen anbieten, findet bei den Thermal-Spaßbädern eine stärkere Vermischung beider Angebotsformen statt. Dies führt teilweise zu erheblichen Schwierigkeiten zwischen den einzelnen Zielgruppen.

Es bedarf einer sehr ausgefeilten Konzeption in diesen Bädermischformen, die letztlich darauf abzielt, zwei Badekomplexe parallel zu betreiben. Werden zuviele Kompromisse geschlossen, werden sehr bald vor allem die älteren (konsumkräftigeren) Gästegruppen durch den Lärm von Kindern und Jugendlichen vertrieben. Die Mischform der Thermal-Spaßbäder hat bisher auch nur in Gegenden Erfolg, wo die einzelnen Zielgruppen letztendlich nicht auf andere, ihren Bedürfnissen stärker entsprechende und spezialisiertere Bäder ausweichen konnten. Angesichts der Entwicklung auf dem Bädersektor ist daher diese Konzeption am schwierigsten zu realisieren und bedarf auch einer sehr sorgfältigen Ausbauplanung. Allen alles bieten zu wollen, funktioniert auf dem Bädersektor nicht.

7.2.3.4 Thermal-Erlebnisbäder

Während Wasserparks eine Fortentwicklungsstufe der traditionellen Freibäder, Spaßbäder die Evolution der Hallenbäder sind, stellen Thermal-Erlebnisbäder die qualitative Evolutionsform der herkömmlichen Thermal-Bäder in traditionellen Kurorten dar.

Vorreiter und noch heute Vorbild für die Thermal-Erlebnisbäder ist die Taunus-Therme in Bad Homburg v.d.H. Der Erfolg beruht auf einer konsequenten Umsetzung einer an der japanischen Badetradition orientierten Betriebsphilosophie. Der Baustil der Therme, die Innendekoration und auch das Angebot wurden in „fernöstlichem" Flair gehalten.

Eines der wesentlichen Kennzeichen von Thermal-Erlebnisbädern ist die hohe Wassertemperatur zwischen 32°C und 38°C und die Ausgestaltung mit Wasserattraktionen, die zwar eine spielerische Beschäftigung des Besuchers möglich machen, aber im Gegensatz zu den Spaßbädern und Wasserparks kein „Austoben" erlauben. Statt Ruhebänke sind Sprudelliegen und Whirl-Pools installiert, von denen aus die Nutzer das Geschehen um sie herum beobachten können. Wildbach und Wasserfälle, Sprudelliegen, ja selbst die Therapiebecken sind in eine künstliche Landschaft integriert, im Gegensatz zu den herkömmlichen Thermalbädern, die solche Einrichtungen in abgeschlossenen Bereichen ansiedeln.

Die neue Thermal-Erlebnisbadkonzeption entspricht eher dem Grundsatz „Nihil agere delectat" als dem aktiven Fitneßgedanken. So nimmt es auch nicht Wunder, daß die in diesen Bereichen angegliederten Bodybuilding-Studios in der Regel „verstauben". Hauptanziehungspunkt dieser Bäder sind aber nicht unbedingt nur die Wasserbereiche, sondern ebenso die großdimensioniert angelegten Saunabereiche mit verschiedenen Saunaarten, Dampfbädern und auch die Vielzahl verschiedener Solarien. So nimmt der Saunabereich in der Taunus-Therme Bad Homburg dieselbe Fläche in Anspruch wie die übrigen Bereiche zusammen.

Thermal-Erlebnisbäder wurden im Gegensatz zu den herkömmlichen Thermalbädern keine Seniorenbäder. Im Gegenteil: der Altersdurchschnitt beträgt nur in den Morgenstunden etwas über 50 Jahre. Nachmittags sinkt er bereits auf 35 Jahre und am Abend auf ca. 25 Jahre. Aufgrund des groß ausgebauten Saunabereiches sind diese Bäder hauptsächlich Treffpunkte zwischen Freunden, befreundeten Familien oder Gleichgesinnten. Ein Schlüssel zum Erfolg des entspannenden Erlebens war vor allem auch, daß der Lärm durch herumtollende Kinder durch die Preisgestaltung (Kinder zahlen soviel wie Erwachsene) konsequent vermieden werden konnte.

Beispielhafte Thermal-Erlebnisbäder sind die Taunus-Therme in Bad Homburg v.d.H., die Kurhessen-Therme in Kassel, die Thermae 2000 in Valkenburg (Niederlande), die Caracalla-Therme in Baden-Baden und die Limes-Therme in Aalen.

Als Mindestausstattungskriterien müssen nach den Normen des Europäischen Wasserpark- und Freizeitbäderverbandes vorhanden sein:

– mehrere Becken mit Thermalwasser und einer Gesamtbeckenfläche von mindestens 700 qm;
– Beckenformen, die nicht an Sportbäder erinnern;
– vielfältiges Saunaangebot mit mindestens 4 verschiedenen Saunen;
– Hot-Whirl-Pools;
– integrierte Gastronomie im Badebereich;
– aufwendige Dekoration und eine architektonische Konzeption, welche sich von gesundheitstherapeutisch;
– ausgerichteten Bädern im herkömmlichen Sinn maßgeblich unterscheidet;
– mindestens fünf verschiedene Wasserattraktionen;
– Solarien.

7.2.2.5 Sportkomplexanlagen mit integriertem erlebnisorientierten Bad

Hauptsächlich im Rahmen von Sanierungsprogrammen wurden bisher innerhalb von Sportkomplexanlagen Bäder neu gebaut. Diese Konzeption zielt darauf ab, die gewonnene Abwärme von angrenzenden Eislaufstadien und Eislaufflächen gezielt zur Beheizung von Schwimmbecken zu nutzen. Mit den Eislaufarenen werden auch weitere Sporteinrichtungen verbunden (Leichtathletikhallen, Indoor-Tennis etc.). Die Akzeptanz der Schwimmeinrichtung innerhalb dieser Sportkomplexanlagen ist besser als in herkömmlichen Hallenbädern, da der Besucher die Möglichkeit hat, auch andere Einrichtungen zu benutzen, obwohl in letzter Zeit zunehmend ein starker Rückgang der wechselnden Ausübung einzelner Sportarten beobachtet wird. Bedingt durch die meist vordergründig sportliche Einrichtung der Schwimmanlagen, bei denen eine Rutsche und Solarien etc. eher eine „Alibifunktion" übernehmen, ist der Erfolg eher mäßig.

Ein Beispiel eines derartigen Sportkomplexes mit integriertem Großhallenbad und Freibad ist das Sportparadies Gelsenkirchen.

7.2.2.6 Gesundheits- und Fitnesszentren, Großsaunas

Die Gesundheitszentren als therapeutische Einrichtungen sind heute meist in Kurbädern installiert, gewinnen aber auch im innerstädtischen Bereich zunehmend an Bedeutung. Ihnen sind neben großen Saunabereichen meist Massagepraxen, Bewegungsbadeeinrichtungen und medizinische Badeabteilungen angegliedert. Als touristische Leistungsträger spielen sie nur dann eine Rolle, wenn sie über einen Hotelkomplex direkt erreichbar sind. Ihre Bedeutung innerhalb der Kurbäder ist nach wie vor unabdingbarer Leistungsbestandteil.

Fitnesszentren sind eine Fortentwicklung der früheren Bodybuilding-Studios. Mit einer Vielzahl von Einrichtungen (inkl. Sauna, Solarium etc.) werden in den Fitnesszentren neben Gymnastik bisweilen auch Meditation, fernöstliche Kampfsportarten, vor allem aber ein breites Geräteprogramm zum Bodystyling unter fachkundiger Anleitung offeriert.

Großsaunaanlagen mit einem Fassungsvermögen von bis zu 5.000 Personen (Schwaben Quellen, Stuttgart) haben bisher mit ihrer Größe die meisten Probleme. Bedingt durch die Kapazität will sich an schwächer besuchten Tagen, vor allem im Sommer, eine „Saunaatmosphäre" nicht einstellen.

7.2.3 Gartenparks und Tierparks

7.2.3.1 Städtische Parkanlagen

Die fast überall in städtischen Agglomerationen vorhandenen städtischen Parkanlagen können, wie der Luisenpark in Mannheim oder die Kurparks in Baden-Baden bzw. Wiesbaden, eine eigene touristische Anziehungskraft entwickeln. Meist werden diese Parks auch als Veranstaltungsareale genutzt, und es werden größere Gastronomieeinrichtungen für Ausflugsgäste eingerichtet.

7.2.3.2 Regionalparks

Im Rahmen der Rekultivierung größerer Bergwerksanlagen ist vor mehr als einem Jahrzehnt zur Verbesserung der Freizeitinfrastruktur an Rhein und Ruhr der „Revierpark" entwickelt worden. Diese Freizeitanlagen sind meist eine Kombination verschiedener Angebotsbestandteile (Bäder, Freilufttheater, Spielplätze etc.). Mit ihrem hauptsächlich kulturell-sportlich-pädagogischen Charakter unterscheiden sie sich im Angebotsspektrum wesentlich von den Bade- und Freizeitparks. Durch ihre räumliche Lage sind sie Erholungsareal für die umliegenden Städte des dichtbesiedelten Ruhrgebietes.

Als besonders fremdenverkehrswirksame Einrichtungen haben sie sich jedoch bisher nicht profilieren können.

7.2.3.3 Gartenschauen

Der Traum vom Paradiesgarten hat dazu geführt, daß neben der Bundesgartenschau, die in zweijährigem Turnus veranstaltet wird, mittlerweile in fast allen Bundesländern Landesgartenschauen stattfinden. Mit ihren Besucherzahlen, die oft die Millionengrenze überschreiten, sind diese Gartenschauen mittlerweile ein bedeutender touristischer Faktor geworden, der sich auch in den Übernachtungszahlen der betreffenden Ausrichtungsorte niederschlägt.

Die Gartenschauen sind in ihrer Bedeutung mit temporär stattfindenden Ausstellungen gleichzusetzen. Ihre Anziehungskraft ist nicht permanent, sondern zeitlich begrenzt; im Gegensatz zu Ausstellungen verbessern sie allerdings die Freizeitinfrastruktur auch nach der Gartenschauveranstaltung maßgeblich, da auf dem Gelände der Ausstellung ein Park „zurückbleibt".

Das Beispiel der Insel Mainau im Bodensee zeigt aber, daß eine permanente Gartenschau in einem günstigen Mikroklima ebenfalls bedeutende Besuchermengen aktivieren und eine Sehenswürdigkeit für die Region darstellen kann.

7.2.3.4 Tiergärten

Bis Mitte des Jahrhunderts gehörten Tiergärten zur Standardfreizeitinfrastruktur mittlerer und großer Städte. Sie dienten vor allem der Befriedigung der Schaulust und dem Unterhaltungsbedürfnis der Bevölkerung. Seither hat sich die Zielsetzung der Tiergärten mehr auf die Forschungsebene verlagert; durch die Reisemöglichkeiten und filmisch dokumentierten Verhaltensstudien ist das Tier als Schauobjekt in seiner Bedeutung in den Hintergrund gerückt. Tiergärten von Weltruf mit besonders guter Gestaltung der Tiergehege konnten sich allerdings im touristischen Angebot der Städte wie architektonische oder museale Sehenswürdigkeiten etablieren.

Beispiele für solche touristisch wirksamen Anlagen sind der Tierpark Hagenbeck in Hamburg, der Londoner Zoo, der Frankfurter Zoo, die Wilhelma in Stuttgart, der Zoo in San Diego, der Noorder Dierenpark in Emmen, der Burgers Zoo in Arnheim und der EXPO Zoo Hannover.

7.2.4 Spiel-, Sport-, Fitness- und Wellnesscenter

7.2.4.1 Kinderspielpark

Die Eintönigkeit der kommunalen Spielplätze hat dazu geführt, daß vor allem in den USA spezielle Kinderspielplätze mit außergewöhnlichem Spielangebot gebaut wurden. Diese Kinderspielparks sind eigenständige Einrichtungen, die unter den Bezeichnungen Kids Place und Sesame Place ein großer Erfolg wurden. Aber dieses Angebot wurde mittlerweile meist von den bestehenden Freizeit- und Erlebnisparks und vor allem von gastronomischen Einrichtungen (McDonald's) oder großen Einkaufszentren mehr und mehr als Bestandteil des Gesamtangebotes integriert, um damit für den Hauptzweck des jeweiligen Gewerbes zusätzliche Zielgruppen zu erschließen. Teilweise wurden diese Kids Places schon mit FECs kombiniert.

7.2.4.2 Golf Driving Range

Die innerstädtische Golf Driving Range ist derzeit noch hauptsächlich eine „japanische Spezialität". Aufgrund der räumlichen Enge der ostasiatischen Inselgruppe bei gleichzeitig hoher Popularität des Golfsports ist die Mitgliedschaft in einem Golfclub für viele Bevölkerungsschichten (wie auch in der Bundesrepublik Deutschland) aufgrund der hohen Aufnahme- und Mitgliedsgebühren unerschwinglich. Die Golfsportaktivität vieler Bevölkerungsgruppen hat sich daher auf die innerstädtischen Golf Driving Ranges verlagert. Dort wird auf einem etwa fußballfeldgroßen Areal, das komplett mit einem Maschendrahtnetz von der Umgebung abgeschirmt ist, von oft in mehreren Stockwerken angelegten Plätzen der „Abschlag" geübt. Diese Betätigung ist eine der beliebtesten Mittags- und Abendbeschäftigungen der in der Stadt lebenden Japaner und könnte auch bei einer entsprechenden Popularität des Golfsports in Deutschland Bestandteil des Freizeitangebotes der Städte werden.

7.2.4.3 Tennis- und Squashcenter

Das Tennisangebot mit Frei- und Hallenplätzen, oft verbunden mit einer Vielzahl von Squashboxen, ist meist in Tennis- oder Squashcenter zusammengefaßt. Diese Einrichtungen werden nicht selten mit Fachgeschäften, Saunaanlagen und Hot-Whirl-Pools bzw. Schwimmbädern kombiniert. Auf dem touristischen Sektor spielen diese Anlagen meist nur eine angebotsoptimierende Rolle, insbesondere, wenn sie mit Beherbergungseinrichtungen verbunden sind.

7.2.4.4 Fitness- und Wellnesscenter

Die Bodybuilding-Studios außerhalb der herkömmlichen Turn- und Gymnastikvereine waren ihre Vorläufer. Gezielt wurde in diesen Studios darauf hingearbeitet, eine „Idealfigur" zu erreichen. Ihre spielerische Variante erhielten die Bodybuilding-Studios durch die Aerobic-Studios. Mittlerweile ist für das Körpertraining je nach Intention (Idealfigur, nur allgemeine Fitness, Linderung bei Rückenschmerzen o.ä.) eine ganze Palette von verschiedenen Verfahren entwickelt worden. Aus diesem Grund sind die Aerobic-Studios, Bodybuilding-Studios etc. in den Fitnesscentern aufgegangen. Dort wird unter fachkundiger Anleitung und gegen ein nicht unbeachtliches Entgelt die körperliche Leistungsfähigkeit durch einen bestimmten Übungs- und Trainingsplan hergestellt oder aufrechterhalten. Die Vielzahl von Einrichtungen in diesen Fitnesscentern ermöglicht auch eine Anpassung des Trainingsprogramms an die verschiedenen Lebenszyklen. Da die Fitnesscenter nicht auf Vereinsebene organisiert sind, ergibt sich eine von vielen Nutzern besonders geschätzte heitere Atmosphäre.

Wellness hat sich mittlerweile als besondere „Wohlfühl-" oder Gesundheitsideologie herauskristallisiert. Bei einem Wellnesscenter kommt es also nicht darauf an, bestimmte Ziele zu erreichen, die Nutzer sollen sich durch die dort absolvierten Übungen und Tätigkeiten lediglich entspannen, fallen lassen bzw. einfach „sich wohlfühlen". In den Wellnesscentern wird auch Meditation, Massage etc. angeboten.

7.3 Freizeitparks und Freizeitzentren im Ausflugsbereich der Städte

7.3.1 Erlebnisparks

7.3.1.1 Märchenparks und Märchengärten

In den Zeiten des wirtschaftlichen Wiederaufbaus nach dem Zweiten Weltkrieg entstanden im „Wander- und Fahrradbereich" der Städte viele Ausflugsgastronomien, die sich bemühten, Familien mit Kindern durch allerlei zusätzliche Attraktionen anzulokken. Als „Renner" entwickelten sich damals Märchendarstellungen mit beweglichen und sprechenden Figuren, die zuerst von Bastlern und später in Zusammenarbeit mit Spezialfirmen aufgebaut wurden. Mehr als 300 solcher Anlagen bestanden zu Beginn der 60er Jahre in der Bundesrepublik Deutschland, verloren ihre Popularität aber bald durch die neu entstehenden Freizeit-Themenparks und vor allem durch das Fernsehen, welches die Aufmerksamkeit der Kinder mehr auf „Fury" und „Lassie" lenkte.

Nur wenige Märchenparks haben sich als touristische Einrichtungen bis heute behaupten und sich bisweilen sogar als touristische Sehenswürdigkeit etablieren können. Der Märchengarten im Blühenden Barock Ludwigsburg ist hierfür ein Beispiel. Eine nationale Sehenswürdigkeit ist in den Niederlanden der Märchenpark im Freizeit-Großpark Efteling bei Tilburg/Kaatsheuvel, in dem sogar noch neu verfaßte Märchen in großdimensionierten „Märchenstädten" zur Attraktion ausgebaut werden. Dieses Experiment ist in Norwegen im Fritidspark Dyrepark Kristiansand mit einer erweiterten Konzeption wiederholt worden. Das von Thorbjorn Egner in seinem Märchen „Die Räuber von Kardemommeby" beschriebene Dorf „Kardemommeby" wurde dort originalgetreu erbaut, wobei die Kinder mit ihren Familien jeweils in der ebenfalls detailgetreu ausgestalteten Wohnung ihrer Lieblingsmärchenfigur eine oder mehrere Nächte verbringen können.

7.3.1.2 Safariparks

Zu Beginn der 60er Jahre wurden Safariparks populär. Diese Anlagen konnten durch ihren „autonahen" Tierkontakt vom Start weg viele Millionen Besucher mobilisieren. Ihr Betriebskonzept beruht darauf, daß mit dem eigenen PKW Savannen- und Raubtierareale durchquert werden und dadurch die Atmosphäre einer Afrika-Tiersafari simuliert wird.

Die geringe Attraktivität der Safariparks für einen Wiederholungsbesuch hat dazu geführt, daß diese heute meist nur noch in Kombination mit Erlebnisparks betrieben werden oder ganz verschwunden sind. Die bedeutendsten Safariparks in Mitteleuropa sind der Serengeti Safaripark Hodenhagen, der Safaripark Gänserndorf bei Wien und der Hollywood-Park bei Paderborn.

7.3.1.3 Themen-Erlebnisparks

Die Einteilung in abgeschlossene Themenbereiche („dreidimensionale Theater") in diesen Erlebnisparks verdankt die Freizeitindustrie Walt Disney. Als Walt Disney mit seiner Familie den Amusement-Park Coney Island (New York) besuchte, bemängelte er neben dem dort auftretenden Schmutz das unfreundliche Personal und vor allem die Rummelplatzatmosphäre, die nicht zuletzt durch die einfallslose Aneinanderreihung von Attraktionen und den konzeptionslosen Aufbau von ihm als ein „Potpourri von visuellem in ein Labyrinth von kreuz und quer laufenden Straßen und Gehwegen verwickelten Widersinn" empfunden wurde.

Außerdem fand er es für Erwachsene deprimierend, daß sie in dem traditionellen Vergnügungspark gezwungen waren, die Kinder nur zu beobachten, aber wenig Gelegenheit hatten, sich selbst zu betätigen. So beschloß er, eine neue Welt, eben den ersten „Disney-Themenpark", zu bauen. Die Betriebsphilosophie dieses Parks lehnte er an das Erfolgsrezept seiner Filme an: nämlich alles zu vermeiden, was als familienfeindlich oder unmoralisch gelten könnte, und natürlich für die gesamte Familie Unterhaltung zu bieten. Für ihn bedeutete diese Betriebsphilosophie das strikte Verbot von Alkoholika, das Verbot von Großflächenwerbung, von Picknickwiesen und Anspielungen auf Sex.

Wesentliches Element der Disney-Philosophie ist aber nicht nur der äußere Rahmen, sondern auch die Gestaltung, die sich wiederum an seinen Erfahrungen im Filmkulissenbau und der Filmgestaltung orientierte. So wählte er mehrere räumlich kombinierte Themenbereiche, die aber in sich abgeschlossen und möglichst nicht gegenseitig einsehbar sind. Alle Attraktionen sind in einen bestimmten historischen, kulturellen oder geographischen Rahmen eingegliedert: *„Theming puts people in a receptive mood and keeps them from feeling embarrassed or silly. All the elements of a movie must be made to complement each other – and this criterion was adapted in designing the parks. It's a concept of relating things in a non-competitive way."*

Auch das Prinzip der fortlaufenden Erneuerungs- und Ausdehnungsinvestition, dem Themen-Erlebnisparks noch heute ihre wirtschaftliche Prosperität verdanken, wurde von Disney geprägt. Disney vertrat die Ansicht, daß in einem Park immer wieder Neues errichtet werden müsse, solange es in der Welt Erfindungsgeist gäbe. Diese Betriebsphilosophie in allen ihren detaillierten Ausgestaltungen stellte eine revolutionäre Innovation auf dem Gebiet der Freizeitanlagen dar. Obwohl am Anfang nicht einstimmig begrüßt, setzte sich diese Idee durch ihren Erfolg gemessen an atemberaubenden Besucherzahlen durch. Sie hat in der Welt überall Nachahmung gefunden, auch wenn Disneys Betriebsphilosophie oft vollständig kopiert und zu einfallslos der Grundriß von Disney Land oder Disney World nachgeahmt wurde.

Die Themen-Erlebnisparks haben auch in Mitteleuropa einen außergewöhnlichen Erfolg. So konnte allein in der Bundesrepublik Deutschland in den letzten Jahren die jährliche Besucherzahl von 15 Mio. auf 22 Mio. Besucher im Jahr 1996 gesteigert werden. Ihre Beliebtheit verdanken sie insbesondere dem Einheitspreissystem (alles nutzen, soviel man möchte), das sich als besonders familienfreundlich erwiesen hat. Außerdem haben sie die Disney-Philosophie des konsequenten und steten Ausbaus übernommen. Aufwendige landschaftsgärtnerische Gestaltungsformen, detaillierte Kulissenbauten, aufwendige Shows und vor allem die vielfältigen Fahrattraktionen für alle Altersschichten sind die Grundlage ihres Erfolges.

In der Bundesrepublik Deutschland bestehen 50 derartige Anlagen, im gesamten Europa etwa 200 Parks, wobei sich diese Einrichtungen derzeitig vor allem in Spanien, Italien und in der GUS im Ausbau befinden. Alle Themen-Erlebnisparks sind mittlerweile bedeutende überregionale Ausflugsziele und als solche inzwischen in das Gesamttouristikangebot einer Region integriert. Eine Reihe von Themen-Erlebnisparks in Europa bietet bereits eigene Hotels an (Europa-Park, Efteling, Disneyland Paris, Futuroscope, Legoland).

7.3.2 Freizeit- und Kurzreiseresorts

7.3.2.1 Bungalow-Resorts

Die Bungalow-Resorts beruhen vor allem auf dem sogenannten Center-Parc-Konzept. Die Kombination zwischen unabhängigen Wohnformen und einer Vielzahl von Freizeitaktivitäten und Unterhaltungsmöglichkeiten sowie die Ausschaltung des Wetterrisikos durch eine großzügige Überdachung des Zentralbereichs ist die Betriebsphilosophie der derzeitig erfolgreichsten Ferienparc-Betreibergruppe, der Center Parcs AG, mit Sitz in Rotterdam. Durch Beobachtung der Verhaltensweisen der Bewohner von Dauercampingplätzen erkannte der inzwischen verstorbene Piet Derksen, daß der Wunsch nach Freizeitgestaltungsmöglichkeiten nahe der Berherbergungsstätte immer größer wird.

Sein Konzept, riesige Bungalowdörfer mit ganzjährig geöffneten, tropisch bepflanzten Schwimmparadiesen, kombiniert mit Einkaufsmöglichkeiten und Unterhaltungsattraktionen, zu offerieren, entwickelte sich in den Niederlanden, in Belgien, Frankreich, England und in Deutschland zum „Renner". Unterstützt wurde der Erfolg dieses touristischen Produkts dadurch, daß Bungalowanlagen von den Niederländern favorisiert werden und die Zahl der öffentlichen Hallenbäder in den Niederlanden relativ gering ist.

Piet Derksen versuchte nicht, die Feriendörfer in landschaftlich besonders attraktiven Zonen anzusiedeln, in denen voraussichtlich auch nicht die Fläche für diese Großanlagen zur Verfügung gestellt worden wäre, sondern holte sich die „attraktive Landschaft" in den Glaskuppelbau. Sein Gespür sagte ihm, daß der mitteleuropäische Urlauber angesichts der jährlichen Frustration über das Sommerwetter „Waikiki" mehr bevorzugt als bewaldete Bergrücken in Mittelgebirgslandschaften.

Zug um Zug wurde der ursprünglich nur ein Tropenbad beherbergende Glaskuppelbau zu einem wirklichen „Center" ausgebaut. Im tropischen Flair entstanden Einkaufspassagen, Restaurants mit davorliegenden Wasserläufen, exotischen Vögeln, Theaterbühnen und Sporteinrichtungen. Die Beleuchtung wurde exakt aufeinander abgestimmt, so daß auch im Winter „Sommer" simuliert werden konnte.

Außerdem wurde erst gar nicht der vergebliche Versuch unternommen, in großem Maße Langzeiturlaubsreisende für die Center Parcs zu gewinnen, sondern das Marketingkonzept wurde konsequent auf Kurzurlauber ausgerichtet. Die früher übliche „Wochenbuchung" als Standardbuchung entfiel. Das meistverkaufte Arrangement der Center Parcs sind die Wochenenden (Belegungsquote von 98,2% bei den Wochenendarrangements). Die Center Parcs in den Niederlanden, in Belgien, Frankreich, Großbritannien sowie Deutschland haben jährlich 2,9 Mio Gäste und im Jahresmittel eine Belegungsquote von 90%.

Bedingt durch die Freizeitblöcke an den Wochenenden sind auch in den Center Parcs die Wochenmitten außerhalb der Schulferien weit schwieriger „an den Mann" zu bringen. Bisher konnte ein zwar ein zufriedenstellender Absatz an Rentner und Alleinreisende erzielt werden, doch wird künftig versucht, zunehmend auch Seminare und Großveranstaltungen in den Center Parcs abzuhalten.

Die Standortsuche nach strategischen Gesichtspunkten ist bei Center Parcs noch wichtiger geworden: Nicht die Landschaft entscheidet, sondern die Erreichbarkeit, denn der Kurzurlauber in Mitteleuropa akzeptiert in der Regel nur eine Anfahrtszeit von 1-2 Stunden.

Das Service- und Leistungskonzept der Center Parcs gilt nach wie vor als vorbildlich. So hat man bei Center Parcs nicht versäumt, nicht nur die Vertriebskapazitäten (Eigenvertrieb und Vertrieb über leistungsfähige Touristikveranstalter) auszubauen, sondern auch das Produkt Center Parc fortlaufend weiterzuentwickeln. Bereits nach den ersten Betriebsjahren wurde nicht nur der Komfort der Häuser ständig verbessert, sondern vor allem viel in die Tropenbäder investiert.

Bei einigen Anlagen stehen Investitionen in 18-Loch-Golfanlagen, die Errichtung von Reitställen, in denen die Besucher sogar ihr eigenes Pony oder Pferd mitbringen können, topmoderne Sporthallen etc. an. Sogar vom einheitlichen „Tropenflair" will man sich sukzessiv lösen. Um dem Gast beim Besuch der verschiedenen Center Parcs eine Alternative zu bieten, werden jetzt die ersten Parc-Plazas (ebenso wie früher überdacht) im mexikanischen Stil errichtet. Als weitere Attraktionen kommen künstliche Kletterwände, in einigen Parcs fernöstliche Plazas und Restaurants, Höhlen zum Schwimmen und Verweilen und Hotelanlagen hinzu. Auch wurden einige Center Parcs mit gesundheitsfördernden Einrichtungen (Saunas, Kurbädern) ergänzt. Möglich werden die fortlaufenden Erneuerungs- und Erweiterungsinvestitionen durch hervorragende wirtschaftliche Ergebnisse.

Die guten wirtschaftlichen Ergebnisse haben natürlich dazu geführt, daß das Center-Parcs-Konzept mittlerweile auch von anderen Gesellschaften kopiert wird. Dazu zählt vor allem Gran Dorado mit Sitz in den Niederlanden. Gran Dorado ist es gelungen, sein Produkt ohne Buchungseinbrüche bei Center Parcs und ohne große Preisdifferenzen zu Center Parcs von Anfang an zu plazieren. Im Gegensatz zu Center Parcs werden bei Gran Dorado die einzelnen Wohneinheiten nicht weit verstreut errichtet, sondern im südeuropäischen Stil, meist dicht gedrängt, gebaut. Dabei stört es die Urlauber offensichtlich wenig, wenn mittel- und nordeuropäische Temperaturen mit den entsprechenden Regenfällen diese südeuropäische Ferienidylle trüben. Dem Urlauber bleibt immer noch die Flucht in das stets wettersichere Urlaubszentrum, das mit dem Tropenbad, den Einkaufspassagen und den Freizeiteinrichtungen dem Center-Parcs-Konzept verblüffend ähnelt.

Allerdings hat vor allem Gran Dorado einige Standorte ausgewählt, die im Gegensatz zu den Center-Parcs-Anlagen in touristischen Hochburgen liegen. Damit ist die Gefahr vorprogrammiert, daß Teile des Umsatzes in die Umgebung verlagert werden. Der Standortvorteil der Gran-Dorado-Dörfer hat sich bei den Kunden von Center Parcs bisher nicht negativ ausgewirkt: Die hochstehende Qualität der Center Parcs mit einem lückenlosen Attraktivitäts- und Serviceprogramm läßt die Urlauber in Center Parcs Ausflugsmöglichkeiten in die Umgebung und die fußläufige Entfernung zu Urlaubszentren nicht vermissen. Die Anspruchsspirale der Urlauber könnte allerdings eines Tages dazu führen, daß auch Center Parcs sich in bezug auf die Standortgegebenheiten neu orientieren muß. Die Konkurrenzsituation unter den Anbietern der Center-Parc-Konzepte führt auch dazu, daß verstärkt über themenbezogene Ferienparks (Seeräuberdörfer, Westerndörfer, etc.) nachgedacht wird.

7.3.2.2 Erlebnispark-Resorts

Als das Angebot des Disney-Parks in Anaheim so umfangreich wurde und eine so hohe Attraktivität erlangte, daß Besucher von weit her anreisten oder zur Nutzung des Angebots mehrere Tage im Erlebnispark verbringen wollten, gliederte Disney in Anaheim einige Hotels an das Disneyland an. Diese Hotels waren so erfolgreich, daß bei der Neuerrichtung des Magic Kingdom bei Orlando, Florida, von Anfang an mehrere Hotelbauten geplant wurden, die auch mittlerweile zu den bestausgelasteten der Welt gehören.

Neben diesen Hotels haben die Attraktivität und die Angebotsvielfalt der Disney-Parks in Orlando zu einem regelrechten Boom der Hotelbranche geführt. In der Region Orlando in Zentralflorida ist derzeitig mit 70.000 Betten nach Las Vegas die höchste Konzentration von Hotels in der Welt vorhanden, die wiederum die rasche Expansion und Neugründung von Freizeitparks in dieser Region ausgelöst hat.

Vor den Toren von Paris soll im Rahmen des Disneyland Paris diese Konzeption „europäisiert" werden. Aufgrund der räumlichen Distanz zur Bundesrepublik Deutschland werden derzeit vor allem Mehrtagesaufenthalte als Package (inklusive Eintritt in die Disney-Anlagen) angeboten. Am Beispiel der Disney-Resorts wird eindrucksvoll demonstriert, daß es mittlerweile möglich ist, unabhängig von ihrem Standort und der dort vorhandenen Landschaft künstlich geschaffene Erlebniswelten mit hoher eigenständiger touristischer Attraktivität zu schaffen und erfolgreich zu betreiben. Damit sind diese Resorts geeignet, empfindliche Landschaften zu entlasten und auch geringwertige Nutzflächen aufzuwerten.

Die Zukunftsperspektiven der Erlebnispark-Resorts werden positiv eingeschätzt, weil sich die Popularität dieser Einrichtungen ständig verbessert und sich vor allem im erlebnisorientierten Kurzreisesektor die besten Zuwachsraten zeigen. Aber auch Efteling in den Niederlanden wird in den kommenden Jahren den bestehenden Erlebnispark mit Hotels, Bungalows, Sport- und weiteren Freizeitanlagen zum Kurzurlaubsresort ausbauen. Die guten Auslastungszahlen der Hotels im Europa-Park und in Alton Towers (Großbritannien) werden auch diese Parks veranlassen, ihren Erlebnisparks weitere Beherbergungseinrichtungen anzugliedern.

Literatur

Beard, R. R. (1982): Walt Disney's EPCOT Center. New York.
Brathwaite, D. (1968): Fairground Architecture: The World of Amusement Parks. New York.
Demarest, M. (1982): Disney's last dream. In: Time 4.10.1982, New York.
Deutsche Gesellschaft für Freizeit e.V. (Hrsg.) (1996): Freizeit-ABC. Erkrath.
Deutsche Gesellschaft für Freizeit e.V. (Hrsg.) (1986): Freizeitlexikon. Ostfildern.
Fichter, U., R. Michna (1987): Freizeitparks. Freiburg.
Fromme, J., W. Nahrstedt (Hrsg.) (1989): Baden gehen. Freizeitorientierte Bäderkonzepte – Antworten auf veränderte Lebens-, Reise- und Badestile. IFKA-Dokumentation der 6. Bielefelder Winterakademie. Bielefeld.
Hammer, G. (1984): Möglichkeiten und Chancen der Preispolitik in Freizeit- und Erlebnisparks. In: Schriftenreihe des Instituts für Fremdenverkehrs- und Freizeitforschung. Würzburg.
Heinritz, G., H. Popp (1978): Reichweiten von Freizeiteinrichtungen und aktionsräumliche Aspekte des Besucherverhaltens. In: Mitteilungen der Geographischen Gesellschaft. München, Nr. 63, S. 79–115.
Nahrstedt, W. (1982): Freizeitparks pro und contra. In: Animation, Nr. 8, S. 276 ff.
Scherrieb, H. R. (1988): Das Baden ist des Deutschen Lust. Erlebnisbäder der neuen Generation bestimmen den Trend. In: Animation, Heft Juli/August, S. 112–115.
Scherrieb, H. R. (1988): Fässer ohne Boden. Bäder und ihre Wirtschaftlichkeit. In: Animation, Heft Mai/Juni, S. 80–83.
Scherrieb, H. R. (1988): Freizeit- und Erlebnisparks in der Bundesrepublik Deutschland und in den Nachbarländern. In: Tagesausflugsverkehr und seine Auswirkungen, Schriftenreihe der AIEST, Band 29. St. Gallen, S. 85–107.
Scherrieb, H. R. (1988): Systematischer Illusionsaufbau und Besuchersteuerung in Freizeit- und Erlebnisparks. In: Tagesausflugsverkehr und seine Auswirkungen, Schriftenreihe der AIEST, Band 29. St. Gallen, S. 109–131.

8 Internationale Computer-Reservierungssysteme

Urban Münzer

8.1 Entstehungsgeschichte

Computerreservierungssysteme (CRS) sind, getrieben von der konsequenten Nutzung neuer Informationstechnologien durch Airlines, in den frühen 50er Jahren entstanden, um im schnell wachsenden Markt des Linienflugverkehrs die Auslastung der Flugzeuge zu erhöhen und den Absatz der zur Verfügung stehenden Flugkapazitäten weitgehend automatisiert abzuwickeln.

Vakanzabfrage, Preisberechnung und Reservierung der gewünschten Flugleistung wurden ohne mühsame Lektüre von Flugplänen und kostenintensives Telefonieren möglich. Schließlich konnte die Sicherheit geschlossener Computersysteme auch dazu genutzt werden, Flugtickets welche zuvor in besonders autorisierten Agenturen ausgestellt werden mußten, überall auszudrucken.

Die ersten Systeme dieser Art wurden von den großen Airlines für ihren Eigenbedarf entwickelt. Nicht aus eigener Kraft, da neue Konzepte der Datenverarbeitung gebraucht wurden, um die für damalige Verhältnisse ungeheure Datenmengen überhaupt verarbeiten zu können. Firmen wie IBM oder UNIVAC machten Hard- und Software erst verfügbar, um die Transaktionen mit vertretbaren Reaktionszeiten verarbeiten zu können.

Das Ziel, Werkzeug für die Verkaufsmitarbeiter einer Airline zu sein, haben die Systeme nur sehr kurzfristig erfüllt. Die Betreiber mußten akzeptieren, daß die Idee, Buchungsmöglichkeiten für das eigene Unternehmen zu schaffen, dem Wunsch der Kunden nicht gerecht wurde, die zurecht eine umfassende Darstellung des Angebots verlangten.

Ebenso hat sich in dieser Zeit nicht nur in der Travelindustrie die Auffassung durchgesetzt, daß CRS, die den Vertrieb unterstützen, nicht in jedem Fall als strategische Waffe zur Positionierung eines Unternehmens im Markt taugen.

Neben der Darstellung eigener Flüge in ihrem System gingen die großen Airlines deshalb bald dazu über, auch Angebote von Wettbewerbern in ihre Systeme aufzunehmen, was die Menge der zu verarbeitenden Daten beträchtlich erhöhte und neue Investitionen in Großrechner erforderte.

Schließlich wurden die Systeme nochmals erweitert, um dem Geschäftsreisenden neben der reinen Flugleistung auch Angebote von Hotelketten und Mietwagenunternehmen nachweisen zu können. Damit wurden die CRS zum universalen Forum für Information und Distribution von Angeboten der gesamten Industrie aufgewertet.

Der nächste Schritt in der Entwicklung der CRS, nämlich den Zugang zu ihnen nicht nur auf die eigene Vertriebsorganisation zu beschränken, sondern ihn auch den Reisebüros anzubieten, war zwangsläufig und folgerichtig.

In den US-Reisebüros begann daraufhin eine regelrechte DV-Landschaft aufzublühen, denn die Zahl der abonnierten Systeme bestimmte die Servicequalität einer Agentur. „Proprietèr" nennt man die damals gewählte Rechnerarchitektur heute und „dumm" die Terminals, die direkt mit den Superrechnern der CRS verbunden waren.

In Deutschland wurde diese Entwicklung zunächst nicht nachvollzogen. Mit der Gründung der START Datentechnik, die 1979 an den Markt für Reservierungsdienstleistungen ging, ist ein eigener Weg beschritten worden, welcher der heterogenen Struktur des Marktes mit zahlreichen Anbietern touristischer Leistungen gerecht werden wollte.

Große Reisebüroketten schlossen sich mit den Leistungsträgern Lufthansa, Bundesbahn und TUI zusammen, um ein System zu entwickeln, welches auf nur einem Datenterminal online-Verbindungen zu unterschiedlichen Reservierungssystemen von Airlines, Reiseveranstaltern und der Bahn ermöglicht. Diese „Mehrfachsteckdose", mit der nach Belieben Produkte im Linienflugverkehr, im Pauschaltourismus und im Bahnverkehr gebucht werden konnten, war der Entwicklung in den USA deutlich überlegen. Die Nutzer konnten nicht nur Reservierungen ihrer Kunden sofort bestätigen, sondern auch Reisedokumente erstellen, das Inkasso vornehmen und Daten zur Weiterverarbeitung im „Backoffice" verwenden.

Dieses Konzept war überaus erfolgreich und hat zur schnellen Verbreitung von START in der deutschen Reise- und Touristikbranche geführt. Das Unternehmen wurde Quasi-Monopolist mit einer nahezu lückenlosen Marktdurchdringung bei Leistungsanbietern und Vermittlern.

In diese „gewachsene" DV-Landschaft hat Lufthansa mit den Partner-Airlines SAS (zwischenzeitlich wieder ausgeschieden), IBERIA und AIR FRANCE das CRS AMADEUS eingepaßt. Ein Kunstgriff, nämlich die Nutzung der im Markt fest etablierten START-Infrastruktur, machte AMADEUS auf Anhieb zum führenden CRS in Deutschland.

Auch in Skandinavien mit SMART, in Frankreich mit ESTEREL und in Spanien mit SAVIA konnten existierende nationale Distributionssysteme für AMADEUS genutzt werden, wenngleich Verbreitung und Funktionsumfang dieser Systeme bei weitem nicht den in Deutschland gesetzten Standard erreichten.

Parallel zur Entwicklung von AMADEUS durch die vier genannten Fluggesellschaften hatte sich um British Airways, KLM, Swissair und Alitalia ein weiteres Konsortium von Airlines zusammengefunden, um ein weiteres europäisches Reservierungssystem, GALILEO, aufzubauen und in ihren Heimatmärkten einzuführen.

Die parallele Entstehung von zwei Systemen in Europa, die beide den Anspruch eines globalen Distributionssystems für Airline-Produkte erheben, war schon zum

Zeitpunkt der Investitionsentscheidung nur schwer nachzuvollziehen, zumal sich beide Systeme in den von ihnen angebotenen Funktionen kaum unterscheiden. Auch die eingesetzten Technologien sind nahezu gleich.

Anfang der 80er Jahre, als diese Entscheidungen getroffen wurden, gab es allerdings noch die weitverbreitete Ansicht, daß eine wirksame Kontrolle der Vertriebskanäle nur durch den Einsatz eigener Datenverarbeitungsanlagen möglich ist.

Zieht man heute ein Fazit aus der über 40-jährigen Entwicklung der CRS, so kann folgendes festgestellt werden:

- Der Aufbau großer Reservierungssysteme war aus damaliger Sicht richtig, um den Informationsbedarf auf dem stürmisch wachsenden Reise- und Touristikmarkt überhaupt bewältigen zu können.
- Die – gemessen am US-Markt – verspätete Einführung von CRS in Europa hat sich nicht als nachteilig erwiesen, da der in Deutschland eingeschlagene Weg eines Systemverbunds von Airlines, Reiseveranstaltern und Bahn sogar zu einem Technologievorsprung führte, der von den klassischen US-CRS bisher nicht aufgeholt wurde.
- Die Informationsverarbeitung im Reisevertrieb, die früher jeder Leistungsanbieter für sich selbst besorgen mußte, hat sich durch den Marktauftritt der CRS als eigenständige Dienstleistung mit beträchtlichem Umsatzpotential etabliert. Dieser Markt ist wegen seines immensen Volumens und seiner Dynamik attraktiv und wird hart umkämpft.
- Das Ziel der europäischen Airlines, ein einheitliches Reservierungssystem zu schaffen, um eine Einflußnahme der US-Airlines auf die europäischen Märkte zu verhindern, wurde nicht erreicht.

8.2 Das Leistungsspektrum der Systeme

Die CRS wurden aus der Idee heraus geboren, Nachfrage und Angebot auf dem Markt von Reise- und Touristikdienstleistungen kostengünstig zusammenzubringen. Elektronische Supermärkte für Anbieter und Nachfrager unterschiedlichster Dienstleistungen sollten entstehen.

Heute ist erreicht, daß Airlines, Hotels, Mietwagen, Pauschalreisen, Fährpassagen, Ferienwohnungen, Eintrittskarten, Versicherungspolicen und, allerdings in sehr begrenztem Umfang, die Angebote von Fremdenverkehrsregionen buchbar sind.

Ein entscheidendes Merkmal in der Funktionalität der CRS ist, daß die nachgefragte Leistung sofort bestätigt werden kann. Der Buchungswunsch für ein Produkt wird automatisiert an das DV-System des Leistungsträgers weitergegeben. Die Verfügbarkeit oder die Buchungsbestätigung gibt das CRS im Sekundenbereich.

Neben der Sofortbestätigung kann der Kunde standardisierte Reisedokumente (Flugscheine, Hotel- oder Mietwagenvoucher, in Deutschland auch Bahnfahrkarten, Fährtikkets, Eintrittskarten und Versicherungspolicen), sofort erhalten und im Reisebüro bezahlen.

Im Pauschalreisebereich übernehmen die CRS die Erstellung von Buchungsbestätigungen und Rechnungen sowie, wenn dies von den Veranstaltern akzeptiert wird, die Autorisierung von Kreditkarten und die Annahme der Zahlungen.

Die Systeme erstellen für die Leistungsträger über zentrale Clearingstellen wie den Bank-Settlement Plan (BSP) Datensätze für die Abrechnung der ausgestellten Dokumente mit den Vermittlern.

Die Unternehmen START, AMADEUS und DERDATA (als Dienstleister für den BSP) bieten damit in Deutschland der Branche eine hochentwickelte, durchgängige Automatisierung der Arbeitsabläufe vom Front-Office (Verkauf) über das Middle-Office (Vorgangsverwaltung) bis zum Back-Office-Bereich an.

Zusätzlich zu den klassischen vertriebsunterstützenden Funktionen bietet das CRS AMADEUS als Service-Rechenzentrum für die Airlines Funktionen zur Verwaltung von Flugkapazitäten (Inventory), womit die Deutsche Lufthansa das eigene Reservierungssystem durch die Migration zu AMADEUS abschalten konnte.

Die Funktionalität der weiteren im europäischen Wettbewerb vertretenen Systeme GALILEO, SABRE und WORLDSPAN bieten im Bereich der Vermittlung von Linienflügen, Hotels und Mietwagen gleichwertige Dienstleistungen an.

Wichtige Verkaufsargumente im Geschäftsreisebereich sind dabei die Zahl der im direkten Zugriff erreichbaren Airline-Systeme, Hotel- und Mietwagenketten, die sich in allen Systemen aber nur geringfügig unterscheiden. Mit spektakulären Leistungsunterschieden, die zu klaren Alleinstellungsmerkmalen im Wettbewerb führen würden, können die Systeme deshalb auf dem Markt der typischen CRS-Produkte nicht gegeneinander antreten.

GALILEO, SABRE und WORLDSPAN sind derzeit dabei, ihr Leistungsspektrum um wichtige Besonderheiten, die der deutsche Markt von den Anbietern verlangt, zu ergänzen. Der Funktionsumfang wird um Komponenten erweitert, die AMADEUS durch die Kooperation mit START und DERDATA seit geraumer Zeit anbietet:

- Schnittstellen zu den deutschen Service-Rechenzentren für Backoffice-Dienstleistungen (z.B. DERDATA, STINNES) zur Verarbeitung der Verkaufsdatensätze und zur Erstellung von Abrechnungsdatensätzen für ausgestellte Leistungsbelege.
- Buchbarkeit touristischer Leistungen durch den Anschluß großer Reiseveranstalter (GALILEO: Tourmaster, SABRE: Vendor-Link).
- Ein Buchungsdialog für Fährpassagen (SABRE: Navigator) zur Reservierung von Passagen, Kabinen und Deckspace für KFZ.
- Vorgangsverwaltungssysteme zur Betreuung von Großkunden.
- Umgekehrt arbeitet AMADEUS daran, Produkte, die START in Deutschland anbietet, für den internationalen Markt zu adaptieren und mit diesem erweiterten Funktionsumfang über eine strategische Allianz in Auslandsmärkte einzudringen, die von Wettbewerbern dominiert werden.

Alle Systeme investieren erhebliche Summen in die Entwicklung neuer, meist PC-basierter Produkte, mit denen Arbeitsabläufe bei den Agenten weiter automatisiert oder die Dialogführung mit den angeschlossenen Systemen vereinfacht werden können.

Mittlerweile wurden die Geschäftsreisenden und ihre Unternehmen als Zielgruppe für weitere Dienstleistungen der CRS entdeckt. Die Kommunikation zwischen dem Geschäftsreisenden und seinem Reservierungssystem, die bislang manuell über Sekretariate und Firmenreisestellen per Telefon oder Fax erledigt wird, stellt ein erhebliches Rationalisierungspotential dar.

So gibt es bereits erste Module zum automatisierten Datenaustausch zwischen Firmen und CRS (START-AMADEUS: Travel Assistent). Mit derarigen Entwicklungen werden die systemtechnischen Voraussetzungen dafür geschaffen, daß die CRS den Reisenden selbst als ihren Kunden betrachten und Leistungen im Direktvertrieb anbieten.

Die Leistungspalette der CRS wird abgerundet durch eine Fälle von Produkten, die von Software-Firmen als Ergänzung zu den klassischen CRS-Leistungen angeboten werden.

- „Robot-Software" erlaubt es den Großkunden der CRS beispielsweise, über eine offene Schnittstelle zu einem System (START-AMADEUS: LIFT) oder zu mehreren CRS (ENATOR: BRIDGE) die eigenen DV-Systeme mit den CRS zu verbinden und vollautomatisiert auf die angebotenen Funktionen zuzugreifen. Damit wird den Ticket-Großhändlern (Consolidators) ermöglicht, eigene Flugtarife, die im Zuge der „Open-Sky-Politik" mit den Airlines ausgehandelt werden, in bestehende Reservierungen zu übernehmen und vollautomatisiert die Flugtickets zu erstellen.
- Intelligente Module, die das Buchungsgeschehen in den Reisebüros überwachen, versuchen selbsttätig, bereits getätigte Reservierungen nachzubearbeiten, um die angewandten Flugtarife für den Kunden zu optimieren (z.B. AQUA-Software).

Solche Funktionen sind vor allem deshalb möglich, weil die CRS von den Wettbewerbsbehörden dazu verpflichtet wurden, die Airline-Produkte anbieterübergreifend und neutral darzustellen.

Eine solche umfassende und neutrale Darstellung von Veranstalterprodukten im Pauschalreisebereich existiert bis heute nicht. START öffnet lediglich Kommunikationsmöglichkeiten zu einzelnen Veranstaltersystemen, so daß der Expedient im Reisebüro vor der Suche nach einem Angebot entscheidet, bei welchem Veranstalter er die Suchanfrage plaziert.

Die Optimierung einer Kundenanfrage ist deshalb mit erheblichem manuellem Aufwand verbunden. Viele Transaktionen zu unterschiedlichen Anbietersystemen werden erforderlich. Dieses funktionale Defizit wird nur teilweise dadurch behoben, daß Anbieter ihre Last-Minute-Offerten in zunehmendem Umfang in neutralen Datenbanken ablegen, die dann anbieterübergreifend nach beliebigen Selektionskriterien im Reisebüro dargestellt werden können.

Zuverlässige Preisvergleiche sind damit bei Veranstalterprodukten über die etablierten Vertriebssysteme nicht möglich. Im Gegensatz zum Linienflugverkehr bieten die CRS keine Markttransparenz auf Knopfdruck und keine wirksamen Entscheidungshilfen für den Verbraucher, der unter ähnlichen Angeboten das für sich günstigste buchen will.

Ein weiteres Leistungsdefizit betrifft den Fremdenverkehr. Funktionen, welche die Darstellung von Angeboten der Fremdenverkehrsregionen Deutschlands ermöglichen, wurden vor kurzem durch START unter der Bezeichnung GERMANSOFT zur Verfügung gestellt. Damit erhalten auch Leistungsanbieter, die ihren Vertrieb bisher selbst organisiert haben, Gelegenheit, ihre Angebote über neue Vertriebswege abzusetzen.

Die Bereitschaft dieser Anbieter, ihre Produkte in nationalen oder gar globalen Systemen verfügbar zu machen, ist aber noch außerordentlich gering. Vermutlich ist es nur eine Frage der Zeit, bis sich die regionalen Fremdenverkehrsverbände und ihre Systeme weiter öffnen, um ihren Kunden über die CRS den umfassenden Zugriff auf Freizeitangebote zu ermöglichen.

8.3 Verbreitung

Es muß an dieser Stelle festgehalten werden, daß es heute wohl kaum noch einen größeren Ort der Welt gibt, an welchem es keinen direkten Zugang zu einem elektronischen Buchungs- und Reservierungssystem gibt.

Bedingt durch die weltweiten Kommunikationsmöglichkeiten, die sich immer kostengünstiger darstellen, haben alle namhaften Systeme ihre globalen Netze gespannt und Zugänge zu ihren Reservierungsrechnern geschaffen.

Die Zahl der Installationen der großen Systeme, gemessen in Zahl der Terminals und Zahl der angeschlossenen Reisebüros, ist in Tabelle 1 wiedergegeben.

Hinter diesen Zahlen verbirgt sich ein stürmisches Wachstum der Systeme innerhalb der letzten 10 Jahre und ihre Zielsetzung, möglichst jeden Arbeitsplatz in einem Reisebüro mit einem eigenen Reservierungs-Terminal auszustatten.

Mit der Ablösung der „dummen" Terminals, die mittlerweile von allen Systemen vollzogen wird, ergeben sich neue Möglichkeiten der Automatisierung von Arbeitsabläufen in den Reisebüros durch den Einsatz leistungsfähiger PC.

Die Zahl der Terminalinstallationen, wie sie von den CRS berichtet werden, wird eher bedeutungslos. Wegen der zunehmenden Verbreitung von PC wird sich ein Anwender an jedem beliebigen Ort der Welt über vorhandene Kommunikationsnetze individuellen Zugang zu einem CRS seiner Wahl verschaffen können.

Aufschlußreich ist die regionale Verbreitung der Systeme, die in Tabelle 2 auf der Basis der installierten Endgeräte nach den wichtigsten Vertriebsgebieten zusammengestellt ist.

Tab. 1: Zahl der CRS-Installationen 1995 nach Terminals und Reisebüros

	Terminals	Reisebüros
Abacus Distribution System, Singapur	13.600	5.400
Amadeus Global Travel Distribution, Madrid*)	102.197	36.444
Axess International Network, Tokyo	11.500	n.V.
Galileo International, Swindon (UK)**)	123.130	30.760
Infini Travel Information, Tokyo	8.000	6.100
Sabre Group, Dallas	123.574	29.746
Worldspan Travel Agency Information Service, Atlanta	45.980	15.275

*) mit System One
**) mit Apollo
(*Quelle*: BTN, 27. Mai 1996)

Tab. 2: CRS-Installationen 1995 nach Vertriebsgebieten

Terminals 1995	USA, Kanada	Europa, Naher Osten, Afrika	Lateinamerika	Asien/Pazifik
Abacus				13.600
Amadeus	29.180	62.215	6.945	2.021
Axess				11.500
Galileo	62.125	42.895	2.032	16.078
Infini				8.000
Sabre	78.225	14.852	8.762	14.428
Worldspan	33.175	11.575	1.230	–

(*Quelle*: BTN, 27. Mai 1996, Angaben der Systeme)

Da sich in den USA zeitgleich mehrere Systeme parallel am Markt etabliert haben, findet in den dortigen Absatzmärkten ein harter Wettbewerb zwischen ihnen statt. In Ostasien sind zwar verschiedene Anbieter in ihren jeweiligen Heimatmärkten aktiv, doch haben diese Systeme nur regionale Bedeutung. In Europa ergibt sich insofern eine Sondersituation, als daß hier bipolare monopolartige Strukturen gewachsen sind.

Es geht heute ein Riß quer durch die europäische Systemlandschaft. Der Kampf um die Marktanteile wird auf dem CRS-Markt genauso unerbittlich geführt wie auf anderen Massenmärkten mit Oligopolstruktur, wobei die Systeme in ihren „Homelands" jeweils eine Hochpreispolitik verfolgen, an den traditionell starken Absatzgebieten eines Wettbewerbers hingegen mit agressiver Preispolitik Systemanschlüsse durchsetzen wollen.

In der folgenden Graphik sind die Marktanteile dieser Systeme für einige europäische Länder dargestellt.

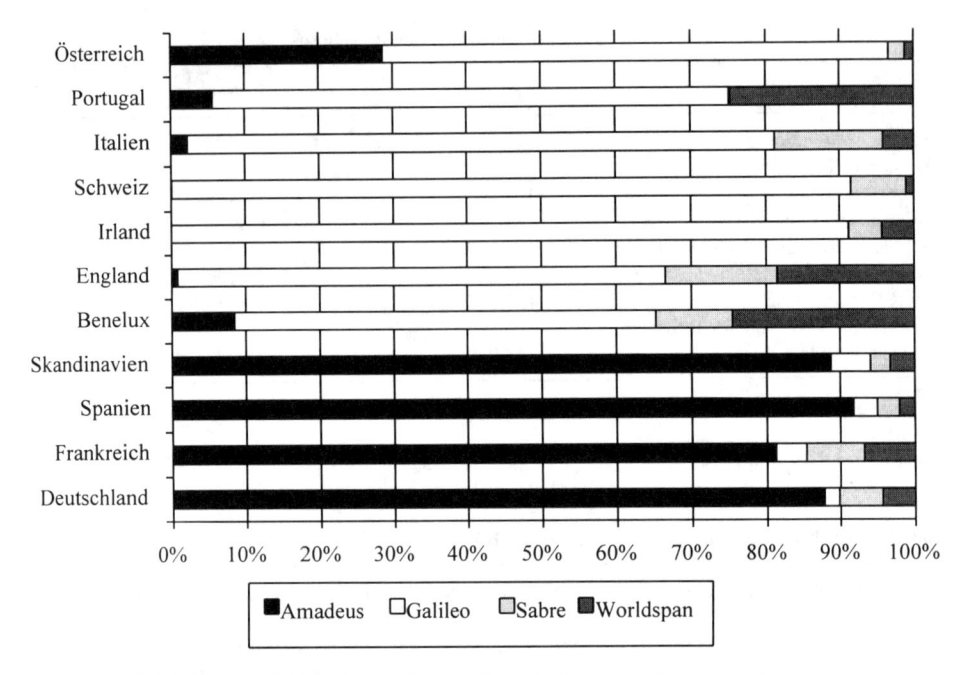

Abb. 1: CRS Marktanteile in Prozent (*Quelle*: Angaben der Systeme, eigene Berechnungen)

Die Polarisierung des europäischen Marktes ist an diesem Diagramm eindrucksvoll abzulesen. In einer Welt, die auf reibungslosen Nachrichtenaustausch angewiesen ist, kann eine solche Struktur der Vertriebsgebiete der Systeme für den Konsumenten nur hinderlich sein. Das Ziel, globale Dienstleistungen anzubieten, um den weltweit reisenden Mitarbeiter eines multinational operierenden Unternehmens optimal an jedem Punkt der Welt zu betreuen, hat keines der Systeme erreicht.

Für den Reisebüro-Kunden, der als Tourist zwar regelmäßig, aber doch nicht öfter als zwei bis dreimal jährlich in Erscheinung tritt, ist eine solche Struktur im Reisevertrieb hingegen ohne Bedeutung.

International operierende Reisebüroketten hingegen, die ihre Kunden in Deutschland in AMADEUS, in England hingegen in GALILEO buchen, werden vor Probleme gestellt. Der Service für den Reisenden quer über Ländergrenzen hinweg wird behindert. Eine umfassende Sicht auf die Buchungen eines Kunden, eine vereinheitlichte Abrechnung oder ein einfaches Management-Informationssystem zur Analyse der Reisetätigkeit sind somit nicht, oder nur mit erheblichen Zusatzkosten realisierbar.

Die Systeme AMADEUS, WORLDSPAN und ABACUS haben zwar einen weltweiten Austausch ihrer Daten schon vor einigen Jahren vereinbart. In der Praxis hat sich dieses Verfahren bisher aber nicht durchgesetzt. Die Hoffnungen der Systeme, damit bei international operierenden Reisebüroketten und Kooperationen ein zusätzliches Geschäftsfeld zu etablieren, war trügerisch.

Der Anfall von Buchungsdaten eines multinational operierenden Firmenkunden in den unterschiedlichen CRS führt zu absurden Situationen. Großanwender kaufen über Abrechnungsdienstleister und CRS ihre eigenen Buchungsdaten zurück, um daraus eine Gesamtsicht ihrer Geschäftstätigkeit zu gewinnen und Reisekostenanalysen für ihre Firmenkunden zu fertigen.

Der betriebswirtschaftliche Erfolg der Systeme ist selbstverständlich an ihren Umsätzen oder Deckungsbeiträgen zu messen. Verläßliche Daten hierzu werden von den Systemen nicht publiziert, während Daten, die Marktmacht und Größe symbolisieren sollen, in aller Bereitwilligkeit genannt werden.

Hierzu gehören, wie bereits dargestellt, die Zahl der angeschlossenen Reisebüros, die Zahl der freigeschalteten Terminals oder die Zahl der angeschlossenen Leistungsträger. Die Haupteinnahmequelle, die Zahl der gebuchten Segmente in den verschiedenen Sparten Flug, Hotel oder Mietwagen, wäre eine aussagefähigere Grundlage zur Abschätzung des Marktanteils der Systeme. Sie sind nicht allgemein zugänglich.

Eine weitere Verbreitung der CRS in den hochentwickelten Industrieländern ist nur noch schwer möglich. Der Verdrängungswettbewerb der Systemanbieter hat eingesetzt und wird mit unerbittlicher Härte geführt.

Die Systeme SABRE, GALILEO und WORLDSPAN kämpfen in Deutschland darum, ihr Leistungsspektrum um die Buchbarkeit der Produkte von Bahn und den maßgeblichen Reiseveranstaltern zu erweitern. Sie sehen darin einen Weg, die Alleinstellungsposition von START-Amadeus anzugreifen und die Absatzchancen für ihre Systemanschlüsse zu erhöhen.

8.4 Strategische Ziele der Betreiber

Auf der operativen Ebene des Vertriebs klassischer Dienstleistungen von Airlines, touristischer Leistungsträger oder Reisebüros kann es gar keinen Zweifel darüber geben, daß die Schaffung elektronischer Vertriebskanäle einer manuellen Buchungsbearbeitung überlegen ist.

Prozesse wie die Beschaffung der Informationen über gültige Flugpläne aus möglicherweise unterschiedlichen Quellen, das Heraussuchen und Zusammensetzen passender Verbindungen, die Plazierung der Reservierung bei den verschiedenen Leistungsträgern über Telex oder Telefon, die äußerst komplexe Berechnung eines zutreffenden Preises für die gebuchten Leistungen, das Warten auf alle Bestätigungen und schließlich die Produktion von Tickets mit Kugelschreiber oder Schreibmaschine sind Horrorszenarien der Vergangenheit.

Die führenden Airlines, die früh mit einem globalen Wettbewerb konfrontiert wurden, hatten die Hoffnung, daß ein eigenes elektronisches Vertriebssystem gewichtige strategische Vorteile aufweist.

Die Vorstellung der Einflußnahme auf die Angebotsdarstellung, die Aussicht, „verzerrt" oder unvollständig dargestellte Informationen über verfügbare Angebote an seine Agenten weiterzugeben, war attraktiv und möglicherweise eine entscheidende Triebfeder für die Investitionsbereitschaft der Airlines in die Großsysteme.

Die Schaffung eigener Vertriebskanäle, ihre Abschottung gegen den universalen Zugriff von Jedermann durch den Einsatz proprietärer Technologien, die naheliegende Idee der „Booking fee", welche von Fremdanbietern vereinnahmt wird, steigerte die Erwartungen in diese neuen Systeme noch und beschleunigte deren Entwicklung.

Hinzu kam dann noch die positive Erwartung der Betreiber-Airlines, durch den unkontrollierten Zugriff auf alle Daten des Systems, also auch auf die relevanten Buchungsinformationen unmittelbarer Wettbewerber, entscheidende Informationen für Marketing und Vertrieb der eigenen Produkte gewinnen zu können.

Die Gefahr von gravierenden Wettbewerbsverzerrungen durch die Entstehung von Informationsoligopolen wurde in der allgemeinen Aufbruchstimmung und dem schier grenzenlosen Vertrauen in die Leistungsfähigkeit neuer DV-Technologien nicht gesehen.

Die zunehmende Einsicht der Airlines, daß der Kunde nur dann zufriedenstellend bedient werden kann, wenn man ihm optimale Flugverbindungen über die Grenzen der eigenen Angebote hinweg zur Verfügung stellen kann, hat den strategischen Wert der CRS relativ schnell relativiert.

Überdies haben Ordnungspolitiker frühzeitig erkannt, daß die Macht, welche durch den Betrieb umfassender Informationsdatenbanken ausgeübt wird, zwangsläufig zu erheblichen Wettbewerbsverzerrungen führen wird.

Nationale Kartellbehörden und auch internationale Wettbewerbswächter wie die EU-Kommission, haben deshalb die CRS zu einem Verhaltenskodex (Code of Conduct) gezwungen, der eine streng reglementierte Darstellung der Flugangebote beinhaltet.

So müssen die Verfügbarkeitsanzeigen nach den EU-Regeln folgendermaßen aufgebaut werden (vgl. Sterzenbach, 1996, S. 65):

- Nonstop-Verbindungen, sortiert nach Abflugzeiten
- Direktverbindungen, d.h. Flüge mit Zwischenstops aber ohne Gerätewechsel, geordnet nach Reisedauer
- Umsteigeverbindungen, sortiert nach Reisedauer

Diese Regelung ist monentan noch auf die Angebote der Airlines beschränkt.

Es wird jedoch in absehbarer Zeit zu diskutieren sein, ob nicht auch die Angebote der Bahnen mit den Hochgeschwindigkeitszügen auf das Airline-Display eines CRS gehören. Das Bundeskartellamt vertritt in diesem Zusammenhang die Auffassung, daß „langfristig alle Anbieter in allen Systemen verfügbar sein müssen" (FVW, 13/96, S. 22–23).

Die Airlines, insbesondere in den USA, scheinen derzeit den Wert der strategischen Bedeutung einer CRS-Beteiligung und der Nutzen eines solchen Vertriebskanals neu einzuschätzen.

SABRE wurde von American Airlines Anfang 1996 in die Betreibergesellschaft AMR ausgegliedert. Zwar ist die AMR auch Muttergesellschaft von American Airlines, doch sind damit die Weichen gestellt, SABRE als Technologieunternehmen an der Börse zu verselbständigen. Dies hätte für American Airlines nicht nur den Vorteil, sich wieder mehr auf den Kerngeschäftsbereich, nämlich das Fliegen zu konzentrieren, sondern dürfte der Airline auch neue Freiheitsgrade im Vertrieb bringen, wo in der Vergangenheit auf das eigenen Distributionssystems Rücksicht genommen werden mußte.

Vermutlich kann heute der frühe Ausstieg der SAS aus dem europäischen Amadeus-Konsortium als die nachträgliche Einsicht eines Investors verstanden werden, daß die Beteiligung an einem Vertriebssystem, welches lediglich Teile des Gesamtmarkts abdecken kann, keine strategischen Vorteile für den Betreiber bringt.

Unklar ist derzeit die Entwicklungsrichtung, die der START-Amadeus-Verbund in Deutschland einschlagen wird. Zwar ist eine strategische Allianz START-Amadeus fest vereinbart. Sie ist aber bisher nicht hinlänglich mit Inhalten gefüllt.

Nach dem Ausstieg der Reisebüroketten aus dem Gesellschafterkreis von START stehen auch die TUI-Anteile zur Disposition, die möglicherweise von der Bahn AG übernommen werden. Wenn die Lufthansa die Gelegenheit nicht wahrnimmt, ihren Anteil an START zu erhöhen, wäre dies ein Zeichen dafür, daß sich auch in Europa die Tendenz verstärkt, daß sich Airlines wieder aus dem Distributionsgeschäft zurückziehen, um neue Freiheiten zu gewinnen.

Die Strategie der CRS-Gründer ging nicht auf, das ist im Nachhinein klar erkennbar. Neben dem politischen Druck der nationalen und der internationalen Wettbewerbsbehörden haben viele Leistungsanbieter erkannt, daß nur eine neutrale Vermarktung der Produkte über alle zur Verfügung stehenden Kanälen Vorteile bietet und daß die Schaffung eines übergreifenden Informationspools ohne Betonung eigener Egoismen der bessere Weg gewesen wäre.

Auch die Weiterentwicklung der DV-Technologie mit ständig sinkenden Hardware-Preisen und dabei leistungsfähigeren Rechnern, die neuen Entwicklungen auf dem Gebiet der Vernetzung von Systemen führt zum Ergebnis, daß sich das klassische CRS gegenwärtig als ein teurer, nicht sonderlich effizienter und für die Durchsetzung neuer, zukunftsträchtiger Vertriebsformen hinderlicher Apparat entpuppt.

Ist der Gedanke richtig, daß nur ein ganz kleiner Teil des insgesamt zur Verfügung stehenden Angebotspotentials wirklich weltweit angeboten werden muß, kann diese Tatsache zu einem Verfall der Märkte für Reservierungsdienstleistungen führen.

Manche Airline hat den Weg eingeschlagen, nur noch beschränkte Teile des Angebots in die CRS einzuspeisen. Reisebüros und Consolidator werden, wenn sie Tickets zu Sondertarifen verkaufen, allenthalben dazu angehalten, die Buchungen direkt bei der Airline zu plazieren.

America West Airlines, selbst nicht Anteilseigner an einem CRS, fördert solche „Bypass"-Buchungen durch einfache Zugangsmöglichkeiten zum eigenen Reservierungssystem, welche Top-Agenturen angeboten werden. Die Airline rechnet dabei mit Kosteneinsparungen von etwa 4,5% des Ticket-Preises (BTN 1996, S. 1 und 8).

Die klare Aussage der Deutschen Lufthansa, die Vertriebskosten wirksam zu senken und neue Wege zu gehen, kann interpretiert werden als das Eingeständnis eines namhaften Carriers und Anteilseigeners eines CRS, daß die Einschätzung des strategischen Wertes der Beteiligung an AMADEUS relativiert wird.

Mit der Einführung des INFO-Flyway wird dem Lufthansa-Kunden ermöglicht, sich seine Informationen online über den PC zusammenzustellen, eine Reservierung zu tätigen und sich ein elektronisches Ticket zu besorgen.

Damit wird nicht nur der Provisionsanspruch der traditionellen Vermittler gefährdet, sondern die Einführung des ticketlosen Fliegens schmälert auch die Erlöse der CRS.

Eine Aussage über die voraussichtliche Entwicklung des Vertriebs der Produkte von Leistungsanbietern der Travel- und Touristikindustrie ist derzeit nur schwer möglich, da bisher scheinbar feststehende Rahmenbedingungen in Bewegung geraten sind und auf allen Ebenen der Wertschöpfungskette über neue Vertriebsformen nachgedacht wird.

- Die Euphorie, mit der in der Travelindustrie eine Globalisierung des Vertriebs betrieben wurde, ist der Ernüchterung gewichen, daß die nun eingesetzten weltumspannenden Systeme hohe Kosten verursachen.
- Airlines, die ursprünglich die Initiatoren der CRS gewesen sind, empfinden ihr Engagement für diese Systeme zunehmend als Fessel, die sie daran hindern, neue Wege im Vertrieb ihrer Produkte zu gehen.
- Die Tatsache, daß ein Produkt nicht zwangsläufig an jedem Punkt der Erde verfügbar sein muß, da auch die Nachfrage regional konzentriert ist, relativiert die Bedeutung der CRS und wird dazu führen, daß nur noch Teile der Gesamtkapazität über diese Kanäle abgesetzt werden.
- Der Endkunde ist als neuer Geschäftspartner der Leistungsanbieter erkannt. Er wird dazu ermuntert, neue Kommunikationskanäle wie Telefon, PC oder Automaten zu nutzen, weil diese Vertriebsformen eine Verlagerung von Kosten hin zum Kunden darstellen.
- Die Investition in einen Systemanschluß hat sich in der Vergangenheit für Reisemittler gelohnt, weil damals Technologien nicht allgemein zur Verfügung standen, die erlaubten, sich aus dem Leistungsangebot des Marktes selbst zu bedienen.

Die Selbstbedienung im Supermarkt hat sich durchgesetzt. Es mutet seltsam an, daß sich im Travel- und Touristikmarkt diese Idee nur mit großen Geburtswehen zögernd durchsetzt, obwohl auf diesem Marktplatz kein sperriges Warenlager erforderlich ist. Es wird doch nur mit „virtuellen" Produkten gehandelt.

Literatur

BTN – Business Travel News (1996): „AmWest Goes Direct". 8. April.
BTN – Business Travel News (1996): Special „CRS Companies", 27. Mai, S. 56–63.
Freyer, W. (1995): Tourismus. Einführung in die Fremdenverkehrsökonomie. 5. Aufl., München.
FVW, Fremdenverkehrswirtschaft (1996): Ines Niedecken: „Eine Oligopol-Bildung ist nur begrenzt zu verhindern". 13/96, S. 22–23.
Schulz, A., K. Frank, E. Seitz (1996): Tourismus und EDV. München.
Sterzenbach, R. (1996): Luftverkehr. München/Wien, S. 65.

9 Verbände in der Tourismuswirtschaft

Gerd Hesselmann

9.1 Einleitung

Veränderungen in unserer Gesellschaft wirken sich unter anderem auch auf das Verbandswesen aus. Spektakuläre Verbandsaustritte und die Frage nach der Sinnhaftigkeit einzelner Verbände sorgen für Gesprächsstoff. Ganz allgemein kann ein gewisse Verbandsmüdigkeit und vereinzelt sogar eine Verbandsverdrossenheit festgestellt werden.

Davon sind auch die Verbände der Tourismuswirtschaft betroffen. Man denke an den angekündigten Austritt Bayerns aus dem Deutschen Fremdenverkehrsverband (DFV), an die Mitgliederentwicklungen oder an die Zurückhaltung vieler Mitglieder, sich in Verbänden stärker zu engagieren. Hinzu kommt, daß in einer schwierigen Wirtschaftsphase mit Ergebnisproblemen und Kostensenkungszwängen nach dem Preis-/Leistungsverhältnis einer Verbandsmitgliedschaft gefragt wird. In einer solchen Situation ist es wichtig, sich die Bedeutung der Verbände in unserer Gesellschaft und Wirtschaftsordnung und welche Rolle jedem Unternehmen dabei zufällt, bewußt zu machen. Das geschieht nach der Einleitung zur Einstimmung.

Die Verbände der Tourismuswirtschaft werden dann nach den Stufen der Wertschöpfungskette, der sie zugeordnet werden können, vorgestellt. Diese Betrachtungsweise erlaubt es, einige Besonderheiten im Vergleich zur Verbandslandschaft in anderen Wirtschaftszweigen deutlich zu machen.

Nach der Aufarbeitung der wesentlichen Tätigkeitsfelder der Verbände der Tourismuswirtschaft werden einige Herausforderungen des Wirtschaftszweiges angeschnitten und untersucht, welche Auswirkungen sie auf die Tätigkeit der Verbände haben. Wie sieht Verbandsmanagement heute aus, ist Veränderungsmanagement angesagt? Das wird am Beispiel des Deutschen Reisebüro-Verbandes (DRV) behandelt.

9.2 Die Bedeutung der Verbände in unserer Gesellschafts- und Wirtschaftsordnung

Demokratie, so wie sie sich die Väter des Grundgesetzes der Bundesrepublik Deutschland vorgestellt haben, funktioniert nicht ohne Parteien, Gewerkschaften, Kammern, Berufsverbände, Vereine usw. Und diese wiederum funktionieren nicht ohne die Bereitschaft vieler Männer und Frauen zu ehrenamtlicher Tätigkeit. Wenn wir als Bürger und Mitglieder von Interessengruppen alles dem Staat überlassen würden, weil wir dafür Steuern zahlen und die Beamten schließlich dafür bezahlt werden, dann würden wir die Grundlagen unseres Gesellschaftsvertrages auflösen. Wir würden fremdbestimmt und wir würden die Möglichkeiten mitzugestalten aufgeben.

Die Bundesrepublik hätte sicher einen anderen und weniger guten Weg genommen, wenn es nicht viele bedeutende und unzählige unbekannte Männer und Frauen gegeben hätte, die sich mit ganzer Kraft ihrem Beruf und gleichzeitig über eine ehrenamtliche Tätigkeit, z.B. in Verbänden, dem Gemeinwohl gewidmet haben.

Nur durch eine objektive und kompetente Beratung von Regierung und Parlament in Bonn, der Kommission in Brüssel und des Europaparlaments in Straßburg durch die Fachverbände können sachgerechte Entscheidungen für die Tourismusindustrie sichergestellt werden. Die über spezifische Unternehmensinteressen stehende neutrale Position der Verbände macht das möglich. Die Verbände wiederum können ihre Aufgabe für die Tourismusindustrie nur dann kompetent wahrnehmen, wenn sie die notwendige materielle – und genauso wichtig – personelle Unterstützung durch die Unternehmen der Branche erfahren. Die Budget-Gestaltung ist die eine Seite, die Bündelung der Branchenkompetenz die andere. Die ehrenamtliche Mitarbeit von kompetenten Mitgliedern und Spezialisten großer Branchenunternehmen in den Verbandsausschüssen und der Führungspersönlichkeiten in den Verbandsvorständen sichern eine aktive Mitgestaltung der Rahmenbedingungen der Tourismuswirtschaft.

9.3 Verbände der Tourismuswirtschaft

Unter Tourismus verstehen wir unter Anlehnung an Kaspar (1995) die Gesamtheit der Beziehungen und Erscheinungen, die sich aus der Reise und dem Aufenthalt von Personen ergeben, für die der Aufenthaltsort weder hauptsächlicher und dauernder, noch Arbeitsort ist.

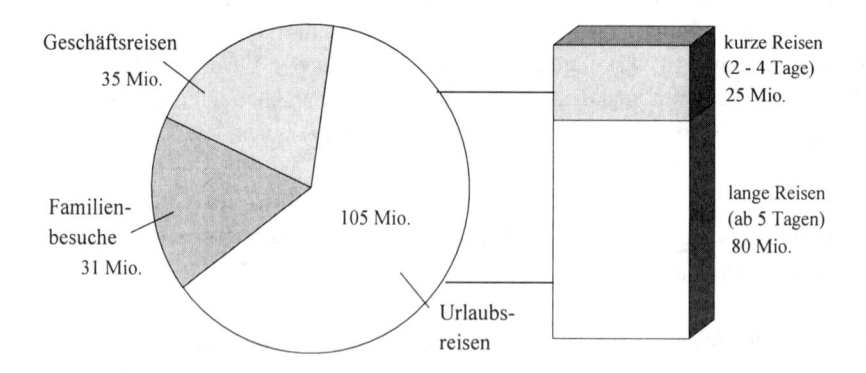

Abb. 1: Übernachtungsreisen 1994/95 – mindestens eine Übernachtung (*Quelle*: Deutscher Reisemonitor)

Diese Definition umfaßt sowohl Urlaubsreisen als auch Geschäftsreisen mit Messe und Kongreßtourismus und Besuche bei Freunden und Verwandten. Die 171 Mio. Übernachtungsreisen im Geschäftsjahr 1994/95 sind laut „Deutschem Reisemonitor" (vgl. Abb. 1) 105 Mio. (61%) Urlaubsreisen, 35 Mio. (21%) Geschäftsreisen und 31 Mio. (18%) Besuche bei Freunden und Verwandten. Entsprechend umfassend ist die Verbandsstruktur im Tourismus, die von den lokalen Fremdenverkehrsorganisationen über Fremdenverkehrsverbände bis zum Bundesverband der Deutschen Tourismuswirtschaft reicht.

Im folgenden werden die Verbände der Tourismuswirtschaft nach ihrer Zugehörigkeit zu den einzelnen Stufen der Wertschöpfungskette vorgestellt. Daher wird zunächst die Wertschöpfungskette in der Tourismuswirtschaft erläutert. Diese Darstellung ermöglicht es, Veränderungen in der Tourismuswirtschaft aufgrund tiefgehender Einflüsse zu verdeutlichen und die sich daraus wandelnde Rolle der Verbände abzuleiten.

9.3.1 Die Wertschöpfungskette im Tourismus

Die Wertschöpfungskette im Tourismus reicht von den natürlichen Standortfaktoren auf der einen Seite bis zu den Reisenden auf der anderen Seite. Die einzelnen Stufen werden im folgenden näher betrachtet.

9.3.1.1 Die natürlichen Standortfaktoren

Unter natürlichen Standortfaktoren werden Landschaft, Vegetation, Klima und raumgestaltende Faktoren wie Dörfer, Städte, Wirtschaftsbetriebe, Verkehr und Bevölkerung verstanden. Die Verkehrsinfrastruktur zur Erschließung und Nutzung touristisch interessanter Regionen umfaßt Straßen, das Schienennetz der Bahn, Flüsse, Seen und Flughäfen.

Vor allem bei Urlaubsreisen sind die natürlichen Standortfaktoren der wichtigste Aspekt des Gesamtangebotes, denn sie sind entscheidend für die Wahl des Zielgebietes und des Urlaubsortes. Der Tourist bevorzugt intakte Landschaften, sauberes Wasser, saubere Strände, gute Luft und ein angenehmes Klima. Ein schwieriger Balanceakt zwischen der Ausschöpfung der natürlichen Ressourcen mit dem Drang zu wirtschaftlichem Wachstum auf der einen Seite und dem Erhalt der natürlichen Standortfaktoren als Geschäftsbasis für die Zukunft auf der anderen ist zu vollziehen. Darin liegt eine zentrale Aufgabe der Verbände, die auf dieser, der touristischen Wertschöpfungskette vorgelagerten Stufe, tätig sind.

Nach Angaben der Deutschen Gesellschaft für Freizeit in Erkrath und verschiedener Fachinstitutionen gehören zu den natürlichen Standortfaktoren in Deutschland 14.900 Gemeinden, davon rund 4.500 in Tourismusverbänden organisiert, 310 Heilbäder und Kurorte, 68 Naturparks mit 55.783 km^2, 11 Nationalparks mit 7.172 km^2, 170.000 km Wanderwege und 20.000 km Radwege.

9.3.1.2 Wertschöpfungsstufe 1: Einrichtungen zur touristischen Nutzung

Die erste Stufe der Wertschöpfungskette im Tourismus bilden Einrichtungen zur touristischen Nutzung. Im einzelnen sind das

- kulturelle Einrichtungen wie Theater, Konzertsäle, Museen, Musicaltheater,
- Einrichtungen für Sport und Unterhaltung wie Stadien, Sporthallen, Kinos,
- Freizeiteinrichtungen wie Vergnügungs- u. Themenparks,
- Gesundheitseinrichtungen im Kur- und Bäderwesen oder Einrichtungen für Fitness und Wellness,
- Messe- und Kongreßzentren.

Nach Angaben der Deutschen Gesellschaft für Freizeit umfaßt die vermarktbare touristische Infrastruktur in Deutschland u.a. 4.800 Museen mit über 91 Mio. Besuchern, 158 öffentliche Theater mit 578 Spielstätten und über 20 Mio. Besuchern, 70.000 Tennisplätze, 11.000 öffentliche Saunaanlagen, 6.500 öffentliche Bäder, 25 Freizeit- und Erlebnisparks ab jeweils 100.000 Besucher pro Jahr.

Ein deutlicher Trend zeigt sich beim Ausbau touristischer Infrastruktur: Immer größere und vielfältigere Freizeitanlagen entstehen, wie z.B. das Freizeit- u. Erlebniscentrum Stuttgart International mit zwei Musical Theatern, Kinos usw. Das neueste Beispiel ist das im September 1996 eröffnete CentrO in Oberhausen, ein riesiger Einkaufs- und Vergnügungspark, der täglich bis zu 70.000 Besucher erwartet. Das CentrO umfaßt Einkaufspassagen, Gastronomie nach drei Themenbereichen, ein Multiplexkino mit 1.500 Sitzen, eine Veranstaltungshalle mit 11.500 Plätzen und zahllose gastronomische Betriebe.

Schließlich gehören auch die Anbieter der lokalen und regionalen Personenbeförderung zur ersten Stufe der touristischen Wertschöpfungskette. Das sind z.B. der öffentliche Personennahverkehr, Seilbahnen, Skilifte und die Schiffahrt auf Flüssen und Seen.

Die Einrichtungen zur touristischen Nutzung bilden die Basis für den stark wachsenden „Eventtourismus". Man denke z.B. an Festspiele, Musikfestivals wie im Rheingau oder in Schleswig-Holstein, Volksfeste wie das Oktoberfest in München, vielfältige Veranstaltungen zum Gedenken an historische Ereignisse und den in den letzten Jahren dynamisch gewachsenen Musicalmarkt.

9.3.1.3 Wertschöpfungsstufe 2: Beherbergungsbetriebe/Gastronomie

Die zweite Stufe der touristischen Wertschöpfungskette umfaßt Beherbergungs- und Gastronomiebetriebe. Die Beherbergung deckt die Spannbreite von internationalen Hotelketten über Kongreßhotels, familienbetriebenen Hotels bis hin zum Privatquartier ab. Dazu zählen auch Einrichtungen wie Jugendherbergen und Campingplätze, die teilweise jedoch eher der touristischen Infrastruktur, der Wertschöpfungsstufe 1 zuzurechnen sind.

Die Bandbreite der Gastronomie ist ähnlich groß wie die der Beherbergungsbetriebe. Sie reicht vom exklusiven Gourmetrestaurant über Spezialitätenrestaurants bis hin zur Systemgastronomie und Imbißbuden bei Sportveranstaltungen und Volksfesten.

Tab. 1: Beherbergungsangebot in Deutschland

	Anzahl der Betriebe	Gästebetten
Hotels	12.611	806.953
Gasthöfe	10.280	235.419
Pensionen	6.104	141.176
Hotel garni	9.231	270.476
Erholungs-/Ferienheime	2.546	190.687
Ferienzentren	43	36.827
Ferienhäuser/Ferienwohnungen	8.360	267.264
Hütten, Jugendherbergen u. ä. Einrichtungen	1.348	113.873
Sanatorien, Kurkrankenhäuser	1.112	164.664
Anzahl der geöffneten Betriebe insgesamt		51.635
Anzahl der angebotenen Betten insgesamt		2.227.339

(*Quelle*: Deutscher Fremdenverkehrsverband (DFV), April 1996 und Statistisches Bundesamt)

9.3.1.4 Wertschöpfungsstufe 3: Zielgebietsagenturen

Bei Betrachtung der touristischen Wertschöpfungskette werden in der Regel die Zielgebietsagenturen nicht als eigenständige Stufe angesehen. Da sie Mehrwerte schaffen, also eine eigene Wertschöpfung haben, sind sie jedoch als ein eigenständiges Glied der touristischen Wertschöpfungskette anzusehen. Zielgebietsagenturen können je nach Größe auf lokaler, regionaler und nationaler Ebene sowie international tätig sein. Ihre Leistungen umfassen

- Information professioneller Partner über die touristischen Möglichkeiten des Zielgebietes,
- Bündelung der Leistungen der Stufen 1 und 2 zu eigenen Angeboten,
- Kalkulation dieser Angebote,
- Ein- und Verkauf,
- Reservierung/Abwicklung/Durchführung,
- Gästebetreuung,
- Abrechnung mit den Partnern der Stufen 1 und 2 (Kreditoren) und der nachfolgenden Stufen (Debitoren).

Häufig bieten Zielgebietsagenturen im Rahmen der Gästebetreuung Tagesprogramme zu den unterschiedlichsten touristischen Anlässen an.

In Deutschland stehen die privatwirtschaftlichen Incomingagenturen häufig in Konkurrenz zu den öffentlich-rechtlichen Fremdenverkehrsorganisationen, die aufgrund ihrer Träger, den Gebietskörperschaften, einen direkten Zugriff auf alle öffentlichen-touristischen Einrichtungen haben.

Im Rahmen der vertikalen Konzentration im Tourismus haben zahlreiche Reiseveranstalter zur Sicherung bestmöglicher Einkaufsbedingungen und einer optimalen Gästebetreuung eigene Zielgebietsagenturen gegründet oder sich an bestehenden Agenturen beteiligt.

9.3.1.5 Wertschöpfungsstufe 4: Personenbeförderung

Die vierte Stufe der touristischen Wertschöpfungskette bildet die Beförderung der Touristen von ihrem Heimatort ins Zielgebiet und wieder zurück.

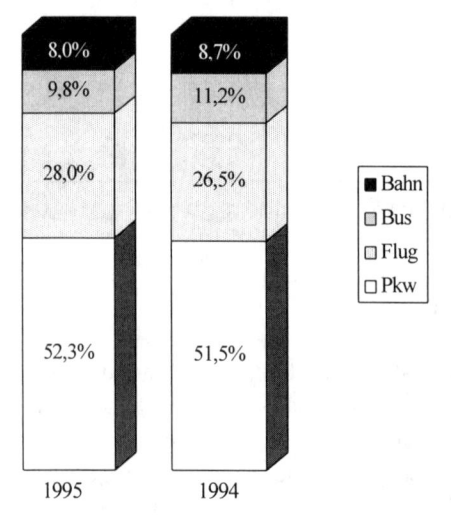

Abb. 2: Verkehrsmittelnutzung bei der Haupturlaubsreise (*Quelle*: Urlaub und Reisen 1996)

Nach „Urlaub und Reisen 1996" war der PKW mit 52,3% das mit Abstand am meisten benutzte Verkehrsmittel bei den Haupturlaubsreisen. Es folgen das Flugzeug mit 28,0%, der Bus mit 9,8% und die Bahn mit 8%. Nicht ausgewiesen wird der Seetransport mit Fähr- oder Kreuzfahrtschiffen. Bei Fähren wird die Autoanreise bestimmend sein und bei Kreuzfahrten werden ebenfalls die Anreisearten zum Schiff die Zuordnung bestimmen.

Bei unserer Betrachtungsweise ordnen wir die Reedereien, die die Personenbeförderungen durchführen, dieser Wertschöpfungskette zu. Die Veranstalter von Kreuzfahrten gehören dagegen zu Stufe 5, den Reiseveranstalten.

9.3.1.6 Wertschöpfungsstufe 5: Reiseveranstalter

Die Reiseveranstalter, also die Großhändler/Wholesaler, bilden die fünfte Stufe der touristischen Wertschöpfungskette. Ihre Bandbreite reicht von den Umsatzmilliardären TUI (5,3 Mrd. DM), NUR (3,3 Mrd. DM), LTT (2,9 Mrd. DM) und DER (1,4 Mrd. DM) über die mittelgroßen Flugreisenveranstalter bis hin zu kleinen Spezialisten, die sich auf ein bestimmtes Zielgebiet, eine Reiseart oder eine bestimmte sportliche Betätigung oder eine sonstige Urlaubsbeschäftigung konzentrieren und auf diesem Spezialgebiet eine hohe Kompetenz haben.

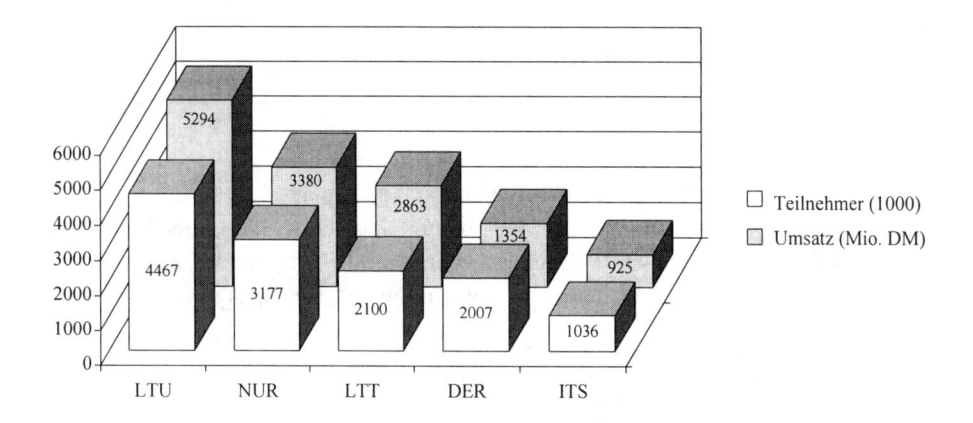

	LTU	NUR	LTT	DER	ITS
Teilnehmer (1000)	4467	3177	2100	2007	1036
Umsatz (Mio. DM)	5294	3380	2863	1354	925

Abb. 3: Die fünf großen deutschen Reiseveranstalter (*Quelle*: FVW International, 1996, Veranstaltermarkt in Zahlen)

Auf dieser Stufe findet unverändert ein starker Konzentrationsprozeß statt. Die Branchenführer orientieren sich dabei aus kartellrechtlichen Gründen mehr in vertikaler und weniger in horizontaler Richtung. So hat LTU die Veranstaltermarken gerade neu strukturiert und Condor hat sich, außer an Kreutzer und Air Marin auch an Öger Tours und an Fischer Reisen beteiligt.

Ein Beispiel für eine horizontale Bündelung der Kräfte ist die Frosch Touristik Gruppe. Das Mix aus neun Veranstaltern wird nunmehr unter einer Führungsmarke zusammengefaßt, der Frosch Touristik International (FTI), die im Geschäftsjahr 1996/97.900 Mio. DM Umsatz ansteuert.

3.1.7 Wertschöpfungsstufe 6: Reisemittler

Die Reisemittler, also die Einzelhändler/Retailer, stellen die sechste und letzte Stufe der Wertschöpfungskette dar. Nach Angaben der DER Marktforschung gab es 1995 18.000 Reisevertriebsstellen.

Tab. 2: Reisevertriebsstellen 1995

	1995	1994	Variation
klassische Reisebüros	4.800	4.400	+ 9%
Touristik-Reisebüros	6.700	6.600	+ 2%
Nebenerwerbs-Reisebüros	6.500	6.500	+/- 0%
Reisevertriebsstellen			
alte Bundesländer	15.800	15.400	+ 3%
neue Bundesländer	2.200	2.100	+ 5%
Gesamt	18.000	17.500	+ 3%
davon:			
IATA-Agenturen	4.191	3.833	+ 9%
DB-Agenturen	2.627	2.444	+ 5%

(*Quelle*: DER Marktforschung)

Das sind 3% mehr als 1994. Die Struktur geht im einzelnen aus Tabelle 2 hervor. Der Gesamtumsatz des Reisebüromarktes 1995 beträgt laut DER Marktforschung 41,2 Milliarden DM. Zu diesem Umsatz trägt die Touristik 58% (vermittelte und eigenveranstaltete Touristik), Flugvermittlung 33% sowie Bahn und Sonstiges jeweils 5% bei.

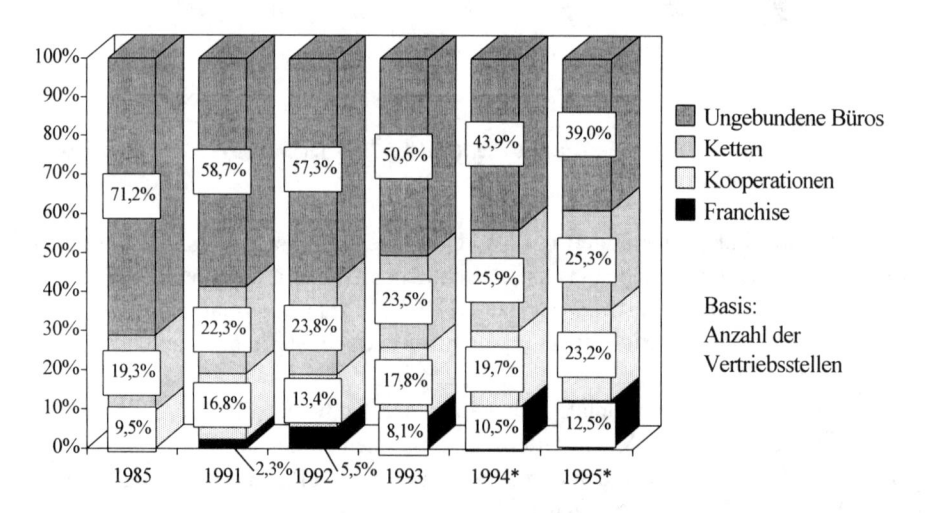

Abb. 4: Marktanteilsentwicklung im Reisemittlermarkt (*Quelle*: Kreilkamp et al., 1996, S. 43)

Bei den Reisevertriebsstellen können nach ihren Eigentümern bzw. Zugehörigkeit unterschieden werden

- Eigenvertrieb Reiseveranstalter wie z.B. die NUR Reisebüros,
- Reisebüroketten wie z.B. Hapag-Lloyd,

- Franchisesysteme wie z.B. FIRST,
- Kooperationen wie z.B. Tour Contact,
- Ungebundene Reisebüros.

Wie aus der Abbildung 4, Marktanteilsentwicklung im Reisemittlermarkt, hervorgeht, haben sich die Marktanteile der aufgeführten Gruppen in den letzten 10 Jahren dramatisch verändert. So ist der Anteil der ungebundenen Büros von 71,2% in 1985 auf 39,0% in 1995 zurückgefallen. Gleichzeitig sind die Ketten von 19,3% auf 25,3%, die Kooperationen von 9,5% auf 23,2% und Franchise-Büros von 0% auf 12,5% Marktanteil gewachsen. Der Eigenvertrieb der Reiseveranstalter ist je nach Art den Ketten bzw. den Franchise-Büros zuzurechnen.

Zur Profilierung am lokalen und regionalen Markt, zur Ansprache von Organisationen, gesellschaftlichen Gruppierungen und Unternehmen und damit letztlich zur Zukunftssicherung veranstalten immer mehr Reisebüros eigene Reisen. Sie greifen dazu auf Bausteine der Reiseveranstalter und/oder auf Angebote der vorgelagerten Stufen der Wertschöpfungskette zurück. D.h., viele Reisemittler, also Einzelhändler, übernehmen zusätzlich Veranstalter- und damit Großhändlerfunktionen.

9.3.1.8 Der Kunde/Endverbraucher

Im Mittelpunkt der wirtschaftlichen Tätigkeit aller Wertschöpfungsstufen steht der Kunde. In Deutschland haben wir mit über 70% eine sehr hohe Reiseintensität erreicht, die keine großen Wachstumssprünge mehr erwarten läßt. Die Marktentwicklung bei den Reisen ab 5 Tagen Dauer geht aus Abbildung 5 hervor.

Neben dem Gesamtmarkt wird die Entwicklung bei den Veranstalterreisen, die über Reisebüros und Reiseveranstalter gebucht werden, und den „anderen Reisen", die selbst organisiert werden, dargestellt.

Auch wenn der Markt insgesamt nicht mehr spürbar wachsen oder sogar leicht rückläufig sein sollte, gibt es für die Reiseveranstalter bei dem immer noch hohen Individualreiseanteil ein großes Wachstumspotential. Daraus leiten sich Aufgaben für die Verbände, die die Reiseveranstalter und Reisemittlerstufe vertreten, ab. Auch die Entwicklung der In- und Auslandsreisen, die ja vom Kunden bestimmt wird, hat Einfluß auf die Arbeit der Verbände der einzelnen Wertschöpfungsstufen.
Die Verbände, die den Deutschlandtourismus fördern, stehen in einer gewissen Konkurrenz zu den Verbänden der Reiseveranstalter und Reisemittlerstufen, die primär vom Auslandstourismus leben.

In der 36. Sitzung des Ausschusses für Fremdenverkehr und Tourismus am 23. September 1996 in Bonn, der eine öffentliche Anhörung zum Thema „Wie stärken wir den Tourismusstandort Deutschland?" zum Inhalt hatte, wurde erneut das Argument gebracht, man müsse zur Förderung des Inlandstourismus den Auslandstourismus, z.B. durch die Erhebung einer Kerosinsteuer, stärker belasten.

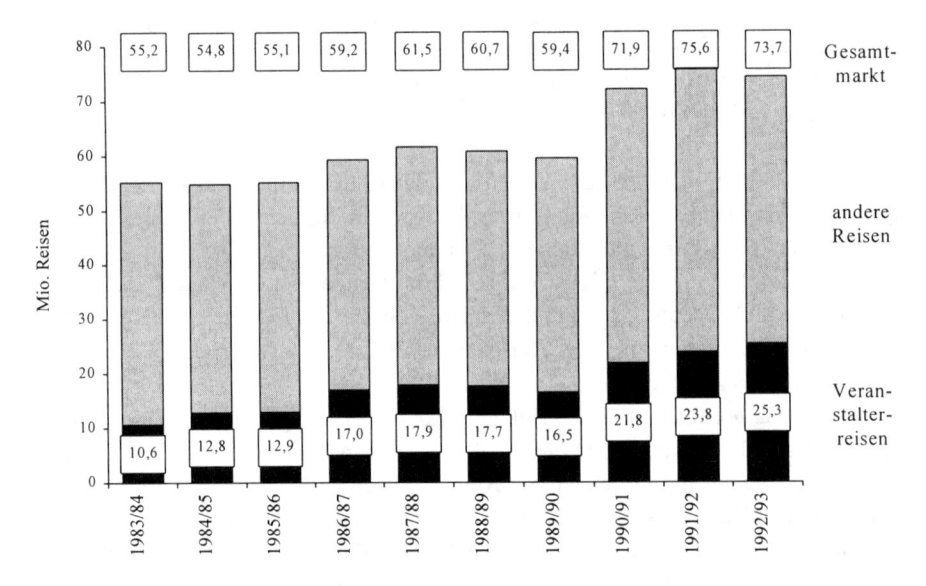

Abb. 5: Gesamtmarktentwicklung – Reisen ab 5 Tagen Dauer (*Quelle*: Kreilkamp, 1995, S. 70)

Bei dieser Argumentation wird folgendes übersehen: Die Frage der Kerosinbesteuerung kann nur international gelöst werden. Andernfalls würde bei der äußerst intensiven Wettbewerbssituation ein zusätzlicher Standortnachteil für betroffene deutsche Unternehmen geschaffen. Deutschland-Urlaub kann nicht per Verordnung, sondern nur über eine entsprechende Produkt- und Servicepolitik und ein ansprechendes Preis-/Leistungsverhältnis im Vergleich zu Auslandsurlaub wettbewerbsfähiger werden. Hinzu kommen eine wirkungsvolle Kommunikationspolitik und die Erschließung des Vertriebsweges Reisebüro.

9.3.2 Die Verbände der einzelnen Wertschöpfungsstufen

9.3.2.1 Natürliche Standortfaktoren

Lokale Fremdenverkehrsorganisationen
Unternehmen, Orts- und Kreisverbände der Unternehmenszweige und Berufsgruppen und die kommunalen Fremdenverkehrsstellen (Verkehrsämter, Verkehrsvereine, Kurverwaltungen) gestalten das örtliche Fremdenverkehrsangebot bzw. nehmen in Selbstverwaltung die Angelegenheiten auf Ortsebene wahr. Die kommunalen Fremdenverkehrsstellen unterstehen meist der unmittelbaren Verwaltung der Kommunen. Die Finanzierung dieser Stellen erfolgt aus dem kommunalen Haushalt bzw. bei Fremdenverkehrsvereinen aus Mitgliedsbeiträgen und Zuwendungen öffentlicher Mittel. Weiterhin existieren privatwirtschaftliche Organisationsformen.

Aufgaben auf Ortsebene sind vor allem die Gestaltung einer dem Ort oder dem Kreis angepaßten Infrastruktur, die Gewinnung von Gästen durch geeignetes Marketing und die Gästebetreuung vor Ort.

Auf regionaler Ebene haben sich darüber hinaus einzelne Gemeinden zur effektiven Wahrnehmung der Fremdenverkehrsaufgaben zu Fremdenverkehrsgemeinschaften zusammengeschlossen.

Landesfremdenverkehrsverbände
Auf Landesebene sind die Fremdenverkehrsgemeinden meist zu Landesfremdenverkehrsverbänden zusammengefaßt. Außerdem vertreten sieben Landes-Bäderverbände die spezifischen regionalen Interessen ihrer Heilbäder und Kurorte. Diese Verbände sind in der Regel als eingetragene Vereine organisiert und finanzieren sich aus den Mitgliedsbeiträgen, die Fremdenverkehrsverbände teilweise auch aus Zuwendungen öffentlicher Mittel. Hauptaufgabe auf Landesebene ist das Marketing im weitesten Sinne für das Verbandsgebiet bzw. die Betreuung und die Beratung der Mitglieder. Darüber hinaus kooperieren die Verbände beratend mit den Länderregierungen und setzen sich bei Spitzenorganisationen für die Probleme der Region und der Mitglieder ein.

In die Hoheit der Länder fallen vor allem die Förderung der touristischen Infrastruktur der Region, die Gewerbeförderung, die Förderung des Kurwesens und des Sozialtourismus. Weiterhin unterstützen die Länder Marketingmaßnahmen und Forschungsprojekte. Hierdurch gewinnen die Länder Einfluß auf die Fremdenverkehrspolitik in den Kommunen.

Auf Bundesebene gibt es folgende Spitzenorganisationen, deren Aufgabe es ist, die Interessen des deutschen Fremdenverkehrs bzw. der deutschen Fremdenverkehrswirtschaft zu vertreten und den Inlands- bzw. Auslandsreiseverkehr zu fördern.

Deutscher Fremdenverkehrsverband e.V. (DFV)
Der im Jahre 1902 gegründete Deutsche Fremdenverkehrsverband e.V. wird von seinen Mitgliedern, den Landes- und regionalen Fremdenverkehrsverbänden sowie Städten und kommunalen Spitzenverbänden wie dem Deutschen Landkreistag, dem Deutschen Städte- und Gemeindebund getragen. Als fördernde Mitglieder gehören zum Deutschen Fremdenverkehrsverband e.V.:

- Allgemeiner Deutscher Automobilclub e.V. (ADAC),
- Deutscher Camping-Club e.V. (DCC),
- Deutscher Schaustellerbund e.V. (DSB),
- Gesellschaft für Nebenbetriebe der Bundesautobahnen mbH (GfN),
- Jaeger-Verlag GmbH,
- Köln-Düsseldorfer Deutsche Rheinschiffahrt AG (KD),
- Verband Deutscher Wohnwagenhersteller e.V.

Der DFV hat insgesamt 75 Mitglieder, davon 23 Mitgliedsverbände, 31 Mitgliedsstädte, 18 fördernde Mitglieder und 3 kommunale Spitzenverbände. Der satzungsgemäße Zweck des Verbandes wurde wie folgt festgelegt:

- Vertretung der Interessen der deutschen Fremdenverkehrsverbände und der Mitgliederstädte gegenüber Legislative und Exekutive des Bundes;
- Zusammenarbeit mit anderen Verbänden und Institutionen auf Bundesebene unter Wahrung der Interessen der Mitglieder für ihre Vertretung bei der Deutschen Zentrale für Tourismus (DZT);
- Koordinierung der Zusammenarbeit der Mitglieder des Verbandes, Unterrichtung, Beratung und Beistand in Fachfragen;
- Öffentlichkeitsarbeit und Marketing auf Bundesebene;
- Förderung der Aus- und Fortbildung der im Fremdenverkehr tätigen Personen;
- Förderung der Forschung und Lehre auf dem Gebiet des Fremdenverkehrs.

Das Schwergewicht der Arbeit des Verbandes liegt in der Wahrnehmung der fremdenverkehrspolitischen Aufgaben gegenüber der Bundesregierung. Der Deutsche Fremdenverkehrsverband ist bestrebt, in Verbindung mit den Leistungsträgern des Fremdenverkehrs und seinen Partnern die deutsche Fremdenverkehrswirtschaft abzusichern. Sein Hauptanliegen ist es, dem Urlaub in Deutschland wieder zu mehr Bedeutung zu verhelfen.

Deutsche Zentrale für Tourismus (DZT)
Nach ihrer Satzung hat die vor über 40 Jahren gegründete Deutsche Zentrale für Tourismus e.V. die Aufgabe, für den Tourismus nach der Bundesrepublik Deutschland zu werben und dabei die Zusammenarbeit mit den dafür maßgeblichen nationalen und internationalen Stellen zu pflegen.

Ihre Ziele sind die Sicherung und der Ausbau der touristischen Position Deutschlands im Wachstumsmarkt Tourismus. Konkret bedeutet das:

- Steigerung der Zahl der Ausländerübernachtungen,
- Steigerung der Einnahmen aus dem Ausländerreiseverkehr,
- Erhöhung des Marktanteils im internationalen Tourismus,
- Beratung und Förderung strukturschwacher Regionen, Verbesserung der Markttransparenz,
- Sicherung und Schaffung von Arbeitsplätzen in der mittelständischen Fremdenverkehrswirtschaft.

Die DZT mit Sitz in Frankfurt am Main hat 17 Mitglieder, die sich aus den übrigen Spitzenverbänden des Fremdenverkehrspräsidiums und touristischen Großunternehmen wie Deutsche Lufthansa, Deutsche Bundesbahn etc. zusammensetzen. Die Deutsche Zentrale für Tourismus ist eine von der Bundesregierung geförderte Fremdenverkehrsorganisation.

Corps Touristique (CT)
Das Corps Touristique ist eine Vereinigung ausländischer Vertreter für Fremdenverkehr und Eisenbahnen in der Bundesrepublik Deutschland mit Sitz in Frankfurt am Main. Das Corps Touristique in Deutschland ist der ANTOR, der Vereinigung aller CTs weltweit, angeschlossen. Die Hauptziele des Corps Touristique sind:

– Unterstützung neuer Mitglieder bei ihrer Etablierung auf dem äußerst wichtigen deutschen Markt,
– Vertretung der gemeinsamen Interessen der Mitglieder gegenüber Bundes- und Landregierungen, nationalen Reise- und Tourismusorganisationen und Verbänden, Fachmessegesellschaften sowie der Fachpresse usw. und
– Förderung eines besseren Verständnisses des deutschen Reisemarktes sowie des Tourismus im allgemeinen bei den Mitgliedern mit Hilfe von Seminaren, Studienreisen usw.

Erhöhter Nachdruck wird dabei allen Aspekten der Erhaltung der Umwelt beigemessen. Das Corps Touristique zählt 85 aktive Mitglieder aus aller Welt und 18 Ehrenmitglieder.

Arbeitsgemeinschaft Deutscher Verkehrsflughäfen (ADV)
Die im Jahre 1947 gegründete Arbeitsgemeinschaft Deutscher Verkehrsflughäfen mit Sitz in Stuttgart ist die Dachorganisation der deutschen Verkehrsflughäfen. Zu ihren Aufgaben gehört die Wahrnehmung der gemeinsamen Belange der deutschen Verkehrsflughäfen und Verkehrslandeplätze, die Beratung von Behörden des Bundes und der Länder bei der Vorbereitung und Durchführung von Gesetzen und sonstigen Maßnahmen.

Der ADV hat 99 Mitglieder, davon 58 ordentliche, 38 außerordentliche und 3 korrespondierende Mitglieder.

9.3.2.2 Einrichtungen zur touristischen Nutzung

Deutscher Bäderverband e.V. (DBV)
Die primäre Aufgabe des im Jahre 1892 gegründeten Deutschen Bäderverbandes e.V. ist die Bemühung um die Förderung des Kur- und Bäderwesens sowie die Erhaltung der hierzu notwendigen Ressourcen der Natur. Der Deutsche Bäderverband wird korporativ von fünf weiteren Bundesverbänden getragen, die ihrerseits die verschiedenen wissenschaftlichen Komponenten des Kurwesens repräsentieren:

– Wirtschaftsverband Deutscher Heilbäder und Kurorte e.V. als Zusammenschluß der rund 260 staatlich anerkannten Kurorte,

– Verband Deutscher Badeärzte e.V. als Interessenvertretung der Kurortmedizin, Bädertechnik, Geologie, Geochemie, und der Geophysik, Meteorologie und anderer angrenzender Wissenschaftsdisziplinen,
– Verband Deutscher Heilbrunnen und Verband Deutscher Heilbrunnen-Großhändler als Organisationen der Produzenten und Vertreiber der Versandheilwässer.

Neben der gesundheitspolitischen Tätigkeit hat der DBV in enger Zusammenarbeit mit dem DFV federführend tourismuspolitische Entwicklungen eingeleitet und fortgeführt (z.B. Qualitätsnormen), die in gesetzliche Bestimmungen übergegangen sind und der gesamten Fremdenverkehrswirtschaft als Orientierung dienen. Der DBV mit Sitz in Bonn hat 6 Verbände als Mitglieder.

Ausstellungs- und Messe-Ausschuß der Deutschen Wirtschaft e.V. (AUMA)
Der AUMA mit Sitz in Köln ist der Bundesverband der deutschen Messewirtschaft. Er wurde 1906 gegründet als „ständige Ausstellungskommission für die deutsche Industrie" und ist heute die von allen interessierten Wirtschaftsgruppen getragene Zentralorganisation für das Ausstellungs- und Messewesen der Bundesrepublik Deutschland Ihm gehören die Spitzenverbände der Industrie, des Handwerks, des Handels und der Landwirtschaft, des Hotel und Gaststättengewerbes sowie der Deutsche Industrie- und Handelstag an. Außerdem wird der AUMA von den deutschen Messe- und Ausstellungsveranstaltern, den Durchführungsgesellschaften für Auslandmessebeteiligungen und einer Reihe wichtiger Fachorganisationen der Industrie getragen.

Generelle Aufgaben des AUMA ist die Wahrung der gemeinsamen Belange der Wirtschaft auf dem Gebiet des Messe- und Ausstellungswesens. Er sammelt Fakten über alle Messen und Ausstellungen auf fünf Kontinenten, er informiert über alle wichtigen Messen und Ausstellungen in der Bundesrepublik Deutschland und allen Teilen der Welt, er koordiniert Marktveranstaltungen im In- und Ausland mit den Erfordernissen der deutschen Wirtschaft, er wertet die Bedeutung durchgeführter und geplanter Veranstaltungen in Europa und in Übersee aus, er berät Firmen, Verbände, Kammern, Behörden der Gemeinden, der Länder und des Bundes in allen Fragen des Ausstellungs- und Messewesens, er hält Kontakte mit internationalen und nationalen Organisationen des Ausstellungs- und Messewesens. Der AUMA vertritt schließlich die Interessen der Messewirtschaft gegenüber Gesetzgeber, Behörden und anderen Institutionen.

Deutsches Kongressbüro (GCB)
Bei dem Deutschen Kongreßbüro mit Sitz in Frankfurt am Main handelt es sich um eine nicht-gewinnorientierte Einrichtung zur Förderung und Werbung für das Kongreßland Bundesrepublik Deutschland und, in Verbindung damit, Werbung für touristische Anschlußprogramme. Entsprechend einem Untervertrag mit der DZT und in deren Auftrag akquiriert das GCB das Tagungs- und Kongreßgeschäft im Ausland. Es wird unterstützt und finanziert durch die Spitzenverbände der Reiseindustrie, Verkehrsunternehmen, führende Tagungsstädte, Hotels und Reisebüros.

Verband Deutscher Freizeitunternehmen e.V. (VDFU)
Der VDFU mit Sitz in Würzburg bezweckt die Förderung und den Schutz der gewerblichen, der wirtschaftlichen sowie der Berufs- und Standesinteressen seiner Mitglieder auf gemeinnütziger Grundlage. Zu seinen Aufgaben gehört die Vertretung der Interessen der Mitglieder in politischen Organen sowie gegenüber Behörden und sonstigen Institutionen, Ermittlung der in der Branche üblichen Geschäftsgebräuche und Herausgabe darauf aufbauender Richtlinien, regelmäßige Information der Mitglieder über Neuentwicklung in der Freizeittechnologie und Freizeitwissenschaft, Unterstützung von wissenschaftlichen Vorhaben zur Erforschung des Freizeitverhaltens der Bevölkerung, Durchführung von Fachtagungen und Schulungskursen. Zur Erfüllung seiner Aufgaben vertritt der Verband die gewerbepolitischen Interessen seiner Mitglieder ferner in der Öffentlichkeit und in anderen Organisationen.

Der VDFU hat 98 Mitglieder, davon 59 Freizeitparks und 39 Freizeittechnologie-Hersteller und Zulieferer.

Internationaler Verband der Stadt-, Sport- und Mehrzweckhallen (VDSM)
Der VDSM mit Sitz in Berlin ist der Fachverband für rund 250 Mitgliedseinrichtungen aus acht europäischen Ländern mit einer Gesamtplatzkapazität von über einer halben Million Plätze für Veranstaltungen jeglicher Art und jeder Größenordnung. Zweck und Aufgabe des Verbandes ist es, für seine Mitglieder ein Forum zur beruflichen Zusammenarbeit, zur gegenseitigen Hilfe und zu internationalem Gedankenaustausch zu bilden. Besonders widmet sich der VDSM der Förderung und Beratung seiner Mitglieder bei der Errichtung und dem Betrieb von multifunktionalen Veranstaltungsstätten. Im VDSM bündeln sich technisches Fachwissen, betriebswirtschaftliche Erkenntnisse und funktionales Know-how aus jährlich über 300.000 Veranstaltungen in den Verbandseinrichtungen. Die Summe an Wissen aus dieser Vielzahl von Ereignissen und Kontakten kommt dem einzelnen Mitglied ebenso zugute wie den Nutzern der VDSM-Veranstaltungszentren, den professionellen Anbietern und Agenturen aus Show, Entertainment und Kultur wie auch den Veranstaltern aus Vereinen, Verbänden, Unternehmen und Organisationen aus Wirtschaft und Politik.

Verband Deutscher Verkehrsunternehmen e.V. (VDV)
Der Sitz des VDV ist Köln. Der Verband feierte im Oktober 1995 sein 100jähriges Jubiläum. Im VDV sind seit 1. Januar 1991 die Unternehmen des öffentlichen Personennahverkehrs (ÖPNV) und des Güterverkehrs mit Schwerpunkt Eisenbahn-Güterverkehr in Deutschland organisiert. Die Mitgliederversammlungen des Verbandes öffentlicher Verkehrsbetriebe (VÖV), des Bundesverbandes Deutscher Eisenbahnen, Kraftverkehre und Seilbahnen (BDE) sowie des VEV der ehemaligen DDR hatten am 6. November 1990 in Köln den Zusammenschluß zum VDV beschlossen. Die Geschichte des Verbandes begann mit dem 1895 gegründeten „Verein Deutscher Straßen- und Kleinbahnverwaltungen".

Dem VDV gehören 474 Verkehrsunternehmen als ordentliche Mitglieder sowie 47 außerordentliche Mitglieder an. 363 Mitgliedsunternehmen betreiben öffentlichen Personennahverkehr mit den Betriebszweigen U-Bahn, Stadtbahn, Straßenbahn, Eisenbahn, Bahnen besonderer Bauart, Omnibus und Bus. Insgesamt werden die Verkehrsmittel aller VDV-Unternehmen incl. des Mitgliedes DB AG im gesamten Bundesgebiet von rund 8,6 Mrd. Fahrgästen benutzt. Das entspricht einem Anteil von ca. 90% am Gesamtmarkt ÖPNV auf Schiene und Straße. Täglich befördern die VDV-Unternehmen rund 22 Mio. Fahrgäste.

Der Verband sieht seine Aufgabe in der Beratung der Mitgliedsunternehmen, in der Pflege des Erfahrungsaustausches zwischen ihnen und der Erarbeitung einheitlicher technischer, betrieblicher, rechtlicher und wirtschaftlicher Grundsätze mit dem Ziel einer bestmöglichen Betriebsgestaltung. Er vertritt außerdem die Interessen der Unternehmen gegenüber Parlamenten, Behörden, Industrie und anderen Institutionen.

Die regionalen Belange der Mitgliedsunternehmen werden von neun Landesgruppen wahrgenommen. 24 Fachausschüsse befassen sich mit der Lösung besonderer Probleme des Verbandes und seiner Mitgliedsunternehmen.

Verband deutscher Seilbahnen (VDS)
Der Verband Deutscher Seilbahnen (VDS) mit Sitz in München ist ein Zusammenschluß der in Deutschland ansässigen Seilbahn-, Schlepplift- und Zahnradbahn-Unternehmen. Ziel ist die Interessenvertretung der Seilbahnwirtschaft, Zusammenarbeit mit nationalen und internationalen Organisationen des Sports wie des Natur- und Umweltschutzes, Mitarbeiterschulung, Beratung und Information in technischen Fragen des Seilbahnwesens (Sicherheit, Betriebsführung etc.). Nach Angabe des VDS erbrachten 1992 in Deutschland 152 Seilbahnen, 1.243 Schlepplifte und 4 Zahnradbahnen 33 Mio. Beförderungsfälle.

Bundesverband Wassersportwirtschaft e.V. (BWVS)
Der im Jahre 1961 gegründete BWVS mit Sitz in Köln ist ein Wirtschaftsverband für Unternehmen der Wassersportbranche. Er hat 650 Mitglieder. Kooperationsverbände sind der Verband Deutscher Sportbootsschulen e.V., der Bundesverband der Österreichischen Bootswirtschaft und der Bundesverband der Surfindustrie e.V.

9.3.2.3 Beherbergungsbetriebe/Gastronomie

Deutscher Hotel- und Gaststättenverband (DEHOGA)
Der im Jahre 1949 gegründete Deutsche Hotel- und Gaststättenverband ist laut seiner Satzung die Interessenvertretung des Gastgewerbes auf Bundesebene für die ideellen, beruflichen, wirtschaftlichen, steuerlichen, sozial- und tarifpolitischen Belange des deutschen Hotel- und Gaststättengewerbes. Ihm obliegt es, die Berufsbildung und wissenschaftliche Forschungsarbeit auf diesen Gebieten zu fördern und die Anliegen seiner Mitglieder in der Öffentlichkeit sowie gegenüber einer Vielzahl von Behörden, Verbänden und Organisationen zu vertreten. Der DEHOGA und seine Landesverbände

sind Sozial- bzw. Tarifpartner der Gewerkschaft Nahrung, Genuß, Gaststätten (NGG) und deren Unterorganisationen.

Durch seine Bemühungen um eine stetige Verbesserung der äußeren und inneren Rahmenbedingungen dient der DEHOGA den unmittelbaren Interessen jedes einzelnen Betriebes und der gesamten Branche. Grundlage und Voraussetzung für jeglichen Tourismus ist ein gesundes und leistungsfähiges Hotel- und Gaststättengewerbe als Hauptleistungsträger des Fremdenverkehrs in der Bundesrepublik Deutschland.

Mitglieder des Deutschen Hotel- und Gaststättenverbandes sind dessen 19 regionale Mitgliedsverbände.

International Hotel Association (IHA)
Die IHA ist der Weltverband der Hotellerie mit Sitz in Paris. Ihr deutsches Mitglied ist der DEHOGA in Bonn. IHA gibt jährlich neu den „International Hotel Guide" mit allen notwendigen Angaben über die angeschlossenen Hotels sowie den „World Directory of Travel Agencies" als Verzeichnis von Reisebüros heraus. Die IHA ist darüber hinaus auch Fachverband in Deutschland mit rd. 500 Mitgliedshotels der gehobenen Kategorie. Sie ist Mitglied im DEHOGA.

Verband der Campingplatzhalter in Deutschland e.V. (VCD)
Der VCD bezweckt den Zusammenschluß aller Campingplatzhalter in der Bundesrepublik Deutschland zur Erreichung einer ordnungsgemäßen Campingplatzgestaltung nach gleichen Grundsätzen, Richtlinien und Maßstäben sowie zur Förderung der Freizeit und Erholung in der freien Landschaft. Er hat seinen Sitz in Wittenborn. Der VCD verfolgt das Ziel, alle in Deutschland bestehenden Landesverbände der Campingplatzhalter und -unternehmer zusammenzuschließen (zur Zeit 11 Landesverbände). Er vertritt die Interessen seiner Mitglieder gegenüber Behörden, Verbänden und anderen Institutionen. Er betreut und berät seine Mitglieder in Fragen, die im Zusammenhang mit dem Campingwesen, der Führung und Ausstattung eines Campingplatzes und in Landesverbandsangelegenheiten auftreten. Der VCD besteht aus 11 Landesverbänden mit insgesamt ca. 1.200 Mitgliedern.

9.3.2.4 Zielgebietsagenturen

Es ist kein Verband der Zielgebietsagenturen in einzelnen Ländern bekannt. In vielen Ländern sind jedoch die Incoming Agenturen, häufig Reisebüros, die nicht nur inländische Angebote sondern auch Auslandsreisen vermitteln. Wie in Deutschland im Deutschen Reisebüro-Verband (DRV), sind auch im Ausland zahlreiche Incoming/Zielgebietsagenturen in den Reiseveranstalter und Reisebüroverbänden organisiert.

9.3.2.5 Personenbeförderung

Arbeitsgemeinschaft Deutscher Luftverkehrsunternehmen e.V. (ADL)
Die ADL vertritt die Interessen der sieben deutschen Feriengesellschaften Aero Lloyd, Air Berlin, Condor, Germania, Hapag-Lloyd, LTU und LTS gegenüber Öffentlichkeit, Parlament, Behörden, Flughäfen, Flugsicherung und nationalen sowie internationalen Organisationen. Ihr Sitz ist Bonn. Über 50 Prozent aller Flugreisen des grenzüberschreitenden deutschen Quellverkehrs erfolgen auf Flügen der ADL. Bei den sieben Gesellschaften sind ca. 120 Jets in Kurz-, Mittel- und Langstreckenverkehr im Einsatz. In Sicherheit, Komfort und auch in Umweltbelangen nimmt die Flotte eine Spitzenstellung in der Weltluftfahrt ein.

Board of Airline Representatives in Germany (BARIG)
Der Board of Airline Representatives in Germany e.V. (BARIG) ist der 1947 gegründete Verband der in der Bundesrepublik Deutschland geschäftlich vertretenen Fluggesellschaften. Sein Sitz ist Frankfurt am Main. Mitglied können alle Luftfahrtunternehmen werden, die Flugverkehr von, nach und in der Bundesrepublik Deutschland betreiben oder die in der Bundesrepublik Deutschland eine Niederlassung oder ihren Sitz (in Deutschland on- oder offline tätige Airlines) haben.

Vereinszweck ist satzungsgemäß die Vertretung, Förderung und Sicherung der gemeinsamen kommerziellen und gewerblichen Interessen seiner Mitglieder insbesondere durch Kontaktpflege auf nicht gewinnorientierter Basis mit:

- Bundes- und Landesregierungen sowie deren Einrichtungen,
- Kommunalvertretern,
- Flughafenbetreibergesellschaften und den damit verbundenen Einrichtungen,
- Medien,
- Spediteurverbände und Vereinigungen von Reiseagenturen,
- Personenbeförderern, Frachtführern und Spediteuren,
- Verbrauchervereinigungen und -verbänden,
- Umweltschutzorganisationen,
- allen anderen gesellschaftlich relevanten Gruppierungen,
- sowie der Öffentlichkeit im weitesten Sinne.

BARIG dient auch dem Informations- und Meinungsaustausch seiner Mitglieder. Ihm gehören 97 ausländische und deutsche Airlines an.

RDA-Internationaler Bustrouristik Verband e.V. (RDA)
Der seit dem Jahre 1951 bestehende RDA versteht sich als Interessengemeinschaft der Busreiseveranstalter und deren Vertragspartner. Er hat seinen Sitz in Köln. Zu seinen wichtigsten Aufgaben gehört die

- Förderung der Bustouristik,
- die Wahrnehmung der tourismuspolitischen Interessen der Mitglieder gegenüber Behörden, Organisationen und der Öffentlichkeit im In- und Ausland,
- die Förderung der gegenseitigen Unterstützung und des Erfahrungsaustausches unter den Mitgliedern sowie
- die Förderung des Vertriebs von Busreisen.

Der RDA zählt 3.000 Mitglieder in 32 Nationen.

Bundesverband Deutscher Omnibusunternehmen (BDO)
Der BDO mit Sitz in Bonn wurde 1980 unter Herauslösung verschiedener Landesverbände aus dem BDP als eigenständige Vertretung des privaten Busgewerbes gegründet. Er schließt heute alle Landesverbände des privaten Omnibusgewerbes als Dachverband zusammen. Über ihre Landesverbände sind bundesweit ca. 5.600 private Unternehmen Mitglied. Zu seinen Aufgaben zählt die Vertretung der fachlichen und gewerbepolitischen Interessen auf Bundesebene und im internationalen Bereich. Sein zentrales Anliegen ist die Erhaltung und Verbesserung eines leistungsfähigen öffentlichen Personennahverkehrs zu akzeptablen Fahrpreisen auch außerhalb der Ballungsräume sowie die Sicherung der Existenzgrundlagen der Unternehmen im Reiseverkehr, vor allem unter den Rahmenbedingungen des Europäischen Binnenmarktes.

Gütegemeinschaft Buskomfort (gbk)
Die im Jahre 1975 gegründete gbk mit Sitz in Böblingen beschäftigt sich mit der Sicherung der Güte der Ausstattung von Bussen durch das Gütezeichen Buskomfort RAL in seinen fünf verschiedenen Gütestufen. Aufgabe der gbk ist weiter die Sicherung der Güte der Personenbeförderung in Bussen. Darüber hinaus ist die gbk satzungsgemäß verpflichtet, das Gütezeichen Buskomfort RAL bei den interessierten Verkehrskreisen bekannt zu machen. Schließlich beschäftigt sie sich mit der Werbung und Öffentlichkeitsarbeit für den klassifizierten Bus und Busreisen, die mit solchen Bussen durchgeführt werden.

In der gbk sind rund 850 Busreiseveranstalter freiwillig organisiert, weil ihnen das RAL-Gütezeichen Sicherheit und objektive Qualität bietet.

Schiffahrtsverbände
Die deutschen und die in Deutschland operierenden ausländischen Reedereien von Kreuzfahrtschiffen sind in keinem eigenständigem Verband organisiert. Man trifft sich jedoch informell zu „Round Table Gesprächen" an wechselnden Orten. An diesen Gesprächen nehmen sowohl Reedereien als auch Kreuzfahrtveranstalter teil. Eine ganze Reihe der Teilnehmer sind ordentliche bzw. außerordentliche Mitglieder des DRV. Sie treffen sich dann zusätzlich anläßlich der Sitzung des DRV Schiffahrtsausschusses und des Kontaktkreises Schiffahrt.

Die Fährreedereien haben sich zu einer Interessengemeinschaft Fährschiffahrt e.V. in Hamburg zusammengeschlossen. Außerdem gibt es seit 1995 den Verband der Fährschiffahrt und Fährtouristik e.V. (VFF) in Hamburg. Der VFF versteht sich als eine Interessenvertretung der auf dem deutschen Markt vertretenen Fährreedereien und sonstigen Unternehmen, die mit dem Bereich Fährschiffahrt in Verbindung stehen, wie z.B. Busunternehmen und Reiseveranstalter.

9.3.2.6 Reiseveranstalter

Es gibt in Deutschland keinen Verband der ausschließlich Reiseveranstalter als Mitglieder hat. Vielmehr sind Reiseveranstalter und Reisemittler als ordentliche Mitglieder im DRV und im asr zusammengeschlossen. Beide Branchenverbände haben darüber hinaus Unternehmen der vorgelagerten Wertschöpfungsstufen als außerordentliche Mitglieder in ihrem Verband.

Die mehrere Wertschöpfungsstufen umfassende Mitgliedschaft ist eine Besonderheit der Verbände der Reisebranche. Die Gemeinsamkeiten, insbesondere bei der Gestaltung der Rahmenbedingungen in Bonn und in Brüssel sind wesentlich stärker als das Trennende bei Interessenskollisionen zwischen einzelnen Stufen der Wertschöpfungskette. Zusammen wird ein größeres Gewicht bei den Lobbyingaufgaben erreicht als wenn jeweils getrennte Verbände der einzelnen Wertschöpfungsstufen auftreten würden. Außerdem werden Interessenskonflikte zwischen den Wertschöpfungsstufen innerhalb des Verbandes kollegial gelöst.

9.3.2.7 Reisemittler

Deutscher Reisebüro-Verband e.V. (DRV)
Der im Jahre 1950 gegründete Deutsche Reisbüro-Verband e.V. (DRV), Bundesverband der deutschen Reisebüros und Reiseveranstalter, nimmt die Interessen der deutschen Reisebranche war, vor allem der Reiseveranstalter (Produzenten von Pauschalreisen) und der Reisebüros (Reisemittler). Sein Sitz ist Frankfurt am Main.

Im Rahmen der Interessenvertretung der Branche ist der DRV in Tourismusfragen Gesprächspartner

– von Staats-, Bundes- und Länderregierungen im In- und Ausland,
– dem Europäisches Parlament, Bundestag und den Landtagen,
– von Verwaltungen,
– von internationalen Behörden, insbesondere der Europäischen Gemeinschaft,
– von Organisationen der Wirtschaft des In- und Auslandes.

Die Aufgaben des Deutschen Reisebüro-Verbandes sind vielfältig. Es geht zum Beispiel darum – vor allem in kritischen Zeiten – die Vorteile der Veranstalterreise und die Leistungsfähigkeit der Reisebranche der Öffentlichkeit bewußt zu machen und so ein positives Klima zu schaffen. Gegenüber Parlament und Regierung sind günstige rechtliche und wirtschaftliche Rahmenbedingungen sicherzustellen. Darüber hinaus berät der Verband seine Mitglieder in wirtschaftlichen und rechtlichen, aber auch in alltäglichen praktischen Fragen. Der DRV unterstützt seine Mitglieder bei der Weiterbildung und Weiterentwicklung durch Workshops, Seminare und Schulungen, die ihnen zu günstigen Bedingungen offenstehen.

Der DRV vertritt die Interessen der Reisebüros und Reiseveranstalter gegenüber Leistungsträgern, den Beförderungsgesellschaften zu Lande, zu Wasser und in der Luft wie auch gegenüber den Leistungsträgern in den Urlaubsgebieten der deutschen Touristen. Derzeit zählt der DRV mehr als 4.600 Mitglieder. Davon sind ca. 3.800 Reiseveranstalter und Reisebüros sogenannte ordentliche Mitglieder und über 700 Unternehmen sogenannte außerordentliche Mitglieder.

asr-Bundesverband mittelständischer Reiseunternehmen e.V. (asr)
Der im Jahre 1976 gegründete asr verfolgt als Vertretung des Mittelstandes in der Tourismuswirtschaft den Zweck, die gewerbepolitischen, beruflichen, wirtschaftlichen und rechtlichen Belange seiner Mitglieder und des Berufsstandes zu fördern und zu vertreten. Zielsetzungen des asr sind u.a.:

– Erhalt und Ausbau des Mittelstandes im Reisebüro- und Reiseveranstalter-Gewerbe,
– Moderne Betriebsführung und Verbesserung der Betriebsergebnisse,
– Intensiver Dialog und Erfahrungsaustausch zwischen den Mitgliedsbetrieben durch ERFA-Gruppen, die innerhalb eines Kollegenkreises gleichstrukturierter Unternehmen regelmäßig zusammentreffen,
– Abschluß von Rahmenverträgen mit Vorteilen für die Mitglieder.

Der asr hat insgesamt 1.925 Mitglieder. Davon sind 1.733 ordentliche Mitglieder und 192 außerordentliche Mitglieder.

9.3.2.8 Kunde/Endverbraucher

Verbraucherschutzorganisationen
Dem Kunden/Endverbraucher kommt in unserer Sozialen Marktwirtschaft eine Schlüsselrolle zu. Um ihn dreht sich letztlich alles, denn seine bestmögliche Versorgung mit Waren und Dienstleistungen ist Ziel dieser Wirtschaftsordnung. Dazu gehört, daß jeder in seiner Kaufentscheidung frei ist; es gilt der Grundsatz der Konsumfreiheit.

Seine Rolle am Markt kann der Verbraucher aber nur spielen, wenn er ausreichend informiert ist. Er muß Qualität und Preise vergleichen können, er muß seine Rechte – wie z.B. bei der Pauschalreise – kennen und wissen, wie er sie durchsetzen kann. Der Staat hat viele Gesetze erlassen (z.B. §§ 651a ff. BGB für den Reisevertrag), um den

Verbraucher auf vielen Gebieten in seiner rechtlichen Position und in seiner Stellung am Markt zu stärken.

Rat und Auskunft bekommen Verbraucher, auch bevor „es passiert", bei den verbraucherorientierten Institutionen und Verbänden.

Verbraucherschutzorganisationen

Die Bundesregierung fördert die Information und Beratung der Verbraucher, zum Beispiel, indem sie zahlreiche Verbraucherorganisationen und -institutionen, wie etwa die Arbeitsgemeinschaft der Verbraucherverbände oder die Stiftung Warentest unterstützt.

Die Mittel, die der Bund für Verbraucherinformationen im engeren Sinn sowie für die Vertretung von Verbraucherinteressen bereitstellt, sind beträchtlich. Sie erreichten im Jahre 1994 rund 65 Mio. DM. Zusätzlich gibt es eine Reihe anderer Aufwendungen, die auch dem Verbraucher zugute kommen, beispielsweise Informationsschriften, die die Bundesregierung im Rahmen ihrer Öffentlichkeitsarbeit herausgibt, oder etwa Ausgaben zur Förderung der Verbraucherforschung. Auch die Ausgaben der Bundesländer für verbraucherpolitische Maßnahmen sind beachtlich: 1994 waren es fast 64 Mio. DM. Die verbraucherpolitischen Interessen müssen wirkungsvoll vertreten werden, wenn sie im politischen Prozeß Gehör finden sollen. Die Bundesregierung unterstützt deshalb die Arbeitsgemeinschaft der Verbraucherverbände (AgV), die gegenüber Parlament, Regierung und Wirtschaft für die Belange der Konsumenten eintritt, durch die Bereitstellung von Bundesmitteln.

Vom Bund geförderte Organisationen und Institutionen zur Interessenvertretung und Information der Verbraucher sind u.a:

- Stiftung Warentest, Berlin,
- Arbeitsgemeinschaft der Verbraucherverbände (AgV), Bonn,
- je eine Verbraucherzentrale (VZ) in jedem Bundesland,
- Stiftung Verbraucherinstitut, Berlin,
- Verbraucherschutzverein (VSV), Berlin.

9.3.4 Bundesverband der Deutschen Tourismuswirtschaft e.V. (BTW)

Am 05. Dezember 1995 gründeten acht Verbände und sieben große Unternehmen den Bundesverband der Deutschen Tourismuswirtschaft e.V. (BTW). Zwei außerordentliche Mitglieder wurden am 24.09.1996 neu aufgenommen. Es ist ein Novum in der deutschen Verbandsgeschichte, daß sich starke Verbände und Unternehmen eines Wirtschaftszweiges in einem gemeinsamen Verband zusammenschließen. Die Mitglieder des BTW haben beschlossen, „künftig ihre übergreifenden Interessen und Belange gegenüber Politik, Legislative und Exekutive, Wirtschaft und Öffentlichkeit in Deutschland, Europa und weltweit nur noch mit einer, aber dafür um so gewichtigeren Stimme vertreten zu lassen."

Mit der Entscheidung für den Dachverband sind die jeweiligen Fachverbände nicht aus der Verantwortung entlassen. Sie nehmen auch weiterhin die speziellen Einzelinteressen ihrer Mitglieder wahr. Der Bundesverband wird bewußt auf einen großen Apparat verzichten und nur mit einer kleinen Mannschaft operieren. Er kann jedoch auf die Unterstützung und die Fachkompetenz der gesamten Tourismusbranche zurückgreifen. „Das breite Spektrum von Fachbereichen, das die Tourismusbranche insgesamt und die Fachverbände im einzelnen repräsentieren, wurde immer auch als ihre ‚Achillesferse' angesehen. Denn keine der Einzelorganisationen hatte bisher das nötige Gewicht, in Politik und Öffentlichkeit für die gesamte Branche sprechen und Problemlösungen bei den Entscheidungsträgern einfordern zu können."

Der BTW übernimmt im wesentlichen folgende Aufgabenfelder:

- Er koordiniert die Interessen der Fachverbände und der touristischen Mitgliedsunternehmen und ist Gesprächspartner für Politik, Wirtschaft und Öffentlichkeit bei gemeinsamen Anliegen und Problemen der Branche.
- Er führt den Dialog mit nationalen und internationalen politischen und wirtschaftlichen Institutionen und der Tourismuspolitik in Deutschland und Europa.
- Er setzt sich für eine nachhaltige Verbesserung der politischen Rahmenbedingungen ein und für die Durchsetzung von Chancengleichheit innerhalb der Europäischen Union.
- Er sorgt für eine kompetente Vertretung der Deutschen Tourismuswirtschaft bei wichtigen Auslandskontakten und Präsentationen des Wirtschaftsstandorts Deutschland.

Dem BTW gehören folgenden Verbände und Unternehmen als ordentliche bzw. außerordentliche Mitglieder an:

Verbände:
- Arbeitsgemeinschaft deutscher Luftfahrtunternehmen, ADL
- Bundesverband mittelständischer Reiseunternehmen, asr
- Deutscher Hotel- und Gaststättenverband, DEHOGA
- Deutscher Reisebüro-Verband e.V. (DRV)
- Gütegemeinschaft Buskomfort (gbk)
- IHA – Internationaler Hotelverband Deutschland e.V.
- Internationaler Bustouristik-Verband e.V., RDA

Unternehmen:
- Deutsche Bahn AG
- Deutsche Lufthansa AG
- Hapag-Lloyd Fluggesellschaft mbH
- Infox GmbH & Co. Informationslogistik KG
- Karstadt AG

- NUR Touristic
- LTU International GmbH & Co KG
- Messe Berlin GmbH
- START Holding GmbH
- TUI – Touristik Union International GmbH & Co. KG

Nach der Verabschiedung des Grundsatzprogramms und einer weiteren Konkretisierung der Aktivitäten für 1997 stehen Beitrittsgespräche mit weiteren maßgeblichen Verbänden an. Die Verbände der öffentlich rechtlichen Institutionen der Ebene der natürlichen Standordfaktoren stehen zum Teil dem BTW noch kritisch gegenüber. Die derzeitigen Mitglieder stimmen darin überein, daß die gesamte Tourismuswirtschaft im BTW vertreten sein sollte. Auf der anderen Seite muß die Frage gestellt werden, ob die Aufnahme von Verbänden, die aus öffentlichen Haushalten finanziert werden, die Flexibilität und den Handlungsspielraum des BTW beeinträchtigen würde. Bei dem erklärten Ziel, durch eine Bündelung der Stärken der gesamten Tourismuswirtschaft, eine wirkungsvolle Interessensvertretung zu etablieren, muß mittelfristig eine Lösung mit den Verbänden des Deutschlandtourismus gefunden werden. Ein weiterer wichtiger Schritt ist die Gründung der Deutschland Tourismus Marketing GmbH (BTM) durch DFV, DZT und BTW im Dezember 1996.

9.4 Stoßrichtungen der Verbandsarbeit im Tourismus

9.4.1 Die Umwelt der touristischen Verbände

Die fünf Stoßrichtungen der Verbandsarbeit, wie sie beispielsweise vom DRV verfolgt werden, lassen sich aus Abbildung 6 ableiten.

Der Grundgedanke der Darstellung besteht darin, daß ein reibungsloser und wachsender Reisemarkt eine entscheidende Voraussetzung für den wirtschaftlichen Erfolg der Mitgliedsunternehmen ist. Eine möglichst optimale Gestaltung der vielschichtigen Einflüsse auf den Reisemarkt ist Gegenstand der Verbandsarbeit.

Wirtschaftliche Umwelt   Politische Umwelt

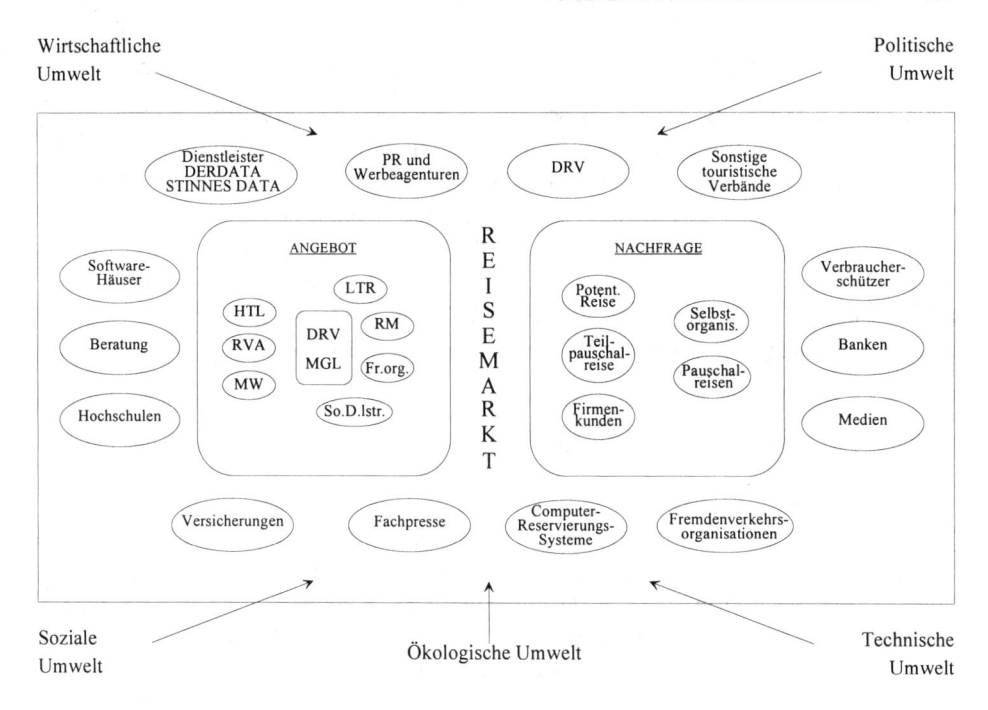

```
┌─────────────────────────────────────────────────────────────────────┐
│   (Dienstleister    (PR und          (DRV)      (Sonstige           │
│    DERDATA          Werbeagenturen)              touristische       │
│    STINNES DATA)                                 Verbände)          │
│                                                                     │
│              ANGEBOT          R         NACHFRAGE                   │
│  (Software-                   E                        (Verbraucher-│
│   Häuser)          (LTR)      I    (Potent.                schützer)│
│              (HTL)            S     Reise)  (Selbst-                │
│  (Beratung) (RVA)(DRV)(RM)    E             organis.)    (Banken)   │
│              (MW)(MGL)(Fr.org)M    (Teil-                           │
│                               A    pauschal-(Pauschal-              │
│  (Hochschulen)   (So.D.lstr.) R     reise)   reisen)     (Medien)   │
│                               K    (Firmen-                         │
│                               T     kunden)                         │
│                                                                     │
│  (Versicherungen) (Fachpresse)  (Computer-   (Fremdenverkehrs-      │
│                                  Reservierungs- organisationen)     │
│                                  Systeme)                           │
└─────────────────────────────────────────────────────────────────────┘
```

Soziale Umwelt   Ökologische Umwelt   Technische Umwelt

Abb. 6: Umwelt der touristischen Verbände

9.4.2 Dienstleistungen für die Mitgliedsunternehmen

Die Dienstleistungen werden in der Regel auf den Gebieten Recht, Aus- und Fortbildung, Informationstechnologie, Betriebswirtschaft, Marktforschung und Steuern erbracht. Die Rechtsberatung umfaßt z.B. die allgemeinen Geschäftsbedingungen, Vertragsgestaltungen, Beratung in Wettbewerbsfragen, arbeitsrechtliche Fragen und vieles mehr. Unter dem Thema Betriebswirtschaft geht es um Kosten- und Ertragsmanagement, Erkenntnisse aus dem Betriebsvergleich, arbeiten mit Kennziffern usw. Die Dienstleistungen für einzelne Mitgliedsunternehmen werden in der Regel von den mittleren und kleineren Unternehmen in Anspruch genommen, die nicht wie die großen Unternehmen der Branche, Fachabteilungen auf verschiedenen Sachgebieten unterhalten können.

Zu den Dienstleistungen der Verbände gehören auch die Verbandszeitschriften, Jahresberichte, Jahrestagungen und sonstige Veranstaltungen für Mitgliedergruppen, die dem Informationsaustausch und der Vermittlung neuerer Erkenntnisse dienen.

9.4.3 Gestaltung des touristischen Angebotes

Veranstalterkonkurse, unseriöses Geschäftsgebaren, Wettbewerbsverzerrungen, spektakuläre Unfälle, Kriminalität und Terrorismus in Zielgebieten beeinträchtigen das Image der Reisebranche beim Endverbraucher. Aufgabe der Verbände ist es, erkennbaren schädlichen Erscheinungen entgegenzuwirken und bei eingetretenen Ereignissen eine Meinungsführerschaft zum Schutz der Reisebranche anzustreben. Das geschieht durch eine intensive Verfolgung des Branchengeschehens, durch ständige Kontakte mit Mitgliedsunternehmen und verschiedenen öffentlichen Stellen, im In- und Ausland durch Krisenmanagement und eine angemessene Öffentlichkeitsarbeit.

9.4.4 Bearbeitung der Nachfrageseite

Wir haben bereits festgestellt, daß nur ca. 40% der Urlaubsreisen der Deutschen über Reisebüros und Reiseveranstalter abgewickelt werden. D.h., die Mehrzahl der Urlaubsreisen der Deutschen werden von ihnen selbst, ohne Einschaltung von Reisemittlern und Reiseveranstaltern organisiert. Daraus leitet sich eine weitere wichtige Aufgabe, speziell des DRV, ab. Es geht darum, der Nachfrageseite bei jeder Gelegenheit die Vorteile der Veranstalterreisen bewußt zu machen und so einen Beitrag zur Ausschöpfung des vorhandenen Wachstumspotentials zu leisten.

Dazu werden z.B. Ansprachen bei der Eröffnung von Touristikmessen, bei Fachveranstaltungen über die in den Medien berichtet wird, und Pressemeldungen zu Urlaubstrends oder zu Neuigkeiten in der Reisebranche genutzt. Reaktiv stehen die Verbände allen Medien kurzfristig zu aufkommenden Fragen und mit Stellungnahmen in Krisensituationen zur Verfügung.

9.4.5 Gestaltung des Branchenumfeldes

Eine ganze Reihe Dienstleister, Verbände, Fremdenverkehrsorganisationen, Medien, Verbraucherschutzorganisationen u.v.m. bilden das unmittelbare Umfeld des Reisemarktes. Der Austausch mit diesen Unternehmen und Institutionen dient letztlich der positiven Gestaltung der Angebots- und Nachfrageseite und damit der Förderung des Reisemarktes. Darüber hinaus sollen bedarfsgerechte Leistungen für die Mitgliedsunternehmen sichergestellt werden.

9.4.6 Lobbying

Beim Lobbying in Bonn und Brüssel stehen die Rahmenbedingungen der Tourismuswirtschaft im Mittelpunkt und damit eine Einflußnahme auf die politische, wirtschaftliche, soziale, ökologische und technische Umwelt. Zum einen geht es um die geltenden Rahmenbedingungen, mit denen in der Praxis zunehmend Probleme auftreten. Aufgabe der Verbände ist es, in diesen Fällen, für branchenverträgliche Lösungen zu sorgen. Zum anderen verfolgen die Verbände zeitnah Gesetzesinitiativen und prüfen, welche Auswirkungen die Vorschläge auf die Reiseindustrie haben können. Je nach Ergebnis wird versucht, branchenverträgliche Lösungen sicherzustellen. Bei den Themen, die die gesamte Tourismuswirtschaft betreffen, wird zusätzlich der BTW tätig, der Verband, der mit dem gesamten Gewicht des Wirtschaftszweiges die Anliegen der Branche vertreten kann.

9.5 Herausforderungen der Tourismuswirtschaft

In Zeiten dynamischer Veränderung der Umweltbedingungen kommt sowohl der strategischen Führung der Unternehmen als auch der Verbände eine große Bedeutung zu. Die Unternehmenspolitik, der Leitgedanke, die formulierten Strategien und die daraus abgeleiteten Maßnahmen sind entsprechend der sich ändernden Verhältnisse weiterzuentwickeln. Den Verbänden fällt dabei zum einen die Aufgabe zu, die eigene strategische Verbandsführung fortzuentwickeln und zum anderen Plattformen für die kompetente Behandlung der Entwicklungen, der Auswirkungen auf die Branche und denkbarer Lösungsansätze zu schaffen.

Gerade bei der bevorstehenden Jahrhundert- und Jahrtausendwende wird der Frage nach zukünftigen Entwicklungen besonders intensiv nachgegangen. Wie sehen z.B. die Arbeitswelt, die Bevölkerungsentwicklung, der Energieverbrauch, die Umweltbedingungen, die Klimaveränderungen, die wirtschaftlichen Rahmenbedingungen im dritten Jahrtausend aus? Wohin führen die rasenden Entwicklungen auf den Gebieten Gentechnologie oder Informations- und Kommuniktationstechnologie? Was bedeutet das alles für die Reiseindustrie nach der Jahrtausendwende? Auf einige tiefgreifende Veränderungen soll kurz eingegangen werden.

9.5.1 Liberalisierung

Nach der Vertriebsliberalisierung im November 1994 schreitet nunmehr die Liberalisierung auf dem Flugmarkt voran. Noch schärferer Wettbewerb, Preisverfall, Provisionsverluste, Ergebnisdruck, Kostensenkungszwänge und ein Verteilungskampf um die verbliebenen Spannen sind die Folgen. Vertikale und horizontale Konzentrationen und die Erschließung neuer Kundenansprache- und Vertriebsmöglichkeiten werden als Lösung angesehen. Die damit einhergehenden Strukturveränderungen in der Reisebranche wirken sich auf die Mitgliederstruktur der Verbände aus.

9.5.2 Informations- und Kommunikationstechnologie

Über Onlinedienste kann jede Wertschöpfungsstufe mit jeder anderen und direkt mit dem Endverbraucher kommunizieren. Auf jeder Wertschöpfungsstufe entstehen neue Konkurrenzverhältnisse.

Um Kosten, insbesondere Vertriebskosten, zu senken, werden verstärkt elektronische Medien auf der eigenen und den folgenden Wertschöpfungsstufen eingesetzt. Das geschieht, um Produktivitätssteigerungen zu erzielen und um möglicherweise wirtschaftlichere Vertriebswege zu erschließen. Mit der Erschließung neuer Vertriebswege wird gleichzeitig eine größere Unabhängigkeit von einem Vertriebsweg und von dominierenden Vertriebspartnern erreicht.

Die Unternehmen der Reisebranche setzen sich noch aus einem anderen Grund mit den elektronischen Medien, insbesondere den stark vorrückenden Onlinediensten auseinander. Man kann zwar heute noch keine genauen Angaben darüber machen, in welchem Umfang Onlinedienste wann und wozu vom Endverbraucher genutzt werden, festzustellen ist jedoch, daß die Angebote und die Nutzung stark zunehmen. D.h., im Laufe der Zeit werden immer mehr Kunden auf elektronischem Wege mit ihren Partnern kommunizieren wollen. Die Direktvertriebsanteile, wie sie aus Abbildung 7 hervorgehen, werden zu Lasten der Anteile der Reisebüros zunehmen.

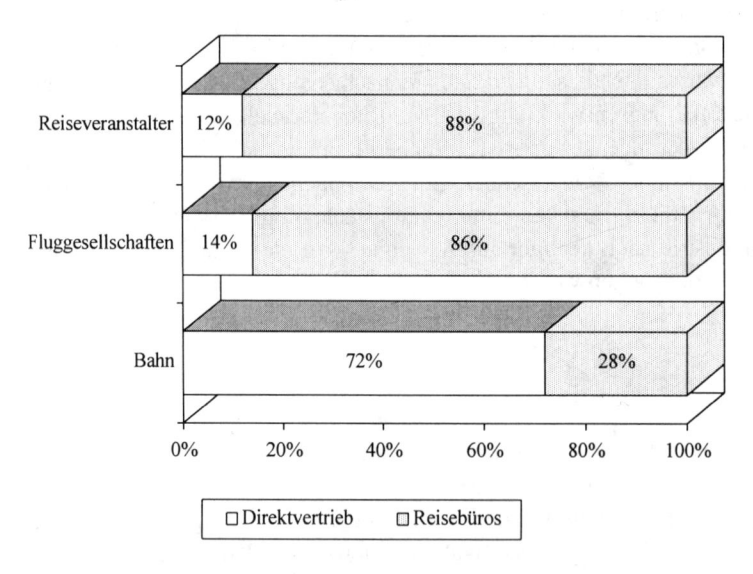

	Direktvertrieb	Reisebüros
Reiseveranstalter	12%	88%
Fluggesellschaften	14%	86%
Bahn	72%	28%

Abb. 7: Vertriebswege im Tourismus (*Quelle*: DER-Marktforschung 1996)

Aufgabe der touristischen Verbände ist es, den Mitgliedern zwangsläufige Entwicklungen bewußt zu machen und gleichzeitig die Risiken, und vor allem die Chancen, aufzuzeigen, die durch die Nutzung elektronischer Medien bestehen. Darüber hinaus versuchen die Verbände, die Einbeziehung der Reisemittlerstufen sicherzustellen und zu gemeinsamen vertikalen Lösungen von Leistungsträgern, Reiseveranstaltern und Reisemittlern beizutragen.

9.5.3 Konsumentenverhalten

Durch die Nutzung neuer Technologie/Medien ist der Kunde häufig besser informiert als der Expedient. Der neue Kunde ist illoyal, will weniger zahlen und ist ein „Sowohl-als-auch-Kunde". Er nutzt unterschiedliche Identitäten und Verhaltensmuster: „Vormittags bei Aldi und nachmittags bei Käfer".

Beim neuen Konsumenten ist nicht zuletzt die Entwicklung der Bevölkerungsstruktur zu bedenken. Im Jahre 2000 werden bereits 25% der Bevölkerung 60 Jahre und älter sein. Dieser Anteil wächst bis zum Jahre 2030 auf ca. 37%. Dieser wachsende Anteil der Bevölkerung ist konsumorientiert, konsumerfahren, versichert und dynamisch. Gleichzeitig werden die Verantwortlichen der Reiseindustrie im Schnitt jung sein und nicht der Altersgruppe über 60 Jahre angehören. D.h., Personen, die aus der heutigen Techno-Szene stammen, werden für das Marketing der älteren Generation verantwortlich sein.

Verbände können im Rahmen ihrer Möglichkeiten unter Einbeziehung interessierter Unternehmen Forschungen über den neuen Konsumenten vorantreiben und die Ergebnisse bei ihren Veranstaltungen präsentieren. So hat der DRV anläßlich seiner Mitgliederversammlung 1996 die quantitativen und qualitativen Aspekte des zukünftigen Konsumentenverhaltens in den Mittelpunkt gestellt.

9.5.4 Ökologie

Umweltschutz und Tourismus sind eng miteinander verbunden. Denn Urlaub und Erholung verlangen nach einer gesunden Umwelt. Die touristische Qualität eines Ferienortes ist abhängig von sauberem Wasser, reiner Luft, intakten Landschaften und angenehmen Klima. Der Tourismus lebt also von einer intakten Umwelt. Das ist die eine Seite. Auf der anderen Seite gehört der Tourismus selbst zu den Verursachern ökologischer Gefährdungen. Man denke z.B. an die Auswirkungen der verschiedenen Personenbeförderungsmöglichkeiten auf das Klima, die Gefährdung von natürlichen Standortfaktoren durch den unausgemessenen Ausbau touristischer Infrastrukturen, den Verbrauch beschränkter natürlicher Ressourcen. Es hat sich in den letzten Jahren vielfach gezeigt, daß Touristen sensibel auf touristische Gefährdungen reagieren. Das ist ein weiterer Grund für die Tourismuswirtschaft und deren Verbände, das Thema Ökologie sehr ernst zu nehmen.

9.6 Verbands- und Veränderungsmanagement am Beispiel des DRV

Aufgrund der Veränderungen in unserem Umfeld sind wir gezwungen, uns in allen Geschäfts- und Lebensbereichen konsequent zu reorientieren. „Deregulierungen und Abbau staatlicher Hemmnisse lassen die Wettbewerbsintensität steigen. Die Mobilität der Menschen und die Sättigung der Grundbedürfnisse lassen die Vielfalt der Kundenansprüche exponentiell wachsen. Globalisierung und Internationalisierung lassen Innovationen nur einen kurzfristigen Vorsprung vor dem Wettbewerb." Dr. Roland Dumont du Voitel stellt am Beispiel der öffentlichen Verwaltung den Paradigmenwechsel fest (vgl. Abb. 8).

Kontext und Anforderungen der öffentlichen Verwaltung haben sich gewandelt	
überschaubare, gleichgelagerte Sachverhalte und Interdependenzen	überlagerte, unübersichtliche Sachverhalte und Interdependenzen
relativ konstante Verhältnisse	dynamische Veränderungen
große Plansicherheit	große Planunsicherheit
relativ sichere Informationsbasis	unvollständige, unsichere Informationen, verstreutes Wissen
eindeutige gesellschaftliche „Zielgruppen" und „Kultursegmente"	Rollenwechsel, Sowohl-als-auch-Gesellschaft, „Bewegungen", „Multikulturelle-Segmente"
ökologische Blindheit	ökologisches Bewußtsein
Obrigkeitsglaube, Autoritätshörigkeit	Wertewandel, „Anti-Autoritäten"

Abb. 8: Paradigmawechsel (*Quelle*: Dumont du Voitel, 1996, S. 3)

9.6.1 Strategische Verbandsführung

Die dynamische Entwicklung im Umfeld der Tourismuswirtschaft und davon abgeleitet im Tourismus selbst, läßt erkennen, daß strategische Führung, wie sie in der Wirtschaft praktiziert wird, auch für das Management eines Verbandes angewandt werden sollte. Nach Hinterhuber setzt sich strategische Unternehmensführung aus dem in Abbildung 9 dargestellten sechs Komponenten zusammen.

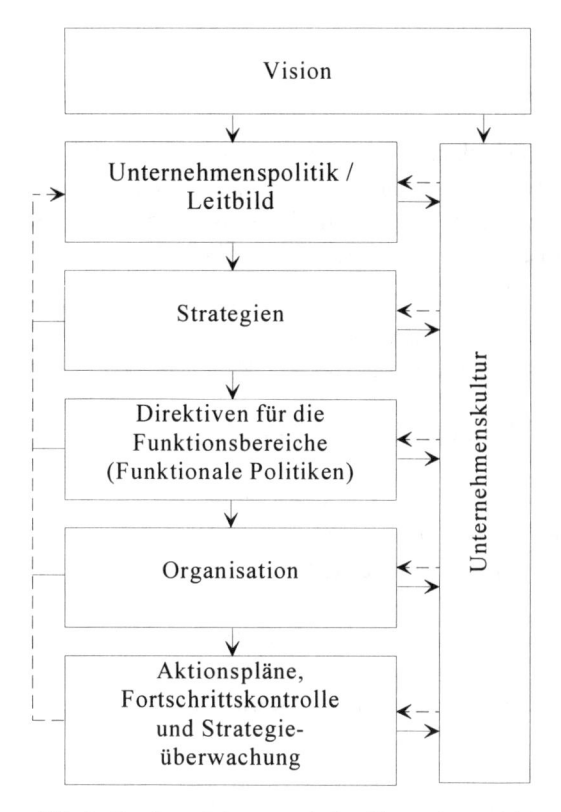

```
                    ┌─────────────────┐
                    │     Vision      │
                    └─────────────────┘
                      │           │
                      ▼           ▼
              ┌───────────────┐
     ┌──────▶│Unternehmenspolitik /│◀ ─ ─
     │        │    Leitbild   │ ─ ─▶
     │        └───────────────┘
     │                │
     │                ▼
     │        ┌───────────────┐
     │        │   Strategien  │◀ ─ ─
     │        └───────────────┘       U
     │                │               n
     │                ▼               t
     │        ┌───────────────┐       e
     │        │ Direktiven für die│   r
     │        │ Funktionsbereiche │◀─ n
     │        │(Funktionale Politiken)│ e
     │        └───────────────┘       h
     │                │               m
     │                ▼               e
     │        ┌───────────────┐       n
     │        │  Organisation │◀ ─ ─  s
     │        └───────────────┘       k
     │                │               u
     │                ▼               l
     │        ┌───────────────┐       t
     │        │ Aktionspläne, │       u
     │        │Fortschrittskontrolle│◀─r
     └─ ─ ─ ─│  und Strategie-│
              │   überwachung │
              └───────────────┘
```

Abb. 9: Der Prozeß der strategischen Unternehmensführung (*Quelle*: Hinterhuber, 1981, S. 26)

In Anlehnung an Hinterhuber ist zu den einzelnen Komponenten, bezogen auf die Führung eines Verbandes, folgendes festzuhalten: Die Vision ist das Bewußtwerden eines Wunschtraumes einer Änderung. Ihr Wesen liegt mehr in den Richtungen, die sie weist und weniger in den Grenzen, die sie setzt; mehr in dem, was sie ins Leben ruft und weniger in dem, was sie abschließt; mehr in den Fragen, die sie aufwirft und weniger in den Antworten, die sie für diese findet. Die Verbandspolitik ist die Gesamtheit von Grundsätzen, die in einem Leitbild festgehalten werden. Sie regeln das Verhalten innerhalb des Verbandes und geben an, welcher Vision, welchen Werten, Normen und Idealen der Verband verpflichtet ist. Mit der Verbandspolitik versucht die Leitung den

Verband als Ganzes ordnend zu gestalten und verbandliche Verhaltensregeln und -grundsätze festzulegen. Das Ziel der Strategie ist es, die von der Verbandspolitik gesetzten Aufgaben unter bestmöglicher Verwendung der Ressourcen zu erreichen. Die Formulierung von Strategien erfolgt zum einen auf der Ebene der Sachgebiete und zum anderen auf Verbandsebene. Anders als bei Unternehmen geht es dabei nicht um den Aufbau von Wettbewerbsvorteilen, sondern um die Absicherung kompetenter Tätigkeit auf zukunftsgerichteten Geschäftsfeldern.

9.6.1.1 Grundsätze der DRV Verbandsarbeit

Als Zwischenstufe auf dem Weg zur Entwicklung von Visionen und eines Leitbildes des DRV hat der Vorstand in einer Klausurtagung im Januar 1995 die nachstehenden zwölf Grundsätze zur Verbandsarbeit definiert. Sie bilden die Basis für die noch zu konkretisierenden Visionen und das zu entwickelnde Leitbild (vgl. Abb. 10).

1. Der DRV setzt sich für den Erhalt der Vielfalt im Reisemarkt ein.
2. Der DRV tritt für umweltschonenden Tourismus zum Erhalt der wirtschaftlichen Basis ein.
3. Der DRV kommuniziert die Interessen der Branche in Richtung Öffentlichkeit und Endverbraucher.
4. Der DRV intensiviert die Interessenvertretung in Brüssel, Bonn/Berlin in der sonstigen Verbandslandschaft und in der Wirtschaft.
5. Der DRV vertritt die Interessen seiner Mitglieder im Bundesverband der Tourismuswirtschaft (BTW).
6. Der DRV will gleiche Wettbewerbschancen in der EU im Rahmen der Harmonisierungsbemühungen sicherstellen.
7. Der DRV sichert und verbessert einen notwendigen ordnungspolitischen Rahmen für Reiseveranstalter und Reisebüros.
8. Der DRV bekämpft unlautere Geschäftsmethoden.
9. Der DRV entwickelt das Dienstleistungsangebot zur Steigerung der Wirtschaftlichkeit für Verbandsmitglieder weiter.
10. Der DRV fördert die Qualifikation der Betriebe und der Branchenmitarbeiter.
11. Der DRV analysiert und begleitet branchenrelevante Entwicklungen auf dem Gebiet von Forschung sowie Technologie und zeigt Nutzungsmöglichkeiten auf.
12. Der DRV ergreift weiterhin Maßnahmen zur Sicherung von Kundeninteressen im In- und Ausland.

Abb. 10: Grundsätze zur DRV Verbandsarbeit

Gekennzeichnet ist die strategische Verbandsführung des DRV darüber hinaus durch eine ganzheitliche Betrachtungsweise einzelner Themen, durch Marketingdenken und Nutzenbetrachtung. Darauf soll nachfolgend eingegangen werden.

9.6.1.2 Ganzheitliches Denken

Der DRV sieht die Teilnehmer auf der Angebotsseite des Reisebüromarktes, die verschiedenen Gruppen auf der Nachfrageseite, Institutionen und Dienstleister im Umfeld des Reisemarktes sowie die Umwelt des Systems Reisemarkt bestehend aus der politischen, wirtschaftlichen, sozialen, ökologischen und technischen Umwelt in einem ganzheitlichen System (siehe Abb. 6). Im DRV zur Behandlung anstehende Projekte, Themen und einzelne zu betrachtende Entwicklungen werden in diesem System lokalisiert und auf ihre Auswirkungen hin untersucht.

9.6.1.3 Marketingdenken/Mitgliederorientierung

Das Marketingdenken umfaßt die folgenden Bestandteile des Marketingmix:

- Das *Produktmix* des DRV besteht aus den Dienstleistungen für die Mitglieder, wie z.B. Beratungen auf den Gebieten Recht, Informationstechnologie, Betriebswirtschaft, Interessensvertretung gegenüber Leistungsträgern, Interessensvertretung in Tourismusfragen, in den Publikationen des Verbandes wie z.B. der monatlichen Zeitschrift, dem Jahresbericht, verschiedenen Lehrbüchern, Studien usw., der Jahrestagung, Mittelstandsveranstaltungen und diversen Seminaren.
- Beim *Preismix* geht es darum, welche Leistungen als Bestandteil des Mitgliedsbeitrages abgegeben werden oder, wie z.B. für Seminare oder spezielle Lehrbücher, ein Sonderentgelt zu entrichten ist.
- Das *Kommunikationsmix* hat die Maßnahmen zum Inhalt, mit deren Hilfe die Leistungen des Verbandes den Mitgliedern, der Angebotsseite, der Nachfrageseite, dem Reisemarkt insgesamt und je nach Thema der politischen, wirtschaftlichen und sozialen Umwelt bekannt gemacht werden. Eine wichtige Rolle spielen dabei die Verbandszeitschrift und die Nutzung moderner Kommunikationstechniken.
- Das *Distributionsmix* beschäftigt sich damit, wie die einzelnen Leistungen an die Zielgruppen herangebracht werden. Ein großer Teil der Leistungserbringungen des DRV erfolgt in Form der Telefonberatung der Mitglieder. Weitere Distributionsschienen sind der Postweg, Telefax, Email, START Info-System, Messen und DRV-Veranstaltungen.

9.6.2 Veränderungsmanagement

Es gehört zu den regelmäßig wiederkehrenden Aufgaben einer Verbandsführung, Veränderungen im Umfeld, in der Tourismuswirtschaft und in der jeweiligen Branche zu verfolgen und rechtzeitig Maßnahmen zur Neupositionierung des Verbandes einzuleiten. Dazu bieten sich insbesondere die Jahrestagungen der Verbände an, bei denen Vorstandswahlen auf dem Programm stehen.

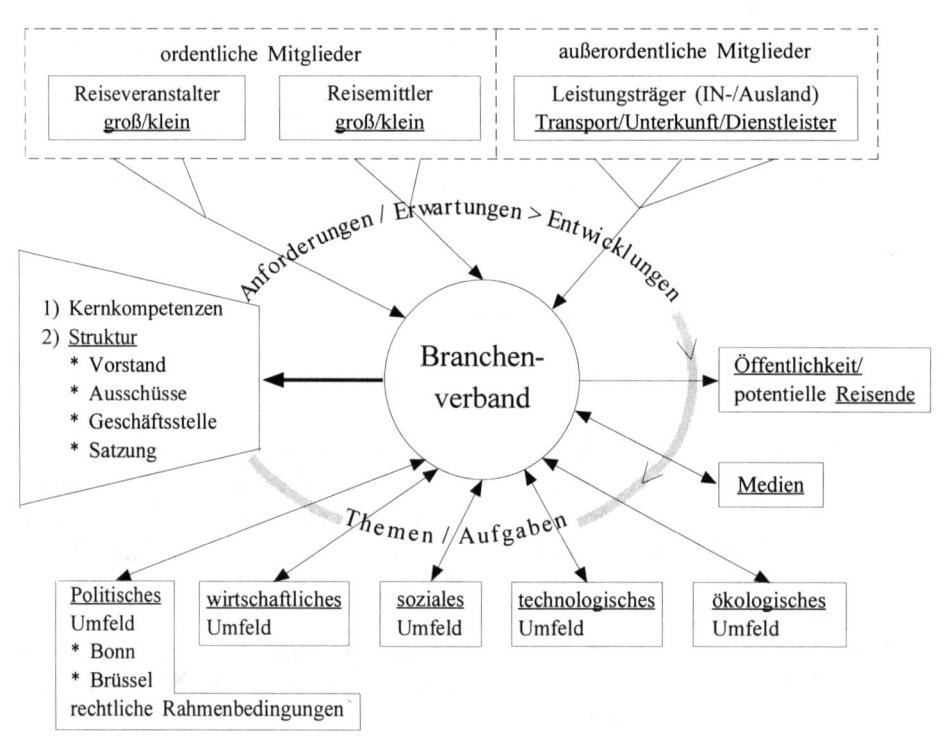

Abb. 11: Umfeld des Branchenverbandes der Reiseindustrie

Bereits 1991 beschäftigte man sich in der Reisebranche mit der Frage der Sinnhaftigkeit von zwei Branchenverbänden und welche Voraussetzungen für eine Zusammenführung der beiden Verbände geschaffen werden müssen. Das von einer gemeinsamen Arbeitsgruppe DRV/asr erarbeitete Konzept ist damals in der asr-Mitgliederversammlung gescheitert. Die dynamische Entwicklung in der Reisebranche – man denke nur an die vertikalen und horizontalen Konzentrationsprozesse, an die Auswirkungen der Elektronikanwendungen und an die sich verschlechternde Ergebnissituation – wirft heute die Frage auf, ob in der Reiseindustrie noch zwei Branchenverbände erforderlich bzw. sinnvoll sind. Diese Fragestellung gilt genauso für die Hotellerie, die mit dem DEHOGA und der IHA zwei Verbände unterhält und die Busbranche, die mit bdo, RDA und GfK drei Verbände hat.

Bei den Überlegungen zur Bildung eines Branchenverbandes in der Reiseindustrie bietet sich das in Abbildung 11 dargestellte Vorgehen an. Zunächst sind aktuelle und zu erwartende Entwicklungen bei den Mitgliedern in der Öffentlichkeit, den Medien und dem übrigen Umfeld zu verfolgen und zu analysieren. Außerdem sind die Anforderungen und Erwartungen der ordentlichen und außerordentlichen Mitgliedergruppen, der Medien und des politischen, wirtschaftlichen, sozialen, technologischen und ökologischen Umfeldes an den Branchenverband zu ermitteln. Schließlich ist zu klären, welche Themen und Aufgaben sich aus diesen Vorarbeiten für einen Branchenverband ergeben. Aus den Antworten auf die vorgenannten Fragen und den Ergebnissen der Untersuchungen lassen sich die notwendigen Kernkompetenzen und erforderliche Strukturen des Branchenverbandes ableiten.

9.6.2.1 Zu bedenkende Entwicklungen

In Ergänzung zu den bereits aufgezeigten dynamischen Entwicklungen in der Reisebranche sei noch auf folgende tiefgreifende Veränderungen hingewiesen, die auch Auswirkungen auf das Verbandsmanagement haben.

Zunehmende Schnelligkeit, Anwenderfreundlichkeit, Sicherheit und Attraktivität der Angebote in Online-Diensten werden, wie aufgezeigt, die Vertriebslandschaft verändern. Neben traditionellen Vertriebskanälen tritt in Zukunft verstärkt die Direktansprache des Konsumenten durch Unternehmen aller Wertschöpfungsstufen. Genauso können Reisemittler an Veranstaltern vorbei direkt bei Leistungsträgern aller Wertschöpfungsstufen einkaufen und verstärkt in eine Veranstalterrolle hineinwachsen. Darin, in einer tatsächlich praktizierten Kundenorientierung und in einer Ausschöpfung elektronischer Möglichkeiten, sehen viele eine wirkungsvolle Zukunftsstrategie für die Reisemittlerstufe. Der Reisemittler wird sich vom Agenten der Leistungsträger zum Agenten seiner Kunden entwickeln.

9.6.2.2 Anforderungen an den Branchenverband

Welche Anforderungen der verschiedenen Mitgliedergruppen ergeben sich aus den beispielhaft aufgezeigten Entwicklungen an den Branchenverband? Mittelständische Mitglieder – Veranstalter und Mittler – erwarten in dieser Situation konkrete Hilfestellungen von ihrem Verband. Das kann eine verständliche Darstellung zwangsläufiger Entwicklungen und konkreter Lösungsmöglichkeiten sowie die Initiierung, Koordinierung und Anschubfinanzierung von Maßnahmen und vieles mehr sein. Manche Mitglieder erwarten von ihrem Verband allerdings auch, daß er alles unternimmt, zwangsläufige Entwicklungen zu verhindern, statt zukunftssichernde Lösungen zu initiieren.

Die großen Mitgliedsunternehmen erwarten keine konkrete Hilfestellung. Sie können geeignete Lösungen mit eigenen und externen Fachkräften entwickeln und das aus eigenen Mitteln finanzieren. Sie erwarten jedoch die Gestaltung der Rahmenbedingungen im Sinne der Branche. Das können zum Beispiel die Veranlassung von Grundlagenforschungen, die Entwicklung von nationalen und möglicherweise europäischen Standards oder geeigneter gesetzlicher Rahmenbedingungen sein. Die Medien erwarten eine kompetente und zeitnahe Berichterstattung zum Branchen- und Verbandsgeschehen sowie schnelle, kompetente Auskunft auf ihre Anfragen.

Das Umfeld, insbesondere das politische Umfeld, erwartet eine sachliche Beratung durch die Verbände bei Gesetzgebungsverfahren und qualifizierte Vorlagen, wenn bestehende Regeln geändert werden sollen. Darüber hinaus ist es eine Forderung im Umfeld, nur mit einem kompetenten Branchenverband zusammenzuarbeiten und nicht alle relevanten Themen mit zwei Branchenverbänden besprechen zu müssen. Diese Forderung wird auch von den Leistungsträgern, die zum Teil außerordentliche Mitglieder der Branchenverbände sind, geteilt.

7 Schlußbemerkung

Mit Interesse wird verfolgt, welche Auswirkungen die dynamischen Entwicklungen in der Wirtschaft und in unserer Gesellschaft auf die Verbandslandschaft im Tourismus haben werden, wie das Veränderungsmanagement der Verbände aussehen wird und welchen zukunftsgestaltenden Einfluß die Verbände auf ihre jeweiligen Branchen selbst nehmen. Für die Verbände gibt es dabei keine Alternative zu einer konstruktiven, zukunftssicheren Haltung, wenn sie ihrer Verantwortung für die Mitglieder und für unsere Gesellschafts- und Wirtschaftsordnung gerecht werden wollen.

Nach der Jahrtausendwende werden spürbare Veränderungen zum Status quo eingetreten sein. Mit dem Gespür für Markttrends, Kreativität, Flexibilität, Innovations- und Veränderungsbereitschaft – den Erfolgsfaktoren in der Vergangenheit – werden die Tourismuswirtschaft und die in und für sie tätigen Verbände, die Herausforderungen der Zukunft meistern.

Literatur

Dumont du Voitel, R. (1996): Ein neues Paradigma der kommunalen Verwaltungsstruktur. In: New Public Management – Internationale Erfahrungen und Beiträge. Heidelberg.
FVW International (1996): Der Veranstaltermarkt in Zahlen. Hamburg.
Hinterhuber, H. (1981): Strategische Unternehmensführung. 4. Aufl., Berlin/New York.
Kaspar, C. (1995): Management im Tourismus. 2. Aufl., Bern/Stuttgart/Wien.
Kreilkamp, E. (1995): Tourismusmarkt der Zukunft. Die Entwicklung des Reiseveranstalter- und Reisemittlermarktes in der Bundesrepublik Deutschland. Frankfurt/Main.
Kreilkamp, E., U. Regele, D. Schmücker (1996): Betriebsvergleich der deutschen Reisebüros 1994. Schwerpunktthema: Personal. Lüneburg.

10 Tourismus-Informationsstellen

Axel Dreyer

10.1 Kommunale Organisation des Tourismus

Gegenstand der folgenden Betrachtung sind die Funktionen von touristischen Informationsstellen in Zielgebieten. Organisationsform, Rechtsform sowie Trägerschaft dieser Einrichtungen sind unterschiedlich. Daraus resultieren verschiedene Bezeichnungen, die von Tourist-Information, über Fremdenverkehrsamt, Stadt-Information und Kurverwaltung bis zu Verkehrsverein (insbesondere in der Schweiz) reichen. Nicht näher analysiert werden Informationsstellen von Nationalparks, deren Besonderheit in einer stärkeren pädagogischen Gestaltung liegt.

Unabhängig von der Organisations- und Rechtsform wird von den Tourismus-Informationsstellen auf lokaler Ebene die übergeordnete Funktion der Tourismusförderung erfüllt. Dies geschieht mit der Abgabe tourismusbezogener Informationen an die Gäste (u.a. Möglichkeiten zur Übernachtung und zur Freizeitgestaltung im Ort) und mit der Werbung um künftige Touristen. Institutionell besteht zu diesem Zweck in der Regel ein Auskunftsbüro, das als Anlaufstelle für Gäste gestaltet wird. Darüber hinaus kann es als eine Art „Ladengeschäft" für Leistungen, die eine Verbindung zum Tourismus haben, fungieren, wobei die Leistungen, die eine Tourismus-Informationsstelle erfüllt, von Destination zu Destination sehr unterschiedlich sein können. Wie ein solches Auskunftsbüro zu gestalten ist und welche Leistungen von einer modernen Einrichtung, der nicht nur die Förderung des Tourismus, sondern vor allem dessen aktive Vermarktung obliegt, erfüllt werden müssen, ist Gegenstand dieses Beitrages.

Bieger (1996, S. 148) schlägt die Berücksichtigung folgender Kriterien für die Wahl der Rechtsform vor:

- Unabhängigkeit von politischen Einflüssen, insbesondere vom kurzfristigen politischen Denken.
- Verbindung zur Gemeinde und Öffentlichkeit, wenn möglich Beteiligung der Öffentlichkeit.
- Effiziente Entscheidungsabläufe, ausreichende Handlungsfähigkeit für die Geschäftsleitung.
- Möglichst verursachergerechte Finanzierungsstruktur.
- Einbindung in ein gesamtes System von lokalen, subregionalen, regionalen und nationalen Tourismusorganisationen.

- Mindest-Unterlegung mit Grundkapital oder Vermögen.
- Einbindung der Tourismusinteressen des vertretenen Gebietes.

Tourismus-Informationsstellen existieren

a) als gemeindeeigene Organisationsformen in Gestalt von rechtlich und wirtschaftlich unselbständigen Regiebetrieben, rechtlich unselbständigen, aber wirtschaftlich selbständigen Eigenbetrieben oder rechtlich und wirtschaftlich selbständigen Eigengesellschaften;
b) kooperativ organisiert treten sie als touristische Vermarktungsgesellschaften (GmbHs, die gegenüber Eigengesellschaften stärker privatwirtschaftlich orientierte Aufgaben verfolgen) oder als Verkehrsvereine in Erscheinung.

Verkehrsvereine sind eine häufig in der Schweiz zu findende Organisationsform, deren Vorteil in der problemlosen Berücksichtigung vielschichtiger Interessenten liegt, verbunden mit Nachteilen in der Effizienz marktorientierten Handelns (vgl. zu dieser Thematik vertiefend Luft, 1994, S. 48 ff.)

10.2 Standort

Maxime für die Standortwahl ist die bestmögliche Erfüllung der Aufgaben. Für die Funktion der Gästeinformation sind Standorte mit hoher Besucherfrequenz genau richtig. Die Basisfrage bei der Standortentscheidung lautet: „Wo sind die meisten informationssuchenden Touristen anzutreffen?" Dies wird regelmäßig in der Nähe besonderer Touristenattraktionen, größerer Hotelkomplexe oder an Verkehrsknotenpunkten (z.B. Hauptbahnhof) der Fall sein.

Ein idealer Standort ist unproblematisch mit dem Auto, dem Fahrrad und zu Fuß zu erreichen. Konsequenterweise sollte genügend kostenloser Parkraum für Kurzzeitparker vorhanden sein. Die erlaubte Parkzeit muß so bemessen sein, daß der Besucher bequem von seinem Auto zu der Informationsstelle und zurück gehen kann und ausreichend Zeit zur Beratung besteht. Gleichzeitig sollte der umweltverträgliche Tourismus gefördert werden, indem den per Rad zur Informationsstelle kommenden Touristen ein Fahrradständer zur Verfügung steht.

Um das Verkehrsaufkommen in der Innenstadt bzw. in der Nähe von Attraktionen nicht unnötig zu verstärken, sollten größere Städte in Betracht ziehen, „Welcome Center" als Anlaufstellen an stark frequentierten Einfallstraßen „vor den Toren der Stadt" zu errichten.

Ebenso ist für Regionen die Einrichtung von Tourismus-Informationsstellen als zentrale „Welcome Center" nach amerikanischem Vorbild zu überdenken. In den USA bauen einige Bundesstaaten derartige Informationszentren direkt an den Landesgrenzen entlang der großen Highways.

Ein wesentliches Qualitätsmerkmal von Tourismus-Informationsstellen ist eine gute Ausschilderung, die Ortsunkundigen gerecht wird. Dazu gehört die Nutzung des „i", das für „Information" steht und das auf die bei allen Einrichtungen gleichermaßen ausgeübte Kernfunktion hinweist. Unabdingbar sind ebenso an der Wahrnehmung der Autofahrer ausgerichtete Größen und Standorte der Verkehrsschilder, deren Aufstellung weiträumig vom Ortsrand her erfolgen muß. Darüber hinaus ist eine Ergänzung des Beschilderungssystems im engeren Einzugsbereich der Informationsstelle durch Wegweiser für Fußgänger (und gleichzeitig Radfahrer) sinnvoll.

10.3 Außen- und Innengestaltung

Die Tourismus-Informationsstelle stellt die Visitenkarte einer Destination dar. Hier kommen intensive Kontakte mit Vertretern eines Ortes zustande, die häufig für den ersten Eindruck sorgen, da die Informationsstellen von Touristen als erste Anlaufstelle genutzt werden.

Auf die Touristen strömen in einer fremden Stadt viele Eindrücke ein, die für eine Reizüberflutung sorgen und die Wahrnehmung des augenblicklich Wesentlichen erschweren. Daher muß für eine gute Erkennbarkeit der Tourismus-Informationsstelle durch ein auffälliges Hinweisschild am Gebäude gesorgt werden. Untersuchungsbeispiele zeigen, daß dieses häufig nicht gewährleistet ist (vgl. Dreyer, 1996d).

Zur Außengestaltung der Tourismus-Informationsstelle zählt auch die Gestaltung eventuell vorhandener Schaufenster. Es gilt der Grundsatz „weniger ist mehr". Schaufenster sollten thematisch akzentuiert und möglichst originell gestaltet sein, um einen Interesse weckenden Blickfang darzustellen, und nicht mit Plakaten und Handzetteln „zugepflastert" werden. Der Einblick in das Innere der Tourismus-Informationsstelle sollte dem Gast stets ermöglicht werden. Im Außenbereich werden häufig Schaukästen, Zimmernachweis-Tafeln oder Passanten-Stopper eingesetzt. Für alle gilt, daß die Angebote geordnet und stets aktuell sein müssen. Zugangsmöglichkeiten für Behinderte sind zu gewährleisten.

Bei der Innengestaltung ist neben der Funktionalität in bezug auf die zu erfüllenden Aufgaben ein besonderes Augenmerk auf die Schaffung einer positiven Atmosphäre zu legen. Für rein informative kurze Gespräche sind auf Stehhöhe ausgerichtete Tresen gut geeignet, während sich für längere Beratungen bzw. Verkaufsgespräche Schreibtischlösungen im Stile moderner Reisemittler-Einrichtungen anbieten. Einige Sitzplätze mit der Möglichkeit, Informationsbroschüren vor Ort durchzusehen, sollten vorhanden sein. Einen bedeutenden Faktor für die Raumatmosphäre stellt eine angenehme, helle, aber nicht grell wirkende Beleuchtung dar, die auch für das Hervorheben aktueller Angebote oder schöner Landschaftsfotos aus der Region genutzt werden kann.

Die Farbgestaltung im Inneren sollte sich mit einigen Akzenten im Sinne eines Corporate Design an die Farben des Stadtlogos anlehnen.

Die Ansprache aller Sinne wird ergänzt durch den Einsatz leiser Hintergrundmusik. Darüber hinaus kann auch noch über die Beduftung der Räumlichkeiten zur Schaffung einer angenehmen Atmosphäre nachgedacht werden (vgl. zur Ladengestaltung Hansen, 1990; Diller, 1992, S. 595 ff. und Knoblich/Schubert, 1995).

10.4 Produktpolitik

Wahrgenommene Leistungen und angebotene Produkte prägen im wesentlichen das Erscheinungsbild von Tourismus-Informationsstellen. Das Spektrum der Betriebstypen reicht vom reinen Auskunftsbüro bis zum Anbieter einer umfassenden touristischen Leistungspalette. Die Komponenten, aus denen sich das Leistungsprogramm zusammensetzt, sind:

a) Touristische Information und Beratung/Tourismuswerbung
b) Vermittlung touristischer Leistungen
c) Merchandising/Handelssortiment
d) Trägerschaft touristischer Leistungen
e) Betätigung als Veranstalter
f) Kongreßorganisation/Veranstaltungsorganisation
g) Betrieb von Infrastruktureinrichtungen

a) Touristische Information und Beratung/Tourismuswerbung
Zu den Leistungen zählen persönliche und telefonische Auskünfte, die Erstellung von Werbemitteln für die Tourismuswerbung (interne Aufgabe) sowie die Ausgabe dieser Werbemittel (Prospekte etc.) und anderer Informationsmaterialien (externe Vermarktungsaufgabe; siehe auch Ausführungen zur Kommunikationspolitik). Der Nachweis der Übernachtungsmöglichkeiten besitzt einen wesentlichen Anteil an der für Beratung aufgewendeten Zeit. In Deutschland ist die Vergabe dieser Informationsmaterialien nur zum Teil für den Gast kostenlos. Für einige Prospekte wird eine Gebühr erhoben. Bei der postalischen Versendung von Materialien wird häufig ein Überweisungsträger mit der Bitte um freiwillige Zahlung eines Betrages, der in der Regel um drei bis fünf Mark liegt, beigelegt.

Bei einer Untersuchung der Tourismus-Informationsstellen in der Harzregion wurden 137 schriftlich beantwortete Prospektanfragen registriert, von denen in 55,5% der Fälle eine freiwillige Zahlung erbeten wurde, in 43,8% der Fälle wurde keine Gebühr verlangt und in einem Fall (0,7%) wurde eine Vorauszahlung von DM 10.00 erwartet, ehe ein Prospektversand erfolgen sollte. Anteilig setzten sich die 56% der Nennungen „mit Gebühr" wie folgt zusammen:

- bis 3,00 DM 22,6%,
- 3,01 DM bis 5,00 DM 22,6%,

- ab 5,01 DM 3,6%,
- in der Höhe freiwilliger Betrag 7,3%.

Die Erhebung einer Gebühr ist kritisch zu hinterfragen. Sicherlich befinden sich die Tourismus-Informationsstellen in einer permanenten Finanznot und sicherlich sollten nicht alle Dienstleistungen kostenlos erbracht werden, andererseits besitzen Prospekte und Infomationsmaterialien – wenn sie nicht dem Charakter, dem Umfang und der Aufmachung nach einen Reiseführer darstellen – eindeutig eine werbende Funktion. Und es ist keinem Gast wirklich verständlich zu machen, daß er für Werbung etwas bezahlen soll.

Die Tourismus-Informationsstellen müssen sich zur Finanzierung ihrer Werbung anderer Quellen bedienen, anstatt den Gast „anzuzapfen". In Frage kommt die Kooperation mit Leistungsträgern, die mit Anzeigen in den Prospekten vertreten sind.

Bei der Erstellung der Zimmernachweise ist darauf zu achten, daß die Touristische Informations-Norm (TIN) Anwendung findet, mit deren Hilfe die Qualität der Leistungsträger für den Gast transparenter und (begrenzt) vergleichbar gemacht wird (zur TIN siehe Fried, 1992).

Die Informationsfähigkeiten des Personals müssen sich auf alle für Touristen besonders interessante Bereiche erstrecken. Zu diesen gehören

- Allgemein: Wetter, Gefahren,
- Beherbergungsmöglichkeiten und Gastronomie: Preisniveau, besonders gute Küche (mit Auszeichnungen), regionale Küche,
- Sehenswürdigkeiten und landschaftliche Besonderheiten (Nationalparks, Badestrände etc.),
- Stadtbesichtigungen: Führungen, Rundgänge, Rundfahrten,
- Kultur: Konzerte und andere Veranstaltungen, Theater, Kinos, Museen und Galerien,
- Freizeitparks: Themenparks, Hallen- und Freibäder, zoologische und botanische Gärten, Parks,
- Sportmöglichkeiten: Radtouren, Fahrradvermieter, Golfplätze, Tennisanlagen etc.,
- Sportveranstaltungen,
- Abendunterhaltung: Nachtleben, Bars, Tanzlokale, Diskotheken, Spielkasinos,
- Gesundheitswesen: Arzt- und Zahnarztpraxen,
- Dienstleistungen: Friseure, Banken, Post, Autowerkstätten,
- Einkaufsmöglichkeiten,
- Ausflugsmöglichkeiten,
- Verkehrsinfrastruktur: Straßennetz, Bus- und Bahnverbindungen.

Sinnvoll ist es darüber hinaus, die Einsichtnahme in diverse Auskunftsunterlagen, wie z.B. Telefonbuch, Stadtplan, regionale Autokarten, Fahrpläne zu ermöglichen (vgl. Althof, 1996, S. 114 ff.). Zukunftsträchtig ist es, ein „Help desk" mit Computer einzurichten, von dem aus viele weitere Informationen vom Besucher selbst abgerufen werden können.

b) Vermittlung touristischer Leistungen
Einen Schritt weiter als der Zimmernachweis geht die Zimmervermittlung. Im Zeichen der Computer-Reservierungssysteme steht den Tourismus-Informationsstellen die Möglichkeit offen, Reservierungen und Buchungen von Beherbergungsleistungen gegen entsprechende Provisionszahlung der Beherbergungsbetriebe (üblich sind ca. 10%) vorzunehmen und damit eine weitere Einnahmequelle zu erschließen. Als problematisch erweist sich in der Praxis (noch) die Abstimmung mit kleineren Vermietern ohne EDV-Anschluß über die zur Verfügung stehenden Kontingente und die parallele Belegung von freien Kapazitäten.

Über die Vermittlung von Beherbergungsmöglichkeiten hinaus gibt es weitere – bisher noch – zaghafte Versuche, die Vermittlungstätigkeit auszudehnen, wobei dies aus Haftungsgründen nur in der Rechtsform der GmbH angeraten ist. Die Ausdehnung des Geschäftsfeldes Vermittlung bezieht sich auf

- Reisen (eigene und fremde),
- Tickets (für Veranstaltungen, Freizeiteinrichtungen, Verkehrsträger),
- Sport- und Kurprogramme.

c) Merchandising/Handelssortiment
Merchandising bezeichnet die Kreation und den Verkauf von Artikeln, die im Zusammenhang mit touristischen Leistungen stehen: T-Shirts, Kappen, Anstecker, Aufkleber, Kaffeetassen, etc. mit dem Aufdruck eines Logos oder anderer Motive. Statt des Verkaufs von Artikeln bietet sich auch die Vergabe von Lizenzen eines (als Warenzeichen geschützten) Logos an Souvenirartikelhersteller an, so wie es z.B. die Stadt München bei der Vermarktung ihres neuen Oktoberfest-Logos getan hat (sog. „Licensing").

Weiterhin können ergänzende Sortimente aus Landkarten (Straßen-, Rad-, Wanderkarten, etc.) und Reiseführern für die Region sowie Souvenirs und anderen Reiseartikeln verkauft werden.

d) Trägerschaft touristischer Leistungen
Tourismus-Informationsstellen können auch als touristischer Leistungsträger auftreten. Zunächst einmal ist hier an Stadtführungen und Reiseleitungen gedacht. Künftig werden darüber hinaus noch Service Cards eine wichtige Rolle spielen.

Ziel von Karten-Konzepten ist es, für die Besucher verschiedene touristische Angebote zusammenzufassen und gemeinsam zu vermarkten. Zwecks Verkehrsvermeidung ist es sinnvoll, eine Nutzung des ÖPNV einzubeziehen. Schließlich kann mit Hilfe von Service Cards ein Beitrag zur gleichmäßigeren Verteilung von Besucherströmen auf kulturelle Einrichtungen geleistet werden, wenn nicht nur auf Highlights, sondern auch auf weniger bekannte Angebote aufmerksam gemacht wird.

Card-Konzepte existieren u.a. in Hamburg (1990), Bonn (1992), Frankfurt a.M., Hannover und Dresden (1994) sowie Berlin und Weimar (1995).

Die „WeimarCard" gilt 48 Stunden. Für einen Pauschalpreis können bestimmte kulturelle Einrichtungen besucht, öffentliche Busse benutzt und reduzierte Tarife für Stadtführungen und den Eintritt in das Deutsche Nationaltheater in Anspruch genommen werden.

Die Umsetzung von stadt- bzw. regionsbezogenen Karten-Konzepten erfordert ein hohes Maß an Kooperationsbereitschaft zwischen den beteiligten Leistungsträgern aus Kultur, Sport, Transportbetrieben und der Hotellerie. Das örtliche Tourismusmanagement übernimmt dabei die Funktion der Koordinierung (vgl. Wolber, 1996, S. 342).

e) Betätigung als Veranstalter

Im Trend liegt die Erstellung von Pauschalangeboten seitens der Tourismusorganisationen, die zu diesem Zweck privatwirtschaftlich organisiert sein müssen. Daß die Bedeutung verkaufbar gestalteter Angebote (Eigentouristik) zunimmt, ist auch an der Gründung eigenständiger Unternehmen seitens regionaler Verbände zu erkennen (z.B. TASA-Tourismus-Agentur Sachsen-Anhalt oder die Oberösterreich-Touristik).

Mit dem Einsatz entsprechender Computer-Reservierungssysteme werden Angebote für Reisebüros direkt über START buchbar gemacht, so daß vertriebsbezogene Voraussetzungen für eine erfolgreiche Eigentouristik in Deutschland immer häufiger zu finden sind (z.B. TIRS – Touristisches Informations- und Reservierungssystem in Sachsen-Anhalt).

Die Palette der Eigentouristik reicht von breit zu streuenden Pauschalprogrammen bis hin zu Spezialangeboten für Incentive-Reisen etc.

f) Kongreßorganisation/Veranstaltungsorganisation

Für viele Städte und Gemeinden bietet der Tagungs- und Kongreßmarkt eine Chance zur Profilierung, wenngleich man die Erhöhung der Wettbewerbsintensität auf diesem Sektor berücksichtigen muß. Üblicherweise leistet die Hotellerie Hilfestellung bei der Organisation von Tagungen. Geht es aber um Kongresse (über 300 Teilnehmer), sucht die Hotellerie die Zusammenarbeit mit professionellen Agenturen für die Organisation. Diese Aufgabe könnten Tourismus-Informationsstellen übernehmen, wenn sie bereit sind, die notwendigen personellen Voraussetzungen zu schaffen. Eine Untersuchung in Magdeburg zeigte, daß sich mehr als die Hälfte der großen Hotels das Auftreten der Magdeburger Stadtinformation als professionellen Kongreßorganisator wünscht (vgl. Gleißenberger, 1995, S. 69).

Ebenso ist eine Übernahme der Organisation von Veranstaltungen, die zur Erhöhung der Attraktivität eines Ortes beträchtlich beitragen können, denkbar (vertiefend Dreyer, 1996c). Professionalität – ein guter Ablauf und Wahrung des Erlebnischarakters – ist wichtig, zumal auch rechtliche Aspekte nicht vernachlässigt werden dürfen; denn rechtliche Risiken stellen sich letztlich als wirtschaftliche Risiken dar, die es – soweit möglich – zu vermeiden gilt (vgl. zur Rechtsproblematik insbesondere Zundel, 1996).

g) Betrieb von Infrastruktureinrichtungen
Vielfach unterliegt der kommunalen Organisation für die Tourismusförderung auch der Betrieb von Infrastruktureinrichtungen, wie z.B. Frei- und Hallenbäder, Eislaufhallen und andere Sportanlagen oder Kurmittelhäuser. Da mit diesem Aufgabenfeld der Vermarktungsbereich der Tourismus-Informationsstellen verlassen wird, soll hierauf nicht näher eingegangen werden.

Tätigkeitsfelder/Geschäftsfelder	Leistungen/Produkte
Touristische Information und Beratung/ Tourismuswerbung	Erstellung von Werbemitteln für die Touristenwerbung Prospektabgabe Zimmernachweis
Vermittlung touristischer Leistungen	Zimmervermittlung Reisen Tickets Sport- und Kulturprogramme
Merchandising/Handelssortiment	T-Shirts Kappen Aufkleber Kaffeetassen etc. Landkarten Reiseführer Souvenirs etc.
Trägerschaft touristischer Leistungen	Stadtführungen Reiseleitung Service Cards
Betätigung als Veranstalter	Pauschalreisen Incentive-Reisen
Kongreßorganisation/Veranstaltungsorganisation	Kongressveranstaltung Events
Betrieb von Infrastruktureinrichtungen	Bäder Sportanlagen Kureinrichtungen

Abb. 1: Geschäftsfelder von Tourismus-Informationsstellen

Ein Beispiel für ein umfassendes touristisches Dienstleistungszentrum stellt das im November 1993 eröffnete Stadthaus von Ulm dar. Der moderne Bau neben dem Münster beherbergt die Bereiche

- Information: Verkehrs- und Reisebüro, Theaterkasse, Hotelbuchung, Stadtauskünfte, Fahrkarten,
- Kommunikation: Vorträge, Tagungen, Konzerte, Vorführungen,
- Repräsentation: Ausstellungen (vgl. Althof, 1996, S. 115).

10.5 Distributionspolitik

Grundsätzlich ist ein Ladenlokal notwendig. Ansonsten hängt der Vertrieb der Leistungen einer Tourismus-Informationsstelle von der Art der besetzten Geschäftsfelder ab. Während für die Informationsdienstleistungen nur noch Telefon und Telefax unabdingbar sind, wird für die Ausübung der Reiseveranstalter und -mittlertätigkeit der Einsatz eines Computer-Reservierungssystems (mit START-An-bindung) benötigt.

Das Merchandising basiert vor allem auf einem ansprechenden Ladenlokal, das auf die Handelsfunktion abgestimmt ist. So ist darüber zu entscheiden, wie die Warenpräsentation erfolgen soll (Selbstbedienung, Muster, Umfang der Beratung, etc.)

Aber auch über die Prospektpräsentation muß entschieden werden. Es ist abzuwägen, ob die personalsparende Präsentation im Griffbereich der Gäste mit der dadurch steigenden Zahl der (nutzlos) ausgegebenen Prospekte vereinbar ist.

Außerdem muß die Frage der Lagerhaltung gelöst werden, um immer genügend Informationsmaterialien bzw. Waren vorrätig zu haben.

Für viele der Geschäftsfelder ist der Einsatz von Videofilmen zur werbenden Darstellung von Region und/oder Produkten als Verkaufsförderungsmaßnahme sinnvoll.

Ein wichtiges Instrumentarium der Distribution ist die Messepolitik. Da Tourismusmessen vor allem als Verbrauchermessen organisiert sind, werden insbesondere Standplätze auf Messen in den wichtigsten Quellgebieten der vertretenen Urlaubsregion gebucht. Um sich mit einem attraktiven Stand besonders gut in Szene zu setzen und/oder um Kosten zu sparen, werden Messen häufig von mehreren Organisationen gemeinschaftlich besucht. Dabei übernehmen Regional- oder Landesverbände gern die Führungsrolle und bieten Städten, Gemeinden, Hotels oder anderen Tourismusbetrieben die Messebeteiligung als „Anschließer" an.

10.6 Kommunikationspolitik

Der Einsatz der Kommunikationsmedien steht in direktem Zusammenhang mit den von einer Tourismus-Informationsstelle besetzten Aufgaben- und Geschäftsfeldern. Werbesubjekte sind in der Regel die von der Tourismus-Informationsstelle vertretene Stadt/Region bzw. von ihr angebotene Leistungen (z.B. Pauschalreisen, Merchandising-Artikel).

In der Kommunikationspolitik werden die Instrumente Werbung, Public Relations und Sponsoring eingesetzt.

Verwendet werden von Tourismus-Informationsstellen als Mittel der Tourismuswerbung insbesondere

- Prospekte (z.B. Ortsprospekte für die Imagewerbung, Gastgeberverzeichnisse),
- Broschüren (z.B. Veranstaltungskalender),
- Folder (z.B. zu bestimmten Spezialthemen),

- Flyer,
- Plakate und
- Anzeigen.

Außerdem muß auf mittlere Sicht für die Darstellung der Leistungspalette die Nutzung der modernen Datennetze wie T-online oder das Internet berücksichtigt werden.

Das aktive Sponsoring seitens der Tourismus-Informationsstelle kommt aus Mangel an Finanzierungsmöglichkeiten nicht in Frage, sondern kann vielmehr nur passiv als Finanzierungsinstrument genutzt werden, indem versucht wird, Unternehmen als Sponsoren für bestimmte eigene Aktivitäten (Veranstaltungen, Prospekte, etc.) zu gewinnen.

Public Relations wird dagegen besonders häufig eingesetzt, um die Region und ihre touristischen Angebote richtig in Szene zu setzen, wobei die Durchführung von Journalistenreisen zu den wichtigsten Aktivitäten zählt.

10.7 Internes Marketing

Eine der vielleicht wichtigsten Aufgaben von Tourismus-Informationsstellen ist das interne Marketing. Die touristischen Leistungsträger müssen stets zur Verbesserung ihrer Leistungsfähigkeit angehalten werden, damit ein Bestehen im harten Wettbewerb der Städte und Regionen gewährleistet ist.

Zu diesem Zweck muß auch immer wieder die Kooperationsbereitschaft der Leistungsträger gefordert werden, um neue Angebote zu kreieren. Und gerade hier stoßen die Tourismusverantwortlichen häufig auf Grenzen. Allzuoft regiert das „Kirchturmdenken" und verhindert eine gedeihliche Zusammenarbeit von Städten und Regionen, die schließlich jedem beteiligten Ort zugute kommen würde. Zum Beispiel können Kooperationen die Attraktivität steigern durch

- vernetzten Nahverkehr,
- gemeinsamen Veranstaltungskalender,
- Pauschalangebote mit Ausflugszielen in der Region oder
- gemeinsame Messeauftritte.

10.8 Servicequalität

Nicht nur die Überlegung, welche Leistungen angeboten werden, ist wichtig, sondern auch *wie* sie dem Gast oder Kunden präsentiert werden. Denn Wünsche der Kunden möglichst kompetent, schnell und freundlich zu erfüllen, ist die Grundvoraussetzung eines erfolgreichen Dienstleistungsunternehmens.

Über den Weg der Kundenzufriedenheit soll das Ziel der Kundenbindung erreicht werden, über die wiederum positive Effekte für die Tourismus-Informationsstelle und die von ihr vertretene Region zu erwarten sind:

(1) Erneute Käufe;
(2) Erschließung neuer Gäste/Kunden durch positive Mund-zu-Mund-Kommunikation.

Zu Punkt zwei muß man wissen, daß die Weitergabe positiver Informationen an ungefähr drei Personen erfolgt, negative Äußerungen hingegen an ca. zehn Personen weitergegeben werden. Der Multiplikatoreffekt bei nicht erfüllten Kundenerwartungen ist also mindestens dreimal so hoch wie der zufriedenstellender Leistungen. Die Bedeutung der Kundenzufriedenheit ist ohne Zweifel als existenziell anzusehen.

Die Zufriedenheit mit Dienstleistungen führt nur über deren Qualität in Verbindung mit der zuvor erzeugten, richtigen Erwartungshaltung (vgl. dazu Dreyer, 1996e). Dabei besitzt die Qualität viele verschiedene Dimensionen, von denen hier wegen ihrer Bedeutung einige hervorgehoben werden:

a) Kundenorientiertes Zeitmanagement
 – Öffnungszeiten
 – Warte- und Transaktionszeiten
b) Telefonverhalten
c) Erscheinungsbild der Tourismus-Informationsstelle und des Personals
d) Leistungsfähigkeit des Personals
 – Zuverlässigkeit
 – Reaktionsfähigkeit
 – Kompetenz
 – Einfühlungsvermögen

a) Kundenorientiertes Zeitmanagement
Die Öffnungszeiten einer Tourismus-Informationsstelle sind an der Nachfrage nach den Leistungen zu orientieren. Das klingt trivial, trifft jedoch kaum das bisherige Verhalten in deutschen Touristenregionen. Allzuoft sind – aufgrund schwerfälliger Arbeitszeitregelungen der nach oder analog dem Bundesangestelltentarif (BAT) entlohnten Mitarbeiter – Tourismus-Informationsstellen am Wochenende nur eingeschränkt geöffnet.
 Beispiel: In der Harzregion haben 75% der Tourismus-Informationsstellen am Sonntag geschlossen, obwohl das Gebiet besonders stark von Wochenendtouristen besucht wird. Allerdings besitzt die Region mit dem Ort Altenau auch ein besonders positives Beispiel: Dort ist nämlich am Wochenende von 10-18 Uhr und wochentags sogar von 8-20 Uhr göffnet (vgl. Dreyer, 1996d).

Allerdings ist zu erwarten, daß sich die grundsätzliche Haltung vieler Tourismus-Informationsstellen in Zukunft ändert. Das neue Gesetz über die Regelung der Ladenschlußzeiten wird dafür sorgen, daß der Handel seine Öffnungszeiten ausdehnt, was einerseits mit flexibleren Arbeitszeitregelungen einhergeht und andererseits zu einem veränderten Verbraucherverhalten führt, dem sich auch die Tourismus-Informationsstellen nicht entziehen können.

Umfangreiche Öffnungszeiten am Wochenende erscheinen jedenfalls dringend erforderlich. Darüber hinaus werden die örtlichen Gegebenheiten über Öffnungszeiten entscheiden müssen. So ist es in Wanderregionen notwendig, frühzeitig zu öffnen (ca. 8 Uhr, weil Wanderer häufig Frühaufsteher sind), während in Baderegionen auch eine spätere Öffnung (9 oder evtl. 10 Uhr) sinnvoll erscheint. Ferner werden längeren Öffnungszeiten in der Hauptsaison kürzere Öffnungszeiten in der Nebensaison gegenüberstehen. Fraglos ist auch die Größe einer Tourismus-Informationsstelle zu berücksichtigen, so daß wirkliche Flexibilität und Gästefreundlichkeit im Grunde genommen erst ab drei Mitarbeitern organisierbar ist.

Wo allerdings eingeschränkte Öffnungszeiten nicht zu verhindern sind, muß eine Kooperation mit Nachbarorten angestrebt werden, um den Gästen der Region wenigstens eine geöffnete Informationsstelle anbieten zu können.

Von der personellen Besetzung hängt es ab, ob Wartezeiten möglicherweise verhindert werden können. Dagegen sind Transaktionszeiten (also die Zeit der Beratung oder des Verkaufsgesprächs) steuerbar.

Besonders wichtig ist die zügige Bearbeitung von Prospektanfragen. Vormittags eingehende Anfragen müssen am selben Tag zur Post gegeben werden, bei Eingang am Nachmittag muß der Postausgang spätestens am nächsten Tag erfolgen.

Im Sinne einer guten Servicequalität muß ein aus Textbausteinen und persönlicher Anrede zusammengesetztes Anschreiben bei der Beantwortung von Anfragen zum Standard erhoben werden.

b) Telefonverhalten

Für Tourismus-Informationsstellen bietet die Deutsche Telekom eine bundeseinheitliche Rufnummer an. Mit der entsprechenden Orts-Vorwahl und der Nummer 19 4 33 können deutsche Tourismusorte erreicht werden, sofern sie sich an diesem Dienst beteiligen. Dies wiederum ist dringend angeraten, um den Service für die Reiseinteressierten zu erhöhen.

Anrufer könnten ferner in die Lage versetzt werden, ihre Gespräche mit der Tourismus-Informationsstelle kostenlos (bzw. zum Ortstarif) zu führen. Zu diesem Zweck hat die Deutsche Telekom den Service der 0130- (bzw. 0180-) Rufnummern entwickelt.

Die Technik eröffnet dem Telefonmarketing immer neue Möglichkeiten. Beispielsweise kann die Prospektbestellung – falls es gewünscht wird – unpersönlich über sogenannte „Voice-Response-Systeme" abgewickelt werden, bei denen nicht nur Dialoge, sondern auch Wahlmöglichkeiten für den Anrufer durch das Drücken der Telefontasten machbar sind (vgl. Gottschling/Rechenauer, 1994, S. 100 ff.). Es kann die Auswahl bestimmter Gesprächspartner oder die Bearbeitung der gesamten Informationsanfrage vom Telefonisten auf den Anrufer übertragen werden. Der Kunde kommuniziert nur noch mit einem Automaten, führt allerdings mit diesem ein schwerfälliges Frage- und Antwort-Spiel, dessen Akzeptanz bei den Kunden/Gästen bezweifelt werden muß.

Ein weiterer Schritt zur Serviceverbesserung ist eine kundenfreundliche Telefonpolitik, bei der es gilt, individuelle Lösungen für eine Reihe von Problemen zu finden. Zu diesen zählen u.a.:

- Das Telefongespräch muß umgehend beantwortet werden.
- Anruf-Weiterleitungen sind zügig vorzunehmen und die Wartezeit ist angenehm und kurzweilig zu gestalten (keine nervtötende zielgruppen*un*adäquate Musik, etc.).
- Der Gesprächsverlauf ist persönlich, freundlich und höflich zu gestalten.
- Es muß entschieden werden, ob und ggf. wann Telefongespräche in persönliche Kundengespräche „hineinplatzen" dürfen (vgl. auch Brandt, 1995, S. 28 ff. und Matt, 1995, S. 36 ff.).

c) Erscheinungsbild der Tourismus-Informationsstelle und des Personals
Das tangible Umfeld ist für die positive Wahrnehmung der Dienstleistungsqualität besonders wichtig. Insofern ist die Atmosphäre der Ladengestaltung, auf die in Abschnitt drei schon hingewiesen wurde, ebenso wichtig wie das Erscheinungsbild des Personals. Freundlichkeit muß zur obersten Maxime erhoben werden. Darüber hinaus ist gepflegte Kleidung erforderlich, die farblich mit Akzenten auf das Corporate Design der Informationsstelle abgestimmt sein sollte.

Sinnvoll ist außerdem, daß eine persönlichere Beziehung zum Gast durch das Tragen eines Namensschildes mit Vor- und Nachnamen des Dienstleisters hergestellt wird.

d) Leistungsfähigkeit des Personals
Mitarbeiter einer Tourismus-Informationsstelle müssen Zuverlässigkeit und Kompetenz (z.B. geographische Kenntnisse der Region, Englisch als Fremdsprache) ausstrahlen, um die erwarteten Dienstleistungen adäquat erbringen zu können. Darüber hinaus wird Reaktionsfähigkeit vorausgesetzt, um auf spezifische Kundenwünsche (z.B. Spezialanfragen hinsichtlich Gruppenreisen, Möglichkeiten für Behinderte) eingehen zu können. Notwendig ist auch Einfühlungsvermögen (die Bereitschaft), eine wesentliche Voraussetzung um sich mit den Wünschen der Gäste auseinanderzusetzen (vgl. Parasuraman et al., 1985).

Literatur

Althof, W. (1996): Incoming-Tourismus. München.
Bieger, T. (Hrsg.) (1996): Management von Destinationen und Tourismusorganisationen. München.

Brandt, U. (1995): Aktiver Telefonverkauf: Kein Hexenwerk. In: touristik management, Heft 3/1995, S. 28–34.

Diller, H. (1992): Ladengestaltung. In: Diller, H. (Hrsg.): Vahlens Großes Marketing Lexikon. München, S. 595–599.

Dreyer, A. (Hrsg.) (1996a): Kulturtourismus. München.

Dreyer, A. (1996b): Marketing-Management im Tourismus. In: Dreyer, A. (Hrsg.): Kulturtourismus. München, S. 153–210.

Dreyer, A. (1996c): Events als Aufhänger der Kommunikation von Destinationen. In: Bieger, T. (Hrsg.): Management von Destinationen und Tourismusorganisationen. München, S. 264–262.

Dreyer, A. (1996d): Servicequalität von Tourismus-Informationsstellen. Braunschweig.

Dreyer, A. (1996e): Kundenintegration. In: Pompl/Lieb (Hrsg.): Qualitätsmanagement im Tourismus. München (im Druck).

Freyer, W. (1995): Tourismus, 5. Aufl., München.

Fried, H. (1992): Die Touristische-Informations-Norm (TIN) für den deutschen Fremdenverkehr. Bonn/ München.

Gleißenberger, J. (1995): Möglichkeiten und Grenzen des Tagungs- und Kongreßtourismus der Magdeburger Hotellerie, Diplomarbeit FH Harz. Wernigerode.

Gottschling, S., H.O. Rechenauer (1994): Direktmarketing. München.

Hansen, U. (1990): Absatz- und Beschaffungsmarketing des Einzelhandels, 2. Aufl., Göttingen.

Knoblich, H., B. Schubert (1995): Marketing mit Duftstoffen, 3. Aufl., München.

Luft, H. (1994): Grundlagen der kommunalen Fremdenverkehrsförderung. Limburgerhof.

Matt, A. (1995): Rufer in der Wüste. In: touristik management, Heft 3/1995, S. 36–38.

Meffert, H., M. Bruhn, (1995): Dienstleistungsmarketing. Wiesbaden.

Parasuraman, A., V. Zeithaml, L. Berry (1985): A Conceptual Model of Service Quality and Its Implications for Future Research. In: Journal of Marketing, Vol. 49, Fall, S. 41–50.

Wolber, T. (1996): Kulturtourismus in einer Stadt. In: Dreyer, A. (Hrsg.): Kulturtourismus. München, S. 325–344.

Zundel, F. (1996): Rechtsprobleme im Kulturtourismus und Veranstaltungsmanagement. In: Dreyer, A. (Hrsg.): Kulturtourismus. München, S. 363–387.

11 Messen, Ausstellungen und Kongresse – am Beispiel der Messe Berlin GmbH

Manfred Busche

11.1 Überblick

Messen, Ausstellungen und Kongresse haben starke Auswirkungen auf die Infrastruktur einer Stadt sowie auf die Tourismusentwicklung einer Region. Insofern kann man Messen, Ausstellungen und Kongresse auch als touristische Leistungsträger betrachten.

Man kann sie aber auch als Instrument der Wirtschaftsförderung allgemein sehen und als Mittel zur Imagestärkung einer Stadt, sowohl im nationalen als auch im internationalen Rahmen.

Im engeren Sinne sind Messen und Ausstellungen ein Marketinginstrument der Wirtschaft mit einer Reihe von Nebenfunktionen wie Information, Marktbeobachtung, Testmarkt, Öffentlichkeitsarbeit etc.

Kongresse und ihre kleineren Geschwister, wie Seminare, Konferenzen, Sitzungen, Tagungen, dienen der Wissensvermittlung, dem Erfahrungsaustausch, dem Treffen von Verbandsmitgliedern etc. Workshops und Verkaufsseminare sowie Produktpräsentationen sind häufig eine Zwischenform zwischen Messen und Ausstellungen einerseits und Kongressen andererseits.

Die Begriffsvielfalt ist teilweise verwirrend, die Abgrenzungen sind nicht eindeutig festgelegt. Dazu kommt, daß auch mit Begriffen wie „Börse" für eine Sonderform der Messe oder „Round Table" für eine spezielle Form von Kongressen und Tagungen gearbeitet wird.

Große Kongresse gliedern sich nach der Generalversammlung meist in Einzelteile auf, wie z.B. Seminare, Fachvorträge, Diskussionsrunden, Round Tables. Kongresse haben häufig parallele Poster-Shows und begleitende Ausstellungen. Messen umfassen oft ein umfangreiches fachliches Rahmenprogramm: Kongresse, Tagungen, Seminare, Mitgliederversammlungen, Produktpräsentationen, Pressekonferenzen und Workshops.

Sowohl Messen und Ausstellungen als auch Kongresse kann man nach ihrer Ausstrahlung und der Herkunft der Teilnehmer sortieren: regional, national, international oder weltweit. Kongresse sind entweder wissenschaftlich orientiert oder dienen hauptsächlich zur Abwicklung von Verbandsregularien (Jahresmitgliederversammlungen), oder sie dienen großen Unternehmen zum Kontakt mit ihren Außenstellen, Filialen und Auslandsvertretungen.

Bei Messen und Ausstellungen gibt es neben der regionalen bis weltweiten Bedeutung sehr unterschiedliche Zielsetzungen und Aufgaben: Arbeitsmesse, Kontaktforum, Fachmesse oder Ausstellung für das Publikum (den Endverbraucher).

Unter Messen versteht man überwiegend die Veranstaltungen für Fachleute, unter Ausstellungen mehr die Veranstaltungen für den Endverbraucher. Gerade hier ist die Unterscheidung schwierig und sind die Übergänge fließend.

11.2 Ziele und Aufgaben von Messen, Ausstellungen und Kongressen

11.2.1 Messen und Ausstellungen

Die wesentliche Funktion von Messen und Ausstellungen ist darin zu sehen, Anbieter und Abnehmer klar definierter Märkte für einen kurzen Zeitraum geographisch zu konzentrieren. Abnehmer, die in der Regel auf der Besucherseite von Messen und Ausstellungen vertreten sind, können sich deshalb auf diesen Veranstaltungen schnell und damit relativ kostengünstig über das Angebot und die Anbieter des jeweils relevanten Marktes informieren. Umgekehrt haben Anbieter, die sich in der Regel als Aussteller beteiligen, die Chance, eine Vielzahl von potentiellen Abnehmern zu kontaktieren und ihnen die Produkte und Dienstleistungen nahezubringen. Im Detail ergeben sich daraus die im folgenden aufgeführten Ziele, die Aussteller und Besucher auf Messen zu realisieren versuchen.

Ziele Aussteller
Absatzförderung
- Pflege und Anbahnung von Abnehmerbeziehungen
- Pflege und Ausbau der Händlernetze
- Produkt- und Dienstleistungswerbung
- Markteinführung neuer Produkte
- Anbahnung von Verkaufsabschlüssen

Informationsgewinnung
- Überprüfung der Marktfähigkeit der Produkte und Dienstleistungen (Testmarkt)
- Absatzmarktforschung
- Wettbewerbsbeobachtung
- Technologiebeobachtung
- Informations- und Erfahrungsaustausch

Imagepolitik und Public Relations
- Pflege und Ausbau der Medienkontakte
- Erhöhung der Firmen- und Produktbekanntheit
- Demonstration der Leistungsfähigkeit des Unternehmens

Ziele Besucher
Beschaffungspolitik
• Pflege und Anbahnung von Lieferantenbeziehungen
• Identifikation neuer Beschaffungsquellen
Informationsgewinnung
• Beschaffungsmarktforschung
• Technologiebeobachtung
• Informations- und Erfahrungsausstausch

Für die gastgebende Stadt sind Messen und Ausstellungen ein Instrument der allgemeinen Wirtschaftsförderung; dazu gehört auch die Tourismusförderung.

11.2.2 Kongresse

Heute spricht man wie selbstverständlich von einem Kongreßmarkt, zuweilen auch von einer Kongreßindustrie. Dies macht deutlich, daß das Kongreßwesen längst ein kommerzielles Stadium erreicht hat. Doch das gilt eigentlich erst seit den 60er und verstärkt seit den 70er Jahren. Sicherlich gab es auch vorher Kongresse und Tagungen, nur wurden diese nicht als Wirtschaftsfaktoren und Einnahmequellen erkannt. Das hat sich nun radikal geändert. Insbesondere in den 70er Jahren setzten viele Gemeinden auf einen wachsenden Kongreßmarkt, von dem sie sich positive wirtschaftliche Effekte für die Kommunen erhofften. Dieser Trend setzte sich auch in den späten 80er und frühen 90er Jahren fort. So wuchsen die deutschen Tagungskapazitäten seit 1986 in Kongreßhallen um 10% und die in Hotels im gleichen Zeitraum sogar um 50% (vgl. Giersberg, 1995).

Ein Markt besteht in aller Regel aus Produzenten/Anbietern sowie Kunden/Nachfragern für ein oder mehrere Produkte. Je nach der Sichtweise kann man den Kongreß/die Veranstaltung selbst als Produkt betrachten, denn man kann auch mit Kongressen Geld verdienen. Normalerweise stehen jedoch die Dienstleistungen der Anbieter, die das Zustandekommen eines Kongresses ermöglichen, im Mittelpunkt der Marktbetrachtung. Hier sind z.B. zu nennen: Tagungsräumlichkeiten und -technik, Hotels, Transportmöglichkeiten, Gastronomie, Dolmetscher sowie andere Dienstleister wie Kongreßorganisationen (PCOs), Werbeagenturen etc.

Veranstalter können sein: Firmen, Verbände, wissenschaftliche Organisatoren, politische Parteien, kulturelle oder religiöse Organisationen sowie staatliche/kommunale Institutionen.

Veranstaltungen können sein: Betriebsversammlungen, Händlertagungen, Produktpräsentationen, Aktionärsversammlungen, Vorstandstagungen u.ä., wenn es sich um Firmenveranstaltungen handelt. Bei anderen Veranstaltern spricht man eher von Kongressen, Tagungen, Symposien, Versammlungen, Seminaren, Workshops etc.

Es bleibt festzuhalten, daß es keine einheitliche Terminologie in diesem Markt gibt. Jedoch werden vor allem die großen, bedeutenden Veranstaltungen Kongresse genannt, so daß sich hieraus die Namensgebung für den gesamten Markt erklärt.

Die Veranstaltungen haben je nach Veranstalter und erwarteten Teilnehmern lokale, regionale, nationale, internationale (europäische) oder interkontinentale Bedeutung bzw. Reichweiten.

Um den Markt zu verstehen, muß man die Veranstalter kennen. Wichtiges Marktsegment sind Verbandsveranstaltungen. Verbände sind Interessengruppen von Firmen derselben Branche oder von Einzelpersonen mit demselben Beruf bzw. gleichem Interesse. Kongresse und Tagungen sind für sie, ebenso wie für Firmen, nicht Ziel, sondern Zweck, da sie eines der wichtigsten Kommunikationsmittel innerhalb des Verbandes sind, aber auch starke Außenwirkung haben können. Kongresse fokussieren die Aktivitäten eines Verbandes auf wenige Tage und Stunden und haben nicht selten Konsequenzen für Erfolge und Karrieren der Beteiligten.

Verläßliche Zahlen zum Kongreßmarkt sind rar: Auf internationaler Ebene berichtet die UIA (Union International D'Associations) jährlich über Kongresse internationaler Organisationen. Erfaßt werden Veranstaltungen mit mindestens 500 Teilnehmern aus mehr als fünf Ländern. Nach dieser Statistik nahm Deutschland nach den USA, Großbritannien und Frankreich mit einem Marktanteil von 6,25% den vierten Platz unter den führenden Kongreßnationen ein. Diese Daten sind jedoch mit einer gewissen Vorsicht zur Kenntnis zu nehmen, da sie nur einen Teil des Kongreßmarktes abdecken. So weisen in Deutschland nur 3% der Veranstaltungen mehr als 400 Teilnehmer aus. Die 23% der Veranstaltungen, die mehr als 50 Teilnehmer erreichen, bewirken drei Viertel der Umsätze im Tagungsmarkt (vgl. Giersberg, 1995).

Eine Untersuchung von Infratest Burke, die im Auftrag des Deutschen Kongreßbüros, Frankfurt am Main, durchgeführt wurde, ergab, daß im Jahre 1994 in 6.810 deutschen Tagungsstätten 610.000 Tagungsveranstaltungen mit knapp 50 Mio. Teilnehmern durchgeführt wurden. Neben den 10 Mrd. DM, die die Tagungsstätten als Einnahmen erzielten, wurden für Reisekosten 8 Mrd. DM sowie für Übernachtung und Gastronomie außerhalb der Tagungsstätten weitere 25 Mrd. DM. ausgegeben, so daß der gesamte Tagungsmarkt auf ein Volumen von 43 Mrd. DM geschätzt wird (vgl. Infratest Burke, 1995, S. 11 f.). Diese Zahlen rechtfertigen auch die Tatsache, daß man heute von einem Markt spricht – einem Markt übrigens, der wie viele Dienstleistungsmärkte starke Wachstumsraten aufweist und insofern ein Zukunftsmarkt ist.

11.3 Kongresse, Messen und Ausstellungen und ihre Auswirkungen auf den Tourismus

Reisen zu Messen, Ausstellungen und Kongressen sind ein wesentlicher Bestandteil des Geschäftsreiseverkehrs, soweit es Aussteller und Fachbesucher betrifft. Nach einer Untersuchung, die der Spiegel-Verlag in Auftrag gegeben hat, sagen 9% der Geschäftsreisenden, daß die Teilnahme an Kongressen für sie einer der Anlässe für Geschäftsreisen im Inland ist. Der Besuch von Messen oder Ausstellungen ist sogar für 44% Anlaß für Geschäftsreisen im Inland. Zum Vergleich sei darauf hingewiesen, daß die reine Geschäftsbeziehungspflege bzw. Kundenbesuche für gut ein Drittel (36%) der Befragten die Motivation zum geschäftlichen Reisen darstellt (Spiegel-Verlag, 1994, S. 59).

Abhängig von der Konzeption der Messen und Ausstellungen reisen auch Privatbesucher an, die nicht dem Geschäftsreiseverkehr zugeordnet werden können, sondern der allgemeinen Tourismussparte „Städtereisen".

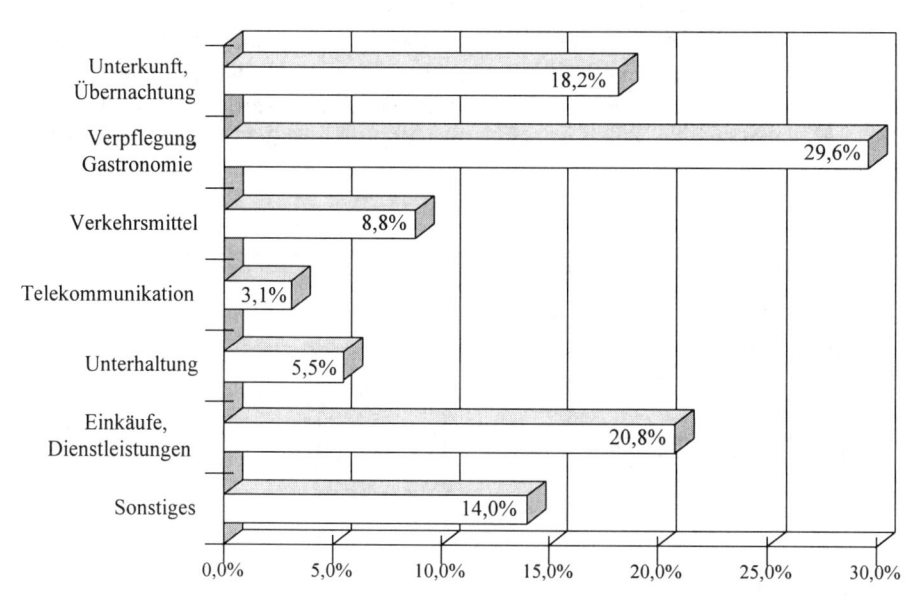

Unterkunft, Übernachtung	18,2%
Verpflegung Gastronomie	29,6%
Verkehrsmittel	8,8%
Telekommunikation	3,1%
Unterhaltung	5,5%
Einkäufe, Dienstleistungen	20,8%
Sonstiges	14,0%

Abb. 1: Struktur der Ausgaben auswärtiger Besucher von Messen und Ausstellungen in Berlin (*Quelle*: FfH 1992, S. 24)

In den Jahren 1991/92 hat die Messe Berlin GmbH, die damals noch AMK Berlin hieß, bei der Forschungsstelle für den Handel Berlin (FfH) e.V. zum wiederholten Male eine Studie über den Kaufkraftzufluß durch Messen und Kongresse und deren Auswirkungen für die Region Berlin in Auftrag gegeben. Diese Untersuchung, die in Zusammenarbeit mit dem Deutschen Institut für Wirtschaftsforschung durchgeführt wurde, zeigt, in welchem Maße auswärtige Besucher von Messen und Ausstellungen zusätzliche Kaufkraftzuflüsse in der Veranstaltungsregion bewirken. So gaben die auswärtigen Besucher der Berliner Veranstaltungen 1991/92 für sich selbst und ihre Begleitpersonen im Durchschnitt 250,07 DM pro Besuchstag aus. Je nach Herkunft der auswärtigen Besucher differiert dieser Wert jedoch erheblich. So konnte für die Brandenburger Besucher ermittelt werden, daß sie täglich 217,23 DM ausgaben. Die Besucher aus den übrigen neuen Bundesländern gaben mit 198,62 DM etwas weniger als die Brandenburger aus. Wesentlich höhere Ausgaben tätigten die Besucher aus den alten Bundesländern und mehr noch die Gäste aus dem Ausland. Die entsprechenden Werte betragen für die alten Bundesländer 261,09 DM und für das Ausland 431,60 DM (vgl. FfH, 1992, S. 25). Die Ausgabenstruktur gibt Abb. 1 wieder. Abb. 2 zeigt, welche Verkehrsmittel durch auswärtige Besucher von Messen und Ausstellungen in Berlin genutzt werden.

Ohne die Aufwendungen für die Anreise zu betrachten, bewirkten die auswärtigen Besucher von Messen und Ausstellungen durch ihre Ausgaben 1991/92 insgesamt einen Kaufkraftzufluß in der Region Berlin von 319.534 TDM. Um den gesamten Kaufkraftzufluß, der durch Messen und Ausstellungen in Berlin entsteht, für die Region Berlin zu ermitteln, sind neben diesem Wert auch die Aufwendungen der Aussteller sowie der auswärtigen Messebeschäftigten zu betrachten. Die entsprechenden Werte betragen für die Aussteller 462.631 TDM und für die auswärtigen Beschäftigten 38.068 TDM. Damit ergibt sich ein kumulierter Wert von 820.233 TDM (vgl. FfH, 1992, S. 3).

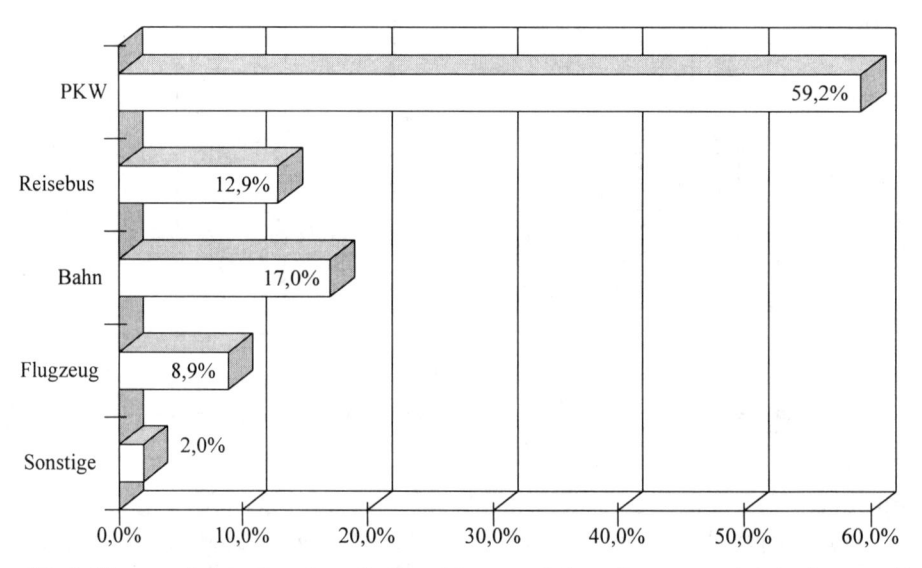

Abb. 2: Von auswärtigen Besuchern Berliner Messen und Ausstellungen zur Anreise benutzte Verkehrsmittel (*Quelle*: FfH 1992, S. 19)

Wie die Abb. 1 zeigt, kommt der größte Teil des Kaufkraftzuflusses, den die auswärtigen Besucher induzieren, dem Beherbergungs- und Gaststättengewerbe zugute. Dieser Effekt würde noch deutlicher werden, wenn auch die Ausgaben für die Anreise hinzugerechnet werden würden.

Bei *Kongressen* ist die Auswirkung auf das Tourismusgeschäft noch stärker als bei Messen und Ausstellungen. Bei größeren Kongressen ist es üblich, einen halben oder ganzen Tag (meist in der Mitte der Kongreßzeit) für Ausflüge zu nutzen. Zusätzlich werden die Kongreßteilnehmer zu jeweils mehrtägigen „Pre- and Post-Convention-Tours" eingeladen, die in Nachbarregionen oder Nachbarländer führen.

Auswärtige Kongreßteilnehmer gaben für sich und für Begleitpersonen im Erhebungszeitraum 1991/92 durchschnittlich 266,62 DM pro Tag aus (vgl. FfH, 1992, S. 61). Auch hier sind erhebliche Schwankungen in Abhängigkeit von der Art der Veranstaltung und der Herkunft der Kongreßteilnehmer zu verzeichnen. So gaben aus Brandenburg angereiste Teilnehmer an Ärztekongressen durchschnittlich 110,00 DM pro Tag aus, ausländische Besucher der übrigen Kongresse hingegen 366,00 DM pro Tag (vgl. FfH, 1992, S. 63). Abb. 3 zeigt die Struktur der Ausgaben auswärtiger Kongreßbesucher und Abb. 4 die zur Anreise benutzten Verkehrsmittel.

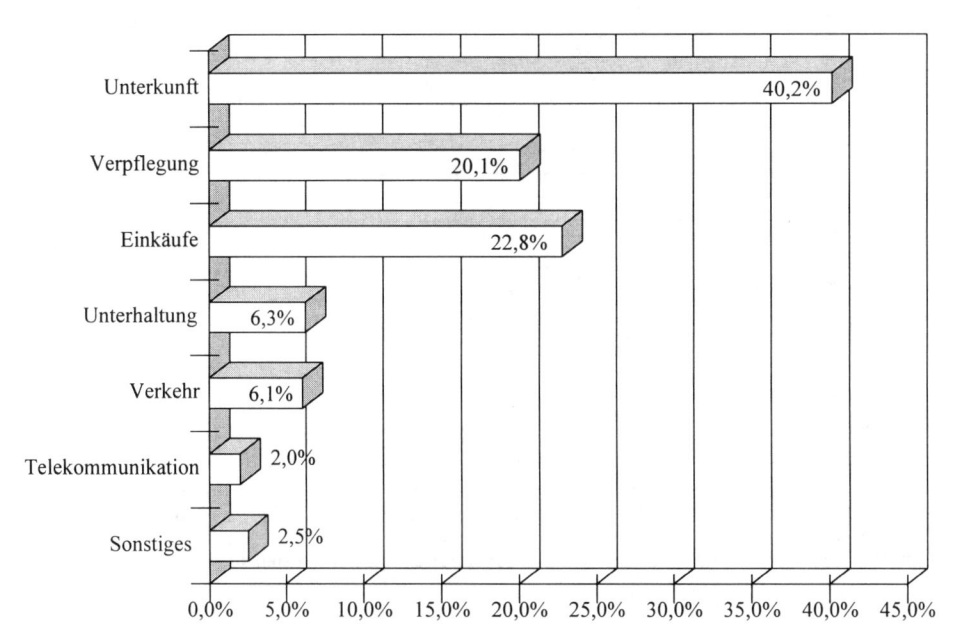

Abb. 3: Struktur der Ausgaben auswärtiger Kongreßteilnehmer in Berlin (*Quelle*: FfH 1992, S. 61)

Insgesamt konnte für den Erhebungszeitraum ein kongreßabhängiger Kaufkraftzufluß in der Region Berlin von 132.975 TDM ermittelt werden. Rechnet man die 57.442 TDM hinzu, die durch die Kongreßveranstalter induziert sind, ergibt sich ein Kaufkraftzufluß von 190.417 TDM (vgl. FfH, 1992, S. 3).

Der Kaufkraftzufluß in die Region Berlin, den Kongresse, Messen und Ausstellungen zusammengenommen bewirken, hat sich seit 1989 dynamisch entwickelt. Waren es 1989 noch 624 Mio. DM, konnten 1991 bereits 684 Mio. DM verzeichnet werden. 1995 erreichte der Kaufkraftzufluß 811 Mio. DM. Diese Entwicklung ist aber nicht kontinuierlich verlaufen. Die Diskontinuität ist damit zu erklären, daß nicht alle Veranstaltungen jährlich stattfinden. Einige – vor allem große internationale Kongresse – wechseln darüber hinaus von Termin zu Termin auch den Veranstaltungsort. Als Folge solcher Unstetigkeiten können Konstellationen auftreten, die speziell für den Tourismus der Veranstaltungsregionen ungünstig sind. Umgekehrt treten aber auch Häufungen von Veranstaltungen auf, die zu überdurchschnittlich positiven Impulsen für die gesamte Region und ihren Tourismus führen. Für beide Fälle bietet die Entwicklung des Berliner Veranstaltungswesens in den letzten Jahren Beispiele. So wurden im Jahre 1990 insgesamt 383,5 Mio. DM an zusätzlicher Kaufkraft bewirkt, nachdem im Jahre zuvor noch 624 Mio. DM zugeflossen waren. Das Jahr 1990 war hingegen mit insgesamt 1.010 Mio. DM Kaufkraftwirkung ein besonders erfolgreiches (vgl. Messe Berlin GmbH, 1996, S. 4).

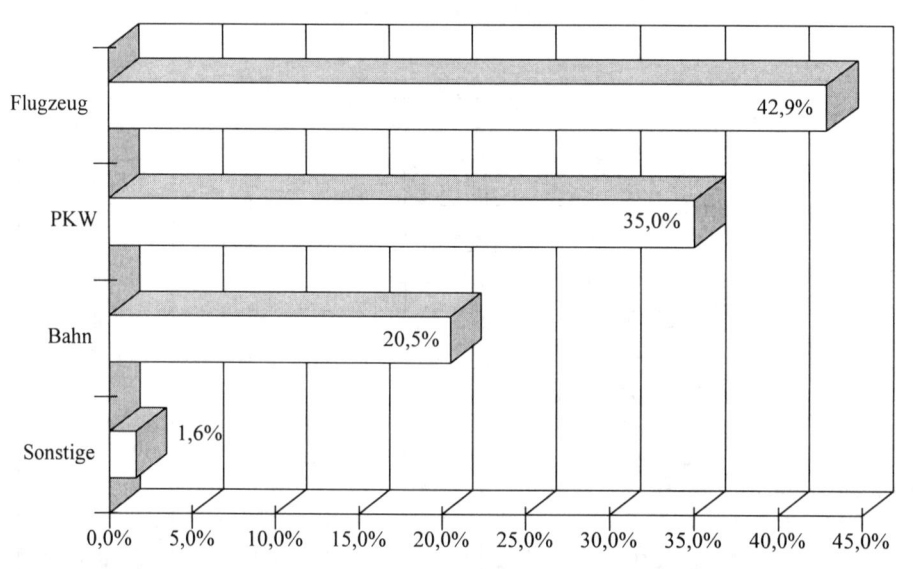

Verkehrsmittel	Anteil
Flugzeug	42,9%
PKW	35,0%
Bahn	20,5%
Sonstige	1,6%

Abb. 4: Von auswärtigen Kongreßteilnehmern zur Anreise nach Berlin benutzte Verkehrsmittel (*Quelle*: FfH, 1992, S. 57)

11.4 Die Bedeutung touristischer Messen und Kongresse

Am Beispiel der Messe Berlin GmbH konnte gezeigt werden, daß – gemessen am Kaufkraftzufluß – Messen, Ausstellungen und Kongresse einen bedeutenden Einfluß auf die Tourismusbranche der Veranstaltungsregion ausüben. Neben dieser Wirkung sind jedoch auch weitergehende Effekte zu nennen. So lernen viele Besucher, die aus geschäftlichen Gründen eine Veranstaltung aufsuchen, die Region kennen und entwickeln das Bedürfnis, sie auch touristisch zu bereisen. Welche quantitative Größe dieser Effekt erreicht, ist nicht exakt zu ermitteln. Für den Kongreßbereich konnte 1994 zwar festgestellt werden, daß immerhin 4% der Kongreßteilnehmer die Kongreßreise unmittelbar mit einem Kurzurlaub verbanden (vgl. Giersberg, 1995). Über die Zahl der Teilnehmer bzw. Besucher und Aussteller, die die Tagungs- bzw. Messeregion zu einem späteren Zeitpunkt privat aufsuchen, kann zur Zeit nur spekuliert werden. Fest steht aber, daß auf diesem Gebiet ein erhebliches Entwicklungspotential liegt.

Eine besondere Wirkung entfalten Messen, Ausstellungen und Kongresse, die touristische Themen behandeln. Das Paradebeispiel ist auf diesem Gebiet die Internationale Tourismus-Börse (ITB) Berlin. 1996 stellten auf dieser Veranstaltung insgesamt 6.112 Aussteller aus. Von diesen kamen 4.629 aus 175 Ländern. Unter den insgesamt 119.915 Besuchern fanden sich 16.548 aus dem Ausland. Dieses Potential hat vielschichtige Wirkungen – nicht nur auf den deutschen Tourismus, sondern auch auf die gesamte globale Tourismusindustrie. Dabei spielt auf der einen Seite bereits das touristische Nachfragevolumen eine Rolle, das durch die ITB konzentriert und auch erzeugt wird, zumal es sich hierbei um eine Veranstaltung handelt, deren Teilnehmer die wesentliche Nachfragemacht aus dem In- und Ausland repräsentieren. Auf der anderen Seite beeinflussen Tourismusmessen und -kongresse – vor allem wiederum die ITB als das jährliche Zentralereignis der Tourismuswirtschaft – die Nachfrageströme. Die Reiseveranstalter sichern sich auf diesen Veranstaltungen zum Beispiel ihre Unterbringungs- und Transportkontingente. Dabei wird durchaus nicht immer nur „Altbewährtes" gebucht, denn die Messen sind ein hervorragendes Instrument, um neue Tourismusregionen und auch neue Formen des Tourismus bekannt zu machen und durchzusetzen. So hat die ITB beispielsweise einen wesentlichen Beitrag dazu geleistet, den sogenannten „Sanften Tourismus" populär zu machen.

Literatur

Forschungsstelle für den Handel (FfH) (1992): Kaufkraftzufluß durch Messen und Kongresse und deren Auswirkungen auf die Region Berlin. Berlin.
Giersberg, Georg (1995): Deutsche Kongresse: Perfekt organisiert, aber ohne Ambiente. In: FAZ 19.10.1995.
Infratest Burke (1995): Der deutsche Tagungsmarkt 1994/1995. München.
Messe Berlin GmbH (1996): Geschäftsbericht 1995. Berlin.
Spiegel-Verlag (1994): Geschäftsreisen 1994. Hamburg.

Teil 3

Praxis des Tourismus-Managements
und der Fremdenverkehrsplanung

I Entwicklung von Marketing- und Fremdenverkehrskonzeptionen

1 Regionenmarketing Münsterland – Fallbeispiel zur Segmentierung und Positionierung

Heribert Meffert und Simone Frömbling

1.1 Stellenwert des Regionenmarketing im Zeichen sich verändernder Wettbewerbsbedingungen

1.1.1 Aktuelle Herausforderungen an das Marketing für Regionen

Städte und Regionen sehen sich angesichts weitreichender wirtschaftlicher und gesellschaftlicher Veränderungen einem immer stärker werdenden Handlungsdruck ausgesetzt. So ist auf der einen Seite ein ständig wachsendes Anspruchsniveau der Bürger an die kommunale Dienstleistungs- und Lebensqualität zu beobachten, während sich andererseits die regionalen Institutionen einem stark intensivierten Verteilungskampf um Infrastrukturmittel und Arbeitsplätze gegenüberstehen.

Zur Begegnung dieser Herausforderungen sind in der kommunalen Praxis eine Reihe von Einzelkonzepten aus dem politischen, geographischen und betriebswirtschaftlichen Spektrum entwickelt worden. Die aktuellen gesellschaftlichen und wirtschaftlichen Strukturbrüche (Europäischer Binnenmarkt 1992, „Neue Bundesländer", etc.) führten aber Ende der 80er Jahre bei den Kommunen zu einer verstärkten Forderung nach ganzheitlichen Problemlösungen. Hier lag es nahe, das ursprünglich auf kommerzielle Unternehmensbereiche bezogene Konzept des Marketing auch auf Regionen zu übertragen.

Unter Regionenmarketing wird im folgenden die Planung, Koordination und Kontrolle aller auf die aktuellen und potentiellen Zielgruppen ausgerichteten Aktivitäten von Regionen verstanden. Das vorrangige Ziel ist es dabei, die entsprechende Region bei den unterschiedlichsten Zielgruppen zu profilieren. In diesem Zusammenhang können zwei unterschiedliche Gestaltungsfelder des Regionenmarketing unterschieden werden:

1. Profilierung der Region als Wirtschaftsstandort,
2. Profilierung der Region als Fremdenverkehrsort.

Unter Zugrundelegung dieser beiden Gestaltungsfelder lassen sich verschiedene Zielgruppen unterscheiden. Im Bereich „Wirtschaft" sind ansässige und ansiedlungswillige Unternehmen sowie aktuelle und potentielle Arbeitnehmer zu nennen. Im Sektor „Tourismus" sind in einer ersten Grobsegmentierung aktuelle und potentielle Touristen sowie Reisebüros zu unterscheiden. Da eine glaubhafte Profilierung einer Region eine entsprechende Eigenwahrnehmung der Region durch ihre Bewohner voraussetzt, ist als weitere wesentliche Zielgruppe des Regionenmarketing die ansässige Bevölkerung hervorzuheben.

1.1.2 Bezugsrahmen der Untersuchung

Auch das Münsterland muß sich im Wettbewerb um Unternehmensakquisitionen und touristische Nachfrage gegenüber anderen Regionen behaupten. Daher kam es auch hier zu der Forderung nach der Entwicklung und Durchsetzung eines auf die Besonderheiten des Münsterlandes abgestimmten Regionenmarketing-Konzepts.

Ziel der Untersuchung war es, die informatorischen Grundlagen für eine solche Marketing-Konzeption zu schaffen. Ausgehend von den Stärken und Schwächen des Münsterlandes – Stadt Münster und die Kreise Borken, Coesfeld, Steinfurt und Warendorf – als Reise- und Besuchsziel sowie als Wirtschaftsstandort für Unternehmen sollten Ansatzpunkte für eine Marketing-Konzeption der Region und insbesondere für die Entwicklung einer Kommunkationsstrategie aufgezeigt werden.

Als erster Untersuchungsschritt der vom Institut für Marketing durchgeführten Studie wurde ein Bezugsrahmen (Abb. 1) erarbeitet. In diesem Zusammenhang konnte im Rahmen mehrerer Expertenworkshops sowie konzeptioneller Vorstudien festgestellt werden, daß die Bewohner des Münsterlandes, Bundesbürger (außerhalb des Münsterlandes), Reisebüros und ansässige sowie regionenfremde Unternehmen die zentralen Zielgruppen eines Marketing-Konzepts für das Münsterland darstellen.

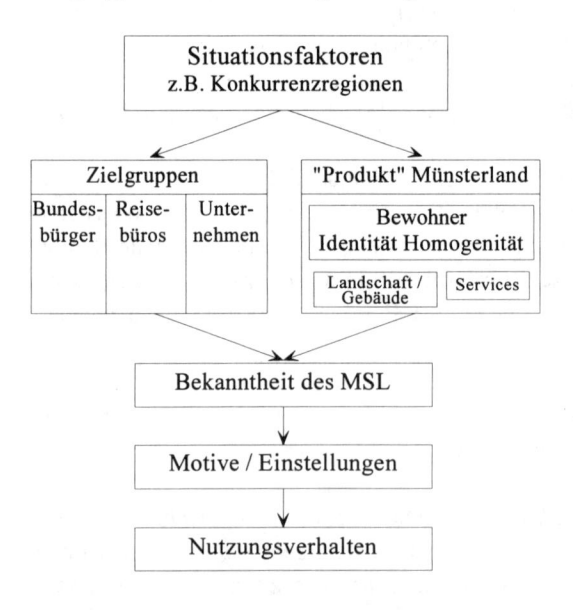

Abb. 1: Bezugsrahmen der empirischen Untersuchung

Den Ausgangspunkt der Untersuchung bildete die Analyse der Selbstwahrnehmung und der zentralen Identitätsmerkmale der Bewohner des Münsterlandes. Es konnte festgestellt werden, daß in allen Kreisen der Region und in der Stadt Münster der Begriff „Münsterland" ein hohes Identifikationspotential besitzt. Wenngleich der Begriff Münsterland ein höheres Identifikationspotential besitzt als „Westfalen", wird er dennoch meist erst an dritter oder vierter Stelle genannt. Ferner zeigte sich, daß die Bewohner des Münsterlandes bei der Einschätzung der Eigenschaften des Münsterlandes und bei der Einschätzung der Stadt-Umlandbeziehung deutliche Unterschiede aufweisen. Insgesamt ist daher eine weitere Stärkung des gemeinsamen Selbstverständnisses sowie der Identifikation mit dem Münsterland erforderlich.

Der Aufbau der Teilbefragungen bei den Zielgruppen „Bundesbürger", „Reisebüros" und „Unternehmen" orientierte sich an den Phasen des Entscheidungsprozesses der Konsumenten. Daher wurden bei den Zielgruppen der Bekanntheitsgrad, Imagekomponenten sowie Verhaltensdimensionen untersucht.

Im Rahmen der Auswertung der Bundesbürger-Befragung konnte zunächst ein relativ geringer Bekanntheitsgrad des Münsterlandes festgestellt werden. Die Image-Analyse zeigte, daß dem Faktor „Land und Leute" die mit Abstand höchste Bedeutung für ein Wohlbefinden im Urlaub zugesprochen wurde. Darüber hinaus erwies sich dieser Faktor als wesentlichstes Defizit des Münsterlandes. Die Analyse des Besuchsverhaltens verdeutlichte, daß das Münsterland von den Touristen hauptsächlich aus Anlaß eines Tagesausfluges oder Kurzurlaubes aufgesucht wird.

Die Auswertung der Reisebürobefragung machte deutlich, daß das Münsterland von den Reisebüros insbesondere mit guten Rad- und Wandermöglichkeiten assoziiert wird. Demgegenüber konnten neben dem „Wetter" die „Qualität der Beherbergungsstätten", die „abwechslungsreiche Landschaft", die „Freundlichkeit der Menschen und die „Gastronomie" als zentrale Schwächen ermittelt werden. Des weiteren zeigte die Analyse, daß Münsterlandreisen vor allem im Angebotssortiment der Reisebüros aus Norddeutschland und Südwestdeutschland unterrepräsentiert sind.

Im Untersuchungsabschnitt „Münsterland als Wirtschaftsstandort" wurden sowohl Münsterland-Unternehmen als auch regionenfremde Unternehmen untersucht. Unabhängig vom gegenwärtigen Standort zeigte die Imageanalyse, daß den Faktoren „Arbeitskräfte" und „Marktnähe" die höchste Bedeutung zugesprochen wurde. Wesentliche Defizite des Münsterlandes offenbarten sich bezüglich der Kriterien „Verfügbarkeit qualifizierter Arbeitskräfte", „Nähe zum Lieferanten und Kunden", „Energie-, Gewerbe- und Wohnraumkosten" und „Kooperationsbereitschaft der Behörden". Hinsichtlich des Informationsverhaltens der befragten Unternehmen konnte festgestellt werden, daß die Nutzung von Informationen über den Wirtschaftsstandort Münsterland insgesamt als gering zu bezeichnen ist.

Eine effiziente Marktbearbeitung erfordert neben den in Ansätzen dargestellten Einzelergebnissen eine möglichst umfassende Kenntnis relevanter Zielgruppen. Demzufolge wurde für Touristen und regionenfremde Unternehmen jeweils eine Zielgruppenanalyse durchgeführt, deren wesentliche Ergebnisse im folgenden dargestellt werden.

Abschließend sollen unter Berücksichtigung sämtlicher Ergebnisse der vier Teilbefragungen die wesentlichen Marketing-Implikationen aufgezeigt werden.

1.2 Identifikation von Touristik-Zielgruppen

Im Rahmen der Untersuchung des Münsterlandes als Reise- und Besuchsziel von Touristen wurden auf Basis der erhobenen Real-Einstellungen der Bundesbürger spezifische Zielgruppen für das Münsterland identifiziert. Mit Hilfe der zur Zielgruppenbestimmung eingesetzten Clusteranalyse konnten fünf Gruppen bestimmt werden, die sich deutlich in ihren Einstellungen und ihrem Verhalten gegenüber dem Münsterland unterscheiden (vgl. Tab. 1):

„Münsterland-Fans",
„Münsterland-Ablehner",
„Kultur- und landorientierte Münsterland-Freunde",
„Unentschiedene" und
„Selektive Geschichts- und Radwanderfreunde".

Im folgenden werden die Zielgruppen zunächst hinsichtlich ihrer Einstellungen und ihres Verhaltens („Ist-Image") voneinander abgegrenzt und anschließend anhand ihrer sozio-demographischen Merkmale beschrieben (vgl. Tab. 2 und 3). Da das tatsächliche Kauf- bzw. Nutzungsverhalten potentieller Urlauber auch vom Ideal-Image eines Urlaubsaufenthaltes abhängt, wird zudem die zielgruppenspezifische Wichtigkeit der erhobenen Eigenschaften eines Urlaubsgebietes zur Segmentbeschreibung herangezogen.

1.2.1 Kennzeichnung der „Münsterland-Fans"

Die „Münsterland-Fans" (25,8% der Stichprobe) bilden aufgrund ihrer außerordentlich positiven Einstellungen gegenüber dem Münsterland die attraktivste Zielgruppe (Tab. 1). Die 13 auf einer Skala von 1 bis 5 erfaßten Einstellungen zum Münsterland weisen mit Ausnahme der Beurteilung des Wetters stets Werte zwischen 1,2 und 1,6 auf. Betrachtet man bei dieser Gruppe die Wichtigkeit bestimmter Kriterien für das Wohlbefinden im Urlaub (Anforderungsprofil), so zeigt sich, daß lediglich die verfügbaren Sport- und Radwandermöglichkeiten von geringerer Bedeutung sind.

Wenn es gelingt, die Mitglieder der Zielgruppe möglichst genau zu identifizieren, sollte eine gezielte Ansprache und Bearbeitung dieses Marktsegments kurz- bis mittelfristig zu einer Erhöhung der Besucherzahlen im Münsterland führen. Daher ist diese Zielgruppe anhand von sozio-demographischen Eigenschaften und Verhaltensmerkmalen zu charakterisieren.

Tab 1: Clusteranalyse zur Zielgruppenbildung auf Basis der Real-Einstellungen zum Münsterland

Einstellungsmerkmal	Cluster				
	1 „Münsterland-Fans" (n = 223)	2 "Münsterland-Ablehner" (n = 159)	3 „Kultur- u. landorien-tierte Münsterland-Freunde" (n = 89)	4 „Unentschiedene" (n = 184)	5 „Selektive Geschichts- u. Radwanderfreunde" (n = 209)
Freundlichkeit der Menschen	+++	---	++	+	--
Ökologisch intakte Landschaft	+++	---	+++	+	---
Abwechslungsreiche Landschaft	+++	---	+++	0	-
Gutes Wetter	+++	--	+++	+	---
Historische Sehenswürdigkeiten	+++	---	+	-	++
Gutes kulturelles Angebot	+++	---	++	-	+
Erholungs- und Freizeitparks	+++	---	++	-	0
Gute Wandermöglichkeiten	++	---	-	0	+
Vielfältige Gastronomie	+++	---	++	-	0
Gute Einkaufsmöglichkeiten	+++	---	+	0	0
Gute Qualität der Beherberungsstätten	+++	---	+	-	0
Gute Sportmöglichkeiten	+++	--	---	+	0
Gute Radwandermöglichkeiten	+++	--	---	+	++
	25,8%	18,4%	10,3%	21,3%	24,2%
			100%		

Legende: 0   durchschnittlich
         +   leicht besser als   −   leicht schlechter als 0
         ++   besser als 0   − −   schlechter als 0
         +++   erheblich besser als 0 − − − erheblich schlechter als 0

Die Analyse der Alters und Bildungsstruktur zeigt, daß die „Münsterland-Fans" im Vergleich der verschiedenen Zielgruppen durch den größten Anteil (56,5%) an Personen in der Altersklasse der 30-59jährigen (vgl. Tab. 2) und durch einen überdurchschnittlichen Anteil (57,7%) an Personen mit/ohne Volksschulausbildung gekennzeichnet sind. Diese Aussage korreliert deutlich mit der Analyse des Berufsstandes der Befragten. Die „Münsterland-Fans" sind weitaus eher in den Reihen der Arbeiter zu finden als bei den übrigen Zielgruppen. Lediglich 11,9% sind der Berufsgruppe der Selbständigen oder Beamten zuzuordnen.

Tab. 2: Sozio-demographische Merkmale der identifizierten Zielgruppen (Angaben in %)

Merkmal	Cluster				
	1 „Münsterland-Fans"	2 "Münsterland-Ablehner"	3 „Kultur- u. landorientierte Münsterland-Freunde"	4 „Unentschiedene"	5 „Selektive Geschichts- u. Radwanderfreunde"
	(n = 223)	(n = 159)	(n = 89)	(n = 184)	(n = 209)
Geschlecht:					
– männlich	48,9	56,0	43,8	41,8	45,5
– weiblich	51,1	44,0	56,2	58,2	54,5
Alter:					
– 14-29 Jahre	23,3	37,1	19,1	29,1	26,7
– 30-59 Jahre	56,5	43,4	47,2	46,2	56,0
– über 60 Jahre	20,2	19,5	33,7	24,7	17,3
Schulbildung:					
– mit/ohne Volksschule	57,7	52,2	58,0	65,0	49,5
– weiterbild. Schulen	25,9	22,2	27,3	20,0	28,3
– Abitur/Studium	16,4	25,4	14,8	15,0	22,4
Beruf:					
– Schüler/Studenten/ Auszubildende	8,2	12,6	7,9	9,4	14,2
– Arbeiter	20,5	16,4	17,0	11,6	12,2
– Angestellte	30,1	32,1	20,5	27,6	30,7
– Beamte/Selbständige	11,9	15,7	12,5	14,9	16,6
– Hausfrauen/Rentner	25,6	15,1	34,1	28,7	21,9
Informationsverhalten/ gezielte Informationssuche	42,5	10,4	48,9	29,9	28,8

Hinsichtlich der Verteilung über die Bundesländer bzw. Nielsen-Gebiete sind die „Münsterland-Fans" durch den mit 7,6% von allen Zielgruppen geringsten Anteil Berliner Bürger (Gesamtstichprobe 21,0%) gekennzeichnet (vgl. Tab. 3). Deutlich über dem Durchschnitt liegen Nordrhein-Westfalen (Nielsen II) und vor allem Niedersachsen, Hamburg, Bremen und Schleswig-Holstein (Nielsen I).

Das Reiseverhalten dieser Zielgruppe zeigt eine recht hohe Übereinstimmung zwischen den sehr positiven Einstellungen zum Münsterland und der Besuchshäufigkeit. Immerhin 55,6% der „Münsterland-Fans" beabsichtigen, innerhalb der kommenden sechs Monate das Münsterland zu besuchen. Knapp zwei von zehn haben in den vergangenen zwei Jahren bereits mehrere Besuche in dieser Region absolviert.

Tab. 3: Zielgruppenanalyse in Abhängigkeit von Nielsen-Gebieten und Verkehrsmittelbenutzung (Angaben in %)

Merkmal	Cluster				
	1 „Münsterland-Fans"	2 "Münsterland-Ablehner"	3 „Kultur- u. landorientierte Münsterland-Freunde"	4 „Unentschiedene"	5 „Selektive Geschichts- u. Radwanderfreunde"
Nielsen-Gebiet I	31,4	13,2	30,3	24,5	14,8
Nielsen-Gebiet II	45,7	40,9	37,1	32,1	51,2
Nielsen-Gebiet IIIa	5,4	5,0	13,5	4,3	4,3
Nielsen-Gebiet IIIb	7,6	4,4	6,7	5,4	1,4
Nielsen-Gebiet IV	2,2	3,8	3,4	4,3	7,7
Nielsen-Gebiet V	7,6	32,7	9,0	29,3	20,6
Verkehrsmittelbenutzung					
– PKW	75,4	79,5	81,0	81,2	78,5
– Bus	13,1	4,5	5,7	7,3	12,9
– Bahn	9,2	9,1	11,4	9,4	7,5
– Flugzeug	–	–	1,9	1,0	–
– Sonstiges	2,3	6,9	–	1,1	1,1

1.2.2 Kennzeichnung der „Münsterland-Ablehner"

Den „Münsterland-Fans" steht auf der anderen Seite eine Gruppe von „Münsterland-Ablehnern" gegenüber (18,4% der Stichprobe), die durch ihre negativen Einstellungen hinsichtlich aller 13 erhobenen Münsterland-Eigenschaften gekennzeichnet ist. Überdurchschnittlich negativ fällt dabei insbesondere das Urteil über die „historischen Sehenswürdigkeiten", das „kulturelle Angebot", die „wenig abwechslungsreiche Landschaft" und die „Vielfalt der Gastronomie" aus.

Auffallend ist hierbei, daß die Negativurteile überwiegend Merkmale betreffen, hinsichtlich derer das Münsterland bei objektiver Analyse durchaus positiv abschneidet. Es erscheint daher naheliegend, daß die Negativeinstellungen dieses Segments auf weitgehender Unkenntnis des Münsterlandes (Vorurteile) basieren. Diese Vermutung wird durch den mit 28,9% in dieser Zielgruppe außerordentlich niedrigen Bekanntheitsgrad des Münsterlandes bestätigt. Auch das Informationsverhalten in dieser Gruppe ist durch einen sehr geringen Anteil an Befragten gekennzeichnet, die gezielt nach Informationen über das Münsterland suchen.

Das segmentspezifische Anforderungsprofil an einen Urlaub bzw. Kurzurlaub zeigt, daß diese Zielgruppe durch sehr einseitig ausgeprägte Urlaubswünsche gekennzeichnet ist. Entscheidendes Urlaubskriterium ist ein möglichst gutes Wetter, mit Abstand gefolgt von der Freundlichkeit der Menschen. Alle übrigen Angebote und Merkmale eines Urlaubsgebietes sind für diese Zielgruppe weitestgehend irrelevant. Dieses auf Strand- und Badeurlaub in südlichen Ländern ausgerichtete Segment stellt für das Münsterland eine zu vernachlässigende Zielgruppe dar.

Die sozio-demographische Analyse zeigt, daß die „Münsterland-Ablehner" mit 56,0% eine überdurchschnittlich hohe Männer-Quote aufweisen. Ferner weist dieses Segment aufgrund der mit Abstand größten Zahl an Personen in der Altersklasse 14-29 Jahre und des geringen Anteils der über 60jährigen Befragten das niedrigste Durchschnittsalter aller Zielgruppen (40,5 Jahre) auf.

Bei der Analyse der Bildungs- und Berufsstruktur stellt sich als ein wesentliches Merkmal der „Münsterland-Ablehner" der mit 25,4% sehr hohe Anteil von Personen mit Abitur oder Studium heraus. Dies äußert sich auch in einem überdurchschnittlich hohen Anteil von Schülern, Studenten und Auszubildenden.

Geographisch sind die „Münsterland-Ablehner" wesentlich weniger in Norddeutschland (Nielsen I) anzutreffen als die „Münsterland-Fans". Auffällig ist ferner der mit einem Drittel aller „Münsterland-Ablehner" sehr hohe Anteil von Berlinern. In den übrigen Bundesländern ergeben sich dagegen nur relativ geringfügige Unterschiede.

Die Analyse des tatsächlichen Reiseverhaltens macht erneut eine weitgehende Übereinstimmung zwischen Einstellungen zum Münsterland und dem realen Verhalten deutlich. 74,8% dieser Zielgruppe haben das Münsterland innerhalb der vergangenen zwei Jahre nicht besucht.

1.2.3 Kennzeichnung der „kultur- und landorientierten Münsterland-Freunde"

Die „kultur- und landorientierten Münsterland-Freunde" (10,3% der Stichprobe) setzen sich aus Personen zusammen, deren insgesamt positive Einstellungen zum Münsterland durch eine überdurchschnittlich gute Beurteilung des Faktors „Land und Leute" geprägt wird. Das „gute Wetter", die „ökologisch intakte und abwechslungsreiche Landschaft" und die „freundlichen Menschen" prägen bei dieser Zielgruppe primär das sehr gute Meinungsbild vom Münsterland. Diese Merkmale in Verbindung mit einem entsprechend „gastronomischen Angebot" sind gleichzeitig die für ein Wohlbefinden im Urlaub wichtigsten Entscheidungskriterien dieser Zielgruppe.

Allerdings werden in diesem Segment die Sport-, Radwander- und Wandermöglichkeiten ausgesprochen negativ beurteilt. jedoch betreffen diese Negativeinstellungen mit deutlichem Abstand die unwichtigsten Entscheidungskriterien bei der Auswahl von Urlaubsgebieten. Diese Zielgruppe ist sportlichen Aktivitäten gegenüber abgeneigt. Sie schätzt im Urlaub vor allem Land und Kultur. Der Bekanntheitsgrad in dieser Zielgruppe liegt bei weit über 40%. Die Mitglieder dieser Zielgruppe weisen ein überdurchschnittlich aktives Informationsverhalten auf, denn knapp die Hälfte der Zielgruppe sucht bei Reiseabsichten ins Münsterland gezielt nach Informationen.

Sozio-demographisch läßt sich dieses Segment zunächst durch einen über dem Durchschnitt liegenden Frauen-Anteil (56,2%) kennzeichnen. Ferner ist diese Zielgruppe durch eine sehr hohe Zahl von Personen über 60 Jahren geprägt und weist demzufolge mit 48,7 Jahren das höchste Durchschnittsalter aller Zielgruppen auf. Das Ausbildungsniveau fällt als Folge des von allen fünf Segmenten niedrigsten Anteils an Personen mit Abitur/Studium tendenziell schlechter aus. Der Anteil der Rentner und Hausfrauen ist mit einem Drittel außerordentlich hoch, wohingegen die prozentuale Quote der Schüler, Studenten und Auszubildenden stark unterdurchschnittlich ausfällt.

Eine regional differenzierte Untersuchung zeigt, daß diese Zielgruppe überdurchschnittlich in Norddeutschland, stark unterdurchschnittlich in Berlin und relativ zu den übrigen Zielgruppen nur schwach in Nordrhein-Westfalen (Nielsen II) und vergleichsweise stark in Hessen, Saarland und Rheinland-Pfalz (Nielsen IIIa) vertreten ist.

Das tatsächliche Reiseverhalten kann erneut als Spiegelbild der insgesamt positiven Einstellungen interpretiert werden. Knapp die Hälfte dieser Zielgruppe beabsichtigt, in den kommenden sechs Monaten einen Besuch im Münsterland durchzuführen.

1.2.4 Kennzeichnung der „Unentschiedenen"

Als viertes Segment (21,3% der Stichprobe) konnten die „Unentschiedenen" identifiziert werden, die durch ihr undifferenziertes Bild sowohl gegenüber dem Münsterland als auch hinsichtlich der eigenen Wünsche und Bedürfnisse im Urlaub gekennzeichnet sind. Besondere Wünsche, die man sich im Urlaub/Tagesausflug gern erfüllen möchte, sind in dieser Zielgruppe kaum vorhanden.

Die Mitglieder dieser Zielgruppe besitzen gegenüber dem Münsterland lediglich in einigen Punkten negative Einstellungen („kulturelles Angebot", „historische Sehenswürdigkeiten", „unzureichende Beherbergung/Gastronomie/Freizeitparks"). Diese sind jedoch nicht stark ausgeprägt und betreffen zudem die für einen Urlaub relativ unwichtigen Kriterien. Im Gesamturteil erscheint auch dieses Segment als Zielgruppe der Fremdenverkehrsaktivitäten des Münsterlandes besonders geeignet zu sein, da die vorherrschende Unentschlossenheit sowie das bislang eher diffuse Bild vom Münsterland durchaus in ein positives Urteil überführt werden könnte. Das diffuse Bild vom Münsterland ist vermutlich zum Teil auch eine Folge des noch verbesserungsfähigen Bekanntheitsgrades in dieser Zielgruppe (43,4%).

Beschreibt man diese Zielgruppe, so läßt sich feststellen, daß hier der geringste Anteil männlicher Befragter zu finden ist (41,8%). Hinsichtlich der Altersstruktur ergibt sich hingegen kein klares Bild. Charakteristisches Merkmal der Bildungsstruktur in dieser Zielgruppe ist der mit 65,0% sehr hohe Wert für Personen mit/ohne Volksschulbildung. Hinsichtlich des Berufsstandes fällt sowohl der geringfügig überdurchschnittliche Anteil der Hausfrauen und Rentner als auch die insgesamt schwache Vertretung der Arbeiter auf.

Die geographische Analyse macht deutlich, daß dieses Segment mit 30% einen überdurchschnittlichen Anteil an Berlinern aufweist. Darüber hinaus ist diese Zielgruppe durch den gegenüber allen anderen Segmenten geringsten Anteil an Befragten aus Nordrhein-Westfalen (Nielsen II) gekennzeichnet.

Das undifferenzierte Meinungsbild vom Münsterland dürfte in dieser Zielgruppe auch ein Resultat der bei vielen Befragten fehlenden eigenen Münsterland-Erfahrungen sein. Immerhin 55,7% der „Unentschiedenen" haben innerhalb der letzten zwei Jahre das Münsterland nicht besucht.

1.2.5 Kennzeichnung der „Selektiven Geschichts- und Radwanderfreunde"

Die fünfte identifizierte Zielgruppe (24,2% der Stichprobe), die „selektiven Geschichts- und Radwanderfreunde", weisen ein selektiv positives Bild vom Münsterland auf. Positive Einstellungen sind hinsichtlich der Kriterien „historische Sehenswürdigkeiten", „Radwander- und Wandermöglichkeiten" sowie gegenüber dem kulturellen Angebot vorhanden. Offenbar handelt es sich bei diesem Segment um diejenigen Personen, welche im Urlaub und bei Ausflügen gerne die Gelegenheit zu Wanderungen oder Fahrradtouren zu historischen Sehenswürdigkeiten und kulturellen Veranstaltungen nutzen.

Das Münsterland-Urteil in dieser Gruppe wird geprägt von negativen Einstellungen hinsichtlich des Faktors „Land und Leute" und insbesondere des Wetters im Münsterland. Daher besteht hier die Gefahr, daß das als schlecht empfundene Wetter als Ausschlußkriterium für einen Urlaub bzw. Ausflüge ins Münsterland wirksam wird. Diese Vermutung wird letztlich auch dadurch gestützt, daß für die „selektiven Geschichts- und Radwanderfreunde" die beim Münsterland sehr schlecht bewerteten Merkmale gerade die für ein Wohlbefinden im Urlaub außerordentlich wichtigen Kriterien sind (Wetter, Freundlichkeit der Menschen).

Der Bekanntheitsgrad des Münsterlandes weist mit lediglich 40,2% in dieser Zielgruppe den niedrigsten Wert auf. Die in dieser Zielgruppe zum Teil existierenden negativen Einstellungen zum Münsterland sind daher unter Umständen auf eine unzureichende Kenntnis des Münsterlandes zurückzuführen. Insgesamt erscheint es, wenn auch unter höherem Aufwand, möglich, die Mitglieder dieses Segments durch gezielte Fremdenverkehrsaktivitäten zu einer durchgängig positiven Einstellung zum Münsterland bzw. einem Urlaub/Kurzurlaub/Tagesausflug zu bewegen.

Die sozio-demographische Analyse zeigt einen mit 56,0% hohen Anteil der 30-59jährigen Befragten und die von allen Zielgruppen geringste Zahl der Personen über 60 Jahre. Dies äußert sich in einem relativ geringen Durchschnittsalter von 42,1 Jahren. Die Bildungsstruktur dieser Zielgruppe ist durch den niedrigsten Wert der Befragten mit/ohne Volksschulbildung (49,5%) gekennzeichnet. Des weiteren weist diese Zielgruppe von allen Segmenten den jeweils höchsten Anteil von einerseits Schülern, Studenten und Auszubildenden und andererseits Selbständigen und Beamten auf.

Die geographische Verteilung dieser Zielgruppe zeigt den mit Abstand höchsten Anteil an Befragten aus Nordrhein-Westfalen (51,2%). Die räumliche Nähe bzw. die Zugehörigkeit zum Bundesland Nordrhein-Westfalen scheint daher nicht zwangsläufig mit positiven Einstellungen zum Münsterland zu korrelieren.

Das Reiseverhalten dieser Zielgruppe weist nur wenige charakteristische Merkmale auf. 54,1% sind in den letzten zwei Jahren nicht im Münsterland gewesen. Daher kann das selektiv negative Urteil über das Münsterland also auch in diesem Segment auf eine nur unzureichende Kenntnis des Münsterlandes zurückgeführt werden.

1.3 Identifikation von Zielgruppen im Unternehmensbereich

Im Rahmen der differenzierten Analyse des Münsterlandes als Wirtschaftsstandort wurden mit Hilfe der Clusteranalyse vier Unternehmens-Zielgruppen außerhalb des Münsterlandes auf der Basis von idealen Vorstellungen der Unternehmen bezüglich der Standortfaktoren identifiziert (vgl. Tab. 4):

- „Unternehmen mit durchgängig niedrigem Anspruchsniveau"
- „Infrastruktur- und lebensqualitätsorientierte Unternehmen",
- „Unternehmen mit durchgängig hohem Anspruchsniveau",
- „Infrastrukturunabhängige, regional gebundene Unternehmen".

Die Orientierung an den Idealvorstellungen der Unternehmen ist – im Gegensatz zur Zielgruppenbildung bei den Touristen – erforderlich, da eine Analyse auf Basis von Real-Einstellungen aufgrund des geringen Bekanntheitsgrades des Münsterlandes als Wirtschaftsstandort auf einer zu geringen Zahl von Unternehmen aufbauen würde. Zur Abgrenzung der Segmente werden nachfolgend zunächst die jeweiligen Anspruchshaltungen gegenüber den untersuchten Standortfaktoren herangezogen, um anschließend auf Basis demographischer Merkmale (vgl. Tab. 5) sowie der Real-Einstellungen zum Münsterland eine Segmentbeschreibung durchzuführen.

Tab. 4: Ideal-Anforderungsprofile der ermittelten Unternehmenszielgruppen (Legende siehe Tab. 1)

Standortfaktor	Cluster 1 „Unternehmen mit durchgängig niedrigem Anspruchsniveau" (n = 16)	Cluster 2 „Infrastruktur/ lebensqualitätsorientierte Unternehmen" (n = 19)	Cluster 3 „Unternehmen mit durchgängig hohem Anspruchsniveau" (n = 35)	Cluster 4 „Instrastrukturunabhängige, regional gebundene Unternehmen" (n = 35)
Gute soziale Infrastruktur	– – –	+	+	0
Verfügbarkeit preisgünstigen Wohnraums	– – –	+	+	0
Nähe zu einer Universität u. ihren Forschungseinrichtungen	– – –	0	++	–
Verfügbarkeit von qualifizierten Arbeitskräften	–	–	0	0
Niedrige Gewerbesteuer-Hebesätze	0	0	+	0
Ausreichend Gewerbeflächen in guten Lagen	–	– – –	+	+
Geringe Kosten für Gewerbeflächen	–	0	++	–
Niedrige Kosten der Energieversorgung	– –	0	++	–
Nähe zu einem Autobahnanschluß	+	++	++	– –
Nähe zu einem überregionalen Flughafen	–	+++	++	– – –
Gute Verkehrsanbindung mit Bahn und Schiff	–	++	++	– – –
Gesicherte Abfallentsorgungsmöglichkeiten	– – –	– –	++	– – –
Kooperationsbereitschaft von Behörden	– – –	–	++	0
Hohe Leistungsfähigkeit der örtl. Wirtschaftsförderung	–	– –	++	0

Tab. 4: Forsetzung

Standortfaktor	Cluster 1 „Unternehmen mit durchgängig niedrigem Anspruchsniveau" (n = 16)	Cluster 2 „Infrastruktur/ lebensqualitätsorientierte Unternehmen" (n = 19)	Cluster 3 „Unternehmen mit durchgängig hohem Anspruchsniveau" (n = 35)	Cluster 4 „Instrastrukturunabhängige, regional gebundene Unternehmen" (n = 35)
Positive Grundeinstellung der Bevölkerung zur Wirtschaft	– – –	0	++	0
Hoher Freizeitwert	– – –	++	+	0
Reichhaltiges Kulturangebot	– – –	++	++	–
Nähe zu Lieferanten und Kunden	+	–	–	0
Nähe zum Ruhrgebiet	0	– –	+++	– –

Legende:
- 0   durchschnittlich
- +   leicht besser als 0
- ++   besser als 0
- +++ erheblich besser als 0
- –   leicht schlechter als 0
- – – schlechter als 0
- – – – erheblich schlechter als 0

Tab. 5: Sozio-demographische Merkmale zur Beschreibung der Unternehmenszielgruppen (Angaben in %)

Standortfaktor	Cluster 1 „Unternehmen mit durchgängig niedrigem Anspruchsniveau" (n = 16)	Cluster 2 „Infrastruktur/ lebensqualitätsorientierte Unternehmen" (n = 19)	Cluster 3 „Unternehmen mit durchgängig hohem Anspruchsniveau" (n = 35)	Cluster 4 „Instrastrukturunabhängige, regional gebundene Unternehmen" (n = 35)
Beschäftigte:				
– unter 10	43,0	31,0	37,0	40,0
– unter 10-15	24,0	53,0	42,0	45,0
– über 50	31,0	16,0	20,0	15,0
Umsatz:				
– unter 1 Mio. DM	7,0	16,7	34,0	26,3
– 1-5 Mio. DM	38,0	50,0	28,0	47,4
– 5-50 Mio. DM	30,0	27,0	31,0	21,0
– über 50 Mio. DM	23,0	5,0	6,0	5,0

Tab. 5: Fortsetzung

	Cluster			
	1	2	3	4
Standortfaktor	„Unternehmen mit durchgängig niedrigem Anspruchsniveau" (n = 16)	„Infrastruktur/ lebensqualitätsorientierte Unternehmen" (n = 19)	„Unternehmen mit durchgängig hohem Anspruchsniveau" (n = 35)	„Instrastrukturunabhängige, regional gebundene Unternehmen" (n = 35)
Branche:				
– Verarbeitendes Gewerbe	55,0	21,1	63,0	72,0
– Handel	25,0	16,0	6,0	12,0
– Dienstleistungen	18,0	63,0	31,0	15,0
Regionale Verteilung:				
– Norddeutschland	43,8	42,0	28,6	56,1
– Nordrhein-Westfalen	43,8	10,5	51,4	31,7
– Süddeutschland	12,5	47,4	20,0	12,2
Ansiedlungsbereitschaft im Münsterland				
– hoch	15,0	11,0	33,0	18,0
– vielleicht	23,0	32,0	26,0	18,0
– gering	62,0	57,0	41,0	64,0
Verfügbarkeit von Informationen über den Standort Münsterland:				
– gut	10,0	12,0	23,0	4,0
– befriedigend	20,0	25,0	41,0	53,0
– schlecht	50,0	33,0	28,0	36,0
Durchschnitt:	4,1	3,75	3,31	3,6
Qualität der Informationen über den Standort Münsterland				
– gut	16,0	33,0	50,0	23,0
– befriedigend	34,0	33,0	22,0	41,0
– schlecht	70,0	63,0	36,0	43,0
Durchschnitt:	3,0	3,0	2,7	3,2
	14,4	17,1	31,5	37,0
		100,0		

1.3.1 Kennzeichnung der Unternehmen mit durchgängig niedrigem Anspruchsniveau

Die Zielgruppe „Unternehmen mit durchgängig niedrigem Anspruchsniveau" (14,4% der Stichprobe) läßt sich kennzeichnen durch eine insgesamt wenig anspruchsvolle Haltung gegenüber den Standortfaktoren. Insbesondere den Faktoren „Kultur und Wohnen" sowie „Kooperationsbereitschaft von Behörden", „Leistungsfähigkeit der Wirtschaftsförderung", „Energiekosten" und „Abfallentsorgungsmöglichkeiten" wird ein vergleichsweise geringer Stellenwert zugewiesen (vgl. Tab. 4). Lediglich die Marktnähe und die Nähe zu einem Autobahnanschluß sind für die Mitglieder dieses Segments von größerer Bedeutung.

Die bekundete Ansiedlungsbereitschaft, ermittelt aus der Bereitschaft der Unternehmen, eine Standortverlagerung in die Region Münsterland in Betracht zu ziehen, ist bei den „Anspruchslosen" mit einer Quote von 15% nur sehr schwach ausgeprägt. Dem Münsterland als Wirtschaftsstandort kommt hier nur eine untergeordnete Präferenz zu.

Wird zur näheren Beschreibung dieser Zielgruppe die Differenz zwischen den Ideal- und Realeinstellungen in bezug auf das Münsterland analysiert, so sind für die Gewerbesteuerhebesätze, die Nähe zum Autobahnanschluß und die Kooperationsbereitschaft der Behörden die Idealanforderungen dieser Gruppe von Unternehmen erreicht. Der Faktor „Wohnen und Kultur", die positive Einstellung der Bevölkerung zur Wirtschaft und die Nähe zum Ruhrgebiet werden von der Region Münsterland sogar deutlich übererfüllt. Die Verfügbarkeit qualifizierter Arbeitskräfte und die Nähe zu Lieferanten und Kunden entspricht hingegen nicht den Anforderungen dieser Gruppe.

70% der Unternehmen dieses Segments beurteilen die Verfügbarkeit von Informationen über den Standort Münsterland als schlecht. Die Hälfte der Unternehmen ist mit der Qualität der Informationen nicht zufrieden. Das insgesamt nur sehr vage Vorstellungsbild vom Münsterland, letztlich Folge unzureichender Informationen über den Wirtschaftsstandort Münsterland, verhindert trotz einiger positiv bewerteter Standortfaktoren eine höhere Ansiedlungsbereitschaft.

Eine Ansprache und Bearbeitung dieses Segments setzt die eindeutige Identifikation der Mitglieder dieser Gruppe voraus. Die in Tab. 5 zusammengestellten Merkmale lassen erkennen, daß über 60% der Unternehmen dieses Segments einen Jahresumsatz zwischen einer und 50 Mio. DM realisieren. Bei der Branchenbetrachtung zeigt sich, daß gut die Hälfte der Unternehmen dem verarbeitenden Gewerbe zuzuordnen ist. Die übrigen Unternehmen teilen sich nahezu gleichmäßig in Handels- bzw. Dienstleistungsunternehmen auf. Geographisch sind die Unternehmen dieser Gruppe jeweils zu mehr als 40% in Norddeutschland bzw. Nordrhein-Westfalen zu lokalisieren.

Insbesondere aufgrund der geringen Ansiedlungsbereitschaft und des intensiven Interesses an Konkurrenzregionen ist diese Gruppe für ein Münsterland-Marketing von sekundärer Bedeutung. Dabei sollte jedoch beachtet werden, daß die identifizierten Informationsdefizite durch eine gezielte Bearbeitung dieser Gruppe durchaus zu beheben sind. Hierdurch kann sicherlich auch die Ansiedlungsbereitschaft im Münsterland deutlich erhöht werden.

1.3.2 Kennzeichnung der „Infrastruktur- und lebensqualitätsorientierten Unternehmen"

Für die Zielgruppe „Infrastruktur- und lebensqualitätsorientierte Unternehmen" (17,1% der Stichprobe) sind die verkehrstechnische Anbindung sowie Freizeit- und Kulturangebote von besonderer Bedeutung bei ihrer Standortentscheidung. Demgegenüber stellen verfügbare Gewerbeflächen, Abfallentsorgungsmöglichkeiten, die Nähe zum Ruhrgebiet sowie die Leistungsfähigkeit der Wirtschaftsförderung in ihrer Bedeutung lediglich sekundäre Standortfaktoren dar.

Für die „Infrastruktur- und lebensqualitätsorientieren Unternehmen" konnte mit 11% eine wiederum vergleichsweise geringe Ansiedlungsbereitschaft in das Münsterland ermittelt werden. Allerdings ist fast ein Drittel der Unternehmen bezüglich der Berücksichtigung des Münsterlandes als Standortalternative unentschlossen.

Die Ideal-/Realdifferenzen zeigen, daß diese Unternehmen insbesondere Defizite des Münsterlandes in bezug auf die verkehrstechnische Anbindung (Flughafen), die Verfügbarkeit preisgünstigen Wohnraums, das Potential qualifizierter Arbeitskräfte sowie die relativ hohen Gewerbe- und Energiekosten erkennen. Die Stärken des Münsterlandes liegen in der Nähe zur Universität und in der Leistungsfähigkeit der Wirtschaftsförderung. Dies bedeutet, daß gerade bei den für diese Zielgruppe außerordentlich wichtigen Standortfaktoren die wahrgenommenen Schwächen liegen. Hingegen werden bei den relativ unbedeutenden Standortfaktoren die Stärken des Münsterlandes gesehen. Diese – an objektiven Maßstäben gemessen – verzerrte Wahrnehmen erklärt die bislang geringe Ansiedlungsbereitschaft im Münsterland.

Die Verfügbarkeit von Informationen über den Standort „Münsterland" wird lediglich von einem Drittel der Unternehmen als zufriedenstellend bezeichnet. Allerdings bewerten zwei Drittel der Unternehmen dieser Zielgruppe die Qualität der Informationen als gut bzw. befriedigend.

Über die Hälfte der Unternehmen dieses Segments verfügt über 10 bis 50 Mitarbeiter und verzeichnet einen Umsatz zwischen einer und fünf Millionen DM pro Jahr. Die zumeist mittelgroßen Unternehmen dieses Segments setzen sich zu 63% aus Dienstleistungsunternehmen zusammen, wobei Transportdienstleister und Computerfirmen dominieren. Regional stammt fast die Hälfte der Unternehmen aus dem süddeutschen Raum, 42% kommen aus Norddeutschland.

Das Segment der „Infrastruktur- und lebensqualitätsorientierten Unternehmen" stellt für das Münsterland ein besonders interessantes Potential dar, da das Anforderungsprofil dieser Unternehmen mit wichtigen Standortausprägungen des Münsterlandes übereinstimmt. Den besonders hohen Anforderungen dieser Gruppe an die Infrastruktur und Lebensqualität werden die tatsächlichen Gegebenheiten im Münsterland fast in jedem Punkt gerecht. Aufgrund des sehr geringen Umfangs verfügbarer Informationen über den Standort Münsterland bieten sich insbesondere kommunikative Maßnahmen zum Abbau der fast ausschließlich wahrnehmungsbedingten Defizite an.

1.3.3 Kennzeichnung der „Unternehmen mit durchgängig hohem Anspruchsniveau"

Die „Unternehmen mit durchgängig hohem Anspruchsniveau" (31,5% der Stichprobe) ordnen insbesondere der verkehrstechnischen Anbindung, den Gewerbe- und Energiekosten, aber auch dem Faktor „Behörden und Gesellschaft" eine hohe Bedeutung zu. Lediglich die Nähe zu Lieferanten und Kunden stellt für die Unternehmen dieses Segments einen vergleichsweise wenig bedeutsamen Faktor dar.

Für die Gruppe der „Anspruchsvollen" konnte die insgesamt höchste Ansiedlungsbereitschaft für das Münsterland ermittelt werden. Ein Drittel der Unternehmen ist an einer Standortverlegung in die Region sehr interessiert.

Obwohl die für diese Gruppe zentralen Kriterien „Nähe zur Universität", „Nähe zum Ruhrgebiet", „hoher Freizeitwert" sowie die Faktoren „Verkehrsanbindung" und „Marktnähe" vom Münsterland gut erfüllt werden, sind diese Unternehmen mit dem Münsterland nur durchschnittlich zufrieden. Die wesentlichsten Schwächen werden bei dem Faktor „Behörden und Gesellschaft", aber auch in der Verfügbarkeit qualifizierter Arbeitskräfte gesehen.

Die Informationsversorgung über den Standort „Münsterland" wird in dieser Gruppe sowohl in bezug auf die Verfügbarkeit als auch die Qualität am besten beurteilt. Dennoch sollte die Verfügbarkeit der Informationen bei einer Durchschnittsnote von lediglich 3,31 auch in dieser Zielgruppe deutlich verbessert werden.

Bei den „anspruchsvollen" Unternehmen dominieren die kleinen und mittleren Unternehmen mit weniger als 50 Mitarbeitern und Jahresumsätzen unter 50 Mio. DM. Unternehmen des verarbeitenden Gewerbes, insbesondere der Metallverarbeitung bilden den Schwerpunkt dieser Zielgruppe, gefolgt von Dienstleistungsunternehmen (31%). Mehr als die Hälfte der Unternehmen hat seinen Firmensitz in Nordrhein-Westfalen.

Aufgrund der hohen Ansiedlungsbereitschaft und dem spezifischen Anforderungsprofil der Unternehmen ist diese Zielgruppe für ein Münsterland-Marketing von hoher Bedeutung. Die in der Ansiedlungsbereitschaft sowie der guten Bewertung einer Reihe von Standortfaktoren des Münsterlandes zum Ausdruck kommende positive Prädisposition gegenüber dem Münsterland sollte bei der Marktbearbeitung in einer hohen Priorität dieser Zielgruppe berücksichtigt werden. In dieser Gruppe sollten kurz- bis mittelfristig am leichtesten Akquisitionserfolge zu erreichen sein.

1.3.4 Kennzeichnung der „Infrastrukturunabhängigen, regional gebundenen Unternehmen"

Für die „Infrastrukturunabhängigen, regional gebundenen Unternehmen" (37% der Stichprobe) sind die verkehrstechnische Anbindung, die Nähe zum Ruhrgebiet, die Rolle der Universität und das jeweilige Kulturangebot für eine Standortentscheidung von untergeordneter Bedeutung. Hingegen kommt den verfügbaren Gewerbeflächen und Abfallentsorgungsmöglichkeiten im Vergleich zu den übrigen Segmenten ein gesteigerter Stellenwert zu.

Bezüglich der Ansiedlungsbereitschaft bekunden mehr als zwei Drittel der Unternehmen dieses Segments kein Interesse an einer Standortverlagerung in die Region Münsterland. Dieses Ergebnis wird plausibel bestätigt durch eine Analyse der Ideal-/Realdifferenzen, die eine Übererfüllung der Standortfaktoren insbesondere bei jenen Kriterien aufweist, die für die Unternehmen dieses Segments ohne Bedeutung sind (Infrastruktur, Nähe zur Universität und zum Ruhrgebiet). Die Unternehmen bewerten das Münsterland insgesamt zwar positiv, werden jedoch aufgrund der wenig Übereinstimmungen aufweisenden Profile der Ideal-/Realanforderungen das Münsterland als Standort kaum in Betracht ziehen. Die regionale Verankerung der Unternehmen ist in dieser Gruppe besonders stark ausgeprägt. Die Verfügbarkeit und Qualität der Informationen über das Münsterland werden als wenig zufriedenstellend beurteilt.

Diese Zielgruppe setzt sich hauptsächlich aus kleineren Unternehmen mit einem Umsatz von 1-5 Mio. DM pro Jahr und bis zu 50 Mitarbeitern zusammen. Verarbeitende Unternehmen, insbesondere aus den Bereichen Maschinenbau, Druckerei und Bauindustrie sind mit 72% überdurchschnittlich vertreten. Mehr als 56% der Unternehmen stammen aus Norddeutschland und knapp ein Drittel aus Nordrhein-Westfalen.

Zusammenfassend zeigt sich, daß die Stärken der Region Münsterland hier kaum erkannt werden. Daher sollte der Bearbeitung dieser Unternehmenszielgruppe im Rahmen eines Münsterland-Marketing eine untergeordnete Priorität eingeräumt werden.

1.4 Empfehlungen für eine Marketing-Konzeption des Münsterlandes

Die im Rahmen der Untersuchung herausgearbeiteten Ergebnisse bilden die Informationsgrundlage zur Ableitung eines integrierten Marketing-Konzepts für das Münsterland. Das Marketing für das Münsterland bewegt sich dabei in einem Spannungsfeld aus Anforderungen touristischer Zielgruppen, Anforderungen von ansässigen und ansiedlungswilligen Unternehmen sowie den Anforderungen und der Selbstwahrnehmung der Bewohner des Münsterlandes.

Ein erster Schritt zur Auflösung des Spannungsfeldes muß demzufolge ein Marketing nach innen zur Sicherstellung einer starken, gemeinsamen Identität der Bewohner des Münsterlandes sein.

1.4.1 Ziele für ein Marketing-Konzept des Münsterlandes

Ein gemeinsam getragenes Selbstverständnis der Münsterland-Bewohner bildet die Basis für einen glaubwürdigen Auftritt nach außen. Für die Entwicklung des notwendigen „Wir-Gefühls" der Bewohner des Münsterlandes sind folgende Basisziele anzustreben:

(1) Schaffung einer gemeinsamen Selbstwahrnehmung und Stärkung der Identifikation mit der Region.
(2) Verdeutlichung des gemeinsamen Beitrages einzelner Städte bzw. Gemeinden zum Charakter des Münsterlandes.
(3) Sensibilisierung der Bevölkerung für die Bedeutung der Profilierung im Regionenwettbewerb.
(4) Einheitliche Besetzung und Penetration des Begriffes „Münsterland".

Die außengerichteten Marketing-Ziele sind für die Bereiche Tourismus und Unternehmensbereich getrennt abzuleiten und hinsichtlich der identifizierten Zielgruppen zu differenzieren.

1.4.2 Positionierung des Münsterlandes

Auf der Basis des abgeleiteten Zielsystems muß das Münsterland im Verhältnis zu seinen Hauptwettbewerbsregionen in den Bereichen Tourismus und Wirtschaft positioniert werden, d.h. ihm muß in der Wahrnehmung relevanter Zielgruppen ein klares Eigenschaftsprofil zugeordnet werden. Ein solches Profil muß die Bedürfnisse und Erwartungen der Zielgruppe widerspiegeln, sich an den tatsächlich vorhandenen, positiven Eigenschaften der zu positionierenden Leistung ausrichten und zu einer prägnanten Differenzierung gegenüber Wettbewerbsregionen führen.

Eine differenziert auf die drei Zielgruppen Bewohner, Touristen/Reisebüros und Unternehmen ausgerichtete Positionierung des Münsterlandes muß dementsprechend auf einem für alle drei Gruppen einheitlichen Positionierungskern aufgebaut werden. Dieser Positionierungskern des Münsterlandes als gemeinsame Grundlage der zielgruppenspezifischen Positionierungen kann wie folgt definiert werden:

- Region mit regenerativem Potential,
- Region mit wirtschaftlichem Potential,
- Region mit Lebensqualität.

Dabei bilden die wirtschaftlichen und regenerativen Potentiale der Region das Fundament der hohen Lebensqualität des Münsterlandes, gekennzeichnet durch genügend

Freiraum und hinreichende Möglichkeiten für die individuell-persönliche und wirtschaftliche Entfaltung.

Dieser Positionierungskern muß für die beiden Bereiche Tourismus und Wirtschaft umgesetzt und dabei inhaltlich konkreter gefaßt werden. Auf der Grundlade der Ergebnisse der vorliegenden Studie lassen sich für den Bereich Tourismus drei Eigenschaftsdimensionen zur Positionierung des Münsterlandes ableiten, die in dem Statement „Das Münsterland als vielseitiger Erholungsraum" zum Ausdruck kommen.

(1) „Kulturelles Erlebnis",
(2) „Gastlichkeit und Lebensart",
(3) „Landschaft und Erholung".

Für den Bereich Wirtschaft lassen sich folgende drei Positionierungsdimensionen nennen, die in dem Statement „Das Münsterland als aktiver Wirtschaftsraum" zum Ausdruck kommen:

(1) „Ressourcenqualität",
(2) „Infrastruktur- und Dienstleistungsqualität",
(3) „Freizeit- und Sozialqualität".

Für die glaubwürdige Positionierung einer Region ist es ein elementarer Bestandteil, daß ihre Bewohner die Außendarstellung mittragen und sich hiermit identifizieren können. Die „Positionierung" gegenüber den Münsterland-Bewohnern sollte in einem ersten Schritt auf den Ist-Merkmalen Tradition und Kultur aufbauen. Auf der nächsten Stufe sollten dann die Eigenschaftsdimensionen „Tatkraft und Zielstrebigkeit" sowie „Aufgeschlossenheit, Gastlichkeit und Kooperationsbereitschaft" im Rahmen der Positionierung bei den Münsterland-Bewohnern herausgestellt werden. Die angestrebte Positionierung bei den Münsterland-Bewohnern kommt zusammenfassend in dem Statement „Das Münsterland, Lebensraum mit Atmosphäre" zum Ausdruck.

Das in Abb. 2 im Überblick wiedergegebene Positionierungsmodell für das Münsterland stellt den zugrundeliegenden Handlungsrahmen für die noch abzuleitenden strategischen Stoßrichtungen und Marketing-Maßnahmen dar.

1.4.3 Strategische Stoßrichtungen

Die strategischen Stoßrichtungen sollten grundsätzlich im Sinne einer abgestuften Vorgehensweise (Stufenplan) verstanden werden. Der folgende Stufenplan sollte bei allen Marketingaktivitäten des Münsterlandes als Handlungsrahmen dienen:

1. Stufe: Undifferenzierte Penetration des Münsterlandes in den Bereichen Tourismus und Wirtschaft

2. Stufe: Zielgruppenorientiert differenziertes Vorgehen in jedem der beiden Bereiche.

Zur Sicherstellung einer effizienten Marktbearbeitung sind weitere Schwerpunktsetzungen empfehlenswert. Bezüglich der geographischen Schwerpunktsetzung in der Marktbearbeitung sollte beispielsweise die Stärkung/Sicherung der Basis in Nordrhein-Westfalen sowie anschließend der Ausbau der in Teilbereichen bereits guten Stellung in Norddeutschland und Berlin zunächst im Vordergrund stehen. Der Erschließung des Bundeslandes Bayern ist die geringste Priorität einzuräumen.

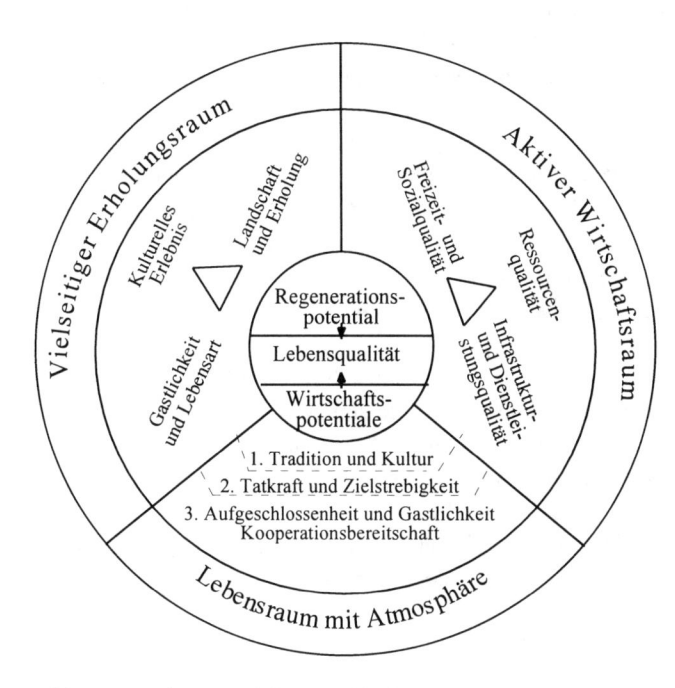

Abb. 2: Integriertes Modell zur Positionierung des Münsterlandes

Unter Berücksichtigung der aufgezeigten räumlichen Akzentuierung sollte sich die Marktbearbeitung im Bereich Tourismus auf der ersten Stufe an folgenden Prioritäten orientieren:

(1) Profilierung des Münsterlandes als „vielseitiger Erholungsraum" für Tagesausflüge und Kurzurlaube.
(2) Profilierung des Münsterlandes als „vielseitiger Erholungsraum" für einen Urlaub.

Im Bereich der Wirtschaft sollte im Rahmen der Marktbearbeitung der allgemeine Stufenplan in der nachfolgend dargestellten Art und Weise konkretisiert werden:

(1) Undifferenzierte Profilierung des Münsterlandes als „aktiver Wirtschaftsraum".
(2) Zielgruppenspezifische, innengerichtete Profilierung des Münsterlandes als „aktiver Wirtschaftsraum" durch Intensivierung der Betreuungsfunktion der Wirtschaftsförderung.
(3) Außengerichtete Profilierung des Münsterlandes als „aktiver Wirtschaftsraum" durch zielgruppenspezifische Akquisitionskonzepte.

Aufbauend auf dieser grundlegenden Akzentsetzung im Sinne einer generellen strategischen Stoßrichtung sind für die Bereiche Tourismus und Wirtschaft differenzierte strategische Stoßrichtungen abzuleiten.

Zur Erreichung der Zielposition „Münsterland, Lebensraum mit Atmosphäre" bei den Bewohnern des Münsterlandes sind insbesondere folgende Schwerpunkte zu setzen:

- Erhöhung der Identität der Bewohner der Stadt Münster mit dem Münsterland,
- Abbau des Wahrnehmungsgefälles zwischen der Stadt Münster und dem Kreis Coesfeld,
- gezielte Bearbeitung der bisherigen Identifikationsdefizite insbesondere bei höheren sozialen Schichten, männlichen Bewohnern, jüngeren bis mittleren Altersgruppen.

Im Bereich Touristik entspricht das Münsterland hinsichtlich zahlreicher Merkmale weitestgehend den Erwartungen der Zielgruppen. Die strategischen Schwerpunkte beziehen sich aus diesem Grunde hauptsächlich auf die Kommunikationspolitik. Folgende strategische Prioritäten sollten verfolgt werden:

(1) Profilierung des Münsterlandes als „vielseitiger Erholungsraum" insbesondere durch eine Stärkung des Faktors „Land und Leute" sowie durch die Penetration der o.g. Positionierungsmerkmale.
(2) Korrektur der bislang einseitigen Profilierung durch Verzicht auf die Überbetonung der Sport- und Radwandermöglichkeiten im Münsterland.
(3) Höchste Priorität bei der Zielgruppenbearbeitung sollte auf die „Münsterland-Fans", die „land- und kulturorientierten Münsterland-Freunde" sowie die „Unentschiedenen" gelegt werden. Mit zweiter Priorität sollten die „Geschichts- und Radwanderfreunde" bearbeitet werden. Nur von untergeordneter Bedeutung ist die Zielgruppe der „Münsterland-Ablehner".

Die strategische Schwerpunktsetzung im Bereich Wirtschaft betrifft hauptsächlich den Bereich der Leistungs- und Kommunikationspolitik:

(1) Korrektur der Fehlwahrnehmung hinsichtlich der Qualität zahlreicher Standortfaktoren des Münsterlandes durch eine klare Imageprofilierung des Münsterlandes als

„aktiver Wirtschaftsraum". Hierbei muß insbesondere der Bekanntkeitsgrad des Münsterlandes verbessert werden.
(2) Die Schlüsselfaktoren der Standortqualität des Münsterlandes müssen gefestigt („Lebensqualität") und weiter verbessert werden (Verfügbarkeit qualifizierter Arbeitskräfte, Energiekosten).
(3) Intensivierte Betreuung ansässiger Unternehmen im Rahmen eines „proaktiven" Informationsmanagements der Wirtschaftsförderung.

Die abgeleiteten strategischen Stoßrichtungen sind in konkrete Maßnahmen umzusetzen. Hierbei liegt der Schwerpunkt vor allem auf der Produkt- und Kommunikationspolitik. Abschließend ist anzumerken, daß die spezifischen Merkmale des Marketing für Regionen im allgemeinen sowie die Gegebenheiten des Münsterlandes im speziellen die Umsetzung des vorgeschlagenen Marketing-Konzepts vor besondere Herausforderungen stellen. Zur Bewältigung dieser Herausforderungen erweisen sich die Sicherstellung eines zu jedem Zeitpunkt koordinierten Vorgehens in Verbindung mit einer klaren Festschreibung von Verantwortlichkeiten sowie der Gewährleistung eines integrierten Gesamtauftritts als wesentliche Erfolgsvoraussetzungen.

Literaturhinweis

Meffert, H., H. Ostmeier, S. Frömbling, E. Werthmöller (1991): Regionenmarketing Münsterland – Ansatzpunkte auf der Grundlage einer empirischen Untersuchung. Münster.

2 Entwicklung des Leitbildes und Positionierung des Amtes Oberspreewald/Straupitz

Kristiane Klemm

Im Rahmen des Studienprojektes 1993/94 des Ergänzungsstudiums „Tourismus mit den Schwerpunkten Management und regionale Fremdenverkehrsplanung" wurde ein umfassendes Marketingkonzept für das Amt Oberspreewald/Straupitz entwickelt.

Im folgenden werden anhand dieses Praxisbeispiels die einzelnen erforderlichen Schritte zur Entwicklung des Leitbildes sowie die Positionierung der Region dargestellt.[1]

2.1 Das touristische Planungssystem – das Amt Oberspreewald/Straupitz

Zum Amt Oberspreewald/Straupitz gehören insgesamt 11 Gemeinden, die im nördlichen Teil des weltberühmten Spreewaldes liegen. Während die beiden bekannten Zielorte des Oberspreewaldes, Lübben und Lübbenau, mit ihren Kahnabfahrten vom Tagestourismus überflutet werden, liegen die nördlichen Gemeinden des Oberspreewaldes noch im Schatten der Tourismusentwicklung. Im Gegensatz zu dem starken Tagesausflugsverkehr müssen sich die Randgemeinden des Spreewaldes ein eigenständiges Profil durch andere Tourismusangebote und -formen schaffen.

Diese 11 Gemeinden sind einzelne touristische Planungsobjekte, die nach Möglichkeit unter einem gemeinsamen Dach wie ein gewinnorientiertes Unternehmen geführt werden sollen. Hier handelt es sich – wie in den meisten Fällen – um ein diversifiziertes Unternehmen, wobei es einzelne touristische Produkte/Geschäftsfelder zu entwickeln gilt (Urlaub auf dem Lande, Familien- oder Seniorenurlaub, etc.).

Soll dieses Unternehmen (das Amt Oberspreewald/Straupitz) gewinnorientierend arbeiten, so muß der Tourismus zu einem Wirtschaftsfaktor entwickelt werden, der Wohlstand und Lebensqualität der Bevölkerung verbessert. Dies bedeutet, daß die betroffenen Anspruchsgruppen (Stakeholder) in ihrer ethischen, moralischen und psychologischen Werthaltung zufriedengestellt werden müssen.

---

[1] vgl. hierzu den Beitrag Haedrich, „Leitbild und Positionierung" in Teil 2, II.

Grundlage für die Entwicklung eines Leitbildes und damit Ausgangspunkt für das strategische und operative Management ist die umfassende Analyse der strategischen Ausgangssituation.

2.2 Die strategische Ausgangssituation des Amtes Oberspreewald/Straupitz

Bei den einzelnen erforderlichen Analyseschritten (vgl. Abb. 1) handelt es sich zum einen um die Erhebung raumplanerischer Daten, eine Bestandsaufnahme im Sinne einer raumbezogenen Strukturanalyse, die vor allen Dingen bei der Analyse der globalen Umwelt und den eigenen Ressourcen und Fähigkeiten zur Anwendung kommt.

Zum anderen kommen Methoden der Marktforschung (Gäste- und Kundennachfrage, Wettbewerbs-, Absatz- und Imageanalysen) zum Tragen. Bei der Analyse der strategischen Ausgangssituation kommt es damit zu einer Verknüpfung von Raum- und Marktforschungsmethoden.

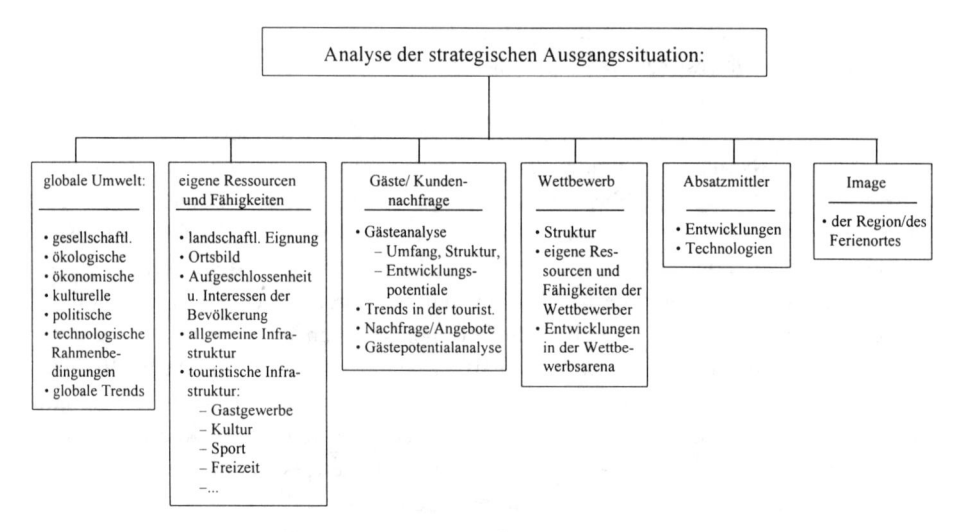

Analyse der strategischen Ausgangssituation:					
globale Umwelt:	eigene Ressourcen und Fähigkeiten	Gäste/ Kundennachfrage	Wettbewerb	Absatzmittler	Image

• gesellschaftl.
• ökologische
• ökonomische
• kulturelle
• politische
• technologische Rahmenbedingungen
• globale Trends
	• landschaftl. Eignung
	• Ortsbild
	• Aufgeschlossenheit u. Interessen der Bevölkerung
	• allgemeine Infrastruktur
	• touristische Infrastruktur:
	  – Gastgewerbe
	  – Kultur
	  – Sport
	  – Freizeit
	  – ...
		• Gästeanalyse
		  – Umfang, Struktur,
		  – Entwicklungspotentiale
		• Trends in der tourist.
		• Nachfrage/Angebote
		• Gästepotentialanalyse
			• Struktur
			• eigene Ressourcen und Fähigkeiten der Wettbewerber
			• Entwicklungen in der Wettbewerbsarena
				• Entwicklungen
				• Technologien
					• der Region/des Ferienortes

Abb. 1: Arbeitsschritte zur Analyse der strategischen Ausgangssituation

Im folgenden werden nur einige Ergebnisse aus der Vielzahl der durchgeführten Arbeitsschritte vorgestellt.

2.2.1 Relevante Entwicklungen in der globalen Umwelt

Für das Amt zu berücksichtigende Entwicklungen und Veränderungen ergeben sich vor allem durch die Wiedervereinigung und die damit verbundenen Strukturveränderungen, wie

- die Umstrukturierung der Landwirtschaft,
- der Niedergang der industriellen Produktion,
- die hohe Arbeitslosigkeit und damit verbunden die Bevölkerungsabwanderung und die Überalterung der Wohnbevölkerung,
- der politische Wandel und die Neugliederung der Verwaltung,
- die Liberalisierung der gesellschaftlichen Normen.

Darüber hinaus sind aber auch gesellschaftliche, ökologische und technologische Rahmenbedingungen zu berücksichtigen, wie

- Verstärkung des ökologischen Bewußtseins und damit verbunden flächenhafte Unterschutzstellungen (z.B. Biosphärenreservat Spreewald),
- die zunehmende Motorisierung,
- die zunehmende Technisierung, z.B. durch neue Medien.

Ebenso sind globale Trends einzubeziehen, wie

- gesünder leben
  (Gesundheit und körperliche Fitneß, natürliche Lebensweise, intakte Umwelt),
- geselliger leben
  (mehr Kontakt, Ausgehen, gemeinsam etwas unternehmen),
- aktiver leben
  (seinen Hobbys und Interessen nachgehen, sich handwerklich betätigen),
- bewußter leben
  (mehr Zeit für sich selbst finden, Muße und Entspannung).

Diese Entwicklungen beeinflussen die Zielsetzungen und Werthaltungen der betroffenen Anspruchsgruppen in beträchtlichem Maße und gehören zu den Rahmenbedingungen der Planung, die auch in das Leitbild einfließen müssen.

2.2.2 Die eigenen Ressourcen und Fähigkeiten

Die Ressourcen und Fähigkeiten den Amtes Oberspreewald/Straupitz wurden durch eine umfangreiche Bestandsaufnahme/Situationsanalyse erhoben. Bei den folgenden Analyseschritten können hier nur ausgewählte Ergebnisse dargestellt werden.

(1) *Landschaftliche Eignung*

Die Landschaft des gesamten Untersuchungsgebietes wird aufgrund des flachen bis welligen Reliefs und der teilweise ausgedehnten Kiefernwaldbestände als monoton und wenig abwechslungsreich empfunden. Geht man jedoch stärker ins Detail, so finden sich in dem Gebiet zahlreiche Landschaftsformen und Besonderheiten, die als abwechslungsreich und attraktiv eingestuft werden können, wie

- Feuchtwiesen,
- Sumpf- und Moorflächen als Standort seltener Tier- und Pflanzenarten,
- der Weinberg als höchste Erhebung des Gebietes (als Aussichtspunkt geeignet),
- typische Alleen,
- die Spreewaldfließe im südlichen Teil des Untersuchungsgebietes,
- zahlreiche Naturdenkmäler,
- das Biosphärenreservat im südlichen Teil des Amtes.

Die Landschaft wirkt auf den ersten Blick eintönig, da ihr markante Oberflächenformen fehlen. Erst bei näheren Erkundungen zeigt sich dem Besucher ein abwechslungsreiches Bild von beschaulicher Feld-, Wald- und Wiesenlandschaft, durchzogen von Bächen und Flüssen.

(2) *Ortsbild*

Die gemeindebezogene Ortsbildanalyse kam zu folgenden *positiven* Ergebnissen:

- einheitliche harmonische Bebauung,
- bäuerliche Backsteinhäuser und Fachwerk,
- schöne Nutz- und Ziergärten,
- Lauben- (Haus-)eingänge,
- ortsspezifische Anziehungspunkte, wie Kirchen und Denkmäler.

Negativ fielen bei der Ortsbildanalyse auf:

- unattraktive Ortseingänge,
- fehlende oder unpassende Beschilderungen,
- Renovierungen in untypischem Stil und Material,
- fehlende Kontakt- und Ruheplätze.

Übereinstimmendes Charakteristikum der Region sind zahlreiche Bauernhäuser aus Backstein, zum Teil kombiniert mit Fachwerk und meist von Nutz- und Ziergärten umgeben. Als weit sichtbare Orientierungsmerkmale dienen die Kirchtürme, insbesondere die bekannte Schinkelkirche in Straupitz.

(3) *Aufgeschlossenheit und Interessen der Bevölkerung*
Im Rahmen von persönlich-mündlichen Interviews wurden die internen Anspruchsgruppen des Amtes (Einwohner, Bürgermeister, Einzelhändler und Landwirte) befragt. Das, was der Bevölkerung am meisten an ihrem Wohnort und ihrer Umgebung gefiel, waren:

- die natürlichen Voraussetzungen,
- die Ruhe und Abgelegenheit,
- und die Nähe zum Spreewald.

Als *negativ* empfunden wurden:

- der bauliche Zustand und
- die fehlende Infrastruktur.

Über 50% der Befragten konnten sich vorstellen, sich aktiv an der Tourismusentwicklung zu beteiligen, so z.B. durch Vermietung einer Ferienwohnung oder Arbeiten im Gastgewerbe.

Auch die Auswirkungen des Tourismus auf die Region wurden als überwiegend positiv eingeschätzt. Der Tourismus verbessert die wirtschaftliche und infrastrukturelle Situation in den Gemeinden.

Politisch gesehen, erhofften sich die Einwohner eine bessere Information und mehr Beteiligung bei kommunalen Fragen.

Die Mehrheit der Bürgermeister war der Meinung, daß sich der Fremdenverkehr nur als einer von mehreren Wirtschaftsfaktoren entwickeln könnte, und daß eine einseitige Ausrichtung auf den Fremdenverkehr traditionelle Erwerbsquellen wie die Land- und Forstwirtschaft langfristig zerstören würde. Die Landwirtschaft sollte weiterhin eine bedeutende Rolle spielen. Darüber hinaus wären weitere Aktivitäten zur Ansiedlung von Gewerbebetrieben erforderlich.

Die Landwirtschaft besteht überwiegend aus Grünlandbewirtschaftung. Der für den Spreewald bekannte Gemüseanbau spielt in dieser Region nur eine nebengeordnete Rolle. Neben einigen Großbetrieben gibt es zahlreiche bäuerliche Nebenerwerbsbetriebe, jedoch bieten nur drei Betriebe „Urlaub auf dem Bauernhof" bzw. Reiterferien an.

Die Situation der Einzelhändler wird vor allem durch die großen Supermärkte in den Stadtrandlagen negativ beeinflußt. Eine Verbesserung der Situation wird auch durch eine verstärkte Tourismusentwicklung nicht erwartet. In einigen Gemeinden sind keine Geschäfte mehr vorhanden.

Die Vertreter des Biosphärenreservats und der Naturschutzverbände erläuterten die Notwendigkeit der Naturerhaltung und machten auf die Nutzungskonflikte zwischen touristischer Erschließung (Verkehrserschließung der Kahnabfahrten, Erhöhung der Besucherzahlen etc.) und Naturschutz aufmerksam.

Alle internen Anspruchsgruppen wurden nach der Zielgruppe befragt, die sie sich für die Region wünschten bzw. vorstellen könnten. Die Mehrheit wünschte sich vor allem solche Touristen, die die Ruhe und Abgelegenheit der Region genießen.

(4)   *Allgemeine Infrastruktur*
Eine gemeindebezogene Erhebung der infrastrukturellen Grundausstattung ergab, daß bis auf die örtlichen Feuerwehren, Sportplätze und die Versorgung mit Lebensmitteln keine weiteren maßgeblichen Struktureinrichtungen vorhanden waren. Eine Verbesserung der Grundausstattung ist aufgrund der abnehmenden Bevölkerungszahl auch nicht zu erwarten.

(5)   *Touristische Infrastruktur*
Fast jede Gemeinde verfügt zwar über ein bis zwei Unterkünfte, vor allen Dingen im Privatzimmer- und Ferienwohnungssektor, jedoch konzentriert sich die Mehrheit der Beherbergungen auf einige Kerngemeinden. Aufgrund der gerade vorgenommen Renovierungen wurde die Qualität der Unterkünfte mit gut bis sehr gut beurteilt.

Probleme gibt es vor allem in der gastronomischen Struktur, die als nicht ausreichend bezeichnet wird. Das Speisenangebot bezieht sich nur auf gutbürgerliche Küche und wenige regionaltypische Angebote.

Insgesamt sind die *natürlichen Voraussetzungen, die Ruhe und Abgelegenheit* sowie die *Aufgeschlossenheit und das Interesse der Bevölkerung* an der Tourismusentwicklung *positiv* beurteilt worden.

Sowohl die allgemeine als auch die touristische Infrastruktur erfordern weitere qualitative Verbesserungen.

2.2.3   Die derzeitige Kunden-/Gästenachfrage

Schon während der Analyse des Gastgewerbes vor Ort wurden die Anbieter nach ihrer derzeitigen Gäste-/Kundenstruktur befragt. Darüber hinaus wurde eine umfangreiche Gästebefragung durchgeführt, die zu folgenden Erkenntnissen führte:

- Die Anteile von übernachtenden Gästen und den Tagesausflüglern sind in etwa gleich.
- Die Anteile der Besucher aus Berlin und Brandenburg sind höher als aus anderen Bundesländern, hier liegen auch die höheren Entwicklungspotentiale im Bereich Kurzurlaub.
- Bevorzugte Unterkünfte sind Pensionen, Ferienwohnungen und Privatzimmer.
- Die „Natur erleben" sowie „Ruhe und Erholung" sind die meistgenannten Besuchsmotive.
- Bevorzugte Aktivitäten sind Spazierengehen, Wandern und Radfahren.

Die Ergebnisse der Gästebefragung und die Einschätzungen des Gastgewerbes im Hinblick auf die Zielgruppe waren fast identisch. Bevorzugte touristische Zielgruppe sind „Ruhe- und Erholungsbedürftige", die leichte Aktivitäten ausüben wollen. Eine weitere Differenzierung erfolgt über die Analyse von wichtigen touristischen Trends.

2.2.4 Trends in der Nachfrage nach touristischen Angeboten

Auf der Basis einer umfangreichen Literaturanalyse und der Analyse von empirischem Sekundärmaterial wurden die derzeit wichtigsten Freizeit- und Urlaubstrends zusammengetragen, so z.B.

- Trend zu Mehrfach- und Kurzreisen,
- Trend zum naturnahen Reisen,
- Trend zum Zielgruppentourismus, Abwendung vom Massentourismus,
- Trend zum aktiven Urlaub

(vgl. Studienkreis für Tourismus und Forschungsgruppe Urlaub + Reisen: Reiseanalysen 1991 und 1992; Der Deutsche Reisemonitor 1991 und 1992);

2.2.5 Struktur, Ressourcen und Fähigkeiten derzeitiger Wettbewerber und zukünftige Entwicklungen

Für die Erarbeitung eines Leitbildes, die anschließende Positionierung und die strategische Planung ist es notwendig, die relativen Stärken und Schwächen der Region Oberspreewald/Straupitz festzustellen.

Bei der Wettbewerbsanalyse wurde davon ausgegangen, daß ein potentieller Besucher sich bereits entschieden hat, einen Kurzurlaub im Spreewald zu verbringen. Als Wettbewerber für die Untersuchungsregion kommen daher die großen touristischen Zielorte Lübben und Lübbenau sowie die Orte Burg und Schlepzig in die engere Auswahl. Alle genannten Gemeinden wurden besucht und im Hinblick auf die in Abbildung 2 genannten Kriterien bewertet (vgl. Abb. 2).

2.2.6 Kernkompetenzen

Aufgrund der Wettbewerbsanalyse können nun die relativen Stärken und Schwächen des Untersuchungsgebietes festgestellt werden. Wie aus Abbildung 2 ersichtlich, liegen die *Kernkompetenzen* der Untersuchungsregion bei den Kriterien *Ruhe/Erholung* sowie *Naturraum/Umwelt*. Die Verbindung beider Kernkompetenzen bieten einen dauerhaften Wettbewerbsvorteil, der von den Wettbewerbsgemeinden wie Lübben und Lübbenau nicht imitierbar ist. Diese Gemeinden zeichnen sich durch einen hohen Anteil von Tagesbesuchern aus, der bereits zu massentouristischen Belastungserscheinungen geführt hat.

Stärken-/Schwächen-Profil: Gemeinden Amt O.-Spreewald 1. Lübbenau 2. Lübben 3. Burg 4. Schlepzig

Kriterien	Bewertung	-5	-4	-3	-2	-1	0	+1	+2	+3	+4	+5
Stellenwert des Fremdenverkehrs				4.				3.	1. 2.			
Übernachtungstourismus												
Tagestourismus												
Landschaft/Lage												
Ruhe/Erholung												
Ortsbild												
Verkehrsanbindung												
Berherbergungsangebot												
Gastronomie/Veranstaltungsmöglichkeiten												
Einkaufsmöglichkeiten												
Sportmöglichkeiten												
Unterhaltungsangebot												
Angebote für Kinder												
Touristische Information												
Touristische Besonderheiten												
Naturraum/Umwelt												

Abb. 2: Stärken-/Schwächen-Profil

An dieser Stelle müssen auch die Trends in der Nachfrage und die damit verbundenen Chancen und Risiken berücksichtigt werden. So liegen die Chancen der Tourismusentwicklung z.B. in den Trends zu mehr Kurzreisen, naturnahen Reisen und zu aktivem Urlaub. Ein Risiko könnte darin liegen, daß der Ausbau des Kurzreisesegments höhere Investitionen im Beherbergungssektor erfordert, die sich aber aufgrund der finanziellen Situation der Privatanbieter nur sehr langsam realisieren lassen.

2.3 Das Leitbild

Um einen möglichst breiten Konsens über die zukünftige Entwicklung zu erreichen, wurde ein Thesenpapier entwickelt (vgl. Abb. 3), in dem die betroffenen örtlichen Anspruchsgruppen ihre Zustimmung zu einzelnen Entwicklungsleitlinien auf einer dreistufigen Skala ankreuzen konnten (3 = stimme voll zu; ....1 = stimme eher zu). So erhielten u.a. die beiden Thesen „Die Tourismusentwicklung im Amt sollte sich vor allem auf geruhsame Erholungsformen für den Kurzurlaub/Urlaub spezialisieren" und „Die touristische Entwicklung sollte sich auf einige räumliche Schwerpunkte (Gemeinden) konzentrieren" eine klare Zustimmung.

Thesen	3	2	1	1	2	3	Thesen
Der Tourismus soll sich zum wichtigsten Wirtschaftsfaktor im Amt entwickeln.							Der Tourismus kann sich nur als einer von mehreren Wirtschaftsfaktoren entwickeln.
Die touristische Entwicklung muß in Abstimmung mit dem Biosphärenreservat erfolgen.							Die Abstimmung mit dem Biosphärenreservat ist nicht erforderlich.
Das Kahnfahren ist das wichtigste touristische Angebot im Amt Oberspreewald/Straupitz							Das Kahnfahren ist nur eines von mehreren touristischen Angeboten.
Alle Gemeinden des Amtes eignen sich gleichermaßen für die touristische Entwicklung.							Die touristische Entwicklung sollte sich auf einige räumliche Schwerpunkte (Gemeinden) konzentrieren.
Dörfliche Feste und Traditionen sind ein wichtiges Element für die Tourismusentwicklung.							Dörfliche Feste und Traditionen sollten ausschließlich der dörflichen Gemeinschaft dienen.
Landwirtschaftliche Spreewaldprodukte sollten u.a. auch im Direktverkauf an touristische Leistungsträger (Gaststätten etc.) sowie für Touristen angeboten werden.							Der Direktverkauf von landwirtschaftlichen Spreewaldprodukten ist zu zeit- und kostenaufwendig.
Die Tourismusentwicklung im Amt sollte sich besonders auf den Ausflugsverkehr spezialisieren.							Die Tourismusentwicklung im Amt sollte sich vor allem auf geruhsame Erholungsformen für den Kurzurlaub/Urlaub spezialisieren.
Alle Gemeinden sollen intensiv zusammenarbeiten und ein gemeinschaftliches Bewußtsein für die Tourismusentwicklung des gesamten Amtes anstreben.							Die einzelnen Gemeinden kooperieren nur dann, wenn es notwendig erscheint.

Abb. 3: Thesenpapier zur Leitbildentwicklung

Anhand der Ergebnisse wurde dann das Leitbild entwickelt und formuliert.

Wer sind wir?
- Das Amt Oberspreewald/Straupitz ist eine Randregion des touristisch stark frequentierten Spreewaldes.

Wo wollen wir hin?
- Mittel- und langfristig soll sich die Tourismusentwicklung im Amt Oberspreewald/Straupitz auf geruhsame Erholungsformen für den Kurzurlaub/Urlaub konzentrieren.
- Der Tourismus soll sich als einer von mehreren Wirtschaftsfaktoren entwickeln.
- Der unbedingt notwendige systematisch zu planende Ausbau der Infrastruktur soll vorsichtig unter Wahrung der gewachsenen charakteristischen Formen und Strukturen erfolgen.

Wie wollen wir unsere Ziele erreichen?
- Alle Maßnahmen werden auf bestimmte Kern- und Randzielgruppen abgestimmt (siehe Positionierung).
- Die touristische Entwicklung erfolgt in Abstimmung mit dem Biosphärenreservat.
- Entsprechend den natürlichen und kulturhistorischen Gegebenheiten der Region erfolgt eine gezielte Besucherlenkung über die unterschiedlichen touristischen Angebote. (Die Tagesausflügler werden zu den bekannten Sehenswürdigkeiten wie z.B. der Schinkelkirche in Straupitz geführt. Für Kurzurlauber und Urlauber werden individuelle Angebote für leichte Aktivitäten rund um den Spreewald bereitgestellt.)
- Die Gemeinden des Amtes Oberspreewald/Straupitz treten touristisch geschlossen in Erscheinung, wobei sich ein differenziertes und untereinander abgestimmtes touristisches Angebot entwickeln kann.

Welche festen Grundsätze verfolgen wir dabei?
- Alle Gemeinden der Region arbeiten intensiv zusammen und streben ein gemeinschaftliches Bewußtsein für die Tourismusentwicklung des gesamten Amtes an.
- Um den Touristen ein vielfältiges und breites touristisches Angebot zu bieten und die Vorteile einer gemeinsamen Gestaltung des gesamten Fremdenverkehrs zu nutzen, sind Kooperationen mit den umliegenden Ämtern anzustreben.
- An allen Planungsprozessen und Maßnahmen ist die örtliche Bevölkerung durch Information und Anhörung zu beteiligen.

2.4 Positionierung des Amtes Oberspreewald/Straupitz

Im Rahmen einer umfangreichen Zielgruppenanalyse und -detaillierung wurden aufgrund ihrer spezifischen Urlaubsbedürfnisse und -wünsche die „jungen Senioren" als Kernzielgruppe definiert. Durch Ihre Bedürfnisse nach Ruhe und Erholung, nach streßfreier Entspannung, durch ihren Wunsch nach Behaglichkeit sowie solider und gepflegter Gastronomie bietet die Region für diese Zielgruppe klare Vorteile gegenüber den genannten Wettbewerbern des übrigen Spreewaldes. Als Randzielgruppe wurden „Familien mit Kindern" definiert. Sie bevorzugen das vorhandene Unterkunftsangebot (Ferienwohnungen), suchen Ruhe und Entspannung und reagieren besonders sensibel auf ein gutes Preis-/Leistungsverhältnis.

In der Positionierung muß nun der zentrale Kundennutzen zum Ausdruck kommen, den das Amt Oberspreewald/Straupitz seinen Besuchern bietet. Das Ziel der Positionierung besteht in einer dauerhaften Abgrenzung des Amtes Oberspreewald/Straupitz von anderen im Wettbewerb stehenden Erholungsgebieten. Konkret bedeutet das, daß das Amt Oberspreewald/Straupitz sich über die Einmaligkeit des Spreewaldes positionieren muß. Aus diesem Grunde soll sich die Positionierung darauf konzentrieren, den Spreewald für die Touristen anders als durch den hektischen Tagestourismus in Lüb-

ben und Lübbenau erlebbar zu machen. Um eine Abgrenzung zu den durch den Tagestourismus geprägten Orten Lübben und Lübbenau zu erreichen, ist es sinnvoll, wenn sich die Tourismusentwicklung des Amtes nicht wie der übrige Spreewald auf den Tagestourismus, sondern auf Urlauber und Kurzurlauber ausrichtet. Als Basis der Positionierung wurde daher folgender Leitsatz formuliert:
„Im Amt Oberspreewald/Straupitz kann man in geruhsamer Atmosphäre den Spreewald aktiv und individuell erleben!"

2.5 Aufbau und Umsetzung der Corporate Identity

Nachdem mit dem Leitbild und den dort genannten Leitprinzipien und der Positionierung die Eckpfeiler für das strategische Management festgelegt waren, galt es, darauf aufbauend untereinander abgestimmte Marketing-, Public Relations und Binnenmarketing Strategien und -maßnahmen zu entwickeln. Nach Fertigstellung des Gesamtkonzeptes und Präsentation der Ergebnisse gründete die Amtsverwaltung für die Realisierung der vorgeschlagenen Maßnahmen einen Ausschuß für Tourismusentwicklung unter Leitung eines externen Moderators. In regelmäßigen Abständen nehmen die internen Anspruchsgruppen an den Ausschußsitzungen teil und sind zur aktiven Mitarbeit an der weiteren Produktentwicklung, PR-Maßnahmen etc. aufgefordert. Die Aufgabenverteilung wird protokollarisch festgehalten und bei den folgenden Sitzungen der derzeitige Stand bzw. die Realisierung überprüft. Ziel dieser Vorgehensweise ist es, eine Corporate Identity nach innen und außen aufzubauen.

Ein erster Erfolg ergab sich durch die Teilnahme an einem brandenburgischen Wettbewerb für die Entwicklung von touristischen Angeboten für die Zielgruppe „Senioren". Das Amt konnte den 1. Preis in Höhe von DM 600.000 mit einem innovativen Entwurf gewinnen und hat mit diesem Geld inzwischen zahlreiche Infrastrukturinvestitionen für diese Zielgruppe realisiert.

Literatur

Forschungsgruppe Urlaub und Reisen (1993): Urlaub und Reisen. Hamburg.
Institut für Planungskybernetik IPK (1993): Der Deutsche Reisemonitor. München.
Studienkreis für Tourismus (1991 u. 1992): Reiseanalyse. Starnberg.

3 Städtetourismus am Beispiel der Berlin Tourismus Marketing GmbH

Hanns Peter Nerger

3.1 Zahlen und Fakten zum Berlin-Tourismus

Zusammen mit London, Paris, Rom, Madrid, Wien und München zählt Berlin zu den meistbesuchten Städten in Europa. In Deutschland steht die Bundeshauptstadt unangefochten auf Platz 1 der Städtereisen. Befragungen[1] über die Reiseabsichten der Bundesbürger bestätigen regelmäßig die Präferenz für Berlin als interessantestes deutsches Städtereiseziel.

Die Stadt präsentiert sich als multikulturelle Metropole, als dynamischer Wirtschaftsstandort, als Basis für Ost-West-Kooperationen, als größte deutsche Universitätsstadt und als Zentrum für Forschung und Entwicklung. Mit dem Fall der Mauer am 9. November 1989 hat für Berlin eine neue Zeitrechnung begonnen, deren markanteste Daten die Wiedervereinigung Deutschlands, die Hauptstadtentscheidung und der Vollzug des Umzugs von Regierung und Parlament darstellen.

Berlin – im Herzen Europas – war und ist von jeher ein zentraler Ort für Reisende aus aller Welt. Der Potsdamer Platz der 30er Jahre war der verkehrsreichste Platz Europas. Der Potsdamer Platz der 90er Jahre ist nach 50 Jahren mauerbedingter Verödung gerade im Begriff, neue verkehrstechnische und städtebauliche Visionen für das Berlin des kommenden Jahrtausends zu entwickeln und spiegelt den Auf- und Umbruch der gesamten Stadt wider.

Weltweit traurige Berühmtheit erlangte die Stadt durch die Berliner Mauer. Nach dem Wegfall dieses makaberen Besucher-Magnets definiert Berlin sein Image neu. Die Destination Berlin ist als „Werkstatt der Einheit" für den Tourismus interessanter denn je. Hier zeigen sich die Brüche zwischen alt und neu, zwischen Stagnation und Fortschritt, zwischen den Kulturen und den Menschen hautnah. Der gesamte Transformationsprozeß und die neue urbane Lebensqualität sind wichtige Image-Faktoren für das neue Berlin.

Wie andere Großstädte auch ist Berlin nicht von den rückläufigen Besucherzahlen zu Beginn der 90er Jahre verschont geblieben. Die nachfolgende Abbildung zeigt die Entwicklung der Übernachtungszahlen von 1990 bis 1995 insgesamt und differenziert nach in- und ausländischen Gästen. Vor der Wende, in den Jahren 1987-1989,

---

[1] vgl. Repräsentativbefragung des DWIF (1995), zit. nach: Deutscher Fremdenverkehrsverband e.V. (1995).

schwankte das (West-Berliner) Übernachtungsaufkommen zwischen 5,7 und 6 Mio. Die Zahlen stiegen allein im Westteil infolge des großen Interesses am wiedervereinigten Berlin auf die Rekordhöhe von 7,2 Mio. (1990). Zwei Jahre später wurde von der amtlichen Statistik der bisher höchste Stand von 7,7 Mio. Übernachtungen gezählt, allerdings muß berücksichtigt werden, daß die Gästestatistik seit 1992 für das gesamte Berlin geführt wird.

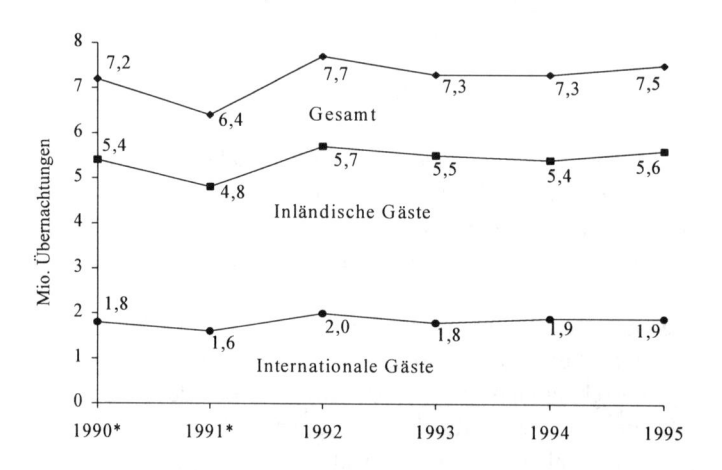

* Daten 1990 und 1991 nur für West-Berlin verfügbar

Abb. 1: Entwicklung der in Berlin registrierten Übernachtungen 1990-1995 (*Quelle*: Statistisches Landesamt Berlin)

Die Wiedervereinigung des geteilten Deutschlands bescherte den Berliner Hotels, der Gastronomie und sonstigen touristischen Leistungsträgern Rekordumsätze. Um so herber war der Einschnitt, als das spontane Interesse an Berlin nachließ und die vereinigte Stadt der Normalität entgegenging. Aus touristischer Sicht verschlimmert wurde die Situation mit dem Abzug der Alliierten Streitkräfte 1994. Erst dann wurde deutlich, welches Potential die Reisen von Familienangehörigen und Bekannten der in Berlin stationierten Soldaten hatten.

Entsprechend dem allgemein in Deutschland registrierten Trend ging die durchschnittliche Verweildauer der Gäste leicht von 2,5 Tagen (1990) auf 2,4 Tage (1995) zurück, sie liegt jedoch über der bundesweit in Großstädten registrierten Verweildauer von 2,1 Tagen.

Ein Manko in der statistischen Erhebung ist die Beschränkung – wie vom Gesetz vorgegeben – auf Betriebe mit mehr als 9 Betten. Damit bleiben bei der Erfassung des Reiseverkehrsvolumens die Ankünfte und Übernachtungen in 5.000 Privatzimmern unberücksichtigt. Ausgehend von einer durchschnittlichen Belegung von 50% würde dies nochmals ein Aufkommen in Höhe von 912.500 Übernachtungen bedeuten.

Berlins touristisches Aufkommen wird zu 75% vom Inland geprägt. Die folgende Tabelle 1 gibt einen Überblick über die in 1995 registrierten Ankünfte und Übernachtungen, aufgeschlüsselt nach den wichtigsten Märkten. Tabelle 2 zeigt die Entwicklung der Übernachtungszahlen 1990-1995 in ausgewählten Auslandsmärkten.

Tab. 1: Ankünfte und Übernachtungen in Berlin 1995 (ausgewählte Märkte)

Märkte	Ankünfte		Übernachtungen	
	Zahl 1995	% *	Zahl 1995	% *
Insgesamt alle Märkte	3.166.230	3,0	7.529.639	2,5
Deutschland	2.449.481	3,7	5.649.393	3,8
Insgesamt Ausland	716.749	0,7	1.880.246	-1,2
Insgesamt Europa	513.685	0,8	1.335.525	-1,5
Hauptmärkte Europa				
Belgien	18.967	3,2	47.801	-1,9
Dänemark	39.763	0,4	91.675	-3,4
Frankreich	41.387	-1,9	110.147	-3,0
Großbritannien	73.675	-2,6	177.056	-10,6
Italien	37.670	-1,8	108.842	-2,7
Niederlande	54.711	18,6	139.786	20,9
Norwegen	16.416	9,3	37.616	10,0
Österreich	26.519	-3,6	71.265	-0,1
Schweden	48.482	-9,6	105.667	-9,6
Schweiz	40.993	9,5	113.553	15,3
Märkte Übersee:				
USA	78.065	-17,9	215.277	-17,2
Japan	30.702	23,5	71.944	28,1

* Veränderung gegenüber Vorjahreszeitraum

(*Quelle*: Statistisches Landesamt Berlin)

Tab. 2: Entwicklung der in Berlin registrierten Übernachtungen 1990-1995 nach ausgewählten Auslandsmärkten

	1990 *	1991 *	1992	1993	1994	1995
USA	341.335	228.758	301.086	277.641	260.083	215.277
Großbritannien	210.498	173.528	183.095	169.028	198.094	177.056
Niederlande	184.661	142.128	139.810	119.158	115.657	139.786
Schweden	130.234	142.875	170.722	117.420	116.919	105.667
Frankreich	117.662	105.373	126.508	111.418	113.510	110.147
Japan	61.250	61.462	72.157	63.370	56.142	71.944
Rußland	19.404	22.887	61.608	78.532	92.500	81.340

* Daten 1990 und 1991 nur für West-Berlin verfügbar

(*Quelle*: Statistisches Landesamt Berlin)

Es ist noch nicht gelungen, den Anteil internationaler Gäste in Berlin zu erweitern. 1995 wurde bei den Übernachtungen ausländischer Gäste ein leichter Rückgang um 1,2% registriert, verursacht insbesondere durch das Ergebnis der USA mit -17,2%. Als Begründung kann nicht nur die Dollarschwäche gegenüber der DM angeführt werden, sondern auch die Spätfolgen des bereits erwähnten Abzugs der Alliierten machten sich bemerkbar. Diese mit anderen Märkten nicht vergleichbare Entwicklung brachte vor allem der Zwei- und Drei-Sterne-Hotellerie einen signifikanten Übernachtungsrückgang. Der Erfolg eines verstärkten Engagements Berlins in den USA mit der 1996 eröffneten eigenen Verkaufsrepräsentanz wird erst in den kommenden Jahren meßbar werden. Erfahrungsgemäß reagiert der Markt mit einer circa zweijährigen Verzögerung auf entsprechende Einwirkungen.

Außerordentlich positiv hat sich 1995 das Aufkommen aus Japan entwickelt. Nach drastischen Rückgängen in den Vorjahren, deren Gründe in der wirtschaftlichen Krise Japans zu suchen sind, konnte 1995 mit einer Steigerung um 28% an den 1992 registrierten Höchststand angeknüpft werden.

Ausweislich aller Marktuntersuchungen nationaler und internationaler Institute gewinnt die Region Fernost zunehmend an Bedeutung. Neben durchschnittlichen Steigerungen der Bruttosozialprodukte um jährlich 8% ist es vor allen Dingen der Entwicklung einer sozialen Mittelstandsschicht zu verdanken, daß die Auslandsreiseintensität kontinuierlich steigt. Eine Hürde hierbei stellt zweifellos die völlig unzureichende Fluganbindung nach Berlin aus den fernöstlichen Zentren dar. Lediglich Singapur Airlines operiert zweimal wöchentlich via Zürich in die Bundeshauptstadt. Welche Bedeutung eine Gateway-Funktion hat, zeigt das mehr als zehnfach höhere asiatische Aufkommen in Frankfurt.

Tab. 3: Übernachtungen 1995 (in Tsd.) in ausgewählten Städten der „Magic Ten" nach Herkunft der Gäste und Trend gegenüber dem Vorjahr

	Berlin	Trend	München	Trend	Hamburg	Trend	Köln	Trend	Düsseldorf	Trend
Total	7.530	↑	6.127	↑	4.165	↑	2.623	↑↑	2.163	↑↑
Inland	5.649	↑	3.661	↑↑	3.254	↑	1.652	↑	1.299	↑↑
Ausland	1.880	↓	2.466	↓	910	↓	970	↑↑↑	864	↑↑↑
USA	215	↓↓↓	436	↓	75	↓↓	109	↑↑↑	82	↑↑↑
Asien	180	↑↑↑	425	↑	99	↑	105	↑↑↑	162	↑↑↑
Europa	1.336	↓	1.437	↑	851	↓	664	↑↑	534	↑↑↑
Australien	32	↑↑↑	36	↓↓↓	12	↓↓	13	↑↑↑	11	↑↑↑

↓Rückgang um bis zu 5%   ↓↓ Rückgang um 6-10%   ↓↓↓ Rückgang um mehr als 10%
↑Zunahme um bis zu 5%   ↑↑ Zunahme um 6-10%   ↑↑↑ Zunahme um mehr als 10%

(Quelle: Übernachtungsstatistik der Magic Ten – The German Cities, Hamburg 1996. Dargestellt sind die 5 übernachtungsstärksten Mitglieder der Magic Ten. Anstelle Frankfurts, 1995 mit 3,2 Mio. Übernachtungen an 4. Stelle, ist aufgrund fehlender Vorjahresdaten Düsseldorf dargestellt.)

Überproportionale Steigerungen bei Ankünften und Übernachtungen konnten aus der Schweiz und den Niederlanden verzeichnet werden. Demgegenüber steht ein Rückgang von 10,6% aus Großbritannien. Die Gründe hierfür sind analog zur amerikanischen Entwicklung und in der gegenwärtigen wirtschaftlichen Schwäche des Landes zu sehen.

Jegliche Marktbewertung muß in Relation mit vergleichbaren Tendenzen in anderen deutschen Städten gesehen werden. Die Zahlen in Tabelle 3 erlauben einen Vergleich der Stellung Berlins innerhalb der „Magic Ten", der Werbegemeinschaft 10 deutscher Großstädte (vgl. Tab. 3).

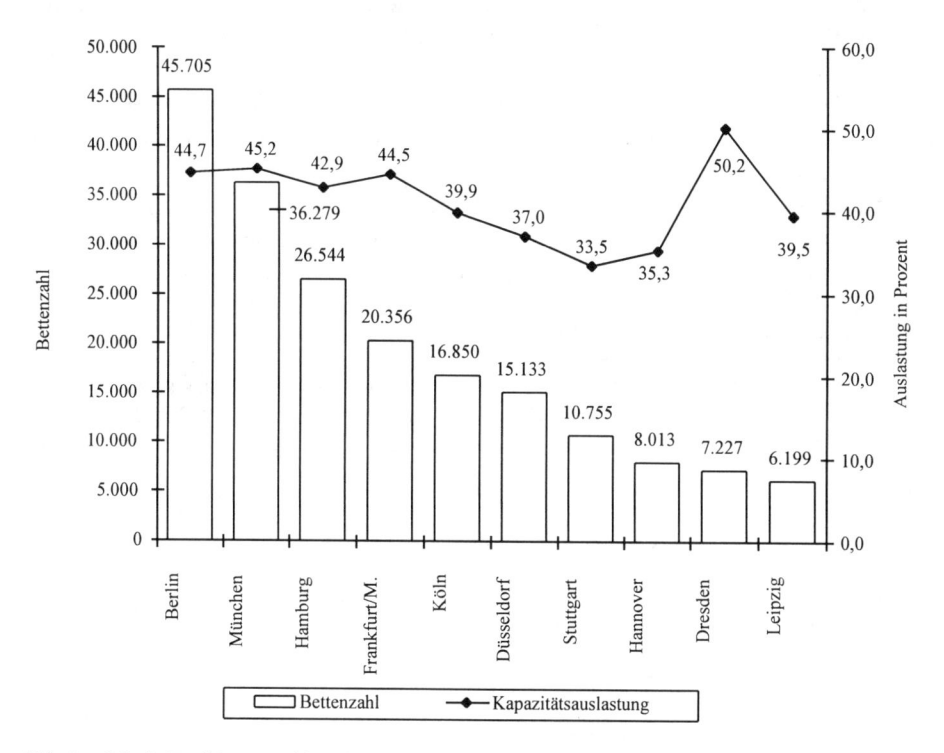

Abb. 2: „Magic Ten"-Bettenzahl und Kapazitätsauslastung 1994 (*Quelle*: Dr. Gugg & Dr. Hank-Haase, 1995)

Der Grad der Bettenauslastung in den Beherbergungsbetrieben Berlins liegt mit 46,1% (1995) über dem Bundesdurchschnitt. Trotzdem entspricht er nicht den Erwartungen der einzelnen Betriebe. Berlin verfügt zur Zeit über etwa 440 Beherbergungsbetriebe mit ca. 46.000 Gästebetten. Bis zum Jahre 2000 soll sich die Bettenkapazität nochmals um ein Drittel vergrößern. Es ist davon auszugehen, daß auch in den kommenden Jahren der Zuwachs an Beherbergungskapazitäten nicht durch eine Nachfragevermehrung aus den Märkten kompensiert werden kann. Eine Änderung wird sich erst mit der vollen Funktionsaufnahme Berlins als Bundeshauptstadt ergeben. Die nachfolgende Graphik verdeutlicht das hohe Niveau Berlins sowohl bei der Bettenzahl als auch bei der Bettenauslastung im Vergleich der Städte der „Magic Ten" (vgl. Abb. 2).

Der Tourismus hat einen Anteil von rund 5% am Bruttosozialprodukt Berlins. Nach Berechnungen der Tourismus-Analyse Berlin[2] ergibt sich aus der Multiplikation aller Übernachtungen mit den unterschiedlichen Tagesausgaben der Gäste ein Bruttoumsatz von rund 5,5 Mrd. DM. Zu ähnlichen Zahlen kommt das DWIF[3] in zwei Analysen, allerdings unter Einrechnung der Umsätze der Tagesgäste Berlins. Von diesen rund 5,5 Mrd. DM Umsatz verbleibt nach Abzug der Mehrwertsteuer ein Nettoumsatz von 4,8 Mrd. DM. Hieraus errechnet sich eine Wertschöpfung von 1,9 Mrd. DM.

Die öffentliche Hand erhält analog zu den oben genannten Angaben einen Anteil von 3% des Nettoumsatzes durch Gewerbe-, Lohn- und Einkommenssteuern, was für Berlin 144 Mio. DM entspricht. Der Fremdenverkehr sichert ein Äquivalent von 40.000 Vollarbeitsplätzen in Berlin.

Die folgende Aufstellung der vom DIWF ermittelten durchschnittlichen Tagesausgaben der Gäste Berlins verdeutlicht, wie weit der Tourismus an den Umsätzen von Dienstleistung, Handel und Verkehr einer Stadt beteiligt ist (vgl. Tab. 4).

Tab. 4: Ausgabenstruktur der Übernachtungs- und Tagesgäste Berlins

	Unterkunft	Verpflegung	Einkäufe	Sport und Freizeit	lokaler Transport	sonstige Ausgaben	Gesamt
Übernachtungen	DM 129,30	DM 98,10	DM 24,70	DM 5,80	DM 17,40	DM 6,30	DM 281,60
Tagesausflügler	–	DM 13,10	DM 2,80	DM 2,40	DM 0,30	DM 22,00	DM 40,60
Tagesgeschäfts-reiseverkehr	–	DM 36,30	DM 5,60	DM 1,00	DM 3,50	DM 26,10	DM 72,50

(*Quelle*: Harrer u.a., 1995 und Zeiner u.a., 1992)

3.2 Der schwierige Weg der Privatisierung – die Gründung der BTM – Berlin Tourismus Marketing GmbH

Die Fremdenverkehrswirtschaft Berlins geriet am Ende der Boomjahre 1990/1991 unter eklatanten Konzeptions- und Entscheidungsdruck. Da zukunftsweisende Planungen des ehemaligen Verkehrsamtes fehlten, erging an die Politik die Forderung zur Bildung einer privatwirtschaftlichen Institution mit der Zielsetzung der Entwicklung und Umsetzung eines professionellen Marketing. Dies war um so schwieriger, als im System des öffentlich-rechtlich organisierten deutschen Fremdenverkehrs nur rudimentäre Erfahrungen mit der Privatisierung eines großen städtischen Fremdenverkehrsamtes vor-

---

[2] IPK – Institut für Planungskybernetik (1992).
[3] Harrer u.a. (1995) und Zeiner u.a. (1992).

lagen und größtenteils Pionierarbeit von allen beteiligten Akteuren gefordert war. Nach intensiver, zum Teil sehr kontrovers geführter Diskussion wurde endlich der Grundstein für die zukünftige Berlin Tourismus Marketing GmbH gelegt.

Allen Überlegungen zur Etablierung der Berlin Tourismus Marketing GmbH liegen deshalb zwei Hauptargumente zugrunde. Als erstes die zunehmend defizitäre Bilanz der öffentlichen Haushalte, die in den zurückliegenden Jahren zur Suche nach Sparpotentialen in den verschiedensten Ausgabenfeldern führte. Infrage kamen vor allen Dingen durch Bund, Länder und Kommunen geleistete Aufgaben, die vormals freiwillig, ohne gesetzlich verpflichtenden Auftrag erbracht wurden. Konsequenterweise wurde auch die Tourismusförderung von Sparzwängen betroffen, was zu teilweise drastischen Kürzungen bei den entsprechenden Zuschüssen führte.

Betrug die Tourismusförderung des Landes Berlin Anfang der 90er Jahre noch durchschnittlich 15 Mio. DM für die Unterhaltung des damaligen Verkehrsamtes und die Finanzierung von dessen Marktaktivitäten, reduzierte sich diese Investition bis zum Jahre 1996 auf lediglich 4,5 Mio. DM. Dieser Betrag umfaßt den gesamten Etat des Landes Berlin für die touristische Werbung und Gästebetreuung, einschließlich aller Personal- und Verwaltungskosten. Im Vergleich zu Hamburg (Zuschuß 7,1 Mio. DM in 1995) und München (Zuschuß 10,7 Mio. DM in 1995) sind die öffentlichen Mittel bescheiden, die für das Tourismusmarketing Berlins zur Verfügung stehen.

Zweites Argument war die Notwendigkeit, Berlin besser im internationalen Markt zu positionieren. Das benötigte professionelle Instrumentarium wurde mit Gründung der Berlin Tourismus Marketing GmbH im Herbst 1993 geschaffen. Die Gründung geschah aus der Einsicht heraus, daß es bislang keinen gemeinsamen synergetischen Auftritt der am Tourismus partizipierenden Gruppen in Berlin gab. Der immer schärfer werdende Wettbewerb der Tourismusmetropolen Europas macht jedoch aus fachlicher Sicht eine Intensivierung der Werbung und Verkaufsförderung trotz zunehmender Verknappung öffentlicher Mittel zwingend erforderlich.

Die Gründungsphase war geprägt durch die Standortbestimmung im neuen politischen, historischen und wirtschaftlichen Kontext. Sie ist bestimmt durch die Suche nach einem neuen touristischen Selbstverständnis, einer „Dachmarke" und allgemeinen Botschaft für die Außendarstellung Berlins national wie international. Schon früh war die Rede von Berlin als der zukünftigen Tourismusmetropole Europas, aber es war auch klar, daß die immer stärker werdende internationale Konkurrenz einen automatischen Weg dorthin zweifelsfrei ausschließen würde.

Seit ihrer Gründung hat sich die BTM in einem permanenten Anpassungsprozeß dynamisch weiterentwickelt, immer von einer kritischen Öffentlichkeit begleitet. Diese noch junge Entwicklung ist ein anschauliches Beispiel der Chancen und Risiken, denen die Übergabe der öffentlichen Aufgabe Tourismusförderung in private Hände unterliegt.

3.3 Finanzierung der BTM – vom Zuwendungsempfänger über das Tourismusförderungsgesetz zur Eigenfinanzierung

Die Entwicklung der BTM vollzog sich parallel zum finanziellen und personellen Abbau des ehemaligen Berliner Verkehrsamtes. Von Anfang an wurde das Ziel verfolgt, die touristischen Leistungsträger Berlins komplementär in die Finanzierung der Tourismusförderung einzubinden. Das Land Berlin und die private Tourismuswirtschaft sollten je zur Hälfte den Finanzierungsbedarf der BTM decken.

Die zuständige Senatsverwaltung für Wirtschaft und Technologie formulierte 1993 ein sogenanntes Tourismusförderungsgesetz, das auf der Grundlage der dem Markt angebotenen Beherbergungskapazitäten eine „Zwangsabgabe" von der Hotellerie forderte.[4] In einem nach der Betriebsgröße abgestuften System sah das Gesetz eine Abgabe in Höhe von 0,50 je Kalendertag für die ersten 15 Zimmer, 0,75 DM vom 16. bis zum 50. Zimmer, 1,00 DM vom 51.-300. Zimmer und 1,25 DM vom 301. Zimmer an vor. Ausgenommen von der Abgabepflicht des Gesetzes wären Beherbergungsbetriebe mit weniger als 9 Betten, Jugendherbergen, Ferien- und Schulungsheime sowie Sanatorien gewesen. Zweckgebunden sollte die Abgabe für die Fremdenverkehrswerbung für Berlin im In- und Ausland und die Information von Touristen, insbesondere über das Leistungsangebot der Berliner Beherbergungsbetriebe, eingesetzt werden.

Parallel zu dieser gesetzgebenden Initiative wurden die erforderlichen gesellschaftsrechtlichen Schritte zur Gründung einer GmbH eingeleitet. Diese sollte neben entsprechend vereinbarten Zuschüssen der Gesellschafter die aus dem Abgabegesetz aufkommenden Einnahmen aufgabengerecht und absatzförderungswürdig einsetzen. Es war der Grundstein zur Institutionalisierung der Berlin Tourismus Marketing GmbH.

Erwartungsgemäß erhoben einige Betriebe Klage gegen das Tourismusförderungsgesetz. In zwei Instanzen wurde das Gesetz im Hinblick auf seine Konformität mit der Verfassung als bedenklich eingestuft. Ein letztinstanzliches Urteil ist noch nicht ergangen.

Das vorläufige Scheitern des Tourismusförderungsgesetzes stellte die gesamte Finanzierung der GmbH in Frage. Der Beitrag der Hotellerie an der Finanzierung der BTM sank von 40,7% (1993) auf 20,1% (1994), wobei das Jahr 1993 als Rumpfgeschäftsjahr einzustufen ist. Lediglich das Land Berlin stand konsequent zu seinen ehemals gegebenen Finanzierungszusagen. Nach langer Diskussion etablierte sich ein Förderkreis der Berliner Hotellerie, der mittlerweile 21% der Betten der Berliner Hotellerie repräsentiert. Dieser Förderkreis beteiligt sich an der Finanzierung der BTM auf Basis der freiwilligen Anwendung der Abgabenregelung des gescheiterten Tourismusförderungsgesetzes, modifiziert durch die Umstellung auf verkaufte Zimmer. Im weiteren Anwachsen des Förderkreises liegt einer der zukünftigen Eckpfeiler der Arbeit der BTM.

---

4   Vgl. Gesetz über die Erhebung einer Abgabe der Beherbergungsbetriebe zur Förderung des Tourismus (Tourismusförderungsgesetz/TFG) v. 10.6.1993.

Eine weitere Grundlage ist die Einleitung und Ausweitung kommerzieller Aktivitäten, um aus den daraus zu erwartenden Einnahmen eine gewisse Absicherung der Gesellschaft zu erlangen. Neben der Konzeption und Produktion der zwischenzeitlich außerordentlich erfolgreichen Berlin WelcomeCard entwickelte die BTM ein Baukastensystem, das die Buchung von Hotels und Eintrittskarten umfaßt. Zukünftig werden weitere touristische Leistungen in das Baukastensystem integriert. Die Marktakzeptanz und der Absatzerfolg der Produkte war überraschend hoch und bot somit zugleich das Fundament für die weitere finanzielle Zukunftsplanung. Seit 1996 baut die BTM eine eigene Merchandise-Linie auf, mit ebenfalls guten Gewinnerwartungen.

Durch den Aufbau einer elektronischen zentralen Reservierungseinrichtung sowie die Übernahme der Touristeninformationsstellen des früheren Fremdenverkehrsamtes wurden weitere organisatorische und strukturelle Voraussetzungen geschaffen, die der BTM zusätzliche Vertriebswege eröffnen.

Die nachfolgende Graphik der Etatentwicklung der Berlin Tourismus Marketing GmbH in den Jahren 1993 bis 1995 belegt, daß die Eigeneinnahmen zuletzt in vergleichbarer Höhe des Landeszuschusses lagen. Mittelfristig ist das Unternehmensziel, den absoluten Zuschußbedarf der öffentlichen Hand auf dem bereits erheblich reduzierten aktuellen Stand festzuschreiben und den finanziellen Spielraum der GmbH durch vermehrte Eigeneinnahmen deutlich zu erweitern. Nach der Umstellung auf die modifizierte Abgaberegelung ist zu erwarten, daß die Beiträge der Hotellerie ab 1995 wieder erheblich steigerungsfähig sind (vgl. Abb. 3).

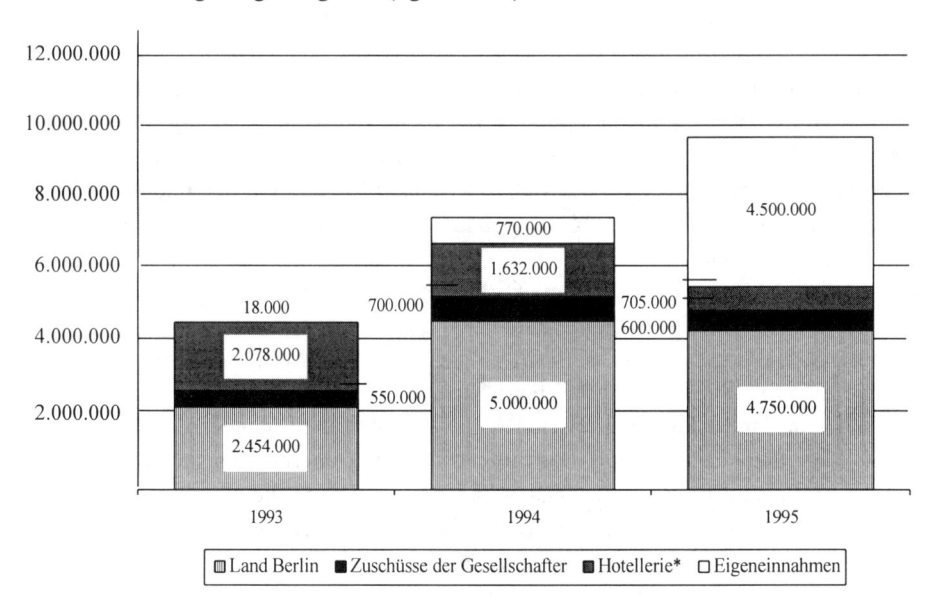

* Teile der Dial Berlin Hotellerie und Förderkreis, 1994 und 1995 Förderkreis

Abb. 3: Entwicklung des Etats der Berlin Tourismus Marketing GmbH 1993-1995 (*Quelle*: BTM 1996)

Gegenüber 1994 haben sich die Eigeneinnahmen fast versechsfacht. Der Gesamtumsatz aus dieser Geschäftstätigkeit betrug 1995 rund 4,5 Mio. DM und resultiert im wesentlich aus

- dem Verkauf von BTM-Produkten (Berlin WelcomeCard, BerlinBerlin Magazin, Stadtpläne, etc.);
- Provisionen für die Vermittlung von Hotels, Stadtführern und Bussen;
- Anschließerbeiträgen auf Messen.

Die vom Senat des Landes Berlin bereitgestellten Haushaltsmittel werden u. a. zur Erfüllung primärer Informationsaufgaben für Konsumenten und die Reisebranche verwandt (Imagewerbung). Dem Anspruch auf neutrale Darstellung der gesamten Bandbreite des touristischen Angebotes des Landes Berlin wird somit Rechnung getragen. Damit bleibt gewährleistet, daß die öffentliche Hand ihrer Verpflichtung nachkommt, für die Finanzierung des Tourismus als Teilsegment des Standortmarketing Sorge zu tragen. Zuschüsse Dritter und Eigeneinnahmen der BTM können immer nur als Komplementärfinanzierung der insgesamt für die Tourismusförderung notwendigen Aufwendungen angesehen werden.

3.4 Private-Public-Partnership – die Rolle der BTM als professionelle Marketingorganisation für Berlin

Die Tourismuswerbung ist als ein wichtiges Element der von der öffentlichen Hand durchgeführten Wirtschaftsförderung anzusehen. Sie ist Bestandteil des Gesamt-Standortmarketing. Trotz der problematischen Entwicklung der öffentlichen Haushalte ist es politisch und tourismuswissenschaftlich unstrittig, daß die neutrale Werbung für ein Reiseziel öffentlicher Auftrag ist. Neben der gewünschten politischen Einflußnahme auf die inhaltliche Gestaltung der Werbung für eine Stadt oder Region sind es vor allen Dingen übergeordnete Ansprüche an eine losgelöst von singulären Interessen ausgerichtete Gesamtdarstellung der Stadt.

Es ist das Bestreben der BTM, Berlin als qualitativ hochwertiges Reiseziel darzustellen und zu vermarkten. Nur so sind betriebsgerechte Preise am Markt zu erzielen. Dieses Anliegen wird bedauerlicherweise zum Teil durch die Angebotspolitik vor allem der Großhotellerie konterkariert. Das mittelständische Beherbergungsgewerbe hat nicht die gleiche Flexibilität in der saisonalen Preisgestaltung wie die internationalen Ketten zugehörigen Betriebe, mit deren Niedrigpreisen es konkurrieren muß. Aus ordnungs- und fremdenverkehrspolitischen Gründen müssen andererseits die Rahmenbedingungen für den Erhalt der Vielfältigkeit des Angebotes Berlins gewährleistet sein.

Ziele des touristischen Marketing sind: Steigerung der Anzahl der Reisen nach Berlin; Verlängerung des Aufenthalts; Steigerung der Tagesausgaben; Steigerung der

Auslastung von Unterkunfts- und Verpflegungsbetrieben, also eine gezielte Wirtschaftsförderung im weitesten Sinn. Gleichrangig zählen auch die Imageverbesserung des Standorts, die Erhöhung der touristischen Attraktivität Berlins sowie die Steigerung der Kenntnisse über Berlin im Ausland zu den Marktingzielen.

Zur Realisierung wird das gesamte touristische Marketingmix eingesetzt. Der Schwerpunkt – wenn auch von Markt zu Markt variierend – liegt auf dem Key Account Management. Zur Sicherstellung einer gewünschten Marktnähe werden vor allem in Übersee selektiv mit Kooperationspartnern eigene Repräsentanzen unterhalten.

Die touristische Positionierung Berlins ist Teil der politischen „Dach"-Positionierung (Stadtmarketing-Dachkonzept). Sie ist gültig für den Urlauber wie den Geschäftsreisenden. Das Angebot der Stadt findet sich hierin wieder. Der umworbene Gast muß das ihm vermittelte Image auch in der Stadt und im Umland antreffen.

Die Dachpositionierung ruht auf sechs Säulen. Zur Versinnbildlichung wurde das Brandenburger Tor, das Wahrzeichen Berlins, gewählt. Jeder der sechs Buchstaben des Wortes „Berlin" entspricht einem Begriff der Positionierung (vgl. Abb. 4).

Metropole im Aufbruch und Umbruch
„Werkstatt der Einheit"

B	E	R	L	I	N
Berliner	Ereignisse der Historie	Regierung Hauptstadt	Lebens- kultur	Inno- vation	Natur
* Berliner > Mensch > Humor > Ausdauer > Stolz > Gast- freund- lichkeit	* Mauerfall * DDR * geteilt * 3.Reich * Preußen * Mittel- alter	* Mitte EU * Tor zum Osten * Tradition	* Gastro- nomie * Kneipen * Musik * Theater * Museen * Film * Literatur * Multikultur	* Bauten * Techno- logie * Wissen- schaft * Stadt- entwick- lung * Verkehr	* Grün * Wasser * Bäume * Umland * Branden- burg * Erholung * Fitneß

Abb. 4: Säulenmodell der Dachpositionierung Berlins (*Quelle*: BTM 1995)

Die Inhalte der sechs Säulen sind in Stichworten dargestellt und können entsprechend vervollständigt werden. Jede Säule hat ihre eigene dynamische Entwicklung, die alle in der Aussage „Metropole im Aufbruch und Umbruch" und in dem bekannten Begriff „Werkstatt der Einheit" münden als das von den Säulen getragene Dach.

Die Positionierung umschließt auch nach innen alle für die Gäste Berlins relevanten Bereiche. Hier kann sich der Berliner, der Politiker, der Kulturschaffende ebenso wiederfinden wie die Industrie und das Umland. Für den Erstbesucher Deutschlands vermitteln Berlin und seine landschaftlich einmalige Umgebung stellvertretend für die gesamte Nation ein lebendiges Bild des heutigen Deutschlands.

3.5 Highlights – Perspektiven für die Zukunft des Städtetourismus

Städtetourismus unterliegt einer hohen Saisonalität, mit Nachfragespitzen im Frühsommer und Herbst, zu Feiertagen und zu kulturellen und sportlichen Großereignissen. Die Graphik der Bettenauslastung in den Jahresverläufen 1994 und 1995 zeigt diesen Sachverhalt. Deutlich ist der leichte Einbruch der Gästezahlen im Juli und August zu erkennen, die Monate, in denen die Bundesbürger ihre Haupturlaubsreise unternehmen. Noch deutlicher aber zeigt die Graphik die geringe Auslastung der Beherbergungsbetriebe in den Wintermonaten (vgl. Abb. 5).

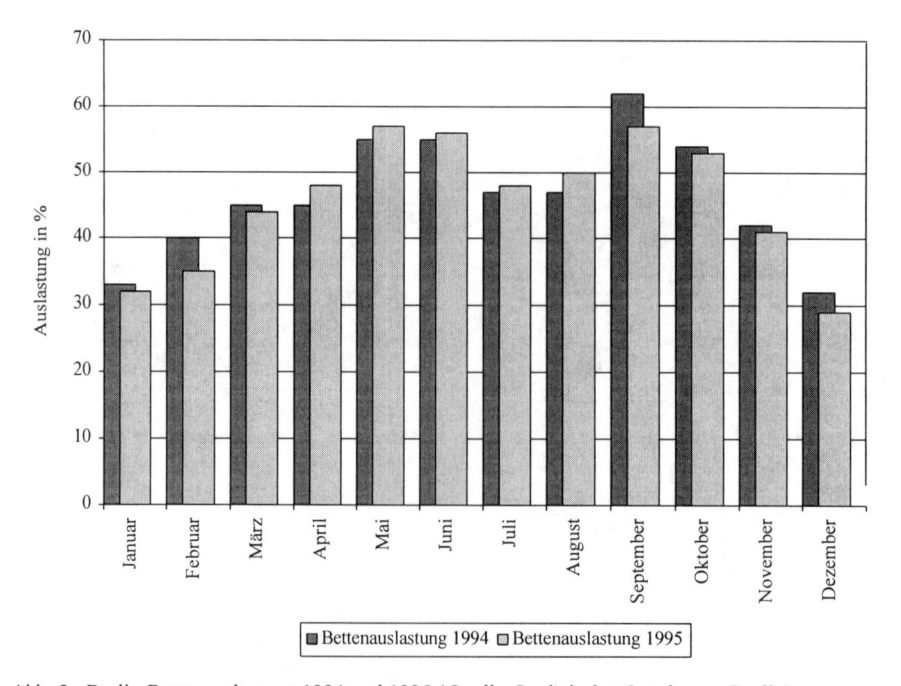

Abb. 5: Berlin-Bettenauslastung 1994 und 1995 (*Quelle*: Statistisches Landesamt Berlin)

Das touristische Highlight 1995 war zweifellos die Verhüllung des Reichstages durch das Künstlerehepaar Christo und Jeanne-Claude. Dieses Großereignis hat Berlin nicht nur eine außergewöhnliche Präsenz in der in- und ausländischen Presse verschafft, sondern auch ein deutlich gesteigertes Besucheraufkommen. Die Reichstagsverhüllung durch Christo und Jeanne-Claude hat mit ca. 5 Mio. Besuchern alle Prognosen weit übertroffen und auch anfängliche Widerstände gegen dieses Projekt entkräftet.

Trotz der hohen Besucherzahlen macht die Graphik der Bettenauslastung deutlich, wie gering der Christo-Monat Juni 1995 im Vergleich zum Vorjahr die Auslastungsquote der Berliner Unterkünfte anheben konnte. Die Auslastung lag mit 56,8% im Juni 1995 nur unwesentlich höher als die im Juni 1994 erreichten 54,9%. An die Tourismusförderung wird oft pauschal die Kritik herangetragen, sie verpasse es, Ereignisse ausreichend zu vermarkten. Systematisch unterschätzt die Kritik den Zeit- und Finanzbedarf, der mit der Bewerbung von Events einhergeht. Events als singuläre oder periodische Ereignisse benötigen für eine strategische touristische Vermarktung vertriebsbedingt eine ausreichend lange Vorbereitungsphase. Spontanes, durch die Medienberichterstattung hervorgerufenes Interesse in adäquates touristisches Gästevolumen umzumünzen, führt erfahrungsgemäß zu enttäuschenden Ergebnissen, weil der Erfolg noch zu oft rein an den Übernachtungszahlen und nicht an der Gesamtheit der Tagesausgaben gemessen wird.

Die wichtigste Wirkung der Reichstagsverhüllung liegt in der Imagebildung für Berlin, die nachhaltig in die Zukunft ausstrahlt. Sie hat dazu beigetragen, die Metropole Berlin als lohnendes kulturelles Reiseziel zu positionieren. Sie hat darüber hinaus auf die Vielfalt und den Umfang des größten Kulturangebots im deutschsprachigen Raum aufmerksam gemacht. Das Verhüllungsprojekt – der Glücksfall eines Projektes, das in dieser Größenordnung in naher Zukunft nicht ohne weiteres generiert werden kann – hat sehr eindrücklich gezeigt, wie ein kulturelles Großereignis positive Rückkoppelungseffekte auf die städtische Imagewerbung und auf die Tourismuswirtschaft auslösen kann. Es kommuniziert den Erlebniswert und die Attraktivität der Metropole in einer Effizienz, die mit keinem Marketingetat zu erreichen ist.

Es liegt im Interesse der touristischen Leistungsträger, diese publikumsschwächeren Perioden im Jahresverlauf zu beleben, indem Events, Großereignisse mit überregionalem, möglichst internationalem Publikumsinteresse geschaffen werden. Beispielhaft seien die 1996 mit 750.000 Teilnehmern außerordentlich erfolgreiche Love-Parade, das Classic Open Air Gendarmenmarkt, der Berlin-Marathon, das Internationale Stadion Sportfest (ISTAF) oder der Christopher Street Day genannt.

In Berlin wird 1996 erstmals die Kombination von Baustellen und Kulturereignissen Thema des touristischen Sommers sein. Über die Bautätigkeit hinaus soll mit dem Konzept der „Schaustelle Berlin" eine Klammer zum übrigen Kulturangebot gezogen werden, das in die Werbung für die Kulturveranstaltungen auf der Baustelle einbezogen wird. Mit Bühnen für Theater- und Musikveranstaltungen und Führungen auf den Baustellen wird versucht, das nachweisliche Interesse der Gäste Berlins u. a. an der

Neubelebung des Potsdamer Platzes auszunutzen. Die dort von den Investoren aufgestellte „Info-Box" übertrifft alle Besuchererwartungen, sie gehört zum Standardprogramm jedes Berlin-Touristen und wurde bereits von 1 Mio. Besuchern genutzt.

Seit Mai 1996 sind das Berliner touristische Angebot und Veranstaltungen im Internet abrufbar. Die Berlin Tourismus Marketing GmbH präsentiert sich im Rahmen des Stadtinformationssystems des Senats von Berlin (www.berlin.de). In einer von der BTM gepflegten Veranstaltungsdatenbank sind ca. 10.000 on-line verfügbare Veranstaltungsinformationen immer auf dem neuesten Stand abrufbar. Diese Datenbank, die eine mehrjährige Veranstaltungsvorschau erlaubt, ist ein wichtiges Kommunikationsinstrument für die Umsetzung des angesprochenen strategischen Marketing.

3.6 Zukünftige Entwicklung

Der Reiseverkehr aus der Bundesrepublik Deutschland nach Berlin wird sich auf höchstem Niveau weiterhin positiv entwickeln. Dennoch muß sich Berlin trotz der guten Zukunftsprognosen einem international härter werdenden Wettbewerb stellen.

Die etablierten innereuropäischen Reiseströme unterliegen immer kürzeren Wandlungen, fast an Modeerscheinungen erinnernd. Die Gründe sind in erster Linie in den Disparitäten des internationalen Währungssystems und der Wirtschaftskonjunktur im Binnenland zu suchen. Nachgeordnet, aber für strategische Entscheidungen deshalb nicht unwichtiger liegen die Gründe in einer längerfristigen Umdisposition der Reisepräfenzen, in der zunehmenden Konkurrenzsituation durch die starke Ausweitung der Hotelkapazitäten, in der Zunahme des internationalen Luftverkehrs mit einer Ausweitung der möglichen Ziele, in der Suche nach neuen, interessanten Destinationen und schließlich darin, daß immer mehr Länder auf den globalen touristischen Markt drängen.

Berlin muß heute Strategien für die Wachstumsmärkte Asiens und Osteuropas entwickeln. Die Reiseintensität dort wird sich mit zunehmendem Wohlstand der sich ausbildenden Mittelschicht erhöhen. Schon heute wird von beeindruckenden Marktpotentialen gesprochen, deren Erschließung aber besonderer Anstrengungen in der nächsten Dekade bedarf. Die Rolle Berlins als politisches Zentrum Deutschlands, die angestrebte Funktion als Ost-West-Drehscheibe und die erwartete Wirtschaftsdynamik lassen eine erhebliche Zunahme des Reiseverkehrs nach Berlin erhoffen.

Berlin als Stadt im Umbruch, Berlin als Großbaustelle verlangt in den Übergangsjahren sowohl von den Einwohnern als auch von den Gästen manchmal Geduld und Improvisationstalent. Andererseits ist schon die Bautätigkeit an sich ein Anziehungsfaktor, der sich touristisch entsprechend vermarkten läßt. Die touristische Attraktivität Berlins nach der Jahrtausendwende, an der zur Zeit gebaut wird, gibt allen Anlaß zur Hoffnung auf Gästezahlen, die mit denen anderer Metropolen, etwa London oder Paris, vergleichbar sind.

3.7 Ausblick – Ist das Berliner Modell übertragbar?

Das Berliner Modell ist kein beliebig adaptierbares Musterbeispiel für die Privatisierung öffentlicher Fremdenverkehrsaufgaben. Es kann aber als Orientierung dienen für eine Vielzahl von größeren Städten in Deutschland und weltweit, die mit der gleichen Motivation wie in Berlin Privatisierungskonzepte diskutieren. Noch werden erst 18% der Tourismusorganisationen in deutschen Großstädten privatwirtschaftlich geführt.[5]

Auf der Basis einer genauen Analyse der vor Ort vorgefundenen Strukturen haben die verantwortlichen Entscheidungsträger darüber zu befinden, welches Ergebnis die Privatisierung der Tourismusförderung haben soll. Sie sind dringend gehalten, die Erfahrungen anderer Städte zu nutzen, allerdings nicht vorbehaltlos deren Modelle zu kopieren. Mittlerweile existiert eine Vielzahl von gelungenen Beispielen, die zumindest die Argumente entkräften, unbeeinflußbare Sachzwänge, etwa im Personalrecht oder im Gesellschaftsrecht, verhinderten eine Privatisierung öffentlicher Fremdenverkehrsaufgaben. Gleiches gilt im übrigen für die Privatisierung kommunaler Freizeiteinrichtungen.[6]

Von wesentlicher Bedeutung ist die Durchsetzungsfähigkeit und der Gestaltungswille der politischen Entscheidungsträger und der Tourismuswirtschaft. Pivatisierungsanstrengungen bleiben fruchtlos, wenn der klare politische Wille fehlt, sie zu unterstützen. Auf der anderen Seite muß die Bereitschaft der touristischen Leistungsträger klar erkennbar sein, entscheidend zur Kompetenz, Autorität und letzlich auch zum Budget der neuen Institution beizutragen.

In Berlin haben die zurückliegenden Jahre deutlich gemacht, daß es zur Etablierung der Berlin Tourismus Marketing GmbH keine Alternative gab. Der Erfolg der jetzigen Struktur erlaubt eine dynamische Weiterentwicklung der Berlin Tourismus Marketing GmbH, weil sie mit den notwendigen unternehmerischen Freiheiten ausgestattet ist. Somit rechtfertigt der Erfolg die einstmals nicht unumstrittene politische Entscheidung, das Verkehrsamt aufzulösen und an seine Stelle eine privatwirtschaftlich operierende GmbH zu etablieren.

In der oben angeführten Studie des Deutschen Fremdenverkehrsverbands zum Städtetourismus in Deutschland stellen die Verfasser zutreffend fest, der Wechsel der Rechtsform, die Umwandlung des „Städtischen Fremdenverkehrsamtes" in eine „Kommunale Gesellschaft mbH" allein ändere fast nichts. Erst wenn die Zusammensetzung der Gesellschafter und der Aufbau des Gesellschaft klar erkennen lassen, daß das Management die notwendigen Freiräume erhält, um kreativ und flexibel am Markt operieren zu können, kann von einer tatsächlichen Privatisierung gesprochen werden. Erst dann sind auch die notwendigen Schritte zu einer weitestgehenden Eigenfinanzierung möglich. Von größter Wichtigkeit ist deshalb die sorgfältige Auswahl der Gesell-

---

5   Deutscher Fremdenverkehrsverband e.V. (1995).
6   Koch (1992).

schafter. Die Erfahrungen Berlins zeigen, daß es zwingend erforderlich ist, nur solche Gesellschafter zu haben, die sich aktiv am operativen Geschäft der GmbH beteiligen.

Nach wie vor könnte der Beitrag der touristischen Leistungsträger an der Finanzierung der Tourismusförderung erheblich größer sein. Vor diesem Problem steht Berlin nicht allein. Nicht von ungefähr beobachten eine Vielzahl von Kämmerern den Ausgang der vor dem Bundesverfassungsgericht anhängigen Klage gegen das Tourismusförderungsgesetz mit großem Interesse.

Sollte der Klage letztinstanzlich stattgegeben werden und sich die Tourismuspolitik in Bund und Ländern außerstande sehen, diejenigen Leistungsträger zur komplementären Finanzierung zu verpflichten, die schließlich von der öffentlichen Tourismusförderung profitieren, muß die Reaktion der Tourismusorganisationen eine stärkere Kommerzialisierung ihrer Aktivitäten sein.

Zielkonflikte mit privaten Anbietern sind deshalb vorprogrammiert. Sie können nur dann entschärft werden, wenn bereits bei der Budgetierung eine strikte Trennung der Aufgaben und Budgets eingehalten wird. Für alle Beteiligten muß transparent sein, welche Aufgaben im öffentlichen und welche im privatwirtschaftlichen Interesse bestimmter Gruppen wahrgenommen werden.

Die zunehmend defizitäre Bilanz der öffentlichen Haushalte und die daraus resultierenden Einsparzwänge betreffen selbstverständlich auch die Tourismusförderung. Letztendlich ist nur durch die Ausweitung der kommerziellen Aktivitäten eine langfristige Autarkie der Tourismus-Marketinggesellschaften zu erreichen.

Literatur

Berlin Tourismus Marketing GmbH (1995): Berlin zum Erfolg. Das Berliner Modell. Marketingplanung 1995-1997.
Berlin Tourismus Marketing GmbH (1996): Geschäftsbericht 1995 der Berlin Tourismus Marketing GmbH. Berlin.
Dr. Gugg & Dr. Hank-Haase (1995): Der Hotelmarkt in Deutschland. Frankfurt am Main.
Deutscher Fremdenverkehrsverband e.V. (1995): Städtetourismus in Deutschland. Heft 7 der Neuen Fachreihe des Deutschen Fremdenverkehrsverbandes. Deutsches Wirtschaftswissenschaftliches Institut für Fremdenverkehr an der Universität München (DWIF). Bonn.
Gesetz über die Erhebung einer Abgabe der Beherbergungsbetriebe zur Förderung des Tourismus (Tourismusförderungsgesetz/TFG) vom 10. Juni 1993. Gesetz- und Verordnungsblatt für Berlin. 49. Jahrgang. Nr. 32. 19. Juni 1993.
Harrer, B., M. Zeiner, J. Maschke, S. Scherr (1995): Tagesreisen der Deutschen. Heft 46 der Schriftenreihe des Deutschen Wirtschaftswissenschaftlichen Instituts für Fremdenverkehr an der Universität München. München.
IPK-Institut für Planungskybernetik (1992): Tourismus-Analyse. Berlin/München.
Koch, M. (1995): Die Privatisierung kommunaler Freizeiteinrichtungen. Materialien zur Fremdenverkehrsgeographie, Heft 26. Trier.
Zeiner, M., B. Harrer (1992): Die Ausgabenstruktur im im übernachtenden Fremdenverkehr in der Bundesrepublik Deutschland (ohne Beitrittsgebiet). Heft 43 der Schriftenreihe des Deutschen Wirtschaftswissenschaftlichen Instituts für Fremdenverkehr an der Universität München. München.

4   Dritte-Welt-Tourismus

Peter Agel, Claudia Ende und Thomas Höfels

4.1   Einleitung

Zu Beginn des Jahres 1995 hat der World Travel & Tourism Council (WTTC), ein weltweiter Zusammenschluß von Top-Führungskräften der Reiseindustrie, deutlich machen können, daß die Reise- und Tourismusindustrie weltweit zu den wichtigsten Branchen zählt, deren Bedeutung wegen ihrer starken Zersplitterung und Verflechtung mit anderen Wirtschaftssektoren oftmals nicht erkannt wird. Eine Studie des WTTC konnte feststellen, daß die Reise- und Tourismusindustrie

- den größten Industriezweig schlechthin darstellt,
- 1995 mehr als 3,4 Billionen US$ an Wertschöpfung erzielt hat (10,9% des Welt-Bruttosozialproduktes),
- mehr als 212 Millionen Menschen weltweit beschäftigt (10,7% aller Erwerbstätigen),
- jährlich mehr als 701 Milliarden US$ in neue Einrichtungen und Kapitalausstattungen investiert (11,4% des weltweiten Investitionsvolumens),
- jährlich mehr als 655 Milliarden US$ an direkten und indirekten Steuern entrichtet (mehr als 11,1% des globalen Steueraufkommens) und
- schneller als die Weltwirtschaft hinsichtlich des Ertrages, des Wertzuwachses, des investierten Kapitals und der Beschäftigtenzahlen wächst (WTTC, 1995, S. 1 ff.).

Allerdings ist der Tourismus äußerst ungleich verteilt. Rund 80% der weltweiten Reisetätigkeit geht von Reisenden aus nur 20 Ländern der Erde aus (The Economist Intelligence Unit, 1994, S. 70). Mehr als 50% der internationalen Reiseausgaben werden von Reisenden aus lediglich fünf Ländern getätigt: Deutschland, USA, Großbritannien, Japan und Frankreich.

Auch hinsichtlich der Zieldestinationen empfangen die Industrieländer mehr als die Hälfte der weltweiten Touristenankünfte. Hier ist jedoch erkennbar, daß die Bedeutung der Länder der Dritten Welt in den 90er Jahren steigt. Die zunehmende Übersättigung des europäischen Tourismusmarktes führt zur Erschließung neuer Reiseziele, die sich hauptsächlich in Asien und der Pazifik-Region befinden. So erfuhren die Länder der Dritten Welt in der ersten Hälfte der 90er Jahre einen Zuwachs von mehr als 2% ihres

Marktanteils, wohingegen die Industrieländer einen Verlust von 5% hinnehmen mußten (WTO, 1995, S. 18).

Angesichts der Bedeutung und der weiterhin positiven Zukunftsaussicht dieses wichtigsten Wirtschaftssektors ist es verständlich, daß immer mehr Länder daran partizipieren wollen. Spätestens seit den 60er Jahren wird der Fremdenverkehr in vielen Dritte-Welt-Ländern als wichtiges Vehikel zur Entwicklung betrachtet. Dies gilt um so mehr, als sich vielen solcher Länder kaum alternative Entwicklungsmöglichkeiten bieten, etwa Deviseneinnahmen zu erzielen.

Demgegenüber stehen in den meisten Dritte-Welt-Ländern Verelendung großer Bevölkerungsteile, rapides Bevölkerungswachstum, hohe Arbeitslosigkeit, Verschärfung sozialer und räumlicher Disparitäten, hohe Außenhandelsdefizite, monokulturell ausgerichtete Agrarstrukturen und große Abhängigkeiten von den „reichen" Ländern. Diese Situation läßt ihnen kaum Wahlmöglichkeiten für ihre wirtschaftliche und soziale Entwicklung.

In vielen Ländern zählt man deshalb auf touristisch nutzbare Ressourcen, zumal diese scheinbar reichhaltig vorhanden sind: tropische Klimate, Meer und Sandstrand, exotische Kulturen, Landschaften und Völker unterschiedlicher Ausprägung. Da diese Ressourcen nicht transportierbar oder gar substituierbar sind, können zahlreiche Dritte-Welt-Länder eine „unique selling proposition (USP)" vorweisen, durch die sie auf den Weltmärkten im Vergleich zu anderen von ihnen angebotenen Gütern häufig konkurrenzlos sind oder zumindest mit den traditionellen Ferienprodukten in den Wettbewerb treten können. Dies ist ein unschätzbarer Vorteil im Vergleich etwa zu zahlreichen Exportprodukten, die trotz guter Qualität und wettbewerbsfähigem Preis aufgrund zahlreicher Restriktionen nicht am allgemeinen Welthandel plaziert werden können bzw. regelrecht boykottiert werden.

Das „Exportgut" Tourismus hat zudem die weiteren Vorteile, nur in beschränktem Umfang austauschbar zu sein und nicht einem radikalen Preisverfall wie etwa bei Rohstoffen und Agrarprodukten zu unterliegen; bei Tourismusprodukten sind durchaus in beschränktem Umfang Anpassungen möglich. Überdies kommt hinzu, daß der Fremdenverkehr nach wie vor als Wachstumsindustrie gilt und auf mittel- und langfristige Sicht hinaus keine Marktsättigungserscheinungen zu erwarten hat (anders als etwa bei Kaffee, Tee oder Bananen).

In Ermangelung von alternativen Entwicklungsmöglichkeiten und angesichts eines wachsenden Fernreisepotentials in den nördlichen Industrieländern haben sich viele „arme" Länder für eine Partizipation am internationalen Fremdenverkehr entschieden. Länder unterschiedlichster Ressourcenausstattung, Kultur und Gesellschaftsordnung sehen im Aufbau einer Fremdenverkehrswirtschaft und ihrer strukturellen Festigung einen wichtigen Weg zur Entwicklung ihrer Gesellschaften. Dabei werden nach wie vor „Entwicklung" und wirtschaftliches Wachstum synonym betrachtet: Schaffung von Arbeitsplätzen und Einkommen, Verhinderung von Landflucht, Erhöhung der Devisen- und Steuereinnahmen sowie Einschränkung der Handelsbilanzdefizite sind meist die mit dem Tourismus verbundenen vorrangigen Entwicklungsziele.

Zu diesen Ländern zählen vor allem Kleinstaaten und Inseln mit oft nur wenigen Einwohnern, einer subsistenz- und binnenmarktorientierten Agrar- und Fischereistruktur und nahezu völlig fehlenden Entwicklungsalternativen wie eine Reihe von karibischen und pazifischen Inseln, die Malediven, die Seychellen oder erst jüngst die Kapverdischen Inseln, aber auch Kleinstaaten wie etwa Gambia oder Togo. Es sind hier aber auch dicht bevölkerte Flächenstaaten mit diversifizierten und mit der Weltwirtschaft verflochtenen Ökonomien zu nennen, wie z.B. Indonesien, Mexiko oder Brasilien.

Auch viele jahrzehntelang für Ausländer kaum zugängliche Regionen und Staaten wie Tibet und Bhutan, aber auch Vietnam und Kambodscha versuchen vermehrt an einer touristischen Entwicklung zu partizipieren. Selbst jene Länder, die eine bereits begonnene Förderung des Fremdenverkehrs einschränkten oder nicht weiterführten, wie z.B. Indien oder Tansania, unternehmen erneut Anstrengungen, sich wieder in das internationale Geschäft zu integrieren.

Speziell im pazifischen Raum kommt hinzu, daß in Japan ein rasant wachsender Ferienreisemarkt nach entsprechenden Angeboten sucht. Selbst jene bislang durch diverse Reisehindernisse noch wenig zur Entfaltung gelangten Märkte wie Taiwan und Korea, aber auch die VR China lassen ein weiter wachsendes Nachfragepotential vor allem für die Pazifik-Anrainerstaaten erwarten, ein Potential, das nicht ausschließlich von den „reichen" industrialisierten Staaten der Erde ausgeht, aber doch dezidiert nach regional vorhandenen touristischen Angeboten nachfragt, wie etwa nach Thailand, Indonesien, Malaysia, den pazifischen Inselstaaten, aber auch Australien und Neuseeland.

4.2 Den Dritte-Welt-Tourismus gibt es nicht

International ist anerkannt, daß der Begriff Tourismus all jene Erscheinungen umfaßt, die mit dem Verlassen des gewöhnlichen Aufenthaltsortes und dem zeitweiligen Aufenthalt an einem anderen Ort verbunden sind. Das Reisemotiv ist dabei unerheblich; es kann sich um Geschäftsreisen, Urlaub, Besuche von Freunden und Bekannten usw. handeln. Neben dieser relativ weiten Tourismusdefinition steht der deutsche Begriff Fremdenverkehr, über dessen exakte Abgrenzung und Beziehung zum Tourismusbegriff nach wie vor diskutiert wird. Unabhängig von den Inhalten dieser Diskussion hat der Gebrauch beider Begriffe deutliche Auswirkungen insbesondere auf die wissenschaftliche Aufarbeitung des sogenannten Dritte-Welt-Tourismus im deutschsprachigen Raum: Verkehren doch die Fremden aus den reichen Ländern in ärmeren Gebieten dieser Erde, um dort ihren Urlaub zu verbringen. Aus dieser Reduzierung des Tourismusbegriffs heraus hat die deutschsprachige Dritte-Welt-Diskussion einseitige und verkürzende Positionen eingenommen, die in vielen Fällen nicht der touristischen Vielfalt in den einzelnen Ländern entspricht.

Pauschale und monokausale Betrachtungsweisen für oder wider den sogenannten Dritte-Welt-Tourismus können den tatsächlichen Gegebenheiten nicht gerecht werden.

Koreaner oder Nationalchinesen, Hongkongchinesen und wohlhabendere Schichten der indonesischen, thailändischen, vor allem aber der indischen Bevölkerung treten heute als Nachfrager nach touristischen Leistungen auf und suchen auch in den jeweiligen Regionen selbst (Pazifik, indischer Subkontinent) nach entsprechenden Angeboten für ihren Urlaubsreiseverkehr.

So treten ehemalige Dritte-Welt-Länder, sogenannte Schwellenländer, aber auch große Teile von nach wie vor mit riesigen Entwicklungsproblemen behafteten Staaten wie etwa Indien in die Fußstapfen der „reichen Europäer und Nordamerikaner". Thomas Cook läßt grüßen: Die Beurteilung von Struktur und Entwicklung des Reiseverkehrs in Dritte-Welt-Ländern, wie sie in den meisten kritischen Abhandlungen zu diesem Thema vorzufinden ist, unterscheidet sich kaum von den ersten Reisebeschreibungen einiger Nordeuropäer über Italien oder Südfrankreich im ausgehenden 19. Jahrhundert.

In der seit mindestens drei Jahrzehnten andauernden Diskussion über den Dritte-Welt-Tourismus werden zumeist Fernurlaubsreisen aus den „Ländern der Reichen in die Länder der Armen" (vgl. Vorlaufer, 1990, S. 4) analysiert und bewertet. In der entwicklungspolitischen und wissenschaftlichen Diskussion ist es nach wie vor umstritten, ob die Erwartungen der Länder der Dritten Welt hinsichtlich des wirtschaftlichen Nutzens erfüllt worden oder überhaupt erfüllbar sind.

Weniger umstritten ist allerdings, daß in den 60er und 70er Jahren die Betrachtung der ökonomischen Nutzenaspekte bei weitem im Vordergrund stand. Nicht zuletzt die Rezessionsphasen in den Industrieländern zu Beginn der 80er Jahre haben Zweifel an dieser einseitigen Beurteilungsweise aufkommen lassen. Die Tourismuskritik hat deutlich auf die vom Dritte-Welt-Tourismus ausgehenden Negativwirkungen in soziokultureller und ökologischer Hinsicht aufmerksam machen können.

Die Diskussion der Auswirkungen von Fern(urlaubs)reisen in Dritte-Welt-Länder wird nach wie vor sehr kontrovers geführt. Vergleichende Betrachtungen haben allerdings auch zeigen können, daß universelle Gültigkeit beanspruchende Pauschalwertungen über den Segen und die Nachteile des Dritte-Welt-Tourismus nicht vertretbar sind.

4.3 Entwicklungsphasen der Tourismuskritik

Die Fremdenverkehrsentwicklung vieler Dritte-Welt-Länder ist nachhaltig von den „reichen Ländern" vorgelebt und beeinflußt worden. Die entwicklungspolitische Diskussion ist sich darin einig, daß zumindest drei zeitliche Phasen unterschieden werden können.

Die erste Entwicklungsphase war eher von Euphorie geprägt und korrespondiert mit dem verstärkten Einsatz von Großraumflugzeugen (erster Jumbo 1969) und der damit verbundenen starken Ausweitung des Fernreiseverkehrs. Diese Phase vollzog sich zwischen 1960 und 1970 und war gekennzeichnet von optimistischen Hoffnungen, die fast ausschließlich nur ökonomischen Segnungen des Dritte-Welt-Tourismus betrafen (z.B.

Meinke, 1968; Frentrup, 1969). Der Tourismus wurde hierbei als ein Instrument gesehen, den wirtschaftlichen und gesellschaftlichen Anschluß an die Industrieländer in kurzer Zeit erreichen zu können.

Der Tourismus reflektierte damit lediglich die positive Meinung über die Entwicklungshilfe, die darin ein vorwiegend monetär-technokratisches Mittel zur schnellen Überwindung des Wohlstandsgefälles sah. Es war die Zeit der umfassenden touristischen Masterpläne, z.B. für Marokko, Kamerun, Ägypten, Nepal oder Indien. Selbst in Westeuropa galt der Tourismus als ein effektives Mittel, um regionale Unterschiede auszugleichen, wie beispielsweise die zahlreichen Fremdenverkehrsförderungsprogramme der westdeutschen Bundesländer zu jener Zeit zeigen.

Zwischen 1970 und 1985, einer Phase der Ernüchterung, konnten sich eine Reihe von Fernreisedestinationen der Dritten Welt auf dem weltweiten Reisemarkt etablieren. Erste Kritik wurde laut, nachdem die hochgesteckten wirtschaftlichen Ziele oftmals nicht erfüllt werden konnten und gleichzeitig Negativwirkungen des Tourismus offenkundig wurden, so z.B. in Kenia, Sri Lanka, Thailand oder Mexiko. In dieser Zeit wurden erstmals auch die wirtschaftlichen Aspekte des Fremdenverkehrs in Frage gestellt (z.B. Bryden, 1973; Wirth, 1976). Insbesondere aber wurden jetzt die sozialen, kulturellen, politischen und nach und nach auch die ökologischen Auswirkungen diskutiert (z.B. Bundesministerium für wirtschaftliche Zusammenarbeit, 1973; 1976, 1993; de Kadt, 1979; Gormsen, 1983; Studienkreis für Tourismus, 1974, 1979; ganz umfassend: Vorlaufer, 1984a).

Für Änderungen in der Einschätzung des „Tourismus als Entwicklungshelfer" gab es vielfältige Gründe. So verfügen etwa nur eine begrenzte Anzahl der Länder über ausreichend natürliche Attraktionen. Die Annahme, daß im Tourismus ein hoher Bedarf an ungelernten Beschäftigten bestehe, ignorierte den auch in dieser Branche erforderlichen Qualitätsanspruch, und der vermeintlich niedrige Kapitalbedarf in einem dienstleistungsorientierten Wirtschaftszweig erwies sich als irrig, da die notwendigen Infrastrukturmaßnahmen für die Erschließung von Tourismusregionen wie Straßen, Ver- und Entsorgung, Telekommunikation etc. sich bei Kosten-Nutzen-Überlegungen als unrentabel erwiesen. Die erhofften gesamtwirtschaftlichen Effekte durch Multiplikatorwirkungen konnten sich in den vielfach subsistenzwirtschaftlichen und kleinhandwerklichen Strukturen ebenfalls nicht einstellen.

Die Diskussion über den Dritte-Welt-Tourismus wurde in dieser Phase auch mit Polemik in den Medien geführt und wies vor allem auf negative Akkulturationsprozesse hin, die durch Touristen aus den westlichen Ländern ausgelöst wurden. Die genannten Beispiele reichten von der relativ harmlosen Übernahme westlicher Moden über die wachsende Bettelei bis zu Kriminalität und Prostitution. Vor allem letzteres wurde als eine mit dem Tourismus verbundene negative Erscheinungsform postuliert.

Hinzu kamen aber auch Landnutzungskonflikte, wie etwa die lokal und international vorgebrachte Kritik an der touristischen Entwicklung der Küstenbereiche des indischen Bundesstaates Goa gezeigt hat.

In manchen Entwicklungsländern sind die von „westlichen" Tourismuskritikern und damit aus der Sicht der „Reichen" vorgebrachten kritischen Argumente gegen die Segnungen des Fremdenverkehrs von großen Teilen der lokalen Eliten als neokolonialistische Versuche gewertet worden, sie von den modernen Entwicklungen der westlichen Zivilisation fernzuhalten und die sozio-ökonomische Rückständigkeit der Dritten Welt zu konservieren (Zooeffekt) (vgl. Vorlaufer, 1990, S. 6).

Es darf auch nicht verkannt werden, daß selbst im vieldiskutierten indischen Goa die großen touristischen Investitionsvorhaben keineswegs, wie fälschlich oder gar bewußt proklamiert, von den ausländischen Konzernen getätigt werden („Ramada" oder „Kempinski" investieren in Luxushotels), sondern fast ausschließlich von wohlhabenden Indern aus den großen Metropolen (hier Bombay) selbst durchgeführt werden. Selbst die weltweit übliche Führung von (einheimischen) Hotels durch international erfahrene und bekannte Gesellschaften in Form von sogenannten Managementverträgen ist in Indien bis heute nicht möglich; lediglich Namenslizens- oder Franchiseverträge für einheimische Gesellschaften sind zugelassen. Diese Beispiele sind nicht untypisch für die Diskussion, in der oftmals einzelne, konkret erkennbare Negativerscheinungen für die Untermauerung allgemeiner Beurteilungen herangezogen wurden.

Dependenztheoretische Ansätze zur Erklärung von Entwicklung und Unterentwicklung sowie Modernisierungstheoretiker hielten sich die Waage und bildeten in dieser Zeit zwei Lager bei der Diskussion um Vor- und Nachteile des Fernreisetourismus. Letztgenannte balancierten Negativ- und Positivwirkungen zugunsten der zumeist wirtschaftlichen Vorteile aus. Radikale Kritiker allerdings sahen im Dritte-Welt-Tourismus eine Entwicklung zur Unterentwicklung hin zur politischen, sozio-kulturellen und ökonomischen Marginalität (etwa May, 1985; Scherrer, 1986).

Erst ab etwa 1985 zeichnet sich eine dritte Phase (Differenzierungsphase) durch eine eher pragmatische Betrachtungsweise ab, die durch partielle Synthesen von extremen Positionen geprägt ist. Sie zeichnet sich vor allem durch Ausrichtung auf konkrete Einzelfälle aus und versucht, Verallgemeinerungen zu vermeiden. Neue sozial- und umweltverträgliche Reiseformen können durchaus zu geplanten und kontrollierbaren Entwicklungen des Fremdenverkehrs führen.

Dennoch wird die Erfassung und Bewertung z.B. der sozio-kulturellen Wirkungen des Tourismus immer dadurch erschwert sein, daß fast alle Länder der Dritten Welt losgelöst vom Tourismus in einen von außen induzierten Prozeß des sozialen Wandels einbezogen werden. Damit können die vom Fremdenverkehr ausgelösten Veränderungen kaum mehr isoliert betrachtet werden. Allein neue Kommunikationsmedien prägen lokale Strukturen nachhaltig mit positiven und negativen westlichen Kulturmustern und Werten. „Dallas" oder „Der Alte" im afrikanischen Busch oder im Hindukusch sind keine Seltenheit, sondern die Regel und tragen zu nachhaltigen Veränderungen bei, die vielfach von kurzsichtigen Betrachtern einseitig und allein dem Fremdenverkehr zugeschrieben werden.

Zweifellos wird aber durch den unmittelbaren persönlichen Kontakt von Menschen aus unterschiedlichen Kulturen und sozialen Schichten zwischen der Ersten und Dritten Welt sozio-kulturelles Konfliktpotential provoziert. Diese Eigenheit ist nur dem Fremdenverkehr eigen, wo Güter nur „exportiert" werden können, wenn die Konsumenten (Touristen) selbst an die Produktionsstandorte reisen.

4.4 Binnentourismus und regionale Nachfrage

Die differenzierte Auseinandersetzung mit dieser Thematik zeigt schließlich, daß in zahlreichen Dritte-Welt-Ländern binnentouristische Komponenten, regionale Nachfragestrukturen, der internationale Geschäftsreisetourismus sowie spezielle Formen des Fremdenverkehrs (z.B. Pilgerreisen) eine weitaus größere Bedeutung im Vergleich zum „reichen" Fern(urlaubs)reiseverkehr besitzen. Ohnehin wird weltweit das Volumen des Binnentourismus als zehnmal größer als dasjenige des internationalen Fremdenverkehrs geschätzt (The Economist, 1991, S. 9).

Insbesondere der religiös motivierte Tourismus, der mit zu den ältesten Formen des Fremdenverkehrs überhaupt zählt, stellt in vielen Entwicklungsländern heute eine wichtige, häufig gar die dominierende Rolle dar (Rinschede, 1990, S. 14 ff.). Hier sind insbesondere der Vordere Orient (vor allem Mekka), der indische Subkontinent sowie andere asiatische Staaten zu nennen.

Im Entwicklungsland Indien etwa wird das Volumen des erfaßbaren Binnentourismus auf über 30 Millionen Reiseankünfte geschätzt, während die Zahl der ausländischen Grenzankünfte bei nur wenig mehr als einer Million pro Jahr liegt (ohne Ankünfte aus den Nachbarstaaten Pakistan und Bangladesh), die sich zudem auf relativ wenige Orte konzentrieren.

Die Quellräume des indischen Binnentourismus liegen hauptsächlich in den großen Agglomerationsgebieten um Bombay, Kalkutta, Delhi und Madras. Dabei werden Entfernungen (mit Bussen, Bahnen o.ä.) überwunden, die Europäer bereits außerhalb ihres Kontinents führen würden. Ebenso kommt es zum Aufeinandertreffen divergierender Wohlstandsniveaus, verschiedener kultureller Ausprägungen aus völlig unterschiedlichen Sprachgruppen, die teilweise die Dimension des sogenannten Dritte-Welt-Tourismus aus den westlichen Ländern weit übertreffen. So kann etwa die kulturelle Distanz zwischen einem in New Delhi lebenden Inder zu einem aus Tamil Nadu kommenden Landsmann weitaus größer sein als zu einem deutschen Rundreisetouristen, der sich das Golden Triangle ansehen will.

Die historische Perspektive zeigt überdies, daß speziell Pilgerreisen zu den zahlreichen über das gesamte Land verstreuten heiligen Zentren eine jahrhundertealte Tradition genießen. Sie sind auch heute noch von großer Bedeutung. Allein die als Dharamsalas und Sarais bekannten Pilgerunterkünfte stellen mit ihrer Beherbergungskapazität weit mehr Betten zur Verfügung als die sogenannten registrierten Hotels (vgl. Kaur, 1985). Auch die durch die britische Kolonialmacht errichteten Circuit Houses, Dak Bungalows und Forest Houses sowie die zahlreichen Hill Stations werden heute noch fast ausschließlich von Indern frequentiert.

Selbst in für den Ausländerreiseverkehr wichtigen Bundesstaaten wie etwa Jammu und Kashmir liegt der Anteil der nichtindischen Ankünfte selten über 10%. Insbesondere das Kashmirtal mit Srinagar und den Seen stellt für wohlhabende Inder eine äußerst attraktive Feriendestination im eigenen Land dar, wobei der Bundesstaat mit großem Aufwand mehr am Binnentourismus als am Ausländerreiseverkehr profitiert. In noch größerem Maße gilt dies für den benachbarten Bundesstaat Himachal Pradesh, dessen Fremdenverkehrsbereiche wie Simla, Dahlhousie oder das Kullu-Tal fast ausschließlich von Binnentouristen leben.

Auch im weithin bekannten Himalaya-Staat Nepal sind die Erträge aus der regionalen Nachfrage (vorwiegend aus Indien) mindestens ebenbürtig mit den wirtschaftlichen Auswirkungen aus dem internationalen Fremdenverkehr.

In südamerikanischen Staaten hat die binnen- und regionaltouristische Komponente ebenfalls die größere Bedeutung vor jener des internationalen Fremdenverkehrs. So dienen etwa zahlreiche Seebäder Südamerikas fast ausschließlich der eigenen Bevölkerung, und selbst in Mexiko, einem der bedeutendsten Reiseziele des Dritte-Welt-Tourismus, dominieren mexikanische Gäste in allen Badeorten (Gormsen, 1983, S. 606 ff.).

In den Badeorten der ägyptischen Mittelmeerküste sowie auf der Halbinsel Sinai verbringen während der Sommermonate Bewohner Kairos und des Niltals ihren Urlaub, deren Zahl auf mehr als drei Millionen geschätzt wird. Dabei handelt es sich nicht ausschließlich um einheimische Oberschichten. Vielmehr wird wie in verschiedenen asiatischen Staaten deutlich, daß „westlich orientiertes, industrielles Urlaubsverhalten" als eine wichtige Funktion des allgemeinen wirtschaftlich-gesellschaftlichen Entwicklungsstandes von immer breiteren Bevölkerungsschichten gesehen und erlebt wird.

Auch am Beispiel der erst seit Beginn der 80er Jahre sich touristisch entwickelnden Türkei zeigt sich eine räumliche Verlagerung bereits lange bestehender Strukturen verbunden mit einer „westernization" des traditionellen Urlaubsverhaltens: vom gebirgsorientierten Sommeraufenthalt breiter Bevölkerungsschichten (Yayla) hin zum „modernen" Küstenaufenthalt, wie ihn vor allem die mitteleuropäischen Touristen vorleben.

4.5 Wirtschaftsfaktor Ferntourismus

Das Fernreisepotential Europas ist nach Meinung vieler Experten bei weitem noch nicht ausgeschöpft, und es ist zu erwarten, daß ungeachtet einiger Rückschläge angesichts des Golfkrieges und anderer Faktoren mit weiteren Zunahmen gerechnet wird. Allein in der (alten) Bundesrepublik Deutschland lag das Fernreisepotential ausschließlich für Urlaubsreisen etwa bei 4 Mio. Reisenden pro Jahr (BMZ, 1993, S. 135), und es wird mit weiteren Zunahmen gerechnet. Bei dieser Zahl ist allerdings zu berücksichtigen, daß etwa jeweils eine Million Urlaubsreisen davon allein auf die Türkei bzw. USA/Kanada entfallen.

Es ist deshalb nicht verwunderlich, wenn sich die deutsche Reiseindustrie konkreter denn je mit den Fernreisen beschäftigt und versucht, ihre Marktpositionen international auszubauen. So hat eine im Auftrag des Deutschen Reisebüroverbandes (DRV, 1990) vom Wirtschaftswissenschaftlichen Institut für Fremdenverkehr an der Universität München (DWIF) vorgelegte Studie versucht, einmal mehr die ökonomischen Wirkungsfaktoren des Ausländer-Einreiseverkehrs (Ferntourismus) in ausgewählten Ländern der Dritten Welt zu untersuchen. Speziell wurde Antwort auf die Frage gesucht, „welchen Anteil die Empfängerländer an den gesamten Ausgaben der Touristen für sich buchen können" (DRV, 1990, S. 12). So betrugen etwa die Deviseneinnahmen aus dem Tourismus, gemessen als Anteile an den gesamten Exporterlösen, zwischen 5,2% in Sri Lanka und 52,2% auf den Seychellen.

Der Beitrag des Ausländer-Einreiseverkehrs am Bruttosozialprodukt liegt auf den Seychellen mit 20,3% am höchsten. Jamaika verbuchte einen Beitrag von 13,4% und Singapur von 10,3%. Der Anteil der durch den Ausländer-Einreiseverkehr direkt Beschäftigten war ebenfalls auf den Seychellen mit 22,2% von allen Beschäftigten am höchsten. Die meisten Arbeitsplätze durch Ausländer-Einreiseverkehr wurden allerdings in Mexiko mit 340.000 (Äquivalent in Vollarbeitsplätzen) erzielt. Schließlich wird in dieser Studie geschätzt, daß die durch Vorleistungen anderer Wirtschaftzweige induzierten Arbeitsplätze durch den Ausländer-Tourismus die Zahl der direkt Beschäftigten um 30% bis 40% erhöhen (DRV, 1990, S. 11).

Den Entwicklungsländern fließt zwar nach wie vor nur ein sehr geringer Anteil der weltweit umgesetzten Reisedevisen zu, jedoch weist in den Leistungsbilanzen vieler Dritte-Welt-Länder nur der Reiseverkehr einen positiven Saldo auf – ein willkommener Segen, um damit Defizite etwa aus dem Warenhandel kompensieren zu können.

Ein genereller Nachteil ist allerdings, daß in zahlreichen, vor allem in kleineren Ländern zur Herstellung des touristischen Angebots hohe Importvorleistungen an Waren, Dienstleistungen und Kapital erforderlich sind und die Nettodevisenbilanz teilweise erheblich relativiert wird.

Dieser im übrigen auch für andere Wirtschaftssektoren geltende Nachteil ist äußerst schwer zu quantifizieren, da hierbei nicht nur die Erstellung des touristischen Angebots, sondern auch die laufende operative Rechnung vieler Betriebe bewertet werden muß (vgl. z.B. Steigenberger Consulting, 1975, 1976). Überdies werden Devisenabflüsse nicht nur durch direkte Importe des Tourismusgewerbes verursacht, sondern auch durch bereits im jeweiligen Land erzeugte Güter, die von Touristen nachgefragt werden, aber unterschiedlich hohe Importgehalte aufweisen.

Die sogenannte Sickerrate, die den Anteil der Devisenabflüsse an den Deviseneinnahmen angibt, variiert von Land zu Land beträchtlich. Vorlaufer (1990, S. 10) vertritt die Auffassung, daß „in großen, volkreichen Ländern mit einer relativ hochentwickelten, diversifizierten agrarischen und industriellen Produktionsstruktur und einem nicht zu kleinen Binnenmarkt die Rate in der Regel unter 30%, in leistungsschwachen Ökonomien etwa winziger Inselstaaten zwischen 40–70% liegt". Die Sickerrate wird aber auch beeinflußt durch die jeweiligen Fremdenverkehrsarten sowie durch die Bedürfnisse, Einkommen und Urlaubsverhalten der Besucher. Ein auf Rundreisen basierender Fremdenverkehr mit großem Bedarf an Fahrzeugen und Treibstoffen weist möglicherweise einen höheren Einfuhrbedarf auf als z.B. ein küstenorientierter, stationärer Badetourismus. Auch werden Rucksackreisende eher auf landesspezifische Angebote zurückgreifen als Luxustouristen mit höheren (importierten) Ansprüchen an Unterkunft und Verpflegung.

Da in vielen Ländern allerdings überhaupt keine Alternative zum Tourismus als Devisenbringer entwickelt werden kann, würde ein aus nicht-ökonomischen Motiven heraus begründeter Verzicht auf diesen Sektor zu einem nicht kompensierbaren Einnahmeausfall für das Land führen.

4.6 Umweltwirkungen

Ebenso wie die unzureichende Betrachtung sozio-kultureller Aspekte haben auch ökologische Zusammenhänge bei der ursprünglichen Betrachtung des Fremdenverkehrs in der Dritten Welt eine untergeordnete bzw. überhaupt keine Rolle gespielt. Dies gilt im übrigen auch für die klassischen Feriendestinationen weltweit und ist kein singuläres Phänomen der Dritten Welt.

In vielen Fällen hat der Zugriff auf die natürlichen Ressourcen gravierende Eingriffe in den Naturhaushalt zur Folge (z.B. Abholzungen, Grundwasserabsenkungen, Gefährdung von Korallenriffen). Dies gilt in Abhängigkeit von Größe und Umfang des Projekts vor allem für den Boden- und Wasserhaushalt, die Tier- und Pflanzenwelt, das Klima sowie das Landschaftsbild. Erst in allerjüngster Zeit sind hierzu von verschiedenen Organisationen Kriterienkataloge vorgelegt worden, um die ökologischen Aspekte zumindest bei Neuplanungen gebührend zu berücksichtigen.

Hierbei gilt, daß neben der Minimierung der möglichen Umweltbelastungen auch die direkten und indirekten sozio-ökonomischen und sozio-kulturellen Folgen einbezogen werden müssen. Dabei ist es wichtig, die von den Vorhaben betroffene Bevölkerung in die Planung mit einzubeziehen. Hierdurch wird nicht nur eine höhere Akzeptanz gegenüber den Projekten erreicht, sondern es werden auch notwendige Maßnahmen (z.B. Errichten sanitärer Anlagen, umweltgerechte Entsorgung von Abfall und Abwasser etc.) und ökonomische Umweltstrukturierungen induziert. Eine Partizipation der Bevölkerung kann bei der Prüfung von Alternativen ebenfalls hilfreich und wertvoll sein. Entsprechende Projekte, die solche Verfahrensweisen bereits angewendet haben, zeigen, daß ein umwelt- und sozialverträglicher Tourismus in Dritte-Welt-Ländern in gewissen Grenzen durchaus positiv gesehen werden kann (vgl. The Economist, 1996, S. 72–73).

Als unabdingbare Voraussetzung zur Bewertung von neuen Projekten (vor allem von Ferienprojekten in Küstenbereichen) sollte in allen Fällen eine Umweltverträglichkeitsprüfung durchgeführt werden (vgl. Gormsen/Karst, 1991). Eine solche in Abhängigkeit von Größe und Umfang mehr oder weniger intensive Prüfung umfaßt in der Regel folgende Arbeitsschritte:

- Charakterisierung des Untersuchungsraums einschließlich eventueller Vorbelastungen (Bestandsaufnahme des ökologischen Zustands, der infrastrukturellen Ausstattung, der sozio-ökonomischen und kulturellen Konfliktbereiche etc.);
- Beschreibung des geplanten Projekts hinsichtlich seiner Bedeutung für die einzelnen Umweltmedien sowie für die sozio-ökonomischen und kulturellen Faktoren, die für Planung und Standortentscheidung zu berücksichtigen sind;
- Darstellung und Bewertung der direkten und indirekten ökologischen, sozioökonomischen und kulturellen Wirkungen (vor allem auch der langfristigen) des Vorhabens;
- Maßnahmen zur ökologischen Verträglichkeit des Projekts (Vermeidung und Minderung von Eingriffen, Schutzausweisungen, Ausgleichs-/Ersatzmaßnahmen);
- Erarbeitung und Prüfung von Alternativen;
- zusammenfassende Beurteilung der Umweltverträglichkeit.

Leider werden derartigen Untersuchungen auch heute noch in den hochentwickelten Industrieländern nur vereinzelt Investitionsentscheidungen für touristische Vorhaben zugrunde gelegt. Es ist deshalb kaum zu erwarten, daß dies bei neuen Maßnahmen in weniger entwickelten Ländern der Fall sein wird. Hier wäre ein Mehr an lokaler Partizipation in diese Richtung zu wünschen. Auch sollten jegliche Beteiligungen internationaler und nationaler Institutionen an neuen Tourismusprojekten von der Vorlage und positiven Aussage einer Umweltverträglichkeitsprüfung abhängig gemacht werden.

4.7 Schlußfolgerungen

Heute stellt sich nicht mehr die Frage für oder gegen den Dritte-Welt-Tourismus, haben doch mittlerweile fast alle Länder der Erde entsprechende Tourismusprodukte anzubieten. Die Frage des „ob" ist längst durch die des „wie" abgelöst worden. Die heutigen Newcomer sind ohnehin nicht mehr in der Dritten Welt zu suchen, sondern etwa in den Staaten des früheren Ostblocks oder gar in den sogenannten „theme parks", die versuchen, die touristischen Angebote in konzentrierter Weise zu den Nachfragern zu bringen. Um eine „Weltreise" zu machen, genügt es dann, im Disneyland von Attraktion zu Attraktion zu gehen, wie es etwa im EPCOT-Center in Florida erfolgreich vorexerziert wird.

In jenen Dritte-Welt-Ländern, die bereits über ein touristisches Angebot verfügen, geht es heute darum, die vorhandenen Strukturen zu pflegen, mäßig auszubauen oder in einigen Fällen etwa nach spanischen Vorbildern zurückzuentwickeln. Nicht die Neuentwicklung, sondern die bessere Darstellung (Qualitätsanspruch) und Ausnutzung bereits vorhandener Strukturen steht im Vordergrund.

Gleichzeitig gilt es, jene zu den negativen Begleiterscheinungen zählenden soziokulturellen und ökologischen Aspekte stärker ins Bewußtsein der lokalen Entscheidungsträger zu bringen und nach Ansätzen zu suchen, diese Entwicklungen einzudämmen oder zu minimieren. Sollten klare alternative Entwicklungskonzepte in anderen Wirtschaftsbereichen realisierbar sein, ist von der Weiterverfolgung touristischer Projekte – vor allem jener ausschließlich für den „reichen" Fernurlaubsreisenden konzipierten strandorientierten Luxusprodukte – abzusehen.

Die klaren politischen Bekenntnisse zum Tourismus, wie sie von den allermeisten Dritte-Welt-Ländern auf den verschiedensten Ebenen vorliegen, sollten von Tourismuskritikern und internationalen Institutionen respektiert werden. Dies bedeutet auch, daß die unklare bzw. negative Haltung von Förderungsorganisationen (ganz deutlich: das Bundesministerium für Wirtschaftliche Zusammenarbeit in Bonn) zugunsten einer positiven und aktiven Tourismusförderungspolitik geändert werden sollte.

Wichtige Förderungsbereiche liegen dabei in der Aus- und Weiterbildung, in technischen Planungshilfen für qualitätsfördernde Maßnahmen, in Finanzierungshilfen und in Marketing-Programmen. Insbesondere letztgenannter Bereich zählt seit einigen Jahren zu den erfolgreichen Seiten etwa der länderspezifischen oder regional ausgerichteten Förderungspolitik der Kommission der Europäischen Gemeinschaften, wobei vor allem zielgerichtete Marketing-Programme für die Karibik, den pazifischen Raum und für die Inseln im Indischen Ozean beispielhaft zum nachhaltigen und quantifizierbaren Vorteil der jeweiligen Destinationen finanziert werden konnten.

Literatur

Bryden, J. M. (1973): Tourism and Development. A Case Study of the Commonwealth Caribbean. Cambridge.
Bundesministerium für Wirtschaftliche Zusammenarbeit, BMZ (Hrsg.) (1973): Urlaub in der Dritten Welt. Bonn (Materialien, 40).
Bundesministerium für Wirtschaftliche Zusammenarbeit, BMZ (Hrsg.) (1976): Tourismus und Entwicklungspolitik. Bonn (Materialien, 54).
Bundesministerium für Wirtschaftliche Zusammenarbeit, BMZ (Hrsg.) (1993): Tourismus in Entwicklungsländern. Bonn (Materialien, 88).
Deutscher Reisebüro Verband e.V. (Hrsg.) (1990): Wirtschaftsfaktor Ferntourismus. Die ökonomische Bedeutung des Ausländerreiseverkehrs, dargestellt am Beispiel von 10 Ländern in Afrika, Asien, Mittelamerika und der Karibik. Frankfurt a.M.
Economist Intelligence Unit (Hrsg.) (1989): Tourism and Developing Countries. In: Travel & Tourism Analyst, No. 6, London, S. 76–87.
Economist Intelligence Unit (Hrsg.) (1994): Prospects for tourism in 1995. In: Travel and Tourism Analyst, No. 6, London, S. 65–83.
Economist Intelligence Unit (Hrsg.) (1996): Environmental Impacts of tourism in developing countries. In: Travel and Tourism Analyst, No. 2, London, S. 71–86.
Frentrup, K. (1969): Die ökonomische Bedeutung des internationalen Tourismus für die Entwicklungsländer. Hamburg.
Gormsen, E. (1983): Tourismus in der Dritten Welt; historische Entwicklung, Diskussionsstand, sozialgeographische Differenzierung. In: Geographische Rundschau, Nr. 12, S. 608–617.

Gormsen, E., P. Karst (1991): Sektorkatalog Tourismus. Materialien zur Erfassung und Bewertung von Umweltwirkungen in Vorhaben der wirtschaftlichen Zusammenarbeit (Bericht für die Deutsche Gesellschaft für Technische Zusammenarbeit). Mainz/Eschborn.
Kadt, E. de (Hrsg.) (1979): Tourism-Passport to Development? Perspectives on the Social and Cultural Effects of tourism in Developing Countries. New York u.a.
Kaur, J. (1985): Himalayan Pilgrimages and the New Tourism. New Delhi.
May, S. (1985): Tourismus in der Dritten Welt. Von der Kritik zur Strategie: das Beispiel Kapverde. Frankfurt a.M./New York.
Meinke, H. (1968): Tourismus und wirtschaftliche Entwicklung. Göttingen (Weltwirtschaftliche Studien, 13).
Rinschede, G. (1990): Religionstourismus. In: Geographische Rundschau, Nr. 42, S. 14–20.
Scherrer, Chr. (1986): Dritte-Welt-Tourismus. Entwicklungsstrategische und kulturelle Zusammenhänge. Berlin.
Steigenberger Consulting (1975): Devisenrentabilität von Tourismusinvestitionen unter Berücksichtigung verschiedener Tourismusformen, dargestellt am Beispiel Marokko. Frankfurt a.M.
Steigenberger Consulting (1976): Devisenrentabilität von Tourismusinvestitionen in Kamerun. Frankfurt a.M.
Studienkreis für Tourismus (Hrsg.) (1974): Ferntourismus – ein Mittel der Entwicklungshilfe und Völkerverständigung. Starnberg.
Studienkreis für Tourismus (Hrsg.) (1979): Tourismus in Entwicklungsländern. Starnberg.
Studienkreis für Tourismus (Hrsg.) (1991): Reiseanalyse 1990. Starnberg.
The Economist (1991): Travel and tourism. The pleasure principle. March 23, S. 8–22.
Vorlaufer, K. (1984a): Ferntourismus und Dritte Welt. Frankfurt a.M.
Vorlaufer, K. (1990): Dritte-Welt-Tourismus – Vehikel der Entwicklung oder Weg in die Unterentwicklung? In: Geographische Rundschau, 42, S. 4–13.
Wirth, A. (1976): Massentourismus und abhängige Entwicklung. Kritik der herrschenden Theoreme zum Tourismus in der Dritten Welt. Diss. Marburg.
WTO (World Tourism Organization) (1995): International Tourism Overview, Highlights 1995. A special report from the WTO.
WTTC (World Travel & Tourism Council) (1995): Tourism's Economic Perspective. Bruxelles.

Weitere Literatur

Agel, P. (1990): Aspekte der Fremdenverkehrsplanung in Gambia. In: Berichte und Materialien Nr. 8 des Instituts für Tourismus der Freien Universität Berlin, S. 93–101.
Arbeitskreis für Tourismus und Entwicklung (1978): Reisen in die dritte Welt. Basel.
Archer, B. (1981): The Tourism Dollar, its Impact on Incomes and Employment in the Bahamas. Nassau.
Archer, B. (1985): Emerging environmental problems in a tourist zone: The case of Barbados. In: Caribbean Geography, Nr. 2 (1), S. 45–55.
Baumgartner, F. (1978): Le tourisme dans le Tiers Monde – contribution au development. In: Zeitschrift für Fremdenverkehr, Nr. 33, S. 14–18.
Blume, H. (1963): Westindien als Fremdenverkehrsgebiet. In: Die Erde, 94, S. 48–94.
Domrös, M. (1989): Attraktivitätspotential und Organisationsphänomene des Fremdenverkehrs auf den Malediven. In: Die Erde, 120, S. 35–49.
Dress, G. (1979): Wirtschafts- und sozialgeographische Aspekte des Tourismus in Entwicklungsländern, dargestellt am Beispiel der Insel Bali in Indonesien. In: Schriftenreihe wirtschaftswissenschaftlicher Forschung und Entwicklung, Nr. 36, München.
Erisman, M. (1983): Tourism and Cultural Dependency in the West Indies. In: Annals of Tourism Research, Nr. 10 (3), S. 337–361.

Forschungsinstitut für Fremdenverkehr (1981): Von den Kosten und Nutzen des Fremdenverkehrs nach Entwicklungsländern. In: Dokumentationen zum Fremdenverkehrsstudium, H. 3.

Gormsen, E. (1979): Cancun. Entwicklung, Funktion und Probleme neuer Entwicklungszentren in Mexico. In: Der Tourismus als Entwicklungsfaktor in Tropenländern. Frankfurt a.M., S. 299–324 (Frankfurter Wirtschafts- und Sozialgeographische Schriften, Nr. 30).

Gormsen, E. (1985): The Impact of Tourism on Regional Development and Cultural Change. In: Mainzer Geographische Studien, Nr. 26, Mainz.

Gormsen, E. (1987): Der Fremdenverkehr in Lateinamerika und seine Folgen für Regionalstruktur und kulturellen Wandel. In: Lateinamerika im Brennpunkt, S. 183–207 (Symposium der Gesellschaft für Erdkunde zu Berlin zum 125. Todestag Alexander von Humboldts).

Jurczek, P. (1985): Groß- und kleinräumige Auswirkungen des Ferntourismus auf Peru. In: Die Erde, 116, S. 27–47.

Koch, A. (1966): Fremdenverkehr als Entwicklungshilfe. In: Jahrbuch für Fremdenverkehr. München.

Krippendorf, J. (1979): Tourismus der nächsten 25 Jahre – einige Hypothesen zur quantiativen und qualitativen Entwicklung. In: Gottlieb-Duttweiler-Institut (Hrsg.): Ferntourismus und Entwicklung. Vorträge der Internationalen Tagung. Rüschlikon/Zürich.

Mäder, U. (1982): Fluchthelfer Tourismus: Wärme in der Ferne? Zürich.

Sell, A. (1989): Investitionen in Entwicklungsländern. Einzel- und gesamtwirtschaftliche Analysen. Hamburg.

Vorlaufer, K. (1976): Die Fremdenverkehrswirtschaft Kenyas. In: Afrika Spektrum, 1, S. 28–50.

Vorlaufer, K. (1977): Die Fremdenverkehrswirtschaft der Küstenzone Kenyas. Räumliche Ordnung, siedlungsstrukturelle Auswirkungen, Raumordnungsprobleme. In: Studien zur allgemeinen und regionalen Geographie. Frankfurt a.M., S. 505–539 (Frankfurter Wirtschafts- und Sozialgeographische Schriften, 28).

Vorlaufer, K. (1979a): Der Fremdenverkehr als Faktor der nationalen und regionalen Entwicklung in Sri Lanka. In: Der Tourismus als Entwicklungsfaktor in Tropenländern. Frankfurt a.M., S. 105–162 (Frankfurer Wirtschafts- und Sozialgeographische Schriften, 30).

Vorlaufer, K. (1979b): Fremdenverkehrswirtschaftliche Entwicklung und Arbeiterwanderungen in Kenya. Das Beispiel der Küstenzone. In: Erdkunde, 33, S. 129–144.

Vorlaufer, K. (1979c): Fremdenverkehrswirtschaftliche Entwicklungen und Beschäftigung in der Dritten Welt. Eine Studie zur regionalen und sozialen Mobilität der Hotelbeschäftigten der Küstenzone Kenyas. In: Zeitschrift für Wirtschaftsgeographie, 23, S. 161–171.

Vorlaufer, K. (1983a): Die Fremdenverkehrswirtschaft Sri Lankas. In: Geographische Rundschau, 35, S. 627–636.

Vorlaufer, K. (1983b): Der Tourismus in Kenya. Wirtschaftliche Bedeutung, räumliche Ordnung, Landnutzungsprobleme. In: Zeitschrift für Wirtschaftsgeographie, 27, S. 33–58.

Vorlaufer, K. (1984b): Die Fremdenverkehrsstandorte Sri Lankas als Zentrum regionaler und sozialer Mobilitätsprozesse. In: Tagungsberichte und wissenschaftliche Abhandlungen des 44. deutschen Geographentages in Münster. Stuttgart, S. 204–214.

Vorlaufer, K. (1988): Tourismus und Entwicklung in der Dritten Welt. In: Moderner Tourismus. Trier, S. 603–636 (Materialien zur Fremdenverkehrsgeographie, 17).

5 Jugendreisen

Thomas Gehlen

5.1 Jugendreisen – Definition und Umfang

Die Zahl der Jugendlichen, die mit speziellen Jugendreiseveranstaltern Urlaub machen, ist in den letzten Jahren stetig gewachsen. Eine Vielzahl von Spezialveranstaltern ist auf den Markt gekommen, die mit innovativen Konzepten, flexiblen Angeboten und professioneller Präsentation neue Zielgruppen ansprechen. Diese Angebote gewinnen in Reisebüros mehr und mehr an Bedeutung. Jugendliche buchen häufig in Cliquen, sind flexibel bei der Auswahl der Reiseziele und werden bei guter Beratung die Stammkunden der Reisebüros von morgen sein.

Darüber hinaus gehören Reiseangebote für Kinder und Jugendliche zum festen Bestandteil der freizeitpädagogischen Arbeit von Jugendverbänden, Sportvereinen, kirchlichen Trägern sowie allen Organisationen, die sich in der freizeitpädagogischen Arbeit engagieren.

So vielfältig wie die Angebotsformen sind, so unterschiedlich stellt sich das Verständnis von Jugendreisen, seinen Erscheinungsformen und Interpretationen dar. Eine eindeutige Definition des Begriffs Jugendreisen und eine Abgrenzung zu den Begriffen Jugendtourismus und Internationaler Jugendaustausch erscheint schwierig. Unter *Jugendtourismus* sollen hier alle Erscheinungsformen, die sich aus der Reise und dem Aufenthalt junger Leute ergeben, die nicht auf Dauer ausgerichtet sind und im Kreis Gleichaltriger stattfinden, verstanden werden. Die Altersgrenze ist dabei nicht eindeutig nach oben und unten festgelegt, da Jugendalter als ein anthropogenes und soziokulturelles Phänomen verstanden wird. Es beschreibt die Phase zwischen Kindheit und Erwachsensein. Eine eindeutige Trennung von Jugendreisen und Jugendtourismus erscheint nicht zweckmäßig (vgl. Opaschowski, 1970; Gayler 1975 und 1993). Selbst eine von einem gemeinnützigen Träger der Jugendhilfe organisierte Fahrt im Rahmen außerschulischer Jugendarbeit ist formal als Pauschalreise mit inhaltlichem Schwerpunkt anzusehen – ein spezieller Teil im Tourismus. Ebenso lassen sich Internationale Jugendbegegnungen bzw. Austauschprogramme als Teil des Jugendtourismus auffassen. Unterschiedlich sind nur die inhaltlichen Ausprägungen.

Basisdaten und Marktanalysen aus dem Bereich Kinder- und Jugendreisen bestätigen die Reiselust der deutschen Teens und Twens (vgl. ETC, 1995; Studienkreis für Tourismus, 1987-1992).

Die Umfrage „Urlaub + Reisen" ermittelte für 1993 6 Mio. Auslandsferienreisen (vgl. ETC, 1995, S. 29 f.) der deutschen Jugendlichen zwischen 15 und 26 Jahren. Ebenfalls in 1993 wurden von der gleichen Altersgruppe zusätzlich 3 Mio. Inlandsreisen mit mehr als 4 Übernachtungen unternommen. Bei einer Gesamtbevölkerung von 12 Mio. Jugendlichen entspricht dies einer Reiseintensität von 75%. Berücksichtigt man, daß weder Kurzreisen (weniger als 4 Übernachtungen), Schülerreisen noch Klassenfahrten erfaßt wurden, ist das Marktvolumen auf eine beachtliche Größe gewachsen.

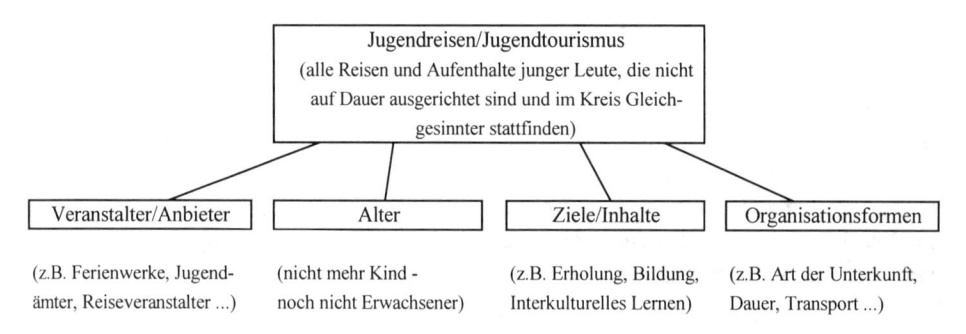

```
                    Jugendreisen/Jugendtourismus
              (alle Reisen und Aufenthalte junger Leute, die nicht
               auf Dauer ausgerichtet sind und im Kreis Gleich-
                         gesinnter stattfinden)

  Veranstalter/Anbieter      Alter         Ziele/Inhalte      Organisationsformen

  (z.B. Ferienwerke, Jugend-  (nicht mehr Kind -   (z.B. Erholung, Bildung,   (z.B. Art der Unterkunft,
  ämter, Reiseveranstalter ...)  noch nicht Erwachsener)   Interkulturelles Lernen)   Dauer, Transport ...)
```

Abb. 1: Die Kultur von Jugendreisen/Jugendtourismus

Ähnliche Zahlen liefert die Studie „Der europäische Jugendreisemarkt" für das Erhebungsjahr 1993. Die Untersuchung erforscht Jugendliche im Alter von 15 bis 26 Jahren in 23 west- und osteuropäischen Ländern. Im europäischen Vergleich der Auslandsreisen, hierunter fallen alle Ferienreisen, Reisen mit mehr als einem Tag Dauer und Besuche bei Freunden und Familien, wurden 1993 europaweit insgesamt 44,7 Mio. Auslandsreisen unternommen. Neben der Feststellung, daß die Reiseintensität der Jugendlichen leicht über der der europäischen Gesamtbevölkerung liegt, ermittelte die Studie Deutschland als größtes Ursprungsland mit 12,37 Mio. Auslandsaufenthalten/Jahr. Der deutsche Anteil liegt bei knapp 28%. Die beliebtesten Zielländer der deutschen Jugendlichen sind Österreich, Frankreich, Spanien und Italien (vgl. ETC, 1995. S. 16 ff.).

Neue Reiseformen, Leistungsstandards, Programmarten und Vertriebswege verändern das Produkt Jugendreisen. Es gibt nicht die Jugendreise, sondern ein weites Feld von vielfältigen und innovativen Reisemöglichkeiten.

5.2 Rückblick in die 50er und 60er Jahre – Wie alles begann!

Die Wurzeln des Jugendreisens nach 1945 liegen in den praktischen Angebotsformen und in der inhaltlichen Auseinandersetzung mit dem Phänomen Jugendreisen. Die Schilderung eines vollständigen chronologischen Verlaufs ist hier nicht beabsichtigt. Die gewählten Schwerpunkte stellen wesentliche Eckpfeiler der Entwicklung dar.

Mit Ende des Krieges beginnt der Wiederaufbau der Jugendherbergen. Damit wird ein deutschlandweites Unterkunftsnetz geschaffen, welches Ziel der ersten Reiseaktivitäten ist. Die vermehrte Zahl der Jugendherbergen legt den Grundstein für erste jugendliche Ferienerlebnisse von Einzelwanderern und ganzen Reisegruppen. Parallel dazu nehmen bereits 1946 die ersten Landesverbände ihre Arbeit wieder auf und führen ein Jahr später zur Neubildung des DJH-Hauptverbandes in Detmold. Bis 1952 meldet der Verband eine jährliche Belegung seiner Häuser von 5 Mio. Übernachtungen (vgl. Horstmann, 1993).

Seit dieser Zeit engagiert sich das DJH in zunehmendem Maße für das Thema Jugendreisen. Bereits 1953 mahnt der stellvertretende Vorsitzende des DJHs, Anton Graßl (vgl. Graßl, 1953, S. 16 ff.) vor Tendenzen des Tourismus, die er mit Technisierung, Kommerzialisierung und Kollektivierung beschreibt. Als Wahrer alter Traditionen warnt er vor der Abkehr von den Ursprungsideen: Wandern in der Natur, Stärkung der Gesundheit und Zusammenwachsen zu einer Gemeinschaft. Das *Jugendwandern*, die Jugendbewegung soll ihre eigene ursprüngliche Tradition der Wanderjugend behalten. Er appelliert an pädagogische Formen des Reisens für Jugendliche und stellt sich gegen moderne Entwicklungen. Rückblickend haben diese touristischen Vorformen der Wanderfahrten die Voraussetzung für den Jugendtourismus von heute geschaffen und ihm durch vielfältigen Diskussionen zur gesellschaftlichen Anerkennung verholfen.

In den Jahren 1949 bis 1959 entstehen ca. 30 Jugendferienwerke, die alle aus der Jugendverbandsarbeit hervorgehen. Ihre Angebote beschränken sich zunächst auf mehrwöchige Ferien im Inland, insbesondere in bekannten Fremdenverkehrsregionen. Gefragt sind der Schwarzwald, das Allgäu und die Nord- und Ostsee. Zum Indikator für eine erfolgreiche Jugendreise, die damals noch „Maßnahme" hieß, wird die Gewichtszunahme der Teilnehmer. Der Begriff „Kinderlandverschickung" wird nicht selten gebraucht.

Der Feriendienst des Jugendsozialwerks Hannover richtet seine Angebote ab 1949 an alle Jugendlichen im Raum Hannover und ist damit eine der ersten Initiativen mit „offenen" Programmen.

Die Verbände bieten pädagogisch gestaltete Formen von Ferienaufenthalten an und suchen damit den Zugang zu einer großen Zahl unorganisierter Jugendlicher. Die Teilnahme steht allen offen. Im Vordergrund der Programme stehen Gruppenaktivitäten, Erholungshilfen, Gemeinschaftserlebnisse zu bezahlbaren Preisen, wobei teilweise kommunale und staatliche Zuschüsse genutzt werden können.

Mit wachsendem Lebensstandard steigt die Reiselust und Neugier der Deutschen. Sehr bald werden dann speziell für Jugendliche ab 18 Jahren Reisen ins benachbarte Ausland angeboten. Der Kölner Jugendfahrtendienst, 1953 als eigenständiger Verein gegründet, soll ursprünglich nur den Jugendverbänden bei der Organisation von Ferienmaßnahmen helfen, entwickelt in der Folgezeit mehr und mehr ein eigenes Reiseprogramm, das den Wünschen und Bedürfnissen der jungen Leute entspricht (vgl. Hahn, 1965, S. 43 ff.; Opaschowski, 1970, S. 112 ff.).

1962 verreisen laut Statistik 23.500 Kinder (bis zu 17 Jahren) und 75.000 Teilnehmer über 18 Jahren mit den 11 größten Jugendreisediensten; 1964 sind es schon 30.000 Kinder und 96.400 Personen über 18 Jahren (vgl. Gayler, 1993). Das Statistische Bundesamt meldet für 1962 insgesamt 964.000 Auslandsreisen der 18- bis 25-jährigen.

Auch die konfessionellen Jugendverbände beteiligen sich intensiv an dieser Entwicklung. Bereits 1960 erkennen die katholischen Träger die Vorteile enger Kooperationen auf diesem Gebiet und schliessen ihre 20 regionalen Jugendferienwerke zur „Bundesarbeitsgemeinschaft Katholische Jugendferienwerke" (BAG) mit Sitz in Düsseldorf zusammen. 1968 gründet sich die Bundesarbeitsgemeinschaft Evangelischer Feriendienste (BEJ) als zweite bundesweiter Zusammenschluß konfessioneller Orientierung. Beide Arbeitsgemeinschaften arbeiten unter der Zielsetzung christlicher Werthaltung.

Die Auslandsreisewünsche der Jugendlichen spiegeln auch das zunehmende Interesse an der Begegnung mit dem Ausland, der Neugier am Kontakt mit den ehemaligen Kriegsgegnern und den Wunsch nach Verständigung und Aussöhnung wider. Neben den als unverbindlich eingeschätzten Jugendreiseveranstaltern entstehen die Jugendgemeinschaftsdienste und Work-Camp-Organsationen, deren Programme pädagogisch geplant verschiedene Nationalitäten zusammenbringen und bewußt den freundschaftlichen und intensiveren Kontakt mit Menschen und anderen Kulturen fördern. Die von staatlicher Seite unterstützten Programme sind Teil der politischen Bildungsarbeit (Internationale Jugendarbeit), mit dem Ziel, den Europagedanken durch dauerhafte und friedliche *internationale Begegnungen* aufzubauen und zu verstärken. Die inhaltlichen Ansprüche sind hoch. Unter dem Anspruch der Völkerverständigung werden speziell vorbereitete Programme für kleine Teilnehmergrupppen mit festen Kontaktgruppen im besuchten Land, die häufig einen Gegenbesuch einschließen, zusammengefaßt. Es sollen Vorurteile abgebaut, der Wille zur internationalen Verständigung gefestigt und die Solidarität der Menschen gefördert werden (vgl. Danckwortt, 1959). Bereits der erste Bundesjugendplan 1950 weist Mittel für die Internationale Jugendarbeit aus; 1951 nehmen über 2.000 Jugendliche an den von den Internationalen Gemeinschaftsdiensten aus Hannover organisierten Work-Camps teil.

Die Gründung des *Deutsch-Französischen Jugendwerks* (DFJW), als zentrale Institution im Jugendaustausch beider Länder, sorgt ab 1963 für Aufschwung in diesem Bereich. Das DFJW fördert bilaterale Programme und tritt selbst als Veranstalter auf, um jungen Menschen die Alltagskultur und die kulturelle Tradition der beiden Länder näher zu bringen (vgl. Müller, 1987, S. 100 ff.). Der organisatorische Rahmen nimmt den Teilnehmern zum Teil die Möglichkeit, ihre Reisebedürfnisse selbst herauszufinden. Eine hochgradige Planung verhindert Freiräume zur persönlichen Entfaltung. Die Einwirkung der Geldgeber und der durchführenden Träger, die Einhaltung von Richtlinien und eine geplante Programmabfolge setzen der Spontanität Grenzen.

In den 60er Jahren machen empirische Beobachtungsstudien auf Jugendreisen aufmerksam: Bis dahin weitgehend unbemerkt, haben sich nämlich mehr und mehr Jugendliche ihre eigene Art zu verreisen gesucht.

Unter dem Schlagwort „*Catania-Studie*" untersucht der Psychologe Helmut Kentler im Sommer 1962 drei Wochen lang ein Jugendferiencamp für ca. 100 vorwiegend deutsche Jugendliche bei Catania auf Sizilien. Die jungen Leute zwischen 17 und 25 Jahren verbringen ihre Ferien in einer Bungalow-Anlage. Die daraus gewonnenen Untersuchungsergebnisse machen deutlich, daß sie ihre Vorstellungen von erwachsenen Urlaubsleben auch auf sexuellem Gebiet verwirklichen wollen. In den Mittelpunkt der pädagogischen Diskussion rückt das Thema „Koedukation". Die Ferien weit weg von den traditionellen Erziehungsinstitutionen (Familie, Schule) schaffen ein Klima bindungsloser Freiheit unter südlicher Sonne. Die jungen Leute erleben diese Reise ohne die Beschränkungen des Alltags und es gibt ihnen die Gelegenheit auf Zeit wie Erwachsene zu leben. In einem Klima der Unabhängigkeit werden Freiheitsspielräume insbesondere das Nachtleben intensiv genutzt. Die Verbreitung der Ergebnisse durch zahlreiche Medien stärkt die Forderung, zukünftig die Qualität von Jugendreisen über besser ausgebildete Reiseleiter und verbesserte Programmangebote zu erhöhen. Gefordert werden intensivere Ausbildungskonzepte, bessere Aufsichtspflicht und mehr Kontrollen bei den Jugendreisen. Die öffentliche Hand stellt erstmals Finanzmittel zur Verbesserung der pädagogischen Ausbildung bereit (vgl. Kentler, 1965).

Der im Januar 1961 gegründete Studienkreis für Tourismus (StfT) in Starnberg, der sich von Beginn an besonders dem Thema Jugendreisen widmet, verstärkt seine Arbeit auf diesem Gebiet. So werden beispielsweise mit Hilfe des SftT und durch Förderung des Bundes und des Landes Nordrhein-Westfalen bis 1965 insgesamt 40 Ausbildungskurse für Jugendreiseleiter veranstaltet. Die weiteren theoretischen Überlegungen und empirischen Untersuchungen führen auf dem Höhepunkt der Jugendreisediskussion 1967 zu einem umfassenden Theorieansatz der „*Pädagogik des Jugendreisens*". Der von Giesecke, Keil und Perle vorgelegte Ansatz betrachtete die jugendtouristischen Angebote unter einem pädagogischen Blickwinkel. Danach treffen junge Reisende auf ein umfassendes Lernfeld, in dem eine Vielzahl neuer Erfahrungen, veränderter Verhaltensweisen und Einstellungen möglich sind (vgl. Giesecke/Keil/Perle, 1967, S. 59 ff.).

Mit dem „Auszug aus dem Alltag" entsteht eine Befreiung von Fremdbestimmung und eröffnet die Chance sich in der Selbständigkeit zu bewähren und verantwortungsvoll neue Lebenserfahrungen zu machen. Jugendtourismus hat eine soziale Lernfunktion.

Verdienst dieser Arbeiten ist es, Jugendreisen als außerschulisches Lern- und Erfahrungsfeld erkannt zu haben und Gestaltungsansätze für die Pädagogik geliefert zu haben. Ihre Überlegungen und Erfahrungen münden in ein Bündel von praxisnahen Vorschlägen für Ausbildungskurse. Sie fordern öffentliche Subventionen und weitere sozialwissenschaftliche Forschungsarbeiten (vgl. Giesecke/Keil/Perle, 1967, S. 169 ff.).

Die aufgezeigten Entwicklungsstränge haben ihr Selbstverständnis in der traditionellen Jugendarbeit und Jugendhilfe und sehen ihre Aufgabe in der pädagogischen Betreuung und Erziehung von Jugendlichen. Der Arbeitsschwerpunkt ist die offene Jugendarbeit. Bestimmte Bildungs- und Erholungsziele sind für die Arbeit prägend, die zum Teil im Widerspruch mit jugendlichen Reisebedürfnissen stehen. Staatliche Förderung und Zuschüsse und eine gemeinnützige Organisationsform sorgen für preisgünstige Angebote.

Die pädagogische Betreuung erfolgt oftmals durch ehrenamtliche Reiseleiter. Ihre Ausbildung braucht verbesserte Bedingungen.

5.3 Die 70er und 80er Jahre – Auf zu neuen Ufern!

Umfangreiches empirisches Material über die Reisetrends liefert seit 1970, die vom Studienkreis für Tourismus durchgeführte jährliche Repräsentativerhebung. Sie ermittelt ein stetig steigende Reiseintensität bei den Jugendlichen und eine Zunahme der Auslandsaufenthalte, höher sogar als beim Durchschnitt der reisenden Bevölkerung. Die Deutschen als „Reiseweltmeister" haben keine Nachwuchssorgen.

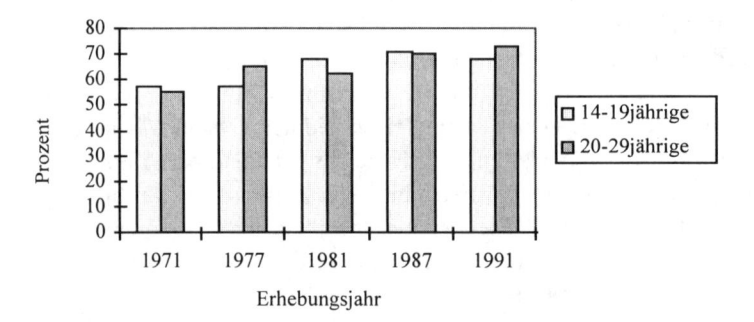

Abb. 2: Reiseintensität von Jugendlichen, 1971-1991 (*Quelle*: Reiseanalysen des StfT, Starnberg)

Die Bundesbahn entwickelt sich zum beliebten Verkehrsmittel und führt 1971 das Interrail-Ticket – die Monatskarte für Jugendliche für nahezu alle europäischen Staaten – ein. Die neue Mobilität schafft eine Reisefreiheit zu ermäßigten Preisen. Junge Leute nutzen diese Freiheit ohne sich einer Gruppe anschließen zu müssen. Daneben entwickeln sich individuelle Formen des Reisens. Rucksackreisende entdecken Land und Leute auf eigene Faust. Ganze Gruppen sind mit dem Fahrrad oder per Autostop unterwegs. 1976 erscheinen in Deutschland die ersten *Alternativ-Reise-Führer*. Sie beschreiben die besten „Geheimtips" abseits der großen Reiserouten, wo für wenig Geld ursprüngliche Urlaubsatmosphäre herrscht. Ziele, die nicht im Ruf stehen, bei Pauschaltouristen populär zu sein, werden bevorzugt. Eine geringe touristische Infrastruktur wird dafür gern in Kauf genommen.

Die Auslandsreisen und die Wahl von entfernteren Zielen nehmen zu. Einige große kommerzielle Reiseveranstalter beherrschen das Feld. Ihre Angebote sind auf die Mehrzahl der Jugendlichen zugeschnitten und sprechen diesem Segment „jegliche Erziehungs-, Wohlfahrts- und Bewahrungsaufgaben" (Liesen, 1978, S. 28) ab. Die Funktion des Reiseleiters liegt nicht in belehrenden und betreuenden Aufgaben. Vielmehr hat er eine Serviceaufgabe, die er ohne Sanktionen, im direkten Einverständnis mit den Kunden umsetzt. Die pädagogische Belehrung und eine gewisse Kontrollfunktion wird abgelehnt. Dies gelingt durch ein ausgeklügeltes Marketing, professionelle Strukturen und ein System von Mitarbeiterschulungen, die an der Praxis ausgerichtet sind. Jugendreisen wird *als reine Dienstleistung* aufgefaßt, so sieht es jedenfalls die TUI für ihr Jugendprodukt *twen tours*.

Die gesellschaftlichen Reformen der 70er Jahre bedeuten für den Jugendtourismus auch einen Einschnitt in die pädagogische Diskusssion. In diesen Jahren fehlt es an geeigneten Anschlußinitiativen und weiteren Veröffentlichungen. In dieser Phase sind „Antiautoritäres Lernen" und „Emanzipation" prägende Themen.

Diese Stagnation kann die sog. *Breitenbach-Studie*, welche eine erhebliche Diskrepanz zwischen Anspruch und Wirklichkeit der internationalen Jugendarbeit offenlegt, nichts ändern. Die Untersuchung führt eine intensive Auseinandersetzung mit Inhalten internationaler Austauschprogramme. Im Mittelpunkt der Kritik stehen öffentliche Vergabestellen als auch die Verwaltungsmentalität der durchführenden Verbände. Die Studie legt offen, daß in der Regel keine ausreichenden Kriterien für den Einsatz der Leiter vorliegen. Mit dem Begriff „Interkulturelles Lernen" wird ein neuer Ansatz vorgestellt. Der Lernerfolg internationaler Austauschprogramme ist größer, wenn der organisatorische Rahmen, die interkulturelle Erfahrung und Sensibilität der Reiseleiter und touristische Progammelemente gegeben sind. Freizeitangebote mit Spaß und touristische Bedürfnisse sind wertvolle Lernhilfen (vgl. Breitenbach, 1979).

Zu Beginn der 80er Jahre ist eine weitere Veränderung festzustellen. Die Angebote der großen gemeinnützigen Jugendreiseveranstalter verlieren an Bedeutung. „Fahr Mit", eine der größten Jugendreiseorganisationen steht vor dem Zusammenbruch. Die Fördermittel der öffentlichen Hand nehmen stetig ab, und die bestehenden Angebote gehen an den Bedürfnissen der Jugendlichen vorbei. Ursachen hierfür sind fehlende jugendgerechte Präsentationsformen, eine inhaltliche Überfrachtung der Reisen und veraltete Vertriebswege, die die Zielgruppe nur schwer erreichen. Die großen Reisedienste melden rückläufige Buchungszahlen und stellen zum Teil ihr gesamtes Reiseprogramm ein bzw. sind überschuldet (vgl. Korbus, 1993). Im Frühjahr 1987 meldet der Kölner Jugendfahrtendienst Konkurs und begründet die unzureichende Finanzlage damit, die letzten Entwicklungen nicht aufmerksam verfolgt zu haben.

Parallel dazu gründen sich kontinuierlich eine *Vielzahl kleiner Spezialveranstalter* mit unterschiedlichen Schwerpunkten. Ihre Angebote von Sport-, Aktiv- und Erlebnisurlaub treffen genau in die offene Lücke. 1986 schließen sie sich zu einem neuen Verband „Das Reisenetz" die Bundesarbeitsgemeinschaft unabhängiger Jugendreise- und Begegnungsorganisationen zusammen. Als parteipolitisch und konfessionell ungebundener Zusammenschluß setzt sich das Reisenetz das Ziel, die Lebensbedürfnisse und Lebensstile von Jugendlichen zum Ausgangspunkt seiner Reiseplanungen zu machen. Die Konzepte sind zeitgemäß, flexibel und zielgruppenorientiert. Neue Ausbildungsformen setzen sich durch (vgl. Gehlen, 1988). Mit heute ca. 80 Mitgliedsorganisationen für Reisen, Austausch und Stadterkundung, ist das Reisenetz Motor vieler jugendtouristischer Neuerungen.

Die Strukturveränderungen der Angebotsseite von Jugendreisen ist tiefgreifend. Da rückläufige Bevölkerungsanteile bei Jugendlichen erwartet werden, die Reiseansprüche jedoch weiter steigen, verstärkt dies die Konkurrenzsituation der Veranstalter. Die *Urlaubsbedürfnisse der Jugendlichen* treten stärker ins Blickfeld. „Jugendtourismus zwischen Erziehung und Kommerz" lautet nicht nur der Tagungsbericht, zu dem das DJH 1985 einlädt (vgl. Pöggeler, 1986), sondern er spiegelt auch die aktuelle Diskussion wider.

Die seit 1984 durchgeführte *Lernbörse Reisen* der Thomas-Morus-Akademie schafft ein jährliches Forum für intensiven Informationsaustausch und ist Gradmesser für die aktuellen Entwicklungen. Die Veranstaltung, als „ITB des Jugendreisens" bezeichnet, ist Vorreiter für Impulse und Aktivitäten. Dort wird der Grundstein für die seit 1986 vom Bundesjugendplan geförderten *Modellseminare für Jugendreisen und Internationale Begegnung* gelegt. Als trägerübergreifende Multiplikatorenfortbildung enthält das jeweilige Programm eine Reihe von Veranstaltungen, die dem Dialog von Forschung und Praxis, dem Entwickeln neuer Schulungskonzepte und der attraktiven Wissensvermittlung dienen. Träger der Seminarageobte ist der Verein *transfer*, Köln.

Mittlerweile wird diese Neuorientierung als *Zweite Jugendtouristische Bewegung* bezeichnet. Das Thema rückt wieder mehr in den Blickpunkt des öffentlichen Interesses. Jugendreisen wird zum wesentlichen Vorreiter für allgemeine touristische Fragen. Schlagworte wie „Anders Reisen" und „Sanfter Tourismus" sollen zu einem Umdenken und zu konkreten Einstellungsänderungen führen. In der Praxis wird die Umsetzung dieser Inhalte forciert (vgl. Gehlen, Hirschfeld, Meisterknecht, 1988). Das Projekt *„Jugendreisen mit Einsicht"* unter Federführung des DJH entwickelt Modellreisen, bei denen soziale, kulturelle und ökologische Aspekte im Mittelpunkt stehen (vgl. DJH, 1994): „Vom Wissen zum Machen" ist das Motto für neue Schulungs- und Seminarformen (vgl. Gehlen, 1991).

Entgegen den Erwartungen stieg mit Öffnung der innerdeutschen Grenze 1989 die Zahl der reisenden Jugendlichen sprunghaft auf 12,7 Mio. Personen an.

Bisher organisierten Partei und Staat die Kinder- und Jugenderholung in der DDR mit Hilfe von Betrieben, Schulen, des Deutschen Gewerkschaftsbundes (FDGB), der Freien Deutschen Jugend (FDJ) und den Pionierorganisationen. Die ostdeutschen Jugendlichen zahlten durchschnittlich für einen dreiwöchigen Aufenthalt zwischen 10,- und 30,- Mark (Ost), abhängig vom Einkommen der Eltern. Die fast 100% Kostenübernahme erfolgte durch den Staat, die Betriebe und den FDGB. Viele Eltern erhielten Sonderurlaub von ihren Betrieben und arbeiteten als Lagerbetreuer mit. 1981 nahmen über 1,0 Mio. Kinder an Betriebsferienlagern teil. Es standen etwa 5.000 gewerkschaftliche Betriebsferienlager für die Kinder und Jugendlichen der Belegschaften zur Verfügung. Zusätzlich konnten 48 Zentrale Pionierlager ca. 100.000 Teilnehmer in den Sommerferien aufnehmen, die z.T. auch für eine Ganzjahresbelegung ausgestattet waren. Pionierlager boten zwischen 500 und 1.200 Personen Platz (vgl. Altenburger,

1993). Der Professionalisierungsgrad, z.B. der Pionierlager war durch eine Vielzahl hauptamtlicher Mitarbeiter sehr hoch. Die vielfältigen Programmangebote richteten sich auf Sport, Natur und Kultur, wobei die Absicht sozialistischer Erziehung nicht zu leugnen war.

Auslandsreisemöglichkeiten vermittelte seit seiner Gründung 1975 das Jugendreisebüro der FDJ, *Jugendtourist*, an Jugendliche bis 25 Jahren. Neben den bekannten Jugendtouristhotels im Inland wurden fast ausnahmslos Reisen in Ostblockländer gemacht. Die Zuteilung erfolgte nach besonderen Kriterien und galt als Belohnung für besondere Leistungen. Im Zusammenhang mit einer Delegation durften FDJ-Mitglieder sogar ins westliche Ausland reisen. Jugendtourist vermittelte 1988 über 380.000 Reisen in das sozialistische Ausland. Häufig folgten diese Reisen der Maxime zur „Völkerverständigung", denn intensive Kontakte und Gegenbesuche schlossen sich an (vgl. Zeit im Bild, 1981, S. 289 ff.; Müller, 1993).

Neben der organisierten Kinder- und Jugenderholung reisten viele auch mit der Familie oder den Freunden. Die wachsende Beliebtheit des Campings und die große Zahl von Wochenendhäusern zeugten von dem Wunsch nach individuellen Urlaubsformen abseits kollektiver Organisiertheit.

Obwohl die politischen, ökonomischen und rechtlichen Rahmenbedingungen der DDR hemmend auf touristische Aktivitäten wirkten, lassen empirische Studien keinen Zweifel daran, daß das Reiseinteresse der ostdeutschen Jugendlichen ungebrochen war. Von den erreichbaren Ländern lagen die ehemalige Tschechoslowakei und Ungarn auf den vordersten Plätzen der Beliebtheit, die gefragtesten Wunschziele waren Österreich und Frankreich. Erst auf Platz 3 stand der Reisewunsch in die damalige Bundesrepublik (vgl. Schmidt, 1990).

5.4 Zukünftige Angebotsformen im Jugendtourismus – Wohin geht die Reise?

Die Reiseangebote Mitte der 90er Jahre sind vielfältig. Konfessionelle Reisedienste, Jugendverbände und Ferienwerke werden weiterhin eine wichtige Funktion haben. Ihre Programme und die internationalen Begegnungsangebote werden mit stark rückläufigen Fördermöglichkeiten zu kämpfen haben. Einsparungen bei Bund und Ländern werden einen erheblichen Druck ausüben. Eine gewisse Abkehr von großen Verbänden ist insgesamt zu verzeichnen. „Ade Turnvater Jahn" sagten mehrheitlich Jugendliche aus Hessen bei einer Befragung. Sie suchen zwar Fitneß und Körpererfahrung, dies aber abseits von starren Vereinsstrukturen. Die Verbände verzeichnen ernsthafte Abwanderungstendenzen.

Die Jugendlichen selbst werden mehr Gehör finden. Ihre Reiseabsichten, Ansprüche und Erwartungen gehen stärker in die Angebotsplanung mit ein. Abschließend sind einige Entwicklungstendenzen zu nennen.

Trend zu höherer Qualität
Jugendliche werden mehr und mehr zu einer stark umworbenen Zielgruppe. Die voranschreitende Adaption an die Erwachsenenwelt führt Kinder und Jugendliche zu mehr Eigenständigkeit, eigener Urteilsfähigkeit und früherer Einbeziehung in die „Welt der Erwachsenen". Sie sind die Konsumenten von heute *und* morgen. Ähnlich wie bei Erwachsenen gewinnen Freizeitaktivitäten mehr an Bedeutung. Bei einem gleichzeitigen Überangebot von Informationen (u.a. durch TV-Reisesendungen, Zeitschriften, Reisebücher) fällt die Auswahl schwer. Nur die professionelle Präsentation, z.B. durch ansprechende Reiseprospekte hat eine Chance auf dem Käufermarkt und kann sich in den Reisebüros durchsetzen.

Damit das Angebot keine Mogelpackung wird, müssen qualifizierte Mitarbeiter/Reiseleiter, hochwertige Freizeit- und Sporteinrichtungen und eine gelungene Reiseorganisation dahinter stehen. Der Trend zur höheren Qualität – zum *Markenprodukt Jugendreisen* – wird sich fortsetzen. Events und Lifestyle gehören dazu.

Jugendreiseforschung kann Klarheit schaffen, indem Kundenzufriedenheit und *Qualitätskriterien* genauer analysiert werden. Erste neue Erkenntnisse zeigen, daß neben den üblichen materiellen Aspekten (u.a. Zimmer, Verpflegung, Wetter) gerade die immateriellen Qualitätsmerkmale zu berücksichtigen sind. Das hochwertige Jugendreiseangebot ist an sozialen (Gemeinschaftsfreuden) und ichbezogenen Merkmalen (Selbständigkeit) auszurichten (vgl. Braun, Müller, 1996).

Trend zum Erlebnisurlaub
Die Urlaubsangebote treffen auf ein Bündel von jugendlichen Reisemotiven. Zu den wichtigsten gehören Spaß, intensiver Genuß, Gesellschaft und Ungezwungenheit (vgl. Braun, 1995, S. 43 ff.) sowie Flirt und Liebe (vgl. Kosmale, 1988). Die „Jugendreisestudie Sommer 1994", eine von RuF-Reisen in Auftrag gegebene Studie, befragte 8.100 Jugendliche im Alter von 11 bis 25 Jahren nach ihren Wünschen. Hedonistische Beweggründe stehen im Urlaub an erster Stelle.

Der Urlaub soll insgesamt ein *Erlebnis* sein. Nur ein Urlaubsziel, eine Hauptbeschäftigung oder nur eine Sportart sind für einen Urlaub zu wenig. Da es die noch nie dagewesene Urlaubsform nicht gibt, werden bekannte Standards neu verpackt, inszeniert und dadurch intensiver erlebt. Die Spirale von Sport-Erfindungen verweist auf die zunehmenden Bedürfnisse nach ultimativen Abenteuern. Thrilling beschreibt die Lust an der Angst, den Spannungsreiz und Nervenkitzel. Extremsportarten (z.B. Rafting, Snowboarding, Canyoning) verzeichnen hohen Zuwachs. Es sind vor allem solche Sportangebote, die keinen großen Lernaufwand erfordern aber authentische Erfahrungen garantieren.

Trend zum Cluburlaub
Der Alltag vieler Jugendlicher ist durch Tendenzen der Individualisierung gekennzeichnet. Dieser Prozeß ergibt sich sowohl durch familiäre Lebensumstände als auch durch gesellschaftliche Entwicklungen. Die Familie wird kleiner, zum Großteil wach-

sen Jugendliche als Einzelkinder auf, und der Wunsch nach persönlicher Freizügigkeit wächst. Diese Tendenzen stehen im vermeintlichen Widerspruch zur Suche nach Gruppenzugehörigkeit und Wir-Gefühl, eins der wichtigsten Entscheidungskriterien für eine organisierte Jugendreise. Gesucht wird die Reisegruppe zur Überwindung der eigenen Unsicherheit und zur Nutzung der Serviceangebote (Transport, Unterkunft, Verpflegung). Die sozialen Beziehungen dürfen dabei nicht fehlen. Gruppendynamik ist wichtig. Der Wunsch nach Ungezwungenheit in überschaubarem Rahmen erzeugt eine verstärkte Nachfrage nach Urlaubsformen mit *Clubcharakter* (vgl. Götz, 1995). Angemessene Animation, Kontaktmöglichkeiten mit vielen anderen, Inszenierungserlebnisse treffen das Bedürfnis nach Individualität ohne gleichzeitig die Nähe und den Spaß in der Gruppe auszuschließen. Der individuelle Gruppenurlaub im Club (z.B. ein Camping-Club-Dorf), das Reiseangebot mit vielen Optionen, erfreut sich steigender Beliebtheit. Patchwork-Identität beschreibt die Widersprüchlichkeit und die Stilbrüche.

Trend zur Internationalität
Jugendreisen werden zuküftig in einem *internationalen Umfeld* stattfinden. Jugendliche leben in einem Europa mit immer weniger Grenzen, in einer Informationswelt mit weltweiter elektronischer Kommunikation (u.a. Internet, CRS) und einer Selbstverständlichkeit der Nutzung. Die zielgruppengerechte Ansprache ist untrennbar mit zeitgemäßen technischen Niveau verbunden (vgl. ETC, 1995).

Jugendliche zeigen mit ihrer großen Reiseerfahrung zunehmend Interesse an Auslandsreisen. Verbunden mit hohem Informationsgrad und unterstützt durch größtenteils gute Sprachkenntnisse, suchen sie nach Angeboten, die ihre Reiselust unterstützen. Inter-Rail innerhalb 28 europäischer Länder, Vergünstigungen mit der Europäischen Jugendkarte „Euro 26" (ca. eine Viertel Millionen Leistungen/Angebote zu günstigen Konditionen bei Inspruchnahme, zur Zeit ca. 3 Mio. Benutzer), Zimmerreservierungen europaweit mit dem „International Booking Network" des DJH und Globetrotter-Treffbörsen über die Mit-Bahn-Zentrale der Deutschen Bundesbahn sind einige Beispiele dafür. Das Reiseangebot von morgen wird kompetent, erfahren und in der richtigen Sprache von Jugendreise-erfahrenen Spezialisten angeboten werden. Spezialisten, die sehr viel über ihre Zielgruppe wissen wollen. Denkbare internationale Reiseangebote sind der Jugend-Ferienclub, indem Jugendliche aus vielen Ländern zusammentreffen und gemeinsam Urlaub machen. Unterschiedliche Wünsche nach Geselligkeit, Kontakten und Vergnügen werden erfüllt.

Trend zu Synergieeffekten
Es ist erstaunlich, wie gering die Kontakte zwischen Feldern des Jugendtourismus und der Tourismusbranche sind. Diese geringe Bedeutung mag mit verpaßten Gelegenheiten der Vergangenheit zu tun haben. Nach vorn geschaut, scheint eine *engere Kooperation* sinnvoll, denn

- Reisebüros werden sich in Zukunft einer gestiegenen Nachfrage für Jugendreisen gegenüber sehen. Junge Leute fragen vermehrt diese Reisen nach und suchen bewußt die kompetente Beratung im Reisebüro (Informationsbedarf). Jugendreisen ist ein ideales Einstiegsprodukt für neue Kundengruppen.
  Viele Eltern spielen bei diesen Reiseentscheidungen eine gewichtige Rolle mit (vgl. FVW, 1995). Da ihnen der Aspekt Sicherheit für die Urlaubsentscheidung am wichtigsten ist, suchen sie ebenfalls nach intensiven Beratungsmöglichkeiten in Reisebüros;
- bereits eine Anzahl Hotels schafft Spezial-Angebote für junge Leute (z.B. durch Preisgestaltung, Freizeitangebote). Zusätzliche Unterkunftsanbieter werden das Urlaubs- und Freizeitverständnis Jugendlicher berücksichtigen, um für diese Zielgruppe attraktiv zu sein. Weniger fixierte Tagesabläufe, offene Freizeitangebote mit Wahlmöglichkeiten und Gelegenheiten zum Kennenlernen schaffen eine neue Nachfrage. Multioptionalität kann vielfältige Wünsche erfüllen. Ein gesteigertes Gesundheitsbewußtsein der Jugendlichen sucht nach adäquaten Verpflegungskonzepten;
- die Attraktivität der Transportmittel ist durch Preisgestaltung, Zeitplanung und Flexibilität zu steigern. Da junge Leute kritischer entscheiden und bewußter handeln sind Nischen für neue Reisemöglichkeiten zu suchen. Das Interesse an inhaltlichen Auseinandersetzungen mit Umweltproblematiken im Urlaub ist gering, jedoch ist das ökologische Alltagsbewußtsein bei Jugendlichen sehr hoch. Wenn sie verreisen, dann gehört umweltschonende Fortbewegung dazu. Es wird nicht verzichtet, um Umweltbewußtsein zu dokumentieren. Vielmehr wird von den Angeboten selbstverständlich erwartet, daß sie bestimmte ökologische Kriterien erfüllen. Ein gewisser Pragmatismus gewinnt an Raum.

Trend zum schnellen Trendwechsel
Jugendliche neigen dazu, nach kurzer Zeit ihre Trends zu wechseln, *„Trendzapping"* in einer rasanten Zeit. Bei allem ist man dabei, aber auf nichts läßt man sich so richtig ein. Abwechslung ist das Prinzip.

Noch vor 2 Jahren lud eine renommierte Zigarettenmarke zum 72-Stunden-Air-Rave zwischen Köln, Kreta und Amsterdam – eine Art moderner Butterfahrt – ein, heute scheint keiner mehr danach zu fragen. Das „himmlisch Neue" wird ausprobiert, eine Zeitlang genutzt und verschwindet wieder in der Versenkung. Die Frage nach den aktuellen Trends und Perspektiven von Jugendreisen bleibt immer neu zu stellen. Auf der Suche nach dem neusten Trend sind Jugendreiseanbieter gut beraten, ein wiedererkennbares Profil mit innovativen Ideen zu verknüpfen. Der bekannte Rahmen bleibt, jedoch mit wechselnden Inhalten (vgl. Horstmann, 1993).

5.5 Zukunftsaufgaben der Jugendreisepädagogik

Zum Schluß dieser Ausführungen bleibt die Frage nach den Zukunftsaufgaben der Jugendreisepädagogik zu stellen.

Ihre Aufgabe wird in Zukunft dort sein, wo ein konstruktiver Beitrag zur *Qualitätsdiskussion* im Jugendreisen zu leisten ist. Immer noch herrschen unklare Vorstellungen darüber, ob die Rechtsformen der Jugendreiseanbieter (gemeinnützig versus kommerziell) das jeweils bessere Reiseangebot per se hervorbringen. Hier tut Aufklärung und ein Stück Ehrlichkeit Not. Es ist zu wünschen, daß inhaltliche Zielsetzungen von Jugendreiseangeboten nicht zur Leerformel werden. Die Anbieter sollten ihre Standards offenlegen, die die Arbeit vor Ort leiten und dadurch deren Überprüfbarkeit und Meßbarkeit ermöglichen. Ein Beispiel: Wer sagt, Gesundheitsförderung ist unser Ziel, sollte in seinen Programmen entsprechende Angebote, wie z.B. „Sport-Buffets" aufnehmen, um angestrebten Inhalten auch jugendgerechte Präsentationsformen folgen zu lassen. Die Jugendlichen selbst werden dann entscheiden, ob ihr Lebensgefühl und die persönliche Lebenssituation dadurch angesprochen werden.

Ihre Aufgabe wird dort sein, wo es gilt, geeignete *Rahmenbedingungen* für innovative Reisekonzepte zu schaffen. Der Wunsch nach erlebnisvoller Erprobung der eigenen Grenzen, die Bewährung in Extremsituationen kann nur möglich sein, wenn mit Kreativität dafür Angebotsformen entwickelt werden. Wie kann beispielsweise ein Clubkonzept aussehen, in dem Ungezwungenheit und Erlebnis in überschaubarem Rahmen stattfindet. Erste vielversprechende Ansätze für Jugendcamping-Clubanlagen gibt es bereits. Die Weiterentwicklung wird unter dem Stichwort „Organisation von Freiheit" gesehen. Es gilt das Verhältnis von Verantwortung und Sorgfaltspflicht und dem Wunsch nach Abenteuer neu auszuloten.

Jugendreisepädagogik ist gefragt, wo die Internationalität, die Begegnung mit Land und Leuten zwangsläufig zu Konflikten führt. Das Fremde ist anders und verunsichert. Das Zusammenleben in internationalen Gruppen braucht sorgsam *ausgewählte und ausgebildete Mitarbeiter*. Die Personalsuche, -ausbildung und deren Einsatzplanung wird eine zentrale Aufgabe sein. Vom Reiseleiter werden animatives Auftreten, soziale Kompetenz und Interkulturelles Management erwartet. „Wenn Du Spaß am Umgang mit Menschen hast, sportlich bist, Organisationstalent und Verantwortungsbewußtsein besitzt, über selbstsicheres Auftreten verfügst, offen und tolerant bist, dann suchen wir Dich!!!!", so wirbt beispielsweise eine Organisation für neue Mitarbeiter. Der Reiseleiter ist die Schlüsselfigur vor Ort und der Repräsentant des jeweiligen Jugendreiseveranstalters. Mit seiner Arbeit wird der Veranstalter identifiziert. Um dafür Fachpersonal zu bekommen sind zukünftige Modellversuche wünschenswert, die mit international zusammengesetzten Reiseleiterteams arbeiten. Ausreichende Kontakte von Jugendreiseanbietern im zusammenwachsenden europäischen Markt fehlen noch. Der Bedarf an qualifizierten Reiseleitern aus verschiedenen Ländern hingegen ist schon jetzt abzusehen.

Jugendreiseangebote werden neue Wege suchen, zwischen dem Interesse Jugendlicher, Neues kennenzulernen, ihrer Neugier und ihrer Orientierungssuche und den teilweise unangenehmen Lernerfahrungen in der Schule. Lernen wird bei Jugendlichen schnell mit starren Unterrichtskonzepten gleichgesetzt. Davon haben sie genug. Die potentiellen *Lernmöglichkeiten* auf Reisen sind groß. Sie liegen im Zusammenleben der Jugendlichen selbst und ihrer Begeisterungsfähigkeit für Land und Leute. Der Jugendreisepädagogik kommt daher eine große Bedeutung für angemessene Aufbereitung und Präsentation neuer Themen zu, um Gemeinschaftserleben und multikulturelle Erfahrungen möglich werden zu lassen.

Literatur

Altenburger, W. (1993): „Andere" Erfahrungen mit Kinder- und Jugendreisen in der DDR. In: Jugendreise Forum Info, Heft 2, S. 25–27.

Braun, O.L., G.F. Müller (1996): Urlaubsqualität: Was verstehen die Reisenden darunter? In: Jahrbuch der Absatz- und Verbraucherforschung, Heft 2, S. 197–206.

Braun, O.L. (1995): Sozial- und motivationspsychologische Aspekte des modernen Jugendtourismus. In: Gruppendynamik, Heft1, S. 39–50.

Breitenbach, D. (Hrsg.) (1979): Kommunikationsbarrieren in der internationalen Jugendarbeit, Bd. 1–5. Saarbrücken.

Danckwortt, D. (1959): Internationaler Jugendaustausch. München.

Deutsches Jugendherbergswerk – DJH (Hrsg.) (1994): Jugendreisen mit Einsicht – Projektdokumentation. Detmold.

ETC-European Travel Commission (Hrsg.) (1995): Der Europäische Jugendreisemarkt. Paris.

FVW – Fremdenverkehrswirtschaft (1995): Jugendreisestudie: Wie informieren sich Jugendliche?, Nr. 2, 1995.

Gayler, B.(1975): Der inhaltliche Wandel eines Begriffs. Jugendtourismus. In: Praxis der Sozialpsychologie, Bd. 4: Reisen und Tourismus, S. 83–90.

Gayler, B. (1993): Jugendreisen, Jugendtourismus. In: Hahn, H., H. J. Kagelmann (Hrsg.): Tourismuspsychologie und Tourismussoziologie. München, S. 378–385.

Gehlen, T. (1988): Entwurf eines pädagogischen Konzeptes zur Schulung von Ferienfreizeitbetreuern, Dipl.-Arb.. Universität Köln.

Gehlen, T., A. Hirschfeld, T. Meisterknecht (1988): Schüler reisen lieber anders. In: Schulpraxis, Heft 3, S. 16–17.

Gehlen, T. (1991): Sanftes Reisen – ein neues Tourismuskonzept. In: Materialien zur Europapolitik, Bd. 10, Reisen in der EG – Ein Beitrag zum Europa der Bürger. Bonn, S. 137–146.

Giesecke, H., A. Keil, U. Perle (1967): Pädagogik des Jugendreisens. München.

Götz, K. (1995): Qualifizierung von Animateurinnen und Animateuren im Jugendtourismus, Dipl.-Arb. Deutsche Sporthochschule Köln.

Graßl, A. (1953): Tourismus – Zeitgeschichtliche Beobachtungen. In: deutsche jugend, Heft 2, S. 16–22.

Hahn, H. (1965): Ferienwerke und Reisedienste für junge Leute. In: Hahn, H. (Hrsg.): Jugendtourismus. München, S. 41–53.

Horstmann, A. (1993): Das Freizeit- und Reiseverhalten von Jugendlichen. Eine Analyse von Nachfrage- und Angebotsaspekten im Jugendtourismus dargestellt am Beispiel des DJH-Reisedienstes Inland, Dipl.-Arb. Fachhochschule Fulda.

Kentler, H. (1965): Urlaub als Auszug aus dem Alltag. In: Hahn, H. (Hrsg.): Jugendtourismus. München, S. 63–72.

Korbus, T. (1993): Neue Angebotsformen im Jugendtourismus. In: Müller, W., A. Steinecke (Hrsg): Jugendreisen 2000. Trier/Starnberg, S. 84–88.
Korbus, T., Wl. Nahrstedt, B. Porwol, M. Teichert (Hrsg.) (1997): Jugendreisen: Vom Staat zum Markt. Analysen und Perspektiven. Bielefelder Jugendreiseschriften, Band 1. Bielefeld.
Kosmale, J. (1988): Reisemotiv Flirt und Liebe. Frankfurt a.M.
Liesen, F. (1978): Junge Leute bei kommerziellen Reiseveranstaltern. In: Jugendreisen – Jugendbegegnung. Starnberg, S. 27–29.
Müller, W. (1987): Von der „Völkerverständigung" zum „Interkulturellen Lernen". Starnberg.
Müller, W. (1993): Basisinformationen zum Jugendreisen in Deutschland und Fakten aus der Jugendreiseforschung. In: Müller, W., A. Steinecke (Hrsg): Jugendreisen 2000. Trier/Starnberg, S. 51–63.
Opaschowski, H. W. (1970): Jugendauslandsreisen. Darmstadt/Berlin.
Pöggeler, F. (Hrsg.) (1986): Jugendtourismus zwischen Erziehung und Kommerz. Detmold.
Schmidt, H. (1990): Touristische Interessen von jungen Leuten der fünf neuen Bundesländer. In: Jahrbuch für Jugendreisen und Internationalen Jugendaustausch. Starnberg, S. 7–17.
Studienkreis für Tourismus (1987-1992): Reiseanalyse 1987 – 1992 (RA 1987-1992). Starnberg.
Zeit im Bild (Hrsg.) (1981): Die DDR stellt sich vor. Dresden.

6 Tourismusleitbilder als kreativer Baustein einer ganzheitlichen Tourismusentwicklung am Beispiel Sächsische Schweiz

André Kaldenhoff und Alexander Seiz

6.1 Philosophie

Das touristische Leitbild ist ein Wegweiser, der durch schriftlich formulierte Zielsetzungen den Rahmen beschreibt, innerhalb dessen sich das zielorientierte Handeln aller am Tourismus Beteiligten bewegen soll. Gleichzeitig gibt es Auskunft über die Maßnahmen, die notwendig sind, um die gesetzten Ziele zu erreichen und dient der Orientierung für die weitere touristische Entwicklung.

Dies geschieht sowohl unter dem Gesichtspunkt der Anforderungen an einen modernen, ganzheitlichen, umwelt- und sozialverständlichen Tourismus, als auch unter dem Aspekt seiner Einbindung in übergeordnete Entwicklungsziele der Region als Lebens- und Wirtschaftsraum insgesamt.

Tourismusleitbilder sind nicht statisch, sondern dynamisch. Auf diese Weise entsteht eine den tatsächlichen Erfordernissen und Fähigkeiten entsprechende touristische Zielsetzung und ein solides Fundament für die Einleitung eines gewünschten Veränderungsprozesses. Die praktische Umsetzung bedarf der Unterstützung und Mithilfe aller Beteiligten und Interessierten. Deshalb darf ein Leitbild auf keinen Fall nur die Wünsche einiger weniger touristischer Leistungsträger berücksichtigen.

Was in erfolgreichen Unternehmen längst zur Selbverständlichkeit geworden ist, soll damit auf lokaler und regionaler Ebene auch im Tourismus Anwendung finden: die intensive und ständige Auseinandersetzung mit der eigenen Zukunft. Die Suche nach intelligenten und perspektivischen Lösungen wird Platz für den Entfaltungsspielraum künftiger Generationen lassen.

6.2 Die Ausgangssituation

Wenn Du ein Schiff bauen willst, dann trommle nicht Männer zusammen, um Holz zu beschaffen, Aufgaben zu verteilen und die Arbeit einzuteilen, sondern lehre die Sehnsucht nach dem weiten, endlosen Meer. (Antoine de Saint-Exupéry, zitiert nach Hinterhuber, 1996, S. 84 f.)

6.2.1 Wie es dazu kam....

Die Sächsische Schweiz zählt zu den bekanntesten Tourismusgebieten in den neuen Bundesländern. Durch die Gebietsreform wurden die ehemaligen Landkreise Pirna und Sebnitz unter dem gemeinsamen Namen Landkreis Sächsische Schweiz vereint. Somit ist der Landkreis mit dem Verantwortungsbereich des Tourismusverbandes identisch. Der Name Sächsische Schweiz beschreibt daher im Tourismusleitbild nicht nur das geographische Gebiet, sondern den gesamten Landkreis Sächsische Schweiz mit allen Städten und Gemeinden.

Nach der Wende sind im Zuge des Aufbaus Ost eine ganze Reihe von tourismusrelevanten Gutachten und Konzeptionen über die Sächsische Schweiz und deren weitere Entwicklung entstanden. Dieser Gutachteninflation sollte Einhalt geboten werden. Statt weiterer Planungen stand zunächst einmal „Gutachtenrecycling" auf der Tagesordnung. Eine ausgewählte, möglichst für die ganzheitliche Betrachtung des Tourismus relevante Gruppe von Menschen aus der Sächsischen Schweiz, vom Campingplatzbesitzer über die Vertreter der Nationalparkverwaltung und verschiedenen Planungsbehörden bis zum einzelnen Gastronom, bildeten einen „Runden Tisch". Es sollte endlich eine von der Basis getragene Richtschnur erarbeitet werden.

6.2.2 Tourismus als wichtiger Wirtschaftsfaktor in der Sächsischen Schweiz

Die Wald-Fels-Landschaft des Elbsandsteingebirges mit ihrer Umgebung übt seit mehr als 200 Jahren eine außergewöhnliche Anziehungskraft auf die Menschen aus und gilt als *die romantische Landschaft Deutschlands* schlechthin. Sie gehört traditionell zu den interessantesten Tourismusgebieten Europas.

Der Landkreis Sächsische Schweiz verfügt derzeit über ca.15.000 Gästebetten in den unterschiedlichsten Kategorien und Beherbergungsarten. In absehbarer Zeit ist damit zu rechnen, daß das Übernachtungsangebot erweitert wird, wenn die derzeit noch geschlossenen Beherbergungsbetriebe nach Klärung der Eigentumsverhältnisse, Umbau und Renovierung wieder eröffnet werden sowie die gegenwärtig im Bau befindlichen bzw. bereits konkret geplanten Neubauten zur Verfügung stehen.

Im Jahr 1995 wurden in der Sächsischen Schweiz insgesamt 1.172.544 Übernachtungen in Beherbergungseinrichtungen ab 9 Betten gezählt (vgl. Statistisches Landesamt, 1996). Bei einer Gesamtbevölkerung von ca. 150.000 Einwohnern entspricht das einer Fremdenverkehrsintensität von fast 8 Übernachtungen pro Einwohner allein im gewerblichen Bereich. Hinzu kommen noch zahlreiche Übernachtungen in nicht gewerblich vermieteten Unterkünften. Insgesamt leben nach internen Berechnungen 4.000 Menschen direkt vom Tourismus, was 10% der sozialversicherungspflichtigen Arbeitnehmer der Region entspricht.

Die Sehenswürdigkeiten der Sächsischen Schweiz und ihrer Umgebung sind kaum in Zahlen zu fassen. Vor allem die Bastei, die Festung Königstein, die Felsenbühne Rathen, der historische Stadtkern von Pirna, die Burg Stolpen und die Schlösser Weesenstein und Kuckuckstein sind ein Begriff. Sehenswert sind aber auch verschiedene Museen, wie die Kunstblumenschauwerkstatt in Sebnitz, verschiedene Park- und Gartenanlagen (Barockgarten Großsedlitz) sowie die Kirchen. Die größte und älteste Seitenraddampferflotte der Welt verkehrt das ganze Jahr über von Dresden in die Sächsische Schweiz. 1995 konnten mehr als 2 Millionen Besucher an ausgewählten touristischen Anziehungspunkten gezählt werden.

Betrachtet man die Sehenswürdigkeiten der Sächsischen Schweiz als Naherholungsgebiet für den Großraum Dresden, so liegt die tatsächliche Zahl der Tagesgäste um ein Vielfaches höher. Trotz fehlender statistischer Erhebungen schätzt der Tourismusverband Sächsische Schweiz die wirtschaftliche Bedeutung des Tagesausflugsverkehrs höher ein als die des übernachtenden Tourismus.

Die Erholungslandschaft der Sächsischen Schweiz verkörpert ausnahmslos traditionelle Wandergebiete. Den Touristen stehen reichlich 1.200 Kilometer markierte Wanderwege und 400 Kilometer markierte Radwege zur Verfügung. Eine nahezu einmalige gebietsspezifische Besonderheit sind die 1.099 freistehenden Kletterfelsen, die nach den strengen Regeln des traditionellen sächsischen Felskletterns auf fast 14.000 Routen bestiegen werden können.

Tab. 1: Übernachtungen im Freistaat Sachsen nach Reisegebieten 1993-1995 in Beherbergungsbetrieben ab 9 Betten

Übernachtungen	1993	1994	1995
Erzgebirge	1.470.232	1.616.760	1.882.240
Stadt Dresden	1.009.460	1.274.454	1.620.388
Burgen- und Heideland	542.094	825.089	1.193.244
Sächsische Schweiz	834.780	989.313	1.172.544
Oberlausitz	825.060	940.055	1.118.573
Leipzig	829.597	867.284	1.042.568
Vogtland	804.664	907.265	1.037.044
Sächsisches Elbland	487.958	513.026	631.188
Stadt Chemnitz	246.617	245.257	229.490
Westsachsen	111.718	209.684	217.618

(*Quelle*: Statistisches Landesamt des Freistaates Sachsen, 1993-1996)

Tab. 2: Fremdenverkehrsintensität 1995: Verhältnis Übernachtungen zu Einwohnern (an ausgewählten Beispielen)

	Übernachtungen absolut*	Einwohner	Übernachtungen pro Einwohner
Stadt Dresden	1.620.388	471.844	3,4
Sächsische Schweiz	1.172.544	159.045	7,4
Sachsen insgesamt	10.144.847	4.571.896	2,2

* nur Beherbergungsbetriebe ab 9 Betten
(*Quelle*: Statistisches Landesamt des Freistaates Sachsen, 1996)

Da auch die Übernachtungskapazität in der Sächsischen Schweiz von 1995 auf 1996 um ca. 20% gestiegen ist, muß mit weiteren Zuwachsraten der Übernachtungen gerechnet werden.

Viele der traditionellen Frei- und Hallenbäder wurden entsprechend den Anforderungen der EU-Richtlinien renoviert und modernisiert. Attraktive Freizeitbäder wie Neustadt und Sebnitz, moderne Sportzentren wie in Pirna oder Sebnitz erweitern das traditionelle Angebot, so daß dem Gast der Sächsischen Schweiz neben den kulturellen Ausflugszielen der Region, Dresdens und Prags auch an Regentagen der Aufenthalt nicht langweilig wird.

6.2.3 Herausforderungen für die Tourismusentwicklung in der Sächsischen Schweiz

Mit dem Projekt „Tourismusleitbild Sächsische Schweiz" haben die Verantwortlichen bewußt Neuland beschritten. Gerade in der Sächsischen Schweiz, die auf der einen Seite durch eine hochsensible Nationalparkregion geprägt ist und in der andererseits auf Grund der wirtschaftlichen Umstrukturierung und Neuorientierung die Bedeutung des Tourismus ständig wächst, ist die Entwicklung des Wirtschaftsfaktors Tourismus längst zu einer gesellschaftlichen Querschnittsaufgabe geworden.

6.3 Bausteine einer erfolgreichen Leitbildentwicklung

6.3.1 Voraussetzungen für die Leitbildentwicklung

Die touristische Entwicklung muß als ganzheitlicher und vernetzter Prozeß verstanden werden. Eine klare Zukunftsorientierung des Tourismus setzt voraus, daß die gesamte Region an einem Strang zieht. Die touristische Leitbildentwicklung stellt eine zeitgemäße und demokratische Methode dar, neue Wege zu beschreiten. Existieren keine klaren Vorstellungen über touristische Ziele, so liegen als Ergebnis von Gutachten häufig unlesbare 100-Seiten-Bücher oder handgeschriebene Konzepte vor, die kaum ein geplantes Vorgehen ermöglichen und keine klare Systematik erkennen lassen.

Vor dem Hintergrund tiefgreifender Veränderungen im touristischen Geschehen ist es besonders wichtig, intelligente Problemlösungen zu entwickeln. Ein zunehmend härterer Wettbewerb zwischen den touristischen Zielgebieten um den Gast, eine immer aufwendigere Finanzierung des touristischen Angebots bei ständig knapper werdenden öffentlichen Mitteln, anwachsende Kritik am herkömmlichen Tourismus und das steigende Unbehagen der Gäste und Einheimischen gegenüber touristischen Fehlentwicklungen verlangen nach der Suche harmonischer Wege zwischen Mensch und Natur.

Auch wenn es sich um einen schriftlich formulierten Orientierungsrahmen handelt, werden nur grundsätzliche Fragen geklärt, um den gemeinsamen Konsens nicht zu gefährden. Dieser mühsame Einigungsprozeß darf durch Detaildiskussionen nicht gefährdet werden. Primärerhebungen, spezifische Werbekonzepte, Lösungen von infrastrukturellen Standortfragen oder einzelne Betriebskonzepte dürfen nicht erwartet werden. Solche zu hohen Ansprüche können den Prozeß erschweren, ja sogar entscheidend gefährden.

Mangelnde Informationen, Unverständnis oder fehlendes Engagement der Verantwortlichen können ebenfalls Stolpersteine bei der Leitbildentwicklung sein. Fehlendes regionales Denken sowie das Nichtverständnis um übergeordnete Zielsetzungen und gesamtgesellschaftliche Tendenzen sowie tiefgreifende Meinungsverschiedenheiten zwischen den einzelnen Interessengruppen verlangen nach gezielter Lenkung und Moderation durch die externen Begleiter.

Der Beteiligung der einheimischen Bevölkerung wurde in allen Phasen der Leitbildarbeit besondere Aufmerksamkeit gewidmet. Ernstgenommen werden müssen auch die Belange derjenigen, die nicht oder nur gering vom Tourismus in der Sächsischen Schweiz profitieren. Für den touristischen Erfolg sind gastgebende Menschen ausschlaggebend. Die Entwicklung der touristischen Infrastruktur und Angebotsstruktur muß die Freizeit- und Erholungsbedürfnisse der Einheimischen integrieren. Eine diesen Leitlinien entsprechende Tourismusentwicklung kann in erheblichem Maße die Lebensqualität der Bevölkerung aufwerten und eine positive Einstellung zum Tourismus erreichen.

Bei der Festlegung des Maßnahmenplanes zum Abschluß der Leitbildarbeit wird deutlich werden, daß die vielen guten Ideen nur schwer zu realisieren sind. Häufig fehlende finanzielle Mittel, ineffiziente politische Strukturen gerade bei regions- oder grenzüberschreitenden Projekten, die Langfristigkeit von Natur- und Landschaftsschutz können demotivierende Auswirkungen auf die Leitbildarbeit haben.

Spätestens hier wird deutlich, wie wichtig eine gründliche und langfristige Planung des Gesamtprojektes ist.

6.3.2 Die Phase der Vorbereitung

Grundvoraussetzung für eine erfolgreiche Leitbildarbeit ist die ehrliche Bereitschaft aller Beteiligten zur offenen und kritischen Auseinandersetzung mit der gegenwärtigen Situation sowie zur konzeptionellen und visionären Arbeit an der eigenen Zukunft.

Bereits im Vorfeld mußte ein Konsens zwischen dem Tourismusverband und den politischen Leistungsträgern auf Landkreis- und Ortsebene hergestellt werden. Somit konnten Doppelgleisigkeiten vermieden und gute Voraussetzungen für eine breite Anerkennung des Leitbildes als Grundlage für die weitere Tourismuspolitik geschaffen werden.

Eine Hilfestellung durch externe Beratung bei der Erarbeitung und Umsetzung des Leitbildes bringt viele Vorteile. Die neutrale Sicht ermöglicht eine objektive Betrachtungsweise und Moderation während der Arbeitssitzungen. Eine Erfolgsgarantie können auch sie nicht geben, brauchen sie doch die Unterstützung und Zusammenarbeit mit wenigstens einer Handvoll engagierter Leute in der Region.

Während der Vorbereitung und der Leitbildarbeit muß einem vielschichtigen Kommunikations- und Koordinationsbedarf Rechnung getragen werden. Ohne die Einbindung der „Betroffenen" wäre ein solches Projekt nicht realisierbar gewesen. Rechtzeitig vor Beginn der Sitzungen wurden die Verantwortungsträger ausgewählt. Nur wenn die maßgeblichen Verantwortungsträger das Leitbild auch alle wollen, wird der Prozeß überhaupt beginnen können.

Damit die Beteiligten den möglichen Nutzen einigermaßen abschätzen können, muß die Erwartungshaltung abgefragt werden. Um den vielschichtigen Interessen Rechnung tragen zu können, war es ebenfalls notwendig, das Projekt mit übergeordneten Landesstellen wie Raumplanung, Heimat- und Naturschutz, Fachministerien, Branchenverbänden und Kreditinstituten abzustimmen.

Fachbereichsspezifisch wurde an alle Mitglieder der Projektgruppe ein Fragenkatalog verschickt, der neben einer Stärken/Schwächen-Analyse Zukunftspotentiale aufzeigen sollte. Informationen zu Planungen der einzelnen Einrichtungen sowie Erwartungen, Ziele und Wünsche ermöglichten einen aktuellen Informationsstand aller Teilnehmer bereits vor Beginn der ersten Projektgruppensitzung.

Für die Vorbereitungsphase muß genügend Zeit eingeplant werden. Der Erfolg der anschließenden Arbeit wird von den Teilnehmern und ihrer Kommunikations- und innovationsfähigkeit wesentlich beeinflußt. Eine gezielte Vorbereitung bietet Auftraggebern und externen Begleitern die Möglichkeit, ihre Erwartung für die gemeinsame Arbeit aufeinander abzustimmen.

6.3.3 Die Organisation

Die Projektgruppe
Die Erarbeitung des Tourismusleitbildes erfolgte in fünf ganztägigen Sitzungen einer Projektgruppe mit insgesamt über 50 Teilnehmern aus den unterschiedlichsten Lebens- und Arbeitsbereichen. Die Analyse der verschiedenen bereits verfaßten Gutachten wurde ebenso wie die Moderation der Sitzungen vom Beratungsteam FUTOUR Peter Zimmer & Partner aus München übernommen. Alle relevanten und aktuellen Positionen und Kernaussagen wurden dem Gremium vorgestellt und gemeinsam auf ihre Gültigkeit hin überprüft. Durch die Diskussion innerhalb der Projektgruppe ergaben sich zahlreiche Änderungen, Ergänzungen und Streichungen. Es handelt sich somit nicht um ein von externen Fachleuten erarbeitetes Papier vom „grünen Tisch", sondern um den wahren, hart erarbeiteten und echten Konsens in einer Region.

Der Projektbeirat
Ein Projektbeirat mit Vertretern aus der Politik, der Wirtschaft, des Landkreises, des Regierungspräsidiums und sächsischer Staatsministerien begleitete die Arbeit. Die endgültige Formulierung erfolgte ebenfalls in enger Abstimmung mit den Teilnehmern.

6.4 Das Tourismusleitbild Sächsische Schweiz

6.4.1 Die Analysephase – Wer sind wir?

6.4.1.1 Stärken-Schwächen-Analyse

Am Beginn der eigentlichen Leitbildarbeit stand eine aktuelle Stärken-Schwächen-Analyse. Grundlage dieser Bestandsaufnahme bildeten alle nach 1990 erarbeiteten Regionalentwicklungskonzepte. Vor der Durchführung weiterer Planungen wurde mit Hilfe der externen Begleiter durch ein intensives „Gutachtenrecycling" eine breite und konsensfähige Grundlage geschaffen.

Das konzeptionelle Material wurde auf seine Aktualität und Umsetzbarkeit hin untersucht und mit den neuesten Planungen abgestimmt. Die Herausarbeitung beruhte im wesentlichen auf den bereits vorhandenen Studien. Neben der gegenwärtigen Regionalstruktur standen die mit der touristischen Entwicklung zusammenhängenden Faktoren (natürliche Gegebenheiten, touristische Infrastruktur, Verkehr, Tourismuspolitik, Einstellung der einheimischen Bevölkerung zum Tourismus, Gästestruktur) im Mittelpunkt.

Die Zukunftspotentiale einer Tourismusregion bestehen neben der Konsolidierung und dem Ausbau der Positivfaktoren vor allem in der Bearbeitung der Schwachstellen. Wollen die Beteiligten neue Wege gehen, so dürfen sie nicht vor der eingehenden Diskussion der Schwächen zurückschrecken. Nur die offene Auseinandersetzung mit der eigenen Zukunft und die Kenntnis um die Schattenseiten des Tourismus kann Entwicklungspotentiale aufzeigen. So wurden im Leitbild sowohl Stärken als auch Schwächen als Zukunftspotentiale aufgefaßt.

Die *Stärken* der Tourismusregion Sächsische Schweiz liegen vor allem in folgenden Punkten begründet:

- aufgeschlossene, gastfreundliche Bevölkerung,
- Eigenart, Vielfalt und Schönheit der Landschaft (Erosionslandschaft, Elbsandsteingebirge, Nationalpark, Landschaftsschutzgebiet),
- vielfältige Kulturangebote und Baudenkmale (Felsenbühne Rathen, Festival Sandstein & Musik, Festung Königstein, Burg Stolpen, Schloß Weesenstein, Barockgarten Großsedlitz, Altstadt Pirna),
- Nähe zu Kulturstädten Dresden, Prag, Meißen,
- Angebotsvielfalt (Wandern, Klettern, Elbschiffahrt),
- rekonstruierte, modernisierte oder neue Übernachtungsmöglichkeiten,
- sehr gute infrastrukturelle Anbindung vor allem mit öffentlichen Verkehrsmitteln,
- relativ hoher Bekanntheitsgrad durch über 200-jährige touristische Tradition.

Schwächen bzw. Defizite wurden vor allem in folgenden Themenbereichen aufgedeckt:

- touristische Angebote,
- Regionalmarketing,
- Servicequalität und Dienstleistungsmentalität,
- zunehmende Verkehrsbelastungen durch Individualverkehr,
- sinkende Attraktivität des ÖPNV,
- mangelhafte Kommunikations- und Vertriebsstrukturen,
- nicht ausreichende Anerkennung des Tourismus als Wirtschaftsfaktor,
- komplizierte Infrastrukturförderung.

Diese Punkte bildeten die Grundlagen für den späteren Planungsprozeß.

6.4.1.2 Zielgruppen

Im Mittelpunkt aller touristischen Bemühungen steht auch in der Sächsischen Schweiz die Zufriedenheit der Gäste. Das verlangt eine intensive Auseinandersetzung mit Gästeeinstellungen, -wünschen und -kritiken. Es muß eine klare Gästestruktur herausgearbeitet werden, in deren Mittelpunkt die unterschiedlichen Erwartungshaltungen der Gäste stehen. Um genaue Zielgruppen definieren zu können, spielen neben dem Bewußtwerden um die Stärken der Region die Konkurrenzanalyse und allgemeine Trends und Entwicklungen eine wichtige Rolle.

Gesamtgesellschaftliche Trends wie der Bedeutungsgewinn kultureller Werte oder das Streben nach Persönlichkeitsentfaltung sind entscheidende Kriterien bei der Ansprache der Gäste. Menschen, die sich für das reichhaltige kulturelle Angebot der Sächsischen Schweiz begeistern, auf die Suche nach architektonischen und historischen Schätzen gehen möchten und im Urlaub sowie in der Freizeit bewußt ihre Gesundheit fördern und sich aktiv betätigen wollen, sind in der Sächsischen Schweiz besonders willkommen.

Dem starken Umweltbewußtsein kommt die Naturbelassenheit und der Schutzstatus der Landschaft zugute. So freuen sich die Gastgeber über diejenigen, die wegen der einmaligen Natur die Nationalparkregion Sächsische Schweiz besuchen, und denen eine intakte Natur ein echtes Anliegen ist.

Veränderungen in der Arbeitswelt soll mit einem ausgewogenen Angebot an Beherbergungsarten entgegengewirkt werden. Qualitätsbewußtsein und Professionalität der Dienstleister spielen dabei eine ebenso große Rolle wie der Aufbau eines zentralen, computergestützen Informations- und Reservierungssystems, um die Wünsche der Gäste schnell und flexibel erfüllen zu können. Bei der Angebotsgestaltung orientieren sich die Gastgeber vor allem an den differenzierten Wünschen der Gäste von heute, erschließen sich aber gleichzeitig neue Zielgruppen.

6.4.1.3 Problembereiche

Noch vor dem eigentlichen Planungsprozeß bietet eine zusammenfassende und klärende Bewertung der bereits erzielten Ergebnisse die Möglichkeit, auf Konfliktfelder hinzuweisen. Mit dieser Methode kann erreicht werden, daß die Leitbilddiskussion auch Themen behandelt, die von bestimmten Interessengruppen herauszuhalten versucht werden. Innerhalb der Projektgruppe zum Tourismusleitbild Sächsische Schweiz wurden einige Themen definiert, die die gesamte Region seit längerem intensiv beschäftigen.

Flexibles Reagieren auf Konfliktfelder muß in den Leitbildsitzungen möglich sein. Probleme sollten nicht ausgeklammert, sondern ernsthaft behandelt werden. Aus diesem Grund wurden immer wieder auftauchende oder im Hintergrund schwelende Probleme in einem gesonderten Punkt „Was uns besonders beschäftigt" behandelt. Zu diesen ambitionierten Themen gehören:

– der Nationalpark Sächsische Schweiz,
– die räumliche Differenzierung der Region,
– großflächige Freizeitanlagen,
– die Kurortentwicklung,
– der Ausflugsverkehr.

Nationalparkregion Sächsische Schweiz
Die Nationalpark Sächsische Schweiz umfaßt zwei charakteristische, ca. 93qkm große Ausschnitte des sächsischen Elbsandsteingebirges und bildet mit dem ca. 275 km großen Landschaftsschutzgebiet die Nationalparkregion Sächsische Schweiz. Die Nationalparkregion entspricht 41% der gesamten Kreisfläche des Landkreises Sächsische Schweiz. Im Nationalpark befinden sich zahlreiche, traditionelle touristische Zielpunkte, wie z.B. das Basteigebiet und das Kirnitzschtal. Sowohl zum Wandern als auch zum Klettern wird die Nationalparkregion gerne von den Gästen aufgesucht.

Räumliche Differenzierung
Im Nationalpark sowie in weiten Teilen der Nationalparkregion treten Nutzungskonflikte auf, die sich aus der Überlagerung von Nah- und Ferienerholung sowie von Erholung und Naturschutz ergeben. In Spitzenzeiten kommt es in der Nationalparkregion zu erheblichen Belastungen der Natur aber auch der Menschen.

Außerhalb dieses Gebietes sind dagegen auch hinsichtlich der Tourismusentwicklung noch verstärkt wirtschaftliche Impulse notwendig, um vor allem im ländlichen Raum Arbeitskräfte zu halten und Einkommen zu sichern. Aufgrund des unterschiedlichen Grades der bisherigen touristischen Nutzung sowie den notwendigen Beschränkungen durch die verschiedenen Schutzkategorien ist eine räumliche Differenzierung für die Formulierung konkreter Aussagen bezüglich der touristischen Entwicklung unumgänglich.

Großflächige Freizeitanlagen
Um den steigenden Ansprüchen der Gäste gerecht zu werden und ein saisonal- und witterungsunabhängiges Programm zu bieten, muß weiter an der Verbesserung und dem Ausbau des Freizeitangebotes gearbeitet werden. Dazu zählen durchaus auch einige ausgewählte großflächige Freizeitanlagen. Damit verbundene Gefahren wie der enorme Erschließungsdrang in Außenbereichen, die Zersiedelung der Landschaft, ein unkontrolliertes Verkehrsaufkommen und negative Auswirkungen auf Natur und Umwelt stellen einige sehr schwerwiegende mögliche Folgen einer falschen Erschließungspolitik dar.

Kurorteentwicklung
Mit ca. 50% des gesamten gewerblichen Übernachtungsaufkommens der Region bilden die fünf Kurorte Bad Gottleuba, Berggießhübel, Bad Schandau sowie die Kurorte Gohrisch und Rathen eine wichtige Säule für die weitere touristische Entwicklung. Ein gezielter Aufbau einer speziellen und aufeinander abgestimmten Kurorteinfrastruktur ist deshalb unumgänglich. Die Gesundheitsstrukturreform ist bei dieser Entwicklung Herausforderung und Chance zugleich.

Ausflugsverkehr
Viele Belastungen durch übernachtenden Tourismus und Ausflugsverkehr sind nur an bestimmten Stellen und an ausgewählten Tagen erkennbar. Die Nebenwirkungen des Individualverkehrs wie Staus, wildes Parken und Lärm- und Luftverschmutzungen spielen dabei eine entscheidende Rolle. Die höchsten Belastungen treten an schönen Wochenenden von April bis Oktober im Gebiet der Bastei, der Festung Königstein, im Kirnitzschtal bis Hinterhermsdorf und im oberen Bielatal auf. Allen diesen Anziehungspunkten ist gemeinsam, daß sie entweder im Nationalpark selbst oder in der Nationalparkregion liegen.

6.4.2 Die Planungsphase – Wo wollen wir hin?

6.4.2.1 Das 10-Punkte-Leitbild

Kern der Leitbildarbeit stellt das 10-Punkte-Leitbild dar. Es faßt die wichtigsten Visionen von der künftigen Gestaltung und Bedeutung des Tourismus in 10 knackigen Aussagen zusammen. Hierbei handelt es sich nicht um konkrete Ziele, sondern um ein gewünschtes, noch unklares und unfertiges Bild von der zukünftigen Gestalt der Region. Das 10-Punkte-Leitbild ist ein Handlungs- und Orientierungsrahmen. Es ist aber gleichermaßen ein ehrliches und gewolltes Bekenntnis, das im Handeln und Denken der Menschen der Region sichtbar verankert sein muß.

Vor diesem Hintergrund hat sich die Leitbildprojektgruppe zu folgendem bekannt:

- der Beteiligung der einheimischen Bevölkerung am touristischen Planungsprozeß,
- dem Erhalt und der Pflege der Natur und der Kulturlandschaft,
- der Bewahrung der Traditionen, Bräuche und Kulturgüter,
- einer behutsamen und angemessenen Entwicklung des Sport- und Freizeitangebotes,
- einer kontinuierlichen Qualitätsverbesserung in der Hotellerie/Gastronomie und aller touristischen Leistungsträger,
- einem guten partnerschaftlichen Verhältnis zur Land- und Forstwirtschaft,
- der Förderung einer Mobilität mit eingeschränktem Individualverkehr,
- der weiteren Verbesserung der Marketingaktivitäten,
- einer vertrauensvollen, grenzüberschreitenden Kooperation mit Böhmen,
- dem Tourismus als Keimzelle der nachhaltigen Regionalentwicklung und tragendem Wirtschaftsfaktor.

6.4.2.2 Die Formulierung der Ziele/Strategien

Bei den Zielen handelt es sich um konkret beschriebene und festgelegte Etappen auf dem Weg zur Verwirklichung der Visionen. In dieser Phase spielten die Fragen der Realisierbarkeit, der Finanzierung und die entsprechende Terminierung zunächst eine untergeordnete Rolle. Erst im Anschluß ging es darum, langfristig haltbare Strategien zu formulieren, mögliche Zielkonflikte auszuräumen und die Realisierbarkeit zu bedenken, da ansonsten die Phantasie zu kurz gekommen wäre.

Folgende Visionen wurden durch die Projektgruppe für die Sächsische Schweiz herausgearbeitet:

Bevölkerung
Für den touristischen Erfolg sind gastgebende Menschen ausschlaggebend. Wir orientieren uns bei der touristischen Entwicklung an den Wünschen und Möglichkeiten der ortsansässigen Bevölkerung und plädieren für einen Tourismus von, für und mit den Bürgern der Sächsischen Schweiz.

Natur und Kulturlandschaft
Für uns stellen intakte Natur und eine aufgeschlossene gastgebende Bevölkerung zusammen das Kapital im Tourismus dar. Wir setzen uns daher konsequent für den Erhalt und die Pflege der Natur und Landschaft ein.

Kultur
Die Kultur ist wesentlicher Bestandteil des täglichen Lebens in der Sächsischen Schweiz. Wir erhalten uns bewußt unser Brauchtum und die alten Traditionen und legen eine besondere Sorgfalt auf den Schutz unserer einheimischen Kulturgüter.

Sport und Freizeit
Das Wandern und das sächsische Felsklettern sind die traditionellen Sport- und Freizeitaktivitäten in der Sächsischen Schweiz. Wir wollen eine behutsame und angemessene Entwicklung der Sport- und Freizeitangebote, orientiert an den Voraussetzungen dieser Region mit ihren verschiedenen Teilbereichen.

Beherbergung/Gastronomie/Dienstleistung
Die sprichwörtliche Sächsische Gastfreundlichkeit hat bei uns schon Tradition. Gastwirte und Hoteliers haben die Zeichen der Zeit erkannt und stellen sich auf neue Anforderungen und Kundenwünsche ein. Wir wollen unseren anspruchsvollen Gästen ein einmaliges Erlebnis bieten, das sich durch Originalität und ein ausgeprägtes Umweltbewußtsein auszeichnet.

Land- und Forstwirtschaft
Die Land- und Forstwirtschaft leisten einen erheblichen Beitrag für das touristische Angebot. Sie haben wesentlichen Anteil am Erhalt und der Pflege der Kulturlandschaft. Wir sehen uns als engagierte Partner der Bauern und Förster und bedenken ihre Anliegen und Wünsche bei unseren tourismuspolitischen Überlegungen.

Verkehr
Die Mobilität wird in den nächsten Jahren stark zunehmen. Im Tourismus reagieren wir sehr empfindlich auf die Nebenerscheinungen eines erhöhten Verkehrsaufkommens wie Lärm, Luftverschmutzung und Blechlawinen. Wir bemühen uns daher um eine Mobilität, die möglichst auch ohne Auto auskommt und räumen dem öffentlichen Nahverkehr eine absolute Vorrangstellung ein.

Marketing
Die Sächsische Schweiz ist eine der interessantesten Tourismusregionen in Deutschland und hat als Reisegebiet eine 200-jährige Tradition. Obwohl wir noch deutliche Zuwächse im gewerblichen Übernachtungsbereich verbuchen können, ergeben sich auch für uns aufgrund der derzeitigen Marktentwicklung im Reiseverkehr und der zunehmenden Konkurrenz Konsequenzen für eine verbesserte Marktbearbeitung.

Nachbarschaft zu Böhmen
Ob Einheimische oder Urlauber – alle statten unserem direkten Nachbarn, der Böhmischen Schweiz, gerne einen Besuch ab und schauen einmal über die Grenze. Wir werden durch den Dialog und gemeinsame Aktionen die Kooperation ausbauen.

Tourismuspolitik
Tourismus ist einer der wichtigsten Witschaftsfaktoren in der Sächsische Schweiz und trägt wesentlich zur Sicherung von Arbeitsplätzen und Einkommen bei. Tourismus darf daher nicht länger als eine rein freiwillige Aufgabe betrachtet, sondern muß als

Keimzelle einer nachhaltigen Regionalentwicklung mit positiven Auswirkungen und Anstößen für die unterschiedlichsten Wirtschafts- und Lebensbereiche begriffen werden.

6.4.2.3 Konfliktfelder und Ziele – Was uns besonders beschäftigt!

In der Phase der Planung dürfen Konfliktthemen nicht vernachlässigt werden. Da gerade bei den Schwachstellen die größten Entscheidungspotentiale liegen, sollten diese auch einen entsprechend hohen Stellenwert in der Leitbilddiskussion einnehmen. Es muß versucht werden, einen gemeinsamen Konsens – sollte dieser auch noch so gering sein – zu erreichen. Diese gemeinsam festgelegten Ziele können in Zukunft Ausgangspunkt einer Problemlösung sein. Die Verantwortlichen erkennen in dieser Phase sehr schnell, wie es um die Ehrlichkeit der einzlnen Beteiligten bestellt ist. In späteren Diskussionen kann man sich auf die schriftlich formulierten Ziele berufen.

Unter der Überschrift „Was uns besonders beschäftigt" wurden die Interessenkonflikte noch einmal schriftlich fixiert und nachfolgende Ziele formuliert:

Der Nationalpark
– Bekenntnis zum Nationalpark und zur Nationalparkregion als Chance für die Natur und die Gäste zugleich;
– Anerkennung der Notwendigkeit und Achtung von Schutzbestimmungen;
– Mitarbeit an Verkehrs- und Besucherlenkung in der Nationalparkregion;
– Initiierung qualitativ anspruchsvoller Informations- und Bildungsangebote;
– Zusammenarbeit mit der Nationalparkverwaltung bei der Markierung und Instandhaltung von Wanderwegen und Aussichtspunkten sowie bei der sachlichen Information von Anwohnern und Gästen.

Räumliche Differenzierung
Aufgrund des unterschiedlichen Grades der bisherigen touristischen Nutzung im Zusammenhang mit andersartigen natürlichen und kulturhistorischen Voraussetzungen und Sehenswürdigkeiten sowie den notwendigen Beschränkungen durch die verschiedenen Schutzkategorien ist eine räumliche Differenzierung für die Formulierung konkreter Aussagen bezüglich einer touristischen Entwicklung unumgänglich. Die Ferienregion Sächsische Schweiz wird aus diesen Gründen in drei „Räume" mit unterschiedlichen Entwicklungspotentialen eingeteilt:

Dabei dient der *wirtschaftliche Verdichtungsraum* im oberen Elbtal (Pirna, Heidenau, Dohna) vorwiegend der Erfüllung der übergeordneten wirtschaftlichen, sozialen und kulturellen Aufgaben.

In den *traditionellen Tourismusgebieten* der Nationalparkregion geht es um eine Sicherung des Wirtschaftsfaktors Tourismus und um eine qualitative Weiterentwicklung des Angebots.

Perspektivische Tourismusgebiete in Teilen des Osterzgebirges und des Lausitzer Berglandes eignen sich für eine touristische Erschließung. Durch quantitative Erweiterungen kann der Tourismus zu einem ergänzenden Wirtschaftsfaktor entwickelt werden.

Großflächige Freizeitanlagen
Unter Berücksichtigung und mit der Kenntnis der Gefahren einer Entwicklung großflächiger Freizeitanlagen können multifunktionale Freizeitanlagen, Sport- und Badeeinrichtungen, Feriendörfer, Campingplätze und auch Golfplätze das vorhandene natürliche und kulturelle Angebot der Sächsischen Schweiz ergänzen. Eine Standortwahl muß in jedem Fall einer Einzelprüfung unterliegen, mit der Regional- und Landesplanung abgestimmt sein und kommt nur außerhalb von Natur- und Landschaftsschutzgebieten in Frage.

Kurorte
Die fünf Kurorte der Region bilden eine wesentliche wirtschaftliche Säule der Region. Der Aufbau einer Kurinfrastruktur hat positive Effekte auf andere Tourismus- und Wirtschaftsbereiche. In den Kurorten wird die ideale Einheit zwischen Tourismus, Umwelt und Gesundheit verwirklicht. Die Beachtung der Erfordernisse einer erfolgreichen Kurorteentwicklung muß bei allen räumlichen und fachlichen Planungen auf allen Planungsebenen beachtet werden.

Ausflugsverkehr
Belastungen durch den Ausflugsverkehr sind nur an bestimmten Stellen und ausgewählten Tagen erkennbar. Den Anziehungspunkten ist gemeinsam, daß sie im Nationalpark oder zumindest in der Nationalparkregion liegen. Eine angepaßte und sinnvolle Besucherlenkung kann langfristig den Tagesbesucherverkehr während seiner Spitzenzeiten glätten. Die Beteiligten der Leitbildgruppe erkennen ihre Verantwortung und die Notwendigkeit ihres Beitrags zu einer Lösung der Verkehrsprobleme.

6.4.3 Die Umsetzungsphase – Wie erreichen wir unsere Ziele?

6.4.3.1 Vom Leitbild zur Maßnahme

Das schriftlich formulierte Leitbild ist nicht das eigentliche Ziel, sondern nur ein notwendiges Ergebnis, das als gemeinsame Basis für alle weiteren Aktivitäten dient. Die Umsetzung stellt den Kern der Leitbildarbeit dar. Sie ist Prüfstein für die Leistungsfähigkeit des Leitbildes. Man muß sich aber auch klar darüber sein, daß die Umsetzungsphase sehr arbeits- und zeitintensiv ist. Unsere Ziele haben beschrieben, was im Tourismus der Region in den kommenden fünf bis zehn Jahren erreicht werden soll.

Aus diesem Grund ist der Formulierung und Umsetzung der Maßnahmen und Projekte sowie der Gestaltung der dafür notwendigen Rahmenbedingungen besondere Aufmerksamkeit zu widmen.

Dazu gehört eine klare inhaltliche Beschreibung der Projekte sowie die Begründung der Notwendigkeit, die Festlegung von Prioritäten, Terminen und Verantwortlichkeiten und die grobe Klärung der Finanzierbarkeit.

Die Erarbeitung des konkreten Maßnahmenkataloges verlangt eine ideele und finanzielle Unterstützung durch die öffentlichen Einrichtungen der Region. Gerade bei kontroversen Themen müssen häufig auch unbequeme Entscheidungen getroffen werden. Wichtig ist auch, daß externe Fachleute in der Umsetzungsphase zur Verfügung stehen. Zwischen den Verantwortlichen beim Tourismusverband und den externen Begleitern muß ein ständiger vertrauensvoller Kontakt bestehen.

Weiterhin gehört zum organisatorischen Grundgerüst ein Kontrollorgan, wie zum Beispiel der Verbandsvorstand oder die Mitgliederversammlung. Aufgabe dieses Gremiums ist es, die Umsetzung der Maßnahmen voranzutreiben und zu überprüfen, ob alle anderen Projekte in der Region den im Leitbild festgeschriebenen Zielen entsprechen. Gerade in der ersten Phase der Umsetzung werden häufig Erfahrungen vor greifbaren Ergebnissen stehen. Erfolgserlebnisse sollen deshalb auch öffentlich diskutiert werden, um den gesamten Entwicklungsprozeß nicht zu gefährden.

Schon während der Erarbeitung des Leitbildes wurden erste Maßnahmen und Vorschläge für die Umsetzung definiert. Binnen eines Jahres wurde ein detaillierter Maßnahmenkatalog mit eindeutig definierten Aufgaben, Verantwortlichkeiten und dem entsprechenden Zeitrahmen erstellt. Die thematische Zuordnung und übersichtliche Darstellung erfolgte entsprechend der Visionen des 10-Punkte-Leitbildes.

In insgesamt vier Realisationsworkshops wurden mit der Projektgruppe, die schon das Leitbild erarbeitet hatte, alle von den Gemeinden eingereichten und selbst definierten Projekte auf ihre regionale oder kommunale Bedeutung hin überprüft. Kommunale Projekte wurden in die direkte Verantwortlichkeit der einzelnen Städte und Gemeinden gegeben. Maßnahmen, die für den regionalen Entwicklungsprozeß von Bedeutung sind, wurden entsprechend der oben angeführten Kriterien bewertet. Es wurde sichtbar, daß die vorgeschlagenen Maßnahmen häufig mit den im Leitbild definierten Defiziten identisch waren, so z.B.:

– bedarfsgerechte touristische Infrastruktur,
– zielgruppenorientierte touristische Angebote,
– Regionalmarketing,
– Alternativkonzepte zum Individualverkehr.

Verschiedene Einzelmaßnahmen wurden dabei häufig zu einem Projektvorschlag zusammengefaßt.

Abstimmung der Campinplatzplanung
In einer Arbeitsgemeinschaft Camping wird die weitere Entwicklung des Beherbergungssegments Camping entsprechend des Kapazitätsbedarfs abgestimmt. Gemeinsam mit potentiellen Investoren, den Gemeinden, dem Regierungspräsidium und der Nationalparkverwaltung soll unter fachlicher Anleitung des ADAC dieses Angebotssegment bedarfsgerecht ausgebaut werden.

Thematische Wanderwege und Routen
Durch den Aufbau thematischer Wanderwege und touristischer Routen (Sandstein, Flösserei, Malerweg, Deutsche Alleenstraße, Sächsische Weinstraße) wird zum einen die umweltverträgliche Freizeitaktivität „Wandern" ausgebaut, zum anderen dem Gast ein interessantes und zielgruppengerechtes Angebot unterbreitet.

6.4.3.2 Das Regionalmarketing

Am Beispiel des *Regionalmarketing* soll im folgenden die methodische Vorgehensweise bei der konkreten Umsetzung der Projekte beschrieben werden.
Die Aufgaben lauteten:

– Welche bestehenden Regionalmarketingaktivitäten gibt es bereits?
– Wie können diese verbessert und erweitert werden?
– Welche Unternehmen und Produkte lassen sich in das Regionalmarkeitng einbinden?
– Welche Marketingaktivitäten unterstützen das regionale Handwerk?
– Welche Produkte sind auch für den touristischen Verkauf interessant?
– Wie können solche Produkte den Gästen angeboten werden?
– Welche Sonderthemen und Events können das Regionalmarketing unterstützen?

Folgende Maßnahmen wurden gemeinsam entwickelt und beschlossen:

1. Herstellung eines regionalen Infoordners für touristische Leistungsträger mit touristischen Angeboten, wichtigen Adressen, Veranstaltungen, aktuellen Öffnungszeiten und Preisen.
2. Erarbeitung einer Liste mit regionaltypischen Produkten für Gäste und touristische Leistungsträger.
3. Stärkere Regionalvermarktung zwischen Landwirten und Gastwirten.
4. Einrichtung eines Regionalmarktes in der Tourismusmetropole Dresden.

6.5 Die ersten Erfolge

Unter Leitung des Tourismusverbandes wurde ein *Arbeitskreis Hotellerie/Gastronomie Sächsische Schweiz* ins Leben gerufen. In regelmäßigen Veranstaltungen wurde eine Plattform geschaffen, in der es gelang, einen Marketing-Pool zu organisieren. So konnte für 1996 ein gemeinsamer Messeauftritt des Tourismusverbandes und der Hotels auf wichtigen deutschen Tourismusmessen erreicht und ein durch die Hotelbranche finanzierter Info-Guide „Gruppenreisen" gedruckt werden.

Das Sächsische Ministerium für Landwirtschaft, Ernährung und Forsten hat ein *Pilotprojekt zur Regionalvermarktung landwirtschaftlicher Produkte* in der Gastronomie der Sächsischen Schweiz initiiert. Schon während der Erarbeitung des Tourismusleitbildes tauchten immer wieder Fragen der „regionalen Küche" und der Wunsch nach einem höheren Einsatz regionaler Produkte in der Gastronomie auf. Mit Verwendung von Produkten aus der einheimischen Landwirtschaft wird nicht nur die regionale Wertschöpfung erhöht, sondern durch kurze Transportwege ein Beitrag zur Senkung des enormen Verkehrsaufkommens geleistet. Für die Gastronomen bedeutet es einen Zugewinn an Profil und Imagefaktoren, wenn sie „einmalige und regionaltypische" Gerichte bieten bzw. auf den Speisekarten zusätzlich die Herkunft der Waren dokumentieren. Ein bisher einmaliges Probekochen im Dezember 1995 stellte Landwirten, Gastronomen und der Presse das Projekt vor. Über 90% der eingesetzen Waren kamen frisch von Landwirten aus der näheren Umgebung.

Bis es jedoch zu einer umfassenden Kooperation kommt, sind noch einige Hürden zu überwinden. Als nächstes wird eine Anbietergemeinschaft der interessierten Landwirte aufgebaut, die die Organisation und Formen der Zusammenarbeit festlegt. Die Gastronomen brauchen einen reibungslosen Lieferservice, gleichbleibend hohe Qualität und natürlich auch entsprechende Liefermengen.

Pilotprojekt *„Fahrrad am (Sächsische-Schweiz-) Bahnhof"*. Der Tourismusverband organisierte gemeinsam mit der Deutschen Bahn AG und der BIRIA Sachsen Zweirad GmbH Neukirch die Wiederaufnahme der Fahrradvermietungen auf den Bahnhöfen Pirna und Bad Schandau. Dazu wurde eigens ein *„Sächsische-Schweiz-Fahrrad"* entwickelt.

Unter dem Motto *„Gipfel zum Stürmen – Täler zum Erkunden"* präsentierte sich der Landkreis Sächsische Schweiz im Juni 1995 in der sächsischen Landesvertretung in Bonn. Unter Federführung des Landratsamtes und des Tourismusverbandes konnte eine Wirtschaftspräsentation organisiert werden, an der sich ca. 60 Unternehmen der Region und die Nationalparkverwaltung beteiligten. Als bleibende Erinnerung wurde durch die Sächsischen Sandsteinwerke Pirna eine detailgetreue Postmeilensäule vor dem Gebäude der Landesvertretung errichtet.

6.6 Vom Touristiker zum Regionalmanager

Die Leitbilddiskussion hat die Vorteile ganzheitlicher Tourismusarbeit verdeutlicht, gleichzeitig aber auch organisatorische Hürden aufgezeigt. In einer klassischen Ferienregion wie der Sächsischen Schweiz wird Tourismusmanagement zum Regionalmanagement. Herkömmliche Strukturen und Verbandsdenken müssen dabei aufgebrochen werden, wenn gesellschaftliche Querschnittsaufgaben gelöst werden sollen. Ambitionierte Themen verlangen ehrliches und persönliches Engagement und bedeuten eine erhebliche Aufgabenerweiterung.

Der Tourismusverband Sächsische Schweiz ist bei fast allen Problemen und Aufgaben für die weiteren Schritte verantwortlich. In vielen Fällen verläßt er damit seinen ursprünglichen Verantwortungsbereich und kümmert sich um Aufgaben wie Verkehrslenkung und Wirtschaftsförderung. Für die Teilnehmer, die sich oftmals aus der Privatwirtschaft rekrutieren, ist es nur bedingt möglich, für diese Projekte und Maßnahmen neben ihrem bisherigen Arbeitsfeld Arbeitszeit einzubringen.

Dennoch sind durch die schwierige wirtschaftliche Lage und dem immer stärkeren Konkurrenzkampf gerade derartige bereichs- und gemeindeübergreifende Projekte notwendig. Übereinstimmend wurde daher festgestellt, daß es an einer Institution fehlt, die sich für regionale und ganzheitliche Projekte verantwortlich zeigt, diese erarbeitet, begleitet und umsetzt. Für viele der Projekte kann die Finanzierung z.B. über EU-Förderung erfolgen. Bisher gibt es in der Region Sächsische Schweiz keinen Ansprechpartner, der projektorientiert und flexibel arbeiten kann und dennoch mit entsprechenden Kompetenzen ausgestattet ist.

Die Idee einer „Regionalagentur" wird aus diesem Grunde immer häufiger diskutiert. Sie erscheint besonders sinnvoll, da die in den Workshops genannten Aufgaben sicher wirtschaftlich erfolgreich wären, der Tourismusverband aber in seiner jetzigen Form nicht die Möglichkeit hat, diese Aufgaben optimal zu erledigen. Einer der wichtigsten Schritte muß es daher sein, das Thema „Regionalagentur" zu versachlichen und mit konkreten Inhalten zu besetzen. Erste Diskussionen wurden bereits durch den Tourismusverband Sächsische Schweiz eingeleitet.

Literatur

Büro für Tourismus- und Erholungsplanung (1995): Förderung der Region durch Tourismus. Berlin.
Ecotrans e.V. (Dezember 1995): Instrumente des verträglichen Tourismus. München.
FUTOUR (1994): Leitbildentwicklung. München.
Hinterhuber, H.H. (1996): Strategische Unternehmensführung, I: Strategisches Denken. 6. Aufl., Berlin, New York.
Tirol Werbung (1994): Ein Leitfaden für Leitbilder. Innsbruck.
Tourismusverband Sächsische Schweiz (1995): Tourismusleitbild Sächsische Schweiz. Pirna.
Tourismusverband Sächsische Schweiz (1995): Anspruch und Wirklichkeit – 1 Jahr danach. Pirna.
PROTOUR (1995): Hohes Venn-Eifel, Mit der Natur gewinnen .... Düren.
Statistisches Landesamt des Freistaates Sachsen (Hrsg.). Statistische Berichte des Freistaates Sachsen (1993-1996). Kamenz.

II   Implementierung von Marketing- und
     Fremdenverkehrskonzeptionen

1 Implementierung von Marketing- und Fremdenverkehrskonzepten am Beispiel von Tiroler Tourismusorten

Siegfried Walch

1.1 Einleitung

Bei der Implementierung oder Realisierung von Marketingstrategien handelt es sich um den Prozeß der erfolgreichen *Umsetzung von sach- und finanz-ziel-bezogenen Aufgaben* sowie der damit verbundenen *Durchsetzung bei den Anspruchsgruppen*. (vgl. Kühn, 1995, S. 8 f). Dabei werden Marketingpläne in aktionsfähige Aufgaben umgewandelt und es wird sichergestellt, daß diese Aufgaben so durchgeführt werden, daß sie die Ziele eines Planes erfüllen (vgl. Kotler/Bliemel, 1992, S. 1094; Meffert, 1994, S. 362).

Tab. 1: Implementierungskonflikte eines touristischen Marketing- oder Fremdenverkehrskonzeptes

	Implementierungskonflikte	
	Touristisch	Nicht-touristisch
ökonomisch	Positionierungskonflikt zwischen den Leistungserstellern im Ort: – unverträgliche Angebote – unterschiedliche Qualitäten	Ressourcenkonflikt mit anderen Wirtschaftsbereichen um Finanzmittel, Grundstücke, Mitarbeiter.

sozial	Konflikte durch unterschiedliche Interessen von Gast und Gastgeber:
	– Tourismusmüdigkeit
	– Rasche Veränderungen im Konsumentenverhalten
		Konflikte durch unterschiedliche Interessen von Touristiker und Nicht-Touristiker:
		– Tourismusfeindlichkeit
		  (Kulturelle Unterschiede,
		  Belastungen durch Verkehr)

ökologisch	Konflikte über die Art der touristischen Nutzung	Nutzungskonflikte mit außertouristischen Interessensgruppen

Erschwert wird diese Aufgaben durch die dezentrale Angebotsstruktur eines Ferienortes. Grenzen der gemeinsamen Leistungserstellung ergeben sich durch unterschiedliche Leistungsträger, die unterschiedliche Präferenzen unterschiedlicher Gästegruppen artikulieren. (vgl. Tschiderer, 1980, S. 55). Der Tourismus ist zudem Teil eines Gesamtsystems in dem wirtschaftliche, gesellschaftliche und ökologische Ansprüche im Widerspruch mit touristischen Interessen stehen. Tabelle 1 zeigt einen Überblick über touristische und nicht-touristische Konflikte, die bei der Implementierung von Tourismusstrategien auftreten können.

1.2 Anspruchsgruppen einer Tourismusorganisation

Die Implementierung von Tourismusstrategien bedeutet immer Veränderung des Systems Ferienort. Nach Haedrich erfordert Marketing im Tourismus eine stark gesellschaftsorientierte Denkhaltung, da im Tourismus Kundennutzen und gesellschaftlicher Nutzen häufig Hand in Hand gehen (vgl. Haedrich, 1993, S. 37). Diese Exponiertheit einer Tourismusorganisation resultiert daraus, daß sie einerseits durch ihre Tätigkeit öffentliche Interessen berührt, andererseits selbst durch Handlungen Dritter betroffen wird.

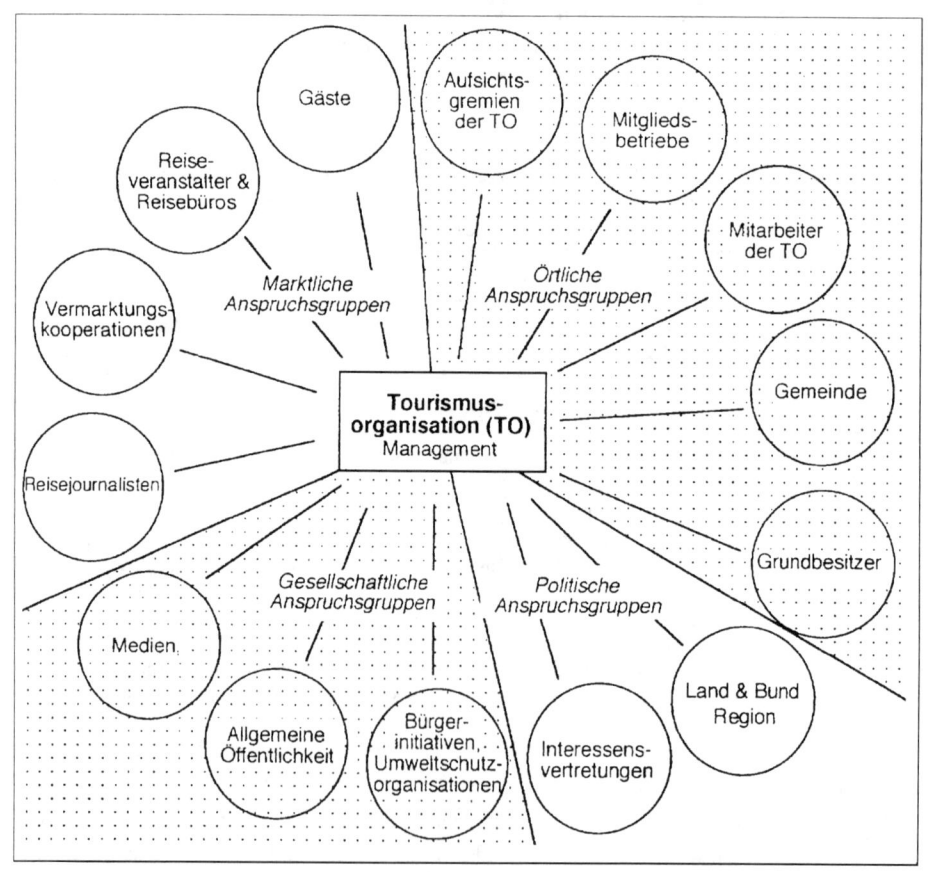

Abb. 1: Örtliche, marktliche, gesellschaftliche und politische Anspruchsgruppen einer Tourismusorganisation

Die Aufmerksamkeit muß deshalb den *Anspruchsgruppen* gelten, Individuen oder Gruppen, die die Ziele einer Tourismusorganisation beeinflussen oder von deren Zielen betroffen werden (vgl. Freeman, 1984, S. 25). Solche Gruppen können aus gesellschaftlichen oder marktbezogenen Ansprüchen mehr oder weniger konkrete Erwartungen an eine Unternehmung oder an die Tourismusorganisation ableiten und selbst oder durch Dritte auf deren Ziele Einfluß nehmen (vgl. Meffert, 1994, S. 188). Für das Management eines Ferienortes ist dabei eine Abgrenzung des Begriffs Anspruchsgruppe auf jene notwendig, die die Organisation spürbar positiv oder negativ beeinflussen können (vgl. Jeschke, 1993, S. 18).

Ein Tourismusort kann wie eine Unternehmung auf Dauer nur erfolgreich tätig sein, wenn er sich den Ansprüchen der Mitgliedsbetriebe, Gäste, Mitarbeiter, Lieferanten, Kapitalgeber, staatlichen Aufsichtsbehörden, verbündeten Organisationen und der Öffentlichkeit nicht entzieht. Allerdings darf die Tourismusorganisation nicht jedem Anspruch nachgeben, der an sie herangetragen wird, da sie damit ihre eigene Leistungsfähigkeit einschränken würde. Daher ist die Analyse der Anspruchsgruppen eine wesentliche Aufgabe des Tourismusmanagements und die Basis für die Durchsetzung von Marketing- und Fremdenverkehrskonzepten.

1.3 Die Aufgaben der Tourismusorganisation im Spannungsfeld der Wertdimensionen Effizienz und Legitimität

Die differenzierten Bedürfnisse der Anspruchsgruppen erfordern von der Arbeit einer Tourismusorganisation eine Balance zwischen Markt und Gesellschaft (vgl. Haedrich, 1993, S. 38). Dieses Gleichgewicht zwischen Effizienz (Wirksamkeit, Wirtschaftlichkeit) und Legitimität (allgemein anerkannt, berechtigt sein) wird durch die Tourismuspolitik eines Ortes bestimmt. Während unter der *Effizienz* die ökonomische Tragfähigkeit der Tourismuspolitik verstanden wird, handelt es sich bei der *Legitimität* um die Übereinstimmung nicht-ökonomischer Werthaltungen zwischen der Tourismusorganisation und den verschiedenen Anspruchsgruppen (vgl. Jeschke, 1993, S. 83).

Eine Differenzierung ist möglich, wenn diese beiden Kategorien in ihrer Bedeutung für die Anspruchsgruppen des Marktes und die Anspruchsgruppen der Region getrennt analysiert werden. Die Einschätzung der vier Bereiche durch 40 Entscheidungsträger in zehn Tiroler Tourismuszentren wird später dokumentiert. Einen Überblick über die Definition und Abgrenzung der vier Wertdimensionen für tourismuspolitische Zielsetzungen bietet die Tabelle 2.

Ein angestrebtes Gleichgewicht zwischen Effizienz und Legitimität stellt hohe Anforderungen an das Tourismusmanagement. Die Eigenschaften des „Produktes" Tourismusregion erfordern vom Management eine integrative Zusammenführung der einzelnen Teilleistungen bei gleichzeitigem Blick auf die Anforderungen des Marktes.

Daraus lassen sich vier zentrale Aufgaben für das Tourismusmanagement einer Region herleiten (vgl. Bieger, 1994, S. 24):

- Leitbild- und Managementfunktion,
- Interessensvertretungsfunktion,
- Angebotskoordinationsfunktion,
- Vermarktungsfunktion.

Tab. 2: Vier Wertdimensionen – Anforderungen an die tourismuspolitischen Zielsetzungen als Grundlage für deren erfolgreiche Implementierung

	Markt	Region
Wirtschaft	Effizienz nach außen	Effizienz nach innen
	Akzeptanz durch die Gäste und Vertriebspartner durch optimale Bedürfnisbefriedigung	Akzeptanz durch die regionalen Entscheidungsträger aufgrund wirtschaftlichen Erfolges.
Gesellschaft	Legitimität nach außen	Legitimität nach innen
	Akzeptanz durch die Politik und durch die Gesellschaft aufgrund einer intakten kulturellen Situation in den Feriengebieten.	Akzeptanz durch die regionale Bevölkerung aufgrund des subjektiven Wohlbefindens und aufgrund der Erhaltung des Gestaltungsrechts für zukünftige Generationen.
Umwelt	Akzeptanz durch die Politik und durch die Gesellschaft aufgrund einer verfügbaren und intakten Erholungslandschaft.	Akzeptanz durch die einheimische Bevölkerung aufgrund des Schutzes und aufgrund der Erhaltung des natürlichen Lebensraumes.

Meist wird von den Verkehrsämtern versucht, sämtliche Funktionen gleichzeitig zu bewältigen. Mit einer Aufteilung dieser Funktionen auf mehrere Organisationen könnten aber die jeweils notwendigen Fähigkeiten und Kontakte gezielt entwickelt und eingesetzt werden. Die derzeit häufige Ausgliederung von eigenen Verkaufsorganisationen für das regionale Tourismusmanagement trägt eine solchen Aufgabenteilung Rechnung. Bei organisatorischer Aufteilung der Aufgaben muß allerdings durch eine entsprechende Vernetzung sichergestellt werden, daß das notwendige Gleichgewicht zwischen den Anforderungen an die Effizienz und die Legitimität auch in operativen Bereichen berücksichtigt wird.

1.4 Implementierungsvoraussetzungen in der Tourismusorganisation

1.4.1 Einbeziehung der Anspruchsgruppen in die Planung

Als Basis für eine erfolgreiche Implementierung strategischer und funktionaler Konzepte dient ein Leitbild, in dem die Bedürfnisse der unterschiedlichen Anspruchsgruppen berücksichtigt werden (vgl. Hinterhuber, 1996, S. 69). Eine Tourismusorganisation muß wie ein Unternehmen die Anspruchsgruppen identifizieren und analysieren, die die Durchsetzung von Tourismuskonzepten oder Marketingplänen beeinflussen oder gefährden können. Unter Berücksichtigung der Interessenspluralität muß interaktiv ein Konsens erarbeitet werden, der einerseits legitimen Forderungen der Anspruchsgruppen genügt, andererseits jedoch der Tourismusorganisation ein ökonomisch sinnvolles Vorgehen gestattet (vgl. Haedrich/Jeschke, 1992, S. 177).

Anspruchsgruppen, deren Bereitschaft zur Teilnahme an Planungsprozessen aufgrund ihres unmittelbaren Interesses an der touristischen Entwicklung hoch ist, können in einer Kommunikationsgemeinschaft (vgl. Bleicher, 1994, S. 238) direkt mit der Tourismusorganisation zusammenarbeiten. Aber nicht alle Anspruchsgruppen sind bereit zur Mitwirkung. Daher sollten die Anspruchsgruppen der Tourismusorganisation nach folgenden vier Schritten analysiert werden (vgl. Janisch, 1992, S. 116 f.; Bleicher, 1994, S. 243):

(1) Anspruchsgruppenidentifikation:
Wer gehört zu den strategisch relevanten Gruppen?
(2) Ziele:
a) Wie erreicht der Tourismusort die Sicherung der sinnvollen Überlebensfähigkeit?
b) Welches sind die Nutzenvorstellungen der einzelnen Anspruchsgruppen, die jene mit Hilfe der Tourismusorganisation zu realisieren versuchen?
(3) Messung des Nutzens der Anspruchsgruppen. Welche Kennzahlen und Indikatoren geben Aufschluß über den Erfolg oder Mißerfolg der Nutzenbildung gegenüber den Anspruchsgruppen?
(4) Mittel/Nutzenpotentiale:
Welche Nutzenpotentiale schöpft die Tourismusorganisation zur Nutzenstiftung für Anspruchsgruppen aus?

1.4.2 Servicekultur und Projektmanagement

Ferienorte und -regionen brauchen die Fähigkeiten zur Veränderung ihrer Strukturen. Wenn diese Strukturen in vielen Ländern auch gesetzlich geregelt sind, bleibt meist ausreichend Spielraum zur Gestaltung der individuellen Situation.

Starre Hierarchien verleiten die Beteiligten zu dem Gefühl, daß sie die Kontrolle über das touristische Geschehen in ihre Region besitzen. Der Tourismus ist allerdings eine Dienstleistungsbranche. Er bedarf deshalb keiner mächtigen Funktionäre oder Tourismuspolitiker, sondern ein Klima des Dienens, in dem mit der Bereitschaft etwas zu bewegen und mit der Blickrichtung auf die Bedürfnisse der Anspruchsgruppen gearbeitet wird. Die Dienstleistungspyramide (Abb. 2) stellt die Hierarchien auf den Kopf, ganz oben stehen die Gäste und wichtigen Anspruchsgruppen. Die Mitgliedsbetriebe als die unmittelbaren Gästebetreuer haben Anspruch auf Unterstützung und Dienstleistung durch die Tourismusorganisation, diese wiederum darf sich Hilfe von den Tourismuspolitikern in den diversen Gremien erwarten.

Zukünftiges Tourismusmanagement in einer durch Servicekultur geprägten Region, könnte nach den Prinzipien des Projektmanagements erfolgen. Als Arbeitsgrundlage soll die Gemeindeführung gemeinsam mit der Tourismusorganisation ein Leitbild beschließen. Die Tourismusorganisation hat dann die Aufgabe, Projektteams zu speziellen Aufgaben in Arbeitsbereichen wie Orts- und Angebotsentwicklung, Vermarktung, Gästebetreuung, Tourismusbewußtsein, Know-how und Motivation usw. einzusetzen und zu betreuen. Jede Projektgruppe wird von einem Koordinator betreut, sämtliche Teams werden durch die Geschäftsführung vernetzt (vgl. Edinger, 1994, S. 10). Die traditionellen tourismuspolitischen Gremien können sich auf die touristische Interessensvertretung konzentrieren.

Produktkultur

"Wir managen unseren Ort!"

Servicekultur

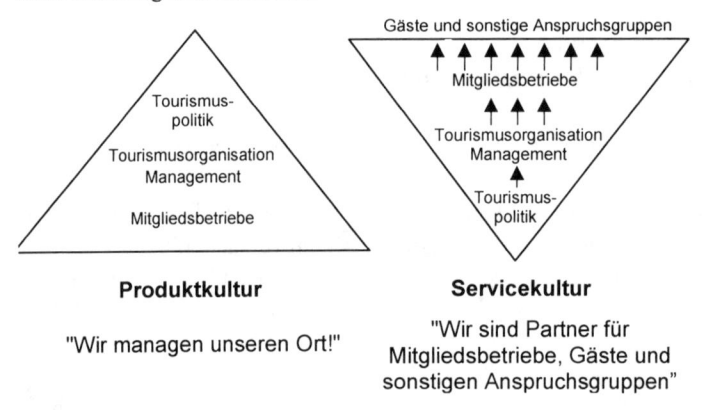

"Wir sind Partner für Mitgliedsbetriebe, Gäste und sonstigen Anspruchsgruppen"

Abb 2: Die Dienstleistungspyramide der Tourismusorganisation (vgl. Fuchs, 1991, S. 141)

1.5 Drei Ebenen im Marketing einer Tourismusorganisation

Die Marketingmix-Aktivitäten einer Tourismusorganisation wirken gleichzeitig nach innen (in der Region) und nach außen (auf dem Markt). Ein Zeitungsartikel über eine Tourismusregion, der in den Herkunftsländern der Gäste erscheint, beeinflußt auch das Selbstverständnis der Bewohner in der dargestellten Region. Das gilt auch für die Produktion von Werbemitteln, die bei Nichtgefallen so manches Ende einer Kurdirektorenkarriere beschleunigt haben.

In Anlehnung an Kotler lassen sich für die Implementierung von Tourismusstrategien drei Ebenen des Marketings definieren (vgl. Kotler/Bliemel, 1992, S. 668 ff.; Leopolder, 1996, S. 86). Abbildung 3 zeigt die Übertragung dieses Ansatzes auf die Implementierung von Marketingstrategien im Tourismus. So bedeutet der Einsatz der Marketinginstrumente im Außenmarketing die eigentliche Umsetzung einer Strategie, die Aktivitäten im Rahmen des Innenmarketings zielen auf die Durchsetzung einer Strategie in der Region ab. Werden beide erfolgreich durchgeführt, dann wird der Implementierungserfolg durch ein, den Strategien des Tourismusmanagements entsprechendes interaktives Marketing sichtbar.

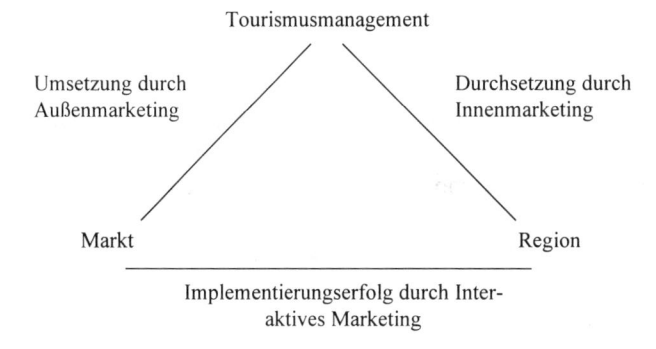

```
                    Tourismusmanagement
                         /\
Umsetzung durch         /  \         Durchsetzung durch
Außenmarketing         /    \        Innenmarketing
                      /      \
                     /        \
                    /          \
              Markt ―――――――――― Region
              Implementierungserfolg durch Inter-
              aktives Marketing
```

Abb. 3: Implementierungserfolg durch Interaktives Marketing

Externes oder Außenmarketing
entspricht dem klassischen funktionalen Marketingverständnis im Sinne des Einsatzes der Marketinginstrumente eines Tourismusortes, um Tourismusstrategien umzusetzen und die Bedürfnisse der marktlichen Anspruchsgruppen zu befriedigen.

Internes oder Innenmarketing
bedeutet die Durchsetzung der Tourismusstrategien bei örtlichen, gesellschaftlichen und politischen Anspruchsgruppen in der Region.

Interaktives Marketing
Das Interaktive Marketing ist schließlich als Resultat der Bemühungen im Innen- und Außemarketing zu sehen und bezeichnet die Gestaltung der Beziehung zwischen den Bereisten und den Reisenden sowie sämtlichen Anspruchsgruppen, die sich mit dem Ort oder der Region verbunden fühlen.

Die Tourismusorganisation sollte eine positive Einstellung der Bewohner zu den Gästen anstreben. Diese Verbundenheit kann als strategischer Erfolgsfaktor bezeichnet werden, wenn es gelingt ein hohes Maß an Verbundenheit zwischen Reisenden und

Bereisen zu erzeugen. Ein professionelles Management kann diese Erfolgsgrundlage nicht dem Zufall überlassen. Gelingt es, durch eine entsprechende Umsetzung des Marketingkonzeptes die Urlaubserwartungen der Gäste zu erfüllen und außerdem die Identifikation Menschen einer Region mit ihrem Angebot zu stärken, dann funktioniert das Interaktive Marketing. Dazu ein fiktives Beispiel:

In einem Ferienort mittlerer Größe verbringen 5.000 Gäste gleichzeitig ihren Urlaub. Wir nehmen an, daß jeder Einzelne im Durchschnitt täglich fünf Kontakte mit im Ort ansässigen und/oder arbeitenden Menschen hat. Das sind jeden Tag 25.000 Kontakte, die das Image eines Tourismusortes beeinflussen. Natürlich ist dieses Bild nur eine Zahl, die die Wirklichkeit nicht abbilden kann. Es macht aber deutlich, daß sich ein verantwortungsbewußtes Ferienortmanagement nicht leisten kann, die beschriebenen Interaktionen völlig dem Zufall zu überlassen.

Investitionen ins Außenmarketing bilden derzeit aufgrund ihrer scheinbar offensichtlichen Ertragskraft den Schwerpunkt der Budgets in den Tourismusorganisationen. Mitsprache bei der Planung der touristischen Zukunft, regelmäßige Information über die Ziele und Aktivitäten der Tourismusorganisation sowie eine organisierte Kommunikationsplattform für die örtlichen, gesellschaftlichen und politischen Anspruchsgruppen sind zentrale Elemente des Innenmarketings. Diese Aufgabe muß von vielen Tourismusorganisationen allerdings erst als zentraler Verantworungsbereich erkannt werden.

1.6 Ergebnisse einer empirischen Untersuchung in zehn Tiroler Tourismuszentren

1.6.1 Untersuchungsziele, -gebiet und -methoden

Eine Durchleuchtung des komplexen Beziehungsnetzes im Tourismusortes soll die Vorteile der Anspruchsgruppenorientierung für das Management von Ferienorten verdeutlichen. Dazu wurden folgende Untersuchungsziele formuliert:

(1) Untersuchung des Einflusses der einzelnen Anspruchgruppen auf die Ziele und die Arbeit einer Tourismusorganisation.
(2) Gewichtung der hierarchisch strukturierten Einflußfaktoren für den Implementierungserfolg durch die Entscheidungsträger im Tourismusort.
(3) Untersuchung der relativen Bedeutung von Außenmarketing und Innenmarketing einer Tourismusorganisation zur Erfüllung der Anspruchsgruppenbedürfnisse.

Als Grundgesamtheit für diese Erhebung wurden Tourismusorte und -regionen mit ca. einer Million Gästeübernachtungen, die unter der einheitlichen Führung einer einzigen Tourismusorganisation stehen, definiert. Diese Untersuchung bezieht sich auf das

Bundesland Tirol, dort werden ca. 42 Millionen Gästeübernachtungen pro Jahr erzielt, was etwa einem Drittel des österreichischen Tourismus entspricht.

Tab. 3: Der Einfluß der Anspruchsgruppen auf die Ziele und die Arbeit einer Tourismusorganisation. Verteilung von jeweils 100 Einflußpunkten

Örtliche Anspruchsgruppen		Marktliche Anspruchsgruppen	
– Vorstand und Aufsichtsrat des Tourismusverbandes	28,8	– Gäste (35,7) Stammgäste	24,6
– Mitarbeiter des Tourismusverbandes	10,6	Sonstige Gästezielgruppen	11,1
– Gemeindepolitik und -verwaltung	9,5	– Vertriebspartner (24,1)	
– Mitgliedsbetriebe (35,2)		Reiseveranstalter	10,3
Hotels	7,8	Reisebüros	6,4
Gasthöfe/Pensionen	3,8	Incomingagenturen	4,9
Privatzimmervermietungen	3,3	Anbieter von elektronischen	
Bergbahnen	11,0	Reservierungssystemen	2,5
Sonstige Freizeitinfrastrukturbetriebe	2,2	– Vermarktungskooperationen (17,4)	
Schischule, Bergsteigerschule	3,8	Regionalverband/	
Cafés, Pubs, Unterhaltungsbetriebe	1,5	Werbegemeinschaften	5,5
Örtliche Handels- und Gewerbebetriebe	1,8	Betriebliche Angebotsgruppen	
– Mitarbeiter der Mitgliedsbetriebe	1,9	(überörtlich organisiert)	2,7
– Grundbesitzer, deren Flächen		Tirol Werbung	6,0
touristisch genutzt werden	7,2	Österreich Werbung	3,2
– Vereine	4,3	– Sonstige Marktpartner (22,9)	
Sonstige Ortsbevölkerung	2,4	Reisejournalisten	9,1
		Beratungsunternehmen	3,2
		Marketingagenturen	5,3
		Veranstaltungsorganisatoren	5,3
Gesellschaftliche Anspruchsgruppen		Politische Anspruchsgruppen	
– Medien (ohne Reisejournalismus)	37,2	– Region (Nachbargemeinden,	
– Allgemeine Öffentlichkeit	29,9	Bezirksverwaltung)	22,6
– Umweltschutzorganisationen	10,0	– Verwaltungsbehörden Land	20,4
– Bürgerinitiativen	4,3	– Verwaltungsbehörden Bund	5,1
– Schulen	6,6	– Landesregierung und Landtag	19,2
– Universität	5,6	– Bundesregierung und Parlament/	
– Kirche	6,5	Bundesrat	7,9
		– Wirtschaftskammer	9,4
		– Arbeiterkammer	4,6
		– Landwirtschaftskammer	7,0
		– Politische Parteien	3,9

Bei diesen Tourismuszentren handelt es sich um Sölden, Ischgl, St. Anton am Arlberg, Neustift im Stubaital, Seefeld in Tirol, Mayrhofen, Tux, Wildschönau, Kirchberg in Tirol und Kitzbühel.[1] Um alle Entscheidungsträger eines Tourismusortes in die Befragung miteinzubeziehen, wurden pro Tourismuszentrum vier Interviews durchgeführt:

---

[1] Sieben der zehn Tiroler Tourismuszentren erreichen eine Million Gästeübernachtungen pro Jahr zumindest einmal im Verlauf der letzten zehn Jahre. Zwei Gemeinde erreichten diese Marke in diesem Zeitraum nur ganz knapp nicht und die Gemeinde Tux erfüllt dieses Kriterium mit einem

Funktionär: Der Obmann des Tourismusverbandes.
Unternehmer: Ein Hotellier, der weder als Politiker noch als Tourismusfunktionär aktiv ist.
Manager: Der Tourismusdirektor.
Politiker: Der Bürgermeister des jeweiligen Tourismuszentrums.

Als Fachleute, die der Grundgesamtheit der örtlichen Entscheidungsträger zugehörig sind und von deren Reaktion wichtige Erkenntnisse für die Untersuchung zu erwarten sind, wurden die Inteviewpartner individuell und mündlich befragt. Die Gefahr der selektiven Wahrnehmung im individuellen mündlichen Interview konnte durch standardisierte Methoden wie die Konstant-Summen-Skala und den Analytic-Hierarchy-Process minimiert werden.

Abbildung 4 zeigt, wie die Einflußverteilung der Anspruchsgruppen auf die Ziele und die Arbeit einer Tourismusorganisation eingeschätzt wird. Dabei wurden die örtlichen, marktlichen gesellschaftlichen und politischen Subsysteme getrennt abgefragt. In Summe konnten jeweils 100 „Einflußpunkte" an die einzelnen Anspruchsgruppen eines Subsystems verteilt werden.

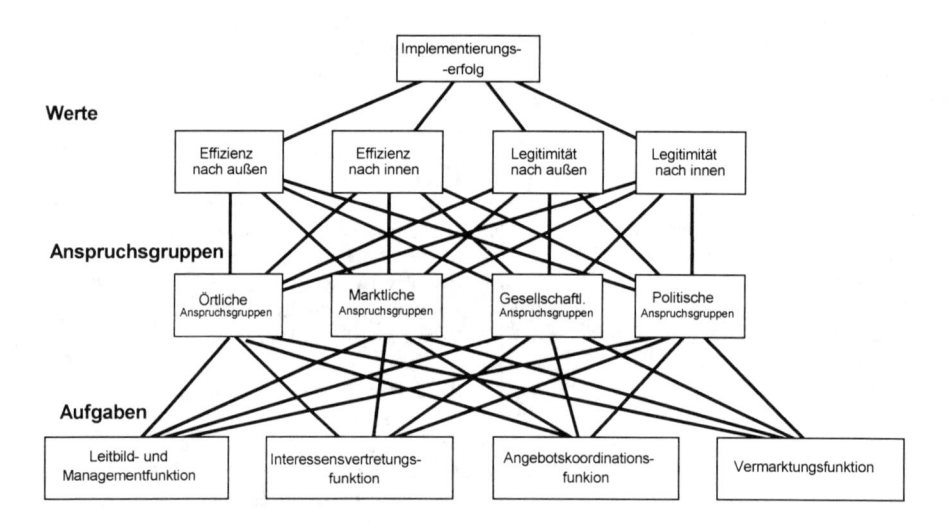

Abb. 4: Das Wirkungssystem des Implementierungserfolges für Tourismusstrategien

Für die Interpretation dieser Daten sind auch die Ergebnisse aus dem nächsten Untersuchungsschritt über die relative Bedeutung der einzelnen Anspruchsgruppen-Subsysteme für eine erfolgreiche Implementierung von Tourismusstrategien zu beach-

---

Höchststand von 850.000 Übernachtungen nicht. Aufgrund der strukturellen Ähnlichkeit mit den neun größten Tourismusgemeinden und aufgrund des großen Abstandes zu den nächstgrößeren Orten (ca. 650.000 Übernachtungen) wurde Tux jedoch in diese Untersuchung miteinbezogen.

ten. Höchste Bedeutung wurde den örtlichen Anspruchsgruppen (3529) beigemessen, gefolgt von den marktliche Anspruchsgruppen (3052) den gesellschaftlichen Anspruchsgruppen (2220) sowie den politischen Anspruchsgruppen (1198).

1.6.2 Einflußfaktoren für den Implementierungserfolg

Mit Hilfe des Analytic Hierarchy Process (AHP) wurde das komplexe Entscheidungsproblem „Implementierungserfolg" analysiert.

Beim AHP handelt sich um eine Lösungsmethode zur Strukturierung eines komplexen Problems, die von T.L. Saaty in den 70er Jahren konzipiert wurde. Im AHP wird ein schlecht strukturiertes Entscheidungsproblem als Hierarchie einzelner Entscheidungselemente aufgefaßt, welche von der jeweiligen Problemsituation und der subjektiven Einschätzung der Entscheider abhängt (vgl. Haedrich/Tomczak, 1990, S. 177 f.). Ein zentraler Vorteil des Verfahrens ist es, daß komplexe Entscheidungesprobleme anschaulich und transparent und dadurch auch quantifizierbar und kommunizierbar werden.

Die Einflußfaktoren für den Implementierungserfolg sind in drei Ebenen gegliedert (siehe Abb. 4). Den Interviewten wurden Fragen zu den einzelnen Ebenen in Bezug auf die jeweils vorgelagerten Elemente der Pyramide gestellt. Für die Gewichtung des gesamten Wirkungssystem des Implementierungserfolges waren 54 Paarvergleiche vorzunehmen.

Werte
Welche relative Bedeutung hat die Berücksichtigung der vier Wertdimensionen in Bezug auf eine erfolgreiche Durch- und Umsetzung von Tourismuskonzepten?

Die Befragten gewichten die vier Wertdimensionen recht ausgeglichen. Der Bereich der Effizienz (Effizienz nach außen 2832 und Effizienz nach innen 2794) wird in Summe etwas stärker als der Bereich der Legitimität (Legitimität nach außen 2084 und Legitimtität nach innen 2289) bewertet.

Anspruchsgruppen
Welche relative Bedeutung haben die Bedürfnisse einzelner Anspruchsgruppen in Bezug auf die Berücksichtigung der jeweils übergeordneten Wertdimension im Sinne einer erfolgreichen Durch- und Umsetzung von Tourismuskonzepten?

Von den Ergebnissen der zweiten Ebene hebt sich die hohe Bewertung (3529) der örtlichen Anspruchsgruppen von jener der marktlichen (3052), gesellschaftlichen (2220) und politischen (1198) Anspruchsgruppen ab. Allerdings macht die Heterogenität des Angebots in Tourismuszentren dieses Ergebnis plausibel.

Aufgaben der Tourismusorganisation
Welchen relativen Stellenwert haben die einzelnen Aufgaben der Tourismusorganisation, um die Bedürfnisse der jeweiligen Anspruchsgruppe im Sinne des Durch- und Umsetzungserfolges zu berücksichtigen?

Bei der Analyse der Ergebnisse der dritten Ebene fällt auf, daß der Stellenwert der Leitbild- und Managementfunktion (2885), der Vermarktungsfunktion (2767) sowie der Angebotskoordinationsfunktion (2498) recht hoch bewertet werden. Die Interessensvertretungsfunktion wird eher gering gewichtet (1850).

In der Gewichtungstabelle (Tab. 4) sind die detaillierten Daten für die vollständige Implementierungshierarchie dargestellt. Die Ergebniswerte bilden die Bedeutung der einzelnen Elemente in Hinblick auf die übergeordneten Elemente und in Summe in Bezug auf den Implementierungserfolg touristischer Strategien ab.

Tab. 4: Gewichtungstabelle für die vollständige Implementierungshierarchie
(IE = Implementierungserfolg)

1. Ebene	IE							
Effizienz nach außen (EA)	2832							
Effizienz nach innen (EI)	2794							
Legitimität nach außen (LA)	2084							
Legitimität nach innen (LI)	2289							
2. Ebene	IE	EA	EI	LA	LI			
Örtliche Anspruchsgruppen (ÖAG)	3529	2894	4025	2797	4263			
Marktliche Anspruchsgruppen (MAG)	3052	3922	2822	2844	2381			
Gesellschaftliche Anspruchsgruppen (GAG)	2220	2176	1913	2855	2151			
Politische Stakeholder (PAG)	1198	1008	1239	1505	1205			
3. Ebene	IE	EA	EI	LA	LI	ÖAG	MAG	GAG	PAG
Leitbild- und Managementfunktion	2885	2765	2920	2920	3020	2870	2251	3445	3316
Interessensvertretungsfunktion	1850	1773	1865	1990	1874	1525	1465	2096	3288
Angebotskoordinationsfunktion	2498	2613	2448	2401	2378	2605	3216	1985	1588
Vermarktungsfunktion	2767	2849	2768	2689	2728	3000	3069	2474	1808

1.6.3 Der relative Stellenwert von Außenmarketing und Innenmarketing

Im dritten Teil der Befragung wird die Einschätzung von Außen und Innenmarketing sowie der einzelnen Marketinginstrumente einer Tourismusorganisation untersucht.

In bezug auf die Berücksichtigung der Bedürfnisse der örtlichen und der politischen Anspruchsgruppen wird das Außenmarketing gleich wichtig wie das Innenmarketing eingestuft. Etwas mehr Bedeutung erhält das Außenmarketing wenn es um die Bedürfnisse der gesellschaftlichen Anspruchsgruppen geht. Zur Bedürfniserfüllung marktlicher Anspruchsgruppen messen die Touristiker dem Außenmarketing mehr Bedeutung zu.

Im Rahmen der Umsetzung des Innen- und Außenmarketings wird die Bedeutung der zur Verfügung stehenden Marketinginstrumente unterschiedlich beurteilt. Im Rahmen des Außenmarketings schätzen die Befragten den Stellenwert der Pressearbeit, der Produktentwicklung und der Werbung am höchsten ein. Für das Innenmarketing sind die Produktentwicklung, die Information sowie der Verkauf am wichtigsten.

1.7 Konsequenzen für die Akteure im Ferienort

1. Gleichgewicht zwischen Effizienz und Legitimität
Um in der Planung ein Gleichgewicht zwischen Effizienz (Wirtschaftlichkeit) und Legitimität (Allgemeine Anerkennung, Berechtigung) zu erreichen, müssen Ressourcen- und Nutzungskonflikte in einer Tourismusregion akzeptiert werden. Durch konstruktive Konfliktaustragung sowie durch Kooperation zwischen Tourismusvertretern und Anspruchsgruppen kann dieser Interessensausgleich erreicht werden.

2. Einbindung relevanter Anspruchsgruppen
Durch die Identifikation der Anspruchsgruppen, welche die Um- und Durchsetzung der Konzepte und Marketingpläne einer Tourismusorganisation beeinflussen oder gefährden können, kann die Tourismusorganisation den Implementierungserfolg ihrer Pläne absichern. Die direkte Einbindung kooperationsbereiter Anspruchsgruppen und die Analyse der Konflikte mit tourismuskritischen Anspruchsgruppen sind strategische Aufgaben eines erfolgreichen Tourismusmanagements.

3. Tourismusmanagement ohne Tourismuspolitik
Die Aufgabe des Tourismusmanagements ist die Erhöhung der touristischen Wertschöpfung einer Region. Um diese Aufgabe gezielt verwirklichen zu können, muß das Tourismusmanagement einer Region von den politischen Aufgaben der Interessensabwägung befreit werden. Diese sollten von politischen Tourismusvertretern in der Gemeindeführung und in regionalpolitischen Institutionen wahrgenommen werden.

4. Innenmarketing + Außenmarketing = Implementierungserfolg
Die erfolgreiche Implementierung der Marketingstrategien einer Tourismusregion kann durch funktionierendes interaktives Marketing zwischen den Menschen der Region und den Gästen gefördert werden. Dazu bedarf es der Umsetzung eines Marketingkonzeptes mittels Außenmarketing und einer professionellen Durchsetzung der Konzeptinhalte durch Innenmarketing.

5. Servicekultur und Projektmanagement

Starre Hierarchien können im touristischen Regionalmanagement nicht funktionieren, da es zahlreiche unabhängige Individuen, Einzelunternehmungen und Instituionen zur Zusammenarbeit zu motivieren gilt. Nur eine serviceorientierte Managementkultur kann in Verbindung mit konsequentem Projektmanagement als Organisationsprinzip den vielfältigen Aufgaben in der touristischen Angebotsgestaltung und Vermarktung gerecht werden.

Literatur

Bieger, T. (1994): Aufgaben und Ziele von kooperativen Tourismusorganisationen im Wandel – Verkehrsvereine als Garanten der Wettbewerbsfähigkeit des Resorts. In: Kaspar, C. (Hrsg.): Jahrbuch der Schweizerischen Tourismuswirtschaft 1993/94, St. Gallen, S. 19–33.

Bleicher, K. (1994): Normatives Management: Politik, Verfassung und Philosophie des Unternehmens, Frankfurt/New York.

Edinger, J. (1994): Einführungsreferat, Handout zur Veranstaltung: Der Tourismusdirektor 2000 – die zukünftige Aufgaben-, Organisations- und Finanzierungsstruktur, Bundesverband der österreichischen Kur- und Tourismusdirektoren BÖKT (Bundesverband der österreichische Kur- und Tourismusdirektoren BÖKT), Salzburg.

Freeman, R. E. (1984): Strategic Management – A Stakeholder Approach. London.

Fuchs, J. (1991): Die Dienstleistungspyramide im Unternehmen. In: Little, A. D. (Hrsg.): Management der Hochleistungsorganisation. Wiesbaden, S. 73–91.

Haedrich, G. (1993): Tourismus-Management und Tourismus-Marketing. In: Haedrich, G., Kaspar, C., K. Klemm et al. (Hrsg.): Tourismus-Management – Tourismus-Marketing und Fremdenverkehrsplanung. Berlin/New York, S. 31–42.

Haedrich, G., B.G. Jeschke (1992): Der Handlungsspielraum als Entscheidungsdimension in der strategischen Unternehmensführung. In: Zeitschrift Organisation und Führung, S. 173–177.

Haedrich, G., T. Tomczak (1990): Strategische Markenführung. Bern/Stuttgart.

Hinterhuber, H. H. (1996): Strategische Unternehmensführung – 1. Strategisches Denken: Vision, Unternehmenspolitik, Strategie. Berlin/New York.

Janisch, M. (1992): Das strategische Anspruchsgruppenmanagement. Vom Shareholder Value Management zum Stakeholder Value (Dissertation), St. Gallen.

Jeschke, B. G. (1993): Konfliktmanagement und Unternehmenserfolg – Ein situativer Ansatz. Wiesbaden.

Korbus, T., W. Nahrstedt, B. Powol, M. Reichert (Hrsg.) (1997): Jugendreisen: Vom Staat zum Markt; Analysen und Perspektiven. Bielefelder

Kotler, P., W. Bliemel (1992): Marketing-Management. Stuttgart.

Kühn, R. (1995): Begrifflicher Raster zur Erfassung und Präzisierung von Aufgaben und Problemen der Strategierealisierung (Arbeitspapier Nr. 23). Bern.

Leopolder, A. (1996): Die Implementierung von Tourismus- und Gemeindeleitbildern (Diplomarbeit). Innsbruck.

Meffert, H. (1994): Marketing-Management: Analyse, Strategie, Implementierung. Wiesbaden.

Müller, H., B. Kramer, J. Krippendorf (1993): Freizeit und Tourismus – Eine Einführung in Theorie und Politik. Bern.

Tschiderer, F. (1980): Ferienortplanung – Eine Anwendung unternehmungsorientierter Planungsmethodik auf den Ferienort. Bern.

2 Konflikt und Diskurs im Ferienort

Claudio Luigi Ferrante

2.1 Einleitung: „Ethik kommt als Krisenreflexion auf den Weg"

Unüberhörbar ist der Ruf nach Ethik in allen Lebensbereichen, auch in der Wirtschaft. An einer Tagung über Sanften Tourismus meinte ein Teilnehmer, aufgrund zahlreicher Konflikte im Tourismus sei die Krise die Stunde der Bürokratie. Er brachte damit zum Ausdruck, daß in konfliktreichen, eben krisenhaften Situationen der Ruf nach dem Staat als allmächtiger Krisenmanager die Gefahr der technokratischen Regelung unseres Lebens „von oben" erhöht und die Freiheit eingeschränkt werden kann. Die Angst vor Entmündigung ist verständlich. Die Stunde der Krise darf deshalb nicht die Stunde der Bürokratie sein, sondern muß die Stunde ethischer Reflexion sein: Was sollen wir tun, wie sollen wir handeln? „Ethik kommt als Krisenreflexion auf den Weg" (Riedel, 1979, S. 8). Im Tourismus können als Krisen die zunehmend komplexeren Konflikte aufgrund touristisch bedingter ökologischer, sozialer und individueller Belastungen bezeichnet werden. Weil der Tourismus geprägt wird vom wirtschaftlichen Primat und Tourismus in erster Linie als Wirtschaftszweig verstanden wird, sind insbesondere wirtschaftsethische Überlegungen im Tourismus gefordert. Dabei geht es in Anlehnung an Ulrich (1988) um die Thematisierung der Umwelt-, Sozial- und Humanverträglichkeit der tourismuswirtschaftlichen Aktivitäten. Denn die ökologischen, sozialen und individuellen Belastungen im Tourismus gehen bei einem Teil der bereisten und reisenden Bevölkerung über das Maß hinaus, das aufgrund der eigenen Wertvorstellungen verantwortet werden kann. Zusätzlich entstehen – etwa im ökologischen Bereich – Probleme, die mit den bestehenden ethischen Vorstellungen nicht mehr befriedigend beurteilt und entsprechend behandelt werden können. Sie erfordern ein Nachdenken und Ändern der menschlichen Handlungsweise, d.h. ein Umdenken und ein Umhandeln.

2.2 Einstellung zum Phänomen: Tourismusbewußtsein oder Tourismusgesinnung?

Wenn Kritik der Bevölkerung in Reisegebieten aufgrund vielfältiger Belastungen laut wird, fällt das Wort vom mangelnden Tourismusbewußtsein. Tourismusbewußtsein wird aufgrund der generellen Betrachtungsweise des Tourismus mit der Kenntnis des wirtschaftlichen Stellenwertes des Tourismus gleichgesetzt. Tourismus wird dadurch implizit auf Tourismuswirtschaft reduziert.

Im Tourismus gilt das Primat der Wirtschaft. Die Tourismuswirtschaft löst sich von anderen Lebensbereichen und führt ein Eigenleben. Wirtschaftlicher Wohlstand und optimale Befriedigung der Gästebedürfnisse haben im Tourismus seit langem Vorrang. Sie sind die beiden wichtigsten Ziele, die im Tourismus faktisch verfolgt werden. Die nichtökonomischen Lebensbereiche haben sich den Bedürfnissen der Tourismuswirtschaft anzupassen. Subjektivem Wohlbefinden, intakter Natur und kulturellen Bedürfnissen werden nach vorherrschender Betrachtungsweise nur soweit eine Berechtigung zugestanden, als die tourismuswirtschaftlichen Ziele nicht darunter leiden, sondern davon profitieren. Von *Tourismusgesinnung* ist dann zu sprechen, wenn das Primat der wirtschaftlichen Zielverfolgung im Tourismus im Mittelpunkt der touristischen Diskussion steht. Der Begriff des Tourismusbewußtseins wird für eine erweiterte Betrachtungsweise reserviert, die im folgenden entwickelt wird.

Das Phänomen eines eigenwilligen und eigendynamischen Wirtschaftssystems gilt sowohl für die gesamte Wirtschaft als auch für viele einzelne Wirtschaftszweige. Ulrich (1988) spricht generell von der Entkopplung von Wirtschaft und Lebenswelt. Auf den Tourismus übertragen bedeutet dies die Zweiteilung der Lebensqualität. Im Vordergrund steht die Steigerung des wirtschaftlichen Wohlstandes und die Bedürfnisbefriedigung der Gäste, also die *Tourismusgesinnung*. Dies geht – wie der Aufstand der Bereisten an vielen Orten innerhalb und außerhalb der Schweiz belegt – häufig zulasten der übrigen Aspekte der Lebensqualität.

2.3 Konsequenzen des tourismuswirtschaftlichen Primats: Zweigeteilte Lebensqualität

Die eben angesprochene Kritik von BewohnerInnen in Ferienorten richtet sich gegen soziale und ökologische Beeinträchtigungen, die aufgrund tourismuswirtschaftlicher Aktivitäten entstehen. Es handelt sich in diesem Zusammenhang um externe Effekte als Auswirkungen von Produktion, Leistungserstellung und Konsum auf die Lebensqualität der MarktpartnerInnen (reziproke externe Effekte auf die Beteiligten im Markt) und Dritter (externe Transfereffekte auf nicht am Markt Beteiligte), die marktmäßig nicht abgegolten werden.

Die Menge und das Ausmaß dieser negativen externen Effekte, also der Beeinträchtigung Dritter durch tourismuswirtschaftliche Markttätigkeit, haben beträchtlich zugenommen. Am Beispiel Engelberg, einem bekannten Ausflugs- und Ferienort in der Zentralschweiz, können die Folgen des wirtschaftlichen Primats aufgezeigt werden. Was in Engelberg festgestellt wurde, dürfte auch in zahlreichen anderen Feriendestinationen Gültigkeit haben. In einer schriftlichen Umfrage unter der Engelberger Bevölkerung im Jahr 1991 (vgl. Ferrante, 1994, S. 151 ff.) nannten die Befragten an vorderster Stelle zwei Nachteile, die aus der örtlichen Verkehrssituation resultieren. Der Verkehr war in Gesprächen mit EngelbergerInnen im Anschluß an die empirische Untersuchung das zentrale materielle Thema. Von den acht größten Nachteilen in den Bereichen Luftverschmutzung, Verkehrsaufkommen, Bodenverbrauch, Landschaftsbild, Lärm, Abfall und Architektur kann – mit Ausnahme der Bodenpreise – gesagt werden, daß ein Drittel der Bevölkerung große Nachteile und ein weiteres Drittel mittelgroße Nachteile zu erdulden hat. Die Hälfte der Befragten hat bezüglich der Bodenpreise persönlich große Nachteile in Kauf zu nehmen, ein weiteres knappes Fünftel mittelgroße Nachteile. Kein anderer Nachteil wird als derart kraß empfunden wie derjenige der Bodenpreise. In den erwähnten acht Lebensbereichen klagen also gut zwei Drittel der Bevölkerung über spürbare negative externe Effekte.

Insgesamt wird die bisherige touristische Entwicklung in Engelberg als wenig sanft bezeichnet. Fast 60 Prozent glauben nicht, daß der bestehende Tourismus als umwelt- und sozialverantwortlich bezeichnet werden kann. Im Lichte der bisherigen touristischen Entwicklung glaubt eine große Mehrheit der Befragten, daß

- die Konflikte zwischen Mensch und Natur
- die Konflikte zwischen den Menschen
- die Fremdbestimmung
- die Verflechtung zwischen Wirtschaft und Politik
- und der Druck, im Beruf anders entscheiden und handeln zu müssen als im privaten Bereich

zugenommen haben.

Für über 60 Prozent hat die persönliche Freiheit abgenommen. Den EinwohnerInnen geht die touristische Entwicklung zu schnell. Sie wissen sehr wohl, daß der Tourismus die wichtigste Lebensgrundlage ist. Aber sie sehen klar die Nachteile und verniedlichen nichts. Sie wollen die Nachteile angehen und sie aus der Welt schaffen. Allerdings mit einem gehörigen Schuß Pragmatismus: Wo möglich, sollen die Nachteile reduziert und die Konflikte gelöst werden. Aber nicht unbedingt und nicht radikal, sondern schrittweise und unter bestimmten Bedingungen. Immer beharrlich, kontinuierlich, behutsam und umsichtig.

Der Wille zu einem weniger belastenden Tourismus ist in der Bevölkerung vorhanden. Eine undifferenzierte Förderung des touristischen Wachstums lehnt eine klare Mehrheit ab. Hingegen wünschen über 90 Prozent, daß sanfte Tourismusformen gefördert werden. Fast ebenso viele Befragte fordern, daß

- die Endausbauziele des Tourismus verbindlich festgelegt werden sollen,
- die Kontrolle über Grund und Boden in den einheimischen Händen bleibt,
- die Gemeinde eine aktive Raumplanungs- und Bodenpolitik betreibt,
- der Naturschutz gegenüber den Interessen der Wirtschaft gestärkt wird,
- und in der Tourismusentwicklung die einheimische Bevölkerung bei allen wichtigen Angelegenheiten mitentscheiden kann.

Für die befragten Menschen ist eine breite Diskussion über den Tourismus wichtig und sinnvoll. Sie glauben, daß eine ernsthafte und breite Diskussion über die Zukunft des Tourismus an ihrem Ort reelle Chancen hat. Sie sind der Meinung, daß diese Diskussion sich nicht auf die Ortsansässigen beschränken soll, sondern alle vom Tourismus betroffenen Menschen, ja grundsätzlich alle Interessierten wie Ortsansässige, Auswärtige, UmweltschützerInnen, TouristInnen einschließen soll.

Die Lebensqualität wird in der Tat zweigeteilt erfahren: Auf der einen Seite nimmt die Lebensqualität wegen des tourismuswirtschaftlichen Nutzens (wirtschaftlicher Wohlstand) zu, auf der anderen Seite beeinträchtigen immaterielle Nachteile sozialer und ökologischer Art das subjektive Wohlbefinden. Ein paar Beispiele sollen dies verdeutlichen:

- Über 90 Prozent der Befragten wissen, daß der Tourismus die wichtigste Lebensgrundlage ist, aber die Hälfte findet, die Lebensqualität in Engelberg habe eher abgenommen.
- Gut 75 Prozent befürworten sanfte Formen des Tourismus, aber fast 60 Prozent glauben, daß der Tourismus in Engelberg nicht sanft sei.
- Etwa die Hälfte der Befragten ist der Meinung, der Tourismus habe wesentlich zur Schärfung des Umweltbewußtseins beigetragen, aber 80 Prozent sind der Ansicht, die Konflikte zwischen Mensch und Natur hätten zugenommen.
- Zwei Drittel meinen, nur wenige Menschen beteiligen sich an Diskussionen über Vor- und Nachteile des Tourismus, aber 85 Prozent finden, in der Tourismusentwicklung sollte die einheimische Bevölkerung bei allen wichtigen Angelegenheiten mitentscheiden können.

Der wirtschaftliche Wohlstand, der unbestritten zugenommen hat, ist nicht der einzige Maßstab für die Beurteilung einer lokalen Entwicklung. Wirtschaftlicher Wohlstand allein macht die Einbuße in anderen Lebensbereichen nicht mehr bei allen Menschen wett. Die Einschätzungen der Befragten deuten auf Mängel der Lebensqualität hin, die so nicht bestehen bleiben dürfen. Insgesamt betrachtet, möchten die Befragten eine andere touristische Entwicklung, in der das Primat der Tourismuswirtschaft deutlich reduziert wird.

2.4 Die Betroffenentypologie: Die Birne steht auf dem Kopf

Die Frage drängt sich auf, wer sich aktiv für eine andere Entwicklungsrichtung des Tourismus einsetzen würde. Wohl kaum diejenigen, die nach Ansicht der Befragten die jetzige Entwicklung zu verantworten haben: Die klassischen EntscheidträgerInnen und Institutionen der Tourismuswirtschaft, denen bisher der größte Einfluß auf die touristische Entwicklung zugeschrieben wurde. Um das kritisch-engagierte Potential zu bestimmen, wird eine spezielle Typologie entwickelt (vgl. Ferrante, 1994, S. 157). Nicht alle Menschen empfinden Beeinträchtigungen auf die gleiche Art. Zusammen mit der unterschiedlich starken Einbindung der Menschen in den Tourismus läßt sich eine Betroffenentypologie ausarbeiten.

```
                    hohe Einbindung
                    in den Tourismus
                           ▲
                           │
geringe Betroffenheit      │      hohe Betroffenheit durch
durch negative externe ◄───┼───►  negative externe Effekte
Effekte                    │
                           │
                           ▼
                    tiefe Einbindung
                    in den Tourismus
```

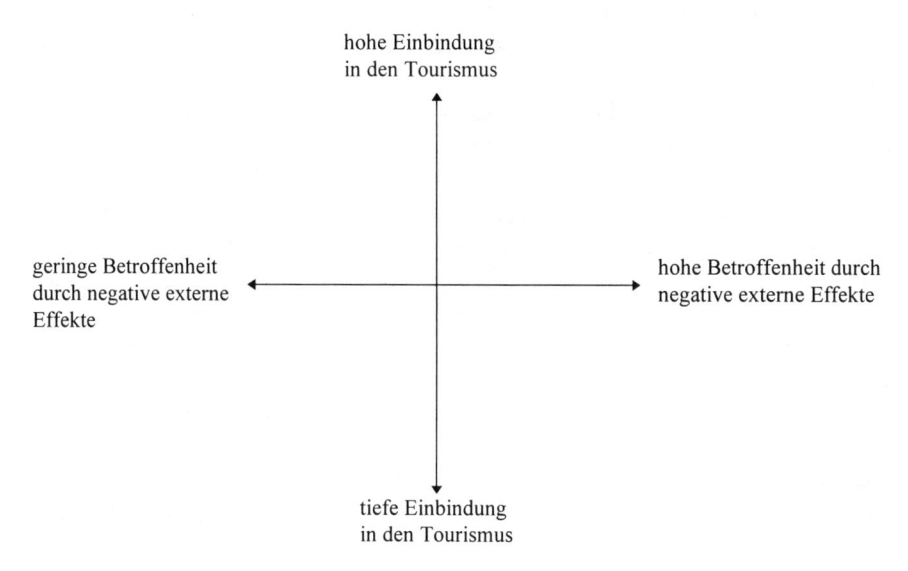

Abb. 1: Grundschema der Betroffenentypologie

Folgende Hypothesen scheinen plausibel:

- Je mehr Beeinträchtigungen (negative externe Effekte) in Kauf genommen werden müssen, umso kritischer ist die Haltung gegenüber dem Tourismus und umso höher der Verständigungsbedarf.
- Je stärker die Einbindung in das touristische Geschehen, umso eher werden negative externe Effekte in Kauf genommen und umso weniger werden sie als Konflikte thematisiert.

Das kritischste Potential müsste demnach bei schwach eingebundenen, aber mit hohen Beeinträchtigungen belasteten Menschen liegen. Das sind betroffene Menschen, die im rechten unteren Quadranten der obigen Grafik einzuordnen sind. Sie wird die „hochbetroffenen Übrigengruppe" genannt.

Menschen, die dem oberen linken Quadranten zuzurechnen sind, sind stark in den Tourismus eingebunden, aber nach eigener Einschätzung mit wenig Nachteilen konfrontiert. Sie werden wenig Neigung und Anlaß verspüren, Änderungen an der touristischen Entwicklung zu akzeptieren, geschweige denn vorzuschlagen. Diese Gruppe heißt „geringbetroffene Tourismusgruppe". Die beiden Gruppen „hochbetroffene Übrigengruppe" und „geringbetroffene Tourismusgruppe" stehen sich demnach diametral gegenüber.

Die Menschen, die wenig in den Tourismus eingebunden sind und kaum Nachteile in Kauf nehmen müssen, werden grundsätzlich wenig Interesse an der touristischen Entwicklung zeigen. Ihnen ist sie im wesentlichen gleichgültig. Sie wird als „geringbetroffene Übrigengruppe" bezeichnet.

Die Menschen im oberen rechten Quadranten sind stark in den Tourismus eingebunden und müssen große negative externe Effekte, also viele Nachteile in Kauf nehmen. Sie heißt „hochbetroffene Tourismusgruppe". Hier sind zwei Haltungen denkbar. Entweder sind sie sich der Fehler der touristischen Handlungsweise, die zu externen Effekten führen, bewußt und akzeptieren die negativen Konsequenzen. Sie empfinden negative Auswirkungen nicht als korrekturfähig und leben mit den Konflikten, ohne sie zu thematisieren. Oder sie kritisieren die negativen Auswirkungen und fordern eine Korrektur oder gar eine andere touristische Entwicklung, und sie problematisieren Konflikte.

Den vier beschriebenen Menschengruppen werden zwei weitere hinzugefügt: Nämlich die hoch- und die geringbetroffenen Bau-, Gewerbe- und Handelsgruppen (BGH). Sie lassen sich durch eine entsprechende Nähe zum Tourismus zwischen die Tourismus- und die Übrigengruppen positionieren. Sie nehmen entsprechende Mittelpositionen ein.

Zu vermuten ist, daß das kritische Potential, sofern es besteht, auf der rechten Seite der Grafik zum Tragen kommt. Die hochbetroffene Übrigengruppe wird sich am deutlichsten äußern, gefolgt – mit etwas schwächeren Stimmen – von der hochbetroffenen BGH-Gruppe und der ebenfalls hochbetroffenen Tourismusgruppe. Bildlich gesprochen nimmt also das kritische Potential auf der relevanten rechten Seite der Grafik die Form einer *stehenden Birne* ein: Unten am größten, nach oben verjüngt.

Das kritische Potential, das tatsächlich existiert, liegt aufgrund der Befragung auch wirklich auf der rechten Seite der Grafik. Tatsächlich hat die Potentialbestimmung eine Birnenform – nur steht die *Birne auf dem Kopf*. Das kritischste Potential liegt bei den von großen Nachteilen betroffenen TouristikerInnen. Ihnen liegt offensichtlich sehr viel an einer sozial- und umweltverträglichen Tourismusentwicklung: Es ist ihr Geschäft, sie identifizieren sich damit und sie fühlen sich geradezu gedrängt, eine sanftere Entwicklung zu fordern und zu fördern. Im Gegensatz dazu nimmt die hochbetroffene Übrigengruppe eine Mitläuferhaltung ein.

Nach der Frage des „Wer" die zentrale Frage des „Wie": Wie soll die touristische Entwicklung gestaltet werden? Die Befragten in Engelberg haben bereits einige Antworten gegeben. Nun geht es einen Schritt weiter. Die bisher übliche einseitige Optik und Dominanz der Tourismuswirtschaft soll durch die Einbindung des Tourismus in ein lebenspraktisches Zielsystem mit einer normativen und umfassenderen Sicht ergänzt werden. Die Festsetzung von touristischen Zielen und der entsprechenden Entwicklungsrichtung dessen, was Lebenswelt und Lebensqualität bestimmt, kann nicht allein analytisch, sondern nur normativ und zudem rational festgelegt werden. Gefordert ist die Auseinandersetzung mit dem, was Menschen als richtig, als gut erachten und worauf menschliche Handlungen auszurichten sind. Dies ist Gegenstand der Ethik.

2.5 Zum Verhältnis von Wirtschaft und Ethik: Auf den Reflexionspfad!

Eine spezielle Form der Ethik befaßt sich mit der Wirtschaft und wird Wirtschaftsethik genannt. Weil im Tourismus der wirtschaftliche Stellenwert so dominant ist, scheint es angezeigt, zunächst grundsätzliche Aspekte der Wirtschaftsethik zu beleuchten.

Der eingangs erwähnten Trennung von Wirtschaft und Lebenswelt, die sich im Tourismus in der Existenz der Tourismusgesinnung manifestiert, entspricht in der Theorie die 2-Welten-Konzeption von Wirtschaftswissenschaften und Ethik: Ulrich (1988) stellt die vorherrschende Unterscheidung dar, die die Domäne der autonomen Ökonomik von der außerwissenschaftlichen Sphäre der Ethik trennt. Ökonomische Rationalität und außerökonomische Moralität stehen sich unvermittelt, also ohne gegenseitige Verbindung, gegenüber.

Ziel einer modernen Wirtschaftsethik ist nun, sowohl in der Theorie die beiden Wissenschaften Ökonomik und Ethik als auch in der Realität Wirtschaft und Lebenswelt wieder zu verbinden. Die Vermittlung von Wirtschaft und Ethik, von Sachgerechtem und Menschengerechtem (vgl. Rich, 1987) und damit die Wiederankopplung des wirtschaftlichen Systems an die ganze Lebenswelt, kann grundsätzlich auf drei Arten erfolgen: Die Ethik moralisiert die Wirtschaft und stellt gleichermaßen moralische Gartenzäune auf, um die entfesselte Eigendynamik der Wirtschaft in Schach zu halten. Ökonomische Rationalität wird durch die Ethik eingegrenzt und gezähmt, daher auch der Name „Domestizierungsmodell" (Ulrich, 1988). Man könnte es ebenso das Feuerwehrmodell nennen, weil man sich nicht um die Ursachen, sondern immer um die schlimmsten Auswüchse kümmert. So haben junge PrättigauerInnen vor Jahren mit Flugblattaktionen durchreisende AutomobilistInnen aufgefordert, zu Hause zu bleiben oder das nächste Mal wenigstens mit der Bahn anzureisen. In Indien haben GoanerInnen versucht, mit Flugblattaktionen und Veranstaltungen gegen Hotelketten den Bau und den Betrieb von Erstklasshotels zu verhindern, die akut und unmittelbar ihren Lebensraum bedrohten.

Umgekehrt könnte die Wirtschaft die Ethik ökonomisieren. Das würde bedeuten, daß ethische Anliegen als knappe Ressource und Inputfaktoren in den Wirtschaftsprozeß zu verstehen sind. Dieses Instrumentalisierungsmodell vereinnahmt die Ethik: Die ökonomische Rationalität wird auf die Ethik angewendet. Analog etwa einer Theorie des Geldes könnte man von einer ökonomischen Theorie der Ethik als weitere funktionale Analyse sprechen. Wenn es im Tourismus um den Umgang mit der Natur geht, stellen wir eine solche Instrumentalisierung bereits fest. Viele Tourismusanbieter sind sich der Bedeutung der natürlichen Gegebenheiten für die Gäste völlig im Klaren. Intakte Natur wird seit langem als wichtiges Angebotselement vermarktet. Neuer ist die

Forderung nach vermehrtem Schutz und wirkungsvollerer Schonung der Natur durch den Tourismus. Damit die tourismuswirtschaftliche Inputressource „Natur" auch morgen noch zur Verfügung – sprich: Vermarktung – steht.

Die Beispiele zeigen, daß sowohl das Domestizierungs- als auch das Instrumentalisierungsmodell einen Sinn ergeben. Vorstellbar ist ein Handlungs- oder besser *Reflexionspfad*, der bei Bedarf den einen oder anderen Weg einschlägt. Beide Wege zeigen Wirkung: Kurzfristige Einsätze für das Gute oder Gerechte im Sinne des Domestizierungs- (oder eben Feuerwehr-) Modells hinterlassen ebenso ihre Spuren bei den TourismusmacherInnen wie die Instrumentalisierungskampagne des Naturschutzes. Auf dem Reflexionspfad wäre allerdings noch einen Schritt weiterzugehen, nämlich bis zum Basismodell.

2.6 Erweiterung der ökonomischen Rationalität: Praktischer Diskurs

Die dritte Möglichkeit einer methodischen Vermittlung von Ethik und Wirtschaft besteht in der Erweiterung der ökonomischen Rationalität. Rationalität kann mehr sein als die rein instrumentelle Anwendung menschlicher Vernunft. Instrumentelle Rationalität bezieht sich auf objektbezogenes Handeln. Ökonomisches Handeln war zunächst auf diesen Typ bezogen. Die Industrialisierung wurde dadurch wesentlich vorangetrieben.

Die subjekt-, also menschenbezogene Art von Rationalität durchdrang immer stärker das ökonomische Handeln. Der heute gängigen Vorstellung ökonomischer Rationalität liegt ein Kalkül zugrunde: Eigenes Handeln wird von den Überlegungen geleitet, wie andere agieren und reagieren und wie das eigene Handeln unter diesen Rahmenbedingungen optimiert werden kann. Paradebeispiel ist der Markt: Über das Kalkül „Preis" werden Angebot und Nachfrage bestimmt. Diese Art der Rationalität ist strategisch. Ulrich (1987, S. 62) spricht von Sozialtechnologie, weil die technische oder instrumentelle Rationalität auf soziale Systeme übertragen wird.

Rationalität ist neben seiner instrumentellen und strategischen Ausprägung in einer dritten Form nicht nur denkbar, sondern auch vorhanden. Es ist dies die kommunikative Rationalität. Die Anwendung menschlicher Vernunft auf das Handeln kann durch Verständigung in einer argumentativen Vorgehensweise erfolgen. Dieses nicht kalkülorientierte, sondern eben verständigungsorientierte Handeln kann für einen politisch-ökonomischen Diskurs, also einen ziel- und handlungsorientierenden und mithin normativen Diskurs eingesetzt werden.

Erweitert man die herrschende ökonomische Rationalität um eine kommunikative Komponente, muß dem marktwirtschaftlichen System eine politisch-ökonomische Verständigungsordnung übergeordnet werden. Die Verständigungsordnung nimmt sich der Konflikte an, die sich aus den negativen externen Effekten des eigensinnigen und entfesselten Wirtschaftssystem ergeben und die übrige Lebenswelt beeinträchtigen. Die negativen externen Effekte können als wirtschaftsethische Defizite bezeichnet werden.

Die verständigungsorientierte (und nicht verhandlungsstrategische) Bewältigung von Konflikten erfolgt diskursiv, d.h. in einem argumentativen Vorgang mit den von Externalitäten betroffenen Menschen. Dieser Diskurs ist im philosophischen Sinn praktisch, weil er einen normativen Akt darstellt. Er ist auch praktisch in dem Sinne, daß er in Wirklichkeit durchgeführt werden muß und nicht theoretisch durchgespielt, vorweggenommen oder simuliert werden kann.

Im praktischen Diskurs müssen alle TeilnehmerInnen zwanglos, aufgrund von Argumenten und Einsichten Handlungsorientierungen zustimmen können, die diskursbewirkende Konflikte lösen. Diskursberechtigte TeilnehmerInnen sind die von negativen externen Effekten betroffenen Menschen. Dies schließt auch zukünftige Generationen mit ein, deren Teilnahme von StellvertreterInnen wahrgenommen werden kann.

Es geht also keineswegs um die Abschaffung der Marktwirtschaft. Vielmehr soll sie innerhalb der eben skizzierten Verständigungsordnung und Konfliktbewältigung ihre bisher so erfolgreiche Rolle der Knappheitsbewältigung mittels ihrer funktionalen Systemsteuerung weiter spielen.

In diesem Sinn ist ein tourismuspolitisch-ökonomischer Diskurs zu führen. Ein normativer Verständigungs- und damit Einigungsdiskurs über das touristische Zielsystem und die touristische Entwicklung. Der praktische Diskurs im Tourismus, der aufgrund des wirtschaftlichen Primats zunächst als tourismuspolitisch-ökonomischer Diskurs geführt werden muß, bestimmt das Tourismusbewußtsein.

2.7 Zur Überwindung der zweigeteilten Lebensqualität: Tourismusbewußtsein und Tourismusverständnis

Das Tourismusbewußtsein fragt nach dem Stellenwert des Tourismus: Wo ist der Ort (die Stelle) des Tourismus im menschlichen Leben, und wo sind die Werte des Lebens im Tourismus? Es sind demnach diese beiden tourismusethischen Grundfragen, die thematisiert und reflektiert werden müssen. Die Konsequenzen aus den ökonomischen, sozialen und ökologischen Zusammenhängen sollen auf ihre normative Richtigkeit hinterfragt werden. Es ist ein reflektierender Umgang mit den Vor- und Nachteilen des Tourismus, der nicht auf seinen wirtschaftlichen Stellenwert – den er unbestritten hat – reduziert wird, sondern hinsichtlich seines lebensweltlichen Bezugs erweitert wird. Vor- und Nachteile werden nicht nur analysiert, sondern auch normativ bewertet. Tourismusbewußtsein dient der Klärung der kollektiven Identität als Ort und als Ferienort und schafft deshalb Selbstbewußtsein. „Es fördert die notwendige Voraussetzung, daß sich Gäste und GastgeberInnen als aufgeklärte, gleichberechtigte und emanzipierte Menschen begegnen können." (Müller/Boess, 1995, S. 6).

Der Blickwinkel der Tourismusgesinnung hingegen ist derjenige des Primats der Tourismuswirtschaft. Tourismusgesinnung dient als Schmiermittel zwischen Tourismuswirtschaft und übriger Lebenswelt und paßt letztere an die Bedürfnisse der Tourismuswirtschaft an. Demgegenüber nimmt das *Tourismusbewußtsein* den Blickwinkel der (gesamten) Lebensqualität ein. Es geht um die bewußte Setzung und Gewichtung der Ziele einer gewünschten touristischen Entwicklung, wobei auch eine Reflexion der TouristInnen bezüglich ihrer Bedürfnisse gefordert wird. Tourismusbewußtsein ist demnach mehr als die Kenntnis des wirtschaftlichen Stellenwertes. Tourismusbewußtsein ist die bewußte Reflexion des Stellenwertes des gesamten Tourismus, wie er auf alle Lebensbereiche (von Gästen wie GastgeberInnen) einwirkt.

Wohlstand
– Einkommen
– Wertschöpfung
– Abbau von Disparitäten
– ...

Tourismusverständnis

Wohlbefinden
– subjektives Wohlbefinden
– Selbstverwirklichung
– kulturelle Identität
– Anpassungsfähigkeit
– ...

Gästebedürfnisse
– Optimale Befriedigung vielfältiger Gäste bedürfnisse
– Gästesegmentierung
– ...

Tourismusbewußtsein

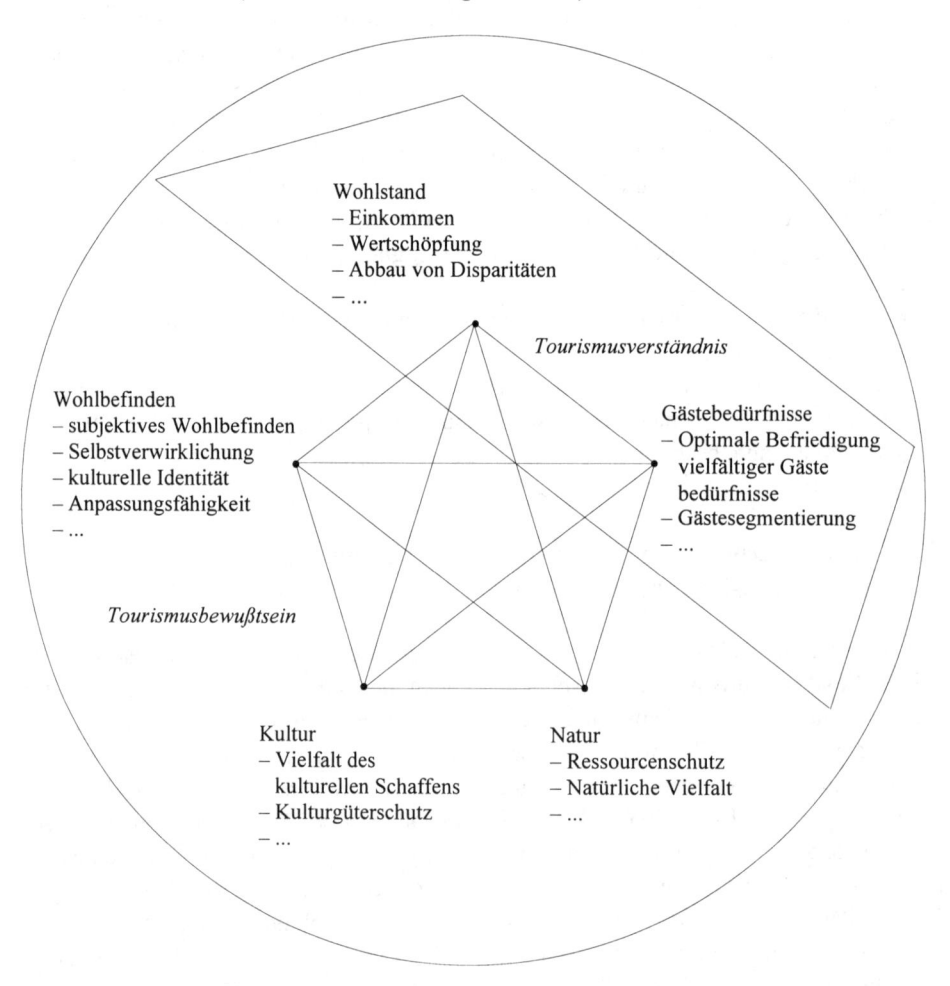

Kultur
– Vielfalt des kulturellen Schaffens
– Kulturgüterschutz
– ...

Natur
– Ressourcenschutz
– Natürliche Vielfalt
– ...

Abb. 2: Tourismusbewußtsein und Tourismusverständnis (*Quelle*: Müller/Boess, 1995)

Mit der Einführung des Begriffes des „Tourismusverständnis" (vgl. Müller/Boess, 1995) wird der enormen positiven wirtschaftlichen Bedeutung des Tourismus der gebührende Platz zugewiesen. Das *Tourismusverständnis* konzentriert sich auf die zweifelsohne bedeutenden wirtschaftlichen Zusammenhänge des Tourismus. „Das Tourismusverständnis reflektiert das Wohlwollen (resp. das Mißfallen), das diesem Wirtschaftszweig entgegengebracht wird. Kritik aufgrund von Belastungserscheinungen wird zwar durchaus ernst genommen, doch wird erwartet, daß Handlungen, die der Unterstützung des Tourismus dienen, zunächst grundsätzlich befürwortet werden, denn Tourismus ist ein bedeutender Wirtschaftsfaktor und schafft Arbeitsplätze und Einkommen." (Müller/Boess, 1995, S. 6) Im Tourismuskonzept Vorarlberg heißt es deshalb: „Der überragenden Bedeutung der Tourismusverständnispflege müssen die touristischen Organisationen auf allen Ebenen und die zuständigen Interessenvertretungen durch geeignete und abgestimmte Maßnahmen Rechnung tragen." (Amt der Vorarlberger Landesregierung, 1992, S. 19). Das Tourismusverständnis nimmt also nicht die rein wirtschaftssystemische und dominierende, ja vereinnahmende Sichtweise ein wie die Tourismusgesinnung. Vielmehr reflektiert sie die wirtschaftlichen Anliegen des Tourismus im Hinblick auf die berechtigten Forderungen nach Stärkung dieses Wirtschaftszweiges – allerdings in lebensweltlicher und damit individual-, sozial- und umweltverantwortlicher Absicht. Dies soll mit der Einbindung in das Tourismusbewußtsein deutlich werden.

Mit der Einbindung des Tourismusverständnis in das Tourismusbewußtsein soll die Zweiteilung, die Entkoppelung von Lebenswelt und Tourismuswirtschaft überwunden werden. Dieses Konzept zeigt auch, daß die hier geführte Diskussion in keiner Weise wirtschaftsfeindlich ist, sondern vielmehr versucht, die wirtschaftlichen Anliegen in den Dienst der Lebensqualität von Gast und Gastgeber zu stellen.

2.8 Praktischer Diskurs in der Praxis: Das Offene Forum Tourismus

Der geforderte Verständigungs- und Einigungsdiskurs über das touristische Zielsystem und die touristische Entwicklung kann nicht theoretisch-analytisch durchgeführt werden. Er muß praktisch im doppelten Sinn (nämlich normativ und wirklich) stattfinden. Welche konkrete Form kann nun ein solcher tourismuspolitisch-ökonomischer Diskurs annehmen? Zunächst bieten sich die traditionell in der Schweiz praktizierten parlamentarischen Formen an. Sie haben zwei Nachteile. Zum einen zeigt das politische Desinteresse der Bevölkerung (etwa beim Stimm- und Wahlverhalten oder in der oft beklagten Politikverdrossenheit), daß neue Beteiligungsformen gesucht werden müssen. Zum anderen – und das ist der springende Punkt – haben in praktischen Diskursen Betroffene das Wort, und zwar unabhängig davon, ob sie Einheimische oder Zugezogene, Gäste oder GastgeberInnen, In- oder AusländerInnen, ArbeitgeberInnen oder ArbeitnehmerInnen, TouristikerInnen oder Reisende sind. In praktischen Diskursen werden Menschen, die von negativen externen Effekten betroffen sind, nicht ausgeschlossen, solange sie sich an die Bedingungen der vernünftigen und verständigungsorientierten Rede oder Schrift halten.

Gefragt ist ein *Offenes Forum Tourismus* (vgl. Romeiss-Stracke, 1989), das diesen Ansprüchen gerecht wird. Wichtig ist im Offenen Forum Tourismus das gegenseitige

Kennenlernen und der Abbau von Vorurteilen, Aussprachemöglichkeiten über Hoffnungen und Ängste zu bieten und die Gesprächsmöglichkeit wahrzunehmen. Vor allem aber ist über die Werthaftigkeit touristischer Aktivitäten zu reflektieren. Immer geht es implizit oder explizit um die Fragen: Wo ist der Ort der Werte im Tourismus, und wo ist der Ort des Tourismus in unserem Leben? Das Offene Forum Tourismus diskutiert die touristische Entwicklung im Hinblick auf die Lebensqualität der betroffenen Menschen.

In Engelberg ist mit zwei unterschiedlichen Veranstaltungen versucht worden, das Offene Forum Tourismus zu gestalten. Die beiden Veranstaltungen waren eine Zukunftswerkstatt und ein darauf aufbauender Workshop. Im Bewußtsein, daß zwei einzelne Veranstaltungen an sich noch keinen praktischen Diskurs beschließen, sondern höchstens beginnen, war die Einbettung dieser Veranstaltung in ähnliche Aktivitäten vor Ort wichtig. In Engelberg begann kurz vor der Untersuchung eine breit abgestützte Arbeitsgruppe der Gemeinde mit der Ausarbeitung eines Leitbildes. Dies war einer der wichtigen Gründe, Engelberg als Untersuchungsort zu wählen. Der normative Diskurs war bei Teilen der betroffenen Menschen bereits im Gang. Zum Teil wurde er als StellvertreterInnendiskurs geführt: Nicht alle von Nachteilen betroffenen Menschen haben persönlich an der Leitbilddiskussion teilgenommen. Die Gemeinde setzte vielmehr eine Kommission ein, die möglichst viele Meinungen der Gemeindemitglieder abdecken sollte.

2.9 Die Zukunftswerkstatt: Legt viel offen und läßt viel offen

Die von Robert Jungk maßgeblich entwickelte Methode der Zukunftswerkstatt (vgl. Jungk/Müllert, 1989) bezieht alle interessierten Betroffenen in Entscheidungsfindungen mit ein, die sonst nur PlanerInnen, PolitikerInnen und ExpertInnen vorbehalten sind. Es sind Gesprächsformen, in denen sich BürgerInnen gemeinsam bemühen, wünschbare, mögliche, aber auch vorläufig unmögliche Zukunftsvorstellungen zu entwerfen und deren Durchsetzungschancen zu überprüfen. In der Zukunftswerkstatt wurden in verschiedenen Kleingruppen zum Thema „Zukunft des Tourismus in Engelberg" Kritik, Unmut, Beschwerden, Wünsche, Träume, Phantasien, Chancen, Ideen, Forderungen und Lösungen formuliert und die Chancen ihrer Verwirklichung abgeschätzt.

Wie beurteilen die Menschen, die in Engelberg wohnen und arbeiten, die bisherige touristische Entwicklung? Wie sehen sie die touristische Zukunft ihrer Region? Was gefällt ihnen an ihrem Tourismus, was mißfällt ihnen? Welche Visionen, Vorstellungen, Ideen und Forderungen haben sie? Diese und ähnliche Fragestellungen wurden an der Zukunftswerkstatt mit etwa 25-30 interessierten BürgerInnen im Herbst 1992 diskutiert.

In der Zukunftswerkstatt werden viele Themen angeschnitten. Sie ist eine äußerst produktive Form der Kommunikation. Sie legt viel offen, aber sie läßt auch viel offen.

Aus diesem Grund empfehlen die Begründer dieser Form, Robert Jungk und Nobert Müllert, eine permanente Zukunftswerksatt aus den Reihen der TeilnehmerInnen zu bilden. Der Engelberger Zukunftswerkstatt ist ein Workshop nachgelagert und Themen der Zukunftswerkstatt nochmals aufgenommen und vertieft worden. Als Themen, die den TeilnehmerInnen der beiden Veranstaltungen besonders am Herzen lagen, sind zu nennen:

- Verkehr – verkehrt: Zu viel motorisierter Privatverkehr mit schockartigen Ballungseffekten.
- Orientierungslosigkeit: Es existieren keine klaren Perspektiven für die Zukunft des Ortes, ein politisches Konzept dazu fehlt.
- Spannungen: Die Begegnung zwischen TouristInnen und Einheimischen und auch zwischen den Einheimischen selbst ist teilweise gespannt.
- Mangelnde Kommunikation: Es herrscht generell ein schlechter Informationsfluß innerhalb der Gemeinde. Überwiegend wird eine geringe Kommunikations- und Begegnungsbereitschaft von PolitikerInnen, Tourismusverantwortlichen und der Bevölkerung konstatiert.
- Fragwürdige Mentalität im Tourismus: Einerseits wird ein mangelndes Tourismusverständnis moniert, andererseits herrscht viel Desinteresse an den Fragen rund um den Tourismus.
- Wirtschaftliche Abhängigkeit: Die einseitige Abhängigkeit vom Tourismus ist den meisten klar. Die tourismuswirtschaftlichen Zusammenhänge sind äußerst komplex.

2.10 Mangelnde Kommunikation: Verständigung ist mehr als Informationsvermittlung

Auf die beiden Bereiche Verkehr und Kommunikation wird an dieser Stelle kurz eingegangen. Im Bereich der örtlichen Kommunikation wird bemängelt, daß Ortsansässige zu spät in die Gestaltung und Planung des Lebensraumes einbezogen werden. Zudem fehlt das Vertrauen in die PolitikerInnen und in die touristischen Unternehmen. Spannungen gibt es zuweilen auch zwischen den TouristInnen und den Einheimischen. Die wichtigsten Handlungsorientierungen, die die TeilnehmerInnen der beiden Veranstaltungen formuliert haben, sind: Mehr Mitsprache- und Mitbeteiligungsmöglichkeiten schaffen und nutzen, Vertrauen schaffen durch Verfolgen des Ortsnutzens und eine neue Gesprächskultur entwickeln.

Klar geworden ist, daß der Wunsch nach mehr Information nicht zugleich auch Kommunikation bedeutet. Kommunikation ist mehr als nur Informationsvermittlung, sie beinhaltet zusätzlich *Verständigung*. Kommunikation zwischen Menschen kann zudem als Zweck an sich dienen: Geltend gemacht wurde ein großes „Miteinander"-Bedürfnis. Begriffe und Worte wie „miteinander reden, am gleichen Strick ziehen, Begegnung, Mitsprache, Mitbeteiligung" stehen für den Wunsch nach einer gemeinsamen

Bewältigung anstehender Probleme oder genereller gesagt: der Lebenspraxis, soweit sie von touristischen Aktivitäten betroffen ist. Kommunikation in diesem Zusammenhang ist bereits Begegnung.

Das Zeitproblem ist evident: Welche Probleme und Defizite können kommunikativ und diskursiv in einer akzeptablen Zeitspanne gelöst werden? Zum einen sind Diskursbegrenzungen selbst diskursiv festzulegen. Zum andern soll man sich beim Dilemma „Effizienz versus Verständigung" grundsätzlich an letzterem orientieren. Dem Vollständigkeitsanspruch in bezug auf die Einigung von Handlungsanweisungen und die Realisierung von Handlungen muß nicht in einem Schritt genüge getan werden. Eine Stop-and-Go-Politik, ein iteratives Vorgehen zur Konfliktbewältigung ist gefordert, das diskursiv immer wieder überprüft wird. Der praktische Diskurs behält die Kontrolle über Handlungsorientierungen.

2.11 Verkehr – verkehrt: Kombinierter Einsatz von Verständigung, Strategien und Instrumenten

Die großen Belastungen des Verkehrs, vor allem durch den Tagestourismus, sind nicht nur in Engelberg ein großes und zentrales Problem. Die VeranstaltungsteilnehmerInnen haben drei Handlungsorientierungen erarbeitet: AutomobilistInnen für die Belastungen sensibilisieren, den öffentlichen Verkehr attraktiver gestalten sowie den rollenden und ruhenden Verkehr besser organisieren. An den drei Handlungsorientierungen der VeranstaltungsteilnehmerInnen fällt auf, daß sie drei unterschiedliche Handlungstypen implizieren, daß alle drei möglichen Modelle der Wirtschaftsethik zum Tragen kommen und demnach der ganze Reflexionspfad abgeschritten wird:

- Der erste Handlungstyp ist *verständigungsorientierter Art*: In der persönlichen Begegnung soll bei AutomobilistInnen Verständnis für die Probleme, die sie (mit) verursachen, geschaffen werden. In der Folge soll ein geändertes Verhalten der AutomobilistInnen aufgrund neuer Einsichten ausgelöst werden. Dies entspricht der Grundhaltung des Basismodells.
- Der zweite Handlungstyp ist *strategischer Art*: Durch die Attraktivierung des öffentlichen Verkehrs sollen die automobilen TouristInnen und Einheimischen zum Umsteigen animiert werden. Das zugrundeliegende Kalkül besteht im Veranlassen der Umsteigehandlung mittels eines ganzen Systems von Anreizen. Dies entspricht der Grundhaltung des Instrumentalisierungsmodells
- Der dritte Handlungstyp ist *instrumenteller Art*: Verkehr wird als organisatorisches Problem behandelt und mit verkehrstechnischen Maßnahmen geregelt. Dies entspricht der Grundhaltung des Domestizierungsmodells.

Am Ende der zwei Veranstaltungen bildeten die TeilnehmerInnen ein permanentes Forum („Werkstatt Engelberg"), das sich in gleicher oder ähnlicher Weise weiter mit Fragen des Tourismus beschäftigt.

2.12 Wider die Orientierungslosigkeit: Das Leitbild als Handlungs- und Entscheidungshilfe

Die teilweise drängenden Probleme (etwa Verkehrsbelastungen, Tagestourismus) dürfen nicht isoliert betrachtet, sondern müssen konzeptionell, also gesamtheitlich angegangen werden. Das Fehlen klarer Perspektiven und Zukunftsvisionen in Form eines breit abgestützten und anerkannten Leitbildes ist für die Handlungsorientierungen zu einzelnen Problemen schmerzlich. Ohne ein zusammenhängendes Bild dessen, wie man sich die Zukunft wünscht, bleibt das Gefühl des Stückwerks bei singulären Problemlösungen. Ein Leitbild, das den Tourismus als Ganzes reflektiert und in den Gesamtzusammenhang „Lebenswelt Ort" stellt, ist – so die Meinung der Betroffenen – für Engelberg unerläßlich.

Eine Leitbilddiskussion basiert auf dem Tourismusbewußtsein. Das Leitbild oder besser: die Auseinandersetzung um ein Leitbild stellt die Lebenswelt und nicht den Wirtschaftsraum in den Mittelpunkt. Die lebenspraktische Gestaltung des Lebensraumes „Ort" ist das Ziel. Lebenspraktisch heißt, touristische Aktivitäten im Hinblick auf die Lebenswelt „Ort" zu orientieren. Das bedeutet nichts anderes als die Konkretisierung des touristischen Zielrahmens mit Blick auf die Lebenswelt. Ausgangspunkt ist weder die Tourismuswirtschaft noch der touristische Zielrahmen an sich. Ausgangs- *und* Zielpunkt ist die Lebensqualität im Ort. Darin müssen sich der touristische Zielrahmen und die sich daraus ergebenden Handlungsorientierungen einbetten.

Ein Leitbild erfüllt in bezug auf touristische Aktivitäten demnach zwei wichtige Funktionen:

– Es ist Mittel der ethischen Reflexion des Tourismus und
– Handlungs- und Entscheidungsorientierung für die im Tourismus Tätigen.

Als Mittel der Reflexion trägt ein Leitbild den Diskurs über die Gestaltung der Zukunft. Der Wunsch nach einem Leitbild löst den Diskurs im bottom-up-Ansatz aus und ist zugleich Grund und Garant, daß der Diskurs aufrechterhalten bleibt. Wird das Leitbild nicht als etwas Starres und Endgültiges betrachtet, kann es für eine sinnvolle Diskursbegrenzung stehen, um die weiter oben postulierte Stop-and-Go-Behandlung von Konflikten zu ermöglichen. Ein Leitbild in diesem Sinn ist nichts Abgeschlossenes, sondern etwas, das das Gewissen auf Trab hält und immer wieder zur Reflexion mahnt. Deshalb müssen Leitbilder klarer als bisher die Konflikte und die entsprechenden Argumente offenlegen. Ein solches Leitbild ist eine Art Protokoll des Diskurses und wiederspiegelt den Stand des Tourismusbewußtseins.

Ein Leitbild im beschriebenen Sinn hat eine hohe moralische Verbindlichkeit. Die Verbindlichkeit läßt sich direkt aus dem diskursethischen Prinzip ableiten: Geltung kann eine Handlungsorientierung nur finden, wenn ihr alle aufgrund von Argumentation und Einsicht zwanglos zustimmen. Diese Akzeptanz bedeutet Verbindlichkeit.

Literatur

Amt der Vorarlberger Landesregierung (1992): Tourismuskonzept Vorarlberg 1992. Bregenz.
Ferrante, C.L. (1994): Konflikt und Diskurs im Ferienort. Wirtschaftsethische Betrachtungen am Fallbeispiel Engelberg. Berner Studien zu Freizeit und Tourismus Nr. 32. Bern.
Jungk, R., N.R. Müllert (1989): Zukunftswerkstätten. Mit Phantasie gegen Routine und Resignation. München.
Müller, H.R., M. Boess (1995): Tourismusbewußtsein. Empirische Belege und Hintergründe. Bern.
Rich, A. (1987): Wirtschaftsethik. Grundlagen in theologischer Perspektive. Band 1. 3. Aufl., Gütersloh.
Riedel, M. (1979): Norm und Werturteil. Grundprobleme der Ethik. Stuttgart.
Romeiss-Stracke, F. (1989): Neues Denken im Tourismus. Ein tourismuspolitisches Konzept für Fremdenverkehrsgemeinden. ADAC (Hrsg.). München.
Ulrich, P. (1987): Transformation der ökonomischen Vernunft. Fortschrittsperspektiven der modernen Industriegesellschaft. 2. Aufl., Bern/Stuttgart.
Ulrich, P. (1988): Wirtschaftsethik als Wirtschaftswissenschaft. Beitrag Nr. 23 der Forschungsstelle für Wirtschaftsethik an der HSG. St. Gallen.

Anhang

1 Geschichte der Tourismuswissenschaft

Hasso Spode

1.1 Vorbemerkung

Die Etablierung einer Fachdisziplin bedarf mindestens zweier, eng verwobener Voraussetzungen: eines abgegrenzten Gegenstands und eines „erkenntnisleitenden Interesses". Hierzu liefert die „empirische Wirklichkeit" keine bindenden Vorgaben, sondern lediglich das Ausgangsmaterial, aus dem ein Teil herausgetrennt und geordnet wird. Die basalen Regeln, nach denen dies geschieht, bilden einen teilweise oder überwiegend neu strukturierten Wissenszusammenhang, einen Kanon von Annahmen, Fragen und Methoden. Gelingt die Etablierung, spricht man vom einem wissenschaftlichen Paradigma, das die Praxis der scientific communitydieser Fachdisziplin leitet (Kuhn, 1973); dabei bleibt ein Paradigma – Modus und Umfang sind strittig – in alltagsweltliche Erfahrungs- und Deutungsmuster eingebettet. Eine Fachdisziplin, die sich mit dem Tourismus befaßt – bzw. wie es im deutschsprachigen Raum hieß: dem Fremdenverkehr – setzt somit eine gesellschaftliche Wahrnehmung des Tourismus voraus, die ihn erstens von anderen Formen horizontaler Mobilität unterscheidet und ihm zweitens „Kulturbedeutung" beimißt (Weber, 1973), z.B. wirtschaftliche oder soziale Relevanz. Diese Voraussetzungen waren bereits zur Jahrhundertwende weithin erfüllt, führten dann aber nur zögernd und punktuell zur Herausbildung einer akademischen Disziplin.

Eine relative Randständigkeit sollte für die Tourismuswissenschaft kennzeichnend bleiben; verglichen mit anderen Feldern, z.B. der Agrarforschung, blieb ihre materielle und personelle Ausstattung in Relation zur „Kulturbedeutung" ihres Gegenstands bislang unterrepräsentiert. Offenbar sind hier immer noch Mentalitäten und Prestigekriterien wirksam, die sich Leitbildern einer durch den Sekundären Sektor geprägten Arbeitsgesellschaft verdanken. Dies ist nicht etwa auf Mitteleuropa beschränkt; vielmehr war die deutschsprachige Forschung jahrzehntelang führend und ist bis heute im internationalen Maßstab keineswegs unterdurchschnittlich ausgestattet. Im Folgenden wird die schwierige Entwicklung der Fremdenverkehrs- bzw. Tourismuswissenschaft im deutschsprachigen Raum nachgezeichnet und analysiert, wobei der Schwerpunkt auf die bis zum Ende des Zweiten Weltkriegs reichende und bis heute prägende „Gründungsphase" gelegt wird.

1.2 Erste Ansätze einer wissenschaftlichen Beschäftigung mit dem Tourismus

In den Jahrzehnten vor dem Ersten Weltkrieg erlangte der Tourismus in den Zielgebieten einen beträchtlichen wirtschaftlichen Stellenwert. Dies wurde dort auch aufmerksam registriert. Es kam zu einer Gründungswelle von lokalen, regionalen und überregionalen Fremdenverkehrsorganisationen auf privatwirtschaftlicher Basis, die die Vermarktung und Erschließung fördern sollten. In noch recht eng begrenzten, vor allem bürgerlichen Milieus bildete sich eine Vorstellung von touristischer Praxis heraus. Parallel setzte eine systematische Reflektion dieses neuen Phänomens ein. Fachtagungen – wie der „Kongreß zur Hebung des Fremdenverkehrs in den österreichischen Alpenländern" in Graz 1894 (vgl. Bernecker u.a., 1984, S.10 ff.) – wurden veranstaltet, und es erschienen einige volkswirtschaftliche, statistische und (wirtschafts)geographische Abhandlungen (z.B. Brougier, 1902; Schullern 1911; auch Lehrbücher zum Hotel- und Gaststättenwesen, das hier aber außer Betracht bleibt). In der Summe waren die Produktionen jedoch zu sporadisch, um die Herausbildung einer Fachdisziplin einleiten zu können.

Von Einfluß war einzig Stradners knapper Versuch einer Gesamtdarstellung, der den Blick auf die Konsumfunktion und die damit verbundenen Geldströme lenkte (Stradner, 1905). Für die weitere Entwicklung kennzeichnend ist das bereits in dieser ersten Phase deutlichwerdende Bemühen, den Fremdenverkehr begrifflich vom übrigen Reiseverkehr abzugrenzen (so zählte Stradner die Freiwilligkeit des Ortswechsels und den Luxuskonsum zu den definitorischen Kriterien).

Der Erste Weltkrieg und die folgenden politischen und wirtschaftlichen Krisen machten diese bescheidenen Ansätze vorerst zunichte. So scheiterte 1921 auch ein erster Versuch der Institutionalisierung: Die 1914 als Hotelfachschule gegründete „Hochschule für das Hotel- und Verkehrswesen" in Düsseldorf stellte den Lehrbetrieb ein; der Plan ihres Leiters Robert Glücksmann, dort ein Forschungsinstitut einzurichten, war damit Makulatur. Allerdings lenkte die angespannte Weltwirtschaftslage nun verstärkt das Interesse von Staat und Politik auf den Fremdenverkehr als Einnahmequelle bzw. als Faktor der Zahlungsbilanz.

Zum einen auf der zwischenstaatlichen Ebene: Es galt – quasi in Rückkehr zu merkantilistischen Prinzipien –, möglichst viele Touristen aus anderen Ländern anzulocken und möglichst wenige hinauszulassen; die Folge waren verstärkte Werbeanstrengungen nach außen und administrative Behinderungen (Visapflicht, Devisenbeschränkungen etc.) nach innen, die den grenzüberschreitenden Tourismus empfindlich trafen. Wegweisend hatte Stradner gemahnt, im Inland zu verreisen, sei eine „völkische Notwendigkeit" (Stradner, 1917, S. 40). Zum anderen auf der innerstaatlichen Ebene: Die Konkurrenz unter den Fremdenverkehrsgebieten und -orten nahm zu. Viele Städte und Gemeinden sahen im Tourismus den Ausweg aus ihrer Finanzmisere und überführten „Verkehrswerbung" und „Hebung des Fremdenverkehrs" in eigene Regie bzw. gründeten kommunale Verkehrsämter.

Beide Ebenen spiegelten die allmähliche soziale Ausbreitung touristischer Praxis und deren wirtschaftlichen und alltagsweltlichen Bedeutungszuwachs; somit induzierten sie eine zunehmende Nachfrage nach Expertenwissen, sowohl im theoretisch-konzeptionellen Bereich der Politikberatung, als auch im angewandt-ökonomischen Bereich. Diese Nachfragesteigerung dürfte entscheidend dazu beigetragen haben, daß sich seit den späten 1920er Jahren diskursiv und institutionell eine wissenschaftlich fundierte Forschung und Lehre herausbilden konnte.

1.3 Von den 20er zu den 40er Jahren: Die Gründungsphase der Tourismuswissenschaft

1.3.1 Initialzündung: Berlin

1924 wurde die World Tourism Organization gegründet, und 1927 erschien im einflußreichen Handwörterbuch der Staatswissenschaften erstmals ein Artikel „Fremdenverkehr". Seit 1930 dann brachte eine Zeitschrift, das von dem erwähnten Robert Glücksmann herausgegebene „Archiv für den Fremdenverkehr", den entscheidenden Anschub für die diskursive Formierung einer Fremdenverkehrsforschung. Die Vierteljahresschrift bot einer noch sehr überschaubaren, aber bereits internationalen scientific communitydie nötige Plattform. Statistik und Nationalökonmie bildeten den Schwerpunkt der Beiträge, daneben wurden u.a. Fragen der Organisation und Fremdenverkehrspolitik, der Werbung, der Geographie, des Hotel-, des Verkehrs-, und des Bäderwesens behandelt; ebenfalls fanden sich theoretische, oder theoretisch gemeinte Reflexionen, die häufig um definitorische Fragen kreisten. Für den Eröffnungsbeitrag der ersten Nummer hatte Glücksmann den renommierten Soziologen Leopold v. Wiese und Kaiserswaldau gewonnen, der den Fremdenverkehr in seine schematische Beziehungslehre einordnete (v. Wiese, 1930), doch blieben soziologische Beiträge die Ausnahme. Als Ort der neuen Fachdisziplin zeichnete sich – bei allerdings ganz offenen Grenzen – eine Lage zwischen Betriebs- und Volkswirtschaft ab.

Dies entsprach dem institutionellen und professionellem Hintergrund des Herausgebers: 1929 hatte Glücksmann in Berlin seinen zuvor in Düsseldorf gescheiterten Plan umsetzen können und an der Handelshochschule das „Forschungsinstitut für den Fremdenverkehr" gegründet. Zur Jahrhundertwende hatte sich die Betriebswirtschaft („Handelswissenschaft") aus der praktischen Betriebskunde und der Volkswirtschaft entwickelt und sich den Status einer, wenngleich oft noch subuniversitären, akademischen Disziplin erkämpft. In diesem, teils noch der „Kunstlehre", teils schon der Wissenschaft zugerechneten Rahmen stand auch das Institut. Wohl wurden seit 1925 in Rom von Mariotti Lehrgänge in Fremdenverkehrswirtschaft abgehalten, doch war das Berliner Institut das erste, das den Fremdenverkehr zum Gegenstand wissenschaftlicher Lehre und Forschung hatte (Grünthal, 1962; DSF, 1987). In der Forschung wurde Pionierarbeit geleistet. Sie war anwenderorientiert und z.T. auftragsgebunden (so wurde für den Oberschlesischen Verkehrsverband eine „Fremdenverkehrsanalyse" erarbeitet); hinzutraten Dokumentation und die Erstellung monatlicher Konjunkturberichte. Die Lehre umfaßte eine breite Palette aus Betriebs-, Hotel-, Verkehrswirtschaft, Werbung, Geschichte, Geographie, Recht etc.

Das Berliner Institut und sein „Archiv für den Fremdenverkehr" hatten – wie es ein Jahrzehnt später hieß – „bahnbrechend gewirkt" (Hunziker/Krapf, 1942, S. 27). In der Folgezeit wurden Studien und Dissertationen verfertigt (z.B. Grünthal, 1934; Jäger, 1935), und es entstand das Genre der Fremdenverkehrslehren (Mariotti, 1929; Bormann, 1931; Glücksmann, 1935, s.a. Oglivie; 1933; v.a. Norval, 1936, der sich stark auf Arbeiten aus dem Umkreis des „Archivs" stützte). Das Auftauchen von Zeitschriften, Lehrbüchern und Instituten ist ein untrügliches Zeichen der Etablierung einer neuen *scientific community*. Mitte der 1930er Jahre stellte sich in Mitteleuropa die Fremdenverkehrswissenschaft, wenn auch randständig und ungefestigt, als Fachdisziplin dar.

Allerdings gab es zunächst einen empfindlichen Rückschlag. 1934/35 wurde das Institut aufgelöst, und das „Archiv" stellte das Erscheinen ein. Hierfür waren sowohl akzidentielle, als auch strukturelle Ursachen maßgebend. Der Aufbau des Instituts fiel in die Phase der Weltwirtschaftskrise, auf die nicht antizyklisch, sondern mit rigider Sparpolitik reagiert wurde, die auch den Spielraum der Hochschulen enorm einengte. Als dann 1933 die Nationalsozialisten an die Macht kamen, bedeutete die jüdische Herkunft Glücksmanns das endgültige Aus für das Institut (Glücksmann starb 1942 in Theresienstadt). Die strukturellen Ursachen waren wissenschaftsimmanenter Art: Da eine neue Fachdisziplin den vorhandenen Fächern Kompetenzen streitig macht, hat sie prinzipiell mit Widerständen zu kämpfen. Hinzutrat, daß der Gegenstand „Fremdenverkehr" wenig akademische Reputation verhieß, was umso schwerer wog, als die Betriebswirtschaft selbst noch um ihren wissenschaftlichen Status rang. So genoß das Institut bei der Handelshochschule wenig Rückhalt, und die Hörerzahlen – ein Abschluß konnte nicht erworben werden – blieben gering.

Außerhalb Deutschlands führte das Berliner Vorbild 1934 zur Gründung des „Instituts für Fremdenverkehrsforschung" (Leitung: Franz Dörfel)an der Wiener Hochschule für Welthandel; es ist die älteste noch bestehende Einrichtung dieser Art (heute: „Institut für Tourismus und Freizeitwirtschaft"). Es war allerdings eher verkehrswissenschaftlich ausgerichtet und beschränkte sich – zumal dann bedingt durch Annektion und Krieg – überwiegend auf die Lehre. Seine Außenwirkung war entsprechend bescheiden. Dies galt auch für ein weiteres Institut in Athen.

In Deutschland blieb Glücksmann ohne Nachfolger. Obschon das NS-Regime dem Tourismus einen hohen wirtschaftlichen und propagandistischen Stellenwert zumaß und eine aktive Fremdenverkehrspolitik betrieb, legte es wenig Wert auf Forschung. Die nach ihrem Leiter, Hitlers engem Weggefährten Hermann Esser, benannte „Forschungsgemeinschaft für Fremdenverkehr" (gegr. 1939) war praktisch inaktiv, und das Heidelberger „Institut für Betriebswirtschaft des Fremdenverkehrs" (gegr. 1941) konnte kaum Profil entwickeln. Ein Solitär blieb die wegweisende Arbeit des Göttinger

Geographen Poser, der die Resonanz zunächst versagt war (Poser 1939). Der Schwerpunkt der Fremdenverkehrswissenschaft verlagerte sich in die Schweiz.

1.3.2 Grundlegung: St. Gallen und Bern

Weltwirtschaftskrise und Krieg hatten auch in der Schweiz zu einem drastischen Rückgang des Tourismus geführt. Im Gegensatz zu Deutschland reagierte man hier jedoch mit einer Intensivierung der Forschung. 1941 kam es zu gleich zwei Institutsgründungen, beide in der deutschsprachigen Schweiz. An der Universität Bern entstand das „Forschungsinstitut für Fremdenverkehr" (heute: „Forschungsinstitut für Freizeit und Tourismus"). Fast namensgleich mit dem einstigen Berliner Institut hatte es auch ähnliche Aufgabenstellungen: Erforschung „aller" mit dem Fremdenverkehr zusammenhängender, vor allem aber volks- und betriebswirtschaftlicher Fragen sowie akademische Lehre. Erster Leiter wurde Alfred Walther, der 1943 von Kurt Krapf abgelöst wurde. Krapf war enger Mitarbeiter Walter Hunzikers, der zum *Spiritus rector* der Fremdenverkehrswissenschaft werden sollte. Daher war das Verhältnis zur zweiten Neugründung nicht durch Konkurrenz, sondern durch Kooperation gekennzeichnet: Hunziker, Direktor des Schweizerischen Fremdenverkehrsverbandes, übernahm die Leitung des „Seminars für Fremdenverkehr" an der Handels-Hochschule St. Gallen (heute: „Institut für Tourismus und Verkehrswirtschaft"). Hier wurde der Schwerpunkt mehr auf die Lehre gelegt. Beide Institute hatten zunächst bescheidene Hörerzahlen. Umso wichtiger waren die wissenschaftlich-programmatischen Produktionen. Hierbei sind zwei Phasen zu unterscheiden.

1.3.2.1 Fremdenverkehrswissenschaft als Technologie

1942 veröffentlichten Hunziker und Krapf eine an breiteres Publikum gerichtete „Allgemeine Fremdenverkehrslehre" (Hunziker/Krapf, 1942). Wie ihre Vorgänger, voran Glücksmann, suchten sie die Kanonisierung der Disziplin fortzuschreiben; grundlegend Neues findet sich kaum. Dennoch wirkte das Werk paradigmatisch hinsichtlich Definition, Systematik und Justierung des Faches als eigenständiges, nur aus „praktischen Erwägungen" der Wirtschaftswissenschaft zugeordnetes Gebiet. Es wird unterteilt in „Grundlagen" (Fremdenverkehrsbegriff, -subjekt und -institutionen) und sogenannte „Funktionen" (Gesundheit, Technik, Kultur, Soziale Frage, Politik und Ökonomie). Obschon „im Mittelpunkt der Mensch" stehe, fehlen soziologische und psychologische Aspekte weitgehend, ebenso geographische. Das Buch wurde dennoch (oder deshalb) zu einem Standardwerk, das bis heute nachwirkt. Zu den Nachwirkungen zählt nicht zuletzt ein Darstellungsduktus, der einem Vollständigkeitspostulat gehorcht, das implizit unterstellt, die „empirische Wirklichkeit" ließe sich befriedigend durch Auflistungen und Diagramme erfassen und erklären. Beispielsweise findet sich bei der Untergliederung der Kurorte eine Untergruppe „Quellenbäder", die wiederum, wohl in Anlehnung an die Balneologie, in „kalte, warme, mineralhaltige, radioaktive" unterteilt ist (S. 110). Bedeutung, Zweck und Methode solcher Klassifikationen bleiben unreflektiert; diese Apodiktik bezeichnet die Differenz zwischen Technologie – bzw. „Kunstlehre", wie Sombart sagte – und Wissenschaft.

1.3.2.2 Fremdenverkehrswissenschaft als Kulturwissenschaft

Den Autoren erschien dies offenbar unbefriedigend; jedenfalls entwickelten sie ein konkurrierendes Konzept: Vor allem Hunziker unternahm den Versuch, die naiv-technologischen Klassifikationen im Rahmen einer – heute weithin unbekannten – „wissenschaftlichen Fremdenverkehrslehre" theoretisch abzustützen, indem er den Tourismus neukantianisch als „Kulturerscheinung" begreift. Dabei schwebte ihm nicht weniger vor, als „eine völlig neue Disziplin zu schaffen" (Hunziker, 1943, S. 24; s.a. Hunziker/Krapf, 1941). Diese „muß sich nach dem Kultursystem als Ganzem ... orientieren": Sie gehört somit als empirische Kulturwissenschaft der Soziologie an. Keinesfalls ist sie eine Wirtschaftswissenschaft; vielmehr sind betriebs- und volkswirtschaftliche Fragen lediglich Teilgebiete der „Besonderen Fremdenverkehrslehre" (Hunziker, 1943, S. 32 ff.). Diese bildet zusammen mit der „Allgemeinen Fremdenverkehrslehre" den Korpus der „wissenschaftlichen Fremdenverkehrslehre"; „Allgemeine Fremdenverkehrslehre" wird hier also in systematischer Hinsicht ganz anderes verstanden, als im zuvor erschienenen Lehrbuch.

Den theoretischen Ansatz der „neuen Disziplin" entwickelte Hunziker in Anlehnung an Weber und besonders Sombart (Hunziker, 1943, S. 25 ff.). Fremdenverkehr ist ein – erkenntnistheoretisch gesprochen: gedachtes – „System", das wiederum ein „Grundelement" des modernen „Kultursystems" bildet und mit diesem in Wechselwirkung steht: Zum einen erfüllt es „in" ihm „Funktionen", zum anderen bestimmt das sich wandelnde „Kultursystem" die jeweilige „Realisierung und Konkretisierung" des „Fremdenverkehrssystems". Forschungspraktisch wird eine Unterteilung in Theorie und Geschichte vorgeschlagen, je nachdem ob abstrakte stabil-strukturelle oder konkrete variabel-individuelle Aspekte betrachtet werden.

Vieles bleibt in diesem Entwurf widersprüchlich und, wie der Funktionsbegriff, undeutlich; Hunziker selbst hatte vorsorglich von einer „Diskussionsgrundlage" gesprochen. Gleichwohl stellen seine Überlegungen den ersten theoriegeleiteten Versuch der Fundierung einer umfassenden Grundlagenforschung dar. Hierbei entwickelte er grosso modo ein funktionalistisches bzw. systemtheoretisches Konzept (bis hin zur – wenig glücklichen – Trennung von Struktur und Geschichte). Dies geschah ganz eigenständig: In der Schweiz war die Soziologie unterentwickelt; Hunziker schöpfte aus der älteren (deutschen) Nationalökonomie, die neueren Forschungen über System und Funktion innerhalb der (amerikanischen) Soziologie und Anthroplogie, etwa bei Malinowski und Parsons, waren ihm unbekannt. Dies schmälert sein Verdienst keineswegs, wirft aber ein bezeichnendes Licht auf den diskursiven Radius der jungen Fachdisziplin.

1.3.3 Zwischenbilanz: Stand und Gegenstand der Forschung am Ende des Krieges

Gegen Ende des Zweiten Weltkriegs war die Fremdenverkehrsforschung und -lehre in Grundzügen ausgearbeitet und – wenn auch in bescheidenem Umfang – institutionalisiert.

Dem war ein langer Prozeß organisatorischer und definitorischer Abgrenzungsbemühungen vorausgegangen, der vor allem mit den Namen Glücksmann, Hunziker und Krapf verbunden ist. Am Anfang definitorischer Anstrengungen standen Meßprobleme verkehrs- und wirtschaftsstatistischer Art als Grundlage politischer Entscheidungsfindung. So ging die systematische Betrachtung des Fremdenverkehrs Hand in Hand mit dem Aufbau der Fremdenverkehrsstatistik. Hinzutrat der Wunsch, den Fremdenverkehr als eigenständigen Gegenstand im Gefüge der Wissenschaften zu definieren, wobei sich seine Aussonderung aus dem Gesamtreiseverkehr durchsetzte.

Zahlreiche Versuche wurden unternommen: Mal waren diese Definitionen inklusiv, mal exklusiv formuliert, mal standen die Konsumfunktion, mal die Motive, mal die Beziehungen im Vordergrund (s.a. Hömberg, 1977, S. 30 ff.; Arndt, 1978/79, S. 160 ff.). Häufig wurde unnötigerweise eine Art Allquantor („Inbegriff", „Summe" etc.) vorangestellt; dies verweist sowohl auf den Anspruch, das Terrain möglichst weit in Nachbardisziplinen (v.a. Ökonomie, Verkehrswissenschaft, Soziologie, Geographie) auszudehnen, als auch auf die prinzipielle Schwierigkeit, die hoch komplexe „empirische Wirklichkeit" des Tourismus auf einen brauchbaren Arbeitsbegriff zu reduzieren.

Gekrönt wurden die Bemühungen mit der weiten, „klassischen" Bestimmung von Hunziker/Krapf (1942, S.21), die die Motive nur ex negativo berücksichtigt: Fremdenverkehr ist „der Inbegriff der Beziehungen und Erscheinungen, die sich aus dem Aufenthalt Ortsfremder ergeben, sofern durch den Aufenthalt keine Niederlassung zur Ausübung einer dauernden oder zeitweilig hauptsächlichen Erwerbstätigkeit begründet wird"; wobei ergänzend „Beziehungen" auf solche „friedlicher Natur" begrenzt werden, der Begriff „Erscheinungen" jedoch nicht explizit wird, was der Definition zusätzliche Weite bzw. Unschärfe verleiht.

1954 wurde sie von der AIEST übernommen (ergänzt um die „Reise", obschon diese bereits aus dem „Aufenthalt Ortfremder" abzuleiten ist). Es sei betont, daß es sich um eine Nominaldefinition handelt (vgl. Opp, 1970, S. 93 ff.), ihre „Richtigkeit" (so Kaspar, 1991, S. 16) also nicht entscheidbar ist, sondern lediglich ihre logische Stringenz und ihre Brauchbarkeit im Rahmen eines Paradigmas.

Die große Weite der Definition entsprach der Intention, ein breit angelegtes Forschungsprogramm zu begründen: „Den Fremdenverkehr in den grossen Zusammenhang unseres staatlichen, kulturellen und sozialen Lebens zu projizieren, heisst erst über Sinn und Wert dieses Gebildes Rechenschaft ablegen und touristische Theorie wahrhaft zu Ende zu denken." (Krapf in Hunziker/Krapf, 1941, S. 79) Mit Hunzikers „System" einer „wissenschaftlichen Fremdenverkehrslehre" lag hierfür ein Konzept vor, das über den disziplinenübergreifenden, doch letztlich wirtschaftsorientierten und theoriefernen Ansatz Glücksmanns weit hinausging.

1.4 Von den 40er zu den 70er Jahren: Die Phase der Spezialisierung

1.4.1 Fremdenverkehrswissenschaft als etabliertes Orchideenfach

Nach dem Krieg nahm die Entwicklung der Fremdenverkehrswissenschaft allerdings einen genau entgegengesetzten Weg: Sie zog sich auf technologisch-wirtschaftliche Fragen zurück, auf kurze, anwenderorientierte Reichweiten. Gerade Hunziker und Krapf waren Vorreiter dieser thematischen und theoretischen Bescheidenheit (Hunziker, 1954). Die in ihrer „Allgemeinen Fremdenfremdenverkehrslehre" zusammengestellte Systematik und Methodik bestimmte für Jahrzehnte, teils bis heute, Forschung und Lehre, während Hunzikers alternatives Konzept einer „wissenschaftlichen Fremdenverkehrslehre" in Vergessenheit geriet. Damit verlagerte sich der Schwerpunkt wieder von der Wissenschaft zur „Kunstlehre". Als akademische Disziplin war sie hauptsächlich im deutschsprachigen Raum vertreten; vor allem in St. Gallen, Bern und Wien, sowie an neugegründeten Instituten in München und Dresden.

Das St. Galler Institut wurde bis 1969 von Hunziker geleitet, sein Nachfolger wurde Claude Kaspar. Dem Berner Institut stand bis 1963 Krapf vor, ihm folgten Paul Risch und 1971 Jost Krippendorf. Das Wiener Institut wurde seit 1951 von Paul Bernecker geleitet, der es aus der Stagnation herausführte und die Zusammenarbeit mit den Schweizern intensivierte; aus seiner Feder stammen einflußreiche Gesamtdarstellungen (Bernecker, 1962). Keinen langen Bestand hatte ein 1969 in Salzburg gegründetes Institut. Bis heute besteht das 1950 unter Beteiligung von Wirtschaft und Politik an der Münchener Universität entstandene „Deutsche Wirtschaftswissenschaftliche Institut für Fremdenverkehr" (Gründungsleitung: Karl Rössle, Bernhard Pfister, Edgar Mayerhofer); sein Gewicht war dem der drei älteren akademischen Institute vergleichbar, allerdings entfernte es sich von der universitären Basis; es pflegte eine enge wirtschaftliche Praxisorientierung, u.a. im Bereich Hotelwesen (G. Walterspiel). Ein 1952 an der Frankfurter Universität gegründetes Institut konnte sich ebensowenig behaupten, wie das Heidelberger Institut (s.o.), das in den ersten Nachkriegsjahren als einziges in Deutschland aktiv gewesen war. In der DDR setzte Ende der 50er Jahre an der Dresdner Hochschule für Verkehrswesen auf Initiative Horst Uebels die wissenschaftliche Beschäftigung mit dem Fremdenverkehr ein; 1961 entstand unter seiner Leitung eine „Forschungsstelle", 1963/64 wurden eine entsprechende Studienrichtung und ein Lehrstuhl eingerichtet. Auch die Handelshochschule Leipzig – Schwerpunkt Hotelwesen – und die dortige Hochschule für Körperkultur bildeten im Bereich Fremdenverkehr aus.

Die *scientific community* war eine kleine, aber institutionell gefestigte Gruppe, die über ein recht einheitliches Paradigma verfügte. 1949 schlossen sich die „wissenschaftlichen Fremdenverkehrsexperten" international zur AIEST zusammen. Neugegründete Zeitschriften konnten sich langfristig behaupten, was die gelungene Etablierung des Fachs – zunächst zumal in Mitteleuropa – unterstreicht (1946: „Zeitschrift für Fremdenverkehr", 1952: „Jahrbuch für Fremdenverkehr"); an die Innovationskraft von Glücksmanns „Archiv" reichten sie freilich nicht heran.

Die Fremdenverkehrswissenschaft der Nachkriegszeit wurde geprägt durch das Wirken von Bernecker, Hunziker und Krapf. Keineswegs geschah dies „im Sinn und Geist Max Webers" (so Kaspar in Bernecker u.a. 1984, S. 31). Der Tourismus wurde nicht als historisch bedingte, komplexe „Kulturerscheinung" betrachtet, sondern als ein ökonomisch-technisches Problem. In Umkehr der Prinzipien der Gründungsphase wurde das Heil nun in enger Spezialisierung gesucht: „Der 'Universalismus' in der Fremdenverkehrslehre ist tot. Ihm das Wort reden hieße, dem wissenschaftlichen Fortschritt in die Speichen greifen zu wollen." (Geigant, 1962, S. 49).

Die genauen Umstände für die nach 1945 abrupt einsetzende Perspektivverengung sind nicht geklärt, doch dürften die Gründe in Professionalisierungsstrategien zu suchen sein, in der Sicherung institutioneller und finanzieller Resourcen. Der Preis hierfür bestand jedenfalls in der Selbstmarginalisierung. Zu den Folgen zählt vor allem, daß die Chance verspielt wurde, die Zuständigkeit für den Tourismus als ein gesellschaftlich relevantes Forschungsgebiet zu beanspruchen.

1.4.2 Aktivitäten außerhalb der Disziplin

Stattdessen stießen Andere in das geräumte Terrain vor. In den 50er und v.a. 60er Jahren war die Reiseintensität enorm gestiegen, die Urlaubsreise überschritt die bürgerlich-mittelständischen Milieuschranken – parallel dazu stieg der Erklärungsbedarf für dieses Phänomen. Da die eigentlich zuständige Disziplin hierzu schwieg, konnte die „Kulturkritik" umso lauter werden; denn zurecht wurde moniert, daß es an „Verständigung" über den Tourismus fehle (Enzensberger, 1958, S. 703).

1.4.2.1 Universitäre Forschungen

Im wissenschaftlich-universitären Bereich legte vor allem die Geographie seit den 60er Jahren zahlreiche Studien vor (vgl. Wolf/Jurczek, 1986, S. 26 ff.); thematisch und in ihrer Reichweite standen sie fremdenverkehrswissenschaftlichen Forschungen meist nahe. Daher kam es zu punktueller Kooperation zwischen der Fremdenverkehrswissenschaft und der sich herausbildenden Fremdenverkehrsgeographie (v.a. über die Akademie für Raumforschung und Landesplanung in Hannover); ebenso mit der Verkehrswissenschaft und Teilen der Betriebs- und Volkswirtschaft. So zeichnete sich schließlich eine behutsame Öffnung der Fremdenverkehrswissenschaft ab. Für die gesellschaftliche „Verständigung" über den Tourismus bedeutsamer aber war der Beitrag der Soziologie und der Sozialpsychologie. Die sozialwissenschaftliche Forschung entwickelte sich abseits der Fremdenverkehrswissenschaft, oftmals ohne überhaupt von deren Existenz Notiz zu nehmen. Entstanden war sie im Gefolge der Mitte der 50er Jahre einsetzenden Jugend- und Freizeitforschung, die sich empirisch und später auch programmatisch-theoretisch mit dem Tourismus befaßte (D. Danckwortt, V. Graf Blücher, J. Leugger, H. Kentler, E.K. Scheuch, P.R. Gleichmann u.a.); wirkungsgeschichtlich hervorzuheben ist hier Hans-Joachim Knebels ebenso umstrittener wie verdienstvoller Versuch einer theoriegeleiteten Gesamtschau (Knebel, 1960). Die Fremdenverkehrsforschung reagierte pikiert auf diesen Einmischungsversuch (Jb. FV, 1960, S. 49 ff.) und bekräftigte damit ungewollt ihren Kompetenzverlust: Innovative und diskursrelevante Erklärungsansätze stammten aus sozialwissenschaftlichen Fächern (vgl. Hömberg, 1977, S. 42 ff.; Spode, 1995, S. 107 ff.; s.a. Graburn/Jafari, 1991, S. 3 ff.). Allerdings blieb diese Forschung sporadisch und konnte sich universitär nicht verstetigen.

1.4.2.2 Außeruniversitäre Forschungen

Dagegen konnte in außeruniversitären Bereichen eine im weitesten Sinne sozialwissenschaftliche Tourismusforschung Fuß fassen. Zum einen methodisch in Gestalt der empirischen Sozialforschung im Rahmen der kommerziellen Demoskopie bzw. Marktforschung (erste Allensbach-Umfrage zum Reiseverhalten in einem Omnibus 1950). Zum anderen thematisch: 1961 entstand in Gestalt des in München gegründeten, später in Starnberg ansässigen „Studienkreises für Tourismus" ein Kristallisationspunkt für eine multi- und interdisziplinäre Herangehensweise. Über die Initiatoren – Paul Rieger, Heinz Hahn, Walter Kahn u.a. – waren Kirche, Touristik und Wissenschaft vertreten, die etablierte Disziplin hielt sich jedoch abseits (s.a. Kahn in Fs. Rieger, 1988). Der gemeinnützige „Studienkreises" sah seine Aufgabe weniger in der Durchführung eigener Forschung, sondern in deren Koordinierung und Finanzierung, sowie in Dokumentation und Beratung. Zumal in den 60er Jahren entstanden, teils in Kooperation mit Wissenschaftlern an universitären Einrichtungen (s.o.), zahlreiche Pionierstudien zu soziologischen und sozial- und völkerpsychologischen Themen – wie die sog. Beobachtungsstudien (z.B. Mayntz, 1961) – aber auch aus anderen Bereichen, wie der Pädagogik, Ökonomie und Geographie (zum Diskussionsstand vgl. Wagner, 1970). Hinzutrat ab 1970 die jährliche „Reiseanalyse", mit der die unübersichtliche Vielzahl von Repräsentativerhebungen in einem Gemeinschaftsprojekt gebündelt werden sollte; die RA war aber nicht nur als Instrument der Marktforschung, sondern auch der Grundlagenforschung konzipiert. Geschäftsführer Hahn, der selbst wenig publizierte, wurde zum Vorkämpfer einer breit angelegten Tourismuswissenschaft, der „Studienkreis" zu ihrem Katalysator in Deutschland. Allerdings setzten der von Wirtschaft und Verbänden abhängige Finanzrahmen bzw. das Fehlen einer universitären Anbindung, und wohl auch Mängel bei der internationalen Zusammenarbeit und einer konzeptionelltheoretischen Verständigung Grenzen bei der Forschungsförderung und -profilierung; so konnte sich eine um den „Studienkreis" gruppierte *scientific community* nur ansatzweise herausbilden, was sich auch darin ausdrückt, daß eine Fachzeitschrift nicht zustande kam.

1.5 Von den 70er zu den 90er Jahren: Umbruch und Ausblick

In den 70er Jahren zeigten sich Risse im hermetischen Paradigma der Fremdenverkehrswissenschaft. In den USA, wo zumal die sozialwissenschaftliche Tourismusforschung einen Aufschwung nahm (z.B. MacCannell, 1976), war 1974 mit den „Annals of Tourism Research" erstmals nach dem „Archiv für den Fremdenverkehr" wieder eine breiter angelegte Fachzeitschrift entstanden. Für Mitteleuropa fehlt bis heute eine solche Plattform. Doch aufgrund des schwindenden Gewichts der deutschsprachigen Forschung im internationalen Maßstab und wohl auch des Legitimationsdrucks, der von den außeruniversitären Forschungsaktivitäten des „Studienkreises" ausging, wurde hier nun bisweilen eine weniger ökonomielastige Arbeit befürwortet. Freilich waren dies eher verbale Bekundungen; sie ziehen sich seither wie ein Roter Faden durch den fremdenverkehrswissenschaftlichen Diskurs, ohne daß eine grundlegende Änderung eingetreten wäre.

Seit den 80er Jahren befindet sich die überkommene Forschungslandschaft in Auflösung. Glaubte Bernecker noch feststellen zu können, die „Grundlagenforschung ist an sich abgeschlossen" (1984, S. 29), so moniert sein Nachfolger in der Leitung des Wiener Instituts, Josef Mazanec, daß eine solche nicht stattfinde und fragt, „ob die Verankerung als Disziplin wirklich erstrebenswert ist" (in Kaspar, 1991, S. 67 f.). Wird einerseits am technologischen Paradigma von Hunziker/Krapf (1942) festgehalten, das lediglich von der „Fremdenverkehrs-" zu „Tourismuslehre" umgetauft wird (Kaspar, 1991), so ist andererseits eine stark werthaltige, vor allem ökologisch orientierte Kulturkritik bis auf die Lehrstühle vorgedrungen (Krippendorf, 1984). Vor allem aber ist es weltweit zu einer Ausbreitung universitärer und subuniversitärer Lehre, teils auch Forschung, gekommen, die die Ära des Dreigestirns Wien, St. Gallen, Bern beendet hat. Die Neugründungen – wie das „Centre des Hautes Etudes Touristiques" in Aix-en-Provence – boten die Chance einer stärker disziplinenübergreifenden Ausrichtung, die ansatzweise auch genutzt wurde (z.B. Haedrich u.a., 1983).

In Deutschland übernahm hierbei das primär der Lehre verpflichtete „Institut für Tourismus" an der FU Berlin (etabliert 1984) eine Vorreiterrolle; in den letzten Jahren sind neben Fach(hoch)schul-Dozenturen auch universitäre Professuren (Dresden, Greifswald, Lüneburg) eingerichtet wurden. Hinzutraten kommerzielle Beratungsinstitute, wie das „BAT-Freizeit-Forschungsinstitut" in Hamburg (gegr. 1979), das „Europäische Tourismus Institut" an der Universität Trier (gegr. 1991) oder die „Forschungsgemeinschaft Urlaub und Reisen" in Hamburg (gegr. 1994).

Diese Expansion hat allerdings keineswegs zur Institutionalisierung einer Forschung geführt, die die Engführung gewinnorientierter Auftraggeber transzendieren würde; das „Grenzgängertum" (Kaspar, 1991, S. 69) zwischen Technologie und Wissenschaft bleibt kennzeichnend. An letzterer zeigt die Wirtschaft wenig Interesse: 1993 ließ sie den „Studienkreis" in Konkurs gehen (die Reiseanalyse liegt seither bei der „Forschungsgemeinschaft"). Dies unterstreicht, wie nötig eine Fachdisziplin der akademischen Freiheit bedarf – einen Lehrstuhl für „Allgemeine Tourismuswissenschaft" aber gibt es nicht.

Unter dem Etikett der Tourismuswissenschaft versammelt sich somit zum einen die vorsichtig erweiterte einstige Fremdenverkehrswissenschaft, teils universitär, teils außeruniversitär verankert; ihren Anspruch als akademische Disziplin unterstreicht die 1996 erfolgte Gründung der „Deutschen Gesellschaft für Tourismuswissenschaft". Zum anderen ein breites Spektrum kultur- und sozialwissenschaftlicher Disziplinen, die – zumal seit dem Ende des „Studienkreises" – untereinander in keinem institutionellen Zusammenhang stehen (Spode, 1995, S. 107 f.; bereits Wolf/Jurczek, 1986, S. 21, listeten 13 mit dem Thema befaßte Disziplinen auf); in Deutschland haben hier Geschichte, Volkskunde und Soziologie tourismuswissenschaftliche Arbeitskreise eingerichtet, ein weiteres Forum bietet die Bensberger „Thomas-Morus-Akademie". Diese sehr locker strukturierte *scientific community* wird lediglich über Tagungen und Handbücher (v.a. Hahn/Kagelmann, 1993) gestiftet. Dabei zeichnen sich als „erkenntnisleitende Interessen" die Frage nach den Tiefendimensionen touristischen Verhaltens (resp. der „Motivation": ebd., S. XI) und nach den Wechselwirkungen zwischen Gast- und Gastgeberkultur ab (Greverus u.a., 1988). Daneben wird Tourismus aber auch instrumentell als komplexer Indikator betrachtet, der Aussagen über die Gesellschaft erlaubt, die ihn hervorbringt (Hahn/Kagelmann, 1993, S. 34).

Ob eine multi- oder gar interdisziplinär konzipierte Tourismuswissenschaft als akademische Disziplin möglich und sinnvoll sei, ist strittig – einige träumen von einer „einheitlichen Tourismustheorie", andere „lehnen die Bezeichnung 'Tourismuswissenschaft' gänzlich ab" (Mazanec in Kaspar, 1991, S. 68). Unstrittig dürfte sein, daß generell der Abschottung der Disziplinen und Subdisziplinen dringend neue Formen der organisierten Zusammenarbeit entgegengesetzt werden müssen (Wallerstein u.a., 1996, S. 76 ff.). Das vergessene Projekt einer „wissenschaftlichen Fremdenverkehrslehre", die Theorie und Praxis, Struktur und Geschichte, zu verbinden trachtete (Hunziker, 1943), könnte hier immer noch als ein gedanklicher Ausgangspunkt für die unerläßliche konzeptionelle Arbeit taugen, unbeschadet der Frage, ob am Ende eine, wie Krapf formulierte, „touristische Theorie" stehen kann und soll.

Für Anregungen und Kritik bin ich Heinz Hahn, Kristiane Klemm und Beatrice Schumacher zu Dank verpflichtet; im Text genannten Forschungseinrichtungen danke ich für ihre Auskünfte.

Literatur

Arndt, H. (1978/79): Definitionen des Begriffs „Fremdenverkehr" im Wandel der Zeit. In: Jahrbuch für Fremdenverkehr, S.160–174.
Bernecker, P. (1962): Grundzüge der Fremdenverkehrslehre und Fremdenverkehrspolitik, Bd. 1. Wien.
Bernecker, P. u.a. (1984): Zur Entwicklung der Fremdenverkehrsforschung und -lehre der letzten Jahrzehnte. Wien.
Bormann, A. (1931): Die Lehre vom Fremdenverkehr. Berlin.
Brougier, A. (1902): Die Bedeutung des Fremdenverkehrs für Bayern. München.
DSF (1987): Der Tourismus zwischen Wirtschaft und Wissenschaft: Ausbildung und Forschung in Berlin, hrsg.v. DSF. Berlin.
Enzensberger, H.M. (1958): Vergebliche Brandung der Ferne. Eine Theorie des Tourismus. In: Merkur 12, S.701–720.
Fs. Rieger (1988): Festschrift zum 60. Geburtstag von Paul Rieger, hrsg.v. StfT. Starnberg.
Geigant, F. (1962): Der Urlaubs- und Ferienverkehr als Objekt wissenschaftlicher Forschungen. In: Jahrbuch für Fremdenverkehr 10, S.39–50.
Glücksmann, R. (1935): Allgemeine Fremdenverkehrskunde. Bern.
Graburn, N.H., J. Jafari (1991): Introduction: Tourism Social Science. In: Annals of Tourism Research 18, S.1–11.
Greverus, I.-M. u.a. (Hrsg.) (1988): Kulturkontakt – Kulturkonflikt. Zur Erfahrung des Fremden, Bd.1–2. Frankfurt a.M.
Grünthal, A. (1934): Probleme der Fremdenverkehrsgeographie. Berlin.
Grünthal, A. (1962): Die Tätigkeit des Forschungsinstituts für den Fremdenverkehr in Berlin. 1929–1933. In: Jahrbuch für Fremdenverkehr 10, S. 3–16.
Haedrich, G. u.a. (1983): Tourismus-Management. Tourismus-Marketing und Fremdenverkehrsplanung, 1.Aufl.. Berlin/New York.
Hahn, H., J.H. Kagelmann (Hrsg.) (1993): Tourismuspsychologie und Tourismussoziologie. Ein Handbuch zur Tourismuswissenschaft. München.
Hömberg, E. (1977): Tourismus. Funktionen, Strukturen, Kommunikationskanäle. München.
Hunziker, W., K. Krapf (1941): Beiträge zur Fremdenverkehrslehre und Fremdenverkehrsgeschichte. Bern.
Hunziker, W., K. Krapf (1942): Grundriß der Allgemeinen Fremdenverkehrslehre. Zürich.
Hunziker, W. (1943): System und Hauptprobleme einer wissenschaftlichen Fremdenverkehrslehre. St. Gallen.
Hunziker, W. (1954): Gegenwartsaufgaben der Fremdenverkehrswissenschaft. In: Jahrbuch für Fremdenverkehr 2, S. 16–28.
Jäger, K. (1935): Die volkswirtschaftliche Bedeutung des Fremdenverkehrs. Nürnberg.
Kaspar, C. (Hrsg.) (1991): 50 Jahre touristische und verkehrswirtschaftliche Lehre und Forschung an der Hochschule St. Gallen. (St. Gallen).
Kaspar, C. (Hrsg.) (1991): Die Tourismuslehre im Grundriß, 4.Aufl. Bern/Stuttgart.
Knebel, H.-J. (1960): Soziologische Strukturwandlungen im modernen Tourismus. Stuttgart.
Krippendorf, J. (1984): Die Ferienmenschen. Für ein neues Verständnis von Freizeit und Reisen. Zürich/Schwäbisch Hall.
Kuhn, T.S. (1973): Die Struktur wissenschaftlicher Revolutionen. Frankfurt a.M.
MacCannell, D. (1976): The Tourist. A New Theory of the Leisure Class. London/New York.
Mariotti, A. (1929): Lezioni di economica turistica. Rom.
Mayntz, R. (1961): Urlaub in Almunecar. Beobachtungen einer Soziologin während einer Urlaubsreise durch Spanien. München.
Norval, A.J. (1936): The Tourist Industry. A National and International Survey. London.
Oglivie, F.W. (1933): The Tourist Movement. London.
Opp, K.-D. (1970): Methodologie der Sozialwissenschaften. Reinbek.
Poser, H. (1939): Geographische Studien über den Fremdenverkehr im Riesengebirge. Göttingen.

Schullern zu Schrattenhofen, H.v. (1911): Fremdenverkehr und Volkswirtschaft. In: Jahrbücher für Nationalökonmie und Statistik, 3.F., 42, S. 433–455.

Spode, H. (1995): „Reif für die Insel". Prolegomena zu einer historischen Anthropologie des Tourismus. In: Cantauw, C. (Hrsg.): Arbeit, Freizeit, Reisen. Die feinen Unterschiede im Alltag. Münster/New York, S. 105–123.

Stradner, J. (1905): Der Fremdenverkehr. Eine volkswirtschaftliche Studie. Graz [2.Aufl. 1917].

Wagner, F.A. (1970): Die Urlaubswelt von morgen. Erfahrungen und Berichte. Düsseldorf/Köln.

Wallerstein, I. u.a. (1996): Die Sozialwissenschaften öffnen. Ein Bericht der Gulbenkian Kommission zur Neustrukturierung der Sozialwissenschaften. Frankfurt a.M./New York.

Weber, M. (1973): Soziologie, universalgeschichtliche Analysen, Politik. Stuttgart.

Wiese, L.v. (1930): Fremdenverkehr als zwischenmenschliche Beziehung. In: Archiv für den Fremdenverkehr 1, S. 1–3.

Wolf, K., P. Jurczek (1986): Geographie der Freizeit und des Tourismus. Stuttgart.

2 Die akademische Tourismusaus- und weiterbildung in der Bundesrepublik Deutschland

Kristiane Klemm

2.1 Einführung

Tourismus als Studienfach ist bei uns eine relativ junge Disziplin. Vor dem 2. Weltkrieg gab es nur wenige Hochschulen bzw. Hochschullehrer, die sich mit dem Tourismus in Lehre und Forschung befaßten. Als Beispiel sei hier vor allem das Forschungsinstitut für Fremdenverkehr der Handelshochschule Berlin unter Leitung von Professor Robert Glücksmann genannt, das allerdings nur vier Jahre von 1929–1933 existierte, aus dem aber die ersten grundlegenden Lehrbücher hervorgegangen sind.

Erst nach dem 2. Weltkrieg, als in den 60er Jahren der Reiseboom in der Bundesrepublik begann, wurde auch an den Universitäten und Fachhochschulen der Tourismus als Studienrichtung innerhalb einzelner Disziplinen entwickelt, hier vor allem in den Fächern Betriebs- und Volkswirtschaftslehre sowie in der Geographie. Als erste Fachhochschule begann München 1971, innerhalb des Fachbereichs Betriebswirtschaft die Studienrichtung Tourismus zu etablieren, 1973 folgte die Fachhochschule Heilbronn, 1978 die Fachhochschulen Worms und Kempten. In den letzten Jahren sind durch Neugründungen weitere Fachhochschulen mit touristischen Studienschwerpunkten hinzugekommen. In den Jahren 1978–1981 wurde das Ergänzungsstudium „Tourismus mit den Schwerpunkten Management und regionale Fremdenverkehrsplanung" an der Freien Universität Berlin als Modellversuch erprobt und 1985 als reguläres Studienangebot eingerichtet.

Die traditionelle Tourismusausbildung erfolgte zunächst an den Fachhochschulen, die aus Fachschulen oder Wirtschaftsfachschulen hervorgegangen waren und die sich einen hohen Praxisbezug zum Ziel gesetzt hatten, vor allem für den sogenannten Zweiten Bildungsweg, also für Studenten mit Berufsausbildung ohne Abitur.

Ebenfalls in den 70er und Anfang der 80er Jahre wurden an Universitäten und Fachhochschulen sogenannte „Integrierte Studienangebote Tourismus/Freizeit" in Verbindung mit den Studienfächern Geographie, Pädagogik und Sozialwissenschaften entwickelt.

Generell kann man in der Bundesrepublik von einer Dreiteilung des akademischen Aus- und Weiterbildungssystems im Tourismus ausgehen:

– Tourismusausbildung an Berufs- und Wirtschaftsakademien, Fachhochschulen, Hochschulen und Universitäten mit *betriebswirtschaftlichen* Schwerpunkten,

- Studiengänge mit *geographischen, pädagogischen, kultur- und sozialwissenschaftlichen* Schwerpunkten an Fachhochschulen und Universitäten,
- postgraduierte Studienangebote an Fachhochschulen und Universitäten.

Im folgenden werden die einzelnen Ausbildungssysteme beispielhaft dargestellt.

2.2 Tourismusausbildung mit Schwerpunkt Betriebswirtschaftslehre an Berufs- und Wirtschaftsakademien, Fachhochschulen, Hochschulen und Universitäten

2.2.1 Tourismusausbildung an Berufs- und Wirtschaftsakademien

Die Berufsakademien in Berlin und Ravensburg sowie die Wirtschaftsakademie Schleswig-Holstein (Lübeck) bieten als Teil des dualen Systems eine Tourismusausbildung an, die eng mit der Praxis verbunden ist. Voraussetzung für die Zulassung zur Berufs- bzw. Wirtschaftsakademie ist das Abitur und ein vertragliches Ausbildungsverhältnis mit einem touristischen Betrieb. Die Ausbildung an den Akademien und den Ausbildungsstätten erfolgt im allgemeinen im halbjährigen Wechsel: ein halbes Jahr theoretische Wissensvermittlung an den Akademien und ein halbes Jahr praktische Ausbildung in den jeweiligen Ausbildungsbetrieben. Die Ausbildung dauert insgesamt drei Jahre.

Die Studienschwerpunkte liegen vor allem in der Allgemeinen Betriebs- und Volkswirtschaftslehre, Statistik, Datenverarbeitung, Recht sowie in der Speziellen Betriebswirtschaftslehre (Hotelbetriebs- und Reiseverkehrslehre, Fremdenverkehrsgeographie, Kur- und Bäderwesen, Nahrungsmittel- und Getränkekunde etc.). Während der betrieblichen Ausbildung arbeiten die Studenten in den unterschiedlichen Abteilungen ihres Betriebs.

Die Spezialisierungen der Akademien liegen im allgemeinen in den drei Bereichen: Reiseveranstaltung und Reisemittler, Hotel- und Gastronomie, Öffentliche Fremdenverkehrswirtschaft, Kur- und Bäderwesen.

In den meisten Fällen wird nach Abschluß der ersten Ausbildungsstufe (nach zwei Jahren) und bestandener staatlicher Prüfung der Titel Wirtschaftsassistent/in (BA) und nach Abschluß der zweiten Ausbildungsstufe (nach einem weiteren Jahr) der Titel Diplom Betriebswirt/in (BA) verliehen.

2.2.2 Tourismusausbildung mit Schwerpunkt Betriebswirtschaftslehre an Fachhochschulen und Hochschulen

An den Fachhochschulen Gelsenkirchen/Bocholt, Harz (Wernigerode), Heilbronn, München, Kempten, den Fachhochschulen Stralsund, Westküste (Heide/Schleswig-Holstein), Wilhelmshaven, Worms und der Hochschule für Technik, Wirtschaft und Sozialwesen Zittau/Görlitz wird eine Tourismusausbildung im Studienfach Betriebswirtschaftslehre angeboten. Eine Spezialisierung auf das Fach Tourismus bzw. auf einzelne touristische Studienschwerpunkte ist erst im Hauptstudium möglich.

Allgemeiner Bildungsauftrag der Fachhochschulen ist es, die Studierenden zur selbständigen Anwendung wissenschaftlicher Methoden zu befähigen und ihnen gesicherte praktische Erfahrungswerte für die Berufstätigkeit als Diplom-Kaufmann/Kauffrau (FH) zu vermitteln. Der Schwerpunkt liegt also in der anwendungs- bzw. praxisbezogenen Lehre auf wissenschaftlicher Grundlage.

Grundsätzlich haben alle Fachhochschulen ein ähnliches Studienangebot, das sich vor allem im Grundstudium auf die Fächer Allgemeine Betriebswirtschaftslehre, Volkswirtschaftslehre, Propädeutik und Fremdsprachen konzentriert.

Eine Spezialisierung auf einzelne tourismusbezogene Fachgebiete erfolgt im allgemeinen erst im jeweiligen Hauptstudium. Die angebotenen Studienschwerpunkte beziehen sich beispielsweise auf die Bereiche Hotel-/Restaurant-Management, Touristik, Reiseveranstalter, Reisemittler oder kommunaler Fremdenverkehr. Das Lehrangebot innerhalb der touristischen Studienschwerpunkte, das im Durchschnitt zwei bis drei Semester umfaßt, konzentriert sich vor allem auf die Gebiete Management, Marketing, Reiserecht, EDV und spezielle betriebswirtschaftliche Probleme einzelner Leistungsträger. Worms und Heilbronn bieten eine zusätzliche Spezialisierungsmöglichkeit im Bereich Verkehrsbetriebslehre bzw. Verkehrswirtschaft an.

Abgrenzungen im Hinblick auf die Angebote der Fachhochschulen lassen sich bei der Anzahl der Semesterwochenstunden für die einzelnen Studienschwerpunkte ausmachen, die auf eine unterschiedliche Intensität und Auffächerung der Spezialgebiete schließen lassen. Weitere erkennbare Unterschiede sind bei den erforderlichen Praktika festzustellen: Während die Fachhochschule Worms bereits vor Beginn des Studiums die Ableistung eines achtmonatigen Praktikums bzw. den Nachweis einer abgeschlossenen Berufsausbildung fordert, sind bei den übrigen Fachhochschulen die Praktika in das Studium integriert. Praxiserfahrungen und -kenntnisse machen etwa ein Viertel des Gesamtstudiums aus; damit wird einerseits versucht, den Anforderungen der Branche zu entsprechen, die ein besonderes Augenmerk auf eine praxisnahe Ausbildung legt. Andererseits soll dem Studierenden die Chance gegeben werden, Einblicke in ihr zukünftiges Tätigkeitsfeld zu erhalten und Kontakte für den späteren beruflichen Einstieg zu knüpfen.

Betrachtet man diese Fachhochschulstudiengänge im Hinblick auf ihre Positionierung innerhalb des Gesamt-Ausbildungssystems, so läßt sich feststellen, daß die Ausbildung vor allem auf die Vermittlung allgemeiner betriebswirtschaftlicher Kenntnisse abhebt, und daß die tourismusbezogenen Lehrinhalte erst an zweiter Stelle stehen. Entsprechend treten viele Studierende nach Abschluß ihres Studiums eine Tätigkeit bei nicht touristischen Institutionen und Organisationen an.

2.2.3 Tourismusausbildung mit Schwerpunkt Betriebswirtschaftslehre an Universitäten

An der *Technischen Universität Dresden* (Fakultät für Verkehrswissenschaften) kann Tourismuswirtschaft als Spezielle Betriebswirtschaftslehre oder als freies Fach im Rahmen der verschiedenen wirtschaftswissenschaftlichen Studiengänge studiert und mit einem Diplomgrad (Diplom-Kaufmann/Kauffrau) abgeschlossen werden.

An der *Universität Lüneburg* wird im Studiengang Betriebswirtschaftslehre die Studienrichtung Tourismusmangement im Hauptstudium als Wahlpflichtfach angeboten und nach bestandener Diplomprüfung mit dem akademischen Grad Diplom-Kaufmann/ Kauffrau abgeschlossen.

Die *Universität Trier* bietet am Fachbereich IV im Rahmen des Studiengangs Betriebswirtschaftslehre das Studienfach Tourismus-Management als Spezielle Betriebswirtschaftslehre an, das ebenfalls mit dem akademischen Grad Diplom-Kaufmann/ Kauffrau abschließt.

Der Gesamtumfang der spezifisch touristischen Lehrangebote an den einzelnen Universitäten variiert zwischen 12 und 20 Semesterwochenstunden. Im Vergleich zu den Tourismusstudiengängen an den Fachhochschulen (tourismus-spezifische Lehrinhalte 60–80 Semesterwochenstunden) ist das Lehrangebot also sehr viel geringer. Die Vermittlung von betriebswirtschaftlichen Kenntnissen steht hier noch mehr als bei den Fachhochschulen im Vordergrund. Eine Spezialisierung bzw. weitere Schwerpunktbildung innerhalb des touristischen Lehrangebotes an den genannten Universitäten läßt sich zur Zeit noch nicht feststellen, und hängt im wesentlichen von den inhaltlichen Schwerpunktsetzungen der jeweiligen Hochschullehrer ab.

2.3 Studiengänge mit geographischen, pädagogischen, kultur- und sozialwissenschaftlichen Schwerpunkten an Fachhochschulen und Universitäten

In den letzten Jahren haben eine Reihe von Universitäten und Fachhochschulen innerhalb ihrer traditionellen Studiengänge wie Geographie, Pädagogik oder Sozialwissenschaften ein Nebenfachstudium Tourismus/Fremdenverkehr/Freizeit eingerichtet. Dabei ist unter dem Begriff „Fremdenverkehr" meist der regionale bzw. kommunale Fremdenverkehr zu verstehen.

Während sich die touristischen Studienangebote im Fach Geographie vor allem mit Standortfragen sowie ökonomischen, ökologischen und sozialen Auswirkungen des

Tourismus befassen, behandeln die Studienfächer Pädagogik und Sozialwissenschaften häufig den Bereich der Freizeit und hier insbesondere berufliche Tätigkeitsfelder im Bereich Betreuungsmaßnahmen/Animation.

2.3.1 Tourismusausbildung im Studienfach Geographie

Zur Zeit bestehen an der *Technischen Hochschule Aachen*, der *Katholischen Universität Eichstätt*, der *Universität Greifswald*, der *Universität/Gesamthochschule Paderborn* und der *Universität Trier* Geographiestudiengänge mit Studienschwerpunkten Fremdenverkehr/Tourismus. Die Studiengänge in Trier und Paderborn zeichnen sich dadurch aus, daß sie neben den rein geographischen und damit verbunden auch tourismusspezifischen Studieninhalten Betriebswirtschaftslehre als Nebenfach vorschreiben. Weiterhin gibt es an den Universitäten Bayreuth, München, Münster und Frankfurt Geographiestudiengänge, die diese Fächerkombination ebenfalls anbieten, jedoch kein spezielles Curriculum erarbeitet haben.

Der Vorteil der Tourismusausbildung im Studienfach Geographie liegt in seinem interdisziplinären Ansatz, da zu den Pflichtfächern der Naturwissenschaften (Physische Geographie und Ökologie) beispielsweise die Fächer Wirtschafts- und Sozialwissenschaften sowie Raumwissenschaft hinzutreten. Geht man von dem komplexen System Fremdenverkehr aus, so könnten diese Studienangebote den interdisiziplinären Erfordernissen eines touristischen Ausbildungsganges am ehesten entsprechen. Es stellt sich jedoch die Frage, ob die Lehrinhalte spezifische touristische Fragestellungen in ausreichendem Maße berücksichtigen, zumal sie für Studierende mehrerer Studienrichtungen angeboten werden.

Nach Auskunft der Hochschulen haben die Absolventen gute Chance, Stellen in den Bereichen des kommunalen Fremdenverkehrs, bei Verkehrsämtern, Regionalverbänden und in geringerem Umfang auch bei Reiseveranstaltern zu finden.

2.3.2 Tourismusausbildung in den Studiengängen Pädagogik, Sozial- und Kulturwissenschaften

Von den zahlreichen Studienangeboten im Bereich Freizeit- und Sozialpädagogik sowie Sozial- und Kulturwissenschaften, die es an Universitäten und Fachhochschulen der Bundesrepublik gibt, seien hier nur diejenigen erwähnt, die einen Bezug zum Tourismus haben.

An der *Universität Bielefeld* werden seit 1973 im Studiengang Erziehungswissenschaften die Studienrichtungen Freizeitpädagogik und Kulturarbeit sowie Tourismus/ Reisepädagogik angeboten. In diesem Studiengang werden sowohl theoretische Konzepte und Forschungsmethoden vermittelt als auch zahlreiche berufspraktische Veranstaltungen der Freizeitpädagogik und Kulturarbeit durchgeführt. Ziel ist es, Handlungskompetenz für die Mitarbeit in Freizeit- und Kultureinrichtungen zu entwickeln sowie die Professionalisierung zur Unterstützung von Bürgerinitiativen im Bereich von Freizeitpädagogik und Kulturarbeit voranzutreiben. Das Studium einschließlich eines Praxissemesters umfaßt neun Semester und schließt mit dem Titel Diplom-Pädagoge ab. Die Absolventen arbeiten bei Freizeiteinrichtungen, in der Jugendarbeit, bei kleineren „alternativen" Reiseveranstaltern und zum Teil auch bei Verkehrsämtern.

An der *Fachhochschule Fulda* gibt es seit 1984 die Studienrichtung Sozialpädagogik mit den Schwerpunkten Freizeitwissenschaften/Tourismus und Freizeitbetriebswirtschaftslehre. Hier sollen vor allem Fähigkeiten und Kompetenzen für den Betrieb und die Verwaltung von Freizeiteinrichtungen vermittelt sowie administrativ-organisatorische Kompetenzen erworben und pädagogische Handlungs- und Reflexionsmöglichkeiten erschlossen werden. Das Studium dauert sieben Semester und schließt mit dem Diplom-Sozialpädagogen ab. Im Anschluß an das Studium muß ein sogenanntes Anerkennungsjahr absolviert werden. Die Absolventen arbeiten bei Jugendämtern, in Jugendfreizeitheimen, bei Kirchen und Verbänden und zu einem kleineren Teil auch bei Verkehrsämtern.

An der *Universität Lüneburg* wird seit 1987 „Fremdenverkehrsbetriebslehre/Tourismusmanagement" als Nebenfach im Studiengang Angewandte Kulturwissenschaften angeboten. Der Studienschwerpunkt liegt im Marketing und kann mit allgemeiner Betriebswirtschaftslehre, Sozialgeographie oder Spiel- und Bewegungserziehung sowie Ökologie und Umweltbildung kombiniert werden. Das achtsemestrige Magisterstudium soll für alle touristische Berufsfelder qualifizieren.

An der *Universität Passau* wird der Diplomstudiengang Sprachen, Wirtschafts- und Kulturraumstudien angeboten, der die Studenten zu sogenannten „Länderspezialisten" ausbildet, die sich unter anderem auch für ein touristisches Tätigkeitsfeld qualifizieren können. Die Studienschwerpunkte liegen in der Vermittlung angewandter Fremdsprachen, wirtschaftswissenschaftlicher Grundkenntnisse, Psychologie, Geschichte und Politikwissenschaft, Soziologie, Geographie (Landeskunde) sowie Kunst- und Musikgeschichte. Zum Studium gehört ein mindestens dreimonatiges Auslandsstudium bzw. -praktikum. Nach bestandener Diplomprüfung wird der Grad Diplom Kulturwirt/Kulturwirtin verliehen.

An der *Universität Trier* kann in den Studiengängen Soziologie und Volkswirtschaftslehre auch der Studienschwerpunkt Tourismus, Regional- und Siedlungsentwicklung (TRS) belegt werden (vgl. 2.2.3).

Neben diesen genannten Studiengängen kann man auch an den Fachhochschulen Augsburg, den Fachhochschulen Duisburg, Düsseldorf, Hamburg und Vechta Freizeitpädagogik studieren, hier jedoch mit keinem ausdrücklich touristischen Schwerpunkt.

Fragt man nach der Positionierung dieser freizeitpädagogischen Studienfächer im Rahmen des gesamten Ausbildungssystems, so kann man feststellen, daß ihr eindeutiger Schwerpunkt in der Betreuung/Animation sowie in der Administration von Freizeiteinrichtungen liegt.

2.4 Postgraduierte Studiengänge mit Schwerpunkt Tourismus

Bisher existieren im europäischen Raum drei postgraduierte Studienangebote: das zweisemestrige „European Tourism Management", das von vier europäischen Hochschulen, u.a. von der Fachhochschule Heilbronn, angeboten wird, das „Ergänzungsstudium Tourismus mit den Schwerpunkten Management und regionale Fremdenververkehrsplanung" an der Freien Universität Berlin und der Weiterbildungsstudiengang „Tourismuswissenschaft" an der Universität Bielefeld.

2.4.1 Postgraduate Diploma „European Tourism Management" an der Fachhochschule Heilbronn

Das einjährige postgraduierte Aufbaustudium wird von der Fachhochschule Heilbronn (Fachbereich Touristik-Betriebswirtschaft), den Hochschulen Dorset Institute in Bournemouth/England, dem Netherlands Institute of Tourism and Transport in Breda/Niederlande und der Université de Savoie in Chambéry/Frankreich angeboten.

Ziel dieses postgraduierten Studiengangs ist es, Führungskräfte für die europäische Tourismuswirtschaft auszubilden, die auch auf internationaler Ebene Erfahrungen gewonnen und Kenntnisse des touristischen Managements erworben haben. Für die Zulassung werden ein abgeschlossenes Hochschulstudium sowie Kenntnisse und Erfahrungen im Tourismus aus Studium und/oder Berufspraxis sowie Sprachkenntnisse vorausgesetzt.

Insgesamt besteht der Studiengang aus zwei Auslandssemestern, die in sechs Fachkurse untergliedert sind. Die Lehrinhalte beziehen sich auf europäisches Recht, Finanzwirtschaft, internationales Marketing, Tourismusplanung und -entwicklung, Personalführung sowie Sprachunterricht. Der Praxisbezug wird durch realitätsnahe Fallstudien unter Einbeziehung konkreter Aufgaben und unter Beteiligung von Praktikern hergestellt. Nach erfolgreichem Abschluß erhalten die Studenten das „Diploma in European Tourism Management", für Absolventen mit guten Prüfungsleistungen besteht die Möglichkeit, mit einer zusätzlichen Magisterarbeit in England den „Masters Degree" (MA) zu erwerben.

Dieses Studienangebot profiliert sich vor allem durch seine Internationalität, die auf eine spätere Tätigkeit in der Tourismusbranche innerhalb des europäischen Marktes vorbereitet.

2.4.2 Das Ergänzungsstudium „Tourismus mit den Schwerpunkten Management und regionale Fremdenverkehrsplanung" an der Freien Universität Berlin

Mit dem Ergänzungsstudium Tourismus sollen die beruflichen Einsatzchancen von Hochschul- und Fachhochschulabsolventen unterschiedlicher Fachrichtungen vergrößert werden. Die im Erststudium erworbenen Kenntnisse sollen dabei sinnvoll in das spätere Tätigkeitsfeld eingebracht werden. Vorausgesetzt werden fortgeschrittene Kenntnisse der englischen oder einer anderen modernen Sprache.

Bei dem Ergänzungsstudium handelt es sich um einen interdisziplinären Studiengang mit je einem einsemestrigen Grund- und Hauptkurs. Enstprechend den vielschichtigen Problemen des Tourismus sind verschiedene an der Freien Universität Berlin vertretene Fachbereiche beteiligt. Die Wirtschaftswissenschaft konzentriert sich auf die ökonomischen Aspekte des Tourismus, hier speziell auf betriebswirtschaftliche Fragestellungen unter besonderer Berücksichtigung der marketingorientierten Unternehmensführung. Die Geographie befaßt sich mit den positiven und negativen räumlichen sowie sozio-ökonomischen Auswirkungen und Abhängigkeiten des Tourismus, außerdem mit der Überprüfung der Eignung und der Planung von Fremdenverkehrsgebieten. Die Geschichts- und Kulturwissenschaften leisten einen Beitrag für die wissenschaftliche Reiseleitung und -planung.

Im Rahmen sogenannter integrativer Veranstaltungen werden Studieninhalte vermittelt, die sich keinem der oben genannten Studienschwerpunkte direkt zuordnen lassen bzw. die fachübergreifende Inhalte besitzen, so z.B. „Methoden der empirischen Markt- und Sozialforschung", „Angebotsformen des Tourismus" und „ausgewählte Probleme von Tourismusorganisationen". Wichtigster Bestandteil der integrativen Lehrveranstaltungen ist ein empirisches Studienprojekt zum Tourismus-Management und zur regionalen Fremdenverkehrsplanung, das mit einer 15-tägigen Feldarbeit verbunden ist und den gesamten zweisemestrigen Ausbildungsgang begleitet.

Einblicke in die Berufspraxis werden außerdem durch Gastvorträge von Praktikern vermittelt, die über ihre Tätigkeit in den Bereichen Tourismus-Management, regionale Fremdenverkehrsplanung sowie wissenschaftliche Reiseleitung und -planung berichten. In der vorlesungsfreien Zeit zwischen Grund- und Hauptkurs wird ein vier- bis achtwöchiges Praktikum bei touristischen Organisationen absolviert.

Den Abschluß des Studiums bilden mündliche und schriftliche Prüfungen sowie eine sechswöchige schriftliche Hausarbeit. Der Absolvent bzw. die Absolventin erhält ein nach den drei Ausbildungsbereichen differenziertes Abschlußzeugnis sowie ein Zertifikat, das über die Gesamtnote Auskunft gibt. Ein Diplom bzw. ein Titel wird nicht vergeben.

Die beruflichen Tätigkeitsfelder der Absolventen des Ergänzungsstudiums (pro Jahr ca. 25) liegen vor allem bei Reiseveranstaltern und kommunalen Organisationen bzw. Verbänden, teilweise erfolgt auch die Gründung eigener kleiner Reiseunternehmen. Ist der Einstieg der Absolventen in die Praxis erst einmal geschafft, haben sie meist eine sehr gute berufliche Karriere vor sich.

Das Ergänzungsstudium Tourismus an der Freien Universität Berlin hat eine eigenständige Position im gesamten Ausbildungssystem, und zwar

- durch die Einbeziehung von Praktikern bei der Entwicklung des Curriculums und in Form eines ständigen Beirats,
- durch die Erprobung des Curriculums im Rahmen einer dreijährigen Modellversuchsphase,
- durch das interdisziplinäre Fächerangebot,
- durch das praxisbezogene empirische Studienprojekt.

Vergleicht man das Ergänzungsstudium mit Angeboten anderer Ausbildungsinstitutionen, so zeigt sich, daß – zählt man alle Semesterwochenstunden in den tourismusspezifischen Fächern zusammen – quantitativ wesentlich mehr tourismusspezifische Lehrinhalte vermittelt werden, als dies beispielsweise die Fachhochschulen tun können.

2.4.3 Weiterbildungsstudiengang „Tourismuswissenschaft" an der Universität Bielefeld

Ziel des weiterbildenden Studiums „Tourismuswissenschaft" ist es, Entwicklungstrends und Problembereiche des Tourismus zu analysieren und Veränderungsmöglichkeiten aufzuzeigen. Bei diesem Studienangebot handelt es sich ebenfalls um ein fachübergreifendes Studium, welches pädagogische, geographische, ökologische, historische, psychologische, kultur- und freizeitwissenschaftliche und betriebswirtschaftliche Kenntnisse vermittelt, die für eine Tätigkeit im Berufsfeld Tourismus von Bedeutung sind.

Das Weiterbildungsstudium richtet sich in erster Linie an Hochschulabsolventen aus den Studiengängen Geschichte, Kunstgeschichte, Sozial- und Wirtschaftswissenschaften, die bereits Praxiserfahrungen nachweisen können.

Für die Zulassung ist ein erfolgreich abgeschlossenes Hochschulstudium erforderlich. Das Studium dauert ein Jahr und gliedert sich in jeweils eine einsemestrige Orientierungs- und Schwerpunktphase.

Die Studieninhalte liegen in den Bereichen *Tourismusforschung, Tourismusmanagement, Touristische Infrastrukturplanung und Umweltinterpretation.*

Im Bereich *Tourismusforschung* werden grundlegende Ergebnisse der sozialwissenschaftlichen Forschung vermittelt sowie die Auseinandersetzung mit dem Phänomen Tourismus gefördert.

Die Lehrveranstaltungen zum Thema *Tourismusmanagement* befassen sich mit touristischer Informatik, Betriebswirtschaftslehre, Unternehmensplanung, Rechtsfragen und den Strukturen und Informationsformen im Tourismus. Im 2. Semester kommen Lehrinhalte aus dem Tourismus-Marketing sowie ein interkulturelles Management-Training hinzu.

Der Studienbereich *Touristische Infrastrukturplanung* besteht aus Lehrveranstaltungen zur Infrastrukturanalyse, Angebotsplanung sowie Kulturanalyse und Kulturvergleich.

Im Studienschwerpunkt *Umweltinterpretation* werden vor allem ausgewählte Themen zur Freizeitdidaktik, Methoden der Animation, Urlaubsbedürfnisse und Reiseverhalten ausgewählter Zielgruppen, Reisepädagogik, Reiseleitung und zur Länderkunde angeboten. Darüber hinaus werden Sprachen vermittelt und ein Projekt aus den o.g. Schwerpunktbereichen durchgeführt. Zum Studium gehört auch ein sechswöchiges Praktikum.

Das Studium schließt mit einer Examensarbeit ab, die Studierenden erhalten ein Zertifikat. Anders als bei den übrigen Studiengängen werden hier für das gesamte Studium Studiengebühren in Höhe von ca. 6.000,- DM erhoben.

2.5 Zukünftige Anforderungen an eine akademische Ausbildung im Tourismus

Der zukünftige Tourismusmarkt wird durch folgende Anforderungen geprägt sein:

- Der Tourismusmarkt ist schon seit langem kein Massenmarkt mehr, sondern ein Markt mit vielen unterschiedlichen Nachfragesegmenten. Die differenzierten Ansprüche einzelner Nachfrager erfordern eine zunehmend differenziertere Marktbearbeitung. Dies bedeutet z.B., daß die Anforderungen an das Marketing-Know-how der Anbieter weiter ansteigen werden und daß entsprechende Kenntnisse und Fähigkeiten zukünftig bei den Mitarbeitern sowohl von Reiseveranstaltern als auch bei kommunalen Fremdenverkehrsorganisationen vorhanden sein müssen. In Zukunft wird daher eine Vertiefung der Marketingkenntnisse erforderlich sein.
- Die negativen sozialen, ökonomischen und ökologischen Auswirkungen des Tourismus haben zu einer starken Umweltsensibilisierung der Urlauber und zu Abwehrreaktionen der Bereisten geführt. Diese Tatsache muß einerseits zu einem verantwortungsbewußteren Verhalten der Tourismusindustrie führen, andererseits müssen Kenntnisse über sozio-ökonomische und ökologische Wirkungsverläufe sowie Methoden der sogenannten Umweltmanagements Eingang in das touristische Ausbildungssystem finden.
- Durch den zunehmenden Einsatz neuer Technologien und Medien, wie z.B. die Computer-Reservierungs- und -Buchungssysteme, wird in Zukunft der Umgang mit dem Computer am Arbeitsplatz noch mehr zu einer Selbstverständlichkeit werden. Nicht nur die Anwendungskenntnisse solcher Systeme müssen – mehr noch als bisher – vermittelt werden, auch deren Auswirkungen sind differenzierter zu analysieren.
- Auch der politische Umschwung in der ehemaligen DDR und in Osteuropa stellt neue Anforderungen an die Ausbildung. Während z.B. bei der Tourismusplanung in

den letzten Jahren in Westeuropa weniger Fragen der Tourismusentwicklung als vielmehr solche der Gestaltung von Tourismusgebieten im Vordergrund standen, werden in Zukunft vor allem Kenntnisse hinsichtlich Erschließungs- bzw. Reaktivierungsmaßnahmen ehemaliger Tourismusgebiete erforderlich werden.

– Durch den europäischen Binnenmarkt werden nicht nur Fremdsprachenkenntnisse in verstärktem Maße erforderlich werden, sondern darüber hinaus werden auch Fragen des europäischen Reise-, Steuer- und Handelsrechts sowie des Verbraucherschutzes verstärkt Eingang in das Lehrangebot finden müssen.

– Die Komplexität des touristischen Systems erfordert in Zukunft eine verstärkte Verzahnung mehrerer Wissenschaftsbereiche nicht nur in der Lehre, sondern auch auf den Gebieten der Grundlagenforschung und der angewandten Forschung. Beide Arten von Forschung sind wichtig, um den theoretischen Bestand der Disziplin zu sichern und weiterzuentwickeln und um die Lehre auf ein solides Fundament zu stellen.

– Internationale Kooperationen von Universitäten und Fachhochschulen scheinen eine gute Grundlage zu bilden, um diese Anforderungen zu erfüllen. Sie sollten auf jede mögliche Art und Weise intensiviert werden.

Literaturhinweise

Haedrich, G., K. Klemm, E. Kreilkamp (1990): Die akademische Tourismusausbildung in der Bundesrepublik Deutschland. In: Erfordernisse akademischer Ausbildung im Tourismus. AIEST-Publikation, Vol. 31, St. Gallen.

Klemm, K., A. Steinecke (1997): Berufe im Tourismus. In: Bundesanstalt für Arbeit (Hrsg.), Blätter zur Berufskunde, Band 0. Bielefeld.

Appendix

Anschriften von Berufsakademien, Fachhochschulen, Hochschulen und Universitäten mit Studiengängen bzw. Studienschwerpunkten „Tourismus".

RWTH Aachen
Geographisches Institut
Wüllnerstr. 1
52056 Aachen

Fachhochschule Kempten
Immenstädter Str. 63
87435 Kempten/Allgäu

Berufsakademie Berlin
Rheinpfalzsallee 82
10318 Berlin

Wirtschaftsakademie Schleswig-Holstein
Bei der Gasanstalt 14-16
23560 Lübeck

Freie Universität Berlin
Institut für Tourismus
Malteser Str. 74-100
12249 Berlin

Universität Bielefeld
Universitätsstraße 25
33501 Bielefeld

TU Dresden Fakultät für Verkehrswissenschaften
„Friedrich List"
Institut für Wirtschaft und Verkehr
01062 Dresden

Katholische Universität Eichstätt
Ostenstr. 26-28
85071 Eichstätt

Fachhochschule Fulda
Marquardtstraße 35
36012 Fulda

Fachhochschule Gelsenkirchen
Standort Bocholt
Stenener Str. 12
46392 Bocholt

Ernst-Moritz-Arndt-Universität Greifswald
Domstr. 11
17489 Greifswald

Fachhochschule Harz (Wernigerode)
Friedrichstr. 57-59
38855 Wernigerode/Harz

Fachhochschule Westküste/Heide
Rungholtstr. 9
25746 Heide

Fachhochschule Heilbronn
Max-Planck-Str. 39
74081 Heilbronn

Universität Lüneburg
Wilschenbrucher Weg 84
21335 Lüneburg

Fachhochschule München
Schachenmeierstr. 35
80636 München

Universität-Gesamthochschule Paderborn
Warburger Str. 100
33098 Paderborn

Universität Passau
Heuwieserstraße 1,
94032 Passau

Berufsakademie Ravensburg-
Marienplatz 2
88212 Ravensburg

Fachhochschule Stralsund
Große Parower Straße 145
18435 Stralsund

Universität Trier
Fremdenverkehrsgeographie oder
Fachbereich IV
54286 Trier

Fachhochschule Wilhelmshaven
Friedrich-Paffrath-Str. 101
26389 Wilhelmshaven

Fachhochschule Rheinland-Pfalz
Abteilung Worms
Erenburger Str. 19
67549 Worms

Hochschule für Technik, Wirtschaft und
Sozialwesen Zittau/Görlitz (FH)
Theodor-Körner-Allee 16
02763 Zittau

Die Autoren – Biographische Notizen

Peter Agel, Diplom-Geograph, Dr. phil., geb. 1954 in Ettlingen. Nach dem Studium der Geographie, Kartographie, Volkswirtschaft und Soziologie in Heidelberg, Berlin und Frankfurt/M. für die Gesellschaft für Technische Zusammenarbeit (GTZ) in Westafrika tätig. Ab 1982 bei der Steigenberger Consulting als Berater für Fragen der Tourismus- und Hotelentwicklung zuständig; seit 1987 Geschäftsführer der Steigenberger Consulting. Seit 1995 Hauptgeschäftsführer des Steigenberger Reservation Service SRS.

Jürgen Armbrecht, Dipl.-Handelslehrer, geb. 1946 in Petershagen/Weser. 1967-1970 Studium der Betriebswirtschaftslehre an der Fachhochschule für Wirtschaft in Bielefeld, Abschluß Betriebswirt (grad.). 1970-1973 Marketing-Assistent und Produktmanager in der Getränke-Industrie. 1973-1975 Studium der Wirtschaftspädagogik mit Schwerpunkt Handels- und Marktwirtschaft an der Freien Universität Berlin. Seit 1975 Projektleiter für Reise- und Freizeituntersuchungen in der Abteilung „DL I – Allgemeine Dienstleistungen" bei der Stiftung Warentest in Berlin.

Ralf Baumbach, geb. 1960 in Herlmarshausen/Hessen. Studium der Betriebswirtschaftslehre mit Fachrichtung Touristik und Fremdenverkehr in Heilbronn. Zwei Jahre Trainee bei ITS (International Tourist Services, Kaufhof/Metro) und danach Ressortleiter für Produktrelaunch und Einführung neuer Produkte sowie Produktmanager für den Mittelmeerraum. Anschließend Projektleiter der joint-venture Kuoni-Fernreisen GmbH sowie Prokurist/Bereichsleiter für Vertrieb und Marketing. Ab 1995 Leiter Touristik bei der Deutschen Bahn AG und hier verantwortlich für den strategischen und operativen Ausbau aller touristischen Bemühungen im Personenverkehr.

Christoph Becker, Prof. Dr. rer. nat., geb. 1938 in Frankfurt/M. Studium der Geographie von 1961-1966 in Frankfurt und vor allem an der Freien Universität Berlin, Abschluß Diplom-Geograph. 1967-1977 Wissenschaftlicher Assistent und Assistenz-Professor an der Freien Universität Berlin, Promotion 1969, Habilitation 1975. Seit 1977 Professor für Angewandte Geographie mit dem Schwerpunkt Fremdenverkehrsgeographie an der Universität Trier; seit 1991 zunächst Geschäftsführer, später Fachdirektor der Europäischen Tourismus Institut GmbH an der Universität Trier.

Christian von den Brincken, Dipl.-Geogr., geb. 1969 in Düsseldorf. 1990-1995 Studium der Angewandten-/Fremdenverkehrsgeographie an der Universität Trier. 1995-1997 bei A.C. Nielsen Werbeforschung S+P GmbH in Hamburg; seit 1996 als Associate Sales Manager im Bereich Single Source Haushaltspanel, zuständig für die Industrie „Frozen Food" (TKK), New Business und Mobilitätsforschung. Seit Juli 1997 als Research Manager bei Initiative Media, Hamburg.

Manfred D. Busche, Prof. Dr. rer. pol., geb. 1933 in Aschersleben. Ab 1953 Studium der Wirtschafts- und Sozialwissenschaften, Philosophie und Recht; 1958 Abschluß Diplom-Volkswirt und 1962 Promotion an der Freien Universität Berlin; seit 1965 im Messe- und Kongreßwesen Berlins tätig, seit 1971 Geschäftsführer der AMK Berlin. Seit 1987 Vorsitzender der Geschäftsführung der AMK Berlin, jetzt: Messe Berlin GmbH. Seit 1990 Lehrbeauftragter der FU Berlin und seit 1996 Honorarprofessor der FU Berlin.

Robert Datzer, Dr. rer. pol., geb. 1949 in Troisdorf bei Köln. Nach dem Studium der Sozialwissenschaften in Frankfurt/Main (1970-1975) zunächst 1 Jahr in einem Entwicklungshilfeprojekt in Mexiko tätig; danach Promotion im Fachbereich Betriebswirtschaft der Universität Frankfurt/Main. Von 1980-1984 Forschungsreferent beim Studienkreis für Tourismus, Starnberg und Hauptabteilungsleiter bei einem Marktforschungsinstitut. Seit 1985 Geschäftsführer der in Köln ansässigen Unternehmensberatung *ift* – Institut für Freizeit- und Tourismusberatung GmbH.

Axel Dreyer, Prof. Dr. rer. pol., Professor für Tourismuswirtschaft und Betriebswirtschaftslehre mit Schwerpunkt Marketing an der Fachhochschule Harz sowie Honorarprofessor für Sportmanagment an der Universität Göttingen. Studium der Betriebswirtschaftslehre sowie der Publizistik- und Kommunikationswissenschaften in Göttingen (Abschluß als Diplomkaufmann), Promotion im Fachbereich Wirtschaftswissenschaften zum Themenbereich Sponsoring. Danach Geschäftsführer einer Mediengesellschaft und eines Dienstleistungsunternehmens. Forschungsschwerpunkte: Marketing- und Kommunikationsmanagement von Dienstleistungsunternehmen, insbesondere in den Bereichen Tourismus und Sport; Eventmarketing; Servicequalität und Kunden-, Gäste- bzw. Besucherzufriedenheit; Zielgruppen- und Thementourismus, insbesondere Sporttourismus und Kulturtourismus.

Walter Eder, Prof. Dr. phil., geb. 1941 in Winterberg (CSFR). Studium der Klassischen Philologie und Geschichte. Von 1971-1992 Professor für Alte Geschichte an der Freien Universität Berlin. Seit 1992 Lehrstuhl für Alte Geschichte an der Ruhr-Universität Bochum. Mitbegründer und wissenschaftlicher Leiter des Ausbildungsbereichs Wissenschaftliche Reiseleitung und -planung und seit 1992 Lehrbeauftragter am

Institut für Tourismus der Freien Universität Berlin. Publikationen zur Rechts- und Sozialgeschichte der Antike und zur Aufgabe des Reiseleiters im Kulturtourismus.

Claudia Ende, Dipl.-Volkswirtin, geb. 1971 in Pforzheim. Studium der Volkswirtschaftslehre an der Universität Freiburg, neben dem Studium verschiedene Praktika in internationalen Hotelketten, z.Z. tätig bei der Steigenberger Consulting GmbH, Frankfurt/Main.

Rolf D. Freitag, Dipl.-Volkswirt, geb. 1941. Wirtschaftsstudium an der Freien Universität Berlin und an der Universität München. 1969 Gründung der IPK München GmbH, Direktor von IPK International, Präsident European Travel Monitor S.A. Luxemburg; Initiator und Gründer einer europäischen Tourismus-Datenbank des „Europäischen Reisemonitors".

Claudio Luigi Ferrante, Dr. rer. pol., geb. 1958 in Zürich. Studium der Betriebs- und Volkswirtschaftslehre in Zürich und Bern. 2 Jahre Assistent der Programmleitung des nationalen Forschungsprogramms „Regionalprobleme". Von 1988-1996 Assistent und Oberassistent am Forschungsinstitut für Freizeit und Tourismus, Bern.

Simone Frömbling, Dipl.-Kfm., Dr. rer. pol., geb. 1962 in Osnabrück. 1983-1988 Studium der Betriebswirtschaftslehre in Münster; 1988-1993 Wissenschaftliche Mitarbeiterin am Institut für Marketing an der Westfälischen Wilhelm-Universität in Münster; 1993 Dissertation zum Thema: Zielgruppenmarketing im Fremdenverkehr von Regionen. Seit 1993 Verkaufsleiterin bei der Blomberg Vertriebs GmbH.

Dieter Gauf, Diplom-Betriebswirt, geb. 1952. Studium in Frankfurt/Main und Worms. Seit 1983 Lehrbeauftragter an der Fachhochschule München. Seit 1985 Geschäftsführer des Internationalen Bustouristik Verbandes RDA.

Thomas Gehlen, Dipl. Handelslehrer, Industriekaufmann, geb. 1961 in Essen. 1984-1989 Studium der Wirtschaftspädagogik an der Universität zu Köln mit den Schwerpunkten Betriebswirtschaftliche Organisationslehre und Industriebetriebslehre. 1986-1990 freiberuflicher Ausbilder und Referent bei verschiedenen Kinder- und Jugendreiseveranstaltern. Seit 1990 Geschäftsführer von Reisen und Freizeit mit jungen Leuten e.V., Bielefeld und dort Leitung des Bereichs Aus- und Fortbildung der Reiseleiter und seit 1995 Produktmanager für das Jugendprogramm bei RuF-Reisen Trend Touristik GmbH.

Caren Grünke, geb. 1964 in Hamburg. Bis 1992 Studium der Geographie mit Nebenfach Publizistik in Göttingen. Seit 1993 Tätigkeit für die Unternehmensberatung *ift* – Institut für Freizeit- und Tourismusberatung GmbH, zunächst in Hage/Ostfriesland, seit 1996 in Köln. Zu den Aufgabenschwerpunkten gehören Marktforschung, Standort- und Infrastrukturanalysen.

Eberhard Gugg, Prof. Dr. rer. pol., geb. 1936. 1957-1964 Studium der Betriebswirtschaft in New York und München; 1964 Dipl.-Examen und 1968 Promotion an der Universität München. 1965-1972 Wissenschaftlicher Assistent am Deutschen Wirtschaftswissenschaftlichen Institut für Fremdenverkehr an der Universität München. 1972-1986 Geschäftsführer der Steigenberger Consulting, Frankfurt/M. 1987 Ernennung zum Professor für Internationale Hotellerie und Betriebswirtschaftslehre an der Fachhochschule Rheinland-Pfalz, Abt. Ludwigshafen/Worms sowie Gründung der Planungs- und Beratungsgesellschaft Dr. Eberhard Gugg & Partner.

Günther Haedrich, Prof. Dr. rer. pol., geb. 1934 in Berlin. 1955-1960 Studium der Betriebswirtschaftlehre an der Freien Universität Berlin. Von 1961 bis 1963 Leiter der Abteilung Marktforschung in einem Unternehmen der Konsumgüterindustrie; von 1963 bis 1970 Geschäftsführer bzw. Mitglied der Geschäftsleitung in Werbeagenturen. 1970—1972 Projektleiter und Mitglied der Geschäftsleitung bei Roland Berger & Partner GmbH, München. Seit 1972 Professor für Marketing und Allgemeine Betriebswirtschaftslehre an der Freien Universität Berlin. Wissenschaftlicher Leiter des Ergänzungsstudiums „Tourismus mit den Schwerpunkten Management und regionale Fremdenverkehrsplanung" an der Freien Universität Berlin.

Bernhard Harrer, Dipl.-Geogr., Dr. oec. publ., geb. 1962 in München. Studium der Fächer Geographie, Raumforschung, Raumordnung und Landesplanung sowie Verkehrswirtschaftslehre an der Ludwig-Maximilians-Universität und an der Technischen Universität in München. Stipendiat einer Stiftung mit dem Zweck zur Förderung von Wissenschaft und Forschung. Nach Ablegung der Diplomhauptprüfung wissenschaftlicher Assistent am Lehrstuhl für Didaktik der Geographie. Seit Sommer 1989 wissenschaftlicher Mitarbeiter beim Deutschen Wirtschaftswissenschaftlichen Institut für Fremdenverkehr e.V. an der Universität München (DWIF). Promotion an der Betriebswirtschaftlichen Fakultät. Nebentätigkeiten als Leiter und Betreuer von Seminaren, Redakteur, Referent und Autor. Zahlreiche Veröffentlichungen zu verschiedenen Themen.

Gerhard Heine, Dr., geb. 1932. Nach dem juristischen Studium in Marburg und Göttingen Eintritt in den höheren Dienst bei der Deutschen Bundesbahn. 17 Jahre Tätigkeiten im kommerziellen Bereich, zuletzt Marktforschung, Preisbildung und Mittelfristplanung. Anschließend 9 Jahre Geschäftsführer beim Deutschen Reisebüro in Frankfurt/M. (DER) mit den Schwerpunkten Touristik, Vertrieb, Aus- und Fortbildung. Von 1986 bis Ende 1995 Vorstand Marketing, Vertrieb bei der Touristik Union International (TUI) in Hannover. Vizepräsident Deutscher Reisebüro-Verband (DRV).

Gerd Hesselmann, Dipl.-Kfm.; 1969 drei Jahre Ausbildung und berufliche Tätigkeit in der EDV bis zum Systemanalytiker, davon 1 Jahr bei einem Handelsunternehmen in den USA. Über Vorstandsassistenz und Prokura im pharmazeutischen Großhandel ging es zum Generalsekretariat des ADAC und 8 Jahren Geschäftsführertätigkeit bei der ADAC Reise GmbH. Während der anschließenden 5 Jahre als Geschäftsführer Controlling/Organisation beim abr (amtliches bayerisches Reisebüro GmbH) spielte die Entwicklung der Elektronik in der Reisebranche eine große Rolle. In dieser Zeit Mitglied des START-Beirates und des Amadeus TAAB, davon 2 Jahre Vorsitzender. Seit November 1994 Präsident des Deutschen Reisebüro-Verbandes e.V., Frankfurt/Main.

Thomas Höfels, geb. 1957. Studium der Wirtschafts- und Sozialgeographie an der Universität Frankfurt/Main. Studienschwerpunkte: Regionalplanung und Tourismus in Entwicklungsländern. Nach Abschluß des Studiums Projektleiter und Geschäftsführer verschiedener touristischer Beratungsunternehmen und Bearbeiter internationaler Projekte zu Fragestellungen touristischer Entwicklungsplanung und Vermarktung; z.Z. Geschäftsführer der Steigenberger Consulting GmbH in Frankfurt/Main.

Barbara Jaster, D.E.A. (F), geb. 1965. 1983-1991 Studium der Romanistik, Germanistik und Betriebswirtschaft in Bonn, Paris und Siena. Abschluß mit dem „Diplôme d'Etudes Approfondies" (D.E.A.) als erster Stufe der Promotion an der Sorbonne. Seit 1992 bei Reppel + Partner, Internationales Institut für Tourismus- und Kurorteberatung mit Sitz in Ettlingen/Berlin, Senior-Beraterin. Aufgabenschwerpunkte: Projektmanagement und -bearbeitung von nationalen und internationalen Projekten im Tourismus- und Heilbäderwesen, Koordination von Europa-Aktivitäten, Leitung der touristischen Datenbank/Ressource-Center.

Peter Jochems, geb. 1959 in Kleve, Luftverkehrskaufmann. Prokurist der Infratest Burke Wirtschaftsforschung, Referent für Marketingforschung und Produktmanager für Nordamerika bei der Deutschen Lufthansa AG, als Institutsmarktforscher bei IVE Research International und seit 1995 bei Infratest Burke, Arbeitsschwerpunkt: Luftverkehrsforschung.

André Kaldenhoff, geb. 1968 in Bernburg. Von 1988-1993 Sprachenstudium an der Universität Leipzig; 1993-1994 Ergänzungsstudium „Tourismus mit den Schwerpunkten Management und regionale Fremdenverkehrsplanung"; 1994-1995 Mitarbeiter bei einem Sprachreiseveranstalter in Berlin. Seit 1995 Geschäftsführer des Tourismusverbandes „Sächsische Schweiz".

Claude Kaspar, Prof. Dr. rer. pol., geb. 1931 in St. Gallen (Schweiz). Nach dem Studium an den Universitäten von Köln und Bern Promotion an der Universität Bern. 1957-1966 Tätigkeit als Direktionssekretär und Geschäftsführer in der Verkehrswirtschaft.

Ab 1967 Vizedirektor und ab 1969-1996 Direktor des Instituts für Tourismus und Verkehrswirtschaft an der Universität St. Gallen; 1964 Privatdozent, 1969 a.o. Professor und 1973 Ordinarius für Fremdenverkehr und Verkehrswirtschaftslehre an der Universität St. Gallen, Hochschule für Wirtschafts-, Rechts- und Sozialwissenschaften. Mitglied zahlreicher nationaler und internationaler Gremien der Verkehrswirtschaft und des Tourismus. 1974-1994 Präsident der Internationalen Vereinigung wissenschaftlicher Fremdenverkehrsexperten AIEST. Honorarprofessor der TU Dresden. Prof. h.c. Hochschule Budapest für Handel, Tourismus und Gastronomie.

Kristiane Klemm, Dipl.-Geographin, Dr. rer. nat., geb. 1945 in Augustusburg/Erzgeb. 1966-1971 Studium der Geographie, Volkswirtschaftslehre, Stadt- und Regionalplanung in Freiburg und Berlin. 1972-1973 wissenschaftliche Mitarbeiterin an einem Forschungsinstitut in Hamburg. 1973-1978 Wissenschaftliche Assistentin am Geographischen Institut der Freien Universität Berlin. 1978-1982 wissenschaftliche Mitarbeiterin im Modellversuch Tourismus an der Freien Universität Berlin; 1982-1983 Gastprofessorin an der Technischen Universität Berlin, Fachbereich Landschaftsentwicklung. Seit 1984 Akademische Rätin und seit 1997 Akademische Oberrätin am Institut für Tourismus der Freien Universität Berlin und dort zuständig für den Ausbildungsbereich „regionale Fremdenverkehrsplanung" im Ergänzungsstudium Tourismus.

Edgar Kreilkamp, Univ.-Prof. Dr. rer. pol., geb. 1949 in Lommersum bei Köln, 1970-1976 Studium der Betriebswirtschaftslehre in Köln und Berlin, 1977-1979 Marketing-Controller der Henkel Kosmetik GmbH, 1979-1984 wissenschaftlicher Mitarbeiter am Institut für Markt- und Verbrauchsforschung der Freien Universität Berlin bei Prof. Dr. G. Haedrich, 1986-1992 Akademischer Rat am Institut für Tourismus der Freien Universität Berlin, seit 1992 Univ.-Professor für Betriebswirtschaftslehre, insbesondere Tourismusmanagement, an der Universität Lüneburg. Arbeitsschwerpunkte: Strategische Unternehmens- und Marketingplanung. Aktuelle Forschungsprojekte: Entscheidungsverhalten bei Urlaubsreisenden, Umwelt- und sozialverträglicher Tourismus, Tourismusmarkt der Zukunft – Die Entwicklung des Reiseveranstalter- und Reisemittlermarktes in Deutschland, Chancen und Risiken des Direktvertriebs für Reisemittler, Reisebüro der Zukunft, Stadt- und Regionenmarketing, Nachhaltige Tourismusentwicklung im ländlichen Raum, Einsatz und Akzeptanz neuer Medien im Tourismus, Erlebnispositionierung in der Hotellerie, Betriebsvergleich der deutschen Reisebüros.

Martin Lohmann, Dipl.-Psych., Dr. phil., geb. 1956. Studium der Psychologie in Düsseldorf, Kiel und Würzburg; während des Studiums Tätigkeit als Reiseleiter von Studienreisen nach Frankreich und Spanien. 1986 Promotion. 1981-1984 Wissenschaftlicher Assistent am Institut für Psychologie der Universität Würzburg. 1984-1991 Forschungsreferent beim Studienkreis für Tourismus e.V., Starnberg; Arbeitsgebiete: Betreuung der Reiseanalyse und zahlreiche Forschungs- und Beratungsprojekte für Urlaubsregionen. Lehraufträge an den Universitäten Innsbruck, Berlin und Kiel, an der Fachhochschule Würzburg/Schweinfurt und verschiedenen Verwaltungsschulen. Seit 1991 wissenschaftlicher Leiter und Geschäftsführer des N.I.T., Institut für Tourismus- und Bäderforschung in Nordeuropa, Kiel.

Heribert Meffert, Prof. Dr. Dr. h.c., geb. 1937 in Oberlahnstein. 1956-1961 Studium der Betriebswirtschaftslehre in München; 1964 Promotion; 1961-1968 Wiss. Assistent am Institut für Industrieforschung und betriebliches Rechnungswesen an der Universität München; 1968 Habilitation über „Die Flexibilität in betriebswirtschaftlichen Entscheidungen"; 1968 Berufung an den Lehrstuhl für Betriebswirtschaftslehre an der Universität Münster. Gründer und Direktor des ersten Instituts für Marketing an einer deutschen Hochschule; 1995 Wissenschaftlicher Geschäftsführer der Handelshochschule Leipzig. Lehr- und Forschungsschwerpunkte: Marketing und Unternehmensführung, Umweltmanagement, Internationales Management.

Carl-Heinz Moritz, Prof. Dr. rer. pol., geb. 1945 in Stolberg. 1967-1972 Studium des Wirtschafts-Ingenieurwesens an der Technischen Universität Berlin; Abschluß Dipl.-Ing. 1974-1977 Wissenschaftlicher Assistent und 1976 Promotion an der Technischen Universität Berlin. Seit 1972 Lehrbeauftragter an der Fachhochschule für Wirtschaft Berlin; 1990 Ernennung zum Honorarprofessor. Seit 1977 Abteilungsleiter „Planung und Analyse" bei der Stiftung Warentest in Berlin.

Hansruedi Müller, Dr. rer. pol., geb. 1947 in Buchs/St. Gallen (Schweiz). 1976-1981 Verantwortlicher bei der Generaldirektion der Schweizerischen Bundesbahnen (SBB) für die Güterverkehrswerbung. 1977-1981 Studium der Wirtschaftswissenschaften an der Universität Bern als Werkstudent; seit 1982 Assistent/Oberassistent am Forschungsinstitut für Freizeit und Tourismus an der Universität Bern; 1985 Promotion. Seit 1989 Direktor am Forschungsinstitut für Freizeit und Tourismus an der Universität Bern; Arbeitsschwerpunkte: Erforschung der vernetzten Zusammenhänge in den Bereichen Freizeit und Tourismus sowie die Beratung bezüglich ökologischer Anpassungsprozesse im touristischen Management.

Urban A. Münzer, Dipl.-Volkswirt, Dipl.-Kfm., geb. 1946. Studium der Volks- und Betriebswirtschaftslehre in Freiburg/Br. und Berlin. Studienschwerpunkte Regional- und Finanzwissenschaft. Nach dem Studium Mitarbeiter in diversen Forschungsprojekten zur Europäischen Integration und zur regionalen Infrastrukturausstattung der EU-Mitgliedstaaten. Seit 1986 Unternehmensberater bei ENATOR. Spezialisierung auf die Bereiche Airlines, Touroperating und Vertriebssysteme. Gastdozent an der Freien Universität Berlin, Manager Marketing und Vertrieb bei ENATOR Deutschland GmbH, Hamburg.

Hanns P. Nerger, geb. 1947. 1977-1980 Leiter des Vorstandsbüros der Deutschen Zentrale für Tourismus; 1981-1984 Leiter der Generalvertretung Nordeuropa der Deutschen Zentrale für Tourismus mit Büros in Kopenhagen, Stockholm und Oslo; 1984 Direktor des Amtes für Lübeck-Werbung und Tourismus und ab 1990-1993 in Personalunion Direktor der Kurverwaltung Travemünde. Seit 1993 Geschäftsführer der Berlin Tourismus Marketing GmbH. Sprecher der Werbegemeinschaft „Magic Ten".

Sabine Neumann, geb. 1965 in Berlin. Ausbildung zur Hotelfachfrau; Arbeit in einer Werbeagentur; Sekretärin beim Deutschen Seminar für Fremdenverkehr; Redaktionsvolontariat; unterhält mit Horst Schwartz ein auf Tourismus spezialisiertes Redaktionsbüro.

Ulrike Regele, M.A., geboren 1970 in Titisee-Neustadt, Studium der Angewandten Kulturwissenschaften (Schwerpunkte: Betriebswirtschaftslehre, Wirtschafts- und Sozialgeographie, Tourismusmanagement) in Lüneburg, seit 1996 wissenschaftliche Mitarbeiterin am Institut für Betriebswirtschaftslehre im Bereich Tourismusmanagement an der Universität Lüneburg. Arbeitsschwerpunkte: Reiseveranstalter- und Reisemittlermarkt, Reiseentscheidungsverhalten unter besonderer Berücksichtigung des Einflusses der Sonne, Stadtmarketing.

Klaus Reppel, Dipl.-Betriebswirt, geb. 1943. Studium der Betriebswirtschaftslehre an der Gesamthochschule Siegen. Projektleiter Öffentliche Verwaltung, Mittelständische Wirtschaft und Gesundheitswesen bei Kienbaum & Partner, Geschäftsführer und Generalbevollmächtigter für den Bereich Krankenhaus-, Klinik- und Kureinrichtungen der Dr. Petri-Gruppe, Bereichsleiter Öffentliche Verwaltung, Tourismus und Heilbäder bei A.T. Kearney Int. Consultants. Seit 1980 selbständig, geschäftsführender Gesellschafter von Reppel + Partner, Internationales Institut für Tourismus- und Kurorteberatung mit Sitz in Ettlingen/Berlin.

Felizitas Romeiß-Stracke, Prof. Dr. rer. pol., geb. 1945. Studium der Soziologie, Psychologie, Volkswirtschaftslehre und Publizistik in München; Aufbaustudium Civic Design in Liverpool. 1970-1977 Tätigkeit bei der Stadtverwaltung der Landeshauptstadt München (Stadtentwicklungsreferat: Freizeitplanung; Sozialreferat: Stadtsanierung). 1977 Gründung des Büros für Sozial- und Freizeitforschung, München (Forschung, Planung und Beratung für Ministerien, Regionen, Kommunen, Verbände in den Sektoren Stadt- und Regionalplanung, Freizeit und Tourismus). Seit 1990 Professorin für Tourismus- und Freizeitmanagement im Studiengang Tourismus an der Fachhochschule München.

Hans-Joachim Schemel, Dr. Ing., geb. 1945 in Haynau/Schlesien. Studium der Landschaftsplanung/Landschaftsökologie mit Aufbaustudium Städtebau/Raumplanung an der Technischen Universität München. Seit 1973 Gutachter in Umweltfragen; seit 1983 Leiter des Büros für Umweltforschung und Umweltplanung München.

Heinz Rico Scherrieb, Dr. jur., geb. 1948 in Aulendorf, Kreis Ravensburg. 1968-1969 Studium der Rechtswissenschaft an der Universität Tübingen; 1969-1973 Studium der Rechtswissenschaft und Betriebswirtschaft an der Universität Würzburg. Seit 1973 Leiter des Instituts für Fremdenverkehrs- und Freizeitforschung in Würzburg; seit 1976 Lehrbeauftragter und später Honorarprofessor für Fremdenverkehrspolitik, Fremdenverkehrsmarketing und Freizeitbetriebswirtschaftslehre an verschiedenen Fachhochschulen und Hochschulen des In- und Auslandes.

Frank Schirmer, Dipl.-Ökonom, Dr. rer. pol., geb. 1958 in Wuppertal. 1978-1984 Studium der Betriebswirtschaftslehre und Volkswirtschaftslehre in Wuppertal. 1984-1989 Wissenschaftlicher Mitarbeiter am Institut für Management der FU Berlin, Promotion 1990 zum Dr. rer. pol. 1990-1993 Mitarbeiter in einem empirischen Management-Forschungsprojekt der DFG. Seit 1993 Akademischer Rat an der Universität Hannover, Institut für Betriebsforschung. Arbeitsschwerpunkte: Funktionen und Arbeitsverhalten von Managern; Strategischer Organisationswandel; Human-Resource-Management; Erfahrungen mit empirischer Managementforschung; Unternehmensberatung und berufsbegleitende Weiterbildung von Führungs- und Führungsnachwuchskräften.

Marie-Louise Schmeer-Sturm, Dr. phil., geb. 1954 in München. Studium der Pädagogik und Kunstgeschichte; 1977 Erste Lehramtsprüfung und – nach einem Jahr Studienreiseleitertätigkeit in Italien – Referendariat für das Lehramt an Volksschulen. Nach der Zweiten Lehramtsprüfung von 1981 bis 1984 Tätigkeit als Studienreiseleiterin; 1984 Promotion. 1984-1991 Akademische Rätin mit den Schwerpunkten Reise- und Museumspädagogik an der Ludwig-Maximilians-Universität München. Seit 1991 bei der Firma Reisen und Bildung GmbH in München tätig.

Frank Schmieder, Dr., geb. 1945. Studium der Psychologie in Hamburg; Diplom 1973, Promotion 1979, zwischenzeitlich freier Mitarbeiter von Marktforschungsinstituten und Geschäftsführer eines Sportreiseveranstalters. 1980-1982 Studienleiter beim SAMPLE-Institut. Seit 1982 Marktforscher bei der Touristik Union International, seit 1984 Leiter der Marktforschung.

Dirk Schmücker, M.A., geb. 1967 in Lünen, Ausbildung zum Reiseverkehrskaufmann, 1990-1995 Studium der Angewandten Kulturwissenschaften (Betriebswirtschaftslehre, Geographie und Tourismusmanagement) an der Universität Lüneburg, seit 1995 wiss.

Mitarbeiter am Institut für BWL insb. Tourismusmanagement der Universität Lüneburg. Arbeitsschwerpunkte: Informations- und Entscheidungsverhalten bei Urlaubsreisenden, Informations- und Distributionstechnologien.

Horst Schwartz, geb. 1941 in Malmedy/Belgien. Studium der Philosophie und Kunstgeschichte (ohne Abschluß); Zeitungsvolontariat, Redakteur bei einer Tageszeitung; neun Jahre Leiter der Reiseredaktion der Zeitschrift „test"; seit 11 Jahren Freier Reisejournalist und Autor von zahlreichen Reiseführern; Arbeit für Zeitungen und den Rundfunk, Seminare zur Pressearbeit im Tourismus (Deutsches Seminar für Fremdenverkehr, Institut für Tourismus).

Beat Seiler, Dr. rer. pol., geb. 1949 in Bern. Lehramtsstudium sowie wirtschaftswissenschaftliches Studium an der Universität Bern, 1989 Promotion. Berufliche Tätigkeiten: Sekundarlehrer, Assistent am Forschungsinstitut für Freizeit und Tourismus der Universität Bern, wissenschaftlicher Mitarbeiter der Baudirektion des Kantons Bern.

Alexander Seiz, geb. 1968 in Mutlangen/Ostalbkreis. Von 1989-1993 Studium der Betriebswirtschaft/Fachrichtung Tourismus an der Fachhochschule München; mehrjährige Erfahrung in Organisation, Durchführung und Betreuung von Jugend-, Vereins- und Incentivereisen sowie Reiseleitung und Animation. Seit 1992 Berater der FUTOUR Umwelt-, Tourismus- und Regionalberatung in München und seit April 1996 Leiter der Niederlassung in Dresden.

Hasso Spode, M.A., Dr. Priv. Doz.; Soziologe und Historiker. Lehrbeauftragter an der Freien Universität Berlin und der Universität Hannover. Arbeitsbereiche: Neuere Geschichte, Historische Anthropologie, Kultur- und Medizinsoziologie; einen thematischen Schwerpunkt bildet der Tourismus: Leiter der Arbeitsgruppe „Tourismusgeschichte" am Institut für Tourismus der Freien Universität Berlin; Mitherausgeber des DuMont-Jahrbuchs für Reise- und Tourismusforschung.

Ulrich Spörel, Dipl.-Volkswirt, geb. 1948 in Hameln. Studium der Volkswirtschaftslehre mit Nebenfach Soziologie an den Universitäten Freiburg/Breisgau und Münster; Tätigkeiten als Wissenschaftlicher Mitarbeiter bzw. Wissenschaftlicher Angestellter an den Universitäten Münster und Bielefeld. Seit 1987 beim Statistischen Bundesamt, z.Zt. als Referatsleiter in der Gruppe Verkehr/Tourismus zuständig für Tourismusstatistik.

Bernd Stauss, Prof. Dr., Studium der Betriebswirtschaftslehre an der Universität Hamburg; Promotion und Habilitation an der Universität Hannover. Seit 1989 Professor an der Wirtschaftswissenschaftlichen Fakultät der Katholischen Universität Eichstätt in Ingolstadt, Lehrstuhl für Allgemeine Betriebswirtschaftslehre, Absatzwirtschaft und Marketing. Seit 1997 erster Lehrstuhl für Dienstleistungsmanagement. Forschungsschwerpunkte: Dienstleistungsmarketing, Dienstleistungsqualität, Total Quality Management, Personalorientiertes internes Marketing in Dienstleistungsunternehmen, Kundenzufriedenheitsmessung und Beschwerdemanagement.

Rochus P. Strangfeld, geb. 1931 in Breslau. 1950-1954 Jura-Studium an der Freien Universität Berlin sowie an den Universitäten Köln und Bonn; Referendar-Ausbildung in Berlin, Nordrhein-Westfalen und Rheinland-Pfalz. Seit 1961 Rechtsanwalt und Notar in Berlin (zivilrechtliche Praxis mit Tätigkeitsschwerpunkten Gewerblicher Rechtsschutz, insbesondere Wettbewerbs- und Urheberrecht, Handels- und Gesellschaftsrecht, Versicherungsrecht, Reiserecht, Arbeitsrecht) mit überörtlicher Sozietät in Cottbus. Vizepräsident der Deutschen Gesellschaft für Reiserecht. Mitglied des Herausgeber-Beirats der Zeitschrift „ReiseRecht aktuell" (RRa).

Werner Sülberg, geb. 1953 in Iserlohn. 1972-1977 Studium der Volkswirtschaftslehre, Rechtswissenschaft, Verkehrswissenschaft und Regionalplanung an der westfälischen Wilhelms-Universität in Münster. Seit 1978 Tätigkeit bei der Deutschen Reisebüro GmbH in Frankfurt/M., bis 1980 in der Verkaufsleitung und zentralen Koordinierung der Reisebüro-Niederlassungen, 1981-1983 als Assistent der Geschäftsführung, 1984-1987 als Leiter der Abteilung Zentrales Informations- und Berichtswesen, 1988-1990 als Hauptabteilungsleiter Unternehmensplanung. Seit 1991 Bereichsleiter für Unternehmensplanung sowie strategische und operative Marktforschung.

Joachim S. Tanski, Prof. Dr. rer. pol., geb. 1950 in Berlin. Studium der Betriebswirtschaftslehre an der Freien Universität Berlin. Tätigkeiten in der Unternehmensberatung, zuletzt als Geschäftsführer eines internationalen Beratungsunternehmens. Seit 1996 Professor für Allg. BWL, insbesondere Rechnungswesen und Steuerlehre, an der FH Brandenburg in Brandenburg/Havel. Lehrbeauftragter für das Fach „Finanz- und Rechnungswesen" am Institut für Tourismus der FU Berlin seit Gründung des Aufbaustudienganges 1979.

Brigitte Tregel, M.A., geb. 1964 in Bad Aibling. Studium der Romanistik und Germanistik in München und Nancy. Seit 1990 bei Infratest Burke, zunächst als Projektassistentin und seit 1993 Projektleiterin im Bereich Verkehrs- und Tourismusforschung.

Siegfried Walch, Mag. rer. soc. oec., geb. 1966 in Zams/Tirol. Fremdenverkehrskolleg in Innsbruck. Von 1988 bis 1994 Studium der Betriebswirtschaftslehre an der Universität Innsbruck. Parallel zum Studium Mitbegründer und Mitarbeiter des Arbeitskreises für Freizeit und Tourismus an der Universität Innsbruck: Öffentlichkeitsarbeit und Begleitung von Tourismusorten bei der Entwicklung von Leitbildern und Tourismuskonzepten. Seit 1994 Dissertation bei Prof. Günther Haedrich, FU Berlin zum Thema „Implementierung von Tourismusstrategien in Ferienregionen". Seit 1997 Geschäftsführer der Beratungsfirma und PR-Agentur „Pro Kooperation Projektbegleitung", Innsbruck.

Thomas Winkelmann, geboren 1959 in Hagen. Studium der Germanistik und Geschichte in Münster und Berlin, 1986-1987 Ergänzungsstudium Tourismus an der Freien Universität Berlin, 1987-1989 Verkaufsleiter Berliner Flug Ring in Berlin, 1989-1992 General Manager New World Travel Florida Inc. in Miami, 1992-1995 Bereichsleiter Incomingagenturen bei ITS in Köln. Seit 1995 Bereichsleiter Städtereisen, Event, Incoming, Deutsches Reisebüro (DER) in Frankfurt.

Rainer Wohlmann, Dipl.-Soziologe, geb. 1934 in Schneeberg/Odenwald. Studium der Soziologie und Politik in Frankfurt und Köln. Seit 1961 in der Marktforschung tätig; 1961-1969 im DIVO-Institut Frankfurt Leiter der Abteilung Sozialforschung und Mitglied der Geschäftsleitung; 1969-1984 bei MARPLAN Frankfurt/Offenbach, Leitung der Abteilung Wirtschafts- und Sozialforschung; Mitglied der Geschäftsleitung. Seit 1984 geschäftsführender Gesellschafter bei M + E Deutsche Gesellschaft für Markt- und Engpaßforschung mbH, Frankfurt. Verantwortlich für den Bereich Wirtschafts- und Sozialforschung mit den Schwerpunkten Tourismus, Verkehr und Kommunikation.

Stichwortverzeichnis

ABACUS 706
Abgrenzung der Kommunikationsinstrumente 380
Abwanderungskosten 370
Agenturverträge 412
akademische Tourismusaus- und weiterbildung 925
Aktivitätsforschung 51
Aktualität 313; 385
AMADEUS 700
Analysetechniken
  multivariate 223
Anforderungsanalyse und -prognose 48
Anforderungsprofil 48
Angebot
  abgeleitet 29; 30
  ursprünglich 29
Angebots-Nachfrage-Portfolio 507
Anspruchsgruppen 880
Arbeitsgemeinschaft Deutscher Verkehrsflughäfen 725
asr-Bundesverband mittelständischer Reiseunternehmen 733
Ausflugsverkehr 256; 257
Ausgabenstruktur
  bei Tagesreisen 258
  im übernachtenden Fremdenverkehr 259
Ausreiseverkehr (*outbound tourism*) 129
Außenmarketing 885
Ausstellungen 764

Back-Office-Leistungen 608
Badeparks 685
Bahngeschäft 601
Bahntouristik 649
Bank-Settlement Plan (BSP) 702
Bauleitplanung 89
Bedarfsverkehrsträger 668
Beförderung 718
Befragung
  computergestützte 172

Beherbergungsgewerbe 672
Beherbergungsstatistik 129; 130
Benchmarking 237
Berlin Tourismus Marketing GmbH 818
Beschwerdeanalyse 365
Beschwerdemanagement 329; 372
Betriebsvergleich 602
Betroffenentypologie 896
Bildschirmbefragungssysteme 172
Binnenmarketing 794
Binnenmarketing-Strategie 285
Binnenreiseverkehr (*domestic tourism*) 129
Binnentourismus 835
Biotoptypen 468
Blickaufzeichnungsgerät 321; 392
Break-even-Analyse 245
Break-even-Menge 247
Break-even-Preis 247
Break-even-Punkt 252
Break-even-Simulation 248
Breitenbach-Studie 849
Bundesministerium für Raumordnung, Bauwesen und Städtebau 454
Bundesministerium für Wirtschaft 451
Bundesraumordnung 454
Bundesverband der Deutschen Tourismuswirtschaft 715; 734
Bundesverband Deutscher Omnibusunternehmen 731
Bungalow-Resorts 695
Bürgerbeteiligung 89
Bustouristik 661

Catania-Studie 847
Center-Parc-Konzept 695
Charterkette 642
Cinopolis 683
CIPRA 83
Club of Rome 26
Clusteranalyse 223; 780; 787
Company-Marke 334

Computer Administered Questioning, CAQ 173
Computer Aided Interview – CAI 172
Computer Aided Telephone Interview (CATI) 171; 190
Computer Driven Self Completion Interview, CODSCI 173
Computer-Reservierungs-Systeme (CRS) 624; 654; 699; 757
Consolidator 417; 587
Consumer Benefit 315; 387
Consumer Promotions 323; 395
Corporate Design 638; 646
Corporate Identity 42; 284; 811
Corporate-Identity-Strategie 328; 400
Corps Touristique 725
Critical Incident Technique 365
Cross-Selling 234

Dach-Marke 335; 352
Dealer Promotions 324; 395
Deming Prize 358
DERDATA 702
Deutscher Fremdenverkehrsverband 723
Deutscher Hotel- und Gaststättenverband 728
Deutscher Reisebüro-Verband e.V. (DRV) 94
Deutsche Zentrale für Tourismus 724
Deutscher Bäderverband 725
Deutscher Reisebüro-Verband 732
Diary Panel 176
Dienstleistungsqualität 307; 327; 379; 654; 761
DIN ISO 9.000 357
Direktmarketing 411
Direktvertrieb 430
DIRG 654
Disk-by-Mail 173
Distributionspolitik 405
Distributionssystem 438
DJH-Hauptverbandes 845
Dritte-Welt-Reisende 200
Dritte-Welt-Tourismus 715; 829
   Entwicklungsphasen 832
   Sickerrate 837
   Umweltwirkungen 838

Edutainment Center 685
Eigenkapitalhilfsprogramme 453
Eigenvertrieb 411
Eigenvertriebssysteme 571
Einkaufsmacht 584

Einkaufspanel
   scannergestütztes 177
Einkommens- und Verbrauchsstichprobe 141
Einreiseverkehr (*inbound tourism*) 129
Empowerment 375
Erfolgsfaktoren 512
Erlebnisparks 693; 697
Ersetzungsbefugnis 103
ESTEREL 700
„Europäischer Fond für regionale Entwicklung" (EFRE) 453
European Quality Award 359
Eurostat 129
evoked set 313; 385
Exklusivvertrieb 426

Face-to-Face-Interview 171
Faktorenanalyse 223
Fehlerkosten 369
Ferienortmanagement 886
Fernreisen
   Dritte Welt 200
Ferntourismus
   als Wirtschaftsfaktor 836
Fernurlaubsreisen 718; 832
Fixkosten 250
Förderinstrumente 453
Förderprogramme 449
Forschungsgemeinschaft Urlaub und Reisen e.V., Hamburg (F.U.R.) 147
Franchise-Systeme 435; 580; 721
Freizeitarchitektur 477
Freizeitparks 679; 680
Fremdenverkehrsentwicklungskonzeption 459
Fremdenverkehrsentwicklungsprogramme 452
Fremdenverkehrsförderung 449
Fremdenverkehrsinfrastruktur 451; 453
Fremdenverkehrsintensität 861
Fremdenverkehrsplanung
   Instrumente 454
   regionale 449
Fremdenverkehrsstellen 722
Fremdvertrieb 432
Front-Office-Systems 607
Führung 35; 63
   durch Delegation 66
   durch Zielvereinbarung 66
   Einflußformen der 65
Führungseffektivität 67
Führungsphilosophie 36
Führungsstil 65; 67
Führungsverhalten 64

Funktionsanalyse 53
Funktionsräume
  ausgeglichene 87
Fürsorgepflicht 111

GALILEO 700
Gartenparks 690
Gästebefragung 216; 232; 205
Gästebetreuung 718
Gästeführung und -betreuung 555; 560; 561;
Gästepotentialanalyse 201
Gastgewerbestatistik 140
Gaststättengewerbe 671; 676
Gelegenheitsverkehre 668
Gemeinschaftsaufgabe „Verbesserung der
  regionalen Wirtschaftsstruktur" 451; 453
GERMANSOFT 704
Geschäftsreiseverkehr 597; 715
Gesetz zur Regelung des Rechts der
  Allgemeinen Geschäftsbedingungen
  (AGBG) 102
Gesundheits- und Fitnesszentren 689
Gewährleistungsansprüche
  des Reisenden 113
Gewinnschwellenanalyse 245
Global Distribution System 441; 629
Globalisierung 742
Golf Driving Range 691

Handels- und Gaststättenzählung 140
Handelsmarketing 577
Handelspanels 176
Handelsvertreter 417; 590
Händler-Promotions 324; 395
Handlungsspielraum 327; 328; 398; 399
Heilbäder 497
Heimwehtourismus 201
Home-Order-Vertrieb 411
Hotelklassifizierung 674

IATA-Umsätze 599
Image-Analyse 219; 313; 385
Impact-Test 321; 392
Incoming-Geschäft 587
Incomingagenturen 630
Individual-Panel 183
Indoor-Wasserparks 686
INFO-Flyway 710
Informationsbroker 627
Informationsstellen 749
Informationstechnologien 437

Infrastruktur
  touristische 30; 84
Infrastruktureinrichtungen 756
Infrastrukturförderung 84
Inlandstourismus (*internal tourism*) 129
Innenmarketing 885
instrumentelle Strategiemodelle 36
interaktives Marketing 885
Internal-Relations-Strategie 285
Internationale Computer-Reservierungssysteme 699
Internationale Tourismus-Börse (ITB) 771
Internationaler Tourismus (*international
  tourism*) 129
Internationalisierung 612; 742
Internet 437
Internet-Café 684
Intervall-Reisende 197
Investitionsbeihilfe 451

Jugendferienwerke 845
Jugendherbergen 845
Jugendreisen 843; 849
Jugendreisepädagogik 855
Jugendtourismus
  Trends 851

Kaizen 375
Kernkompetenzen 282; 807
Key-Account-Management 427
Kommunikationsinstrumente
  nicht-klassische 310; 382
Kongresse 765
Kongreßorganisation 752
Konsumentenpanels 176
Kontaktqualität 317; 389
Konzentration
  dezentrale 83
Konzentrationsprozeß 578
Kooperationen 435; 580
Kopplungsgeschäfte 517
Kosten
  sprungfixe 249
Kritische Ereignisse 365
Kundenbarometer 370
Kundenbeteiligung 361
Kundenbindung 759
Kundenbindungssysteme 231
Kundennutzen
  zentrale 810
Kundenzufriedenheit 231; 759
  Messung der 362

Kündigungsrecht wegen höherer Gewalt 118
Kurort-Entwicklungsplanung 497; 498
Kurzreisen 651

Landesentwicklungsprogramme 456
Landesfremdenverkehrsverbände 723
Landesplanung
  Instrumente 454
Landesüblichkeit 100
Längsschnittuntersuchung 174
Lasertec-Center 683
Last-minute-Reisen 622
Leistungsstörungen 112
Leistungsträger 631
Leistungswille 64
Leitbild 33; 34; 37; 39; 279; 281; 801; 808; 859; 907
Life-Style-Positionierung 322; 394
Life-Style-Segmentierung 314; 322; 386; 394
Linienverkehre 668
Lobbying 738
Low-Involvement 42; 317; 321; 388; 393
Low-Involvement-Hierarchie 320; 321; 391; 393
Low-Involvement-Produkte 313; 385
Lunaparks 682

Make-or-Buy-Entscheidung 429
Malcolm Baldrige National Quality Award 359
Management
  institutionale Sicht von 50
  operatives 35; 281
Management by Objectives 66
Management Development 35
Managementfunktionen 50
Managementkompetenzen 54
Mängelrüge 117
Markenaufbau und -pflege 624
Markenbildung 623
Markenloyalität 234
Market-into-Company-Verfahren 245
Marketing
  internes 373
  vertikales 422
Marketing-Grundsatzstrategie 280
Marketing-Kultur 37
Marketing-Management 41
Marketing-Mix 36; 373
Marketingplanung
  strategische 40

Marketingstrategie 34; 284
Markt-Mitläufer 349
Marktanteils-Werbe-Ratio (MWR) 319; 390
Marktführer 349
Marktherausforderer 349
Marktnischenbearbeiter 349
Marktschichten 342
Marktsegmentierung 346
Marktselektionskonzept 426
Massachusetts Institute of Technology (MIT) 26
Massenmarketing 346
Me-too-Anbieter 351
Mediaplanung
  qualitative 389
  quantitative 388
Medien
  neuen 625
Merchandising 752
Minderung 115
Mindestteilnehmerzahl 106; 110
moment of truth 362
Mono-Marke 334
MPDQ = Management Position Description Questionnaire 50

Nachfrage-Reaktionsfunktion 338
Nischenpolitik 635

OECD 129; 142
Offenes Forum Tourismus 87; 903
Online-Service 409
Opinion Leader Promotions 324; 396
Outdoor-Wasserparks 685
Outgoing-Geschäft 587
Overreporting 183

Panelansatz 175; 178
Paneleffekt 180
Panelmortalität 179; 183
Pantry-Check 176
Pauschalpreis 96
Pauschalreise-Recht 93
Pauschalreisevertrag 95; 99
Pauschaltourismus 638
PDCA-Prinzip (Plan-Do-Check-Act) 375
Personalpolitik 63
Personenbeförderungsgesetz (PBefG) 661; 667
Point of Sale 410
Positionierung 234; 281; 282; 315; 387; 795; 796; 801; 810

Positionierung durch Aktualität 323; 394
Positionierungsziele 282
Präferenzstrategie 344
Preis-Mengen-Strategie 344
Preisfestsetzung 338
Pressedienste 517
Pressefotos 520
Pressekonferenzen 522
Pressereisen 524
Presseverteiler 521
Privatreiseverkehr 597
Produktaktualität 313; 385
Produktdarstellung und -vermarktung 330
Produktgestaltung 330
Produktimage 313; 385
Produktqualität 232
Programmpolitik 330
Prospektwahrheit 101; 108
Provisionsstrukturen 598
Prozeßkostenrechnung 244
Prozeßmanagement 372
Public Marketing 39
Public Relations 39; 515
Public Relations-Strategie 285
Public-Relations-Planung 327; 399
Public-Relations-Ziele 328; 399
Pull-Effekt der Kommunikation 324; 395
Push- und Pull-Strategie 421
Push-Effekt der Kommunikation 324; 395

Qualifikationsforschung 53
Qualifikationsprofil 48
Qualität 632
Qualitätsmanagementsysteme 231
Qualitätsstandards 368
Qualitätsstrategie 333
Querschnittuntersuchung 174

Raumnutzungskonzepte 457
Raumordnung
  Aufgabe 449
  Instrumente 449; 454
Raumordnungsberichte 454; 458
Raumordnungsgesetz 456
Raumordnungsverfahren 457
Reason Why 315; 387
Recognition-Test 321; 392
Regionalplanung
  Instrumente 454; 458
Regionenmarketing 777; 874
Reichweite
  wirksame 317; 388

Reiseanalyse 145
Reisebedingungen
  allgemeine 101
Reisebiographien 195
Reisebüroketten 573
Reiseintensität 848
Reiseleiter 531; 637; 849
Reiseleitung
  Didaktik und Methodik 537
  Gruppensituation 542
  interaktives Lernen 531; 537; 539
Reisemotive 27
Reiserecht 93
Reiserücktrittskosten-Versicherung 105
Reiseveranstalter 97; 111; 588; 615
  Funktion der 618
  Verordnung über die Informationspflichten von (InfVO) 95
Reiseverhalten
  historische Entwicklung in Deutschland 199
Reisevertragsgesetz 95
Reisevertriebsstellen 720
Reliabilität 213
Reservierungssystem 607
Revenue-Management 621
Ring Deutscher Autobusunternehmungen (RDA) 667
Rücktrittsbestimmungen 104
Rücktrittsvorbehalt 106

SABRE 702
Safariparks 693
SAVIA 700
Scale-Effekte 351
Schaden-Nutzen-Analyse 485
Schadensersatz 115
Schadensminderungspflicht 107
Schein-Leistungsvereinbarung 96
Schlüsselbilder 322; 394
Selektiver Vertrieb 426
Sequentielle Ereignismethode 366
Service-Qualität 333
Serviceorientierung 640
Single Source Tourismus Panel 179
Single Source-Ansatz 181
SMART 700
Spaßbäder 686
Special-Interest-Medien 318; 390
Städtetourismus 813
Stadtmarketing 823
Stakeholder 279; 282; 284; 801
Standortfaktoren 715

Stärken-/Schwächen-Profil 808
Stärken-Schwächen-Analyse 505; 865
  umweltverträgliche 508
START 700
Statistisches Bundesamt 129
strategische Erfolgsfaktoren 34; 36; 38; 39; 41; 282
strategische Geschäftsfelder 280
Studienkreis für Tourismus, Starnberg 147
Studienreisen 531
Systemtheorie 16

Tachistoskop 321; 392
Tagebuchaufzeichnung 176
Teilöffentlichkeiten 33; 327; 398
Telefoninterview 171
Thermal-Erlebnisbäder 687
Thermal-Spaßbäder 687
Tierparks 690
Tivoli-Parks 682
Total Quality Management (TQM) 357
Tourismus
  Begriffssystem 17
  Beitrag zum Volkseinkommen 261; 262; 265
  Beschäftigungseffekte 255
  Definition 831
  Devisenabfluß 261
  Deviseneinnahmen 837
  Entwicklung des 21
  Humanverträglichkeit 893; 894
  Institutionen des 31
  nachhaltiger 81
  Nettowertschöpfung 262
  sanfter 79
  sozialverträglicher 79
  Wirtschaftsfaktor 265; 860
Tourismusarchitektur 477
Tourismusarten 18; 19; 27
Tourismusausbildung 925
Tourismusbewußtsein 893; 901
Tourismusförderungsgesetz 820
Tourismusforschung 454
Tourismusgesinnung 894; 901
Tourismusintensität 266
Tourismuskritik 718; 832
Tourismuspolitik 154; 451
Tourismuspolitisches Programm der Bundesregierung 450
Tourismusstatistik
  amtliche deutsche 127
Tourismusunternehmen
  Kostenstruktur 243

Tourismuswirtschaft 743
Touristisches Planungssystem 801
Touristische Infrastruktur 30
Touristische Suprastruktur 30
TouristScope 187
Trade Promotions 324; 395
Transaktionskosten 412
Trendsetter 198
Tropenbäder 686

Umpositionierung 350
Umsatzrendite 605
Umweltschutz 741
Umweltverträglichkeitsprüfung (UVP) 457; 461
Umweltverträglichkeitsstudie (UVS) 462
Unique Advertising Proposition 315; 387
Unique Marketing Proposition (UMP) 283
Unique Selling Proposition (USP) 36; 283; 315; 387; 505; 632; 716; 830
Unternehmenskultur 284; 295
Unternehmensphilosophie 279; 295; 620
Unternehmensplanung 279
Unterwegsbedienungsverbot 669
Urban Entertainment Centers 683
Urlaubsmotive 346; 650

Validität 210
Veranstaltermarkt 616
Verbraucherschutzorganisationen 733
Verjährungsfrist 121
Verkaufsförderung
  Zielgruppen 325; 396
Verkaufsförderungsmaßnahmen
  Ziel 324; 396
Verkehrsstatistik 139
Verkehrsverein 749
Vermittler-Klausel 94
Vernetzungsmatrix 486
Vertikale Integration 311; 432
Vertikales Marketing 422
Vertriebsstellen 595
Vertriebssystem 431
Virtual Reality Center 684
Volkswirtschaftlichen Gesamtrechnungen (VGR) 142
Vorranggebiete 86

Wanderungsbewegungen 331
Warn- und Chancenprofil 272
Wellnesscenter 692
Welttourismusorganisation (WTO) 127

Werbeaufwendungen im Tourismus 310; 382
Werbeerfolgskontrolle 320; 391
Werbekonzeption 315; 387
Werbeplanung 312; 319; 384; 391
Werbewirkung
  Kontrolle der 391
Werbewirkungskurve 317; 318; 388; 390
Werbeziele 313; 385
Werbezielgruppe 314; 386
Wertschöpfung 715; 829
Wertschöpfungskette 715
Wertschöpfungsstufen 588
Wettbewerbsanalyse 38; 305; 807
Wirkungsmessung
  Verfahren der 321; 392
Wirtschaftsethik 899
Wirtschaftsfaktor 860

World Travel & Tourism Council (WTTC) 715; 829
WORLDSPAN 702

Yield-Management 245; 437; 621; 635
Youth Entertainment Center 684

zentrale Orte 83
Zielgebiet 639
Zielgebietsagentur 717
Zielgebietswahl 330
Zielgruppenmedien 318; 390
Zielkostenrechnung (target costing) 245
Zufriedenheitsbefragung 362
Zukunftswerkstatt 904
Zusatznutzen 42